一代人有一代人的贡献，一代人有一代人的牺牲，一代人有一代人的使命。

步入博大雄浑的财政历史长河，我们的沉吟是如此真切而自然。

应该有一些空间，是过往经历和情感的记录，是祖孙辈能够分享的存于心灵底处的美好。

这些故事，堪作丰碑。

丰碑

主编·廖晓军

薪火相传

继承弘扬财政优良传统作风
主题教育活动论丛

【上卷·讲述】

中国财政经济出版社

图书在版编目（CIP）数据

“薪火相传”继承弘扬财政优良传统作风主题教育活动论丛．上卷，丰碑/主编：廖晓军．—北京：中国财政经济出版社，2011.5

ISBN 978－7－5095－2842－6

Ⅰ．①薪…　Ⅱ．①财…　Ⅲ．①财政机构－先进工作者－生平事迹－中国
Ⅳ．①K825.3②F812－53

中国版本图书馆 CIP 数据核字（2011）第 059027 号

责任编辑：王　乐　张振中　李　磊　　　责任校对：徐艳丽
封面设计：叶武＋孙钊＋瑞轩　　　版计设计：叶武＋孙钊

中国财政经济出版社出版

URL：http：//www.cfeph.cn

E－mail：cfeph@cfeph.cn

社址：北京市海淀区阜成路甲 28 号　邮政编码：100142

发行电话：88190555

北京联兴盛业印刷股份有限公司印刷　各地新华书店经销

787×1092 毫米　16 开　39 印张　621 000 字

2011 年 9 月第 1 版　2011 年 9 月北京第 1 次印刷

总定价：148.00 元

ISBN 978－7－5095－2842－6/K·0005

（图书出现印装问题，本社负责调换）

本社质量投诉电话：010－88190744

“薪火相传”

——继承弘扬财政优良传统作风主题教育活动论丛

编辑委员会

序言

在中国共产党团结带领全国各族人民奋力推进革命、建设和改革伟业的历史进程中，共和国一代代财政工作者在开创伟大事业的同时，以坚定的理想信念和优良的工作作风，创造积累了丰富的、具有鲜明财政特性的精神财富，弥足珍贵，堪教后人。

新形势下如何继承和发扬老一辈财政人忠于党的事业，全心全意为人民服务的优良传统和作风？如何充分利用这笔宝贵的精神财富来加强财政系统的干部队伍建设？如何让“为国理财，为民服务”的理念切实转换为提升青年干部工作能力和水平的动力？财政部党组从财政事业发展的战略要求出发，号召财政干部特别是青年干部深入发掘、整理和弘扬财政优良传统作风，这是贯彻落实党中央大兴密切联系群众之风、求真务实之风、艰苦奋斗之风、批评和自我批评之风要求的具体行动，也是财政系统深入开展“创先争优”活动的重要举措，对于推动新时期财政干部坚定理想信念，自觉践行党的宗旨，努力做人民满意的好党员、好干部，建设为民、务实、清廉的财政机关具有重要的历史和现实意义。

2010 年 3 月至今，财政部在全体党员特别是青年干部中广泛开展了以“薪火相传　开拓创新”为主题的继承、弘扬财政优良传统作风教育活动。在部党组的广泛动员和参与下，积极发掘、整理既符合社会主义核心价值体系要求，又鲜明体现财政机关、财政工作优良传统作风的生动事例，并在活动中经受教育，体验崇高。机关党委和各基层党组织负责人为活动定方案、出主意、讲党课；离退休老领导、老同志身体力行讲历史、写文章、谈体会；广大青年干部通过踊跃访谈、积极交流、分享心得来增强投身财政事业的荣誉感和责任感；各省（区、市）财政厅（局）也积极组织开展本地区本单位的传承活动，加强当地财政干部队伍建设，在部机关乃至全国财政系统形成了“竞相动员话传承”、“到处逢人谈薪火”的浓厚氛围。通过活动的开展，广大财政干部普遍受到心灵的震撼和精神的洗礼，他们为找到财政事业之“根”，感受到财政作风之“魂”而兴奋，而思考。

“薪火相传”活动中，青年干部搜集梳理中央苏区财政部艰苦卓绝的奋斗史和邓子恢、林伯渠两任“红色财长”的事迹；查阅整理薄一波、邓小平、李先念、张劲夫等新中国财政事业开创者的理财思想和工作作风事迹；采访聆听王丙乾、刘仲藜、项怀诚等老部长的讲述，让广大干部特别是青年干部详尽了解了在革命、建设和改革的不同历史时期，财政事业在党的领导下发展壮大的艰辛历程。各基层党、团组织开展形式多样的活动，组织青年干部学习勤俭朴素、廉洁自律的老部长吴波，扎根基层、奉献生命的财政干部沈浩的先进事迹，引发青年干部对人生价值的深刻思考；广泛开展到老同志家里和老干部活动站慰问访谈、到红色革命地区实践调研、请党史和财政史专家讲课座谈等形式多样的活动，全面激发青年干部在工作实践中不断丰富和发扬财政优良传统，为“财政薪火”不断注入新的时代内涵。同时，还在全国财政系统内开展“薪火相传”征文活动，得到广大财政干部的积极响应，共收集征文1100多篇，内容丰富，题材多样，其中提供的不少资料和线索，成为财政优良传统作风的重要史料和财政事业发展的珍贵见证。

"薪火相传"活动的开展，为我们形成并留下了可以长期起教育作用的成果。我们将活动中搜集整理的资料精选汇编成上、下两卷，上卷《丰碑》以"讲述"为主题，主要是老一辈财政干部对我党财政事业优良传统作风的历史回忆，多角度展示了财政事业波澜壮阔的历史画卷和一代代财政工作者感人至深的铮铮风骨。下卷《传承》以"征文"为主体，主要收录了评选出的优秀征文，集中体现了财政系统青年干部在活动中的所思、所想、所感，寄托着新一代财政人对于继承优良传统作风的历史责任感和时代担当意识，他们宽阔的视角，深入的思考让我们感受到了财政事业兴旺发达的希望光芒。

《丰碑》和《传承》集中体现了"薪火相传"活动的丰富内涵，也留下了一份宝贵的精神财富，时刻鼓舞和鞭策着财政工作者们薪火相传，继往开来。同时，我们也希望财政系统的广大青年干部能够抓住时代发展的良好机遇，努力成为理想远大、信心坚定、意志顽强、开拓进取、艰苦创业的新一代，努力成为推动科学发展、促进社会和谐、服务人民群众的新生力量，努力为财政经济发展做出贡献，为财政优良作风注入新的时代内涵。

谢旭人

2011 年 8 月

传承是一场没有终点的接力

今年“七一”，我们迎来了中国共产党成立九十周年。九十年来，在党旗的指引下，一代代财政人开拓进取，扎实工作，支持国家革命建设，促进经济改革发展，推进社会和谐进步，发挥了重要的职能作用，也形成了兼具时代发展共性与财政工作特性的优良传统作风。

九层之台，起于累土。财政优良传统作风的形成也非一朝一夕之功。这些丰富而厚重的宝贵精神财富，是在财政工作者一言一行、一时一事中，日复一日、年复一年，经过不断思考、实践、提炼、升华，逐渐积淀、潜移默化而形成的，将带给我们以恒久的启迪。

为国理财　为民服务

忠诚于党、服务人民是财政优良传统精神的基石。财政工作是贯彻党的基本路线、实现党的奋斗目标的重要工具，财政人必须始终坚持党的群众路线，把人民群众的愿望和要求作为决策和开展工作的根本依据。

共和国财政从最初建立的那一天起，红色政权的理财人就坚定不移地紧跟党旗，心怀全局，服务中心，毫不动摇。从苏区政府的木屋陋室，到陕甘宁边区的“自己动手，丰衣足食”，从抗日战场上的小米步枪，到解放战争中的百万军需，从建国初期的统一财经到经济困难时期的艰难支撑，从改革开放的春风拂面到国际金融危机的寒意料峭，财政部门始终坚持党的路线方针政策，同时算好经济和政治两本账，全力克服困难，化解矛盾，支持革命、建设和改革不断取得新的胜利。

“为国理财，为民服务”——新时期财政人用这八个字诠释了财政部门的重任，始终把实现好、维护好、发展好最广大人民群众的根本利益，作为财政发展改革的出发点和落脚点。“政之所兴，在顺民心；政之所废，在逆民心”，我们党的根基在人民、血脉在人民、力量在人民，财政干部只有始终心系群众、服务人民，才能始终保持同人民群众的血肉联系，获得不断发展壮大的无限生机。

艰苦奋斗　勤俭节约

艰苦奋斗是我们党的优良传统，是财政优良传统精神的核心。“艰难困苦，玉汝于成”，“居安思危，戒奢以俭”，中华民族历来以勤劳勇敢、不畏艰苦著称，历来讲求勤俭持家，勤俭办一切事情。财政事业要兴旺发达，不断战胜前进道路上的艰难险阻，永远立于不败之地，就必须有艰苦奋斗、一往无前的精神信念。

瑞金城外，有一间摆上桌子就会感到拥挤的小木屋，八十年前这里就是中央苏区最初的财政部。面对白色恐怖的经济封锁，昏黄的油灯下，财政前辈精打细算着每项收进支出，探索红色税赋，发行革命公债，一组组血汗凝聚的数字见证着共和国财政的成长。从那时起，艰苦奋斗的宝贵传统就在财政人身上闪耀着光芒。艰苦奋斗、勤俭节约作为一种精神状态，在财政工作中起到砥砺意志、陶冶情操的重要作用，形成凝聚人心、战胜困难的强大力量。纵观财政改革发展的历史，正是一代代财政人直面不同时期的艰难险阻，用艰苦奋斗的创业实践书写了无数的胜利篇章。

艰苦奋斗作为一个历史范畴，不同的时代必然赋予其不同的时代内涵，在每一个时期都有着不同的内容和表现形式。但不论在任何年代，艰苦奋斗精神所包含的勤劳俭朴、拼搏进取、富于创造、甘于奉献的基本内容不变。我们应当牢记，通往理想的道路向来就不平坦，任何辉煌业绩都要通过艰苦奋斗去创造。

实事求是　尊重规律

中国共产党九十多年来的历史经验一次又一次地证明，实事求是地坚持和遵循马克思主义同中国实际相结合的思想原则，是我国革命、建设和改革事业取得胜利的根本保证。按照经济规律办事，坚持实事求是的原则，是财政优良传统作风的精髓所在。

财政作为国家实现政治、经济、文化发展目标的重要工具，具有自己的性质、职能和规律。在为国家发展目标服务的同时，必须遵守经济规律，坚持实事求是，一切从实际出发，量力而行，尽力而为，不能急于求成，盲目冒进，否则欲速不达。财政人无论在什么情况下，都必须坚持党性原则，从国家利益出发，丢掉私心杂念，敢于实事求是地反映真实情况，有喜报喜，有忧报忧，以便领导正确决策。

知屋漏者在宇下，知政失者在草野。实事求是要求财政工作者注重调查研究，只有深入民众，体察民情，想群众所想，急群众所急，才能充分依靠群众，了解民意，集中民智，推进决策的科学化和民主化。只有发扬真抓实干、务求实效的良好作风，脚踏实地、埋头苦干，把握机遇、乘势而上，才能用一个个经得起实践、群众、历史检验的业绩，一步一个脚印地把我们的事业推向前进。

与时俱进　开拓创新

科学发展观的第一要义是发展，发展问题的本质是创新实践。新中国财政事业的每一项成就，都是以不断解放思想为先导、以突破陈规为前提的。坚持一切从发展变化的实际出发，用发展中的马克思主义指导工作实践，是财政优良传统作风的集中体现。

纵观财政事业发展史，一条财政体制改革之路，曲折而不平凡。不断突破旧思维、观念和做法的束缚，不断发扬开拓创新的进取精神，多少财政人呕心沥血，废寝忘食，夜以继日，凭着开拓创新的意识和突破进取的勇气，探索出中国特色社会主义财政事业的康庄大道。

在新的时代，我们必须善于把握时代发展要求和事物发展的新特点，从现实条件出发，深刻认识财政改革与发展的新要求，创新理念，破解难题，勇于变革，永不停滞，才能进一步做好新形势下的财政工作，为进一步创新发展奠定基础、创造条件。

清正廉洁　克己奉公

清正廉洁，克己奉公，是党的财政工作的光荣传统，也是对财政干部的基本要求。大力弘扬秉公用权、廉洁从政的良好工作作风，才能真正地代表人民掌好权、用好权。

九十年的风雨，财政人过手的资金何止亿万，但他们勤俭节约，为了集体和国家的利益精打细算，锱铢必较，节约革命的每一粒粮食、珍惜国家建设的每一颗螺钉、用好国家发展的每一分资金。他们公私分明，把个人的需求压缩到最低，不攀比收入的高低，不追求物质的享受，却收获了精神的财富和内心的平和。

廉洁秉公的精神滋养着一代代财政人的精神世界，体现在日常工作和生活的许多点滴细微之处。我们手中的权力，是党和人民赋予的，只能用来为人民谋利益；我们党的性质和国家政权的性质决定了我们党和政府把立党为公、执政为民作为执政的宗旨。一心为公，立党才能立得牢；两袖清风，执政才能执得好。财政人只有永远坚持干部清正廉洁，克己奉公，才能更好地团结在党的周围，共创时代新的伟业。

科学精细　恪尽职守

随着历史的车轮滚滚向前，中国特色社会主义的财政事业蓬勃发展，财政优良传统作风的宝库中也不断积淀着新的精神财富。科学化和精细化管理是财政人全面贯彻落实科学发展观的更高要求。

财政管理贯穿于研究制定和实施财政政策、编制和执行预算的全过程，水平的高低，直接影响到财政职能作用的发挥和财政资金的使用效率。科学化管理，要求从实际出发，积极探索和把握财政管理的客观规律，遵照财政法律法规要求，建立健全管理制度和运行机制，提高管理的实效性。精细化管理，要求按照精确、细致、深入的要求实施管理，有针对性地采取措施，不断提高财政管理的效能。

科学化和精细化二者是有机的整体，科学化是“抬头看路”，明确方向并选择有效的路径。精细化是“埋头拉车”，一步一个脚印地按照科学确定的方向前进。实施财政科学化、精细化管理，是财政管理理念的重大变革，是适应新形势发展的必然选择。

述往事，看今朝，思来者，精神的传承是一场没有终点的接力。薪火相传作为财政改革发展不断向前的动力源泉，已经铸成财政事业的光辉大厦。今天，财政人更当铁肩担道，高高扬起财政优良传统作风的劲帆，乘着解放思想、科学发展的东风，在改革开放的大潮中踏浪而行，直济沧海，开创更加美好的明天！

目录

经典论述

红色记忆

回忆·讲述

高山仰望

风云时代

丹心报国

回忆·讲述

丰碑

经典论述

发展经济，保障供给，是我们的经济工作和财政工作的总方针。但是有许多同志，片面地看重了财政，不懂得整个经济的重要性；他们脑子终日只在单纯的财政收支问题上打圈子，打来打去，还是不能解决问题。这是一种陈旧的保守的观点在这些同志的头脑中作怪的缘故。他们不知道财政政策的好坏固然足以影响经济，但是决定财政的却是经济。未有经济无基础而可以解决财政困难的，未有经济不发展而可以使财政充裕的。

毛泽东：“抗日时期的经济问题和财政问题”（1942 年 12 月），《毛泽东选集》第 3 卷，人民出版社 1991 年 6 月版，第 891 页。

我们的一切工作都是为了人民的。我们的经济工作和财政工作直接地或者间接地都是为着人民的物质生活和文化生活的改善。

周恩来："把我国建设成为强大的社会主义的现代化的工业国家"（1954 年 9 月 23 日），《周恩来选集》下卷，人民出版社 1984 年 1 月版，第 142 页。

勤俭建国是我们必须长期坚持的方针。应该估计到，我们的社会主义建设是一个长期的、复杂的、不断战胜各种困难的斗争。因此，我们必须在中央的集中统一的领导下，最有效地利用我国的人力、物力和财力，最严格地实行经济核算，不允许有任何浪费，艰苦奋斗几十年，达到在我国建成社会主义的伟大目标。

刘少奇：“在扩大的中央工作会议上的报告”（1962 年 1 月 27 日），《刘少奇选集》下卷，人民出版社 2004 年 12 月版，第 366 页。

“俭”就是要多方面节约。在衣、食、住、行以及日用等方面，无论是现金和物资，凡是可以不花的，就尽量不花；凡是可以少用的，就尽量少用，节省下来的现金和物资，都应当储蓄起来。这样日积月累，就是一个很大的数目。俗话说得好：“一天省一把，十年买匹马。”

朱德：“勤俭持家”（1957年12月17日），《朱德选集》，人民出版社1983年8月版，第369页。

我们国家虽然地大物博，但生产比较落后，财力有限，这就要求财政工作人员要善于节约，善于把钱用到主要方面去。

邓小平："地方财政工作要有全局观念"（1954 年 1 月 25 日），《邓小平文选》第 1 卷，人民出版社 2004 年 1 月版，第 200 页。

红色记忆

中华苏维埃共和国中央财政人民委员部与苏区财政、税收工作

胡国铤

中央财政人民委员部的建立

苏维埃临时中央政府成立前，全国各苏区的苏维埃政府都设立了财政部（区、市一级为财政科）。苏维埃临时中央政府成立后，中央人民委员会下设财政人民委员部。苏维埃第一届中央执行委员会任命邓子恢为中央财政人民委员，即中央财政部长。但因邓子恢当时在厦门从事党的地下工作，不能到职视事，中央人民委员会决定在中央财政人民委员部内先成立中央财政委员会，以项英、毛泽民、范树德等为委员，暂以项英为主席，开展工作。1931 年 12 月 27 日，中央人民委员会又决定将中央财政委员会扩大为中央财政经济委员会，以适应苏区发展经济的需要，仍以项英为主席。1933 年 9 月中央执行委员会任命林伯渠为中央财政人民委员，邓子恢改任中央副财政人民委员。1934 年 2 月，第二届中央执行委员会再次

任命林伯渠为中央财政人民委员。

邓子恢，福建龙岩县（今龙岩市）人。他早年留学日本，回国后来到赣南崇义县杰坝，在自己叔父开设的杂货店“庆昌和”号当店员，接受革命思想，1926 年冬在崇义县加入中国共产党，参加领导当地农民革命斗争。大革命失败后，他回到家乡龙岩，继续从事革命活动，发动和领导了 1928 年 3 月的龙岩后田农民武装暴动。接着与张鼎丞、郭滴人等一起，在毛泽东、朱德等领导和红四军帮助下，领导开创闽西革命根据地，成为闽西苏区的主要创建者之一。他先后任中共闽西临时特委书记和特委书记、闽西苏维埃政府主席等职。1930 年 8 月，因抵制李立三“左”倾冒险错误，被撤去特委书记职务，福建省委将他调往闽东从事地下工作。1931 年 11 月苏维埃临时中央政府任命他为中央财政人民委员时，他还在厦门等地从事秘密工作。1932 年 4 月下旬红军攻占漳州后，他与毛泽东见面时，才得知自己被任命为中央财政人民委员部部长。两个月后，他前来瑞金正式就职视事，1933 年 4 月兼任中央国民经济人民委员（即中央国民经济部部长）。1933 年 9 月，邓子恢受“左”倾领导者错误批判，被撤销中央财政人民委员部部长职务，改任中央财政人民委员部副部长。

林伯渠，湖南临澧人，1921 年加入中国共产党。参加过辛亥革命、反袁斗争，曾任国民党中央执行委员会委员、常务委员兼农民部部长。参加过北伐战争，1927 年 3 月被选为国民党中央常务委员，任国民政府军事委员会秘书长。同年参加南昌起义，任革命委员会委员兼财经委员会主席。1928 年赴苏联学习，1932 年冬回国，1933 年春到瑞金。这一年他已 47 岁，被尊称为“林老”。

中央财政委员会委员范树德，河北省无极县人。黄埔军官学校第四期毕业，1925 年 10 月加入中国共产党。曾任国民革命军第四军独立团连政治指导员、第二方面军总指挥部警卫团团副兼辎重队队长等职，参加了北伐战争。1927 年 9 月参加湘赣边界秋收起义，后任工农革命军第一军第一师军法处处长、第一团辎重队队长、红四军军需处处长。参加了创建、保卫井冈山根据地和创建中央根据地斗争，1930 年后任红六军第二纵队辎重队队长、红三军军需处处长，1931 年春任中央革命军事委员会总经理部部长，1932 年冬任中央革命军事委员会总供给部部长、总参谋部局长。

中央财政人民委员部成立后，在瑞金叶坪村谢氏宗祠办公，1933 年 4 月迁至瑞金沙洲坝新屋家杨兆洛祠堂，1934 年 7 月迁至瑞金云石山。

除中央财政人民委员部设立有中央财政委员会外，苏区各级财政部均下设财政委员会，委员省 11～15 人，县 9～11 人，区 7～9 人，市按大小由 7～15 人组成。各级财政委员会均由部长、副部长、会计处（科）长、税务局（科）长、国有财产管理局（科）长、国民经济部的代表、国库（分库或支库）主任、银行行长、所在地附近的下级财政部长、与财政人民委员部工作有联系的机关代表、其他工作人员中能胜任此职务者组成，以部长为主任。

中央财政人民委员部下设会计处、审计处、总务处、税务局、公债管理局、钱币管理局、国有财产管理局、合作社指导委员会等工作机构。后来，还增设了粮食调剂局与对外贸易处。各处、局职责如下：

会计处：掌管总预决算的编制，金钱物品之书记、会计制度之确立等事项。

审计处：掌管总预决算的审核，簿记之检查及审核国家预备之支出，国库现金及存款事项。

总务处：掌管财政人民委员部各种财产、文件及一切杂物。

税务处（后改为税务局）：掌管各项税务之计划、整理和征收，各级税务机关之建立和监督。在国家工商登记局未建立之前，兼管工商业之登记事项。

公债管理局：掌管公债之计划、发行推销、还本付息、买卖抵押、登记注册及各种证券的管理和取缔等事项。

钱币管理局：掌管币制的统一，国币之制造与发行，银行和造币厂之管理与监督，金融之调剂等。

国有财产管理局：掌管国有山林、矿山、店铺、房屋、工厂、企业之经营，管理出租和各种租金之征收等事项。

合作社指导委员会：掌管指导和计划各种合作社之建立和发展等事项。

各省、县财政人民委员部内设工作机构与中央财政人民委员部相同，只是不称“处”而称“科”。

除上述各机构外，必要时各级财政人民委员部还可组织各种专门委员会，研究各种专门问题，并可聘请专门人才为委员；各管理局和处，也可组织委员会从事研究和处理与该局、处有关的问题。如1932年4月和1933年7月，各省、县、区财政人民委员部就先后成立了土地税检查委员会和没收征发委员会，作为临时工作机构。1933年2月中央国民经济部成立后，各级财政人民委员部粮食调剂局、对外贸易处与合作社指导委员会划归同级国民经济部领导。

苏区财政工作

一、苏维埃临时中央政府成立前苏区的财政工作状况

随着土地革命的开展和革命根据地的建立，根据地的财政工作也随之建立起来。

根据地创建之初，地方红色政权和红军内部都建立了财政工作机关。地方红色政权设财政部或财政科，红军部队的财政工作（即经费管理）由后勤机关（时称“经理部”或“经理处”）负责。财政收入来源，主要靠打土豪筹款。具体做法就是红军和地方革命武装每到一地，都深入调查了解当地地主豪绅情况，然后发动当地贫苦农民将反动地主豪绅捉起加以镇压，将他们的家产没收；对反动富农多余的家产经群众同意也予以没收。所没收的财物，一部分当场分配给贫苦群众，一部分充公作红军战费和红色政权经费。为此，毛泽东在井冈山根据地创建初期就将打土豪筹款确定为红军三大任务之一，而且制定了“一切缴获要归公”的严格纪律。红军和红色政权的这种筹款政策和方式，是完全必要和正确的。因为这是打击敌人、发动群众的需要，也是减轻人民群众负担、发展壮大红军、巩固新生红色政权的需要。

除此之外，红军在必要时还适当向商家筹款。如1927年10月下旬朱德、陈毅率南昌起义军余部在大余县城整编期间，就曾向该县商会借款一万余元，以作军费；1929年2月13日红四军游击赣南进占宁都县城后，也曾向该县商会筹款5000余元。1930年2月14日发布的《前委赣西特委五六军军委联席会议通告第一号》明确规定：

“财政政策：（1）红军军饷及政权机关的费用，主要应向豪绅地主取得，而不应加增中小商人的负担。（2）商店资本在二千元以下者不筹款，两千元以上的按照下列比例要求他们捐助军饷。资本有两千五百元捐款三

十元，三千元者捐款四十元；此外资本增加一千元加捐于全部资本数百分之一，如资本四千元除捐四十元外则加捐四千元之百分之一，共捐八十元；资本五千元者除捐八十元外则加捐五十元，共捐一百三十元；资本六千元者除捐一百三十元之外，加捐六千元百分之一，即捐六十元，共一百九十元。资本增加者依此类推。（3）向豪绅地主筹款用罚款名义，向商人筹款用捐款名义。（4）对于豪绅地主所开的商店，于其商店资本部分仍按照比例向其捐款；于其豪绅地主部分则加以罚款。（5）反动分子所开的商店，经过宣传取得中小商人的同情之后，可以没收，否则仍不要没收。对于反动店主，在群众认为必要时，应该捉拿并罚款。（6）河流交通在军事的必要上得施以检查，或有时期、有范围的断绝船只来往，或扣留船只，不得没收船只上货物及其他财产。”①

1930 年后，在红色政权相对巩固、土地改革和分配工作已经完成的红色区域，也开始征收农业税，充作红色政权的财政收入。

根据地初期财政工作的开展，为革命根据地的创建和革命战争的发展提供了有力的支持。但是，根据地创建之初，地方红色政权（从省至县、区、乡）和红军部队都没有建立统一的财政体系和财政制度，财政收支也较混乱，更没有建立统一的国库制度。福建省苏维埃政府在 1932 年秋作的工作报告中说：“过去福建财政，非常混乱，都是各自为政，各县区乡财政收入与（支）出没有统一的支配与统计，闽西单在税收项上究竟多少都不知道。财政系统没有建立，各级政府没有做预算决算，有些政府用了许多钱，有些政府又没有钱用。因此没有钱用时乱打土豪，或因无钱政府闭门。其次和军队各革命团体财政不分家，用钱查不出来，甚至无钱乱向群众募捐或向银行借款。”② 江西苏区也存在这种现象，“财政既不统一，更无预算，所以各级苏维埃的本身组织也随便规定，所以，一个乡政府以前经常可以有三四桌人吃饭，区政府可以有七八桌人吃饭，每月的客饭一个乡政府可开一二百元”。③ 混乱的财政管理体系和财政政策及不同的运作方式，必然难以适应革命形势的发展和根据地建设的需要。

---

① 《革命根据地经济史料选编》上册，江西人民出版社 1986 年版，第 390~391 页。

② 《福建省苏区报告》，1932 年，载《中央革命根据地史料选编》下册，江西人民出版社 1982 年版，第 249 页。

③ 《江西苏区中共省委工作总结报告（一、二、三、四月总报告）》，1932 年 5 月，载《中央革命根据地史料选编》上册，江西人民出版社 1982 年版，第 450~451 页。

2010年，财政部机关团委组织青年干部代表赴江西瑞金苏维埃财政部旧址瞻仰学习。

二、苏区财政管理体制的统一和完善

（一）建立统一的财政体系

苏维埃中央政府成立后，立即将建立、健全各级财政管理机构，统一财政制度，作为一项重要而紧迫的工作，列入议事日程。1931年12月，苏维埃中央人民委员会发布“财字第二号”训令，强调指出：“各级部队（军、师）、各级政府（县、区）之财政机关对财政统一的观念，过去可说是很少有的。现在中央政府已经成立，统一财政是目前政府极重要的工作，因为财政老不统一，是要影响行政和军政的。”① 这一训令对苏区的财政体系作出了规定，具体如下表：

① 《人民委员会训令（财字第二号）》，1931年12月，见《中央革命根据地史料选编》上册，江西人民出版社1982年版，第411页。

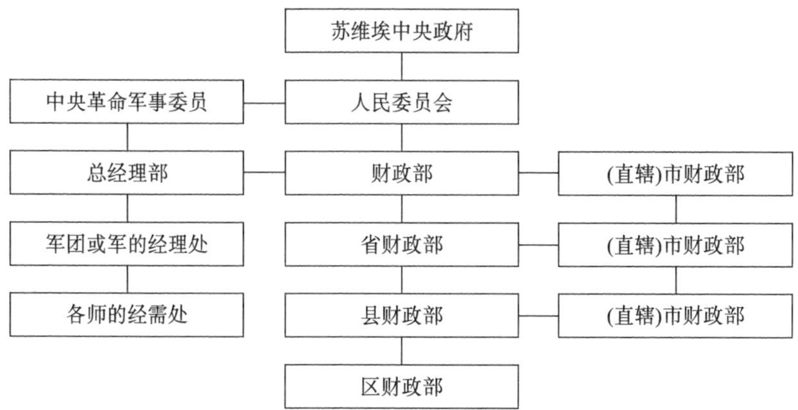

各级财政部门在行政系统上直属于上级财政部，建立上下级的系统关系，绝对执行上级财政部的命令，但同时受同级政府主席团的指导，发生横向联系。

中央财政部是苏区最高财政机关，省以下各级财政部门及军队各级财政管理部门均须接受中央财政部领导，绝对执行其指令。下级财政部长，经各该级苏维埃执行委员会或城市苏维埃选举出来之后，必须报上级财政部门批准。这样，就建立了苏区严密的财政管理体系。

（二）建立统一的财政制度

1931 年 12 月，苏维埃中央政府颁布了《中华苏维埃共和国暂行财政条例》，对苏区财政制度和财政运行操作规则进行了规范。

（本文选自胡国铤主编：《共和国之根》，中共党史出版社，2009 年版。）

从小木屋到大财政

刘明中　毛祖逊　张　胜　王东升

在瑞金叶坪村中华苏维埃共和国临时中央政府广场（又名红军广场）草坪中央，镶嵌着“踏着先烈血迹前进”八个大字。在它的前方，是红军烈士纪念塔。

广场旁边的谢氏宗祠，是第一届中华苏维埃共和国全国代表大会旧址和临时中央政府所在地。一进门右侧的一排木板屋中，有一间左上方挂有“财政人民委员部”指示牌的约 10 平方米的小木板屋，“红色财政”就从这间小木屋诞生。

红色财政　白手起家

1931 年 11 月 7 日，中华苏维埃第一次全国代表大会向全中国和全世界庄严宣告：中华苏维埃共和国临时中央政府正式成立。

在苏维埃政府成立的同时，财政人民委员部是中央政府最早设立的九部一局之一。开始，财政部在瑞金叶坪村谢氏宗祠内办公，只有一间约 10

平方米的小木板屋，由邓子恢任第一任财政部长，工作人员只有 3 人 ~5 人，无内设机构。由于苏区的不断扩大，工作任务、职能的不断拓展，临时中央政府于 1933 年 4 月迁到沙洲坝，财政部也随之迁到沙洲坝新屋家村的杨氏兆洛太祠。此时的财政部职能已初步健全，管理趋于正常。根据 1933 年临时中央政府通过的《中央政府财政人民委员部暂行组织纲要》，财政部内设：没收委员会、征发局、税务局、公债局、国有财产管理局、秘书局、国库局、预算局等 8 个机构，同时还办了一个印刷厂，并在财政部左侧 20 余米处的国家银行（毛泽民任行长、隶属于财政部）内设立总金库，财政部是当时中央各部中最大的一个。工作人员也于 1934 年发展到 40 余人，但到长征时，人员调减到 20 人 ~30 人。同时，在各省、县、市、区相应设立财政部，行政上隶属于上级财政部，同时受同级苏维埃政权指导，从而在中央苏区形成较为完善的财政系统。

由于当时残酷的战争环境，筹集战争经费、保障红军各项供给及苏维埃政府各项费用供给成为红色财政最主要也是最基本的职能。当时，战争经费主要靠打土豪筹款及没收地主浮财、战争缴获来筹集。财政部统一了税则，取消了国民党的各种苛捐杂税，代之以统一累进税制。当时主要征收农业税、山林税、工商统一税等，发行公债也是重要手段。第四次反“围剿”时，财政部向苏区工农群众募集“革命战争短期公债”30 万元；第二次“革命公债”于 1932 年 11 月 1 日开始分期发行，至 12 月 1 日共发行 128 万元，同时发行经济建设公债 300 万元。

公营经济也在当时出现了，它包括中华纸业公司、钨砂公司、对外贸易局、粮食调剂局和矿山、店铺等。对收归国有的矿山和没收归国有的店铺，实行租赁经营，租金上缴苏维埃政权。但公营经济主要保障红军的供给。盈利不多。1933 年财政部统计 1 至 8 月国营事业的收入为 107188 元（含各种生产的盈利）。

1996 年以前，人们还认为成立国有资产管理局是一个新生事物。其实早在中央苏区时期它就已经存在了。财政部迁到沙洲坝后，于部内设立了国有财产管理局。据一位当时担任押解战争缴获物的现年 90 多岁的老红军回忆，国有财产管理局由当时的财政部税务局局长李六如兼任局长。据考证，该局设立于 1932 年冬或 1933 年春。当时，苏区的国有资产主要有没收归公有的国有资产及政府创办的公营企业，其中国有工业企业有兵工厂、印刷厂、被服厂、造币厂等，至 1934 年 2 月，规模较大的国有工厂共有 32

个，产业工人达2000余人，同时还有国有商贸企业等。其他尚有国有的资源性资产（如矿山、土地等）、政府的财政性资金及各种办公用房、设施等。当时，省、县、区各级财政部均设有国有财产科，乡苏维埃设国有财产委员会，从而形成了完整的管理体系。当时，苏区国有资产管理职能主要有财产清理登记，管理工厂、店铺、作坊等国有企业，收缴租金，管理公家借款等，它丰富了苏区的财政管理，表明苏区财政已有了发展经济、保障财政供给的内容，使苏区财政工作变得充实和生动。

向敌人学习财政

苏区创建初期，“各级苏维埃无财政可言，乱收乱用，随意浪费，更无预算、决算和计划”，财政部建立后，为了统一财政和会计制度，中央政府建立了预决算制度，规定“凡中央财政部直接下一级财政（或财务）应于每月20日前选报其下月预算，5日前将上月决算表送交直接上一级财政机关审查批准。”从而实行了统一的财政制度。同时，统一了税收及会计核算制度，收支归类，统一会计科目、会计凭证、单据和记账方法。

为建立苏区财政，加强管理，发展苏区财政经济，保障战争供给，支持政权建设，苏维埃政府及财政部共颁布了《中华苏维埃临时中央政府财政人民委员部暂行组织纲要》、《中华苏维埃共和国暂行财政条例》等总计61个财政法规、政策、法令，从而在中央苏区形成一套较为完善、规范的财政管理体系，对于今天还有着重要的现实意义和借鉴作用。为了严格财政监督，财政部还建立了一套行之有效的制度，规定审计人民委员会可以不受财政部约束，单独审查财政账目，并可独立处理。

中央苏区处于白色恐怖的包围和残酷的战争环境之中，苏区财政白手起家，无任何可借鉴的现成的财政管理、财政制度方面的资料，且缺乏专门人才。但是，这难不倒苏区的革命者们，他们向一切方面包括敌人学习、借鉴，逐渐建立起行之有效的财政制度。1932年，红军攻打福建沙县，缴获了敌军一个印刷厂，在印刷厂内发现了废弃的已印好的大张的发票。红军就用它包扎印刷机等设备运回瑞金的财政部印刷厂。财政部的工作人员从包扎机器的包装纸中极为偶然地发现已废弃（因印刷错误）的税票，一共有三联：一联是交税企业留存，一联为财政留存，第三联是国库留存。这一偶然的发现使财政部从中获得有益的启示：财政国库应怎样设立，国库业务应如何开展和流转。而在此之前，对纳税人交的税款不知如何运转。财政部从而建立起一套较为完善、行之有效的财政国库业务制度。

节约每一个铜板

由于国民党对中央苏区进行经济封锁和军事“围剿”，苏区财政经济极为困难。为打破敌人的封锁和“围剿”，中央苏区工作人员和红军后方机关工作人员节省每一个铜板，勒紧肚子支援前线。临时中央政府机关报——《红色中华报》率先号召苏维埃政府工作人员开展“四个月节省80万元经费”的节省运动。之后，节省运动在中央苏区各部门、各地区如火如荼地开展起来。临时中央政府人民委员会于1934年4月19日在《人民委员会为节省运动的指示信》中指出：最近在“红色中华”节省80万的号召之下，节省运动在许多地方热烈地开展着。特别是中央政府各部，在3月份，及最近半个月来的节省运动，取得更伟大的成绩。行政经费一般的做到每月减少40%以上，普遍的实现了每人每天节省二两饭钱一分菜钱又一个铜板（有的是两个铜板）。并指出：为了充分保障红军给养，立即在群众中开展每人节约3升米帮助红军的群众运动。在人民委员会的号召下，中央总务厅每月的行政经费从1800元减到1000元以下。他们的办法，一是将工作人员由165人裁减为119人，二是节省30%的办公经费。国家银行的工作人员则要求免发5个月的工资津贴，要求免发衣服并自动退还公债。中央政府节省委员会于1933年12月17日决定，各级苏维埃政府每天每人节省一个铜板，至10天自动缴纳；不进馆子，不吃小食。节省办公费用30%，纸张文具等尽量节省，以求超过30%。普遍设立节省箱，各部门都要有一个。据统计，1933年11月，苏区行政费为1793797元，而12月仅为1240373元，节省553424元，津贴费11月份为464393元，12月份为270168元，节省194225元。1932年2月—1934年4月3日，全总执行局节省支出1088259元，国家政治保卫局节省支出173900元。仅1934年3月，中央政府各部就节省经费167330元。

早在1930年11月20日，江西省苏维埃政府发出财字第二号通告，要求节约伙食费和办公费，支援革命战争需要。规定：各机关工作人员无论在城市，或者在乡村，每人每天只发伙食费，暂时不发零用钱，办公费尽

量减少（如睡觉熄灯，以毛边纸代替信简，写标语多划壁）。中共江西省委全体工作人员，每人每天节省半碗米（即吃两餐干饭一餐粥）帮助红军，每五天从自己的伙食费中捐出1/3，作为红军军费。国家政治保卫局江西分局的办公费减少1/4以上，灯油费减少2/5。据中央财政部1934年4月的初步统计，江西省苏维埃政府已交金库节省款为41372元。种种现象表明："节约每一个铜板闹革命"这句今天人们耳熟能详的话当时已化为苏区人民的实际行动。

血，不容腐败

前方在打仗，在流血，"一切为了战争"，贪污浪费等腐败行为在中央苏区绝不能听之任之。1933年12月15日，中央政府中央执行委员会主席毛泽东发出第26号训令，严惩贪污腐败行为，规定：贪污公款在500元以上者，处以死刑。贪污公款在300元以上500元以下者，处以2年以上5年以下的监禁。贪污公款在100元以上300元以下者，处以半年以上2年以下的监禁。贪污公款在100元以下者，处以半年以下的强迫劳动。令行禁止，此令一出，中央政府工农检察部严厉查办各类贪污浪费等腐败案件。1933年12月28日，中央苏区政府人民委员会对瑞金县财政部长蓝文勋撤职查办，他对于本部会计科长唐仁达贪污公款等34项计大洋2000余元（唐仁达后被处决）一事知情不报，直到中央工农检察部审查唐案，蓝文勋自知已无法掩饰，才说出唐仁达贪污了土豪刘绳仪所交罚款20元，自己听任其赔还了事不予追究的实情。严办贪污腐化分子大大震慑了许多不良分子，严肃了财经纪律，有力地巩固了苏区政权。

从此，"红色财政"走出"摇篮时期"而逐步迈向成熟。

（本文选自《中国财经报》1998年7月23日）

邓子恢

第一财长

蒋伟宁

云山苍苍，江水泱泱，先生之风，山高水长。

——杨尚昆

邓子恢（1896.8.16 ~1972.12.10），福建龙岩人，杰出的无产阶级革命家、政治家，农业工作的卓越领导人，是闽西革命根据地和苏区的主要创建者和领导人之一。解放后曾任中共中央农村工作部部长、国务院副总理、全国政协副主席等职，被誉为党内的农业、农村工作专家。

我对邓老的了解是从学习中共革命史开始的，后来通过学习财政史，才知道邓老还是红色中华政权的第一任财政部长，对财政工作、土地工作以及农村工作都做出过突出贡献。值我部开展“薪火相传 开拓创新”主题教育活动之际，作为一名80后财政青年干部，谨以此文纪念邓老。

临危受命

1931年11月7日，中国共产党酝酿已久的“一苏大会”终于在江西瑞金叶坪村召开了，中华苏维埃共和国临时中央政府宣告成立。会上决定在人民委员会之下设立“九部一局”，中央财政人民委员部是九部之一。事实上，临时中央政府成立伊始，仅仅是个框架。九个部的部长，有好几个都没有到职，其中就包括正在闽东一带发动组织农民运动的邓子恢。当时的办公条件极其简陋，临时中央政府设在瑞金城外叶坪村的谢氏宗祠里。先用木板将祠堂大厅隔成一个个小房间，一个房间就是一个部，门口依次挂上每个人民委员部的牌子。每个房间都很小，大约只能放两张桌子，财政人民委员部就在其中的一个小房间里。

1932 年 7 月初，越过敌人的重重封锁，邓子恢终于到达临时中央政府所在地瑞金，就任中央财政部部长，他所面对的是一项自己从未做过的工作，同时也是一项极富挑战性的工作。作为红色政权的首任财政部长，最初的管辖范围只有中央苏区的二十几个县（当时只有近 300 万人口），但由于当时敌人封锁，战争激烈，军费浩大，财政工作压力可想而知。

“这简直是自杀政策”

在邓老就任财政部长之前，临时中央政府已发行过一次公债，总额 60 万元，干部群众踊跃认购，很快就完成了任务。对于发行公债这种方式，邓老非常慎重，他深知群众生活疾苦，公债发行之所以能完成任务，完全是因为广大群众对共产党、对苏维埃政府的衷心拥护。1932 年 10 月，因第四次反“围剿”急需用钱，迫不得已之下，邓老才决定发行第 2 期公债 120 万元。在实施过程中，有一些地方违背群众自愿认购的原则，逼迫群众购买。会昌县就出现了按人口平均每人摊买 6 角钱公债的严重问题。邓老知道后极为愤怒，很快签发了《中央财政人民委员部训令第 10 号》，除严厉批评外，还指出这种恶劣作风“简直等于断送群众，替反革命造机会的自杀行为”。

1932 年 11 月，财政部根据工作需要公布了《筹款办法》。邓老鉴于个别地方发行公债过程中出现的问题，又于 12 月 28 日以代理土地部长的名义签发了《中央土地人民委员部训令第 1 号》。《训令》特别强调严格执行党在农村的阶级路线，“第一就要分清阶级，把隐藏着的豪绅地主通通清查出来，……但同时要注意不要把中农当富农，富农当作地主，特别是游击队向白区游击时要坚决纠正过去不分阶级的不好现象，这是破坏阶级战

线，把群众送给敌人去利用，结果只有造成铜墙铁壁的赤白对立，这简直是自杀政策”。

邓老在上任的第一个月内，为财政部和土地部签发的两份文件都写上了“这简直是自杀政策”这类字眼。由此可见，他对于涉及群众利益的事情，总是把它同革命的生死存亡联系起来，所以只要是侵犯群众利益，他都深恶痛绝，溢于言表。

巧妙化解挤兑风波

第五次反“围剿”时期，为了全力支援战争，财政日趋困难。临时中共中央负责人博古命令石印机加速运转，通过多印钞票来缓解经济危机。这种饮鸩止渴的做法很快导致国币贬值，物价飞涨，群众慌恐。躲藏在苏区内的敌特分子趁机作乱，一时谣言四起，国币信誉严重下降，银行界最为忌讳的挤兑风波来临了。

邓老匆匆来到国家银行营业部，只见行长毛泽民一脸倦意。邓老担心地问：“银行库存的现洋能顶得住吗?”毛泽民抹着脸上的汗水回答：“能兑几天就兑几天，国币的信誉我们一定会保证的!”毛泽民又说：“明天银行会派人到前线去，把缴获的日用物资运回来充实各个消费合作社的货架，再用这些物资来换回纸币。”邓老听后紧张的心略微放宽了些，但想到营业厅那挤兑的样子，又担心日用品运回前的几天时间里怎么应付前来兑换的群众。因为从前线运回物资最少也要一个礼拜！想到这里，邓老提议利用秘密金库，用金库的金银财宝在人民群众面前演一出“空城计”。两人一拍即合。

第二天，营业大厅的柜台上，左侧是一座用金条、金砖垒起来的“金山”，足有二尺高，下面围着“山脚”转的是珍珠、玛瑙等贵重物品；右侧是用银锭、银元、银针搭成的“船山”。营业厅大门打开时，映入群众眼帘的是金灿灿、银闪闪的两座“山”，一时之间，寂静无声，大家仿佛进入阿里巴巴打开的财宝大门。这一天，换币者成了参观者，转而又成了宣传者，银行只换出去十几块光洋。就这样，邓老一举化解了当时的挤兑风波。

培养人才不差钱

邓老在极端艰苦的战争环境中，不遗余力地从事开创性的财政经济工作。自1932年起，在两年半时间里，不仅统一了苏区财政、巩固了土地革命胜利成果，还亲自主持制定和颁布了一系列中央苏区财政税收政策和法令，如税收制度、会计制度、金库制度等，有力地支持了红军在反“围剿”中的给养供应。但邓老深知光有规章制度还不行，财政事业要想发展得好、发展得快，还要有会写会算的人来执行才行。为此，邓老还一连举办了财会人员、国库人员和银行人员三个培训班，大大提高了财政干部的业务素质和工作能力。

有一次，设在中央苏区的红军学校干部团想申请一笔发展经费，经管这项工作的负责人怀着不安的心情提出了这个要求，生怕邓老不批准。但没想到的是，邓老竟非常爽快地答应了。邓老说：“现在环境险恶，困难这么多，财政这么紧张，但培养干部我们不惜代价，这笔钱还得花。”从这一点可以看出邓老不尚空谈、求真务实的工作作风。

“凡涉及广大群众的事情，要走群众路线”

1953年，邓老调任中央农村工作部部长。他在农村工作部的10年间，带领工作组走遍了全国大部分省、区，做了大量的调查研究工作。他常称自己是“农民化了的知识分子”。邓老曾不止一次地说过：“凡涉及广大群众的事情，不要个人自作聪明，不要主观主义、命令主义。要同群众商量，走群众路线。”

大跃进、人民公社兴起后，我国农村生产关系远远脱离生产力的发展水平，各种矛盾日益暴露，最终导致地减产，人挨饿，到处上访告状，乱子越出越多。1960年6月，刘少奇委托邓老下乡调查，摸清真情。邓老虽身患糖尿病，但仍抱病率工作组离京，先到山西汾阳，后赴河北石家庄。他下乡一向反对兴师动众、前呼后拥、搞形式主义调查，而是带几个随行人员，轻车简从，在农村悄然走乡串户，纯粹是一身农民打扮，人们根本看不出他是北京来的副总理。他亲自找干部和农民开座谈会，亲自记笔记；到农民家里，他亲自揭锅盖，看粮袋，一丝不苟，实地考察农村真实

情况。为避免调查的片面性，他不顾劳累，又南下江苏，深入水乡无锡开展调查。调查后，邓老在无锡立即指挥工作组埋头起草条例，经过反复推敲，连续奋战40多个昼夜，终于完成了《人民公社内务条例》（草案），这就是著名的66条。

斯人已逝，精神永存。优良传统是一个国家和民族的根之所系，对财政工作更是如此。邓老作为革命时期财政战线的卓越领导人，他不畏艰辛、求真务实、不尚空谈的工作作风给我们留下了宝贵的精神财富。这些优良作风经历了血与火的考验，经历了时间的洗礼，坚不可摧，历久弥香。当前我国正处在改革发展的关键时期，我们一定要继承好、发扬好老一辈财政人的优良传统作风，积极投身于“为国理财，为民服务”的伟大事业中去！

（作者系财政部机关团委委员，教科文司干部）

战斗而多难的一生

——回忆爸爸邓子恢同志

邓毅生

我爸爸邓子恢逝世之后，董必武同志曾手书悼诗：

崛起闽西有俊声，敢挑重担任批评。

忠于革命忠于党，应是毛公好学生。

这首诗寄托着董老对亲密战友的无比深情，也是对我爸爸的评价。每当读到这首诗，就使我想起爸爸战斗而又多难的一生。

崛起闽西　转战中原

父亲老家在福建龙岩东肖，地处闽西山区。我祖父是个中医，由于地主豪绅欺凌，后来出走广东，客死他乡。父亲目睹中国农村的贫穷落后，对农民所遭受的剥削和灾难，有极深的体会。

中学毕业后，爸爸曾东渡日本留学，后因病中途辍学。归国后，他寻求革命真理，创办《岩声》报，抨击黑暗统治，1926 年冬加入了中国共产党。1927 年大革命失败后，在党的领导下，他组织了江西崇义县“五一”暴动；1928 年初，又参加领导龙岩县（今龙岩市）后田农民暴动；同年 7 月，参加中共闽西特委的领导工作，开展闽西游击战争。

那时敌强我弱，当地土豪劣绅勾结国民党反动派和反动土匪武装，经常下乡“清剿”，爸爸有一次回家后，被敌人发现了，敌人的武装从前门入，爸爸则从后门离开，在群众的掩护下转移上山。在残酷的斗争中，有人劝爸爸去避一避风头，但爸爸总是笑笑说：“穷人要翻身，反动派要打倒，哪有不死人的！”

我那时只有几岁，但也经常随着大人东逃西躲。从 1929 年到 1931 年，家里房子三次被烧，我们母子没有歇脚之地。敌人的猖狂只能加深爸爸的仇恨，丝毫没有动摇他的革命意志。

1929 年初，父亲接任闽西特委书记。同年 5 月，毛泽东同志率领红四军二次进入闽西。23 日傍晚，父亲在龙门圩见到了毛泽东、朱德、陈毅等同志，汇报了闽西工作情况。从此，爸爸在毛泽东同志领导下开展工作，思想水平和斗争艺术都有了很大提高。

在闽西共同战斗的岁月里，毛泽东同志关于中国革命性质和道路的精辟分析，开展革命武装斗争的方针和路线，以及用兵如神的指挥才能，使爸爸很佩服。据说，他们工作之余，经常漫步在枫树林里或者小溪畔，研讨革命问题。董老的诗句：“应是毛公好学生”，正是父亲和毛泽东同志战斗情谊的概括。

1931 年 11 月 7 日，在江西瑞金成立了中央工农民主政府，爸爸被任命为人民委员兼财政部长。当时爸爸在福建沿海白区领导地下斗争，直到第二年 7 月才到职。

1934 年 10 月中央红军长征，爸爸奉命留下来坚持斗争。他突破了敌人的重重包围，返回闽西根据地，和张鼎丞等同志会合，开始了艰难的三年游击战争。

1939 年，我和叔叔、叔伯弟弟三人一起去参加新四军。我们到达皖南时，爸爸已随叶挺军长到江北整编四支队去了。以后，他就留在新四军江北指挥部，任政治部主任，又任淮北区党委书记。“皖南事变”中，我和叔伯弟弟邓复生不幸落入敌手。不久，复生牺牲在上饶集中营转移途中的福建崇安赤石镇。我在上饶集中营被关押了几个月，后虽逃出敌营，但长期与组织失去了联系。1946 年冬，我辗转来到上海，终于找到地下党组织。同年底到达山东临沂独树头村，见到了久别的爸爸。这时，正值蒋介石对我华东解放军重点进攻。爸爸同陈毅等同志率新四军战略转移至山东。当爸爸知道我在向党组织写脱党期间的报告时，他严肃认真地和我谈了一次话，再三教育我对党组织要绝对忠诚老实，要实事求是地把情况写清楚。

人民利益高于一切

爸爸对敌人无比仇恨，斗争坚决，从不退让，对人民群众充满着阶级的深情，甘为人民作马牛。我听妈妈讲过一件事。那是 1960 年的困难时期，爸爸带领全家去参观在北京展出的四川泥塑《收租院》。栩栩如生的塑像，再现旧中国人民的深重灾难。爸爸迈着沉重的步子，一边参观一边对儿女们讲解。当他来到那个插着草标卖身的瘦弱小女孩的塑像旁边时，默默地站住了，淌下两行热泪，久久没有说话——他被深深地感动了！后来爸爸对妈妈说："中国的农民是最老实的，我们要特别注意保护农民的利益，反映他们的疾苦，而不能去欺侮他们。"他常称自己是"农民化了的知识分子"。他曾不止一次地说过"凡涉及到广大群众的事情，不要个人自作聪明，不要主观主义、命令主义。要同群众商量，走群众路线"。

在革命战争岁月中，爸爸也并没有因为战事繁忙而忘掉群众。每当战斗间隙，他总要到群众中去了解情况。在山东解放区，那时战事频繁，驻地时时变更，我经常看到他与驻地房东老乡谈心，宣传党的政策和了解村中的各种情况。部队宿营，他都要亲自检查"三大纪律、八项注意"执行情况，不准有丝毫损害群众利益的事。

1953 年，爸爸调中央农村工作部任部长。他在农村工作部的十年间，带领工作组走遍了祖国大部分省、区，作了大量的调查研究工作。

在北京，他也不放松调查研究。爸爸经常与家乡老根据地的人民群众保持密切的联系，家乡的群众和干部来京开会，都要来看望爸爸。家里经常是门庭若市。对人民群众，爸爸尽量亲自接待。他经常告诉家里人，这也是向群众学习的一个好机会。

1961 年他身患黄疸病、糖尿病等多种疾病，组织上安排他去海南榆林治疗、休养。这时候，国家经济遭到极大的破坏，闽西家乡许多干部群众给爸爸和张鼎丞同志写信，希望得到他们的关注。这年春天，他和张鼎丞同志率领一个工作组，带病经漳州返回龙岩，深入到东肖、湖邦、曹溪、小池等地进行了二十余天的调查，接待了一批又一批来访的干部和群众。有一天，他和张鼎丞同志在龙岩街上理发，刚理了一半，群众闻讯，都围到了理发店门口。他俩等不及理完发，就赶紧走上大街，接见了群众，还发表了即兴演说。群众都高兴地说：他们虽然住在北京，却和我们老区群众心连着心。

在龙岩的调查中，他发现了农村经济工作的许多弊病，农村食堂也弊多利少。爸爸从龙岩回来，心情十分沉重。我刚好到北京开会。爸爸整夜和我谈家乡人民的情况，表示了深深的忧虑。他还提议叫我考虑，是否可以回家乡去搞农村工作。后来由于多种原因，我未能去成。

爸爸非常重视群众的创造精神，善于总结群众的经验。1962 年前后，安徽等省出现了生产责任制，或者叫“责任田”。爸爸去作了调查研究，认为生产责任制很好，并准备向中央打报告，要求在农村普遍推广。有的好心人曾劝他说：中央对此还有不同意见，最好等中央态度明确后再说。爸爸说：“不能等，应当向中央明确地提出意见。”“有些人就是怕丢乌纱帽，却不顾老百姓的死活。”“为了个人得失而放弃了人民群众的利益，那还是共产党员?!”

现在，生产责任制已经在全国范围内实施了。重温爸爸这些发自肺腑的声音，我常常泪湿衣襟。

忍辱负重　赤胆忠心

每当读到爸爸生前战友回忆他秉公无私的文章时，我的心头就十分不平静。爸爸一生不仅与敌人作残酷无情的战斗，而且还要像鲁迅先生说的“横着站”，受党内左倾机会主义路线的打击。我算了算，从爸爸 1926 年入党到 1972 年逝世的四十余年中，他竟受到五次大的错误批判，几次被撤职、降职、靠边、下放，备受精神折磨。但正如一句俗话说的：当蜡烛向下斜的时候，火焰却一个劲地往上伸。即使在最困难的时候，革命的火焰也从未在爸爸胸中熄灭。他忍辱负重，忠心赤胆，顾全大局，表现了一个革命者的高尚情操。

1930年，爸爸在闽西任特委书记，兼红十二军政委、闽西苏维埃主席。他坚决执行了毛泽东同志的指示，使根据地得到很大发展。这年6月，立三左倾路线统治全党，命令刚刚组建起来的红十二军冒险向敌人力量强大的广东东江地区出击。爸爸不同意这样做，被扣上“新右倾”的帽子，受到排斥打击，被解除了红十二军政委、闽西特委书记等职务。

1932年，爸爸在中央苏区任财政部长。他一到职，就采取了一系列果断的措施，统一苏区财政，统一会计制度，建立国库制度，还主持训练财会人员的工作。这些措施有力地保证了中央苏区的经济发展，支援了红军的反“围剿”斗争。但当时的苏区经济根底很薄弱，又是在敌人的重重封锁之中，加上后来王明左倾机会主义的经济政策，苏区财源枯竭，货币贬值，财政赤字日益严重。1933年，党中央迁到苏区，进一步推行极左路线，完全排斥毛泽东同志在中央苏区的正确领导，同时对爸爸进行了无情的打击，扣上“一贯机会主义”的帽子，公开点名批判，并降职为副部长。但爸爸以革命大局为重，继续任劳任怨地搞苏区经济的财源开发工作，一直坚持到瑞金被敌人攻陷，主力红军长征。

1955年浙江省的农业合作化出了一些偏差。中央这时也发出“停止发展，全力巩固；适当收缩，进行整顿”的指示，毛主席提出“停、缩、发”的方针。爸爸在农村工作部，根据中央和毛主席关于浙江合作社要适当收缩的意见，拟定了给浙江省委的建议电文，经中央同意发出。这时，爸爸刚好要出国访问，由浙江省委具体执行这一方针。这是完全符合组织原则、也符合实际情况的。不料在1955年10月的七届六中全会上，对爸爸提出了不公正的批评，不仅在政治上说他是“右倾顽症”，说他是“小脚女人”，而且说“在组织上也是背着中央的”。对这些批评，农村工作部的同志思想不通，爸爸自己向中央作了检讨，承担了全部责任，同时，仍然坦率地向中央陈述了对某些问题的观点，对农业合作化问题提出了建设性的意见。

这个时期，我在清华大学学习，每星期六都回到家里。从部分同志口中，我了解到一些情况。但爸爸从来没有同我们流露过不满的话，只是话更少了，常常一个人在房间看书、读报、阅读文件，研究农村工作情况，直到深夜。

1957 年，爸爸生了一场病，身体明显地差下去了，但他却没有倒下去。他不顾年老体弱，依旧风尘仆仆到各地去调查，希望在有生之年，还能为农民谋一点福利。从 1958 年下半年起，他根据自己长期工作的实际经验，编写了一本《农村会计课本》，希望能提高农村财务人员的业务水平。1961 年，他在调查研究的基础上，向中央写了一份《关于农村人民公社基本核算单位试点情况的调查报告》，提出了稳定生产队所有制，尊重生产队自主权等一系列意见。

今天，这些话也许是十分普通了。可是在二十年前，仅仅提出责任制、自主权这些“词汇”，就会招来横祸。果然不出一些同志所料，1962 年，在所谓“反右倾”的风暴中，爸爸又一次受到批判。连他领导下的农村工作部也被说成“十年来没有办一件好事”，连同他这个部长，一起被撤销了。

十年动乱中，父亲所受迫害，更是一言难尽。家被抄了，人也被折腾得不成样子。幸亏周总理出面保护，他才回到家里，但继而被赶到广西乡下。当时他已年过七旬，我听到这个消息，真是万分担忧。可是爸爸在那样的条件下也不闲着，经常到生产队访问社员、干部，还专心研究县社五小工业的现状和前途，报告给党中央和毛主席。

1970 年，爸爸身体更差了，经常发烧，骨瘦如柴，连护士打针都困难了。妈妈给周总理写了一封信，反映了病情，周总理立即派飞机把爸爸接回北京，送进了北京医院进行治疗。得到爸爸病重返回北京的消息时，我还没有被“解放”，急忙请了假，从四川赶到北京。这时正是林彪“九一三”自我爆炸的前夕，爸爸在医院里，病体沉重，连说话的力气也没有了，整天躺着闭目养神。爸爸问起我的情况，我满腔悲愤，向他倾诉，但又不敢说得太深，怕他心中难受。爸爸听完了我的申述，微微地睁开了眼睛，缓慢而深沉地说：“毅生，别难过，要相信群众相信党，一切问题都会搞清楚的，一切都会好起来的。”

这是爸爸对我说的最后的话。而后来的历史证明爸爸说得很对。“九一三”事件传达后，爸爸十分高兴，参加了中央会议，还在病床上写了揭发林彪罪行的材料。

1972 年 12 月 10 日，爸爸与世长辞了。当时，我不在爸爸身边，听妈妈说，父亲在那最后的日子里常常喊着：“红四军来了，快去！快去！毛主席在等着我们哪！”

历史早已为爸爸作出了公正的评价，党中央也已将爸爸的冤案彻底平反。看到祖国欣欣向荣的新貌，爸爸一生所关心的农民的生活水平在不断提高，他身在九泉，也会含笑瞑目的吧！

（本文选自《人民日报》1982 年 11 月 18 日）

林伯渠

财政部长林伯渠的故事

蒋伟宁

林伯渠（1886. 3. 20 ~ 1960. 5. 29），原名林祖涵，字邃园，号伯渠，中国湖南省安福（今临澧）人，早年加入同盟会。1921 年加入中国共产党。参加南昌起义、长征等革命活动，任陕甘宁边区政府主席。新中国成立后，任中央人民政府秘书长、全国人大常委会第一、二届副委员长。中国共产党重要领导人之一，与董必武、徐特立、谢觉哉和吴玉章并称为中共五老。

在革命战争年代，林老长期担任财经方面的领导工作，担负着为革命理财的重任。1933 年，他进入中央革命根据地，先后任中华苏维埃共和国中央政府国民经济部部长、财政部部长；长征途中，任没收征发委员会主任和总供给部长；1935 年到达陕北后，先任中央政府财政部长，继任陕甘宁边区政府主席。今天我要向大家讲述的正是林老在这一时期的一些小故事。

一

1933年9月底，国民党集中一百万兵力，对革命根据地进行第五次大规模“围剿”，其中用于进攻中央革命根据地的兵力多达50万人。与此同时，国民党还对苏区根据地实行了残酷的经济封锁，导致苏区财政经济极端困难。当时，红军总数已达10万人，按照当时主力红军伙食标准每人每天1角2分计算，每月仅伙食费就要36万元，还有其他脱产人员以及医院经费未包括在内。为了苏维埃的生存，既要有利于支援战争，又要不加重人民的负担，林老领导财政部和国民经济部，一方面组织工农业生产，发展合作社，开展对白区的贸易，把坚持革命战争同加紧经济建设有机结合起来；另一方面则大力提倡“开源节流，双管齐下”。他身体力行，与年轻同志一起下乡筹粮筹款，一道参加星期六义务劳动。砍柴、种菜、熬硝盐，样样都干。据当年和林老一起工作的人回忆说，那时林老的办公用纸，正面写了写反面，一个信封用后，翻过来再用。受老一辈革命家这种艰苦朴素、勤俭节约的优良作风影响，广大干部群众积极参加节约运动。《红色中华》曾统计说：“除了各级党和政府及各团体机关的行政费，平均比较以前减少30%以上，各国营企业机关工厂等的工人节省工资，党政机关工作人员自带伙食及其他种种节约的数目，都有很大成绩，这给战争经费以有力的帮助。”

二

在苏区期间，林老兼职多，任务重，经常工作到深夜。尽管如此，林老却始终保持一丝不苟的工作作风。当时中央银行是财政部的一个重点单位，林老对银行工作抓得既紧又细，要求银行把每天的收支情况表送一份给他。他每次收到报表都要仔细查看每一个数据，以至好多数据都可以背出来，还不厌其烦地询问银行当天的情况，发现问题就及时纠正。有一次，林老查看完报表后，用算盘算了几下，侧过身来对送表的工作人员说：“累计数错了。”那个工作人员一算，发现末尾两位数字写颠倒了。这一差错，在总数上虽然误差不大，但林老却认真地说：“看来总数误差是不大，但你回去以后一定要把其他报表都改过来，还要给填表的这位同志讲，我们搞财务工作，一定要细心，半点也不能马虎，误差一分一厘也不行。”

三

虽然苏区人民节衣缩食，支援红军将士浴血奋战，但无法挽回王明“左”倾路线造成的军事和经济损失，第五次反“围剿”斗争失败了。1934 年 10 月，中央红军终于被迫撤出江西苏区，开始长征。为保证红军部队的给养，林老担负着筹粮筹款的重任。每到一地，他就召开会议和找人商谈，研究部署筹集与分配粮款、物资的问题，有时甚至亲自参加筹粮。有一次，战士们在一个村庄里的一家土炕上发现用稻草盖着二百多斤玉米。顿时，战士们高兴得不知说什么好，几位同志七手八脚，上前就要往口袋里装。林老急忙制止大家说：“不能随便乱动，首先要弄清这粮食是穷人的还是地主的，如果是地主的粮食，我们要按政策没收，写上没收委员会的告示放在此地。如果是穷人的粮食，我们要按市价收买，并写信说明，我们是红军，是帮助穷人打土豪分田地的军队，然后把信和钱都压在炕下面。”说完后，他还亲自布置作了调查，并弄清了粮食是一家中农的。战士们按照红军的一贯做法和林老的指示，把粮食都称了数量，写好信，装上钱，把它压在炕下，然后才把粮食背走。

四

1940 年冬，国民党政府停发了八路军和新四军的军饷。为了解决战争的经费问题，边区人民的负担逐年增加，军队、机关、学校人员的吃、穿都发生了严重困难。1941 年，边区的党政军民积极响应党中央和毛泽东同志提出的“自己动手，丰衣足食”的号召，机关，部队、学校全体动员，开展了一个规模空前的大生产运动。在这个运动中，林老亲自带头参加边区政府工作人员的生产活动，开荒种地，拾粪积肥，纺线，种菜，边区群众都亲昵地称他是“人民的老勤务员”。在林老和边区党政领导同志的带动下，边区各机关、部队、学校从领导干部到勤杂人员，都参加了轰轰烈烈的大生产运动。到了 1942 年，部队、机关、学校自己的生产所得基本上达到了半自给，大大减轻了人民的负担，人民生活有了进一步改善。林老坚持每天早起拾粪，有一个叫惠疙瘩的农民看见了，就和他的儿子挑了两担粪倒在林老的粪堆上，并且同林老说："你老年纪那么大了，政府事情又多，以后我们就帮你拾了。"林老说："你的好意我理解，但我还要坚持每天拾粪。虽然我年纪大些，在政府中有工作，但我也要参加大生产运动，我也是一个普通的老百姓。"

从上述事例中，我们不仅可以看出林老艰苦朴素、克勤克俭、严于律己的高尚品德，还能深刻感受到他注重实际、求真务实、关心群众的优良作风。传承是为了发展，学习是为了进步，愿财政薪火永传不息！

（作者系财政部机关团委委员、教科文司干部）

在红色苏区担任财政部长的日子里

罗安玲　张荣锦

八一南昌起义失败后，中共中央决定派林伯渠到苏联莫斯科中山大学去学习，编入特别学习班学习两年后结业。1930 年底，被派遣到海参崴苏联远东边疆苏维埃中国党校任教。1932 年秋，正当蒋介石纠集数十万兵力对革命根据地发动第四次“围剿”的危险时刻，他按捺不住回国参加实际斗争的强烈情绪，毅然决定申请回国。获得批准后，从苏联秘密回国，经遇很多风险，辗转到达上海。不几天，他接到中央正式通知：到江西革命根据地工作。

1933 年 3 月，林伯渠离开上海，绕道广东汕头、经粤东大埔，进入闽西永定、长汀，来到江西中央革命根据地。到达瑞金的当天下午，便前往叶坪，和毛泽东、董必武、项英、何叔衡、谢觉哉、徐特立等老战友相见，畅叙久别重逢的感受。不久，他便担任了中华苏维埃共和国临时中央政府国民经济部部长和财政部部长。

国民党反动派对中央苏区发动第四次“围剿”一天天逼紧，由于敌人的严密封锁，根据地粮食不够吃，布匹、食盐也运不进来。粮食不够吃可以拌野菜，没有布匹可以在衣服上多打补丁穿；然而没盐吃，人就没有劲，打起仗来就跑不动。在医院内，给伤病员消毒，不仅缺少碘酒，连浓盐水也用不上。

这时，林伯渠感到解决食盐问题，是摆在国民经济部面前的重要任务。于是，通过广泛发动群众，在人民政府的领导下，开展了一个轰轰烈烈的熬硝盐运动。在苏区所有乡、区都建立起熬硝厂。利用旧墙土、老屋地皮，以及厕所边的肥土，挖出来捣碎，用水过滤，澄出来的水用稻草火熬干，便可以得到少许硝盐。为了推动熬硝盐运动的深入开展，林伯渠经常下到基层督促检查，并亲自参加熬硝盐的劳动。

与食盐困难同时到来的更大困难便是缺粮问题。由于王明坚持“左”倾机会主义路线，要求扩大红军一百万，又片面强调所谓“正规化”，庞大的军费给养压在根据地人民身上，而军队首先面临的就是吃饭问题。这种盲目“扩红”的作法，当即遭到毛泽东同志的反对。他指出，征集新兵必须从两个方面出发：一是要考虑到人民的政治觉悟程度和人口情况；二是要顾及当时红军的情况和整个反“围剿”战役中红军消耗的可能限度。不考虑实际需要与可能，就会犯大的错误。为此，毛泽东同志遭到了王明的残酷打击。面对这种情况，林伯渠感到十分棘手。为发动群众节省谷子卖给粮食调剂局，他于1933年5月20日以部长名义发布了《中华苏维埃共和国临时中央政府国民经济人民委员部训令》（第一号），号召近两个月内，每人要设法节约谷子一斗，卖给粮食调剂局，去调剂苏区粮食和保证红军以及战时粮食的充分供给。

这年，苏区禾苗长势良好，夏粮可望丰收。于是，他又以国民经济部名义发出第二号训令，倡导办好粮食合作社和建造谷仓。随后，又制定出《谷仓管理委员会规则》，对粮食的运输、保管等工作，作了明确具体的规定。这对解决和缓和苏区粮食困难产生了积极影响。

要发展经济，开辟财源，还必须有大量懂得经济工作的干部来承担这些工作。为了适应正在深入开展的查田运动和经济建设的需要，经毛泽东、林伯渠等人及中央政府许多同志的积极努力，终于创办起一所苏维埃大学。林伯渠不顾自己工作繁忙，仍主动兼课，每每夜深人静，还伏在小油灯下备课、批改作业。自他主持财经工作以来，带领苏区广大干群，为发展苏区经济，支援革命战争做出了不可磨灭的贡献。

1933年秋，国民党反动派部署百多万兵力，向苏区发动第五次“围

林伯渠

剿”，但王明等仍顽固坚持和推行“左”倾机会主义路线，拒绝毛泽东的正确主张，实行冒险主义的进攻方针，不顾红军的实际情况，命令攻打敌人的坚固阵地，损失了不少主力，使根据地一天天缩小……

当红军陷入被动地位时，已不能像以往那样，再向国民党统治区域去扩大我们的财政收入。但如果只能依靠根据地内部的有限收入和物资供应来满足战争的需要，显然是不行的。在这种情况下，王明路线的追随者，不但没认识到这是错误路线带来的恶果，反而不顾客观情况，批评时任财政部部长的邓子恢的财政基础是“建立在沙滩上”。当时的主要财政收入只能以没收征发为主，并且逐渐增加发行纸币。当纸币发行到二百万元时，苏区中央局的机关刊《斗争》，发表文章指责财政部是“向石印机瞄准”，并于8月9日撤销了邓子恢的财政部长职务，改由林伯渠兼任。这时，红军总数已达10万人，按照当时主力红军伙食标准每人每天1角2分计算，每月光伙食费就要36万元。还有其他脱产人员以及医院经费未包括在内。为了苏维埃的生存，既要有利于支援战争，又要不加重人民的负担，就不能不要求财政部不断寻找增加财政收入的办法。

为了摆脱困境，林伯渠经常求教于已受机会主义排挤的毛泽东共商摆脱困难的办法。8月12日，林伯渠主持召开了赣南17县经济建设大会。在会上，毛泽东作了题为《粉碎第五次“围剿”与苏维埃经济建设任务》的报告；林伯渠作了《发行三百万元经济建设公债与发展合作社》的报告。经过几天讨论，大会还作出一系列决定。

大会之后，林伯渠领导财政部和国民经济部，积极配合，协助有关部门，组织工农业生产，发展合作社，开展对白区的贸易，把坚持革命战争同加紧经济建设有机地结合起来。同时，大力提倡“开源节流，双管齐下”。通过认真研究，财政部专门成立了一个“没收征发局”，由副部长邓子恢兼任局长。他还以财政部的名义，亲自起草了一份报告，分析了当时中央根据地的财政危机，阐明巩固根据地财政收入，只有走“没收征发”的道路，对根据地人民的税收，只能适可而止。这样，一个声势浩大的打击土豪劣绅运动开展起来了。林伯渠亲自下到乡村，深入调查研究，总是告诫同志们认真掌握政策，注意听取群众意见，哪家该打，哪家不该打。同时，对外贸易局也很快成立起来，并在闽西汀州、会昌乱石、吉安值夏、赣县江口区苏区东西南北四大门户，创办了贸易分局。有的同志初做贸易工作，经验不足，一时难以打开局面，思想包袱很重。林伯渠知道后，总是耐心进行鼓励，要他们走出店门，主动与白区商人搭桥拉线，做好争取他们的工作，指出这是搞好白区贸易的关键。由于正确引导，大家工作起来办法多了，劲头更足了。不久，苏区的粮食、花生、豆类、茶油、生猪、竹木、纸张、钨砂、樟脑等物资和白区商人一批批成交，换回了大量食盐、布匹、药品、电池、炸药原料等。局面一打开，营业额也成倍增长。

由于林伯渠坚决维护和执行毛泽东提出的苏区经济建设工作的正确方针，不仅受到群众拥护，也得到作战部队的大力支持。在各方面的配合下，中央苏区财政情况逐步好转。是年年底，他在沙洲坝召开的第二次全国工农兵代表大会上，被选为中华苏维埃共和国中央执行委员。

林伯渠是财政工作的行家，除帮助政府和各机关建立健全预算、决算、审计、调配、供给、会计等一系列的财政制度外，十分注意增产节约、反对浪费。在1934年3月，人民委员会提出4个月节约80万元的运动中，普遍地实现每人每天节约2两米、1分钱、1个铜板。他自己更是身体力行，与同志们下乡筹粮筹款，同年轻战士一道参加星期六义务劳动。砍柴、种菜、熬硝盐，样样都干。他的办公纸，正面写了写反面，一个信封用后，翻过来又再用。

由于这种表率作用的影响，光节约一项而言，《红色中华》曾统计说："除了各级党和政府及各团体机关的行政费，平均比较以前减少 30% 以上，各国营企业机关工厂等的工人节省工资，党政机关工作人员自带伙食及其他种种节约的数目，都有很大成绩，这给战争经费以有力的帮助。"在 1935 年 1 月 8 日的遵义会议上，由政治局通过的《中央关于反对五次"围剿"的总结决议》中，对这一时期的财政工作给予了高度评价。

（本文根据临澧县党史办资料整理）

红色中华财政人民委员印章的传奇经历

曹春荣

在江西瑞金沙洲坝中华苏维埃共和国财政史陈列馆里，有一枚仿制的印章，印文为："中华苏维埃共和国中央执行委员会人民委员会财政人民委员"。这枚仿制的印章包含着一个故事。

据资料记载，这枚印章最初为中华苏维埃共和国临时中央政府首任财政人民委员邓子恢执掌。1933 年 8 月林伯渠接任财政人民委员后，便由林伯渠执掌。1934 年 10 月，林伯渠被编入中央军委第二纵队，随红一方面军主力开始了长征，这枚印章也随他转战各地。在行军途中，林伯渠没有财政人民委员的本职工作可做，担任了红军总政治部地方工作部没收征发委员会主任，及红军总供给部部长。这两项职务的首要职责是为红军筹集、运输和分配粮食，保障部队供给。

经了解，1935 年 9 月，红军进入川北和甘南交界处的藏族地区，林伯渠在筹粮工作中，十分注意执行党的民族政策和红军纪律。此前在黑水附

中华苏维埃共和国中央执行委员会人民委员会财政人民委员印章

近的侧格，他曾起草了《关于收割番人麦子事的通令》，总政治部通过后，以总政治部的名义发布。这里的番人系沿用旧说泛指藏民。

《通令》规定：各部队只有在其他办法不能得到粮食时，才允许派人到番人田中去收割已熟的麦子；收割麦子时，首先收割土司头人的，只有在迫不得已时，才去收割普通番人的麦子；收割普通番人麦子的数量要写在木牌上，插在田中，番人回来可拿这个木牌向红军部队领回价款……

有一天，林伯渠正带领工作人员在甘南迭部县藏族卓尼杨土司的世袭领地——下迭部的崔谷仓筹粮时，遇到了多次寻访而未果的粮仓看守巴保的妻子。原来巴保因不了解红军是怎样的一支军队，闻风便躲了。但他又不放心粮仓，担心粮仓被抢，于是打发妻子回来看看情况。他的妻子回来后，先是远远地观察，她看见一个年老的戴眼镜的红军在粮仓里办事，说话、待人都很和气，便大着胆子走上前去。当老红军——林伯渠得知她就是粮仓看守人的妻子之后，连忙通过翻译告诉她，红军要向他们借粮的事情。林伯渠当晚给她写下了一张借粮字据，并从随身携带的皮包里，拿出那枚财政人民委员的印章，在字据上盖上了大印。不料巴保的妻子为向丈夫交差，也为了使丈夫免受土司的责罚，她趁林伯渠只注意招呼分粮，未注意印章的机会，将这个圆坨坨的东西偷偷揣进怀里。9 月 12 日，林伯渠在迭部的俄界参加了中共中央政治局扩大会议以后，因军情紧急，匆匆随军离开了当地，根本无暇追究那枚印章的下落。

粮仓看守巴保的妻子不识字，根本没拿那张林伯渠出具的借据当回事，像头人一样也不相信红军会有借有还，过后不久就把借据丢失了。那枚印章因为是偷来的，出于心虚，一直到去世，她都不敢对人说起这件事情，印章也就不知去向了。1988 年，卡告村的村民安告在修整房屋时，无意中在屋梁上发现挂着一个羊皮小口袋，打开一看，发现里面是一枚印章。这枚印章就是当年林伯渠在粮仓中遗失的那枚印章。

如今，这枚记录着一段红军历史的印章，已为迭部县文化馆收藏，并经专家鉴定为国家一级文物。后来江西瑞金市财政局为充实中华苏维埃共和国财政史陈列展品，在上级主管部门的协调下，专程派人到迭部县文化馆了解情况并拍摄照片，于是就有了这枚仿制的印章。

（本文选自人民政协网 www.rmzxb.com.cn 2010 年 7 月 1 日）

沧桑历程

新中国财政奠基于华北

王丙乾

新中国财政部是在华北人民政府财政部的基础上建立起来的。在解放战争后期，中共中央进驻西柏坡，一面指挥全国解放战争，一面开始筹组新政府。华北原来的各级机构在新中国政府的组建中扮演了重要角色，新中国财政部的雏形就形成于这一时期。我最早在冀中财政厅从事财政工作，有幸亲历了这一段历史。

一、在华北初涉财政工作

1925 年 6 月 26 日，我出生在河北蠡县北宗村。蠡县位于河北省保定市东南部，京津石三角腹地。1937 年 7 月 7 日，日军在卢沟桥挑起战争，抗日战争全面爆发。北平、天津、保定等大城市相继陷落，冀中平原成了敌占区。国民党军队溃退后，中国共产党迅速在这里开辟了第一个抗日根据地。中国共产党“创建敌后抗日根据地”、“保家卫国”、“与华北人民共存亡”的口号，受到广大河北民众的热烈拥护和响应。我在抗日战争爆发后的第二年参加革命，那年我13岁。此前一直在家乡上学，先是在本村读私塾，由本家三爷教我。后来上了村里的小学，以后到蠡县上高级小学，上了一年多，抗日战争就爆发了，在日寇的轰炸下，学校被迫解散了。

1938年，八路军120师来到我村，因为我字写得好，三纵队的一个队长看中了我，但因年龄太小，就让留在县里。我们一起出去了七八个人，有的去了妇救会，有的去了青救会。当时蠡县县委办干部培训班，招我去当勤务员，也就是端茶送水，后来就留在蠡县县委机关，继续当勤务员，再后来就做刻字员。

当时能够为抗日工作，是很兴奋的。我非常努力地学习写仿宋字，练习刻写蜡纸的技术。当时蜡纸、纸张都非常紧张，为了不浪费，都要特别仔细。在工作中，我自己还摸索出不少刻写技术。其间养成的细致工作习惯，对我日后从事财政工作帮助很大。

刻写工作也让我进步很快。它不仅能让我先学习到党的文件，而且还能逐字阅读，既掌握了学习方法，又提高了政治觉悟。记得刚开始刻字的时候，刻一篇王明写的《为中共更加布尔什维克化而奋斗》的文章，我对布尔什维克是什么意思还不清楚，随着刻文件看文件的逐步增多，我在各方面都有了很大提高。当时条件虽然艰苦，但冀中人民在党的领导下，干劲十足，斗志昂扬，充满了革命乐观主义精神。当时不仅印机关文件，还编印了不少文化读物。中共冀中区党委还发起了“冀中一日”的写作运动。最后选编了四册《冀中一日》，新中国成立后还正式出版过。可惜我们印刷用的纸也是根据地试制的麦秆纸，经不起潮湿，保留下来的很少。

1940年，我加入了中国共产党。8月被安排到冀中九分区地委机关工作，最初也是做刻字员，其间还做过收发工作。著名的抗日小说《敌后武工队》就是以我们冀中九分区的抗日战斗事迹写成的，读这本书感觉特别亲切。我也亲身参与了一场伏击战，当时我们九分区的供给部部长让日本人抓去了，说是要从某条道路押送，九分区就派手枪队去营救，书记让我也跟着去。我们在道路旁埋伏，准备打个伏击战。不料，敌人却走了另外一条路。

环境越是艰苦，我们的斗争意志越是坚强，学习也更加刻苦。因为肯钻研，我一度被安排到材料室做研究人员，做了一段研究和写文件的工作。后又调到冀中九分区白洋县委任秘书，就在白洋淀一带。因为敌情复杂，我们经常转移。这个村住几天，那个村住几天。敌人来了，我们有时躲在鸡窝下面的地道里，有时躲在夹壁墙里。在老百姓的保护下，每次都化险为夷。有时候敌人来扫荡，我们就跑到他们据点去。在抗战后期，敌人更加疯狂地对根据地进行大扫荡，特别是1942年冈村宁次发起的“五一”大扫荡十分残酷。当时冀中炮楼成林，公路成网，人说是“出门登公路，抬头见炮楼”。我们当时就住在船上，躲进芦苇荡里。芦苇荡里的水很深，沟汊多，日本鬼子进不去。我们的船也小，每条船只能住两三个人。在船上坚持了很长时间，吃喝都在船上，我们虽不是雁翎队，但生活和雁翎队也差不多。那时有些县委坚持不下去就撤到路西的太行山区，而我们一直在冀中坚持。分散的时候，我们带了一部电台，由于消息闭塞，得不到外界的信息，大家想办法收听延安广播，再由我负责编辑刻印成小报，发送到九分区十几个县，很受欢迎。由于日军的扫荡，我们只好坚持边躲、边跑、边编。

1945年8月15日，日本投降了。当时大家很兴奋，以为要和平了，没有想到内战又起。我最初在冀中九分区做了一段审计工作，1946年5月被组织调到冀中行署审计委员会，任审计干事。行署设在河北省河间县，当时冀中行署党委书记是林铁同志，行署主任是罗玉川同志，军区司令员是孙毅同志，他们3人是冀中行署的主要领导，也是审计委员会的领导。审计委员会配备1名秘书、2名干事。审计委员会的干部生活一度由军区管，给我们发了军装，实行军事化管理，后来改由行署财政厅管，那时的厅长叫宋景义。

此时正是国民党发动全面内战前夕，解放区正在做长期斗争的准备，工作很紧张。1946年7月20日，中共中央《以自卫战争粉碎蒋介石的进攻》的文件中指出：“为着粉碎蒋介石的进攻，必须作持久打算。必须十分节省地使用我们的人力资源和物资资源，力戒浪费。”根据中央指示，审计制度更加全面细致。当时的审计工作包括边区各级政府、机关、学校、部队的会计账簿、表格、单据等财会制度的建立情况，经费、粮秣、被服、生产自给等收支预算的审定和决算的核销情况；各级银行、贸易公司、公营企业的财务情况；粮食、税收、罚款、没收等一切收入的归公情况；各种税率的执行情况。不仅要了解和掌握财经供给力量、人民的负担量、财政供养人口数，还要了解贪污浪费及生产节约等情况。当时对边区、行署、县三级审计机构设置以及审计的范围、职权都有明确的制度规定。

在审计委员会，我主要负责编预算，编好后还要到晋察冀边区汇报，主要是向吴波同志汇报。吴波同志当时是晋察冀边区财经办事处处长，他总夸奖我们预算编得好。后来晋察冀、晋冀鲁豫两个解放区合并，成立了联合财政厅。有一次预算由行署通过了，领导让我骑自行车直接送到联合财政厅去。为了让我在路上能保护自己，给了我支枪。当时行署每年要编一本预算，但一不给钱，二不给粮，只是批准而已。各行署也都是自行筹款筹粮，边区也没有钱补。后来吴波同志看我预算编得好，边区也正好缺人，就把我调到边区财政厅。我记得是坐着大马车过去的。到了边区财政厅，我的工作还是编预算。

边区预算很简单，我们称为“概算”。概算收入主要有农业税、工商税、罚没收入、公产收入、缴获收入和机关生产收入。在解放战争时期，农业税大约占边区概算总收入的75%～80%，工商税占19%～24%。缴获收入主要是在战争中从敌人手上缴获的枪炮、弹药等，概算中没有列具体数字。机关生产主要用于补助供给标准不足的部分，没有具体列入概算。概算支出主要有军费、行政费、建设费、文教费、社会救济费等，其中军费占到80%左右，其他合计占到20%。当时我们概算收支可以说基本接近平衡，赤字不大，约占到概算的10%～25%。虽然战争频繁，情况多变，但是概算编制中，军政人员的编制和供给标准都有具体规定，而且上下一致，计算起来比较方便。预算收入方面的编制和执行都不容易，当时取之于民的事不少，人民负担也是比较重的，我们不能忘记，是人民支持了我们的革命事业。

我们党始终重视财经工作，在开展武装斗争、建设根据地的过程中，财政管理经验也不断积累和丰富。毛泽东同志提出了“发展经济，保障供给”的经济工作和财政工作的总方针，我们依靠人民群众办财政，不断完善各项财政政策和制度，财政工作在土地革命、抗日战争、解放战争各个时期都作出了巨大贡献，也为新中国成立后的财税工作提供了丰富的经验，打下了坚实的基础，培养了大量的人才。

我们新中国的财政事业就是在根据地财政中孕育成长的。

二、华北财政部的成立和发展

革命形势发展迅速，中国人民解放军在各条战线胜利的消息不断传来。1947 年 11 月，解放军一举攻克了华北重镇石家庄。石家庄的解放不仅使我晋察冀、晋冀鲁豫两大区连成一片，而且石家庄是中国人民解放军攻克的第一座大城市，接收和管理石家庄为此后我们进行城市工作提供了重要经验。

石家庄解放后，党中央决定晋察冀与晋冀鲁豫两个区合并为华北解放区，大体包括当时的河北、山西、绥远、察哈尔、平原五省及北平、天津二市。华北地区各根据地在抗战时期，就在政权建设、经济发展以及文化教育等方面取得了很大成绩，为华北地区在解放战争时期的发展奠定了基础。1948 年 5 月 27 日，毛泽东同志和党中央进驻西柏坡，西柏坡从此成为当时中国革命的领导中心。华北解放区在中央工委的领导下，地位和作用也日益突出。

晋察冀、晋冀鲁豫两个边区政府合并后，组成了华北人民政府。当时组建华北人民政府的目的是“把华北解放区建设好，使之成为巩固的根据地，从人力、物力上大力支援全国解放战争；探索、积累政权建设和经济建设的经验，为全国解放后人民共和国的建立做准备”。1948 年 8 月 7 日，华北临时人民代表大会在石家庄的一家电影院召开，出席会议的代表共 598 人，代表华北五省二市 4500 万人民。大会总结了华北解放区两年来的工作，确定了今后的施政方针和工作任务，选举产生了华北人民政府委员会，董必武同志为主席，薄一波、蓝公武、杨秀峰同志分别为第一、第二、第三副主席。9 月 26 日，华北人民政府正式成立，即日起，晋察冀边区行政委员会和晋冀鲁豫边区人民政府撤销。华北人民政府当时并没有在石家庄办公，而是设在平山县的王子村，这里离西柏坡和石家庄都很近。

华北人民政府成立了秘书厅、民政部、教育部、财政部、工商部、农业部、公营企业部、交通部、卫生部、公安部、司法部、劳动局、华北财政经济委员会、华北水利委员会、华北人民法院、华北人民监察院、中国人民银行等正规化的政府机构。

当时中央成立华北人民政府，就是为了探索出一条在全国执政的经验之路。事实上，仅存在一年多的华北人民政府为我们从分散的地方根据地政权转向全国政权作出了极为重要的尝试和努力，此后新中国的中央人民政府就是在这个基础上组建起来的。

由于华北人民政府是在合并晋察冀与晋冀鲁豫两大边区政府的基础上建立起来的，政府的组织机构与人员配备多以两大边区政府的原有机构、人员为基础。1948 年 11 月，我被组织安排到华北人民政府财政部审计处任副科长，当时部长是戎子和同志，副部长是吴波同志。华北人民政府财政部实际上是后来中华人民共和国财政部的雏形。

在华北人民政府成立的同时，还成立了华北财政经济委员会（以下简称华北财委），具体领导和管理各项经济工作。主任由华北人民政府主席董必武同志兼任，副主任有薄一波（兼）、黄敬同志，委员有曾山、贾拓夫、姚依林、南汉宸、戎子和、杨秀峰、宋劭文、武竞天、赵尔陆同志。最初秘书长是方毅同志，但方毅同志没有到任，后改为宋劭文同志。华北财委成立后，中央决定委托华北财委统一领导华北、华东、西北的财政金融、贸易、交通等各项经济工作。

华北人民政府成立后，积极发展生产，为解放整个华北地区而奋斗。并继续以人力、物力、财力支援前线，以保障解放战争在全国的胜利。在财经方面的主要工作有：

1. 有计划、有步骤地组织各种生产建设，努力恢复和发展生产

领导华北人民基本上完成了土地改革，努力发展工商业，使工商业得到逐步的恢复和发展；扶植私营企业，发展国营工商企业，有计划、有系统、有步骤地组织供销合作社；保护自由贸易，正确管理；编制华北经济建设计划，以国营经济做领导，以便把华北的整个国民经济，逐渐推向有组织、有计划的发展道路。

2. 改革税制，整顿税收，力求不再加重人民的负担

首先，为适应土地改革后的农村新形势，颁布了新农业税则，废除农业统一累进税，实行扣除免税点后按常年应产量的比例征收制。其次，在城市税方面，将原来的 52 种税减少为 20 种。将商业税与所得税合并，统一货物税税目和税率，方便各种货物畅通。为发展工业，规定工业减征 10% ~40%，使工业税负轻于商业。为奖励合作社经济，合作社完全免税。

3. 统一货币，发行人民币

华北人民政府的一项重要工作就是统一货币，发行人民币。当时各解放区发行的有晋察冀边币、冀南币、北海币、西北农民币、陕甘宁流通券、东北币、长城币、内蒙古银行币等八种货币。有六种比价，北海币和冀南币的比价是1∶1，与晋察冀币的比价是1∶10，与西北币的比价是1∶20，很容易发生混乱和影响金融。华北人民政府第三次政务会议决定统一华北、华东、西北三区货币，将华北银行、北海银行、西北农行合并成立中

国人民银行，所有发行货币及对外一切债权债务均由中国人民银行负责承担，并任命南汉宸同志为中国人民银行总行行长。1948 年 12 月 1 日，中国人民银行在石家庄发行了第一套第一批人民币——伍拾元券、贰拾元券、壹拾元券三种面值。

4. 初步统一财经

华北财委和财政部，在中央人民政府成立之前实际代行统一制定全国财经方针、政策，统一管理除东北以外的各解放区的财经工作。中共中央 1948 年 9 月政治局会议决定由华北人民政府"将华北、华东（有人口 4300 万人）和西北（有人口 700 万人）三区的经济、财政、贸易、金融、交通和军事工业的领导和管理工作统一起来，以利支援前线，并且准备在不久的将来，将东北和中原两区的上述工作也统一起来"。1948 年 10 月，华北人民政府发出了《关于统一华北财政工作的决定》，指出：为统一全区财政税收政策，适应目前战争形势要求，在财政困难及制度不统一的情形下，加强财政工作之集中统一，使一切力量用于战争，使一切制度完全一致，粮食（税）收支调度更有计划，战争供应更加及时。因之，全区财务行政方针，执行集中统一制。

华北人民政府在财经方面取得了重大成绩，完成了平津、徐州、晋中、察绥四个战役的支前任务，用巨大的人力、物力和财力去支援其他地区的作战。华北财政部也发挥了重要作用，为新中国财政部的成立打下了一个很好的基础。

（本文选自王丙乾：《中国财政 60 年回顾与思考》，中国财政经济出版社，2009 年版。）

财政部组建实录

陈重伊

毛泽东亲自点将薄一波

进入1949年，解放战争已经胜利在望，建立新中国之事提上了党中央的议事日程。3月初，党中央在西柏坡召开七届二中全会，研究党的工作重心转移问题。在这次全会上，党中央决定，成立中央财经委员会（简称中财委），统一领导全国的财经工作，以保证全国经济的平稳和统一。

为了建立强有力的中财委领导机构，毛泽东决定把东北财经委员会主任陈云调到北京主持中财委工作。陈云在延安时主持过陕甘宁晋绥五省联防财经办事处，在东北局主持东北财经委员会，顺利实现了东北全区财经工作的统一管理，较早地把经济稳定下来。毛泽东确定陈云为中财委主任后，又选中了华北局第二书记薄一波为中财委副主任，为此，他在香山双清别墅亲自与薄一波谈话，并要求他协助陈云主持财政工作。

薄一波说：华北局的工作还无法脱身。

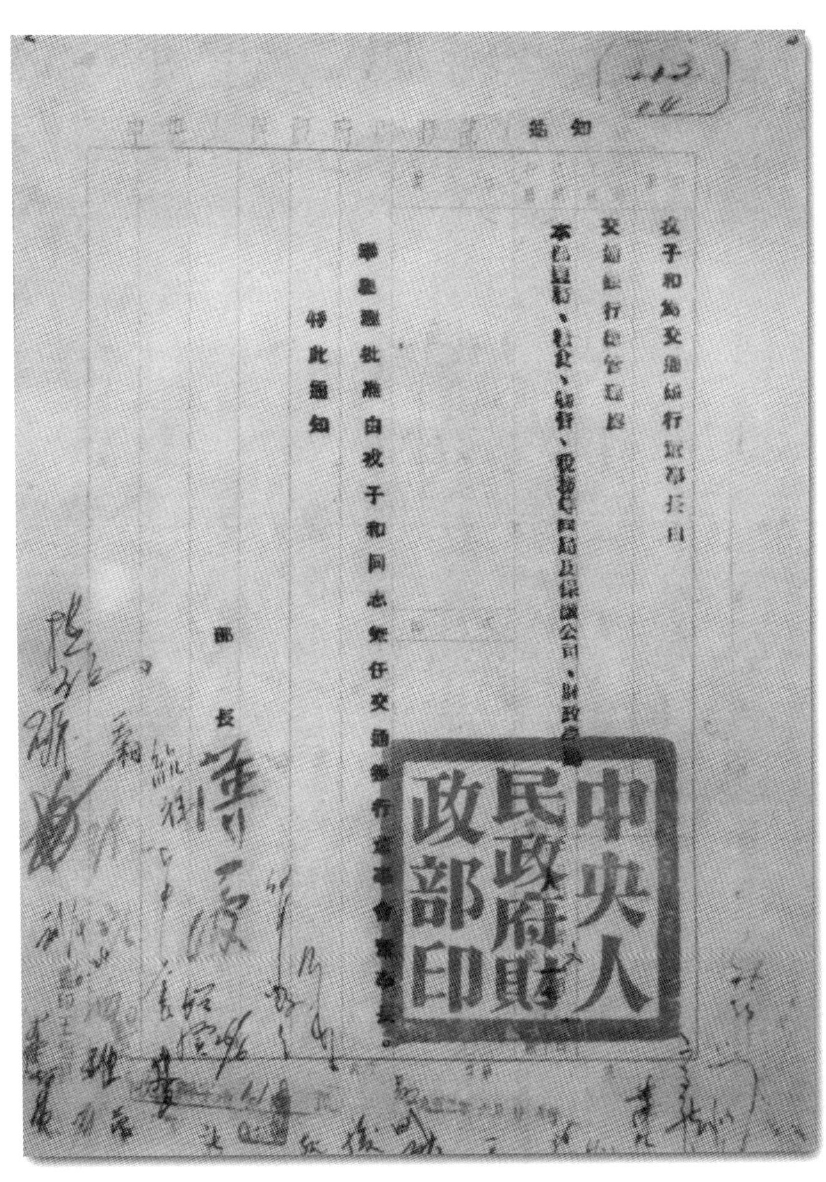

中央人民政府財政部通知

戎子和兼交通銀行董事長由

交通銀行總管理處

本部直屬、糧食、貿易、稅務各區局及保險公司、財政局：

事經報批准由戎子和同志兼任交通銀行董事會董事長。

特此通知

部長

五十年代的财政部印章（本图片由交通银行博物馆提供）

毛泽东早已考虑了这一点，对薄一波说：那你就把华北局搬到中财委去办公嘛！

薄一波接受了任务，并开始组建中财委且兼顾华北局工作。

其实，这是毛泽东第二次点将薄一波了。薄一波是在五六前才认识毛泽东的。那是 1943 年 11 月，时任太岳纵队政委的薄一波到延安参加党的七大预备会。他到达延安的第二天，就意外地被毛泽东派人接到枣园谈话。他进门时，毛泽东握着他的手说：你就是薄一波同志？

“主席，我就是。”薄一波回答。

毛泽东说：“如履薄冰，如履薄冰！”

坐下后，两人像聊天似的随意漫谈，薄一波很快就没了拘束。毛泽东从他的“薄”字姓讲了汉朝薄昭的故事，然后对薄一波说：过去对你们的活动不怎么了解。你们在白区，我们在苏区，消息被国民党封锁了。你的名字还是听刘少奇同志和彭真同志说的。接着，毛泽东又问起薄一波的经历。薄一波回答说：我是大革命时期入党的，那时还是十多岁的娃娃，不懂什么。当时对马列主义没有什么认识，就凭一股热情，认定只有革命才有出路。

毛泽东笑了笑说：我们的革命，开始就是一批普通的年轻人搞起来的嘛。人都是这样过来的，我也是什么都信过，小时候还同母亲一起到南岳去拜过佛，后来才信了马克思主义。

这次薄一波与毛泽东见面，两人谈了整整八个小时，双方都留下了深刻的印象。

1945 年春夏之交，党的七大在延安隆重举行。在酝酿中央委员、候补中央委员名单时，薄一波被提名为候补中央委员候选人。但有人提出薄一波是从监狱出来的（1931 年薄一波因地下工作被捕入狱，于 1936 年才出狱），当候补中央委员不合适，找周恩来和刘少奇反映意见。刘少奇向毛泽东报告此事。毛泽东说：薄一波为什么不可以当正式中央委员？提候选中央委员就不妥。毛泽东的意见在选举前向各代表团进行了传达。于是，在党的七大上，薄一波顺利当选为中央委员，属于最年轻的中央委员。后来，薄一波经常对人说：我 37 岁顺利地当选为中央委员，完全是毛主席的支持。

党的七大结束后，薄一波被毛泽东和党中央调任晋冀鲁豫中央局副书记、晋冀鲁豫军区副政委。1948 年，党中央决定将晋冀鲁豫和晋察冀两大解放区合并，组成统一的华北解放区，成立华北局和华北人民政府，华北局由刘少奇兼任第一书记，薄一波、聂荣臻任第二、三书记。刘少奇对薄一波说：我挂个名，工作还是由你来做。结果，薄一波以第二书记身份主持华北局工作，并担任华北军区政委、华北人民政府副主席。年底，毛泽东决定把接管平津的任务交给华北局，并决定北平解放后由薄一波先行去北平，为党中央机关进驻北平打前站。1949 年 1 月 31 日，北平和平解放，第三天，薄一波就率华北局和华北人民政府进驻了北平城。

这次毛泽东点将，又把薄一波推向了新的工作岗位。不久，中央书记处书记任弼时通知薄一波列席中央书记处会议。薄一波开始了他的财政工作生涯。

这时薄一波还负责接收平津工作。不久，他给党中央写了《平、津财经情况报告》，其中列举了目前两市的财经困难。4 月，他又给毛泽东写了一个报告，列举了平、津工业生产中的诸多问题，如城乡交换阻隔、外贸断绝、原料匮乏、产品滞销、通货膨胀等等，另外，他还提出在工作中没有处理好公私、劳资等关系，也是突出存在的问题，如“工人、店员误认为我们允许分厂、分店，进行清算斗争。天津解放一个月内，曾发生 53 次清算斗争”，“资本家脑子里有三怕：一怕清算，二怕共产党只管工人利益，三怕以后工人管不住，无法生产。”因此，他们抱着消极等待、观望的态度，甚至跑去香港。薄一波在报告中说：这种情况必须迅速扭转。向工人、干部和资本家阐明七届二中全会确定下来的城市政策，澄清工人中的模糊认识，消除民族资本家存在的疑惧心理。毛泽东阅看报告后，认为这项工作刻不容缓，决定刘少奇到天津去进行调研。4 月上旬的一天，刘少奇来到华北局机关，对薄一波说：一波，我来向你报到，去天津巡视工作。

薄一波说：你是中央领导，该上哪就上哪，何必来告诉我。

刘少奇回答：按组织原则，应该这样做。我在天津的活动，一般情况由天津市委向华北局报告，有些重要问题由你向中央和毛主席报告。中央和毛主席的指示也由你向我转达。

随后，刘少奇的工作多由薄一波向毛泽东和党中央汇报了。

6 月，新政协筹备会第一次全体会议在北平召开，成立了政协筹备会常委会，起草《共同纲领》，拟定政府方案，全面筹建新中国。薄一波被毛泽东指定为新政协筹备会党组干事会成员，参与起草《共同纲领》，并

协助周恩来以华北人民政府为基础组建中央人民政府各部委。

7月10日，中央书记处正式决定组织新政协筹备会党组干事会及常委会。薄一波被指定为党组干事会成员，和陈云一起，分工负责联系财经方面各单位中的党员，并领导中财委工作。

中央财政经济工作部和华北财政经济委员会一起合并组建中财委，组建工作很快完成。在中财委中，陈云抓大政方针，薄一波辅助决策和做具体工作。这时，南京、上海等地已经解放，但全国的财经形势十分严峻。中财委成立后，第一件事就是去稳定金融和物价，他们紧紧抓住“两白一黑”（即大米、纱布、煤炭）这个关键，与投机分子进行较量。经过艰苦的几个月工作，勒住了通胀这匹脱缰的野马，打赢了银元之战、米粮之战，煞住了涨价歪风。后来，毛泽东高度评价这场稳定金融和平抑物价的战斗的意义“不下于淮海战役”。

8月20日，周恩来召集新政协筹备会的党组干事开会，进行具体分工，周恩来、林伯渠、李维汉、齐燕铭负责党派工作；陈云、薄一波负责财经工作；董必武、陈绍禹负责政法工作；聂荣臻、叶剑英、罗瑞卿负责军事工作；胡乔木、徐冰、周扬、钱俊瑞、廖承志负责文教工作；李立三、蔡畅、冯文彬负责工青妇工作；连贯、杨静仁负责农民和民族工作。筹建新中国的工作由此全面铺开了。

在成立中财委时，陈云就确定它是一临时性的机构，受中央军委领导。而财政部是一个国家不可或缺的重要部门，因此新中国成立时，必须组建一个财政部主管全国财政工作，为此，毛泽东和党中央决定由薄一波负责组建财政部并出任部长。

戎子和被周恩来“截下”

随着新中国成立时间的临近，组建财政部很快提上了议事日程。薄一波和陈云根据党中央的指示，决定新的中央政府财政部以华北人民政府财政部为基础进行组建。

这时华北人民政府财政部部长为戎子和。

戎子和是山西省平鲁县人，既是薄一波的山西老乡，也是长期一起工作过的老战友。戎子和是于1936年9月参加革命的。他先在薄一波等人发起成立的山西牺牲救国同盟会任执委，后任常委，同年12月加入中国共产党。第二年，他与薄一波等人创建山西抗日武装——山西新军，随后出任山西新军决死三纵队政委，薄一波则为决死一纵队政委。1941 年 7 月，戎子和出任晋冀鲁豫边区政府副主席、党组副书记；薄一波先是晋冀鲁豫边区行政委员会副主席，后担任晋冀鲁豫中央局副书记。1948 年 9 月，华北人民政府成立时，薄一波担任副主席，戎子和则担任财政部部长。北平解放前夕，戎子和作为中共三人代表之一，参加与傅作义的和平谈判。其中，戎子和与傅作义有个传播较广的对话。一次，傅作义向戎子和提了个严肃而又坦率的问题："我们国民党取得政权后，20 年就腐化了，结果被人民打倒了。你们共产党执政后，30 年、40 年后是不是也会腐化?"

这是一个意味深长的问题，但戎子和回答他说："我们共产党是劳动人民的精华，别说 30 年、40 年，就是 50 年、60 年以后也不会腐化。"

傅作义摇了摇头，表示不信。但戎子和却记在心里，成为他以后工作的警诫。

1949 年 1 月底，北平和平解放后，戎子和出任北平军管会委员兼物资接管委员会副主任，主要协助北平市市长叶剑英主持北平的军事后勤和接管旧政权的财经工作。薄一波则兼任平津卫戍区政委。

戎子和与薄一波几乎长期在一起工作，因此由他们一起联手来组建财政部，简直是再合适不过的事儿了。但是，事情还是发生一些波折。

这时一野部队刚刚解放山西太原，负责华北局工作的刘少奇希望戎子和去即将组建的山西省人民政府工作，而北平市委第一书记彭真则希望留他在北平市委，戎子和面临着新的工作抉择。周恩来得知了这一情况，对刘少奇和彭真他们说：戎子和这位财神爷，你们谁也不能留，新政府将另有安排。

彭真笑着说：你这是半路上程咬金劫人，有些不讲理嘛。

周恩来说：我们需要戎子和去财政部，是没办法和你讲理了。

玩笑归玩笑，就这样戎子和去财政部了。薄一波高兴地对戎子和说：三生不抵一熟，你来了，我的工作就好做啦!

两位老战友又战斗在一起，为新中国的财政工作揭开新的篇章。

周恩来在戎子和名字后加上王绍鏊

在酝酿新中国政务院部委组成人选时，薄一波向党中央提名了三位财

政部副部长，其中，戎子和排在第三。在审查名单时，周恩来留一去二，保留了戎子和，删除了另外两人，然后，在戎子和之后，他加上了几个字：“王绍鏊老先生”。

王绍鏊老先生是何许人也？周恩来为什么增添他为财政部副部长呢？

其实，对于王绍鏊这个名字，许多国统区的人并不陌生。他在辛亥革命时就赫赫有名，是民国以来历届政府有名的“刺头”——他是一位追求民主和进步的杰出勇士。

王绍鏊是江苏吴江人，与著名的民主人士柳亚子是同乡。他早年留学日本早稻田大学政治经济科，1911 年毕业回国后，投奔在反清斗士章太炎门下。后来，他不满章太炎支持袁世凯建都北京，成为章太炎领导的共和党的少壮派代表。1913 年，他在江苏同乡的支持下竞选为国会议员，先反对称帝的窃国大贼袁世凯，后反对各路粉墨登场的北洋军阀。1923 年曹锟贿选总统时，他联络江苏籍议员 20 余人拒绝贿选，事后又坚持不通过曹锟组阁，气得曹锟派军警包围他的寓所。正巧他外出未归，得知军警要抓他后连夜逃回天津。此后，他一直致力于维护国会政治，可是，自 1913 年当选为国会众议员后，他十多年致力国家政治改革，慷慨陈词于会上，南北呼号于会外，联络同志，倡导明政，结果却是处处碰壁，一事无成。出路究竟在哪里呢？王绍鏊开始了苦苦的探索。

1926 年初，国共两党合作进行北伐，王绍鏊一度低沉的情绪又高涨起来。在国民党左派侯绍裘（实为共产党员）的帮助下，他在家乡秘密组织了新苏公会，暗中联络全浙公会和全皖公会，组成苏浙皖三省联合会，积极开展反对军阀孙传芳、策应北伐军的行动。1927 年 1 月，他怀着对北伐军无限崇敬的心情来到了革命的中心——武汉，又通过好友张群的关系，赶去南昌会见北伐军总司令蒋介石。王绍鏊对蒋介石慕名已久，可在和蒋介石作两次长谈后，他的敬慕之情竟然一扫而光。出来后，他对张群说：“此人如果得志，中国将不可收拾。”

张群惊讶地问何故，王绍鏊说：两次长谈，一谈到公事，就不见他听；一谈到私利，就立刻两眼放光，反应热烈，这岂是拨乱反正之人？说罢，他拂袖而去，直接回了上海。

江苏同乡见他与蒋介石闹僵，不少在省政府就职的苏浙皖三省联合会会员对他颇有责备。但王绍鏊坚持告诉他们说：“万万不可与此人共事，大家日后自会明白。”

果然没过三个月，蒋介石就发动了四一二政变，这直接导致大革命失败不说，就是当初在省政府就职的沈钧儒等人也因为“涉共”而被撤职查办，甚至被抓进了大牢。朋友们这才对王绍鏊的预见大吃一惊，说：“深感钦佩。”

1930 年 4 月，冯玉祥、阎锡山联合倒蒋，王绍鏊赶去参加，并成为反蒋核心的一员。可惜由于冯、阎轻敌，倒蒋运动迅速失败。王绍鏊又回到家中，埋头读书，不久迁居上海。

1931 年，九一八事变爆发，王绍鏊立即投入抗日救亡运动，在上海发起中华民国国难救济会，接着，又去北京和蓝公武、章伯钧等人发起组织救国协会，进行抗日救亡宣传。

1933 年春，日军向华北地区进犯，冯玉祥在张家口组织抗日同盟军奋起抵抗。王绍鏊从上海赶去张家口参战，但抗日同盟军很快就失败了，冯玉祥上了泰山隐居，抗日将领吉鸿昌惨遭杀害。王绍鏊又陷入了迷惘。就在这时，他遇上了地下党员黄申芗，与他一起议论国是。黄申芗笑他说：“你的议会政治梦还没有做醒啊！”于是从国际形势说起，从俄国十月革命、世界工人运动谈到中国现状，再到中国革命应由谁来领导，侃侃而谈，虽无慷慨激昂的样子，却自有一股高屋建瓴之势，滔滔而下。这些精辟的分析、宏博的理论使得王绍鏊不由得不想听，听着听着又不由不信服他。经过几次推心置腹的交谈，王绍鏊对中国革命的疑虑消失，郑重地向黄申芗提出入党要求。1933 年秋，经过党组织的考察，王绍鏊秘密加入了中国共产党。

这是王绍鏊一生的重大转折，从此他开始了新的人生征程。

但是，由于他特殊的身份和社会关系，党组织安排他从事对国民党和社会上层人物的统战和联络工作。于是，他以开明爱国人士的身份出现在各种社交场合，到香港、广州等地策动高层人士进行抗日，还和沈钧儒、史良、柳亚子等上海知名人物频繁交往。

抗战胜利后，王绍鏊和上层民主人士的联系更加密切了，他们一起聚会，一起交流对形势、前途的看法，于是产生了共同商讨国是的愿望。针对蒋介石“先统一后民主”的宣传，王绍鏊写文章提出“先民主后统一”的主张，并指出所谓“先统一后民主”的实质就是要先消灭共产党，把一切党政军大权集中到蒋介石手中，达到蒋介石一统天下的目的。这样哪里能有民主？所以决不能“先统一后民主”，而只能先民主，国共平等，先

实行民主政治，然后水到渠成，统一定是必然结果。王绍鏊的主张得到了朋友们的称赞，并建议他将文章以“意见书”的形式，拿去征求签名，付之于报刊发表。当王绍鏊的意见书传到马叙伦那里时，他立刻被这些精辟的见解所吸引，急问：“这是谁的手笔？”

谢仁冰直言相告说：“是王绍鏊先生。”

马叙伦立即说：“邀请王先生来面谈。”

两人一见如故。王绍鏊结合自己的亲身经历，历数蒋介石“先统一后民主”的欺骗性和危害，宣传共产党的主张，马叙伦心悦诚服，欣然在意见书上签名。从此，两人成了志同道合的战友。

因为蒋介石对爱国民主运动实行镇压政策，各界民主人士都觉得应联合起来，组建一个永久性的组织，才能团结起来，共同进行斗争。经过酝酿准备，1945 年 12 月 30 日，中国民主促进会在上海正式宣告成立了。马叙伦、王绍鏊、陈已生、许广平、林汉达被选为常务理事，会议通过了以王绍鏊的意见书为蓝本的《中国民主促进会对于时局的宣言》，宣言指出：“现阶段的中国，民主实在是统一的基础，同时又是统一的内容、统一的目的”，“统一而不以民主为前提，决无法实现”，“过去的不统一，正是不民主的结果”。宣言严厉驳斥了蒋介石“先统一后民主”的谬论，在社会上产生了强烈的影响。

在此期间，王绍鏊还和章乃器、盛丕华、包达三等人筹建了民主建国会上海分会，并出任民盟上海支部主任。1946 年 5 月 5 日，上海人民团体联合会成立时，王绍鏊当选为 29 人组成的理事会理事。当马叙伦率领上海人民和平代表团赴南京呼吁和平时，王绍鏊和林汉达、陶行知同为欢送大会执行主席，大会开得很热烈，会后举行大规模示威游行，王绍鏊和周建人、陶行知、林汉达、吴晗等人走在游行队伍的前列。当马叙伦等代表在南京下关车站时遭到国民党特务围攻殴打后，王绍鏊联合各界人士和团体发表声明，抗议国民党当局的暴行，并发起和平捐金运动，声援和慰问受伤代表。下关惨案反在上海引发了一股民主运动的热潮。

1947 年 7 月，国内战争形势发生巨变，国民党在一年内丧失 100 多万军队，蒋介石不甘心失败，垂死挣扎，10 月宣布民盟为非法组织，诬蔑中国民主促进会、中国民主建国会等组织“是共产党以暴乱的工具”，王绍鏊也被列入了黑名单。随后，他在党组织的安排下与马叙伦、沈钧儒、沈雁冰等人撤离上海转赴香港。1948 年 4 月，党中央发表著名的“五一”口号，提出“迅速召开政治协商会议，讨论并实现召集人民代表大会，成立联合政府”的号召。5月5日，在香港的各民主党派负责人联名致电毛泽东，表示响应。王绍鏊与马叙伦代表中国民主促进会组织在电报上署名。随后，他们在党的安排下，辗转到达东北解放区。1949年2月，王绍鏊随其他民主人士进入北平，然后与马叙伦、许广平以及周建人、林汉达、雷洁琼等人继续为中国民主促进会的工作和即将召开的政协会议而忙碌。6月15日，新政协会议筹备会在北平成立，王绍鏊代表中国民主促进会参加新政协筹备工作，为第二小组成员，参与起草中国人民政治协商会议组织法。

这次确定财政部领导人选时，周恩来添加了王绍鏊，其实这是中央书记处集体作出的决定，一是王绍鏊一生追求进步，在民主人士中享有崇高的威望，二是国家财政工作事关国民经济恢复和国家稳定，他是党员而身份又没暴露（他于1970年去世时党籍还没公开），有利于号召财政界人士参与国家建设。因此，让他担任财政部副部长，是党中央很周全的一个考虑。

薄一波获知周恩来提议王绍鏊出任财政部副部长后，热情欢迎他一起来谋划新中国的财政工作。于是，王绍鏊边参加新政协的筹备工作，边开始熟悉财政部工作。

一个新时代的开始

新中国10月1日就要成立了。恢复国民经济，财政部责任重大。财政部主要负责人选确定后，周恩来催促薄一波说，组建财政部的工作要加速。

薄一波因为主要在中财委负责，忙于平抑物价，打击投机商的兴风作浪，于是，组建财政部的具体工作主要由戎子和和王绍鏊一起负责。他们以华北人民政府财政部为基础，再抽调华东局、东北局的财经人员前往北平，担任财政部的骨干。

在筹组财政部工作班子时，王绍鏊推荐了不少来自国统区的人员，他们将担任科长以上职务。虽然长期在国统区工作，王绍鏊推荐干部很认真，并且严格按照组织原则进行，先提请中央统战部和政务院人事部审干处同意。这些人员都是与王绍鏊在工作中相识的，有的是民主党派负责人向他推荐的，有的是长期从事财经工作的专家。他们进入财政部后，与解放区财经干部一道设计财政部的办公机构、财务制度、财政法规。众人满怀激情地工作，日夜加班，效率也非常之高。

9 月 21 日，中国人民政治协商会议第一届全体会议在中南海怀仁堂隆重举行。薄一波参加了会议，王绍鏊作为中国民主促进会代表也出席了这次盛会。大会通过了《中国人民政治协商会议共同纲领》，并代行人民代表大会职权选举产生了中央人民政府。

10 月 1 日，薄一波、戎子和、王绍鏊等人怀着无比激动的心情，参加了开国大典。同一日，中央人民政府财政部宣布成立。

10 月 19 日，中央人民政府正式任命薄一波为财政部部长，戎子和、王绍鏊为副部长。

12 月 2 日，财政部部长薄一波在中央人民政府委员会第四次会议上，作了新中国第一个财政收支预算的报告。会议同时决定 1950 年发行一批人民胜利折实公债。

1950 年 1 月 1 日，财政部税务总局正式成立。1 月 31 日，政务院发布《关于统一全国税政的决定》，建立了全国统一税收制度。3 月 3 日，政务院通过《关于统一国家财政经济工作的决定》，随后国家财政收支实现全国统一。10 月 27 日，财政部召开全国预算、会计、金库制度会议，确立了新中国预算及金库制度和财务会计制度。

新中国财政工作伴随国民经济的恢复和发展进入了一个崭新的时代。

作为中央政权的主要组成部门之一，如今，财政部已经走过了 60 年的光辉历程，它仍然承担着主管国家财政收支、财税政策、国有资本金基础工作的宏观调控重任，是国民经济发展的经济指挥部。

（本文选自陈重伊：《国务院 24 部委组建实录》，
中共党史出版社，2009 年版）

中华人民共和国财政部成立

王丙乾

进入北平和新中国成立

在党中央和毛泽东同志的领导下，全国军事形势发展迅速。1948 年 11 月初辽沈战役结束，整个形势发生了根本变化。人民解放军无论在质量上还是在数量上，都已经占有绝对优势。东北野战军在解放东北后，迅速入关，会同华北解放军发起平津战役。1949 年 1 月 21 日，我军和傅作义达成了和平解放北平的协议；22 日，傅作义部队开始撤出城外，听候改编为人民解放军；31 日，古都北平宣告和平解放。

那一年，我 24 岁，作为华北人民政府先遣部队的一员进入北平。华北财政部第一批进城的人员还有齐显、田一农、张柱国等同志，在晋察冀时，我们都在一起。我们先从华北人民政府财政部驻地平山县徒步走到石家庄，然后坐大卡车到涿州，这是刚缴获的美国“道奇”军用十轮大卡车。当时的道路很不好，上下颠簸，但大家都很兴奋。到涿州后，再转火

1956 年 5 月 11 日，财政部欢迎财政系统参加全国先进生产者代表会议的代表摄影

车进北平。刚进北平的时候，没有地方住，我们就在地上打草铺。当时中央明令，各机关进入北平不要举行欢迎庆祝活动。1949 年 2 月，华北人民政府副主席杨秀峰同志率领华北人民政府机关人员乘火车进北平。1949 年 3 月 25 日，中共中央和解放军总部进驻北平香山。

1949 年 10 月 1 日，毛泽东同志在北京天安门城楼上，庄严宣告中华人民共和国成立。这一天我们很早就起来了，非常激动地到部里集合，然后排着整齐的队伍去天安门广场参加开国大典。财政部队伍的位置在天安门城楼左侧、金水桥北岸，离天安门城楼很近。当时整个广场人山人海，红旗飘扬。我至今还清楚地记得当时毛泽东同志宣布“中华人民共和国中央人民政府成立了”的声音，特别宏亮、庄严、深远。

北平接管工作

中国人民解放军包围北平后，就开始从华北人民政府抽调人员准备接管。北平和平解放后，成立了北平军事管制委员会。北平军事管制委员会主任是叶剑英同志，他还兼任北平市市长。军管会下设三个机构：一是北平市政府，负责接管旧北平市政府机关单位，并组成新的市政府；二是文教接管委员会，负责接管学校、图书馆、文化设施等单位；三是物资接管委员会，主任由叶剑英同志兼任，戎子和、苏井观同志为副主任，负责接管市政府、文教事业以外的国民党政权的一切军政机关，工、交、商、贸、金融等官僚资本公营企业、事业单位，以及财政税务、仓库等公家物资，包括这些单位的所有人员。戎子和同志后来写了《和平接管北平，迎接新中国的诞生》，回顾了参与北平接管工作的情况。薄一波同志的《若干重大决策与事件的回顾》一书，对接收工作说得也很详细。对原有的经济组织和企业机构，如铁路、邮政、电信、银行、工厂、矿山等都原封不动接收下来，对旧人员实行包下来的政策，以后逐步再进行改造。财经方面，旧有的各种税收除少数苛捐杂税外，原则上照旧征收。由于我们以前已经有了不少接收大城市的经验，北平又是文化古都，北平接收工作做得特别细致。像我们接管白纸坊的中央印刷厂，接管的第二天就印出人民币了，就是前期做了大量的准备工作。

由于久经战争，加上腐败，国民党统治下的北平已经千疮百孔，我们接收的东西并不是很多。在金融方面，黄金只有600多两，大量的都是形同废纸的金圆券。在工矿企业方面，仅冀北电力公司及其所属的石景山发电厂、华北钢铁总公司及其所属的石景山钢铁厂、华北水泥厂及其所属的琉璃河水泥厂，以及门头沟的三个煤矿。石景山钢铁厂虽然已有30多年历史，但每年只能出几万斤铁，还不能产钢。水泥厂最高年份产量是2万多斤，解放那年才产几千斤。交通方面，当时的北平唯一的公共交通是有轨电车，也只有很短的三小段。开国大典前，为了首都的形象，我们开辟了一条从北边的安定门到南边广安门的公共汽车路线，称为1路公共汽车。当时的公共汽车很小，是福特的，只有一个门，还是从南京调来的。

相对而言，唐山、天津当时的情况要比北平好一些。唐山的七星水泥厂一年能产30多万吨水泥，天津的烟草公司等都是重要的税源。当时的北平属于文化中心，税收只有天津的三分之一，要补贴才能维持。

财政部负责接收的除了北平的国民党财税机关外，还有保险公司、交通银行、盐务局等机构。1954年，财政部在交通银行原有基础上正式建立办理基本建设投资拨款监督工作的建设银行。盐务局比较特殊，还有六七千名盐警，我们也都一起接收下来了。

接管工作任务很重要的一点是要迅速建立新的秩序。当时我们的主要工作有兑换货币、处理工资、抓粮食和恢复生产。兑换货币就是把人民手上的金圆券兑换成我们的人民币。兑换的基本原则是不让群众吃亏，当时规定市民、工人、学生、教职员工等按照1∶6兑换，但兑换数额以半个月生活费为限，商人、企业则是按照1∶30兑换。对于工资问题的处理，实行解放区的供给制，但是待遇有所提高。对于国民党留用人员，不与以前工资挂钩，不管职位大小，一律350斤小米。铁路、邮局、银行等机构员工工资待遇保持不变，年底双薪制度也不变。当时最困难的工作还是组织粮食调运，以前供给北京的粮食主要来自包头地区，但当时一下运不过来。我们就只能想方设法从各地调粮食进京，当时组织了6000万斤粮食，但这也只够200万北京人吃一个月。还有一个工作就是积极恢复煤矿、油类的生产，保证北京人民的需求。

组建财政部

1949年10月27日，毛泽东同志发布命令："中央人民政府业已成立，华北人民政府工作即结束。……中央人民政府的许多机构，应以华北人民政府所属有关各机构为基础，迅速建立起来。"10月31日，华北人民政府完成其历史使命，中央人民政府各部委在其各部委基础上迅速建立。

同年，成立了中央人民政府财政部。财政部首任部长是原华北人民政府副主席薄一波同志，原来的华北人民政府财政部部长戎子和同志任副部长。当时改组的基本原则是，对华北人民政府各部、会、院、行、厅、局的正职，除个别资深功高者外，均担任各部门副职。华北人民政府各部门副职，除少数继续担任副职外，多被安排为各部门的办公厅（室）主任，原华北财政部副部长吴波同志被任命为财政部办公室主任。当时财政部开门第一件事，就是请民主人士提意见，财政工作应该怎么做。主持会议的是戎子和副部长，参加会议的民主人士大概有二三十位，我能记得的有胡子昂、章乃器、陈叔通等。我以记录员的身份参加了会议。

那时财政部除了华北财政部的老领导和老同事，又从部队抽调过来一些人，还有一批民主人士，如时任民主促进会副主席的王绍鏊，被任命为财政部副部长，另外还有一些国民党政府的留用人员。1951年第一次全国大学生统一分配，又分配来不少学财经的大学生。大区合并后，各大区财政部人员合并过来的很多。会计司由于会计专业的特殊性，是从上海请来的一批会计专家，主要是安绍芸和他的助手、学生们。会计司成了部里最特殊的一个司，所有人员都是非党员。当时的财政部，可谓五湖四海。

财政部驻地最初安排在司法部街，那时大概是 1949 年 4 月。这里原来是北平高等法院，就是现在的人民大会堂的位置。当时住得很简陋，一间房 100 多平方米，大家都在地上打通铺。在 10 月 1 日新中国成立前，就搬到了天安门广场东侧的公安街十号，当时是冀热察货物税管理局，也就是原来的清朝户部衙门所在地，现在国家博物馆（原中国历史博物馆）的位置。当时清朝户部衙门的建筑格局大体还保留着，一个很大的院子，类似王府格局的中式建筑。当时大门还没拆，一进去对着的是大礼堂，礼堂北边是一个大会议室，礼堂后头有几排房子是各个司局。后来来了苏联专家，就在礼堂南边建起一座三层小楼，在当时算是比较新式的，二楼部长们办公，一楼是秘书们，三楼就是苏联专家。旁边还有一座小楼，预算司就在这座小楼里办公。最初的几位部长先后是薄一波、邓小平、李先念同志，因为他们都是副总理，不在那里办公，主要是部长秘书、副部长和办公厅在那里工作。财政部办公地方不够，当时分在三个地方，主要办公地点在公安街十号，另外，一处是在南兵马司胡同，这里原是冀热察直接税管理局。当时还是长春大学医学院占着，门口还挂着他们的牌子，北平解放不久，就把他们遣返回长春了。主要是税务总局在那里办公。还有一处在西交民巷，是原来的交通银行，后来我们在此基础上组建了建设银行，是一栋米黄色的四层小楼。

财政部当时的主要机构有：秘书室、人事室、机要室、总务科、研究室、第一处、第二处、第三处、第四处、第五处、北京市供应局、华北税务总局、酒业专卖公司、长芦盐务管理局、北京物资清理处、天津物资清理处和中央税务学校。财政部机关总共有 100 多人。

清代户部留下的文物当时已经不多，我记忆深刻的有两样：一是“九式经邦”的大匾，一是户部大堂内的桌案。

户部衙门坐东朝西，绿色的琉璃瓦、红漆大门。大匾挂在大门上方，蓝底金字红边，“九式经邦”四个大字格外苍劲有力，非常壮观气派。据清人笔记记载，这是雍正皇帝在雍正四年亲笔题写的。所谓“九式经邦”，我开始不知道它有什么深刻含义，后来别人告诉我，“九式经邦”出自

《周礼》中的“以九式均节财用”、“以经邦国”，“九式”是周代规定的九项支出。“九式经邦”，表达了古代“式法制财，收支对口，量入为出，略有贮蓄”的理财思想。这是一件很难得的文物，财政部一直保留着，后来听说在“文化大革命”时期被取下来做了厨房的案板，后被烧毁了，实在令人痛惜!

大堂内户部尚书的桌案，是黄花梨木制作的，中间镶嵌一大块鸡血石。后来做了部长的办公桌，我还用了好长时间。后存放在财政部的地下室里（现存放于中国财税博物馆，编者注）。

1950 年元旦，以原华北税务总局为基础，正式成立中华人民共和国财政部税务总局，李予昂同志为局长，崔敬伯同志为副局长。1 月底又成立了财政部盐务总局。因为当时财政工作很大一块是粮食问题，因此粮食局也设在了财政部。这样，财政部的主要机构又调整为部长室、办公厅、编译统计处、总务处、国防财务处、行政财务处、外事财务处、经济建设财务处、文教社会财务处、会计制度处、财政监督处、农业税处、人事处、参事室、机要室、税务总局、盐务总局、粮食管理总局、北京物资清理处和天津物资清理处。

到了 1950 年 9 月，根据政务院机构编制审查委员会的要求，改处为司，财政部的机构调整为部长室、办公厅、主计司、国防财务司、经济建设财务司、行政财务司、文教财务司、农业税司、财政监察司、会计制度司、外事财务处、人事处、参事室、机要室、税务总局、盐务总局和物资清理处。

1958 年，财政部搬到三里河，和第二机械工业部共用一座办公楼。办公楼是一幢六层的仿古建筑。人民银行和财政部合署办公，也搬到了楼里。以后，由于业务不断扩大，人数不断增加，财政部又陆续盖了南配楼和新办公楼。

统管财经工作的“中财委”

为了应对当时严峻的财政困难局面，尽可能迅速和有计划地恢复与发展国民经济，新中国成立后，在原来中央财政经济委员会的基础上，扩建组成了政务院财政经济委员会，但我们还是习惯称为“中财委”。由陈云同志任主任，薄一波、马寅初同志任副主任，薛暮桥同志为秘书长。

1949 年 10 月 21 日中央人民政府政务院财政经济委员会成立时全体委员合影

1954 年之后成立了国务院，国务院对原政务院的组织机构进行了较大调整，政务院财政经济委员会被撤销，其职能由国务院相关部委和直属机构所取代。

中财委成立后，在稳定金融物价、统一财经管理、调整工商业方面做了大量的工作，为新中国成立初期财政经济的恢复和发展奠定了一定的基础。财政部是在中财委的直接领导下开展工作的。

当时的中财委，除了各地方财经委和各财经部门的领导外，还吸收了不少专家学者和企业界人士。陈云同志抓住一切机会向大家学习，据陈云同志说，有一天已经晚上十点多了，他还去找章乃器先生请教外汇方面的问题。

中财委的管辖部门包括财政部、贸易部、重工业部、燃料工业部、纺织工业部、食品工业部、轻工业部、铁道部、邮电部、交通部、农业部、林垦部、水利部、劳动部、人民银行总行和海关总署。

新中国成立初期，将全国划分为东北、华北、华东、中南、西南、西北六个大行政区，每个大区都设立了财经委员会，大区的财经委员会受政务院财经委员会和大区军政委员会双重领导，大区财经委员会下也设立财经各部及人民银行区行机构，负责全区的经济管理工作。

“中财委”当时设在朝阳门里一个叫“九爷府”的地方，离财政部不远。由于中财委的前身也是华北财委，其中不少还是华北财委的同志，又都是年轻人，所以我们来往很多。

财政部的初期生活

我们进了北京以后，住在原国民党政府高等法院旁边的大四眼井宿舍，一般十来户人家合住一个四合院。后来财政部搬到对面的公安街十号，但是宿舍还在这边。办公地点和宿舍，中间隔着一个天安门广场。

由于刚解放，部里多数是年轻人，对新生活都充满期待，很有朝气。我们这些年轻人，天天清晨进行“劳卫制”体育锻炼，如饥似渴地学习苏共党史和苏联社会主义经济建设问题的书籍，晚上阅读各人自选的读物，向科学进军。我一来就在预算司，司里的党、团组织健全有力，经常组织学习、举办讲座及开展各种文体活动。其中特别重视基本功的训练，如打算盘、统计制表、经济核算等。当时预算司的业务干部人人都打得一手好算盘。有些时候还得自己琢磨学习，我曾经弄到一部手摇计算器，这在当时是非常先进的，但大家都不知道怎么用，我们就自己琢磨，硬是琢磨出来了，在后来的工作中帮了大忙。部里还经常组织上大课，记得安绍芸讲过会计，李朋讲过财政公文。

除了业务学习，当时文体活动也很丰富，部里还组织了篮球队、鼓乐队，每个星期六举行舞会，还有一个京剧班子，可以彩排演出“四郎探母”、“苏三起解”等折子戏。印象最深的是请国家乒乓球队的李富荣、张燮林等知名球员及北京杂技团、相声大师侯宝林等名角到财政部礼堂表演。当时财政部真是一派生机勃勃、蒸蒸日上、充满活力的景象。

在华北财政部时，我们实行的是供给制，除了口粮和菜金外，还有很少一点津贴。衣服、鞋子、袜子等生活必需品都是发实物。如每年发一两套单衣、四双鞋、两双袜子，三年发一套棉衣，五年发一套棉被等。进城初期还实行了一段供给制，大概是1952年开始发工资，当时经济发展水平还很低，工资比较少，但物价也很低，日子过得还不错。比如在机关里包饭吃，一个月的伙食费，男同志只需 12 元，女同志只需 9 元，而且吃得很好。有些同志买了一些稍微好点的东西，在党组织生活会上还挨了批评。

当时预算司的工作任务很重，需要学习的东西很多。晚上大家都下了班，我吃完饭以后，经常抱着一个小被子去加班，连夜在办公室写东西、学习，晚了就睡在办公室，第二天早上再把被子抱回宿舍。我还抽出时间看一些小说，通过读小说来提高自己的文化素养和写作能力。在财政部工作，有两个能力必须掌握好，一个是数字能力，一个是写作能力。能写出简练明晰的公文，是很重要的一项业务能力。

（本文选自王丙乾：《中国财政 60 年回顾与思考》，
中国财政经济出版社，2009 年版）

晋冀鲁豫边区财政工作的片断回忆

戎子和

我在抗日战争、解放战争、建国以后三个时期都从事财政工作，这三个时期里的财政工作各有各的困难，都不好做。但比较起来，建国以后的财政工作还是比解放战争时期好做一点，而解放战争时期，又比抗日战争时期好做一点。回想起来，解放战争特别是抗日战争时期的财政工作真难做啊！现在我想就抗日战争和解放战争时期晋冀鲁豫边区的财政工作是如何取得胜利的，基本经验是什么，谈几点看法。

党的领导

在这个问题上，主要谈三点：一是党的方针政策；二是党组织的重视和支持；三是党的领导同志的模范作风的影响。

党的方针政策方面，从一九三七年“七七事变”开始，一直到一九四三年，党中央和北方局在财政工作方面提出了一系列方针政策：如实行统一累进税和合理负担；实行统收统支，量入为出与量出为入相结合；实行精兵简政，脱离生产人数不超过负担总人口的百分之三，负担面要占到总人口的百分之八十，每人负担份额最高不超过其总收入的百分之三十；毛主席在一九四二年底还提出了“发展经济，保障供给”“公私兼顾”“军民兼顾”的政策和原则。这些政策和原则，虽然我们在实际工作中没有能全面实行，但有了这些指示，我们就有原则遵循，而且执行的结果收到了极其显著的效果。

晋冀鲁豫边区从一九四〇年开始到一九四八年和晋察冀边区合并时止，我们党的领导都很重视财政经济工作。抗日战争时期的北方局、太行分局，解放战争时期的晋冀鲁豫中央局，都是把财经工作放在议事日程上，经常开会讨论。在每个年度终了时，总要讨论审查下年度财政概算或预算。并且，每个时期总有一位领导同志当家作主，总领财经工作。先是彭德怀同志。有一次八路军前方总部供给部持“冀太联办”财政处拨款凭证，到几个专署金库取款，结果空手而回。供给部同志很恼火，回来见我就责问：“款取不到怎么办?”态度很严肃。我这个人也爱冲动，沉不住气，就说：“下面收不到钱，你就杀了我，也只有血，没有钱。”供给部同志生气地走了。我很后悔，但话已说出，收不回来。供给部的同志回去报告了彭老总，彭老总不但没有生气责怪我，反而说：“是啊，如果下边不收钱，你们逼戎子和管什么用?”这是对财政工作的很大支持，我知道后十分感动。第二位是邓小平同志。小平同志不管是在太行军政党委员会时，还是在太行分局任书记时，对财经工作都很关心，指示明确扼要。一次粮食紧张，粮食局召集会议讨论了六七天，还没有结束。小平同志给我打电话，问粮食会议开完了没有，我说没有。他说：粮食这么紧急，会开了这么长还没有结束，要饿死人。你马上到会上去宣布，只说二句话，没有饭吃，二怎么办?三赶快回去屯粮，就散会。我接完电话，即到会上照着传达，宣布散会。结果大家回去，很快就把粮食收起来了，效果很好。第三位是薄一波同志，他对财经工作是很支持、常鼓励的，经常告诉财经部门的同志，“你们只要保证战争供给，成绩就能打九十分”。晋冀鲁豫边区的财政工作，先后有这三位领导同志的支持，就顺利得多了。

党的领导同志的模范作风的影响。晋冀鲁豫边区党政军领导人彭德怀、刘伯承等同志的艰苦朴素的模范作风，大家都晓得，我就不说了。这里只举边区政府主席杨秀峰同志请客的一个例子。抗日战争时期，晋冀鲁豫边区政府招待客人除个别极特殊的我们几位负责人只陪一次外，从来是不陪客吃饭的。一次边区参议会议长申伯纯同志到边区政府，杨秀峰同志请他和我们一起吃饭，给申吃的是客饭，蒸馍、炒山药蛋菜，杨秀峰同志和我们陪客吃的是小米，也是炒的山药蛋，但油很少。伯纯同志看见一桌吃两样饭菜，吃不下去，饭后，就向我们提出意见。这件事，从表面上看似有些“不近人情”，但消息传出去，影响很大。去年，我到武汉，有的同志提起这件事，还感动的不得了。晋冀鲁豫边区有这几位领导同志作表率，上行下效，下边同志们的生活作风，就可想而知了。

实事求是的作风

晋冀鲁豫边区在执行中央和北方局的有关财政方针政策时，一般是按照边区的主客观情况处理的。如有不符合边区的实际情况，就报请领导批准，作适当的修改或补充。我们自己制定的一些条令、规章、制度和办法，如统一累进税税则、合理负担办法、军事支差条令和乡村财政收支规定，都是经过广泛深入的调查研究后，根据人民负担能力（包括财粮负担、力役负担）确定的。有些规定如财政体制、财粮制度等，在统一的原则下，还给行署、专署一定的灵活变动权。财政工作遵循这条实事求是的原则，好多事情进行得很顺利，这是我们做好财政工作一个重要的原因。

战斗的胜利

晋冀鲁豫边区，是以八路军总部为首、一二九师为主以及其他各个抗日军队，经过无数次英勇战斗，打了许多胜仗，才建立、巩固起来的。抗日战争时期，有神头岭、响堂铺、长乐村三次大捷，以及几次反顽斗争的胜利。这些战争的胜利，发展了根据地，为边区奠定了基础。解放战争初期，上党、平汉（也称邯郸）两大战役的胜利，不仅捍卫了晋冀鲁豫边区，而且鼓舞了全国人民和解放军的士气。一九四六年以后又有鲁西南定陶、晋南等战役的胜利。没有这一系列战争的胜利，财政工作的成绩就无从谈起。

群众的拥护和支持

在八年抗日战争，三年半解放战争中，经过减租减息运动、救济灾荒和土地改革，生产的恢复，物价平稳，晋冀鲁豫边区人民和军队已似鱼水相依，群众和党政机关亲密无间如同一家人。人民在战争中出兵、出力、出粮、出钱、出物，是尽了最大力量的。没有人民群众的支持，我们的财政工作也是寸步难行的。

干部同心协力

晋冀鲁豫边区，从边区政府到乡村，各级党政干部对党的方针政策和政府制发的条例，其中包括财粮工作的各项措施，一般是坚决贯彻执行的。没有这一条，我们的财政工作是难以设想的。关于这一点，我在前几篇文章中，已经讲到，就不赘述了。这里特别提到的就是以杨立三同志为首的军需后勤供给部门的同志们和我们财政部门的同志之间的工作配合是很好的。他们不仅理解和体谅财粮工作的困难，而且还派了一批干部参加了财粮工作，虽然我们之间尤其在抗日战争初期，有时对一些具体事情、工作争得也面红耳赤，但争论是为了做好工作，不是私人的意见。因之，我们的相互关系越来越好，是值得铭感的。

（本文选自《中国财政》1984 年第 6 期）

财长风范

新中国财政史记

——财长风范

翁礼华

导　语

在历史的长河中，60 年只不过是短短的一瞬间，如同沧海一粟，但就是在这一瞬间活跃着的人物，却对形势的发展变化产生了深刻的影响。

您会看到一批身影：有些人看到改革开放初期的新机会；有些人一方面要跟体制和环境博弈，一方面要面对激烈的市场竞争；有些人在自由王国里面驰骋。先到者机会频仍，却也难免束缚与抗争之苦；后到者渐入红海，却仍可自由任情。时代的刺青，难以磨灭。每位政经人物，都代表了一个时代。

且别忙喟叹，历史还在继续。

财政部官员：各具风范的新中国十任财长

新中国从1949年10月1日成立以来，走过了整整60年。在60年风雨历程中，先后有薄一波、邓小平、李先念、张劲夫、吴波、王丙乾、刘仲藜、项怀诚、金人庆、谢旭人十任财政部长。他们当中有以高职兼任财长的老一辈无产阶级革命家：邓小平、李先念、薄一波；有早在战争年代就投身革命的老前辈：张劲夫、吴波、王丙乾；也有新中国培养起来的财政专家：刘仲藜、项怀诚、金人庆、谢旭人。

在这十位财政部长中，四川省籍的一位，为邓小平同志；山西省籍的一位，为薄一波同志；安徽省籍的两位，分别为张劲夫、吴波同志；河北省籍的一位，为王丙乾同志；浙江省籍的两位，分别为刘仲藜、谢旭人同志；江苏省籍的两位，分别为项怀诚、金人庆同志。就任财政部长时年纪最轻的是李先念同志，时年45岁；年纪最大的是吴波同志，时年73岁。从经历看，除吴波、王丙乾和项怀诚三位同志，从青年时代开始一直在财政部工作，并且在财政专业岗位上逐级晋升为部长以外，其余七位都是有了各种不同经历后，兼任或调任财政部长的。

人，是时代的产物。由于部长们所处的历史时期不同，他们的所作所为首先是历史发展的需要，同时也是他们个人特点的反映。他们以各自不同的从政风格推动着中国财政不断向前发展，也见证着中国财政60年。

统一财税的薄一波

薄一波同志于1949年10月19日以中央人民政府委员、政务院委员兼财政经济委员会副主任的职务兼任财政部部长。

面对新中国成立之初满目疮痍、国民经济百废待举的严峻形势，为安定百姓生活，打稳新中国经济基础，薄一波配合财政经济委员会主任陈云，从平抑物价入手，抓住关乎国计民生的大米、棉纱、煤炭，即“两白一黑”的牛鼻子，调集数量足够的物资，各大城市统一行动，大量抛售，很快打垮了投机分子，到12月10日物价上涨风便告一段落。上海一位有影响的民族资本家事后说：“6月银元风潮，中共是用政治力量压下去的，这次仅用经济力量就能压住，是上海工商界所料想不到的”。

物价逐步平抑之后，统一全国财经成了当务之急。这一工作的重点是统一财政收支，而其关键则是加强税收工作，建立统一的税收。回顾这一段历史，最精彩的要数薄一波筹备召开第一次全国税务会议。

第一次全国税务会议于 1949 年 11 月在北京前门的一个旅馆里召开，历时半个多月。参加会议的中央各有关部门的领导同志 48 人，各行政大区、各省市税务局的代表 34 人。到会作报告的领导人有：中共中央政治局委员、中央人民政府副主席朱德，中共中央政治局委员、中央人民政府政务院副总理兼财经委员会主任陈云，政务院财经委员会副主任兼财政部部长薄一波。

财政部第一副部长戎子和、财政部税务总局负责人李予昂主持会议。

朱德同志在报告中强调：税务部门不光是收钱机关，也是计划生产机关，要变成调查统计局、生产指导局，不能只限于打算盘。

陈云同志在会上指出，摆在我们面前的只有两条路：一为增加税收，二为发行票子。发行票子要引起通货膨胀，物价上涨，老百姓叫苦，投机商人乘机发财，社会经济紊乱，票子是多发不得的。所以，只有一条路可走，那就是增加税收。税收增加了，不但可以满足财政需要，还可以经常回笼货币。

薄一波在统一税政方面提出了三项原则：第一，确定税收问题要注意到国家财政的需要；第二，确定税目、税率要注意政策，不能单纯地为解决财政收入，要注意通过税收打击哪些、限制哪些、发展与保护哪些；第三，简化税制，实行合理负担。

会议强调，全国税收立法权由中央人民政府政务院统一行使，任何地区或部门都不得变更、自定。会议拟定并讨论了《全国税政实施要则》、《工商业税暂行条例》、《货物税暂行条例》等草案，这些草案经政务院审查批准后于 1950 年 1 月 27 日由中央人民政府政务院颁布。在五种经济成分并存，尤其是私营工商业大量存在的情况下，作为新中国第一个综合性税收法规和税政统一准则的《全国税收实施要则》明确规定：实行多种税、多次征的复合税制。

会议讨论了《全国各级税务机关暂行组织规程》草案，一致同意从中央到地方建立由上而下统一的六级税务机构。1949 年 12 月 17 日，政务院任命李予昂为财政部税务总局局长，崔敬伯为副局长。税务总局于 1950 年 1 月 1 日正式成立，从此，全国的税收工作有了统一的领导机构。同时，

会议还制定了1950年度全国税收收入计划。

由于统一全国财政工作部署有力，措施得当，进展非常顺利，曾经四分五裂的中国，在不太长的时间里，就实现了财政经济的统一。毛泽东曾评价它的意义“不下于淮海战役”。

归口包干的邓小平

邓小平同志是伟大的马克思主义者，无产阶级革命家、政治家、军事家、外交家，中国共产党、中国人民解放军、中华人民共和国的主要领导人之一，中国社会主义改革开放和现代化建设的总设计师，邓小平理论的创立者。

1949年9月，邓小平同志当选为中央人民政府委员，10月参加了开国大典。随后，与刘伯承率部向西南进军，占领了云、贵、川、西康诸省，参加领导了进军西藏和西藏和平解放的工作，实现了中国大陆的完全解放。此间，邓小平同志任中共中央西南局第一书记、西南军政委员会副主席、西南军区政治委员。

1952年7月，邓小平同志调往中央工作，任中央人民政府政务院副总理兼财经委员会副主任。税改风波发生后，鉴于当时的特殊形势，1953年9月18日中央决定由邓小平同志兼任财政部长。

从1953年9月到1954年6月，虽然只有短暂的9个月时间，在错综复杂的政治经济形势下，邓小平同志表现出政治上的洞察力和经济上的务实精神。邓小平同志认为，财政是调节经济利益关系和解决政治问题的重要手段，财政工作要集中体现国家政策。1954年1月13日，他在全国财政厅局长会议上提出了财政工作六条方针：第一，归口；第二，包干；第三，自留预备费，结余留用不上缴；第四，精减行政人员，严格控制人员编制；第五，动用总预备费须经中央批准；第六，加强财政监察。这六条方针以“归口包干”为核心，不仅强化了用款单位的责任心，也平衡了诸多方面的利益关系，高度体现了邓小平一向抓大放小、举重若轻的工作作风。

在反对高岗、饶漱石借税改风波发难，阴谋分裂党、篡夺党和国家最高权力的重大斗争中，邓小平同志做出重要贡献。1954年中央决定，邓小平同志任中共中央秘书长、组织部部长，国务院副总理，国防委员会副主席。1955 年 4 月在中国共产党七届五中全会上，邓小平同志被增选为中央政治局委员。

服务经济的李先念

1954 年 6 月 19 日，在陈云推荐下，时任中共中央中南局副书记、中南行政委员会副主席、湖北省党政军一把手的李先念被任命为中央人民政府政务院财政经济委员会副主任兼财政部长，9 月被任命为国务院副总理兼财政部长。

陈云之所以向毛泽东、周恩来鼎力推荐李先念，是因为此前李先念在稳定中南地区各省的财经工作中曾做出过突出贡献。李先念在主持湖北省工作的同时，也分管中南地区各省的财经工作。刚解放时，中南地区各省经济十分萧条，生产停滞不前，物价飞涨，粮食奇缺。不法分子趁经济混乱之机，囤积居奇，操纵市场，企图在乱中发财。广大人民群众一时生活十分困难。李先念本来不懂经济，但他善于学习，善于调查研究，善于从群众中总结经验。在他的领导下，中南地区各省连打了几个经济仗，打退了不法资本家的猖狂进攻，稳住了市场，控制了物价，恢复了经济，发展了生产，解决了当时中南地区各省的粮食问题。陈云在上海与资本家打经济仗时，李先念也在中南各省同资本家打经济仗，而且两人经济仗的打法竟不谋而合，李先念在工作中的做法也多与陈云的思路相似，获得了陈云的赏识。

1954 年 5 月，陈云见到了刚到北京的李先念，他开门见山地说，中央的意见，是调你到北京来，出任国家财政部长。李先念听后诚恳地表示，我过去长期打仗，文化不高，没有学过经济，难以胜任财政部长这样重要的职务。他建议中央理解他，另外考虑人选。陈云耐心听完李先念解释后，坚定地说，中央是经过慎重考虑的，相信你一定能胜任。李先念和陈云谈话后不久，邓小平又把他请到了自己的办公室。他告诉李先念，我过去也没有学过经济，也没有当过财政部长，这不是也当了吗？你还是当吧，我相信你。李先念仍对邓小平解释说，我长期在军队工作，虽然也在地方工作过，但对经济工作还是外行。这样重要的职务，我恐怕干不了，希望小平同志理解我，同意我的意见，另选更合适的人当财政部长。邓小平说，我们认为你就是最合适的人选，你要做好上任的准备。

和陈云、邓小平谈话之后，李先念感到思想压力很大。他说自己难以胜任财政部长并不是谦虚，而是发自内心的担忧。李先念幼年时只读过两年私塾，后来虽然在艰苦劳动中自学一些文化知识，但文化水平总体上还不算高。参加革命后，他常年带兵打仗，没有机会集中学习。在新疆时，他曾补习过半年文化，在延安的马列学院，他又学习了半年，但当时李先念一心一意想着到前线去带兵打仗，最关心的是前方的战事，对有的课程，特别是经济方面的课程，听不进去。现在让他当财政部长，不懂得经济理论知识的他，确实感到压力很大。

这时，毛泽东听邓小平说李先念已经来北京了，非常高兴，又听邓小平介绍了李先念的顾虑，就想马上找李先念谈一谈。6 月 1 日，李先念应邀来到中南海毛泽东的住处，他一见到毛泽东就提出：我当不了财政部长，没有那个能力和水平，请中央再考虑由其他更合适的人当财政部长。毛泽东面带微笑，听完李先念的话，缓缓地说：先念同志，你说你干不了，不想干，那只好把国民党的财政部长宋子文从台湾请回来，让他干好了。毛泽东的这番话，对李先念触动很大，也使他再也说不出什么话了。他向毛泽东表示，既然中央已经决定了，就坚决去干，还要争取干好。

李先念给自己订了一个学习计划：用一年读遍读懂革命导师和领袖关于财政经济工作方面的著作和中央有关文件；再用一年时间，系统掌握财政、经济方面的专业知识，熟悉有关政策和法规。但艰巨而又紧迫的财政经济工作的需要，促使李先念加快了学习的进度。他仅用了半年多一点的时间，就仔细读完了领袖们关于经济方面的所有著作，并且对这些著作有了深刻而又系统的把握。

除了读书之外，李先念另一个学习途径，就是在开会时向财政经济专家学习。他在主持召开财政经济工作会议时，总是有许多财政经济方面的专家参加。他把这些会议当作向这些专家学习的一个好机会。开会时，他总是让专家们把自己的意见说完说透，他静静地听，认真地记，反复进行思索。听不懂时，就反复地请教，在比较中获取启迪。

李先念对我党著名经济专家陈云和财政部前任部长邓小平十分尊重，真心拜他们为师，虚心地向他们学习。当时，陈云在中央分管财政经济工作，二人在工作中接触比较多。在实际工作中，李先念经常打电话或登门向陈云请教，陈云也真诚无私地把自己的知识、经验介绍给李先念。有问题，两个人就共同商量。李先念从陈云那里学到了不少管理财政经济的知识和经验。尤其是陈云在实际工作中所表现出来的实事求是的作风，对他的影响很大。

邓小平作为前任国家财政部长，富有理财经验。李先念也经常向邓小平请教，他对邓小平提出的理财方针十分信服，在工作中也认真贯彻执行。特别对邓小平提出的统一领导、分级管理、归口包干、结余不上交的理财方针，理解很深。他常说：如果没有这些方针，钱再多也可以花掉。

李先念还经常虚心地向他的下级学习。李先念在任期间，财政部上下凡与他有过接触的人都知道，先念同志没有架子，平易近人，尊重每一个干部。在先念同志看来，财政部的干部都是财政经济工作方面的业务内行，有丰富的知识和工作经验。所以，凡是遇到搞不懂的问题，他就抓紧时间向别人请教，不管对方是什么级别的干部，他都要向人家讨教明白。

由于李先念刻苦自学，虚心请教，再加上记忆力强，悟性高，他不仅很快就担起了财政部长这副重担，而且成为中央领导财政经济工作的专家。在中央高层研究重大经济问题、拟定重要经济决策的会议上，李先念的发言总是包含着深刻的经济理论观点。国家许多重要的财政经济方面的数字都装在他的脑子里，在会上，他能脱口说出许多重要的数字，并对这些数字进行分析对比。他提出的意见、方案，总是站在全局的高度，具有长远打算。毛泽东、周恩来、陈云、邓小平，都对李先念的这种迅速而巨大的进步感到十分高兴。毛泽东就说过这样的话：我们党，在经济方面也有“四大名旦”，周恩来算一个，陈云算一个，李先念算一个，薄一波算一个。

李先念不仅大事清楚，对小事也能见微知著，目光敏锐。例如，他发现四川有个供销社，在外贸出口猪皮和羊皮之前，先将毛皮里面的猪油和羊油刮下来，加工成商品油脂，这样又可以多卖一笔钱。李先念觉得这个方法很好，便发文向全国推广。

在长达 21 年的财政部长生涯中，李先念在经济工作中继续学习，不断积累财政工作经验，大力筹集经济建设所需资金，在服务经济建设的前提下积极实现国家财政预算的平衡，为我国社会主义经济建设事业立下了不朽功勋。

守成不易的张劲夫

1975 年 1 月 17 日，时任中国科学院副院长兼国家科学技术委员会副主

任的张劲夫被任命为财政部部长。据说，在张劲夫被任命为财政部长以前，周恩来总理在一次讲话中曾说：我给你们财政部派一位能干的人来当部长。后来大家才知道这个人就是张劲夫。

张劲夫同志于 1975 年 1 月 17 日至 1979 年 8 月 17 日担任财政部长。这一历史时期，正好是中国重大事件连续发生的重大转折时期：1975 年邓小平副总理狠抓各项工作整顿，1976 年 7 月唐山大地震，9 月毛泽东主席逝世，10 月我党一举粉碎“四人帮”。1978 年 12 月中共中央召开十一届三中全会，从此，国家进入了解放思想，实事求是，以经济工作为中心的新的历史时期。

在这样一个承前启后的转折时期，既要在改革前夜的黑暗里守住国家财政的基本“摊子”，又要在改革黎明的朦胧中维持国家财政的有序运转，的确不是一件容易的事。张劲夫在任部长期间，领导财政部按照党中央、国务院的部署，开展了一系列工作：1975 年 1 月代国务院起草《关于进一步加强财政工作和严格审查 1974 年财政收支的通知》；1975 年 8 月制定《关于整顿财政金融的意见》（即“财政十条”）；1976 年 3 月实行“收支挂钩、总额分成、一年一变”的财政体制；1977 年 11 月经国务院批转各地执行《关于税收管理体制的规定》；1978 年 2 月发出《关于试行“增收分成、收支挂钩”财政体制的通知》；1979 年 7 月代国务院起草《关于试行“收支挂钩、总额分成、比例包干、三年不变”财政管理办法的若干规定》。

这一时期所实行的收入分成型财政体制，是通过中央对地方财政收入或其超收部分另行确定分成比例，来鼓励地方超收。其中，多收少支的省市可以得到较多的分成收入，以适当缓和收支挂钩型财政体制所带来的矛盾。同时，这一办法也使财政收入与财政支出脱钩；通过财政支出包干，有利于地方安排财政开支。这一时期的主要工作目标就是：维持国家机器的正常运转，确保财政收支平衡。

张劲夫是一个思想敏锐，记忆力超群的人。他给人讲解放上海的过程，可以讲清每天的变化。在组织务虚会时，为了听取青年干部的意见，竟然会吸收当时既不是党员也不是领导的年轻人项怀诚参加。他长于演说，讲话颇富鼓动性。坐在主席台上作报告时，每当激情奔放，他不仅会站起来讲，还会沿着主席台周边手舞足蹈，边走边讲。同时，张劲夫同志也是一个关心群众、平易近人的部长。1976 年夏，北京抗震期间，他深入财政部家属院视察，正巧遇到一群孩子在下围棋。他兴味盎然地凑过去“观战”。几天后，他竟把围棋下得好的一个孩子找到自己家里下棋。孩子的父亲是当时财政部工交财务司的一位干部，每当谈及此事都感动有加。

由于前几任部长都是在担负党和国家领导职务的同时兼任财政部长的，张劲夫同志就成了新中国财政史上第一个在财政部有办公室，同时也在财政部办公的部长。就这一条，也着实让当时财政部全体干部职工兴奋了好长一阵子。

克己奉公的吴波

吴波同志自新中国成立之初便在财政部担任领导职务，经历过著名的“税改风波”，在这场风波中，吴波同志的政治品德至今为人称道。从1979年8月17日由财政部副部长升任部长，到1980年8月6日卸任，吴波同志担任了一年的财政部长。其间，时任国务院总理的赵紫阳同志主张地方财政包干，而吴波则力主中央与地方分税。为此，两人曾发生过激烈的争论。之后，有人把这件事称作“赵吴大战”，并向吴波求证。吴波严肃而平静地回答说：不是大战，而是财政部向国务院领导汇报工作。吴波同志实事求是，襟怀坦荡的高风亮节，由此可见一斑。

在财政部任职期间，吴波官声清明，备受敬重，克己奉公的形象深入人心。唯一一次回乡休假的经历，就是他廉洁自律的生动写照。

吴波是安徽人。为了避嫌，他因公因私没有到自己的故乡安徽省去过一次，他出差到江西、福建、上海路过安徽，从不下车，是名副其实的“过家门而不入”。

1982年初，前任财政部长张劲夫时任安徽省委第一书记，吴波当时是财政部的顾问，二人是同乡。张劲夫知道吴波40年没有回过安徽，便借黄山脚下三星级的桃园饭店落成的机会，请吴波和夫人一同去黄山看看。盛情难却，吴波答应了张劲夫的邀请。

吴波和夫人乘火车到达合肥时，省委办公厅主任带车到火车站去迎接，从黄山回北京时，省委又派车把他送到火车站。上火车前，吴波委托省委办公厅主任将50元车费转交汽车队。他认为这次到安徽是私人的事，私事不应该享受因公出差的待遇，否则就是公私不分了。

吴波这次去安徽休养，是给财政部党组写了请示报告的，财政部党组讨论认为：吴老40多年未曾去过安徽，应当回去看看家乡的变化。因此，财政部办公厅通知行政司，要给吴波报销往返的火车费。但他郑重声明，这次回安徽探望是私事，往返火车费坚持不肯拿去报销。

吴波常说："搞财政的人一定要做老实人，做人要正。"国家每个月给他的保姆费，他全交了党费，保姆费则从自己工资里扣。他经常给社会捐款。吴老家乡的人有困难，只要给他写信，他就从自己的工资中拿出一部分救济父老乡亲。吴波逝世后，留下的存款不到3万元。除去丧葬的费用，几乎没有什么剩余。就连他生前住过的房子在他"走"后也交还给国家。留给几个孩子的就是几大柜子书籍：二十四史，财政学书籍……

吴波晚年时曾有领导建议他写一个20世纪50年代初期税改风波的回忆录，他淡然婉拒说：都过去这么多年了，不用写了，让历史去评说吧！

分灶吃饭的王丙乾

1980年8月6日，财政部副部长王丙乾被任命为财政部部长。在长达12年的部长生涯中，王丙乾紧紧与财政包干为主要特征的"分灶吃饭"体制联系在一起，同时，在他任内也为税收杠杆作用的发挥和分税制的试点工作做了准备。

1980年由于农村家庭联产承包责任制改革的带动，财政体制的改革走上了"分灶吃饭"之路。改革不但改变了以往中央财政"一灶吃饭"的大一统局面，地方财政的收支平衡由中央财政一家平衡改为各地自求平衡，而且各项财政支出，由部门对口下达改为"块块"安排；同时，包干比例和补助数也由一年一定改为五年不变。它运用农村改革"一包就灵"的经验，将原本统收统支的大锅饭体制改为"划分收支，分级包干"的分灶吃饭体制，极大地调动了地方发展经济，增加财政收入的积极性。在实行分税制财政体制改革前，全国有了"收入递增包干"、"总额分成"、"总额分成加增长分成"、"上解递增包干"、"定额上解"和"定额补助"等6种不同的包干形式。

这一时期，随着对内改革、对外开放政策的实施，我国进入了经济管理体制重构时期。原有的单一税收制度难以适应多种经济成分和多种经营方式并存的新形势，因此，"利改税"以及工商税制大规模恢复和重建被提上议程。在王丙乾的积极推动下，第一步"利改税"自1983年开始。其

主要内容是凡有盈利的国营大中型企业按55%的税率纳税，并以1982年为基数采取递增包干上缴、定额上缴等办法将税后利润部分上交国家；国营小企业按8级超额累进税率缴纳所得税。第二步“利改税”从1984年开始，这次税制改革健全了所得税制度，进行了增值税改革的试点工作，调整了财产税和资源税并针对某些特定行为开征了建筑税、国营企业工资调节税和城市维护建设税等新税种。同时为适应对外开放的需要建立健全了涉外税制，对涉外企业的企业所得税、个人所得税、工商统一税、城市房地产税和车船使用牌照税等做了详细的规定。农业税也在这一时期开始发展并不断完善。王丙乾这一时期税制改革的指导思想是利用各税种的不同功能充分发挥税收杠杆对有计划商品经济的调节作用。到1992年，我国已初步建立起了一个由20多个税种组成的多税种、多环节课征，适应有计划商品经济体制发展要求的税制体系。

正如任何一种政策随着时间的推移都会产生弊端一样，从20世纪80年代中期开始，包干制的弊端日益显现，财政收入占GDP的比重和中央财政收入占财政总收入的比重持续下降。为缓解中央财政困难，王丙乾部长想了不少办法。一是以费补税，开征“能源交通重点建设基金”；1989

年又出台了“预算调节基金”，直接以平衡预算为目标。二是中央财政向地方借钱。为了弥补中央财政支出缺口，要求各省作“贡献”，先后三次向地方财政借钱。

王丙乾工作认真细致，谨慎敬业，他与长期在财政部任职的吴波部长一起，给财政部带来了勤勉细致的传统。王丙乾曾因为对有关数据有问必答，且精准确切，被周恩来总理称为“数字篓子”。

分税制改革的刘仲藜

1992 年 9 月 4 日，曾担任过财政部副部长的国务院副秘书长刘仲藜被任命为财政部部长。中国特色社会主义建设的伟大时代，把在财政舞台上一展拳脚的机会赋予了刘仲藜，分税制——这一新中国 30 年来最大的一次财政改革的重任，历史地落在了他的肩上。对于这段难忘的经历，刘仲藜在 2009 年 1 月 5 日上午与笔者的谈话中仍然历历在目，清晰可见。

翁礼华：刘部长，在您当部长期间，当时的分税制改革也是中国 30 年来最大的一次财政改革，您是领导者，请您谈谈过程好不好?

刘仲藜：这件事现在各方面都很关注。其实分税制改革，应该说在王丙乾当部长的时候就提出过，还在九个省区进行过试点，但当时没有全面推行的机会，大环境还不允许。因为那时候承包还是主导思想。在农村承包制成功之后，把它移到城市，企业承包，财政也承包，所以没有这个条件。我现在回想起来，真正有条件可以推行分税制，还是在邓小平南方讲话之后。他在南方讲话中说，社会主义有市场，资本主义也可以搞计划，市场和计划只是个工具，并不取决社会性质。这个结论一下，大家思想上解放了，许多重大问题也迎刃而解。紧接着当年就召开了中国共产党第十四次代表大会，江泽民同志在十四大政治报告中提出，中国经济体制改革的目标是建立社会主义市场经济体制。这个目标一提出，从大环境上解决了认识问题，也就是从理论上、指导思想上做了准备。从客观上讲，1980 年改革开放以后，外资企业、合资企业、私营企业都已经发展很快。在这种情况下，国有企业和地方还在搞承包就不行了，必须在市场经济条件下形成平等竞争的经济、税收等相关制度环境，才能推动和适应新的经济制度，这就给税制改革提供了条件。同时，也使中央和地方、国家和企业这两个关系在分税制中同时解决。这次改革实际上解决了分配上的两大问题：一是中央和地方的关系，二是国家和企业的关系，使企业之间平等竞争。也只有在企业之间形成平等竞争的机制，才有税制改革的条件，否则是很困难的，这是最基本的。分税制尽管是财政部提出建议的，但做决定的是党中央和国务院。所以说，1993 年能够推行这项改革，一个是客观上有基础，一个是主观上有要求。

这项改革现在大家都讲是成功的，之所以能取得成功，应归功于四个方面：一是党中央、国务院决策的果断、正确、及时。二是各级政府的理解和支持，特别是发达省份，如广东、上海、江苏、浙江等这些省份的收入都比较高，尽管这中间也有碰撞和博弈，但大家都有理解和妥协，最后都支持中央的决策。因此，中央政令一下，各省、市都能认真地贯彻实施。三是社会各界的支持，理论界、学术界、企业界，特别是企业界对新税制的拥护和支持。四是广大财政人员的努力。新税制、新税法都是在很短时间内培训，一边出方案，一边办讲座、做准备。开始，大家对新的增值税都不太懂。过去产品税很简单，征百分之几就完了，现在销项要扣进项，增加了上游、中游、下游等很多环节，不仅要在很短的时间内掌握，而且说实在的，一分钱一分钱都要靠他们去征收，很多账都要靠他们去做，这不容易。所以，我讲成绩要归功于中央、各级政府、社会各界和广大财税干部，财政部和我个人只是做了应做的工作，主要是组织实施好。

财政，财政，有了财才能行政，有了钱行政能力就大了。过去财政收入占 GDP 的 10% 左右，现在提高到 20% 左右，解决困难群众补助、灾区救灾、义务教育、社会保障等民生问题就有了力量。国家行政能力的提高，国家再分配能力的增长，对于平衡不同阶层之间的贫富差距，解决东、西部地区之间的不平衡能力就大了。这对国家长治久安非常有意义。

翁礼华：刘部长，原来分灶吃饭的包干政策，是把财政总收入“做小”的政策。而分税制，特别是德宝会议以后则是“做大”的政策，你完不成任务就要扣减你的基数，扣你的返还，因此大家都去做大，所以从德宝会议后就产生了一个很大变化：中国的财政前几年的承包都是做小，不让收入增加很多，只增加百分之几，然后他得最大的利益。从这次会议以后，大家都去做大了，今年国家的财政收入已突破 6 万亿元，所以当年的德宝会议功不可没。

刘仲藜：德宝会议是很重要的。1994 年财税改革方案正式启动。方案一实施，当年一月份增长是比较高的，同比增长了 61%，二、三、四月份同样在增长，但增长幅度在下降，联想到改革方案是以 1993 年为基数，1993 年 9 月份后是超常增长，9 月份是增长 50%，10 月份增长 60%，11 月份增长 90%，12 月份增长 120%，这四个月是超常增长。这时你可想象，到 1994 年下半年，曲线就要起变化了，对改革的成功带来了不确定性。于是，我们召开了十二个省市财政厅局长会议，是在德宝饭店召开的，我们简称“德宝会议”。在这次会议上，十二个省市财政厅局长广泛发表了意见，怎么保证政策出台，当年怎么能够实施得更好，怎么能够完成任务。在这次会议上，大家集思广益，你提出“同心同德向前看”，这是精神上的。在具体方案上，我们也做了相应的调整，主要有四项调整，其中最重要的有两条：

第一，原来增值税按 1∶0.3% 返还是按全国平均的，当时为什么这样呢？有点“均贫富”的意思，有转移支付的意思，就是增长快的地方可以帮助增长慢的地方。后来经过研究，把它改了，改为增长返还与各省挂钩，也就是哪个省增长快，给你的返还也多；你增长慢，返还给你的就少。会上有的省觉得自己增长慢不太赞成，但大多数省是赞成的，后来我们给他说明：你增长快，交给中央多，返还也多；交给中央少，返还也少，将来中央可以通过从上缴得多的部分再转移给你，道理是一样的。虽然方法不一样，但是更能调动大家各自的积极性，这个非常重要。

第二，如果说今年达不到一定的目标，要扣减去年的基数。当年给了一个任务是增长 17% 就可以了，因上一年增长 51%，我只要求增长 1/3，给各省挂钩，大家都同意。

我们把四项政策报告国务院领导，国务院领导听了后觉得有道理，就在七月份召开了全国财政工作会议，当时的常务副总理朱镕基在会上讲：“同心同德向前看”，讲得非常好，把大家士气鼓舞起来了，上下共同努力完成任务。这以后的进展很顺利，到年底增长了 18% 多，比我们的目标还超过了 0.7%。因此，第一年就非常顺利地度过了。对此李鹏总理曾说：“政策的威力真是不小啊！”这是因为跟各自利益挂钩了。第二年开始，财政收入增长就比较快了。那次德宝会议实际上是年中财政会议的预备会议。我有一篇文章给了你博物馆，都是“两两两”，这是最后一段，叫重大利益的调整：第一个是中央与地方两者的关系，第二个是国家与企业两者的关系，第三是两个重要税率的确定，第四是两个税务局的分设，第五是两项重大政策的调整。

翁礼华：分税制非常重要，我们国家最近几年经济突飞猛进，在国际上的地位大大提高，分税制起了非常重要的作用，它实际上是把各方面的积极性都调动起来了。

刘仲藜：其实财政部也是在考察了很多发达国家以后，提出的这种办法，采用这种办法的是联邦制国家更多一些。我们虽然不是联邦制国家，但我们发挥两个积极性。实行分税制后，中央税、地方税、共享税，各有各的道，税制非常清楚。

毛主席说："发展经济，保障供给。"财政不是财政本身的，财政要建立在经济健康发展的基础上，这是基本的。财政蛋糕要做大，首先经济规模要做大，效益要提高。但光有经济规模，没有效益也不行。这几年财政之所以增长快，有很多因素，其中很重要的是企业的所得税增长很快。而过去实行计划经济时，主要靠流转税，直接税、所得税比较少。一个蛋糕大，一个效益好，科学发展观嘛，科学发展里面包含着要讲合理的、快速的、适度的、健康的、有效益的发展。如果没有效益，光讲 GDP 没意思。

倡行公共财政的项怀诚

1998 年 3 月 18 日，国家税务总局党组书记、副局长项怀诚被任命为财政部部长。1960 年 9 月，他于山东大学毕业后，被分配在中国科学院工作。2 年零 3 个月后，即 1963 年 1 月，调入财政部工作。从那时起，到担任财政部长，在长达 35 年的财政工作生涯中，他对于国家财政的本质有了越来越深刻的体会和认识。项怀诚认为，财政不能总是在集权和分权中打转，要跳出怪圈，从制度改革着手，建立公共财政新体制。项怀诚敏锐地觉察到，完成了分税制改革以后，围绕构建公共财政体系来推进财政体制改革的深化，时机已经成熟。所以在任期内，项怀诚大力倡行公共财政，并取得了显著成效。

2002 年 11 月，项怀诚部长出席了在香港召开的世界会计师代表大会。会议期间，项怀诚于 11 月 21 日应邀在香港中文大学发表演讲并接受了记者的采访。他的演讲和答记者问，基本概括了他在任期内为之不懈努力的奋斗目标。

项怀诚在演讲中表示，我国目前已经基本建立起增长稳定的财政收入体系和灵活有效的财政宏观调控体系，正在构建管理规范的财政支出体

系，这标志着一个符合社会主义市场经济发展要求的公共财政体制框架已初步形成。

项怀诚在演讲中说，改革开放以后，我国财政体制改革作为整个经济体制改革的突破口，率先打破与高度集中的计划经济相适应的统收统支体制，在中央与地方政府的财政关系、政府与国有企业的财政关系以及税收制度等方面进行了一系列改革。特别是1992年确立社会主义市场经济体制的改革目标后，我国政府逐步明确了财政体制改革的目标是建立公共财政体制，并为此在财政收入体系、财政支出体系和财政宏观调控体系三大方面进行了一系列全方位、根本性的改革。

他进一步解释说，财政收入管理制度的改革主要包括财税体制改革、所得税收入分享改革、税费改革、深化“收支两条线”管理改革等，这些改革各有侧重，相辅相成，致力于构建适应社会主义市场经济发展要求的以税收为主、少量收费为辅的规范化的公共财政收入体系。

关于支出管理制度改革，项怀诚说，本届政府推行的主要改革措施有十多项，概括起来可分为四类：基础性改革、技术性改革、机制性改革和结构性改革。其中，机制性改革主要包括实行部门预算、推行国库集中支付制度、推进政府采购制度；结构性改革的核心就是按照公共财政的要求，调整和优化支出结构，逐步减少对竞争性领域的直接投资，增加社会公共领域方面的支出，包括增加社会保障支出、提高机关事业单位职工工资水平、增加对教育与科技的财政投入、加大生态建设和环境保护投入等。

在香港接受记者采访时，项怀诚进一步强调：公共财政的灵魂，最最核心的是什么呢？第一，是部门预算。部门预算最最重要的是全面、细致、公开、透明，人人都可以查，它的重要作用有些可能现在看不到，等到你把部门预算全部公开的时候可就厉害了。你这个部长一年能干多少事，你这个部长一年事情干得怎么样，你这个部长一年花了国家多少钱，你这个部长一年给国家贡献多少，这些是必须跟人大报告的，这个时候人大的立法机构的作用就体现出来了，人大的这种政治改革的推动力就体现出来了。第二，我们搞的公共财政的改革，就叫作国库集中收付制度。财政部门管资金的支付，预算成立了以后，你是这个部门的首长，你可以决定预算的使用方向，不削你的权，不减你的权，但是钱不到你这儿。你的商品谁提供的，我就拨给谁；劳务谁提供的，我就拨给谁，不经过任何中间环节，直接到达，这样资金效益就高了。

项怀诚不无自豪地说，李岚清、尉健行同志可是非常欣赏这一条，我的这些领导对我的这些工作不能说不支持，是太支持了；不能说不重视，是太重视了。他针对记者的提问，实话实说：我们中国最大的问题不就是水到田头使嘛，不就是雁过拔毛嘛，叫作截留嘛，叫挪用嘛，背后就是腐败嘛。你讲反腐败，我就说开一百个会，不如推动一个制度的建立。这个过程中间，有的人老觉得是财政部这个权力太大，财政部在剥夺人家的权利，实际上这个剥夺权利的过程是中国政治民主化的过程。

项怀诚在平时工作中善于将数字列表说明，凸显简明扼要之精妙，被财政部同事称为“一表人才”。

做大蛋糕主动埋单的金人庆

2003 年 3 月 17 日，国家税务总局局长金人庆被任命为财政部部长。金人庆曾担任过财政部常务副部长，主持过 1994 年 7 月的德宝会议，对于会议提出的“与其争基数，不如保基数，同心同德把蛋糕做大”思想深表赞同。所以上任伊始，金人庆就提出了“做大蛋糕，主动埋单”的财政工作思路。

为了清晰生动地了解金人庆所说的“做大蛋糕，主动埋单”，我们不妨摘录中央电视台播出的一档访谈节目中，金人庆与主持人的对话。

主持人：金部长，您一直强调做大蛋糕。为什么要不断地这么来挑战自己呢？我觉得这是给自己出难题的一句话。

金人庆：财政部长，一般人都认为他是切蛋糕的，只负责分蛋糕，是分钱的。但是分钱，巧妇难为无米之炊。你没有米，谁来当财政部长？姓金也好、姓铁也好都没用，就是姓金刚钻也没用。所以这个关键在于，你当财政部长，你要有切蛋糕的本事，更重要在切蛋糕的过程里，你要想办法能够把蛋糕做得更大，蛋糕大了就好商量了。

主持人：以前我们在做《对话》节目的时候我就知道，您在当国税局局长的时候，被大家称为是最怕见的人。现在不一样了，您是财政部部长，是大家最爱见的人。所以听说很多人都要争相约您吃饭谈点儿事儿，此话当真？

金人庆：不瞒你讲，现在约我吃饭的人真还不太多。

主持人：真的？我的情报有误？

金人庆：对，这个就是你凭概念来看问题了。

主持人：现在请您吃饭的人少了，您是高兴呢？还是不高兴。

金人庆：那应该是好事啊，过去你得“跑部钱进”，现在我是主动埋单。

主持人：主动埋单？

金人庆：比如说，我根据我公共财政资金支出范围，看你这件事该不该办。假如我认为这是属于我公共财政支持范围内的事情，我们就会主动地提出来。

主持人：但是如果大家都要你们埋单的话，你这些单真的都能买得起吗？

金人庆：主动买单不等于什么单子都得买。

主持人：那什么单您不会买呢？

金人庆：你比如说，现在再叫我拿钱去办企业，我就不会去办。

主持人：有没有什么单您特别想买？

金人庆：我现在想买的单就是能够解决老百姓民生问题的，你比如说办教育，义务教育、公共卫生、社会保障、科学技术、加强国防，这种单我愿意买，只要有钱我很痛快。有些单我就不太想买。今年我跟卫生部说，我们已经准备买几个单，比如说城市社区，公共卫生体系的建立，15种传染病实行免费的预防诊断，也包括免费地打预防针，我们今年安排了25个亿。你不要等到这个传染病传染开来以后，你再去看病，那花的钱就大了。

主持人：关于社会保障方面主动买单的情况，您能谈一谈吗？

金人庆：现在我们的城市社会保障也叫三条线，一个叫基本养老保险；第二个叫失业保险，比如你没有工作，你一下子暂时也找不到工作，那你可以去领失业保险，保证你的基本生活；还有一条是保底的，叫最低生活保险（障）。去年，我记得的全国大概有2233万人享受，财政大概拿了200多个亿。但是我们在农村还有3000万的低保人群，农村的社会保障情况呢？就我知道，去年有20多个省已经在农村实行了最低生活保障。

主持人：农村的情况呢，比如说教育方面？

金人庆：每一个中国孩子，不论是城市的孩子，还是农村的孩子，不论是家庭条件比较好的孩子，还是家庭比较困难的孩子，都应该有享受同等教育的权利。这是我们公共财政要力求去尽快做到的一个目标。今年中央财政跟地方财政，大概要安排2230多个亿资金。

主持人：其他方面呢，您的主动买单还为农民做了什么？

金人庆：取消农业税是这几年党中央、国务院送给农民第一个大红包。去年国庆节，我陪温总理去四川看望老百姓，有一个农民兄弟就说，感谢总理给我们送了一个大红包。总理说，什么大红包？他说，就是取消了农业税啊，种田再也不需要交税了。

精细化管理的谢旭人

2007年8月30日国家税务总局局长谢旭人被任命为财政部部长。早在数十年前，谢旭人还在工厂里从事技术工作时，就以认真细致、谨慎踏实著称。此后，无论在国税总局局长任上，还是在财政部长任上，大力推进精细化管理，便成了他施政的特色。

谢旭人认为，财政管理的科学化和精细化是有机的整体，实施科学化、精细化管理要转变管理观念，加强管理意识，牢固树立全局观念、法制观念、创新观念、服务观念、效率观念、责任观念。他反复强调，要着重从七个方面推进财政科学化、精细化管理。

首先是建立完整的国家财政预算体系。进一步完善公共财政预算、国有资本经营预算、政府性基金预算的编制，在建立社会保险基金预算的基础上逐步建立社会保障预算，形成有机衔接、完整的国家财政预算体系，规范非税收入管理。在清理整顿非税收入的基础上，将保留的收费、基金全部纳入预算管理，未纳入预算管理的收费、基金要予以取消。全面实施非税收入国库集中收缴，规范收缴程序，实施动态监控，取消执收单位过渡性账户，使所有非税收入直接缴入国库或财政专户。各级政府的全部收入和支出，都要按照上述国家财政预算体系框架列入本级政府预算。

其次是严格预算管理。认真落实预算编报的有关要求，在科学编报本级预算收入的同时，上级财政要提前告知对下一般性和专项转移支付预计数。下级财政要完整编报上级的各项补助收入，进一步提高地方各级特别是县级预算编报的完整性。严格执行预算编报、批复时限和程序规定，控制代编预算规模，提高年初批复预算的到位率。建立健全机构编制与经费预算衔接机制，完善行政开支定员定额标准。建立重大项目支出预算事前

评审机制，将项目预算做实做细做准。完善预算拨款结余管理方式，促进结余资金管理与预算编制有机结合。建立健全资产管理和预算管理有机结合的工作机制。狠抓预算执行。健全覆盖各级财政的动态监控机制，提高预算执行的均衡性和效率。进一步加强国库集中支付、会计集中核算、公务卡结算、绩效考核等方面的管理。严格地方政府性债务管理，防范财政风险。

再次是积极推行预算支出绩效考评。要加快建立预算支出的绩效考评机制，完善预算支出绩效考评指标体系，选择有关重点项目、民生项目，积极推行预算支出绩效考评试点。规范绩效考评管理办法，将绩效考评结果作为以后年度编制和安排预算的重要参考依据。逐步建立绩效考评结果公开制度，提高绩效考评的透明度。

第四是严格财政监督管理。建立健全覆盖所有政府性资金和财政运行全过程的监督机制，强化事前和事中监督，促进监督与管理的有机融合。严格执行《财政违法行为处分条例》，强化财政违法责任追究。建立健全行政问责制和部门、地区及单位的利益追究机制，加大对违规问题的处理处罚和信息披露力度。

第五是进一步增强预算透明度。深化政府收支分类改革，建立统一规范、各级财政共同执行的政府收支科目体系，既体现公共财政要求，又满足实际需要。进一步扩大向人大报送部门预算的范围，逐步细化报送人大审议的预算。依法接受审计监督。按照《政府信息公开条例》的要求，及时公布财政收支统计数据，以及经人大审议通过的政府预决算、部门预决算和转移支付预算安排情况，公开财政规范性文件以及政策、发展规划等。

第六是加强管理基础工作和基层财政建设。强化基本数据信息统计、收支科目体系、支出标准、项目库、会计等各个方面的管理基础建设。转变和充实乡镇财政职能，充分发挥基层财政监管作用，充分发挥基层财政就地和就近实施监管的优势，切实保障各项民生政策的落实，发挥好政策的作用。乡镇财政管理工作要突破过去狭隘的“小财政”观念，树立“大财政”观念，对本级和上级财政安排的资金以及其他部门、渠道下达的财政资金都要加强监管，及时向上级财政反馈信息。同时要加强乡镇财政所的日常管理工作。

第七，要加快推进财政管理信息化建设。这既是加强科学化、精细化管理的手段，也是管理工作本身的重要内容。要依靠计算机、网络系统提高管理效能。按照系统工程和一体化建设的指导思想，坚持统一领导、统一规划、统一管理、统一协调，尽快建成财政管理各环节畅通、业务标准统一、操作功能完善、网络安全可靠、覆盖所有财政性资金、辐射各级财政部门和预算单位的政府财政管理信息系统，为加强财政管理提供技术支撑。

谢旭人的精细十分惊人，他可以给下属演示税收征收的数学计算，讲解相关关系。在召开座谈会时，他的提问细及只有第一线征管人员才搞得清楚的具体细节，以至于不少平时大而化之的省市厅局长听说他要来开会都会胆战心惊。一次，谢旭人在北方的一个城市听土地使用税征收汇报时，一听数字他就觉得不对头，漏征太多。于是他让这个城市的市长请测绘系统利用航拍手段准确测定每个企业、单位和个人所实际占用的土地，结果所征收的土地使用税竟然翻了好几番！

（本文作者系财政部中国财税博物馆馆长）

新中国六任财政部长的聚会

项怀诚

事情的缘起

不记得是什么时候，财政部的付芝邨同志（曾任财政部部长助理——编者注）说，现在不少财税干部都不知道邓小平、李先念、薄一波当过财政部长。当时我记住了芝邨的这句话。1998 年我出任共和国第八任财政部长，在以后的几年中，每年都去看望老部长。到 2002 年时，曾任财政部长的薄一波同志 95 岁，张劲夫同志 89 岁，吴波同志 96 岁，王丙乾同志 78 岁，刘仲藜同志 68 岁。那年劲夫同志得过一次病，行动不如以前便捷，平时要依杖而行；吴波同志因病住进北京医院；丙乾同志膝部半月板积疾多年，开始影响正常走路。光阴荏苒，时光如梭，我很想促成一次老部长的聚会。大概在 8 月份，我去墨西哥和美国参加国际会议之前，部党组的同志议过一次，授权我具体操办。我先打电话给仲藜同志，征求他的意见，仲藜同志说是个好主意，完全支持，关照我征求其他几位老财长的意见，关键是要请示一波同志。于是，我分别与几位老领导联系，并电话请示一波同志办公室的李静同志。李静是一波同志的老秘书，那年也七十多岁了。当时我说财政部历届老部长希望在中秋节前来看望一波同志。李静同志说他请示后再给我打电话。几天之后就告诉我：领导同意，具体时间再商定。

9 月 17 日，李静同志给我打电话说会见可以安排在 19 日上午，地点就在玉泉山。那天，我们除了通知几位老部长以外，还向时任中央办公厅主任的王刚同志报告了。王刚同志说这是好事，届时中央档案馆派人录像、摄影。我心里想，正好，我们原来觉得这个活动不便通知新闻单位，本想机关里安排人拍点照，留下音像资料，存作纪念的。这样一来，这次活动就可以留下完整的资料了。

为了这次历史性的聚会，由时任财政部办公厅主任的王军同志负责买了 3 只花篮。因为过两天即是壬午年的中秋节，又从钓鱼台买了几盒月饼，算是给老部长们贺节的。

亲切的会见

会见那天，我和财政部党组同志楼继伟、金莲淑、金立群、肖捷、廖晓军、李勇一起坐一辆中巴车，一路上，大家有说有笑，很快到了西山。那次同去的还有由财政部副部长转任国务院副秘书长不久的高强同志。劲夫和吴波两位都带了轮椅，吴波那时已住进北京医院，原先医院不同意他出来参加活动，吴波同志坚持要来，医院勉强同意了，专门派了一位大夫陪伴。那天，吴老精神抖擞，神清气爽，我们把他的位置安排在薄老的右侧，让两位老战友说话方便一些。两位一见面，就有 段精彩的对话。

薄老：吴波，你多大了？

吴老：96 啦！

薄老：你怎么能比我还大？

吴老：啊！老糊涂啦！活多大都记不住了！

在一阵笑声中坐定以后，薄老转过身来对吴老说：你是比我大一岁。

当时我站在两位老人家的边上，听到这段对话，心中对两位 90 多岁高龄的老领导充满了敬意。他们当年都是叱咤风云的人物，多少次大风大浪中，处乱不惊，到了暮年，依然思维敏捷，应对自如，那么有分寸、那么稳重，令人肃然起敬。

六任部长相聚

我在那次会见中让薄老“斥责”了一句。当时薄老问完几位老部长年龄以后，也问了我，我答63岁。薄老“板”起脸说：“你还小着呢，一边站着去!”我这一辈子中有机会亲近老人家的仅此一回，耳提面命，当面指示的也仅此一句。所以，几年过去了，至今还清楚地记得当时的情景。

在我介绍高强时，薄老说：“又高又强，好哇。”介绍到廖晓军时，我说他是廖斗寅的儿子。薄老耳背，一时没有听清楚。晓军弯下腰凑到耳边说：“您以前的秘书廖斗寅。”薄老听清了，指着晓军说，啊，有出息。还问了廖斗寅好。

会见是亲切的，薄老回顾了许多历史。对几十年前的事情他记得都特别清楚，令人惊叹。几任财政部长相聚一起，大家有说不完的话，叙不完的情，只可惜几位老人身体不宜久坐长谈，我们不得不结束聚会。部里同志都希望与薄老单独合影，薄老欣然同意，正襟危坐又和蔼可亲地与大家一一合影。告别时，部里来的同志排着队与薄老握手。握了几个人的手后，薄老说：“不握手啦，手都给你们握疼了。”薄老和大家拱手告别，至今我还保存着薄老和大家拱手告别的照片。

六任财政部长相聚一起，机会非常难得。可惜老部长们这几年中又走了两个，先是吴波，继而一波同志，他们都活过了100岁，两位财政系统的百岁老人，永远活在我们心中。

这次历史性聚会以后，我向国务院分管财政部工作的李岚清副总理报告了一下，第二天在《中国财经报》上发了一条消息。三只花篮、几盒月饼、一杯清茶，这是一次非常简朴的会见，但它的意义超过了许多规模盛大的会议。

（本文选自《中国财经报》2009年9月1日）

薄一波

（1949 年 10 月至 1953 年 9 月任中华人民共和国第一任财政部部长）

新中国第一任财政部部长薄一波

何立波

毛泽东亲自点将，薄一波出任中财委副主任

1949年3月，在中共七届二中全会上，党中央决定，成立中央财经委员会（简称中财委），统一领导全国的财经工作。7月10日，中央书记处决定组织新政协筹备会党组干事会及常委会。薄一波被指定为党组干事会成员，和陈云一起，分工负责联系财经方面各单位中的党员。为了建立强有力的中财委领导机构，党中央和毛泽东决定把陈云从东北调到中财委来主持工作。薄一波后来回忆说："陈云同志是新中国财经工作的卓越领导人。1942年他主持的陕甘宁晋绥五省联防财经办事处，工作出色。解放战争时期，他主持东北财经委员会的工作，顺利实现了东北全区财经工作的统一管理，较早地把经济稳定下来。党中央和毛主席任命他为中财委主任，是再合适不过了。"

为了确定中财委的领导人选，毛泽东亲自找薄一波谈话，要他到中财

委任副主任，协助陈云工作。当时，薄一波还担任华北局第二书记，无法脱身。毛泽东已经考虑到这一点，他对薄一波说："那你就把华北局搬到中财委去办公嘛！"此后，薄一波开始列席中央书记处会议，兼顾华北局工作。

中财委是在原中共中央财政经济工作部和华北财政经济委员会合并的基础上组建起来的，1949 年 7 月，中财委组建完成，薄一波的主要精力也就转到了中财委。中财委成立后抓的头一件重要工作，就是稳定金融物价，关键是抓住"两白一黑"（即大米、纱布、煤炭），打垮投机分子。

几番金融物价的斗争，中央政府取得了胜利。但这仍旧是暂时的，隐患还没有完全消除，因为财政经济没有统一起来，收支脱节，中央财政缺乏坚实的基础，随时有出问题的可能。因此在 1950 年初，物价逐步稳定之后，中财委统一全国财政经济的工作即开始全面铺开。统一财经，主要是统一财政收支，重点又是统一收入，保证中央财政的需要。此项工作进展非常顺利，曾经四分五裂的中国，不到几个月的时间，就实现了财政经济的统一。

至此，新中国成立初期平抑物价、统一财政的斗争初战告捷。毛泽东对此非常满意，认为它的意义"不下于淮海战役"，并对陈云的理财能力给予了高度评价。薄一波在向毛泽东汇报工作时，说到陈云主持中财委工作很得力，多谋善断。毛泽东听后说："哦，过去我倒还没有看出来。"薄一波又重复讲了一遍。毛泽东听后没有说话，顺手拿起笔在纸上写了一个"能"字。薄一波问道："您写的这个'能'字，是否指诸葛亮在《前出师表》里叙述刘备夸奖向宠的用语'将军向宠，性行淑均，晓畅军事，试用于昔日，先帝称之曰能……'。"毛泽东点头表示认同。

薄一波协助陈云取得了新中国财经战线上的一个个胜利

中华人民共和国成立后，薄一波出任政务院第一任财政部部长。陈云出任政务院副总理，仍兼任中财委主任，薄一波、马寅初为副主任，以后又陆续增加了李富春、曾山、贾拓夫、叶季壮为副主任。新中国成立之初，由于国民党政府留下的是一个经济破败的烂摊子，战争又尚在进行，新中国的财政经济面临着极其困难的状况。在党中央的领导下，中财委负责全国经济的组织工作。在当时，中财委聚集了相当一部分党外专家，例如马寅初、黄炎培、章伯钧、章乃器、李书城、梁希、朱学范、孙越崎、钱昌照、孙晓村等。薄一波根据毛泽东关于广泛开展统一战线的思想，团结各方有识之士，共商国是。在陈云的直接领导下，薄一波和中财委的其他领导同志共同领导了稳定物价和统一财经的斗争，取得了新中国成立后财经战线上第一个具有重大意义的胜利。

在稳定物价、统一财经之后，中财委在陈云、薄一波等人的领导下，又抓了共和国经济史上的另一件大事——调整工商业。调整工商业主要是调整公私关系和劳资关系，首先是调整公私关系。调整公私关系的实质，是在巩固国营经济领导地位的前提下，公私兼顾，使私营经济发挥其有益于国计民生的作用。1950 年 4 月 12 日，中财委召开党组会讨论调整工商业问题。薄一波在会上发言谈到："关于公私兼顾的问题，中财委系统研究不够，……1949 年为平衡收支，征税有些重，加上其他方面的缺点，资本家叫得比较凶。我们自己没有什么经验。"陈云发言说："我主张从预算内划出一部分，给资产阶级一点'油水'，这对我们更有利。"这次会议决定中财委的工作要把重心从财政方面转到恢复发展经济上，首先抓好现有工商业的调整工作。按照公私兼顾的原则，研究从贷款、税收、原材料供应、运输等方面扶持私营工商业的发展。

到 1950 年下半年，随着调整工商业的各项措施的实施，全国的工商业开始活跃起来。1951 年 1 月，陈云曾在中财委的一次会议上总结 1950 年调整工商业的工作时指出："我们发了两路'救兵'，一是加工订货，一是收购土产。起决定作用的是收购土产，因为收购土产，就发出了钞票，农民的钱就可以买东西。到 9 月全国情况就改观了，霓虹灯都亮了。"薄一波后来在回顾这段历史时也说："1950 年调整工商业的工作，总的看成效是大的，特别是把收购农副产品作为主要措施，抓到点子上了。如果要讲那次调整的经验，这是最重要的一个经验。"

1951 年 4 月 9 日到 5 月 10 日，薄一波对上海工商业的情况作了一个月的考察、研究，发现私营工商业存在的问题还不小，需要继续努力解决。回京后，薄一波向毛泽东和党中央作了书面报告。

调整工商业的各项措施收效以后，新中国成立初期稳定金融物价斗争即告一段落，从此新中国经济开始步入正轨。陈云曾对中财委这一段工作进行过总结："当时我们主要抓了两件事，一是统一，二是调整。统一是统一财经管理；调整是调整工商业。一统一调，'只此两事，天下大定'。"

薄一波也说："统一财经管理和调整工商业，是建国初期所进行的两项重要工作。"

到1953年初，我国的国民经济基本得到恢复，并开始进行有计划的经济建设。为了加强对财经工作的领导，党中央、毛泽东下决心把几个大区的领导同志调到中央工作。中财委领导的二十一个部和直属局，按性质划作五摊来管，其中财政金融贸易工作仍由陈云分管，薄一波和曾山、叶季壮等几位原中财委的同志协助。五个方面的工作，对外都用中财委的名义，但每个方面的工作都是相对独立的，带共同性的问题举行联席会议解决，薄一波回忆说："当时大家把它称为'五口通商'。"

1951年底，在取得抗美援朝、土地改革、镇压反革命三大运动胜利的基础上，党中央、毛泽东又发动了"三反"运动。薄一波受命担任中央节约检查委员会主任，主持"三反"工作。对于运动中揭发出来的刘青山、张子善特大贪污案，毛泽东极为关注，亲自过问，决心予以严惩。针对有些同志的说情，毛泽东说："正因为他们两人地位高，功劳大，影响大，所以才要下决心处决他们。只有处决他们，才可能挽救二十个、二百个、两千个、两万个犯有各种不同程度错误的干部。"

不久，党中央又决定在大中城市发动打击不法资本家的"五反"运动。上海是我国民族工商业最发达和民族资本家最集中的城市，从暴露出的情况看，上海不法资本家的非法活动相当严重。上海的"五反"斗争搞得如何，直接关系着这一运动乃至全国经济工作的全局。党中央、毛泽东决定派薄一波去上海抓这项工作。在华东局的领导下，薄一波圆满地完成了这项工作。"三反"、"五反"运动的胜利，打退了资产阶级的猖狂进攻，巩固了人民民主专政和社会主义国营经济的领导地位，为把资本主义工商业进一步纳入国家资本主义的轨道创造了良好的前提。

从1949年7月到1954年9月，中财委在统一管理全国财政经济工作中，既是运筹于帷幄之中的决策机构，又是决胜于战场之上的指挥机构，出色地发挥了中央所期望的中央财经统帅部的作用。第一次全国人民代表大会后，各部由中央人民政府即国务院直接领导，政务院财政经济委员会即行结束。对于薄一波在中财委的工作，陈云给予了高度评价。1982年，在编辑出版陈云1949年至1956年文稿的时候，陈云特别嘱咐编辑人员要在后记中说明，他在主持中央财政经济委员会工作期间，所有的重大决策，都是在调查研究包括他做的必要的调查研究基础上，经过集体讨论作出，并报请党中央批准的。陈云特别提到，在具体工作中，薄一波同志起了重要的作用。

在陈云的领导下，薄一波学到了很多东西，获益匪浅，他曾回忆说：“建国以后，陈云同志主管财经工作，我们在中财委一起共事数年。从那以后，我所参与的党和国家的经济和其他方面的领导工作，大都是在陈云同志直接或间接指导下进行的。我深深感到，从陈云同志身上可以学到许多深具智慧的东西，终生受益。他既是师长，又是益友，每念及此，感佩良多。当年中财委给中央的报告，很多是陈云同志自己动手写的，但他总是坚持要‘陈、薄’共同署名，从中也可以看出我们之间所凝结的情谊。”

新中国建立前夕，党中央成立中央财经委员会，陈云同志为主任、薄一波同志为副主任，此后，薄一波一直是陈云同志开展财经工作的主要助手。图为 20 世纪 80 年代，薄一波同志与陈云同志就经济工作交换意见。

薄一波与“新税制风波”

1953 年初，随着“一五”计划开始实施，中央重新部署了中财委的工作，并明确在陈云休养期间，由薄一波代理中财委主任。在中财委，薄一波除协助陈云主管中财委全国工作外，同时分管农业、水利和林业等部门。薄一波认为，发展农业生产，最重要的是看能否调动广大农民的生产积极性。要做到这一点，关键要有好的政策，做好关系农民切身利益的工作。当时，薄一波关注的一个重点是如何减轻农民负担。1952 年 12 月 18 日，他就乡镇摊派名目繁多的问题给毛泽东写信，得到了毛泽东的支持。

针对新中国成立初期百废待举，各地在大兴土木中存在乱砍滥伐等问题，1952 年 11 月 25 日，薄一波在林业部党组的有关报告上批示：“为了配合国家建设的需要，今后必须有目的地有计划地营造各种效用的森林。”

税收是国家财政收入的主要来源。1952 年下半年，税收工作出现了许多新情况。由于经营方式、流通环节的变化，批发营业税减少或很难收上来，国家税收有下降的趋势。而为了适应大规模经济建设的需要，又要求不断增加税收。在薄一波的主持下，财政部拟定了修正税制的具体方案，经中财委党组讨论通过，向周恩来总理进行了汇报。据薄一波回忆说，方案经周恩来总理逐字逐句修改。1952 年 12 月 26 日，政务院第 164 次政务会议讨论批准了方案，于 1952 年 12 月 31 日在《人民日报》正式公布，决定自 1953 年 1 月 1 日起实行。薄一波将新税制不同于旧税制归纳为两点：一是保税，二是简化了税制。1952 年 12 月 31 日，《人民日报》还配发题为《努力推行修正了的税制》和《全国工商联筹委会拥护修正税制》的报道。“社论”在说明修改税制必要性和目的时，使用了“公私一律平等纳税”的提法。

修正税制通告发布之后，山东、北京等地纷纷向中央反映执行新税制引起物价波动等问题，这引起了毛泽东的极大关注。不久，在财政部向毛泽东和中央政治局汇报时，毛泽东批评说：“修正税制事先没有报告中央，可是找资本家商量了，把资本家看得比党中央还重；这个新税制得到资本家叫好，是‘右倾机会主义’的错误。”

毛泽东的严厉批评，让薄一波等人大感意外。1953 年 6 月至 8 月，全国财经会议在北京举行，薄一波就新税制问题进行了检讨。而高岗、饶漱石借机发难，大搞“批薄射刘”，以达到自己不可告人的目的，使会议偏离了方向，并把薄一波在工作中的缺点错误上纲为“两条路线斗争”。高岗项庄舞剑，意在沛公，明批薄一波，实攻刘少奇，把同会议内容无关的刘少奇曾经说过的一些话，统统安到薄一波头上加以批判。会上批判的调子一直居高不下，薄一波在会议上先后作了两次检讨，但还是过不了关，会议气氛变得紧张起来。由于高岗的干扰，这次全国财经会议实际上成了批判新税制和薄一波的会议，让周恩来无法主持会议。

面对这种情况，毛泽东决定把陈云、邓小平从外地请回来参加会议。针对这次财经会议上有人说中财委存在着两条路线，陈云说：“一波同志在中财委做了很多事，既是事务，也是工作，如果没有人挡住事务，中财委工作是不行的。”“同志们提出中财委内部是否有两条路线的问题，我以为在工作上个别不同意见不能说没有，这些意见也不能说我件件对，一波件件不对。我不能说有两条路线，也不能冒充我是正确的。”

薄一波回顾当时的情景时说：“在高、饶问题尚未揭露，会议批评的调子降不下来的形势下，陈云同志的这些话，无疑起到了降温和替我解围的作用。”陈云、邓小平虽然只参加了会议的最后一段，但他们的发言改变了会议的气氛，周恩来对会议的结论也比较好做了。陈云、邓小平同毛泽东、周恩来一起扭转了会议方向。

面临误解和批评，薄一波一时思想难以接受，产生了到下面工作的想法。毛泽东听说后找到他说：“中央还需要你在中央工作，不能下去。”毛泽东还说：“中财委的工作，陈云同志在，你做百分之九十，陈云同志不在，你做百分之百。有了错误，不批评你批评谁？”毛泽东勉励他说，“受了批评，是不是有些想不通啊，想不通的还可以再想。你现在可去找一些同志谈一谈，找朱德、彭德怀还有其他一些同志都可以谈谈嘛！”薄一波表示：“两位老总那里，我一定去谈谈。”毛泽东最后鼓励说：“你不要以为天塌下来了，你现在应该出去走一走，看一看，换换空气，看看光明前景。”薄一波后来深有感触地回忆说：“毛泽东对我的关怀、鼓励与帮助，让我终生难忘。”

受新税制风波的影响，8 月 17 日，中央政治局决定由邓小平兼任中财委第一副主任；免除薄一波的财政部部长职务，仍留任中财委副主任；由薄一波协助邓小平领导铁道部、交通部、邮电部的工作。全国财经会议结束后不到半年时间，高、饶问题被揭露出来，财经会议“批薄射刘”风波最后真相大白。1954 年 6 月 3 日，毛泽东通知薄一波等人参加中央书记处会议。毛泽东一见薄一波就说：“财经会议及其以后相当长的时间，我们对一波同志是有些误会的，现在这些误会解除了。路遥知马力，日久见人心。一波同志是个好同志。”停了片刻，毛泽东又说，“如果高、饶问题没有揭露，这些误会可能难以解除。”

被毛泽东亲切称为经济战线的“四大名旦”

薄一波是新中国一位重要的经济领导人。1954 年 9 月，薄一波任国家建设委员会主任，1956 年 5 月任国家经济委员会主任。按照当时分工，国家计委负责长远计划，国家经委负责年度计划。在全党探索中国式社会主义道路的历程中，薄一波努力从实践和理论两个方面研究中国经济建设的客观规律。1956 年，我国经济建设中出现了冒进的倾向。周恩来、陈云、李先念、薄一波等国务院主管经济工作的领导同志，都认为要反对和纠正冒进的倾向。

1956 年初，毛泽东从杭州回来。薄一波向毛泽东汇报工作时谈到，为准备八大报告，少奇同志正在听取一些部委的汇报。毛泽东兴致很高：“这很好，我也想听听，你能不能给我组织一些部门汇报。”这样，毛泽东用了两个月的时间，听取了三十四个部的汇报。薄一波参加了这次汇报的全过程。在调查研究的基础上，毛泽东写出《论十大关系》，提出要寻找一条适合中国国情的建设社会主义的道路。周恩来也很关心这次汇报，尽管工作非常繁忙，不能来听取汇报，但他总是抽空从电话中，或者把薄一波叫到他的办公室去，详细询问汇报的情况。这一时期，周恩来还深刻地总结了我国经济发展的情况，提出建设工业应当做到“多、快、好”。一天深夜，周恩来带着薄一波一起去向毛泽东汇报。听完汇报后，毛泽东说“多、快、好，提得好”，并且指示薄一波组织工交各部门负责人立即去各地传达。以后讨论时，李富春又加了一个“省”字，得到毛泽东的赞同。在毛泽东的亲自主持下，从南宁会议到成都会议，“多快好省”发展成为“鼓足干劲，力争上游，多快好省地建设社会主义”的总路线。

1956 年 9 月，中国共产党第八次全国代表大会在北京召开。根据毛泽东的安排，薄一波在大会上就正确处理经济建设中具有全局性意义的积累和消费的关系问题作了发言，探讨了若干重要数量界限即比例关系问题。

他说："今后若干年内，在通常的情况下，我国国民收入中积累部分的比重，不低于百分之二十，或者略高一点，我国国民收入中国家预算收入的比重，不低于百分之三十，或者略高一点，我国国家预算支出中基本建设支出的比重，不低于百分之四十，或者略高一点。"这一观点，受到中央的高度重视。根据毛泽东的提议，会议将这一认识成果写进"八大"的决议。

在中共八大上，薄一波再次当选为中央委员，并在中共八届一中全会上当选为中央政治局候补委员。同年 11 月，在第一届全国人民代表大会第三次会议上，薄一波被任命为国务院副总理。1961 年，中共中央决定对国民经济实行"调整、巩固、充实、提高"的八字方针。薄一波积极贯彻这一方针。1962 年 1 月，薄一波出席扩大的中央工作会议（即七千人大会），并被中央指定为报告起草委员会成员。他赞成在报告中对经济困难的形势作充分估计，并对经济建设中"跃进"的提法，提出批评意见。在七千人大会上，薄一波努力贯彻会议精神，指示国家经委对几年来的工作进行检查，并于 4 月 7 日向中央书记处和周恩来总理报送了总结报告。在国民经济调整时期，薄一波的工作卓有成效，受到毛泽东的赞扬。毛泽东曾称赞陈云、薄一波、邓小平、李先念四位副总理为"中国经济工作中的'四大名旦'"。

改革开放中发挥重要作用

1961 年，薄一波受命主持起草《工业七十条》，邓小平给予了他大力支持。在极左思潮的环境下，薄一波提出"政治挂帅要落脚到发展生产力"的思想，邓小平给予高度评价。1966 年的全国工交会议上，薄一波的观点遭到围攻、责难，邓小平再次对他表示支持。

1966 年 9 月，薄一波在家中跌伤，中央批准请假六个月。此后，他被批斗、"监护"达十二年之久。直到 1979 年 1 月，所有的阴霾都结束了。邓小平同薄一波谈话，征求其对工作安排的意见。接着，党中央决定薄一波担任国务院副总理兼机械工业委员会主任。邓小平要求薄一波在改革上做出成绩来。薄一波走马上任，立即投入整个国民经济调整的领导工作之中。已经年逾古稀的他几乎用了大半年的时间到各地调查，从山西到内蒙，从湖北到江浙，他深入厂矿，深入基层，风尘仆仆地考察座谈，听取

各种反映和意见。

对办经济特区这一新生事物，薄一波满腔热忱，从一开始就给予大力支持，他也是最早在特区考察的领导同志之一。在 1981 年 11 月之后，薄一波先后数次去深圳、珠海、汕头、厦门特区考察。

设立中央顾问委员会，是邓小平着力改革党和国家领导制度的一个重大举措。薄一波受命担任中共中央顾问委员会副主任，长达十年，主持中顾委日常工作，胜利完成了中顾委的重大历史使命。其间，薄一波还受命处理若干重大问题，在辅助邓小平开创改革大业、统一全党对中国特色社会主义的认识中，薄一波发挥了重要的作用。

1992 年 10 月，随着中顾委完成历史使命而不再设置，薄一波也从中顾委副主任的位置离任，从此淡出了公众的目光。然而，作为老一辈无产阶级革命家，新中国经济工作的卓越领导人，人们并不因他的淡出而忘记他。薄一波同志的一生是革命的一生，光辉的一生。

（本文选自《党史博采（纪实版）》2007 年 2 月）

历久弥新的记忆

薄小莹

爸爸离开我们已经一年多了。一年多来，我始终未能接受爸爸已经远离的现实：工作生活中的问题，总想向他老人家叙说；读书看报时，遇到他关心的新闻报道或他感兴趣的文章，也总是习惯性地想要留下，准备讲给他老人家听。爸爸的音容犹在眼前，对我们的教诲也言犹在耳，但是，我总感到倾自己之全力，即便只是再现我们子女眼中的爸爸，也是难以做到的，也许真应了老子的那句话："道可道，非常道；名可名，非常名。"仅记录下一些往事的片断，以表达我无尽的怀念。

爸爸最常给我们提的词是"业精于勤，行成于思"，他的一生也正是手不释卷，上下求索的。正月初五是爸爸的生日，老人家一般要召集子女"训话"，有时还事先写出一个提纲。每次的讲话都离不开学习这个题目。爸爸告诫我们："要活到老学到老，人若不持之以恒地学习，不断地了解新事物，接受新东西，就会死亡，不是肉体死亡，而是人的精神就完了，没有发言权了！"

爸爸从小就爱书、爱读书。爷爷除种地外还与人合伙造纸，常常收来

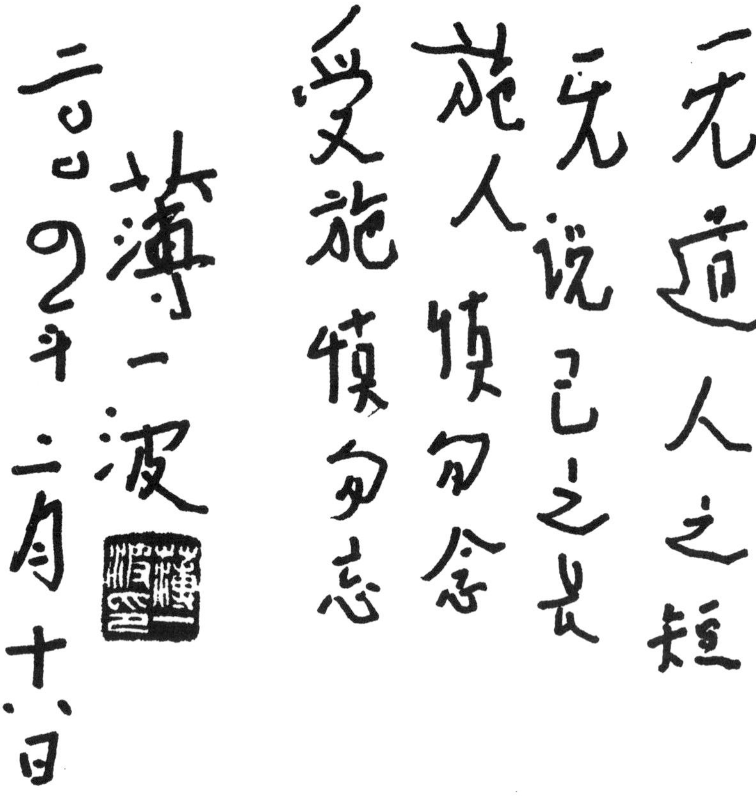

一无道人之短
无说己之长
施人慎勿念
受施慎勿忘
薄一波
二〇〇二年二月十八日

薄一波同志手迹

旧书、废纸，他从中挑选喜爱的图书留下阅读，日积月累，据爸爸回忆，截至遭到通缉离家去京津地区时，所积之书垒起来已有 2 米见方，3 米高。因当时国民党县党部的人曾到过家中搜捕，爷爷怕这些书是“违禁”的，全都拿去造了纸，其实都是些“经史子集”类的书，爸爸在上面做了不少的批注，可惜毁了。爸爸说那时他喜欢读《孟子》，还有《老子》《庄子》，上高小的时候他给自己起了一个号，叫“达生”。爸爸告诉我们说：上初小时，他在班上并不是学得最好的，高小第一年考试才考了第 45 名，但经过 3 年，到了毕业时考了第 1 名。爸爸认为，有些人当时学得很好，但没有把问题弄明白，不知道为什么学？学什么？怎么学？结果后来就落后了。后来到了太原国民师范，爸爸接触到《新青年》《向导》等刊物和《独秀演讲录》，布哈林的《共产主义 ABC》、孙中山的《三民主义》，胡适的《中国哲学史大纲》（上卷）等书籍。爸爸还记得当年《共产党宣言》被翻译成文言文，最后一句“全世界无产者联合起来”译成了“四海之内皆兄弟也”。

1985 年中顾委组织纪念一二·九运动五十周年座谈会，邀请北大、清华、人大等 16 所高校的学生代表（包括本科和研究生）100 余人参加。会议一开始，老人家就说：“召开这次会，不是叫你们来唱颂歌的，是听你们意见的，不要念稿子，敢讲真心话的来一个！”会开得生动活泼，80 位同学自由发言，提了不少尖锐的意见。有的学生风华正茂，书生意气，也有的学生古今中外引经据典，老人家一一回应，侃侃而谈，大多数同学因此而心服气顺。当时我正在北大读研究生，听到学校广播里播放学生代表谈座谈会，听他们兴奋的话语，显然座谈会收到良好的效果。我急于想知道详情，回家后就去问爸爸，老人家饶有兴致给我讲了座谈过程，言语之间，对学生的热情充满理解和喜爱，他说：“虽然有人认为这样的座谈把学生捧得太高了，但我们当年也就是这个年龄，也像他们一样关心国家和民族的前途，青年可是国家的未来。”座谈会开了 4 天半，几乎每次会议中间休息和结束时，老人家都无法按时离开会场，被学生们团团围住，学生们要求签名，题字留念，还问父亲：“你是什么大学毕业的？”爸爸回答：“我只上了国民师范。比你们的学历差远了。但我也上了个大学，我上的大学可安静了。可以专心致志，那就是在监狱。”

爸爸说自己上的学不多，底子薄，靠的就是奋斗！自我培养！说他这辈子主要是在班房里读书学习的，尤其是在草岚子监狱，收益甚大：那时

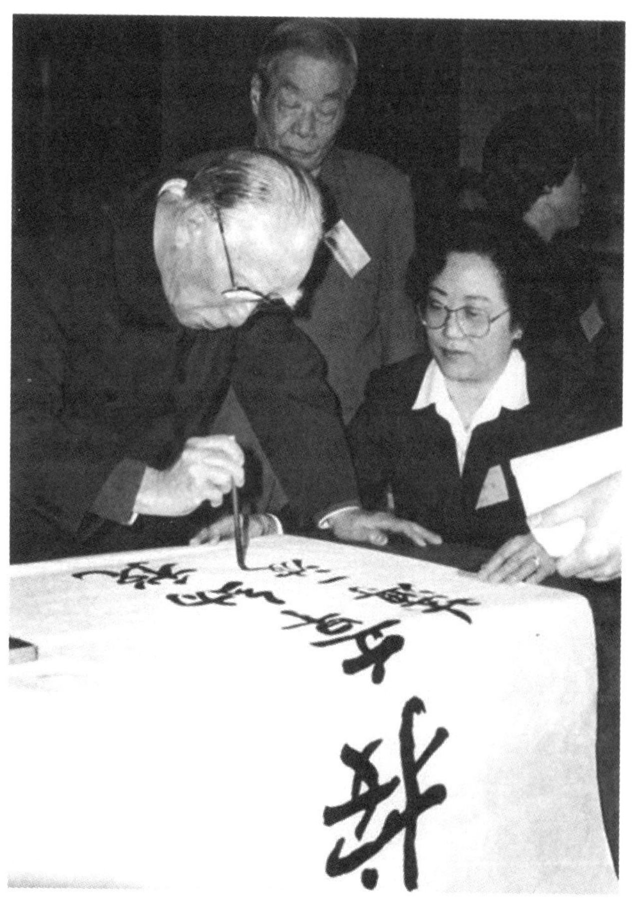

薄一波

读书很不易，常被人搜去，是经过斗争，又想了不少办法才争取到的，回想起来，大约看了300部左右的书，其中精读的有30部左右。除马列经典如《家庭、私有制和国家的起源》《路德维希·费尔巴哈和德国古典哲学的终结》《唯物主义和经验批判主义》《共产主义运动中的“左派”幼稚病》等，还有李达的《现代世界观》、摩尔根的《古代社会》、河上肇的《政治经济学大纲》等历史、哲学、经济学书籍。他还辗转托人从六国饭店里的书报流通社买来俄文、法文书刊，如俄文刊物《布尔什维克》、法文刊物《国际通讯》，上面常有连载的马列原著，由懂外文的难友翻译，边译边传阅，最后销毁，有的比狱外翻译得还早。爸爸认为尤其值得一提的是，他们在狱中不仅读书，而且还结合中国革命的实际问题进行讨论，比如对如何看待“上海抗战”“福建人民政府”的问题就进行了激烈地辩论，爸爸他们一派的意见恰与中央瓦窑堡会议反对“左”倾关门主义、建立抗日统一战线的精神是一致的，而当时他们并不知道这次会议的召开，也还没能看到相关的文件。

一次我给爸爸念《光明日报》上发表的一篇苏双碧的文章《马克思主义和中国的历史命运》，其中讲到中国共产党在酝酿、成立期间的一系列理论准备。老人家听得津津有味，听完后还将报纸拿过去，久久不愿撒手，对我说：“这些事我都熟悉，那些书都是年轻时候常读的，现在听来十分亲切。”

“文化大革命”被关押期间，1974年以前在班房里可以看到的书只有《毛泽东选集》四卷，爸爸就开始背诵，不要说“老三篇”，就是像《矛盾论》《实践论》那样的长篇文章爸爸也能背诵下来了。后来可以送些书时，爸爸又重读了《资本论》《反杜林论》《法兰西内战》《哲学的贫困》等马列经典，另外还有达尔文的《物种起源》，赫胥黎的《天演论》、海克尔的《宇宙之谜》以及《史记》《红楼梦》《世界通史》《柳文指要》等。当我们拿到爸爸在狱中读过的这些书时发现，由于写在上面的批注太多，每一本书都显得比以前厚了。除了批注，爸爸还写了大量的笔记，一字一句地读并写笔记是老人家一直保持的精读习惯。一般长期被关在单人牢房的人，出狱后的思维、语言上都会出现一些问题，但爸爸却不同，正是他坚持不懈地读书用脑，出狱后仍然思维敏捷，与人对话，依然头头是道。

爸爸常督促我们多读些“严肃”的书，少看些闲书，尤其要学点哲学、逻辑学，认为这有助于思考。他自己正是这样做的。我时常很惊讶爸

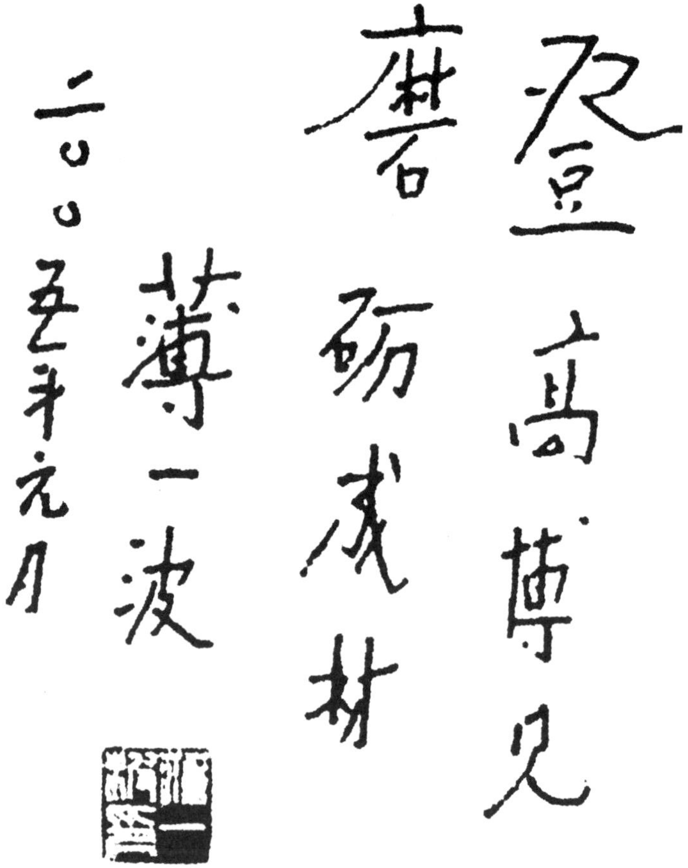

登高博见
磨砺成材
薄一波
二〇〇五年元月

薄一波同志手迹

爸对不少领域问题的评说非常专业、非常具体，能点到要害。我想这也许就是爸爸持之以恒学习、融会贯通所致。爸爸还有一个本事，就是看文件、写稿子时精力可以非常集中，即使孙儿跑过来吵嚷打闹，老人家也不会烦躁分神，犹自埋头苦干，直到把手中的活干完。

大哥（熙永）毕业开始工作时，爸爸找他来告诫："不要以为自己已经学会了，工作才是学习的开始。你们不是内行，说的都是外行话，才刚刚到门槛，要努力学习，用些心思，做些笔记。至于要研究些什么问题，你自己定，总之要用心！要考虑问题！"爸爸还特别提到读报的问题，告诉我们他读报的心得："读报是一辈子的事，要了解世界上发生了些什么事，观察它们是怎样变化的。开始读时，要一段段细读，甚至将报纸上的大小新闻全读一遍，一周以后，就可以看得粗一点，有重点地看，因为你对大的脉络已经有所了解了。"1975 年"解除监护"后，爸爸在国务院第二招待所时就想方设法找《参考消息》来看，并在上面圈圈点点，有的重要连载，老人家还剪裁下来，装订在一起。到他重新走上工作岗位时，爸爸曾很自信地对我说：我对情况的了解并不比一直在外面的人差。

二哥（熙来）在辽宁金县工作时，有一次和爸爸讨论写文章的事。爸爸说："关键是要写考虑成熟的问题，即'瞅准了'的问题。脑子里要经常挂几个问题，经常观察，经常想，随着客观事实的发展而日臻完善。社会上流行的说法、观点，感觉不大对的，不要随波逐流，要有原则。文章的好坏不是靠堆砌辞藻，而是看是否写出些东西，要养成思考、钻研问题的习惯，要有独立的见解。提出问题，引起人们的争论，甚至引起人们的反对，那也不怕，反对越多，证明所提的问题越重要。要搞调查研究，马克思写《资本论》是'全面的大量的占有材料'，不是解剖一只麻雀，而是解剖好多麻雀。要注意文章的逻辑，如果缺乏逻辑性，那就说明你还没有把问题想清楚。"爸爸喜欢朴实无华的文风，认为行文应该口语化。

爸爸写发言稿、报告、文章都非常认真，一般都要反复修改多次，我看到的少则三五次，多则八九次，重要的报告、文章还习惯请相关的人提意见。据 20 世纪 50 年代做过爸爸秘书的廖斗寅叔叔回忆，老人家在八大一次会议上的发言竟然修改了 16 稿。1988 年开始写《若干重大决策与事件的回顾》时，爸爸已是耄耋之年，但对著述仍是孜孜以求，一丝不苟。老人家的心志高远，他对我说："要写就要写成经得起推敲，站得住脚的书！"这部著作最终成为一部力作，这与老人家长年实践、探索、积累分不开；与老人家的坦荡胸襟、真知灼见分不开；也与老人家严谨、客观的态度分不开。

爸爸经常和我们谈的另一个话题就是“做事情”（即工作）和怎样“做事情”，他希望子女奋发、勇为、勤奋、向上。爸爸说：“人活一辈子，总要做出点事情来。人生很短暂，做不了几件事，所以做一件事就一定要做到底，不能一遇困难就低头。”自从加入共产党，爸爸接受组织委派做过很多种工作，而且始终在一线：组织学生运动，组织兵运；抗战时期在山西与阎锡山建立特殊形式的统一战线；组建军队，带兵打仗，创建抗日根据地；解放战争时期进行土改，为刘邓大军、陈谢兵团、陈粟野战军供应军需粮饷，主持华北局工作；解放后做经济工作；1978 年复出后参与经济建设、整党、中顾委……爸爸无不殚精竭虑，将工作做到极致而令人叹服。无论是在革命生涯中遇到千难万险，还是在党内遭遇误会打击，套用现在的一句话，爸爸始终“不抛弃，不放弃”。爸爸说他这辈子之所以还能做出些事情，一是因为硬气；二是能想办法，既能坚持原则，又不搞教条主义。

我们在工作中遇到问题，都可以到爸爸那里去发牢骚，甚至脸红脖子粗地跟老人家争论，而爸爸总是娓娓道来。无论涉及什么问题，说一千道一万，爸爸总是要把问题转回到“做事情”上，“干活”永远是最基本的：“不要看现在工作难做，看到有些人只是混，却占了便宜，就认为认真工作没有用。还是要坚持踏踏实实干好工作，干出成绩。孙中山说‘要做大事不要做大官’。”“不要去想人家如何议论，背后议论是人之常情。要认真考虑工作，这辈子主要是把工作搞好，人家才能承认你。”爸爸很赞赏二哥（熙来）到金县工作，从基层做起，认为这样才能真正了解民情民心，积累经验、锻炼出真本事。爸爸曾开导鼓励小弟弟（熙宁）：“问题是很多，但你去工作，就是要解决问题，不然要你干吗？哪怕只解决一个问题，也是你做出了成绩。发牢骚没有用，要动脑筋，一个个地解决问题。”爸爸认为，如果大家都是等、靠，而不是主动发现问题、分析问题、积极解决问题，党和国家的事业就没有希望。

大弟（熙成）有一次受到表扬，爸爸很高兴，和他谈了很多问题，其中谈道：“人一生的发展中往往会遇到一次或几次高原期。所谓高原期就是人在工作、学习上往往开始进展较快，但达到某种程度时就会遇到不少问题，不能直线上升了。在这种时候，很多人就退下来了，成为庸人，此刻就要看你的本事和意志，要坚持下去才能继续前进。尼克松写了一本

《六次危机》，他也是遇到了问题，但坚持下来了。”

爸爸无时不在关心每一个子女，垂暮之年仍不厌其烦地点拨我们，用爸爸的话来说：希望我们“走正道”，“成个人”！

老人家对我们的告诫涉及人生的方方面面：

他告诫我们要有信仰、要淡泊名利，要正道用其心：“不求名利是不可能的，但要记住，不能去追求虚名，有几分能力、几分成绩就是几分，不要夸大，也不要让别人夸大。我们要利，是要劳动的报酬，但不能有非分之想，这样才能立得住，也才不会玩物丧志。”

他还教导我们：“做人要本分，对人要宽和。评判一个人要客观、公正，不能想当然。”

爸爸常提醒我们：“要有一位能提意见、谈些严肃问题的朋友、诤友。如果处在人人都说好话的环境中，人就不能进步。”……

爸爸几次给我们提到黑格尔的一段话“正像同一句格言，从年轻人（即使他对这句格言理解得完全正确）的口中说出来时，总是没有那种在饱经风霜的成年人的智慧中所具有的意义和广袤性”。当老人家把他的新著给我们每人一本时，他也说过，“你们未必能读懂。”今天我对此有了进一步的理解。

爸爸的教诲是他老人家留给我们的无价财富！我们会经常重温，体会爸爸的深情与期盼，领悟其中的道理和智慧。

爸爸走了，灵堂里来了那么多的人，络绎不绝，灵堂外排起了曲曲折折望不到头的长队。家乡父老、老区的乡亲、老领导的家人、父亲的战友、故交及他们的家人、老部下、与他朝夕相处过的工作人员……从四面八方赶来和老人家做最后的告别，他们诉说着与老人家的交往，表达了依依惜别的深情，我感到他们也是父亲挚爱、牵挂的亲人。挽联、留言簿上记下人们对老人家功勋、业绩、品格的无比崇敬，听着看着，我发现自己对爸爸——这位不平凡的老人实在是了解得太有限了。

爸爸追寻着他的理想，一辈子没有停下脚步，一辈子保有着赤子之心。望着满目的鲜花，如潮的悼念人流，我觉得经历了九九八十一难的父亲，此生“立德、立行、立言”，功德圆满。爸爸永远活在我心里，我知道，他老人家也永远活在很多很多人的心里！

（本文选自《百年潮》2008 年第 10 期）

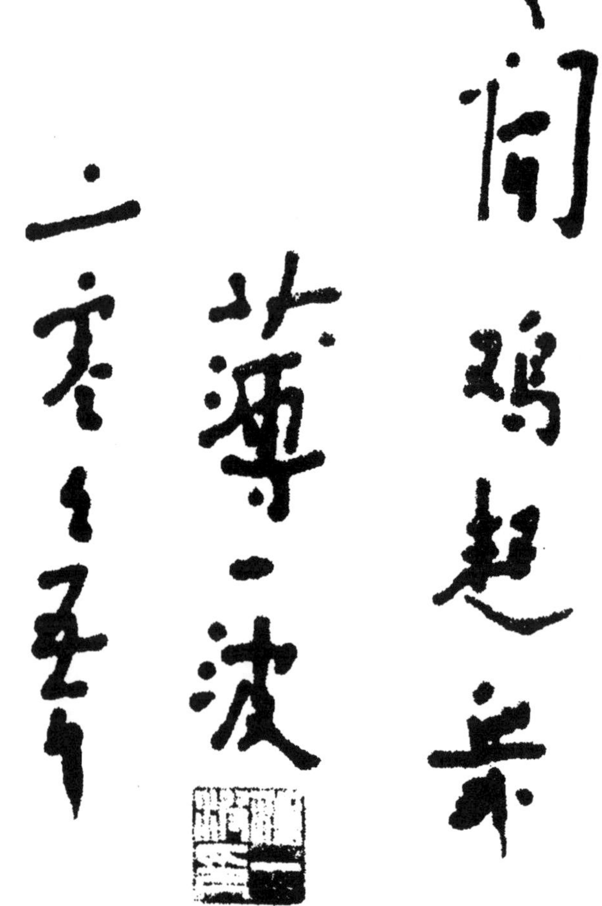

薄一波同志手迹

忆我在薄老身边工作的十一年

廖斗寅

二〇〇八年，适逢伟大的共产主义战士、杰出的无产阶级革命家薄一波同志去世一周年，又值他百岁诞辰。一波同志一九二五年入党，有八十二年党龄，从事过学生运动、农民运动、士兵运动和上层统一战线工作，协助刘邓创建并领导晋冀鲁豫抗日根据地。新中国建立后，一直是我国经济战线主要领导人之一。党的十一届三中全会，他作为党的第二代领导集体重要成员，为国家改革开放事业、经济建设、党的建设做出了巨大的贡献。在改革开放事业不断发展、国家经济实力迅速增强的今天，我们永远不会忘记他们这些为社会主义革命和建设事业打下了坚实基础的老前辈。

我很幸运，在一波同志身边工作了十一年，直接受他的教诲。一九四七年我在晋察冀边区晋察行署的易县任副县长，正在进行土地改革工作时，刘邓大军渡过黄河，挺进大别山，全国解放战争迅猛发展，广大新区需要干部，我奉调南下，但因种种变故没有走成。一九四八年五月中央决定晋察冀和晋冀鲁豫两大解放区合并成立华北局，七月我被分配到华北局，在张友渔秘书长领导下的秘书室工作，从此就在一波同志身边了。一九四九年初，平津战役结束，一波同志和华北军区奉命接管平津，华北局首先进城，为党中央进驻北平作准备。七月，调我接替胡明同志的工作，任薄一波同志秘书，从此与一波同志朝夕相处，受教育更直接，直到一九五九年四月。一波同志深厚的马克思主义理论修养，对党忠诚、为人正直、对工作高度负责和实干的精神，对我都有非常实际的教育。一波同志平易近人，我们相处非常和谐，非常愉快。在他有难得的空闲时，杨济之（一波同志在中财委工作的秘书，和我同一波同志住在一起）和我可以同他一起谈天说地，甚至聊到怎么刮胡子。一波同志对身边的工作人员政治上要求很严，生活上关心体贴。他和胡明同志对子女的教育也抓得很紧。

一波同志没有经历过二万五千里长征的将领们那样名声煊赫。他一九二五年入党，一直隐姓埋名从事地下工作。一九三一年被捕入狱，坚持狱中斗争五年。一九三六年，根据组织决定从北平草岚子监狱出来，按党的指示，应山西军阀阎锡山的邀请，带一些老同志去山西省开展上层统一战线工作，改造和发展了山西牺牲救国同盟会，实际成为党的外围组织，为党培养了大批干部。通过各种实际工作挖空了阎锡山的墙脚，使八路军三个师在山西省都有了落脚地，成为发展华北各抗日根据地的基石。又按阎锡山的要求组织发展了新军（即山西青年抗敌决死队），并任政治委员，实际为八路军扩大了队伍。这些也是打着阎锡山的旗号，对外也不大出名。在晋冀鲁豫边区，情况已有不同。党中央和毛主席十分重视一波同志在山西和晋冀鲁豫边区工作的成就，在一九四五年党的七大上，毛泽东提名一波同志为中央委员。这以后情况就发生了很大变化。特别是一九四八年五月华北局成立，两大解放区合并，少奇同志挂名第一书记，一波同志是第二书记（实际负责），又任华北军区政治委员。华北人民政府成立后，董必武是主席，他是第一副主席。一九四九年七月，他又任中央财政经济委员会副主任兼财政部长。当时，一波同志一身数任，都是重要职务，这就名声大振了。这时来家里拜访的人很多，有多年不见的老同志来叙旧，也有民主人士登门拜访，每逢这时只要他在家都一一接见。收到的信也很多，甚至还收到过一二十封根本不相识的人写来的认亲认友的信，开始他都亲自回信，后来这些信就叫我以办公室的名义客气地回复。

我受教育最深的是一波同志对党的忠诚。解放初期，草岚子监狱出来的难友多年不见，前来叙旧，听到他们议论在监狱里的斗争生活。从他们

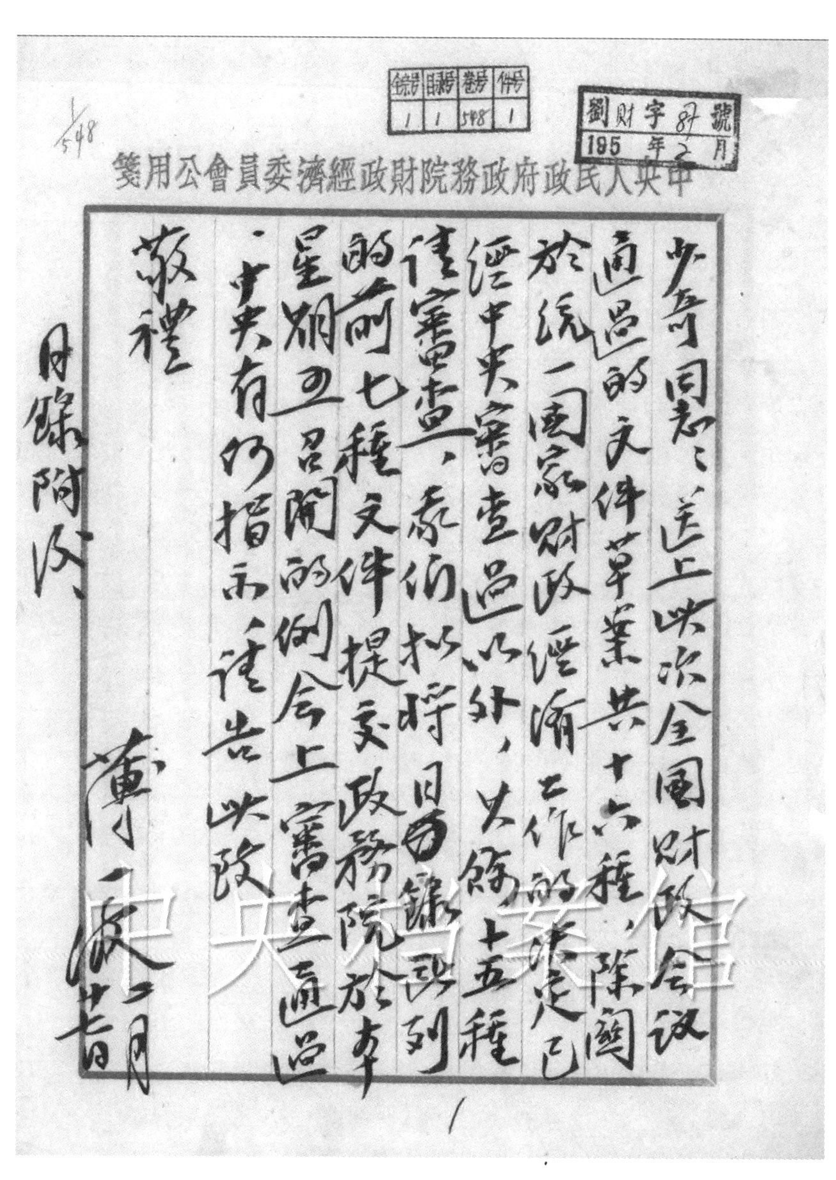

錄號	目號	卷號	件號
1	1	548	1

劉財字87號
195 年2月

中央人民政府政務院財政經濟委員會公用箋

少奇同志：送上此次全國財政会议通過的文件草案共十六種，除關於統一國家財政經濟工作的决定已經中央審查過以外，其餘十五種請審查。我們擬將目錄說到的前七種文件提交政務院於本星期五召開的例会上審查通過，其有何指示，請告。此致

敬禮

目錄附後

薄一波
二月廿七日

1950 年 2 月 27 日，薄一波关于请审查全国财政会议文件给刘少奇的信

的议论中得知他们在狱中五年是怎样同敌人斗争的。他们说，开始有的同志说要把牢底坐穿，永不投降，大家觉得这很好，是对党的忠诚，但又认为光这样有些消极，应该开展积极的狱中斗争。于是共产党员组织起来，成立党支部，一波同志任支部干事、书记，团结非党群众，学习马列主义，把牢房变成党校。指派专人分别做监狱管理人员的工作，通过他们同党取得联系，并弄到想要的书籍和报刊杂志。一九三六年，日本帝国主义侵略军已进入华北，当时情况很危急，党中央和中央红军已到陕北并东渡黄河，革命形势发展需要大批干部，草岚子监狱里有这样一批经过长期考验的老干部，正是用得着的时候。于是北方局报请党中央批准，要他们履行监狱规定的手续快出来工作，这才被党组织分批营救出狱，结束了五年的铁窗生涯。他们这样长期坚持对敌斗争、坚贞不屈的历史，对我是极大的教育。这段光辉的历史，在后来的“文化大革命”中，竟成为林彪、“四人帮”一伙陷害一波同志的罪名，把他打入牢房长达十二年之久，弄得他家破人亡。

一波同志对毛主席非常尊重。他对毛主席和其他中央领导同志的重要讲话都作记录，要做传达的都及时传达。他的记录非常详细，连毛主席湖南话的语尾都记下了，我都曾经帮他整理过。他回来后再整理在他专门准备的笔记本上，存在他卧室的柜子里。到我离开时，已有十多本了。里面也有少奇等领导同志的讲话。这些本子在“文化大革命”中被造反派抄家抄走了。至今尚无下落，十分可惜。

一波同志是坚持真理、实事求是的楷模，一九五二年的新税制就是一例。简要地说，解放初期为扶持国营和合作社商业发展，规定它们的总分支机构内部商品调拨不纳批发环节营业税，合作社还另有优待。到一九五二年下半年，国营和合作社商业迅速发展，一些私营企业也采用工厂直接售货给零售商或委托零售商代销的办法，逃避批发营业税，这样，财政收入受到很大影响。一九五二年九月，财政部开始研究税制改革，一要保证国家财政收入，二要简化税制。对商品的流通环节税制进行改革，按照党的七届二中全会决议中“公私兼顾”的原则，无论私营企业和国营、合作社营商业，都按规定的税制纳税，也就是所谓“公私一律平等纳税”。应当说，新税制确曾起到过保税、增税的作用。但因时间仓促，确有考虑不周之处。如把批发营业税移在生产企业征收，又怕影响物价，又未调整工厂出厂价，等等。特别是为抢时间，新税制要在一九五四年一月一日执行，经中财委党组讨论，报周总理和政务院讨论决定，征求了全国工商联和工商界知名人士的意见后就下发。未征求地方财政和税务部门的意见，也未与地方党政领导同志打招呼，更重要的是这一改变未及时报毛主席审批。而这时毛主席因解放后经济恢复工作很顺利，认为有三年时间就可以完成经济恢复的任务，正在研究过渡时期总路线，提出新民主主义就是在向社会主义过渡，要对资本主义企业进行社会主义改造，而不是要在解放后实行若干年新民主主义后再过渡。由于新税制未同地方党委商量，倒是征求了工商界人士的意见。因此，新税制被批评为“资本家比党还重要”，“公私平等纳税”被批评是右倾机会主义。特别是在一九五三年财经会议上，高岗、饶漱石施展阴谋活动，鼓动一些同志对一波进行不适当的责难。对此，一波敢于坚持真理，修正错误，主动承担责任，通过批评、自我批评来总结经验，提高认识，消除误解。又如，一九五五年一波同志奉命率各工业部部长去苏联参加工业会议，并去一些城市考察工厂管理，回国后，毛主席正批判右倾保守，鼓励经济建设加快发展。各部门各地区的生产计划，无论是轻重工业各种产品和农业产量的计划，还是基本建设计划都大大提高，超过了实际的可能性，无法综合平衡。周总理、陈云、李富春和一波同志等意见一致，于是就有了一九五六年五月的反冒进。当年，国家经济委员会成立，一波同志任主任。经委在负责编制和执行年度计划的过程中，深感不切实际的高指标不行。这次反冒进在一九五八年一月南宁会议上受到毛主席的严厉批评。这次批评反冒进有半年之久，为一九五八年的“大跃进”起了催化作用。一九五七年党的八届三中全会揭开了农业“大跃进”的序幕，一九五八年又开始以钢为纲的工业“大跃进”。同年，党的八大二次会议制定了“鼓足干劲，力争上游，多快好省地建设社会主义”的总路线。毛主席提出了“总路线、大跃进、人民公社”三面红旗，经济发展要超英赶美。由此，国家工农业生产计划都不切实际地做得很大，而且各地区都不甘落后，还要层层加码。当时钢铁的年生产能力只有五六百万吨，但要求实现一千零七十万吨，洋炉子不够，就号召群众炼钢铁，很快形成全国大炼钢铁的群众运动。这样全国就出现了很多不正常的情况。各条战线各地区都出现虚假浮夸，工农业都虚报产量，“元帅升帐”、“卫星上天”。一波同志不相信这些数字。他上班从国家计委门前经过，看到炼铁炉中的炉料是院中的铁栏杆，炼出来的还是毛铁，他极不赞成。九月间，他为了了解情况，由京广线南下郑州，又转徐州，再沿京浦线北上回北京，沿途看到大炼钢铁用铁矿石的很少，差不多都是用废钢铁，甚至是新铁锅、新农具，这是强行摊派来的，干部以此邀功，群众非常不满，又不敢说。他还看了徐水县的县人民公社总社和所谓的高产农业，在天津看了那亩产十二万斤的水稻田。他不赞成违反经济规律的一些做法，曾写信给中央反映家乡群众生活问题和农业上的一些浮夸之风，同时强调要注意综合平衡。他的这些意见却被认为是犯了所谓“右倾错误”，受到错误批评。

一波还有一个特点，就是工作非常认真。就以给中央写报告来说，解放初期，中央规定，各中央局每两个月要给中央写一次综合报告，华北局研究室虽然每次都起草一个稿子，但经他多次修改，结果就和原稿完全不同了。他在一九五六年党的八大一次会议上的发言稿等，都是如此。据我的记忆，进入档案柜的他写的材料，最少的是七次稿，最多的一份是请马洪同志起草的八大一次会议发言稿，是十六次稿，可见他的认真程度。一九五二年，毛主席派他去上海，协助陈毅同志搞“五反”，几次给中央的报告都是他自己动手写。而平时大量的讲话、报告，除了一九五二年一月九日在北京中山公园音乐堂为中央机关和北京、天津干部所作的“三反”动员报告，其稿子是由中央节约检查委员会办公室按毛主席的指示起草，又经毛主席亲自修改过的以外，中央各部委开会，请他去讲话、作报告，他从来不要人代写讲话稿，而是自己用一张纸写上不多的字，只是说明先讲什么后讲什么就行了。这就是一波同志的工作作风。

我一九五九年四月离开一波同志那里，至今已经快五十年了，但他二十世纪五十年代日夜忙碌的身影和他的音容笑貌、言谈举止，仍恍如昨日，不断出现在我的脑海中。他将永远活在我心中！

（本文选自薄一波著作编写组：《我们认识的一波同志——薄一波百年诞辰纪念文集》，中共党史出版社，2009 年版）

邓小平

（1953 年 9 月至 1954 年 6 月任中华人民共和国第二任财政部部长）

第二任财政部长邓小平

1953 年是我国“一五”计划的第一年。这一年的 9 月 18 日，中央人民政府委员会任命政务院副总理、中财委副主任邓小平兼任财政部部长。

邓小平到任后，与广大干部一道，深入调查研究，采取切实措施，保证中央提出的财政收支平衡、消除财政赤字目标的落实。在财政部门全体干部共同努力和有关部门配合下，1953 年财政收入超过 19. 42 亿元，支出节约 13. 38 亿元，收支相抵结余 2. 74 亿元。

邓小平尊重实践，实事求是。他每次听汇报，总是要求反映情况真实、确切，数字明白、清楚，反对模棱两可、含糊不清。他告诫财政部的干部要多下基层了解情况，多做调查研究，要根据我国的实际情况制定财政政策。他说：“不懂得我们国家的情况很复杂，不吸收新鲜事物，光靠我们十几年的工作经验是不行的，就是几十年、一百年的工作经验也是不行的。”

他举重若轻，处事干练。提倡讲短话，写短文，开短会，主张有话则长，无话则短。他自己讲话就言简意赅，从不长篇大论。他善于发挥领导班子的集体作用，敢于放手让同志们开展工作，从不过多干预。财政部的

1954 年 6 月 16 日，政务院副总理兼财政部长邓小平在中央人民政府委员会第三十一次会议上作《关于 1954 年国家预算草案的报告》。

一些干部希望他多到财政部来，他说："我看我还是多办一些大事情好，我考虑我坐冷板凳要比我完全坐热板凳好些，我坐冷板凳，几位副部长坐热板凳，冷热板凳结合起来，就比较全面。如果我坐在财政部，就可能妨碍几位副部长的工作。"

他坚持原则，权责明确。1953 年夏季财经会议对财政工作特别是对修正税制的批评，使大家都谨慎起来，不成熟的意见不敢多说了，一般的意见也提得少了。邓小平在同财政部几位副部长的接触中，感到大家在工作中有些束手束脚。他说：人家批评我们财政部，如果批评对了，我们就接受。如果批评得不对，我们就要及时作解释。为此，他还与几位副部长约法三章：我到财政部工作，决策方面主要靠你们反映情况。如果你们反映的情况对了，我决策错了，这个责任我负；如果你们反映的情况错了，我根据你们反映的情况作了错误的决策，这个错误你们负责。

他关心干部，爱护干部。当时财政部的一位副部长，在 1953 年财经会议上受到了批评，情绪有些消沉。邓小平到财政部后，看出了这个问题，语重心长地对这位副部长说："我看你受到了批评以后，好像有些消极，抬不起头来，这可要不得，要挺起腰来，继续做工作，不能垂头丧气，一消极就不好了。”邓小平这一番勉励的话使这位副部长很受感动，也很受鼓舞，对此，他始终难以忘怀。

邓小平兼任财政部长期间，对财政工作和财经理论都有过重要论述，如阐明了财政工作的地位、方针及有关理财思想，等等。他从全局观察财政，从财政观察全局，较好地处理了财政与经济的关系。

一、明确财政部门是集中体现国家政策的一个综合部门

在工作中，邓小平注重把握事物本质。他上任伊始，首先要求广大财政干部正确理解和把握财政的地位与性质，指出：“财政部门是集中体现国家政策的一个综合部门。”这是邓小平根据他对财政的理解和新中国成立以来财政工作正反两个方面的经验教训，对财政性质和地位的高度概括。在新中国成立初期，国家财政的首要目标就是巩固社会主义的生产方式，所以邓小平强调财政工作一定要有财有政，切不可有财无政。

二、财政工作要有全局观念，要从实际出发

“照顾全局，从实际出发，这两个观点缺一不可。”这是邓小平从哲学的高度，对财政与经济、集中与分散、中央与地方关系的精辟概括。1954年邓小平在全国财政厅局长会议上指出，财政工作“必须服从总路线，即必须保证党在过渡时期总路线、总任务的实现。”明确提出了社会主义国家财政的基本职能和主体任务。由于财政部门在工作中坚持了一手抓增加收入，一手抓节约支出，保证了建设资金的供应。“一五”时期我国成功地进行了大规模的骨干企业、工业基地和基础产业建设，为以后的经济发展打下了坚实的基础。

三、确定财政管理的基本方针

针对1953年出现的一些财政情况和财政收支工作的特点，以及财政通过财力分配形成的上下左右的复杂关系，为了巩固国民经济恢复时期已经取得的成果，调动各方面的积极性，1954年邓小平提出了财政工作的六条

方针：（一）预算归口管理；（二）支出包干使用；（三）自留预备费，结余留用不上缴；（四）控制人员编制；（五）动用总预备费须经中央批准；（六）加强财政监察。他指出："六条方针有一个重大的政治目的，就是要把国家财政放在经常的、稳固的、可靠的基础上。"这六条方针实际上是对当时财政体制的改革与规范，也是当时颇具针对性的财政政策。归口管理和支出包干等，强化了财政管理和实现调控作用，确保了财政发展的大方向。自留预备费、控制人员编制、加强财政监察等，防止了支出的膨胀，保障了财政收支的平衡。结余自留，较好地调动了地方增收节支的积极性。由于贯彻了六条方针，1954 年预算执行的结果不仅收支平衡，而且结余 16.5 亿元。这一年是新中国成立几年来财政工作日子最好过的一年，奠定了"一五"时期财政快速发展的基础，增强了国家财政的后备力量，有力地支持了经济建设。

（本文选自《中国财经报》2009 年 9 月 5 日）

记小平同志在财政部工作的一年

敬爱的小平同志离开我们已经一年了。财政部的同志们特别是跟小平同志一起工作过的老同志，回忆起小平同志在1953年任财政部长时的音容笑貌，更加怀念小平同志。

一、胸怀全局，指挥若定，风范永存

开国之初，百废待兴，如何建设襁褓中的人民共和国，毛泽东同志等开天辟地的一代伟人进行了创造性的探索。

1953年是我国“一五”计划的第一年。当时，在新中国成立后三年经济恢复时期所取得的伟大成就的基础上，开始进入经济建设的新时期。广大干部和群众对经济建设的热情极高，各项建设事业起步很快。由于当时缺乏经济建设的经验，过于追求经济发展速度，反映在财政方面，就是在编制1953年国家预算时，扩大了基本建设投资规模，不适当地把历年结余30亿元列入预算，铺大了预算底子，出现了预算支出的膨胀。在预算执行中，1月份就出现了赤字，3月底就把总预备费花光了。到7月份，赤字累计达20.9亿元。财政出现赤字后，不得不动用上年结余，向银行提款，造成银行信贷资金紧张，银行被迫压缩商业部门的贷款，商业部门为还贷款，纷纷压缩库存，减少收购，造成了商品匮乏和商品流通的混乱，使刚刚起步的经济建设遇到了困难。这一年，中共中央决定政务院副总理邓小平同志兼任财政部长。

小平同志到任后，与广大干部一道，深入调查研究，找到了财政预算安排失误原因，总结了经验教训，指出："由于经验不足和对苏联的经验研究体会不够，没有结合国家信贷计划，没有考虑到财政方面的季度差额周转资金，而把上年结余，全部列入预算，并且作了当年的投资，这样编制预算的结果，不但使我们经常处于信贷资金不足和财政后备力量缺乏的状态，而且在某些方面的投资上，助长了脱离实际的盲目冒进倾向。"随后，他立即采取切实措施，贯彻中共中央《关于增加生产，增加收入，厉行节约，紧缩开支，平衡国家预算的紧急通知》，保证中央提出的财政收支平衡，消除财政赤字目标的落实。在财政部门全体干部共同努力和有关部门配合之下，1953 年财政收入超收 19.42 亿元，支出节约 13.38 亿元，不仅原计划要动用的上年结余没有动用，而且本年收支相抵还结余 2.74 亿元，扭转了年初的被动局面。

小平同志在财政部工作的时间虽然不长，但他的全局意识、敏锐思维、求实精神和干练的工作作风深深地印在我们心中。他的崇高品格与风范至今历历在目，每每回忆起来都使我们肃然起敬。

小平同志目光远大，胸怀大局。他考虑问题、处理工作总是从党的全局出发，事事顾全大局，服从大局。他兼任财政部长时，也总是要求财政工作者要有大局观念，多次明确指出财政工作不能"有财无政"，"财政工作涉及全国广大人民及党的政策，是最大的政治工作之一"，"财政工作处理得不恰当是会影响党的政策的，如果不把工作按党的政策来办就一定要犯错误。"在 1954 年全国财政厅局长会议上，他强调财政工作"必须服从总路线，即必须保证党在过渡时期总路线、总任务的实现"，"财政部门要看到大事，要有战略观念"。同时，他要求地方财政工作要有全局观念，在处理"全体和局部、中央和地方、集中统一和因地制宜"的关系上，"一定要以中央、全体、集中统一作主导"，"防止发生局部不照顾全体和中央的现象"。

小平同志长于分析，观察问题敏锐、深刻，思考缜密周到，善于运用辩证唯物主义的方法分析和处理各种复杂的问题。他的意见总是高屋建瓴，切中要害，对推动全局具有重要的指导意义。他针对当时财政工作中

邓小平题词

存在的问题以及中央与地方、条条与块块等诸方面关系，提出了财政工作的六条方针，这六条方针有紧有松，有严有宽，既照顾了局部、地方利益，又坚持以中央、全体、集中统一为主导的精神，很好地调动了各方面增收节支的积极性，使1954年成为新中国成立以后的5年中财政日子最好过的一年。

小平同志尊重实践，实事求是。他每次听汇报，总是要求反映情况真实、确切；数字明白、清楚，反对模棱两可、含糊不清。他告诫财政部的干部要多下基层了解情况，多做调查研究，要根据我国的实际情况制定财政政策。他说："不懂得我们国家的情况很复杂，不吸收新鲜事物，光靠我们十几年的工作经验是不行的，就是几十年、一百年的工作经验也是不行的。"

小平同志举重若轻，处事干练。他提倡讲短话，写短文，开短会，主张有话则长，无话则短。他自己讲话从来就是言简意赅，从不长篇大论。他具有抓全局、抓大事的领导才能，善于发挥领导班子的集体作用，敢于放手让同志们开展工作，从不作过多干预。财政部的一些干部要求他多到财政部来，他说："我看我还是多办一些大事情好，我考虑我坐冷板凳要比我完全坐热板凳好些，我坐冷板凳，几位副部长坐热板凳，冷热板凳结合起来，就比较全面。如果我坐在财政部，就可能妨碍几位副部长的工作。"

小平同志坚持原则，权责明确。他要求同志们要认真对待批评和自我批评，他说：人家批评我们财政部，如果批评对了，我们就接受。如果批评得不对，我们就要及时作解释。在一次部办公会议上，他还与财政部的几位副部长约法三章：我到财政部工作，决策方面主要靠你们反映情况。如果你们反映的情况对了，我决策错了，这个责任我负；如果你们反映的情况错了，我根据你们反映的情况作了错误的决策，这个错误你们负责。

小平同志关心干部，爱护干部。他非常平易近人，对下属十分关心，当了解到下级有困难时，便及时给予帮助，发现有问题时，便及时作出明确的指示予以纠正。当时财政部的一位副部长，在1953年的夏季财经会议上受到了批评，情绪有些消沉。小平同志到财政部后，看出了这个问题，他语重心长地对这位副部长说："我看你受到了批评以后，好像有些消极，抬不起头来，这可要不得，要挺起腰来，继续做工作，不能垂头丧气，一消极就不好了。"小平同志这一番勉励的话使这位副部长很受感动，也很受鼓舞，对此，他至今难以忘怀。

二、为财政工作指明方向，确立方针，功彪史册

小平同志兼任财政部长期间，对财政工作和财经理论有过一些重要论述。如阐明财政工作的地位、财政工作的方针及理财思想等等，他从全局观察财政，从财政观察全局、高屋建瓴，从战略高度，较好地处理了财政与经济的关系。他分析问题的基本原则、立场、观点和方法，具有普遍意义。

（一）确定财政管理的基本方针

针对 1953 年出现的问题和财政收支工作的特点，以及财政通过财力分配形成的上下左右的复杂关系，为了巩固国民经济恢复时期已经取得的成果，调动各方面的积极性。1954 年小平同志提出了财政工作的六条方针：（一）预算归口管理；（二）支出包干使用；（三）自留预备费，结余留用不上缴；（四）控制人员编制；（五）动用总预备费须经中央批准；（六）加强财政监察。他指出："六条方针有一个重大的政治目的，就是要把国家财政放在经常的、稳固的、可靠的基础上。"这六条方针实际上是对当时财政体制的改革与规范，也是当时颇具针对性的财政政策。归口管理和支出包干等，强化了财政管理和实现调控作用，确保了财政发展的大方向。自留预备费、控制人员编制、加强财政监察等，防止了支出的膨胀，保障了财政收支的平衡。结余自留，较好地调动了地方增收节支的积极性，奠定了"一五"时期财政快速发展的基础。六条方针实施的结果，1954 年、1955 年连续两年做到了财政收支平衡，且有相当的结余，增强了国家财政的后备力量，有力地支持了经济建设。

（二）明确财政部门是集中体现国家政策的一个综合部门

小平同志在工作中，注重把握事物本质。他上任伊始，首先要求广大财政干部正确地理解和把握财政的地位与性质。他指出："财政部门是集中体现国家政策的一个综合部门"。这是小平同志根据他对财政的理解和新中国成立以来财政工作正反两个方面的经验教训，对财政性质和地位的高度概括。在新中国成立初期，国家财政的首要目标就是巩固社会主义的生产方式。所以小平同志强调财政工作一定要有财有政，切不可"有财无政"。他告诫大家，要懂得数字里有政治，数字要体现政策，决定数字就

是决定政策，“数目字内包括轻重缓急，哪个项目该办，哪个项目不该办，这是一个政治性的问题。”从这个意义上说，财政工作是事关全局的，是具有战略性的。“只要把战略形势讲清楚，问题就好办了。”小平同志的这些关于财政地位与性质的精辟论述，成为新中国编制预算、做好财政工作的指导思想。

（三）要求国家财政必须服从、服务于党在各个时期的总路线

1954 年小平同志在全国财政厅局长会议上指出，财政工作“必须服从总路线，即必须保证党在过渡时期总路线、总任务的实现。”明确提出了社会主义国家财政的基本职能和主体任务。财政作为国家综合经济管理部门，必须保证党的总路线的实现。小平同志强调指出，“党在过渡时期的总路线就是要建立一个伟大的社会主义国家”“主体是国家工业化，两翼是两个改造，即对农业、手工业和对私人资本主义工商业的社会主义改造。财政工作就要保证国家工业化和两翼改造所需的资金。如何保证呢？一是增加收入，二是节约支出。收入方面凡应收者都应收足；支出方面凡能节约者都应节约。”由于财政部门在工作中坚持了一手抓增加收入，一手抓节约支出，保证了建设资金的供应。“一五”时期我国成功地进行了大规模的骨干企业、工业基地和基础产业建设，是我国经济发展最快的时期之一，为以后的发展打下了坚实的基础。

（四）财政工作要有全局观念，要从实际出发

小平同志要求财政部门要掌握两大观点，一是要有全局观念，二是要从实际出发。“照顾全局，从实际出发，这两个观点缺一不可。”这是小平同志从哲学的高度，对财政与经济、集中与分散、中央与地方关系的精辟概括。

关于照顾全局。小平同志指出，新中国成立以来，我们财政工作出了一些问题，就是因为“常常没有从大的方面出发，没有把战略问题交代清楚”。小平同志还指出，全体和局部、中央和地方、集中统一和因地制宜，以什么为主导呢？“如果把局部、地方、因地制宜作主导，那就是要犯原则错误。一定要以中央、全体、集中统一作主导。”“如果两者之间发生矛盾，地方应服从中央，局部应服从全体，因地制宜应服从集中统一。不如此，就会发生地方主义、本位主义和山头主义。”

在强调照顾全局的前提下，小平同志又强调从实际出发，财政为经济服务并从发展经济中来开辟财源。要多了解实际情况，多下去调查研究，

以利于把问题分析得深刻全面，防止与克服单纯财政观点。

小平同志的这些论述，既是财政工作的准则，也是处理整体与局部关系的原则，至今仍有强烈的现实针对性。特别是当我们回首经济建设的历程时，更感到它的精辟和正确。自20世纪80年代以“放权让利”为主线的改革实施以来，在经济快速发展的同时，也出现了一些问题。即中央财政集中度低下，财政困难加剧等等，影响了经济与社会的发展。这在很大程度上是由于我们没有处理好整体与局部关系造成的。所以，在新形势下，树立全局观念，实事求是地处理中央与地方的关系十分重要。

（五）把国家财政放在稳固、可靠的基础之上

小平同志在他的大量论著中，一贯强调和关注国家财政的稳固。1954年，小平同志针对国家财政出现的一些不稳定现象指出，“要把国家财政放在经常的、稳固的、可靠的基础上”，“我们必须做到这一点。这不光是要财政部来做，要靠大家来做。”

财政是国家财力分配的枢纽和主渠道，国家财政的能力与状况如何，对于国家职能的正常履行，对于经济与社会的稳定、协调发展，对于宏观和微观经济的有序运行，都有着极为重要的影响。今天看来，小平同志关于稳固财政的思想有着非常深刻的含义：首先，稳固、可靠的财政是维持国家安全和社会稳定的需要，一旦出现问题时，不至于“束手无策”，陷入困境，就是“立国的政策应放在有力量应付外侮和应付万一”，在发生严重灾荒，或其他意外事故时，也不至于“弄得大家哇哇叫”，陷入被动的境地。其次，稳固、可靠的财政是加快经济建设的需要。国家财政是综合国力的重要方面，要加快国民经济的发展，就必须动员、积聚全社会的人力、物力、财力和技术资源、为增强本国的经济技术实力和综合国力而长期奋斗。国家财政的基本职能就是为国民经济的持续、稳定和协调发展，为社会的进步与稳定，提供必要的公共产品和公共服务，为经济、社会的发展创造与之相适应的公共投资环境或社会外部条件。很明显，没有一个稳固可靠的财政，是难以想象的。第三，稳固可靠的财政，是国家对国民经济进行宏观调控的需要。财政政策在宏观调控政策体系中具有关键性的地位与作用。但财政政策的宏观调控只有在一定的社会环境，经济体制和经济条件下，才能得以有效发挥。其中最为基础也是最为重要的一个条件，就是必须要有与国家宏观调控相适应、相匹配的政府财力，特别是中央政府的财力后盾。发达国家经济发展史证明，随着国家财力增强而使

其宏观调控功能日益强化，已成为规律性趋势。所以，保持国家财政持续发展和稳固，是具有战略意义的大问题。

三、高举邓小平理论的伟大旗帜，努力振兴国家财政

党的十五大明确指出，在我国改革开放和社会主义现代化建设的新时期，一定要高举邓小平理论的伟大旗帜，用邓小平理论来指导我们整个事业和各项工作。在财政工作中高举邓小平理论伟大旗帜，就必须坚持解放思想，实事求是的思想路线，坚持以“三个有利于”为根本判断标准，研究处理经济和财政问题，不断开拓财政工作的新局面；就必须抓住“什么是社会主义、怎样建设社会主义”这个根本问题，正确认识和把握有中国特色的社会主义财政的本质特征，不断探索适应社会主义市场经济发展要求的财政体制和政策形式，更好地服务于社会主义的经济和社会发展；就必须用马克思主义的宽广眼界分析和判断财政问题，要善于从财政观察全局，从全局观察财政，从经济和社会发展中，研究和把握财政问题，从世界经济和中国经济的联系中，分析中国的经济和财政问题。

党的十四大以来，我国财税改革取得了突破性进展，财政工作也发生了很多积极变化，初步建立了适应社会主义市场经济要求的财税管理体制，促进了国民经济的持续快速健康发展。但是，在社会主义初级阶段，财政收支的不稳定性较强，财政收支矛盾将长期处于紧张状态，需要在财力安排中瞻前顾后，留有余地，需要用有限的财力，解决好经济和社会发展的关键性问题。目前，财力分散与收入分配不均衡并存，需要逐步调整分配结构，逐步实现均衡分配。同时，需要通过进一步的改革，逐步健全和完善财政管理体制，逐步强化财政职能，逐步规范各项财政管理制度。要妥善处理好社会主义初级阶段财政工作面临的各种问题，逐步建立起稳固、平衡的国家财政。

财政改革和财政工作的成败，事关经济体制和经济增长方式的两个根本性转变，事关“九五”计划和2010年远景目标的实现。因此，党的十五大提出要集中财力，振兴国家财政，并从以下三个方面提出了具体要求：

一是正确处理国家、企业、个人之间和中央与地方之间的分配关系，逐步提高财政收入占国民生产总值的比重和中央财政收入占全国财政收入的比重。落实这一要求，关键在于深化财税改革，健全财政职能，加强财

政管理。经过几年努力，争取把财政收入占国民生产总值的比重提高到20%左右，把中央本级财政收入占全国财政收入的比重提高到60%左右，并保持相对稳定。

二是要适应所有制结构变化和政府职能转变，调整财政收支结构。要合理调整税收政策，改进和完善税收制度，使财政收入结构进一步适应所有制结构的变化。同时，要适应政府职能转变，调整财政支出结构。在精简机构、压缩冗员的基础上，凡是应当由企业和社会承担的支出，财政不再列支；凡是应由政府承担的支出，也要明确范围，制定标准，严格控制，节约使用。

三是要更新理财观念，做到生财有道、聚财有方、用财有效，建立稳固、平衡的国家财政。稳固平衡的国家财政，是振兴国家财政的主要目标，是保持经济总量平衡，为经济发展创造良好宏观环境的重要条件，也是小平同志生前对财政工作的一再嘱托。我们必须努力增收节支，大力减少和基本消除财政赤字，努力控制债务规模，逐步建立财政后备制度。

为了达到以上要求，我们必须认真学习邓小平理论，始终坚持党的基本路线、基本方针和基本纲领，妥善处理改革、发展和稳定的关系，注意把改革的规范化要求同解决经济运行中的实际问题有机结合起来，调动好各方面增收节支的积极性，在经济发展的基础上，保持财政收入的稳定增长。要注意用改革的思路研究处理经济和财政问题，坚持实行适度从紧的财政政策，改善和加强宏观调控手段，积累实践经验，逐步建立良好的政策传导机制。要注意把深化改革和加强管理有机结合起来，逐步规范各项管理工作，要关心群众，依靠群众，坚持全心全意为人民服务的宗旨。要加强财税干部队伍建设，提高干部政治业务素质。

我们坚信在以江泽民同志为核心的党中央领导下，高举邓小平理论的伟大旗帜，坚决贯彻党的十五大精神，就一定能振兴国家财政，把国家财政建立在经常的、稳固的、可靠的基础上，为改革开放和现代化建设，提供更加有力的财政保证和支持。

（本文选自《中国财政》1998年第3期）

李先念

（1954年6月至1975年1月任中华人民共和国第三任财政部部长）

巨大的历史功绩　丰富的理财思想

——纪念先念同志诞辰九十周年

项怀诚

李先念同志是伟大的无产阶级革命家、政治家、军事家。他为中国新民主主义革命的胜利和社会主义建设，为国家富强和人民幸福呕心沥血，备尝艰辛，建立了不可磨灭的功勋。新中国成立后，先念同志长期协助周总理、陈云同志领导财贸工作。他从 1954 年开始兼任财政部部长长达二十一年之久，在此期间，先念同志亲自主持和领导财政工作，为建立和完善我国社会主义财政作出了巨大贡献。他坚持并且创造性地运用马列主义、毛泽东思想，根据当时的实际情况，对财政理论和财政方针、政策作出了一系列重要论述。这些论述不仅对指导当时财政工作起了重大作用，而且其中的许多重要思想对做好当前和今后的财政工作，都具有重要的指导意义。

一、先念同志为经济建设和财政事业发展做出了巨大的贡献

先念同志无论兼任财政部部长，还是后来作为党和国家的主要领导人之一，都十分重视和关心财政工作，为促进社会主义经济建设和财政事业的发展，倾注了大量的心血，付出了艰辛的努力，做出了巨大的贡献。

（一）及时总结经验，坚持综合平衡。第一个五年计划执行后期，在全国财政经济形势明显好转，工业化进展顺利，社会主义改造取得了决定性胜利的情况下，急于求成，不考虑国家财力、物力的承受能力，盲目冒进的思想在经济工作中开始抬头，制定的国民经济计划指标增幅过高。为保证实现经济目标所需的财力，1956 年编制了新中国建立以来的第一个赤字预算，赤字额达 18. 31 亿元，结果造成了国民经济各方面紧张的局面。在这种情况下，中共中央及时采取果断措施，纠正冒进倾向，调低了国民经济指标。在财政工作中，先念同志积极贯彻中央精神，指出，“我们做财政经济工作，应当‘看菜吃饭，量体裁衣’。我们只有这么多的钱和物资，就只能办这么多的事情。‘巧妇难为无米之炊’，这是一条无法更易的规律。”并按照既积极又稳妥可靠的原则编制了 1957 年的财政预算。执行的结果，年末的预算收支都超额完成了计划，实现结余 5. 98 亿元，扭转了 1956 年经济建设支出、社会文教支出和行政管理支出等主要项目都超过了预算的局面，从而缓和了国民经济的紧张状况，促进了国民经济第一个五年计划的超额完成，并使 1957 年成为新中国建立以来财政工作效果最好的年份之一。先念同志还及时从财政角度总结了这次反冒进的经验：财政工作必须坚持综合平衡，处理好需要与可能的关系。

（二）针对“大跃进”的严重后果，认真贯彻中央八字方针。1958 年“大跃进”运动和农村人民公社化运动，使得以高指标、瞎指挥、浮夸风和“共产风”为主要标志的“左”倾错误严重地泛滥起来，经济和财政收支计划指标被抬到了严重脱离实际的程度，出现了财政收支“假结余、真赤字”的虚假现象。先念同志较早地指出了问题的所在，认为“一九五八年的财政结余实际上不存在，一九五九年的预算安排上有赤字”“财政问题单从预算看是不行的，还必须结合信贷和物资的情况，综合起来才能看出问题”。为此，根据中央对国民经济实行“调整、巩固、充实、提高”的八字方针，先念同志及时研究制定了五条财政措施：（1）认真落实农村

经济政策，加强国家财政及对农业的支援；（2）压缩基建投资，合理分配资金，调整经济结构；（3）加强财政工作的集中统一，搞好综合平衡；（4）节减支出，回笼货币，稳定市场；（5）清仓核资，扭亏增盈，深入开展增产节约运动。同时，在中央领导下，彻底清理“一平二调”和财政遗留问题。根据1961年底的统计，退赔物资和资金共70.9亿元，处理财政遗留问题共370亿元。处理以后，1958年到1960年财政收支也由原来的结余3.9亿元调整为赤字169.39亿元。这些财政措施的实施，为纠正“大跃进”的错误，全面完成经济调整任务，促进财政经济状况的根本好转做出了积极的贡献。

（三）全面整顿财政工作，迅速恢复正常的财政工作秩序。十年内乱期间，由于众所周知的原因，财政工作经历了三次严重的破坏。第一次发生在“文化大革命”初期，财政经济状况急剧恶化，财政管理工作大大削弱，生产连年下降，财政严重困难，财经纪律受到严重践踏。第二次发生在1974年，国家财政工作遭受“反右倾回潮”的严重冲击，再度恶化。第三次发生在1976年，财政工作又遭受“反击右倾翻案风”的严重冲击，几乎把国家财政经济推向崩溃的边缘。为了减轻“文化大革命”对财政经济工作所造成的严重影响，先念同志协助周恩来总理、后来又协助邓小平同志，在困境中进行了艰苦卓绝的斗争，先后进行了两次整顿，使得国家财政工作曾经有过转机，并支持了经济的发展。1967年初，在周恩来总理的直接干预下，财政部党组迅速收回国家的财政大权，打击投机倒把活动，对偷税和抗税进行了坚决的斗争，在一定程度上制止了截留国家收入和搞铺张浪费的混乱状况，防止和延缓了国民经济的急剧下滑，并在1969年使国家财政经济状况有了初步回升。1971年9月，林彪反革命集团被粉碎后，为了贯彻周恩来总理关于“整顿”的精神，财政工作从思想、企业财务管理和财政机构等方面进行了第一次整顿工作，整个国家经济形势和财政形势有了一定好转。1975年，根据邓小平同志“全面整顿”的指示，财政工作再次进行整顿，在调整财政组织结构、严肃财经纪律、加强税收工作等方面采取了一系列的措施，使财政工作在各个方面都得到了改善和加强。

十年内乱结束，特别是十一届三中全会的胜利召开，我国又进入了一个新的历史发展时期。这时先念同志虽然不再兼任财政部长，但他作为我们党和国家的主要领导人之一，仍然对财政经济工作十分重视。1979年3月，先念同志同陈云同志一道，根据当时国民经济中存在的问题，写信给中央，建议对国民经济进行调整，设立财政经济委员会，作为研究制定财经工作方针政策和决定财政工作中大事的决策机关，同时针对当时财政工作中的问题提出了六条具体意见。1979 年 4 月，中央召开工作会议，讨论了当时的经济形势和党的对策，正式提出了对国民经济进行“调整、改革、整顿、提高”的八字方针，先念同志在会上发表了重要讲话，阐明了调整国民经济的重要性和方针任务，对推动我国经济逐步走上健康的发展轨道发挥了重要作用。先念同志从一线退下来后，仍然十分关心我国经济建设和改革开放事业，也十分关心财政的改革与发展问题，充分体现了老一辈无产阶级革命家高尚的精神风范。

二、先念同志丰富的理财思想

先念同志在长期的财经工作实践中，积累和形成了丰富的理财思想。概括起来主要有以下几个方面：

（一）经济发展是财政的基础，财政工作必须从发展经济的观点出发。他认为这不仅是提高财政工作水平的需要，也是财政工作的根本任务。针对过去财政部及各省、自治区、直辖市财政厅局对工业动态、商业动态等研究不够的现象，他指出：“做财政工作而不研究经济情况是很危险的，总有一天会犯错误的。”“为了提高财政工作的水平，今后财政部门一定要注意研究经济指标，研究生产、流通、分配、消费各方面的经济动态，提出自己的意见，报请领导上考虑。只有这样做了，财政部门才能很好地发挥应有的作用。”他反复强调：“发展经济是基础，多办事，多生产，多做买卖，财政工作的路子才会越走越宽。”“因此，财贸部门在解决自己工作中问题的时候，不能只是就商业想商业，就财政想财政，而应当面向生产，一切都从发展生产出发，一切都为发展生产服务。只有生产大发展了，财贸才能大发展。”

针对一些人对支持经济发展，财政支出增加过多，会加大财政收支平衡压力的担心，他说：“必须从发展经济的观点出发，力争多收多支，收支平衡，略有结余，而不是从片面的财政观点出发，用不适当地紧缩支出的办法，少收少支或者多收少支，结余过多。我们的原则是：既要有高速度，又要保持收支平衡，既要鼓足干劲，又要留有余地。”而且“事情正是这样：从发展经济中开辟财源，增加收入；收入增加了，回过头来又推动经济的发展。经济与财政互相促进，互相影响，既可能促进国民经济的高速发展，又有可能保持收支的平衡，这就是我们财政金融工作的基本公式。”先念同志的这些论述充分地表明了他在处理财政平衡和经济发展问题上的辩证理财思想。

（二）节约是整个经济的头等重要问题，必须坚持艰苦奋斗、厉行节约的方针。先念同志在强调财政必须支持经济发展的同时，还非常重视艰苦奋斗，尽可能节约一切可以节省的支出。针对一些部门和个人花钱大手大脚，损失浪费的现象，他指出：“不了解在建设时期厉行节约和艰苦奋斗的特殊必要性，这是大部分浪费现象得以产生和发展的主要原因。很多工作人员只对资金的占用有兴趣，而对资金的积累却不感兴趣。他们不知道，没有资金的积累，我们就无法建设社会主义。节约在整个经济建设过程中的任何时候都是头等重要的问题，而在目前社会主义建设和社会主义改造时期尤其重要。我们用大量的资金建设现代化的工业，特别是重工业，这是因为它们可以最迅速地改进国家的经济状况，从根本上提高全国人民的生活水平。”“社会主义的好日子是需要艰苦奋斗来创造的。今天不艰苦奋斗，不积累资金，就永远不会有明天的好日子。”他还指出：“人民生活的改善，只能在生产发展、劳动生产率提高的基础上逐步实现，不能希望一下子就把生活提得很高。”

在实际工作中，先念同志在注重日常支出节约的同时，还善于抓住节约的重点。他说：“国家对于各种基本建设的拨款这方面开支的数目最大，浪费也可能最多。如果能够加强领导，克服建设中的盲目性，注意精打细算，注意经济实用，纠正停工窝工、无人负责等现象，把造价降低1%，那么一年就可节省开支四五千万元。与此同时，工业生产部门，如果能够改变那种只重视产量、不重视质量，只注意生产、不注意成本的现象，加强管理，改善劳动组织，提高劳动生产率，降低成本，保证国家计划的全面完成，那么增加若干亿元的收入，也是完全可能的。国营商业方面，如果能够改善经营管理，做好批发业务，避免往返运输和迂回运输，加速资金的周转，并尽量减少经营中的损耗，经营管理的费用还可以大大降低。”这对当时节约资金，集中财力支持我国社会主义建设具有重要意义。

（三）综合平衡是客观经济规律的要求，必须坚持财政、物资和信贷之间的综合平衡。先念同志一直积极倡导并执行综合平衡的方针和政策。他认为：“坚持综合平衡是客观经济规律的要求。财政平衡、物资平衡和信贷平衡这三者之间既有特殊性，又有共性。国家预算收支的平衡要与信贷平衡相结合；而预算平衡和信贷平衡必须考虑物资供求的平衡。”1957年，李先念同志还亲自主持建立了由国家预算增拨信贷资金来平衡信贷收支差额的制度，这是他贯彻实行财政综合平衡的一个具体体现。

先念同志在注重抓财政与信贷、物资综合平衡的同时，还非常注意抓财政内部的综合平衡。他一方面强调要做好综合财政计划，加强预算内外资金的平衡和管理，另一方面强调财政资金既要总量平衡，同时也不能忽视调整结构，而且不仅抓当年的平衡，还要考察各个年度的平衡情况，注意年度之间的衔接。

（四）财政法制和财政监督是维护正常经济秩序的有力武器，必须加强财政法制建设和财政监督。先念同志十分重视财政法制建设和加强财政监督工作，即使在“文化大革命”，财政工作遭到严重破坏的特殊历史时期，一旦条件允许，他就迅速着手恢复有关财政法规。他认为：“根据国民经济进一步发展的要求，健全财政、金融的各项规章制度，目的是使财政、银行工作能更好地为生产建设服务。”他还十分重视根据经济发展变化的需要，完善和修订财政规章制度，他指出：“经济情况变了，而财政制度仍然不变，就会不利于生产的发展。因此，财政部门应当下决心修改现行的财政制度，并且一定要根据中国的具体情况去修改旧的制度和拟定新的制度。”针对一些单位和个人对财政法制和依法实施财政监督所产生的抵触情绪，认为条条框框太多，要求太严格的情况，他说：“每一种规章制度，都有它所要推动和所要约束的两个方面。制度是带有约束力的，不能因为怕约束就不要制度。但是约束是为了更好地推动、影响事业的进行。财政部门对各有关部门、有关单位，应当采取依靠、信任和热情帮助的态度。同时，也要进行必要的财政监督。”所有这一切，都是为了最充分地调动各个方面的积极因素。他还进一步地指出：“如果把国家赋予财政的监督职能理解为消极地单纯地找岔子，理解为站在一旁指手划脚，评头论足，那是完全错误的。财政法制和财政监督始终是维护正常财经秩序的有力武器。”这一指导思想，对推动增产节约运动，反对铺张浪费，保证经济的健康发展发挥了积极作用。

（五）财政工作是一项综合性的工作，并且具有很大的政治性。先念同志一直强调财政工作的政治性。他在1955年中国共产党全国代表会议上所做的《实现五年财政计划的几点意见》的发言中指出：“财政工作是一

项综合性的工作，并且具有很大的政治性。国家财政体现着党的各个方面的政策，关系到国家建设的各个方面，关系着各个阶级及各个民族的切身利益。”“财政是为政治服务的。财政从来就是国家政权实现自己政治任务的重要工具之一。”因为“财政上每一分钱的积累和分配，都同社会主义建设和广大人民群众的切身利益密切关联。财政的收入支出，包含着积累和消费的关系，包含着国家、集体和个人三者的关系，包含着各民族间的关系，包含着各阶级、阶层间的关系，包含着各经济部门间的关系，包含着地区间的关系，等等。”因此，财政工作“不仅仅是经济问题，首先是政治问题。财政工作者处理问题，首先要从政治的角度出发。”

先念同志在强调财政工作政治性的同时，要求处理好政治和业务的关系。他指出，强调财政工作的政治性“决不是说可以忽视具体业务工作，忽视对业务问题的学习和钻研。经济工作必须越做越细致，离开具体的业务工作，政治任务也就无从实现。但是，业务必须服从政治，只见业务，不见政治，就会成为盲人瞎马，就会变成事务主义的庸人，走上错误道路。”因此，要“把政治与业务结合起来，把政治思想教育与物质鼓励相结合起来，这是做好财政金融工作的根本保证。”

先念同志还反复强调，财政工作讲政治必须有一支高素质的财政干部队伍，而提高财政干部的政治素质必须要加强学习。他指出：“当前的情况是我们的干部太少，业务水平不高，特别是新干部过多，骨干少，工作困难很大。要加强骨干，并注意培训财经干部。到一定的时候，可以办短期培训班，总结工作，提高思想、政策和业务水平。在税收部门，要结合营业旺淡的情况，进行集中培训。财经干部很忙，但要每天抽出半点钟到一点钟来学习。”财政干部只有通过不断地培训学习，具备过硬的政治思想素质和业务水平，才能胜任繁重的工作。先念同志的这一思想对提高当时财政干部的政治素质和业务水平，改进工作作风起到了积极的推动作用。

从以上几个方面，我们可以看出先念同志的理财思想不仅具有深刻的内涵，并且贯穿了辩证的哲学思想。他善于从全局出发，辩证地分析和看待问题，做到统筹兼顾。

三、学习先念同志理财思想，做好新时期的财政工作

党的十一届三中全会以来，我国经济体制和经济运行机制发生了深刻

的变化。以市场为取向的经济体制改革取得了突破性进展，高度集中的、行政手段为特征的计划经济体制，已被社会主义市场经济体制的基本框架所取代，市场机制对社会资源配置的基础性作用明显增强；单一的公有制格局已经被取代，以公有制为主体的多种所有制结构已经形成，集体经济、私有经济等非国有经济已经成为我国经济发展的重要力量；在分配政策上也形成了按劳分配为主体、多种分配方式并存的分配制度；财政、金融、投融资体制改革稳步推进、符合市场经济要求的宏观调控体系框架初步形成，政府驾驭经济的能力明显提高；精简政府机构、转变政府职能取得重要进展，政府对经济的管理方式也发生了积极的变化。

经过二十年的改革开放，我国财政所面临的形势虽然发生了根本性变化，但先念同志理财思想所具有的科学内涵和所运用的辩证唯物主义的思想方法，永远是指导我们财政工作和财政改革的宝贵财富。

在新的形势和任务面前，我们学习和缅怀先念同志，不仅要系统地学习先念同志等老一辈无产阶级革命家的理财思想，还要学习他百折不挠，始终对革命和建设事业充满必胜信念的创业精神，高举邓小平理论伟大旗帜，紧紧围绕经济建设这个中心，解放思想，振奋精神，大胆探索，抓紧实现党的十五大提出的“集中财力，振兴国家财政”的奋斗目标，不断开拓财政工作的新局面。

（一）财政工作必须讲政治。财政工作体现着党的路线和方针政策，体现着党和国家的根本意志。财政是为政治服务的。当前财政工作讲政治，在认真执行党的基本路线和基本纲领的过程中，一是要敢于讲真实话，财政是一个综合性很强的部门，接触的范围广，与经济和社会发展的各方面都有密切的联系，比较容易发现一些全局性的经验和问题，因此要在一些重大问题上多向党中央、国务院反映实际情况，不回避矛盾，不掩饰问题，多提参考性的意见和建议。二是中央已经作出的决策，我们要不折不扣地坚决贯彻执行。当前主要是积极采取措施认真落实积极的财政政策，确保这项政策发挥预期效果；要做好国有企业下岗职工基本生活保障和再就业工作，推进国有企业改革；要大力支持科教兴国战略的实施，等等。三是要通过加强培训，完善制度等措施，造就一支熟悉市场经济理财手段和方法，政治、思想和业务素质都过硬的财政干部队伍。只有这样才能肩负起新时期财政改革和发展的重任。

（二）坚持以经济建设为中心，通过发展经济解决财政问题。经济和

财政是辩证的统一体。一方面经济决定财政，经济的发展是增加财政收入，改善财政状况的基础；另一方面财政作为国民收入分配的主渠道，又影响着经济增长方式和增长速度，影响着整个经济社会的协调发展。正如先念同志所指出的那样，要从经济发展中开辟财源，增加收入，收入增加了，回过头来又可推动经济的发展。

当前，一方面国家财政特别是中央财政非常困难，另一方面经济发展又受到内需不足的制约和亚洲金融危机的影响。面对这种情况，党中央、国务院正确处理了财政与经济的关系，1998 年果断地实施了积极的财政政策，对基本实现 1998 年经济增长的预定目标发挥了关键性作用，也为去年财政增收 1000 亿元奠定了坚实的基础。今年，党中央、国务院又从我国经济和社会发展的全局出发继续实行积极的财政政策，从目前情况看，效果也是十分明显的。今后，财政还必须以促进经济发展为己任，从经济和社会发展的实际需要出发，继续加强和改善财政宏观调控，实施正确的财政政策，促进经济发展，并通过经济的发展来解决财政困难的问题。但必须指出，财政政策积极作用的发挥，是与货币政策等其他经济政策密切配合分不开的，财政政策必须而且也只有与货币政策等其他政策相协调、相配合，才能发挥应有的作用。

（三）继续推进财政体制改革，不断壮大财政实力。目前我国财政收入占国内生产总值比重和中央财政收入占全国财政收入比重（以下简称财政“两个比重”）过低的状况，严重影响了财政促进经济发展等各项职能的正常履行。因此，必须抓紧落实党的十五大提出的集中财力、振兴国家财政的战略要求，经过三至五年的时间，力争将我国财政“两个比重”分别提高到 20% 和 60% 左右。这是保证经济、社会和财政持续发展的重要措施。为此，我们必须在支持国有企业改革、发展经济的基础上，通过完善税制，加强征管，积极推进税费改革，理顺中央和地方分配关系，加强预算外资金管理等措施，从体制和制度上建立增收机制，逐步实现上述目标。

（四）大力进行财政支出管理体制改革，调整和优化财政支出结构，提高财政运行效率。财政支出要合理，特别是要尽可能节约一切可以节约的支出，讲求支出效益，防止损失浪费，这是先念同志等老一辈无产阶级革命家一贯的理财思想。从目前情况看，与以往进行的财政收入管理体制改革相比，我国支出管理体制改革明显滞后，同建立社会主义市场经济体制的要求明显不相适应，主要是财政支出“越位”和“缺位”并存，一方面财政供给范围过大，包揽过多，特别是向竞争性生产领域延伸过多，超出了政府职能范围，另一方面应由政府承担的一些社会公共需要却无力保障，特别是在财政支出领域，花钱大手大脚，损失浪费等现象还比较严重。针对支出管理中存在的这些问题，我们必须结合新时期的特点，通过加快改革，逐步加以解决：一是推行政府采购制度和零基预算制度，节省财政开支。二是适应社会主义市场经济发展的需要，建立公共财政的体制框架，调整支出范围和结构，解决目前财政职能存在的“越位”和“缺位”问题。

（五）大力整顿财经秩序，加快推进依法理财。先念同志等老一辈无产阶级革命家早在我国计划经济时期就十分重视用财政体制和财政监督来保障正常的财经秩序。目前我们正在建立和发展社会主义市场经济，随着市场主体多元化和利益主体多元化格局的形成，客观上更需要加强财政法制建设和财政监督。目前财经领域违法乱纪现象还十分普遍和严重，而且违法乱纪的手段也日趋隐蔽，是腐败现象蔓延的“温床”和依附的土壤。因此，我们一定要按照党中央、国务院的要求，大力整顿财经秩序，加大财经法制建设和监督管理力度，建立和完善财政监督机制，充分发挥财政监督的职能作用，从而推动财经秩序的根本好转，实现依法理财，从严治财，维护社会主义市场经济的健康发展。

（本文选自《中国财政》1999 年第 7 期）

大　爱

李小林

在爸爸诞辰100周年的日子里，我们格外怀念他。

爸爸走了17年了，可我感觉他一刻也没有离开我们。他的办公室如旧，他的卧室如旧，他的音容笑貌如旧，他的爱如旧。

爸爸是个有大爱的人。

作为亲人，我当然更能感受到他的爱。我们这一代和我们的下一代，都是在他的深切关爱中成长起来的。他对我们寄托了无限希望。他给外孙女取名为“依”，当是贤惠之意；他给孙子取名为“威”，为勇猛之意；他给外孙取名为“智”，则是睿智聪慧之意。而“威”字，还是爸爸在抗日战争中使用过的化名。他的生命在后一代身上得到了延续。

爱之愈甚，教之愈严。我们几个孩子今天能小有所成，全是爸爸言传身教的结果。爸爸生活极为简朴。走进他的卧室，空空如也。最值钱的东西就是放在床头那台收音机。他走了之后，打扫房间的清洁人员竟不相信这是国家主席的卧室。爸爸当了几十年副总理，长期分管财政、外贸方面的工作，可是他绝不允许我们任何一个孩子染指这方面的事务。改革开放之后，他有一次在饭桌上对我们严厉地说："你们谁要经商，打断你们的腿！"因此，孩子中没有一个人从事商业活动。

在爸爸弥留之际，一天早晨，他对我说："昨天夜里，我梦见妈妈了。"听了这话，我眼睛模糊了。爸爸一生坚强，视死如归，却在最后的时光里流露出了最真切的柔情。红四方面军撤离鄂豫皖苏区前，奶奶来看他，偷偷朝他的口袋里塞了两块银元。爸爸是事后才发现这两块银元的。从那以后，他再也没有见到过母亲。可母亲的形象肯定陪伴了他一生。

爸爸爱亲人，但他更爱人民。国风先生在给爸爸写的歌词中有这么一句："为什么他眼里常含着泪水，因为他心系着人民的安危。"确是爸爸一生写照。1961 年，全国大灾。爸爸从河南省调研回京后，激愤地向毛主席上书。毛主席见了爸爸，说："李先念，你是杞国人。"又问："你知道这意思吗？"爸爸说："知道。开封西边有个杞县。"毛主席说："看来你读了不少书。"爸爸沉着脸说："太原只够三天粮食了。"毛主席问："送救济粮了吗？"爸爸说："送了，可运粮车到阳泉又掉头开往济南了，因为济南只剩一天的粮了。"毛主席沉默良久。后来，毛主席听取了爸爸的意见，全国的浮夸风有所收敛。

爸爸深爱着他的战友。那也是他的人民。西路军失败后，沙窝分兵，他后来屡次对我们说："从山上朝下望去，密密麻麻的，全是红军的尸体。"他不能读西路军的书籍，不能看关于西路军的影视作品，甚至不能听西路军的故事。爸爸嘱咐一定要把他的骨灰的一部分撒在祁连山。他和他的战友们永远长眠在一起了。

爸爸对党和党的事业爱得最深沉。他当之无愧是伟大的无产阶级革命家、政治家、军事家，坚定的马克思主义者。他是在革命最低潮的 1927 年参加革命的。从此，他把一生都献给了党。无论经历怎样的风浪，他都丝毫没有动摇过对党的信念。西路军失败后，他率领 700 多残余的火种经过星星峡来到了新疆迪化，组织派人询问他们："是愿意去苏联还是去延安？"苏联那时是天堂的代称。很多人选择了去苏联，可爸爸毅然决定回延安。回到延安后，由于受到了张国焘分裂路线的牵连，爸爸被连降六级，从军政委降到营长。即使在这种艰辛时刻，爸爸对党还是忠诚无比，勇敢地接受残酷的现实。毛主席后来知道了这件事，说："这样对待李先念是不公正的。"让刘少奇找爸爸谈话，派他回鄂豫皖苏区给高敬亭当参谋长。爸爸回到大别山，一片新天地又开创出来。

“文化大革命”末期，毛主席病危，“四人帮”肆虐。爸爸也基本靠边站了。周总理逝世后，全国一片昏暗，很多人看不到前途。但爸爸不仅是清醒的，而且是坚定的。清醒不难，坚定不易。那些日子，我和哥哥姐姐常常违背禁令，偷偷到天安门广场察看民情。爸爸不仅不责怪我们，还向我们询问情况。毛主席逝世后，华国锋决心对“四人帮”采取行动，第一个就找爸爸商量。30 多年来我一直在想，为什么华国锋不找别人，独独找爸爸第一个商量此事？必是他深知爸爸对党有大爱，对国家有大爱。只有这种人才可以托付大事。华国锋问爸爸：“对那几个人，你看怎么办？”爸爸说：“你的看法呢？”华国锋说：“我现在想问你的看法。”爸爸试探了一句：“开会吧？”华国锋说：“不能开会，要抓人！”爸爸说：“你说到我心里去了！”华国锋让爸爸去找叶剑英元帅商议具体行动方案。叶帅当时也靠边站了，负责军队全面工作的是爸爸的老部下陈锡联。叶帅对陈锡联不了解，在陈锡联的名字后面写了一个问号，爸爸遂写了四个字：“绝对可靠。”“四人帮”被粉碎，历史翻开了新的一页。邓小平复出，改革的列车隆隆向前，天地为之一变。

今天，可以告慰爸爸的是，您的大爱，正代代相传，开花结果，您对我们的教导，我们一刻都没有忘记；您生于斯、长于斯的伟大祖国在以胡锦涛为总书记的党中央领导下，变得更为昌盛、和谐、富强。

爸爸爱我们，爱人民，爱党，爱国家。我爱爸爸。

（本文选自《人民日报》2009 年 6 月 25 日）

张劲夫

（1975 年 1 月至 1979 年 8 月任中华人民共和国第四任财政部部长）

我也是个“两头真”

张劲夫

我有幸成为一位跨世纪的老人，在20世纪生活工作了80多年，于耄耋之年探头于新世纪，展望到新世纪的一些新情况、新问题。作为一名老战士、老党员，我对已往的世纪难免要回顾一番。我没有写回忆录之类，只写过一些人和事的专题文章，也算是我的“世纪回顾”吧！

我小时候生长在农村，自幼即知道一位乡下先生作的有关插秧的一首诗，但现在已记不清作者的姓名和全诗的内容了，只记得一句“步步后退是向前”。因为这一句源于实际生活，生动形象，富于哲理，充满辩证法，给我的印象太深刻了，所以一直没有忘记。我由此觉得，不管是回顾过去，还是展望未来，只要目的是为了社会发展、把事情办好，其实质都是“向前”。

2001年，我应广东《同舟共进》主编萧蔚彬同志之约，在纪念“七一”党的80周年生日之时，写一篇题目为《采药杂说》的文章，作为一名老共产党员的书面发言。这篇文章，另外两家报刊也发表了，北京、上海、浙江等地的几位同志，还自动翻印了若干份，相互传看。有一位老友说，这篇文章是对当下套话文章的突破。其实，我花两个月的时间写成这篇文章，反映的只是我在20世纪80多年实际生活、工作的一些感受，实话实说；不写套话的意思是有的，因为讲套话与我不合。文章写成后，不知是否合乎主编的要求，所以在给他的信中明确地说："如不合用，弃之可也。"主编认为可用，于是发表了。

在写《采药杂说》之前，我曾一度头脑发热，拟了十几个题目，例如，"屁股指挥脑袋"、"人间的天堂"等等，想一一写出来。岂知一到动笔，方知写这样的东西也并非那么容易，一定要"厚积薄发"，才能"涉笔成趣"。鲁迅先生在1902年别诸弟的诗中，有两句说得很好："我有一言应记取，文章得失不由天"。这是鲁迅先生的亲身体会。鲁迅先生的杂文，堪称举世一绝，嬉笑怒骂，皆成文章。这是因为他学贯中西、博古通今，没有这样的功力，要写出这样的杂文，是很难做到的。

近读《同舟共进》2004年第1期《同舟人语》一栏中萧蔚彬写的《观书与论事》一文，颇具新意，摘录如下：

南宋爱国将领辛弃疾以词传世，其诗鲜为人知。数年前，编者从他的一首七律中拈出两句，与作者读者共勉，且在本刊三番五次，广而告之。这首《送湖南部曲》作于宋孝宗淳熙七年（1180年）冬，原诗如下：

青衫匹马万人呼，幕府当年急急符。

愧我明珠成薏苡，负君赤手缚於菟。

观书老眼明如镜，论事惊人胆满躯。

万里云霄送君去，不妨风雨破吾庐。

此诗本是辛弃疾在湖南安抚任上受谗去职之时，赠送前来话别的一位部属的。"观书老眼明如镜，论事惊人胆满躯"两句，既是诗人自许之辞，颇见他的磊落和傲气；也是对同袍的勉励之语，流露出一种激情和期待。

编者以为，辛弃疾这两句诗，在800年后的今天，仍堪为本刊读者作者和编者书之座右，诵而深思之。

观书，是一种阅读的权利；论事，是一种表达的权利。阅读思考之余，自有表达议论的需要。至于能否别出新意，议论风生；如何把握分寸，以理服人；那就全凭观书者的慧眼和胆识了。编者于此有厚望焉。

要能做到编者厚望，没有功力是不行的。要活到老、学到老，锲而不舍，不断增强自己的功力。我赞成离退休的人，不仅要老有所养，也要老有所为，为国家、为人民贡献点"余热"。当然，要量力而行，这一点我是有深刻教训的。2003 年春节过后，我为了给接受关于股份制问题的采访作准备，大年初三凌晨 3 点就起来看书。因过于劳累突然病倒了，不能走路了，去医院检查，说又犯了脑血栓的毛病。由于活动受限制，原来想研究的一些问题不得不搁置，想写的几篇文章大都完不成了，我这才后悔莫及。坐在轮椅上，思绪万千，心潮难平，偶成四言句表达心情：

年衰未敢忘忧国，志寄新生兴九州。

释疑有盼后贤晰，切忌茫然度春秋。

胡绳同志 80 岁时写了一首自寿诗，自谓“四十有惑，惑而不解，垂三十载。”他说自己是一个“两头真”的革命者，并自勉：尘凡多变敢求真。我也是一个属于“两头真”的革命者。年轻时，面对要当亡国奴的危险，提着脑袋找共产党，加入革命行列，真心抗日救国；年老时，经历了党内外诸多有疑问的事，真心反思，以求弄通，不当糊涂人。清人龚自珍在其《夜坐》诗中写道：“从来不蓄湘累问，唤出嫦娥诗与听。”这两句是说，他从来不像屈原那样，积累了许多问题向天发问，而是通过诗句对嫦娥诉说。不蓄湘累问是诗人秉性自持之言，但只诗与嫦娥听是不够的。我不想蓄问，但很想把一些疑问析清，但垂垂老矣，力不从心。一日忽然想起《诗经·小雅》上一首《伐木》诗，曰：“伐木丁丁，鸟鸣嘤嬴。出自幽谷，迁于乔木。嘤其鸣矣，求其友声。”于是想到，把自己过去写成的文章选出十几篇，再力所能及地写几篇，算是“嘤鸣”；然后再加上几位友人的十几篇文章，作为“友声”；合起来编一本书，书名《嘤鸣·友声》，不也可以在某些问题上帮人释疑吗？想到此，便决定编这本书。本书的出版，如能对读者解惑多少有点帮助，对建设有中国特色的社会主义事业多少有所裨益，我就心满意足了。

余年 90，已难握笔，就此打住，更大的希望寄托于新人。

（本文选自张劲夫：《嘤鸣·友声》，中国财政经济出版社，2004 年版）

采药杂说

——建党八十周年的感想

张劲夫

今年“七一”，是我党建党八十周年。《同舟共进》主编萧蔚彬来信给我，想约若十位老共产党人，就“中国共产党八十年”作笔谈，我很高兴应约。

我首先说“祝贺”，并希望新中国在本世纪中叶，达到中等发达国家水平。2000 年，国内生产总值已达到 89404 亿元人民币水平，计划到 2010 年翻一番，如能真正实现，那就是 178808 亿元人民币水平。再经过二三十年努力，可能再翻一番，那就是 357616 亿元人民币水平，综合国力可赶上和超过日本目前水平。至于每个人所占有的国内生产总值水平，要看人口增长情况来计算，达到中等发达国家水平，如我们统计数字是真真实实的，又没有意外事件发生，看来是大有希望的。

以上所说，只是纸上谈兵，只是一种主观愿望。实际生活中的事物，

进入新世纪后，我们既有机遇，又有挑战。世界形势的主流是和平与发展，但天下是不太平的。因此，我赞成要有忧患意识，居安思危。也就是要重视前进中存在的问题。古人说“患难可以兴邦，安逸足以亡身。”这是老祖宗总结多次血的教训后的经验之谈，值得我们这些后世子孙记取。

我于1989年秋离休，时年75，已过古稀之年，应该离休。俗话说，好狗不拦路，应该让比我年轻的人挑担子。离休后，有了时间读书、看报，我很欣赏唐朝诗人贾岛一首五言绝句《访隐者不遇》：

松下问童子，言师采药去。

只在此山中，云深不知处。

这位采药隐士，不接待来客访问，可见淡泊名利，不像鲁迅讽刺的“翩然一只云中鹤，飞来飞去宰相衙”的隐士，仍有问世之心。唐诗五言绝句，言简意赅，未说明这位隐士为什么要到深山中采药？采药干什么用的？是采济人治病之药还是去采济世之药？都让读者自己去琢磨。

到今年6月5日，我已达87周岁，步入88岁，垂垂老矣，真正是一位耄耋老人。离休十多年，赞同许多老战友的经验，要做一名离而不休的百姓，不能白吃人民的公粮（这是战争时期的老话），总要尽力之所及，为振兴中华添砖加瓦。因此我就想学这位“采药”隐士，做一名“采药人”。当了平民百姓之后，虽然门前冷落车马稀，但不时来叩柴门聊天的老中青的朋友还是不少。“聊天”在安徽故乡叫“吹吹”，在山东叫“拉呱”，在四川叫“摆龙门阵”，各地方言不同，但总的意思是明白的，就是无拘束地随便聊聊；如果知交好友，那就是随便谈心。从这种“随便聊聊、随便谈心”中，使我听到了许多当官时听不到的人民声音，听到了不同于“官话”“套话”的真心话。如果当官者能听到这种声音，不是能起到“兼听则明”的作用吗？无怪古时开明的统治者，也有注意采风的。离休后当了平民百姓，要采风就方便多了，有时出外能听到，有时不出门也有人送上门来。如果采的是济世之药，就不一定非到深山中去采。从书籍、报刊、人世中都可以采到。采药后可以制剂方，用以治病。目前社会生活中主要有哪些病要治呢？作为一家之言，我认为：

首先需要制“清醒剂”

最近读胡乔木《回忆毛泽东》一书，其中属于胡乔木谈话部分，有下述两段话，很受我的重视。一是该书30页，关于“陕甘宁地区人民财政负担是否重？开始时认为不重，同国统区比不算重。后来慢慢地认识到，公粮收重了。不是有一个故事吗？有一次打雷，打死了一个干部，有人说怎么不把毛泽东打死。处理这个问题，也反映出毛主席的特色。他不但不去追究，反而进一步研究为什么有这种意见。于是就提出精兵简政，发展生产。这是一个转机。陕北人民感到毛泽东与人民是联系在一起的。”

我当时在华中淮南根据地，这个故事，我是听到传达的，大家很受感动，决心贯彻“精兵简政、发展生产”。并具体规定脱产人员（包括军队和地方党政人员，也就是所有吃公粮的人员）不超过根据地人口5%。严格规定供给标准，每天每人一斤粮、二钱油、五分钱菜金。同时学陕北办法，开展大生产运动。我当时任新四军二师政治部副主任、四旅政委，每个连队都将津浦路西山区熟荒地开荒，种稻子、养猪、种菜。既减轻了人民负担，又改善了部队生活。一般都能做到每个连队每周杀一头猪改善生活。对巩固根据地，对巩固卫队、提高战斗力，度过抗战相持阶段的困难，起了很大作用。

二是该书143页讲到：在一次会上，当留守兵团负责人报告他们做了哪些工作，取得了哪些成绩之后，毛主席非常激动地说：“成绩，成绩，成绩，成绩！用不着说这么多了，有成绩是应该的，现在的问题不是讲成绩，而是找缺点。……应当与军队中破坏居民纪律的行为，不爱护根据地，浪费人力物力，不尊重政府及地方党以及脱离党的政策的行为作严格的斗争……”为了彻底克服军队中存在的不尊重政府、违反群众纪律的现象，进一步密切军政、军民关系，在毛主席的推动下，从1943年初开始，陕甘宁边区发动了拥政爱民和拥军优抗运动。华中各抗日根据地都贯彻执行了。尤其在旧历春节期间，双拥运动开展得热火朝天。

从上述两节叙述，充分说明毛泽东当时在敌强我弱的形势下，面临三座大山压在头上，头脑是何等地清醒，决策是何等地英明。他此后用三大法宝带领我们，经过英勇奋斗，艰苦奋斗，取得了一个又一个胜利。在解放战争时期，原来预计五年，终于提前三年半时间，解放了全中国，中国人民从此站起来了。只是在新中国成立之后，一代伟人毛泽东到了晚年犯了错误，党的十一届六中全会，作出了历史决议，对毛主席一生作出全面评价。如新中国成立后十年，召开庐山会议，本人当时是八届候补中央委员，忝陪末座，参加了后部分召开的中央全会，亲眼目睹批斗彭德怀元帅

情况，这和19世纪40年代在陕北时期我引述的两则事例，截然相反，令人百思不得其解。我在向科学院党组传达时，控制不住自己，失声痛哭。

从庐山回北京不久，黄克诚夫人唐棣华来看我。唐在抗战时期是华中盐阜抗日根据地的一位著名女县委书记，新中国成立后任科学院文学所党委书记，于公于私都应该接见。见面后，她向我提出一个问题，征求我的意见。她说：庐山会议定黄克诚是反党集团重要成员，她很痛苦。她考虑再三，想与黄克诚离婚，以示对党忠诚。征求我有什么意见。我回答说，中国有句古语："人之相交，贵在知心。"你和黄克诚多年夫妻，对黄克诚是什么样的人，你心里还不清楚吗？我当时只能这样回答。她听后含泪默然离去。后来得知她未和黄克诚离婚，内心深以为慰。此事在我心田上留下的烙印太深，长久难忘。庐山会议由前段"反左"变成后段"反右"，以至造成三年困难，全国有一千万人非正常死亡，教训还不深吗？打倒"四人帮"后，作为冤假错案平反了。

冷静想一想，上述毛泽东晚年的错误，是不是与提前胜利冲昏头脑有关？这不刚好证明，邓小平关于"毛主席晚年犯的错误，是违犯了他原来的正确思想"这句话说得很中肯吗？历史经验证明："清醒剂"是何等地重要！在纪念党的八十周年时，也是我首先要采制"清醒剂"的原因。

二是需要制"辨伪剂"

今年4月23日《北京日报》第6版登一篇《鲁迅手稿的辨伪》文章，作者肖振鸣在末尾写到："假的就是假的，不过防假和打假真不是一件容易事儿，我写此文是想提醒人们：小心，什么都有假的。（着重点是我加的——劲夫）不过《鲁迅著作手稿全集》已问世，造假者也别在这上面下功夫了。"作者后来又向拍卖公司打听，能拍卖多少钱？经理答：估计可以拍到四万元左右。由此可见，造假者为的是几万元之利。至于假古董、假珍善本古书、假货币、假发票等，造假图利的数字就更大了。至于商品，凡名牌者，大多有冒假的。这些都是属于用损人利己的欺诈方法来牟利。而假种子坑农绝收，假药品危害人命，已成为极大公害！官方、民间，都一致携手要给于严打，并从正面联合创立"百城万店无假货"，建安民居园区等，这些都是深得民心的。也说明，在商品领域，识别真假的问题还是有办法的，只要认真严打，还是会有效果的。

难度比这大的，是假文凭、假证书、假公章等类问题，比上述欺诈牟利问题要复杂得多。

难度更大的是人，人是万物之灵，人是有思想的动物。人的思想品德真假难辨。莎士比亚就说过，有“语言高超，思想卑下”的人。好人也有真有假，革命者也有真有假。人民教育家陶行知办学的方针：“千教万教，教人求真。千学万学，学做真人。”他死后的墓碑上，就是刻的这十六字。因为他要教人追求真理做真人，为此他痛恨“假人”。他有一首“假人”诗。诗前有一段话：“颜习斋十六岁时，他的干祖父想行贿为他运动一个秀才，他哭得连饭都不肯吃。他说：‘宁为真白丁，不作假秀才。’我们做人都应该有这种精神。……真小人易知，伪君子难防。……真中有假，假又像真，把人弄得头昏脑黑，无从辨别。假社会中做人是多么难对付的一件事啊！去年夏天写就《假好人》短诗十一首，志在劝世，兼以自励。……”原诗有十一首，现录四首如下：

假父子，
金子是老子。
嘴里喊爸爸，
心里咒他死。
假夫妻，
貌合心已离。
老婆偷汉子，
丈夫打野鸡。
假军队，
忍看山河碎。
他自有本事，
会杀亲姊妹。
假官吏，
嘴上有主义。
吃了百姓饭，
要剥百姓皮。

陶先生的诗，说的是旧社会的情况，到了新社会，风气变了；但旧社会的恶劣风气是否仍有影响，有待根除呢？这是值得深思的。

2001 年春节前，张劲夫在家中

再说真革命假革命问题

什么叫革命？怎样来辨别真革命假革命？这里又需要重温毛泽东讲过的话。毛泽东在《青年运动的方向》一文中，讲过这样一段话：“早几天，我写了一篇短文（指五四运动一文），我在那里说过这样一句话：‘革命的或不革命的或反革命的知识分子的最后分界线，看其是否愿意并且实行和工农相结合。’我这里提出了一个标准，我认为是唯一的标准。……愿意并且实行和工农相结合的，是革命的，否则就是不革命的，或者是反革命的，他今天把自己结合于工农群众，他今天是革命的；但是如果他明天不去结合了，或反过来压迫老百姓，那就是不革命或者是反革命的了。有些青年，仅仅在嘴上大讲信仰三民主义，或者信仰马克思主义，这是不算数的，你们看，希特勒不是也讲‘社会主义’吗？莫索里尼在二十年前也还是一个‘社会主义者’呢？他们的‘社会主义’到底是什么东西呢？原来就是法西斯主义！”

这是抗战时期的话，我和不少同时代的青年知识分子真是“中心悦而诚服也”。当时把青年知识分子看作是小资产阶级的，在整风中“脱裤子，割尾巴”，割的就是小资产阶级的尾巴。我们是真心诚意地，自觉自愿地把这条尾巴割去。亦师亦友比我年长的郑位三说：是否做到与工农相结合？要得到工农批准才算数。当时除号召知识分子工农化外，还号召工农分子知识化，成了一支二者相结合的干部队伍，在毛泽东旗帜下，集合了一大群中华民族优秀子孙，一大批中华民族精英分子，真可谓猛将如云，能人如雨，极一时之盛，我曾将之称为取得超过预计解放全中国胜利的原因之一。这是本人和同时代的许多战友都感受颇深的。

新中国成立之后，毛泽东这段话是否还适用呢？我认为只要把与工农相结合扩大为与广大人民相结合，对脱产干部是适用的，而且更为适用。因为共产党已成为执政党。过去对干部的识别任用，靠三条：组织了解，群众反映，敌人帮忙（这是指在对敌残酷斗争中，经不经得起考验，在客观上敌人帮了我们的忙）。推翻了三座大山后，在国内，明显的敌人已不存在，那就要靠人民来帮忙。人民怎么来帮忙呢？要有民主、监督的法律机制。这是反腐倡廉的根本。要靠民主，来避免“兴勃亡忽”的怪圈，这是毛泽东对黄炎培谈话时讲的。执政党如无监督，就会腐败！这是邓小平讲的。

令我难以理解的是，到了社会主义革命时期，对知识分子不是看成是小资产阶级的，而是资产阶级的。不承认中间状态的存在。几次政治运动，都使知识分子日子不太好过。邓小平在打倒“四人帮”后的科技大会上，又重申：知识分子是工人阶级的一部分，科学技术是第一生产力。这使广大知识分子，尤其是科技界知识分子受到极大鼓舞。

从上述引用的毛泽东一段话中，还提出社会主义有两种，有真的，也有假的。这就发生了“主义”也有真假的问题。如毛泽东在《新民主主义论》中就讲到旧三民主义和新三民主义，并提出有真三民主义和假三民主义的问题。什么是真三民主义呢？乃是孙中山先生在《中国国民党一次全国代表大会宣言》中所重新解释的三民主义。这种新时期的革命三民主义，新三民主义或真三民主义，是联俄、联共、扶助农工三大政策的三民主义。没有三大政策，或三大政策缺一，在新时期中，就都是伪三民主义。这篇巨著写于 1940 年 1 月。令人惊异的是人民教育家陶行知在纪念孙中山逝世四周年的1929年，就提出三民主义有真有假，真的就是孙中山先生阐述的那一本，其他都是假的。

来访者中有人向我提出：马克思主义也有真马克思主义和假马克思主义问题，并举出外文翻译中有不准确、误译的问题，前苏联实践中出现的失误问题，前苏联模式对我们的误导问题等。这一问题可大了，乍听之后，大吃一惊，反复冷静思索后，认为值得作为一大专题进行研究。这不仅牵涉外文翻译、转译的语言文字问题，更重要的是理论问题和二十世纪初第一次世界大战后前苏联社会主义实践问题，以及二十世纪中期第二次世界大战后东欧、亚洲、非洲、拉美地区许多社会主义国家的实践问题，以及全世界的共产主义运动问题。对于其他国家的事，我们要尊重各国人民的智慧，要尊重他们自己去思考、总结经验教训，选择自己的发展道路，我们不能指手划脚。对于中国，毛泽东在20世纪40年代讲过：1931年9月至1935年1月这期间的左倾教条主义、宗派主义是假马克思主义（参见胡乔木《回忆毛泽东》一书）。至于在新中国成立之后，社会主义时期也有真假马克思主义问题，我们有责任也有义务要进行认真的思考，总结经验教训，在理论上作为专题来研究清楚，以利坚定我们的信念。人类的发展方向，要走向社会主义、共产主义道路，这是任何力量阻挡不了的。我们的指导思想是真马克思主义，不要被假马克思主义误导。

三是“优化结合剂”

肖伯纳有这样一则著名幽默故事：美貌的女跳舞家邓肯对肖翁说：如果我俩能结合，产出的新生命，能具有你的头脑和我的美貌，不就是既聪敏又美丽的孩子吗？肖翁说：如果出生的孩子，具有你的头脑和我的面貌，不就是既笨拙又丑陋的孩子吗？这则幽默故事是很著名的，那是20世纪30年代在上海听到的，印象很深，到现在我还能记其大意。这则故事如果我记得不错的话，它同时也说出了令人深思的哲理：两性结合生出的新生命，可能是优化的结合，也可能是劣化的结合。

进入改革开放时代，改变了中国一向的“闭关主义”，赞同鲁迅提出的“拿来主义”，走出去引进来。早在晚清民初期间，也曾出现一些旧官僚的洋务派，他们常是在洋人炮舰攻破中国大门，伴随签定丧权辱国条约而办洋务。与邓小平提出的改革开放有本质的不同。在科学技术方面，十

六、十七世纪前，中国有四大发明，在世界上是领先的。在经济方面，中国没有工业革命，欧洲于十七、十八世纪开始了工业革命，在这两方面，中国落后了三百年。因此，到了20世纪八十年代，邓小平提出以经济建设为中心，坚持改革开放，坚持四项基本原则的党的路线。在我印象中对开放更为强调，认为中国吃“闭关锁国”的苦头太大了。引进国外先进技术，引进先进设备，引进先进管理经验，引进国外人才。资金不足，就要引进资金。上述的引进，要与中国先进的社会主义制度结合，以解决先进的生产关系与落后的生产力的矛盾。至于文化方面的引进，涉及到意识形态问题，更为复杂，世界各国的文化，有先进部分，也有落后东西，我们只能引进先进的文化。中国悠久历史上传下来的文化，既有精华也有糟粕，要引进世界上的先进文化与中国精华文化结合。总之要做到优化结合。清末民初，维新派有过中学为体、西学为用之争，我认为重要的是优劣问题，我们讲平等互惠，优势互补，这是英明的，这是有利于我们实行比较优势发展战略的。

怎样做到优化结合呢？鲁迅在“拿来主义”文中说得好：“首先要这人沉着、勇猛、有辨别、不自私。”

行文到此，“采药杂说”文字已写得很长了，应该就此打住。来客说：当前全国人民最关心的是反腐败，腐而不败问题，为什么不说呢？我说以江泽民为核心的党中央领导集体已一再宣告，要从严打击，不管涉及到什么人，都要依法惩处，而且要从源头抓起。我想：只要全国认真贯彻，持续抓下去，打下去，解决这一毒瘤，是有希望的，不用我再赘说了。

末后，还要引用“毛泽东读书与评点”丛书中的一段话：“《盛世危言》是清末改良主义思想家郑观应的代表作，对近代中国产生了深远的影响。毛泽东读这本书的时候刚满13岁，缀学在家务农，这本书激起他恢复学业的愿望。不久他上了东山高小，独自走上了一条新的生活道路。”我引用这段话，只是说明在党的八十周年时，我为什么要写“采药杂说”？无非是想能引起人们“学习、学习、再学习”的愿望，学以致用，努力在新世纪创出新的辉煌，以此来纪念党的八十周年。

（本文选自张劲夫：《嘤鸣·友声》，中国财政经济出版社，2004年版）

做人做官实事求是

孟庆春

20 世纪七八十年代，以党的十一届三中全会为标志，共和国开启了一个新时代。1979 年全国各省、自治区和直辖市撤销革命委员会，恢复省级人民政府。《历史大转折中 22 个省长、市长和自治区主席纪实》一书记述了这一时期一批省长、市长和自治区主席的传奇经历，展现了改革开放之初新的省级政府领导人的风采。本文即摘选自该书部分章节。

引起了毛泽东的注意

张劲夫引起毛泽东的注意，是在新中国成立后的“三反”、“五反”中，张劲夫负责浙江省直机关的运动。开始，他带头做了个一般性的检讨，大家很不满意。他正想办法时，有人说：“上面有权浪费，下面无权贪污。”

这给他震动很大。

“对，正人先正己！就找自己的浪费！”

随后，他学习陈毅在南京军区的做法，请秘书提意见，说："你帮助我将铺张浪费的事例一一列出来。"

结果，他将自己的"浪费"和盘托出，公之于众，带头"反"了自己。群众感到满意了。

在正己之后，他开始在省直机关大抓反铺张浪费，重点是领导干部。这使大家受到了深刻的教育，增强了抵制资产阶级腐蚀的能力。对反贪污中出现的过激现象，后期也进行了纠正。张劲夫将此写了一个报告给省委，省委报到中央。毛泽东看后，认为"很好"，作为经验批转全国。由于张劲夫政绩显著，1952 年秋调任华东局财委副主任。

中央统一全国财政后，华东是重点。抗美援朝，第一个五年计划，华东出钱、出物最多。毛泽东对华东的工作非常满意。

1954 年，中央决定取消各大行政区之后，张劲夫调到北京，任地方工业部党组书记、副部长。

1956 年，张劲夫调任中国科学院党组书记、副院长，主持全院日常工作。

1979 年 6 月 21 日，财政部部长张劲夫在第五届全国人大二次会议上作《关于 1978 年国家决算和 1979 年国家预算草案的报告》。

苏联人参专家事件

1960 年，苏共总书记赫鲁晓夫掀起反华浪潮，又是向我们逼债，又是撤走在华专家。

谁知在苏联撤退专家时，苏联科学院竟然还发了个电报给中国科学院，要求派位科学家来中国考察人参问题。中科院分管外事和生物学部的一位副秘书长未经向院党组请示，就擅自答复同意，电报按中苏两国科学院交往的惯例，署上了秘书长杜润生的名字。

对方不仁不义，中科院还同意苏联派人“搞考察”，有人把这件事报告了毛泽东。得知毛泽东发火了，张劲夫表态说：“科学院的事，我负责。”

但张劲夫了解了真实情况后，立即去找周恩来总理，汇报说：“这事批评杜润生有些不公道。”

“在这样的特殊时期，他不经过中央同意，擅自答应苏联来人，怎么就不能批评？”

张劲夫详细说明了事情的原委。周恩来听了后，答复说：“副秘书长怎么能签他杜润生的名呢？杜润生保留党组成员、秘书长，但要撤掉他的党组副书记。”由于张劲夫出面，这个苏联人参专家事件就这样化解了。

主持起草体制改革意见

1976 年 10 月，粉碎“四人帮”后，时任财政部部长的张劲夫兴奋异常，在财政部党组会上，用手敲击着桌子侃侃而谈。尽管已是年过花甲，他仍然劲头十足，说：“‘文化大革命’结束了，要大刀阔斧地进行整顿和改革，大力扶持生产，与全国人民一道，促进国民经济迅速恢复和发展。”

1978 年，国家财政收入突破 1000 亿元大关。

1979 年 7 月，国务院财经委首次成立了体制改革研究小组，由张劲夫领导。对于体制改革，有两个代表人物：一个是经济学家蒋一苇，他倡导企业本位论，主张以企业为本位，来构建整个体制框架；另一个是杨培新，他主张改革分三大步，扩大企业自主权是一步，第二步是组织专业公司，第三步要发挥银行的作用。但企业本位论这个说法很难被官员们接受。尽管他们都认为要扩大企业自主权，但国家承担宏观管理职能，不可能完全按照企业的要求、企业的利益来调节。另一影响较大的，是理论工作者刘国光，他主张“计划调节为主，引入市场机制”。总的理论趋向是，指令性计划不可能取消，要以计划调节为主，但一定要引入市场机制和价值规律。这是一个核心观点。第二个核心观点是对企业的认识。企业是全民所有，就是计划调拨，为什么要引入市场机制，承认价值规律呢？为了改变企业吃大锅饭，干好干坏一个样，恢复了奖金制度，还要进一步实行企业利润留成制度，企业有利润了，就留出一块利润，建立发展基金、福利基金、奖励基金。这样企业就有了自身利益。在理论上概括为“相对独立的商品生产者”，所以国家在管理企业的时候就要引入市场机制。第三个核心观点是，认识到社会需要不断变化、生产结构不断调整，靠单一的国家计划，无法保障经济按比例发展和企业产供销的平衡。刘国光的研究为改革初步设想打下了基本框架。

文件写出初稿后，张劲夫主持召开了一系列座谈会。1979 年 12 月 3 日，终于形成了《关于经济体制改革总体设想的初步意见》。

1980 年初，李先念副主席在中南海主持召开国务院财经会议，讨论这个《初步意见》。这是初稿第一次参加中央的决策会议。会议同意这个文件发下去试行。

安徽任职两年四个月

1979 年底，党中央决定调张劲夫回故里任职，担任安徽省省长、省委第一书记。安徽是张劲夫的故乡，抗战时他在安徽战斗了 8 年。

在安徽，张劲夫爱下基层。他下去，轻车简从，他和秘书、警卫、调研人员坐一个车，没有警车开道。有时，他们还坐火车出行，并特意坐硬座车厢，以借此机会接近群众，了解民情。

下到各地县时，一律不搞迎送，不搞宴请。到群众家里看看谈谈，除有关人员相陪外，不搞层层陪同。

对此，张劲夫说：“咱们安徽是个穷省，不能穷庙富和尚。”

两年中，他跑遍了全省的角角落落，每年跑一万多公里，相当于一年一个二万五千里长征。在他下去调研时，发生过一个不仅让安徽人民，也让全国人民都很感动的故事。

有一次，张劲夫去马鞍山，在离市区还有几十里路的地方，看到路边躺着一个妇女。他立即下车，对司机说："你快送这位妇女到市区医院看病。"结果，张劲夫自己步行到市区。

在家乡任职两年四个月，张劲夫相信和支持家乡人民群众的创举，做了四件事：一是对农业，他积极赞成在贫困地区搞包产到户；对条件好的地区，则探索多种形式责任制，有统有分，不搞"一刀切"。二是提出淮河上、中、下游统一治理的建议，被中央采纳。三是抓整顿党风。四是倡导兴办地方工业。其中比较突出的是搞多种形式农业生产责任制。

一天，颍上小张家大队支部书记半夜来找张劲夫，说他们队的环境保护工作做得好，能减少干热风灾害，还搞了一个绿化小公园。支部讨论，有的主张分，有的主张不分。问他怎么办。

张劲夫说："你召集农民大会讨论，把利害说清楚，由农民决定。"

结果大多数农民赞成有统有分，田地可以分到户，环保绿化公园不分。后来，这个村成为联合国承认的环境保护的好典型之一，闻名全世界。对此，张劲夫说："人民群众是历史的主人，是历史的创造者。遇到自己拿不准的事情时，要相信和支持群众的创举。"

在他工作的两年多时间，安徽粮食大面积增产丰收了，绝大部分农民群众的吃饭问题得到了解决。回顾这段历史过程，张劲夫深有感触，说："我的思想认识，也是逐步提高的，这确实是一场深刻的改革。"

（本文选自《扬子晚报》，2010 年 1 月 1 日）

吴 波

（1979 年 8 月至 1980 年 8 月任中华人民共和国第五任财政部部长）

永远的丰碑

——纪念吴波同志诞辰100周年

王丙乾　金人庆

2006年8月21日，是优秀的中国共产党员、忠诚的共产主义战士、我国财政战线上杰出的领导干部、财政部原部长吴波同志诞辰一百周年纪念日。吴波同志一生心系人民、求真务实、坚持原则、光明磊落、无私无畏、克己奉公，是我们心中一座永远的丰碑，是值得我们学习的榜样。

卓越的贡献

吴波同志出生于安徽省泾县一个普通的农村家庭。1927年，21岁的吴波立志救国，投身国民革命军，参加北伐战争。1931年任国民政府湖南省水灾善后委员会委员，办了许多救济灾民的实事。之后，他在上海与共产党地下组织积极接触，掩护过不少被国民党追捕的共产党员。1936年在陕西省政府任参议时结识了在杨虎城手下工作的共产党员南汉宸。西安事变期间，周恩来同志专门接见他并作长谈，在周恩来同志的安排下，以其特殊的身份为党营救西路军被俘人员等做了大量的工作。

抗日战争时期，吴波同志 1945 年在晋察冀边区任粮食局副局长、代理局长，主管粮食工作。在发展边区粮食生产，积极解决农民生活和部队给养问题上成效显著。在解放战争中，他兼任晋察冀野战军后勤司令部供给部副部长，在军队后勤供给上做出了突出成绩。1948 年，他任华北解放区财政厅副厅长时，全身心地投入到解放区的经济和财源建设上，克服困难，筹粮筹款，支援前方部队。在华北人民政府财政部任副部长时，积极建立新的公粮制度、粮食管理调运制度和城市工商税收制度，保证了根据地和前方部队的财粮供给，为解放战争的胜利做出了重要贡献。同时，开始考虑统一财政的问题，并着手研究制订全国统一后各种税收条例草案和规章制度达 14 种，筹划革命胜利后铁路、公路、电讯、农林、水利、卫生等事业的支出安排，为新中国财政做准备。

新中国成立初期，吴波同志任中央财政部党组副书记、办公厅主任，为努力完成统一财政、税收、粮食管理和经济调整工作，奠定新中国的财政基础作出了卓越贡献。当时，全国各地的税制比较混乱，解放区各根据地都有自己的规定，新解放区则暂时沿用国民党时期的旧税制。因此，统一全国税制成为新中国建立后财政亟待解决的主要问题。此时，国家百废待兴，财政面临着巨大的挑战。面对这种情况，中央决定不再继续发行货币，要求加强税收工作。在中财委和财政部主持下，吴波同志具体组织筹划召开了首届全国税收会议。这次会议，制定了《全国税政实施要则》，起草了货物税、工商业税和其他各税暂行条例以及全国税务机关暂行组织章程，审改、发布了各种税收条例实施细则，对扭转财经困难局面，促进和保证国民经济的迅速恢复及发展起到了重大作用。1950 年，吴波同志还主持研究起草了《新解放区农业税暂行条例》，并在其后的几年内，由他组织起草、审改、制定了一系列农业税法令，初步建立了新中国成立初期的农业税制度。

1952 年下半年，我国国民经济出现了新的变化：一是公私关系发生了变化，公营企业的比重增加到 50% 以上，私营经济比例降低；二是经营方式发生了变化，流通环节和征税环节相应减少，出现了经济日益繁荣，但税收却不断萎缩的局面。为此，中央财委决定修正税制。在吴波同志的主持下，提出了修正税制的具体方案，决定把以前应缴纳的几道税集中提前到工业环节来缴纳，最终使1953年的全国税收实现了大幅度的增长。

1956年，我国工业、农业、手工业三大改造基本完成，如果继续沿用国民经济恢复时期以私营经济为主体的那套税制，则会出现重复征税，国营经济税收所占比例过小，留存利润过大，不利于组织财政收入等问题。在吴波同志的领导下，财政部提出了税收制度与企业利润改革方案。经中央研究决定分两步实施，第一步简化税制，第二步增加税收。1958年，我国进行了工商统一税改革，在不提高税收比例的前提下，把各种税合成工商统一税，减并税率，减少纳税环节。这次税制改革，财政部在广泛征求各部门意见的基础上，坚持先试点后推广，同时采取了一系列配套措施，形成了既适合国情、又科学先进的工商税制，并且一直沿用到80年代初，发挥了很大的作用。

为适应形势发展，吴波同志在1958年主持研究起草了《中华人民共和国农业税条例》。他亲自撰写《条例》（草案）说明，向第一届全国人大常委会第96次会议报告，阐明"稳定负担，增产不增税"的方针与稳定农业税负担的具体方案。《条例》经人大常委会审议通过后，由毛主席亲自签署公布。新《条例》废除了原有各根据地和新解放区不同的农业税制，在全国农村统一实行分地区的比例税制。农业税新制度的确立，使农业税占农业实产量的负担比重，由国民经济恢复时期的13%、"一五"时期的11.6%，逐步下降为2.5%左右。对大幅度减轻农民负担、鼓励农业发展、巩固工农联盟产生了显著成效。

1958年到1960年的三年"大跃进"，国民经济比例严重失调。1961年，中央针对社会和经济发展出现的停滞现象，提出对国民经济进行调整。在1962年的中南海西楼会议上，主持中央工作的刘少奇同志在听取了财政汇报后指出，财政收入有水分，要求实行"当年平衡、略有回笼"的财政方针。从1962年开始，吴波同志自始至终协助李先念同志抓国民经济调整工作。当时，他从人民银行调回财政部任副部长主持工作不久，就遇到了这个重大问题。根据中央精神和实际情况，财政部采取了五项重要措施：一是压缩行政、事业费，将"大跃进"时年度三四百亿的基本建设投资规模压缩至50亿元；二是停止执行国营企业利润留成办法，把这部分利润上交国家；三是财政给银行拨款，支持银行实现"当年平衡、略有回笼"的目标；四是加强税收管理，打击农村集市的投击倒把行为；五是清理“大跃进”过程中的遗留问题。在这些措施的作用下，1964 年我国经济状况开始好转，农业生产得到恢复，物价趋于稳定。

“文化大革命”结束后，吴波同志恢复了正常的工作，任财政部部长。为了挽救当时面临崩溃的国民经济和财政工作，吴波同志在十一届三中全会后，再次走上财政改革的风口浪尖。当时，有人提出要中央财政给地方放权，给国有企业松绑。加上搞“洋跃进”、农产品提价、城镇人口和职工补贴、边境自卫还击战等原因，财政出现了严重的困境。在这种情况下，吴波同志认为搞企业财务改革，必须从实际出发，量力而行。经过调查研究，他建议中央实行了“划分收支、分级包干”的财政体制，并分别对广东、福建及四个特区（深圳、汕头、珠海、厦门）实行特殊的财政政策。这一方案，既不影响中央宏观大局，又能发挥地方积极性，还促进了国有企业的改革与发展，为改革开放后中国经济的腾飞起到了不可磨灭的积极作用。

为了使受“文革”严重破坏的税收工作恢复正常的秩序，在吴波同志的具体指导下，财政部于 1979 年提出了有深远意义的税收三大建设（理论建设、制度建设、干部队伍建设）目标，并付诸实施；他还草拟了经国务院批转的《财政部关于改革工商税制的设想》，明确了税制改革的指导思想、原则及内容。20 世纪 80 年代初、中期的工商税制改革，就是按照这个《设想》的框架和路径进行的。之后，我国引进了作为流转税改革方向的增值税，开征了视为禁区的国营企业所得税，从此建立起了独立的新涉外税制调节体系。

1980 年，吴波同志主动辞职担任财政部顾问以后，仍然积极地为财政的改革与发展出谋划策。他参与并认真筹划了 1984 年工商税制改革，与其他同志一起，深入研究，精心策划，为这次改革的成功做出了贡献。这次改革彻底扭转了过去长期形成的税制单一化倾向，创建了多税种、多层次、多环节调节的复合税制新体系。不仅保证了财政收入大幅度增长，而且有力地促进了经济体制改革、对外开放、经济结构调整和社会的全面发展。

吴波同志离休后，仍然对财政工作很关心。每次财政部党组向他汇报情况，他都非常认真听取并做记录，提出自己的看法，使财政工作深受裨益。桃李不言，下自成蹊。在新中国的财政发展史上，铭刻着吴波同志的突出贡献。

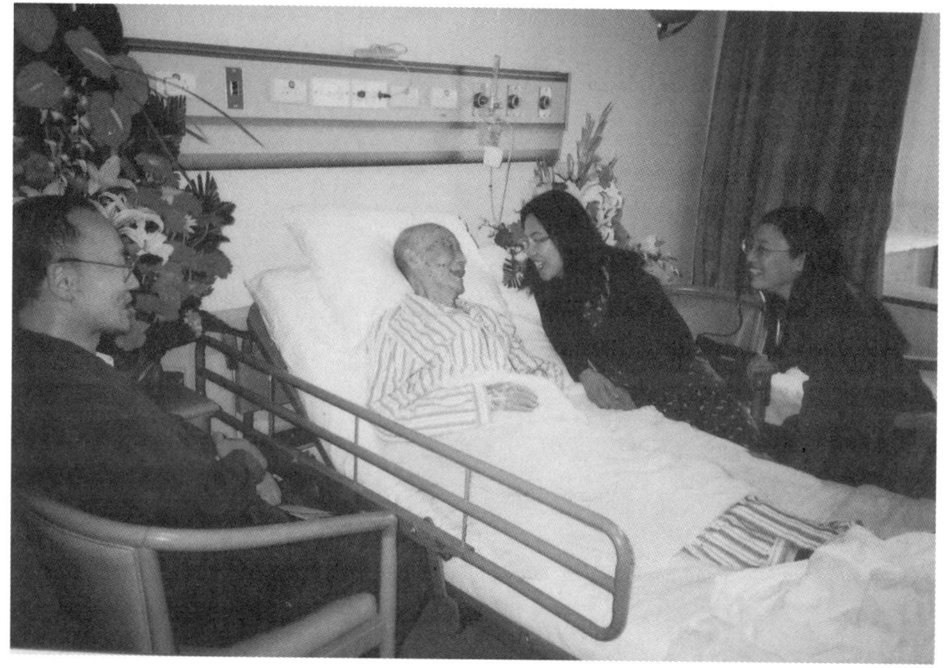

财政部机关党委曲永兰常务副书记看望吴波老部长

宝贵的财富

吴波同志在财政战线担任部领导工作 30 多年，不仅在实际工作中为新中国财政的奠基、发展和壮大作出了杰出的贡献，而且还将实践中总结出的经验升华为理论，形成了一套丰富的治税观和理财观。这是他给我们留下的宝贵财富。

税收是国家筹集财政资金的基本渠道，具有重要的地位与作用。但不同经济制度下的税收具有不同的特征，如何认识和发挥社会主义制度下的税收功能，是建国后摆在全国财税理论及实践工作者面前的一个重大现实问题。吴波同志以我国税收理论和实践为基础，形成了一套完整的治税观。

一是专业征税与群众协税相结合。新中国成立初期，相当多的人认为税收是凭借政治权力，利用强制的手段向纳税人无偿取得财政收入的一种方式。这种观点强调了税收的强制性和无偿性，却忽视了社会主义制度下税收的特殊性。吴波同志反对这种观点，他认为税收是社会主义制度下的一种协作关系，提出了专业征税与群众协税相结合的重要观点。1958 年，吴波同志在一次发言时指出：纳税单位既是纳税人，又是办税人，这是一种新的征税人和纳税人的关系，也是我为人人、人人为我的社会主义的协作关系，我们开展税收工作必须依靠群众、依靠企业、依靠基层。吴波同志对税收的理解与解释独树一帜，赋予了税收新的内涵。

二是抓税收与抓生产相结合。1958 年，吴波同志在阐述生产与组织收入之间的关系时提出抓税收与抓生产相结合的重要思想。强调从促进生产入手来组织收入，在促进生产的同时，抓紧组织收入工作，保证社会主义建设资金的需要；然而，我们又不能光是去搞生产，还要组织收入，对财税部门的工作人员来说，组织收入就是最大地促进生产。

三是完成税收任务和严格贯彻财税政策相结合。1948 年，吴波同志在华北首届税务会议上讲到，在税收征收工作中不要单纯地只是为了完成税收任务，而应该认真研究税收政策，广泛宣传政策，将完成税收任务和严格贯彻财税政策有机结合起来。如果我们不这样做，在政策上就会出毛病，就会影响工商业的发展，就会使老百姓误解我们的税收和国民党的税收没有什么区别。

四是税收理论与税收实践相结合。在我国社会主义改造基本完成和“大跃进”前后，社会上曾经涌现出一股“税收无用论”的浪潮，当时财政部召开了一次重要会议，会上大多数同志都主张取消税收。1958 年 10 月，农村开始实行财政包干，1959 年 1 月在 7 个城市进行了“税利合一”试点，都不另行征税。吴波同志在深入了解试点情况的基础上，坚决反对“税收无用论”，认为税收是调节宏观经济的重要工具，不论在理论上还是在实践中都大有用处。1959 年 5 月，他在全国税务会议讲话中创新性地论述了税收在生产资料私有制改造基本完成以后的重要作用，特别是突出了税收对全民所有制经济的作用：即有利于国家有计划地安排生产；有利于企业加强经济核算；有利于调节社会消费；有利于生产物价管理；有利于财政积累。吴波同志强调应立即按照财政部草拟的办法，在农村恢复征税，在城市停止“税利合一”的试点。吴波同志的这一观点，对扭转当时“左倾”错误、把税收工作拉回到正常轨道上来起到了决定性的作用。

财政乃“庶政之母”，不仅是国家政权活动的重要基础，也是推动经济发展和社会进步的重要手段。吴波同志以我国财政历史实践为基础，形成了深具影响的理财观。

一是发展经济与壮大财政相结合。财政收入源于经济发展，又具有促进经济发展的职能作用，在财政收入与经济发展之间形成一种良性的循环关系，是财政工作的核心工作之一。吴波同志一贯反对只重视财政收入而轻视经济发展的观点，他认为经济是财政的基础，只有发展经济才能壮大财政。他说，增加财政收入，首要的是靠发展经济，培养财源，不能搞无米之炊。其次，税收工作要抓紧、抓好、抓实，这是财政收入的主体，要加强税制建设、队伍建设，制止偷漏。同时，还要抓企业财务，搞好经济核算，节约资源，降低成本，做到盈而不亏。这是财政收入又一个重要渠道，而且随着生产的发展，这方面的工作会越来越重要。要两手抓，两手都要硬。因此，他始终按照毛主席“发展经济、保障供给”的指示，建立财政与经济之间良性循环的关系。建国后，财政部成立经建司（后又分为工交财务司、商贸财务司），就是为了促进财政对经济的支持和发展。在吴波同志的领导下，财政部在具体处理涉及财税问题时，宁可放弃眼前利益，总是想方设法促进经济发展。可以说，从那时起，在财政部就树立起了发展经济、壮大财政的理念。

二是经济发展与国力相结合。经济发展建立在一定的物质基础之上，与国力国情相适应，必须量力而行，稳步前进。改革开放以后，为了加快经济的发展，社会上“赤字无害论”一度抬头。吴波同志则始终坚持“收支平衡，略有结余”的思想。他指出，盲目实行赤字财政，滥发货币，物价就要上涨，货币就会贬值。如果不能量入而出，最终将会给老百姓带来沉重的负担。三年大跃进的教训证明了这一点，古今中外经济和财政史上的经验也证明了这一点。因此，他建议中央重新肯定“收支平衡，略有结余”的方针，并把它作为经济调整时期和编制长期计划的重要方针确定下来，无论考虑长期计划还是年度计划，无论考虑调整还是改革，无论是中央财政还是地方财政，都要根据国家财力的承受能力来安排。吴波同志的这一思想和理论，又一次将国家财政事业拉回到正确的轨道上来。

三是统一领导与分级管理相结合。财政体制是国家财政运行的重要依托，决定着政府间财政收支的划分，决定着政府与企业之间的分配关系。在中央财政和地方财政的关系上，在过去相当长的时间内，不是中央集中过多、统得过死，就是中央财权削弱，下放地方过多。吴波同志主张上下兼顾，要充分发挥两个积极性。他在1964年3月指出：应改进中央和地方的收支划分办法，减少专案拨款，实行总额或比例分成，支出与地方分成挂钩。专（区）、县应当有一定的财权，省辖大中城市的财权应当比专（区）、县大一些。1978年后，针对新情况与新问题，他又提出，资金过于集中不行，过于分散也不行，适当集中资金，保证重点建设，是我们全局利益的所在，也是我们实现既定战略目标的关键所在，但同时也要适当照顾地方、企业的需要。在这个理论问题上，吴波同志始终坚持充分调动中央、地方的两个积极性，这一思想至今仍然具有重要的指导意义。

四是增加收入与勤俭节约相结合。勤俭节约不仅是我们党的优良传统，也是为国理财、增加收入的重要手段。在财政资金总量确定的基础上，勤俭节约可以相对增加财政资金总规模，以少量的钱办较多的事，在任何时代都必须大力提倡。吴波同志将勤俭节约的理念，一以贯之地应用于财政工作实践中。他经常对财政部门的同志讲，中央财政工作事关大局，任何大手大脚的想法和做法，都是不正确的。虽然财政部每年有几千亿元的资金，但都是税务员们从纳税人那里几元几角甚至几分钱收上来的，是人民的血汗一点一滴积累起来的。我们不能因为财政收入多了，就随意花钱。为了国家的富强，把账算准算细，节约每一元钱，涓涓细流能够汇成大江大河，勤俭节约应当是财政干部必须具备的素质。无论是基本建设投资，还是事业经费拨款，都应当精打细算，“要节约国家的每一个铜板”。他的这一思想对于今天建立节约型社会，仍然具有振聋发聩的警示意义。

理论是实践的指南，吴波同志的治税观和理财观，在他主持财政工作中发挥了积极的作用，受到党中央、国务院的高度评价。1962年吴波同志被中央政府评为“模范部长”。

坚定的信念

吴波同志是一名有着64年党龄的老党员，他一生忠于党、忠于人民；光明磊落，无私无畏；实事求是，坚持原则，充分体现了一位老共产党员的党性修养。不论何时何地，他都对党忠心耿耿，从不计较个人得失，即使蒙受委屈和不公正对待时也毫无怨言。

吴波同志出身旧社会，毅然投身于艰苦的革命洪流。到了延安后，吴波同志被安排在统战部，白天搞接待，晚上写简报，夜以继日地工作。在延安整风中，有人说南汉宸搞大西北主义，由于吴波同志最早在南汉宸手下工作过，受其牵连被抓了起来，蒙冤入狱达3年之久，没有查出任何问题，直到1945年南汉宸出面要人，吴波同志才被释放出来。吴波同志从来没有把这不了了之的事放在心上。没有怨言、一如既往地积极为党工作。

1953年初，在修正税制中，由于财政部提出“公私一律平等纳税”的税制修正方案，事前没有报告中央，被认为犯了“右倾机会主义”的“路线错误”（后改为“原则性错误”），并受到批评。吴波同志在一次大会上主动站出来做自我检查，主动承担责任。1955年8月，在全国税务会议上，吴波同志又再次做深刻检查，把责任全部承担下来。直至逝世前，吴波同志都从未做过任何辩解。他这种顾全大局、维护党的团结、无私无畏、不计个人安危得失、勇于承担责任的品格，长期以来为广大群众所赞誉。

“文化大革命”期间，四人帮指使造反派批斗吴波同志，意在打倒李先念同志。造反派在财政部到处搜寻材料，还要求吴波同志揭发李先念同志，被吴波同志断然拒绝。在整个运动期间，吴波同志自始至终把过失扛在自己肩上。在“文革”中，他受到很大的冲击，被停止工作，污蔑为走资派、反动权威，经常挨批斗，甚至挨打，深受迫害。但他始终对党忠贞不渝，自觉地与党中央保持一致。“文革”后，他将补发的“文革”期间的所有工资，一分没留全部交了党费。

在吴波同志的革命生涯中，尽管他三起三落，屡遭不幸，蒙冤受害，却始终没有挫伤他对党的坚定信念。“面完达摩十年壁，换得金钢百炼身；今日灵山问正果，此身犹愧镜浮尘”。他在20世纪80年代初写下的这首诗，字里行间体现出一个忠诚的共产主义战士的坚定信念、广阔胸怀、远大理想和无私奉献于党和人民事业的高尚情操。

吴波同志的先进党性，还表现在能够始终不渝地从党和人民的根本利益出发，坚持实事求是，不唯书、不唯上、只唯实，自觉抵制错误倾向。1957年，在反右运动中，财政部一位司长在外单位学习期间，因一时言语激烈，被外单位划为右派。吴波同志根据该同志的一贯良好表现，本着对党负责的精神，实事求是地向外单位介绍情况，不避嫌疑，不怕牵连，提出不同的处理意见。1964年，在“四清”运动中，他带队在河北唐山市，经过长期的深入调查，证实当地基层干部大部分是好的或比较好的，有问题的只是个别人。吴波同志敢于突破文件上说的基层干部烂掉1/3的框框，实事求是地处理问题。并如实向中央反映了情况，保护了基层干部，承担了很大的政治风险。

1958 年“大跃进”中，全国刮起的“共产风”对经济造成很大的破坏。他针对各地财政大放卫星、虚增虚支等危害现象，汇集了大量实际材料，向中央如实反映存在的严重问题。1979 年 4 月，党中央提出对国民经济实行“调整、改革、整顿、提高”的“八字”方针，力求通过调整当时严重失调的经济比例关系，把遭受“文革”破坏的经济尽快恢复起来。吴波同志紧紧抓住这个重要环节，认真履行职责，不仅致力于控制固定资产投资规模与提高投资效益，致力于增加发展农业和轻纺工业资金，致力于减轻农村税收负担与提高城乡居民收入水平，而且指示财政部科研所深入开展调查研究，并以财政部经济问题调查组名义编写了十多期《经济调研简报》。经吴波同志亲自审阅后，直接报送中共中央办公厅、政策研究室、中财委等单位，积极、如实地向中央反映当时存在的基建规模过大、国家财力不堪重负、盲目引进国外技术与设备等问题。简报得到了中央领导的重视。

吴波同志从不看重地位和权力。他曾说职务和地位只不过是向人民承担责任的标志，职务越高，责任越大，肩上的担子越重。他从不利用手里的职权搞特殊化。在他任部长期间，财政部没有一辆好车，一遇到去机场接送外宾的任务，司机班的同志就心里犯难。后来，财政部有关部门买了几辆奔驰车，他不仅在部机关全体党员大会上对此做了严肃批评，而且自己还做了对有关部门管理教育不严的自我检查，并且还把买回的几辆车全部上缴了国务院国家机关事务管理局。在部长用车问题上，吴波同志坚持不给自己配专车，“文革”以后，几乎每个工作日的早 7 点，他都要从西四出发，步行 40 分钟到三里河的办公室上班，不管严寒酷暑，风霜雨雪，天天都是如此。在吴波同志的带动下，财政部从不搞特殊，受到其他部门或单位同志的一致好评。

崇高的品质

吴波同志的一生，冰清玉洁，朴素无华。凡是能给予他人及社会的，他都毫无保留地奉献；凡是他人或社会给予他的，他却毫不犹豫地推让。他像一支蜡烛，燃烧着自己，照亮了别人。

吴波同志在工作中，求真务实，作风民主，对职工及部风的影响很大。无论在他任办公厅主任，还是担任部长时，研究问题，批阅公文，常常是夜以继日。为了工作方便，他干脆住在了财政部礼堂后面的平房里。研究问题时，坚持走群众路线，对一项政策的决策，要经过反反复复的研究，听取不同意见，再提出方案。特别是遇到税制需要变动或改革时，为了掌握第一手资料，经常到基层蹲点，深入调研。吴波同志与大家交往和蔼亲善，平易近人，没有半点官架子，始终以商量的态度办事。

吴波同志在生活中心系群众，始终与群众保持密切而亲近的联系。抗日战争时期，他虽然任晋察冀边区财政部长兼边区司令部供需部部长，但始终和战士吃一锅饭。当时，边区政府给吴波同志配备了一匹马和一名马夫，但他在行军中从来没有骑过，不是让行动困难的病号骑，就是驮战士的行李。对他来说，官兵之间的区别，只有承担责任的轻重不同，在生活上首长和战士都是平等的。新中国成立后五六十年代，吴波同志的几任秘书都和他住在一个院子里，秘书家的房租、水电费都是从他的工资里开支。当时的工资很低，除了支付这些费用外，他还要寄钱给一些在战争中牺牲的烈士家属，自己则勤俭节约过日子。

尽管吴波同志在财政部任职期间从未回过安徽老家，但他始终牵挂着老家的发展。他在信中勉励泾县财政局的同志说："一定要脚踏实地办事，一定要讲求经济效益。产供销必须结合起来考虑，生产出来的东西要卖得出去，才能变成真正的财富。要经常注意市场供求的变化，才能立于不败之地。"朴实而诚挚的话语，饱含着他对家乡建设事业的关心。

身为财政部长，吴波同志一生不知管过多少钱，但他心里始终装着集体和国家，而将自己的需求压缩到最低。当时，财政部的办公条件很艰苦，夏天炎热，总务处要给他配电风扇，他坚持不要。他会客室的沙发又破又旧，还带着紫红色补丁，1980 年部总务处多次提出更换，他都不同意，说补补还可以坐。他的会客室（实际就是外屋）十分简陋，只摆放着一些书和花草，他说国家财政困难，不能浪费一分钱，有钱要用在刀刃上。他住的老式平房非常破旧，机关几次提出来要整修，他总是不答应。有一次李先念同志去家里看望他，因胡同太窄，车进不去。其他领导去看他，也碰到同样的麻烦。在吴波同志看来，当领导的一大方，风气就会变坏；相反，节省下来的钱，却可以帮助群众或有困难的职工，是一举两得。

克己奉公，严以律己，也是吴波同志高尚品质的重要体现。1957 年，他到上海搞税制改革调查研究。由于时间较长，上海房价又高，他提出局级干部俩人住一个房间，秘书住一小间，节省了很多开支。1979 年，吴波同志到成都开会，会议安排他住套间，但他一定要住单间。1983 年，他出差路经延安，延安宾馆给他和老伴准备了一个套间，他知道后对当地领导说："我离开延安快 40 年了，这次回延安就是回'娘家'，让我住套间，这明明把我当外人，我怎么能安心住下来?"后来，宾馆领导把套间换成了单间，他和老伴才高高兴兴地住进去。

1976 年，吴波同志为摸清"文革"后地方财政的实际情况，决定亲自作一次调查研究。到第一站山东时，发现 5 部小轿车一字排开，几位处长在车旁等候。吴波同志严肃地说："只要一个人陪同，去辆面包车，小车一辆也不要。"在他的坚持下，吴波同志和工作人员同乘一部面包车开始了对山东的调研。一个星期后，他一行乘火车到了泰安，接待人员让他乘坐红旗牌轿车，被吴波同志婉言谢绝。他硬是和大家一起，挤在一辆北京 202 吉普车里。

1978 年春，吴波同志带着税务调查组去无锡调研。没想到副省长、市委书记、市长和省财政厅厅长都来了，吴波同志动情地劝他们都回去，只让市长一人陪他和工作组的同志。快到中午时，他提出回招待所吃饭。市长说太湖饭店已准备好了，就在这里吃吧。走进太湖饭店，看到桌子上摆了好多菜，吴波同志犯了难，坐下吃吧不好，不吃吧这么多人已饿得肚子直叫。饭后，他让秘书给饭店付了 5 斤粮票和 50 元钱（当时国务院规定出差人员每天 3 餐付粮票 1 斤，款 1.5 元）。

在个人住房问题上，吴波同志更是严于律己。新中国成立之初他住在财政部机关的平房里，后来搬到大酱房胡同，一住就是 47 年。等到财政部分他新房时，他却坚持不住，最后搬到了万寿路宿舍。在他逝世后，按照他生前的遗嘱，儿女们将万寿路的房子交回财政部。吴波同志有三个儿子，都没有因自己的权力之便安排在北京，除一个儿子大学毕业后分配在北京工厂工作外，其他两个孩子至今都在外地工作。

他公私分明，私事绝对不用公车。多年来，他每个月都要买一张月票，办私事都是挤公共汽车。1982 年，张劲夫同志调任安徽省委第一书记，知道吴波同志 40 年没有回过安徽，便请他和夫人一同回去看看。省委办公厅主任带车到火车站去接送，他认为这次回安徽是私事，不应享受公

差的待遇。上火车前，他委托省委办公厅主任将50元汽车费转交汽车队。张劲夫同志每谈到这件事，总是感慨地说："我们的干部要是都能像吴老这样公私分明，何愁党风不正，何愁执政能力不强！"

长者已逝，风范犹存。在吴波同志身上，我们看到了一个共产党人的高尚情操和崇高品质。他就像一座不朽的丰碑，永远留在我们心中，激励着我们不断向前！

（本文选自《中国财经报》2006年8月26日）

回忆吴波同志

项怀诚

吴波同志是共和国第五任财政部长，李先念同志当部长时，吴波同志主持财政部的日常工作，前后共有 21 年。吴波同志在财政部的民意很好，威信很高，带出了财政部一代风气——勤奋、清廉、踏实、仔细。

吴波同志离休以后，部里同志都尊称他为吴老。对我来说，吴老是前辈。他参加革命队伍时，我刚刚出生；他在财政部当常务副部长主持日常工作时，我刚从大学毕业。他在我心中永远是可亲的长者、可敬的党员。吴老逝世 3 周年了，和我一样追随他几十年的财政干部都很怀念他。他生前的一些点滴小事，始终深深地刻印在我的脑海中。

一只破损的眼镜盒

1964 年“四清”运动前，抽调去搞“四清”的干部在部里办集训班，地点在三里河一号。当时，那里是集体宿舍，有几间空房子可以用来集训。我被编在吴波同志的一组。一天，吴波同志穿一件灰卡其布的中山装，和大家一样坐在木椅上看文件，他戴一副有玳瑁花纹的角质近视眼镜，那时他已近60岁，记笔记时要把眼镜的一端推到额头上，或者把眼镜的一条腿放在脸颊上。我那时年轻，觉得很新奇。30多年以后，我看文件时往往也把眼镜推到额头上，或把眼镜腿放在脸颊上。这可能是个下意识的动作，是从吴波同志那儿学来的。

吴波同志随身带一个铁壳的眼镜盒，表面的绒布已经破损，边边角角都可以看到黑黝黝的铁盒。这个眼镜盒给我留下了深刻的印象。财政部的老同志都知道吴波同志生活非常简朴，长年穿一套灰色的中山装，经常穿布鞋。后来，我从他的秘书姚文刚写的文章中才知道吴老的工资经常用来资助他身边的工作人员，包括司机、保姆等，对自己则要求特别严格。

也是在那次集训中，我第一次听到吴波同志的发言，他说话的声音轻轻的，态度非常文雅，让人有种如沐春风的感觉。

干校养鱼翁

1969年，吴波同志受到不公正的待遇，和财政部的一些干部一起被下放到湖北沙洋干校。他被编在二连，负责看管鱼塘和梨园。在干校几年，吴波同志完全是一个普通劳动者，有时见他背个筐捡牛粪；有时见他坐在鱼塘边上看书，夏天拿着一把大的芭蕉扇。在田埂上偶然碰上，财政部的干部总会让吴波同志先走。

吴波同志办什么事情都那么认真。1972年冬，他离开干校回北京前写了四首七绝，交给组织，作为思想汇报。

其一：又别沙洋回上都，倚装老眼泪模糊。六年炉火炼顽铁，但恨未全资变无。

其二：漫云老马识征途，虚沐春风三十余。功罪须从根底找，立场一错满盘输。

其三：大梦醒来惊且呼，依然曳尾在泥涂。此身愿借汉江水，洗尽脓淤还好肤。

其四：喜经风雨见新图，大地春雷万物苏。好景无边寻未晚，太行王屋日荷锄。

这几首诗的原稿差一点被作为废纸，装进麻袋送去销毁，后来被一位在部长办公室当秘书的有心人捡了出来并悉心保管，才保存下来。今天读起来依然亲切。像他这样一身清白、出淤泥而不染的老革命，都时时在警惕自己，“依然曳尾在泥涂”，努力要借汉江水，洗尽脓淤，永葆革命青春。像他这样为革命奋斗了30余年的老战士，已经60多岁的老人还要面对两座大山，日日荷锄，挖山不止。那种自我改造的决心、永远革命的态度、奋斗不息的精神，今天仍然值得我们学习、发扬和继承。

修房子和躲寿

吴波同志进京后，直到1995年前后，整整40年一直住在西城区大酱坊胡同的一个小小的四合院里。正房三间，厢房两间。南屋和车库都让他的司机老蔡住了。我当副部长以后，几次提出要修葺吴老的房子，他都不同意，后来梁柱的油漆都脱落了，有的地方漏雨了，不修实在不行了，才勉强同意修。为了方便施工，请吴波同志和他夫人邸力同志在招待所住几天，吴波同志一再关照我，简单修修就行，不许花钱大搞装修。吴波同志生活之简朴是许多同志想象不到的。

1986年，吴波同志80大寿。当时国务委员兼财政部长王丙乾建议由他和我们几位副部长每人拿几十元，凑份子给吴波同志过生日，祝寿。丙乾同志亲自和吴波同志商量，吴波同志坚决不同意，他说：“这样吧，再过10年等到90岁时再说吧！”吴波同志这个主意一拿定，谁说都不行。到生日那一天，他怕我们还是要给他祝寿，早早就让老蔡开车到西郊去了。据说在公园里躲了大半天。

那时候，我逢年过节去看望他，吴波同志总是那么和蔼，拉着我的手说：“人老了，什么事也不干，光吃不做，还给你们添麻烦。”那时他耳朵开始有点背，心静如水，只在家里看书读报，很少出门。我知道，他是不愿意麻烦人。

当一个彻底的无产者

吴波同志一向严于律己，从不允许自己的孩子打自己的旗号牟取个人私利，也不会让家人利用自己的职权占有任何好处，有时做得似乎不近人情。他的大儿子和四儿子20世纪50年代自愿报名分别去了甘南和北大荒支边，其间由于形势和各种情况的变化，他们有过多次机会调到北京与父

亲团聚，或者调到条件好些的城市，但吴波同志坚决不让。其大儿子去世前一直都生活和工作在甘南的一个县里，其大儿媳只是一个基层供销社食堂的普通职工；四儿子始终也没调到北京，四儿媳妇是北大荒一个农场的工人。三儿子曾是国家经委的一个司长，20 世纪 80 年代组织上根据工作需要准备安排他担任新成立的国家国有资产管理局副局长，吴波同志得知后，坚决不同意。其理由是我在财政部工作，我儿子决不能再到财政部归口管理的单位工作，最后硬是无情地“否决”了组织的决定。

20 世纪 90 年代，组织上安排吴老搬进了新建的一套 200 多平方米的楼房，他知道这是他唯一值钱的家产了。尽管有人劝他，家里孩子有的经济比较困难，在外地的亲属到北京来连个落脚地都没有，是否给他们留点房子，但他丝毫不为所动，专门立下遗嘱，在其死后把住房全部上交组织。2005 年，吴波同志去世。家人按其遗愿，没有任何条件地将其价值数百万元的住房交给了部里，实现了吴波同志一生追求的“当一个彻底的无产者”的誓言。

在纪念中国共产党 87 周年诞辰的时候，老部长的音容笑貌宛在。他穷毕生精力实现了一个中国共产党员对理想信念的执着追求，对艰苦奋斗、勤俭建国的身体力行。他清正廉洁的一生为财政系统的党员干部永远缅怀！

（本文选自《中国财经报》2009 年 9 月 27 日）

王丙乾

（1980 年 8 月至 1992 年 9 月任中华人民共和国第六任财政部部长）

优良部风是财政事业走向辉煌的根本保证

王丙乾

财政部开展“薪火相传”活动，我认为这件事情做得好，很有必要。回顾建国60年中国财政从非常困难走向今天的辉煌，值得我们总结的经验很多，其中，优良的部风是我们财政工作不断取得成绩的根本保障。

一、优良的部风形成于艰苦卓绝的创业历程

新中国财政建立至今已有60年的历史了，在这60年中，国家财政由战时财政过渡到经济建设财政，由计划型财政过渡到市场型财政，由主抓国内财政进而参与国际经济交流与合作，工作的领域越来越宽，发挥的作用也越来越大。纵观财政事业从艰难险阻走向辉煌，既离不开毛泽东、周恩来、邓小平、陈云等国家领导人的重视和关心，也离不开薄一波、李先念、张劲夫和吴波等几位老部长带领众多财政人克服重重困难的艰苦创

2010 年夏，财政部青年采访王丙乾部长

青年采访组向王丙乾部长赠送纪念品——青年干部手绘烧制的瓷盘《松风图》

业。特别是前30年的艰苦奋斗，初步建立起独立的、比较完整的工业体系和国民经济体系，维护国家安全和独立，为后30年的辉煌成就奠定了坚实的基础。每个财政工作者，都不可以忘记前三十年的风雨历程。

新中国的财政事业是在革命根据地财政中孕育成长的，能吃苦、能战斗、不怕牺牲、革命乐观主义精神令我终身难忘。我们党始终重视财经工作，在开展武装斗争、建设根据地的过程中，就在不断积累和丰富财政管理经验。毛主席提出了“发展经济，保障供给”的经济工作和财政工作的总方针，我们依靠人民群众办财政，不断完善各项财政政策和制度。在土地革命、抗日战争、解放战争各个时期都作出了巨大贡献，也为新中国成立后的财税工作提供了丰富的经验，打下了坚实的基础，培养了大量的人才。

新中国成立初期的财政部条件非常简陋，生活艰苦，财政人凭着勤于奉献、艰苦创业、刻苦学习的精神开创了财政事业的新篇章。财政部最初的驻地被安排在司法部街，那时大概是1949年4月，当时住得很简陋，一间房100多平方米，大家都在地上打通铺。在华北财政部时，我们实行的是供给制，除了口粮和菜金外，还有很少一点津贴。衣服、鞋子、袜子等生活必需品都是发实物。进城初期还实行了一段时间的供给制，大概是1952年开始发工资，但当时经济发展水平还很低，工资比较少。

由于刚解放，部里多数是年轻人，对新生活都充满期待，很有朝气。天天清晨进行“劳卫制”体育锻炼，如饥似渴地学习苏共党史和苏联社会主义经济建设问题的书籍，晚上阅读各人自选的读物，向科学进军。我一来就在预算司，司里的党、团组织健全有力，经常组织学习、讲座及开展各种文体活动。其中特别重视基本功的训练，如打算盘、统计制表、经济核算等。当时预算司的业务干部人人都打得一手好算盘。有些时候还得自己琢磨学习，我曾经弄到一部手摇计算器，这在当时是非常先进的，但大家都不知道怎么用，我们就自己琢磨，硬是琢磨出来了，在后来的工作中帮了大忙。

当时预算司的工作任务很重，需要学习的东西很多。晚上大家都下了班，我吃完饭以后，经常抱着一个小被子去加班，连夜在办公室写东西、学习，晚了就睡在办公室，第二天早上再把被子抱回宿舍。我还抽出时间看一些小说，通过读小说来提高自己的文化素养和写作能力。在财政部工作，有两个能力必须掌握好，一个是数字能力，一个是写作能力。能写出

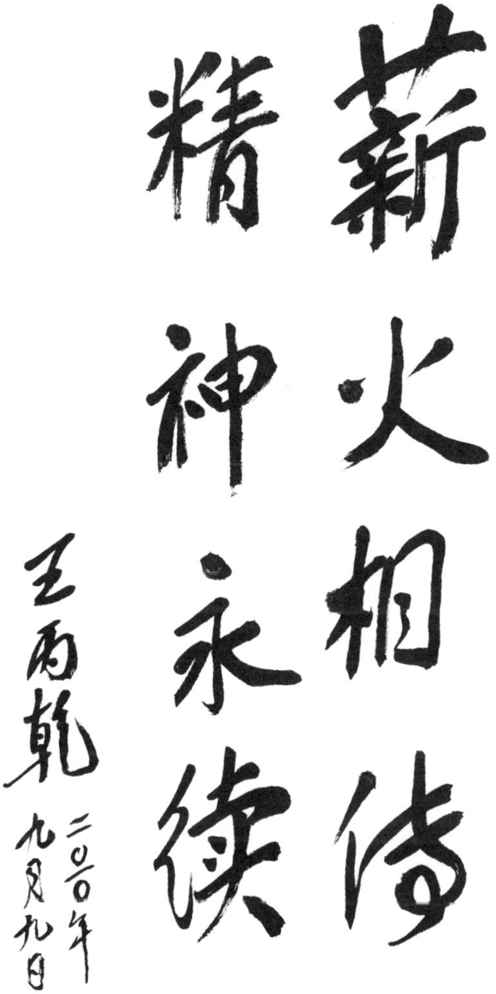

薪火相传
精神永续

王丙乾
二〇一〇年九月九日

王丙乾同志为“薪火相传”活动题词

简练明晰的公文，是很重要的一项业务能力。

现在，时代进步了，国家强大繁荣了，财政部的工作条件也非常好了，很多年轻人都是高学历毕业来到部里工作，但是，年轻人不能忘记艰苦朴素、刻苦学习的传统。记得1979年3月，我率领部分司局的同志一起去法国和西德进行了一次业务考察，这是我在财政部工作以来，也是我有生以来第一次走出国门。考察日程安排紧，工作强度大，白天访问，晚上汇总白天的访谈情况，归纳整理，翻译相关的资料，我要求考察材料一天一报，工作量很大，我每天都要看他们报的材料，随行同志都很辛苦，考察收获也很大。在离开法国之前，考察团就将出国的考察报告交给了当地的交流机构，对方惊讶地表示，从来没有见过这么认真的考察团，也因此对中国人的工作精神留下了十分深刻的印象。我们这次考察因为时间、经费紧张，没有安排任何购物和观光。记得一天我们到了艾菲尔铁塔附近，我问我们考察团管经费的同志："能不能上去看看?"管经费的同志说："我们经费紧张，没钱。"我就只能说："那就算了，我们就不上去了，就在下面看看吧。"结果也没能上去俯瞰巴黎全景。而且巴黎的商场也不敢进，因为按我们当时的收入，东西都太贵买不起，只有跳蚤市场的东西还负担得起。但使馆同志跟我们三令五申买东西的包装袋能看出买东西的地方，买跳蚤市场的东西回饭店会丢中国政府官员的脸面，丢国家的面子，结果也不敢买，至今仍记忆犹新。

二、老一代财政领导人树立了永久的丰碑

新中国成立以来，毛泽东、周恩来、邓小平、陈云等国家领导人对财政工作非常重视和关心。在财政走过的风雨历程中，留下了他们的心血，耸立着他们的身影，在我这个85岁的老人心里是永远挥之不去的。在他们的领导下，财政部几位老部长薄一波、邓小平、李先念、张劲夫和吴波同志，都始终贯彻执行党中央的方针政策，克己奉公，严以自律，作出了突出的业绩。我和他们在一起工作几十年，留下了深刻的印象。几十年来在这些老部长指导下工作，学到了他们的人品，学到了他们的理财思想，他们都是财政历程中不同时期的丰碑，是我们学习的榜样。

榜样的力量是无穷的，财政部曾被称为国务院部委"三大清水衙门"之一，几位老部长身体力行，以身作则，为财政部建立了良好的部风。

优良的部风，是实事求是的作风。实事求是是处理一切问题的重要方针。我们做财政工作一定要坚持把解放思想和实事求是统一起来，做到既要敢闯敢干，又要善于总结，充分尊重客观经济规律来办事，努力把经济建设和改革开放搞得更好更快。薄一波等几位老部长不仅反复强调在财政工作中实事求是的重要性，而且在工作中身体力行地遵循贯彻。他们坚持党性原则，从国家利益出发，丢掉私心杂念，敢于实事求是地反映真实情况。我觉得，现在有些部门只报喜不报忧，这是一种严重不负责任的态度。财政部的工作性质决定了必须如实汇报情况，有喜报喜，有忧报忧，不能把问题隐藏起来。同时，搞财政工作必须坚持原则，不能唱高调，不能为错误抬轿子，不能随风转，不能说大话，必须求实务实。对此，国务院副总理田纪云在一次会议上曾赞扬财政部的工作有两条基本态度是很好的：一条是坚持实事求是的原则，敢于反映情况，暴露矛盾；另一条是，一旦中央、国务院作出决策，就坚决执行。

优良的部风，是恪尽职守的敬业精神。几位老部长始终以忘我的精神，深入实际，兢兢业业、勤勤恳恳，苦干实干的敬业精神感染着我们，对我们的工作态度及部风影响很大。财政部门是一个综合部门，具有联系面广、反应灵敏的特点。必须在坚持正确的政治方向的前提下，脚踏实地、兢兢业业、任劳任怨、艰苦奋斗，才能把财经工作抓好。如果我们的同志不是以高度的责任感和踏实细致的作风来对待工作，就会给国家造成损失。

优良的部风，是勤俭节约严于律己的高尚品德。勤俭节约不仅是我们党的优良传统，也是为国理财、增加收入的重要手段。几位老部长将勤俭节约的理念，一以贯之地应用于财政工作实践中、日常生活中。他们公私分明、严格律己、以身作则的精神感染着我们，大家以他们为榜样，形成了我们勤俭节约的优良部风。

老部长吴波同志很重视和提倡勤俭节约，认为这不仅是一个财政经济问题，也是一个政治问题。他认为勤俭节约是理财的根本，也是中国革命和建设时期克服各种困难，走向胜利的法宝，同时也是发展壮大国家财政的重要基础。理财的大忌就是铺张浪费，花钱大手大脚，从而产生腐败因素。我非常赞同他的这个观点，20 世纪 90 年代我曾让财政部科研所的同志找红学会专家共同研究过《红楼梦》里贾府的理财问题，得出的结论是“俭则兴、奢则败”。所以，提倡艰苦奋斗、勤俭节约，实行廉政，反对腐

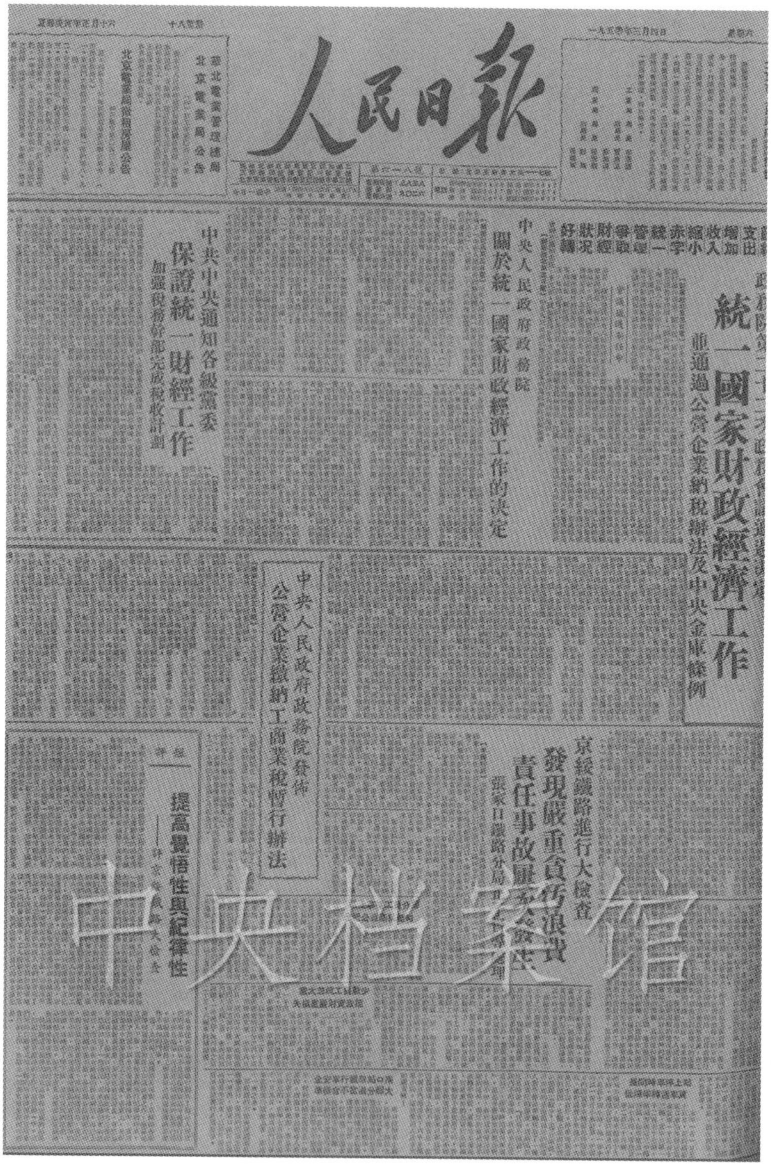

人民日報

政務院第二十二次政務會議通過決定
統一國家財政經濟工作
並通過公營企業繳納稅辦法及中央金庫條例

中央人民政府政務院
關於統一國家財政經濟工作的決定

中共中央通知各級黨委
保證統一財經工作
加强稅務幹部完成稅收計劃

中央人民政府政務院發佈
公營企業繳納工商業稅暫行辦法

京綏鐵路進行大檢查
發現嚴重貪污浪費
責任事故屢有發生

短評
提高覺悟性與紀律性
——評京綏鐵路大檢查

1950 年 3 月 4 日，《人民日报》关于统一国家财政经济工作的报道

败，是党和国家必须坚持的长远方针和重大措施。节约不光是节约财力，还有资源、物力等许多方面，从治国理财到企事业单位的规划用度都要厉行节约。

优良的部风，是谦虚谨慎的工作态度。财政部门虽然是权力部门，但是要保持谦虚谨慎的工作态度，一定要处理好财政部与其他部委、财政部与地方相关部门的关系。我们做财政工作既要理解别人，也要尽量让别人理解我们。对于来申请资金的其他部门不能摆架子，要礼貌接待。我记得有一次正在开党组会，听说某省的副省长带队来财政部申请资金来了，我就暂停会议亲自到楼下去迎接。虽然最后并没有答应拨款的要求，但这个副省长还是高高兴兴地走了。人家来要钱，也是因为有了困难，需要帮助，大家都是为了把工作做好，因此绝不能随便批评人，要让对方理解我们财政工作的规矩。对于实际存在困难的部门，即使不能在资金上给予帮助，也要积极主动地替他们想办法，给予工作上的指导。给不了钱要给个好态度，这是财政系统一贯的作风，希望财政青年能将这样的工作态度传承下去，树立良好的财政部门和财政干部的形象。

三、财政工作既要放眼全局，又要细致严谨

1946 年 5 月我被组织选调到冀中审计委员会任审计干事，1949 年进京到财政部工作，首先在预算司工作，参加了共和国第一个预算的编制，以后又亲身经历了共和国财政制度建立发展的艰难历程，为财政工作奉献了我的全部美好时光，1992 年，我卸任了财政部长职务。现在回过头来看，以预算工作为例，我认为，做好财政工作要把握好以下几方面：

第一，必须学会从全局考虑问题。财政是国家宏观调控的重要工具，财政部门作为综合部门，在国家经济建设和发展中有着举足轻重的地位。为国理财，首先就要树立全局观念。比如，编制国家预算，既要考虑每项收入又要考虑每项支出，既要考虑每项收入的可能又要考虑每项支出的需要，不能就业务谈业务，必须结合当时国家的政治经济形势，国家的方针政策，国民经济工农业生产发展等等，全盘考虑国家预算的编制。因为预算反映出整个方针政策。陈云同志曾说真正从全局考虑问题的就是国家计委（现在的发改委）和财政部。

第二，必须具备刻苦和一丝不苟的精神。所谓刻苦，首先必须刻苦学

习。要抓时间、挤时间学习业务知识，包括国外的业务知识和国家的政策方针，还要和计算收入支出这些方面结合起来。工作逼着你必须得学，你不学遇到问题怎么考虑？我在预算司时的工作总是那么忙，必须挤时间来学习，什么时候都不能放松，这不是讲大道理。其次，刻苦表现在工作上是百折不挠、不厌其烦的精神。以我在预算司时的工作为例，我们过去说，一年预算预算一年，没完没了地反反复复变化多端，老是计划赶不上变化，你刚弄好了，又出一个什么事。因此在工作中必须有不厌其烦的态度，这一条特别重要。除了刻苦以外，还必须做到认真细致、一丝不苟。每一个项目、每一个数字，哪怕是一个小数点，都必须十分的认真。那时候编预算都是手写，手写一张表，有一个错字，即使涂改了，也必须回去重写，交上去的绝对是干干净净，一目了然。这样做的确很费时间，但是我们的工作不能有一点疏忽，一点点疏忽都会出大问题，如小数点差一位，就是多少钱啊。预算司搞的材料，都是交给部长或司长作为决策的参考，不敢有一点差错，一张表一个数码都要认真。现在预算司也是这样子，上报的材料甚至要核对 10 遍 20 遍。在预算司工作必须这样，必须对相关数字、每张表非常有把握以后才能上报。预算司干部多年来养成的认真负责、细致、一丝不苟的工作作风，是难能可贵的。

第三，必须擅长打硬仗打攻坚战。在预算司工作加班加点是正常的，有时赶上急材料要通宵达旦，同志们常常是第一天加班到第二天早上，一抹脸照常工作，这都是非常普通的事情。由于工作忙几个月没有礼拜天，有时候出差，半夜三更回来，第二天照常上班，没有说要休息的。我自己体会预算司这支队伍，必须具备能打硬仗，能连续作战的精神。

第四，必须练就记数字的硬功夫。大约是 20 世纪 60 年代初，我担任预算司的司长、财政部党组成员，多次见到周恩来同志，他经常亲自看财政预算报告。不仅关心报告的总体质量，对于一些具体问题也很注意。其中有一次，我陪一位副部长去周恩来同志办公室，陈云同志的秘书段云同志交待我，不要主动发言，随时等待周恩来同志问询。财政支出中有一个科目是支援穷社穷队支出，周恩来同志看完后，认为这种称呼不妥，建议改为支援社队支出。汇报完后，周恩来同志和我们一起吃工作餐，只有面条和白薯，虽然很简单，但感到十分荣幸。在周恩来同志身边，看到他的言谈举止，聆听他的理财思想，是非常难得的机会。特别是周恩来同志在别的领导面前夸奖我是“数字篓子”，说不清楚的数字就问王丙乾，我受到了很大的鼓舞。预算司的干部必须具备两个能力，一个是数字能力，一个是计算能力。预算司数字是很重要的，必须练好记数字的功夫。

第五，必须以实践调研作为决策的依据。预算司的日常工作之一就是深入到地方进行不同形式的调查研究，形式多种多样，有的是专题调查，有的是整个预算执行的调查，有的是召开一些座谈会，有的是部分地区座谈会。部分地区调查座谈会这个形式比较多，就是找几个省，不同类型的省，约定一个时间在一块开会，有的还要到现场。对预算执行情况的调查，按月份、季度、半年的执行情况进行调查分析，不断给领导提供情况，反映问题，提出建议。有的是专题调查，比如对经济不发达地区的专款用得怎么样，基础建设专款用得怎么样，要做全面详细的调查。有时还到国外进行考察，通过对比，吸取国外的经验，提高我们的工作。

第六，必须搞好团结协作。这个团结协作体现在三个层次，一是本司局与部内各相关司局的团结协作；二是本司局和各省、自治区、直辖市、财政部门的团结协作；三是本司局内部的团结协作。这三个团结协作一个也不能少，特别是本司局内部，一定要发扬团队精神，一定要依靠集体的智慧和力量，才能够高质量高效率地完成各项工作。

第七，必须讲真话讲实话。国家各级财政都存在这样一个问题，就是需要和可能的矛盾是永恒的矛盾，而预算司在这个问题上是矛盾的焦点。预算司一方面要处理好方方面面的关系，另一方面要根据掌握的实际情况和问题，敢于在会上给领导提出不同的看法，揭露矛盾，供领导决策时研究参考。当时给李先念副总理汇报工作，财政有多少家底，我们到底有多少钱，还应该怎么办，都直接给李先念同志说，这是对上。对下也要实事求是，说实话，不说套话。我后来当部长时，虽然财政困难，给不了地方多少钱。但是地方来的同志，我都认真接待，不给钱给点政策，给点出路，或者给点情况说明，给点办法，人家总是有点收获。还有一个就是不敢说大话，就是有十分成绩，也只能说七八分，不敢随便答应要求。因为你权限所在，你负不了那个责任，否则误人误事。

四、干部队伍建设是传承优良作风的关键

新中国建立初期，在陈云、薄一波、邓小平、李先念等同志的直接领导下，我国财政战线迅速建立起了具有坚定政治立场和较高业务素质的干

1987 年 7 月 28 日，全国财税系统劳动模范先进集体代表合影。

部队伍，我有幸也成为其中的一员。1949 至 1980 年的 31 年中，我们这支队伍经受了战火和斗争的严峻考验，迎难而上，奋勇拼搏，为社会主义现代化财政体系建设和国民经济的不断发展作出了重要的贡献。

1980 年 8 月，我正式担任财政部部长，开始成为这支队伍排头兵和指挥员。接到手里的队伍，依然富于凝聚力和战斗力，但是，面对文革的十年“创伤”，面对改革开放的艰巨历史使命，我和部党组的同事们必须全力加强和完善这支队伍，使其年轻化、知识化和革命化。为了实现这一目标，我们从稳定和保障现有队伍做起，积极引进和补充优秀人才，破格提拔、大胆任用、唯贤是举；大力推动干部教育与培训机制建设，既全力保障广大财政干部业务学习和能力提高需要，又为全社会输送大量优秀的财经人才；为使广大青年干部更好的适应工作要求，坚持理论联系实际的优良传统，我们又建立了青年干部的基层锻炼机制。

做好财政经济工作，需要有一个强大有力的干部队伍，需要有一批精明能干的专家、人才。这样才能把党的路线、方针、政策创造性地运用到实际工作中去，结出丰硕的果实。党的十一届三中全会以来，党中央制定的路线、方针、政策，是英明正确的，符合客观实际的，怎样更好地实现它，还是要有一支好的队伍。开创新时期财政工作的新局面，我们面临的任务很多。没有一支思想好、有干劲、懂业务、会理财的干部队伍，这些任务是无法完成的。

建设一支优秀的财政干部队伍，主要是要注意发现人才，并建立良好的干部晋升和激励机制。同时，要贯彻以人为本的理念，在政治上、思想上、工作上、生活上全方位地爱护财政干部，创造重视人才、尊重人才的良好氛围和环境。我们要把财政工作搞好，真正为国家经济建设出大力，作出更大贡献，很重要的一条，就是要看我们干部选拔和教育工作做得怎么样，能不能把我们的干部素质，经过下苦功夫，大大提高一步。财政干部要有很高的政治觉悟，有相当的理论政策水平，有丰富的财政工作经验和专业知识，还要懂得一些经济和技术问题，等等。如果不抓紧干部选拔和教育工作，不培养人才，我们工作中就会感到吃力，事倍功半，甚至有好多任务完成不好。因此，重视人才、尊重人才是搞好财政工作的基础。

财政部成立财政科学研究所，对于财政界可以说是一件大事。从此，我们不仅拥有了自己的研究财经问题、培养人才的机构，而且有利于推动财政工作的发展，使财政工作减少盲目性，加强针对性，这在50多年的实践中已经得到了验证。1986年，财政部科研所成立30周年，这一年，我开始主管科研所，直到1993年离开财政部。我的文化程度有限，理论水平也不高，主管科研工作对我来说是难得的学习提高的机会。科学研究成果是从实践中来，又回到实践中去，起引导和指导作用。如此往返形成良性循环之后，就能产生巨大的物质力量。科学研究虽然是软件，我们应当把它当成硬件来抓，把科研工作看得和业务工作一样重要。老一辈无产阶段革命家以及第二代、第三代中央领导集体，都十分重视科学研究，财政部门也有重视财政科研的传统。现在，有许多学者型人才担任财政部门领导职务，他们不但重视科研，也亲自参与科研工作，这是值得高兴的事。

最后，我还要强调一点，传承优良部风，开拓创新，要重视青年同志的作用。我提倡，年轻人应该向老年人学习，老年人也应该向年轻人学习，要互相学习。年轻人有年轻人的特点、优势，你们热情，有活力，我们老同志有过去艰苦时代的经历，有优良的革命传统，我们之间应该相互学习。

刘仲藜

（1992 年 9 月至 1998 年 3 月任中华人民共和国第七任财政部部长）

继承和弘扬财政部门实事求是的优良作风，推动“薪火相传”主题教育活动全面展开

刘仲藜

今天的活动是财政部机关党委“薪火相传 开拓创新”——继承和弘扬财政部门优良传统作风系列主题教育活动的第一讲。我今天是抛砖引玉，大家可多提意见和建议。希望以后的活动越来越好。

一、充分认识开展薪火相传主题教育活动的重要意义

首先，党风问题关系到党的生死存亡。抓优良作风建设关系到子孙万代和国家长治久安，其重要性不言而喻。

第二，具有很强的现实意义。现实不能回避。目前党风、政风中确实存在着一些消极现象，需要通过我们不断努力，切实加强作风建设，发扬

党的优良传统，来克服那些不健康的、消极的作风，使党风、政风更加符合我党宗旨“全心全意为人民服务”的要求。

第三，“薪火相传”关键要不断地添薪加柴。“薪”字不是工资或薪水的意思，应该是薪柴，柴火。只有不断地添薪加柴，薪火才能烈火熊熊永远传承。小平同志讲，社会主义要几代人、十几代人，甚至几十代人的努力才能实现。这就要求我们每个人既要继承好老一辈的优良传统，同时也要将好传统不断完善，传承给下一代，党的事业才能长久兴旺。

二、实事求是、求真务实是财政部门优良传统作风的精髓

借这次活动，我也需要再一次认真思考优良传统问题，这对我也是一次学习的机会。部里的活动方案里边有一条原则，就是要结合着党建、结合财政业务工作来开展活动。这就和我们实际工作联系紧密了。

总体看，传统作风问题，归根到底是党风、政风问题。具体到财政部的工作，表现形式不一样，但根本要求是一致的。我们常常讲思想作风、工作作风、生活作风，角度很多，但仔细想想，本质上还是要归结到我们党风、政风上去。这一点把握住了，在生活、工作、为人，等等方面，好多事情就应该豁然开朗了。

关于党的优良作风，毛泽东同志已归纳了三大作风：理论联系实际、密切联系群众、批评与自我批评。客观讲，目前三大作风落实情况是打折扣的，网民的议论就更难听了，这提醒我们确实有不健康和消极的现象存在。主要表现在三个方面：一是官僚主义。毛主席 20 世纪 50 年代就指出不要沾染官僚主义作风，这是针对整个上层领导机关而言的。具体表现形式有很多，不调查，不关心群众疾苦，不倾听意见，不了解情况就擅作决定了，决定的事情不符合客观实际，等等。我国是五级政府构架，中央机关离基层较远，要想下面真实情况一点没掺假地反映到上级部门来，上级政策措施一点没走样地在下级执行，很不容易，这是客观原因；加上主观上不认真对待，官僚主义就非常容易产生。二是形式主义。这比较普遍，形象工程就是形式主义的一种反映，是形式主义思想在实际工作中的体现。三是浮躁心理。胡锦涛总书记刚上任就到西柏坡去，再次用毛泽东主席的“务必使同志们继续保持谦虚、谨慎、不骄、不躁的作风；务必使同志们继续保持艰苦奋斗的作风”——两个“务必”提醒全党，既说明

经建司、部机关团委“薪火相传　开拓创新”主题教育活动现场

党中央对这一问题的重视，也说明当前浮躁心理比较普遍。我们公务员队伍同样存在这种现象，我工作 17 年才当上副处长，现在有的同志 3 年还没到就着急了，这就是浮躁。

作为一名财政部的公务员，继承老一代优良传统和作风，最重要的核心就是坚持实事求是，求真务实。1978 年我们党开展了实践是检验真理唯一标准问题的大讨论，解决的最大问题就是确立了实事求是的思想路线，并在此基础上提出了以经济建设为中心，坚持四项基本原则和改革开放，即“一个中心，两个基本点”的政治路线。三十年的改革开放实践所取得的伟大成就，就是我党坚持实事求是的最好例证。这也是财政部门的优良传统作风的精髓所在。

根据多年的工作和经验总结，在实际工作中要做到实事求是，必须把握好以下几个原则：

第一，要掌握真实情况。这非常不容易。很多问题都是靠情况来决策的。小平同志兼任财政部长时，曾对部里说过两句非常有名的话：你们提供的情况我来做决策，由于你们提供的情况不准导致我决策错了，你们负责；你们提供的情况是对的，我决策错了，我负责。毛主席讲过三句话，情况明，决心大，方法对。只有情况明了，你才能下决心，才能决策。要做到掌握真实情况，做到“情况明”，关键要“向上、向下”吃透“两头”。“向上”学习中央精神和大政方针，掌握熟悉法律、政策、制度等；“向下”了解基层情况。这就要靠调查研究，不能蜻蜓点水，走过场，或者带着框框和有色眼镜去收集材料，可以带着观点去佐证，实事求是做出判断，去粗取精，去伪存真。

坦率讲，要真正做好调查研究，全面了解现实情况是不容易的。粮食安全是我国的重要问题，“民以食为天”，财政补贴要安排多少，一个省长要扛多沉的米袋子，财政部又要扛多沉的米袋子，这些问题都需真正调查研究，摸清情况才能回答。

中注协主题教育活动报告会现场

现在实行的干部挂职交流、锻炼制度，让中央机关同志到市里、县里扎扎实实工作一段时间，了解基层实际情况，搞搞调查研究，这很好。但现在实行起来有点走样，县里当你是“飞鸽牌”的，不当你是“永久牌”的，派到上面跑“部”来了，就是沉不下去。

第二，要防止人云亦云。毛主席说过，共产党员对任何问题都要问一个为什么。我不是提倡怀疑主义，但我们要有直觉和个人判断。看到一个材料，听到一个汇报，千万要分析一下，可信度有多高。有一次“两会”期间，一位青年记者问我：“你是财政部老领导，有种说法，一年政府坐公车要坐掉4000亿，你怎么看?”我说：“全国有3000个市县，1000亿给中央和省级应该够用了吧，剩下3000亿，一个县要坐掉一个亿？我不相信。”我建议他调查10个县，分为一等县、二等县、强县、弱县，看看支出到底是多少，然后推算一下。他赞成我的意见。

第三，要敢于发表意见。掌握的情况跟别人，甚至上级说的情况不一致，要出于公心客观反映出来，这很重要。当然，要注意发表意见的方式和方法。在这方面，当时田纪云副总理对财政部有一个非常科学的评价。他说：财政部是敢于发表不同意见的。但是财政部也是讲纪律的，中央决定的事情，财政部坚决办理。我想这应是财政部机关的一个优良传统。

有一年姚依林副总理主持会议，商业部汇报粮食会议筹备情况及需要领导解决的问题，共汇报了十三个需支持的政策问题。汇报完后姚副总理让我发言。我对十三个问题进行了分类，有几个问题已有文件可参照执行；有几个问题正在研究；有几个问题目前还不行。讲完意见后，又请示姚副总理同意说了几句“题外话”，我说粮食问题除了外因，内因更关键，粮食企业要积极推进改革，降低成本、减少劳务费，等等，不能仅依靠国家政策，对商业部内因问题建议这次会议也能触及一下，我的意见得到了姚副总理的高度认可。

第四，处理问题要讲究方法，既要坚持原则性，又要注意灵活性。毛主席讲，情况明，决心大，但方法要对。在《毛泽东选集》里面，谈到工作方法的文章有很多篇，像《党委会工作方法》《改造我们的学习》《关心群众生活，注意工作方法》《反对本本主义》，等等。处理问题，需要原则的时候一定要坚持。当年制定《教育法》，部门提出要将教育经费占到GDP的4%写入法律中，财政部顶住了。不是不关心和支持教育，确实没办法，当时财政收入只占GDP的11%，除教育部外，科委、农业部包括军委也在提比例，科委要求1.7，农业部要求1.5，军委要求2，四部门加起来等于9.2，还剩1.8，其他事情没法干了。更多的要有灵活性。现在叫双赢，办不成的时候不如退而求其次，各退一步，海阔天空。这类例子很多，增值税率为什么定“17%”，这是“妥协”结果。部里当时是根据38000户大企业的三年资料测算出来是18%，这些企业涵盖的税额占总税额的82%，比较准了。但经贸委认为高了，坚持16%，国家税务局不好表态。朱镕基同志让我召集各部门商量一致。礼拜天到我办公室，我说已经争论很久了，再拖下去到年底了，将影响明年初财税改革，是否各退一步，各让一个百分点，17%得了，参加会议的经贸委、国家税务总局领导都同意。结果，15分钟的会，问题解决了。

现在财政机关工作，跟三十年以前不一样了，处理问题要考虑利益集团问题，政策对既得利益者产生多大影响，能否承受和说服。所以我们的财税体制改革一条重要的原则就是不动存量动增量。存量里是有既得利益的。当年分税制改革，朱镕基总理带队走了17个省，先要把最富的省份，如广东、上海说服，说服他们的道理里面很重要的一条就是存量不动，增量慢慢动。若要动他的存量、既得利益，很容易把你顶住。

第五，工作要抓重点。现在工作重点就是民生问题。但做好民生的前提是发展经济，发展是第一要务。经建司责任重大，义不容辞。只有经济搞得好，税收才多，国家办事才有财力，才有行政能力。毛主席说手中没把米，叫鸡也不来，就是这个意思。具体看，工作重点是什么，无非就是两个方面，中央关心的，群众关心的，就是我们开展工作的着力点。

第六，注重政策的落实。《毛泽东选集》里面讲得很经典，目标已经有了，是要过河。但是你得解决“桥”或者“船”的问题，有船有桥才能达到彼岸。方法不对，事与愿违。在机关工作，制定某项政策时，首先应该想到怎么能够让群众得到真正的实惠。

举个例子，20世纪80年代末90年代初，粮食比较紧张。有个奖励政策，卖多少粮食，奖励给一定的化肥和柴油，以鼓励种粮卖粮。政策执行起来，对粮食大户还行，对粮食小户就麻烦了。奖励倒是奖励了，但拿到半碗柴油怎么用？后来政策调整了，全部货币化，都以价格来计算。政策才得到落实。

朱镕基同志有两句话很经典：切记不要把政策只落实到公文上，更不要把公文落实到卷柜里。对我们机关工作人员来说，政策起草完、文件发完，工作并没有结束。要去检查，看看落实得怎么样，是不是到了群众手里。

住房问题、高房价已很长时间，出台政策很多，执行起来效果却不理想，主要是有利益集团在里面。现在关心房子的利益群体主要有五方，其中有四方面不赞成降价：地方政府不希望降，有土地财政在；银行不愿意降，否则贷给开发商的款就可能变成坏账；开发商不愿意降，要谋取收益；有房产的人不愿意降，否则个人财产就贬值了；只有想买房子的人希望降价。在这种博弈情况下，高房价是个难题。最近国家采取一项措施很好，就是增加经济适用房比重，这主要是借鉴新加坡的经验。新加坡是批给开发商一块地，其中30%的面积要按政府的要求建设，建成后归政府安排，其余的由市场去调节。

三、做到三个“注重”，不断践行实事求是

坚持实事求是，需要体现在工作中，不断地去实践，去坚持。根据个人体会，应做到“三个注重”：

第一，注重品德和党性修养。要敢于坚持真理，不要老考虑个人得失，心里总有小算盘，畏首畏尾，这不好。应一心为公，心里始终牢记，所做的一切是为了国家的利益，为了党的利益，这个很重要。

第二，注重学习。学无止境。社会发展快，新生事物很多，比如网络上很多语言理解起来就挺费劲的，“粉丝”一词我就学了好一阵子。这次金融危机过后，又出了很多新词、新含义，这些都需要我们不断学习。学习应包括两个方面：一方面是自己的专业和本职工作的学习，这是比较普遍的，也是长期的，需要不断更新和加强；另一方面，要多学点宏观经济、政治知识和其他部门的业务。经济问题不是单一和孤立的，粮食联系着农业，国内联系着国际，范围很广。多学些宏观经济知识，有助于我们可以更多地站在战略、全局的高度看待问题和思考问题，能源、环境等都需要我们用这样的视野去认识。

政治方面一定要懂。钱随事动，就中央来说首先想到的是事，事情重要，就必须得办。政治永远是第一位的。小平同志说军队要忍耐10年，大力发展经济。这10年军队就很艰苦，没有更多新的装备，人员还要精简，一次100万，一次50万，目的就是来支援经济建设。现在经济好了，当然

要加大对国防的支援力度。因此我们首先要想到这个事应不应该办，要办就必须出财力，没有财力，想别的办法，发债都可以。有时我们会犯一个毛病，总强调这个事情是归我管的，我就管。我给大家讲，从国务院领导来讲，各部门虽是有分工的，但如果这个部门工作不得力，可以让另一个部门办。从这角度看，多了解政治是有好处的。

此外，多学习其他部门的业务，多做换位思考，可以更好地理解部门的观点。

第三，注重实践，深入基层，不断总结完善。财税改革方案出台后，1993 年底 1994 年初，每到周末，我都要到北京附近，如保定、涿州、顺义、天津等地的税务局和企业，了解政策落实和实际操作情况。有的理解得好，不用培训了；有的还是一头雾水，需要我们组织培训。此外，通过深入基层，也有助于政策的进一步完善，印象最深的就是小水电问题。增值税原理是链条式的，销项税抵扣进项税。但小水电的水来自大自然，没有进项税，无法抵扣，这样 17% 的负担太重了，同时小水电又不能上网，主要供当地农民使用。问题出来了，后来就赶快调整完善政策，减掉 11%，按 6% 征收。

四、实际工作中应具有的六种能力

希望大家经过自己的努力，能够成为既有高尚品德、优良作风，同时具备各方面知识，有工作能力的合格的财政部门公务员。谈到能力，我有幸被中组部和国资委聘请当了 3 年考官。归纳起来，大家应该具备这样 6 种能力。

第一，要有前瞻思维的能力。凡事预则立，要有预案。坦率讲，社保司是早于社保部 5 年成立的。部里当时讨论认为，社会保障是公共管理职能的重要组成部分，而且会越来越重要，财政部门义不容辞，责无旁贷，必须要做好。所以在 1993 年就已经成立社保司，5 年以后 1998 年国家成立社保部。这就是前瞻思维，想到的事情你跑不了，跑不了的事情不如早做准备，拖是拖不下去的。中国古话讲“躲过初一，躲不过十五”就是这个道理。

第二，要有总结归纳的能力。财政部门是综合性部门，涉及面广，信息来源渠道多，这就要求我们必须具备良好的总结归纳能力，善于从大量的信息中抓住要害，提炼观点，进行分析研判。

第三，要有沟通协调能力。西方有沟通经理，专门从事沟通协调工作的。沟通协调很重要，和部门、和省里，方方面面都要有良好的沟通协调能力。

第四，要有文字和语言表达能力。一次国务院开会讨论，某单位发言，讲了20分钟，观点还不是很清楚。这样，领导讨论决策时间都给占用了。事实上，到国务院参加会议，部门要清楚自己的位置，我们是咨询而不是决策者，只要说明情况就够了，不要长篇大论，五分钟能讲清楚的，不要用六分钟，能用三分钟，就别用三分半。抓住要害几句话就行了。对于文字表达能力，财政部还受过朱镕基同志表扬的，他说讲文字表述能力，计委排第一，财政部排第二。

对于文风，现在公文里面专用名词用得比较多，今后要注意。公文，就是公众都能看懂、读懂的文章，要注意对象，若是只有专业人员才能看懂，就不好了。巴西总统卢拉，他最大的魅力就是用老百姓的话来说他的施政方案，施政演说没有花里胡哨的词汇，老百姓都能听懂，结果赢得了广泛的民意。

第五，要有团队合作能力。如果是领导同志，还要有驾驭团队能力。单打独斗，那是金庸小说里的主人公，但即便主人公功夫再高，遇到训练有素的大部队也会束手无策。真正在我们这个集体里边工作，大家要有团队合作精神，相互之间都离不开，知识是互相联系的，工作也是互相联系的，机关是个大团队，团结协作非常重要。

第六，要有解决问题能力。这就要求我们遇到问题可以迅速地抓住问题的要害，分析原因，采取针对性措施，并根据措施执行情况及时改进完善，最后彻底解决问题。

刚开始我就讲了，薪火相传、好的传统作风，这个题目不好讲，不知道大家要点什么。上述内容全当是先抛一块砖，能引起大家的思考。其实每个人工作里面都会有一些失误，我也一样，希望大家批评指正。

谢谢大家！

（本文根据作者在经建司、部机关团委“薪火相传　开拓创新”青年座谈会上的讲话编辑整理）

你所不知道的刘仲藜

骆伟琼

老部长的“乐活主义”

老部长不愿把我们之间的谈话称为采访，而是“一种朋友之间的聊天”。

在聊天之前，我曾尽可能地搜集有关他的资料，然而我“失望”了，看到的除了简历式的介绍，就是与财税改革和注册会计师行业相关的报道和讲话。

在聊天之后，我庆幸自己认识到了一位一般人不知道的部长，一位丰富、深刻、幸福、快乐甚至是让人感动的部长。

在书房里秉笔直书，勤勉尽职的部长；一身运动装，在篮球场上冲锋陷阵的部长；黄昏时与夫人相伴在公园散步的部长；周末与儿女们一起做饭、打牌、聊天的部长……他似乎一直都生活在一种两极当中，而且这两极在他身上表现得如此融洽：他的勤勉尽职与注重家庭，他在官场上的叱咤风云与生活中的闲情逸致。

现在的部长，生活节奏一如从前。早上7点多钟到办公室，下午如果没有工作，他会去游游泳，或者看看各类书籍，晚上除了散步，有时还弹弹钢琴，用他自己的话说，是“乱弹琴”。

现在的部长，还是那么关心世事，那么热爱生活，以至于在跟他聊完之后，记者自己那点小烦恼都羞于再跟朋友叨叨。

他多角度总结了自己的为人处世之道：用三句话来讲，是规规矩矩做人，勤勤恳恳工作，快快乐乐生活；用四个字来概括，是白居易口中的“心泰身宁”；用佛经的话来说，是心无挂碍；时尚一点，就是用平常心。

他就像一位睿智的长者，不断地提醒我：别烦恼，别烦恼。

聊天之际，我时不时望一眼他办公室墙上的一幅照片。照片中的部长西装革履、精神奕奕。

“那是任社保基金理事会理事长时，一位摄影记者给拍的。”部长解释道。

“帅呆了！”听到我的评价，部长乐呵呵地笑了。

临走前，部长反问了我一个问题：“如果在一个已经明令禁止滑冰的露天冰湖，有人掉进了冰窟窿，周围却没人救他。作为一名记者，你会从哪个角度报道？”就在我思考之际，部长说：“是不是都会责怪周围那些没有救他的人？在我看来，我们应该先责备那个掉进窟窿的人。有了规范，为什么不遵守呢？”不经意间，部长教会了我，作为一名记者应该用客观的角度看待一些问题。

临走前，部长还叮嘱我，此次谈话纯属聊天，不要报道。但回来之后，我还是忍不住要告诉大家一个你们所不知道的刘部长。

你所不知道的刘仲藜

“我不是梨园世家，也不是科班出身，但就是跟会计结下了不解之缘。希望大家把我也算作一位业内人士！”会场上一片笑声。

75岁的刘仲藜，财政部原部长、中国注册会计师协会会长，在演讲台上一改往日的干练严肃，显得温厚可亲。这是今年新春伊始的一天，北京，全国先进会计工作者表彰大会的现场。

“讲话中没什么官腔吧？”之后刘仲藜有一次问《中国会计报》记者，

在得到肯定的答案后，他爽朗而欣慰地笑了！我们之间的“闲聊”也就在这种轻松、没有拘束的氛围中开始了，聊他历经的财税改革，他与会计的不解之缘，他的为官之道、为人之道、为父之道，甚至是养生之道。

“穿裤衩”的部长捡回了衣裳

了解特定时代的典型人物，往往就能了解这一时代的运行脉络。

刘仲藜就是这么一个典型人物，一位 20 世纪 90 年代中国财税改革的思考者和执行者。

1992 年，刘仲藜从国务院办公厅回到财政部当部长时，用“受任于危难之际”来形容他当时的处境一点也不为过。20 世纪 80 年代末 90 年代初，我国财政面临很大困难，尤其是中央财政。国家财政整体上呈现“弱干强支”局面。中央财力的薄弱，使那些需要国家财政投入的民生、社会安全、国防、基础研究和各方面必需的发展资金严重匮乏。

“到那个时候我算真正理解了什么叫国库空虚!”刚上任的刘仲藜倍感压力。面对这样的财政状况，党中央、国务院审时度势，果断决策，一场具有深远影响的分税制改革在中国拉开了序幕。1993 年在海南省的一次座谈会上，刘仲藜的幽默比喻给在场人员留下了深刻的记忆，“李先念同志兼任财政部部长时，有上衣和长裤穿，王部长（财政部原部长王丙乾）在任时还有衬衫，到我这儿只剩下背心、裤衩了!”话音刚落，一位参会人员跟刘仲藜开玩笑说：“您可能连背心都没了，只剩下裤衩了。”要打破一个既有的利益分配机制，需要多大的勇气与智慧。分税制改革要兼顾中央和地方，既要确保增加中央财力，又要不损害地方既得利益，还要处理好国家与企业的分配关系。这就需要有“共赢”方案的设计目标。“为了确定增值税率，税政司研究了涵盖全国税额 82% 的 38000 家企业 3 年的财务报表。当时我们认为，增值税是最大的改革对象，也是数额最大的税种，如果把它们的情况弄清楚了，主要税源问题基本就能解决了。但没有经过实践，这只能是一种理想。”经过 3 个月的挑灯夜战，刘仲藜带队的财政部方案小组先后做了多套方案，处理了几十万个数据，制作了几千张表格。经过中央决策层的讨论以及与地方的协商，分税制改革终于在 1994 年初得以实施。

一石激起千层浪。作为改革方案设计和执行的领队，刘仲藜心中的担

1993 年 1 月，财政部部长刘仲藜，副部长迟海滨、项怀诚、刘积斌、金人庆等同志与参加中央党校财税厅局长进修班的人员合影。

忧开始变得越来越具体了：第一，当时宏观经济环境不宽松，通胀严重，分税制会不会推动通货膨胀？第二，如果改革后的税制不合理，不是刺激了生产，而是打击了生产，那么经济增长率会掉下来；第三，对于新的体制政策，尽管大规模的培训已经完成，但企业财务人员和税收征管人员实际操作能力如何，钱是否能够及时收上来？在改革推行期的一次财政部党组会议上，刘仲藜公开表示："真要出现这种情况，我准备下台，准备作出牺牲。"时任财政部副部长金人庆紧接着说："如果你光荣牺牲，我们前仆后继，改革还是要继续下去！"为了防止所担忧的问题发生，刘仲藜找到时任国务院副总理朱镕基，向他说明了自己的担忧，要求临时向中央银行借 120 亿元，放在国库先顶一下。"他觉得我说的有道理，很快就批了。"刘仲藜一面向银行借钱，一面在春节前的时间里，到各地的企业、基层税务所调查，看看他们是不是在按照新的体制运作。

到了1994年春节前的2月8日，1月份税收数字出来了，税收同比增长61%。得到这一消息时，刘仲藜正在北京慰问财税部门基层职工。时任财政部副部长项怀诚对刘仲藜说："部长，税收增长61%，180亿元拿到手了，我们可以喘一口气了!"而此时的刘仲藜第一时间想到的是，向中央银行还钱。

之后的2月份、3月份、4月份，一直到12月份，每个月税收都在增长，全年的税收增长了900多亿元。

到1997年、1998年、1999年，全国财政收入每年增加将近1000个亿。

多年以后的2003年，中央领导在一次会议上讲话："分税制改革经过10年证明，是成功的!"听到这句话时，刘仲藜很激动。"改革的成功应当归功于党中央的决策，归功于百万财税基层人员，归功于社会各界的理解支持!"刘仲藜在发表获奖感言时说。

主政会计的大手笔

"我和会计有着不解之缘。"刘仲藜曾在很多大大小小的场合这样表示。的确，翻开中国会计史，刘仲藜与几件对中国会计事业影响深远的大事都连在了一起。

1988年，刘仲藜刚到财政部当副部长时，就主管会计司。在那期间，中国注册会计师协会成立。

或许是机缘巧合，多年以后他又成为中国注册会计师协会的会长。

1992年至1998年，刘仲藜就任财政部部长。这期间，《会计法》修订，《注册会计师法》通过，《两则两制》发布，三所国家会计学院开始筹建。

但让刘仲藜感到自豪的并不止这些。

1995年中国注册会计师协会与中国注册审计师协会的联合和1999年全国会计师事务所的脱钩改制等，对其中的过程，刘仲藜至今仍记忆犹新。

1991年，刘仲藜时任国务院副秘书长。彼时，因为业务存在交叉，审计师事务所和会计师事务所在市场上"闹得不可开交"，此事也反映到了国务院，刘仲藜成为这件事的协调者。"我认为，两者应该有明确的分工，审计是监督政府、监督财政资金的，而市场应该归会计师事务所。"时任国务院总理李鹏亲自主持有关会议并采纳了这一意见。1992年，刘仲藜回到财政部，也把这个任务带了回来，并开始了进一步的研究和规划。

1995 年，财政部和审计署联合发出通知：中国注册会计师协会与中国注册审计师协会实行联合，称为中国注册会计师协会。其中的一条细则堪称高明：1993 年 12 月 31 日前，已具备注册审计师条件，由省级以上审计机关批准，经审计署认定具有注册会计师资格的人员，送财政部备案后，由中国注册会计师协会分别发给财政部统一制定的注册会计师证书，或发给中国注册会计师协会会员证书。

“要改革，就要尽量保护相关人的利益。随着时间的推移，老年人一步步退出去，年轻人同样要通过考试获得资格，如此才能平稳过渡。”刘仲藜道出了自己的良苦用心。

2000 年的世纪之交，《人民日报》、新华社等国家级媒体不约而同地报道了会计领域这样一件大事：“作为经济鉴证类社会中介行业，我国注册会计师行业率先在全国完成脱钩改制工作。脱钩改制后的事务所面貌一新，活力大增，注册会计师的信誉正不断上升。”看到这则消息，最高兴的无疑要属刘仲藜了。虽然当时已调任国务院经济体制改革办公室主任，但他认为，正是在体改办的协调和推动下，会计师事务所才得以彻底与行政脱钩，真正成为社会公正自律的组织。

当时的亚太会计师联合会等国际机构、国际大型会计公司和许多来访的外国会计师职业组织纷纷表示，脱钩改制是我国进一步扩大对外开放的重要信号。

让刘仲藜没有想到的是，自己与会计的这份不解之缘还能延伸到国际舞台。2006 年，刘仲藜当选为国际会计准则基金会受托人。

“其实理由不外乎两个：一个是中国日益扩大的影响力，一个是中国正在实行与国际会计准则的趋同。”刘仲藜显然落掉了一个重要因素：那就是他自己的个人魅力。

这个部长当“官”有一套

走进刘仲藜的办公室，各个角落摆放的照片最能吸引人的眼球，那是他为“官”以来，担任不同职务时在不同场合与各位国家领导人的合影。现在，那已成为他一笔宝贵的财富。

黑龙江省副省长，财政部副部长，国务院办公厅副秘书长，财政部部长兼国家税务总局局长，国务院经济体制改革办公室主任，全国社会保障基金理事会理事长，全国政协经济委员会主任委员，再加上现在的中国注册会计师协会会长，刘仲藜很好地完成了每一次的角色转换。

“财政部的工作是面宽，对方方面面都要了解，都要放在心上；理事会的工作是纵深，股票曲线图中一个带颜色的小方块，可能就要学整整一本书。”

“我对国务院办公厅副秘书长的定位是，有建议权，没有决定权。”

“两年时间里，我只签发过一个文件，就是把一个会议的召开时间从‘明天’改到‘后天’。”

“中央部门领导和省政府领导的职能不同，工作方法也不同。”这些都是刘仲藜对自己为“官”之道的精辟总结。从副省长到正部长，刘仲藜对“正副手”的理解更是颇为独到，“当副手最重要的是维护团结协作，维护一个集体的荣誉。当一把手要善于听取大家的意见，调动大家的积极性，更要敢于负责，如果见好的就揽过来，不好的就往外推，不下两次就会名誉扫地。”在日常的工作中，刘仲藜号称“777”，早上7点到办公室，晚上7点下班回家，星期天坚持加班。刘仲藜解释道：“早上7点到8点是最好的工作时间，肃静、没有会议、没人打扰，能处理很多文件。下班后，可能刚开完会，再给自己一点时间处理零零碎碎的事。”密件太多，不把文件带回家，不在家接待客人谈公事，这也是刘仲藜恪守的两大原则。

与他共过事的人都知道，刘仲藜还有个嗜好，那就是散步，早上半个小时，晚上一个小时。在他看来，散步不但可以锻炼身体，还可以让他利用这段时间进行思考：今天干了什么，明天要干些什么。另外，游泳、打篮球都是他缓解工作压力的好方法。

他常说，当“官”这些年，自己问心无愧，在离开每一个岗位时，那儿的人不是放鞭炮庆幸他走了，而对他多少还是心生留恋和不舍。

他说为“官”如为人，诚实尤为重要。多年以后的今天，刘仲藜还记得刚到财政部时，一位财政部老领导对他说的那句悄悄话：“在国务院开会时，你不发言就表示同意，所以有什么意见就要说，但不能多说，被咨询的人不能滔滔不绝。”

传奇人生的平淡归宿

“往昔即苦难”的回忆模式显然不适合刘仲藜，很少有人会像他那样总结自己的过去："我这辈子平平淡淡，能记起来的都是些快乐的事。"事实上，他的人生是充满传奇色彩的。宁波孩子，商贾出身，幼年举家搬迁至上海，18 岁考进当时的东北人民政府，从此走上仕途。

他抡过锄头，也炼过钢铁。"我还打过山火呢！"他说的"山火"是 1987 年大兴安岭的那场大火。那一年，已经是黑龙江省副省长的刘仲藜受命控制大兴安岭的西线火势，阻止火焰蔓延至内蒙。"当时，西线 120 公里，每 50 米一个战士，火势几次差点突破我们的防线。"说起当年在山上蹲守的 1 个月零两天，刘仲藜丝毫不提苦和累，而是把它当成一生中最宝贵的经历。

刘仲藜自称"半个东北人"。

1952 年至 1987 年，整整 35 年，刘仲藜把一生中最美好的岁月都留在了那片黑土地上。"应该说，我真正开始接受党的教育和自己的逐步成长是在这个阶段，长知识和懂得人生也是在这个阶段。调中央国家机关工作以后，离中央更近了，使我更有机会受到教育和锻炼。"东北人的豪爽和宁波人的细腻，刘仲藜兼而有之。生活中的他大大咧咧，通常日记只保持两到三年之后就销毁，美其名曰：过去了的就让它过去。

他爱好书法，却总说自己不是内行，练字的目的只是为了签文件时字能好看点。他还清楚地记得小时候父亲逼他背诵朱柏庐的治家格言："莫贪意外之财，莫饮过量之酒。""一粥一饭，当思来之不易；半丝半缕，恒念物力维艰。"现在，刘仲藜如是总结自己的为人之道：规规矩矩做人、勤勤恳恳工作、快快乐乐生活。

同一个院里的人都羡慕：老刘家真幸福。每周六，是刘仲藜和儿女们的家庭聚会日，戏称"吃中央财政"，这一天刘仲藜会大展厨艺。

为此，他和老伴总要提前打电话询问儿女们，这周想吃点什么。然后在某个清晨，老两口会穿行于肉铺、菜摊之间，为周末的大餐进行采购，时而与老街坊们聊上两句，时而逗逗路边玩耍的孩子，悠然自乐。

回头想想，他觉得自己这辈子最欣慰的事情很简单：工作很顺利，家庭很和睦，身体还可以。他总说，要感谢自己的老伴，这么多年来一起奋斗，一起幸福；要感谢自己的儿女，他们深刻领会到了他的"身教"，如今正在服务于社会。

也许在很多人看来，他就像一台烦恼筛选机。这位年过七旬的老人心里，现在只留下了快乐和欣慰。

对话刘仲藜

《中国会计报》：有媒体报道，20 世纪 90 年代您就任财政部部长初期，曾三次找到时任国务院副总理朱镕基，希望他批条子向银行借钱都没借来。

刘仲藜：这个说法其实不太准确。1994 年初，分税制改革刚刚实施时，我把自己的担忧跟副总理说了之后，那一次我借到了。另外两次也不是没借来，这其中折射的是一个国债发行变革的过程：过去财政赤字是向央行透支，后改为“借款”，再后来，又改为“借”一部分，一部分发国债。社会主义市场经济改革目标确立后，财政赤字要通过发行国债来解决，因此不能再向银行借款了。

《中国会计报》：您怎么看待会计在当前经济社会中的作用？

刘仲藜：在我们国家，可能有很多人认为，会计是服务于财政的。其实这远远不够，会计是整个社会经济分析的基础，对整个经济发展都起到了举足轻重的作用。

这次金融危机中，很多国家不说自己的金融家贪婪，不说监管缺失，而是把矛头对准了会计，这是舍本逐末。去年年底召开的 G20 峰会破天荒地讨论会计问题，正说明了它的重要性。

《中国会计报》：在此次金融危机中，江浙一带的外贸企业受到了一些影响。您作为一位宁波人，同时也曾是宁波经济建设促进协会会长，有没有给他们支支招？

刘仲藜：宁波的经济发展曾经在中国被称为“宁波模式”。宁波资源不多，国有企业少，以前在全国的经济地位较低。但改革开放之后，宁波一些民营企业家凭着自己的才智成长起来了。

金融危机爆发后，他们的贸易受到影响，需要探索新的增长模式。我的看法还是自主创新，创造新的知识、新的技术、新的产品。我们应该鼓励知识出口、技术出口。聪明的企业要注重发展产业链的两端，即研发和服务贸易。

《中国会计报》：这次金融危机对注册会计师行业提出了哪些要求？

刘仲藜：最重要的是保护投资者的利益，增强市场信心，维护市场秩序。金融危机之下，国际上又出了一起特大的审计不实丑闻。作为注册会计师更应该自律，同时中国注册会计师协会也应该进一步加强监管。有句话我很欣赏：“什么是道德，道德是恐惧的产物。”

《中国会计报》： 听说您平常很喜欢看历史书籍，有没有特别崇拜的历史人物？

刘仲藜： 谈不上崇拜吧，他们有成功之处，但也有弱点。毛主席的词《沁园春·雪》说得最明白不过。就拿大家都读过的《三国演义》里边的人物来说，诸葛亮太细、关公太高傲、周瑜气量太小。对历史人物应该取其长，舍其短。

《中国会计报》： 从政这么多年，您认为自己做得最成功的事是哪一件？

刘仲藜： 我觉得陕西乾陵的无字碑说得很好：让别人去评说。只要总体上对得起国家，对得起老百姓。我觉得人这一辈子能干好一两件事就差不多了，只不过是事大事小的区别而已。

（本文选自《中国会计报》2009 年 4 月 21 日）

项怀诚

（1998 年 3 月至 2003 年 3 月任中华人民共和国第八任财政部部长）

伟大的事业要薪火相传

项怀诚

前段时间综合司几位司领导跟我说，部机关党委组织开展“薪火相传　开拓创新”主题教育活动，部党组很重视，专门组织成立了一个机构。仲藜同志已经到部里讲了第一课，希望我也来综合司讲一讲。让我来讲薪火相传实不敢当，但是，有机会跟同志们见见面，倒是“正中下怀”。一方面，我对综合司有着很深的感情。1982 年综合司在当时王丙乾部长主持下正式成立后，我就过来工作。当时金鑫同志担任第一任司长，此后朱福林同志、谢旭人同志、丁先觉同志、肖捷同志、王保安同志、戴柏华同志等先后担任过司长，现在是欧文汉同志担任司长。这里面有我的老领导，也有老同事、老部下，他们都非常优秀，多年下来综合司形成了非常好的传统。所以，综合司举办这样的活动，我一定要来。另一方面，我对财政部充满了感情。刚才文汉同志说我是财政部的“元老级人物”，有溢美之意，但我的确是财政部的“老人”了。1963 年初，我来财政部工作时才 22 岁，直到 2003 年离开财政部。一个人一生中在一个单位工作生活了四十年，应当是不短了。能把一生最好的时光都奉献给财政事业，是很幸福的。我对财政部和财政部门同志的感情很朴素、很真挚。所以，我很想借此机会跟大家谈谈心。

机关党委举办“薪火相传　开拓创新”主题教育活动，很有意义。前进中的中国要薪火相传，伟大的事业要薪火相传。长江后浪推前浪，江山代有人才出。只有薪火相传才能后继有人，财政事业才能发扬光大。薪火相传的过程体现在中华民族伟大复兴这个辉煌的事业中，始终贯穿在整个历史进程中。上个月，仲藜同志给经建司同志讲第一课时指出，发扬“实事求是”优良传统，要掌握“四个原则”、不断践行“三个注重”，还讲到公务员应当具备的“六种能力”。仲藜同志讲得很好、很全面，也很有高度。这些都是财政部门非常好的传统，是薪火相传的重要内容，要进一步发扬光大。今天，我主要和大家分享一下自己的工作经历，“现身说法”，谈谈做好财政工作、继承和发扬财政优良传统的个人体会，希望能给同志们一些帮助和启发。

第一，我不是财政专业的科班出身。我在工作中一个很大体会是，要不断加强学习、努力提高理论功底。我是学中文的，没有学过财政学，财经理论功底差。不过，经过四十多年的工作后，我感觉，干部到了一定程度，不大可能是科班出身。大家看，全世界那么多学校，那么多专业，没有一个专业是培养总理的，只能培养总经理。而且，到现在为止，共和国十任财长中只有金人庆同志是学财政专业出身的。邓小平、薄一波、李先念、张劲夫、吴波、王丙乾、刘仲藜、谢旭人和我都不是科班出身。这就要求我们这些干部，要有学习意识，要靠干中学，不断提高理论功底。记得在综合司入党时，左春台同志跟我谈心时就提醒我，要继续补专业课、不断提高理论水平。在财政部门工作这么多年，我一直牢记这点，不忘加紧学习、抓紧补课。刚来财政部的时候，我是在当时的税务总局工作，就补税务的课，把税目税率表都背了下来；做国有企业利润监缴工作时，就抓紧补企业财务的知识。知识是日新月异的，只有不断学习、提高理论水平，才能跟上时代的步伐，才能适应财政工作的需要。

第二，我工作过的岗位比较多。我的一个很深感受是，不能懈怠，要努力适应新的挑战、完成新的任务。我前前后后在财政系统工作大概四十年，最后又到社保基金理事会。在财政部门工作时，做过国有企业利润监缴工作、税务工作、预算工作以及财政综合工作。后来当了副部长和部长，分管的司就更多了，工作面更宽了。经历了这么多工作岗位，对一个人来说，是个很大的挑战。记得1963年我刚从中科院调到财政部税务总局时，分配到监缴利润处，业务不熟悉，感觉压力很大。后来，工作调整多了，也习惯了。2003年到社保基金理事会工作时感觉挑战也很大。不过，经过努力，工作两年后开始有了感觉。一些纯技术上的事情，我不懂，就不管太多、太细，抓大放小，重点搞好资产配置，不要冒太大的风险，把风险控制在比较合适的程度上就可以了。总结这么多年的经验是，面对各种工作和压力，主要是要有一套好的工作方法，一个好的工作态度，一个好的工作作风，努力适应新的要求，熟悉新的工作任务，迎接新的挑战。其实，在不同的岗位工作，接受不同的任务，对一个同志的成长发展是大有好处的。既是压力，同时也是领导和组织给你全方位锻炼、全面增长知识的机会。所以，同志们面对新的岗位、新的任务不要有畏难情绪，要勇于迎接挑战，才能在不断追求中逐步锻炼自己、提高自己。

第三，我赶上了好的时代。我的一个主要体会是，一个人要把握住历史给予的机遇，担负起历史赋予我们的责任。我很幸运，赶上了改革开放的好时代，赶上了党的好政策，赶上了国家大发展的好环境。可以说，没有党的十一届三中全会，我们这代人以及我个人就不会有今天。我出身在一个知识分子家庭，父亲是工程师，母亲是医生，两位老人都不是共产党员。这样的家庭背景，在“文化大革命”以前，我也就只能当个教师，不可能位列“六部九卿”，当上共和国的财政部长。我之所以能够当上财政部长，不是我有本事，而是时代给予我的机遇。当时，胡耀邦同志提出干部要四化——革命化、年轻化、知识化、专业化。我们这些大学毕业生才有了用武之地。这是历史给予我们的机遇，也是历史赋予我们的责任。我们这一代人把握住了这个机会，为党和人民的事业尽了一份力、做了一点事情。比如，作为财政部常务副部长，我很有幸参加了分税制财税体制改革的全过程。当时的财税体制改革处在风口浪尖上，是党中央、国务院高度重视的工作任务。我分管预算，能在这个重要的岗位上工作，机会是非常难得的。对中国来说，目前经济社会发展阶段也是一个关键的阶段，在座的各位一定要把握住历史给予你们的机遇，不辜负历史赋予你们的责任，好好作出一番事业来。

第四，我遇上一批好的领导。我感觉到，耳濡目染老首长们的工作作风、工作态度和工作方法对我的工作和成长有很大的帮助。部里的许多老部长、老领导，丙乾同志、劲夫同志、吴波同志、李朋同志、一农同志、

历任综合司长相聚“薪火相传”活动

海滨同志，等等，对我的帮助都很大。可以说，没有他们的言传身教，我是成长不起来的。比如，劲夫同志非常注重鼓励和培养年轻同志。他担任部长时，我还是个办事员。按理说一个办事员是不可能和部长有亲密接触的，但劲夫同志就吸收我参加了部里的务虚小组。在进行讨论时他对我说，“你尽管讲，大胆发言”，鼓励我参与重大问题和战略问题的讨论。又如，吴波同志艰苦奋斗的作风给了我很深的印象。1964 年“四清运动”的学习阶段，我与他编在一个小组里，作为共和国的财政部长，他的眼镜盒旧得连外面的灯心绒都磨破了，里面的铁皮都露出来了，可还是舍不得换新的。这种艰苦奋斗作风不是做出来给别人看的，而是体现在生活中的许多具体细节上。吴波同志还十分关心普通同志，让他的司机老蔡住在他的房子里，还给老蔡很多关心、照顾。再比如，王丙乾同志德高望重，他谨慎、仔细、和风细雨的工作作风，是有口皆碑的。丙乾同志不仅手把手教我做业务，而且还在潜移默化中培养我的工作作风。记得我当副部长的时候，一个准备上报国务院的重要文件印好后报丙乾同志，丙乾同志看后把我叫过去说，“怀诚，这里面好像缺了一段”。我赶紧找来原稿比对，发现真的缺了一段。校对文稿不应该是部长的职责，而是我们这些下面干部的职责。这是我的重大失职。当时我的脸一下就红了，等待丙乾同志狠狠的批评。结果丙乾同志拿起笔写道，“重印十份，即办。”没有一句批评的话。这种和风细雨的工作态度令我终生难忘。后来，一些同志说我脾气好，态度好，这都是我从老首长身上学到的。就是这样，我从一批老领导身上学到了很多宝贵的品质。现在，同志们在工作和生活中也要注意留意一些老同志、老领导做人、做事的方法和态度，继承和发扬好财政部门的优良传统，这样才能真正做到薪火相传，使我们的财政事业蒸蒸日上。

第五，我身边有一批能力强、作风好、讲全局、肯吃苦的好干部。我体会到，只有依靠大家的支持和共同努力，才能做出一点成绩。行政机关部门的工作是团体性的工作，不是哪一个人自己的工作。就像机器的运转，要靠大家来推动，不是靠哪一个人的力量。我在财政部工作四十年，身边有一大批好干部。他们不仅业务能力强，非常能干；而且工作态度好，非常努力。因此，我体会，要想做好工作必须有一个好团队，依靠集体的力量，才能有所作为。综合司和机关党委组织薪火相传主题教育活动，就是要将财政部的好传统一代一代传下去，培训和锻炼出一大批好干部，发挥集体的力量。这才是真正的薪火相传。

第六，我想说的是，正是在这个好的时代，在好领导、好同志的支持和帮助下，我注重在工作中培养锻炼自己好的作风。我感觉，良好的工作作风是做好财政工作必须具备的。一是比较勤快，比较肯干。中国有句老话叫“勤能补拙”，又说“万事勤为先”。行政机关干部第一条就要肯干、勤快。从我自身的经历大家可以看到，不怕你没学过，不怕你没经验，只要你肯下功夫、肯吃苦，就能做好工作。不是有句话叫“笨鸟先飞”嘛，我们天资不高，可以用勤奋弥补。当然，如果你不笨，先飞起来那就更好了，工作上的进步就更快了。二是比较谦虚。要学会接受批评，有则改之，无则加勉。记得有一次镕基同志叫仲藜同志和我三个人开一个组织生活会，镕基同志从爱护一个干部的角度出发，告诫我不要太自信、要谦虚。可见，谦虚非常重要。我在工作中时刻提醒自己要谦虚，要能听得进去别人的意见，不能太自信，更不能自以为是。三是脾气比较好，不伤人。在工作中我一直强调，财政部的干部，脾气要好一点。现在，通过各项改革措施，我们已经将自己手里的“权力”逐步削减了，在资金分配上尽量做到公式化、程序化、公开化。但在人们的印象中财政部门还是个有权力的单位。正因为这样，财政部门的干部更不能太“牛”，脾气也不能太大。共和国第一任财政部长薄一波同志说过，财政部的干部要任劳任怨，“任‘劳’容易，任‘怨’难。”薄一波同志的这句话给我很深的影响。地方和部门同志到中央来提要求，是经过深思熟虑的，是掂量又掂量的，他们希望中央财政给一点支持也是可以理解的。如果不能满足他们的要求，我们也应给一个好的态度，要亲切一些。同时，我们还要承认，国家没有那么多钱，也是我们的工作没有做好，要“任怨”。

上面这些，只是我对个人经历的一个回顾和在财政部门工作四十年的一些感受。现在，我想说说眼前，说说大家。

同志们，你们这一代人应当说是非常幸福、非常幸运的一代人。我们党从成立到今天有八十九年，共和国从成立到今天有六十一年，改革开放政策实行了三十二年。你们这代人最真切感受的还是改革开放这三十几年。这三十几年时间里，有太多的成功，也有太多的奇迹。你们正是生活在这样一个不断出现奇迹的时代，而且是实实在在的奇迹，不是浮夸的奇迹。能够生活在这样一个时代，真的是太幸福、太幸运了。

当前正是一个非常关键的时刻。我们国家正处在发展的机遇期和矛盾的凸显期。很可能当在座的各位到我这个年龄的时候，回首往事就会发现，21 世纪从第一个十年到第二个十年这个阶段真是个非常关键时期。经过了三十年的快速发展，问题的关键是，今后十年、二十年还能不能保持快速发展，能不能再有三十年的快速发展。史无前例的金融危机给中国和世界都带来了很大的变化。我们国家应对金融危机付出了很大的努力，基本保持了经济的平稳发展。北京、上海基本没有危机的痕迹，美国昔日的繁荣之所则是门可罗雀，两相比较，是天壤之别。这说明我们在应对危机中做得不错。那么，进入后危机时代，我们究竟能不能“过”得去、“过”得好？现在综合司文汉等同志正在组织研究编制财政“十二五”规划。这个规划到底怎么做？现在也是众说纷纭。主题词是什么？主线索是什么？主要矛盾是什么？首先解决什么问题？经济发展速度还要不要作为一个指标，等等，这些议题都是需要讨论的。“十二五”时期对我们国家发展太重要了。“十二五”时期经济社会发展要能“过”得去，也就是既要不出现通货紧缩，也不要出现通货膨胀，经济还能够继续向前发展。更重要的是，“十二五”时期要“过”得好。这个标准就高了，要求就多了。要想

“过”得好，关键是要贯彻落实好科学发展观。今天上午部党组就正在开会研究建立健全有利于科学发展的财政体制机制，这项工作很重要。科学发展观能不能深入人心？能不能落到实处？这对我们是个考验。讲经济发展方式转变，讲经济结构的调整，已经讲了二十多年。这么多年没调整好、转变好，主要原因是没有落到实处，没有机制和制度创新。“十二五”时期经济发展方式如果还不能转变，就会不进则退，情况会趋于恶化，到“十三五”时期就难了。所以，“十二五”时期对我们来说非常非常重要。

这个时期，也正是在座各位一生中最好的时期，可以大有作为的时期。说真的，我很羡慕你们。你们一定要把握住历史赋予的机遇，多学一点新知识、新本领，认清新的形势，把问题分析得透一点，科学运用新方法，努力解决新问题。我相信，你们这一代人一定会做出比我们这一代人更加伟大、更加光辉、更加了不起的成绩！

附：项怀诚部长同青年亲切交流

1. 您在财政部门工作的四十年中印象最深的是哪件事？比较遗憾的事情有哪些？

项怀诚：对我思想触动和后来工作影响比较大的事情，我觉得是加入中国共产党。入党那天的情形我至今都还记忆犹新。我与你们不一样，从递交入党申请书到组织批准我入党，前后经历了22年。为一个愿望奋斗了二十二年的感觉与奋斗了一两年的感觉是很不一样的。这二十二年，我经历了“脱胎换骨”的变化。我跟当时的支部书记说，我是坚定不移地跟党走的。至于比较遗憾的方面，还是有一些的，感到很多工作都没来得及做。

2. 项部长您好，很荣幸能够听到您今天的讲话。记得您作为颁奖嘉宾参加2003年中央电视台一个节目，当时一位获得者是为农民工讨回工资的熊德明女士，因为其他获奖者多为企业家，她站在台上有种格格不入的感觉。当您上台颁奖时，亲切地叫了一句“熊大姐”，她很快就放松下来。当时您已经60多岁了，这位“熊大姐”才40多岁。从这个小事上，充分体现出您是真正从骨子里看重人、尊重人、平等地对待不同社会地位的人，这是难能可贵的。今天，您给我们讲的，许多都是小事，但正是从这些小事上，折射出做人、做事的宝贵品质，非常值得我们年轻人学习。我的问题是，根据您的经验，做好财政工作应该具备哪几项最基本的素质和品质？谢谢！

项怀诚：这可是个大问题。前面我讲了，仲藜同志讲的第一课就非常好。他提出的关于实事求是的“四条原则”、“三个注重”、“六个能力”，这些就是最基本的素质和品质。这些要求好说不好做，甚至很难做到，但同志们还是要努力做到。

3. 您刚才也提到，财政部门是权力部门，在实际工作中可能面对很多诱惑，其中还可能涉及到个人的利益。您能不能谈谈如何处理好这类事情？

项怀诚：概括起来，就是一句老话——“克己复礼”。不管是不是在权力部门，一个人的一生中总会碰到这样的事情。我觉得，凡是涉及到个人利益的时候，要注意“克己”。这是中华民族的传统美德。工作中，制定政策不能拿自己的利益为标尺，要把大家的利益摆在前面。我举个小例子。我当副司长时赶上一次分房，房子打扫好了，正赶上陈景新同志从黑龙江调到财政部，没有房子，我把房子让给了陈景新同志。后来当副部长了，国管局在万寿路盖了新宿舍，分给我一套，这时候金人庆同志调到部里来了，我把那套房子让给了金人庆。刚当副部长的时候我还和两家人合住一个单元，合用一个厨房、卫生间。当时的气象局长晚上来我家谈工作时，感慨地说，“没人会相信财政部副部长还在跟别人合住一个单元房。”部里以前也有一些同志在分房问题上有一点要求，部里满足不了。别人跟他谈，说服不了他。我找他谈，就谈得很好。由我来谈这个问题，他服气。所以，在处理这些问题的时候，关键是要把个人的利益摆到一边。

4. 很多人都说您几十年的职业生涯是“金色的职业生涯”，从税务到财政、再到社保基金理事会是一个从收钱、到分钱、再到赚钱的过程。我很想知道，您在这个职业生涯当中，是怎样实现一次又一次华丽转身的？

项怀诚：谈不到“华丽转身”。我刚才讲自己经历了一些不同的工作岗位，这是挑战，同时也是积累。回想起来，到社保基金理事会的挑战最大。不过，工作两年后，我开始对这个工作有了感觉。对一些纯技术上的事情，我不懂，就不管太多、不管太细，抓大放小，把资产配置搞好就行，不要冒太大的风险，把风险控制在比较合适的程度上。要想胜任不同的工作，主要是有一套好的工作方法，一个好的工作态度，一个好的工作作风。

5. 您是“积极财政政策”这个词的创造者。您能不能谈一谈1998年实施积极财政政策的决策过程？

项怀诚：1997年亚洲金融危机时，我们已经感觉到经济上不去了，经济增长乏力。用镕基同志当时的话讲，“脚踩着油门，汽车也上不去。”当时是生产过剩、需求不足。商品到处都在降价，也卖不出去。那时，运用货币政策启动经济不管用。因为没有人会到银行去贷款发展生产。这个道理很简单，因为贷款生产的东西卖不出去，会赔钱。而且，货币政策的传导过程相对较长，时间等不及了。当时，是张少春、肖捷和王保安等同志向我建议要启动财政政策支持经济发展。1998年6月份我在《人民日报》发表的文章，只是提出启动财政政策。积极的财政政策不是我提出来的，是党中央决定的，词也是党中央创造的。

6. 项部长，非常高兴有机会听您的教导。您学识渊博，我们综合司一直在坚持开展“读经典”活动，请您帮助推荐一些经典的著作。

项怀诚：我觉得人生不同的阶段要看不同的书籍。你们正是干事业的时候，刚才我讲“十二五”时期是关键时期，要想“过”得好，就要把科学发展观落到实处。所以，大家重点是应该熟读、精读科学发展观，而且要在工作中贯彻落实好。

7. 项部长，请给我们讲一个您过去挨批评的故事。

项怀诚：挨批评的时候倒是不多，有一些批评也主要是书面的批评。一般受到领导批评后，我们都高度重视，连夜开党组会，抓紧研究对策，尽快解决问题。所以，我告诉大家，部里这种不断改进工作的好风气是薪火相传的。其实，挨批评不是坏事，是好事，有利于我们不断改正错误、推进工作、取得进步。说到批评，让我想起一个故事。耀邦同志当总书记的时候批评过财政部。耀邦同志这个人说话很生动，有时也很“刻薄”。曾说过财政部是“小脑发达、大脑不发达”。这意思是什么？就是党中央决定的事情你都跟不上，你自己老是“小脑发达”。还有一次耀邦同志批评财政部老拿赤字来“压”党中央。这话都是非常重的批评，不是一般的批评。当时丙乾同志任财政部长，曾经在私下小范围讲，他当时准备卷着铺盖下放，也就是对不当部长已经做好心理准备了。后来情况发生了很大的变化，陈云同志给耀邦同志说，财政部讲的赤字是真的，不是假的。就这么一句话化解了问题。然后，中央组织部领导同志约丙乾同志谈话，当时丙乾同志估计“凶多吉少”。谈话的内容是什么呢？原来是中央决定丙乾同志当国务委员兼财政部长。

8. 项部长，我想最后和大家分享一下您与我之间的小故事，也许您已经不记得了。五年前我还是中央财经大学的学生，当时在校园送您一幅画，您能收下我就感到非常荣幸了。可是，您当时对我这样一个普通的学生非常真诚。您说“无功受禄，受之有愧”，还问我“有什么需要我做的?”当时，我真是受宠若惊，就向您要了张名片。您不仅送了我一张名片，而且说会给我写一封信。过了不长时间，我真的收到了您的信，还是用荣宝斋的宣纸亲笔书写的。这幅字一直激励着我，让我追寻着您的足迹走到了财政部。在这里，我想对您表示特别的感谢！如果说有什么问题的话，我想知道，那幅画您还留着吗?

项怀诚：我郑重地告诉你，你讲的故事我全都记得。你送的那幅画我还保存着，而且是和那些名家送给我的画放在一起。

（本文根据作者在综合司、部机关团委举办的
“薪火相传　开拓创新”青年座谈会上的讲话编辑整理）

项怀诚这十年

王　静　石家麟　赵　立

近些年我国的历任财长中，项怀诚的名字恐怕最为老百姓所熟悉，这从互联网上搜索到的有关项怀诚的28900条信息中就可以看出来。所谓时势造英雄，“项怀诚”这三个字的普及程度应该跟他在财长任上这几年我国的经济形势有关，也跟他所引起的诸多争议有关。在项怀诚的办公室，他跳过我们请他谈谈个人的话题，津津乐道的仍然是他的工作。

锐意改革

项怀诚多年任职财税系统，长时间的工作经历使他对我国财税制度的积弊了如指掌。当税制改革的重担落到他的肩头时，他义无反顾地走到了改革的最前沿。

一、在分税制的旋涡中

“今年（2004年）是很特殊的一年，今年是分税制实行10周年纪念。

和分税制相联系的工商税制改革，也是从 1994 年 1 月 1 日开始执行的，到现在也是 10 周年。这两项改革应当说是中国宏观经济 体制改革中最成功的两项。这段历史是很可以大书特书的。”说这话时，项怀诚仍是一贯的淡淡笑容和不经意的语气，可这几句话却分明有太多的感情色彩，这其中，有对跌宕起伏的改革岁月的眷恋和回味，还隐隐的有一种作为改革推动者的自豪。

1993 年 3 月底，八届人大一次会议通过的宪法修正案将宪法中关于国家实行计划经济的规定修改为“国家实行社会主义市场经济”、“国家加强经济立法，完善宏观调控”。这标志着困扰理论界很久的关于姓社姓资讨论的正式结束。也是从这个时候起，朱镕基正式全面接掌经济工作，掀起了中国大地风云激荡的经济改革大潮。这一年，我国开始了历史上第一次真正意义上的宏观调控，成功地扼制了通货膨胀的势头。但此时的中央财政却十分窘迫，有人干脆将其称为“悬崖边上的中央财政”。这么说并非耸人听闻，回过头看，1993 年的中央财政收入只有约 1000 亿元，还不及目前的 1/12。没有经济做基础，也就无所谓政治上的权威，贫困的中央财政是十分危险的，我国财政收入制度的改革已迫在眉睫。在这种历史背景下，十四届三中全会通过的《关于建立社会主义市场经济体制若干问题的决定》，对财税体制改革提出了具体的要求，那就是——进行工商税制的改革并实行分税制。

在此之前，作为财税改革小组的重要成员，项怀诚全程参与了对财税体制改革的设计。1994 年 7 月，项怀诚出任国家税务总局副局长、党组副书记，并于 1995 年 1 月升任国家税务总局党组书记，出现在工商税制改革和分税制改革的第一线。这时，工商税制的改革成果已初现端倪，其内容主要包括取消产品税、合并国内企业所得税、立法征收个人所得税以及以消费税补充增值税几个方面。其中最重要的就是取消产品税和实行增值税，这两个方面的变化完全改变了中国工商税制的面貌，为企业的公平竞争创造了良好的外部环境，也从制度上制止了地方政府的减免税行为。

1993 年，财税改革工作小组在朱镕基的领导下展开了工作。改革涉及到中央与地方的利益分配，情况非常复杂。虽然如项怀诚所说，“中央和地方之间有一点不同看法，彼此之间有一点戒心，在所难免。”但江泽民总书记和朱镕基副总理却也不得不亲自出马给地方做工作，有时地方的领导仍然存有疑虑，中央就点名“让项怀诚去解释”。这是一次前所未有的行动，在朱镕基副总理的率领下，从1993年9月开始，改革小组用三个月的时间跑了13个省，一个省一个省地做工作，一家一家地算账。项怀诚凭着娴熟的业务知识、高超的谈判技巧和雄辩的口才，终于说服地方党政领导接受了中央的方案。

2002年5月12日上午，第35届亚洲开发银行理事会年会在顺利完成各项议程之后，中国财政部部长项怀诚接受记者采访。

但这还远不能成为结局，因为紧接着就出现了1993年下半年的“上基数”现象。当时，国务院确定的新分税制原则是在保证各省1993年既得地方税收收入（即以各省1993年的地方税收收入为基数进行中央对地方的税收返还）的基础上，通过调整增量部分的分配比例以提高中央的财政收入。本来1993年上半年有3个月，全国的财政收入是负增长，当以1993年为基数这个税改政策宣布以后，在接下来的几个月里，全国的财政收入居然出现了超速增长，增长率达到24.8%，其中最高的一个月增长率达到57%。有的地方，一些企业已经没有了，居然也交了税。结果1993年的财政收入增加了900多亿元，而前几年平均每年的增长额不过是180亿元。

1993年和1994年之所以让项怀诚难以忘怀，理由恐怕还在于分税制改革的艰难，以至于2002年项怀诚在北大演讲时，讲到2001年准备实现个人所得税中央和地方共享时的“上基数”情形时，还忍不住在演讲现场厉声说：“当时我已经决定，我要召开专门的会议，要和地方干部协调，增长700%是不是太糊涂了？已经不像话了，太过分了嘛！”

虽然“上基数”是“人之常情”，但1994年以后是否能消化这个基数很快就成为项怀诚最担心的事情。1994年2月8号，大年三十，全国1月份的财政收入报表报到了财政部，数据显示1月份的财政收入比上年同期增长了62%（1994年每个月的收入都比上年同期有所增长），财政收入的增长显现出来的大幅度突破，证明了分税制改革的方向是正确的，而且措施是得力的，有效地遏制了地方的瞒报和截留，更好地协调了中央和地方的利益。这时候，大家终于松了口气，项怀诚跟当时的财政部长刘仲藜建议，“今年的会就不要开了吧?”建议被采纳了，财政部每年大年初二召开党组会议的传统第一次被打破，财政部的官员们也第一次在家过了一个完整的春节。

如今，分税制已经实行了整整10年，这是新中国成立以来所实行的最稳定的一个财税体制。它反映了经济发展的规律性要求，投入运行之后也比较顺利，最近几年它所表现的优势更加明显，中央财政以平均每年17%～18%

的高速稳步增长，对经济体制改革的顺利进行起到了根本性的保证作用。

在今年年初关于分税制的一次演讲中，项怀诚讲道：“一个体制的改革，一个制度的建立，刚刚建好就说它伟大得不得了，说它成功得不得了，影响大得不得了，是不能令人相信的，因为它没有经过实践的检验。经过10年的实践，应当说这项改革是成功的。”在谈到改革功过时，朱镕基曾肯定地说“对财税体制改革的成功，怎么评价都不过分。”

二、积极财政政策的力推者

出色的政绩使项怀诚赢得了中央领导的欣赏和人民的信赖，1997年，在中国共产党第十五次代表大会上，他当选为中央委员。1998年九届人大一次会议，经朱镕基总理提名并获人大高票通过，项怀诚出任财政部部长。

刚刚“如履薄冰”地站到财政部部长任上的项怀诚，所面对的国际和国内形势极为险恶。那是一向乐天派的他一生中唯一要靠药物来维持睡眠的一段时间。1998年，金融风暴对整个亚洲的影响仍在继续，在它的影响下，全球经济明显放缓，我国国内第一季度工业生产增长率下降，物价水平继续走低，职工下岗人数有所增加，内需严重不足。1998年我国的出口增长为0.6%，几近为零，而1997年的这一数值为21%。当时的经济形势一如项怀诚所说，“就好像开汽车，脚在油门上使劲踩，就是上不去。”可是屋漏偏逢连阴雨，在此国内经济举步维艰之时，我国又爆发了百年不遇的华南、华中大水灾。为了巩固这二十年来的改革开放成果，党中央、国务院及时确定了扩大内需的方针，由适度紧缩的财政和货币政策，转为积极的财政政策和稳健的货币政策。而此时的财政部长，无疑处于波峰浪谷的最前沿，但历史既然选择了他，他只能义无反顾，迎难而上。

1998年6月16日，项怀诚在《人民日报》发表署名文章《财政宏观调控与启动经济增长》，提出我国应当适时适度地扩大财政举债规模和财政支出，增加投资，刺激消费，促进国民经济增长。项怀诚调回财政部的前一年，即1997年，我国的财政赤字是580亿元左右，按当时的财政预算，1998年的赤字应为460亿元，比上一年减少100多亿元。但鉴于当时的形势，中央决定于1998年8月首次增发1000亿元长期建设国债（截至2002年，我国已发行长期建设国债6600亿元），财政赤字大幅增加。从此，项怀诚的名字就和实施积极财政政策的利弊纷争联系在了一起。理论界围绕是否应该实施积极的财政政策进行了多次激烈争论，问题主要针对“为什么不实行减税政策”、“是否会对民间投资产生挤出效应”以及“国债风险”等方面提出。作为这个政策的执行者，项怀诚在财财政部长任上的每一年都要花费不少时间和精力去做说服工作。虽然他一再解释这些国债都是用于建设性的开支，没有一分钱用于运转性的、经常性的开支，而且所投资的领域也不会对民间投资产生挤出效应，但他得到的评价依然是毁誉参半。

笔者问项怀诚，“那些反对之声对您有干扰吗?”“没有。”他毫不犹豫地说。“很多人对我讲过，要慢着点。‘木秀于林，风必摧之；堆出于岸，流必湍之。’我都对他们讲，哪怕以我下台做代价，也必须坚持。当一个官员，要想不受攻击、不受反对，是不可能的，除非你无所作为，或者你跟着跑。中国历史上的改革家都没有好下场。真正立志于改革的人，必须要有自我牺牲的精神。我们这一代人改革，已经幸福得不得了了。人这一生能够做点事是最重要的。”

虽然积极的财政政策不可避免地带来了通货膨胀的隐患，但它也迅速带领中国走出了经济发展的瓶颈状态，并以每年 7.7% 的增速大幅扩张。有鉴于积极财政政策对国民经济发展的推动作用，朱镕基总理曾评价“这届财政是最辉煌的一届”。项怀诚在财政部部长任上这五年，我国的财政收入逐年上升，由项怀诚出任部长时的 9000 多亿元达到了他离任时的两万多亿元。

勤奋耕耘

一、好学会说的财政部部长

项怀诚有两个特点人所共知，一是好学，一是会说。不论在什么样的岗位或什么样的环境中，只要有空，项怀诚都是手不释卷。他涉猎的领域非常广泛，而且很注意搜集和整理各类信息。尽管项怀诚有着惊人的好记性，但他却常说“好记性不如烂笔头”。他的笔记本在财政部相当有名，从参加工作那天起，从各种渠道获得的数字和情况，甚至一个商标、一张照片都被他收进了自己的笔记本。一旦需要，则能信手拈来。几十年来他到底记过多少本笔记，自己已经无法计算。“文革”时，造反派要调查某位同志的所谓“问题”，在查无实据的情况下，竟然想到要从项怀诚的记录中寻找什么蛛丝马迹，他的笔记本已经具有档案的作用了。在那个特殊

年代，为防“惹事生非”，项怀诚不得不忍痛割爱，一下子烧掉了60多本笔记。在他办公室的书橱中，笔者见到了整齐有序地排列着的大小不等的二十几本笔记，而在他的旧办公室中，这样的笔记本有十几箱。

山东大学中文系毕业的项怀诚能成为财经专家，全赖于他这种好学的精神。他说，“经济学研究的是比较现实的问题，它不玄，很多都要从实践中学习。”读书之外，项怀诚不放过日常工作和生活中的任何学习机会。20世纪80年代初期，青年人思想非常活跃。项怀诚经常在下班后与他们聚会、聊天。海阔天空的漫谈使他感到思路大开，大受裨益。他还喜欢参加国内外的各种研讨会，他觉得“只要有心学习，参加研讨会比上大学收获还大”。就是这样日积月累，项怀诚逐渐形成了自己雄厚的理论功底，如今他已经是财政部财政科学所的博士生导师。

不断的思考和探索使项怀诚总是能够站在理论的前沿，走在改革的前列。他原先任职的财政部综合司担负着研究宏观经济、财税改革及管理预算外资金等重大任务，号称部长们的“参谋部”。还在综合司当副司长时，项怀诚就总是以他超前的目光，紧密跟踪改革动态，及时向司里、部里提出意见和建议。常常，部长们刚从国务院领回任务，准备找综合司研究，综合司已交出了一份有情况、有分析、有措施的研究报告。

邓小平的“南方谈话”让项怀诚备受鼓舞，他感到宏观经济体制的改革终于要提到议事日程上来了，便召集了几个年轻人，口述自己的观点，由他们记录并整理，很快完成了一部被理论界认为是中国第一部系统论述市场经济的著作——《中国市场经济与宏观调控》，并赶在十四届三中全会召开前出版了。多年来，项怀诚经常在《人民日报》、《求是》及《财贸经济》等报刊上开专栏、发表文章，对我国社会、经济、文化发展方面的很多规律性的东西做过有价值的探讨。如《从历史盛世看中华民族的伟大复兴》（《人民日报》2002.5.11）、《十羊九牧的思考》（《人民日报》2001.4.26）、《新时期财政改革与发展》（《求是》2001.5）、《增加社会保障收入，完善社会保障体系》（《人民日报》2002.12.23）、《只留清气满乾坤》（《人民日报》1999.9.2）等。他所著《财政管理学》一书还得过国家图书奖，这在高层领导中并不多见。

熟悉项怀诚的领导和同事公认他是一个学者型官员。据曾任项怀诚秘书的王保安同志说，本来调任自己当秘书时是不想去的，后来听说是给项部长当秘书，就乐意了，“因为他是学者型领导，跟着他能够捞点东西回来。”果然，项怀诚不仅以自己的好学言传身教，还主动支持王保安读博士学位。“碰上这样的领导，还有什么好说的，”王保安顽强拼搏三个半月，就考上了中国人民大学经济理论博士研究生。

广博的知识还成就了项怀诚出名的好口才。2002 年 11 月，项怀诚参加了在香港召开的第十六届世界会计师大会并发表演讲。11 月 22 日，香港《文汇报》用《世界级财长发挥项氏幽默》来命名它的一篇报道，并引用香港中文大学校长金耀基的话：“中国有世界级的总理，也有世界级的财长”。11 月 29 日香港《大公报》一篇名为《项“财爷”讲演无闷场》的文章这样形容他的讲话，“完全不用看讲稿，谈笑风生”，“深入浅出，娓娓道来”，“从头到尾笑声不断”……有一次，记者请他对李登辉的一句话——“第三次金融风暴将由人民币贬值引发”发表评论，他马上答道：“李登辉先生的话不值得我评论，因为他经常说错话。”顿时满堂喝彩，掌声如潮，在座无不为他的机智幽默所折服。

二、平民出身的高官

项怀诚 1963 年进入财政部，从科员、副科长、副处长、副司长、副部长一路走来，直到 1998 年担任财政部部长，用财政部官员的话来讲，项怀诚“是历任财政部长中唯一一个在财政部历练多年，财政部培养出来的，有魄力、实践经验丰富、擅长解决疑难杂症的财政专家。”

人们称项怀诚“平民高官”，这位平民子弟对生活的要求也真的不高。在办公室见到的他，一改电视上西装革履的形象，普通的蓝衬衫，更普通的深蓝色夹克，形象一点儿都不光鲜。20 世纪 80 年代末，已经当了副部长的他家中还没有电话，并且还和别人合用着厨房和卫生间。有一次，姚依林副总理的秘书晚上有急事找他，查了半天居然查不到他的电话号码，打到值班室才知道他家里根本没有电话，这之后才在宿舍传达室紧急装上。他要求下属要四勤：手勤、腿勤、脑勤、嘴勤，他自己也是如此做的。八点半才上班，他七点半就准时来到办公室，打扫房间、打开水、读书、学习。从二十多岁的小伙子，到如今年过花甲，几十年如一日。

据项怀诚的同学说，他的夫人在北京的一所回民中学教书，一直是班主任，一辈子连个教研室主任也没当过就退休了。子女也没有借高官父亲的光，做的都是很普通的工作。

成功人士一般立志都较早，拿这个问题来问项怀诚，他却回答：“没有，一点也不敢想，那时讲多了就是‘个人奋斗’。”据他山东大学的同学说，他们那届学生（1956级）中文系共有108人，大多是调干生，有的年龄已三十多岁，而项怀诚才刚过17岁，是班上年龄最小的几个学生之一。班里的大姐刘露茜就说，“项怀诚不就是个孩子吗！”项怀诚自认自己在大学时并不是一个出类拔萃的人，也不太关心当时的政治，而且由于年龄小，还比较贪玩。那时正是“反右”斗争如火如荼的年月，有一次，小组又开会，项怀诚听得不耐烦，就借口打水，溜出去看了一场电影。等他“打水”回来，自然少不了一顿盘查，他也不说谎，老老实实承认看电影去了。这还了得？这简直是犯了大忌，是自由主义！班里同学为此集体开会帮助了他一番。小组长凌南申哭笑不得，项怀诚自己却一点意见都没有，反而觉得挺值。说完这个故事，项怀诚还不忘追问一句：“你想想，这种境界的孩子还能干什么呢？”这个故事也许能解答为什么项怀诚在1983年44岁“高龄”时才入党这一问题吧。

任重道远

2003年5月9日，项怀诚履新全国社会保障基金理事会理事长。这一职位和他一直以来致力于建立社会主义公共财政的工作具有连贯性。

截至2002年末，全国社会保障基金资产规模达到了1240亿元，而在未来十年内，这项积累将至少达到30000亿元以上。令人遗憾的是，社保基金的收益却一直在低水平上徘徊。据公开的资料显示，社保基金2001年的收益率只有2.25%，2002年为2.75%，仅与三年期的银行存款利率相当。而随着中国人口老龄化程度的加速以及潜在兑付高峰的威胁，社保基金面临着越来越迫切的升值压力。

这次，项怀诚又面临着与1993、1998年相类似的艰巨而复杂的局面。今年4月9日，项怀诚终于有话要说。对于社保基金这份“老百姓的养命钱”，项怀诚一再强调要选择最谨慎的方法让它保值增值，但他又宣布，2004年社保基金将增加股票投资的比例，从去年的5.1%提高到15%，并且理事会还将择机投资海外市场。看来，65岁的项怀诚绝不是来社保基金会养老的，对他来讲，这个岗位仍然具有极大的挑战性，项怀诚仍然任重而道远。

（本文选自《人物》杂志2004年第6期）

做人是一辈子的事

——访财政部原部长项怀诚

孟秀敏

大学中文系毕业，做了18年科员，却在改革开放后脱颖而出，成为备受瞩目的财政部部长——项怀诚，本身就是一部传奇。

风和景明的一个上午，北京金融街全国社保基金理事会项怀诚的办公室。

依然是充满磁性的声音，依然是纵论天下的风采，记者面前的项怀诚，睿智而亲切，深邃而诙谐，年近七旬仍一如既往。一件朴素、家常的淡蓝色布衫，使这位半年之前退下来的前任理事长，在雍容儒雅之间，更多了些普通人的平易与自然。

与财政结缘

2003年3月20日，财政部礼堂。

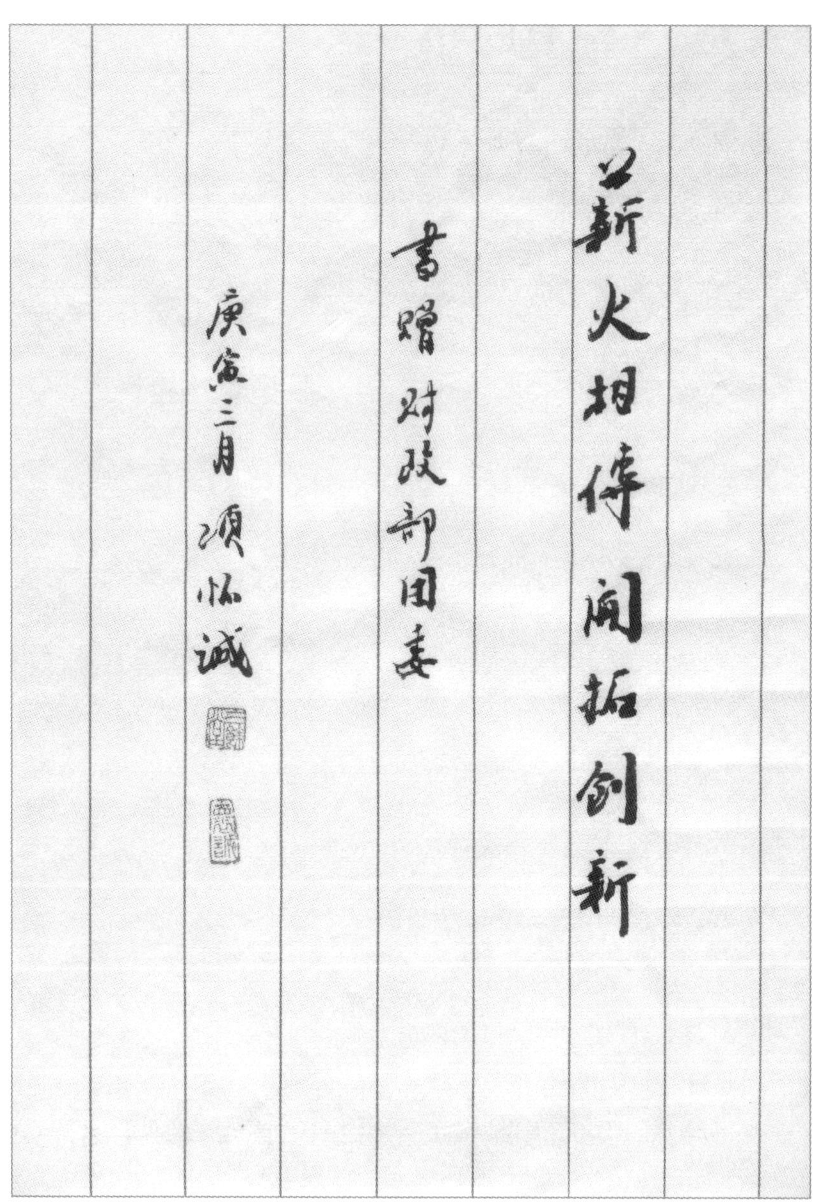

项怀诚部长为“薪火相传”活动题词

台下，是财政部数百名处以上干部，台上是刚刚离任的上届部长项怀诚。

在这个讲台上讲话，对项怀诚而言，不计其数，但没有一次像这一回这样让他难以平静。

面对着台下一张张熟悉的面孔，项怀诚敞开心扉：

“我从 22 岁进财政部，到现在整整 41 年。这中间，除了有三年半调到国家税务总局工作，其他所有的时间我都是在财政部度过的。我从一个不懂事的小青年，慢慢地入了党，提了干，一茬一茬的老同志手把手地教我。没有他们的关心和支持，我什么事情也做不成……”

老部长一番肺腑之言，把人们带进他的内心深处，也把人们带进他所走过的人生历程。

1960 年 7 月，项怀诚从山东大学中文系毕业，分到中国科学院计算技术研究所做了研究实习员。但不久他所从事的中俄机器翻译研究项目下马，项怀诚不得不面临工作调动。许是沾了“翻译”二字，他先被安排去做外语教师。“教中文还马马虎虎，教外文我哪行。”项怀诚知难而退。“那财政部你去不去?”第二个孩子就要出生，项怀诚想：只要不离开北京就行。

1962 年冬天，项怀诚到财政部税务总局报到。办公室的同志带他见了处长，又去领了 3 斤黄羊肉、半斤花生油。“那是 1962 年的冬天啊，正是困难时期。我就这样成了财政部的干部——3 斤黄羊肉、半斤花生油就把我‘收买’了。”爽朗的笑声中，充满了对往昔岁月的深深眷恋。

从那以后，这位中文系的大学生，便和财政结下了不解之缘。为此项怀诚常常调侃自己误入歧途：“学中文的人本来挺高雅的，我却成天和孔方兄、赵公元帅打交道，翰墨香没有了，倒多多少少有了一点铜臭味。”

几十年的财税实践，不但使项怀诚成长为一名成功的财长，也使他成为一位出色的财税专家，但他却说，自己“只不过是一名财税从业人员”。

偶然里其实有着必然。

1956 年，项怀诚在上海读中学。高考前，父亲对他做了一个试验：随机念出 10 个电话号码，让他复述。当时上海的电话号码是 5 位数，10 个号码项怀诚只背出来俩。父亲又从《新民晚报》上选了一篇小小说念给儿子听，然后让儿子复述小说情节。恰巧那篇小说项怀诚看过，故事自然复述得详尽而流利。父亲认定，儿子的形象思维强于逻辑思维，于是对儿子报

考中文系大开绿灯。

实际上，项怀诚的数学相当不错，尤其考进大学后，他不但旁听历史系的课，还去旁听数学系的课。这些知识，在他以后的财政工作中全都派上了用场，用他的话说，“歪打正着”。

而对财政数字的敏感则是在财政工作中逐步培养起来的。

“在财政部工作时间长了，满脑瓜子都是数字，慢慢地就对数字有了感情。周恩来总理曾把王丙乾部长称作‘数字篓子’，问他什么他都讲得出来。我们那时候的奋斗目标就是向丙乾同志学习，当个数字篓子。”项怀诚回忆道，“其实，数字也是有规律的。只要你经常接触它，自然就会记住了。所以我积累数字，与其说是天赋，不如说靠的是苦功。”

在项怀诚办公室的书橱里，整齐有序地排列着大小不等的二十几本笔记，都是他当年作的记录。而在他的旧办公室里，这样的笔记本有十几箱，这还不算“文革”时项怀诚忍痛烧掉的60多本笔记。

一直到他当了部长，每个月的财政和经济数据，也都是他自己收集，从不假手于人。有时候秘书要查个什么东西，反而要到他的笔记本里去找。

所以，项怀诚任财政部领导时一直提倡，人要四勤：手勤，腿勤，嘴勤，脑子勤。直到现在，无论走到哪儿，项怀诚勤奋好学的习惯一点没变，遇到什么事情都要刨根问底一番。

平民本色

2002年7月，项怀诚赴丹麦参加亚欧财长会。

去首都机场的路上，他身上的裤子引起随行同志的注意。“猜猜，我这条裤子多少钱?”项怀诚顺势问道。大家仔细瞅了瞅，谁也没敢贸然开价。“十几块！不像吧?”项怀诚微微一笑，“前些年，三里河市场大棚拆迁，正赶上他们处理。”谁能想到，在国际财经舞台上叱咤风云、气度不凡的一国财长，居然会穿着十几块钱买来的裤子！

生活中的项怀诚，其实就是这么不“讲究”。记者采访他的时候，他身上的那件蓝布衫据说也是50块钱买来的。

类似的故事，从熟悉他的同志那里可以听到很多。

财政部办公楼用的是中央空调，节假日或下班后都要关掉的。项怀诚当部长时常常加班，盛夏时节，便常会看见他穿件和尚衫在办公室里办公——那和尚衫上，星星点点，净是窟窿。知情的同志也都清楚，他的睡衣睡裤常常也都是打了补丁的。1982 年那次带着学生去江苏实习，他花七八块钱买了件衬衫，穿了多年一直舍不得扔，直到前不久才处理掉。

实际上，项怀诚倒也并非刻意节俭，只是对他来说，衣服穿的时间长了就有了感情，便不肯轻易舍弃。包括有时在单位吃早点，吃剩的小吃、点心之类，他也舍不得扔掉，而是用纸包上带回家去。

说到吃，项怀诚同样不讲究。面条伴他过了大半辈子，光《闲话面条》他就为本报写了好几篇。当部长时，忙得顾不上吃午饭，他时常到对面的值班室找到值班人员："给我来包方便面。"值班人员提议："还是让食堂送点吧。"他总是一口回绝："送什么呀，早就营养过剩了。"

他是不愿意给人添麻烦。赶上节假日有事用车，他很少用他自己的司机，而是直接打电话给部里的值班司机，有什么车用什么车，从不挑剔。偶尔还会自己打的。一次他在首都宾馆参加完一个活动，一招手拦下一辆出租车就坐了进去，引得身后的邓楠同志直开玩笑："项部长这是去哪儿幽会?"甚至当年出席国务院总理办公会，他也总是"蹭"随行的楼继伟副部长的车一起去，既可以少用一辆车，又能少麻烦一位司机，一举两得。他常说："司机跟着我挺辛苦，不容易。"他的司机远光至今已跟了他 20 多年，被他称为自己的助手。

不但蹭车，项怀诚蹭烟也是出了名的。大家都知道项怀诚抽烟，但想抽一支他的烟却很难，因为他的烟都是"伸手牌"——想抽了，就伸手跟别人要一支。据说现在才有了点转变，兜里也开始装烟了。

待人以诚

财政干部做人难，财政部长做人更难。

项怀诚常说："财政系统的同志不能吹大牛说大话。白花花的银子，有就是有，没有就是没有。给国家理财，还是手紧一点为好。"也许正因为这样，有人开他的玩笑，说他脖子后边的那根筋有点毛病——只会摇头，不会点头。"我们有些同志很厉害呀，骂人都是不带脏字的。"项怀诚大笑。

熟悉项怀诚的人知道，他骨子里还是个书生，对于官场上的一些繁文

缛节是不习惯的。当财政部长期间，项怀诚很少出去吃请、应酬。他讲，要都吃也吃不过来，干脆都不去吃，免得别人说你看人下菜，厚此薄彼。一些省市主要领导到部里谈工作，他很少亲自迎送。他认为只要该说的话说了，该办的事办了，未必非要讲求那些礼数。

担任财政部长期间，项怀诚把工作重点放在了建立公共财政框架方面，立足于建立比较规范的财政转移支付制度，削减随意性较大的、一事一议的财政专款。虽然常常因为不能满足别人要钱的要求得罪人，但公共财政框架的建立，却使他与财政部党组在财政史上留下了一抹重笔。

“事繁勿慌、事闲勿荒，有言必信、无欲则刚，和若春风、肃若秋霜，取象于钱、外圆内方。”黄炎培先生的这几句诗项怀诚可谓刻骨铭心，而“外圆内方”，更成为他做人做事的一把尺子。

他常对身边的同志说，一个人活着无非三件事：求知、做事、为人。最最重要的是为人。做官永远是暂时的，做人是一辈子的事。然而做人，知易而行难。

在熟悉他的人眼里，项怀诚是个充满了亲和力与人情味的同事和朋友。

他念旧。每次到外地出差，遇有机会，总要把已经退下去的老厅长们请到一起吃顿饭，聊聊天。

2004 年 3 月，财政部的一位老司长去世，生前曾因故背了处分，这让其家人多少体味到一些世态炎凉。当秘书临时报告项怀诚，次日上午要为老司长送别时，项怀诚立即调整了工作安排，准时出现在告别现场，令所有到场的老同志心头一热。

在北京的大学同学，隔三差五地总要聚上一次，这已是多少年形成的习惯。饭馆只要干净就行，酒水自带，轮流做东。没有什么地位、等级的界限。

对下面的同志也是一样。项怀诚有什么事情，经常抓起电话直接打给处长、副处长，不讲那么多的“规矩”。担任社保基金理事会理事长时，有一次他给新疆财政厅办公室的一位副主任打电话。事后，那位同志将信将疑：真是项部长吗？这么高级的领导怎么可能直接给个小兵打电话。熟悉项怀诚的人却并不奇怪，这可不就是他的风格！

脉脉亲情

江苏吴江是项怀诚的故乡，但其祖先却是徽商八大家之一，并有过四代大夫、五子登科的荣耀，清代嘉庆年间，从安徽歙县迁移到苏南一带。

曾祖父曾捐了个湖北道员。“相当于现在的厅局长吧。如此说来我也是干部子弟啦。”项怀诚不失时机地开了个玩笑。

项怀诚的启蒙教育来自他的曾祖母，他叫太婆，因曾祖父早逝，也叫她太公。太婆是清代末年人，识文断字，四岁时，项怀诚就跟着她念经、认字、背唐诗。太婆家是当地望族，“863 计划”倡始人之一、原中国科学院力学研究所所长杨嘉墀便是她的侄孙子。

项怀诚的祖父开过丝行和珠宝店，后遭强盗劫掠，家业殆尽。父亲承其父业，从事丝绸技术，生前为中国丝绸公司的高级工程师，母亲则是一名医生。“算是小知识分子家庭吧。”项怀诚如此定性。

父亲是个很正直的人。抗战期间，他在四川一家毛纺织厂担任副厂长，打得一手好算盘。1945 年抗战胜利后，他从内地回到上海，找不到工作，便进了国民党的一家金融机构，在里面做个小职员。但他不参加国民党，人家给他的申请表，他扔在抽屉里始终没有填。

父母对项怀诚的教育，集中在三个方面：要好好读书，要勤快，要正派。这三条，对项怀诚影响至深。

项怀诚的老伴是他从中学到大学的同学，毕业时和他一起分到北京，从参加工作到退休，几十年都在回民中学做语文老师。项怀诚后来当了副部长，他的爱人又是山东大学中文系的老大学毕业生，按说安排到财经学院教教公共课，对他也只是一句话的事情。但他没有这样做。

老伴也非常理解他：“我在这儿挺好，还不愿意沾你的光呢。”项怀诚在财政部工作 37 年，老伴从来没有因为自己和家里的事情给部里添过麻烦。

“其实在财政部，像王丙乾部长、刘仲藜部长的爱人，包括田一农、李朋等部领导的夫人也都是这样。这一点，受财政部老部长吴波同志影响最大。”项怀诚充满感情地说，“一种好的作风，无论在机关还是在家族，其实都是薪火相传的。”

项怀诚调到税务总局工作时，大女儿是税务总局的一个副处长。项怀诚对女儿说，“老爸在这个地方当局长，瓜田李下，你在这里没法提拔。你要觉得委屈，就自己找出路，但不要去经商。”女儿也争气，凭本事考进了安达信会计师事务所。

“孩子们现在都很出息，都比我强。”说起子女，项怀诚的脸上挂满慈祥与欣慰。

项怀诚极重亲情，跟外孙女相处如同朋友。家里温馨和谐，其乐融融。退休后，项怀诚给本报写了不少散文杂谈，老伴是他的第一读者，时常会用挑剔的眼光批评文章立意或主题不够鲜明，提出一些建设性意见。

退休后的三件事

退休后的项怀诚，充实而丰富，精力主要放在了三件事上：做慈善、打桥牌、读书写字。

早在担任财政部长时，项怀诚就一直关注与支持慈善事业，退居二线之后更是到处为慈善事业奔走呼号。目前，他不仅担任着中华健康快车基金会的监事长，还被聘为宋庆龄基金会的顾问。

他曾在《光明使者——健康快车》一文中写道：

“我在‘健康快车’基金会做义工多年，从第一线退下来后我的工作重点已部分转移到‘中华健康快车’基金会。

共和国的部长们曾三次为‘健康快车’筹集善款举办歌唱会。这些老部长的年龄大多在70岁上下，以前都是各条战线上叱咤风云的人物。我曾与他们同台演出，与他们一起排练，深深为之感动。前文化部副部长高占祥说过一句话：搞慈善事业要‘硬着头皮，厚着脸皮，磨破嘴皮。’像高占祥那样实践着‘三皮主义’的人，为慈善事业奔走呼号的人，他们的心灵都特别美丽。

我常常感到做得不够。还有那么多的人依然生活在黑暗中。希望有更多的人来关心这个弱势群体，给他们以更多的爱，这是我心中的呼唤。”老部长深情的呼唤令人动容。

桥牌是项怀诚非常钟爱的一项运动，说起来他的牌龄并不长，只有短短的10多年。20世纪90年代，项怀诚因工作关系结识了时任农业部长刘江。一天，刘江问他：周末干些什么？项怀诚实话实说：不干什么。

“那跟我打牌去吧。”刘江邀他。于是刘江成了把项怀诚领进桥牌大门的第一人。随后，项怀诚拜师学艺，很快掌握了桥牌的基本打法。但这当然不够。一天，桥牌高手丁关根“批评”他道：老项，你打牌没有章法，要看看书呀。项怀诚于是找书来看，对桥牌的兴趣也越发有增无减。当财政部长时，为了换换脑子，他偶尔也会在网上过过牌瘾，起名“户部尚书”。网上牌手哪会想到他真是财政部长，有时还会“抢白”他几句，但他并不介意，依然乐此不疲。

去年 9 月，被称为“高水平桥牌迷”的项怀诚，担任了中国桥牌协会主席。用项怀诚自己的话说，“这是人家抬举我，看我办事认真，我哪有这个水平呀。”而同期担任名誉主席的李岚清却对此评价：众望所归，是个合适的人选。

在项怀诚看来，桥牌不但是门大学问也是一门完美的艺术。早在 20 世纪 90 年代初财政部成立桥协时，他就对桥牌有过一个很精到的评价：桥牌和财政工作一样，都要精打细算。

项怀诚长于书法，目前担任着国际书协名誉主席。他的字，清秀洒脱，如同他的为人，一派学者气息。书法于他，一来修身养性，二来也在慈善事业中一展身手，不少人以向他求得一字作为幸事。

项怀诚堪称书痴。他看书，文史经哲，杂陈百家，看小说尤其入迷，包括时下流行的各类武侠小说。一册在手，沙发上一歪，一看就到后半夜。老伴常常嗔怪，看起书来像个孩子，管都管不住自己。

所以，退下来的项怀诚不寂寞，不失落。“做官一时，为人一世”同样知易而行难，但项怀诚做到了。

能上能下，心态平和，正所谓大家风范。

（本文选自《中国财经报》2008 年 11 月 6 日）

金人庆

（2003 年 3 月至 2007 年 8 月任中华人民共和国第九任财政部部长）

开创财政改革发展新局面

——访财政部部长金人庆

李建兴

收入2万多亿，成绩6大方面

记者：今年以来，国际形势复杂多变，“非典”疫情突如其来，自然灾害频繁发生，尽管如此，财政收入仍保持了较快增长。您能否介绍一下财政工作的新进展、新成绩？

金人庆：概括地说，财政工作在以下6个方面取得了一些成绩：

增收节支工作成效明显。尽管今年遭遇了“非典”疫情以及旱、涝、地震等自然灾害的冲击和影响，但随着国民经济的迅速恢复和持续趋好以及增收节支工作的进一步加强，今年财政收入依然保持了较快增长。1～12月上旬，全国财政收入20253亿元，比去年同期增长20%，增幅比2002年同期高7.1个百分点。分中央和地方看，中央财政收入增长19.1%（已扣除新增出口退税指标），地方财政收入增长21.5%。1～12月上旬，全国财政支出19683.9亿元，比去年同期增长13%。其中，中央财政支出5885亿元，地方财政支出13798.9亿元。

财政宏观调控和保障作用进一步加强。一是继续实施了积极的财政政策。为确保经济持续稳定增长，今年发行了1400亿元长期建设国债。二是积极支持抗击非典和克服非典对经济的负面影响。非典疫情发生后，国务院批准了财政部的建议，中央财政设立了20亿元非典防治基金，各地财政部门也大力调整支出结构，积极筹集非典防治资金，用于对农民（含农民工）和城镇困难群众中非典患者及疑似病人的免费治疗；定点医院、发热门诊和隔离观察室应急改造和急救设备购置；向参加非典防治工作的一线医务人员和防疫工作者提供特殊临时性工作补助；支持建立突发性公共卫生事件应急反应机制以及非典的科研攻关等。这些举措为稳定人心，特别是防止非典疫情向农村蔓延，夺取抗击非典斗争阶段性重大胜利作出了积极贡献。据统计，各级财政共安排非典防治资金133亿元，其中：中央财政安排25亿元，地方财政安排108亿元。同时，为尽可能减轻非典疫情对部分行业和地区的负面影响，促进经济恢复和稳定增长，财政部主动提出了一系列财税优惠政策建议，经国务院批准后，会同有关部门在一周之内出台了相关政策。

财政支持解决“三农”问题迈出新步伐。一是全面推进农村税费改革试点。二是积极推进粮食补贴方式改革试点。三是积极采取有效措施，促进农民增收和农业结构调整。增加了财政对农业和农村发展的投入，着力支持农业基础设施建设、生态建设和农业科技进步，促进了农业结构调整，增加了农民收入；加大了农业税灾歉减免的力度，全国共安排农业税灾歉减免资金48亿元（包括地方），其中中央财政补助比去年增加100%；财政新增教育、卫生、文化支出34亿元，主要用于农村。

解决困难群众生产生活问题力度加大。一是加大了对就业和再就业工作的支持力度。二是进一步加大了解决困难群众生产生活问题的力度。今年中央财政安排“两个确保”补助资金608亿元，城市居民最低生活保障的补助资金92亿元。再次提高了优抚对象抚恤补助标准，不同对象、类别分别提高15%~21%。从今年起，中央财政每年安排15亿元专项资金，用于支持地方解决部分企业军转干部的生活困难问题。为支持109户国有企业依法实施关闭破产，及时安排补助资金170亿元，保障了这些破产企业涉及的51万职工的基本生产生活需要。为切实帮助灾区群众解决基本生活困难问题，中央财政安排洪涝、干旱、地震等特大自然灾害救济补助费40.5亿元，比去年增长62%。扩大了对农村贫困中小学生免费提供教科书的范围。今年中央免费提供教科书的专项资金比去年翻了一番，使770万中小学生享受了政策优惠。

出口退税机制改革顺利出台。10月份，党中央、国务院作出了改革出口退税机制的决策，确定了“新账不欠，老账要还，完善机制，共同负担，推动改革，促进发展”的原则。同时，中央财政加大了出口退税力度，追加出口退税资金750亿元。这项改革不仅可以增强企业活力和政府信誉，而且还有利于建立中央与地方共同管理出口退税的科学机制，推动外贸改革和发展。

预算管理制度改革继续深化。一是继续推进深化“收支两条线”管理改革。二是不断深化部门预算改革，增加了118个二级事业单位进行基本支出和定员定额改革试点；对中央部门已安排的6736个项目进行了清理，并重新划分项目类别，推动了项目的滚动管理。三是进一步加大国库集中收付制度改革力度。四是政府采购范围进一步扩大，全国政府采购规模将超过1500亿元。

理财新思路紧扣发展观

记者：你在今年3月份担任财政部长后，多次讲过，要千方百计促进经济发展，做大蛋糕，一年来，财政部是否形成了新的理财思路？

金人庆：在兴起学习贯彻“三个代表”重要思想新高潮过程中，财政部党组按照党的十六大、十六届三中全会精神和本届政府施政纲领对财政工作提出的新任务和新要求，紧密结合财政工作实际，在深入调查研究和广泛征求地方、部门意见的基础上，初步研究提出了今后一个时期财政工作的基本思路。概括地说，就是要“做大一个蛋糕”，即千方百计促进经济发展，做大财政收入蛋糕；“用活两大存量”，即用活国债投资存量和粮食风险基金存量；“推进三项改革”，即推进税制改革、农村税费改革和预算管理制度改革；“完善四项制度”，即重点支持完善收入分配、社会保障、教育和公共卫生四个方面的制度，促进消费，更好履行公共财政职能。

丰富和完善积极财政政策

记者：积极的财政政策已经实施了6年，明年将如何进一步完善？

金人庆：根据中央经济工作会议的部署，明年要继续实施积极的财政政策，同时完善其有效实施方式，适当调整长期建设国债的力度和结构。

一方面，要按照“五个统筹”和“五个倾斜”的要求，进一步优化长期建设国债投资的使用方向和结构，加大对“六小”工程、公共卫生体系建设、西部开发和东北地区等老工业基地调整改造、生态环境建设、淮河治理水利工程等方面的投入，保证青藏铁路、南水北调、西电东送等重大在建项目建设。

另一方面，要腾出资金，支持社会发展及体制改革和创新，把国债投向的目标从防止经济下滑、拉动经济增长向调整经济结构、实现协调发展的方向转变。

记者：由于经济社会发展中仍存在一些亟待解决的突出问题，明年财政收支的矛盾仍将比较突出。财政部有什么打算？

金人庆：明年要狠抓增收节支工作。一是坚决维护税法的统一性、权威性和严肃性，制止各地擅自出台税收优惠和变相优惠政策的行为，税收优惠政策到期的要及时恢复征税。二是积极支持和配合收入征管部门依法加强税收征管，严厉打击走私、偷逃骗税等各种涉税违法犯罪活动，做到依法征税、应收尽收，确保税收收入的稳定增长。三是挖掘非税收入潜力，规范非税收入管理。所有土地资金都要纳入预算或实行财政专户管理，促进耕地保护，减少财政资金流失。四是强化支出管理。认真落实中央关于明年一般性支出继续实行零增长的要求，继续从严控制党政机关办公楼和培训中心项目建设，狠刹建设中的“形象工程”、“政绩工程”之风，采取措施制止各种铺张浪费。五是加强监督检查，严肃财经纪律。

在支出方面，要大力支持解决“三农”问题。一是深化农村税费改革，巩固和发展改革成果。按中央要求，明年将全面取消除烟叶外的农业特产税，将少数集中连片品目改为征收农业税；农业税税率整体降低一个百分点。考虑地方财政的实际困难，取消农业特产税和降低农业税税率后，地方特别是粮食主产区和中西部地区财政因此而造成的减收，由中央财政适当给予补助。在完善农业税制、落实各项改革政策的同时，还要进一步做好化解乡村债务，推进乡镇机构改革，完善农村义务教育体制等农村税费改革的相关配套工作，并修改完善有关法律法规，巩固改革成果，防止农民负担反弹。二是积极推进粮食流通体制市场化改革，把通过流通环节的间接补贴改为对种粮农民的直接补贴。明年将在13个粮食主产省区全面推行粮食补贴方式改革，直补资金总额为100亿元，约占13个粮食主产省区粮食风险基金的40%。三是教育、文化、卫生等方面的新增支出要确保主要用于农村。四是进一步增加农业农村基础设施建设、生态建设、粮食综合生产能力建设及扶贫等方面的财政投入。

大力支持就业和社会保障工作。一是认真落实中央关于就业和再就业的各项财税优惠政策措施，中央和地方财政都要加大再就业资金投入，并加强监督检查，确保再就业资金和优惠政策用于下岗失业人员身上。二是完善社会保障筹资机制，解决困难群众生活问题。继续稳妥推进税务机关征收社会保险费工作。增加预算安排，及时拨付资金，巩固“两个确保”和“低保”工作成果，处理好就业和再就业政策与三条保障线等社会保障制度的衔接。配合有关部门，做好救灾工作，并切实解决好部分企业军转干部生活困难问题。三是在总结评估辽宁试点工作的基础上，按照国务院统一部署，配合有关部门做好完善城镇社会保障体系扩大试点工作。四是完善社会保障预算和财务制度，健全财政监管体系，建立追踪问效制度，逐步探索“以奖代补”新机制，堵塞资金管理漏洞，提高社会保障资金的使用效益。五是增加卫生投入，落实卫生事业补助政策，加强公共卫生体系建设和推进农村合作医疗改革试点。

积极支持经济结构调整和区域经济协调发展。抓紧研究国有大中型企业主辅分离，辅业改制，分流安置富余人员的财政、财务政策，推动国有经济结构调整；重点推进企业分离办社会职能的改革试点工作，帮助企业减轻负担。积极支持东北老工业基地改造，在东北一些行业进行生产型增值税转为消费型增值税改革试点。认真落实西部开发的各项财税优惠政策，加大对西部地区的财政转移支付力度，继续加强退耕还林（草）等生态环境建设，促进区域经济协调发展。

(本文选自《人民日报》2003年12月29日)

让公共财政的阳光更加温暖

——专访财政部部长金人庆

张晓蕾

“财政部长最重要的任务是把经济财政蛋糕做大、分好、花出效益。钱要花到老百姓身上去，花到关系国计民生的事情上去，要多给老百姓办点实事。多做雪中送炭的事，让所有的老百姓都能享受到改革开放和经济社会发展的成果。”打着一贯钟爱的红色领带，金人庆身穿深色西装、白色衬衫出现在媒体面前。这位温文尔雅、严谨豁达的财长言语中饱含着为民理财的深情。

接着，金人庆给记者算了一笔账：“比如新型农村合作医疗，每个农民中央出 20 元，省里出 20 元，老百姓自己出 10 元，平均起来 50 元。这笔钱等于给农民买了保险，可以很大程度地缓解农民看病贵、看病难问题。这种钱我们愿意花。”

（一）“当财政部长最大的职责，是把生财、聚财、用财这三财之道融会贯通。三财之道，生财为本。蛋糕做大了，后面的分蛋糕、切蛋糕、吃蛋糕，也就比较容易了。”

从计划经济到市场经济，整个社会经历了一场巨变。金人庆是从基层一步一步走上来的，作为一个“始终与数字打交道的人”，他熟悉中国国情和转型期特点，工作作风踏实。带着实在的业绩，他走进了高级领导干部行列。

在金人庆任云南省副省长的 6 年间，他扶持起云南的烟草行业，其扶持手段并非简单以减税、拨款方式，而是运用多种调节手段，促进了云南经济的快速发展。1991 年 9 月，金人庆回到北京，出任财政部副部长、党组副书记。4 年后，又调任国务院副秘书长、机关党组副书记。数月之后，金人庆被任命为北京市副市长，1997 年 12 月又当选为北京市委常委、副书记。1998 年 3 月，调任国家税务总局局长。

1998 年正值亚洲金融风暴汹涌，这一年大概是金人庆从政历程中最艰难的一年。他曾经说过：“我当了很长时间的官，大概只有那一年对为官艰难感受最深。”金人庆回忆道，“新一届政府刚刚组建。在需求不足、通货紧缩的经济社会背景下，完成党中央、国务院下达的当年税收增收 1000 亿元的任务，税务部门的艰辛和体味，真可以写成一部颇有些悲壮色彩的诗书。”1999 年元旦，北京华灯初上，万紫千红，国家税务总局值班室却似与新年远隔千里。金人庆守候在这里，记录各地报来的数据，没有一句多余的话。当最后一笔税款进入国库的时候，一向内敛的金人庆泪水夺眶而出。金人庆坦言，不仅是为完成目标而高兴，更深深感动于百万税务干部为完成这一目标所付出的巨大艰辛和努力。

收钱难，当了财政部长，分钱能否轻松潇洒一些？2003 年 3 月，金人庆从国家税务总局局长调任财政部长后，却似乎感受到了更大的压力和挑战。他说，“我当国家税务总局局长时，感到收钱很难，那时有个记者说我是中国最不受欢迎的一个部级干部，因为总从人家口袋里掏钱。回财政部后，我的体会是收钱难、分钱也不易。市场经济条件下物质基础的代表是钱。钱不是万能的，但没有钱是万万不能的。我国仍是一个发展中国家，财政收支矛盾仍很突出，各方面都喊钱不够花，可以说‘万水千山只等钱’。现在一方面要在有关部门的支持下进一步做大蛋糕，另一方面又要将蛋糕切好，将钱用在刀刃上，花出效益来，确实很有挑战性。”

金人庆有这样一个观点："思路就是财路，做好财政工作必须有明确的发展方向和工作重点。"上任伊始，他就要求"调查研究要动起来"，并率先垂范，深入各地调查研究，广泛征求地方、部门和专家的意见，马不停蹄地走访、座谈、考察。在此基础上，金人庆带领财政部党组一班人提出了"一二三四"工作思路。概括地说，就是要"做大一个蛋糕"，即做大企业、经济、财政蛋糕；"用活两大存量"，即用活1500亿元建设国债投资存量和300亿元粮食风险基金存量；"推进三项改革"，即推进农村税费改革、税制改革和预算管理制度改革；"完善四项制度"，即重点支持完善收入分配、社会保障、教育和公共卫生四个方面的制度。金人庆说，其核心就是贯彻以人为本、全面、协调和可持续的科学发展观，把科学发展作为贯穿财政工作始终的主线和主题。经过四年的努力，"一、二、三、四"的工作思路可以说基本上提前得以较好实现。

金人庆认为当财政部长最大的本事，是把生财、聚财、用财这三财之道融会贯通起来。在他看来，财政工作千头万绪，主要可概括为生财、聚财、用财三个环节。聚财的时候，要想到如何有利于促进财政更好的发展，处理好各方面的利益关系；用财的时候，要想到如何用好，才能够带来更好的社会、经济效益，反过来把蛋糕做得更大。"《大学》里有段论述理财的话，叫'生财有大道，生之者众，食之者寡，为之者疾，用之者舒，则财恒足矣'。意思是，创造财富的人多，消耗财富的人少，管钱的人很勤快，花钱的人很谨慎，则天下财富就会取之不尽、用之不竭。'三财'之道，生财为本。只有生好财，才有条件聚好财和用好财，才能真正拿出真金白银支持全国人民奔小康。"

或许有人会问，现在搞公共财政，财政资金要退出一般竞争性领域，财政部却提出做大财政经济蛋糕，是否与这一理念背道而驰？对此，金人庆有自己的思路："我说做大财政经济蛋糕，并非重走计划经济下乱铺摊子、上项目的老路。也不是要回到搞个别减免税的做法。我们提出做大蛋糕，就是要按照市场经济的规律，为企业发展创造良好的环境。也就是说，要善于运用经济杠杆等间接手段来管理和调控经济，综合运用国债、税收、财政贴息等多种政策手段，积极为做大蛋糕的主体——企业创造更加公平、开放、宽松的财税环境，不断增强经济发展的内在动力，促进经济的稳定增长。"

近年来，财政部门采取了多种措施促进企业和经济发展。一是积极发挥财政宏观调控职能作用，如根据宏观经济形势的发展变化，及时实施了积极财政政策向稳健财政政策的转型，保持宏观经济的平稳较快发展；二是适时推进出口退税和增值税转型等改革，改善企业资金状况，既鼓励企业做大做强，又给企业以约束，促进企业提高自主创新能力，促进外贸和企业发展；三是建立和完善社保制度，大力支持金融和国有企业改革。功夫不负有心人，在各方面的共同努力下，经济和企业得到发展了，全国财政收入也不断跨越新台阶。2002 年全国财政收入 18903 亿元，2003 年达到 21715 亿元，2004 年 26396 亿元，2005 年 31628 亿元，2006 年预计将达到 3.9 万亿元左右，年年有新突破。现在我国一天的财政收入，就相当于 1978 年一个月的财政收入。

面对不断增大的财政蛋糕，金人庆谦虚地说，“其实我也不是什么巧妇，只是我比较幸运，我‘为’的是中国经济蒸蒸日上这个‘有米之炊’。”金人庆对未来一段时期中国财政收入增长充满信心。他说，第一，我国国民经济将继续保持较快发展的势头。经济决定财政，经济发展了，就为做大财政蛋糕打下了坚实基础。第二，目前我国已经建立财政收入稳定增长机制，有效保证了财政收入在经济快速增长基础上的稳定较快增长。第三，有一支作风过硬、素质较高的财税和海关干部队伍，这也是财政收入稳定增长的重要保障。讲到这里，金人庆笑了：“我相信，在党中央、国务院的正确领导下，随着我国经济的不断发展，财政实力一定会不断壮大，财政服务经济社会发展大局的能力会更强。”

（二）“财政收入取之于民，分分厘厘是老百姓的血汗钱，决定了财政支出应以人为本，为全体人民服务。把公共财政的阳光照耀到广大农村是财政义不容辞的职责。”

“胡锦涛总书记指出：‘农业丰则基础强，农民富则国家盛，农村稳则社会安’，这是一个十分精辟的论断。我在基层干过一些年头，对农村情况比较熟悉。建设社会主义新农村，一个很重要的方面，是为‘三农’发展创造环境和条件，要对农民少取、多予、放活，并尽可能给农村提供一些公共服务，让公共财政的阳光照耀到广大农村。”金人庆说这话是有背景的，他原来在基层粮食局工作过近 10 年，曾和农民一起生活过，对农村、农民、农业十分了解，深情满怀。

金人庆可以说是“生在旧社会、长在红旗下”。1962 年 9 月，金人庆考进了中央财政金融学院，也就是现在的中央财经大学。在兴奋地面对即将开始的新生活时，18岁的他肯定不会想到，若干年后，自己会以共和国财长的身份参与波澜壮阔的中国改革开放事业。

62级实际上是中财招收的第一届大学本科生。据王佩真教授回忆，当时的学生生活非常清苦，70%的同学靠国家每月12元左右的助学金生活，校园里清一色的补丁衣服，宿舍里没有开水瓶，只有用大铁壶打开水，学生常常喝凉开水。金人庆是班上的学习委员。临近毕业时，“文化大革命”开始了。学校很快就停了课，只学习《人民日报》、《解放军报》以及《红旗》杂志。全国进入无序状态后，直接影响到金人庆所在的62级毕业学生的分配。反反复复七八次的毕业分配方案始终定不下来，金人庆和他的同学，不得不继续呆在学校里。

1968年10月，金人庆终于可以工作了。他拿着报到通知单来到云南省永胜县粮食局。此后的近10年时间，金人庆扛过粮包、当过粮店会计。“文革”结束后，政府工作重心逐渐转移到经济建设上。在“落实知识分子政策”、“让知识分子归队”等一系列政策下，金人庆的人生获得转机。

作为一位从中国最基层成长起来的省部级干部，金人庆深知老百姓的甘苦冷暖，对群众充满深情挚爱，尤其是对承载了中国几千年历史、在土地上胼手砥足的广大农民，更是流露出手足之情。他说：“温总理曾引用唐代诗人白居易的诗句：‘心中为念农桑苦，耳里如闻饥冻声’，来表达他对‘三农’的关切之情。我深受震撼，深为感动。九亿农民是我们共和国大厦的基石。九亿农民不富，整个国家就不算富裕；九亿农民不稳，整个国家就难以稳定；九亿农民不能实现小康，全国人民实现小康就是一句空话。财政收入取之于民，分分厘厘是老百姓的血汗钱，决定了财政支出应以人为本，为全体人民服务。把公共财政的阳光照耀到广大农村是财政义不容辞的职责。”

近年来，国家财政按照党中央、国务院的战略部署，进一步调整公共财政资源的分配格局，不断加大了惠农、强农的支持力度。从2004年开始，中央财政每年都以三四百亿的增量来加大对“三农”的投入，2005年全年仅中央财政用于“三农”的支出就达2975亿元。2006年，中央财政预算安排用于“三农”的支出达3397亿元，比2005年实际执行数增加422亿元，增长14.2%，高于中央财政总收入、总支出的增长水平。2007年还将继续加大投入，新增政府投资的大部分又要用于社会主义新农村建设，确保用于社会主义新农村建设的投资总规模比 2006 年有所增加，确保社会主义新农村建设的投资比重比 2006 年提高；新增教育、卫生、文化支出主要用于农村，等等。可以说，这段时间是改革开放以来对“三农”投入增加最多、增长最快的时期。

那么，这些公共财政的阳光是怎样照耀到农村的呢？金人庆掐着指头给我们算了一笔账。“第一，2005 年有 28 个省份取消了农业税，不向农民要了。2006 年，我们全面取消了农业税，在中国历史上存在了 2600 多年的农业税进了‘博物馆’。第二，在农民种地不交税的同时，国家又给种粮农民以补贴。2006 年，除粮食直补、良种补贴、农机具购置补贴大概花了 189 亿元外，又新增 120 亿元对种粮农民因农资增支实行综合直补。第三，不断加大了对农村教育卫生文化事业的投入。此外，还增加对农业综合开发、农村基础设施、农业科技的投入等，支持发展现代农业。应该说，公共财政的阳光是越来越多地照耀到农村了，而且这些钱许多都是直接地让农民得到好处。”

有人担心，全面取消农业税将使基层财政出现“无米下锅”的窘境，从而影响基层政权的运转。金人庆说，“对此大可不必担心。取消农业税后，农民减负总额大概是 1250 亿元，每个农民减负约 140 元。全面取消农业税，基层减少的财源谁来补上？就是靠中央和地方财政来负担，大头在中央财政。从 2006 年开始，国家财政一年要安排 1030 多亿元，来补这个缺口，其中中央财政拿 782 亿元。农村的政权运转是有资金保障的。”

免征农业税后，农民最担心什么？金人庆说，农民最担心两件事，一是怕孩子读不起书，二是怕看不起病。谈到农村孩子上学读书问题，金人庆深感责任重大：“党中央早已制定科教兴国战略，现在关键是怎么贯彻落实好。再穷也不能穷教育，再苦也不能苦孩子。一定要把农村义务教育纳入公共财政保障范围，让 14800 万农村的孩子上得起学、读得起书。”据记者了解，“十一五”时期，将根据“明确各级责任、中央地方共担、加大财政投入、提高保障水平、分步组织实施”的基本原则，按照“两年实现、三年巩固”的目标，将农村义务教育全面纳入公共财政保障范围，逐步建立中央和地方分项目、按比例分担的农村义务教育经费保障机制。中央财政重点支持中西部地区，适当兼顾东部部分困难地区。2006 年西部地区农村义务教育阶段中小学生率先全部免除学杂费；2007 年，全国农村义务教育阶段中小学生全部免除学杂费；2008、2009 年，将进一步提高农村中小学公用经费保障水平；到 2010 年，农村义务教育阶段中小学公用经费基准定额全部落实到位。预计“十一五”时期全面推进这一改革，中央财政和地方财政将分别累计新增投入 1258 亿元和 924 亿元左右，合计约 2182 亿元。此外，还要深入研究建立城市义务教育经费保障机制实施方案，全面建立完善经济困难学生资助政策体系。“我当过少先队员，深知每个孩子特别是农村贫困家庭的孩子对佩带红领巾的渴望。我想，随着国家财政实力的逐步壮大，我们要让鲜艳的红领巾飘扬在祖国的每一个角落，飘扬在每一个少年儿童的胸前。”

对于解决农民看病难问题，金人庆指出，加快农村社会保障制度建设，逐步使广大农民的基本生活和基本医疗得到保障，是“十一五”时期财政工作的重点之一。“老百姓有句话，叫‘不怕不敬神，就怕家里有病人’，道尽了‘病’字对老百姓生产生活的巨大威胁。”为解决农民看病问题，从 2003 年起在财政支持下实行了新型农村合作医疗制度改革试点。2006 年中央财政对‘参合’农民的补助标准提高一倍，由 10 元提高到 20 元，地方也相应提高了补助标准。截至 2006 年 9 月底，全国平均 50. 07% 的县（市、区）进行了改革试点，参合农民 4. 06 亿人，参合率达到 80. 49% 。金人庆说：“这笔钱花得值，财政投入的钱多了，农民住院看病报销的比例将会相应提高，医疗费用负担将会进一步减轻。”湖北省当阳市农民郑昌芬，就是新型农村合作医疗体制的受益者。郑昌芬患有风湿性心脏病，往年家里收入的一大半都得花在看病吃药上。郑昌芬参加新型农村合作医疗后，住院做了心脏手术。按照合作医疗的有关规定，她得到了最高报销额 2 万元的补偿。现在，郑昌芬胸闷、气短的毛病好多了，逢人就讲：“合作医疗太重要了，这样的好政策不能变！”由于中央财政将进一步加大投入，这项制度将提前于 2007 年在全国范围内基本建立。同时，中央财政还将开展免费防治重大传染病，支持建立社区医疗服务机构，加大医疗救助力度，大力扶持中医药事业发展，拨出巨款加强医药检测监督工作等。

金人庆在多个场合反复强调，“以人为本，是科学发展观的核心，也是公共财政支出安排应遵循的根本原则。公共财政支出安排要充分体现以人为本的精神，为广大人民群众谋利益，不断满足人民群众各方面的需要，促进人的全面发展，促进和谐社会建设。”近年来，除了大力支持“三农”、教育、卫生外，财政还积极支持扩大就业和社会保障体系建设，帮助解决困难群众的生产生活问题；加大收入分配调节力度，更加注重社会公平；支持文化事业和产业发展，2006 年全国预算安排文化体育、广播电视事业费达 769 亿元，特别是 2007 年还将支持加快推进广播电视村村通等工程，全面实现无线覆盖；支持生态建设和环境保护，特别及时并不断加大各种抗灾救灾资金的拨付力度，等等。“就是要让公共财政的阳光更温暖，让改革开放的成果更多地惠及广大人民群众，把党和政府执政为民的心意落实到千家万户之中。”

金人庆曾经收到一件来自河南农村的包裹，打开一看，里面是一位老农民亲手缝制的嵌有 88 颗心的红色锦旗，还附有一封信。在信中，这位老人表达了对党中央、国务院支农政策的感激和支持，并请金人庆转交亲手缝制的锦旗。金人庆动情地说：“中国老百姓是十分朴实的，只要我们真心实意地为老百姓办事，老百姓就会支持我们、拥护我们，就会以千百倍的真情回报我们!”

（三）“改革是发展的动力，也是解决前进中出现的困难和问题的根本出路。财税体制改革的总体方向就是要以科学发展观为统领，建立和完善适应社会主义市场经济发展要求的公共财政体制。”

曾有记者向金人庆提出这样的问题：“我们知道您手中的钱袋子是越来越鼓了，那么您现在花钱来是不是也越来越大方了?”拍拍西服上衣的口袋，金人庆说：“财政资金每一分每一厘都是老百姓的血汗钱，来之不易！尽管近年来我国经济发展较快，但仍然是发展中国家，发展建设的任务还相当繁重，必须把有限的财政资金用在紧要的地方，花出效益来。”那么，怎样才能提高财政资金使用效益呢? 金人庆明确指出，关键是推进财税体制改革，这是发展的动力，也是解决前进中出现的困难和问题的根本出路。

金人庆上任伊始，就提出的“一二三四”理财思路中，重要一项就是“推进三项改革”。金人庆表示，财税体制改革的总体方向，就是要以科学发展观为统领，建立和完善适应社会主义市场经济体制要求的公共财政体制。

改革和完善税收制度是金人庆上任后大刀阔斧推进的一项重要工作。金人庆曾主管过企业工作，对企业经营特点及支持企业发展的重要性有着全面深入的认识。他认为，我国现行税制在保证财政收入稳定增长等方面发挥了重要的作用，但仍存在不完善、不合理之处。“通过完善税制，让企业的‘包包’里多一点钱，不断增强企业自我发展的能力，有利于企业扩大投资，加快技术改造，建立经济自主稳定增长的内在机制，这比政府直接投资效果好得多，更符合世界税制改革和发展趋势。”

在这方面，财政部门主要抓了哪些工作？首先，是下大力气解决出口欠退税问题。截至2003年累计达到2436亿元的出口欠退税，不仅影响到我国外贸出口和企业发展，而且也有损于政府的形象和信誉。经党中央、国务院批准，从2004年1月1日开始实施了“新账不欠，老账要还，完善机制，共同负担，推动改革，促进发展”的出口退税机制改革方案，实现了“老账”还清、“新账”不欠的目标，树立了诚信政府的形象。2005年又适当降低了地方负担比例。金人庆说：“几千亿资金一下子给了企业，减少了企业大笔财务费用，增加了他们发展的活钱，特别是在近年来加强宏观调控、信贷资金偏紧的背景下，这一大笔钱对于搞活出口企业，作用甚大。”其次，自2004年7月1日起，对东北地区的装备制造业等8大行业实行增值税转型试点。“推进增值税转型改革，不仅有利于增强企业的现实竞争力，而且增强了企业的长远发展能力。这一改革短期看会减少一定的财政收入，但财政减收终可数，经济发展难限量，企业蛋糕做大了，做大财政蛋糕就有了坚实的基础。”第三，自2006年1月1日起，将个人所得税工薪所得费用扣除标准，由每人每月800元，提高到1600元，增加了中低收入阶层的实际收入，使税收制度朝着更加有利于扩大内需的方向转变。第四，从2006年4月1日起，对消费税的税目和税率进行了1994年以来最大规模的调整，强化税收对资源节约和环境保护的作用，合理引导和间接调节收入分配。第五，积极推进内外资企业所得税两法合并。目前，《中华人民共和国企业所得税法（草案）》已经十届全国人大常委会第25次会议审议，并将提请2007年3月十届全国人大五次会议审议，审议通过后，将在全国实施。可以预见，这件工作的完成，必将为各类企业创造公平的市场竞争环境，充分发挥企业所得税组织收入和调控经济的作用。

预算管理制度是一项十分重要的制度。有学者认为，这项制度是现代西方国家政治体制最重要的组成部分之一，从一定意义上讲，其重要性不亚于选举制度、政党制度、议会制度和舆论监督制度。近年来，财政部门不断推进预算管理改革，取得了积极成效。2006年底，部门预算改革全面推进，国库集中支付制度改革扩大到所有中央部门，有非税收入的中央部门全部纳入收入收缴管理改革范围；36个省份、计划单列市本级和相当一部分市县，实行了国库集中支付制度改革。政府采购规模不断扩大，管采分离、职责清晰、运转协调的政府采购管理体制初步形成。2007年将全面实施新的政府收支分类改革，财政收支的来龙去脉变得更加清晰，有利于财政管理的透明度和科学性。金人庆指出，“通过这些改革，将进一步健全财政资金监督管理体系，把公平、公正、公开、效率等公共管理原则，落实到财政收支活动中，提高财政资金使用管理的安全性、规范性和有效性。”

经济发展不均衡是世界各国经济发展过程中所面临的一个共性问题。中国改革开放以来，各地经济社会发展取得了巨大的成就，但地区间经济发展水平仍存在一定差异。为统筹区域协调发展、实现基本公共服务均等化，近年来，国家逐步规范和调整财政转移支付办法，不断加大对财力薄弱地方政府的财政转移支付规模和力度。2006年，除税收返还3933亿元外，中央财政安排各类转移支付补助达到9557亿元。其中，财力性转移支付达到5165亿元，用于中西部地区的比例达到90%以上。随着中央转移支付力度的不断加大，其占地方财政支出的比重逐步提高。1994～2006年中央对地方转移支付占地方财政支出总额的比重从13.6%提高到31.6%。分地区看，对中西部地区转移支付占地方财政支出的比重上升幅度较大，分别从15.8%、21.6%提高到47.2%、52.5%。金人庆笑着说：“加大转移支付力度，说到底就是要实现区域协调发展。一方面先富要帮后富，先富要带后富，但这绝不是简单的抽肥补瘦。另一方面，还要鼓励发达地区实现进一步发展，这样他们才会有更大的力量支持帮助欠发达地区。既要雪中送炭，也要锦上添花，目标是共同发展。”

对现阶段存在的部分县乡财政困难问题，金人庆十分关注。他说：“在中国财政总体运行状况良好的情况下，存在部分县乡财政困难，就好比一个人大动脉血量充沛，但部分毛细血管存在供血不足，如不加以妥善治疗，也会影响健康。”在实施所得税收入分享改革、不断完善转移支付制度的基础上，中央财政从2005年起专门安排一部分资金，实施以“三奖一补”为核心的财政政策，对财政困难县政府增加税收收入和省市级政府增加对财政困难县财力性转移支付给予奖励，对县乡政府精简机构和人员给予奖励，对产粮大县给予奖励，对以前缓解县乡财政困难工作做得好的地区给予补助，并不断加大资金投入规模。鼓励地方发展经济和努力工作的激励约束新机制建立后，调动了地方各级政府财力安排向基层倾斜、发展经济、精简机构和人员、完善省以下财政体制的积极性，对解决部分县乡财政困难问题发挥了重要作用。全国财政困难县的总数已经由 791 个减少到目前的 437 个，拖欠国家统一规定工资这一老大难问题基本得到解决。金人庆表示，“我们的目标，是在党的十七大召开和本届政府任期内使县乡财政困难得到明显缓解，大力提高基层政府的执政能力，促进构建和谐社会。”

改革是一个旧制度、旧体制向新制度、新体制艰难变迁的过程。关于下一步财税体制改革的方向和重点，金人庆说：“未来一段时期，财政部门要切实贯彻科学发展观的要求，秉持公共化、均等化、规范化、国际化的原则，不断健全公共财政制度，充分发挥财政稳定宏观经济、优化资源配置、调节收入分配和加强监督管理的职能作用。一是以调整和优化财政支出结构为重点，促进经济又好又快发展，增强经济与社会发展的协调性和可持续性。二是以用好用活财政政策工具及土地、矿山、特许经营权等公共资源为重点，办教育、社会保障、科技、卫生、文化等关系国计民生、关系子孙后代，具有制度性、根本性和战略性的大事。三是以规范省以下财政体制为重点，进一步明确中央和地方的事权和支出责任，完善财政转移支付制度，建立健全财权与事权相匹配的财税体制，加快促进基本公共服务均等化。四是以内外资企业所得税合并和增值税转型为重点，统一和完善税收制度，促进公平竞争，推动企业做大做强。五是以支出管理为重点，根据财政收入规模不断扩大的新形势，进一步健全财政监督管理机制，既切实加强财政管理的规范性和安全性，又注重提高财政管理的科学性和有效性。”

（四）“中国广泛参与国际财经交流与合作，意味着中国在全球经济舞台上的影响越来越大，拥有越来越大的发言权。”

2005 年 6 月 25 日，从下午 2 点起，出席第六届亚欧财长会议的金人庆开始了他紧张的 8 个小时工作日程。在这 8 个小时里，他会见了 2 个国家的副首相、1 个国家的副总理、8 个国家的财长，举行了 11 场双边会谈，中间还主持了一场欢迎晚宴。8 小时的高劳动强度，对金人庆来说，只是一场大赛之前的“预热”。6 月 26 日，第六届亚欧财长会议正式开幕。在这一天，又有 5 项议程在等待金人庆。

对金人庆来说，亚欧财长会议只是他 2005 年工作日程表中的一页。此前，金人庆2月份应邀参加了在伦敦举行的西方7国集团财长与央行行长会议；6月初又赴伦敦与8国集团财长举行对话；7月初，金人庆代表中国政府主持大湄公河次区域领导人会议；10月，他和中国人民银行行长周小川一起，主持在中国举行的第七届20国集团财长和央行行长会议；10月3日，应邀参加在伦敦举行的西方7国集团与中国、印度、巴西和南非财长对话会，商讨世界经济问题并介绍中国和平发展理念。2006年，又成功举办了中亚区域经济合作第五次部长会议，巩固和深化与欧盟、日本、英国等主要经济体和发达国家的宏观经济政策对话，适时启动中俄、中印以及中巴财长对话机制等。特别值得一提的是，2006年冬，财政部又具体负责筹办首次中美战略经济对话。中美两国首脑代表各率强大阵容的代表团，就共同关心的“全局性、战略性、长期性”的宏观经济问题展开了卓有成效的对话，促进了两国经贸合作和建设性合作关系的发展，对世界经济的发展也将产生积极影响。

活跃的财经外交是中国积极融入经济全球化，推动建立国际经济新秩序的有机组成部分。金人庆说：“中国广泛参与国际财经交流与合作，意味着作为世界上人口最多的发展中国家，同时也是经济发展最快的国家之一，中国在全球经济舞台上的影响越来越大，拥有越来越大的发言权。”

对于中国来说，加强国际财金对话与合作，有助于中国更好地利用国内国际两个市场、两种资源，进一步拓展经济发展的外部空间，把握战略机遇期；有助于增强中国在制定国际经济规则中的作用，发挥中国作为发展中大国的作用和影响；有助于宣传中国发展理念和中国坚持走和平发展道路的坚强决心，增进理解，扩大共识，缓解压力，减少摩擦，同世界各国广泛开展平等合作。金人庆高兴地说，“我们以多边、双边财经政策对话机制和多边开发机构为平台，通过与世界各国和国际组织的对话与交流，积极参与国际经济政策协调与规则的制定，发挥了我国作为发展中大国的作用，扩大了国际影响，为我国经济发展营造了良好的外部环境，同时也提升了我国在国际经济体系中的地位与影响。”近年来，中国在世界经济发展不平衡、全球贸易、国际发展和减债、金融稳定、能源等国际重大经济问题上与各方进行了坦诚对话和交流，并通过自身努力为这些问题的解决做出了实实在在的贡献，为推动建立公正合理的国际经济新秩序发挥了重要作用。

金人庆表示，今后，将继续秉持为我国经济健康发展创造良好的外部环境及推动建立公正合理的国际经济新秩序的宗旨和原则，进一步加强国际财经交流与合作："一是进一步推动亚洲区域财金合作，为我国经济发展谋求良好的周边环境；二是利用现有的多、双边机制和国际金融组织平台，积极开展国际财经对话，介绍我国的发展理念、施政方略以及倡导建立国际经济新秩序的有关主张，增信释疑，扩大共识。特别是要继续积极做好中美战略经济对话筹备工作；三是继续利用好国际金融组织资金与技术援助，更好地利用国际金融组织的智力资源为我国的经济建设服务；四是充分发挥我国作为多边开发机构的重要股东国的影响力，推动世界银行等多边开发机构的改革与发展，为世界和平、合作与发展做出应有的贡献。"

2005 年，金人庆被国际著名媒体《金融时报》旗下的《银行家》杂志以及《新兴市场》杂志两度评为 2005 年度"亚洲最佳财长"。这一新中国建国以来前所未有的荣誉，被资深媒体人亲切地誉为罕见的"双星连珠"。《银行家》杂志的评委们这样评价金人庆：在 2004 年度，他领导的财政部采取了多种手段，旨在控制借贷，削减非重点项目，舒缓过热的投资，促进中国财政政策由积极向稳健转变，这些政策措施的效果正在逐步显现。金人庆在《新兴市场》颁奖仪式上讲话时说："将'亚洲最佳财长'的称誉颁发给中国财长，不仅仅是给我个人的荣誉，更多地反映了国际社会对中国政府在过去一年中成功实施宏观经济政策的赞誉，以及对中国经济可持续发展的信心。"他的这种表态反映了他一贯淡定谦逊的作风。每次记者采访他谈到财政工作取得突出成绩时，他总是说"财政形势好是经济形势好的集中体现，成绩归功于党中央、国务院的正确领导，归功于各地区、各部门的大力支持，归功于中国经济的良好发展。"

（五）"要当好'服务部'，服务全局，服务基层，服务群众，为改革与发展提供坚实的保障。"

财政部门都知道金人庆有一句名言："与其被动埋单，不如主动请客。"每当记者问到这句话如何理解时，金人庆总是笑笑说："为什么要强调'变被动埋单为主动请客'，因为财政是综合经济部门，要坚决贯彻落实好党中央、国务院确定的路线方针政策，为改革与发展提供坚实的保障；同时，我们也有责任、有义务主动建言献策，按照国家的大政方针积极参与到经济建设和社会发展的各个方面，提高决策的预见性、及时性。要主动为部门服好务，为基层服好务，为人民群众服好务。尽管当前财政收支还偏紧，但要围绕国家总体发展战略，大力支持经济社会发展薄弱环节，创造一个好的发展环境，当好‘服务部’，定下来的事要全力落实，看准的事要大力支持，能解决的问题要主动帮忙，暂时解决不了的也要做好解释工作。”金人庆这一思路在财政工作中得到了很好的体现。“非典”期间，财政部主动提出并经国务院同意设立防治“非典”基金，对困难群体实行免费救治，对受“非典”影响较大的行业实行减免部分行政事业性收费（基金）、税收等政策，为稳定人心、夺取抗击“非典”的重大胜利、减少“非典”疫情的负面影响，发挥了重要作用。近年来财政部接连主动提出的增值税转型、内外资企业所得税两法合并等一系列政策建议，都将不同程度地减少当期的财政收入，但金人庆说：“为了长远发展，这个单我们要主动埋。”

在金人庆眼里，财政部门不能简单地算财政账、收支账，停留在一般性的收收支支之中，还必须算政治账、经济账、发展账，要把财政工作放到经济社会发展全局中来考虑，正确认识和处理财政和改革、发展、稳定的关系，正确认识和处理财政与经济发展速度、结构和效益的关系。而要做到这一点，金人庆认为，加强调查研究是非常重要和必要的。他常说：“没有调查研究就没有发言权。要广泛听取各方面的意见，积极了解对口单位的需要，多拜访一下左邻右舍，多到基层去走一走、看一看。要改进调研的方式方法，不仅要‘身入’，更要‘深入’，不能走马观花。”

金人庆倡导雷厉风行的工作作风，强调工作中抓好落实。“各项政策措施只有落实了，才能有实效。抓而不实，等于没抓。”2004 年 3 月 23 日下午，国务院召开省长会，温家宝总理要求迅速将有关支农政策落实到各地。财政部当晚就开会予以落实，没几天就把该拨的钱预拨下去，并对各级财政部门抓落实提出了明确要求，还派出督察组到各地进行督察。记得金人庆当时曾对记者说：“促进粮食增产和农民增收，事关宏观调控成效和经济社会发展大局。目前春播在即，政策资金能否及时落实到位，关系到一年的收成。‘人误地一时，地误人一季。’不快一点不行啊！”在主政财政部的几年里，每逢年初，金人庆就催促有关司局预拨一部分救济款，让困难群众过好春节。

繁忙之暇，金人庆不忘捧卷读书，每有会意，欣然忘食。“我平时没有什么特别的爱好，有时间就喜欢跑书店。但我不赞成形式主义的学习，关键是要学以致用。”他要求广大财政干部要加强理论和业务学习，不断提高自身素质，并向大家提出了“四要”。“一要刻苦钻研，持之以恒，日

积月累，聚沙成塔，汇水成渊；二要博学广览，融汇贯通，兼收并蓄，善于积累；三要学以致用，理论联系实际，理论指导实践。四要既读有字书，又读无字书，虚心向实践学习，向人民群众学习，向周围同志学习。”

（本文选自《中华英才》杂志2007年2月第3期）

谢旭人

（2007 年 8 月至今任中华人民共和国第十任财政部部长）

大力推进学习型机关建设 不断提高为国理财为民服务能力

谢旭人

后天，就是我们党成立 89 周年的光辉节日。回顾我们党的历史，有一个很重要的特点，就是我们党是一个重视学习、善于学习的伟大的马克思主义政党；党领导中国革命、建设和改革的历史，就是一部创造性学习的历史。当前，部机关各级党组织都在深入开展创先争优活动。中央明确要求，要把学习型党组织建设贯穿于创先争优活动的始终，把学习型党组织建设成效明显作为先进基层党组织的一个根本标志，把带头学习提高作为优秀共产党员的第一基本要求。为推动创先争优活动深入开展，结合部机关干部队伍建设实际，我今天就推进学习型党组织和学习型机关建设、加强党员干部学习问题讲一次党课。着重讲四个问题。

一、充分认识加强学习的重要意义，切实增强学习的自觉性和紧迫感

重视学习是中华民族的传统美德，也是我们党的优良传统和作风。以毛泽东同志、邓小平同志、江泽民同志为核心的党中央三代领导集体和以胡锦涛同志为总书记的党中央，一以贯之地把加强学习作为一项关系党和国家事业兴旺发达的战略任务。1998 年，党中央决定在县级以上党政领导班子、领导干部中深入开展以“讲学习、讲政治、讲正气”为主要内容的党性党风教育，其中“讲学习”是对领导干部的第一项基本要求。党的十六大提出要建设全民学习、终身学习的学习型社会。党的十七大进一步提出要建设学习型政党。胡锦涛总书记强调指出：“勤奋学习，是共产党员增强党性、提高本领、做好工作的前提。我们正处在知识创新的时代、终身学习的时代，不懂得和不熟悉的东西很多，即便是过去懂得和熟悉的知识也有一个不断更新的问题。面对这种新形势，全党同志一定要有学习的紧迫感，抓紧学习、刻苦学习，善于学习、善于重新学习。”温家宝总理指出：“书籍是人类智慧的结晶。读书决定一个人的修养和境界，关系一个民族的素质和力量，影响一个国家的前途和命运。一个不读书的人、不读书的民族，是没有希望的。”党中央、国务院的一系列指示和决策部署，高屋建瓴，内涵深刻，语重心长，为我们建设学习型党组织、学习型机关指明了方向。

近些年来，财政干部的学习状况总体上是好的，但也不同程度地存在一些问题。比如，有的热衷应酬、忙于事务，觉得学习可有可无；有的满足于学历高、资历老，靠“吃老本”、“翻老皇历”干工作，缺乏学习兴趣和热情；有的学习不扎实不深入，不求甚解，不善于学习；有的学而不思，知行不一，学用脱节，不注重学习效果。要解决上述问题，推进学习型党组织和学习型机关建设，必须深刻领会中央关于加强学习的决策部署，充分认识加强学习的重大意义，切实增强学习的自觉性和紧迫感。

（一）加强学习是深入学习实践科学发展观、大力推进创先争优活动的必然要求

科学发展观是我国经济社会发展的重要指导方针，是发展中国特色社会主义必须坚持和贯彻的重大战略思想。财政是党和国家履行职能的物质

基础、体制保障、政策工具和监管手段。财政部门作为宏观调控部门，能否全面贯彻落实科学发展观，不仅关系到财政事业自身的科学发展，而且关系到财政职能作用的有效发挥，关系到经济社会的全面协调可持续发展。2008年，我部作为第一批试点单位，率先开展了科学发展观学习实践活动，基本实现了提高思想认识、解决突出问题、创新体制机制、促进科学发展、加强基层组织的目标，受到各方面肯定。但我们也要看到，学习实践科学发展观是一项必须常抓不懈的工作。建立健全学习实践科学发展观长效机制、完成学习实践中的整改任务、完善有利于科学发展的财税体制、运行机制和管理制度都是长期艰巨的任务。为了加强和改进党的建设，巩固和扩大全党深入学习实践科学发展观活动成果，中央决定在党的基层组织和党员中广泛开展创先争优活动，并把深入学习实践科学发展观作为活动主题。加强学习是巩固和扩大学习实践活动成果、深入开展创先争优活动的基本要求和重要前提。只有加强学习，我们才能更加准确地掌握科学发展观的科学内涵和精神实质，深刻理解和把握科学发展观对财政工作提出的要求，用科学发展观统领财政工作，创新发展理念、理清发展思路、破解发展难题；才能把财政系统的基层党组织建设成为贯彻落实科学发展观的坚强堡垒，增强基层党组织的创造力、凝聚力和战斗力；才能把财政系统各级领导班子建设成为善于带领科学发展的坚强领导集体，促进和推动学习实践活动深入开展；才能增强财政干部贯彻落实科学发展观的坚定性和自觉性，提升财政干部贯彻落实科学发展观的能力素质，从而更好地发挥财政职能作用，为促进科学发展、推动社会和谐、全面建设小康社会服务。

（二）加强学习是做好新时期财政工作、不断开创财政改革发展新局面的客观需要

随着社会主义市场经济体制的建立完善和政府职能的不断转变，在经济社会又好又快发展的基础上，财政工作也发生了新的变化，呈现出一系列新的特征、新的情况：一是财政运行模式发生了变化。在计划经济条件下，我国实行的是具有大包大揽、向生产建设领域过多延伸特征的生产建设型财政。适应社会主义市场经济发展的需要，我们正在建立完善以解决公共问题、满足公共需要为主要特征的公共财政。在模式转换过程中，需要更加突出财政运行的公共性、公平性、公益性和规范性。二是财政管理方式发生了变化。多年来，我们在加强财政管理方面付出了不少努力，也

取得了较大成绩，但总体上看，财政管理仍然比较粗放，不同程度地存在重收轻支、重分轻管等问题。适应新形势的发展要求，需要广大财政干部切实转变传统的财政管理理念和管理方式，树立全局观念、法治观念、创新观念、效率观念、服务观念、责任观念，全面推进财政科学化精细化管理，切实发挥好公共财政的职能作用。三是财政收支规模发生了很大变化。改革开放以来，特别是1994年财税体制改革以来，财政收支规模连续迈上新台阶。2009年，全国财政收入达到6.85万亿元，是1993年的15.8倍；全国财政支出达到7.63万亿元，是1993年的16.4倍。不断扩大的财政收支规模，需要财政干部不断提高理财能力和服务水平。四是财政工作的社会关注度发生了变化。特别是近些年来，随着科学发展观的深入贯彻落实和社会主义和谐社会建设步伐的不断加快，保障和改善民生等方面的财政政策陆续出台，财政部门的服务对象由过去主要面向部门和企业，扩展到现在面向全社会、面向千家万户；由主要涉及经济领域扩展到经济社会生活各个领域，服务的对象和层级明显增加。同时，随着社会主义民主政治建设的不断推进，人民群众的参与意识、监督意识不断增强，对财政工作的关注度越来越高，对财政信息公开透明的要求越来越高，需要广大财政干部始终牢记“为国理财、为民服务”宗旨，切实增强依法理财、科学理财、民主理财的能力。

总之，财政工作的这些变化，既反映了财政工作的地位和作用越来越重要，复杂性和艰巨性越来越突出，也对财政干部的政治素质、业务技能、管理方式、工作作风等都提出了新的更高的要求。很多不太了解、不太掌握的知识，需要我们去学习掌握。不知则问，不懂则学。广大机关干部只有加强学习，不断提升思想政治理论水平、业务能力和综合素质，避免出现毛泽东同志所说的“本领恐慌”，才能适应新形势，迎接新挑战，扎实做好各项财政工作，圆满完成党中央、国务院和全国人民交给我们的光荣任务，不断开创财政改革和发展新局面。

（三）加强学习是个人成长进步和提高素质修养的必由之路

学习是人类进步的阶梯。加强学习是一个国家民族发展进步的基石，是一个单位或团体做好工作、开拓进取的需要，也是个人成长进步和提高素质修养的必由之路。

加强学习是个人成长成才的重要基础。“鸟欲高飞先振翅，人求上进先读书”。大家都知道“士别三日，当刮目相待”这个典故。讲的就是三

国时期东吴著名的大将吕蒙勤奋学习的故事。吕蒙十五岁就立下战功，但由于没有读过书，鲁肃等一批有学问的人看不起他，认为他没有学问，难成大器。孙权劝吕蒙多读书，吕蒙从此发奋学习，读的书越来越多。鲁肃路过吕蒙驻地，礼节性地去看望他，在与吕蒙的谈话中，深切感受到他的渊博学识和英敏不凡，赞叹道："卿今者才略，非复吴下阿蒙!"吕蒙说："士别三日，当刮目相待。"怎么能用老眼光看人呢！此后吕蒙的本领果然越来越大，多次以谋略智慧轻松取得战斗胜利。三国故事中著名的东吴巧收荆州、关羽败走麦城很大程度上靠的就是吕蒙的谋略。最近我在读李瑞环同志的新作《务实求理》，从中深刻体会到加强学习对个人成长成才的重要性。李瑞环同志没有专门上学的经历，但他参加工作几十年来一直在学习，用他自己的话来说"有时简直是'恶补'"。他为学习所付出的艰辛，在学习中所碰到的困难，是常人难以想象的。最典型的是李瑞环同志年轻时当突击队长，因为晚上休息在工棚，点灯看书影响别人睡觉，大冬天只好穿上棉袄、大头鞋，戴上口罩，到路灯底下去学习。长期不懈地坚持学习，是他从一个普通工人，一步步成长为党和国家领导人的重要因素。现代人才学中的"蓄电池理论"认为，人的一生只充一次电的时代已经过去，只有成为一块高效蓄电池，进行不间断的、持续的充电，才能持续地释放能量。在农业经济时代，一个人读几年书，即只需接受小学教育，就可以管用一辈子；在工业经济时代，读十几年的书，接受大学教育，才能够用一辈子；到了知识经济时代，需要接受终身教育，经常不断地学习、坚持不懈地终身学习，才能够用一辈子。

总之，学习是个人成长的根基，是事业成功的基础。业有所就，必是学有所成。一个人在成长成才的过程中，要适应新形势，解决新问题，迎接新挑战，只有加强学习，干什么学什么，缺什么学什么，需要加强什么学什么，才能跟上时代发展步伐，才能不断提高干事创业的本领和能力。

加强学习是个人适应不同阶段工作和不同工作角色的客观需要。每个干部都会经过不同工作阶段、不同工作角色的锻炼。在这个过程中，难免会面临一系列问题和挑战：接受的是专业性教育，从事的工作往往涵盖多个领域；所学专业与所从事的工作相差甚远；做部下按照领导指示和要求工作，走上领导岗位后要定原则、出思路、协调上下左右，而工作岗位的变化、职务的升迁，并不必然意味着能力水平的提升，可能存在"老知识不管用，新知识不够用，老办法不管用，新办法不会用"的现象。就我个人来讲，在工厂工作过，当过基层干部，后来又先后在计划部门、财政部门、金融部门、经贸部门、税务部门工作，现在又回到财政部工作。40 多年的工作经历，我感受最深的就是：干一行，学一行，爱一行，学习、学习、再学习，加快知识更新，优化知识结构，才能胜任不同性质的工作，才能做好不同工作阶段和工作岗位的工作。读书学习水平在很大程度上决定着工作水平和领导水平。党员干部要胜任所肩负的职责，做合格的领导者和管理者，向党和人民交一份满意的答卷，必须大力加强学习，努力用人类创造的丰富知识来充实自己，掌握和运用一切科学的新思想、新知识、新经验，敏锐把握时代脉搏，不断深化对共产党执政规律、社会主义建设规律、人类社会发展规律的认识，切实增强工作的原则性、系统性、预见性、创造性。

加强学习是提高个人道德修养和综合素质的重要途径。古人云："非学无以广才，非学无以明识，非学无以立德。"邓小平同志指出："不注意学习，忙于事务，思想就容易庸俗化。如果说要变质，那么思想的庸俗化就是一个危险的起点。"在改革开放和发展社会主义市场经济的条件下，广大财政党员干部要在各种诱惑面前增强免疫力，加强廉政建设，把握做人、为官、干事的行为准则和基本要求，重要方法之一就是加强学习，学习马克思主义理论、学习党章和党的各项纪律规定、学习革命前辈和模范人物的高风亮节。江泽民同志也指出："一些党员、干部犯错误，包括以权谋私、违法乱纪，同思想上懒惰、不注意学习、不注意修养是密切相关的。"财政系统廉政建设总的来说是好的，但少数干部因为放松学习特别是放松政治理论和思想道德修养方面的学习，也出现过这样或那样的问题。加强学习，读一本好书，读那些有闪光思想和高贵语言的书，读那些蕴涵人生哲理的书，才能品味人生真谛，提高综合素质，形成正确的人生态度，坚持道德操守。党员干部要避免在廉政上出问题，必须通过加强学习提高党性修养，常修为政之德，常思贪欲之害，常怀律己之心，牢固树立正确的权力观、地位观、利益观，从而堂堂正正做人，清清白白做事。

二、明确学习方向，把握学习重点

现代科学技术进步日新月异，知识总量呈几何级数增长，知识创造、知识更新速度大大加快，各种新知识、新情况、新事物层出不穷。据统计，19 世纪 60 年代，知识更新速度为 50 年左右翻一番；20 世纪 90 年代以来，知识更新加速到 3—5 年翻一番。近 50 年来，人类社会所创造的知识，比过去 3000 年的总和还要多。专家预计，到 2020 年，知识的总量将是现在的三到四倍；到 2050 年，目前的知识仅占届时知识量的 1%。人的学习追求是无止境的，但“吾生也有涯，而知也无涯”，人的精力有限，不可能把所有的知识都学完。这就要求我们明确学习方向，把握学习重点，力争在有限的学习时间内取得最佳的学习效果。适应知识经济时代的发展需要，党员干部必须建立科学合理的知识结构，使自己的整个知识体系呈“T”字型展开，其中横向表示要有一定的宽广度，包容多学科的知识，以满足工作、生活、交往等方面的需要；纵向表示要具备相当的精深度，在专业上深刻透彻，以满足更深层次的需要。也就是说，要做本行业、本部门的通才，做某些方面的专才，具有专与博的兼容性。

（一）加强政治理论学习，提升思想政治素养

列宁同志有句名言：“只有以先进理论为指南的党，才能实现先进战士的作用。”马克思主义是我们认识世界和改造世界的强大思想武器，马克思主义理论素养是党员干部素质的核心和灵魂，掌握马克思主义理论是党员干部的基本功。党员干部只有加强政治理论学习，才能提高政治素养、坚定政治立场，才能提高运用马克思主义理论分析和解决问题的能力，才能增强贯彻党的理论路线方针政策的自觉性和坚定性，才能增强为党和人民事业不懈奋斗的自觉性和坚定性。

要学习中国特色社会主义理论体系。中国特色社会主义理论体系是马克思主义中国化最新成果，是党最可宝贵的政治和精神财富，是全国各族人民团结奋斗的共同思想基础。在当代中国，坚持中国特色社会主义理论体系，就是真正坚持马克思主义。深入学习马克思列宁主义、毛泽东思想，深入学习邓小平理论、“三个代表”重要思想以及科学发展观，全面系统、完整地掌握中国特色社会主义理论体系的重大意义、时代背景、实践基础、科学内涵和历史地位。要学习马克思主义哲学。马克思主义哲学揭示了自然界、人类社会和思维的一般规律，是全部马克思主义理论的思想基础，也是马克思主义的立场、观点、方法的思想基础，不懂得马克思主义哲学，就不能真正懂得马克思主义。我们要把马克思主义运用于指导实践，并在新的实践基础上继承和发展马克思主义，归根结底也要从哲学层次解决问题。要重视马克思主义哲学的学习，真正学会去粗取精、去伪

存真、由此及彼、由表及里的本领，掌握科学的世界观和方法论，以减少工作中的盲目性、片面性、表面性、机械性。要学习党章和党的各项纪律、规定。财政干部掌握着资金分配权，是各方面攻关的对象，特别要通过学习党章和党的各项纪律规定，树立正确的世界观、人生观、价值观，增强加强廉政建设的自觉性，提高拒腐防变能力。

（二）加强业务知识学习，提高业务素质

德才兼备是党对干部的基本要求。党员干部在加强政治理论学习提高“德”的同时，还要加强业务知识学习，提高“才”，提高干事创业的本领，努力成为本专业、本领域的行家里手。

要学习财政经济理论。财政政策是政府实施宏观调控的重要工具，财政部门是重要的宏观经济管理部门。财政干部要加强财政经济理论学习，切实增强专业理论水平，提高运用财政经济理论分析、解决财政工作实际问题的能力。不仅要学习马克思主义经济学，还要学习西方经济学；不仅要学财政理论知识，还要学金融理论知识；不仅要研究国内经济财政形势，还要研究国际经济财政形势；不仅要研究现代财经理论，也要学习古代的财税知识。我国的理财思想源远流长、博大精深。《礼记・大学》中说：“生财有大道，生之者众，食之者寡，为之者疾，用之者舒，则财恒足矣。”短短几句话，精辟地论述了财政收入、支出、管理等的辩证关系，对我们做好财政工作有启示意义。通过广泛深入地学习，不断提高财经理论水平，并密切联系实际进行思考，我们做财政工作的本领就能提高，就能更加有效地加强和改善财政宏观调控，准确把握国内外经济财政形势，深化财税体制改革，加强财政管理，做好各方面的财政工作。

要学习写作知识和公文处理技能。财政部门的公文质量既体现了财政部门贯彻党的方针政策、安排部署工作、上传下达要情、检查督促落实等方面的工作水平，又反映了财政干部的政治理论素养、业务能力和文字功底，是展现财政部门形象和作风的重要窗口。历届部党组都非常重视公文处理工作。我部办的公文质量，总的来说是好的，但是还需要进一步提高。要做好公文处理工作，除了强化责任意识、加强审核把关外，需要努力学习写作知识和公文处理技能。机关干部特别是青年干部要重视学习写文章、写报告、办公文的知识，不断提高文稿写作能力和公文处理能力，准确、及时、规范、高效地处理公文，提高机关工作水平。这既是机关干部的基本功，也是机关干部成长进步不可或缺的能力。

要学习法律知识和管理知识。全面落实依法治国基本方略，建设社会主义法治国家，加快建设法治政府，要求党员干部认真学习法律知识。要学习宪法和社会主义民主法制理论，提高法律素质。要学习《预算法》、《会计法》等与财政工作密切相关的法律知识，全面把握依法行政、依法理财的基本要求，并落实到财政工作中去。要学习研究、参考借鉴世界上其他国家的财税法律知识，健全完善我国的财政法律制度体系，推动依法理财。管理和技术是推动经济发展的两个车轮。要学习当代管理理论和方法，牢固树立现代财政管理理念，将先进、科学的管理思想和治理理念引入到财政科学化精细化管理之中。要学习掌握信息化管理技术，加快推进财政管理信息化建设。

（三）加强传统文化知识学习，增强综合素质

优秀传统文化知识作为人类文明的精华，其智慧光芒穿透历史，思想价值跨越时空，历久弥新，成为人类共有的精神财富。党员干部要锤炼道德修养、提升思想境界，增强对人与人、人与社会、人与自然关系的认识和把握能力，必须学习优秀传统文化知识。

要学习历史知识。读史使人明智。我们党在领导革命、建设和改革的过程中，一贯重视历史经验的借鉴和运用。老一辈革命家，不但具有很高的马克思主义理论修养、丰富的实践经验，而且具有渊博的历史知识。学习历史知识可以温故知新、彰往察来，可以看成败、鉴是非、知兴替，可以吸取前人在修身处事、治国理政等方面的智慧和经验，牢固树立马克思主义的唯物史观，把理解历史当做把握人生的一把钥匙。

要学习文学和科学等知识。学习文学经典是一种基本的文学训练，可以提高人的文化修养，陶冶情操、增加才情。科学是人类进步的“第一推动力”。要学习科学知识，提高科学素养。同时，还要根据个人的兴趣爱好，学习体育、音乐、绘画、书法、摄影、艺术等知识，丰富业余生活，增进身心健康。

在学习优秀传统文化知识的过程中，要注重加强学习弘扬财政优良传统作风。部机关今年开展了“薪火相传”——继承弘扬财政优良传统作风的主题教育活动，就是要让干部职工特别是青年干部职工学习老一辈财政工作者的优良传统作风，把这些宝贵的精神继承下来并发扬光大，这也是学习优秀传统文化知识的重要方面。

三、掌握科学的学习方法，提高学习效率和效果

联合国教科文组织的埃德加·富尔先生预言：“未来的文盲，不再是不识字的人，而是没有学会怎样学习的人。”只有掌握科学的学习方法，才能找到开启知识之门的“金钥匙”，取得事半功倍的学习效果。要提高学习的效率和效果，必须大力倡导科学先进的学习理念，培育永无止境的学习精神，探索管用有效的学习方法。

（一）端正态度，树立终身学习理念

态度决定力度。学习态度与学习质量和效率直接相关，在学习中起着重要作用。端正学习态度，才会有良好的学习心态和方向，才能增强学习的自觉性和主动性。要培养提高学习兴趣，自觉热爱学习。兴趣是最好的老师。一个人在思想上解决了问题，有学习兴趣、有学习需要、有学习爱好，才能端正学习态度，热爱学习。有了热爱作基础，学习就不会枯燥，过程就不会漫长，才能实现从“要我学”向“我要学”转变，即使遇到困难、挫折和干扰，也能坚持不懈地学习，在学习中坚定信心，在学习中战胜困难。要牢固树立终身学习观念，紧跟时代前进步伐。终身学习既是时代发展的要求，也是党员干部成长进步的需要。要像呼吸空气一样去学习，把学习作为一种精神境界、生活态度和人生追求，活到老、学到老。要从“一般学”向“深入学”转变，提高学习的有效性。人的学习时间和精力都是有限的，要集中时间和精力，深入学习，针对实践中碰到的问题和困难，明确近期内需要重点学习掌握的知识和技能，争取在短时间有大的突破、有大的提高，收到“士别三日，刮目相待”的效果。避免泛泛而学，蜻蜓点水，不求甚解。

（二）持之以恒，注重日积月累

学习非一朝一夕之事。要取得较好、较大的学习效果，必须锲而不舍、持之以恒，注重日积月累，不能心浮气躁、浅尝辄止。要有恒心。学贵有恒，不能三天打鱼，两天晒网，有时间就学，没时间就不管了。学习不仅是一个知识积累的过程，更是一个不断战胜自我的过程；不仅需要兴趣和激情，更需要毅力和坚持。顾炎武说：“人之为学，不日进则日退。”有人研究过，一个人每天阅读一小时，三年之后就可以变成某一问题的专家。要针对个人实际情况，制订具体的学习计划，并坚持下来，常此以

往，必有大成。要发扬“挤”和“钻”的精神。《第五次全国国民阅读调查》结果显示：虽然高达80%的被访干部认为，当今社会阅读“非常重要”，却有高达46%的干部在一年中没有读过一本书。其中“没有读书时间的占63%”。学习一定要发扬“挤”和“钻”的精神，挤出时间来学习，然后再钻研进去。要学会在繁忙的公务时间挤出时间来学习。如果我们每个工作日挤出半小时来学习，几年下来，学习的时间就相当可观了。爱因斯坦说：“人的差异就在于业余时间。”“八小时”之外的学习时间，就像海绵里的水，挤挤总会有的，关键在于想不想挤、愿不愿挤。要吃得苦。“学海无涯苦作舟”、“学问是苦根上长出来的甜果”。学有建树的人，都离不开一个“苦”字。马克思为了写《资本论》，读了1500多种书，写了一百多本笔记，伦敦大英博物馆图书阅览室里的书桌下留下了深深的脚印。当前一些党员干部学习松懈，学习效果不好，一个重要原因就是怕吃苦。现在的学习条件比过去好多了，既不必学古人“头悬梁、锥刺股”，更不用“凿壁偷光”了，但吃苦的精神不能丢。其实，只要有恒心、有毅力，再加上肯吃苦，随时随地都可以学习。曾国藩在致兄弟的家书里写道：“苟能发奋自立，则家塾可读书；即旷野之地，热闹之场，亦可读书；负薪牧豕，皆可读书。”要多动手。“好记性不如烂笔头”。读书学习时要多动手、多动笔。毛泽东同志在这方面是我们学习的榜样，他对延安时期必读的5本哲学著作作了2万多字的批注，对艾思奇的《哲学与生活》作了3000多字的摘录，等等。读书学习时记笔记、作批注、写心得体会，可以帮助记忆，加深理解。

（三）兼收并蓄，提高学习的广度和深度

兼收并蓄、提高学习的广度和深度，不仅要表现在学习的内容上，还要表现在学习的方式上。读万卷书重要，行万里路更重要。有研究表明，人类获取的知识，阅读和听来的占25%，自己亲身经历的占75%。事事留心皆学问。既要向书本学习，又要向实践学习，向人民群众学习；既要注重直接学习，也要注重潜移默化的学习。要学习“无字天书”。毛泽东同志说：“社会是学校，一切在工作中学习。学习的书有两种：有字的讲义是书，社会上的一切也是书——‘无字天书’。”“三人行，必有我师”。要向领导、同事、同学和朋友学习，学习他们认识问题、分析问题、解决问题的好思路、好方法。“见贤思齐”。要向社会的英雄人物和模范人物学习，学习他们大公无私、爱岗敬业、无私奉献的精神。要向基层干部和人民群众学习。人民群众是历史的创造者，是推动历史发展的根本动力。群众路线是党的三大法宝之一。重视向群众学习、善于向群众学习是党取得一个又一个胜利的重要手段。要加强调查研究，努力向基层的干部和人民群众学习，虚心请教，尊重他们的首创精神，不断总结人民群众创造的好做法好经验，认真听取他们的意见和建议。只有这样，我们才能不断提高财政决策的民主性、科学性，实现好、维护好、发展好广大人民的根本利益。

（四）学用相长，做到知行合一

学习不是纸上谈兵，不是死记硬背，不是一学了之，要做到学以致用、用以促学、学用相长。一个人如果不注重把学到的知识运用到工作中、落实在行动上，即使他“学富五车、才高八斗”，也不能说达到了学习的最终目的。要坚持学习与思考的统一。思考是学习的深化，是认知的必然。学习知识要善于思考、思考、再思考。学习不思考，等于吃饭不消化。要带着问题学习，养成边学习边思考的习惯，不能机械地学习，被动地学习。“尽信书不如无书。”学习要多想一些问题，多问一问题，在思考中发现新的问题，在继承前人的基础上努力形成新的认识，有新的发现和提高。要注重学习成果的转化。要坚持实事求是、理论联系实际的学风，努力运用所学的理论和知识改造主观世界及客观世界，指导实践。党员干部要成为学以致用、用有所成的表率，把学习的体会和成果转化为谋划工作思路、促进工作的措施。

四、加强组织领导，大力推进学习型党组织、学习型机关建设

加强学习，建设学习型党组织、学习型机关，既是创先争优的重要内容，也是开展创先争优活动的重要手段。要把建设学习型党组织、学习型机关贯穿创先争优活动始终。机关团委向部机关青年干部发出了积极投身创先争优活动倡议书，倡议青年干部做五个方面的“排头兵”，其中“勤奋学习，做学习型团组织建设的排头兵”是第一条要求，把加强学习与开展创先争优活动紧密结合起来了。建设学习型机关，建立健全学习制度是保障，完善和创新学习方式方法是手段，领导干部带头学习是关键。只有重视制度建设、手段创新、领导带头，才能大力营造和形成重视学习、崇尚学习、坚持学习的浓厚氛围，才能推进学习的科学化、制度化、规范

化。

（一）进一步完善学习制度

要把健全完善科学规范的学习制度作为基础环节，做到用制度管学习、促学习。要制定切实可行的学习计划，根据干部特点和财政工作，有针对性地确定学习内容，明确具体要求，保证学习时间、提高学习质量。要建立健全学习考勤、学习档案、学习通报等各项制度，引导督促干部少一些浮躁，少一点应酬娱乐，多一些书香。要把学习情况作为民主评议党员、综合考核评价领导班子和领导干部的重要内容，把学习态度、学习精神、学习能力和学习成效作为选拔任用干部的重要依据，形成注重学习的用人导向。特别是在创先争优活动中，要把重视学习、加强学习作为评选先进基层党组织、优秀共产党员的重要标准。要建立健全促进学习、激励学习、保障学习的竞争机制、激励机制和考核机制，督促鼓励干部特别是青年干部爱学勤学。

（二）不断创新学习方式方法

灵活多样的学习方式、有效新颖的学习方法，是增强干部的学习兴趣和学习激情，提高学习效果的重要途径。要在完善过去一些行之有效方式方法的同时，针对人们自主性不断增强的新情况，积极探索学习的新方式、新方法，如读书会、知识竞赛、技能比赛、网上论坛、集中研讨等，多组织开展研究式学习、共享式学习，使学习与工作有机融合、相互促进。要拓展个性化的学习空间，因地制宜、因人制宜，根据干部的不同需要，努力提供“菜单式”学习服务，让干部在学习内容、方式、时间上有更多的选择。要支持干部参加各种形式的继续教育，养成持续学习、终身学习的良好习惯。要组织各种形式的主题学习教育活动，结合党和国家重大政策出台、重大活动开展和重大节庆日纪念日等契机，不断丰富和完善建设学习型机关的有效形式和工作抓手。要组织精干力量和权威专家，做好干部学习教材编写工作，力争尽快编写出系统的、符合财政干部需要的学习教材。最近，为有组织地引导党员干部多读书、读好书，中宣部理论局、中组部干部教育局开展了向党员干部推荐学习书目工作，第一批、第二批学习书目已经推出。要在督促党员干部学习中宣部理论局、中组部干部教育局推荐书目的同时，通过向老干部请教，向财经专家请教，向广大干部推荐提高理论素养、专业能力和综合素质的学习书目。

（三）领导干部要带头学习

建设学习型党组织、学习型机关，领导干部以身作则，重视学习、带头学习是关键。领导干部要自觉学习、深入学习，以高度的责任感、强烈的求知欲和积极的进取精神，切实减少应酬，把更多的时间和精力放在学习上，先学一步，学深一些，作不断学习、善于学习的表率，努力成为建设学习型机关和学习型领导班子的精心组织者、积极促进者、自觉实践者，带动财政系统形成良好学习风气。要高标准高质量搞好部党组中心组集体学习。创新学习方式和内容，注重把部党组中心组集体学习同研究解决财政难点、热点、焦点问题结合起来，重点加强对深化财税体制改革、推进财政管理科学化精细化等事关财政改革与发展重大问题的学习研究，形成有效的措施和办法。要倡导领导干部帮学、带学。围绕财政中心工作，围绕干部关注的热点问题，请领导干部带头讲党课、做辅导，分析形势，讲解政策，帮助干部解决思想认识上的困惑、工作实践中的难点，促进学习，促进工作。

（四）加强组织领导和督促指导

建设学习型党组织、学习型机关，必须加强组织领导和督促指导。部内各单位要把建设学习型党组织、学习型机关工作摆在突出位置，列入重要议事日程，精心组织，狠抓落实。要重点围绕财政中心工作和本单位实际，按照分层分类推进要求，制定切实可行的具体实施意见。要根据不同类别、不同层次、不同岗位党员干部的特点，把学习的普遍性要求和特殊需要相结合，分别提出相应的任务和要求。机关党委、人教司、干教中心要经常了解部内各单位的学习情况，根据不同特点和情况，有针对性地加强指导。要定期对部内各单位学习情况进行督促检查，针对存在的问题和不足，提出加强和改进的具体要求。要进一步推进学习成果转化，通过集体交流、媒体宣传、情况反映等多种形式，促进学习成果运用于财政中心工作。

同志们，学习是一个永恒的主题，也是一个常讲常新的话题。希望大家真正把学习当成一种生活态度、一种工作责任、一种精神追求，自觉做到爱学习、勤学习、善学习、乐学习，在建设学习型机关的过程中，不断提高个人素质和能力，不断增强“为国理财、为民服务”的能力，为财政改革和发展做出积极贡献。

（本文根据作者为全部党员干部党课讲稿整理，选自《中国财政》2010年第17期）

“国库管家”谢旭人

新　伟

在全国“两会”采访期间，笔者目睹了财政部部长谢旭人在列席全国政协十一届一次会议时被各家媒体围堵的盛况——不足100米的路程，财长“走”了长达10分钟之久。对于人们普遍关注的我国未来财政政策，谢旭人的回答是：“要继续实施稳健的财政政策，加强和改善宏观调控，在调整结构和促进协调发展上下功夫。”

“国库管家”自工人起步

2007年8月28日，谢旭人被中组部任命为财政部党组书记。两天后，即8月30日，十届全国人大常委会第二十九次会议决定，免去金人庆的财政部部长职务，任命谢旭人为财政部部长。自此，谢旭人从第一税官变成了共和国第一“大管家”。他接过了共和国越来越大的家业，如何扮演分钱者和“买单人”的角色为国人所关注。不少经济界的知名人士认为：谢旭人有着大量基层实践经验和经济专业的背景，在中国即将推进行政管理体制改革之际履新，这位新财长注定将会在中国未来的财政政策路径上烙下鲜明的印记。

有“国库管家”之称的谢旭人生于 1947 年 10 月，来自素以精打细算善于理财著称的浙江宁波。与很多领导者一样，他曾长期在基层工作。对于至今普通话中仍带着宁波口音的他而言，宁波市镇海机械厂显然在他的人生旅途中占有重要位置。从 1967 年 6 月参加工作开始，谢旭人由工人至技术员、动力设备科长，再升至副厂长。他在这里有着长达 14 年难忘的工作经历。

1981 年 9 月，34 岁的谢旭人进入浙江大学工业经济管理专业干部专修科学习。大学毕业后，他正式迈入政坛，先后任浙江省余姚县副县长，鄞县县委副书记、县长，浙江省计经委副主任等职。

1990 年，谢旭人的职业生涯出现了重大转折。这一年，他从浙江调入掌管 10 多亿人口大国钱袋的国家财政部。在短短 8 年间，谢旭人由财政部预算司副司长、综合改革司司长升至部长助理，之后又升至财政部副部长。曾直接参与了 1993 年至 1994 年的财政管理体制和税收制度改革的调查、研究、实施全过程。

1998 年，51 岁的谢旭人首次有了独挡一面的机会，从财政部调任中国农业发展银行行长一职。后又于 2000 年被调任中央金融工委副书记。此后不久，他再次履新——担任国家经贸委副主任。2003 年初，在国家经贸委被撤销、新一届政府组成之际，谢旭人被任命为中国“第一税官”——国家税务总局局长。

无论是在财政部还是国家税务总局，人们对谢旭人的普遍印象是：“严谨、勤政、细致、务实。”在国税总局工作 4 年，谢旭人的微观把控能力和管理经验也是一笔财富。观察人士称，在财政部这样的宏观决策机构担任最高指挥官，谢旭人未来的宏观决策能力值得期待。

边为国聚财边为民减赋

作为国家税务总局局长的谢旭人新官上任后的第一把火，就是在原来“以纳税申报和优化服务为基础，以计算机网络为依托，集中征收，重点稽查”的税收征管模式上，加上“强化管理”4 个字。用他的话说，就是“经济发展了，有税源了，并不等于这些税收就一定能够装进国家的口袋

里”，而科学化精细化管理，就是要把责任落实到每个人头上：管户到人，管事到位。

谢旭人是土生土长的财税专家，经历了从计划经济到市场经济的蜕变，也经历了10年一次的税务大变革，从1994年分税制改革，到2003年税务体制改革，谢旭人都参与其中。

1993年3月朱镕基任国务院常务副总理，亲兼人民银行行长，以解决通胀、赤字等一连串经济痼疾。在经过与各地政府艰难的博弈之后，分税制正式实施。亲身经历了这一重要历史进程的谢旭人不可能对此无动于衷。因此，他出任国家税务总局局长之后，虽然有种种改革措施出台，唯有围绕着征税增税的措施最见成效。他因此成为新中国成立以后征税措施最见成效、对中央财政贡献最大的国税局长。

在谢旭人接任国家税务总局局长之前4年，中国税收增长幅度平均达到15.5%，远远超过了国内生产总值的增长速度。上任之初，在接受记者采访时，他坦陈责任重大。他说，汽车开得越快越难开，爬山爬得越高越难爬。现在再让税收增长一个百分点难度要比4年前大很多，但是从另一个角度看，如果现在再增长一个百分点，它代表的成绩也要比以前大，内涵更丰富。

执掌国税总局的第一年，中国遭遇“非典”侵袭，中国经济和税收都面对考验。谢旭人心境如何，没有人能知道。不过，2004年1月1日，当一位记者按照约定的时间去采访他时，却不见他的踪影。原来那天早晨起来后，他一直守候在国家税务总局信息中心的电脑旁，仔细察看各省市区税务局陆续报上来的税收收入统计数字。12点左右，全国的统计结果出来了。统计显示，2003年全国共入库税款20450亿元（不含关税和农业税收），增长20.3%，增加3446亿元，双双实现历史性突破。对于这个结果，谢旭人是满意的。

一位税务专家说，税收收入的增长确实有客观经济形势影响的因素，但谢旭人推动的税收科学化、精细化管理对税收征管效率提高作用很大。他一直倡导税务机关提高为纳税人服务的意识，改进工作方式。

与他共事过的国税总局官员说，谢旭人工作非常细致，对业务要求也比较严格。给司长们开会安排工作、讲解政策的时候，他每次都需要一块黑板，边写边讲，甚至画图解说。这位官员说：“谢局长讲过后，我们的工作思路就比较清晰了。”

担任国税总局局长4年，谢旭人喜欢到基层考察调研。基层税官评价这位局长时，出现频率最高的几个词是平易近人和严谨务实。

"真没想到国家税务总局领导把座谈会直接开到我们征管一线窗口！"一提起谢旭人局长在新疆昌吉市国税局办税服务厅调研时的情景，该局综合业务科科长王志芳就敬佩之情溢于言表。原来2005年8月3日，谢旭人一行抵达乌鲁木齐后，不顾长途飞行疲劳，直赴昌吉市调研。一下车，谢旭人没去会议室，径直走进昌吉市国税局办税服务厅，与综合办税服务窗口的工作人员攀谈起来。

每到一地，谢旭人总喜欢去办税大厅服务窗口考工作人员业务问题。他对基层业务的熟悉也让地方税官们惊讶。一位在考察中与谢旭人曾有过接触的地方税务大厅工作人员说："没想到他对税收征管业务流程及其细节的研究，比我们具体操作人员还细、还透。"

在担任国税总局局长之后，他曾在2003年中国财税论坛上提出了中国税改的7项命题，涉及增值税、企业所得税、个人所得税等诸多税种的改革，还包括了农村税费改革及城乡税制并轨。当时，财税圈内人士称之为"谢七条"。这次税改很多内容由于非常敏感、牵涉面大，进行的过程并不十分顺利，也使这次税改的时间跨度一直延至2007年之后。

有着9亿农民的中国，三农问题是政府绕不开的难题。2005年12月29日，十届全国人大常委会第十九次会议高票通过决定，自2006年1月1日起废止《农业税条例》，取消除烟叶以外的农业特产税、全部免征牧业税，中国延续了2600多年的"皇粮国税"走到了尽头。

"在全国进行农村税费改革试点的重大决策于2000年确定，2003年全面铺开。2004年开始逐步减免农业税，2005年全国有28个省（区、市）免征了农业税。"谢旭人表示，农业税在新中国建设过程中曾经发挥历史性作用，广大农民为此做出巨大贡献。1949年至2005年我国农业税总收入累计达到4200亿元，为增加国家财政收入、促进经济社会发展做出了积极贡献。

谢旭人任上能够在历史上留下一笔的税制改革举措：一个是取消了延续数千年的农业税，这标志着中国再也不以农业与农民作为基础税基来养活政府提供公共服务；另一个成功的改革举措是顺应税赋平等要求，统一中外企业所得税，改变了在本国内资反遭歧视的不公平状况。

财长细言如何“分蛋糕”

2008年3月6日，北京人民大会堂新闻发布厅，马凯、谢旭人、周小川的记者招待会座无虚席。谢旭人的严谨让记者印象深刻。作为财政部部长，他操持着逾5万亿元的财政收入，对于数字有着特别的敏感。记者招待会上，对于谢旭人的提问也总是围绕着数字展开。每次发言，谢旭人都会先低头确认之后，再给出最准确的回答。

作为财政部部长，谢旭人面临重大的责任与艰巨的挑战。最根本的挑战来自如何将始于1998年的建立公共财政体系的倡议从理论落实到行动，并形成组织框架。

公共财政具有稳定经济、资源配置、收入分配、监督管理等职能作用，是政府履行职能的物质基础、体制保障、政策工具和监管手段。在谢旭人看来，在社会主义市场经济条件下，公共财政要向全体社会成员提供公共产品和公共服务，满足社会公共需要；提供均等化的基本公共服务，对各类社会主体实施统一的财税政策，维护社会公平正义；坚持以人为本，更加注重社会效益；贯彻依法治国基本方略和现代管理原则，做到依法理财、科学管理。

根据经济运行的发展变化趋势，合理把握财政政策取向，综合运用多种工具，积极发挥财政政策在稳定经济增长特别是优化结构、协调发展等方面的积极作用，并注重与货币政策、产业政策等协调配合，控总量、调结构、促协调，不断增强财政宏观调控的前瞻性、及时性、针对性、协调性和有效性——这是谢旭人发挥财政在宏观调控中的作用，促进经济又好又快发展的思路。

“控总量，就是保持总供给与总需求大体平衡，促进经济平稳较快发展和物价基本稳定，防止大起大落；调结构，就是推动经济增长由主要依靠投资、出口拉动向依靠消费、投资、出口协调拉动转变，由主要依靠第二产业带动向依靠第一、第二、第三产业协同带动转变，由主要依靠增加物质资源消耗向主要依靠科技进步、劳动者素质提高、管理创新转变，加快经济发展方式转变和产业结构优化升级；促协调，就是支持统筹城乡发展、区域发展、经济社会发展、人与自然和谐发展、国内发展和对外开放。根据当前经济发展的客观需要，继续实施稳健的财政政策，并与从紧的货币政策协调配合，切实防止经济增长由偏快转为过热，防止价格由结构性上涨演变为明显通货膨胀。同时，保持财政收入与经济协调增长，不断壮大财政实力和综合国力。”

谢旭人主张不断调整和优化财政支出结构，大力支持保障和改善民生。他说，要从我国经济社会发展的实际出发，强化政府的社会管理和公共服务职能。逐步退出对一般竞争性领域的直接投入。妥善衔接国有资本经营预算与公共财政预算。推进事业单位分类改革。严格控制并努力节约一般性开支，降低政府行政成本。明确公共服务的范围，并根据公共服务的层次性，相对、动态地划分基本与非基本公共服务。调动中央财政和地方财政两个积极性，整合财政资源，增加对公共服务领域的投入，并引导形成多元化的投入机制，优先保障和改善民生，向社会主义新农村建设倾斜，向社会事业发展的薄弱环节倾斜，向困难地区、基层和群众倾斜。根据社会事业发展规律和公共服务的不同特点，立足我国基本国情，按照“广覆盖、保基本、多层次、可持续”的方针，稳步推进社会保障体系建设，积极探索有效的财政保障方式，支持构建改善民生的长效机制。

在十一届人大一次会议记者招待会上，财政部部长谢旭人表示，将把支持“三农”、教育、医疗卫生、社会保障等方面作为预算安排的重点，大力促进各项社会事业的发展，着力保障和改善民生。他说，财政部将在全国推进农业保险保费补贴制度的试点工作，不断加大对农业保险保费的补贴力度，推出扶持生猪生产、奶业生产、油料生产的财税措施。

在回答财政促进教育、医疗卫生和社会保障等社会事业发展问题时，谢旭人说，中央财政要保障优先发展教育，支持全面实施城乡免费义务教育。从2008年开始，中央财政将进一步提高农村义务教育经费保障水平、免费发放教科书的水平、农村中小学生均公用经费的水平和中西部地区农村中小学校舍维修改造标准，继续加大对农村家庭经济比较困难的中小学寄宿生的补贴力度。并说，中央财政和地方财政将安排相应的经费，在城镇职工基本医疗保障制度进一步完善的基础上，把城镇非从业居民——老人及儿童全部纳入到城镇居民基本医疗保险体系，支持健全城乡医疗救助制度。

他还表示，中央财政还将大力支持加快建立健全廉租住房制度，帮助解决城市低收入家庭住房困难问题。同时，支持具有公益性质的博物馆、纪念馆和全国爱国主义教育示范基地免费开放，支持实施农村中央广播电视村村通工程、农家书屋以及县乡卫生、文化站所等方面的建设，积极推进公共文化服务体系的建设。

2008 年 3 月 17 日下午，在十一届全国人大一次会议第七次会议上谢旭人再次通过国务院总理的任命，出任国家财政部部长。常言道，财税不分家。国家税务总局原局长谢旭人出任国家财政部部长，让人对国家未来的财政政策产生了些许联想。当年，他作为国家税务总局局长是强调“收钱”，力争“颗粒归仓”。如今，他接过了共和国这份越来越大的家业，这位中国“财爷”强调的则是“分钱”，如何把政府的“天下粮仓”看管好，如何扮演“分蛋糕者”和“买单人”的角色，在“宏调”和“紧缩”的前提下如何使中国经济不受伤害地稳健前行，这对于他同样是一种考验与挑战。

(本文选自《人物》杂志 2008 年第 4 期)

在青年干部座谈会上的讲话

谢旭人

今天的座谈会开得很成功，同志们在发言中提出了一些非常好的建议和看法，都经过了深入的思考，全面反映了财政青年工作、学习和生活情况，充分展现了青年人积极向上，不断进取的精神面貌。我部青年干部人数比例较大，是推动财政改革和发展的主力军，青年干部们兢兢业业，辛勤工作，财政事业取得的每一项成绩都离不开你们的努力。

2009 年经济社会改革发展波澜壮阔，国际金融危机使今年成为 21 世纪以来我国经济形势最困难的一年。财政政策作为一揽子经济刺激计划中的重要部分，采取了一系列措施来保障和改善民生，为保增长、促稳定发挥了重要作用，为经济平稳较快发展作出重要贡献，中央领导同志对今年财政工作给予了充分肯定。财政青年作为制定落实财政政策的主力军，很勤奋，也很辛苦，我代表部党组向广大青年干部表示衷心的感谢！

前不久召开的第十次团代会很成功，产生了朝气蓬勃的第十五届团委，刚才冯立松同志提出了很好的共青团工作思路和建议，相信新一届团委一定能积极调动青年干部的主动性和创造性，围绕服务中心和大局，有声有色地开展机关团的工作。今天机关团委向大家发了倡议书，号召财政青年向沈浩学习，我非常赞成。学习沈浩精神将作为 2010 年财政部共青团工作的一个重要方面，认真组织，抓好落实。

在共青团十六大的座谈中，胡锦涛同志指出："党中央对青年一代充满期待、寄予厚望。广大青年一定要认清历史使命，勇担时代重任，用坚定的信念、顽强的意志、持续的奋斗，为夺取全面建设小康社会新胜利、开创中国特色社会主义事业新局面贡献更大力量、赢得更大光荣。"当前国际局势风云变幻，金融危机阴霾久久不散，我国经济社会和财政事业的改革发展均面临着严峻的考验和挑战。考验和挑战也意味着机遇和希望，当代财政青年生逢其时，肩负着重大的历史使命，正是充分发挥聪明才智、实现理想追求的宝贵时期。在这个宽广的时代舞台上，财政青年一定要以奋发有为的精神状态、求真务实的扎实作风，不辜负党和国家的期望，担负起部党组的重托。

第一，志存高远，努力成为理想远大、政治坚定的有为青年。胡锦涛同志指出，青年是推动历史进步的一支重要力量。在中国革命、建设、改革的伟大进程中，一代又一代青年在中国共产党领导下，始终站在时代前列，自觉奔赴党和人民最需要的地方，为实现民族独立、人民解放和国家富强、人民幸福顽强拼搏、不懈奋斗，创造了不可磨灭的辉煌业绩。特别是改革开放 30 年来，广大青年听从党的号召、响应时代召唤，积极投身中国特色社会主义伟大事业，在改革开放和社会主义现代化建设各个领域创优争先、开拓奋进，奏响了新时代的青春之歌。财政青年要继承和发扬前辈精神，努力成为有理想的有为青年。

第二，加强修养，努力成为甘于奉献、品性高尚的有德青年。党的十七届四中全会上提出的"坚持德才兼备、以德为先用人标准"是我们党对干部选拔任用工作历史经验的科学总结。对于财政青年干部来说，要按照建设社会主义核心价值体系的要求，大力弘扬以爱国主义为核心的民族精神和以改革创新为核心的时代精神，继承和发扬优秀财政传统。青年同志要坚持修身立德，从小事做起，从自己做起，从一言一行培养，坚持一切从实际出发，说老实话、办老实事；埋头苦干、不事张扬；面对困难、勇挑重担；出现失误要敢于负责。特别是要严格律己，做一个作风正派、清正廉洁、情趣健康的青年。堂堂正正做官、清清白白做人、干干净净做事，这样的干部在德的方面才是合格的。

第三，发奋学习，努力成为视野开阔、本领过硬的有才青年。前不久，我随同锦涛同志去澳门参加回归十周年的庆典活动，在澳门大学参观时，锦涛同志挥笔写下了“博学笃行”。年轻同志要将知与行、学与用结合起来，加强自身学习，提高综合素质和能力，珍惜宝贵年华，把学习当做一种责任、一种追求、一种境界，以永不满足的态度，抓紧学习各种新知识，努力用人类创造的一切优秀文明成果丰富自己、提高自己、完善自己。

现在青年人的学习条件与我们年轻时候相比要优越许多，我当年在机械厂工作的时候，非常渴望学习却没有什么学习资料，只好借去上海出差的机会淘旧书，曾经买来整套旧的大学机械工程专业课本学习。大家一定要珍惜现在的大好时光，始终保持旺盛的学习热情和强烈的求知欲望，坚持向书本和实践学习。

第四，勇于实践，努力成为干事创业、推动发展的创新青年。首先，开拓创新要脚踏实地，扎扎实实，立足本岗，做好本职，既要志存高远，又不能好高骛远；既要抬头看路，又要埋头拉车；既要仰望星空，又要脚踏实地。青年干部要勇于担当，特别是一些困难的工作，要有青年人的自信，不要怕，舒舒服服出不了好干部，要勇于吃苦，要经风雨见世面，充分发挥青年人开风气之先的优势，激发自身蕴藏的创新激情和创造潜力，力争在服务财政中心工作中有所发现、有所发明、有所创造。

温家宝总理向来重视青年和青年工作，去各地考察调研时都会抽出时间来去大学看看，同青年人谈理想，论人生。今年我陪同温总理在湖南看望青年学生的时候，他讲过6个字“此时、此地、此身”，可谓掷地有声、发人深省，可以作为青年同志的座右铭。“此时就是现在应该做的事情，就立即做起来，不要拖延到以后；此地，就是从你所处的岗位做起，为国家和人民作出贡献，不要等到别的地方；此身，就是自己应该而且能够做的事情，就要勇于承担，不要推给别人。”

“此时、此地、此身”，与各位青年共勉！

谢谢大家！向大家并通过你们向全部广大青年干部致以新春的祝愿，祝大家工作有新的成绩，家庭和顺，新年愉快！

（本文根据作者2009年12月31日在青年座谈会上的讲话编辑整理）

高山仰望

毛主席对我做财政工作的教导

戎子和

毛主席是中国现代史上一位最伟大的人物。他作为我们党、国家、军队的缔造者和杰出领导者，为中国革命和中国人民的解放事业建立了不朽的功勋。自 1949 年新中国成立，我担任中央人民政府财政部副部长开始，在此后的多年中，我曾在主席的领导下工作，有幸得到主席直接的关怀和教诲。在他诞辰一百周年之际，缅怀他的丰功伟绩，激荡起我的不尽思念，往事如潮，涌上心头。

理解和支持财政工作

我从 40 年代初开始从事财经工作。无论是在晋冀鲁豫边区，还是在华北人民政府，或是在中央人民政府财政部，每一个时期，财政工作都得到上级领导的理解和支持。40 年代初，我担任晋冀鲁豫边区政府副主席兼财办副主任，当时担任边区政府主席的杨秀峰和担任副主席的薄一波同志非常支持我的工作。40 年代末，我担任华北人民政府财政部长，当时担任华北人民政府主席的董必武同志也是十分支持我的。全国解放以后，我担任中央人民政府财政部副部长、党组书记并主持财政部日常工作，这一时期的财政工作，又得到主席、总理和陈云同志的关心和支持。当时，凡涉及财经方面的重大事项，都是由我们主管部门先提出意见，向负责中财委工作的陈云和薄一波同志汇报。中财委研究同意后，再送请总理和主席批准。特别重大的问题，还要经过中央政治局会议讨论。

新中国建立之初，一方面要继续肃清残敌，巩固人民政权；另一方面对旧政府留下来的数百万军政公教人员要收养；此外还要迅速医治战争创伤，尽快恢复残破不堪的国民经济。各方面的开支都十分浩大，我们面临的财政经济困难是十分严重的。1949 年 11 月，毛主席在中央人民政府委员会第四次会议上，分析当时的财政经济形势时讲：“我们的情况概括地说来就是：有困难的，有办法的，有希望的。我们的财政情况是有困难的，我们必须向人民说明我们的困难所在，不要隐瞒困难。但是我们同时也必须向人民说明，我们确实有办法克服困难。我们既然有办法克服困难，我们的事业就是有希望的，我们的前途是光明的。”主席的这段讲话，既讲出了财政工作面临的困难，又给我们鼓了劲，增强了全国人民克服困难和战胜困难的信心。

我们遵照毛主席关于“发展经济，保障供给，是我们的经济工作和财政工作的总方针”的教诲，在财政经济工作中处理着各种棘手的矛盾。当时财政收入的主要来源是公粮和城市税收。特别是公粮，这项收入在我们编制的新中国第一个财政概算中，所占比重仍然是第一位的。这对农民来说，负担确实是很重的。但在当时特定的经济基础上，一时尚无法减轻，还必须由农民继续负担。

当时担任中南局书记兼军政委员会主席的林彪对财政工作很有意见。一次，他从武汉来到北京，并向主席汇报说：现在财政上是“竭泽而渔、杀鸡取卵”。那时，主席对财政工作心里是有底的。之后，主席把陈云同志叫去说：“林彪来过了，他反映现在财政上是‘竭泽而渔、杀鸡取卵’，究竟是怎么个情况？”并要陈云同志布置我们就这个问题向主席汇报一次。不几天，陈云同志带上薄一波、姚依林、南汉宸和我等到主席在玉泉山的住所向主席作了专题汇报。我们认为，在当时经济基础十分薄弱的情况下，财政工作既要保证革命战争等各种供给，又要稳定市场，克服通货膨胀，还要有利于恢复和发展生产，恢复时期的财政工作任务十分艰巨。为了减少财政赤字，控制货币发行，稳定市场物价，农业税收及工商税收稍微重一些也是不得已而为之的做法。听完我们的汇报后，主席明确表示："同意你们的意见，我支持你们。"听到主席这样说，我心里非常感动。主席对财政工作表示这样明确的支持，现在想起来还使我抑制不住激动的心情。我们汇报完工作以后，已接近吃饭时间，主席留我们一起吃饭。我感到很荣幸，到现在，我还清楚地记得那天吃的是大米和豆子混在一起蒸的饭。

党的七届三中全会前夕，按照主席的意见，中央电示各地，要求："各中央局主要负责同志必须亲自抓紧财政金融经济工作，各中央局会议必须经常讨论财经工作，不得以为只是财经业务机关的工作而稍放松，各分局大市委省委区党委亦是如此。中央政治局现在几乎每次会议都要讨论财经工作。"正是由于得到主席的理解和支持，在当时十分艰难的条件下，财政工作才得以在不到一年的时间内就取得了平衡收支、稳定市场物价、克服通货膨胀以及统一财经的一个又一个成就，并为财政经济的全面好转奠定了基础。1950 年 6 月 6 日，主席在党的七届三中全会上充分肯定了财政经济工作所取得的成绩，他说："我们现在在经济战线上已经取得的一批胜利，例如财政收支接近平衡，通货停止膨胀和物价趋向稳定等等，表现了财经经济情况的开始好转"。

1953 年 9 月，邓小平同志接替薄一波同志担任了财政部长，我在部里仍然分工负责预算工作。当时高岗担任国家计委主任，他在计划上开的口子很大，我们搞财政工作的只能拼命地挖掘潜力。当时担任财政部经建司司长的是赵子尚同志。这个同志业务上很强，很专于计算，我非常信任他。我让他打一个企业收入的预算，他打了一百亿。在研究 1954 年预算的政治局会议上，我就 1954 年的预算作了汇报。高岗发难说："戎子和，你这个预算是靠不住的。在研究 1953 年预算时你就哄中央，你现在还哄中央?!你这个预算指标也是虚假的，靠不住的①。"他说完这话后，会上还有一位同志也附和说："我看这个预算也有许多靠不住的地方。"两位政治局委员都表示反对意见，其他人不好说话了。主席盯住我问："戎子和，他们说你预算是虚假的，你觉得靠得住吗?"我当时很有信心，立即说：

① 高岗所说的哄中央是指 1953 年的国家预算，由于当时缺乏经验，不适当地把上年结余作为收入数打进去并抵作了支出，从而造成了财政资金的"一女二嫁"。

"靠得住。"回答的口气是很坚决的。主席见我这样有把握，表示同意我们的预算。政治局会议也通过了。后来预算执行的结果，国家财政收入262.37亿元，比上年增长17.7%；国家财政支出246.32亿元，收支相抵，结余16.05亿元。我们不仅完成了预算任务，而且还超额完成了任务。

倡导在党内建立好的文风

主席学识渊博，厚今博古。他不仅具有广阔的胸怀和伟大的气魄，而且十分讲究语言艺术，提倡通俗易懂的文风。无论是主席的讲话还是主席的文章，听起来、读上去都是通俗易懂、十分亲切的。我曾多次出席过主席召开的会议，聆听过主席的讲话。那潇洒的气度，诙谐的语言，生动的比喻，能使人们透过浅显的语言，领悟到其中包含着的深刻的道理，因此富有极强的吸引力。

主席对草拟文件的要求很严格，他提倡文字简练、文理通顺、通俗易懂，这给我留下很深的印象。

抗战时期，各根据地实行减租减息政策，以限制地主的封建剥削。后来为了贯彻合理负担的政策，对农业税实行累进税率，这样，对地主、富农和地方粮多钱多者，实行的税率就比较高。进入解放战争时期后，各解放区大都实行了土地改革，没收了地主的土地，农村各阶级占有的土地大体平衡，这时对已实行土改的地区，利用税收调整阶级利益的意义已不再存在，而调整农民之间负担的问题突出了。因此，农业税实行比例税率，并按常年产量纳税，有利于激励农民努力耕作、提高产量的生产积极性。于是，1948年8月，我们向党中央报送了《华北区农业税暂行税则（草案）》，主席看到后，对其中将农业税由累进税率改为比例税率，将按实际产量征税改为按常年产量征税及降低免征点等做法感到尚好，便把一波同志叫去说："现在解放区的土地改革大都完成，新解放区的农业税很需要改革，你们这个方案，我觉得还比较合适，你等回去再修改一下，以便中央批转各解放区参照执行。"

一波同志从主席那里回来后，向我们传达了主席的指示。我们对《华北区农业税暂行税则（草案）》很快作了修改，又送呈给主席。主席看过以后还是不满意，他说："你们的这个条例有些地方文字不够通俗，让外行人看不懂。"主席让一波同志再拿回去修改。的确，我们的条例行话太多，除了搞财经工作的同志以外，别人难以看懂。这回，一波同志把这个文件转给了杨秀峰同志（时任华北人民政府副主席），请他找个不是做财政工作的同志，从文字角度把稿子再润色一下。杨秀峰同志把稿子交给了安志成同志。其实，安志成同志也曾搞过财政工作，过去还曾当过中学的国语教员，文字上比较好。经他一改，虽然文字变动不大，但通顺多了。杨秀峰同志让我再看一下，我认为改得很好。这个文件再送给主席，主席同意后即批转给各解放区。

诙谐、幽默，平易近人

毛主席是为中国乃至世界人民所敬仰的一位伟大而杰出的人物。正因为如此，人们不免对他抱有一种敬畏的心理。其实，主席是很平易近人的，言谈中也时常带有一些诙谐和幽默。1952 年初，有一次我到中南海开会，会后，我们同在怀仁堂后面的食堂吃饭。当时，许多同志都觉得主席很威严，不太敢坐近。我则是个初生牛犊，什么也不考虑，就坐到了主席的身边。主席看我坐过来，便风趣地说："子和，我们今天吃的饭可全是靠你征收来的。"我当时年轻，脑子也反应快，随即回答说："我们还不是执行主席财经方针和征收政策吗？所以，说到底还是吃主席的饭嘛！"主席听后笑了起来。

1952 年，中央召开最高国务会议，决定取消察哈尔省，把我们雁北十三县划回山西。我列席了这次会议。把雁北十三县划出山西，归属蒙疆自治政府，是当时日本人为分裂中国所搞的阴谋。解放后，我们仍沿袭这一局面。但我对此始终不赞成，虽然察哈尔省的同志对我很尊重。无论什么场合，我从来没有称过自己是察哈尔人，都说自己是山西人。主席在这次会议上讲到这个问题时，说："这个问题呀（指雁北十三县划归察哈尔），连我们一些高级干部都想不通，比如戎子和……。"我一听主席点我的名字，吓了一跳。心想主席是不是又要批评我了。结果听下去才知道不是批评我，只是用我从来不称自己是察哈尔省籍人这件事来打个比方。我的心才放下来。

提倡开展党内积极的思想斗争

主席是提倡开展党内积极的思想斗争的，并认为"它是达到党内和革命团体内的团结，使之利于战斗的武器”；同时，他反对党内的自由主义，认为“自由主义取消思想斗争，主张无原则的和平，结果是腐朽庸俗的作风发生，使党和革命团体的某些组织和某些个人在政治上腐化起来”。我觉得，主席的这个思想意义很深，包含着巩固关心和爱护干部队伍的用意。1953 年，我在夏季财经会议上受到批评就是一例。

1953 年夏季财经会议，重点是批判修正新税制工作中的问题。新税制提出公私一律平等纳税，这个提法在当时是有些毛病、不太妥当的。而高岗则利用这一缺点发难，演出了一场“批薄射刘”的闹剧，企图达到其不可告人的目的。

新税制出台是比较草率了些，为了赶在 1953 年元旦前公布，没有来得及征求地方财政、税务部门的意见，也没有同地方党政领导打招呼，甚至到新税制公布，都没有向主席汇报，听取指导，直到 1952 年 12 月 31 日《人民日报》刊登《关于税制若干修正及实行日期的通告》后，主席“看报始知”。因此在一次会议上，主席很生气地批评了一波同志和我。

制定新税制，我没有直接参与，只是新税制最后定稿时送我看过，我没有看出问题。但我当时是财政部代部长、党组书记，是负有领导责任的。夏季财经会议以后，我受了处分，但仍保留副部长职务。我当时确实有些想不通，也不免有些思想包袱。邓小平同志到财政部担任部长工作后，还鼓励过我要放下包袱，不要消极。

大概是 1953 年底，有一天我到中南海去开会，见到主席吃完饭后独自一人靠坐在房前廊道的沙发上休息。他见我走过来，便招呼我说：“戎子和，这次财政部对你的批评你感到怎么样?”我说：“够呛。”主席微笑着说：“够呛？我看还不够呢!”接着又和蔼地说道：“你不要怕批评，只有好好地接受批评，以后才能做好工作。”听了主席的这一句话，使我非常感动，我抑制不住感情，眼泪夺眶而出，生怕主席看到，急忙扭过头去。我非常信服主席的这句话。我深深地体会到主席批评我的目的，是为了帮助我提高认识，使我能做好工作，是对我们的关怀和爱护呀!

（本文选自人民网 http：//www.people.com.cn/GB/shizheng/8198/30446/30450/2209762.html）

忆周总理抓财政工作

戎子和

1949年1月底，北平和平解放后，我协助叶剑英同志主持北平的军事后勤和接管旧政权的财经的工作。当时，华北局想要我去山西省工作，北平市委书记彭真同志则想留我在北平工作。周恩来同志知道这一情况后，对他们说，戎子和同志你们谁也不能留，新政府将安排他做财政工作。据说本来薄一波同志向中央提名的财政部副部长中，把我排在第三位，周总理审查名单时来了个留一去二，保留了我，并在我之后加上了王绍鏊老先生。此后，一直到1960年10月，我都在财政部工作，对周总理抓财政工作的情况有一些了解。

亲自抓国家预算

我同周总理的工作接触和往来，最重要和经常的是他找我谈每年国家的预算问题。我们国家的预算工作是从1950年开始的。周总理对这项工作十分重视。他清楚地认识到，国家预算是国家为实现自己政治经济任务，保障和促进国民经济发展，逐步提高人民物质文化生活水平，有计划地集中和分配国民收入的重要手段。尤其在当时，要制止旧政权时持续十二三年的恶性通货膨胀，实现国家财政经济的根本好转，就必须花大力气抓好这项工作。因此，凡召开政务院全体会议，周总理都尽可能让我参加，以便经常了解国家经济活动各方面的情况，为编制年度的国家预算提供良好条件。

周总理的记忆力非常好，对每年预算中各个大项目的开支，例如国防费、行政费、文教费、基本建设费、对外援助费是多少，他都记得很清楚，有时候还有意识地考考我们。周总理要求，搞财政工作的人，要训练自己对数字的记忆能力，国家财政预算的主要数字，一般都要能记住两三年的。财政预算是一项专门性工作，不懂行的人，对预算报表、报告一类的材料，不大容易看懂。但是，周总理只要把这些材料拿过来翻一翻，就知道讲的是什么意思了。他对财经工作是十分熟悉的，你想在某个问题上蒙他是蒙不住的。

当时国家财政预算的编制和预算报告的起草，一般是先由财政部编制出预算草案、写出报告，并经中央财经委员会主任陈云同志、副主任薄一波同志召集会议讨论通过后，再提到政府全体会议上讨论。在提交政府全体会议讨论前，周总理总要找我们去谈一两次，详细了解预算编制情况，并一道认真审查预算报告等文件。时间大多在晚上，有时从下午两点半开始，一直搞到深夜一两点钟，甚至更晚一些。他看文件既仔细又认真，逐字逐句逐段地反复推敲。凡是提法不妥、逻辑不通、文字或标点错了的，他都要修改订正过来。国家预算报告经政府全体会议讨论通过后，须提交中央人民政府委员会或政协全国委员会通过（全国人民代表大会建立后，提交全国人大讨论通过）才能生效。在此之前，周总理还要找我们谈话，同我们一道再把政府全体会议通过的文件拿出来审查一遍，生怕还有被疏忽过去的差错。

1955 年初，我们在编制当年的国家预算草案时，先计算出 1954 年国家预算执行的结果，账面反映财政结余约有二十几亿元，但实际上中国人民银行已经把这笔钱中的很大一部分贷给工商、供销等部门作流动资金了。按照财政工作的正常做法，国家是应该给这些部门流动资金的。既已作为流动资金贷出，就已是财政支出，而不应再算做财政结余了。由于当时我们不懂得这个道理，所以从账面上看这笔钱是国家财政的结余。周总理看了预算草案后问：怎么结余这么多，结余的钱做什么了？我说明情况后，周总理说，既然已贷出作流动资金，为什么还要在预算报告中提出这么多的结余呢？现在政府一个劲地说财政紧张，各地区各部门又都说中央把它们抠得太死了，但你们却在报年终账时说结余了这么多钱，人家难道不责备吗？你们应该把这笔钱改作财政正式拨款。根据周总理的指示，我们改正了错误的计算方法，把这笔钱作为支出拨出去了。这样一算，1954 年国家财政结余只有 10 亿多元。

新中国建立初期，周总理主张财政收入的分配要从第一次分配中把财政收入款分配好，不要过多地打第二三次分配财政收入的主意。根据我们了解，他一般不主张国家在财政收支平衡的情况下用发行公债、债券等办法来筹集资金。由于国民党给我们留下来的是一个百孔千疮的烂摊子，在国家面临严重困难的情况下，为了在一定程度上弥补巨额财政赤字，政府决定 1950 年发行“人民胜利折实公债”。这在当时是不得已而为之的一项克服国家财政经济困难的积极措施。到 1952 年底，周总理看到国家财政收支能够基本实现平衡后，便指出，财政收支能够做到平衡，就不要再发行公债了。为什么他不赞成一直发下去呢？他说：你借了钱以后还要还给人家，在几年之后，将形成本年份通过公债形式借来的钱同当年用来归还前面已到期公债的金额数差不多，所得好处并不多。为了在大规模经济建设开始后有更多的建设资金，国家从 1954 年到 1958 年又连续发行过 5 年“国家经济建设公债”，这实在是一种应急措施，后来即按照周总理的意见停止发行了。

当时，苏联参照资本主义国家的做法，有控制地发行小面额的有奖债券，规模比资本主义国家的要少得多。我们曾多次向周总理提出是否我们也搞一些这样的债券发行？他不赞成。他说：解放前，你花两三块大洋买国民党政府的航空公债，中了彩，一下子就发财了，头天还是穷人，第二天就成富翁了。我们不要采取这个办法。

周总理对国家财政预算一贯主张收支平衡、略有结余和经济建设要搞综合平衡，不赞成搞赤字预算。无论是在同我们的谈话中，还是在全国人大会议、全国政协会议的报告中，他经常强调的都是综合平衡问题，坚决主张稳步前进。

重视国家税收工作

新中国建立以后，凡属重要的全国性财政方面的会议，如财政部召开的全国财政会议、全国税务会议、全国盐务会议、全国粮食会议等，周总理如不能亲自参加，必定派主管经济工作的秘书来参加会议。而且要求派去的秘书既要向他口头汇报会议情况，又要写出全面反映会议情况的简明扼要的报告送他。每次会议结束后，我们还必须到他那里去汇报一次情况。如果他对会议的有关问题还有不清楚的地方，他就要我们再讲一讲。如果我们还讲不清楚，他会不讲情面地要你带上主管司长向他再汇报一次。这些会议所决定的方针、政策、措施、办法，一般都先提交中财委陈云同志那里，然后再提交政府全体会议批准。

有关财政税收的法令法规，是都要提交政府全体会议讨论通过的。当时参加政府会议的民主人士比较多，他们当中有些人对财经工作比较熟悉，在会前他们总要先将文件研究一番，看看有毛病没有。1950 年，财政部搞农业税条例时，我们把税率算错了。当我们把条例拿到政府全体会议讨论时，他们马上指出我们算错了。这件事对周总理震动很大，要我们认真总结经验教训，以后不要重复这类错误。在制定工商税条例时，我们担心有的商品在税目里漏掉而造成漏税，就在工商税条例的同一税率的每一条款的最后一个商品税目之后加上“等均属之”一语，以为这样就可以防止漏税。这样一来使工商税条例成了一些没有严格规定性的条文。这件事，完全是因为我们不懂造成的，以致闹出了笑话，结果被人“将军”了。

有了以上两次经验教训后，凡是财政部有关税法问题的法令、指示等文件，周总理都要自己再算一次，并问明有关规定的理由。你讲通了，他便同意提交政府全体会议讨论通过；如果还有问题，就要我们弄明白算清后再提交政府全体会议。

支持陈云抓财经工作

新中国建立后，周总理对陈云同志抓财经工作是十分信任、十分支持的。凡是中央政治局召开讨论财经工作的会议，在我们汇报财政工作之后，周总理一般都让陈云同志发言谈意见，他自己发言比较少。毛主席主持会议，在陈云同志发表意见后，毛主席就问别人有没有意见，没有意见就按陈云同志讲的意见通过。由于周总理很信任陈云同志，全力支持他的工作，因此陈云同志所领导的中央财经委员会在建国初期发挥了很大作用。

财政部的工作，在任何时候都需要有人撑腰，否则难以把财政工作搞好。因为财政工作是管家的，它经常受到来自各方面的责难。周总理是新中国政府的总管家。他理解我们，支持我们，使我们完成了人民委托的任务。

主张经济建设要稳步前进

1956 年，我国经济建设发生了急躁冒进，财政部门、计划部门、金融部门、商业物资部门感到有这个问题后，都向上面反映了本部门了解到的情况，财政部反映的情况最多。先反映到陈云、李先念、薄一波同志那里，再由他们反映给周总理。周总理向来主张经济建设要稳步前进，财政收支要保持平衡。大家向周总理反映冒进的情况后，他接受了大家的意见，并代表大家的意愿，向中央提出了“反冒进”问题。1958 年初开始，毛主席反“反冒进”，点了周总理的名，进行了严厉批评。陈云、一波、先念同志也被点了名。

周总理对毛主席一向很尊重，尽管他的意见是对的，但在毛主席提出批评后，他还是作了多次自我批评，为其他同志承担了责任。

对三年“大跃进”那些“左”的东西，周总理觉察到没有？他当时真实态度是什么？我说不好，因为周总理的党性很强，就是有看法，他也不会私下向我们流露的。但是，我从周总理在 1959 年庐山会议前一段时间主持召开的几次财政问题座谈会时的言行看他是不赞成“大跃进”的那些做法的。在当时的会上，我和有的同志在发言中，集中攻了钢铁翻番的做法，当然也就连带着攻了冶金部的负责同志。周总理对我们的发言感兴趣，叫段云同志和我共同写个书面材料报告他。后来我们写了一个报告送周总理。庐山会议的后一段，气氛由反“左”转到反“右”，错误地对彭老总开展了批判。这样一来，我们反“左”不就是错误了吗？这时，周总理和先念同志对我们说：你们赶快回北京吧！于是，我、段云、陈国栋等

同志都悄悄地回到北京。显然，周总理和先念同志是在保护我们。

1960 年 12 月，我和钱瑛大姐到甘肃检查工作。这时甘肃正发生饿死人的情况，但还在向上面谎报是大丰收。省里上报全省粮食总产量是 70 亿斤。我参加会议，感到会上空气很沉闷，有些人有话不敢说，但有的人仍一个劲地讲还可以调出多少粮食。我问县委书记，难道你们不知道在饿死人吗？他们说你不谎报人家说你是右倾呀！我们在那里一核实，全省粮食总产量一下子就减少了 30 亿斤，只有 40 亿斤了。我对甘肃省委第一书记说，甘肃粮食总产量没有 70 亿斤嘛！接着，我给西北局书记处打电话反映了这一情况，接电话的西北局负责同志，却不敢接受经我们核实的产量数字，要我们相信省委的上报数。我说你们接不接受，是你们的看法，但我已经将真实情况反映给你了。正好这时聂荣臻同志从新疆回北京路过甘肃，我就请他回北京后把甘肃的情况报告周总理。听说周总理听到聂老总的汇报后感到很吃惊。很多情况都说明，周总理对“大跃进”中的钢铁翻番，一亩地要收多少万斤红薯，多少万斤麦子是不相信的，但由于在那种“左”的气氛盛行的情况下，在“反冒进”中已受到严厉批评的周总理，又有什么办法呢？

理解和体谅财政部的工作

我在财政部主管国家预算，搞了 11 年。这期间，中央各部委、各省市自治区向国务院要钱，周总理从来没有因为自己是政府最高领导人而不同财政部商量就批条子指示财政部拨款。

周总理很理解财政部经常受各方面责难的处境。由于国家财政收入少，财力有限，国家拨款往往满足不了各部门、各地区的要求，有的甚至是合理的低限度的要求。因此，常常有一些部门和省市对财政部的意见比较大，有的还向周总理告状，或者在政府会议上给财政部提意见，“围攻”财政部。凡是有人向周总理提财政部的意见，周总理总能体谅财政部的困难处境，从未因拨款的事情在公开的会议上或在私下批评财政部。周总理每次都对反映意见的同志说，你们的困难我了解，我一定将你们的意见转告财政部要他们考虑。

新中国建立后不久，有一次北京市委第一书记彭真同志和天津市委第一书记黄敬同志共同向周总理反映，说财政部对北京、天津的城市建设费用卡得太紧了。周总理也感到我们把人家卡得是紧了一些，应该给他们多解决一些城建经费。他把我们找去说：他们的城建经费如果不是特别困难的话，是不会直接找我来的。这笔经费不知财政部能不能解决，能解决多少？请陈云同志召集你们同彭真、黄敬同志共同商议解决。周总理是采取这种办法来解决国家财政的追加经费拨款的。

在抗美援朝初期，由于有许多一时难以解决的困难，国内对前方军事物资的供应一时没有跟上。彭老总为此发了火。彭老总的耿直性格，在我们党内是很有名的。这位老总脾气很大，他给周总理打电话说：后方供给是谁主持的，这么差，是要砍头的！实际上，他不大了解国内财经状况和组织后勤供应的困难程度。周总理对彭老总很了解，况且前方供应困难问题确实也是应当及时解决的。因此，周总理找陈云同志说，无论如何找杨立三（总后勤部部长）、戎子和等同志开会，成立一个小组，研究解决抗美援朝的经费和后勤供给问题。陈云同志工作忙顾不过来，就派中财委宋劭文同志代表他作为小组组长主持会议。小组成立后，陈云同志说：你们每周或者每两周开一次小组会，商议解决抗美援朝的供给问题。你们解决不了的问题，送给我来决定，我不能决定时再送周总理解决。由于有这么一个小组专门研究解决抗美援朝中出现的有关问题，这以后中央人民政府对抗美援朝部队前方军事物资供应等一系列问题的解决处理都是很及时和恰当的，彭老总也没再表示不满意了。

周总理要求我们，抓财经工作，除了方针、政策要正确以外，还应该把工作重点摆到议事日程上，经常讨论，再就是领导人要以身作则。他是这样说的，也是这样做的。

周总理逝世后，我万分悲痛。我常常怀念周总理的工作作风、工作方法以及他的高尚品德和伟大人格。周总理永远活在我们心中，永远是我们学习的楷模。

（本文由熊华源、刘春秀访问整理，选自人民网 http：//www.people.com.cn/GB/shizheng/252/7619/7647/2540961.html）

陈　云

我对陈云同志的思念

薄一波

在陈云同志诞辰一百周年之际，举行陈云生平和思想研讨会，是很有意义的。特作书面发言，以表达我对陈云同志的深切思念。

陈云同志由于家境贫寒，只念了小学就走上了社会。他当过学徒和店员，参加革命后搞过农运和工运，从事过地下工作和中央的保卫工作，到过苏联和共产国际，领导过党的组织工作、军事工作和经济工作。

从社会下层到身处高位，从白区到苏区，从“打天下”到“治天下”，这么丰富的社会和革命经历，再加上他一生勤奋学习、尊重实际，善于从革命斗争和群众实践中不断总结经验、吸取智慧，因而成为党和国家卓越的领导人，成为政治、经济、战略大家。

陈云同志以及所有无产阶级革命家的生平事迹，都反复说明一个基本道理，就是艰难伟大的时势，必然产生出伟大杰出的人物；人民群众的实践，永远是追求真理的人们认识、掌握和发展真理的源泉；中国共产党的奋斗历程，始终是造就中国人民和中华民族精英的大学校。

我与陈云同志相识是在 1943 年 11 月。那时，我从太岳根据地到延安，

陈　云

准备出席党的七大。陈云同志时任中央组织部长，初次见面，相谈甚欢。我记得，他主要谈了学习问题特别是学哲学问题。他说：过去我们犯错误，主要是因为不根据实际办事，主观与客观相脱离。所以要学马克思主义哲学，学毛主席的实事求是思想。

建国以后，陈云同志主管财经工作，我们在中财委一起共事数年。从那以后，我所参与的党和国家的经济和其他方面的领导工作，大都是在陈云同志直接或间接指导下进行的。我深深感到，从陈云同志身上可以学到许多深具智慧的东西，终生受益。他既是师长，又是益友，每念及此，感佩良多。当年中财委给中央的报告，很多是陈云同志自己动手写的，但他总是坚持要“陈、薄”共同署名，从中也可以看出我们之间所凝结的情谊。

记得党的八大时，陈云同志和小平同志都当选为中央政治局常委，陈云同志担任中央副主席，小平同志担任中央总书记。当时他们分别为51岁和52岁。毛主席向大家介绍说：“陈云同志跟邓小平同志，他们是少壮派”，今后要由他们“登台演主角”了。在改革开放的新时期，小平同志作为党的第二代中央领导集体的核心，陈云同志作为这个领导集体的重要成员，他们卓越地发挥了“登台演主角”的作用，成功地开创了建设中国特色社会主义的正确道路。我们党产生了毛泽东、周恩来、刘少奇、朱德和邓小平、陈云同志这样的领袖人物，是党和人民的幸福，也是中华民族的光荣和骄傲。

陈云同志在中国革命、建设和改革的各个历史时期，都建立了不可磨灭的功绩。我要特别讲一讲的，就是综观陈云同志的一生，他为党和人民作出的贡献不仅是多方面的，而且有其鲜明的特点和特有的建树，这是十分难能可贵的。下面试举几点，以为说明。

一是陈云同志越是在关键时刻越能发挥关键的作用。在遵义会议前后党和红军面临存亡绝续的紧急关头，陈云同志作为参加这次会议的四个中央政治局常委之一，旗帜鲜明地支持毛主席的主张，会后又出色地完成了到共产国际汇报遵义会议和红军长征情况的任务，他为确立毛主席在全党的领导地位起到了重要作用。粉碎“四人帮”以后，中国社会主义事业究竟走什么样的发展道路，又处在抉择关头。陈云同志首先提出恢复小平同志的领导职务，坚决支持进行全面的拨乱反正，坚决支持把党和国家的工作重点转到社会主义现代化建设上来和实行改革开放的新政策，同时积极

1954 年 6 月 17 日，陈云在中央人民政府委员会第三十一次会议上作关于国家财政预算问题的报告。左起：毛泽东、李济深。

推动并领导了对党的历史上特别是“文革”期间造成的一些重大冤假错案的平反昭雪工作。他对于实现以十一届三中全会为标志的党和国家的伟大历史性转折是功不可没的。作为一个马克思主义的领导者，平时为党和人民作出贡献并不是很难，难的是在关键时刻和危难之际，面对十分复杂而棘手的问题时，能够经受住考验和发挥关键的作用。陈云同志做到了这一点。

二是陈云同志是中国社会主义经济建设的重要开创者和奠基者。这个功劳和建树是人所共知的，但陈云同志从来不愿意多宣传自己。从建国初期稳定和恢复国民经济的斗争，到参与领导社会主义改造和制定第一个五年计划，到组织开展全面的经济建设，到倡导和实施国民经济的几次大调整，到提出重视市场作用的主张等等，前后数十年，一次次经济决策的出台，一场场经济战役的胜利，一道道经济难关的渡过，一项项经济建设的成就，都经过陈云同志的深思熟虑和果断决策，都凝聚着他的心血、经验和智慧。人们赞扬陈云同志是“理财巨子”、“经济大师”，他是堪当此誉而受之无愧的。尤其是当国民经济遇到严重困难时，他的化险为夷、转危为安的本事、智谋与魄力，更是传扬党内外。毛主席曾经用一个“能”字来评价陈云同志，又曾引用“国难思良将”的成语来赞叹他。这足见党和人民对陈云同志的高度信赖和倚重。

三是陈云同志是敢于坚持真理、修正错误的典范。这种典范作用，不是表现在一时一事，而是贯穿于他毕生的实践。共产党人本来就是为真理而奋斗的，但在追求、认识和发展真理的过程中，不可能不犯错误，有了错误就必须纠正，一切服从于真理，所以坚持真理与修正错误是统一的。陈云同志有一句名言，叫做“要讲真理，不要讲面子”。为了讲真理，他认为：凡是正确的，就坚持和发展；如果发现了缺点错误，就立即弥补和改正；怎样对老百姓对革命有利，就怎样办。1959 年拟订钢产量指标时，陈云同志认为原定的 2700 万吨不切实际，就是后来调低到 1650 万吨也是达不到的，必须降到 1300 万吨。当时压力是很大的，但他顶住压力坚持自己的意见，事实证明他是对的。后来毛主席也称赞陈云同志说：“正确的就是他一个人”，“真理在这一个人手里”。

从陈云同志关于坚持真理、修正错误的思想和行动中，可以得到这样几点启示：第一，只有对党和人民的利益高度负责，同时又对实际情况深切了解，才可能做到坚持真理、修正错误。这是坚持真理的根本立足点问题。第二，在一种主张或风气十分盛行却并不符合实际、并不正确，而人们又普遍还不认识之时，应该敢于按照实际情况提出正确的主张。这是坚持真理的勇气问题。第三，实际情况从来都是复杂的，人们犯错误往往是由于看问题有片面性，将片面的实际当成全面的实际。为了使决策具有科学性，要允许和鼓励大家讲不同意见，包括反对的意见。没有不同意见，也要设置对立面。通过不同意见的讨论与争论，真理性的认识才能愈辩愈明。这是坚持真理的方法论问题。这些启示，值得我们各级领导干部记取。

四是陈云同志是坚持实事求是的典范。他对我说过，他在延安曾经阅读了毛主席写的大量文稿，得出的结论是四个字：“实事求是”。从此，陈云同志更加成为毛主席实事求是思想的坚定拥护者、倡导者和自觉实践者。实事求是，是对唯物辩证法的最好概括，它是党的思想路线，也是思想方法，也是马克思主义的精髓。陈云同志对这个精髓的理解、掌握和运

用，具有独到之处。他提出的有名的十五字箴言：“不唯上、不唯书、只唯实，交换、比较、反复”，是他的切身体验，也是他对思想方法和领导艺术的科学总结和理论结晶。陈云同志多次指出，“不唯上、不唯书、只唯实”，讲的是唯物论；“交换、比较、反复”，讲的是辩证法。也可以这样说，前者讲的是“实事”，即“求是”的客观基础和出发点，后者讲的是从“实事”出发的“求是”过程和方法。这 **15** 个字是陈云同志对实事求是思想的创造性运用、丰富和发展。

陈云同志还有两个著名的论断，我认为也是他对实事求是思想的传神之论。一个是关于调查研究的，他说：“领导机关制定政策，要用百分之九十以上的时间作调查研究工作，最后讨论作决定用不到百分之十的时间就够了”；一个是关于要研究战略性问题的，他说：“上层机构要有人专心考虑大问题”，“专门考虑‘战略性问题’”，“要有这样的战略家”。重视调查研究，是为了弄清“实事”和找到解决实际问题的良方，如果单凭一时热情和主观愿望办事，是非跌跟斗不可的，所以调查研究是一切工作和决策的谋事之基和成事之道。重视研究战略性问题，是讲不要大家都忙于日常事务，总要有人专门考虑大的战略问题。日常事务很重要，做好它是实事求是的要求；注重思考战略性问题，谋划好全局和未来，保证事业顺利向前发展，同样是实事求是的要求，而且是更为重要的。陈云同志所以能长于胜算、胸有大计，就是来自扎实的细致的调查研究以及在此基础上的运筹帷幄、深谋远虑。

陈云同志一再告诫大家：“要把我们的党和国家领导好，最要紧的，是要使领导干部的思想方法搞对头。”我认为，陈云同志是真正把思想方法搞通了的，他是深谙唯物辩证法真谛的求真务实大师，永远值得我们尊崇和学习。只要我们一代代共产党人，都能切记陈云同志上述这些关于实事求是的“要言妙道”，都能像他那样把实事求是思想贯彻于一切决策和工作之中，我们事业的发展就会无往而不胜。

陈云同志写过这样的题词：“个人名利淡如水，党的事业重如山。”这可以说是他对人生观和权力观的一种精辟概括。在陈云同志心中，人民是天，唯此为大；人民是地，唯此为本。唯其如此，他不顾个人的进退得失，敢于坚持真理、修正错误；唯其如此，他为了人民的利益总是殚精竭虑。他一生做了那么多好事大事，可谓有着大功大德，但他从来不以功臣自居。他用这样几句话为自己的一生奋斗作了总结：“在党的领导下，适合老百姓的要求，做了一点事，如此而已，一点不能骄傲。”我们做工作要讲成绩，执政要讲政绩。但做出成绩和政绩，都是为了人民，都应归功于人民。陈云同志这几句话虽然讲的是他自己，看似平淡无奇，但确有“奇峰”立于其中，那就是永远要“适合老百姓的要求”。我觉得所有的共产党员和领导干部，都应将此奉为最高的政绩观。

陈云同志喜欢吟咏唐代诗人李商隐的两句诗，并书赠他人，叫做“桐花万里丹山路，雏凤清于老凤声”。他是借用这两句诗表达自己和所有老一辈革命者的心声与厚望，相信年轻一代会继往开来，把党和国家的事业干得更好更有声有色。让我们在马列主义、毛泽东思想、邓小平理论和“三个代表”重要思想指导下，紧密团结在以胡锦涛同志为总书记的党中央周围，把建设中国特色社会主义的伟大事业不断推向前进！

（本文选自《人民日报》2005 年 6 月 15 日）

领导经济工作　要善于牵住牛鼻子

——谈谈陈云惯用的一种工作方法

王为衡

关于陈云领导经济工作的方法，薄一波曾作过这样的评价：陈云同志从全面的调查研究入手，掌握大量材料，加以分析，找出矛盾，特别是注意抓住带全局性的问题，有针对性地采取得力措施，加以解决。这种方法，就是善于牵住牛鼻子，因而进退自如，疾徐由我，真可谓“运用之妙，存乎一心”。这段评价，甚为贴切。

1944 年初，陈云离开了工作 7 年的中央组织部，到西北财经办事处主持领导西北的财经工作。当时，边区通货膨胀问题日益突出，经济异常困难。

陈云上任后进行了大量的调查研究，潜心研究边区货币贬值、物价上涨的原因，提出了对策：在财政方面，要以生产为本，既要节流，更要开源；在金融方面，灵活地开展边币和法币的斗争，妥善解决恶劣货币发行问题，维持金融平衡和稳定；在贸易方面，加强对外管理，突破敌人封锁，实现外贸出超，对内自由，活跃边区市场。

在这些政策中，哪项是带全局性、需要采取得力措施加以解决的“牛鼻子”问题呢？在陈云看来，归根结底，生产才是第一位的，发展生产对解决财政赤字、金融波动、贸易入超等问题起着决定作用。就此，陈云提出要生产第一，外贸第二，财政开支第三，并号召“还要大家自己动手，机关部队还要生产”。正是在陈云的主持下，1944 年边区完成了 10 万担细粮，部队、机关、学校有些已部分自给，有些完全自给。著名的 359 旅不但能够自给，还交了公粮，这使边区公粮就减少了 2 万担，大大减轻了人民的负担。

1944 年冬，延安边币同法币的比价从原先的 12∶1、10∶1，下降到 8.5∶1，并能稳定在这个比价上。取得这样的成效，陈云总结直接原因是边区对外贸易的进口减少了，而根本原因是 1944 年边区生产了 300 万斤棉花，造成了进口布的需求下降。他分析道：“老百姓有了棉花，他就放心，在冬天自己可以纺线织布，所以布就卖得少。如果不种棉花，都要从外面来买布，就要拿 225 亿元，等于法币 26（7）亿元。如果 26（7）亿元法币都要拿出去，那银行的交换所每月至少要多付 2 亿元的样子。这个数量银行担得起担不起？天老爷，那根本不行。”“所以生产是第一，种了棉花，就起了变化。这个变化，是对我们的经济性质以及各方面的变化有决定意义。”“如果明年生产 450 万斤棉花，这样延安的经济发言权更不同了。”

同时，陈云还要求争取日用工业品的自给。他着手抓了边区的公营、私营和合营工业的发展，使不少工业品从无到有。当时，边区能够生产出许多日用品，例如纸烟、毛巾、袜子、火柴、肥皂、纸张、食盐、瓷器、生铁、化学用品等。由于日用工业品的基本自给，加上棉花等经济作物的增产，边区一年就减少了入口货物 300 万元，这对缓解边区的金融困难发挥了重大作用。

在 1944 年底的边区参议会上，陈云曾有一番这样的概括：“由于以发展生产解决财政困难的办法的成效，由于农产品和工业品生产的增加，加上贸易、金融惯例的改善，近年来边区的金融和物价，大体上是稳定的。如果生产有了更巨大的收获时，稳定的程度还要增加。”他还这样点评边区与国民党统治区解决财政困难的方法：我们以发展生产解决财政困难的

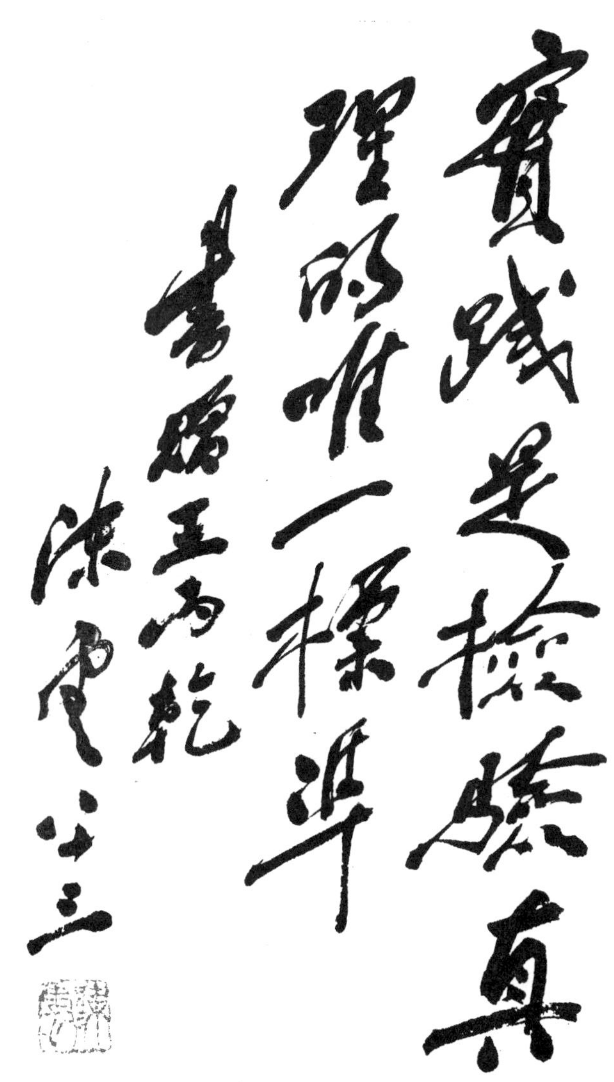

陈云题词

办法，与国民党当局以加重老百姓负担来解决财政危机的办法，是一个明显的对照。前者达到丰衣足食，后者弄得民穷财尽。这两种办法谁好谁坏，何去何从，中国人民自然看得清楚。

在陈云的主持下，边区用不到一年半的时间实现了金融稳定、财政平衡和生产发展，根本原因在于他遵循经济规律，紧紧地抓住了发展生产这个“牛鼻子”。

东北时期，陈云主持东北财经工作。在一次会议上，陈云借用“牵牛鼻子”的比喻，形象概括了工作要点。他讲：“东北财经工作要做的事情很多，问题也很多。最重要的是抓几个要点，或者说要抓几个‘牛鼻子’，只有牵住了‘牛鼻子’，才能牵住整条牛啊！”

那么“牛鼻子”是指哪些事呢？他分析道：“一件是火车运输的周期、车辆运转的数量及整个东北的全局。车辆运转的周期是多少天，运转的车皮有多少个，这是第一个要抓的问题。第二个问题是财政收支的平衡问题。如果支出多、收入少，货币就可能贬值。所以要保证收入和支出的平衡，才能够稳定货币。第三个问题是货币的发行和商品的供应量要平衡。票子发得很多，能够购买的商品如布匹、粮食、日用百货很少，尽管收支平衡，票子还是要贬值。”

曾是东北财经委员会工作人员的邓力群后来回忆道：“陈云说整个东北的经济工作抓住了车辆运转的周期、运转数量、财政收支平衡、货币和商品供应的平衡等问题，经济就不会出大问题。这是我第一次听他讲财经工作问题，没有长篇大论，很具体，很实在，也很重要。”

找到了“牛鼻子”，下一步就是怎样“牵住”的问题。这里以“货币的发行和商品的供应如何达到平衡”为例，来看看陈云是如何有针对性地解决突出问题的。

从 1948 年 3 月开始，东北的商品供应与货币发行出现失衡，其直接表现就是粮价暴涨。例如，粮食就由 2 月底的每斤 160 元涨为 6—7 月的 1600 元，上涨 9 倍，这就造成百姓情绪动荡，市场混乱。对此，陈云首先冷静分析市场，归纳出物价暴涨的原因在于：由于部队人数增多而增发了货币；粮食等物资储备不足；政府调剂市场的政策存在失误。

针对这三个原因，陈云提出要想避免物价大涨，就必须要注意三个条件：避免错误；每月货币收支接近平衡；掌握一定数量的必需物资。紧接着，陈云有针对性地从流通和分配环节采取应急对策。但是，这些对策短期可以治标，而从长远考虑，他认为还是要把恢复和发展生产作为解决问题的治本之策，这一点在延安时期陈云就有深刻体会和成功实践。针对粮食生产问题，他提出："现在允许人发财是不可怕的。"相反，"农民生产积极性越高越好"，"生产粮越多越好"，"解决资本主义是将来的事"。现在的问题是如何使农民安下心来，敢于"冒尖"，敢于发财。陈云当时提出"生产发财"，及时打消了农民、特别是富裕中农的顾虑，鼓励他们放心去发展生产。最终，粮食生产跟上去了，市场供应充沛，粮价自然而然也就回落下来。

陈云从"牛鼻子"问题入手，很快就找出了"牵住牛鼻子"的对策，实实在在改变了东北的经济面貌，有力支援了全国的解放战争。

陈云"牵住牛鼻子"的工作方法，使他在处理复杂的经济问题时，真正做到了进退自如，疾徐由我。这是一种只有经过长期的思考和实践才能达到的工作境界。

第一，"牵住牛鼻子"的前提是要重视调查研究。陈云的决策风格，有一个显著特点，就是事先总是进行大量认真、周密的调查研究。掌握材料具体周详，在对大量实际材料进行认真分析的基础上，才会得出结论，分析出问题的矛盾所在。他曾指出："我们做工作，要用百分之九十以上的时间研究情况，用不到百分之十的时间决定政策。"因为"难者在弄清情况，不在决定政策"，"所有正确的政策，都是根据对实际情况的科学分析而来的"。

第二，"牵住牛鼻子"的关键是要抓住主要矛盾和矛盾的主要方面。陈云素喜哲学，深谙唯物辩证法之道。"牵住牛鼻子"的工作方法，其真谛就在于在各种矛盾中间要善于抓住中心、重点、本质，即主要矛盾和矛盾的主要方面。陈云非常注意从全局出发，分清不同时期的工作主次，始终把握关键问题。例如，在延安时期和东北时期，他始终把发展生产作为走出经济困境之本；在财力物力的使用上，他注意保证重点，优先办大事。在东北时期，陈云把铁路交通作为恢复东北经济的重点，表示要不惜花钱，也要把铁路修好；在困难面前，他总是权衡利弊，善于抓住决定性环节，解决关键性困难，表现出驾驭复杂局面、解决疑难问题的高超领导艺术。

第三，"牵住牛鼻子"的必要条件是要统筹兼顾，综合平衡。陈云在抓主要矛盾的同时，还很注意统筹兼顾，照顾其他，注意次要矛盾的发展

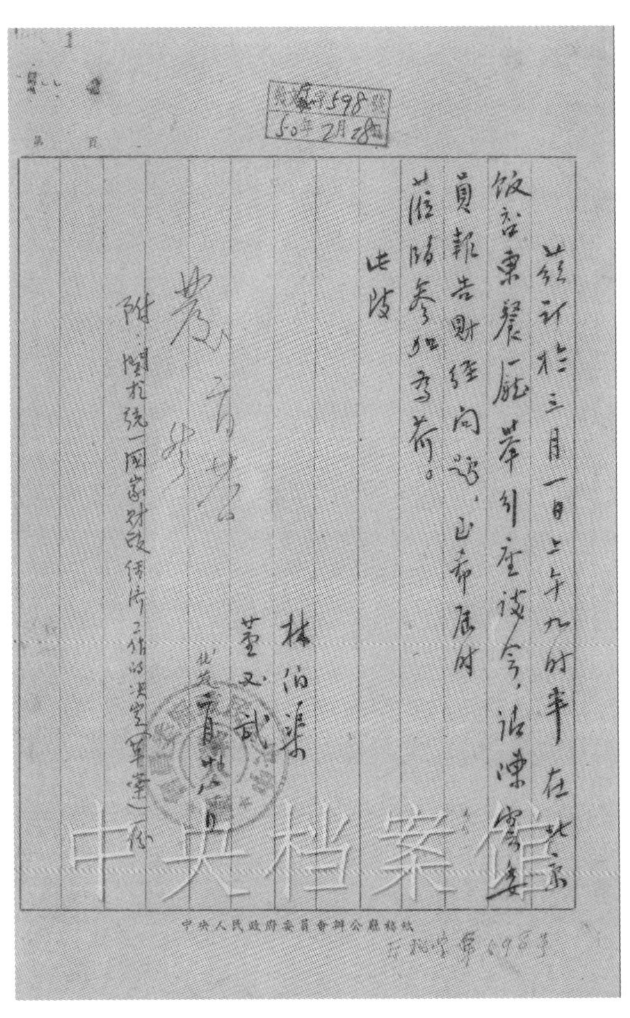

發文字598號
50年2月28日

茲訂於三月一日上午九時半在北京飯店東餐廳舉行座談會，請陳雲委員報告財經問題，並希屆時蒞臨參加為荷。

此致

林伯渠
董必武
二月廿八日

附：關於統一國家財政經濟工作的決定（草案）一份

中央人民政府委員會辦公廳稿紙

1950 年 2 月 28 日，林伯渠、董必武关于请参加 3 月 1 日座谈会致陈云的函

和转化，从而掌握经济矛盾的运动规律。例如，延安时期和东北时期，在生产第一的原则下，陈云也注意统筹财政、金融、贸易，力求各自平衡、相互配合、相互协调。这三者的统筹兼顾，又可以对生产发展起到调节和促进作用，维护经济稳定。

（本文选自《中国党政干部论坛》，2010年第11期）

金窝银窝不如自己的草窝

陈 渊

在北京北长街，有一座独家小院，不大的院子里坐落着一幢二层小楼。院内花木扶疏，虽不尚奢华，却也干净清幽。这幢小楼便是新中国成立后长期担任党和国家高级领导人的陈云同志及他的家人和身边工作人员居住和工作的地方。

陈云虽非出身行伍，但革命战争年代也是戎马倥偬，四处奔波，过着天为帐地为席、风餐露宿的日子。1949 年 5 月，一纸调令，陈云赶赴北平，从此开始了他从事全中国经济建设的生涯。也就是从那时起，陈云结束了他辗转迁徙的生活，定居在北京北长街 71 号。

陈云的办公室位于二楼，陈设简朴而实用。大约 10 多平方米的房间，最引人注目的就是靠墙而立的一排书柜。陈云一生好学不辍，行营战隙，手不释卷。他尤喜研读马列经典著作，柜中所藏多系于此。而一整套的《鲁迅全集》陈列架上，也可见他对这位文学巨匠情有独钟。柜中还整整齐齐地摆着上百盘评弹磁带，旁边则是一部老式收录机。陈云自幼嗜好评弹，闲暇之余总不忘品上一段评弹录音，一则乡情未改，二则也是放松疲劳、调节头脑的好办法。除此之外，屋里还有两张旧沙发和几把待客的椅子，一个衣帽架远远地立在墙角。室雅何须大，桌子上有条不紊地摆放着的电话、台历等办公用品，显示出主人干练、求实的工作作风。在这里，陈云兴致来时，也会挥毫泼墨，题字多半是励志勉进的句子。

陈云在这里一住就是三十余年。从新中国成立之初的稳定物价、统一财经到国民经济第一个五年计划的制定，从资本主义工商业的社会主义改造到“大跃进”后的重大经济调整，从经济领域到党的建设，多少日夜，殚精竭虑。楼上的灯经常长明不熄。

当初刚搬进来时，由于久无人住，墙漆剥落，工作人员就想重新粉刷或油漆。陈云考虑到全国百废待兴，遂以不影响办公为由，拒绝了这一要求。而住上几年后，房间、墙壁上的油漆脱落更甚，开始露出底层的白灰，显得极不协调。并且逢阴雨天就滴答渗漏，还时有蟑螂、老鼠往来。工作人员多次提出修房，均未见效。此外，楼上走廊和楼梯上铺的宽约一米、长约二十多米的地毯，表面的毛都磨得差不多了，上楼时时常感到脚底打滑。陈云也总是说，我上下楼时注意些就行了，不要换了。直到后来陈云搬到楼下办公，楼下走廊更滑，为了安全起见，才让机关行政部门铺了一条约一米宽、十多米长，价钱比较便宜的胶皮地毯。

国家经济遭遇困难时期，陈云带头严格要求自己。1960 年 11 月，北京遇上寒流，一些单位月初就已烧上了暖气。陈云却指示他的住所不到 15 日不准烧暖气，并说这是国务院的规定。周恩来总理知道后很着急，立刻与卫士长一起开车前往陈云的住地。一进门，周恩来大衣也没脱就径直上楼去了。此刻看到陈云正披着大衣、围着被子，靠在床头批阅文件。原来，因为天寒没烧暖气，陈云感冒发烧了。周恩来劈头就说：“天气这么冷，你不让烧暖气，不行啊！”陈云一边乐呵呵地穿上大衣下了床，一边说：“还没到规定时间嘛。”两人在楼上谈了两个多小时，陈云还带着周恩来参观了楼梯旁的长条形厨房，大约七八个平方米的地方，摆了两个蜂窝煤炉子。陈云微笑着用浓重的江浙口音对周恩来说：“你看，一边做饭菜，一边取暖，这样不是很好吗？”但临走时，周恩来还是当着陈云的面，郑重地向身边的工作人员说：“从今天起，你们一定要开始烧暖气，这件事你们要听我的。”在回去的路上，周恩来还对坐在身边的工作人员说：“你们要向陈云同志学习，他穿的大衣是两用的，春、秋天是夹大衣，到了冬天，把做好的厚绒衬里用几个扣子扣上，就是厚大衣。”并用责备的口吻说："你就不会给我想这个办法做。"

1976年夏，唐山发生了新中国建立以来罕见的大地震，波及北京及附近地区。陈云办公室南墙上出现一道两米多长、两三厘米宽的裂缝。机关行政部门非常紧张，立即安排对整幢楼房进行了全面检查。这一查不得了，发现情况比想象的还要严重。房顶支架年久变形，加上漏雨，木质已渐渐腐朽，地震后发生了部分错位和松动；该楼房离故宫的护城河太近，地下潮湿，砖砌的房基被侵蚀得很厉害，坚固程度大受影响；楼房墙壁里外两面虽都是整砖砌成，中间却添以碎砖泥瓦，几十年下来其坚固程度很值得怀疑。如果再次发生较强地震，楼房倒塌的可能性很大。有关部门经过仔细分析后建议，为确保首长安全，暂请陈云借住另处，待旧房拆掉重建后再搬回来。没想到，陈云在听了大家的意见后说："俗话说，'金窝银窝不如自己的草窝'，我一进北京就住在这里，到现在也有二十多年了，我还真舍不得离开这里呢！这幢楼房虽然老了旧了，总比北京一般市民住的房子要好得多吧！我怕危险，他们就不怕吗？等他们也住上像样的房子，我再搬。"接下来，无论大家怎样一再表示担心他的安全，陈云始终面带微笑地讲："这个责任不要你们负，是我决定不搬的，由我来负。"行政部门只好采取一些临时的加固措施，在屋中盖了防震棚。直到1978年，当陈云在延安时的秘书刘家栋前来看望老首长时，那副很大的钢架还依然挺立着。

陈云常说："当年在延安还没有这样的住处呢。"是啊，那时的陈云住在陕北的窑洞里，先是办公室兼宿舍，跟于若木结婚后又成了办公室兼新房。窑洞里的布置"一目了然"：一张床，一张办公桌，一把木椅，一个旧帆布躺椅，当然少不了用木头做成的简陋书架以及一个在冬天必备的烤火用的火盆。

1980年，经有关部门反复劝说，陈云终于同意搬家。算下来，他在这小楼里已度过了30多个春秋。

陈云逝世后，当工作人员整理他的日常用具时，发现书橱、衣柜等陈设都非常简陋。办公室里的收音机拿出来像旧货店里的"古董"，又大又笨。他的警卫员和秘书都说，我们几次要调换，他都执意不肯。大家无不为此感慨万千。

（本文选自中共上海市委党史研究室，陈云故居暨纪念馆编著：《陈云的故事》，上海人民出版社，2005年6月版）

陈云送给我的十五个字

李林达

2004 年秋末冬初的日子。中央文献研究室、中央电视台拍摄大型文献纪录片《陈云》，到浙江采访原中共浙江省委书记李泽民。当时，李泽民刚从上海治病回杭，身体还没有完全恢复。但当我与他联系时，他愉快地接受了访谈。11 月 4 日，在杭州汪庄 2 号楼，我们开始了对李泽民的访谈。

笔者：李书记，在您担任浙江省委书记期间，陈云同志曾多次到浙江，能给我们谈谈陈云在浙江的情况吗?

李泽民：（以下简称李）1989 年春节、1990 年春节、1990 年 5 月，我们三次聆听陈云的教诲。虽然，15 年过去了，然而，陈云当年的亲切教诲，他的音容笑貌却历历在目，记忆犹新。

1990 年早春时节，陈云来到杭州，下榻西湖边的汪庄。1 月 24 日，我和铁瑛、李丰平，以及浙江省顾委、省纪委、省人大、省政协、省政府、省军区等负责同志，到汪庄 2 号楼，向陈云恭贺新年。在欢笑声中，我代表省委祝陈云健康长寿。陈云满脸笑容，他与省委领导一边握手，一边说，谢谢，祝大家身体健康，工作顺利！合影后，陈云与大家作了长时间的亲切交谈。

谈话一开始，陈云便将事先题写的一张条幅赠给我，上面写了15个字："不唯上、不唯书、只唯实，交换、比较、反复。"陈云的语言风格一向简约中肯，一两个字就可提示事物本质，切中要害。这个条幅也是如此。接着，陈云对这15个字作了详细解释。谈话没有提纲，然而，却是深思熟虑过的。

我接过条幅说，陈云同志的这15个字，不光是送给我的，也是送给我们省委全体常委的。这是陈云同志对我们的期望。要求我们省委，无论现在，还是将来，都要坚持实事求是，把握全局，做好工作。

"不唯上、不唯书、只唯实，交换、比较、反复"是陈云同志的一句名言。早在延安整风运动时，他就提出了"不唯上、不唯书、只唯实"的科学论述。在1962年扩大的中央工作会议上，为了使人们获得正确的认识，提出要"全面、比较、反复"，并对这6个字作了通俗的解释。以后，陈云将"全面"修订为"交换"。

陈云说，在延安的时候，他曾仔细研究过毛主席起草的文件、电报。当全部读了毛主席起草的文件、电报之后，感到里面贯穿着一个基本的指导思想，就是实事求是。后来，在毛泽东的倡导下，实事求是逐渐成为我们党研究处理问题的根本原则，成为党的思想路线。

笔者：陈云被公认为党内领导经济工作的权威。他的理论造诣很深厚，但他更重实践。对他说的这15个字应当怎样理解呢？

李：陈云说的"不唯上、不唯书、只唯实"，是经过长期反复思考、精心提炼出来的。他说的"不唯上"并不是上面的话不要听，"不唯书"也不是说文件、书不要读。上面的话、文件、书本，是重要的甚至是十分重要的，不能不听，不能不读，但毕竟不是本源的东西。而实践、实际生活，是一切知识和经验的源泉，是检验真理的唯一的尺度。只有从实际出发，实事求是地研究处理问题，才是最靠得住的。只有做到"不唯上、不唯书、只唯实"才能真正避免唯心主义，坚持唯物主义。

"交换、比较、反复"是讲方法论。

交换，就是互相交换意见。陈云曾指着茶杯说，比方说看这个茶杯，你看这边有把没有花，他看那边有花没有把，两人各看到一面，都是片面的，如果互相交换一下意见，那么，对茶杯这个事物我们就会得到一个全

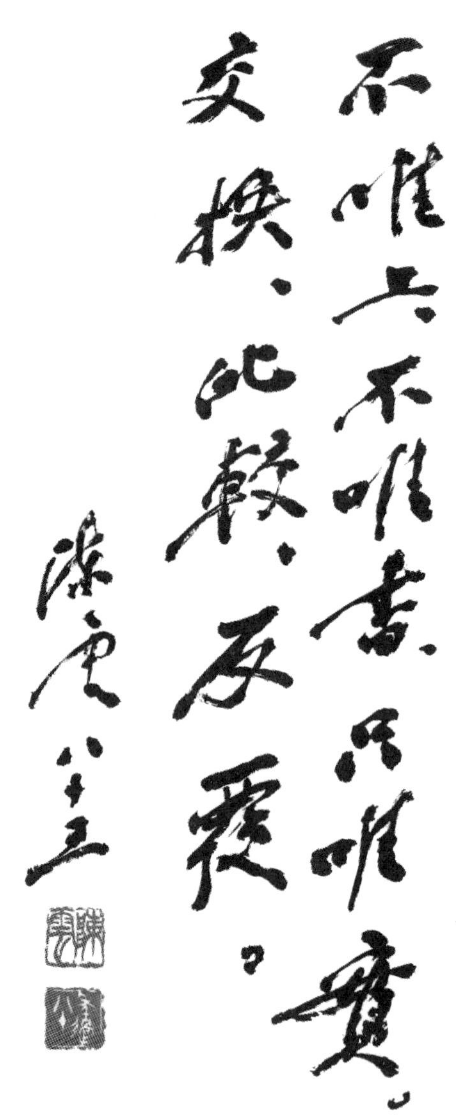

陈云题词

面的符合实际的了解。过去我们犯过不少错误，究其原因，最重要的一点，就是看问题有片面性，把片面的实际，看成了全面的实际。作为一个领导干部，经常注意同别人交换意见，尤其是多倾听反面的意见，只有好处，没有坏处。

比较，就是上下、左右进行比较。抗日战争时期，毛主席《论持久战》就是采用这种方法。他把敌我之间互相矛盾着的强弱、大小、进步退步、多助寡助等几个基本特点，作了比较研究，批驳了“抗战必亡”的亡国论和台儿庄一战胜利后滋长起来的速胜论。毛主席说，亡国论和速胜论看问题的方法都是主观和片面的，抗日战争只能是持久战。历史的发展证明这个结论是完全正确的。有比较才有鉴别，有比较才能决定取舍。正如陈云说的，所有正确的结论，都是经过比较的。

反复，就是决定问题不要太匆忙，要留一个反复考虑问题的时间。这也是毛主席的办法。他决定问题时，往往先放一放，比如，放一个星期，两个星期，再反复考虑一下，听一听不同的意见。如果没有不同的意见，也要假设一个对立面。吸收正确的，驳倒错误的，使自己的意见更加完整。因为人对事物的认识，往往不是一次就能完成的，需要有一个反复的过程。这里所说的反复，不是反复无常、朝令夕改的意思。

陈云的谈话有自己独特的风格。谈话中，他用最实际最生动的实例印证理论，分析问题深透，说理清楚。他的“交换、比较、反复”是一个连续的、相互关联的认识链，是唯物辩证法。它体现了全面的观点、发展的观点和矛盾分析的方法。它告诉我们只有通过运用“交换、比较、反复”的方法，才能使我们的认识全面一些，在工作中多讲辩证法，少犯形而上学的毛病。

笔者：陈云把学习理论提高到加强党的建设、干部建设的高度来看待。要求广大党员干部把学习马列主义理论当做自己的职责，不断提高学习的自觉性和主动性。您能否介绍一下陈云强调学哲学的情况？

李：陈云谈了延安时期毛泽东要他学哲学的事。他说，延安时期，毛泽东曾几次对他说，要学习马克思主义哲学。他根据毛泽东的指示，在中共中央组织部成立了一个哲学学习小组。陈云回忆起当年在延安的学习情况：那时，中央组织部成立了一个学习小组，一共六个人，有我、李富春、陶铸、王鹤寿、陈正人、王德，还有几位旁听的“后排议员”。学习小组人不多，大体上都处在同一水平。学习的方法是，规定每周看几十页书，然后讨论一次，研究学习中遇到的问题，各种意见都可以争论。我们从1938年开始学习，坚持了5年。先学哲学，再学《共产党宣言》，然后再学政治经济学等。那时我们读的书，除了马克思、恩格斯、列宁、斯大林的有关著作外，还有毛主席的《中国革命战争的战略问题》、《实践论》、《矛盾论》等。毛泽东的《论持久战》这篇文章，给我的印象特别深。

陈云对我们省委领导班子说，在党内，在干部中，在青年中，提倡学哲学，有根本的意义。只有掌握马克思主义哲学，在思想上、工作上才能真正提高。他之所以特别提倡学习哲学，目的就是要从共产主义世界观和科学方法的结合上，来解决干部党员的素质的提高问题。

在杭州，陈云多次极有兴致地谈哲学，多次要求各级干部学习马克思主义哲学，坚持实事求是的思想路线。

据史料记载，1977年6月22日，在杭州文艺界的一次座谈会上，陈云指出："演员要注意提高思想政治水平。说新书的艺人要看报纸，了解国家大事和世界形势。"强调："要特别注意学习毛泽东《在延安文艺座谈会上的讲话》，还要学习马克思主义的哲学著作。"

1983年7月10日，陈云与施振眉等谈评弹工作时，又回忆起延安学哲学的情景。他说：搞评弹工作也一定要学哲学。在延安组织部时，组织干部学哲学，规定每周要看几十页书，每星期六用半天时间进行讨论。这样系统地学了几年马列著作和毛泽东著作。在"文化大革命"期间，我又有计划地读了点马列原著。在延安学了几年，从思想理论上把王明的一套"打倒"了；在"文革"期间，学了几年，从思想理论上把陈伯达的一套"打倒"了。

1988年4月，陈云在接见省委领导薛驹、沈祖伦等谈话时，再次提出学哲学的问题。他说："我想劝你们一件事，领导同志要学点马克思主义哲学。不要怕人家说马克思主义哲学过时了，没有过时，永远不会过时。""无论工作如何忙，也要抽点时间学习。学习时不要急急忙忙地联系实际，接触实际多了，自然而然会联系起来。学马克思主义哲学，是思想上的基本建设。"

笔者：听说，陈云不仅谈了哲学问题，还谈了调查研究，是吗？

李：是的。陈云对我们说，请你们考虑，就是搞调查研究有两种办法：一种是亲自率工作组或派工作组下乡下厂，这当然是十分重要的；另一种是每个高中级干部都有敢讲真话的知心朋友和身边的工作人员，通过他们经常可以听到基层干部、群众的呼声。他对李丰平说，你李丰平同志是四川人，周围就有这种人。后一种调查研究，有真、快、广的特点。所谓真，就是他们敢于反映真实情况，敢讲心里话。因为他们信得过你，知道你不会整他们。我就有这样一些朋友。所谓快，就是当问题处于萌芽状态时，就能够及时发现。所谓广，就是全国各省市各行各业，都有许多高中级干部（包括离退休的）。在某种意义上讲，后一种调查研究比前一种调查研究更重要一些。两种调查研究都有必要，缺一不可。这是我第一次同地方的同志交换这个意见。

陈云回忆了 1961 年六七月间在青浦县小蒸公社搞调查研究的情况。他说，住了半个月。青浦是他 1927 年搞过农民运动的地方，解放后也常有联系，当地的干部、群众同他讲真话。当时在养猪问题上已经确定实行“公私并举、私养为主”的方针，但对母猪是公养还是私养，并没有明确规定，而这关系到养猪事业能否迅速恢复和发展的一个重要问题。陈云说，小蒸公社当时有 15 个养猪场，我去看了 10 个，还看了农民私养的猪，并召开几次座谈会之后，感到私养母猪比公养母猪养得好。私养母猪喂得好，有的甚至喂泥鳅，猪圈也干净，产苗猪多，苗猪成活率高。公养母猪喂食不分大小、强弱，像开“大锅饭”，猪圈脏得很，母猪流产多，苗猪成活率低。通过这次调查，得出了一个结论，就是大部分猪也应该下放给农民私养。最后，陈云强调：总之，后一种调查研究，你们浙江可以试试。领导干部在各行各业广交知心朋友。

笔者：小蒸调查，应该是我党调查研究的一个范例。

李：对！1988 年，陈云已 83 岁高龄，但回忆起小蒸调查仍然思路敏捷，给我们留下了深刻的印象。的确，陈云的谈话高瞻远瞩、言简意赅，逻辑性强，善于用质朴的语言阐述深刻的理论。他的“不唯上、不唯书、只唯实，交换、比较、反复”的精辟论述，即使是在十多年后的今天，听起来仍振聋发聩，回味无穷，有着强大的生命力。重温陈云“不唯上、不唯书、只唯实，交换、比较、反复”的教导，相信会引起我们更深入的思考。

（本文选自《百年潮》2005 年第 7 期）

戎子和

寥廓江天万里霜

——访老部长戎子和

孟秀敏

在财政系统，老部长戎子和可谓德高望重。

远在40年代，戎老就为根据地的政权建设和财经建设立下汗马功劳。新中国一成立，戎老便担任了中央人民政府财政部副部长兼党组书记并主持常务工作，以后又任代部长，成为新中国财经工作的奠基人之一。

几十年倏忽一瞬。

如今的戎老已是89岁高龄的耄耋老人，自然早就离开了工作岗位，安度晚年。但多年以来，戎老撰写回忆录、关心财政工作，阅读书报、练习书法，依然精力充沛，思维清晰。究其原因，无不得益于他那积极乐观的生活态度以及自成一家的健身之道。

这是一个春意融融的上午。温煦的阳光照进戎老那间宽敞而简朴的客厅，洒在精神矍铄的戎老身上，也洒向老人身旁那棵生机盎然郁郁葱葱的

中華人民共和國財政部用箋

戎子和手迹

巴西木。

戎老的生活很有规律，几点钟起床，几点钟睡觉，什么时间休息，什么时间工作，都是固定的，作息时间几乎数十年如一日，很少例外。

喜欢运动，是戎老健身的一大要诀。早在山西第一师范学校读书的时候，他就积极参加各项体育活动，不仅经常骑车郊游，潜心习练武术，以后考入山西大学法学院经济系，又成为学院足球队的一员健将，还是排球队的运动员，并在此间学会了打太极拳。这些活动使他原本并不强健的体质得到增强，也帮助他度过了以后所经历的人生磨难。文革当中，戎老身陷囹圄达 7 年之久，“如果没有长期的体育锻炼，特别是武术锻炼，恐怕我很难熬过那段管制时期。”戎老如是说。

52 岁那年，戎老学会了游泳，从此一年四季每周两次，从不间断。20 世纪 60 年代初，他与陈毅元帅一起游泳，陈老总曾称赞地说：“你这条‘山西水牛’的水性蛮好呵。”前两年，戎老到北戴河疗养，如此高龄还多次下海。戎老说，游泳和跳舞是两项非常好的运动。游泳以后，可以使大脑得到足够的休息；跳舞伴有音乐，对身心都有好处。直到现在，戎老仍然坚持游泳，打太极拳。春暖花开的时候，玉渊潭公园、街心花园里，便会常常看到戎老的身影。老干部局的王局长介绍说：“从戎老家到玉渊潭要过两条马路，戎老不用人搀，自己一个人走着去，走得快着呢。天天早晨我们都能碰上。”

除此之外，散步、冷水浴、静气功，甚至爬楼梯，用戎老自己的话说，只要是力所能及而且感兴趣的，他都坚持不辍。

对饮食戎老并无过多讲究，只要不吃生的、冷的，不吃得过饱便好。他认为吃些杂粮、蔬菜可以增加营养，而对那些保健补品之类则吃不吃两可。

“一句话，心情开朗，生活愉快。什么事情想得开，看得开，这是很重要的。”戎老这样概括了安度晚年的生活体验。

采访中，我们请戎老对年轻一代提点希望。戎老从青年的基础教育，谈到人生观教育、爱国主义教育，言辞切切，语重心长。我们知道，戎老早在学生时代就投身于中华民族的解放事业：领导山西学生抗日救亡运动；参与发起“山西牺牲救国同盟会”；参与组建山西新军，担任决死三纵队政委、司令员……一段段经历，就是一段段充满传奇色彩的故事。就是这支决死三纵队，后来成为我军的一支劲旅——“临汾旅”。戎老所言，

确是积他一生的真切感受："我快 90 岁了，我赞成邓小平同志的看法，中国无论如何乱不得。我们国家的历史、人的觉悟、宗教、传统各个方面都决定了，没有一个统一的有权威的中央领导是不行的。保持稳定，这是很重要的问题，也是我们老年人的基本经验。"

临别，走进戎老刚才研习书法的房间，墙壁上挂着几幅素雅的字画，其中不乏戎老颇见功力的墨迹。一幅列宁和夫人在一起的画像吸引了我们，秘书介绍说，那是当初戎老特意嘱咐他挂上去的。于是就想，这是不是也代表了戎老他们这代人孜孜以求的人生信仰呢？

从戎老家出来，感受很深。这位荣获"全国健康老人"美誉的老部长所给予我们的，恐怕不仅仅是他的健身之道……

（本文选自作者博客 http：//blog. sina. com. cn/blog598633a60100axk5. html）

同戎老说史

——前30年三位财政部部长管财方针的回述

李　海

同戎老谈财政史的缘由

财政部门的老同志都知道戎老——戎子和老部长（新中国成立前任华北人民政府财政部部长，新中国成立后任政务院财政部常务副部长，人们都习惯叫他戎部长）。我认识他是在1948年底北平军事管制委员会物资接管委员会参加接管工作时。那时，他是物管会常务副主任，主管日常的接管工作。我刚从北平师范大学毕业到解放区平山华北局党校学习，11月底调出到华北财经委员会工作，12月中旬就被派到良乡北平军管会物管会参加接管工作。学教育的改行做财经工作，一窍不通，得从头学起，这位和蔼可亲、经验丰富、循循善诱的戎部长就成了我财经工作的启蒙老师。也许我们前生有缘，从此就有了忘年的交情。尽管接管工作结束后我又回到了华北财委，接着转到中财委、国务院财贸办，但始终做的是财政工作

（企业财务和基本建设财务），有很多时间到财政部看望戎老，听取他的教诲，戎老成了我这一生中最好的一位领导和良师、益友。

粉碎“四人帮”后，戎老恢复了财政部领导的工作。我1978年7月也从北京市财政局调到财政部科研所做研究工作，同戎老交谈请教的时间就更多了。他先是要我帮助他撰写接管北平工作的回忆文章，我花了两年时间写成了，他比较满意，也发表了。1987年他发起组织财政部老同志们研究编写新中国财政经济史，并要我组成个三人小班子帮他做。当时我也有类似想法，于是就答应了，并着手开始跑档案馆找档案，找解放前后做过财经工作的尚健在的老同志访谈，搜集资料。由于大家的理解和热情帮助，工作进行得很顺利，两三年下来积累了不少资料和情况。其中有许多是不为人知的正史不载的野史（戎老叫它“稗史”），有助于我们对正史的补充和加深认识。当我把这些故事向戎老汇报时，他很高兴，自然也就进一步地相互交流看法，甚至有创新的理解和认知。可惜的是，在戎老生前未曾形成文字传世，至今犹有歉意。好在现有党委“薪火相传，开拓创新”征文，这里不妨先讲一段我同戎老“说史”的故事，公之于众，以补憾意，以慰戎老在天之灵。

薄部长管财管得紧

大概是1988年或1989年的时候，我在戎老的家里，谈几个建国初期的往事。当我说到1953年中央财经会议批评财政部长薄一波并涉及戎老、吴老（吴波）时，根据我的所知所想，作了个大胆的看法：“实事求是地说，给薄的那个资产阶级右倾机会主义的结论重了。比如那个公私一律平等纳税，并不是财政部加上的；所指的改批发商营业税到产品出厂时一次缴纳，那个时候国营工商企业只占30%左右，大部分是私营企业，并不是那么严重地加重了国营企业的负担，也没有减轻私营企业多少税负，何况批发营业税是间接税，可以转嫁到出厂价上呢！”戎老对这次财经会议也有自己的看法，所以很注意听我的说话。他听了后就问我：“那么你怎么看这次财经会议呢？”我也直言不讳地说：“真实的原因可能是你们得罪了人啦！”他急切地要我仔细说说看。我就大胆地向他说：“你们是山西老财管钱：老抠，管得紧，管得死，不枉花一文钱。薄是部长，你是助手，是不是这样？”他笑了笑未言语。接着我往下说：“其实，也不能完全怪你们，你们管钱管得紧和死是有原因的。一是根据地时打仗第一，公粮收得少，钱总不够花，当财政部长不易，不抠紧不行。你们也研究农民负担问题，有极限，多收不了。你这个财政部长也真是难当，左右为难，经常挨批。但是管住了，党中央表扬晋冀鲁豫解放区财经工作做得好。到了新中国的中央财政部，中财委为了彻底掌握全国财经，稳定市场物价，给恢复经济创造条件，下定决心于1950年3月统一全国财经，把全国各地的财政收入统统集中到中央财政金库，没有中央财政部的支付命令谁也拿不到一文钱。效果十分显著，不到半年，财政赤字大减，货币发行相应缩小，市场物价基本稳定，全国人民高兴，党和人民政府的信誉大增，新中国人民政府站稳了，成为世界奇迹！当然，功劳与财政部执行中央决定坚决，管财管得好有关。接着，1950年底抗美援朝战争开始，中财委做出‘边打、边稳、边建’的决策，给财政部定了个预算支出顺序，除了打仗、稳定市场的支出之外，其他支出，包括基建投资在内都要视财政收支情况（有没有余钱）而定。这就是说，在统一财经决定的基础上，财政部又有了一把严管财政支出的‘尚方宝剑’，使财政部有理由有权力把钱管得更紧，把预算死死地管住，不出任何纰漏。而从各个部门来说，在1950年市场物价稳定之后，大家想办的事就多了，百事待兴，向财政提出财力的要求就纷至沓来。于是就给财政部出了个难题，钱少事多，非常难办。不得已只好用‘尚方宝剑’抵挡，‘要钱没有’，人们的意见就多了。再加上个别同志态度不够冷静，说了些不该说的话，就加剧了各地方、各部门同志们的不满。1953年中央财经会议一开，牢骚怨言就都出来了。其实，大家的批评多是要钱不给，不公平，不公开，影响了应该办的事。最尖锐的不过是说财政部霸道，生硬，看人行事；钱是国家的，该花的要给，不能那么死板，等等。”说到这里，戎老点点头说：“你说的有道理。那个时候，有位工业部的副部长（原本是个将军）曾当面向我说：我一走到财政部门口，看见那块牌子就有气。怎么钱都成你财政部的了，要个钱那么难！恨不得砸了你这块牌子！”

显然，我们有了共同语言。那个时代财政部是管理严了些死了些，灵活性不足，招来了大家的批评。我说：“这是时代的悲剧，集中落到了财政部长薄一波同志身上。还有你这个戎部长，你们只好背起这个历史的责任吧！”但愿今后的财经史学家们，对此事有个公平、公正的评断，以慰这些去世诸老的在天之灵。

此次谈话过后不久，我们又一次见面谈起这个话题。戎老说："有主观因素，也有客观因素。解放初期，那么大的家业，那么多复杂的事情，不管紧恐怕不行。管紧些管死些，管得住，比散了乱了，稳不住市场物价要好些。看起来挨点批评，吃点苦头，值得。"我接着说："看来中央领导还是心中有数的。后来重新任命薄一波为国务院第六办公室副主任（管交通），进而主管国务院工、交办公室和国家经委主任，独挡一面，就是明显地重用。听说，当薄一波任六办副主任时，时任六办主任的邓小平同志看到他有些气馁，就鼓励说：人生谁能不犯点错误？难道犯点错误就不工作了吗？现在要你干你就干，好好干，把交通事业办好。他后来真的干得不错。原来的那些批评也就没有人再提了。"戎老长出一口气叹道："历史就是历史，让我们赶上了！批评财政管紧管死也好，赞许财政管住管好了也好，任人评说去吧！"

更加有意思的是，我们曾继续地谈下去，对此后20多年的财政管理也有议论，也就是对邓小平和李先念任财政部长时的财政管理。

邓部长管财管得放

1953—1954年邓小平接替薄一波任财政部长，一改薄的管紧挨批，及时提出放的"六条方针"。这时政务院中央财经委员会分成几个办公室，邓小平同志从大区调中央任政务院副总理兼任中财委第六办（交通办）主任；中央财经会议后，又任中财委第五办公室（财贸办）主任，并接替薄一波兼任财政部长，着重抓财政工作。他针对财政管得过紧过死的缺点，提出了改革的方针，即："归口，包干，自留预备费，结余不上缴，动用总预备费要中央批准，加强财政监督"。人称"六条方针"。这在当时财政界只知管理不知放手大家管理的情况下，像是一声春雷，十分惊奇。同时也给被批的人们一线曙光。戎老告诉我说："那时真的没有想到会有'放'的一手办法，觉得还是小平同志高明。但也有一些疑虑：分散管理财政，让大家管钱，能行吗？既然中央定了，小平同志当部长，试着办吧！"这也可能是当时财政干部们的普遍思路，旧的管法不行了，只好照新办法办了。我当时在"五办"（财贸办）财金组工作，主要做企业财务和基建财务工作，而且初学财经，对财政管理外行，不懂其中奥秘。但耳闻目睹，知道管紧管死不好，似乎觉得应当放手让大家管。通过学习，粗知"六条方针”内容：

1. 归口：即把中央人民政府工作分为政法、文教、工交、农业、财贸五大部分，俗称五个口，其所属单位需要的财政支出都归其“口长”管理，不再直接向财政部争预算要钱。每年的预算支出，由中央、政务院根据预算收支总数分口切块交由各“口”负责分配管理。各省、市、自治区地方财政，也分别归六个大行政区的“口”管理。这就改变了财政部一家管财政为五大“口”、六大区分管财政，也就省去了财政部门许多事务、矛盾和麻烦，应当说是好管了。

2. 包干：财政支出一经中央切块给各“口”，就由各“口”包干使用和管理，并编制预算和决算，列入国家总预算决算，报经人代大会批准后实施。在执行中的内部调剂增补，在不突破包干总数的条件下，都由各“口”负责，财政不再具体管理。

3. 自留预备费，结余不上缴。为了各“口”不突破包干的预算，要求各“口”在向下分配预算支出时，必须留下一笔预备费，由各“口”领导掌握，以备在执行中发生意想不到的增支需求，不突破包干总量。各“口”年终决算有结余时，可以不上缴财政，留给各“口”自行安排使用，以鼓励大家节约使用财力的积极性，提高财力使用的效果。

4. 精简行政人员，严格控制人员编制，节约支出，保证预算的执行。

5. 动用总预备费要经过中央批准。中央财政在切块时，留有一笔总预备费，是应付全国性重大事故需要的一笔财力，各“口”和财政部都无权动用。如有必要动用时，必须报请中央批准，以保证国家总预算的稳定，不被突破。

6. 加强财政监督。实行归口包干办法后，财政部门可以腾出手来，加强对各“口”各地区财政收支预算的监督，检查大家执行预算的情况，督促纠正违法违纪的事，顺利地完成国家预算收支，实现国家财政的职能作用。

总起来说，“六条方针”是有放有管，而以“放”为主。小平同志多次阐述过，财政是国家的财政，要放手让大家来管，一家管不如分几个大“口”大家管好。“六条方针”不是只放不管，而是有放有管，放中有管，最后还有财政监督。财政部门要抓住这条监督权，把“六条方针”的归口包干管理工作做好。不管怎么说，“六条方针”是个大政策改革，人们有多种议论。我同戎老也有几次谈到过。从历史发展的情况看，改变管紧管

死状况必然是“放”。“六条方针”就是针对财经会议批薄情况的“有的放矢”，有其必然性。但“放”是新事物，没有经验，大家未免有些担心失控，走向另一个极端，有害于经济正常发展。我向戎老说：“六条方针”提出不到一年，就随着小平同志调离财政部长和财办主任职位而销声匿迹，无人再提起了。原因是改革的幅度太大了，没有小平同志这样高资历和威望的人是不敢轻易推动实施的。戎老同意这个看法，也说：“财政这项工作宜管不宜放。为国家管钱办事，钱多多办事，钱少少办事，无钱不办事，正常规矩。经验是松不得，一松就乱。财政一乱，国家的事情就不好办了！其实小平同志这个‘放’，现在看也是一时的权宜之计。改变薄的紧，一新耳目，使大家齐心协力共同办好财政。过几年还得加强管理，松紧结合。”我表示赞同他的意见，也说：“1954 年接替小平同志任国务院财办主任兼财政部长的李先念同志，将军理财，小心谨慎，就不敢轻易按着‘六条方针’办，再次改变了邓部长‘放’的管财方针，实施有紧有松，以紧为主，紧中有松，松紧结合的新方针。”戎老知我在先念同志领导的财贸办工作多年，就要我具体地说说看。于是我们就有了下述的议论。

李部长管财管得紧松结合，紧中有松

实事求是地说，先念同志是个木匠出身的将军，打仗很行，立过不少功劳，搞经济管财政没有多少经验，得从头学起。中央选派他接替小平同志任财政部长，出人意料。特别是新中国建立后任湖北省主席三年，对财政部管得紧常常要不到钱，满腹怨气，是 1953 年财经会议激烈批薄的地方官员之一。现在要他去当财政部长，是谁也没有想到的事。就连先念同志本人也没有想到，有些为难。估计当时中央是理解这种情况，似乎觉得用批评过财政部的人去做财政部长可能体会得深些，也相信凭着先念同志的工作才智，会有创新的管理办法，使财政工作耳目一新。“背水之战”，会有成就的。在议论中，戎老告诉我：“真的没有想到会是先念同志来当财政部长。都在想，看一看这位大将军怎么管吧！”我也说：“是的，谁也没想到他一干就是 21 年，管得很不错，上下左右基本满意，没有什么大的意见。连毛主席都说他将军理财好。”戎老笑了笑点头称是。并要我接着说下去。

得到了戎老的赞许，我就根据那20年的所见所闻，再加上近10年的研究，讲了以下的一些故事和意见，请戎老评说。

总的说来，先念同志管财方法，既不同于薄部长时期的管紧，他既然批评过薄，怎能再学薄呢？也不敢冒然用邓部长管财的放，因为他没有小平同志的威望和资历，不能轻易言放。想来想去，还是湖北省的经验：有紧有松，紧松结合。但要以紧为主，紧中有松；或者说是把大的事情管住管紧管好，小的事情放松，灵活处理；或者说是把预算内的收支管紧管住，超预算的需要视情况灵活处理。说到底，紧也好，松也好，管得住最好。

“从历史实践看，先念同志有两次强调管紧管死。一次是1958年‘大跃进’开始，各方面都向财政要钱搞建设，财政部应接不暇；有个地方还要放税收‘卫星’，先念同志看着局势要乱，就严格要求财政守住收支预算，收入不放‘卫星’，支出照预算办，不管人家乱不乱，财政预算不能乱。财政部同志遵照办理，结果‘大跃进’三年，财政收支基本平衡（1958、1959年结余，1960年略有赤字），获得了丰硕成果。经验是：谁都乱了，就是不能乱财政。财政一乱，全盘皆乱，国家就要遭殃了！这恐怕是先念同志从地方到中央当财政部长的第一个深切感受，也是财政部同志齐心协力一致努力的成果！”戎老听了说：“你的议论新鲜！此前谁也没有把三年结余当成就。”

我接着说：“不但没有当成绩，还真的挨了‘批’。1961年开始调整，分析研究‘大跃进’三年的乱局，提出了一个疑问：为什么财政有结余而银行发行了那么多货币？先是认为银行贷差很大，发了票子；后又认为银行贷放了许多不应贷放属于财政性支出的钱。结论是，如果把这些财政性支出的贷款回归财政，那么财政收支就不是结余而是一笔大赤字。所以，照此计算，回归落实三年财政收支，可以说是‘真赤字，假结余’，银行货币发行仍然是属于财政赤字发行。似乎又把责任推给了财政，于是就引起了财政部同志的不满意。我就曾听财政部管预算的田一农同志说过：请翻开我的账本看看，有哪一笔是假的？有明白人说：现在是用财政、银行综合平衡方法分析的实际情况。具体讲，责任不在财政，而是银行放手贷款过多出了问题。‘大跃进’三年，财政守住了预算，银行没有守住信贷收支平衡。各地方、各单位为了‘大跃进’就大干快上，办好多事，要好多钱；向财政要不到钱就拉用流动资金搞建设、发工资、补亏损；流动资

金不够用了就向银行要贷款；当时的流动资金实行全额信贷，资金出了缺口，银行也就不能不贷；再加上银行也为了支持大干快上，就放开手来，哪里要钱就向哪里贷放，所以就出了大量贷差，发了很多票子。所以，应当说‘真赤字，假结余’只是真象的复原回归，不是责任的追究。但是，道理归道理，心情归心情，问题并未解决。一直到1962年3月西楼会议做出决定调整后，组织全面‘三清’（清基建、仓库物资、贷款），1963年得出结果——损失360亿元（记不太清楚了，是大约数），其中财政性支出大约有160亿元左右，经过财政部具体计算复归，作出新的财政收支决算数，改变1958—1959年结余、1960年略有赤字为三年都有较大赤字，并列入了国家财政统计表中，才算结束了这场争议。”

戎老听了只是叹息了一声，没有说话。我接着往下说：“先念同志是在‘大跃进’动荡中本能地管紧财政预算的，却没有想到银行信贷出了问题。‘真赤字，假结余’的结论，也是在陈云同志领导下进行调整工作时学来的，并随着调整工作顺利开展和完满结束，学懂了陈云同志的‘财政、信贷、物资’三大平衡的理论和实践经验。特别是通过‘真赤字，假结余’的争议，丰富了他领导财政工作的水平和艺术，理应说是新中国财政经济工作的一大财富和幸运，值得回忆和怀念！”

“又如：在1961—1962年的调整工作中，为了把财政收支预算放在可靠的基础上，决定下狠心削减基本建设投资预算支出，将1961年基本建设投资预算支出列为120亿元，比1960年的360亿元减少了2/3；1962年再降为50亿元，基本上停止了所有的基建工程，只留给了一点维护费。连先念同志也说：财政部同志屁股后掖把刀，不是削就是砍，真是砍得血淋淋的啊！他还在一次会上公开向各部门管财务的同志们说：为了调整，把国民经济搞稳，财政部门就得管紧管严，因为财政部没有那么多的钱，只能是有预算的给，没有预算的不给。不给就是不给！‘要钱没有，要命有一条！’真是语出惊人！知情者心里在笑：李部长比那个薄部长管得还厉害！从现在看，调整经济就是向松、散、乱挑战。要想取胜，就得不讲情面，管严管住。也正是有了这个精神，再加上国务院1962年3—5月连发的财政、银行两个‘六条决定’，上下一齐管紧管严，党中央的调整方针才顺利地完满实现了，受到了历史的好评。”

戎老告诉我，当时他已经调离财政部到了西安，任西北大区财经委员会主任，北京的具体事知之不多，只是到北京开会时经历了一些，大体上说是这样的。至于紧中有松，紧松结合的事，戎老从他到西北地方工作与财政打交道的体会，也说了一些概括的感受：觉得财政部门上下的关系比较和谐，基本上没多少意见可说。我说，这大概就是李部长理财思想方针对头的反映吧！

从1987年起，为戎老写财经史，曾经多次来往交谈。戎老想要我帮他编成一本史书，可惜的是他去世早，没有完成他的心愿，不无歉疚。奈何！

30年经验：以紧为主，紧中有松，紧松结合为好

总起来说，60年的中国财经史，十分丰富多彩，述之不尽。即此前30年的三位财政部长管财的经验就是丰富的，而且是按照“否定之否定”的矛盾发展规律发展的。请看，先有薄部长的紧（肯定），后有邓部长的放（否定），再有李部长的紧松结合，紧中有松（否定的否定），你不能不承认是按照唯物辩证法的客观规律发展的。把他们放到历史中去看，挨批也罢，称赞也罢，都有他们历史的必然，不容作主观好恶的评论。我们的这些评述，也只是一孔之见，提供个参考罢了。真正的史论，还有望于年轻来者，做出更好更准确的史论，提供社会主义建设事业的传承和发扬。也和戎老盼望我帮他写史那样盼望青年学者的出现，真正做到“薪火相传，开拓创新”，推动中国特色社会主义建设（包括财政工作）事业的顺畅发展。

（本文作者系财政部离休干部）

喻　杰

魂系青山

——忆喻杰同志生前还乡为民的事迹

李恩博

喻杰同志原任商业部副部长、中央监察委员会驻财政部监察组组长，我给他当了六年秘书，深受教诲，得益匪浅。现在回忆喻老生前还乡为民的感人事迹，以示深切怀念。

一、告老还乡，立志为民

1970 年春，喻杰同志经周总理批准，离休还乡。他满怀思乡之情回归故乡——湖南省平江县丽江村，踏入家门，栖身老宅土屋，侍奉老母，关注儿孙，并与离婚不离家的前妻复婚（后配之妻早亡），共同操持家业，立志为民，欢度晚年。

二、不建豪宅，甘居陋室

还乡初始，喻杰同志家中老宅年久失修，土墙裂缝，屋顶破损，冬不御寒，夏不遮雨，不能久住，需另建土房一所，方可全家迁入，安居乐业。他不建豪宅高墙大院，甘居土房陋室，只为是便于接近村民群众，与民同甘共苦。村民说："达老爷子（编者注解：当地风俗，是对德高望重老者的尊称）也住小土屋，跟咱们一样。"新房满屋摆放的是老旧破损家具，没有家用电器。

他有崇高的威信，县区村干部和村民常去他家看望，求帮助，解困难，他都做到有求必应。他善于调解民间纠纷，促进邻里关系和谐。

三、当农民，养猪汉

喻老成为真正的老农民，养猪汉，一年四季不得闲。他身穿旧衣，粗茶淡饭，战严寒，斗酷暑，雨天一身泥，晴天一身汗，辛苦经营小菜园和养猪圈，蔬菜丰收自食有余并送予他人，小猪养肥去卖钱。养猪是他最大的乐趣：先买几头小猪，精心饲养，喂肥出圈，交售国营收购站，再买几头小猪继续饲养，育肥再出售，如此周转饲养，可得不少收益。

喻老身在农村，心系城市居民。当看到农村肥猪出栏数量锐减，将要影响市场猪肉供应，当即写信给商业部反映情况，希望他们重视解决。

四、封山育林，修建水电站

十年动乱，家乡山林被乱砍乱伐，水土流失，山洪暴发，泛滥成灾，造成"穷山恶水不养田，乡民饥寒度日难"的恶果。喻老看在眼里，痛在心上。他决心带领乡村儿女，封山育林，修水利，建电站，建设家园。他赴北京，跑长沙，多方想办法，共筹集资金352万元，其中中央财政拨款200万元，自筹资金100万元，多年个人积蓄2万元。资金到位，立项开工建设，喻老自任指挥长，亲临施工现场，坐镇指挥督导，抓质量，抓进度，在保证工程质量的前提下，尽量节省来之不易的基建资金。仅用两年半时间，先后建成丽江、嘉义两座小型水力发电站，年发电量400万千瓦。

农田得到灌溉，粮食增产，人民生活提高，村村户户用上电灯照明，人人喜笑颜开，村民异口同声地说："达老爷子又给咱们办了一件大好事！"。

五、立足山村、不离热土

1976年财政部党组有意接喻杰同志任财政部顾问职务。张劲夫部长派主管人事工作的杨春一前去湖南丽江喻老家中传达部党组的意愿，接他回京任职。喻老留杨春一同志小住数日。经深思熟虑，喻杰同志认为回财政部当顾问，只是"陪会"，在文件上"划圈"，干不了实际工作，没有实际意义。随即面告杨春一："回部当顾问，不如在家乡给群众办实事好，请报告部党组，我无意回部任职。"同时亲笔致信部党组：古有"文官告老还乡，武官解甲归田"之规章，我已还乡多年，立足山村，热土难离，还是在家乡给群众办实事为好。婉拒回京。

隔年，中央任命喻杰为全国政协常委。他身居高位，仍住家乡，心系全国农民，来京开会时所提提案大部分涉及农村事项。在以后多次财政部离退休干部局领导去看望喻老时，他都表达了自己扎根农村，服务农民的心愿。

六、劳苦功高，深受赞扬

喻老带头还乡为民，无私无畏，建设家乡，服务人民的高尚品德，受到国务院领导的称赞。

喻老的老战友时任农垦部部长王震同志曾致信说："你不仅把自己多年的积蓄投到家乡建设，而且不顾八十岁高龄亲自组织领导建设水电站，善始善终，令人钦佩！"

1985年，李先念主席致函喻杰同志说："你离开中央财政部的领导岗位，到湖南平江农村安家，一直保持着革命精神和共产党人的高尚品德，为我们离休和将要离休的老同志作出了表率。你还为家乡人民做了许多有益的事情，受到当地人民的称赞和爱戴。这首先是我们党的光荣，也是你的光荣。"

喻老可歌可泣的伟大业绩，曾拍成电视剧《夕照青山》，在全国久演不衰，反响强烈。《人民日报》、《湖南日报》分别以大幅版面刊登报道喻

杰同志的先进模范事迹，广泛宣传，名扬全国。

七、立新规，树新风

喻老看到民间仍有大办丧事，劳民伤财的现象，非常反感。他找村干部，出主意，想办法，立新规，树新风，以身作则，身体力行，按照新章程举办亡母的丧事。1980 年冬，享年 105 岁高龄老母亲无疾而终。亲朋乡友恳切要求按民间老风俗治丧，喻老不为所动，怀着悲痛的心情说："我是老共产党员，恕不从命。"只是由村委会主任主持在本村开了追悼会，喻老老泪扶棺，率领子孙儿女、亲朋好友和村民送葬青山坟墓，让老母亲入土为安。

八、心怀乡民，严教子女

喻老心胸开阔，慷慨大方，几乎将自己多年积蓄全部献给家乡经济建设，时常救济革命烈属和贫苦乡民。喻老过世后，家人清理他的遗物，既无金银财宝，又无银行存款，只有 800 元的压箱底钱。生前他说："过去丽江有 20 个弟兄跟我拉队伍，打白狗子，南征北战，有 19 人牺牲阵亡！活着回来的只有我一个人，我不把家乡建设好，照顾好烈属，对得起牺牲的革命烈士吗？"一语催人泪下。

喻老宽以待人，严以教子。时常教导他们勤俭为本，诚实做人。对待孩子，喻老在钱财上未免有些"吝啬"。小儿子曾向老爸要钱买块手表，他却让小儿子到林场扛木头挣钱。当小儿子挣了 100 元交给老爸时，他把自己戴的旧手表给了小儿子，自己花 80 元买了一块怀表带到临终。喻老的孙子当小学教师，月工资只有 35 元，三口之家，生活确有困难，向老爷爷要点钱贴补家用，他也不给。他教导儿女要勤俭持家，艰苦尽职。对于儿女的困难，只有在灾荒年景才给些钱帮着渡难关。喻老生前曾答应给女儿 2000 元，却始终没有兑现，女儿并无怨言。

九、呕心沥血，与世长辞

喻老在家乡整整奋斗了 20 个春秋，无私无畏，呕心沥血，操劳过度，旧病复发，医治无效，不幸于1989年2月4日6时10分逝世，享年87岁。灵柩由平江县人民医院护送长沙革命陵园，于2月18日开了追悼会。追悼会由湖南省委书记熊清泉主持，国务委员、财政部长王丙乾致悼词，党和国家领导人送了花圈。家乡县区村干部和村民也送了花圈。遗体火化，骨灰安放革命陵园。山河欲碎，草木皆悲。丽江村民怀着极其悲痛的心情进行了村祭，哀悼达老爷子魂归青山。

1990年2月，丽江村民自动集资，在村头修建一座八角飞檐的“喻杰纪念亭”，两柱刻着“草木共沾甘露泽，山河不老故乡情”。亭中竖立一座青光石碑，刻着“喻杰同志一九七〇年离休返乡定居，虽身居山村，犹胸怀天下，常策杖于山水之间，往来于乡亲群众之中。带领家乡人民修建水电站，植树造林，开发山区经济。身体力行，反腐倡廉，纯化风气，为人民排忧解难，鞠躬尽瘁，死而后已，深得群众尊敬和信赖”。

喻杰同志高风亮节，永垂青史。

（本文选自财政部网站 http：//www. mof. gov. cn/pub/lituixiuganbuju/zclm/wangshihuiyi/201012/t20101222_ 382988. html）

魂系青山：村殇

——一位老共产党员的故事

张步真

一

1989 年 2 月 4 日上午 8 时，平江县加义乡丽江村党支书刘富友接到县上电话，喻杰老人于今天清晨 6 时 10 分在县城医院停止了呼吸。村支书年过五十，外型像一根紫黑色的树根。这个刚强的汉子，这时竟握着电话听筒，毫不蔽掩地呜呜呜哭了！

正是腊月二十八日，丽江村沉浸在春节前欢快而繁忙的气氛中。打豆腐，蒸年糕，杀年猪……村里处处飘逸着酒香，肉香和油香。村支书猛然爆发出来的哭声，传到了与村委会一墙之隔的供销社。橱台前那黑压压一片办年货的人们，立时明白发生了什么事情，选购货物的喧嚣声嘎然而止，哀痛袭击着每个人的心头，许多人的脸上时而煞白，时而焦黄。他们无心再办年货了，挎着篮子往家走，于是，不到一盅茶久，达老子——山区方言，即达老头。喻杰在家时名叫喻达云。年轻时叫他达伢子。老了，叫他达老子。乡俗。乡邻们可不管你是烧炭的作山汉，还是官至中央的部长——去世的消息，很快就传遍了丽江村。

鹅毛大的雪花在纷纷扬扬地下，四下里是一片白皑皑的银色世界。平时青翠欲滴的芦头山，此刻垂下了白色的祭幛；往日奔腾不息的丽江河，现在结着晶莹的冰凌。侧耳细听，分明可以听见冰凌下面的流水在轻轻呜咽。“投躯报明主，身死为国殇。”喻杰逝世，草木皆悲，举村哀痛！

没有磋商，没有约定。刘富友和几位村支委们，喻杰居住地横圳村民组的乡亲们，还有丽江水电站的一些职工们，纷纷打点行装，准备去县城。他们要去把喻杰的遗体接回来，按照乡俗为他举行隆重的葬礼。全村人都要为他“打公祭”。当然，喻杰是老革命，有功之臣哪，追悼会也许要在县城举行，那么，他们要去为他守夜（守灵），为他送行。

丽江村去县城约莫一百华里，每天下午3时有一趟班车。经过电话询问，尽管下雪，班车将如期开来。及至刘富友们赶到县城，喻杰的遗体已于当日下午移灵至长沙革命陵园。县里同志告诉他们：喻杰同志的追悼会，不会在丽江村，也不会在县城，他是中央部一级干部，按惯例，他的丧事应该是在北京八宝山革命公墓隆重举行，起码也得开在省会长沙城。这本是意料中的事，但刘富友们仍然怅然若失，问：

“追悼会大约什么时候举行?”

县里同志说：“已经成立了治丧办公室。由国务委员，财政部长王丙乾任主任，省委书记熊清泉，商业部长胡平任副主任。追悼会什么时候开，在哪里开，还须等待上级的指示!”

唉，公家的人，办丧事都有这么多规矩！要是在丽江村，长辈去世了，后人和亲朋好友，日夜轮番守在灵柩旁，一直到送上山，入土为安。有的还要在新坟旁守一夜，以免老人孤单。达老子在长沙，有没有人守夜呢？没人守夜，他不寂寞么?

刘富友毕竟见识多一些，他猜想达老子的追悼会三五天之内不会开。他对县里同志说：“一有了准定的时间，请通知我们。不管是在长沙，还是在北京，我们都是要去的。达老子回乡20年，在村里操劳20年。就凭这一点，我们不去悼念他，不为他送行，我们心里好受么，村民们会依

么?”

离开县城的时候，大家都抹着眼泪……

二

喻杰是丽江村的光荣和骄傲。

湘东赣西接界的连云山区，绵亘百十里，这里沟壑纵横，峰峦起伏，怪石嶙峋。丽江村就在山区腹地的皱褶中。在第二次国内革命战争时期，这里是一块红色的土地。那时候，喻杰就是山区的英雄。1926 年，当中国工农革命继续高涨的时候，丽江村和全省许多地方一样，建立了农民协会。这股锐不可当的革命洪流，使贫穷、落后、闭塞的丽江村沸腾起来了。年仅 23 岁的作山汉喻杰，首批加入了农民协会，为封建地主阶级的灭亡敲响了丧钟。1926 年 8 月，他被农民协会选派去国民革命军参加北伐。起先当战士，后来当班长，当文书。经历了九江、南京、徐州等战役。挣脱了封建地主阶级压迫的喻杰，在血与火的斗争中，显示出非凡的机智和勇敢。1930 年 5 月，他加入了中国工农红军，参加了举世闻名的二万五千里长征。

此后的 20 年，喻杰音讯全无，丽江村人不免为他担忧，又暗暗为他祝福，盼望有一天，他们的英雄能凯旋而归。在这种难熬的焦灼和等待之中，1949 年全国解放，人们果然得到讯息，喻杰活着，而且在西北重镇西安城里干公事！丽江村人奔走相告。后来，五一节，国庆节，北京人民大会堂的国宴席上，就有丽江村的喻杰！而散见于报章杂志的有关喻杰的文章，记述喻杰在长征路上，在艰苦卓绝的抗日战争和解放战争中，曾经立下了不朽的功勋，丽江村人引以为极大的荣耀！于是，在冬日围炉烤火，夏日坪中纳凉时，在村民们口中，喻杰简直神了。关于他的故事，丽江村人如数家珍！

——1931 年春夏之交，为了粉碎蒋介石组织筹划的“围剿”，上级命令连党代表喻杰带 20 多条枪，去湖南桂东县境开展游击战争，扩大根据地，并以此来牵制蒋介石的军队。机智勇敢的喻杰昼伏夜出，声东击西，各个击破。今天在这里打一个乡公所，明天又在几十里以外的地方解决一个保安队。有一次，他们采取张开口袋捉老鼠的办法，吃掉了整整一营白狗子。只 4 个来月时间，他的队伍发展成 800 多人枪，被上级扩大为团级建制的游击大队，并任命他为大队长。在喻杰的履历表上，战士、班长、连长、团长……在连职与团职的三级跳之间，没有担任过什么过渡性的职务，原因盖出于此。丽江村人好开心，说："喻杰在家作山时，同时又是打猎的好手。他打野猪不打成群的，只打单只的。他用的是打野猪的办法哩，白狗子能斗得过他么?"

——在长征路上，喻杰经历过一次恶仗。1935 年 11 月，红军第二方面军从湖南桑植出发，经贵州、云南长征。其时，红军主力部队已经到达陕北。他们沿途遭到敌军的围堵拦截。在黔东一个叫青竹塘的地方，连天的霪雨使山野水茫茫一片。喻杰是军团供给部长，他和战士们又冷又饿。他们不仅背有军需物资，还要不时应付敌人的袭击。这天半下午，敌人密集的机枪和榴炮，封锁了他们前面的路，把山野射得浑身淌血。敌人借助武器的优势，向他们猛扑过来。霎时红泥浆怒沫翻卷，山溪小圳的流水像血。喻杰带着嘶哑的喉咙向上级报告敌情，得到的答复是叫他们继续突围。继续突围么，越冲自己人越少，越突敌人越多。一些人绝望了。有个排长肠子都打出来了，他不甘被敌人捉去受凌辱，自己挣扎着把自己弄死了。生性刚烈的喻杰，眼睛布满血丝，喉咙口直冒烟。他把战士们叫拢，说："这么困着挨打，是死路一条。舍命往前冲，或许还有一条活路!"战士们齐声高喊："冲出去!"这时，喻杰猛然高吼，吼声在四下里回荡："杀——杀——杀——"于是，他和他的伙伴们，不顾一切地往前冲。在他们的前边，一片刀光剑影；在他们的左右，一片血肉横飞。一个白狗子恶狠狠地向他扑来，喻杰一马刀砍中了他的颈脖。那家伙的血直溅在他的脸上、嘴里和鼻孔里。若干年后，喻杰仍然记得，在寒风冷雨之中，活人的血竟是那样烫人，简直能把你灼伤!他曾经嘲弄地说："这也是一项科学发现!"——当然，喻杰他们是突围出去了，但活下来的人不足一半，军用物资几乎全丢了。他们都很难过。然而，活下来的人，却是红军真正的精英。丽江村一个读了点古书的人文绉绉地赞叹道："十年生聚，卧薪尝胆，十四年后红军夺下了整个中国!当时喻杰根本不要痛惜那几包物资!"

——1941 年 1 月 7 日，在八路军驻西安办事处任中校经理科长的喻杰，正在值班室值班。这一天，他接到通知，周恩来同志在重庆费尽千方百计，搞到了一批汽油和机油，已通过关系运到了宝鸡，要经西安办事处运往延安去。那时候，名义上是国共合作，国民党却处处闹摩擦，恨不得置

共产党于死地。有消息说，他们沿途派特务跟踪，并在各小站加派了岗哨，只等汽油一到站，他们就会强行拖走。喻杰当机立断，决定在敌人的眼皮底下搞瞒天过海。在宝鸡装车时，这节车厢没往列车上挂，说下趟车再拉。跟踪的特务信以为真。及至火车开动，那节油车却挂在列车后面。特务忙打电话通知西安。然而，敌人终究斗不过喻杰的机智灵活。在离西安十多公里时，那节油车的挂勾突然松开了。喻杰和仓库管理员黄世田，带着几个装卸工人，早已等候在路边。他们在扳道工的协助下，把油车推在岔道上，然后以惊人的速度，把 12 桶汽油运进了办事处的仓库里。特务们气得干瞪眼，据说那个头目还挨了他的上司一记耳光。

在西安办事处，喻杰凭着公开的身份，常常要去国民党的军政机关办事情。他操着一口平江官话，见了国民党当官的，不卑不亢。而对卫兵，勤务兵等，格外随和。有一回，传来紧急情报：党的重要干部、八路军高级参谋李涛同志在离西安几百里外的广元县被国民党特务抓去，押来西安了。喻杰四处寻找，均无下落。后来他决定再去国民党军委办公厅四处直接找处长谷正鼎查询。他在传达室递上名片，请门卫去通报。这个门卫 40 多岁，前几天刚好来过八路军办事处。喻杰得知他家里人口多，负担重，曾赠他 5 块光洋。这个门卫感激不尽。这时，他朝喻杰努努嘴，手悄悄往东边院里指指。喻杰朝那边望去，见那里有间小房子，上面挂了锁，还有专门的卫兵站岗。那门卫唯恐喻杰不懂，伸出手指在桌子上写了“李”字。正这时，谷正鼎的副官出来了，门卫吓得不知如何是好。情急生智，喻杰忙给那副官递上一支哈德门香烟，啪地一下为他点着，掩饰了过去。见了国民党少将谷正鼎，喻杰为了门卫的安全，也为了不使谷正鼎立即转移李涛，他灵机一动，说：“谷主任，我是无事不登三宝殿。我们办事处雇用的司机赵丙突然失踪了，想问问谷主任，是否到了你们这里?”谷正鼎根本不知道什么赵丙李丙，说：“兄弟一贯与贵军精诚相处，怎么会抓贵军的人呢?”喻杰装作十分焦灼的样子，说：“既是如此，告辞了!”

知道了李涛的下落，喻杰好高兴。他一面通过关系密切注视谷正鼎的动向，一面给中央和在重庆的周恩来同志发电报。后来，周恩来同志给国民党办公厅去了公文，指出李涛同志关押在西安国民党军委办公厅四处的大院内哪一间房子里。国民党抵赖不了，只好释放了李涛。

战斗在敌人眼皮底下，喻杰从没有睡过一个好觉，没有吃过一顿好饭。有时还要和叛徒周旋。有一回，喻杰在大街上碰到一个叛徒。那家伙为了邀功请赏，常常在办事处对门的窗口里盯梢，还借故跑来办事处探听情报。同志们早就要除掉他。但办事处是公开机关，还得注意影响。这回见了面，喻杰上前拍拍他的肩膀，极亲热的样子，一定要拉他去“长沙饭馆”喝一盅。那叛徒怔愣着，不知喻杰葫芦里卖的什么药。但经不住喻杰又拉又扯又打哈哈，于是跟着进了饭馆。喻杰点了几样南方口味的好菜，买了一瓶西安名酒“太白酒”。又敬菜，又劝酒。两人喝得半酣，喻杰对那叛徒尽说感谢的话。说，前次的事，搭帮你及早透了消息，要不然，我们那位同志就遭殃了。还说，今天这台酒，就是代那位同志请的。那位同志是洛阳地下党的负责人，你为我们立了大功哪！喻杰端起酒杯：“来，为了友谊，我再敬你一杯！”直弄得叛徒不知所云。这时，那叛徒发现旁边有特务。国民党惯于搞连环套，特别是对反水过去的人，尤其注意跟踪，他们也怕中计。那叛徒于是魂不守舍，站起身来说：“我不认识你！”喻杰说：“看你，真是喝多了！”又故意看看四周，俯在他耳朵边，佯作小声，其实隔邻桌子都能听到：“记住，下次的联络暗号是‘努力’！”那叛徒又是摇头，又是摆手，仓惶地溜走了。这一着果然灵验。不几天，就听说那叛徒被特务机关抓住，打得他皮开肉绽，并且关进了死牢！

——大生产运动。后来的著名歌唱家郭兰英，以她清婉甜美的歌声把“花篮的花儿香”献给了亿万听众。几乎所有的人都知道，陕北的好江南——南泥湾。正是那时候，喻杰被陕甘宁边区政府主席林伯渠，副主席李鼎铭任命为边区政府工商厅厅长。他成了个理财的官。359 旅后勤部长何维忠也是平江人，和喻杰家相隔不过 20 里地。平江历来有纺纱的习惯。何维忠把平江的纺纱车制造出来了，比陕北的纺纱车要轻，纺出来的纱要细。他给毛主席，朱德，刘少奇各送了一架。喻杰也要来一架，他完成了自己的定额，又为新婚的妻子陈希纺。陈希是学生出身，不会纺纱。作为换工，她为他登记文件，摘抄提要。工商厅长将大家纺出来的纱，统统收起来。从敌占区运回 200 台手拉铁制织布机，还有洋纱。在一个叫做干谷驿的地方安装好织布机。工人们日夜加班。洋纱做经，土纱做纬，产品不仅够穿，还有剩余。他又调余补缺，工商厅长当得惬意极了。

喻杰没有学过财经，全凭他对革命的忠诚和在战争中学会战争。在边区理财不容易。那时他还兼任边区农民银行行长。作为工商厅长兼银行行长，有一个最头痛的问题，就是当时市面上至少有 4 种流通媒介：边区政府发的边币，国民党政府发的法币；还有银元和黄金，也作货币流通。

1944年，美国政府为了援助国民党，不惜工本从印度和缅甸运来大量黄金，以维持法币的信誉。盲目的商人见黄金运进来多，物价看跌，法币看涨，于是积存法币。边区的措施是，兑换法币大大扣紧，少兑或不兑，还尽量把库存的法币运到关中、陇东、定边去，按涨价的法币，跌价的黄金，多收黄金和布匹。不久，日本鬼子宣布投降，接收工作开始，国民党开支增大，贪官污吏乘机抓黄金。国民党政府不得不增印钞票。于是法币倒台，黄金和布匹又涨价了。这时，边区已收购了黄金十多万两；龙头细布两万多匹，棉花十万多担。由于有这些作后盾，后来蒋管区又发关金，又发金圆券，闹得民怨鼎沸时，喻杰这位工商厅长兼银行行长，却兴高采烈地和军民们一起高唱："解放区的天，是明朗的天……"

——关于喻杰的故事，丽江村人百讲不厌，而且经过若干次转述，演绎：喻杰会打仗，他一声吼，吓退敌人一个团；他会理财，打算盘左右开弓，两只手能同时打两个算盘；他会做生意，"四大家族"的财神爷孔祥熙，想发国难财，让女儿孔二小姐抢在他前面收黄金，喻杰只动了个小计策，一下子弄来十万多两，孔祥熙气得跳脚骂娘拍桌子，差点中了风。

喻杰凭这些光荣的历史，解放后实行粮食统购统销时，周恩来总理亲笔签下他的委任状，请他当粮食部副部长。三年困难时期，苏联卡脖子，市场供应紧张，总理又派他去当商业部副部长。国民经济好转了，有些人大手大脚花公家的钱不心痛，毛主席恼火极了，要煞这股歪风，亲自点他的将，让他去当中央监察委员会驻财政部监察组组长。"组长"的官衔看起来不大，但他什么人都敢管。丽江村的戏迷们看过不少旧戏文，说："这个组长相当于旧戏文里的八抚巡按，可以先斩后奏哩！"这样的类比当然有些蹩足，但有根有据的资料表明，喻杰在任此职之前，就曾摸过一回老虎屁股，管过江青一回！

1968年，正是江青蹦跶得最厉害的时候。有一回，她在北京大学"放火烧荒"——真要命，著名考古学家郭沫若真该再活两千年。否则，当后代人研究二十世纪中期这段历史时，这些七古八怪的名词，如何搞得清白？"放火烧荒"，就是一些地方文化革命的劲头不大，江青把这比作是一块荒山，她去点一把火。说白了，就是煽风点火——她在煽风点火时曾不打自招，说："有人说我搞特殊化。我有什么特殊化？我要买一辆单车，都被人卡了。"这样的话，当时的传单和小报上都有记载。这卡江青的，就是胆大包天的喻杰！

喻杰调任商业部副部长时，为了加速货币回笼，他在陈云同志的领导下，决定把一些与日常生活关系不太大的名牌商品提价。比如食糖啦，自行车啦。为了不走漏风声，喻杰坐飞机去了一趟上海，又去天津。在自行车厂了解生产情况，回来就下令把“飞鸽”、“永久”等名牌自行车的库存冻结起来。正在这时候，江青听到了消息，她提出要买一辆永久牌自行车。理由是小车坐腻了，要骑自行车锻炼锻炼身体。那时候的商业部门，不像后来“前门没货走后门”。哪怕是江青来了，经营单位也不拍马屁。这件事层层汇报上去，末后到了主管这项工作的商业部副部长喻杰那里。喻杰提笔在报告上批道：“同意按新调价格购买”。这太损江青的面子了！她火冒三丈，去找陈云，找先念，最后向毛主席告喻杰的刁状。毛主席没理江青的茬。过后，毛主席跟人谈话，说起了喻杰。毛主席说：喻杰同志原则性很强哩！

丽江人好得意！说：“毛主席晓得达老子不信邪，就让他去当专门捉鬼的监察组长。”

三

喻杰是丽江村人心目中的英雄。平时，村里人出去办事。与远方客邂逅，有时免不了要互相寒喧。远方客问：

“同志尊处是……”

丽江村人必定很响亮地回答：“丽江村！”

远方客不知丽江村是个怎样著名的地方，不失礼节地含糊着：“啊？哦，哦！”

丽江村人也不失礼节，但必须把牌子亮出来：“我们村里的喻杰，在北京城里当部长，毛主席都很看重他，报纸上常常有他的名字，有功之臣哪！”

远方客不一定每天都看报纸，对喻杰这个名字也许还很生疏。但他被丽江村人的情绪所感染，于是肃然起敬，连声说：“久仰，久仰！”丽江村人于是和他成了朋友，邀请他日后一定来丽江村作客。有的果然应约探访，丽江村人必定会把他当贵宾招待。

不要责怪丽江村人虚荣心太强，太农民意识。历史上任何一个人物，当他的品德为大家所称道，他的业绩与人民群众的利益息息相关时，他就永远会被人们所敬仰。更何况喻杰离休后，不在北京条件舒适的部长楼里颐养天年，而是回到他的桑梓之地，与乡亲们胼手胝足整整20年。他离休后的业绩，丽江村人能忘记得了么?

于是，1989年的春节，丽江村过得极沉闷。极少有鞭炮声。往年正月初三就开始玩龙舞狮，一直要闹到元宵节。今年，本村的活跃分子都没有动挪。因为喻杰的追悼会还没开。村殇。大家哪有心思去玩呢?

喻杰逝世的消息，渐渐在连云山区传了开来。正月初三，30多里外的邵阳乡朗坑村，有个青年农民挎着五万响鞭炮。来到谢江乡练村。喻杰的外甥李泉树住在那里。朗坑人问李泉树："听说喻老首长去世了，不知是不是真的?"

李泉树说："外边是这么传，按理说舅舅如果去世了，肯定会给我们捎信来。反正我要去拜年，我们一起去看看吧!"

朗坑人和李泉树来到丽江村，喻杰老人果然于4天前去世了。喻杰在家的孙子元龙正病着。加上爷爷去世，心情悲痛，他神色黯然地猫在火塘边烤火。李泉树和朗坑人都曾听说喻杰生前讲过，死后丧事从简。他们见喻杰家毫无动静，以为丧事草率办了。那个朗坑人气不打一处来，说："喻老首长回乡修电站，电线拉到我们那个山冲老洞里去了。今天是村里派我来悼念喻老首长的。你们这么快就把丧事办了，也不发个讣告，这些鞭炮，我也不能带回去——"说着，他把那五万响浏阳鞭炮，搭在喻杰家的堂屋里，炸得硝烟满屋。而喻杰的外甥，也就是元龙的表叔李泉树，把元龙好一顿骂。直到元龙向他解释："爷爷的追悼会，过几天在长沙召开。"他们气忿的心情才稍有缓解。

人们在沉重的心情中等待着。

2月18日，中央电视台和湖南电视台，分别在新闻联播节目中，报道了在长沙革命陵园举行的"向喻杰同志遗体告别仪式。"喻杰同志的遗体安卧在鲜花和翠柏之中，上面覆盖着中国共产党党旗。省委书记熊清泉主持告别仪式，国务委员，财政部长王丙乾介绍了喻杰生平事迹。党和人民对喻杰评价极高，称他是"中国共产党优秀党员，久经考验的共产主义忠诚战士，无产阶级革命家。"在阵阵哀乐声中，人们在电视屏幕上，看见了李鹏、陈云、万里、李先念、邓颖超、姚依林、王震、田纪云、吴学谦、宋平、胡耀邦等党和国家领导人送的花圈……

接连几天，四乡每天都有人来丽江吊唁喻杰。前些天，他们还只是听到传闻，及至看了电视，就知道喻杰确实去世了。电视上的追悼会虽很隆重，但一显眼就过去了，才一两分钟。丽江村和邻近村寨的山民们，他们没有直接表达对达老子的悼念之情，内心上总觉得是一个缺憾。此刻，他们的参与意识是那么强烈。不时有一些老爷子老太太，他们从祖辈那里承袭了传统的悼念方式，用竹篮子提来香烛纸钱，三鲜（鱼、肉、豆腐），来丽江村祭祀喻杰的英灵。他们找不到喻杰的墓地，于是向村支书刘富友和喻杰的亲属寻问。刘富友和村干部们觉得，如果不举行一次隆重的悼念活动，使群众的哀悼之情得到充分表露，他们将会受到乡亲们的责难。村干部们于是分头准备，在喻杰的老屋里扎起了灵堂。邻近的乡镇村组都来了人，甚至还有毗邻的江西铜鼓，湖北通城的乡村代表。更多的是闻信而来的乡亲。1989 年正月 20 日，丽江村以他们自己的方式，为喻杰举行了极为隆重的村祭……

（本文节选自长篇报告文学《魂系青山》第一章“村殇”，1990 年 7 月 14 日）

毛泽民的红色理财之路："统一财政和货币"立大功

曹 宏 周 燕

毛泽民生于1896年4月，比兄长毛泽东小3岁。走出韶山冲，见过大世面的毛泽东，一直想把两个弟弟都带出家乡，干一番大事业。但父母尚在，需要有人养老送终，他只能先将小弟毛泽覃带到长沙读书。1919年和1920年，毛泽东的父母相继去世，毛泽东遂于1921年初回到韶山，把已经结婚、在家务农的毛泽民也带出韶山。毛泽民先在湖南省立一师附小任校务，同时在该校工人补习学校学习。1922年，毛泽民在毛泽东创办的湖南自修大学搞庶务工作，不久，他加入中国共产党，从此，开始了职业革命家的生涯。

国家银行成立时，毛泽民难为无米之炊

1931年11月，中华苏维埃共和国临时中央政府在瑞金成立。毛泽民被

毛泽民

任命为中华苏维埃共和国国家银行行长。

处在残酷战争环境下的临时中央政府，经济补给极为困难，财政金融秩序混乱。而眼下，临时中央政府还仅仅是个框架，任命的10名部长有几位没有到任。财政部长邓子恢因忙于发动闽东农民运动，短时间内还不能到职。既要发展苏区经济，改善人民生活，更要保证军需，支撑前方战事，毛泽民面临着极为严峻的考验。

1932年3月1日，中华苏维埃共和国国家银行在瑞金叶坪正式成立。当时，算上毛泽民只有5名工作人员，启动资金仅100万元。

毛泽民把统一财政作为首要任务：建立国家金库。国家银行的财政来源主要是战争中的缴获物资。统一财政首先是把战争中的战利品由银行统管起来。因此，每逢红军有重大作战行动，国家银行都会组织没收征集委员会，随部队到前方筹粮筹款。

3月下旬，毛泽东率领红一军团和红五军团组成的东路军，打下漳州城。这次出征，红军不仅得到大批军用物资、许多金银珠宝及苏区奇缺的布匹、医药、汽油和食盐，还筹得100多万元大洋的军费。毛泽民请了不少挑夫，把这些物资挑回瑞金，初步缓解了苏区资金匮乏和供给紧张的困难。

不久，福建、江西分行陆续成立。1933年4月，国家银行随中央机关迁到沙洲坝后，工作人员增加到50多人。

统一财政和货币，毛泽民立了一大功

国家银行成立之前，江西工农银行和闽西工农银行均发行过纸币。当时，国民政府的法币、白区的杂币也在中央苏区流通，无疑给国民党方面破坏苏区的金融市场提供了可乘之机。发行苏区统一的货币已成当务之急。

发行货币还要解决纸张和油墨的问题，要有人设计票面图案。经过了解，毛泽民找到汀州城里一位叫黄亚光的人。此人能写会画，也许能搞票子。

当时，根据地连最起码的绘图工具都买不到。后来，还是毛泽民托人从上海买来两脚规、鸭舌笔以及刻制石印模的工具。

1932年7月7日，国家银行正式发行统一的纸币——中华苏维埃共和国国家银行银币券，又称“苏维埃国币”，有1元、5角、2角、1角、5分五种票面。1元票正面为紫红色，横楣书有“中华苏维埃共和国国家银行”的字样，票面中央有列宁的头像，票面下方的两边，分别是国家银行行长毛泽民和国家财政部部长邓子恢的签字。

在发行纸币的同时，国家银行也开始酝酿制造银币。当时的中国，币制尚未完全统一，金银本身都是硬通货。中央苏区银币的出现，大大方便了苏区与白区之间的贸易往来。

邓子恢曾回忆说：“货币金融统一了，财政也就随之统一。这是泽民同志的一大功劳。”

（本文选自《党史博览》2007年第6期）

小岗村有这样一位领头人

——追记安徽省财政厅选派干部、小岗村党委第一书记、村委会主任沈浩

宋　凯　鲍文前　徐　韬

1978 年，安徽省凤阳县小岗村 18 个村民以摁手印的方式拉开了中国农村改革的序幕。多年后，小岗村以同样的方式表达了他们对一位财政厅选派干部的由衷信任。

2004 年 2 月，安徽省财政厅干部沈浩作为优秀的年轻党员干部被选派至小岗村担任党支部书记，3 年任职期满后，小岗村 98 名村民代表用摁手印的方式将他留下。2009 年 9 月，在沈浩第二个“3 年”即将结束前，小岗村 186 名群众代表，再次摁下红手印，并写信给安徽省委组织部、省财政厅，请求留下沈浩。

2009 年 11 月 6 日，沈浩因积劳成疾，不幸去世，年仅 45 岁。

——题记

沈浩留下来了，永远地留在了小岗村。这次，小岗村村民用的不是鲜红的手印，而是白色的挽联。

淮水含悲，古城动容。

2009 年 11 月 8 日，沈浩的追悼会在安徽省凤阳县政府礼堂举行，凤阳县各界数千人为他送行。从县政府到殡仪馆沿途数里，凤阳县群众眼含热泪，紧随着灵车，送完一程又一程。“沈浩永远活在我们心中”、“沈浩同志永远和小岗村人民在一起”……一幅幅白底黑字的挽幛，寄托着凤阳人对这位财政厅选派干部的崇敬和哀思。尽管身患重病，72 岁的大包干带头人之一严立昆还是不顾劝阻，硬让家人把他搀扶到县城，要见沈浩最后一面。他说：“我怎么能不来送送他呢？他人好、干得也好！”见到沈浩遗像，不少村民泣不成声。

应小岗村村民的强烈要求，经家属同意，沈浩的骨灰被安葬在小岗村。

11 月 6 日，沈浩因积劳成疾，溘然长逝，年仅 45 岁。这一天，距离他从省财政厅选派到小岗村担任村党支部书记（2008 年 4 月，小岗村和相邻的严岗、石马等 2 个行政村合并，沈浩当选为成立后的小岗村党委第一书记、村委会主任。小岗村和严岗、石马分设党支部——记者注），已经过去了大约 2000 个日日夜夜。

一个似乎不经意间来到小岗村的选派干部，用 2000 个日夜，将自己宝贵的生命融入了在中国改革开放史上具有里程碑意义的小岗村，将自己的名字永远铭刻在老百姓的心头，续写着小岗村新的传奇……

小岗村的村民发现，沈浩“不像城里人”

一张床、一张桌子、一个书柜、两条长凳，这个十几平方米的小屋是村民马家献家里的一间房，是沈浩租住的卧室。自 2004 年 2 月从省财政厅选派到小岗村任职以来，沈浩绝大多数时候都住在这里，但这间房的房门无论昼夜从未锁死过。

“放长凳是因为长凳坐的人多，房门不关死是方便群众随时来访。”这早已为小岗村村民所共知。有的人，有个一官半职就把“尾巴”翘上了天。沈浩，却主动地把身子扑了下去。人们怀念沈浩，也许正是怀念他这种与群众之间的“零距离”。

通往沈浩卧室的楼梯门，已经被一把锁死死地锁住。

记者来到马家献家里时，她正在扫地。这几天，这位朴实的农妇一直在躲避各类媒体的镜头，她甚至不敢听到沈浩的名字，一听到就忍不住开始抽噎。尽管渐渐地恢复了平静，但她仍然不愿意相信沈浩的去世。“沈书记去世后，有人问我住在这里怕不怕。我怕啥？沈书记没有走，他出差了。你看，他的车还在那里停着呢。”

院子里，沈浩的车静静地停放那里，车身落了一层灰尘。从省城到小岗村，从小岗村到凤阳县城，它一直与主人栉风沐雨……现在，终于暂得喘息。

6 年来，沈浩一直在马家献家搭伙吃饭，每个月 600 元钱伙食费。在她看来，“沈书记太累了，每天一大早就起来了，晚上很晚还不睡。”村民们有个鸡毛蒜皮的小事都来找他，两家吵架、甚至小两口吵架都可能来找他。“我都烦了，沈书记就是不烦。”每次吃饭，叫好几遍都上不了饭桌。

最先发现沈浩离世的是村民杜永兰。她是 11 月 6 日清晨 6 点多去找沈浩的。杜永兰家人前段时间出了车祸，医药费花了 3 万多。老伴常年有病，家里实在拿不出钱买药，那天早晨是找沈浩拿他已经答应的借款。推门进去，1 万元钱整整齐齐放在桌子上，但沈浩已经去了。

“我现在心里像刀挑了一样！我代表全家 7 口人向沈书记说对不起！我们多‘扣’他 3 年，对不起他一家老小。我 60 多岁了，没见过他这样的好干部、好书记！他处处为小岗着想，没有他，我们哪能住上这么好的房子？困难户生病了，他自己掏钱帮着治。全村从老到小，没人能说出他一点不好！”说起沈浩，64 岁的杜永兰泣不成声。

“好人”，这是记者在采访中听到最多的评价。“好人”很多，但是能做到“没人能说出一点不好”，这要怎样地与群众心连着心啊！

2005 年一天深夜，小岗突降暴雨。困难户徐庆山突然听见有人叫门。探头一看，光着脚的沈浩满腿烂泥、浑身透湿站在门外。原来沈浩担心徐庆山住的房子是危房，经不起狂风暴雨，帮他找好临时居所后，连夜来喊他立即搬过去；69 岁的五保户韩庆江患有肺结核，没钱医治，沈浩把他送到镇医院住院治愈，没让韩庆江花一分钱；70 岁的毛凤英家境贫寒、常年生病，她两次找到沈浩都没空手而归，一次 1000 元，一次 500 元；发现老太太邱世兰拐棍烂了，怕她跌倒摔着，沈浩从合肥回来时给她带来一根新

拐棍……

“没有架子，见谁都笑嘻嘻的”，是村民对沈浩的另一个评价。6 年前，沈浩穿着一件袖子上有几处破洞的羊毛衫来到了小岗。当时马家献不能理解，一个从省城来的“大干部”怎么会穿得这样“寒酸”？沈浩笑了笑说“很暖和”。时间久了，大家伙儿发现沈浩根本“不像城里人”——到村民家里走访，口渴了他会随手端起桌上的剩茶，到了吃饭时间，不管好赖，就与村民一起吃。

某一年的元宵节，凤阳县财政局副局长李锦柱和几个朋友担心沈浩一个人孤单，到小岗村看他，赶上村里放电影。栽杆子、拉银幕，沈浩正和村民们忙得不可开交。这时，有个村民找他签字，“他一屁股坐到一块石头上，在膝盖上把字签了。我和朋友开玩笑说，他和以前的生产队长有啥区别？”李锦柱说。

沈浩在日记中表示，融入小岗，踏踏实实干几件事

沈浩去世后的几天，大学生村官汪静静每天都会到沈浩生前的办公室帮他擦擦桌子，“沈书记没有走，没有离开我们，每天早上给他打扫办公室是要等着他回来上班。”凤阳电视台播放的这段画面，让许多人心头发紧。

不过，在这个修建好一年半的办公室，“沈书记在办公室座椅上坐的时间不超过 10 天。”小岗村党支部副书记张秀华告诉记者，沈浩的绝大多数时间是在屋里的沙发上和村民坐在一起说事儿，和村“两委”班子商议小岗村的发展，到县里、市里、省里和全国“推销”小岗村。“两任村官沥血呕心带领一方求发展、六载离家鞠躬尽瘁引导万民奔小康。”从刚到小岗村被村民误以为是“镀金”干部，到 98 个红手印挽留，人们怀念沈浩，也是在怀念这样一位领头人。

早晨 8 点多，小岗村的清洁工正在仔细地打扫街道。这条笔直的友谊大道，记录下了沈浩多少故事！

“小岗村可以说是中国中西部落后农村的缩影。”20 年来，尽管头顶“中国改革第一村”的光环，但一直以来，小岗村的面貌一如群众中盛传的一个顺口溜，“一朝越过温饱线，20 年没迈进富裕门。”

沈浩刚到小岗村时，村里的情况可用“偏、穷、乱、散”四个字来概

括。"偏"，地处偏远，交通不便，一条泥土路坑坑洼洼、破旧不堪，村子离县城直线距离只有20多公里，但需要整整绕一个大圈，乘车至少要一个小时。"穷"，2003年全村人均收入只有2300元，低于全县平均水平，村集体欠债4万元。"乱"，班子乱、村里乱。小岗村连续多年没有选出"两委"班子，一选举就有人捣乱，村书记基本上都是县里或镇里任命的；村里建房子、堆柴垛、倒垃圾很随意，环境很差。"散"，人心涣散，没有一个团结的、有战斗力的领导核心。"是啊！小岗肯定是难搞，不然我来了就没有意义了！既然来了，还后怕吗？要退缩吗？绝不！"。2004年上任伊始，沈浩在他的日记中这样写道。要想得到群众的信任和支持，就必须融入小岗，了解民意，踏踏实实干几件事，让村民们了解自己、认识自己。

在接下来的一个多月里，沈浩逐家逐户了解情况，到全村108户农民家走访了两遍。经过深入调研走访，沈浩把小岗村创新发展的路径归纳为"三件事"。第一件事是带着村里的党员干部、群众代表和"大包干"带头人到大寨、南街村等地考察，转变思想观念，增强科学发展意识；第二件事是确立"三步走"发展规划，即"开发现代农业、发展旅游业、招商引资发展农产品深加工"，找准发展的路子；第三件则是改善生产、生活等基础设施条件。

"他的事一天一夜也说不完。"小岗村村委会副主任关友江说。

沈浩刚来村时，群众意见最大的就是走在街上"晴天一身灰，雨天一身泥"。于是，在上级支持下，沈浩踏踏实实要干的几件事便从修路开始了。然而，即使只是延长现有的友谊大道，对外招标的报价也要四五十万元。于是，他召集村民开会细算账，决定由村里租机械，村民们出工自己干。"自己修路村民挣了钱，还增强了农民的集体意识。"沈浩的意思很明白。撒石子、和水泥，修路的3个多月，他几乎天天泡在工地上，和村民们一起当起了小工。一天干下来，沈浩和村民们一样一身泥巴一脸灰。

更让村民想不到的是，这个从省城来的财政干部不允许出现一点浪费。"浪费不是大方，省下来的钱我们还能干别的。"有一次，车子轧倒了水泥模板，刚拌好的水泥熟料撒到了地上，一时找不到锹，情急之下沈浩用手把水泥料一下一下捧回到路基。村民们看在眼里，记在心头，谁都不浪费一点材料。路修好了，村里节约了近20万元，全村劳动力每人还挣了1000多元工钱。村民们开始感觉到，这个城里干部是个"自家人"。

小岗村原有两个村民组，一个村民组的村民集中居住在现在的友谊大道，另一个村民组的26户村民则分散居住在其他地方，占地50多亩。另外，由于这部分村民相对贫困，住的大多是土墙草房子，容易发生危险。经过几次考察，2005年，沈浩召集村干部开会，要把这部分村民集中到友谊大道一带。“把这部分村民集中到路边来住，一是给他们提供方便，二是为了他们的安全。同时，也能恢复耕地用以发展。”2006年，26户村民搬到了干净整齐的小区里。

为美化环境，树立小岗新形象，沈浩从上级有关部门争取到资金135万元，新修了小溪河镇到小岗村的柏油路14公里，对村里的道路进行绿化，在路边安装上了太阳能路灯，修建了村党员活动室和小岗村牌楼，修复了多年不能使用的自来水工程和广播电视设施等。引资320万元，建成了拥有600间门面、400个摊位的小岗农贸市场，兴建了建筑面积1200平方米的科技信息服务中心和10000平方米的村民文化广场。

引领农民建设新农村，村“两委”班子是核心。过去的小岗村，班子长期不健全，生产发展缺乏坚强有力的领导核心。在省委组织部的指导和省财政厅的支持下，沈浩深入调研寻找解决影响发展的深层次问题，带领小岗村村民，确定了“搁置争议快发展、建好班子强核心、齐心协力奔小康”的工作思路，着力克服“小富即安”的思想。通过建立一系列学习、教育和引导机制，极大地调动了农民的致富热情、发展激情和创业豪情，村“两委”班子得到广大村民的衷心拥护和普遍认可。

小岗村发展最快、老百姓得实惠最多的6年

1978年，小岗村18户农民冒着坐牢的危险在分田到户协议上按下了手印，拉开了我国农村改革的序幕。28年后，小岗村以同样的方式要求留下沈浩，是不是期待他带领大家为小岗村开启一个新的局面，创造新的辉煌？

面对一份沉甸甸的责任，沈浩留下了。为了让沈浩安心开展工作，他的老母亲回到了萧县老家，女儿也去萧县上了寄宿学校。

一件件实打实的工作，改变着小岗村的同时，也让村民对沈浩有了深深的依恋。2006年底，在沈浩圆满完成上级规定的任务、3年选派工作即将结束时，小岗村上演了让人震撼的一幕。

2006年底，一封按着98个红手印的挽留信送到了安徽省委组织部、省

财政厅。挽留信来自小岗村，他们以早已蜚声天下的“小岗村方式”请求省委组织部、财政厅，把沈浩留在小岗村，带领他们再干3年。

“组织上征求我的意见，说实话，当时我十分矛盾，家里有90岁的老母亲，女儿正在上初中……”一边是个人的困难，一边是小岗村群众希冀的面孔，沈浩不是没有犹豫，但在个人利益与小岗村民“请求”的矛盾中，他最终选择了留下。他在日记里写道：“人生能有几个3年，这样的深入基层、深入农民，虽苦犹甜，是组织的信任与赐予，是花钱买不到的责任与荣誉。”他愿意留在这里，实现自己的新农村梦想和人生价值。

但当他小心翼翼地把决定告诉家人时，妻子、女儿都极力反对，老母亲也默默地流泪。为了争取家人的支持，沈浩把爱人和孩子带到了小岗村参观。虽然，看到他艰苦的生活环境，妻子和女儿忍不住流下了眼泪，但看到沈浩带领群众修建的宽阔的水泥路，感受到老百姓热情期盼的目光，她们最终同意了他的决定。

沈浩因此成为了全省第二批6000名选派干部中唯一留任的村支书。第二个任期，沈浩对于小岗村的未来有了更为长远的设想。

“建设社会主义新农村，实现社会主义新农村的长效发展，规划是龙头。”这是财政厅领导、同事的建议，也是沈浩心里装的事。

2007年，沈浩和“两委”班子经过积极策划，邀请省规划设计研究院对小岗村发展进行全面规划。规划之初，就提出了“三个尊重”的总体要求：要求在规划过程中，一要尊重科学发展，统筹协调好三次产业之间的关系；二要尊重民风民意，充分尊重群众意愿，最大限度地体现小岗村的地方特色；三要尊重专家意见，高起点、高标准、严要求，提高规划的前瞻性和专业性。当年11月，小岗村新农村建设规划评审会在合肥市召开，省财政厅厅长陈先森任主任委员。规划方案经过专家论证，小岗村未来的发展方向更加明晰了。

各自守着一亩三分地，无法提高土地产出效益，更无法吸引投资、增加村民收入。“过去分田搞大包干是改革，现在搞土地流转也是改革。不论是分还是合，都是顺应时代发展的趋势啊！”沈浩这么琢磨着，并再次带领村里党员干部、群众代表和“大包干”带头人到华西村等地考察学习，使村民们充分感受到搞土地流转带来的实实在在的好处。

在村“两委”统一思想和群众自愿的基础上，沈浩开始探索土地流转，引导农民把土地以每亩500元的价格租出去。目前，小岗村已有3000

多亩土地实现流转。加快了土地流转，小岗村民不再被土地所困，大棚养殖、规模农业等现代农业纷纷搞起来了，招商引资也搞得红红火火。2009年1月，小岗村与美国GLG集团等公司签约，总投资达15亿元的GLG农产品深加工高科产业园项目开始在小岗落户，年产值将达60亿元人民币以上。该企业还将通过建设2000亩甜叶菊育种基地，带动并辐射周边乡镇发展20万亩的甜叶菊种植规模，每年将为群众带来6个亿的收益。

然而，对于以“大包干”而闻名的小岗村来讲，推动土地流转的难度出乎想象。今年3月份，一些村民围拢到村委会门口找村干部理论。当时正在外地的沈浩听说后迅速赶了回来，带领村干部和外出参观其他地方土地流转成功经验的村民，挨家挨户做工作。

6年来，不仅有困难，还有委屈。在回收集体资产、规划新农村建设的过程中，为了集体利益，曾影响了个别人的利益。在筹建“大包干”纪念馆时，有人便出了难题。晚上，这个北方汉子独自坐在房间自斟自饮，流下了委屈的泪水。然而，第二天当太阳升起的时候，一个充满激情的沈浩又开始了一天的工作。

“也想过给小岗争取点资金项目，工作上超脱一点。但是一旦深入到具体工作，就身不由己了……”6年来，他和村“两委”一班人，组织成立了小岗村优质葡萄种植协会，引进优良葡萄品种，对过去420亩葡萄园进行改种扩种，聘请技术人员到田间地头指导农民生产；组建了小岗村优质猪养殖合作社，引资150万元，兴建了小岗村风味猪科技养殖场，带动了该村92户村民发展风味猪养殖；成立了龙虾养殖协会，带动全村19户农民养殖龙虾100多亩；引进安徽科技学院3名大学生，到小岗村发展大棚双孢菇科技示范生产，发展标准大棚179个，棚均年效益1万余元；建成了2600平方米的“大包干”纪念馆，发展特色旅游。小岗村出现了前所未有的良好发展局面。

整治村庄、整理土地……沈浩办公室案头的《小岗村近期重点工作责任分解及完成时限表》，详细记录了他打算在11月底前带领全村完成的11项任务：两项重大投资项目启动；整治村庄，启动20套新区房建设；生态农业园土地整理；村敬老院工程……这些工作，只有留待后人完成了。据了解，沈浩去世后，这些主要由他一个人完成的工作，小溪河镇政府抽调出了十几个人继续进行。

“沈浩同志到小岗村的6年是小岗村发展最快的6年，老百姓得实惠最多的6年。”这是凤阳县委书记马占文的总结，也是老百姓的切身体会和由衷评价。6年来，小岗村村民人均纯收入从2300元上升至6600元。

“他拼尽了包括身体在内的所有老本。”省财政厅的同事这么说。

“他为小岗村牺牲了一切！”村民这么说。

“为了小岗倾注心血，我值。”沈浩这么说。

沈浩说，让农民群众享福了，就是让他父亲享福了

家，哪里是家？小岗还是合肥？6年来，沈浩在合肥家中待的时间不到100天。再过一个多月，本该是他结束自己的第二个选派任期，回到省城的时候。“沈浩，回家吧！”11月8日上午，在沈浩遗体告别仪式上，妻子的一声呼唤让在场者无不动容。

11月7日，小岗人为沈浩第三次按下了手印，要求把沈浩安葬在小岗村“见证小岗的发展”。面对这份浓得不能再浓的情意，家人替沈浩作出决定，把他永远留在了小岗村。

沈王一，沈浩的女儿。这个正在读高二的女孩几天里成熟了很多。“谢谢叔叔，谢谢阿姨”，几天来面对每一个来访者，她都鞠躬感谢。

沈浩去小岗村任职的那一年，她才上五年级。作为一个只有十来岁的孩子，她当时不理解爸爸为什么离开自己和妈妈去那么远的地方去当“村官”。妈妈告诉她，“村官”是特别“大”的官，爸爸做的工作是一项很宏大的工作。她听了以后，在爸爸的照片背面写上了“爸爸，我爱你，你可不要当贪官哦！”

沈浩是个孝子吗？有一年重阳节，全家人围在一起为90多岁的老母亲过生日，只有沈浩由于忙于小岗村的事务，一直到中午还没回来。后来，为了无忧地在小岗工作，他把母亲送回了老家。

沈浩的孝更为宽广。

把老母亲送回萧县老家后，他一直觉得对不起母亲，每次回到老家，都要给母亲梳头、洗脸，晚上就睡在母亲床边的沙发上听母亲说话。沈浩第二次留在小岗村后，他的妻子曾经说，现在农民都住上楼房了，都富了，你回来吧。他把妻子女儿带到了小岗村去农民家里参观，参观完后他说，你看，农民虽然盖起了房，但是家里的“物什”加起来价值都不超过5000块钱，房子是个壳，我要把他们的壳填满。沈浩经常对妻子说，他父

亲早逝，没有享过福，让小岗村富了，让像他父亲一样淳朴老实的农民享福了，就是让他父亲享福了。

很多人不理解，一个在城市里生活惯了的干部为什么能够在农村一呆就是6年，为什么会冒雨去动员一个农民搬迁，为什么能惦记着一个老太太的拐棍……的确，高尚的情操不是每一个人都能理解的，在记者看来，这可能都源于沈浩内心深处的“孝”：一个农家子弟对父母的“孝”拓展至对农民群众的“孝”，对父亲未能享福的愧疚拓展至对农民群众未能享福的愧疚。

沈浩是个好丈夫吗？王晓勤对记者说，6年来，他在家住的时间不超过100天，因为路程远，他每次开车回合肥都要几个小时，办完事回家倒在沙发上就睡。有一次，他回到合肥后，天下起大雪，就在家住下。第二天早上7点多，他的电话响了，村民有事找他。他拿起车钥匙就走，妻子拦都拦不住。到了楼下后，车已经冻得打不开火了，他让妻子拿下来一暖壶水解了冻。妻子后来听人说，那天沈浩在路上差点出车祸。而“过家门不入”的事有多少次，王晓勤也记不清楚了。

沈浩的情更为深沉。

“以前我们聊天时，我说过想在退休后到农村盖一个小院，养好多小鸡、小鸭，快乐地生活。我这句话他一直记着，有时他回小岗的时候，我跟他闹情绪，他就说，等我们老了，我们到农村盖小院，养鸡、养鸭。可是总要让农村富裕以后啊，那样我们才能在农村呆着。”王晓勤说。

沈浩是个好父亲吗？沈王一曾经抱怨：“爸爸从来没有管过我……”她到萧县上了寄宿学校后，一直不习惯，每次打电话都会哭着要求爸爸去看她，沈浩每次都说“好好好”，可一直到今年暑假过后，他才去过一次萧县看望女儿。

沈浩对女儿的爱更为质朴。

因为没时间陪女儿，他总在日记里表露歉意。今年暑假，沈浩带着女儿去徐州转了一圈，还翻跟头给女儿看，逗女儿高兴。

父亲去世后，身边的人都说沈王一懂事了。沈王一告诉妈妈，“我知道爸爸不容易，我要好好学习，如果将来有机会，我也到农村去做爸爸做的事……”

但他更是一个好的领头人。

在沈浩去世的3天前，“大包干”带头人之一严金昌对沈浩说：“沈书记，现在3年又到期了，我们还想再扣你3年。”沈浩笑着说，“我不走了，永远在小岗干了。”

没想到，一语成谶。沈浩的骨灰被安葬在他所提议建立的小岗村公墓墓地。在这里，他可以永远与他深爱着的小岗人相伴，始终守望和见证着小岗村的发展。

（本文选自《中国财经报》2009年11月28日）

我记忆中的沈浩

周多多

听到沈浩过世的消息，我愕然许久。手边还留着采访他的笔记，电脑里还留着采访录音，手机里还存着他留给我准备下次去采访联系用的电话号码。2008 年底，我还在小岗村就财税改革三十年的主题对他进行采访，时隔一年，已与斯人天各一方。

在报纸的照片中看到了村民们沿街送别他的场景，颇受触动。巨大的送别条幅送走的是他的身躯，留下的却是他大爱无边、无私奉献的精神。沈浩，一个真汉子，一个性情中人，一个真心实意为群众谋福祉的财政人，从记忆中他那泛红的眸子中我仿佛看到了那俯首为人民的身躯不断地高大起来。他用两千多个日夜筑就起小岗蓬勃发展的明天，也用他两千多个无私奉献的日子将自己的名字镌刻在了每个小岗人的心中。

在两个多小时的采访录音中，我开始回忆起与沈浩不多、不长却深刻的接触片断，试图还原出我记忆中那个朴素、真诚的人民干部——沈浩。

临危受命

小岗村，一个曾经响彻中国的名字。三十年前，一纸按有十八个红手印的“秘密协议”使它以大包干第一村闻名全国。社会关注下的小岗被寄予了太多的企望，到这里来赴任所需的勇气以及需要承担的压力也异于其他。

“小岗村是个名村，曾经派了很多的干部去都没有做好，我也曾经犹豫过。”灯光下，沈浩给我们讲起初来小岗的情景。

“当时是 2003 年 11 月份，我正在皖南出差，接到人事处的电话说省委要从省直机关抽调选派干部，建议我去凤阳小岗村。我当时也听得含含糊糊的，觉得领导既然相信我，我就不应辜负这种信任。”

“出于对我的关心和负责任，当时朱玉明厅长找我谈，说你去，有我们财政厅支持你，你放心在那干。有了领导的支持，我觉得有信心。2004 年元月，春节刚过，当时安徽省委副书记张平同志找我谈话，说你被选派到小岗村去任职，希望你能把小岗村的经济发展起来，老百姓的收入能够有增加，小岗村的遗留问题能够解决一两件就是最大的成绩了。当时我不知道遗留问题就是矛盾问题，只是心里咯噔一下，心想小岗到底是怎样的情况呢?”

沈浩咳嗽了两声，几天来忙碌的招商接待工作让沈浩的身体有些吃不消，声音虽然清晰却略显疲惫。

“等到 2 月初去上任前夕，我去省委办理相关手续，一位工作人员问：‘你是沈浩?’我正纳闷，他紧接着就告诫地说，你去小岗村要注意点，在那儿你要么干出点成绩，要么就会被赶出来。他说小岗村我太清楚了，不知去了多少干部，都是不了了之。这是我还没到小岗村就得到的提醒。选派干部欢送会后，我戴着大红花到了滁州，第一天，市财政局的同事、以前的同学来看我，都问我‘你到小岗村来干什么，那可是风口浪尖。’这是我遇到的第二次提醒。”

事实上，还有更多的困难在等着沈浩。

“第二天到了村里，唯一的印象就是路很难走，小汽车很难开进去。那个牌坊也是……”沈浩问起了我们对村口那个现在看来已经是标志性建筑的牌坊的印象，然后继续说：“我来的时候那个牌坊摇摇欲坠，上面有个鸟窝，后来整修的时候要去把鸟窝掏掉，找村民借个梯子还要钱，当时的这种情况让我感到工作上的困难确实很大。”

“我当时来的时候村里还没完全通自来水，有个电视转播室，但是没有电视信号。村委会办公楼里除了老纪念馆还在用着，其他的村委会办公室都被老百姓占用了，大型的推土机械也被占用了。我记得在大雁村民组看到百姓住的房子还像我小时候写的作文里描绘的那样，‘下雨的时候，外面大下，里面小下；外面小下，屋里还嘀嗒。’这些都是你们不能想象的，我当时就想，这样一个名村可不能这样。”

初立威信

就像接过烫手的山芋，从掌管小岗村的第一天起，沈浩就被给予了更多的关注，有来自同事亲友的提醒，有来自村民的质疑。一个从城里下来的财政干部能否给小岗一个更美好的未来？如何建立起一个和谐团结的干群关系？打下良好的群众基础将是沈浩首先要做的事情。

“我当时来了解的情况是，村里每次换届选举都闹得不可开交。有老百姓说你只要不怕挨打，就在这儿干；有的说小岗村是搞不好的；有的说你来了我们就看你怎么当这个村书记。村民好像都习惯了，以前下派的人进来，大家都不当回事。据说当时我来的时候写欢迎我的标语都是借私人的钱买的墨汁、红纸。我当时就下定了决心要先把民心聚拢起来。”

沈浩深有感触地说道：“2004 年下半年，村里引进上海大龙养殖场的生猪养殖项目，送猪过来那天正好碰上刮风下雨，我一夜没睡好，非常担心。隔天猪一到，我就到葡萄园那里去看着。因为下着雨，工人们不好搬运，我就捞起袖子，把猪从汽车上抱到猪场里，当时葡萄园里的老百姓一看，可能受到了触动，就都上来一起帮忙搬。当时那个上海的老板也很感动。后来我听说，那时大家就觉得这个书记虽然是省城来的，但是不怕苦不怕脏，是个不娇气的干部。”

沈浩讲起这段故事来印象十分深刻，侃侃而谈。从他闪烁的目光中，我看到了这个基层村支书最质朴的情怀。“但我的威信是靠修路才真正建立起来的。”沈浩娓娓道来了那段经典的修路故事。

“到了第一年（2004 年）的秋后，我争取到了一点项目资金，大概 50 万元，修建当时友谊大道到纪念馆之间一公里长的公路。一开始说招标，结果一看，最少的报价都要五六十万，我一想，这不行，干脆自己干。当时修路的机械是租赁的、技术人员是聘请的，劳力是村民自己出的，黄沙、水泥、钢筋的采购都在村里公示，我亲自干了三天。”

“只是修了路，大家就都服了你?”听着修路这样的故事，我总觉得不过瘾，真正想听的故事似乎还没有出现，有些不依不饶地问道。

沈浩微微地笑了，缓缓地说道：“是这样，一天晚上收工后，有一小车大约一立方米的混凝土还没用完，但当天不用完，隔天就凝固用不了了。我觉得不能这么浪费了，没工具我就用手捧，心想就是用手捧也要用掉。当时剩下几个干部和技术人员看了也跟着一块捧。过后，这件事就在村里传开了，说这新来的领导是真心为村民办事的。至此以后，村民修路比我还积极。修完路，我们算了下，只用了 27 万块钱，还另外修了两条村道。我们还开了总结表彰会，评选了先进个人，每人奖励了 200 块。”

路修好之后的效果是之前没有预想到的，由于修的是自家的路，干的是自家的活儿，老百姓特别上心，路的质量非常好。在采访村里一位叫关友江的老爷子时，关老爷子还心疼地说：“那水泥烧手啊，怎么会不知道呢，我们还想这事干部指派一下就行了，沈书记是自己真干啊。”老爷子说话时的表情让我觉得就像是在心疼自家儿子一样，朴素的表达让人感同身受。

敢闯敢干

打好群众基础只是沈浩在小岗村施展抱负的开始，在得到了村民的信任后，如何用实际行动来回报他们的信任，不辜负大家的期望，这才是他来到小岗真正需要做的事情。与沈浩接触的不算长的时间里，已经能够感受到他对创新的渴求。

“2004 年 5 月刚到村里不久，我想既然来了，就应该到每个老乡家里、田间地头聊聊，掌握些实际情况。”沈浩说道。在之后不到一个月的时间里，沈浩每天起早贪黑，逐家逐户找人了解情况——大家需要什么，对小岗的期待又在哪里。近 30 个日夜，将全村人家走访了两遍。

“走访完我就组织召开了村干部会议、党员会、大包干带头人会、村民代表会、村民大会，开展了一次思想大讨论，开会的人员由一开始的五六名村干部到 12 名党员到村民代表，再到全体村民，范围逐步扩大。讨论

会上，我就列了几个题目，让大家民主发言。第一个题目是小岗村为什么能出名、怎么出的名？大家得出的结论是我们是幸运的，赶上了改革开放，没有小岗，会有大岗、王岗、李岗、张岗。第二个题目是出名以后，外界怎么看我们的。分两个阶段，1978 年出名以后的三五年里，一开始是崇拜我们、学习我们，以后再来看我们，落后了，又是叹息。第三个题目是党和政府对我们小岗村关心不关心、支持不支持？大家说有啊，通自来水、建希望小学都是支持。这就唤起了大家的感恩意识。第四个题目是我们小岗村是个名村，可是为什么没有发展起来？大家的讨论是客观上交通不便、离城市远、基础不够、资源贫乏；主观上不团结、无原则的纠纷多。上面派人下来，拦着路，话筒也给抢过去。小富即安、不富也安，当年那种敢闯敢干、创新的意识弱化了。我问大家是不是想好，大家都应着声。我就说你们只要想好，就让我找到信心了。我问大家想怎么好，就提出来土地整合、合作生产，发展工业、农业、旅游业。”

说干就干，在沈浩的带领下，小岗村很快制定了三步走的发展规划，即“调整产业结构、发展现代农业，加快设施建设、发展旅游业，跳出小岗求发展、着力办好工业园”。三步走规划的实施，小岗村得到了前所未有的发展。2008 年，村民的人均收入是沈浩上任之前 2003 年的 2.87 倍，达到了 6600 元，提前并超额实现了五年翻一番的目标。他亲手引进的 GLG 集团、从玉集团等大企业、大项目更是为小岗的发展积蓄了无穷的动力。

对于这一切沈浩并不满足，“前一段时间，我注册了一个小岗村投资发展有限责任公司，实际上，就是想要打造一个平台，下面设立几个分公司。一个是现代农业公司，把蘑菇、葡萄、蔬菜合作社都装进来；一个是工业发展公司，负责招商引资；一个是商贸公司，学习华西村的经验发展实体经济，小岗村不是有葡萄么，我们可以让小岗的葡萄走进北京的新发地，打广告、贴标生产，包括大米、农副产品都可以这样经营；一个是旅游开发公司，挖掘小岗村的旅游资源潜力，规划打造成 4A 级的旅游风景区，除了传统的观光景点，也可以打造产业旅游景点，设计出小岗自己的旅游纪念品；一个是文化宣传公司，与媒体合作拍广告、拍电视、拍电影，丰富群众的文化生活；一个物业管理公司，小岗村发展了那么多年，包括水、电、路、绿化、房子、农贸市场等在内的很多物业，还有固定资产都需要有人来管理；一个是资金互助社，立章程、重筹办，把小额农业资金借贷运作起来。”

谈到小岗村的品牌设立，沈浩也有着自己的想法：“我策划在小岗村做一个新农村建设论坛，上至政策制定部门，下到一般老百姓，以及专家、学者都可以参加。这个论坛还可以长期地做下去，使其成为一个宣传“三农”政策的好地方。以论坛为契机打造一个农业培训基地，每年举办讨论会、推广新农村建设培训、进行特色农业发展培训。这样可能会吸引更多的慕名者来小岗村参观旅游，对小岗村来说，人气就能旺起来。”

土地流转

“等等，我给手机充上电，要是没电关机了再开，信息一下子就全挤进来了。”在沈浩给手机充电的当口，我把话题转到了土地流转上。

“最重要的是把小岗村的土地整合起来，提高土地的综合生产能力，把基础设施搞好，依托财政资金的支持规划发展。结合新农村建设规划，小岗村20个自然庄，占地将近2000多亩，一共有830多农户，拿出来300亩左右土地修建楼房，就能解决800多户的住房问题，不仅节约了1600多亩土地，还便于集约化经营。”

土地流转的意义远不仅在于村容村貌的整洁和村民住房条件的改善，沈浩还将眼光放在了经济发展上。“土地流转整治有几种方式。一个是龙头企业，引进农产品加工龙头企业走进小岗村，给予资金和政策的扶持，农业龙头企业承租土地，农民则收入流转费每亩500元；同时，可以参与受让土地承包经营权企业或经营者的年底分红；此外，农户还可以给这些龙头企业打工，从传统意义上的农民转变为现代农业的产业工人。方式转变了，农民的生活方式就能转变。此外，还可发展农业合作社，在一方土地涉及的30到50户人家中选出一个带头人，统一采购良种、打药、施肥、收割、销售，减少劳动量的投入，降低生产投入，便于大型机械操作，实现适度规模经营，还能培养村民的合作精神以及互助、诚信等品质。”

沈浩是这样说的，也是这样做的。2006年1月，沈浩提出了村民以土地持股，加入“安徽省凤阳县小岗村发展合作社”，完全按照工业化的经营管理方式来发展农业的改革思路。小岗村开始了大规模土地流转，双孢菇示范基地、葡萄园示范基地、养猪厂、花卉苗圃等如雨后春笋般涌现，所占的共计600亩土地全部由村民流转而来，占到了小岗村土地面积的

1/3。

谈起土地流转，沈浩还讲了一个故事，“记得是2006年的5月份，当时另一个县在搞双孢菇养殖，在那里实习的大学生就提出来想自己搞一个棚做双孢菇养殖。我得知这件事情，马上跑到安徽农学院去动员大学生来小岗做双孢菇项目，并请了七八个大学生到小岗来，吃住在我的房东家。真正落实下来有3个大学生，干了9个大棚，同时带领村民干了35个大棚。与此同时，我去县里争取政策，一个棚给了6000元的补助，1万元的贴息贷款。第二年又来了11名大学生，带领18户村民发展了179个大棚，还扩大到蔬菜种植、苗圃等方面。现在小岗村腾飞的各方面基础已经有了。下一步的发展因素在于人才。事实上，我也看上了这些大学生的带动能力，随着小岗村的发展，干部人才的素质和管理能力还需要进一步跟上。”

“这方面你们还可以去邻村的赵庄看看，那里的农业合作发展搞得比我们好。”末了，沈浩谦虚地推荐道。尽管已经取得了骄人的成就，他依然保持着一颗谦虚谨慎的心。

不辱使命

采访已经接近晚上11点。时间有点晚了，他似乎也注意到，表示改天再谈。难得等到机会的我追问起他被98位村民按红手印留下的事情。他只是笑了笑，表示报道得太多了。“那你谈谈老奶奶请你吃年饭的事情吧。”刚进村就听陪我们一道的村干部提到过这事。

似乎是提到了他的心头上，他顿了顿，又讲了起来。

“那是2008年的除夕，我正准备回家过年。一大早起来，就看见门口站着一个妇女，她说受婆婆的委托来请我去吃年饭。还没等我开口，她就说如果不去，婆婆要骂死她。我只得从命，中午我们几个村干部就一起到了老奶奶家。老奶奶是一个大包干带头人的遗孀，那天她专门请亲戚来家里做了一大桌饭菜。我一看这阵势，忙问怎么了，老奶奶就说你放心，我请你来一不要你的钱，二不找你的麻烦，我就是看这几年你干得确实不容易，给小岗带来了那么大的变化。我请你来过年只是表达我一个86岁老奶奶的一点心意。她说这话的时候，我眼泪哗啦就出来了，二话不说，倒了满满一杯酒敬了她老人家。这么多年的付出，我对这种认可非常感动。”沈浩的声音似乎低了些。

“吃饭的时候，村子里周边的人都来了。下午，我到村民家走访。在大包干带头人严宏昌家，他弄了糯米粉、花生，还准备了4个苹果送给我，说要我平平安安；还有的村民拿了鸡蛋等过年食品说一定让我拎着……这些情景让我非常感动，虽然这些东西算不上贵重。”

“那天，我到了下午接近5点钟才走，回到家里已经是晚上9点半了。妻子责怪我过年了还不回来。当我把当天村里的事讲给她听时，她也感动了。”

沈浩的眼中泛着泪光，似乎已经有些哽咽了，“如果没有点责任心，不怀着积极的态度，我想唬太容易了。比如今年给村里搞个打井项目，明年争取点资金给村里修修学校、修修路，出去招商引资，还能去游山玩水，老百姓照样说我好，但真感觉对不起自己的良心。”沈浩顿了顿，继续说道：“今年总书记来视察，说没有中国农民的富裕就没有中国的强大。我作为一名财政干部，能够为农民的富裕出一点力，觉得很自豪。我认为这不是我个人的事情，小岗村的发展也不是小岗村的事情，实际上代表了我们整个财政部门对‘三农’工作的支持。”

沈浩话音落下，整个房间都安静了。当我们表示还想请他再多谈些，以便我们整理发表的时候，他朴素地表示，这些事情不用发，你们想听，我告诉你们就行。有大家来关心我们小岗就是对我最大的支持。

在小岗村采访的两天里，仅仅与沈浩见了两次面，在沈浩休息的房间采访了短短的两小时。看得出来，一天密密麻麻的工作日程已经让他疲惫不堪。时间已近深夜，虽然余兴未了，却也实在不忍打扰他的休息，留下了彼此的电话号码，相约来年再来听他的故事。只可惜……

（本文选自《中国财政》2010年第3期）

沈 浩

沈浩日记（节选）

一九八二年　十二月一日

电影《牧马人》中有这样一个情节：许灵均的父亲在美国是一个亿万富翁，他回国本想让儿子出国继承财产，重新认识“人生的价值”，过上“幸福的生活”，可是，当他听到了许灵均讲述自己的成长经历后看到儿子有那么丰富的精神生活，反而羡慕起来，感到自己的物质生活虽然十分优裕，但并不幸福。因此不得不感伤地承认：“在财产上，我是富翁；在感情上我却一贫如洗，准确地说，是个乞丐。”

亿万富翁居然成了乞丐？细细想来，并不奇怪。因为人生的价值并不是由拥有物质财富的多少来确定的。如果精神空虚，即使物质财富再多，也无法感受人生的真正幸福。

当然，我们说人离不开高尚的精神生活，绝不是说可以不要必需的物质生活。我们搞“四化”的一个重要目的就是不断提高人民的物质生活水平。但这种丰富的物质生活需要用革命的精神去创造。现在有的年轻人不讲革命理想，不讲做人的道德，一心只做金钱梦，这种人应该从亿万富翁是“乞丐”的感慨中得到启发和教育。

二〇〇一年　一月六日夜　小雨

这是新年也是新世纪的第一篇日记。

摊开纸张，拿起笔来，思前想后，浮想联翩，万千思绪。

是啊！在漫漫历史长河中，人生是那样的短暂，可又是那么的漫长，这不，瞬间就跨了两个世纪。

回想走过的人生，学生时代较为顺利，参加工作后环境很好，条件不错，就是没有好好把握。总结教训，实在多。贪玩是最大的祸根。人生在世是应该生活得尽可能快乐点，但绝不可忘形。没有规矩无以成方圆。

人生走到这一步是不成功的，但不可太多叹息，止步不前，更不可浑浑噩噩，得过且过。塞翁失马，焉知非福。现在有这两年脱产学习的机会，应该牢牢把握。踏踏实实、认认真真学习知识，以便在后半生发挥作用，以更好地适应社会，为人民做点贡献。知识，在未来社会里太重要了，有了知识，也可以说就会立于不败之地，以求得更大的快乐和幸福。

新的世纪，新的年代，新的希望，两年努力学习，四十再放光芒。健康是福，自由是福。

二〇〇四年　八月十七日夜　小雨

从工地来到房间已是夜里 11 时了，天漆黑、寂静，还下着小雨。只有从楼顶流下的水声相伴。

今天小岗村东段 1200 米大道终于在万难中开工了！

由于准备得不充分，上午还不算正式开工。到下午，搅拌机才开始转动，伴着鞭炮声，算是正式开工了。为了营造气氛，鼓舞干劲，还贴了多幅标语口号，路基两边插了三十多面彩旗。如果能有一个高音喇叭播放音乐就更好了，可惜没有条件，看能否借到。

开工第一天，先是由全体村干部带头上阵，加上十六位村民一起来干，大家都表现得很卖力。尤其是一位姓唐的四川籍妇女干得特别出色。一位女同志在用机油擦板时，竟用手直接插到油桶里，实在令人感动。如果都能像她那样出力，公路何愁早日铺不好?！谁说小岗人不能干，这位妇女的行为作出了强有力的回答。

由于事先灯没有装好，大家摸黑还在干。没有锹，干部们就用手捧，这难道不该表扬吗?

收工已是晚上九时多了，干部们还要留下来研究明天的工作，直至深夜 11 点。明早 5 点就要起床。

这两天，几个干部确实太辛苦了，要多关心他们，要多注意身体。

但愿明早雨停，能正常施工。

二〇〇五年　二日四日

今天是 05 年立春，立春预示着一年的春天开始了。

常言道，一年之计在于春，可见春季的重要，尤其是对于农业，春季是至关重要的了。春种一粒籽，秋收一担粮，讲的就是要抓春季的黄金季节，搞好春种，耽误春天，也就耽误了一年。

对于小岗村来说，今年春天的任务是繁重的：

1. 土地综合治理，首先要把路渠搞好，把树栽起来。

2. 督促小麦田间施肥管理，葡萄施肥管理。

3. 及时把春田整理好，种好。

4. 养殖小区建好，并养上猪。

5. 医院争取速速动工。

6. 村民小区规划好，房型设计好。

7. 展览馆基本建好，进行人员培训；茅草房布置好，与展览馆开馆同步。

8. 科技园督促抓紧建设，名村苑，三通一平。

9. 种猪场、农贸市场抓紧立项，争取动工。

10. 村委会、党员活动室装修好。

总之，任务繁重，事务杂多，但绝不能忙乱。要做好工作，仍需靠领导、村干部、群众支持与配合。尤其是今年村里的换届工作，将直接影响小岗村今后的发展，所以一定要努力做细，做好。

有人说，领导就是协调和平衡，自己虽不是什么领导，但作为小岗村的支部书记，的确感到压力大，责任重。所以，今年是下派的第二年，正值春始，一定要努力争取，把今年的开局开好，这对今后小岗村的发展，和今后自己余下的两年下派生活，都将产生较大的影响作用。

相信，春姑娘会助我做好应做的一切工作。

二〇〇五年　二月八日

今天是甲申猴年的最后一天，大街上人车较平常少了很多，时而已有鞭炮声响起，到了中午已是不绝于耳。

是啊，又过年了！

盘点这将过去的一年，收获还是较多的。

首先，通过一年在农村的锻炼，以及东南亚海啸的震撼，对人生似乎有了彻悟：人的生命是伟大的，但人的生命也十分脆弱。作为一个人活在世上，官是当不到头的，钱也是难以挣尽的。那么，考虑的应该是怎样活得有价值。就拿自己在小岗村来说，虽然吃苦受累有委屈，但作为丰富人生的一个平台，使自己得到锻炼，这是花钱也难以实现的。

其次，对基层的干部、群众工作有了更进一步的了解，基层较难，尤其是乡镇这一层，实在是太难了，管的事不少，责任也不轻，但权小钱少，严重的是事权不对称。

第三，国家财政对农村的支持，近几年在逐年增加，但农民真正得到的实惠却较少。

总之，过去一年感悟颇多，收获颇多，虽不在金钱或爱情，但友情、民情丰富了人生，这难道不是最大的收获了吗？

但愿，己酉鸡年更报春！

二〇〇五年　十月二日

今天下午大严家下营的六户村民一起来找，为了建房的事。他们陈述，当然不免有些激动，他们是最早交钱、住房最困难、最应该先建的户却未建成房子。已开始建房的 10 户人中有的有房住、有的宅基地都建了……

他们走后，我让德友陪我去看建房用地，他答应了，但没去，我冒雨去看了。在现建小区的西边塘、葡萄地、几间平房一块地完全够建 8 户。秋雨有些凉，鞋也湿了，我往回走时，他们几户都在吴广新家门口站着。这时雨大了，他们见我去了，非要让我和广新到他们现在住的地方去看看。天虽然下着紧雨，地上泥泞，但他们顾不上这些，要拉我去看，我对此完全理解。路越走越难，几近几次跌倒，他们住得实在是太难了。到了他们每一家，外面雨，屋内水，一家几口（孩子大了）挤在一起。这就是小岗村民的住处。不管怎样，这些人都应优先建房。我决定为他们做主。哪怕困难再大！

回到住地全身湿透了，但我知道他们的祈盼！

记得在新华书店里看到一本名叫《细节决定成败》的书。因为时间的关系也就没来得及去翻。但单就书名，就讲得有一定道理。

是啊！细节有时真的能决定命运。大的如电影中放的中途岛之战，不就是因为美国的一名士兵值班忽略一个电报的细节，结果导致失败吗？小的例子更是比比皆是，商场、事业等，往往就是一个小小的细节不注意，导致全盘皆输，造成无法挽回的损失。

所以，做人做事，一定不可忽视小的东西。常言道，阴沟里可以翻船，你不能不信。大方而不轻小，潇洒而不粗鲁，果敢而不鲁莽，这才为上乘。

然而要做到也是很难的，这就要平时注意加强学习和修养，学会用哲学的思维去考量问题，要学会换位思考。自己尤要注意这一点。做到了，相信对自己是大有裨益的。

二○○五年　十二月一日

小岗这个地方很复杂，很困难，是一个大熔炉，但我不怕，我愿在这个熔炉里锻炼，我愿在锻炼中升华。痛并快乐着！我愿，我能，我会升华！

细细想来，天气冷了，自己在小岗受苦不说，家中老母亲无人照顾，女儿因得不到父爱而成绩下降，我在这不顾一切地为他们尽心尽力办事，但他们根本不体会你这一切，更莫说有感恩之举或之情了。试想一下，一个人做事情不图名，不图利，抛家别子，受累受苦，连一个心情愉快都图不到，该又是怎样的一种状况啊！当然了，你是共产党员，你是组织派来的，你就是应该的。我总是想小岗村这是一块金字招牌，二十多年都没能发展起来，这次我来，对他们来说又是一次机遇，自己是一名选派干部，肩负着组织的重托、领导的信任、群众的期盼，一定要尽心尽力，好好工作，把小岗发展起来，让小岗人富起来，使小岗村这块招牌再次能熠熠生辉，使之名副其实。但通过近两年来的努力，现在感觉太难了！

这种困难的局面又是怎样形成的呢？针对小岗村的一切（问题解决、发展等），只要态度正确，诚心诚意，解放思想，敢作敢为，什么问题也都解决了，小岗村的发展更是指日可待。但是，又为什么呢？我自然是不得而知。

那今后这段时间，又该怎么办呢？

Date 05/12/5 晴冷 -5--7°C

天气开始冷了！

北风呼啸，零下五度以上，清冷清冷的。我昨天洗的内外的衣服，挂在绳上冰就结起来了。

对于生活来讲，其它不说，洗澡上厕所就是很受罪的事了。不知怎的，这两天老是停电，因没有灯光，更加加重了屋内的寒气。

最担心的还是村民所建的房子，要不是少数人从中捣乱，早就该搬进去住了。拖到现在还没完工一半，有的还在停工。老是这样清冷还好，如若雨雪天气，那就更糟了。我真为村民建房担心。难道少数人就不能为村民考虑一下吗？但愿问题早点解决，让村民的房子早一天建成，使过春节时能有一个温暖、明亮的家！

沈浩日记手稿

二〇〇五年　十二月五日　清冷 -5 ~ 7℃

天气开始冷了！

北风呼啸，零下五度了，清冷清冷的，看房东晾晒洗的衣服，挂在绳上，冰都结成柱子了。

对个人生活来讲，其他不说单是上厕所就是很受罪的事。不知怎的，这两天又老是停电，因没有灯光，更似加重了屋内的寒气。

最担心的还是村民所建的房子，要不是少数人成心捣乱，早都竣工搬进去住了。而到现在还没完工一半，有的还在停工。光是这样清冷还好，如若雨、雪天气，那就更糟了。我真为村民建房担心。难道少数人就不能为村民考虑一下吗？但愿问题能早点解决，让村民的房子早一天建成，待过春节时能有一个温暖、明亮的家！

二〇〇七年　六月二十日

谦—谦逊为本
淡—平淡是真
俭—俭以养德
自—自强自立
礼—以礼待人
正—为人正派
志—以志立身
时—惜时如金
勤—天道酬勤

二〇〇七年　八月十五日　雨

好长时间没写日记了，这段时间小岗村发生了不少的事情，天气炎热，自己也非常忙碌：

1. 双孢菇大棚的水、电工程；
2. 农贸市场及摊位建设；
3. 老村委会装修；
4. 第四届葡萄节；
5. 腾头村参加全国乡村旅游与环保会议；
6. 日常接待。

以上的多数事情，每做一件都要大精力投入；此外，还有“农家乐”及绿化厂房建设等，千条万件，小岗村就是这样，做不完的事，干不完的活。对此，应怎样认识，怀有什么样的心态去对待，这很重要！应该带着快乐，积极的心态去做，这才能继续做下去，无怨无悔地往前推进！否则，什么也不想做，什么也不愿做！因为，在常人眼里，你做这些干什么？不可理解！而自己作为一名选派干部，一名党员，就应该具备应有的素质和思想境界，不能听少数人讲，甚至少数村民讲。要有自己应有的境界，不然，就打报告回厅！

二〇〇九年　三月八日

早上周浦来了，与周浦一起早餐。周浦拿出报告想承包淮北蔡县的一个小水库。看后倒还可行，但文字还需修改。9:00 左右就让他们走了，自己洗了澡，休息一会。11:30 退房，开车去接女儿。12:00 女儿下课，出来接到街上吃了火锅，后又买了鞋子、锁一起回到哥家，看了母亲。3:00钟离开哥家，送女儿回校，妻说送到龙湖大道北头就行，让她自己走上去。她让送到校，我也答应了。但在送的途上，车子多，小孩放学，实在难走。对女儿发了脾气，女儿还道歉。送到校门口女儿下车就去了，但顿时我的内心感到后悔，不该说女儿，让她心里难受下车，自己也心里不好受，一路回来都没释然，妻子能理解，一路劝说。

如果我早知道，我应该多去理解你

你走了，走得那样突然，除了二十九本日记，没留下一句话。今天，当我再次整理你日记的时候，我哽咽着翻看那熟悉的笔迹，回忆着过往的点点滴滴，滚烫的泪水又滑落了下来。

我依稀还记得你刚去小岗时的忐忑和决然。我当时不理解，不赞成，还和你吵了架。最后，我还是让你去了，因为我想，三年，熬一熬也就过去了，我知道你想去干一番事业。

可我没想到，你是去了三年又三年，一待就是六年。六年的时光里，你回家的天数一年比一年少，总共在家还不超过100天，想留你在家吃顿饭都难；六年的时光里，春节总是我最难过的时候，每年从年三十中午开始等你，一直等到年夜饭凉了，震天的爆竹静了，你才带着一身疲惫匆匆走进家门；六年的时光里，不论是在家或是打电话，你最常谈起的话题总是小岗:“最近几天遇到了困难，我得好好做做他们的工作”，“过几天有国外的集团要来小岗投资”，“我感觉自己在小岗工作后，思想境界提高了”，“我是农民的儿子，我知道农民的苦，我愿意为改变农民的生活而努力”……

你几乎把所有的时间和热情都投入了小岗，却冷落了我这个妻子，冷落了女儿，冷落了我们这个家。我当时对你的话充耳不闻，还认为你是在说大话，我埋怨你：作为一个丈夫，你没能同我分担照顾家庭的责任；作为一个父亲，你没有尽到教育女儿的责任；作为一个儿子，你没能在老人跟前尽孝。而作为你的妻子，看到别的家庭其乐融融、尽享天伦的时候，我的心里总是泛着酸楚。

我也心疼你。你那天深夜电话里的一句慨叹，每每想起，总让我泪流满面:“晓勤，多么想喝一口你烧的汤啊！你知道吗，在这里几年了，我常常忙得连一口热饭也吃不上……”这样的委屈，你默默吞下的还少吗？我始终忘不了，你那次因为推动改革，被挑事的村民打得躺倒在医院、头上缠满绷带时的情景；我始终忘不了，你常常为了工作早出晚归，忙起来什么都不顾；我始终忘不了，你曾私下里向我诉过的苦，说工作压力大，身体有时吃不消……也许，只有我知道，为了小岗，你的满头青丝在几年里几乎全变成了白发，你现在的头发都是悄悄染黑的。你太苦了，太累了！为了能让你回来，我狠心地把妈妈送到了四哥家，把女儿转到了县城的寄宿学校，因为我知道，你其实是个最真的孝子、最好的慈父，你也时时刻刻在牵挂着亲人！可是，我没有想到，这一切也没能拦住你，你还是“狠心”地走了，流着男儿泪，向着小岗，走了……

直到今天，看到你的日记后，我才知道，原来你对家庭充满了这么多的愧疚；原来你一直遵守着女儿在相片上留给你的赠言：“我爱你爸爸，别做贪官”；原来你从没有忘记母亲对你的嘱托：“乖乖，要听党的话”；原来你明白我的苦处、理解我的唠叨；原来你对没能陪女儿过生日是那样地自责；原来你对没能给母亲尽孝是那样地愧疚；原来你对没能为我分担家庭的责任是那样地懊恼……

看到你的日记后，我才真正地理解了你：原来，你在小岗的工作是那样不易；原来，你想带领农民致富的念头是那样强烈；原来，你已经不仅是我们家里的顶梁柱，你还成了小岗人的主心骨。你曾经说想为小岗人民做点事，想让小岗农民富裕起来，那不是夸夸其谈，你终于做到了，小岗人民的生活又迈上了一个新台阶；你说你在小岗工作后思想境界在提高，而我今天同样受到了心灵的洗礼。到了今天，我才真正地感觉到，你的人格是多么高尚，你所说所做的一切是多么真诚……早知道我有这么好的丈夫，我应该多去理解你，鼓励你。

可我没想到，你就这样走了，我多希望你能睁开眼看看我，跟我说说话；我多希望告诉你，汪汪盼着爸爸陪她一起过生日，妈妈还等着你回去陪她聊聊天，我还等着和你一起吃顿团圆饭；我多希望让你看见，你已经永远成了小岗的一分子，你走后，小岗人哭着按下了又一份红手印，他们把你葬在了村头的墓地，日夜不断，总有人去坟前看你，陪你说话……

沈浩，你看到了吗？在你走后，我们的汪汪一夜之间长大了，坚强又懂事，我在她身上看到了你的影子；妈妈虽然很悲痛，却为有你这样的好儿子而自豪，我会替你好好照顾她老人家；小岗人民的生活也越来越好了，我会代你常回去看看，把点滴的变化告诉你……沈浩，你安心地去吧，你的一切，我们不会忘记，小岗不会忘记！

永远爱你的妻子　王晓勤
2010 年 2 月 18 日

爸爸，我想对你说……

亲爱的爸爸：

我是你的心肝宝贝汪汪。快过年了，汪汪想爸爸了。

过去六年，每到这时候，一个念头就在汪汪心里疯长：爸爸在小岗村日夜操劳，除夕夜总该回来陪陪他最疼爱的汪汪了吧？可是，汪汪今年要过一个没有爸爸陪伴的春节了。

爸爸，你离开奶奶、妈妈和汪汪已经整整三个月了。汪汪把你的名片一直放在学校饭卡的胸牌里，捂在心口，想你了，就掏出来看。名片背面，是小岗村的牌楼和地图。果真，牌楼入了我的梦。近来，汪汪老是做小岗村和你的梦，总是从牌楼外向里望，一没看到你，就急醒了。醒来后，就睁眼找爸爸、想爸爸……小岗村的牌楼老在眼前晃，你的墓地在村里，你的乡亲在村里，你的抱负在村里，你的魂灵一定也在村里，在那牌楼后面！

整整六年前，也是早春二月，你踏上了小岗的土地，陪你的是汪汪送你的新相框，不到10岁的我以为你是去当“大官”了，欢喜地在相片背面歪歪扭扭地写上那几行字：“我爱你爸爸，祝你身体健康，万事如意，还有，别做贪官。”不知道你一直把汪汪的相片放在桌前陪伴，但知道你很听汪汪的话，做了一个好官。因为没有人照料，汪汪被送到老家寄读，尝到了“大官”女儿的种种“坏处”：周末无法跟父母出去玩儿，一家人不在一起吃饭，最怕的是开家长会……汪汪可能是有点儿自私，可汪汪只是想像别的小伙伴一样有一个正常的家庭生活，为什么他们有的而我却没有？爸爸，你走后，汪汪读了你的事迹报道，读了你写的日记，才知道你不只是我的爸爸，不只属于汪汪，不只属于奶奶、妈妈和我们这个家。爸爸是党的人，属于小岗村，属于农民叔叔伯伯。

爸爸，我想努力去适应没有你的日子，可一想起小时候的美好时光，汪汪就更加想念爸爸：你开车带我兜风、让我骑在肩膀上一起往前冲、逢人就炫耀“这是我女儿”……去小岗后，这样的时光再也没有了，一年只能见你几次，你没有时间陪我逛街、疯玩了。带我进书店，你只顾看感兴趣的经济类书籍，在博物馆，你一直用手机与客商谈项目，顾不上和我说话。

直到你真的走了，汪汪才知道，你“冷落”我的那些场景，想起来都是那么珍贵、那么甜蜜蜜的。可如今这一切都是梦想了。我找出了博物馆的门票，当宝贝一样珍藏起来。你是很爱汪汪的，对吧爸爸？要不你不会费那么大的劲翻跟斗逗我开心，要不你不会在小岗村的宿舍里还放着一个包装好的、崭新的、没来得及送给我的生肖狗。

爸爸，汪汪一点一点地回放、回味、放大父爱，你虽然已经走了，但周围还散发着你的气息。每天晚自习放学回家，我好像还能听见楼道里咚咚的脚步声，那是你的脚步声吗，爸爸？你以前就是这样使劲儿跺脚，把声控灯振亮；我每天还给你那盆月季花浇水，花开了，洁白如玉，你说过的——“一天天付出，等到它开花了，该有多么欣慰。”你的目光，是不是能够越过汪汪的肩头，看到那令你欣慰的花儿？那天夜里，下着淅沥沥的小雨，我站在窗口想你，爸爸，四周湿润润的，有股咸味，不像雨，像是汪汪的眼泪。汪汪想，眼泪要酿多咸，才对得起对你无限的思念，才换得回来我的爸爸？

爸爸，你走的那天，你的汪汪都哭疯了。那天，天很冷，你躺在鲜花丛中，一点都不理睬你心爱的汪汪，噘着嘴，像在逗你的汪汪。那么多人来看你、哭你，妈妈看到你真的永远走了，怨你、哭你，像个泪人儿。汪汪不信你走了，捧着你冰冷的脸拼命地亲啊……爸爸呀，你真的舍下你的汪汪走了？……如果说，你的离去是生活给我的无可选择而且残酷的考验，那么结果就是，我突然长大了，我能体会到以前不能体会的情意了，我变得爱学习了，变坚强了，我甚至可以做妈妈的心理支柱了。

妈妈以前算是个胖人，你走后她很忧郁，没两个月，她就瘦得不成形了，还总恍惚，冥冥中老是说又看到你了，你跟她念叨啥啥啥的。我劝她也不管用，就给她写封信：“爸爸虽然走了，但他的小岗村还在，和他吃过饭的人还在、说过话的人还在，树在、山在、大地在、岁月在，我也在，还要怎样更好的世界？”妈妈读着我的信，她哭出来了。

爸爸，你看到了吗？你的汪汪真的长大了！以前，我总依赖你、埋怨你，但今天，我要告诉你，我是沈浩的女儿，身上流淌着你的血液……那天，有人在安慰我时，我突然脱口而出：“我会好起来的。等我以后长大了，也要为农村做点事。”爸爸，你听到了吗？你很惊喜是不是？你为我骄傲是不是？

过完年，我就快16岁了，爸爸。我感谢我人生的前15年，有你陪我度过。15年，注定了一辈子的缘分，汪汪永远是你的女儿，与你有永世的缘，要不汪汪怎么和爸爸一模一样在左肩和右太阳穴的地方各长了一颗痣呢？要不怎么大人们都说汪汪和浩子的相貌、性格都那么相像呢？要不汪汪怎么老是在梦中见到爸爸呢？爸爸，如今家里吃饭，妈妈和汪汪总是先盛一碗给你，然后一勺一勺地替你吃了，像是你吃完的；家里的最后一道门，还在为你留着，等你随时回家，爸爸！

爸爸，今年过年，汪汪不能陪你了，你要好好过啊。你要老想着你的小狗狗汪汪。如果真有来世，在茫茫人海中，我们还做父女，汪汪还是你的乖女儿……

永远爱你的汪汪　沈王一

2010 年 2 月 6 日

（本文节选自沈浩著，王晓勤整理：《沈浩日记》，科学出版社，2010 年版）

财政青年代表在小岗村向沈浩墓地敬献花圈

学浩然正气　做有为青年

——在全国青年财政干部中开展向沈浩同志学习的倡议书

财政部机关团委

全国财政系统青年干部们：

沈浩，财政战线的杰出楷模，党的优秀基层干部，他的先进事迹和奉献精神，如一面旗帜，如一座丰碑，激荡着无数人的心灵。

沈浩同志到小岗任职时，未逾不惑，正值青年。他为小岗村发展呕心沥血的身影，也为广大青年干部树立了光辉的楷模。为在全国财政系统青年干部中兴起学浩然正气、做有为青年的热潮，我们倡议：

学习沈浩精神，把人生价值与党的事业紧密结合起来，做心系苍生的有志青年。沈浩同志的事迹启示我们：个人抱负的实现，体现在群众利益的实现。财政青年要有“衙斋卧听萧萧竹，疑似人间疾苦声”的责任感，有“先天下之忧而忧，后天下之乐而乐”的使命感，树立正确的价值观和人生观，让个人的青春在财政改革发展的壮丽诗篇中闪光，让人生的价值在为人民服务的辉煌事业中升华。

财政部机关团委赴小岗村学习沈浩事迹

学习沈浩精神，把志存高远与脚踏实地紧密结合起来，做埋头苦干的有为青年。沈浩同志的事迹告诉我们，做成一件事情，必须要有坚韧不拔和吃苦耐劳的精神，要有甘于寂寞和百折不挠的毅力，要有与群众打成一片的热忱。“不积跬步，无以至千里；不积细流，无以成江海”，财政青年不仅要立高行远，还要恪勤求真，当立足本职，兢兢业业，实事求是，勇于实践，做埋头苦干的孺子牛，做任劳任怨的螺丝钉。

学习沈浩精神，把继承传统与勇于创新紧密结合起来，做锐意进取的有才青年。沈浩同志的事迹教育我们：艰苦奋斗是永远不能丢弃的精神，在实践中思考和探索是我们不断前进的动力。薪火相承，方能精神不灭。一代代财政人沉淀积累下来的优秀传统和优良作风，需要我们义不容辞地当好接班人。财政青年要以“险夷不变应尝胆，道义争担敢息肩”的责任感，让宝贵的财政文化精神在财政青年中传承发扬，让财政改革和发展事业在我们的手中更加辉煌！

浩然正气，精神永存；无言的忠诚，大写的人生。让我们行动起来，以沈浩同志为榜样，在财政改革发展事业中书写无悔的青春！

（财政部机关团委　2010 年 1 月 5 日）

风云时代

在前线指挥部的日日夜夜里

——记财政部驻“前指”工作小组的同志们

孟秀敏

5月30日，成都市金牛宾馆芙蓉楼，2234房间。

这是一间十分普通的标准客房，但这会儿，却成了一个并不平常的地方。电话机、打印机、传真机比肩而放，桌子上、方凳上几台电脑同时运行，材料、信息摊了满满一床。房间里弥漫着一种阵地前沿所特有的紧张和忙碌。

这个房间，是住处，也是财政部驻“前指”工作组的办公室。“从早上7点，一直到第二天凌晨一两点甚至三四点，所有办公的时间我们都集中在这里。”驻“前指”的同志这样告诉记者。

自从5月16日王军副部长奉命赶赴国务院抗震救灾驻四川前方指挥部，这个房间就记录下了工作组全体同志在救灾前线不平凡的日日夜夜。

“这是我们应该做的”

“5 月 24 日上午，在省财政厅听取省农业厅、水利厅、林业厅、农机局及畜牧食品局等农口部门抗震救灾情况；晚上，与卫生部直属华西医院、四川省人民医院、成都市第一和第二医院、航空二集团所属 363 医院同志座谈，了解医疗救治和医疗费用有关情况。

5 月 25 日上午，在绵阳市召开部分重灾县区财政局及部分医院座谈会，调研受灾群众安置和医疗救治情况。

5 月 26 日上午，赴德阳市什邡市洛水镇、绵竹市九龙镇调研卫生防疫情况。

5 月 27 日上午，到省民政厅、成都市火车东站调研了解救灾物资接收调运情况；赴彭州市调研受灾群众安置情况。

5 月 28 日，在省财政厅与省交通厅、水利厅、卫生厅、国土资源厅及财政厅有关同志座谈，了解各部门抗震救灾进展情况和对财政部门的意见和建议……”

这是记者摘录下来的财政部驻“前指”工作组在王军副部长指示下所开展的一小部分工作，从中，我们似乎听到了这些同志在灾区的匆匆脚步声。

到目前为止，部里的同志已看到由他们编写的救灾一线的信息 75 期，每期信息都是他们用这匆匆的脚步、用自己一腔心血编织而成的。

对此，办公厅信息处的欧阳宗书处长感触最深。“没来‘前指’前，自己编的信息大都是二手材料，而在这里则不同。所有的东西都是亲眼所见、亲耳所闻，都是真实而鲜活的第一手材料。对于信息管理工作，这无疑是一个大的改变。家里看到的信息，有长有短有多有少，但即便是短短的几十个字，也是经过工作组同志大量的调查研究，来之不易。”

多听多看多了解，为后方做好服务。这是工作组每位同志都十分清楚的工作目标。为此，部里需要什么，他们就在前方了解什么，及时准确地为部里决策提供依据。

在工作组，联络员曹广生抢信息的故事可谓有口皆碑。一天，国办的同志从一旁匆匆走过，曹广生一眼就瞄上了人家手里的材料，于是立即主动地迎了上去：“这材料给我一份儿吧。”——在部里，曹副巡视员可不是这样的。国办的同志有点为难："哎呀，这材料只有这一份儿，没有多余的了。"曹广生赶紧表示："没关系，我可以去复印一下。"材料到手，曹副巡视员喜滋滋地像得了个金元宝。

白天调研、沟通，晚上则要总结一天的工作，把了解到的情况写成信息，报给部里。于是，就在那间既是休息室又是办公室的房间里，床是凳也是桌，大家或靠或跪或趴在床沿儿上，一忙就是大半夜。累了，横躺竖卧地打个盹，抖擞抖擞精神接着干。四川省财政厅派到这里的联络员李宗钊同志说，常常看见他们门都没关，就和衣躺在那里睡着了。

"为解决抗震救灾期间救治伤员的费用问题，昨天晚上部里紧急拨付了1.7个亿。这笔资金必须尽快拨付下去，所以昨天晚上我们一直在和地方的同志加紧沟通，等接到有关的传真件，已经是深夜四点多了。"这样的情况对他们而言已不是稀罕事。

辛苦而且艰苦。但工作组的同志却说，职责所在，我们只是做了自己应该做的一点工作。

说这话的是程俊峰，自从5月16日来到四川，他就一次也没有回去过。女儿还不到一周岁，说不惦记是假的。只有忙里偷闲给女儿打个电话，从话筒里听听电话那头女儿呀呀学语的声音。王副部长看不下去了，要他回去一两天，同志们也都劝他回去看看女儿。他却说什么也不肯："大家都能坚持，我也能坚持。"自己的房间成了办公室，自然要比别人起得更早，睡得更晚。于是便有了一边在电脑上敲着字、一边迷迷瞪瞪就睡了几分钟那样的瞬间。

而身为农业司司长的赵鸣骥担任了驻"前指"工作小组的联络员，就和这些年轻人摸爬滚打在一起。和他们相比，虽然年龄大了一点，职务高了一点，但工作一来全然没有了这些概念。"赵司长，这个信息您给编一下。"赵司长二话不说，拿起纸笔就认认真真地写起来。

社保司优抚救济处的王雄，是个帅气而精干的小伙子，提起驻前指的工作条分缕析，说到别的同志充满着热情，却惟独不提自己如何撇下热恋中的女友，奔赴救灾一线。

还有梁立群，还有朱军，还有童爱萍，还有邸东辉，还有蔡晓峰……

这些默默地工作着的同志，不分年龄不分职位，在这个特殊的前沿阵地上，他们都有一句共同的话语："这是我们应该做的。"

“我没什么好说的”

“给我们谈谈吧。”王军副部长风尘仆仆刚从外面赶回来，记者就向他提出了采访的请求。

他摆了摆手，恳切地说：“我没什么好说的。”

“跟一直战斗在灾区一线的那些干部比，跟地震刚刚发生后前两天就从北京过来了的领导比，特别是跟我们的解放军、武警、公安、消防队员比，我算不了什么。”王军副部长道出了他的第一个“没什么好说的”。“第二，我们这些人在这里工作这么些天，不能说不付出。但我们付出的少，得到的多，学到的多，感悟的多。得远远大与失，所以没什么好说的。

第三，对于我个人而言，更没什么好说的。你应该多采访采访那些一线的将士，那些基层的干部。这是我最真实的、完全发自心底的感受。”王军副部长的眼睛突然湿润了，“只有到过灾区，只有去看了那里的惨景，你才会觉得，我们做的工作，就是应该的，就是一种责任、一份使命。

我们工作的条件可能会艰苦一点，任务重一点，时间紧一点，矛盾多一点，但跟那些背着 20 公斤炸药，冒着滑坡、余震种种危险，往唐家山水库运东西的将士们比，没什么好说的。

如果再加一个‘没什么好说的’，那就是，其实没有什么前方和后方。家里的同志同样非常辛苦。不管是部领导还是相关司局，每一个人都在加班。在大灾面前这种空前的万众一心、共赴国难的精神，这种中华民族的精神，才是最值得弘扬的。”

王军副部长转而向我们问道：“你们去青川县木鱼镇看那个河床了吗？那个河床本来是平的，突然间因地震拱起来几米高。在这种巨大的山河再造式的地震面前，人又渺小，又伟大。人抗拒不了这种灾害的发生，但是我们能够通过努力，使灾害造成的损失减到最小，使这种破坏力减到最小，让人民尽快地从灾难的阴影中梦魇中走出来。

这次地震发生后，不光是政府，不光是军队，社会力量、老百姓，都参与到救灾当中。这是中国现阶段发展条件下一个很重要的新的现象，很值得引起人们的深思。在这么短的时间内已筹集到 300 多亿元的捐款，这在过去是没有过的。最多的时候是 1998 年抗洪，捐了 70 多亿元。我们去绵阳，看到十八九岁的大学生，还有十六七岁的高中生都在当志愿者。这些孩子，平常的时候，可能还跟爸爸妈妈撒娇呢，还什么事都要依靠爸爸妈妈呢。可是这一次，他们主动给那些老人、行动不便的人做志愿服务，什么活都干，我真地很感动。我陪同回良玉副总理到青川去，青川的县委书记就说，他原来对‘80 后’怎么看怎么不习惯，这次地震改变了他的看法：这些孩子怎么会这么有爱心。越是 80 后这些孩子，他们的爱心越强，使命感越强。他觉得，我们这个民族因为他们而有希望。”

虽然说到个人，王军副部长一连用了几个没什么好说的，但他内心的情感却无遮无拦，一泻千里：“我到唐家山，见到一个很年轻的女记者，她是 25 号晚上随部队爬到唐家山上去的，整整走了 9 个小时。”王军副部长的眼睛再次湿润了，“9 个小时”这几个字说得格外低沉却格外清晰，一字一顿，如字字泣血。“她还坚持要背炸药，士兵们怎么会让她背呢，她就边走边采访。那种敬业的精神，真是让我肃然起敬。面对他们，我们没什么好说的。

作为机关工作人员，我是搞社保的，就是干这个的。有灾有难上前方，这叫责无旁贷。”

王军副部长的话，字字真情，落地有声。

（本文选自《中国财经报》2008 年 6 月 5 日）

秋寒未足惧　大爱暖人心

财政部机关党委

10月14日，是财政部接受各司局向汶川地震灾区“送温暖、献爱心”捐赠衣被活动的第一天。

刚刚9点多，机关礼堂前的忙碌景象就让路人纷纷停下脚步，一辆辆面包车、三轮车、甚至还有搬家公司的货车运来了大包大包的棉衣棉被，工作人员正费力地住大厅里搬运。机关大院里，几名年轻的干部正抱着红红绿绿的衣服，一路小跑地向礼堂赶来。

此时的礼堂大厅如同一间仓储库房，十几名武警战士们正在紧张有序地分类打包。捐赠物资登记处也排起了长队。有的单位还带来了大家公认的“书法家”，一笔一画地在包裹上写下干部职工对灾区群众的祝福。

由部机关党委、工会负责组织的此次捐赠活动，是按照中央国家机关工委、中宣部、民政部等五部委通知精神紧急部署并迅速落实的。活动要求以捐赠新棉衣被为主，捐赠的棉被、毛毯必须是新的，大衣、羽绒服、毛衣裤、绒衣裤、棉衣裤等应达到八成新以上。接到通知，各单位高度重视，迅速动员部署。全体干部职工立即报以极大的热情积极行动，因为，他们的心一直牵挂着灾区人民，他们早就想着在寒冬到来之前再次奉献自己的爱心。

几个月前的灾难面前，财政干部把抗震救灾作为最重要最紧迫的任务，紧急行动，用及时有力的政策和资金切实保障了抗震救灾和灾后恢复重建工作的顺利进行。一个多月前，就在这个礼堂里召开了“全国财政系统抗震救灾事迹报告会”，北川财政局长周甫等五位同志向大家介绍了广大灾区广大基层财政干部面对山崩地裂、房屋倒塌、交通断绝、通信瘫痪的灾情时，忠于党、忠于国家、忠于人民的政治本色，体现出万众一心、众志成城、不畏艰险、百折不挠的伟大抗震救灾精神。这种精神依然震撼和激励着广大干部职工的心，大家在工作上恪尽职守、锐意进取的同时，通过捐款、交纳特殊党费等形式支援灾区重建，而今天，他们又用行动把自己的心与灾区人民的心连在了一起。

财政部党组成员、全部党员干部职工和离退休干部向灾区捐款

当机关纪委书记曲永兰和机关工会主席郭衍鹏到接受物资现场看望大家时，各单位工会小组长纷纷向他们介绍本单位捐赠过程中的感人事迹：为了使活动迅速落实，各单位领导积极动员并带头捐赠；许多干部职工家里没有适合捐赠的物品，就立即到商店买来崭新的衣被，周边的商场一度出现缺货的局面；很多同志都是利用晚上时间到商场亲自挑选棉衣被；有些单位把大家的捐款集中起来，指派专人采购实物；许多出差的干部也委托家人同事代为捐赠；财经出版社、经科出版社、财经报社、财政杂志社等单位联合团购棉被，保证了质优价廉。

截至 10 月 17 日，全部参与捐赠的干部职工达到 2840 多人（不含离退休干部），共捐赠棉被 1565 床，棉衣被等御寒衣物 4216 件，捐款 12180 元。事先有关部门只发给我部 2 个运送救灾物资的车证，实际运送却达到了 7 大车。

秋风渐凉，而财政干部同心同德、和衷共济、舍小家为大家的集体主义精神正如和煦春风，把财政部门的光荣传统和关爱之心送到灾区万户千家。

坚强北川

罗　晶

■ 北川财政局 85 个职工中有 42 个人遇难或失踪。

■ “我们幸存的同志没有一个去找自己的家属，没有一个人休息，因为我们知道，这儿的灾民需要我们。”

一位十七八岁的姑娘站在山坡上向山脚下的北川城凝望，眼睛里溢满了令人心碎的哀伤。雾霭中，一片废墟的北川城显得空寂而悲怆。

“城里那么多的好朋友，只跑出来一个人……”这个在地震中失去了一个妹妹的姑娘提到废墟里掩埋着的那些伙伴们，终于忍不住掩面而泣。

少顷，她擦干眼泪，深深地看了山下一眼，默默地转身离去。“姑娘——”我们叫住她，“能告诉我们你的名字吗?”“徐晓燕——”姑娘大声地回答，然后留给我们一个笑容，挥挥手，朝山坡的更高处走去。

看着徐晓燕远去的背影，回味着她的微笑，记者已满眼泪光。告别过去，笑对未来，在从废墟中站起来的北川人身上，记者看到，有一种力量叫坚强。

受损最重的财政局没有倒下

5月24日，记者在绵阳市财政局的大厅里看到了一张纸条，写着“北川县财政局临时办公处”。市财政局副局长蒋静瞻告诉记者，北川县财政局受灾后，市财政局第一时间给予他们帮助，不仅帮助北川财政局重新正常运转，还尽最大努力寻找、安置北川财政职工的家属。“北川财政局好多职工家里亲人都不在了，都没有时间回去寻找，还坚持在这里上班。”蒋静瞻说着，眼圈一红，流下泪来。

从早上8点到下午5点，从绵阳市财政局到北川前线指挥部，再到位于安县安昌镇的北川财政局临时办公点，设在佛泉茶厂的北川县抗震救灾指挥部……记者一路追寻着北川县财政局长周甫的脚步，却直到傍晚才和他见上面。周甫太忙。一条黑裤子显然好久没换洗过了，卷着两只裤腿，脚上穿着一双迷彩鞋。嗓子沙哑，我们几乎不忍再让他说话。

“北川财政局85个职工中有42个人遇难或失踪，其中6个股室的人员全部遇难，现在能正常工作的只有十几个人。”周甫说。

尽管遭到重创，北川财政运行目前正在恢复。财政局已重新刻制了印章，顺利和国库、银行进行对接，建立起国际援助和财政支出等基本账户，几乎每天都要为前线指挥部采购必需的救灾物资。大家几乎没有空闲休息。

“今年5月份以后，我们县的GDP和财政收入几乎没有了支撑。”周甫的忧虑写在脸上。下一阶段的安置和重建面临很多困难，县内300多家企业基本全部损毁，全县的道路、桥梁毁坏严重，乡镇倒塌的房屋占90%以上。此外，由地震造成的次生灾害随时会危及人民生命。

大灾过后，全县十几万人吃、住、安全饮水和医疗卫生等问题也是这位财政局长脑子里时刻绷紧的弦。“县里提出要建10万多套木板房，需要几个亿的资金，本地财力无法解决。下一步要恢复道路、桥梁、饮水、通讯和电力，需要上百亿甚至几百亿的开销，而要重新发展本地的税源还需要更长的时间。”

除了这些长远的账，当前国家给灾民的补助金和死亡抚慰金的发放让人少事多的北川财政局忙碌异常。“我现在最恼火的是没有干部。”周甫说，地震后全县损失了20%左右的干部，而这个比例在财政局高达60%。

从废墟中爬出来的财政干部都是一个顶俩，日夜奔忙。

怎么才能把这些难关迈过去？周甫为此日夜思虑，夜里两点钟躺下，四五点钟就又爬起来了，人累得脱了形。

我知道我的爱人埋在哪里

对于刚刚过去的那场噩梦，周甫显然不愿意重提。而他的女儿，一个坚强的女孩，用平静的声音把我们带进了她的回忆。

女孩名叫周李静。李是妈妈的姓氏。妈妈走了，被这片废墟带走了。

采访她的时候，周李静穿着一身深蓝色的衣服，胸口别着的红色党徽非常醒目。“我昨天火线入党了。”她说，现在是共产党员了，更要像爸爸一样。

女儿眼中的爸爸很爱家。“爸爸放弃了很多调动的机会，就是不想一家人分开，能天天见到我和妈妈他觉得很踏实。”周李静说，平时下了班周甫都会准时回家，宁愿一家人呆在一块看电视，也不愿意花时间出去应酬。

然而，这么爱家的周甫，大灾之后，却顾不上去寻找失踪的妻子，只因为他是北川县的财政局长，他要对全县、对财政工作负起局长的责任。

“5 月 12 号地震以后通讯中断，我在绵阳晚上 11 点钟听到广播，得知北川受灾严重，再也坐不住，搭了个车回到北川。”但直到 13 号下午，父女才得以相见。看见女儿，坚强的周甫眼圈红了。把寻找妻子下落的任务交给了女儿，自己却带着财政局负伤的同志赶往绵阳市财政局，汇报受灾情况。7 天过去了，周李静找遍了绵阳市所有的医院和安置点，没有找到母亲。她给父亲发了一条短信：“爸，我抱着最大的希望，做着最坏的打算，请您和我一样。”周甫只回了 3 个字：“知道了。”

“我知道他忙，家里的事情交给我，我要比爸爸更坚强。”

说起父亲 12 号的经历，周李静几度落泪。

12 号下午 2 点 28 分，周甫正在办公室打电话，突然，地猛烈地晃动起来。他找了一个靠近窗户边的墙角蹲下，一根大梁擦着他的后背掉下来，划破了他背上的衣服和皮肤，险些殃及生命，却也给他支撑起一块空间，并挡住了从天花板上掉下来的楼板。在剧烈的颠簸中，周甫的双腿被沙发和凳子夹住，受了伤，但他顺利躲过一根险些插入身体的钢筋。随后，周围安静了。

周甫从窗户口一迈腿，来到了外面的地上。他的办公室原来在3楼，由于地层下陷，变成了1楼，而原来的1楼和2楼，则全部埋在了下面。

随后，陆陆续续有十多个人从瓦砾里爬出来，但能动的男同志只有3个。劫后余生的经建企业股股长王慧回忆说，自己从4楼翻下来，看见几个同志被压在水泥板下。周局长大喊了一声："快救人！"他从废墟里找来了钢筋，和财政监督局局长胥明新及综合股的孙小涛一起撬水泥板。但水泥板太重了，3个人抬不动。周甫紧急从街上叫来了两个人，把一个同志从水泥板下拖了出来。还有一个同志，被压住了身体，王慧从废墟里摸了半瓶水喂他，鼓励他要坚持下去，等待救援。没有合适的工具，大家就用手刨，救援工作一直持续到晚上。

入夜，周甫安排女同志和伤员到安全的地方休息，自己在废墟上睡了一夜。他告诉女儿，自己不能走，废墟底下还有活着的人，他要留下来陪他们说话。

"我们幸存的同志没有一个去找自己的家属，没有一个人休息，因为我们知道这儿的灾民需要我们。"说这话时，王慧的丈夫还没有找到，"凶多吉少了。"她的平静令人心酸，而胥明新的妻子同样至今杳无音信。

"寻找妈妈的希望越来越渺茫。那天我看见爸爸哭了。那是我惟一一次看见爸爸哭。他说，这辈子他就喜欢过这么一个女人，就想好好和她过日子。"但从那次以后，周李静再也没见过爸爸掉眼泪。"再苦再累他都扛着，从不言语，只是一遍一遍地要求我注意安全，他说他不能再失去我，否则就连活下去的勇气都没有了。"

"我知道我的爱人埋在哪里，但是几十米，太深了，刨也刨不出来，再说，出来也是面目皆非了……"周甫最后淡淡的一句话，声音轻轻的，却像一把刀，瞬间刺痛人的心房。

我们长大了，学会坚强了

长虹培训中心。草坪上，排放着一张张课桌，高三的孩子正在紧张地温习功课，偌大一片草坪，鸦雀无声。另一边的草地上，一顶顶迷彩的帐篷搭得整整齐齐，帐篷外挂着一个个标志牌："高一男生"、"高三女生"……不少孩子在帐篷里或坐或卧看书写笔记。这就是暂时设在绵阳的刚刚复课的北川中学。几天前，温总理正是在这里写下"多难兴邦"四个大字，勉励这所伤痕累累的中学。

刘怡雪在学校的旗杆下冲记者笑着，露出两个浅浅的酒窝。在北京录完《爱的奉献》大型赈灾晚会后，怡雪一下子成了“名人”。“我也不知道怎么会选了我去参加央视的晚会。”她不好意思地说自己啥干部都没当，只是“一介草民”。

怡雪说自己那天在电视上的表现可差了。她本来想说普通话，可一激动还是说了四川话，现在想起来很后悔。还有个遗憾就是没能去参观大观园。她说自己是个“红迷”，以前有一本《红楼梦》，可喜欢看了，但被埋在学校的废墟里了，想起来都心疼。

我们不想在孩子们面前再提起那场灾难。但怡雪却主动说起了那天的经历，并像个大人一样反过来安慰记者，“没事，没事的。”

她告诉我们，那天自己在2楼上课，地震后在废墟里埋了一个小时。“那时候，四周黑漆漆的，什么也看不见，但是我没有哭。”她说，整座山都垮了，激起的灰尘让人看不清两三米以外的东西。出来以后，怡雪没有走，她帮助老师继续在废墟上搜救同学。有一个同学头上受伤了，老师说睡着了可能有危险。于是她抓着同学的手说，我们来聊天吧，你篮球打得真好，等你好了一定要再打篮球哦。记者看到怡雪手臂上的伤还没有痊愈。她却挡着不让我们看伤口，还笑着说，不值得看，当初上药的时候，就告诉大夫别上了，把药留给伤得重的同学。

记者夸她勇敢，她笑着说，经历过这场灾难，同学们都长大了，学会坚强了。以前班上很多女同学一遇到挫折就哭，现在就知道该如何冷静处理。搬到帐篷学校来后，同学们的心态在逐渐地变好，这两天大家都能有说有笑了。有的同学想起遇难的亲人还常常哭泣，怡雪就会劝他们：“哭能解决什么问题？如果哭一哭能让我们的亲人回来，能挽回家里的经济损失，那我哭三天三夜都没问题。我们连地震都挺过来了，千万要爱惜自己的身体。”记者看到，怡雪的校服上，有同学为她画了一个小女孩，旁边写有几行诗，最后一句就是“我们长大了”。

“如果没有发生地震，我们马上就要考试了。”怡雪说，好在马上就要复课了，她迫不及待地想读书，觉得自己落下的课程太多了。

高三的陈斌和白琳比正上高一的怡雪紧张得多，他们人生中最重要的一次考试迫在眉睫。中午，记者在教室里看见白琳，她边吃饭边翻着外语书，生怕浪费一点时间。一直没能和家里联系上的陈斌说，自己已经调整好心态，正抓紧时间好好复习，“我争取高考以后拿一份好学校的录取通知书回去，让爸妈高兴一下。”

告别了瓦砾和伤痛，北川中学暂时在帐篷里安了家。副校长刘亚春告诉记者，北川中学在高三 10 个班复课的基础上，26 日高一、高二也复课了，到6 月2 日初中将全部复课。目前，在社会各界的帮助下，孩子们的衣食住行都没有问题。科技部和北京昌平区正在帮助学校抓紧修建板房。建好后，孩子们的住宿和学习条件可以进一步改观。当记者问到北川中学何时才能恢复重建时，刘亚春摇摇头。“地震中北川中学的直接损失大概有 1 个亿，我的看法是现在的北川境内，没有地方适合修建这么大规模的学校。”他说，学校选址牵动着大家的心，除了安全的问题，老师、学生和家长的心理问题也不容忽视。

采访快结束时，怡雪告诉我们，她的爸爸妈妈已经离开安置点回到老家陈家坝乡了。由于通讯不畅通，自己好多天没和父母通电话了。尽管心里是有些担心，但她很支持父母回去，因为不回去就没有办法重建家园。

（本文选自《中国财经报》2008 年 5 月 29 日）

青松不倒　精神永存

周　甫

我永远记得2008年5月12日那个黑色的星期一。那天下午，我和平时一样提前10分钟到单位上班，可刚刚坐下打开办公桌上的电脑，就忽然感到办公楼猛烈地摇晃起来，我立即意识到：地震了！赶紧就近背靠房间的立柱蹲了下来。一瞬间，办公室内的桌椅、文件柜轰的一声倒在了地上，紧接着是巨大的楼板一块接一块地往下掉。那一刻，碎石横飞、烟尘迷漫，宛如世界末日的来临。我的双腿被沙发和凳子夹住并受了伤，但幸运的是，落下的楼板在我周围支撑起了一个狭小的空间，挡住了掉落的砖头、水泥块和一根险些插到身上的钢筋。

疯狂的上下颠簸和剧烈的左右晃动大约持续了一分钟后逐渐平息下来，我拼尽全身的力气，扒开身边的碎石，艰难地从窗口翻了出来。抬头一看，天哪，财政局的办公楼完全变了模样，我办公室所在的3楼已经四分五裂，变成了1楼，原来的1楼和2楼全部陷到了地下，旁边的职工宿舍楼变成了一片废墟瓦砾，并向前推行了20余米。再往远处看，整整两条街被山体垮塌的泥石掩埋，城内房屋成片倒塌。此时从办公楼逃出来的几名同事一看到我，便围拢上来急切地说："周局长，我们好多职工被埋在里边了。"我立刻意识到，当务之急，必须组织有效的生命救援！

站在办公楼前狭小的空地上，我迅速将现有的人员分成两组，没有受伤的人组成营救组，负责抢险救人；伤势较轻的同志担任保障工作，负责寻找工具救治重伤员。余震仍在继续，我们冒着危险，义无反顾地冲上了废墟。没有工具，就用手刨、用肩扛，横七竖八的钢筋、砖头、预制板划破了手脚，但是没有一个人去包扎，因为大家知道，我们现在是要和死神赛跑，早一分钟就有可能挽救一个人的生命。财政局投资股的邹志勇同志地震时从四楼摔到了一楼，左胸软组织严重受伤，他挣扎着爬起来后，不顾伤痛，冒着余震不断的危险，一次又一次翻进快要倒塌的办公楼搜寻幸存人员，先后把 6 位同志从废墟中救了出来。经建企业股的王慧是个女同志，地震后艰难地从 4 楼爬了出来，身上多处受伤，但她强忍伤痛，勇敢地从废墟中找来衣物、被套及矿泉水，忙着为伤员清洗、包扎伤口，并不断鼓励大家要勇敢的和死神作斗争。此时，我们都抱定一个信念，只要还有一口气，就要把还活着的同志救出来。经过一下午的紧张营救，我们战胜了恐惧、战胜了死神，硬是把 10 名干部职工从死神的魔爪中夺了回来！

天黑了，什么也看不清，救援工作被迫停了下来。我让受轻伤的男同志把女同志和伤员转移到安全的地方，自己和局里的胥明新、孙小涛同志留了下来。我必须要守在这里，因为废墟底下还埋着与我们朝夕相处、共同战斗的兄弟姊妹，他们有可能还活着。我们要留下来陪他们说话、安慰他们，鼓励他们振奋精神，等待救援。整整一夜，我们徘徊在废墟上，忍受着伤痛、饥饿和寒冷，不断地呼喊同事们的名字并敲打水泥板，希望有同事苏醒之后能听到我们的呼唤。

深夜里，女儿找到我，哭着求我说："爸爸，妈妈不见了，我们一起去找找吧！"当时我鼻子一酸，眼泪禁不住流了下来。作为丈夫，在这最危险的时刻，我知道妻子是多么需要我，也许她现在就被埋在某处的废墟下面，正眼巴巴盼着我去救她呢！可是现在我却不能走，因为财政局还有许多干部职工被埋在办公楼里，他们也同样是我的亲人。那一刻，我深切地体会到了什么是最艰难的选择，什么是最痛苦的选择，而我作为财政局局长，必须要承受。唯一的选择就是留下来，先抢救同事们的生命！

面对女儿，我没有讲什么大道理，而是给她讲述了一个刚刚发生的真实故事。故事的主人公叫朱福勇，是我局预算股的干部。大地震发生时，他正在县里参加一个会议，从会场跑出来后没有回家去看一眼，便冒着泥石流的冲击和山体滑坡的危险，迅速赶回局里参加救灾工作。途中，当他经过县机关幼儿园时，发现有许多老师和孩子被埋在了废墟里，便毅然加入了抢救队伍，亲手救出了6个幼小的生命，而当时他的母亲、妹妹、女儿等11位亲人却还都被埋在废墟之中！听完故事，女儿没有再说话，她默默地接受了我的嘱托，勇敢地独身一人去寻找她的妈妈了。那一天，让我最难忘的是，我经历了一生中最为惨烈的生死考验和情感磨难，也最深切地感悟到什么叫真情，什么叫真爱，什么叫品格高尚，什么叫无私无畏！那一天，让我最感动的是，北川财政局的全体干部职工，在大灾大难面前，没有一个临阵退却，没有一个脱离自己的工作岗位，真正做到了患难与共、生死同在！

这次特大地震给北川县人民的生命财产造成了巨大的损失。据统计，全县16万人中就有近2万人在地震中死亡或失踪，其中也包括我心爱的妻子，我局86名工作人员，牺牲了43人。局领导中有4人遇难或失踪，文行股、社保股、采购办、公积金办等6个股室的同志全部牺牲，办公室9名职工中有8人永远地离开了我们。43名幸存的职工中有13人受重伤住院，全局干部职工的直系亲属有30人遇难或失踪。父亲失去了儿子，妻子失去了丈夫，整个财政局已经没有一个完整的家庭。

巨大的灾难给北川带来了前所未有的困难，十多万人失去了赖以生存的家园，灾区群众的衣、食、住、行，伤员的救治，灾后防疫等诸多紧急而繁重的工作摆到了我们的面前。大灾难也是大考验，我们北川财政局是全国财政系统的先进集体，有自己的优良传统和顽强的工作作风，虽然遭遇了灭顶之灾，但在党和人民需要的时候，就必须要坚强地站起来，坚守住自己的工作岗位，确保财政工作运转。

震后第三天，我把伤势较轻、能够坚持工作的所有干部职工召集到了一起，仔细一清点，一共17人。根据救灾工作的实际需要，我把这17名同志分成预算、国库、会计、综合四个股室，立即着手刻制印章、开设银行账户等一系列筹备工作。在上级财政部门的支持、帮助下，震后第四天，我们就顺利地把第一笔紧急救灾资金拨付出去了。

在刚刚恢复工作运转的那些日子里，全局17名同志挤在一间租来的民房中开展工作，在没有办公设备、没有基础资料、没有业务骨干的艰苦环境下，大家强忍着亲人离散、家园损毁的巨大悲痛，全力以赴地投入到紧张的救灾工作之中。那些日子里，17 个劫后余生的人格外团结，大家相互关心，相互帮扶，同甘共苦，亲如一家；那些日子里，17 个劫后余生的人格外敬业，大家吃住在单位，没日没夜的忙碌，每天工作都在10 小时以上，不分份内份外，大家都拼尽全力，用奋发工作来慰藉牺牲的战友和离别的亲人。在震后恢复运转的头一个月里，我局共拨付了各项救灾资金 5 亿多元，相当于正常年度两年拨付的资金总量，同时，为确保各项救灾工作的顺利运行，及时研究制定了《抗震救灾专项资金管理办法》、《困难群众临时生活救助实施意见》、《遇难人员家属抚慰金发放实施意见》、《救灾专项资金监督管理办法》 等 8 个救灾资金管理制度。

我局国库股股长李福贵同志在地震中失去了自己心爱的妻子和儿子，自己也受了重伤，左肋骨骨折，右肩软组织严重受伤，头部、手、脚多处出血性外伤。绵阳市中心医院鉴于他伤势严重，要求转院到重庆进一步治疗，但被他婉言谢绝。5 月 16 日，在得知我局恢复运转后，他立即向医院提出出院要求。医院开始坚决不同意，在他的再三请求下，医生无奈地请他签下保证书，并一再叮嘱要定时去检查，必须休息 15 天，不准进行大运动量的活动。而他出院后第二天就拄着拐杖、缠着绷带，赶来上班。我劝他多调养几天，等伤病好点再来，但他坚决地说：“我对国库业务最熟悉，别的同志一时半会儿顶不上去。现在救灾资金拨付这么繁重，一分钟也不能耽误啊!”就这样，他一头扎进了救灾工作中。为了救灾资金拨付和损毁资料的恢复整理，他坐在桌子前一干就是十几个小时，有时甚至通宵不眠。强烈的伤痛常使他浑身冒汗，长时间的加班夜战，又造成了他的右眼严重充血。我急了，强行命令他休息，并把他带到市医院做检查治疗。可一转眼，他又跑回来加班了，简直就是一个铁打的汉子。在那最紧张繁忙的一个月里，他竟然没洗过头、没理过发，一件被伤口流血染红的背心整整穿了一个月。

白敏是我们17 个人当中身体最瘦弱的女同志，地震中她失去了两位亲人。虽然家有年老的父母和年幼的女儿需要照顾，但当我把极其繁重的国库支付中心工作交给她时，她二话没说便风风火火的干了起来。那些日子里，白天，她要忍受烈日酷暑，克服交通的不便，往返于北川、安县、绵阳之间，把全县各单位收到的一笔一笔捐款及时收缴入库，把一笔一笔救灾资金及时拨付到受灾单位；晚上，她还要加班加点，及时处理财务移交的各种遗留问题。高强度的紧张工作，使原本瘦弱的她几乎脱了形，熟人见面都不敢认，然而白敏却总是面带乐观的笑容。

黄仁海是我局的老局长，也是四川省“人民满意的公务员”一等功获得者，虽然已经退居二线多年，但仍然坚持带病和我们战斗在一起，越是困难的事，他越要抢着干。我担心他年迈体弱，累坏了身体，劝他回家休息，他却说：“北川财政局就是我的家，大灾当前，我必须尽一份家里人的力。”

劫后余生的17个人，就这样组成了一个团结一心的大家庭，就这样组成了一个坚定不移的战斗集体，每个人都像一棵傲雪的青松，震不倒、压不垮，顽强地坚守在自己的岗位上。尽管灾后重建的道路还很漫长，尽管还会遇到很多难以预料的困难，但我们坚信，有党的亲切关怀，有全国人民和财政系统广大干部职工的大力支持，北川财政人一定能够担当起自己的责任，发扬震不倒、压不垮的抗震精神，用自己的双手再造一个繁荣、秀美的新北川！

（作者系北川县财政局局长　本文选自《中国财政》2008年第19期）

灾区印象

卜海涛　丁莉娅

无声的表白

北川、安县、什邡、汶川……一路走来，路边的各种标语、标牌，乃至小区或饭店招牌，不停地在眼前闪过，成为了四川灾区给人最深的印象之一。这些大大小小的文字，可以看做是灾区人民无声的内心表白。让人感动，令人澎湃，催人振奋。

感恩

在灾区的标语横幅中，使用频率最高的一个词是“感恩”。从北川新县城到擂鼓镇的公路边上，“党恩凝聚人心，互助体现真情”“情深似海，恩重如山”“滴水之恩，涌泉相报”等标语随处可见。在临近北川县城遗址的路边，一家名为“感恩人家饭店”的红底白字招牌分外醒目。

财政干部积极向四川地震灾区捐款捐物

当地的同志告诉我们，江油中学有个学生名叫贾康，他是地震发生后当地第一个在路边举起标语牌向解放军致谢的人。从5月15日到7月13日离家返校，他和伙伴们在两个月的时间里从未间断过，遇上大雨甚至还要打伞、穿雨衣举标语。“向英雄们致敬!”“你们辛苦了!”“你们是最可爱的人!”“支援友谊恩重如山”……一句句孩子们自己想说的话出现在路边。

感恩，是为了擦亮蒙尘的心灵而不致麻木。感恩，是为了将无以为报的点滴付出永铭于心。感恩的心，就像是一粒种子，它已根植于包括四川人在内的全体中国人心中。

感恩的同时是珍惜。在什邡市的街头，一个“廉洁救灾，向党和人民交一本明白账，向社会各界交一本放心账”的标语被做成巨大的招牌，透露出什邡市政府管好用好救灾款物的用心所在。在去往北川的路上，“因地制宜，科学规划，整体推进，合理布局”“抓重建，保民生，促和谐”这样的标语也表明了当地灾后重建的指导思想。

携手

地震发生后，社会各界迅速驰援灾区，或军地共建，或对口支援，这些省份和单位的名字于是出现在了一片片活动板房的墙上、街头巷尾的电线杆上，以及车来车往的公路两侧。

在安县，由于前期为河南省援建，因此安置点名称多与河南有关："许昌新村""三门峡小区""周口小区"。后来辽宁省对口支援安县，于是这里又有了"辽宁大道""辽安小区"等名称。

在什邡市马祖镇，一片新建的白墙蓝顶板房前，竖着一块醒目的标牌：上甘岭学校。什邡市财政局办公室主任龙顺兵说，援建这所小学的解放军部队以前参加过上甘岭战役，所以镇上将板房学校命名为"上甘岭学校"，是希望学生们像英雄们一样坚强勇敢。

在北川，"山东北川同携手，共建美好新家园"的标语随处可见。在什邡，"京什携手，共建家园""京什同心，明天更美好"等条幅挂满了大街小巷。在汶川，"广东与汶川心连心"等标语遍布全县……

这些名字背后，凝聚着国人一方有难，八方支援的深情厚谊。从"全国人民、全球华人举国家之力、举民族之力，竭力支援灾区"的壮举中，我们看到了中华民族伟大的向心力和凝聚力。从"一方有难，八方支援""万众一心，众志成城"的豪气中，我们看到了中华民族重德尚群、互帮互助的真情流露。

自强

去年地震后，青川县黄坪乡枣树村枣树坝社在国内声名远扬，原因是两幅著名的标语。当地农民李玉明和尚元进在自家房前贴着自编自写的两句话：出自己的力，流自己的汗，自己的事情自己干；有手有脚有条命，天大的困难能战胜。这两条标语，得到了温家宝总理的充分肯定，在网络上被称为"灾区最动人标语"，并已被地震博物馆收藏。

在通往北川的路旁，"昂起倔强的头颅，挺起不屈的脊梁""太阳中国照耀北川""北川依然美丽"等标语喊出了人们的心声，从中我们可以感受到，这个全国唯一的羌族自治县正在艰难而顽强地重生。

“自强不息有骨气，不等不靠有脾气”“我盖房子我流汗，只等只靠是懒汉”“心怀感恩，不等不靠，众志成城重建美丽家园”“挖废墟，刨旧梁，自己动手建新房”，这些标语表明，灾区群众在感恩外界的无私支援的同时，始终没有忘记靠自己。

当地的同志说，擂鼓镇的一家火锅店有着堪称灾区最乐观有趣、最振奋人心的标语——“灾区仍有好火锅”。老板对这个创意非常自得，因为这个标语，他的生意比别的火锅店都好。

在这些无声的呐喊中，我们似乎可以听到穿云破雾的川江号子，情浓味更浓。在这些无声的文字背后，我们可以充分感受到，巴蜀人自强不息的精神是震不垮，压不倒的。“莫道今年春将尽，明年春色倍还人”，温总理在今年两会上引用的这句古语，也预示着四川的未来将会更美丽。

灰调中的那抹明黄

我们从成都向北，经绵阳转安县，这里可以直接到北川。

一路上，大家不断切换着交流的话题，直到下了高速，看到绵阳的蘑菇云标志，著名的“九洲体育馆”从车窗外闪过，大家开始无语。那里，曾经是接近 5 万名地震灾民的临时庇护所，如今已经恢复了平静。

经过著名的擂鼓镇，逐渐接近北川县城。车子往前开，几道检查站过后，在一个被称为望乡台的半山腰上，终于看到了那座已经封闭的县城。沿途看见许多遭受灾难地方都在进行着重建，但对北川而言，同是受灾，却成为了一座永远不会重建的城市。

灰、灰、灰。满眼的灰色。面前的北川是一座废城。

遥望着远处遗址上清晰可见却几乎倾倒的建筑物，内心的沉重在增加；凝视着近处因泥石流冲刷而裸露的苍凉山麓，内心的沉重再增加；俯瞰着那条曾经进出北川的必经之路，内心因沉重几欲坍塌。有多少人通过这条路进入了北川，却再没有走出来。又有多少人通过这条路离开了北川，却再也回不去。

由于北川县城周围已经被绿色的铁丝网围住，进出受到严格限制，北川县城入口山坡上的望乡台，成了人们怀念亲人、寄托哀思的地方。在那里，见到了五位来这里祭奠的老北川人。三女两男，看上去应该是一家人。他们之间都没讲什么话，那两个男人只是埋头一根一根地把香烛点燃

插在祭台上。几个女人擤着鼻子，眼里噙着泪。不知是家里头什么人在这场劫难中离开了人世。不敢问，也不想问。就让他们静静地与生命中的挚亲多呆一会儿吧。

我们一行人下山进入铁丝网封住的县城遗址，旁边山上顺坡而下的石头和泥土覆盖了大片的老城区。当地人说，原来这里曾经是老城区，地震后一片瓦砾，后来在去年 9 月又被近 20 米深的泥石流淹没，老城区几乎不存在了，一些现在看起来只有两三层的楼房原来是 6 层的。

“放轻你的脚步，放低你的声音，给逝者一份安宁。”

“亲人安息了，我们还忍心惊扰他们吗？”

每隔一段路，就能看见这样的标语。走在这个曾经繁华的县城里，让人不敢相信眼前的情景。扭曲变形的楼房、广告牌、建筑铁塔东倒西歪，原本平坦的路面被豁开一道道大口子，高低起伏，一辆越野吉普被山上滚落的巨石砸成了扁平状，被撕破的广告布条随风发出哗啦哗啦的声音，那触目惊心甚至无法用任何语言和文字来表达。

在北川工人俱乐部附近的一幢住宅楼里，一个三层的阳台窗户里还挂着晾晒的衣服，几盆绿色花木仍然顽强生长，但主人已经不在。我多次幻觉以为这里还有人。似乎听到那曾经的天崩地裂和灾民的呼号。但周围一片死寂。

在曾是北川林业局的废墟里，一只骨瘦如柴的猫发出了凄凉而微弱的声音，目光孤独，毫无生气，似乎仍在寻找自己的主人。

在“5・12”遇难同胞纪念碑前，一束束鲜花，一个个花圈无声地祭奠。北川财政局的同志说，当时这里盖房子挖了一个大大的混凝土深坑，由于地震中遇难的人太多，来不及也没办法处理，就一起安葬在这个巨大的墓穴里，上面用水泥封闭，里面至少有 8000 多人的遗骸。我们在碑前默默哀悼。

在这片无人的城市中穿行，所有的房子全部被毁掉或者倒塌，整幢的楼房弯腰埋头倒下，面目全非。在一堆瓦砾中，有一面鲜艳的国旗在飘扬，看着无比悲壮。那里曾经是一所小学。

从北川老县城管制区出来，已是正午。阳光穿过云层透着隐隐的一点光。

管制区外的路两旁，有出售各色土特产包括地震纪念册等商品的小摊。财政局的同志介绍说，在这附近摆摊的都是当地受灾的乡亲们，因为新县城还没有建起，他们很多人都住在附近的板房区。半年来，附近摊点上出售的东西，从单纯的照片、光碟、纪念册渐渐变成了羌族工艺品、香火蜡烛、鞭炮甚至腊肉、核桃、自家制作的豆腐干、玉米酒。而摊位也从1家，变成了如今的20余家。

李玉琴今年52岁，老北川人。幸运的是，一家四口人在地震中都安然无恙。家里的老房子在地震中塌了，如今住在路边政府搭建的板房里。为了贴补家用，她在路边摆了一个小摊，卖点煮玉米、鸡蛋。一天下来可以挣十五六块。交谈中，老人脸上一直挂着纯朴的笑容。在一路的采访中，感受最深的就是那一张张笑脸。只是，我们明白，在笑容的褶皱里，藏着痛定后的坚韧与希冀。

回程的路上，依稀能看到薄雾中大山的轮廓、嘈杂的人群、路边一片片板房和一摊摊山货。沿途网吧、饭店、商场林立，间或有菜市场星散在山边平地，灾区正渐次恢复往日的繁华。

也许，往北川一路所见的标语中可以找到答案：我盖房子我流汗，只等只靠是懒汉；心怀感恩，不等不靠，众志成城重建美丽家园。灾区群众，在面对全国各地的无私支援中，同时靠自己的汗水寻一分收获。同行的人告诉我们，北川新县城今年2月底开工，所在地将申请命名为“永昌镇”，取其“永远昌盛”之意。

车子在山间行驶，不时有一丛不知名的黄色小野花闯入眼帘，或在山间、或在路边，有的甚至是在成片的废墟中，顽强地生长。这正如坚强的灾区人民，虽然前面的日子有些艰难，却依然充满对生活的希望。

坚强的队伍

去四川前，已经陆续听过一些四川财政人抗震救灾的故事，也为他们的坚强与乐观而感动。但真正深入灾区，才深刻地感受到他们那种压不跨、震不倒的精神。虽然表述方式不一，但同样都诠释着同一个主题。

干什么就把它干好

映秀镇政府的板房办公区紧靠着河边的老城区，站在板房的背后就能看到映秀的老城。在这里，我们见到了今年38岁的汶川县映秀镇副镇长李强。

李强在乡镇财政所工作了10多年，虽然现在在镇政府工作，但他一直觉得自己还是财政的人。

现在的映秀镇财政所，一间不足10平方米的板房，就是他们的办公室。一个会计、一个出纳，繁重的工作让她们几乎没有双休日，住的是集体宿舍，平时连家人都很少见到。有时想孩子了，也只能看看贴在床头的照片。李强告诉我们，有时工作压力大，两位女同志难免有情绪。但哭过之后，还是认真地完成工作任务。他说，能够干财政工作的是负责、踏实、心细的人。工作压力再大都没有推，特别能吃苦，干什么就把它干好。对每一笔资金甚至每一分钱都不乱用，都把它用在最需要的地方。

在5·12大地震中，李强被埋在废墟里，一天后才被救出来。现在回想起来，他还心有余悸。他说，以前的映秀山美水美，很喜欢这里。但现在都有点恨这个地方了。从前很多熟悉的人都见不着了，有时候想想，觉得心里很难受。但既然在这个岗位上，还是要努力完成重建任务。既然是财政的人，就要做好财政的事。

只讲事　不讲人

在成都近郊一家酒店的大堂里，开始了对都江堰市财政局局长程建国的采访。自从5·12大地震之后，忙碌的工作使他一直没有到过都江堰以外的地方。

这是他第一次外出。而这次，同样是为了工作。

在与他的谈话中，他一直强调一点：只讲事，不讲人。

程建国语速不快，看上去很累的样子。灾后超负荷的工作让他几乎没有睡过一个好觉，他戏谑地说这段时间经常是“白加黑、五加二”。“作为财政部门在应急状态下是搞后勤的，但在重建过程中，财政由应急状态的后台变为重建过程中的前台。地震过后，多年累积的社会财富和政府资源在地震中损失非常惨重。全市损失536个亿。都江堰市与其他地方受灾情况不一样，基本是全市受灾，这为灾后重建带来很大难度。”

“地震发生以后，我们在7月份提出调整预算，压缩2008年年初预算13个亿。公用经费压缩10%，压缩的资金全部用于抗震救灾和灾后重建。在资金安排中，我们坚持这样的顺序：一是确保受灾群众政策性补贴的兑现；二是保证政府机关抗震救灾、灾后重建运行的基本费用；三是保证灾后社会稳定。”虽然疲惫，但程建国的目光坚定而有神。

坐在沙发上往后靠了靠，程建国若有所思地说：“在都江堰财政的每个同志也是受灾群众，但在重建的艰巨任务面前，财政干部没有退缩。我跟他们说，要让痛苦的历史变为幸福的过程，要有这种坚定的信念。地震是一种灾难，但对个性来讲却是种锻炼。”

程建国很重视后续财政人才的培养，他告诉我们，今年从西南财经大学招了 9 个应届毕业生。他觉得应该让这些年轻人树立灾后重建财政人的主人翁意识。作为财政工作者应该主动承担，再苦再累端稳财政这碗饭。

坚守岗位　履行职责

在灾害发生以后，由于大楼受损、余震不断，四川省财政厅把指挥部设在大门收发室，把临时办公场所设在一楼大厅，实行 24 小时不间断值班。50 多个日日夜夜，全省财政的“神经中枢”一刻也没有停止运转。为了掌握灾情，很多干部通宵值守在那里。至今回忆起当时的情景，四川省财政厅厅长黄锦生仍然为大家那种状态所感动。

“胡锦涛总书记指出：‘做好本职工作，就是对抗震救灾精神的最好发扬’。也许，在抗震救灾的一线，的确少有我们的身影；但我们却同样在默默地坚守，在主动地思考，在积极地运筹，我们用实际行动诠释着自己的责任！而灾区的基层财政干部，他们承担了更多的责任，自救、抢险、保障。但他们毫无怨言、坚守岗位，这是我们四川财政人的骄傲。”对于四川财政人这支坚强的队伍，黄锦生心里充满自豪。

“恢复重建工作是一项庞大而持久的系统工程，涉及群众生活安置、基础设施建设、恢复生产、发展经济、保持稳定等多项内容。在千头万绪的恢复重建工作中，财政应该找准切入点。”目前灾区重建工作的进展情况，是四川省财政厅厅长黄锦生时刻牵挂的事情。

对于恢复重建，黄锦生心里有着清晰的思路：“要分两步走：第一步应先恢复灾区建房、交通、能源等基础设施硬件，这既是灾区的现实需要，同时也能带动和引导社会其他资金投入，有利于恢复重建工作整体推进；第二步全面复兴和改善灾区群众生活质量、经济发展能力，不仅使灾区经济社会恢复到灾前状态，而且要力争实现灾区未来可持续发展。”

无法忘却的记忆

在灾区采访，我们遇到了很多财政干部。他们都亲历了这场灾难，每个人心中都有许多无法抹去的记忆。他们讲了很多故事，我们在此选择一部分内容，与大家共同分享。

守

“经常回想这一年的事，感觉大家都是尽力了。”四川省财政厅办公室主任陈书平说。

在这场灾难中，有的同志亲人受伤甚至遇难，却没有时间去照顾和料理；有的同志家中房屋财产毁于一旦，却无暇到现场清理保全；有的同志因为值守夜班无人照料孩子，就把孩子带到值班室睡沙发。

5 月 19 日晚上 10 时，政府发出强余震预报，全城一片逃难式恐慌。这天正值副厅长张其昌值守夜班，他家中 70 多岁的老母亲无人照顾，心情十分焦急。但他知道自己身上的责任，自始至终没有离开值班室一步，而是托人将年事已高的母亲接到厅里的临时指挥部避险，老人通宵坐在多日不见的儿子身边，默默守望着他与同志们一道工作。就在这天晚上，繁华的城市几近空城，但财政厅党组的同志们依然坚守在机关大楼。

难

“这里的一切都是从零开始的，小到一张纸。”在北川县安昌镇的一幢简易办公楼里，北川羌族自治县财政局局长周甫感慨良多。

这一年，北川县财政局先后搬了 5 次家，开始是一个月搬一次。县财政局的第一个临时办公点设在了绵阳市财政局办公楼的一层大厅里，几张桌子，几把椅子，就开始干活了。记得在第一天，市财政局的办公用纸就被拿光了。后来，又搬到安县花荄镇办公。周甫说，不管搬到哪里，哪里的同志们都是给送吃的用的，还说“有我们的，就有你们的”，现在想起来都感动得不行。

“既要把事情干好，又要把资金管好确实很难。”周甫说，在应急救援阶段，幸存下来而且能干活的只有十几个人，新补充进来的干部不熟悉政策，要在紧急情况下做到规范有序很不容易。在灾后重建阶段，工作转入正规，但是压力大，因为时间等不得。

“到了现在，这里的人们已经从悲观失望中走出来，重新看到了希望。”周甫说。

累

在应急抢险救灾阶段，一个字就是累。都江堰市财政局局长程建国回忆说，地震后，财政干部们迅速进入应急状态，大家分工负责，每天都是高度紧张，高强度工作。在第 10 天的时候，有一次自己从车上卸救灾物资，搬了一个大箱子放到路中间，竟然靠着就不知不觉睡着了。

在灾后恢复重建阶段，一个字还是累。程建国说，从去年 5 月 12 日到现在，连双休日算上，自己能在正常时间下班的天数绝对少于 10 天。如果自己两天没有回办公室，办公桌上堆的文件就有大约两个现代汉语词典一样厚，晚上经常要加班到两三点。

“我有时又想，在地震这样惨痛的经历中，自己能够尽一些力，也是一种幸福的过程。”程建国告诉记者，财政局的每个人都是这么干活的，虽然很累，但是感觉大家的心态很平衡。

谢

地震前，什邡市财政局局长张肇梧在上海财经大学刚刚参加了一个省财政系统组织的短训班。5 月 12 日，天摇地动之后的很短时间内，他给全班每一个同学的手机都发了一个求助短信，说灾区最急需的并不是钱，而是食品、药品、水和各种救灾物资。同时，财政局的同志分头给全省部分县市财政局打电话或发传真寻求帮助。

让他没想到的是，当时有几个同学正在各自的财政局开会，当场就念起了短信。此后，从全省各地运来的物资源源不断地送到了什邡。“我们很可能是直接接收救灾物资最多的县市。”张肇梧动情地说，刚开始，有一卡车蔬菜送来了，市里却没有专人负责分发调配，险些烂掉。“绝对不能让爱心变成垃圾。”张肇梧代表财政局主动请缨，说蔬菜的事财政局管

了。后来，财政局又管起了肉。

现在，张肇梧说起这件事自己也笑，平时管钱的那时却管起了菜和肉。但是，既然承诺了就要做到。从此，什邡市包括受灾群众、党政机关、解放军部队，以至众多志愿者在内的菜、肉供应都有了切实的保障。

遇到难处，才更加体味到了人间真情。时至今日，张肇梧无论在哪里碰到省里的同行，都是再三致谢。他在给全省财政同仁的感谢信上有这样一句话："我们永远不会倒下，因为有您，因为有爱，因为有您和我们在一起！"

像

工作再苦再累，财政干部们却仍不忘调侃自己，轻松一下。安县财政局局长邓德元说，地震后的20多天里，局里一部分同志负责装卸物资。只要车一到，不管白天晚上都要及时装卸。没想到被人总结了一下：财政局的领导和职工分不清，男人和女人分不清。

问他为什么这么说，他分析道：领导像职工，因为领导和职工天天并肩战斗，看不出有什么区别。职工像领导，因为职工在物资装卸、分发、管理过程中坚持原则，领导气度十足。男人像女人，因为财政局的男同志在救灾物资、资金的管理上像女同志一样细致入微。女人像男人，因为女同志与男同志一样天天坚持当装卸工、搬运工，扛起大箱子来毫不含糊。

……

灾难面前，四川财政人同时扮演着多个角色。他们是灾民，要自救；他们是党的干部，要参与抢险救援；他们是财政干部，还要扛起保障的重担，任务繁重而艰巨。但他们毫无怨言，始终坚守岗位，默默履行职责，用点点滴滴展示着财政人的风采！

（本文选自《中国财经报》2009年5月12日）

我们就是抗洪大堤

——湖北省财政干部抗洪抢险纪实

苗福生　汪汉阳　孙茂万　洪日南

洪水肆虐，浊浪滔滔。

长江，这条曾经让我们赞美的母亲河，今年入夏以来，突然翻脸，一改常态，像一匹脱缰的野马，在上千公里的江面上奔突，朝沿岸城市和人民，发动一次又一次邪恶的袭击。

这是百年罕见的滔天洪流。

这是沿江两岸数千万人民正在面临的生死考验。

在此次抗洪抢险的大军中，有一支默默奉献，鲜为人知的队伍，他们就是我们的财政干部。

从 8 月 17 日至 23 日，记者沿着湖北境内长江险段采访，从武汉到嘉鱼、蒲圻、咸宁、荆州、公安、监利、洪湖，了解到在与洪水展开殊死搏斗的日日夜夜里，湖北省财政干部，从厅领导到最基层的财政所干部，他们或担任各级政府前线防汛指挥部的负责人，或冲在抗洪抢险第一线担当突击队员，或肩负着抗洪抢险的后勤保障工作，这支队伍在最危险的时刻，无论把他们放在哪里，他们个个都是好样的。下面记者报道的就是发生在他们中间的一个个感人故事。

从厅长到普通干部，一边打吊针，一边坚持工作的财政干部知多少？

8 月 16 日，武汉刚刚送走第五次洪峰，第六次更大的洪峰又从长江上游向湖北境内扑来。16 日晚，一场大暴雨铺天盖地而降。

23 时 30 分，湖北省财政厅厅长童道友心里非常焦急，他布置完厅里抗洪救灾资金调拨工作，立即跨出办公室，来不及通知家人，就钻进汽车直奔嘉鱼。嘉鱼离武汉有 100 多公里，是省财政厅协防的长江险段。

汽车行驶在公路上。暴雨如注。闪电一个接一个，每一个闪电仿佛就在车轮子前打转。赶夜路的汽车有许多不敢再往前开，停到了马路两旁。童厅长在车内催司机加速。与厅长同行的一位办公室干部后来回忆说，从来没有听过那么大的响雷，见过那么近的闪电。雨太大，汽车亮着车灯，能见度只有 4 米左右，但汽车两个小时就赶到了目的地。赶到嘉鱼后，童厅长直接冒雨上了大堤。检查完大堤，他浑身湿透了，回到住处，已是凌晨 3 点多。

记者问童道友，为什么非要连夜上堤。童道友说，在家里睡不着觉，上了大堤，心里就踏实了。

这是童道友自 6 月 28 日以来第七次上堤。听嘉鱼的干部说，童厅长 7 月 5 日在嘉鱼县余码头六贯堤，正是抗洪紧要关头，他和抢险突击队的年轻小伙子们一样，扛起 100 多斤的沙袋就往上冲，陪同童厅长巡堤的地市领导也扛起了沙袋，县里的领导也扛起了沙袋，所有在场的人都扛起了沙袋往上冲。而就在不远处，数百名官兵正在惊天动地的呐喊声中，加高加固大堤。据目击者说，当时场面十分悲壮。在洪水面前，领导与群众已经没有了界线。他们都是战士。是一组老战士和新战士一同冲锋陷阵组成的战士群雕。

当天劳动下来，童厅长的肩膀磨破了。童道友今年 56 岁，记者问他：“你这么大年纪，在烈日下坚持指挥已不容易，为什么还要亲自扛沙袋？”

童厅长说，这个时候，想不得许多，抢险要紧。

采访中，童厅长很少谈及自己。他说到更多的是厅里其他干部，他说厅里 8 位厅级干部轮流下来值班，有三位副厅长打吊针还坚持工作，童厅长还列举了厅里许多其他干部 24 小时轮流值班，组织抗洪抢险突击队，积极募捐资助灾区人民，还说基层财政部门有更多感人的故事……

财政厅办公室的同志私下对记者说，童厅长在北京开财政会议期间，因为抗洪救灾累病了，他利用会议休息的时候，到医院打吊针。

记者是在 8 月 17 日晚上 8 点多采访童道友的。采访进行了半个小时，童厅长看了看表，对边上的其他同志说，走，上大堤。

记者紧跟着也上了大堤。这时，长江各险段，正未雨绸缪、紧锣密鼓地迎接第六次洪峰的到来。因为形势危急，童厅长把 17 日省厅送救灾物资的 10 多个年轻人也留了下来，组成了一支抢险突击队。

这些年轻人警觉地守在大堤上。童道友沿堤查完险情，与当地县长坐在大堤上查看地图。这时，这些突击队员们正坐在大堤上的草席上。他们每次巡逻完后，就回到草席上休息一下，再去巡逻，他们将在这里通宵守候。

记者也坐在草席上。晚上 11 时左右，江上送来习习凉风。宽阔的江面，看上去江水流势平缓。江面上发出阴森森的光。10 多米宽的大堤外，就是城市和百姓。江面水位与堤内落差几米高，长江正是悬在沿岸百姓头顶上的一把利剑，经过长时间浸泡的防洪大堤，如果出现管涌，未能及时发现，一旦溃口，长江洪水就会像饿虎扑食一般，铺天盖地而下，造成灭顶之灾。据簰洲湾灾民回忆，不久前合镇乡民垸溃口时，水声如 12 级台风刮过，洪水喷涌而来时，民房、汽车像小土块一样立刻被卷走。湖北省数千里的长江大堤，处处有险情，险情随时都可能发生。不设身处地，亲临其境，很难体会到誓与大堤共存亡这句话的内涵。

悬在心顶上的利剑随时可能掉下来。大堤上数百万大军的任务，就是托住利剑，牢牢地托住，不让它掉下来。休想掉下来。

监利县财政局副局长胡小垓，在此次抗洪抢险中，局里职工给他取了一个绰号叫“编外工程师”。胡小垓学水利出身，此次防洪抢险，他的专长再度得到发挥。他担任财贸围堤段的副指挥长。他从另外一个险段上守了 15 天刚下来，就调到此段负责。他病了，病得很厉害，连续疲劳作战，太累了，发高烧，咽喉肿痛，重感冒，身上冒虚汗。但他没有将实情告知局里。他悄悄找来局里一位职工的家属，这位家属懂点医，会打针，在8月13、14、15日迎战第五次洪峰的时候，在堤上一边打吊针，一边现场指挥抢险。

胡小垓又黑又瘦。在50多天的抢险中，记者印象中采访过的许多财政干部都是又黑又瘦。和胡小垓共事的局长赵显文就得了一个绰号叫“黑猫警长”，嘉鱼县财政局长张明春的绰号是“从非洲进口的财政局长”。记者问胡小垓，病成那样，为什么不休息两天再上？胡小垓说，江水已没出堤面，此堤一倒，200多米外的荆江大堤就会有危险，荆江大堤溃口，江汉平原将面临灭顶之灾。此堤外面，还有供应全县17万人饮水的自来水厂，有一个储粮3000多万斤的粮库和储1200万斤食油的油库，一个大型生产资料仓库也在其中。所以，必须死守。

记者来到胡小垓指挥作战过的现场，看着江水硬是被一个个沙袋砌起的一个高1.5米，宽2米的子堤拦住，仿佛在看着一个刚刚打扫过的战场，战场上分明还留着肉搏后的痕迹。

嘉鱼县财政局的张明春局长，他的脸色黑里发青，目光无神，仿佛总睡不醒似的。也许他太累了，他肯定是太累了。他从6月28日以来，几乎没有进过家门，每天守在堤上、办公室。到医院去怕耽误了大事，常常在办公室打吊针。他沉默寡言、埋着头，就像被霜打蔫的庄稼。但一旦接到抗洪抢险的命令，一旦走上大堤，他眼镜片后面的目光立刻来了神，放了光，大步疾走，精神抖擞，随时准备着一场殊死的搏斗。

记者沿江到县、乡基层财政部门了解多了，才发现，生病、打吊针坚持工作的有很多很多，仅公安县财政局带病工作的就有38人次，如果将全省带病工作的财政干部的名字一一记下，将是一个长长的名单……

公安县决定在18小时内转移灾民33万，为及时通知灾民转移，财政局的6名干部用双脚跑出了超过马拉松的路程

8月6日，公安县接到上级防汛指挥部的命令，准备分洪。分洪区内有33万人口，必须在18小时内转移到安全地带。政府部门组织机关干部分若干小组挨村挨户通知、动员。

王文松、邓学斌率财政局的6人小组下午6点从县城出发，必须在7

点以前赶到闸口镇。6 人挤在一辆桑塔纳车内刚行驶一段路车就被堵住了，已经得到消息的农民纷纷拖家携口，牛车、拖拉机、自行车、板车，能用的交通工具都挤到了唯一一条马路上，车水马龙，拥挤不堪。汽车已经开不进去。王文松向在家值班的李方科副局长请示，李方科军人出身，在部队当过营长，接过电话，他毫不犹豫地命令他们跑步前进。31 岁的王文松是农税稽查股股长，也当过兵。接到命令，他们便跑了起来，15 公里的路程，他们准时在 7 点以前赶到闸口镇政府。镇政府给他们分派的村子在 10 公里之外，他们领了任务，继续跑步前进。村子是个方圆五公里的大村。他们挨家挨户通知，有少数不愿离家的，他们就耐心劝导，等农民全部撤离，已是凌晨 4 点多。离规定分洪的时间不多了，他们又赶快往镇里跑，一夜折腾，十分疲劳，又担心洪水下来，他们跑一段、走一段，太累了，实在走不动了，就蹲下来，歇一下，为了把歇的时间抢回来，又拚命跑一段路。早晨 7 点多钟，他们赶回到闸口镇，镇里接上级通知，让他们原地待命，准备应付新的不测。原地待命，他们才感到又困又饿，镇里商店已全部关门，没有吃的。睡一觉吧，没有床，他们和从别的村赶回的局里另一个小组的 6 人就躺在镇政府院内的一个水泥地篮球场上。12 条大汉，躺下就全睡着了。这可能是他们一生里睡得最香的一觉。

第二天，他们发现每人的脚底都磨了一串血泡。而且，王文松所在的小组 6 人睡醒起来后全感冒了。但那几天正是公安县抗洪抢险的紧要关头，他们又都加入到了抢险突击队。

在抗洪第一线采访，发现有的夫妻双双守在堤上。嘉鱼县财政局副局长马琼，丈夫是该县一县之长，自入夏以来，几无回家，马琼也常在第一线，这样，他们就把孩子锁在家里，雇保姆给孩子做饭。

监利县财政局的一位干部陈慧，自 6 月 28 日以来，小两口只在一次抗洪中见过一面。丈夫是三洲镇镇长。三洲镇淹了，丈夫每天在忙着抢险，安置灾民，两个月没有回家。孩子只有 1 岁 8 个月，局里考虑到陈慧家庭情况特殊，让她在机关值班，但在最危急的时候，她主动要求上堤往编织袋里加土。她说，自己多干一点，一线的同志就可以少辛苦一些。丈夫天天守在堤上，也许她最了解一线人的辛苦。

我们还采访了对越自卫反击战的一等功臣戈升齐。戈升齐转业到公安县财政局工作后，身体一直不好。他因肾结石动过两次大手术，有关节风湿病，胃病。他因家庭经济困难，最近一次动大手术时，局里职工自发为他捐助 9000 元，他心里十分感激。局里本来安排他在机关值班，他一定要上一线，他觉得这样才能报答局里同志对他的关照。本来，他计划今年 8 月初去一趟四川，他有一个心愿一直没有了结，在越南前线，他所在的猫耳洞，有两个四川籍战士死在他的怀里，其中一个才 17 岁。他们牺牲的日子分别是 8 月 2 日和 8 月 4 日，今年正好 10 周年。他说，那天一个战士身上中了炮弹，他把战友抱进猫耳洞，搂在怀里，往小战士伤口内塞急救包，连塞四个都堵不住，血就那么流啊流，怎么也止不住。他问战士最后有什么心愿，战士说，要是他能活着回去，就去看看自己的妈妈。戈升齐是战士的班长，他说，自己的命是“捡来”的，欠别人的太多，报答的太少。如果不是洪水，他就去看两位牺牲的四川籍战友的妈妈……

洪湖市长江险段在最危急的时候，财政局的男职工全部集合起来，成立了一支抢险突击队，洪湖堤段太危险了，临行前，他们的妻子、母亲，一起为他们送行，说：早点回来。

没有财政部门高效、及时的资金调拨、物资供应，抗洪抢险是不可能进行的。许多当地党政官员均对财政的工作成绩予以高度的评价

省财政厅副厅长高文娇在荆江分洪前线指挥部负责后勤工作。她长期坚守在重灾区公安县。厅党组听说她病了，又是一个女同志，希望把她换下来，她坚决不同意。8 月 22 日，记者在公安县堵住她采访时，她嗓音嘶哑，显得极其疲倦。

她说，她现在最着急的就是资金问题。她说用于购买防洪抢险物资以及安置灾民、组织民工、补助部队伙食、医药费等一天开销很大，仅公安县从 8 月 6 日开始，每天 1000 辆军车、1000 辆货车、1000 辆小车、各类船只 850 艘，各项开支加起来，每天支出 148 万元。她说，给部队每人每天伙食补助 12 元，公安县有 1 万官兵，这个标准太低了，吃饭的时候，10 个战士两荤两素一个汤，所谓荤菜就是半盆子土豆炖肉，战士最辛苦，我这个后勤部长希望战士的盆子里全是肉，但心有余力不足。她问战士能不能吃饱，战士说能吃饱，她说这些战士看了就让人心疼。这位副厅长说这些的时候，更像一位母亲。

高文娇还对记者说，资金紧缺，现在已两次调用了 900 万元财政吃饭的钱。

蒲圻市财政局局长王汉明说，从 7 月份以来，财政把所有的资金都压了下来，只拨两种款，一是抗灾，一是救灾。市内 7、8 两个月的工资未发。监利县赵显文局长说，监利县 7 月份全县的工资 800 万元全部用到抗灾上去了。这个时候，还说什么工资。

监利县三洲镇财政所的所长说，该镇的工资只发到 6 月份，财政所的干部工资只发到 5 月份。咱是财政干部，就得吃点亏。

后勤保障，财政部门不仅是资金、物资的重要保障，关键时刻，还亲手做饭，往一线送。

7 月 4 日，嘉鱼县余码头大闸告急。上面紧急调来了 700 多名官兵。7 月 5 日凌晨 2 点，指挥部指示财政局解决官兵的伙食问题。财政局连夜行动起来，和食堂师傅们一起生炉子、揉面粉、做馒头，局内蒸馒头量有限，财政局干部又分别到街上敲开店铺的门，逐家订购。担心官兵吃不好，局里又买来 200 多斤猪肉，连夜切成肉片，第二天一早，当局里的干部将馒头和肉片汤送到战士手里时，发现有的人因长时间切肉，手都肿了。

嘉鱼县农税股副股长殷光来负责官兵的伙食。他组织当地村民，在村口架起几口大锅，每天和农民一起挑担给部队送水、送饭。他家就在合镇乡中堡村，是簰洲湾溃口水灾最严重的地方。他的父母、兄弟就住在中堡村。家被淹了，几天之后，他才抽空去看望已安全转移到大堤上的父母。

有不少财政所也遭到了灭顶之灾。
但财政干部首先抢救的就是账本，
迁移到安全地带后，立刻投入到抗洪抢险，
营救灾民的工作中。殊不知，
他们及其家属也是灾民

荆州市有 8 个财政所被淹，仅公安县就占 5 个。

我们走访了几个受灾的财政所。

监利县三洲镇被淹后，财政所临时迁到尺八镇。现在全所 15 人，有 24

个家属分别投靠到亲友家住下。8 月 8 日他们获悉分洪后，只抢出了 14 纸箱的账本。连元成所长对记者说，所里 11 年积累起的固定资产几十万元全泡在水里了。

我们从公安县城出发沿着崎岖不平的干堤，驱车 3 小时来到甘家厂乡。该乡已沦入一片汪洋。财政所暂时转移到炆皮山林场。财政所职工加上家属共 39 人。他们也是只抢出账本和换洗的衣服就出来了。他们现在住在一座楼的三层楼上。有一个大房间，放了 6、7 张大通铺。一天吃两顿饭，全所在一起吃“大锅饭”。

现在，洪水淹没了他们的家园。现在，他们和所有的灾民一样，没有家了。所不同的是，他们还要组织起来，重新投入到抢险救灾，安置灾民的工作中去。

采访甘家厂乡财政所长肖廷东的时候，他周围坐了几个所里职工的孩子。他们非常安静地坐在那里听所长和我们的谈话。看得出，他们眼神里流露出一种大灾过后的惊恐，也许还有哀怨。也许他们不能理解，洪水来的时候，普通孩子的父母可以先抢救自己家里的东西，而自己的父母却把那些只是比作业本厚一些的本子看得比生命还重。父母不会向他们解释。因为他们还太小，也许总有一天他们会明白：他们的父母是那么平凡的人，他们的父母又是那么伟大的人。他们将来一定会明白这样一个道理：在重大灾难面前，大家大于小家，集体利益高于个人利益。也许他们将来也会像父母那样，成为一名国家公务员。相信，那时候，他们也会这样做的。因为在他们幼小的心灵里，父母已经为他们塑造了一个榜样。

在我们采访的最后一站洪湖市，省财政厅的 6 位处级干部组成的抢险队被派到了该市最危险的长江堤段。本来，给他们安排的房间有空调，他们谢绝了，住进了财政所的家属楼。这天下午气温高达 38℃以上，他们刚从堤上下来，在宿舍里，他们全光着膀子，像一群当地农民。他们是 8 月 11 日来的，他们将在洪湖长江 3.8 公里的责任段坚守下去。他们说，本来不懂水利，现在成专家了。

一位老财政干部说，这次洪水是对人的净化。

童道友厅长说，这次洪水给湖北省造成了数百亿元的经济损失，但也锻炼了我们这支队伍。经过近两个月的严峻考验，看来我们全省 3.8 万名财政干部是一支能打硬仗的队伍。

又岂止湖北省的财政干部呢？尽管记者未能亲眼目睹全国其他省份的抗洪救灾场面，但相信我们的财政干部无论在第一线，还是在大后方，都经受住了考验。

（本文选自《中国财经报》1998 年）

责任的光芒

——财政部党组织抗击“非典”工作侧记

环挥武　岳学鲲　冯立松　王　凡

“近期我部全体干部及其家属万众一心，众志成城，团结互助，和衷共济，为抗击‘非典’采取了一系列有效措施，确保了部内工作的稳定和安全，……我们要一手抓好‘非典’防治，一手抓好当前的财政工作，发扬连续作战的作风，夺取抗击‘非典’的最后胜利！”

——摘自财政部党组书记、部长金人庆同志4月29日在财政部机关防治“非典”工作领导小组《每日情况统计及处理结果》上的批示

“我可以负责任地讲，只要是防治‘非典’必需的费用，中央和地方各级财政都会全力予以保障……我们有能力充分保障这方面的开支。”

——摘自5月21日《人民日报》专访财政部部长金人庆“全力以赴抓保障　千方百计促发展”

序　　曲

2003 年，我们迎来了一个不寻常的春天。

“非典”——一个陌生的名词，如同一阵突如其来的狂飚，瞬间把我们卷入了一片没有硝烟的战场。

在这场全民参战、艰苦卓绝的斗争中，财政部各级党组织牢记党和人民的重托，全力以赴，迎难而上，用汗水挥洒着对人民的忠诚，用行动实践着崇高的誓言，为全国抗击“非典”斗争的顺利进行提供了强有力的财力保障，为部机关各项工作的稳定有序开展提供了坚强的组织保证，用实际行动践行了“三个代表”重要思想的根本要求。

他们说到了，他们更做到了。

是责任的光芒，为“万众一心、众志成城，团结互助、和衷共济，迎难而上、敢于胜利”的涵义又增添了一个生动的注脚！

是飘扬的党旗，照亮了一片生命的蓝天。

挑　　战

中午十二点早过了，而财政部办公楼六层党组会议室的防治“非典”工作会议还没有结束。连续十多天以来，天天都是如此。

纷至沓来的消息，透射出财政干部当前面临的严峻形势：

——医院爆满，患者仍不断增加，医疗、科研、设备、建设定点医院需要及时拨划资金；

——继广东、北京之后，疫情向全国蔓延，山西告急！内蒙古告急！河北、天津告急！迅速建立公共性防范机制需要及时拨划资金；

——广大农村，特别是中西部地区农村面临巨大威胁，进一步改善农村医疗卫生水平需要及时拨划资金；

——旅游、交通、餐饮、娱乐等第三产业面临挑战，如何帮助他们走出困境，都是面临的重要课题；

——病魔夺走了我们共同战斗的年轻同事的生命，领导和战友的心在悲恸。如何保证机关人员生命健康安全、工作秩序稳定，如何在这关键时刻带领大家战胜危难……

疫情袭来如猛虎，我们的责任更重如泰山！大家看到，在部党组的坚强领导下，行动——像闪电一样迅速展开，如雷霆一般势不可挡，没有丝毫的犹豫，没有片刻的彷徨。

行　动

在党中央和国务院的坚强领导下，部党组迅速决策，多管齐下，带领各级党组织和全部干部沉着应对，迎接挑战。成立了财政部防治“非典”工作应急小组，金人庆部长任组长，肖捷副部长任副组长，社保司、预算司、办公厅等司局主要负责同志为成员，统一领导财政部和指导协调全国财政系统防治“非典”工作。成立了财政部机关防治“非典”工作领导小组，纪检组长金莲淑同志任组长，副部长廖晓军同志、部长助理冯淑萍同志任副组长，办公厅、机关党委、机关服务中心、社保司、离退休干部局主要负责同志为成员。各司局、各直属事业单位迅速建立了相应机制，紧急制定应对措施……

4 月 18 日至 4 月 30 日，在不到两周的时间里，财政部应急领导小组有 8 项紧急措施发布，部机关防治“非典”领导小组已有 45 项具体工作全面落实，此外还有各司局制定实施的难以计数的各类举措，一切都在紧锣密鼓而又秩序井然地展开。

24 小时不间断的值班，每天定期发布的《情况通报》，多种预防手册的发放，细致入微的各项防护措施……大家心里很快有了底，暂时的恐慌没有了，工作秩序保持正常。非常时刻，财政部的各项工作不但没有滞后，反而通过更为密集、高效、果断的举措，有力保证了全国抗击“非典”工作的全面顺利进行。

向　前

为确保全国抗击“非典”战役取得胜利，共和国历史上少有的一次财税政策“密集轰炸”在四五月间向“非典”役魔进行全方位反击：

——多渠道、多方向资金大量投入。从中央财政总预备费中安排 20 亿元设立“非典”防治基金，用于解决农民和城镇困难“非典”患者医疗费用、中西部地区防治“非典”医疗设备购置、对一线医务工作者补贴、医药用品储备以及对“非典”科技攻关等；

——安排1亿元资金支持香港特区政府；

——安排国债资金建设全国疾病预防控制网络建设，目前已安排20多亿元；

——不同层次政策性减免税收。对部分群体个人所得税、部分物资进口给予免征，部分行业实行税收优惠政策；

——部分政府性基金和行政事业性收费政策性减免。对受“非典”影响严重的地区、行业减免多种收费项目，确保社会秩序稳定，经济良性发展；

——调整中央部门预算支出，保证防治资金需要；

——对中央民航和旅游企业的短期贷款给予财政贴息……

短短十几天，《财政部、卫生部、劳动保障部关于妥善解决非典型性肺炎患者救治费用有关问题的紧急通知》、《财政部、卫生部关于对防治非典型性肺炎医务工作者给予补助的通知》、《财政部关于防治非典型肺炎捐赠物资免征进口税收的通知》、《财政部关于对受“非典”疫情影响比较严重的行业减免部分政府基金的通知》等十余项政策措施相继出台，近年来党中央倾心构筑的公共财政体制威力有效凸显。

表　率

这些天，党组书记、部长金人庆同志的日程安排得已经不能再满，在各项财税政策措施的研究、讨论和实施中，他殚精竭虑，认真组织分析论证，一再强调“疫情如火，人命关天”，要时刻以人民利益为重。他亲临中央电视台《新闻联播》、《焦点访谈》、《经济半小时》等节目中解释财政政策，宣传党和政府在抗击“非典”斗争中的经济手段。在承担重要的政治任务和繁重的财政工作同时，对部机关防治“非典”工作的每一个细小问题他都了如指掌，每一个问题的解决都有他悉心的叮咛，每一点成绩的取得都有他及时的鼓励。

4月30日，正在为全国抗击“非典”而日夜操劳的党组副书记、副部长楼继伟同志来到了北京小汤山医院建设工地上，深入一线，同北京市和解放军总后勤部有关部门负责人一起现场办公，协商解决实际问题。

一个多月来，金莲淑、金立群、朱志刚、肖捷、廖晓军、李勇、冯淑萍等所有的部党组成员，全身心地投入到抗击“非典”的行动中。白天，在新疆广袤的草原上有他们带队督导当地防治“非典”工作的身影，在烈日下的首都机场有他们代表中国政府接收海外援助物资的身影，在救治患者一线的协和医院有他们赠送捐款的身影。晚上，部领导办公室的灯总是亮到很晚。他们在认真批示处理部机关防治“非典”的大事小事；他们在仔细分析疫情对财政经济的影响，研究制定应对措施，保证企业经营和国家宏观经济的正常运行；他们在亲自打电话询问干部病情，鼓励干部树立战胜病魔的信心和决心。

这些天，王军、环挥武、王纪新、张金玲、孙志筠、胡华庭、郭建国等部防治“非典”领导小组的几位成员，说话的声音都有些沙哑，眼睛都布满了红红的血丝。全天候的紧张工作，24 小时的值班，无论是深夜还是凌晨，无论是机关还是宿舍，哪里有情况，哪里就有他们忙碌的身影，哪里还顾得上自己的亲友和家人。他们半开玩笑地说：“现在我们算是真正理解了一个成语，叫做‘枕戈待旦’。”

默默的行动，就是无声的鼓励，它感召着每一个人的心灵。信心和决心，来自于对“共产党员”称号的信任！

堡　垒

党组织，一个让多少追求进步的人心潮荡漾的字眼，更是一个在危难面前给予大家信心和勇气的象征。

作为全国先进基层党组织，办公厅党总支同机关许多基层党组织一起，充分发挥党组织的领导核心和战斗堡垒作用，发扬优良传统，勇敢面对挑战。正如党总支向全厅党员发出的倡议——“让我们高高举起全国先进基层党组织的光荣旗帜，不怕困难，立足本职，尽职尽责，出色完成任务！”

机关党委党支部利用宣传和思想政治工作的优势，通过大量艰苦细致的工作，在凝聚人心、稳定大局方面起到了巨大作用。他们及时编撰了二十余期《政工信息》和五十多期《“非典”预防工作简报》，发出通知要求全体共产党员牢固保持先进性，认真学习贯彻十六大精神和“三个代表”重要思想，充分发挥在防治“非典”斗争中的先锋模范作用。

在中央各项“非典”防治方针政策的贯彻落实中，社保司党支部首当其冲。每天加班加点就是为了用最快的时间将防治“非典”资金拨到最急需的地方和部门，因为他们知道，农民和城市困难群众一旦患病后得不到及时收治，后果将是一场灾难！

“咦，真快呀，昨天下班时还没有哩。”4 月 17 日一大早，吃早餐的干部发现餐厅门口安装了十几个洁白的洗手池，大家知道这只是机关服务中心在抗击“非典”战争中做的大量工作中的一项。关键时期，餐饮医疗党支部、物业管理党支部的领导和员工放弃休息，认真落实部里的各项要求，脏活、累活、危险活，大家抢着干，他们说：只要我们的汗水能换来大家的健康和安全，流得再多也值。

“一定要保证老干部思想稳定，健康平安！”这是离退休干部局党委对全体党员干部提出的要求，为此，他们分片包干，上门巡诊，加强联系，送医送药。现在很多老同志想起这些还不禁竖起大拇指。

条法司和会计司党支部在这段时间感到了从未有过的压力，面对本单位干部患病的现实，面对失去战友的巨大悲痛，支部一班人没有退缩，多少天来，他们不顾个人安危，照顾好隔离人员生活，抚慰去世同志的家属，帮助患病人员树立信心，他们用行动宣告：重担，让我来扛！

税政司、经建司、国库司等基层党组织针对当前形势，制定紧急预案，下发政策文件，解决面临的重大问题。

……

汗水，正汇入全国人民抗击“非典”战役的滚滚洪流；

表率，正激励着全体干部抗击“非典”的顽强斗志；

关怀，正温暖着每个职工和家属的胸襟情怀；

胜利，就在迎难而上、敢挑重担的勇士面前！

先　锋

“五一”休假期间，国库司党支部书记、司长张通一直带领着干部们在办公室加班，及时拨付各类抗击“非典”资金，汇总提供预算执行分析报告。当听说民政部给财政部领导专门写感谢信表扬国库司时，张通笑笑说：“非常时期，党员更要有党员的样，部里这样的人多着呢。”

把困难留给自己，把方便让给别人，把风险留给自己，把安全让给别人，身先士卒，默默奉献，我们从各司局、各单位基层党组织负责人的身上，读出了共产党员的人生理念。

是的，在这非常时期，我们看到，走在前面的，一定是共产党员——我们的时代先锋！

北京市第六医院是一个收治“非典”患者的医院，“五一”假日期间，中国财经报社党委书记、社长兼总编秦晓鹰同志来到医院的重症监护病区，采访一线的医护人员。4 月 20 日—5 月 15 日他共撰写了 3 万字左右的稿件，一个月的工作量超过正常时期一个记者三个月的工作量。

在部防治“非典”总值班室，岳学鲲、郭方明给大家留下的印象特别深，24 小时不间断的值班，为领导出谋划策，奔忙处理各种事务，“不累！”——真的像他们说的不累吗？

“李主任，84 消毒液该咋用？”“李主任，我们领了 200 袋中药液，您记下……”部医疗室主任李保太凭借多年从医的职业敏感，早在今年 3 月初就开始了相关药品、消毒剂和防护用具的储备工作，做到忙而不乱，从容应对疫病。

给因接触患者而隔离的干部送饭，在常人看来是一项很危险的工作，但餐饮部的牛春华处长却带头走在最前面，他说：“这是共产党员应该做的。”

婚期推迟了，休息放弃了，家人和朋友照顾不上了——多少团员青年也在这场战役面前用青春的火热，迎接着狂风暴雨的考验！

……

这样的共产党员太多太多，他们就在我们的身边默默奉献；这样的事迹太多太多，如同山间潺潺的溪流，汇成奔腾澎湃的海洋。

鼓　舞

4 月中下旬的那段日子里，面对一种未知的疾病，面对每天增加的病例，人们的神经紧绷着，内心振动着，从来没有如此需要鼓励，从来没有如此需要关怀。

怎样采取有效措施确保大家的健康安全，怎样关怀那些染病、隔离的人员，怎样安慰那些失去亲人的家庭……紧迫、凝重的话题迫切需要答案。

此刻，已不用我们再过多地描述和回顾，大家都亲眼目睹了，大家都切身体会了。我们永远也不会忘记，在最为紧张的时刻，部党组各位领导那临危不惧、果断决策的气魄，那坚毅的、充满必胜信心的眼神，各级党组织负责人那忙碌的身影，那疲惫的面容，那感人至深、无微不至的话语……

让我们从这样几段感人肺腑的话语中，再次汲取精神的力量：

——“……各级财政部门要以对人民高度负责的精神，进一步增强工作的责任心和紧迫感，迎难而上，想方设法，落实、落实、再落实，保障、保障、再保障，把党和政府的温暖送到广大人民群众的心坎上，夺取抗击‘非典’的最后胜利！”（摘自5月21日《中国财经报》“财政部长金人庆就保障‘非典’工作答记者问”）

——“部‘非典’防治工作领导小组全体成员和总值班室的所有同志，再接再厉，一定要完成部党组交给我们的光荣而艰巨的任务！”（摘自《政工信息》2003年第59期“纪检组长金莲淑同志在《督查情况报告》上的批示”）

——“我代表财政部、新闻出版总署、中国农业银行，以及中央国家机关的全体干部职工，向你们道一声辛苦了！并向你们致以崇高的敬意！”（摘自《政工信息》2003年第53期“廖晓军副部长在慰问协和医院医护人员时发表的讲话”）

——“‘岁寒知松柏，危难见真情’，你们所做的大量辛苦细致的工作在此难以一一列举，我们全都看在眼里，记在心里……”（摘自《政工信息》2003年第56期“干部教育中心致奋战在抗击‘非典’第一线的全体同志的慰问信”）

——“当我得知母亲去世的噩耗，悲痛难抑时，首先想到的是向党组织——干部教育中心党委倾诉，一直以来，我以为母爱、亲情、温暖，只有在父母、家庭这一层，但现在我体会到母爱、温暖的真谛是党组织无微不至的关怀、真诚的呵护、严格的教导和安慰的话语。”（摘自《政工信息》2003年第60期“干部教育中心干部周晓雯同志致部机关党委的感谢信”）

——“对部领导、部防治‘非典’工作领导小组及全体同志的感谢，只能以我返回工作岗位后的努力工作加以报答。我将继续安心休养，争取早日返回工作岗位，为会计改革和会计管理作出更大贡献。”（摘自《政工信息》2003年第67期“会计司许玉红同志致部领导和部防治‘非典’工作领导小组的感谢信”）

——“用共产党员的标准严格要求自己，把党和人民的利益放在首位，不畏艰险，时刻准备接受党的考验，在党和人民需要时决不退缩！”（摘自《政工信息》2003 年第 52 期“机关服务中心交通运输部王新社同志的《决心书》”）

——“有阳光照耀的地方就有我默默的祝福，有月光洒向地球的时候就有我默默的祈祷，当流星划过的时候我默默地许了个愿，祝正在看信息的朋友远离‘非典’！”（摘自近期许多干部收到来自领导和同事的手机短信）

……

朴素的豪言，真情的流露。在党组织的关心和鼓舞下，财政干部无所畏惧，冲锋向前。有一腔热的血，在高昂的胸腔里流淌，有一片真的情，让你我之间的距离缩短。此时，每一名共产党员，每一名财政干部，都在用冷静的思考和默默的行动，实践着我们胸中的誓言。

思　考

恩格斯深刻指出：一个聪明的民族，从灾难和错误中学到的东西会比平时多得多。

辩证地看待“非典”这场灾难，我们得到更多的将是警示和启迪。

近日，金人庆部长在部内各单位主要负责人会议上指出：“（由于‘非典’、洪涝的影响）今年的预算执行还有很多不确定的因素，有关司局一定要密切关注，动态分析这些因素对财政运行的影响，及早研究应对措施。”

根据部党组的要求，4 月中旬机关党委专门下发通知，号召大家集中精力认真学习十六大精神，自觉用“三个代表”重要思想为指导，分析经济形势、研究财政改革和发展的重大问题。一时间，深入思考理论问题在部机关蔚然成风。

几个星期后，一摞摞资料和课题计划摆在综合司、办公厅、预算司、农业司、教科文司、金融司、统评司、监督检查局、人教司、科研所等部门的办公桌上。

一些成果客观分析了“非典”对今后国民经济和财政运行的影响，积极寻求解决对策：

——继续贯彻落实既定的各项政策措施；

——抓住机遇尽快研究制定出因“非典”疫情造成财政支出结构调整的方案和建议，包括建设性国债使用结构；

——针对因“非典”疫情影响可能造成就业、社会保障、农村等方面的新需求，做好对疫区省市可能新增转移支付的测算工作；

——针对因“非典”疫情使地方财政收支矛盾加大的新情况，为减轻地方财政压力严格控制支出政策出台；

——针对因“非典”疫情所暴露出来我国公共卫生体系薄弱问题，提出“提高财政的公共卫生保障能力”的重点专题，研究制定《财政应对突发事件工作条例》，规范工作程序，提高财政部门对突发事件的应对和保障能力……

一些课题将重点探讨财政中长期发展思路：如何进一步完善积极财政政策；如何支持解决“三农”问题；如何做大蛋糕，壮大财政实力；如何提高财政资金使用的规范安全及有效性；如何防范和化解财政风险；如何加强财政干部队伍建设……

“非典”终将过去，经过这场战争的考验和思索，我们会变得更成熟，我们的财政经济事业也一定会更加辉煌，绚丽如同那雨后美丽的彩虹。

誓　言

“待到除魔得胜日，再送瘟神烧纸船”。这场抗击‘非典’的全方位战斗，在中央统一指挥下，财政部党组领导下和各级党组织的带动下，我们同全国各族人民一起，上下联动，万众一心。我们坚信，有党中央、国务院的英明领导，有“三个代表”重要思想的正确指引，我们的党，我们的国家，我们的民族将有能力迎接任何挑战，战胜任何灾难，没有什么困难能挡住我们勇敢前进的步伐！

请聆听，这是又一次伟大进军的步伐和宣言，
这是一曲时代交响的心声与和弦！
财政人的热血，燃烧着责任的光芒，
财政人的汗水，维护着民族的光荣与尊严！
历史将永远铭记，
在这个不寻常的春天啊，
中国共产党的党旗，格外的鲜艳……

（执笔：冯立松）

坚守在严寒中的春节

——财政部春节期间支持抗灾救灾行动侧记

这是一个特殊的春节——2008 年初，在低温雨雪冰冻灾害袭击大半个中国以后，全党全国在党中央和国务院带领下正在进行着一场抗灾保家的攻坚战。

节日来临的时候，财政部各级党组织和共产党员在部党组的指挥下，全力以赴地投入到抗灾救灾的行动当中，许多重大的举措在春节这几天制定，许多及时的救灾款在春节这几天划拨，许多感人的故事赋予这个节日更温暖的涵义。

"全力支持抗灾行动"——部党组的紧急号召

部党组高度重视抗灾救灾工作，迅速建立了应急工作机制，保证做到当天的部署当天落实，第二天必须反馈。

部党组书记、部长谢旭人同志作为财政部抗灾救灾工作的总负责人，接连主持会议专题研究部署财政支持抗灾救灾工作。谢部长指出，财政部门要坚决落实党中央、国务院关于抗灾救灾工作的各项部署，把支持抗灾救灾作为当前财政工作的一项紧急而重大的任务来抓，积极发挥财政职能作用，着力加强资金保障，研究制定相关政策，加大应急救助力度，全力支持做好抗灾救灾工作。并明确提出了四项具体要求：一是要及时跟踪灾情最新变化情况，把财政应对措施考虑得更加细致周全一些，急事急办、特事特办，加大对受灾地区的支持力度，确保各项救灾资金及时安排拨付到位；二是要切实加强与民政、铁路、交通、电力、民航、农业等有关部门的协调配合；三是要加强资金监管，充分发挥财政资金使用效益；四是要积极筹措资金，帮助五保户、低保对象、优抚对象等困难群众解决基本生活问题，并督促地方将调标后的企业退休职工基本养老金在春节前发放到企业退休职工手中。

部党组成员、副部长廖晓军、张少春，部长助理丁学东、张通先后随国务院领导分赴安徽、江西、贵州、浙江等灾区调研、慰问。王军副部长在由民政部牵头的救灾和市场保障指挥部中担任成员，张少春副部长在发展改革委牵头的灾后重建指挥部中担任成员。

2月6日除夕是今年春节正式放假的第一天。这天下午16点，正是家家户户放响喜庆的鞭炮准备吃年夜饭的时候，高度关注救灾重建工作的谢旭人部长委托张通部长助理召集办公厅、预算、经建、社保、农业、国库、教科文、国际、综合、企业等相关司局召开会议，研究当前财政经济形势和财政支持抗灾救灾有关情况。

2月10日正月初四，张少春副部长召集经建司、社保司等部门有关人员，主持召开财政部支持灾后重建工作的工作会议。

2月11日正月初五，谢旭人部长召集会议，研究讨论灾害对财政经济的影响和中央财政支持灾后重建的政策措施。

2月12日正月初六，谢部长亲自指挥，对中央财政支持恢复重建作出部署。张少春副部长带领经建司等有关司局负责人参加抢险抗灾应急指挥中心灾后重建指挥部会议，研究向国务院报送《关于抢险抗灾工作及灾后重建安排的汇报》。

2月13日正月初七，谢部长再次主持召开党组会，办公厅、预算、经建、社保、农业、教科文等司局参加，研究增加灾后重建和恢复生产的财政资金保障办法。

心系灾区，情牵人民，一项项措施在迅速制定和落实，财政部全体干部有信心通过扎实的工作战胜一切困难。

“急事急办、特事特办”
——财政干部的心与灾区群众联在一起

节日前，所有与救灾工作有关的司局都对春节期间加班、值班和联络工作进行了部署，明确了节日期间各司内的联络员、部内救灾工作小组联络员。

抗灾救灾紧要时期，办公厅的各项工作十分繁忙，在胡静林主任带领下，办公厅各处室发扬团结拼搏、甘于奉献的精神，克服困难、加班加点，默默无闻地做好安全保卫、应急值守、政务协调和服务工作，圆满完成了各项工作任务。在时间紧、任务重、人手少的情况下，厅领导带领研究处等有关处室同志起草了报国务院的《财政部关于当前财政经济运行情况及支持灾后重建工作的报告》，反复修改完善了《关于2007年中央和地方预算执行情况与2008年中央和地方预算草案的报告》，汇总提出了对发改委计划报告征求意见稿的意见，起草修改了其他多篇文稿，确保了各项紧急文稿起草工作按要求顺利进行。

春节前，社会保障司有关同志已为救灾工作连续加班半个多月，此时他们又主动放弃休假，继续投入到紧张的抗灾救灾工作之中。孙志筠司长多次召集全司处级干部开会，传达抢险抗灾应急指挥中心办公室第6次会议精神和部领导的有关指示精神，对春节期间救灾应急工作作了安排，对中央领导关于安徽、江西、贵州、湖南、浙江救灾工作问题的10余份批示材料研究提出落实建议，办理答复了中央领导关于广西和重庆救灾工作问题批示材料的落实建议。整理了当前经济形势和灾情分析汇报材料，对近期灾害及物价上涨对灾民和社会保障对象的影响情况进行了详细分析，并初步测算了保障灾区群众基本生活和医疗卫生机构灾后重建补助方案。

经建司是财政部煤电油运和抢险抗灾工作小组牵头单位。按照国务院煤电油运和抢险抗灾应急指挥中心要求，经建司建立了春节值班制度，张少春副部长在春节期间正常上班并与工作小组一起值班，司里确定王保安司长、张学文副司长、能源处全处值班，综合处、投资处、商业处、粮食处、交通处等有关处室安排具体人员值班，建立了通畅的联系制度和高效的办事制度，一切以抢险救灾工作为中心，急事急办，特事特办，为取得抗灾救灾阶段性重大胜利提供了有力的财政保障。

春节这几天，预算司李萍司长在参加当前财政经济运行情况及支持灾后重建工作研究讨论的同时，带领有关处室的同志抓紧修改《2007 年全国预算执行情况及 2008 年全国预算》（草案），积极协助办公厅修改《关于 2007 年中央和地方预算执行情况与 2008 年中央和地方预算草案的报告》。王卫星巡视员对当年财政收支形势和财政预算工作作了仔细研究，认真准备相关材料。

农业司及时启动救灾应急机制，成立了由赵鸣骥司长挂帅、全体司领导和各处负责同志组成的支持抗灾救灾工作小组，密切跟踪灾情，及时安排救灾资金，认真研究灾后农业生产恢复重建工作，全司同志团结协作、密切配合，发扬不怕疲劳、连续作战的作风，充分体现了“心系灾区、情系灾民”的高尚品德。

灾情最严重的时候，国库司成立了由詹静涛司长为组长、相关司领导和 7 个处处长组成的抗灾救灾领导小组，建立春节期间抗灾救灾资金应急拨付预案，落实岗位责任制；全司负责国库资金调度、资金审核、资金支付、灾情分析方面等 20 多名工作人员 24 小时待命。在国库司的努力下，一笔笔救灾资金承载着中央领导的关怀，承载着财政部的真情，全部迅速拨付到受灾地区。2 月 7 日—11 日，在王瑛副主任的带领下，国库司紧急与湖南、江西、贵州、广西、安徽、湖北等灾情较为严重的省财政厅进行电话联系，搜集整理了各地关于灾情对当地财政经济影响的有关情况和数据，对当前经济形势和下一阶段财政收支增减变化趋势作出初步判断，所提供的情况分析、形势判断和政策建议大部分在我部向国务院报送的分析报告中被采纳。

综合司积极组织力量开展灾后经济形势分析和对策建议研究，拟写了《雪灾后经济形势分析与政策建议》专题材料。

企业司迅速组织司内干部了解企业受灾情况，研究积极支持灾后重建方案。

教科文司在紧急下达教育救灾资金和广电救灾专项资金的同时，批准科技部动用结余资金用于冰雪灾害应急技术集成与应用项目研发，并紧急预拨农村中小学校舍维修改造资金，把正常的校舍维修与此次校舍修复工作结合起来……

紧急应变，迅速行动，财政部的干部职工在自然灾害面前经受住了严峻的考验，展示了敢打硬仗的优良风貌！

“加班的盒饭香更浓”——为了千家万户的温暖

面对无数的家庭因灾不能团聚、因灾受冻受寒，在万家团圆的传统节日“春节”期间，参与抗灾救灾行动的干部职工放弃回老家看望亲人、与家人欢度节日的机会，坚守在支持抗灾救灾的工作中。

这几天，从部领导到一般干部，工作一忙就顾不上吃饭，每当家人打电话催问何时回家时，大家总是抱歉地说就在单位凑合了——“盒饭也挺香的，还有少春副部长和我们一起吃呢！”

春节期间，许多加班值班人员以办公室为家，通宵达旦地工作。经建司王保安司长父亲病重，他却退了已经订好的车票，没能回家探望。

从除夕到初六，社保司天天都有许多同志紧守在办公室，孙志筠司长几乎每天都要接连参加救灾和市场保障指挥部会议、经济形势和灾情分析会议，由明春副司长和优抚救济处、卫生处、综合处的同志们几乎每天工作都要到很晚，有一半时间直到深夜。

办公厅胡静林主任、廖路明副主任、穆树彬副主任等厅领导带头值班，从大年三十到正月初六，每天都有厅领导和大家一起加班。信息处、新闻办和电子政务处的同志修改完《灾情就是命令，财政紧急行动》通讯稿，并传给中国财经报社时，已经是深夜十一点半。

农业司的救灾工作日志表明，从除夕到初六这七天假期，加班的同志每天都要参加会议研究事项，每天都要整理出信息情况报送有关方面，有的同志在深夜还匆忙赶赴办公室研究。农业二处在主管部门没有收到发改委通知的情况下，积极主动地在 2 月 7 日就汇总报送了气象部门损失及灾后建设意见；林业处 2 月 8 日连续加班至晚上 12 点，将全部材料准备完毕；水利处在主管部门不能提供资料的情况下，主动与地方财政联系并了解情况，及时报送了 7 个重灾省汇总材料。

国际司的同志们在春节假期多方搜集资料，结合国际经济形势，就如何进一步完善有关政策、做好抗灾救灾工作提出政策建议。

在焰火满天的首都夜空，或许财政部办公大楼里加班的星星灯光略显冷清，但正是这灯光映照着的忙碌身影，书写出了两个沉甸甸的大字——“责任”……

“1546”以及与之有关的人和事

——财政部清理规范津贴补贴工作班子纪实

综合司

引　子

“1546”是财政部一间普通的办公室。

只是它略带“神秘色彩”，门口赫然贴着一个特别提示：“此处是保密重地，请来宾于外室等候。谢谢合作。”这个办公室的灯时常会彻夜长明，这个办公室的人每天都是早来晚走，行色匆匆。

这便是1546办公室——财政部清理规范津贴补贴工作班子集中办公的所在地。

“1546”不是一间“普通”的办公室。它的“身世”不普通：它原本是一间会议室，在部机关办公用房极为紧张的情况下，为了支持清理规范津贴补贴工作，在王军副部长亲自关怀下，在部办公厅和机关服务中心大力支持下，才为清理规范津贴补贴工作班子申请到这个宝贵的办公场所。它的条件不普通：有窗，但不透风，也看不到窗外的风景；有门，但要先过个狭小的外室，空气不易流通。难怪有人笑谈，在这儿工作可以享受“艰苦边远地区津贴”了。它的容量不普通：一间并不太大的会议室里，最多的时候有综合司以及从兄弟司局、部属事业单位、各地专员办和财政厅借调的十几位同志集中办公，十几台电脑和几台打印机一起运转；这里文件如山，各种材料、简报、方案、表格不计其数，存了满满几个柜子。它的意义不普通：它只是清理规范津贴补贴工作最具代表性的一个缩影，或者说“符号”，与之相联的还有1606、1608、1624、1516、1520、1525、1534、1536等诸多办公室以及真武饭店、鑫正大厦、国谊宾馆甚至部文印部、传达室等一大串地方……近两年来，在王军副部长和丁学东部长助理的带领和亲自指挥下，清理规范津贴补贴工作班子加班加点、昼夜奋战、深入调研、反复测算，制定出台了一个又一个改革规范的重要文件。

招之即来，来之能战，战则必胜

收入分配问题涉及到亿万人民的切身利益，历来是一个重要的经济问题、社会问题，更是一个十分敏感的政治问题。改革开放以来，伴随经济社会发展所取得的巨大成就，在收入分配领域中分配不公、差距过大、秩序混乱等问题日益突出，影响了社会稳定和社会主义和谐社会建设进程。对此，党中央、国务院高度重视。2006年5月26日，中共中央政治局召开全体会议，专门研究改革收入分配制度和规范收入分配秩序问题，并决定以改革公务员工资制度、规范公务员收入分配秩序作为整个社会收入分配制度改革的突破口，相继成立了公务员工资制度改革、规范政策外补贴工作领导小组以及改革公务员工资制度和规范公务员收入分配秩序工作小组，国务委员兼国务院秘书长华建敏亲自坐镇指挥并担任工作小组组长。

财政作为实现国家大政方针的物质基础、政策手段和体制保障，调节收入分配本来就是财政的内在职责，在这次收入分配制度改革中更是责无旁贷。财政部党组高度关注收入分配这一重大民生问题，多次召开会议，进行专题研究，并指示要把“好事办好”。

2006年3月31日，按照党中央、国务院改革公务员工资制度和规范公务员收入分配秩序的总体部署，财政部以综合司收入分配处为基础，成立了清理规范津贴补贴工作班子。现有人员不够，就立即想办法，姜小林（浙江专员办）、顾荣（北京专员办）、陈建平（江苏专员办）、张智乾（部办公厅）、侯乃弘（山东省财政厅）、彭建（湖南专员办）、王淑玲（广东专员办）、苏凤玲（广东省财政厅）、晏晨辉（江西专员办）、冀慧峰（陕西专员办）、林绍进（福建专员办）、袁晓媛（吉林专员办）、井明（部干教中心）、高巍（部信息中心）、陈依琳（湖南省财政厅）、殷毅、周里盈（财政票据监管中心）、赵兰芳、孙建立（中注协）等一批精兵强将陆续进入工作班子。这些人中，有些在原单位担任一定的领导职务，有些是原单位的业务骨干，都有着很好的发展前景。但是，一听说要借调到这儿工作，大家都是二话不说，"招之即来"。人员到位后，大家都尽快熟悉工作，勇挑重担，不懂就问，不会就学，点滴积累，迅速成长为这项业务的骨干……真可谓是"来之即战"。王军副部长、丁学东部长助理亲临第一线，中央纪委等五部委大力支持和密切配合，各地区、各部门以及部内相关司局通力合作，工作班子的人真正做到了"战则必胜"，没有辜负党中央、国务院以及部党组的重托。在近两年的时间内，先后向党中央、国务院做了20余次汇报，共出台了60多个政策方案性文件，组织或参与组织大型会议8次，召开小型座谈会60多次，编写了61期工作简报。目前，改革规范工作稳步推进，取得了重要的阶段性成果，得到了党中央、国务院和部党组的充分肯定。

"周六保证不休息，周日休息不保证"

当前，财政改革多点开花，全面铺开，财政部各司局加班加点是"家常便饭"。无论多么晚，从部外那条小路上仰望部办公大楼，总会见到一些办公室灯光通明，随时可见那些忙碌的身影。不过，像工作班子这样"近乎疯狂地加班"还是不多见。"周六保证不休息，周日休息不保证"，这是工作班子内部一条不成文的规定，更有地方的同志讲，"1546办公室是24小时办公室"。时间紧、任务重、头绪多、敏感性强等改革规范工作特点注定了"加班"是班子工作、生活的常态，而不加班才是偶然现象、特殊情况。

工作班子的加班记录一次次被刷新：2006年10月末，当时正处于测算、制定方案的关键时期，国务院领导在三天内听了两次工作汇报，工作班子几个成员为了准备汇报材料，处于高度紧张忙碌的状态，三天三夜没有睡觉；记录没有保持多久，就变成了一周没回家，后来干脆在办公室支起了行军床……不论是清晨、下午、还是深夜，总能看到张文斌处长拿着一条毛巾往洗手间去，那是他累得困得实在难受了，去用冷水冲把脸，准备继续抖擞精神，接着再干。司里其他处室的同事也说，这两、三年来王新祥调研员有点奇怪，一大早他却总是神情恍惚、眼睛眯成了一条缝，也不像以前那样爱跟大家说笑了。后来，大家慢慢才知道，那是他在办公室里熬了多少个通宵的“后遗症”。大家都说工作班子的同志都炼成了“铁人”，可工作班子的同志却发自肺腑地说，“真正的‘铁人’是王军副部长、王保安司长和戴柏华司长啊。我们连续加了几天班，把汇报材料准备好后就可以稍微喘口气了，可是，对于王军副部长、王保安司长和戴柏华司长来说，这仅仅是个开始。他们还要拿着方案给党中央、国务院领导汇报，与各部门各地方进行沟通和解释”。在大家一次次刷新连续工作加班记录和挑战睡眠极限的过程中，王军副部长、王保安司长和戴柏华司长与大家一起摸爬滚打，始终战斗在第一线，他们的身影愈发消瘦了，眼睛里布满了血丝……正是在部领导、司领导的表率作用下，工作班子的同志们加班加点毫无怨言，还幽默地改用了两句流行歌词来苦中作乐。问问他们的工作难度，他们笑着唱道，“你说我容易吗?”，再问他们还想不想干这工作，他们又笑着唱道，“死了都要干!”

“多大的事?”

“多大的事?”对一些工作，我们也会这样开玩笑。但对规范津贴补贴工作，我们丝毫不敢戏言。华建敏国务委员曾说过，中央对此已经下了最大的决心，这不一定是本届政府最大的一件事，但很可能是最难的一件事。因此，王军副部长下达了“死命令”：工作班子要与这项工作“共存亡”，且只能“存”，不能“亡”。工作班子时刻牢记国务院领导和部领导的谆谆教导，诚惶诚恐，不负重托，迎难而上，全力以赴，做了大量艰苦细致的工作。

工作班子汇报多。规范津贴补贴是调整社会收入分配格局的一个重要内容，党中央、国务院高度重视这项工作，多次听取财政部等有关部门的汇报。单就规范总体方案而言，财政部等有关部门就先后于2006年3月15日和23日分别向国务院常务会议和中央政治局常委会议作了汇报，向30个省（自治区、直辖市）和新疆生产建设兵团及22个中央部门通报了规范津贴补贴的总体考虑。再如，2007年3月、4月、5月、6月、7月又多次向国务院领导汇报工作。汇报多，就意味着汇报前要有调研、有方案、有思路，汇报后要出简报、听意见、改方案、做解释，汇报的过程就是工作逐步推进的过程。

工作班子会议多。为了研究制定出最佳的方案，工作班子几乎每天都要开碰头会，有时一天开几次会。好多问题都是先在工作班子内部小范围议几次，然后再集中开会讨论，这使得工作起来效率很高。王军副部长工作十分繁忙，但特别注重通过开会听取大家意见，经常连续召开会议研究同一问题。

工作班子争论多。在工作班子的讨论中，绝对是民主的，从部领导到一般工作人员，人人可以畅所欲言。为了选择最佳方案，大家经常争得面红耳赤。有一次王军副部长随国务院领导出访美国，放不下规范津贴补贴工作，梦里还在和戴司长争论问题……每次争论都是一次思想碰撞、火花产生的过程，也是一次启发智慧、解决问题的过程。

工作班子调研多。“广开言路、八方取经”是王军副部长给工作班子指出的一个重要工作方法。每制定一个方案，工作班子都要反复了解各个有代表性的地方省份和中央有关部门的具体情况。调研中，地方和部门的同志结合工作实际，各抒己见；调研后，工作班子根据了解的情况以最快的速度消化吸收，修改完善方案；然后，召开新一轮座谈，再次听取意见……为了了解真实情况，汪义达副司长主动加任务，利用周末时间到河北调研，一下车就开始了解情况，谈到深夜才休息，第二天中午就赶回来到办公室加班。正是在一次次不厌其烦的调研和走访中，改革规范方案的思路和方向一步步变得清晰起来。

工作班子材料多。工作班子的简报、汇报材料、情况反映等工作材料非常多，而且经常像一本本厚厚的书籍。规范京外中央国家机关津贴补贴实施方案发文通知仅附件累计就长达260多页。这样一份文件的起草、修改中的工作量是可想而知的。这就要求工作班子的每一个成员都要有过硬的本领，既要写得快、又要质量高。王新祥调研员曾经一天起草了两个重要讲话，井明同志曾经一天写了近10个签报，工作班子曾经一天出了3期工作简报……

工作班子方案多。研究制定方案是工作班子的核心工作，更是一项十分艰巨的任务。2006 年 3 月至 6 月底，开始了长达 3 个多月的方案制定“大会战”，集中核实、测算、分析数据，研究、制定方案。为了使出台的政策更加严谨可靠，王军副部长不仅亲自参与制定方案，而且每次都要求工作班子将问题考虑得细一些、深一些，详细测算，制定多套方案，分别做成高、中、低三套方案，每一套方案均要有详细的测算及情况说明。对每个方案都要深入进行利弊分析，既便于领导决策，又利于大家接受。

工作班子表格多。为了摸清津贴补贴发放的现状，工作班子首先要完成清理政策外津贴补贴工作。2005 年 5 月底，工作班子开始制定表格；8 月底，下发表格采集数据；11 月底，就把中央部门和地方基本情况核实完毕，初步摸清了全国津贴补贴发放的底数。为此，国务院领导曾勉励大家说，这几个月，我们做了一件了不起的事，做了一件我们多少年都说不清楚、一直想做都没有做成的大事。随着规范工作的展开和推进，各种报表更是不计其数，工作班子设计、催报、审核表格的任务十分繁重。2007 年 6 月，为了尽快推出规范京外中央国家机关津贴补贴实施方案，工作班子硬是在不到一周的时间内完成了全国各省会城市、计划单列市、省直机关数据的催报、核实和汇总工作。王新祥、侯乃弘、林绍进、王洪涛被地方同志戏称为“四大恶人”，最紧张的周末两天，他们半夜 12 点以后还在和一些地方进行电话沟通，催报、核实数据。

工作班子电话多。1546 办公室每个人的桌子上都有一摞各种不同的“电话表”或联系方式。经常要求在一天内将有关情况电话通知到 117 个中央部门、全国 30 个省（区、市）和新疆生产建设兵团的财务、人事部门，还有部内相关司局等。一天下来，大家直打得头皮发麻、耳朵轰鸣、口干舌燥。在报送表格、沟通方案的时候，常常是一天之内电话铃声此起彼伏，同志们要不间断的接听来电，耐心细致地解释政策……

逢山开路，遇水搭桥

“逢山开路，遇水搭桥”，这是王军副部长经常对工作班子说的一句话。每当工作遇到困难的时候，每当多种工作方案难以抉择的时候，王军副部长总是给大家鼓劲打气，指点迷津，激励大家放开手脚，开拓进取，勇于创新。

工作班子成立之初，王军副部长就强调，清理规范津贴补贴是一项啃“硬骨头”的工作，涉及到方方面面的利益关系，工作难度大，要求高，政策性极强。大家参加这项工作，责任重大，使命光荣，对此要有充分的思想认识。工作班子要按照部党组的要求，上下齐心，拼搏奋斗，努力锻造一个钢铁般的坚强战斗堡垒。每个成员都要做到四个“不仅”：一是不仅能跑腿、能熬夜、甘于奉献，更要善于研究政策，学会在字里行间统筹协调各方面的利益关系。二是不仅能制定政策，更要善于使制定的政策切合实际，切实可行，具有可操作性。三是不仅能使制定的政策具有可操作性，更要善于落实各项相关政策，求实功，务实效。四是不仅能保证各项政策落到实处，更要善于做宣传和说服解释工作，赢得社会各界的理解和支持，减少阻力，增强助力。王军副部长对工作班子提出了三点要求：一是紧锣密鼓，科学有序。二是严肃纪律，注意保密。无论对家人也好、朋友也罢，都要做到守口如瓶，滴水不漏。三是勇挑重担，全心工作。兵来将挡，水来土囤，左踢右打，统筹协调。

为改革规范工作，王军副部长可谓是殚精竭虑、呕心沥血、昼思夜想、费尽思量。规范工作最为紧张的关键时期，他经常连续召集工作班子开会，有时候会议一直开到晚上12点钟以后；工作班子有时会在半夜、凌晨突然接到王军副部长的电话，那是他突然有了新想法、新思路，或者考虑到了新问题、新情况，迫不及待地提醒和告诉大家……

在工作中，王军副部长不仅根据实际情况及时提出了各种合理的、各方都能接受的解决方案，而且为了方便理解和记忆，还提出了有高度浓缩性的一系列新概念和新提法，比如，“两个50%”、“垂直压缩率”、“限高、稳中、托低”、“三个一体化”、“治乱要狠、调标要稳”、“稳字当头”、“要保密但不能神秘”等都是王军副部长的“发明专利”。在国务院领导主持召开的一次会议上，国家审计署党组副书记、副审计长令狐安建议给王军副部长颁发“创新发明奖”。工作班子的成员深深体会到，能够有机会在王军副部长、丁学东部长助理领导下工作，大家既深感荣幸，又有点惶恐；既兴奋，又紧张；既看到自身不足，又感到有收获、有进步，工作本身就是一笔宝贵的财富，大家都乐此不疲。

为保证地方方案尽快实施，根据国务院领导指示精神，工作班子与各地有关部门就规范津贴补贴实施情况采取召开小型座谈会、主动约谈等方式逐一沟通，了解情况，解疑释惑，加强对地方的指导，对一些省份交换意见多达五六次。虽说是苦口婆心，但也经常是双方据理力争、互不相让。工作班子从不气馁，晓之以理、动之以情，既坚持原则，又灵活主动。地方的同志说，“你们认真的工作态度和对政策的宏观把握能力实在让我们钦佩”。目前全国规范津贴补贴实施方案都顺利地批复完毕。

正是有了这种严谨细致的工作作风，无论是在京中央和国家机关第一步规范津贴补贴实施方案，还是各省省直机关第一步规范津贴补贴实施方案、规范京外中央国家机关津贴补贴实施方案都非常顺利地被中央纪委等五部委、国务院常务会议通过实施。

一份耕耘，一份收获。通过两年多的辛勤工作，在全国初步建立了规范化的津贴补贴发放制度和监督制约机制基本框架，公务员收入分配秩序混乱现象得到了有效遏制，不同地区、同级政府不同部门公务员之间收入差距过大的矛盾得到了初步缓解。改革规范工作取得了又一项阶段性重要成果。从目前情况看，规范工作总体上正在有计划、按步骤地平稳推进，各地区、各部门领导对这项工作给予了充分肯定，干部职工反映较好，社会反应平稳。这充分说明，党中央、国务院关于改革规范的重大决策是得民心、顺民意的，改革规范的指导思想、方法步骤是周密科学的，工作班子的有关政策措施设计也是符合实际的。可以说，清理规范津贴补贴工作的一系列重大成果，自始至终都是在党中央、国务院的坚强领导和部党组的具体指导下取得的。

与此同时，经过不断的努力、探索、锤炼和打拼，工作班子逐渐建立了一套协调合作、健全完善、和谐有序的工作机制，煅造出了一个业务精干、作风过硬、团结向上的工作团队，形成了一种勇于创新、严谨细致、甘于奉献的工作作风。这是前期改革规范工作制胜的“三大法宝”，更是做好下一步改革规范工作的坚实保障，必将被工作班子作为优良传统继承和发扬。

舍小求大、群策群力

为了尽快推进公务员收入分配制度改革，工作班子的同志早已把自己的事情抛在了脑后。他们舍弃了“小我”的安逸生活，为的是尽快推进改革、推动国家这个“大我”前进的步伐。

丁学东部长助理颇具学者风范。接手清理规范津贴补贴工作后，那可真是钻得深、研得精，令工作班子的每一个同志由衷佩服和敬重。大到方案设计、班子制度建设，他真知灼见、有的放矢；小到文字、标点符号，他一丝不苟、严谨认真。工作班子报送的文件无论多晚，甚至下班后、节假日，他都及时审阅，迅速批示。作为分管多项复杂工作的年轻部领导，工作可以说是千头万绪，赶场的事情时常发生，丁助理来不及就以方便面充饥。就在不久前的 7 月 17 日晚上，下午六点多钟他参加的一个国务院会议才结束，七点钟又要赶着开规范津贴补贴下一个会，连饭都没顾上吃，就立刻投入工作，一直到晚上十点多钟会议才结束。

综合司的工作历来是急、难、新、杂，头绪繁多。王保安司长则有敢啃硬骨头的作风、能啃硬骨头的本事。农村税费改革、道路与车辆税费改革、住房土地制度改革等多项重大改革中无不浸透着他的智慧和汗水。在清理规范津贴补贴这项改革工作的关键时期，他为了让戴司长集中精力做好这项工作，主动将戴司长的其他工作全部承担下来；2005 年清理津贴补贴时，王保安司长亲临工作第一线，亲自上阵任一个调研核查组组长，“剖开了五脏六腑、诊断了病因”，为整个改革规范工作奠定了基础；今年初，因工作安排，他又全面接手这项工作，组织研究制定出的京外规范津贴补贴实施方案在国务院常务会议上获得顺利通过；直接组织了中央和国家机关第一步规范津贴补贴实施情况检查工作，也取得明显成效。“验证了药方（方案），坚定了信心”。高效的工作得益于王司长敢于改革创新的胆识、悉心培养干部的领导方法和善于解决矛盾的工作艺术。

戴柏华司长从规范津贴补贴起始就主抓并将全部身心投入到这项工作，他是整个改革规范工作的见证者、组织者和参与者。他既是前沿指挥官，又是一线战斗员，多少个日日夜夜，他陪伴着大家，埋头苦干，冲锋陷阵，摸爬滚打，改革规范工作历程凝聚着他的心血和汗水。

由于工作忙，而且为了保证各相关单位的同志能够随时找到人，工作班子的同志吃午饭都比较晚，总是快到十二点才出门。可是，就是到了这个时候，汪义达副司长也还在伏案工作。他本来就有胃病，却总是不能按时吃饭。他说，这是因为，一来他接手这项工作稍晚，需要抓紧一切时间多学习；二来去得晚一些食堂人少，吃得快一些；三来他可以利用这段大家吃饭的时间抓紧改材料，等同志们吃完了他就改完了，可以加快文件的运转，争取时间。可即便是这样一顿“迟到的午餐”有时也保证不了，时间一紧，汪司长就泡包方便面了事。大家让他注意身体，他却笑着说，“领导还等着要材料呢!”

财政部附近的一处小饭馆的服务员早已习惯了在晚上八九点钟接到工作班子的订餐电话，她们熟悉工作班子同志的声音和偏爱的口味，还知道总是强调要快点打包送到。有时，工作班子的同志在办公室里闷了一天，为呼吸一下新鲜空气，舒展舒展筋骨，也会下楼到这个小餐馆吃。为了节省时间，都是先打电话点好饭菜，等做好了才过去。但常常一忙起来就停不下来，饭菜都凉了才过去吃；工作班子同志吃饭的速度与干活的速度一样快，犹如风卷残云，通常半小时左右就吃完了；而且，点菜还出奇地“抠门儿”，桌子上稀稀拉拉地摆着几个菜，却一下子要上十来碗饭，每次都是盘盘见底，一扫而光。

由于工作强度比较大，休息不好，工作班子的同志有个头疼发烧是经常的事，可是，从没有人请假，都是带病坚持工作、坚持加班。为了完成党中央、国务院和部党组交给工作班子的重任，同志们不仅舍弃了“小我”的安逸生活，而且，也没有时间和精力照顾自己的“小家”。

娄曲果处长已经调任到彩票管理处，但为了改革规范工作，长期两面兼顾，还带病坚持工作，参与主持设计了全部的改革规范方案，一直到2007年京外方案报请国务院后，才住院做了手术。术后几天，尚未拆线，就又一头扎进工作中。

杨薇调研员家里老人生病住院，丈夫又长期住院，她不仅没有请假，而且仍然坚守岗位，与大家一道加班工作。

浙江专员办的姜小林处长工作能力很强，多次被抽调到工作班子工作，每次他都毫无推托，一来就迅速地投入到工作中去。2006年3月接到借调令以后，正赶上老母亲在杭州动手术，上午手术一结束，他下午就踏上了北上的行程。

周晓慧是一个结婚不久的女同志，但从来都是和大家一起加班加点到很晚。工作班子最忙的时候，母亲不幸去世，但她将悲痛压在心底，从没有因此耽误一点儿工作。

林绍进同志家中父母生病，也没有时间照料，找好护工后就匆匆来京。因长期在北京借调，这么帅气的小伙子至今都还没找女朋友呢。

冀慧峰同志刚结婚连蜜月都没度完就被借调到工作班子，而岳母在医院动手术，他也没有时间回去照顾。

规范津贴补贴期间，井明同志、程俊峰秘书、高志龙秘书正值小孩出生前后，家里忙成一团，他们却无暇照顾。每天都工作到很晚才回去，一早就要上班，难得和孩子见上一面。

更让人心酸的是，在规范津贴补贴工作最紧张的时期，戴柏华司长的母亲患病不幸去世，戴司长匆匆赶回却没能见上母亲最后一面，没能多侍奉老人几天；回来后，他把悲伤藏起，重新投入到了忘我的工作中。只有在春节团拜会上戴司长动情地唱起《故乡的云》时，眼里闪烁的泪光才诉说出内心中无尽的哀思。

清理规范工作启动不久，王保安司长的父亲突发脑溢血入院抢救，然而，为了给这个千头万绪的工作打下个好基础，王司长一再推迟了回家的行期。就在前不久，老人病情再次复发入院，王司长仍然无法抽身，至今都没能回家在老人的病榻前尽一份孝心……而这种忠孝难以两全的酸楚，工作班子的同志却从没察觉到，在他们面前的王司长，总是那么充满热情地、乐观地、不知疲倦地工作着……

王军副部长从工作班子成立伊始，就与大家一起摸爬滚打，时常关心同志们的身体和生活状况。可是，谁又能想到，这样一位体贴的领导，却没有心思和时间照顾自己的父亲，没能为老人家及时做心脏手术，铸成了终生的遗憾。然而，他却从未向工作班子的同志们提起过，大家也从没有察觉到什么。因为，王军副部长总是那么一贯地认真、耐心、细致。想必他早已将那份“子欲养而亲不待”的痛楚深深地埋在了心底……

清理规范津贴补贴工作敏感性强、涉及面广，是一项艰巨复杂的系统工程，但司领导班子、司内各处室、部内相关司局和单位顾全大局，不遗余力地给予支持和配合，群策群力，确保了改革规范工作的顺利推进。

工作班子成立伊始，办公厅、预算司、人教司、社保司、监督检查局、国库司、行政政法司、教科文司、金融司、经建司等部内相关司局就积极主动地参与了改革规范整体方案、地方方案和中央方案、京外方案的研究制定工作，保证了所有方案的严谨、科学和及时出台、实施。特别是预算司按照“特事特办”的原则迅速、及时地会签方案；社保司积极主动地会同工作班子做好统筹解决社会保障对象待遇工作；国库司大力配合做好规范津贴补贴发放管理和会计核算研究制定工作；部办公厅不仅直接负责规范津贴补贴的对外宣传工作，给予了工作班子大力支持，而且出于保密考虑，工作班子通过红机传输文件和机要发送文件是经常的事情，办公厅机要室是随叫随到、加班加点、从无延误；部监督检查局不仅从全国各地为工作班子选拔精兵强将，而且克服种种困难，抽调大量的人力，全力以赴地投入到津贴补贴的清理和规范实施情况检查工作，高质量地完成任务。

为确保工作班子文件及时送达国务院领导和中央纪委等五部委领导手中，部机关服务中心克服种种困难，为工作班子配备了专人、专车。专车司机曹师傅那是说走就走，风里来、雨里去，从无二话；部文印部对1546的每一位同志都记忆深刻，笑称，实在“怕”接到1546打来的电话，他们知道1546的印刷任务是不到下班、任务不来，而且是有时印了以后还要重印，但她们从无怨言；由于部门众多和保密需要，各部门、单位经常要到1546拷取文件、沟通方案，高峰时部传达室经常应接不暇。传达室工作人员从来都是笑脸相迎，而且以最快速度办理进门手续……

……

……

“1546”是一间不普通的办公室。因为，它见证了我们的党对改革规范工作的高度重视和坚强领导，见证了党中央、国务院的英明决策和运筹帷幄，见证了王军副部长、丁学东部长助理等部领导的求真务实和锐意创新，见证了清理规范津贴补贴工作班子不普通的点点滴滴。

“1546”又是一间普通的办公室。因为，它见证的是全国财政系统一个又一个最普通的党员干部的工作和生活。在财政部办公大楼里、在全国财政系统每一间办公室里，在祖国各地的每一个角落里，都可以找到许许多多类似发生在1546办公室里的故事。“1546”就如一颗小小的水滴，映衬出我们党永葆先进性的光荣传统和优良作风，映衬出我们党全心全意为人民服务的精神。也正是在无数个1546这样的办公室里，七千多万普通党员默默无闻地奉献着自己的青春、智慧、热情、汗水和力量，团结一心，众志成城，将我们党的伟大事业不断推向新的辉煌！

10月1日，我们将从天安门前走过

——我部参加首都国庆60周年群众游行活动队员的思想汇报

陈　静　陈　芳　李　斌　王　颖　董思达　赵　雷

“长路奉献给远方，玫瑰奉献给爱情，我拿什么奉献给你，我的祖国?”一首耳熟能详的歌，一直在我们财政部六位国庆游行活动队员的心头盘旋、回荡……

为庆祝新中国成立六十周年，中央国家机关组织人员参加首都国庆60周年群众游行活动。部机关党委把这项光荣的任务交给机关服务中心完成。经过谨慎严格的挑选，严肃认真的政审，领导让我们6位同志作为游行队员，参加此次群众游行活动。作为这个临时小组的负责人，我感到任务光荣而艰巨。几个月过去了，在紧张、艰苦的训练中，我们锻炼了身体，锤炼了意志，升华了情感，度过了一段非常难忘的时光，也留下了一生中最美好的回忆……

流汗不流泪　掉肉不掉队

中央国家机关参加首都游行活动的 414 人组成一个大队，大队下设 6 个中队。我们所在的 4 中队由财政部等 14 个单位组成。7 月 21 日起，我们 6 位同志参加了中央国家机关大队第 4 中队为期 1 周的集中训练，7 月 29 日起参加了中央国家机关大队为期 4 天的集中训练。

早上 6 点起床长跑、体能训练、军姿、队列训练，体能拓展训练、横排面训练、以大队为单位的合成块移动训练，踏乐行进，学习经过主席台时的表演动作等等，完全军事化训练，住的是军营式的集体宿舍。当我们拖着疲惫的身体躺在床上时，可以荡起一片灰尘。条件非常艰苦，训练有些枯燥，但同志们严格要求自己，服从指挥，刻苦训练，耐风雨、战烈日、以坚韧不拔的意志克服了重重困难。来自中心财务处的王颖是一位生在 80 后的小姑娘，皮肤白皙，身材修长，娇美文弱，我们真担心她坚持不下来。但她说："能参加国庆游行活动我感到非常光荣，我的一举一动都代表着财政部的形象，我一定会以坚强的意志克服困难，咬紧牙关，做到'流汗不流泪，掉肉不掉队'，不辜负各级领导对我的期望。"

在训练的同时，我们还积极参加中队的各项活动。党委办公室陈芳作为后勤组组长，承担着中队联系车辆、预订酒店、购买物资等繁杂的工作，但她从不怕麻烦，踏实、细致地完成了工作任务。人事劳资处李斌参加了大队组织的"红歌赛"，并以一曲《真心英雄》获得了优秀奖。交通运输部赵雷参加了第 4 中队篮球队，并与队友一起取得了比赛的胜利。审计处董思达负责中队的摄影工作，为大家纪录训练的瞬间，留下了难忘的记忆。大家的出色表现得到了中队队员的信赖，获得了中队领导的一致好评。

动作准确才能对得起自己，对得起别人

我们第 23 方阵是由来自中央国家机关、中央直属机关、北京市属机关及中国政法大学的 2000 余名队员组成。为了保证方阵的整体效果，自 7 月 31 日起，进入方阵合练阶段。

难忘雨中训练，大家迎着闪电，和着雷声，冒着大雨，坚持训练，无一人退缩。难忘三伏酷暑训练，太阳晒着我们年轻的脸庞，汗水在脸上、

身上默默的流淌。姑娘们晒伤了娇嫩的皮肤，帅气的小伙子们晒出了黝黑的肤色。训练场上留下了我们优美的身姿，合练场地记下了我们矫健的脚步。方阵是2000多人组成的一个整体，注重的是整体的协调一致。一个人精力不集中，动作不准确就会影响方阵的整体效果，就会使一次的演练重复、再重复。只有每个人精力集中，动作准确，步调一致，以对集体认真负责的态度，我们的方阵才能有最出色的表现，才能对得起其他辛苦付出的2000余名参训队员，才能保证把高质量的训练成果展现给全国人民，乃至世界人民。

当我从天安门前走过

8月29日起，国庆游行活动进入彩排阶段。按照国庆游行大队总指挥部的安排，为了尽量不影响居民的生活，不影响各单位的工作，彩排一般安排在周末晚间进行。我们会在周五下午集结，进行安检，在东单待命，凌晨进行演练。我们组成的“依法治国”方阵展现的是“情为民所系，利为民所谋”的国家公务员的精神风貌。为配合方阵主题，方阵队员要身着工商、质检、法院、海关等不同行业的服装，身着制服的我们显得格外英武、帅气。当我们站在宽阔笔直的长安街上，看到壮观的游行场面，我有一种冲动，一种神圣，一种心潮澎湃，一种无法用言语表达的感觉。激动、骄傲、自豪、庄严……

9月18日，我们进行了最后一次演练。与其说是演练，不如说是预演，因为此次是国庆前的最后一次演练，除了飞机方阵没有参加外，各式武器、各兵种队列、56个群众游行方阵都参加演练。更重要的是刚刚参加完十七届四中全会的党和国家领导同志以及各位中央委员也会登上天安门城楼，观看我们的演练。这是一次真正的检阅，这是展现我们几个月来训练成果的重要时刻。天安门广场灯火通明，天安门城楼宏伟壮丽、熠熠生辉。当我们和着节奏明快的《祝酒歌》，精神抖擞、步伐矫健、动作整齐划一地走过天安门时，心情非常激动。队员们齐心协力，努力把自己最好的一面展示出来，让全世界人民看到我们中国人自强不息、朝气蓬勃的精神风貌！大家都知道：我们不仅仅代表自己，不仅仅代表财政部，不仅仅代表国家公务员队伍，我们代表的是13亿中国人民。

今天是你的生日，我的祖国，我们三个月来的辛苦与付出就为这一

刻。我们会以最饱满的热情、最整齐的动作、最矫健的步伐、最昂扬的精神，走过天安门，接受祖国和全国人民的检阅，我们以这样的方式向你献礼，向你诉说，我爱你——中国！

（执笔：陈静）

丹心报国

当乘风破浪　以青春报国
推动财政青年工作再谱新篇

——在共青团财政部机关第十次代表大会上的讲话

廖晓军

很高兴能参加共青团财政部机关第十次代表大会，和各位青年才俊共聚一堂，在党的十七届四中全会精神的感召下，在财政部机关第五次代表大会精神的鼓舞下，共商新时期青年工作之大计。进入会场放眼一看，满眼朝气蓬勃，我深深地感到当一名青年真好，当一名财政有志青年更好，我很愿意和大家坐到一起，再做一回青年人。

回想一下，当初我也这么年轻过，相比较而言，你们是很幸福的一代，我十几岁就到内蒙古下乡、插队落户，天天都有农活，中国的农民是没有礼拜天的，城里的青年很难适应，但我们都努力适应了。最艰苦的时候，一个礼拜吃不上粮食，只吃土豆，大锅里煮土豆撒上盐就是菜，笼屉里蒸的土豆就是干粮，经常挨家挨户去老百姓家借粮借面。我种过地、放过牧，还曾不小心从马上摔下来过，伤得很重。也当过工人，上过学，后来才进了机关。现在回想起来，年轻的道路虽然曲曲折折，却丰富多彩，令人回味。但肯定不如现在好，衣食住行各个方面都不如，你们太幸福了，特别是在财政部工作，在为国家的财政事业作贡献。我建议应该把财政部的优秀传统发掘一下，或者说抢救一下，机关党委来领导，新一届团委好好策划，通过我们的青年组织和青年人把这些传统总结归纳起来，传承发扬。我们部好多老领导，包括丙乾同志，他们都非常了解建国以来财政人的一些优秀品质，了解财政部沉淀和传承至今的一些优良作风。青年同志可以组成若干个调研小分队，去老干部那里走访，可以提前发个调查提纲，走访的老同志越多，了解的事情越丰富，我们归纳积累的财富就越多。这是一件非常重要的事情。

记得去年在财政部改革开放三十年的纪念大会上，我们请詹静涛司长回顾了三十年前的工作。我记得那时候部领导都要亲自登梯爬高去擦玻璃，打水都是亲自去，寄发信件都是改造利用旧信封，非常注意节约。对比一下现在，有很多值得总结的东西。我讲这番话，是要大家珍惜当前的大好青春时光，珍惜优越的工作条件，财政部需要你们拿过接力棒接好班，继承传统，有所创新，并传承下去。

今年是新中国成立 60 周年，是五四运动 90 周年，开好这次团代会，对进一步凝聚全部青年的智慧和力量，贯彻和落实科学发展观，推动我部青年工作再上新台阶，具有重要意义。在此，我谨代表部党组向大会的召开表示热烈祝贺！向出席会议的全体代表并通过你们向辛勤工作在财政战线的广大青年致以亲切的问候！

过去的两年时间，是我部青年干部服务大局的两年，是善于学习的两年，也是立足奉献、不断创新的两年。财政部机关团委在部党组和机关党委的领导下，坚持以邓小平理论和“三个代表”重要思想为指导，深入贯彻落实科学发展观，紧紧围绕财政中心任务和党委工作大局，以加强青年干部思想教育为主题，坚持不懈地用马克思主义中国化的最新成果武装青年，广泛深入地开展学习实践科学发展观等活动，在青年理论武装工作上取得了新成效；以服务财政工作大局为主线，鼓励广大团员青年积极投身于财政改革和发展事业，开展了丰富多彩、卓有成效的活动，在围绕中心、服务大局上展示了新作为。例如，前不久国庆六十周年的文艺汇演非常好，非常成功，好评如潮，这台晚会就是共青团为主力在一线组织的。庆祝活动紧扣“祖国颂、财苑情”的主题，每个单位都贡献了自己的力量，节目完全自编、自创、自演，个个精彩，奖项的设计也别具特色。以竭诚服务财政青年为重点，不断创新服务手段、丰富服务内容，扩宽服务渠道，聆听青年的心声，帮助青年解决实际困难，在凝聚青年、服务青年上取得了新突破；以加强团组织自身建设为基础，以创建“全国五四红旗团委”为载体，以建立“学习型团组织”、开展“达标创优”等活动为依托，坚持以党建带团建，增强了团组织的吸引力、凝聚力和战斗力，在夯实基础、健全机制上实现了新发展。

总之，对我部的青年工作，部党组是充分肯定的，广大青年团员是非常满意的。在此，我谨代表部党组向本届团委取得的显著成绩表示衷心的祝贺！向全体团干部和广大青年所付出的辛勤劳动表示衷心的感谢！

在此，我就新一届团委和广大团员青年两个层面，分别谈几点要求和希望：

本次大会将选举产生财政部第十五届团委，我希望新一届团委继承和发扬财政部青年工作的优良传统，不辜负部党组的重托，不辜负财政系统广大团员青年的期望，用火热的青春为我部今后的共青团工作创造新的辉煌。

第一，把握方向，努力提高服务党政大局的能力。胡锦涛同志曾指出，“青年只有在党的领导下，积极投身人民创造历史的火热实践，坚持与时代同步伐、与祖国共命运、与人民齐奋斗，才能拥有壮丽的青春，才能实现人生的美好理想。”共青团是党领导的先进青年的群众组织，是党的助手和后备军。共青团 90 年的光辉历史反复印证了一个道理：只有永远跟党走，才能创造出无愧于青春的业绩。财政部团委要紧密围绕和服务新时期固党执政的思想基础，找准与财政青年工作的结合点，牢固树立和落实科学发展观，培养立场坚定、政治过硬的一代接班人，保证党的财政事业兴旺发达、后继有人。

第二，强化意识，努力提高服务青年思想建设的能力。要深刻理解党的十七届四中全会提出的“要坚持把思想理论建设作为党的根本建设放在首位”的重要内涵，要把学习贯彻十七届四中全会精神与切实加强青年思想引导工作结合起来，充分认识到保持共青团这样一个庞大的青年组织的吸引力、影响力、生命力，首先要靠广大团员和团干部的共同信念；充分认识到要完成好引导青年坚定跟党走中国特色社会主义道路的根本任务，团组织和团干部必须带头真学真懂真信真用，强化共青团意识，不断提高自身的思想政治水平。财政部团委要深刻理解引导青年是共青团的根本任务，坚持分层分类引导，切实增强思想引导工作的针对性、适用性、普遍性。要深入基层、深入青年、深入实际，结合履行团的基本职能，结合社会实践和正确的社会观察，形成更加理性、更加深刻、更加稳定、更加全面的思想意识。

第三，准确定位，努力提高服务财政中心业务的能力。青年是财政事业的未来和希望，希望团委的工作更加能够更多体现财政部的特色，更加注重实效。要通过举办形式多样的青年讲座、论坛、交流等形式，少一些说教，像毛泽东、邓小平等领导人讲话都是言简意赅，却能给人留下深刻印象；要引导青年加强业务学习，扩大业务领域，充实业务积累；要引导青年积极开展调查研究，掌握第一手资料，倾听基层的声音，为青年人的成长提供更多的实践机会；要努力探索服务中心业务的新形式和新载体，为各级团组织与青年之间、各司局青年之间以及财政系统青年之间的交流和合作积极牵线搭桥，提供更加畅通的渠道。

第四，建设自身，努力提高服务财政青年成长的能力。“以青年为本”不仅是财政部团委做好青年工作的根本出发点，而且是增强团委对青年凝聚力和向心力的核心要求。要大力加强自身建设，坚持“眼睛向下、重心下移”，力争使团的基层组织网络覆盖全体青年，使团的各项工作和活动影响全体青年，切实增强团组织的创造力、凝聚力、战斗力。要进一步锤炼求真务实、吃苦耐劳、勇挑重担的作风。各级团组织和团干部要始终按照胡锦涛总书记提出的“忠诚党的事业、热爱团的岗位、竭诚服务青年”的要求，大力加强自身的作风建设，充分尊重青年，密切联系青年，更好地发挥共青团作为党联系青年的桥梁和纽带的作用。

第五，开拓创新，努力提高团组织的战斗力和凝聚力。要勇于探索创新，深刻领会和贯彻党的十七届四中全会提出的“勇于变革、勇于创新，永不僵化、永不停滞，继续推进党的建设新的伟大工程”的要求，始终保持蓬勃向上的朝气、开拓进取的锐气、不畏艰险的勇气，创造性地推进团的工作，鼓励和支持基层团组织、团干部大胆创新，以改革创新精神积极探索覆盖和影响广大青年的新载体新途径。财政部团委要深入挖掘加强团的基层组织建设和基层工作的新经验，努力探索新载体，形成新格局。要靠先进思想、靠对青年合理利益诉求的尊重和服务、靠对青年特有兴趣的满足、靠团干部的人格魅力和对青年的感情，切实增强对广大财政青年的吸引和凝聚；要善于用青年喜欢的沟通、交流、聚集和联络方式，探索新的组织载体。

各级领导也一定要重视青年人的工作。回想我刚到部里工作的时候才二十多岁，工作很繁忙，也感觉到机关生活有些沉闷。所以我们现在的领导要尽可能地体会青年的所思所想，只要是健康向上的，我们就要尽可能地创造条件。尺有所短，寸有所长，每个进入财政部工作的年轻人都要经过层层选拔，都很优秀。我们财政干部中人才济济，特别是青年人，卧虎藏龙，不仅工作上非常出色，还会写极富文采的诗歌、散文等，大家每个人都有优于别人的长处，领导们要善于发现，并发挥他们的长处。机关团委可以组织发掘大家的这些长处，在财政工作之外举行丰富的各类活动，通过这些凝聚青年，增强年轻干部的责任感和荣誉感。

青年同志们，财政事业是党的事业的重要组成部分。强大稳固的国家财政，是实现社会和谐发展的重要物质基础和有力支撑，在促进经济社会发展过程中起着非常重要的作用。你们承载着财政事业的希望和未来，也展现着财政部的形象和风采。新形势下财政青年要弘扬五四精神，在推进财政改革与发展、努力构建和谐社会的实践中燃烧你们的青春、奉献你们的智慧、挥洒你们的激情，真正肩负起时代赋予的光荣使命和责任。

在此，我代表部党组向广大财政青年同志提四点希望：

第一，坚定信念，志存高远。拥有坚定理想信念是有为青年最可宝贵的品格。广大青年要认真学习马克思列宁主义、毛泽东思想、邓小平理论和“三个代表”重要思想，认真学习科学发展观，深刻理解中国特色社会主义理论体系，努力用马克思主义中国化最新成果武装头脑，在人生的关键时期确立起正确的世界观、人生观、价值观，立志为发展中国特色社会主义事业终身奋斗。广大青年要善于从抓住和用好我国发展重要战略机遇期的高度来看问题，从维护我国改革发展稳定大局的高度来看问题，从促进中华民族长远发展的高度来看问题，时刻牢记国家和人民的根本利益，用刻苦学习、勤奋工作的实际行动报效祖国，同心同德地把我们国家建设得更加强大。财政青年要以远大理想为舵，以正确的人生观和价值观为桨，坚定跟党走有中国特色社会主义道路的信念，努力做落实科学发展观、全面构建和谐社会的开拓者、奉献者和建设者，真正肩负起历史赋予的光荣使命和责任。

第二，知荣明耻，修身养性。一个社会的进步，不仅表现在物质财富

的不断丰富上，而且表现在精神世界的不断充实上。青年素有“开风气之先”的光荣传统，是引领社会风尚的重要力量。广大青年要紧紧围绕建设社会主义核心价值体系，积极参与和谐文化建设，为提高全社会的文明程度发挥应有的作用。每位财政青年干部应以清白为贵，以正气为要，不为物所累，不为利所缚，不为欲所惑，多一份忧民的良知，多一份忧国的沉思。注重加强道德修养，要始终保持谦虚谨慎、戒骄戒躁的好作风。始终做到谨言慎行，不张扬、不自大，多找差距、多补欠缺。注意培养健康的生活情趣，保持高尚的精神追求。讲操守、重品行，明是非、辨美丑，正确选择个人爱好，慎重对待交友，坚决抵御腐朽没落思想观念和生活方式的侵蚀，努力做一个高尚、纯粹、有益于人民的人。特别是青年干部挂职锻炼期间，一定严格要求自己，把握自己，要有自律意识，要让部党组、领导和自己的家人放心。

第三，博学勤思，厚积薄发。当代青年学习的任务比以往任何时候都更加繁重而紧迫。广大青年一定要在学习上下更大的气力，只争朝夕地学习，如饥似渴地学习，持之以恒地学习，才能做到厚积而薄发。财政部一位退休的老领导曾经说，八小时以外出人才。青年人在工作之余千万不要长时间泡在网上或酒桌上，有很多东西要去学、去积累。积累多了自然就会显现出来，自然就会出类拔萃，进步自然就快。

厚积而薄发，是大文豪苏轼首先提出来的，周恩来总理将其阐发为“长期积累，偶然得之”，古人也有“文章本天成，妙手偶得之”的诗句。可见厚积乃薄发之基础，薄发是厚积之精华。厚积须要“博学”，博学须要多读书。今年春天，习近平同志在中央党校发表了题为“多读书、读好书、善读书”的讲话，虽是给领导干部提出的要求，但青年干部一样受用，知识引导人生，学习成就未来，特别是年轻人正处在人生知识积累的黄金期，更是要深入领会这句话对自身成长的重大意义。厚积还须“勤思”，学而不思则罔。思，就是将博学成果转化成自身素质和能力的过程。唯有勤思，方能不断地提高解决实际问题的能力，把学习的成果转化为服务社会、造福人民的能力，努力成为知识型、专家型和实干型的青年干部，全面推进学习型机关和学习型社会的建设。

第四，勇于创新，锐意进取。“欲穷千里目，更上一层楼”。创新是民族进步的灵魂，是经济社会发展和国家文明强盛的不竭动力。青年朝气蓬勃，蕴藏着巨大的创造潜力。当代青年只有用满腔的创造活力和热情推动科学发展、促进社会和谐，青春才不会虚度。财政青年要争做创新的尖兵，不做井底之蛙，拒绝故步自封，勇敢地走在解放思想的前列，敢于探索和突破，勇于扬弃和变革，努力提高创新意识和增强创新所具备的各种素质，既要有扎实的财政业务基础知识，又不迷信书本知识，有敢为天下先的精神，你们定会在财政事业改革和发展的大潮中千帆相竞，直济沧海！

各位青年同志，当今世界和中国正在发生广泛而深刻的变革。前所未有的机遇和前所未有的挑战，需要我们进行前所未有的奋斗。当前世界激烈的综合国力竞争，说到底是国民素质的竞争，长远看是青年素质的竞争。青年智则国家智，青年强则国家强，青年雄于地球则国雄于地球！财政收入从建国初期的62亿到改革开放初期的1000亿，再到如今的6万亿，财政事业发展的辉煌成果正是得益于一代代财政青年的不懈努力。当代财政青年要坚定信念，知荣明耻，博学勤思，开拓进取，努力提高自身素质，勇敢担负起历史赋予你们的神圣使命！

红日初升，其道大光，前途似海，来日方长！

(本文系财政部党组副书记、副部长、机关党委书记廖晓军同志在共青团财政部机关第十次代表大会上的讲话)

传承“五四”精神　推动科学发展　绽放青春光彩

——在青年座谈会上的讲话

廖晓军

青年是成长的群体，发展的群体。科学发展观是指导青年发展的强大思想武器，掌握好了它，青年的人生之舟就扬起了风帆，就能沿着正确的航向乘风破浪，勇往直前。所以，对于成长、发展中的青年人来说，认真学习、深入领会和积极践行科学发展观，意义重大，十分重要。我希望青年同志能够认清时代发展的方向、保持与时俱进的思想状态，树立适应科学发展的价值取向和人生追求，在财政本职工作中努力践行科学发展观，做推动科学发展理念、符合科学发展观要求的一代新人。今天是你们的节日，借此机会，我送青年朋友五句话，既是对大家的祝福和鼓励，也愿以此与青年同志们共勉。

第一句话是“志当存高远，敢争天下先”。人生的作为，开始于青年时代的理想抱负。我们讲志存高远，就是要把个人理想与民族复兴的目标

财政部党组副书记、副部长、机关党委书记廖晓军同志要求机关团委深入开展财政优良传统作风的整理工作

一致起来、与祖国发展的进程融合起来、与人民前进的步伐统一起来。这样的志向，要立得像山一样坚强。青年同志还要有一种开拓进取的精神，敢于走在时代和潮流的前列，用科学发展的理论指引人生航向，以报效祖国、服务人民、奉献社会为崇高追求，在投身于财政改革与发展事业、实现中华民族伟大复兴的征程中实现青春的价值。

第二句话是“吾生也有涯，而知也无涯”。如果说立志是事业的大门，那么知识就是开启大门的钥匙。当今社会，科技进步日新月异、知识更新瞬息万变。青年同志要在日趋激烈的竞争中发展自己，就必须广泛涉猎，博采众长，树立终身学习的观念，把学习当作一种品格、一种追求；就必须把目光投向世界、投向未来，以更加开阔的视野关注世界的发展和科学的进步，以海纳百川的胸怀吸收人类文明的一切优秀成果；就必须珍惜年华、只争朝夕，发扬滴水穿石、磨杵成针的精神，刻苦攻关，笃学不倦；就必须坚持向实践学习，向群众学习，知行结合，学用相长、学以致用，切实把学习的成果转化为服务社会、造福人民的能力。

签　　报

（第 58 号）

财政部机关团委　　　　二〇一〇年八月九日

批示

机关团委的工作充满了生机和活力，有力地配合了"创先争优"活动的开展，望再接再厉。请[illegible]同志阅。

在部党组、部领导的关心重视下，机关青年团工作不断取得好成绩，这两份信息，呈[illegible]副部长阅示。

党工委、团工委简报分别刊载
我部青年工作有关情况的报告

机关党委领导：

今年以来，在部党组和机关党委的高度重视与大力支持下，我部共青团工作以"薪火相传"主题教育活动为主线，大力加

部领导对财政部共青团工作给予肯定和鼓励

第三句话是“海阔凭鱼跃，天高任鸟飞”。青年同志们，你们处于一个伟大的时代，是幸运的一代。当前，中华大地青春焕发，本世纪头二十年的战略机遇期，是青年发挥聪明才智、实现人生抱负的黄金时期。可以说千载难逢的历史机遇摆在了每一个青年的面前。置身这样一个时代，是金子总会闪光的。你们是最有朝气、最富创造性和生命力的群体。在全面贯彻落实科学发展观、推进财政改革发展事业的过程中，大量的新情况、新课题、新任务需要你们去解决和完成。我希望大家能够传承五四精神，肩负时代责任，挺立潮头，开阔胸襟，放眼长远，勇于创新。要充分发挥自身的潜能，保持与时俱进的思想状态，树立克服一切艰难险阻的信心和勇气，走前人未走之路，创前人未竟之业，创造性地开展工作，做推动和践行科学发展理念、全面构建社会主义和谐社会的生力军和先锋队，在服务国家、奉献社会的伟大实践中创造亮丽的青春年华。

第四句话是“知千里之行，方始于足下”。我们讲立志作大事，更须牢记“立志须躬行”的教诲，要把远大志向与脚踏实地的作风结合起来，以一种精益求精的精神，从简单的事情做起，从细微之处入手，把琐事做好，把小事做精。细节决定成败，把党的事业不断推向前进，离不开每一名干部在各自岗位上的扎实工作。青年人平时做的常常是整理一份档案，起草一份签报，填写一个表格，接待一次来访等等，似乎是些琐碎的“小事”，但坚持不懈地做好这些“小事”并不容易。如果心浮气躁，好高骛远，总想“做大事”，不屑于从具体工作做起，那么所谓的“大事”就会成为空中楼阁、镜花水月，不仅自己一事无成，还会贻误单位工作，损害党的事业。“合抱之木，生于毫末；九层之台，起于累土”。任何人都是从小事做起，日积月累，方成大器。青年人要想在财政改革与发展的洪流中建功立业，就要发扬“老黄牛”精神，潜下心来刻苦学习，沉下身子勤奋实践，一步一个脚印地做好本职工作。

第五句话是“养浩然正气，怀感恩之心”。道德的力量是无穷的。有了道德阳光，生命才会辉煌。青年时代是修身立德的关键时期，青年同志要以一颗赤子之心，内养正气，外塑形象，弘扬新风正气，传播先进文化，继承和发扬中华民族的传统美德，自觉追求道德境界和人生价值的升华，自觉实践爱国守法、明礼诚信、团结友爱、勤俭自强、敬业奉献的基本道德规范，促进全社会形成知荣辱、讲正气、促和谐的文明风尚。青年人还要常怀感恩之心，尤其在座的都是获得各项荣誉的同志们，我希望大家记住，一滴水之所以能够奔向大海，是因为融入了江河；一粒种子之所以能够开花结果，是因为植根于沃土。大家的荣誉，当然与自身的努力是分不开的，但是我们更要感激组织的培养，感激父母的养育，感激师长的教诲，感激同志们的帮助，感激财政部这个积极向上的大环境。常存感激之情，心胸会博大，态度会乐观，待人会热情，处世会友善。我希望青年朋友能够多一些宽容，怀一份感恩，并将这种感恩升华成勤奋工作、回报组织、孝敬父母、奉献社会的热情和动力。

青年同志们，当你们年轻的时候，往往志向远大一些，就可能赢得一对翅膀；工作执着一些，就可能拼出一片天地；享受推迟一些，就可能收获一份事业。我希望我们这一代财政青年在五四精神光辉的指引下，自强不息，奋发向上，让青春的足迹在财政改革与发展的阵地上闪闪发光，让青春的旗帜在全面落实科学发展观、构建社会主义和谐社会的伟大征程中高高飘扬！

（本文根据作者在2008年“五四”青年座谈会暨表彰会上的讲话编辑整理）

风云千般度

——浅读《建国以来毛泽东文稿》

舒　行

“毛泽东热”在中国甚至在世界都持续了许多年，各种文学或准文学的书籍、文章及回忆录的出版更是一浪高过一浪。然而，其中的回避、虚饰、编造、失真的弊端也时有发生。除了某些别有用心者的恶意曲解外，把传言当作真实，着意渲染、着意营造新的神秘也不在少数。阅读《建国以来毛泽东文稿》却让我们可以透过热闹、透过五光十色，也战胜我们个人的猎奇心，而达于真实的历史，达于真正的毛泽东。

《建国以来毛泽东文稿》中涉及财政经济金融税收的内容只是其中的一少部分，但是就是这一部分内容，我们也能从中看到当代中国的风雨坎坷，能够看到多少正剧、悲剧、喜剧，能够看到这位与民族命运紧密相连的开国领袖的喜怒哀乐。他的每一个批示、每一段文字修改，甚至我们在他的字里行间所能觉察到的带有即兴的引伸与发挥之处，也都渗透着对他所钟爱的国家、民族、党和人民的爱！

1950 年 5 月 20 日，毛泽东在一份电报中要求“各中央局主要负责同志必须亲自抓紧财政金融经济工作，各中央局会议必须经常讨论财经工作，不得以为只是财经业务机关的工作而稍有放松”。在这份电报中，他还专门告诉邓子恢、邓小平、彭德怀等人“中央政治局现在几乎每次会议都要讨论财经工作”。其重视的程度可见一斑。毛泽东对财政工作中的国家预算实质给予了高度概括，他说“国家的预算是一个重大的问题。里面反映着整个国家的政策。因为它规定政府活动的范围和方向”。正因为如此，他特别指出要反对那种“迷失方向的经济家”，反对“经济部门不问政治”，反对经济与政治的“彼此各不相谋”。

《建国以来毛泽东文稿》中对节约经费开支、个人所得税的征收、公债的发行，甚至包括清理国家机关的小金库（当时叫“小家当”）、国防预算、教育经费等等都有十分精辟、独到的论述。让人特别感动的是，毛泽东对偏远山区、对少数民族地区的经济困难，对受灾地区农民和城市失业工人的窘困给予了极大的关怀。其关切之情几乎随处可见。1953 年 4 月 16 日毛泽东在给财政部党组的请示批语中说：“农业税中存在的问题很严重，据湖北报告，有十分之一的人口春荒断粮。大概全国农业人口中有四千万人左右到春季都要闹荒，这是一个极大的问题。年年如此。”同年 4 月 21 日在中共中央对财政部党组的指示稿中，他又加写了“农民负担过重”，“并望多注意对穷困的偏僻山区加以特殊照顾”的文字。从简约的批复中我们可以清楚地体察到，在这位人民领袖的心目中，财政是活的财政，是人民的财政，也是寻求社会公正的财政。

看到 1952 年 6 月 14 日毛泽东对北京市委关于中小学生费用负担情况的报告的批语，我们不能不对毛泽东在经费批注外的“弦外之音”怦然心动。那份报告中说，目前中小学生的费用，对于劳动人民的家庭和低薪制工作人员来说，是相当重的。干部子弟学校中，学生所得待遇却比一般孩子为优。而干部子弟入普通学校，又设有公费生，有补助。毛泽东赫然写道：“废除这种贵族学校，与人民子弟合一。”

《建国以来毛泽东文稿》中有一段话是 1950 年说的，但让今天财政经济战线的同志们读来，联想起当前的“改革攻坚”，仍会十分亲切。毛泽东说：“我们的财政情况是有困难的，我们必须要向人民说明我们的困难所在，不要隐瞒这种困难。但是我们同时也必须向人民证明，我们确定有办法克服困难。我们既然有办法克服困难，我们的事业就是有希望的，我们的前途是光明的。我们的情况会一年比一年好起来。”毛泽东为此概括为“有困难的，有办法的，有希望的”。

20世纪50年代，毛泽东在全国人民中的威信如日中天，但即使是在对财政经济工作的批语中，我们也能看到他对个人颂扬的冷静。1953年10月11日，在对全国财经会议上的结论所做批语中，毛泽东写到：“文内凡用‘毛主席’的地方，改为‘毛泽东同志’。”联系到1950年他反对在北京、沈阳铸造毛泽东铜像、在他家乡修房修馆的批示，让人不禁唏嘘不已。他当时在铸个人像的文字旁掷地有声地写下六个字“只有讽刺意义”。靠自己的理论赢得了全民族的精神，靠自己的奋斗精神赢得了老百姓的信任，作为开国领袖的毛泽东，那个时候比任何人都清楚，只有思想的权威、实践的权威才是真正久远的权威。

看《建国以来毛泽东文稿》，令人常常兴奋也常常惋惜，最为甚者莫过于他对商品经济、价值规律的认识。1958年在党中央、国务院关于改进农村财政贸易管理体制决定的草案上，毛主席加写了这样一段话：“在现阶段，利用商品生产、商品交换……价值规律等形式，有利于促进社会主义生产。”1959年，他又写道：“算账才能实行那个客观存在的价值法则。这个法则是一个伟大的学校，只有利用它，才有可能教会我们的几千万干部和几万万人民。才有可能建设我们的社会主义和共产主义。否则一切都不可能。”在这里，我们可以多么清晰地看到毛主席睿智的理论逻辑，也可以感觉到他勇于正视实际问题的唯物主义态度。遗憾的是，他的这一思想和对社会主义条件下商品市场价值法则的摸索，却在后来复杂的国际国内环境影响下戛然而止了。这种遗憾，是全民族的遗憾，也衬托出中国共产党人在寻求建设有中国特色社会主义道路上的艰辛。

读书有深读和浅读。在浩瀚、丰富的毛泽东思想及之后的邓小平理论面前，我们永远只能说是“浅读”，因为我们永远都要做这些革命导师的不倦学生。

（本文选自《中国财经报》1999年12月25日）

梦牵魂绕战友情

——访财政部原副部长姚进

孟秀敏

或许你我都不曾留意，在东单公园遛早儿的人群里，常有一位清癯温文的老人悠然而行，他就是财政部原副部长姚进。日复一日，老人看去总像他学过的智能气功一样超然而宁静，谁也说不清楚，在他记忆的闸门里会涌动着怎样的感情激流。

这是他于近年写下的一段文字：

“原坪同志 1943 年牺牲时才 20 来岁。一位战友在清理烈士遗物中发现一本日记，日记中提到我们的通信和友情。我匆匆地翻着日记，哀痛地记下了片断内容，留作纪念。如今 50 个年头过去了，抄录本子已陈旧发黄，而烈士的年轻身影笑貌仍历历在目，思之不胜感慨。”

这篇《重读原坪日记的思念》，一如他的《重访故地忆故人》等文章一样，字里行间，无不浸透了对战友的怀念之情。

自古稀之年告别工作岗位，时间又过去了七八个年头。平常的日子，姚老读书看报，游泳散步，间或还帮助家里做些家务，生活充实而安宁。而在所有这些活动里面，与过去战争年代的老同志往来畅叙，偶尔写一些纪念回忆战友的文字，对于从枪林弹雨中过来的老人来说，无疑有着特殊的意义和感受。

“我原来在部队工作。”当我们一老一小面对面坐在姚老那间普通得近乎简陋的客厅时，这是姚老对我说的头一句话。

大约60年前，在江南水乡一所普通的乡村师范学校里，一个普通的贫寒少年做着一个普通的梦，他要好好念书，毕业后当一名小学教师。然而，还没毕业，侵略者的铁蹄就踏碎了他的梦想。本该拿笔的手，却握起了枪杆子。

“老师没当成，倒当了兵。从三八年到六四年，一当就是26年。本以为当兵会当一辈子，没想到又退伍到了财政部。好多事情都是无法预料的。”谈起这段经历，姚老颇为感慨。

从抗日战争到解放战争，从淮海战役到突破长江天险，从攻守尖谷堆到解放崇明岛，从新四军的学生兵到“华野”的团级指挥员再到人民空军的军师领导……战火硝烟，南征北战，那一幕一幕，怎能不时时闯入老人的心怀?

人们常说，上了年纪，便会格外看重亲情、友情，而战争年代结下的友谊，对他们来说尤为珍贵。还是怀念原坪的文章里：“中秋节行军途中，路过旧铺，我们偶然相遇。买了几个月饼吃，笑谈一阵，握手相别。不料，这竟成了最后的一别。”其情之真切，读之令人动容。

亲密的战友倒下了，烈士的英灵却实实在在“影响着许多相近的人”。“愿你永远清苦地战斗着。”这是烈士当年在姚老笔记本上写下的一句话，姚老深情地说：“这句话，一生都在激励着我。”

于是我懂了，为什么姚老的衣着会那样简朴；为什么房间里没有一样高档一点的家具，使用的还是早年公家配给的桌椅板凳；为什么出门在外，接待得稍好一些他便感到于心不安……答案，不言自明。

姚老酷爱读书，读历史，读文学，读报刊。走进屋里，最引人注目的就是书柜里的二十四史。“战争年代，时间大多用在了打仗和走路上，以后也没好好学习。现在老了，没什么事了，就想稍微地补一补课。”看他摘录的原坪日记，尽管是在血雨腥风的战争年代，那里面仍充满了鲁迅、罗曼·罗兰以及读书、作诗的种种记载。便知道，对于知识的渴求，在他们这代人，久非一日。姚老曾经叹惋地说："原坪生前博览群书，爱好文学，常有一些作品投寄报刊登载，是一个很有文艺创作前途的年轻人。"痛惜之情，溢于言表。

死者长已矣。

如今，在京的许多老战友虽已多年不在一处工作，但他们始终互相关心，一如既往保持着密切联系。姚老前些年因病在上海做了手术，每年返沪复查，总要顺道看一看多年不见的老战友。

"三十功名尘与土，八千里路云和月。"忽然想起姚老摘下的原坪日记里曾录下岳飞的这首《满江红》，心竟也随之壮怀激烈起来。惟愿我们的年轻一代能够真正理解老一代的情怀，以自己的作为告慰我们的前辈。

（本文选自《中国财经报》1995 年 3 月 28 日）

活到老　学到老

——会计“泰斗”杨纪琬的故事

贾学颖

痴心不改　与书结情

财政部老一些的人大抵都知道，杨老有一套本事—— 一心多用。从家到单位步行十多分钟的路程，杨老能一边看书，一边躲自行车、汽车，从来不抬头。

杨老嗜书如命。他说自己一不会下棋打牌，二是个音盲且五音不全。唯有看书是他的运动方式。他说：“生命在于运动，而我的生命在于脑力运动。一个人的智慧一般包括三个方面，记忆力、分析力和理解力。随着年龄的增长，记忆力逐渐衰退，这是客观规律，我无法抗拒，但是，如果脑子里一直在思考，分析力和理解力会越来越强，这就需要多看书。”

无论是外出调查，还是出国访问，杨老唯一的行李是书。在那个动荡年代，陪伴他渡过风雨如磐的沉沉黑夜的，是一本老版《辞海》。

当时，杨老是位非党员的副司长，毫无疑问地成为被斗争对象。在干校，他放牛、喂猪、种菜。“日子再苦，我能受得住，可思想上压力太大。我只有 50 多岁，还有好多事情没干，这辈子就完了吗?”困惑，老人用这两个字形容他当时的心境。从他的眼神里，我仍可以看到那种无奈，那种遗憾。唯有那本至今仍保存着、被勾勾圈圈的老版《辞海》稍许安慰着他。

老人爱看书，尤其是古文学。若不是选择了会计，他一定会把生命献给古文学的。杨老说，无论选择哪一行，他都会一心一意地去做。杨老指了指桌上的书，说：“这几本古书里许多章节我都能一字不落地背下来。”当时杨老在病中，一时兴起，杨老支撑着坐起身，用他那双不停颤抖的手，默写下了昆明大观楼的那副长联，并操着他的上海话，抑扬顿挫地朗诵着：“五百里滇池，奔来眼底……”

杨老说他写的东西并不多，他的大脑不停息地在思考着，等成熟之后才动笔。“写作，是件好事情。它既是思维的整理过程，又是思维的发展过程。对于一个事物的认识有好多内容，但逻辑性并不一定很强，有些甚至是杂乱无章的，通过写作，把它们变成有条理，合乎逻辑的东西拿给人看，就像乱蓬蓬的头发梳成辫子一样。只说、只想不写，思维是难以升华的。”

正如杨老曾在他著的一本书中的自序中写道：“惟自审每有写作，大都是经过长时期的沉思摸索而形成自己的观点，往往为求此一得之见，历经数月的踟蹰，力求不宥于成见而有所创新，以期无愧于读者。虽立论未必正确，但可能有助于后人的探索与思考。”

诲人不倦的情怀

1938—1949 年长达 10 多年的教师生涯，杨老可谓桃李满天下。26 岁时，他就是上海 5 所大学会计系的教授了。说出来也许没人相信，有几年杨老一星期上 36 节课。

20 世纪 70 年代末，年逾花甲的杨老还没有从会计司领导岗位上退下来，就意识到培养高级会计人才的重要性。1980 年以来，他受聘于中国人民大学、上海财经大学、中央财经大学、清华大学等十几所大学的兼职教授，1988 年起在财政科学研究所任研究员，带了近百名博士、硕士研究生。

在杨老看来，实践是第一位的。会计人员分两个层次。对于一般的会计人员来讲，学历是不太重要的，只要有实践经验就可以担当。也就是说，干 10 年比学 10 年或许更重要；而对于高层次的会计人员来讲，不仅要有实践经验，还要进行理论研究。但是如果连三年的实践机会都没有，即便博士考试全部 Pass，也不是合格的高级会计人才。正是这种见解，杨老在 20 世纪 80 年代初就送一批学生到美国的几家会计师事务所学习。像汤云为、李勇、李爽等都是那一批学成归来的学子。

杨老对博士也有他的一番理论。“博士博士，只博不精非博士。”他认为，市场经济的高层管理人员，应该有一大部分来源于会计专家。会计专家也需先专后博，既专且博。对于经济、政治都要有所涉足，否则就不称为专家。

杨老希望会计人都应该爱这个专业。他说：“所有的游戏中数字游戏是最有趣的了，会计中的数字意义就更大了。它不仅仅是个数，它包含着一个企业、一个国家的经济状况。玩这个游戏的人，应该有耐性，有好的品质。”

干一行，爱一行，精一行，老人是这样教育他的学生的。

老人告诉我，他工作上问心无愧，生活上和谐美满，他满足了。此时的杨老欣慰地笑着。

这只是从杨老一生故事中采撷的几朵小花，看着老人慈祥的面孔，银发被窗外微风吹动，我想，每个人都会为他喝彩。

人生记事

1917 年 11 月 10 日出生于上海松江县。

1935 年考入国立上海商学院。

1938 年大学四年级成为助教。

1939 年攻读中英庚子赔款基金会在职研究生，并在安绍芸老师的会计师事务所当查账员。

1943 年成为上海五所大学会计系教授。

1949 年随安绍芸老师到财政部工作。

1952 年任财政部会计司副处长。

1956 年被提升为会计司副司长，后又任司长、顾问。

1979 年发起成立中国会计学会，任副会长迄今。

1980 年发起恢复重建中国注册会计师制度。

1980 年以来，受聘为中国人民大学、上海财经大学、中央财经大学、清华大学等十几所大学的兼职教授，1988 年起任财政科学研究所研究员。

1983 年国务院学位委员会通过为博士研究生导师。

1985 年至 1991 年任联合国“国际会计和报告标准专家工作组”中国代表。

1988 年组建中国注册会计师协会，任第一任会长。

1988 年至 1998 年任全国政协常委兼法制委员会委员。

1991 年荣获国务院颁发的政府特殊津贴证书。

1992 年被聘为财政部会计准则咨询专家组组长。

1994 年被聘为财政部独立审计准则中方专家咨询组组长。

1994 年起任中国证监会股票发行审核委员会委员。

几十年来，先后发表了近百篇重要论文，并出版了论文集《社会主义会计理论建设》，主编了《经济大辞典——会计卷》和《中国现代会计手册》等多部著作。他撰写的在境外出版的《中国会计——理论与实践》一书引起海外会计界的极大兴趣。

（本文选自《中国财经报》1998 年 10 月 10 日）

波澜壮阔写人生

——访财政部科研所原所长许毅

孟秀敏

从纱厂学徒到杰出的财经理论家，从报国无门的热血青年到坚定的马克思主义者——与1917年“十月革命”同龄的许毅教授，该有多少曲折的故事让人荡气回肠。但在老人的记忆中，人们却很难觅到他自己的身影。那里的主人公，永远是那个激情燃烧的时代，永远是他的同志和战友——当年同他生死与共，至今令他梦牵魂萦。

在北京友谊医院的病房里，90岁高龄的许老端坐在一把硬木椅上，雪白的双眉染着岁月的风霜，沉毅的眼睛依然透出智慧的神采。循着老人穿越过来的那条波澜壮阔的历史长河，我们追逐着，感受着，试图采撷下属于他的一朵朵浪花……

黑暗中的痛苦摸索

1938 年 3 月，日寇的铁蹄踏进江苏南通县城，转天又占领了如皋。正在如皋一家盐店做店员的许毅，不得不拎着行李回到他的家乡南通县姜灶镇。

“就这样眼睁睁看着鬼子打到家门口？”几个昔日的同学聚在一起义愤填膺。

学着南通城里进步青年的样子，他们组织起“战时青年救亡宣传队”，几天工夫发展了 30 多人。一个队员回家扯了块白竹布，一杆救亡的大旗便随风飘扬。编印《救亡报》，起草《告同胞书》，演出“放下你的鞭子”，高唱《义勇军进行曲》，轰轰烈烈的救亡中，组织干事许毅，和大家一起激昂慷慨，热血满腔。

这时，国民党南通县县长带着他的“抗敌指挥部”来到姜灶镇。许毅他们喜出望外：“发给我们几支枪吧，我们也要去打鬼子！”“打仗是政府和军队的事，你们就不要跟着掺合了。”没想到县长把手一挥，兜头浇来一盆冷水。

坏消息不断传来，南通城里的鬼子下乡扫荡，烧杀抢掠，无恶不作。本以为那位县长会率部抗敌，谁想敌军未到，他先带着队伍溜走了。

为将全国的抗战消息通过《救亡报》传播出去，许毅从父亲好友的家里自行“借”走了镇上惟一一台收音机，只给出门在外的主人留下一张“战时急需，暂借一用”的纸条。解放后，许毅在上海见到老先生，连连表示歉意和谢意，老先生微微一笑：“为了国家，何须致谢。”

敌人的枪炮声中，队员们开始频繁转移。原本打算一步步走向陇海路，辗转奔赴陕北延安。不料台儿庄失守，陇海路被敌人占领，这个想法只好放弃。

恰逢国民党南通县县党部筹备救亡团体宣慰队，许毅就到那里做起了宣传工作。短短一个月时间，他们便把各镇的热血青年动员起来，几乎在每一个镇都成立了宣慰支队。谁想他们的热情惹得县党部大为光火，猜疑和限制接踵而来，许毅他们愤然离队。

在附近的一个小镇上，几个年轻人思考着救亡的出路。

“听说特务总队有不少知名的进步人士，那里会不会有共产党？”于是，他们进特总八大队当了政训员，希望能在这里找到党的组织。没过几天，特务总队在国民党军队的内讧中缴械，许毅他们满腔的热望化为泡影。

回到姜灶镇，住在许毅家里，几个人一时陷入苦闷："抗日救亡怎么这么难？我们真的救国无门、抗战无路了吗？"

但他们很快重新振作起来。

海门县县衙外，一间空屋成了许毅他们的编辑部。他们把县里的《新海门报》设法争取到手，报道抗战战况及敌伪罪行；又在县衙门口办起图文并茂的墙报，吸引了不少群众驻足观看；许毅还在家里主编油印《民锋》，分发到中学的进步青年中。热火朝天的救亡活动自然又惊动了这里的国民党县党部，一顶"赤色分子"的帽子压了过来。不久，随着日军占领海门，许毅他们再一次失去了宣传的阵地。

回顾这一年来的坎坎坷坷，许毅深刻意识到：想要挽救民族的危亡，只有依靠中国共产党。

几经周折，1938 年 11 月，许毅终于在抗战支队里找到了党的地下组织，随即参加了抗支政工队，并和战友一起组建了党的外围组织"苏北敌占区救亡工作团"，从此结束了黑暗中的痛苦摸索。

特殊使命

"我们要深入虎穴，打进南通城，到条件最艰苦的敌占区接受组织考验。"找到党组织，许毅他们异常兴奋，一个个摩拳擦掌，要和敌人展开面对面的斗争。"你们的想法很好。正好可以配合已经在城里的同志开展工作，发展壮大那里的力量。"许毅他们的请求很快得到了党组织的赞同。

桥边一家米行的楼上，许毅向组织详细汇报了进城的打算。"一定要处处谨慎，坚持单线联系，严防暴露身份。"组织的提醒亲切而严肃。

于是，"苏北敌占区救亡工作团"开始了他们特殊的使命。

正值春节前后，进城的人熙来攘往，许毅他们揣着设法弄来的良民证，大大方方地进了城。

为方便联络部长许毅和江北特委地下党的联系，他们在姜灶镇设立了联络点，并在这里集资开办了新民绸布店和甦生百货店，用以掩护他们开展地下斗争。甦生百货店经理庄志逵，便是后来与许毅相伴终生的革命伴侣罗立人。

组织读书会，出版油印《导报》，开办流动图书馆，用进步书刊武装青年人的思想，敌占区的抗日救亡步步深入。

1939 年 12 月，正值抗战的相持阶段，党领导的抗支二大队面临着更为复杂的斗争形势。按照党的指示，许毅他们一面协助部队解决给养，一面四处搜集敌伪顽三方情况，为部队提供可靠的军事情报。

“手上拎着一摞书或者鞋盒子，情报装在鞋子里。敌人查得很严，但我们常进常出，知道怎么对付他们。”

对敌斗争是残酷的。1940 年 2 月，国民党顽固派突袭新民商店。所幸许毅送部队转移，免落敌手。但留在店里的同志遭到毒打、货物也被抢掠一空，地下联络点受到严重破坏。许毅闻讯，在夜幕的掩护下潜回商店，安排伤员，交待任务，嘱咐庄志逵等同志注意隐蔽，准备长期斗争。

回到部队驻地，情况再生突变：城里同志被捕，抗支二大队转移。许毅等人奉命留下善后，一面营救被捕同志，一面设法打进国民党税警团。

1940 年 3 月，许毅带着 7 名同志考进税警一团政工队。虽然还没有入党，他却以副队长的身份领导着有地下党支部存在的政工队，开展起救亡和军运工作。

1940 年 7 月，许毅等人奉命回到由原来的抗支二大队扩编而成的抗支二支队，随即又在组织的安排下，以税警团总指挥部副官的公开身份，战斗在统战工作这条看不见的战线上。

统战黄桥

黄桥决战，以少胜多，青史留名。陈毅同志曾慷慨赋诗：“江淮河汉今谁属，红旗十月满天飞。”在这场著名的战役中，23 岁的许毅成为直接的亲历者。

那时，抗日战争进入相持阶段，“蒋介石可以腾出手来整共产党了”。当时的苏北，我、敌、国民党顽固派及中间派 4 种力量犬牙交错。陈毅同志为此确定了“击敌、联李、反韩”的战略方针。“李”，是指地方实力派李明扬、李长江，“韩”则是前国民党江苏省政府主席韩德勤。就是这个韩德勤，有首民谣对他做了这样的描述：“天上有个扫帚星，地下有个韩德勤。手上白养十万兵，不打鬼子害人民。”

在这样一个大的背景下，1940 年 7 月中旬，许毅奉命参加统战，担任税警团总指挥陈泰运与新四军的联络工作，协助新四军有关领导，争取陈泰运保持中立并同二李结成反韩联盟。

7 月 25 日，我军吹响了东进序曲，二李如约让路，陈泰运亦表示保持中立，我军遂于 7 月 29 日顺利解放黄桥。

9 月初，韩德勤分左右两翼进攻黄桥。右翼二李按兵不动、陈泰运只做佯攻。此时许毅站在陈泰运的前沿指挥所奉命观战，监督中立。

在这期间，韩德勤召开军事会议，部署向新四军驻地黄桥发动全面进攻。许毅迅速将得到的这一重要情报送到新四军手中。

10 月 4 日，韩德勤命李明扬、陈泰运等部再次进击黄桥，李、陈信守诺言，严守中立。

10 月 6 日，黄桥决战取得伟大胜利，我军以不足 5000 兵力迎敌 3 万，创造了以少胜多的光辉范例，而在这里，党领导的统一战线发挥了重要作用。

战火中的考验

黄桥战事正酣，许毅便接到党组织交给他的新任务：“立刻把这封信送到黄桥，当面交给陈毅同志。”

10 月 6 日当天，许毅从泰州赶至黄桥。指挥部里，陈毅正在地图前踱步沉思。“报告!”许毅精神抖擞走了进来，双手把信交到陈毅同志手中：“陈泰运、李明扬确信我军此战必胜，愿意继续和我们合作抗日，同时希望我们出面组织一支中立部队，以便他们与我军取得联系。”

“好，你先休息一下，等打扫完战场我就回信。”陈毅对年轻人说。

于是，许毅在指挥部的一间耳房住了下来。隔天，陈毅同志派警卫员来叫许毅，把回信交给他，表示同意成立这支队伍，所需枪支、部队，不日送到。

10 月 10 日，联合抗日司令部正式成立。这是一支特殊的部队，新四军和国民党军队的正式战斗序列中都没有它的番号，但它却是一支党领导的执行统战任务的政治战斗队。许毅在里面先后担任了新兵连长、敌工科长、大队教导员。

转眼到了 1941 年，2 月 18 日，李长江叛变投靠汪伪，联抗参加了叶飞同志指挥的讨李战役。

教导员许毅带领着尖兵排战斗在最前沿。阴雨绵绵，连日不断，身上的棉袄一次次被雨水湿透，贴在身上越发觉得寒冷彻骨。

不久，许毅病倒了，他得了伤寒，但当时并不知道。部队转移，他和两个同样生了病的战士埋伏在老乡家里。增援李长江的日军步步逼近，老乡急忙叫他："教导员，你快起来看，鬼子放火了。"许毅挣扎着爬起来，不远处果然火光冲天。拖着虚弱的身体，许毅把枪一扛，背包一背，带着两个战士撤了出去。

十多里的路，边走边打听："看到司令部往哪边去了吗？"终于有人指给他们："还没走远，赶快追吧。"

"哈！到家啦！"追上部队，见到同志们，病中的许毅已经用尽了全身的力气，一声大笑，倒在地上，什么都不知道了。

待他醒来，已被送到老乡家里。此时，新四军的卫生部长正在这里，被联抗司令部的政治部主任"抓"了过来："快来看看我们的教导员吧，他快不行了。"卫生部长看后交待："派两个小鬼照顾他。只给他喝水，不许给他一粒米，吃了米他就会死。"整整 28 天，许毅没吃一口东西，头发全掉光了，却奇迹般地活了过来。

"你安心养病。我们已经讨论过了，你的病一好，马上解决你的组织问题。"政治部主任带来的好消息，无异于给病中的许毅施加了一剂特效良药。

1941 年 5 月，历经风霜雪雨，许毅终于加入了向往已久的共产党。

"从那以后直到现在，马克思主义的宗旨一步也没有背离过。"老人的话掷地有声。

财经战线打江山

1941 年 9 月，许毅被任命为联抗司令部粮秣管理处主任，并从 1943 年起兼任紫石县财政局副局长，从此开始了与财经工作 66 年的不解之缘。

其实早在 13 岁那年，许毅便已接触到一些基本的财会知识。出生在一个殷实家庭的许毅，父亲是个有名的中医。但社会的动荡使原本富足的家境每况愈下，1930 年，年仅 13 岁的许毅不得不到海门大生第三棉纺厂当起了学徒。

在厂里，他学着收棉花、打算盘、核账本。每天早晨去钱庄把支票换成银元、铜板扛回来。“我这背就是那时压弯的。”老人说，“一担担棉花挑过来，要拿个秤尾巴去称，报数量、报等级，再由大先生定价钱。”怎么看棉花，怎么去水分，全有学问。银元50块钱一摞，不用掂，倒过来听一听，就得知道分量轻重、是不是在药水里去过银。厚厚的一本账，要一笔一笔地核。为了算盘打得熟练，常常要把手冻僵了再来打，直至无需用眼睛看着算盘珠。

1935年，许毅又在如皋那家盐店做了助理会计员，制作食盐运销的情况报表，并报名参加了上海立信会计学校的函授课程。

也许连他自己都没有想到，这些经历都成了他从事财经工作的起点。

“那时财经工作最主要的任务是什么?”记者问。“收粮，收税。财政局就是管财管粮。吃喝拉撒，吃在前面嘛。”老人的谈话永远不乏机智和幽默，“收粮收税都是站在外面，而且居无定所，天天晚上都要换地方。我这个财政局长没有办公室，只有布袋袋。但我的章管用，没有它拿不到钱也拿不到粮票。粮食存在老百姓家里，吃的时候，拿粮票去取。”

最大的困难是把敌人据点附近的粮食全部收上来。白天，他们常常穿着老百姓的衣裳，挨家挨户去地主富农家里做工作：你家里存粮这么多，卖给公家一些吧。“其实公家打个七折八扣的，随行就市，从低不从高。”老人的笑声里带着顽皮。

1945年日本投降后，许毅调任苏中行政公署财政厅军粮特派员、苏皖地区一分区专员公署财经处粮库主任。1946年6月，国民党反动派发动全面内战，7月向我苏中解放区发动进攻，粟裕带领我军在运动防御作战中创下七战七捷的光辉战绩。在此期间，许毅在陈丕显的直接领导下开展支前工作，保障军队的粮草供应。“七战七捷持续了数十天，部队在运动中作战，不知道会打到哪里。我们就派人跟着部队，部队在哪里打，我们就在哪里找乡里提取财粮。”当年的南征北战许老记忆犹新。

蒋介石撕毁“双十协定”后，为坚持和国民党反动派的斗争，1946到1948年间，许毅带领同志们办起了五六个工厂，生产油、米、面粉、毛巾、肥皂、牙膏，保障部队的基本供给。

工厂分散在河边，一有情报说敌人要来，螺丝钉一起，铁丝一绑，机器就被沉到了河底下。敌人走了，摸上来再用。

厂房也要重起。所谓厂房就是一间间的茅草房。“木头一竖，大梁一上，铺上层草，几天工夫房子就盖起来了。”许老身上，总会洋溢着一股“乌蒙磅礴走泥丸”的气概。

赤子情怀

新中国诞生，许毅以一颗赤子之心，忘情地投身到经济建设和理论探索中。这期间，他先后担任了财政部有关司局领导、中国人民建设银行行长、财政部党组成员兼财政科研所所长，在领导、组织、科研、教学各个领域大显身手。

“关门捉鬼”，是许毅财经理论形成过程中很重要的一笔，也是他人生经历中精彩的一瞬。

“1958 年，我们已经发现大跃进中的许多问题：粮食亩产可以达到 30 万斤，小娃娃可以坐在田里密密的稻子上，这不是见鬼了吗。所以，庐山会议之前，时任国务院副总理兼财政部部长的李先念同志就指定由我负责，组织三四个人，关起门来把这个账算一算，究竟什么地方出了问题，这就是所谓的‘关门捉鬼’。”许老回忆着当时的情景，“我们花了 40 天左右的时间，算了几笔账：第一，财政收入是放卫星放出来的，假收入真赤字；财政支出是指水买鱼、指山买矿，也是假的。第二，重工业过重，轻工业过轻，没钱赚还赔本。第三，物价上涨，工资没有提高。就这样，我们写了一个几千字的报告，交给了先念同志。就说这三件事，旁的不说。先念同志接过报告放在袋袋里上了庐山。”

彭德怀的万言书，使庐山会议的气氛顿时紧张起来。那份报告李先念也就没有拿出来。许毅等人因此躲过一劫。

但那场殃及全党全国人民的“十年浩劫”他却没能躲掉。

“文革”开始，财科所被撤销，所长许毅被戴上“三反分子”和国民党特务的帽子，成为财政部第一个被“揪”出来的批判对象，并在干校一待就是八年。

“说说这八年您是怎么过的吧?”记者请求道。

“不难过啊。我本来是手不能提篮、肩不能挑担的一个人，经过锻炼结实了很多。”老人说得十分轻松，“种田，放牛，养猪，全都干过。一回，一头小猪死掉了，他们硬说是我进行反革命报复，我觉得好笑，根本不睬他们。下田插秧，天冷，喝上几口酒啥事都没了。其实每天下地挺愉快的。当时我常想，不回去了，就这样当一辈子农民也挺好。对我来说不过是来自老百姓又回到老百姓。”

劳动之余，许毅阅读了不少马列主义的经典著作。他曾自豪地说，他是中国少有的几位首先系统阅读了资本论第四卷剩余价值论的人。

“干校一位同志正翻译马克思的剩余价值理论，我常过去跟他聊天。这个词该怎么翻译？为什么用这个字而不用那个字？一起讨论些理论上的问题，所以有了先睹为快的机会，也稍微多了点马列主义知识。”许老谦虚地说。

粉碎“四人帮”，许毅把昔日财科所的战友重新聚集到一起，建立起包括研究所、财政学会、研究生部在内的三位一体的财政科研体系。

1994 年，许老离休。“离休之后一天没休息，现在也不想休息。你问我养生之道是什么？一天不休息就是养生之道。”许老说得十分干脆。

回首 90 年人生岁月，许老无怨无悔。

“我从事革命事业 60 年，追求真理，信仰马列，忠贞不渝。我是一个无神论者，坚信唯物主义。我怀念无数先烈和共同战斗的战友们，他们为人类解放事业做出了重大贡献，又都先我去见了马克思。我这个幸存者活了 82 年，享受了革命成果，但没能为党、为国、为人民做出多少贡献。为此，我立下这个遗嘱：一旦我停止了呼吸，请组织上立即把我的遗体捐献给北京医科大学，供教学解剖之用或作科学研究之用。”

在这份经过公证、立于 1998 年的遗嘱里，老人郑重地对自己身后作了这样的安排。

面对人们讳言的生死话题，许老表现得格外坦然。也许，只有这样博大的胸襟，才装得下那一生的壮阔波澜。

相关资料

许毅，1938 年投身革命，1941 年 5 月加入中国共产党。历任中共苏北地下党江北特委救亡工作团联络部部长，“联抗”政治部敌工科科长、“联抗”司令部大队教导员、政治指导员。

1941 年后从事根据地财经工作。先后担任苏北联抗司令部粮秣处主任，紫石县财政局副局长。抗战胜利后，任苏中行政公署财政厅军粮特派员、苏皖地区一分区专员公署财经处粮库主任。解放战争期间，先后担任华中支前司令部财粮部副部长、财经分处主任、粮秣总站站长和裕丰实业公司总经理。1949 年渡江战役期间，担任苏北支前司令部财粮部副部长。

新中国成立后，开始从事城市经济工作。先后担任华东军政委员会财政部计划处长、华东财政部计划处处长、税务管理局副局长，1955 年调任中央财政部经建司重工处处长，1956 年转任工业财务司副司长，1958 年任基建财务司副司长、建设银行行长。1963 年开始，担任财政部财政科学研究所所长、财政部党组成员。1979 年—1989 年，担任国务院经济发展研究中心常务干事、顾问；全国人大财经委咨询顾问，国务院学位委员会学科评议组成员；中国财政学会副会长、顾问；中国财务会计咨询公司董事长；中国金融学会、税务学会、投资学会副会长、顾问，北京大学、中国人民大学等多所高校的兼职教授。第一批获得经济学博士生导师资格。

许毅教授是我国集财经理论研究之大成者，他倡导“国家分配论”，创新财政学理论体系，提出“广义财政学”基本思路，强调“看得见的手”与“看不见的手”的辩证关系，超前研究“三农”问题破解之道，展开市场经济条件下政治经济学的新探索，并对财经史学的研究作出了特殊贡献。

1988 年 9 月，许毅教授被英国剑桥国际传记协会选举为该会年度会员，并被收入《国际名人词典》第 21 版中；同年又经国际传记协会理事会决定，被收入《世界名人名誉册》；1991 年被美国国际传记协会收入《名人录》，并被授予杰出贡献证书；同年 5 月，被中外名人研究中心收入《中国当代名人录》。

（本文选自《中国财经报》2008 年 7 月 8 日）

传承优良作风

葛复村

中央财政部的优良作风是有历史渊源的

中央财政部的前身是华北人民政府财政部（1948 年成立）。华北人民政府财政部的前身是晋冀鲁豫边区和晋察冀边区政府的财政厅（两大边区的财政厅已于 1947 年在平山县合署办公）。两大边区政府的财政厅的工作组织和工作作风是延续陕甘宁边区政府的财政厅。陕甘宁边区政府财政厅的工作组织和工作作风是传承瑞金苏维埃政府财政部工作组织和优良的工作作风。中央财政部的优良作风和瑞金苏维埃政府财政部的优良作风是一脉相承的。

机关团委采访组拜访葛复村同志

中央财政部的优良作风

（一）工作扎实，有威有信

中央财政部主营国家财政收入和支出，体现着国家各方面的政策。1949年12月2日，毛主席在中央人民政府委员会第四次会议上讲：“预算是一个重大的问题，里面反映着整个国家政策。”国家预算，一方面是收入，一方面是支出，每项收支都体现着国家的政策。在执行中，每项收支都要落实国家政策，该收缴的，都要收上来；该支出的，都要按进度付给，既保证政策的落实，又不浪费。这就需要调查研究，做到心中有数，工作扎实，自己不被忽悠，也不忽悠对方，使对方心服口服。财政部的干部，工作是扎实的。过去，有个传说：你想“闯关”（忽悠）财政部的干部是不可能的。中央财政部的门风，是既有威，也有信。是优良工作作风的反映。

（二）团结协作，形成合力

中央财政部的工作人员，来自五湖四海，四面八方。初始，大部分的工作人员，来自两大边区（解放区）的财政厅，少数人来自民主党派人士（例如，副部长王绍鏊、办公室副主任王乐明等）；部分应届大学毕业生；还有部分被留用的原国民党政府财政部的职员。1954 年，中央决定撤销东北、华北等六大行政区一级组织，各大行政区财政部部长带领部分财政干部来到中央财政部。财政部工作人员增加了，人际关系也复杂多了，但是，大家的思想都凝聚在做好革命工作上，同心同德，互敬互爱。部领导虽来自各个大区，但对干部从不厚此薄彼，偏听偏信。

（三）廉洁奉公，公私分明

中央财政部有传承的廉洁奉公的好作风，又受到 1952 年“三反”、“五反”运动的教育，对贪污、受贿、损公利己憎恨入骨。对公款、公物，人人保护，公私分明，就是机关办公用的纸、笔等文具和招待客人的用品，个人从不私用。在机关群众集体活动方面的措施或开支，或福利方面的事，在中央各部委有 50% 以上单位搞了以后，财政部才可以搞（如搞灯光篮球场等）。过去，外部对财政部的议论说：财政部是三大“清水衙门”（民政部、外交部、财政部）之一。

（四）酷爱学习，力求上进

新中国的建立，标志着中国历史开始了新纪元。各项工作都要紧跟新时代的要求，工作人员需要学习。从解放区来的同志们，大多数因为多年战争而失学，需要补课，就是已有了一定文化水平的同志，也需学习新知识，从新解放区来的，需要学习“政治经济学”等政治课；文化水平低的，需补学文化课。同志们的学习热情都很高，部领导也积极给大家创造学习条件，开办多种学习班，并举办人民大学财政金融专科函授班（两年一期）。同志们利用晚上和节假日集中上大课学习，虽艰苦，但不叫苦。我也是财政金融专科函授班毕业生，后来，还被部评为高级经济师，任外交外事财务司司长。

财政部年轻的继往开来的同志们请牢记邓小平、李先念同志为财政部树立的优良作风：

有威有信、清水衙门。

（作者系财政部离休干部）

怀念顾准先生

罗　猛

七月一日是顾准先生一百零四岁生日。顾先生曾担任新中国上海市第一任财政局长、第一任税务局长，是共和国财政系统的早期领导人。20 世纪 50 年代，他最早提出了我国社会主义条件下市场经济的理论。

四十六年前，我刚进财政部时，顾先生的夫人汪璧同志是部里会计制度司的副司长。我曾听部里老同志说，顾、汪都是会计专家，但并不知道顾先生还是我党的早期革命家，至于他曾历经磨难和受到不公正待遇的情况，更是在改革开放以后才了解的。最近，一位年轻朋友写了一篇“怀念顾准先生”的文章，我读后深为感动，特推荐给《中国财经报》和《中国会计报》发表。顾先生依然活在新一代青年学子的心中，令人非常欣慰。

——项怀诚

第一次听到顾准先生的名字，是刚到北京上学的时候。从颇有些傲气的大哥嘴里蹦出“顾先生”的名字，那语气竟是那么钦佩与谦卑。

在这种情况下，我好好地阅读了顾先生的东西，包括日记、自传、

《希腊城邦制度史》、《从理想主义到经验主义》。阅后觉得很好，重看，再看。

一晃十三年过去了。前段时间竟然在书摊上发现了《顾准先生的最后二十五年》，买回来又好好地看了看，并由此触发了我要写点什么，用以纪念顾准先生的念头——其实，这个念头从第一次看到顾先生的作品就开始了。

我是怀着敬仰的心情记下对顾先生的思念的。我虽没有见到过顾先生，但我一直试图在脑海里描绘出顾先生的样子。他应该是一个瘦瘦高高、眉目清秀、带有几分书卷气、眉角上却又带有一点英气的小老头。他不是勇夫而是勇士，是一个敢于直面惨淡人生的人。“勇者不惧、知者不惑、仁者不忧”，顾先生正是一个对权势和世俗不惧、对货殖营生不惑、对自身不忧的人，同时又是一个对道和规律非常敬畏、对文明的本源总要打破砂锅问到底、对天下苍生忧心如焚的人。

首先，顾先生给我以震撼的是其孜孜不倦的奋斗精神。“生命不息，奋斗不已”，一个过了天命之年的人，每天咳着血拖着残病之躯跑那么远，在图书馆浩如烟海的资料里淘金，挖掘世界本来的面目和规律。这时常让我想起鲁迅先生，在一盏昏暗的油灯下，不断咳嗽着，时而思考，时而写下什么东西。“吃进的是草，挤出来的是奶”，就是这种写照吧。

其次，顾先生令我泪沾衣襟的是其高贵的人格。人，没有高低贵贱之分，但人格却有的。顾先生遭遇了很多非难，既有来自家人，来自同事和学生的不理解，也有来自亲朋好友的误解。在有些人看来，顾准先生无疑是个“疯子”，然而这个“疯子”却胸襟坦荡，不记仇，努力做到理解别人和被别人所理解。然而在那样的环境中，“疯子”和“正常人”是很难有共同语言的。

再其次，顾先生给予我强烈震撼的是其远见卓识。顾先生曾经说过“欲了解中国的经济，必先了解中国的历史；欲了解中国的历史，必先了解世界的历史”。章学诚老先生也说过“六经皆史”。然而，顾先生在这里隐隐约约把其对中国命运的担忧给透露出来了。一个人，要试图从纷繁的现象当中去抓住一些本质的东西，何等的艰难，需要莫大的勇气和深厚的洞察力，同时又要小心翼翼，因为众怒难犯。“娜拉出走之后怎么办”，比顾先生早四十年的鲁迅先生提过，四十年前的顾先生提过，四十年后的今天这一问题尤为迫切。

最后，顾先生给予我震撼的是其学识的深厚。顾先生从会计到税收，到财政，到经济，再到历史与政治，既反映了其心路历程，也反映了时代的声音。无论做什么，顾先生总是那么努力，那么认真，这无疑与一个急功近利的时代是格格不入的。尤其是顾先生对于古希腊城邦制度史的研究，更集中地体现了其治学之严谨；他的《从理想主义到经验主义》，反映了其内心的痛苦，也反映了其探索之严谨。我们这个时代的人，即便有点理想，最后也变成了经验，顾先生的这种痛或多或少地体现在我们这个时代的人身上，只是没有顾先生那么铭心刻骨罢了。

我感到自己的语言苍白无力，远远不能表达出我对顾先生的怀念或纪念。上世纪以来，我最敬重两个人，一个是鲁迅先生，一个是顾先生。鲁迅先生是思想的斗士，顾先生是思想探索的伟大先行者。他们有很多的共同点，为人厚道，学养深厚，富有真知灼见，而且没有私利，具有很强的历史责任感。他们也有一些不同的地方，鲁迅先生是思想跳跃的火花，星星之火可以燎原，笔力透过纸背；顾先生是思想的汪洋大海，浩浩乎其无垠，笔力凝重而厚实。然而，他们的命运也如同中国一般，在黑暗当中摸索前行。可喜的是前行，困难的是黑暗。

今日的年轻人都在为活命而奔波，试图去了解鲁迅先生和顾先生的人越来越少了，这无疑是一个时代的悲哀。如果一个民族或一个时代只为生存而奋斗的话，这个民族或时代是走不远的。“娜拉出走之后怎么办”，这个问题迫在眉睫，是任何人都回避不了的。

（本文选自《中国财经报》2009 年 7 月 2 日）

中国财政的新旧两色

闫采平　陆晓平

张秉国[①]：姜先生，依您前后十多年的财政工作经历，您认为财政工作的基本原则是什么？

姜书阁[②]：搞财政不是我的初衷。学生时代，我的理想是作一名外交官。清华的毕业论文，就是题为《魏源及其世界知识》的“中国外交史专题研究”，导师是蒋廷黻。此后，我以书生自许，平生的最大兴趣，是研究中国古代文学。迄今的数百万字著述，主要集中在这一方面。所以，尽管我干了 10 多年的财政，并写过《战后整理财政刍议》、《新民主主义财政政策》的小册子，但我一直认为这是误入“旁门”。你要我谈，我只能说外行话。

---

① 张秉国：1948 年 10 月 26 日生人，湖北省黄陂县人，原财政部条法司巡视员。

② 姜书阁：1907 年 11 月 14 日生人，辽宁省凤城县人，曾任国民政府财政部荐任秘书、简任秘书、财政部税务署副署长、署长、李宗仁政府财政部政务次长。新中国成立后先后任西南军政委员会财政部参事兼中国税务学校西南分校副校长、西南财政干部学校副校长。1958 年任青海师范学院教授，1979 年任湘潭大学教授。

在我看来，财政工作的基本原则，无非四个字，即“开源节流”。古今中外，概莫能外。相对而言，量入为出，是中国的做法；量出为入，是外国，特别是西方的做法。其实，这两种做法应该是一致的。或者说，该花的钱还得花，不该花的一分都不能花在这点上是一致的。把“开源节流”这四个字再引申一下，还应该做这样的理争，即“开可开之源，节应节之流”。什么是可开之源呢？也有一个标准。那就通过税务，凡是苛扰老百姓的，我就坚决主张改，并尽量改。但能不能改，改到什么程度，则非我个人所能左右的了。什么是应节之流呢？财政牵涉的面太宽，但主要职责之一是维持政府机器运转。在这个问题上，有些是不能节的，如工资就不能扣，也不能欠。扣了，欠了，吃什么？有些是该节的，如招待费。我有几十年不在外面走了。但我听说，现在的招待费浪费很大。我有些不理解，公务活动还要什么招待呢？出差有出差费么！来了人，一大帮人跟着吃吃喝喝。还吃不完，这种浪费太不应该了。公家掏钱，你吃喝，当然会有浪费。我看，这就应该节。

张：新中国财政也特别强调开源节流，现在叫做“增收节支”。国家领导人率先垂范。起了很好的带头作用。如朱镕基总理外出。不仅轻车简从，吃饭也很简单。还不要人陪。党和国家是不允许浪费的。在规章制度上，财政部对招待费的开支范围都有很明确严格的规定，即哪些允许开支，哪些不允许开支；凡不按规定办者，都会视其情节轻重给予处罚或处分。

您做过国民党的税务署长，您对税收工作有什么看法？

姜：我是 1945 年 11 月接替俞鸿钧出任税务署长的。国民党的税收很乱，俗有“万税”之说。依其收入多寡定序，是关（税）、盐（税）、直（接税）、货（物税）。关税由关务署管，盐税由盐务署管，税务署管后两种税。我任署长之前，后两税，或称“统税”，量较小。过了一年，到 1946 年，直接税即跃居四税之首。到 1947 年，占全部税收的 44%。1948 年，直接税和货物税合并，我所主管的税收更高达全部税收的 73%。

抓税收，应该抓住主要税源。当时的货物税，以卷烟税为主，占一半以上；卷烟税中，又以上海的卷烟税量大，占全国卷烟税的一半。所以，我对上海看得很紧。

国民党的地方税主要是田赋。由财政部所辖 6 司之一——地方财政司管。其实，国民党的政治和财政很乱，地方不受节制，对地方税，财政部根本管不了。因此，苛捐杂税多得很。

由此说明一点，税收必须由中央统管，包括地方税，也应该由中央作出规定。不然，各地自行其是，财政就乱了，政治也就乱了。当然，由于发展的不平衡，各地经济有其特点，具体开征什么税种，应由地方自行选择，有什么就征什么，没有就不征，在这上面不必强求划一。但不管怎么样，决定权在中央，开征税种，必须报中央同意，不能自行其是，否则，就会苛扰老百姓的。比如遗产税，我就认为应该征。为什么？那不是劳动所得，当然应该征，而且税率要高。国民党时曾议过此事，但实际上未开征。一则因为议此事时，国民党快要垮台了，再则因为其社会制度，决定了实际上征不了。你想想，在当时的制度条件下，怎么去调查别人的遗产？

张：您对税收工作的一些看法，我个人认为是有道理的。鉴于中国幅员广阔，省份多，经济基础和经济发展状况各不相同，因此，无论中央税还是地方税，其立法权应统一集中在中央为好。地方税种中央立法后，何时开征，可由地方政府自行选择确定，税率的高低，也可由地方政府在规定的幅度内确定。

关于遗产税，国务院已列入立法计划，并已着手有关的调查研究。

您做过国民党的高级财税官员，为什么会义无反顾地留在大陆？

姜：你说的牵涉到很多问题，除了国民党的政治腐败透顶，我已极度失望外，我想，主要是做人的问题。当时，以我的身份，我不可能接触到共产党，对共产党自然不会有了解，但我坚信两点，第一，我是学政治出身的，孟子说过，不嗜杀人者能一之。共产党是个政党，其目的是取得政权，不会乱杀人。结果证明我是对的。其次，我永远以书生自许，随时可以掼掉乌纱，还其初服。所以，我的径径自守，廉洁勤奋，在国民党财政部内，乃至整个官场中，应该是没有人能够做到的。在我任税务署长期间，一方面，全力整顿业务，严肃纲纪，那几年间，这一系统内未发生较大的违法舞弊案件，舆论界的未曾指摘便是一个明证。另一方面，个人生活则力持操守。这里有反证。1949 年 2 月至 4 月间，我卸职闲居上海五马路中央旅社，生活清苦。其时专以揭露权贵而著名的《铁报》曾在一版中心位置刊登《廉吏外传》，指名记载我的贫窘之状。解放后的历次审查，也说明我没有民愤，包括贪污受贿、营私舞弊。既然如此，我当然敢于留下来。所以，尽管我无法推掉李宗仁政府的财政部政务次长职务，但我还是想办法拒绝了阎锡山政府的同一职务。临近解放前，我的好友，国民党教育部长杭立武力劝我去台湾，我还是坚决留下来了。

张：您的一席话，给我留下了很深的印象。您是个学识渊博、廉洁勤奋、富有胆识、敢作敢为的长者。我既是共产党员，又是国家公务员，我将按照党和国家的要求，清正廉洁、忠于职守、勤奋工作。谢谢您。

（本文选自《中国财经报》1998 年 11 月 20 日）

简论财政优良传统的继承与创新

郭代模

风好正是扬帆时。我部正在扎实深入开展的创先争优活动，得到中央领导的肯定、“人民日报”的宣传。这既是学习实践科学发展观丰硕成果的生动体现，又是对财政优良传统的继承与创新。本文就是对这一问题的理性认识。

传统，指的是历史传承下来的，具有一定特点的思想、文化、道德、风俗、艺术、制度以及行为方式等，是历史发展继承性的表现，对人们的社会行为有无形的影响和控制作用。优良传统，则是对上述传统在价值观上（无论是学术上、还是实践上）的科学认定，因而，更具有理论和实践上的继承性，而这种优良传统的继承与发展，则必然有利于促进社会的发展进步和人们社会行为的健康发展。

财政优良传统，既是历史的，又是现实的；既是中国的，又是外国的；既是中央的，又是地方的。但本文所要述及的主要是新中国成立以来的财政部的财政优良传统。择其要者，主要有以下10个方面：（1）服务大局讲政治的传统；（2）服务转变讲学习的传统；（3）服务事业讲团结的传统；（4）服务经济讲发展的传统；（5）服务改革讲奉献的传统；（6）服务社会讲公平的传统；（7）服务民生讲党性的传统；（8）服务基层讲调研的传统；（9）服务工作讲政策的传统；（10）服务效率讲节约的传统。

下面，谨对以上10个方面传统的继承与创新谈点粗浅看法。

服务大局讲政治。经典作家指出，任何社会制度，只有在一定阶级的财政支持下才会产生。这就充分表明了财政与国家的本质联系。同时亦决定财政必须服从并服务于国家的大局。这种服从和服务，就是服从并服务于党和国家的路线方针和政策。因此，这种服从和服务，就是讲政治。我国财政部自成立以来，始终把服务大局讲政治，作为衡量工作水准最主要的标准，衡量干部素质最重要的标准。无论是国民经济的全面恢复，还是“一五”时期大规模的经济建设；无论是生产资料的社会主义改造，还是“第二次革命”的改革开放；无论是抵御亚洲金融风暴，还是抵御和化解由美国爆发的国际金融危机；无论是抵制化解“六四”政治风波，还是防洪抢险、抗震救灾重建等等，财政部门都是把服从和服务于党和国家的中心任务、主要任务和根本任务放在突出位置，或研究具体方针政策措施，或尽力提供财力支持，或协调配合相关部门。一句话，围绕大局，尽职尽责。在这种服务大局讲政治中，财政工作逐步形成了全局观点、政治观点、生产观点和群众观点。小平同志提出“财政工作六条方针”，并强调指出“照顾全局，从实际出发，这两个观点缺一不可”。以改革为例，鉴于财政的双重性，它既作为城市改革的突破口带头推进自身的改革，又从财力、体制、政策诸方面对国家其他各方面的改革给予支持。例如，1994年实行的财政分税制改革，既是财政体制的重大突破，又为中央与地方经济的发展给予制度上的安排，并注入强大的体制活力。

服务转变讲学习。财政工作作为贯彻落实党的路线方针政策的工具，其宗旨是为国理财、为民服务。但在如何理财如何服务上，特别是在其历史发展、改革开放的转折关头，在所有制转变、增长方式转变和发展方式转变中，如何理财、如何服务，往往需要思想上、理论上的武装，乃至业务知识上的更新，在当今的信息社会和知识经济时代更是如此。我国财政部历届党组为了胜任党和国家交给的重任，都始终坚持把政治理论业务知识学习放在重要位置。薄一波为促进经济建设均衡性、可持续性而研究提出“二、三、四”比例，为我们摸索财经工作规律树立了榜样。“将军理财”的李先念同志，曾特别强调财政部门要重视研究经济情况，特别要注意研究当前经济生活中的重大问题。改革开放时期，财政部党组有中心学习组，又对财政部内部及其系统有全面的学习要求。特别是改革开放以来，对邓小平理论、“三个代表”重要思想和科学发展观的学习，更是特别重视，有学习任务的布置，学习专题的探讨，学习心得的交流，学习活动的总结。此外，还适时组建科研所、出版社、杂志社和报社，形成了财政科研、政策宣传及其出版发行工作体系，为提升我国财政科学理论研究水平和科学理财能力，做出了积极贡献。面对社会主义市场经济发展中不断涌现的许多事关大局的重大理论与现实问题，财政部门都能历史地、辩证地、发展地认识问题，并提出解决问题的对策建议，从而在改革开放中走在前列，在调整时期成为中坚力量，在抵御化解危机中成为中流砥柱。最近，谢旭人部长再次强调，大力推进学习型机关建设，不断提高为国理财为民服务能力。他指出：“加强学习，是深入学习实践科学发展观，大力推进创先争优活动的必然要求，是做好新时期财政工作、不断开创财政改革发展新局面的实际需要，是个人成长进步和提高素质修养的必由之路。”由于部党组带头引领学习，使财政部门职工的综合素质和理财能力不断提高。例如在中央纪念党的十一届三中全会30周年优秀论文评选中，我部有三篇高水平论文入选，并出席纪念大会，我还荣幸地受到了锦涛同志的亲切接见。当前，全国财政系统正在把科学发展观的学习转化为财政工作的实际行动，推动着财政管理科学化、精细化的进程！进而更好地服务于整个经济工作和社会的进步。

服务事业讲团结。要做好党和人民交给我们的事业，调动大家的积极性，就必须把来自五湖四海的全部财政系统的干部职工团结起来。“人心齐，泰山移”，“万众一心，众志成城”，就没有战胜不了的困难。团结，首先是领导班子有政治基础、有思想原则、有民主集中的团结。先后担任财政部部长的薄一波、邓小平、李先念、张劲夫、吴波、王丙乾、刘仲藜、项怀诚、金人庆、谢旭人同志，都在敬业团结中树立了榜样，带好了队伍，形成了传统。为了党的事业，小平同志“三下三上”，成为中国改革开放和现代化建设事业的总设计师；丙乾同志指出：“先念同志，为人宽厚，待人诚恳，关心和爱护干部，善于团结同志，在关键的时刻，主持公道，保护干部。”为了国家大局，为了财政不被“包死”，吴波同志敢于“直言”，勇于“让贤”，成为“有口皆碑”的好部长。诚如丙乾同志所说，吴波同志“是我们财政战线每个领导和干部都应该好好学习的光辉典范”，“他非常注重搞好和部门、地方之间的关系，善于听取不同意见，改进工作，从不强人所难。”总之，在财政部及其系统中，团结是蔚成风气的，成了一种品牌，一种作风。

服务经济讲发展。财政与经济的关系，在财政系统早有共识：经济决定财政，财政制约经济，两者有着内在的辩证的相互作用关系。经济决定财政，所以财政要服务于经济，但服务经济不是无条件的、盲目的，而是服务于经济发展质上的结构优化，量上的比例优化，及其运行有序又好又快地发展。服务经济，发挥财政职能作用极为重要。一是发挥经典作家所强调的生产要素的分配“包括在生产过程本身中并且决定生产的结构”的决定性作用，主要是在生产要素分配的方向、流量和流速上进行科学决策，力求方向上的正确性，流量上的比例性，力度上的时效性。二是发挥经济运行中的调控性作用。经济运行总是有其客观规律的，指导思想上的偏差、工作决策中的失误，以及主观对于客观的不适应，等等，都会带来上层建筑方面的“负面作用”，结果使比例失衡，运行失常，不得不进行调整。历史经验反复证明，无论是“大跃进”、“洋跃进”所加剧的经济比例严重失调，还是改革开放以后的几次大的经济波动，必须经过果断调整或宏观调控，才能得以纠正，回归健康轨道。财政在历次调整或调控中均有突出作用和上佳表现。三是发挥宏观调控中的政策性作用。我国宏观调控中所实行的财政政策，在不同时期有不同的口号或形式，如积极的、稳健的，等等，但在内容上无非是扩张、紧缩或中性政策问题。说到底，都是结构性政策，如积极的财政政策，实质上是扩张性的结构调控政策，稳健的财政政策，似乎是中性的，实质上是有保有压的结构性调控政策。而这些政策的提出与实施，既是经济本身发展的需要，又是集中表现经济的政治需要，其结果是熨平经济、回归协调。四是发挥财政监督经济运行及事业发展的作用。主要是通过规章制度等法制手段，进行事前、事中、事后等决策控制和过程控制，特别是通过科学化精细化管理，促使经济社会事业沿着健康的轨道前进！纵观新中国成立61年来的财经工作，财政在服务经济促进经济发展方面积累了丰富的经验与理论主张。譬如：关于财政工作必须始终坚持解放思想、实事求是、求真务实、与时俱进的思想路线，并使之落实到量力而行、量入为出、尽力而为、科学理财的财政工作指导思想上的观点；关于财政工作必须服从并服务于党的基本路线、基本方针、基本理论，为我国经济、政治、文化、社会以及党建的协调发展服务的观点；关于财政工作必须服从并服务于大局、全局的行动指南，即以发展为第一要义，以以人为本为核心，以全面协调可持续为基本要求，以统筹兼顾为根本方法，从而实现科学发展、和谐发展与和平发展的观点；关于财政工作服从并服务于经济发展道路，必须立足国情、国力，突出中国特色，参与国际竞争，实现又好又快发展的现代化路子的观点；关于财政经济的增长与发展，必须始终以提高运行质量和经济效益为中心，以经济结构合理、优化、升级为关键，实现速度、结构、质量、效益相统一的观点；关于财政经济发展必须坚持把增强动力、激化活力、凝聚合力、提升财力结合起来，也就是把改革开放、科技进步和人的全面发展统一起来的观点；关于财政工作必须坚持和完善按劳分配为主体、多种分配方式并存制度相构成、各种生产要素相参与的分配的观点；关于财政体制改革，必须坚持集中与分散相适应、财力与事权相匹配、效率与公平相结合、各种利益关系相兼顾、调动各方面积极性实现共建共富共享目标的观点；等等。

服务改革讲奉献。改革是决定中国命运与前途的关键一招。由财政与国家的本质联系所决定，由实现社会主义根本任务所要求，由其在改革开放中的特殊地位作用所体现，财政顺理成章地成了整个城市改革的突破口，并基本成为领先者。改革初期的放权让利搞活，既很必要，又在革自己的命。体制的相对集中走向相对分散，从统一管理走向分级管理。社会主义市场体制确立后，资源配置、运行机制、管理方式均发生重大变化，例如预算管理一分为几？第一财政、第二财政、第三财政随机而生；预算的统一性、管理的集中性均成了问题，中央权威和宏观调控受到制约。1994 年实行迎难而上的以财政分税制为主的一系列改革，以及适时出台的几种财政政策等等，为财政的振兴与日趋强大创造了条件。在整个改革过程中，财政部门以维护大局为己任，以推进改革开放为己任，以促进协调发展为己任。既讲原则，又讲奉献，在正确处理改革、发展、稳定中作出了积极贡献。基本实现了从统收统支的供给型管理模式到跨越过渡性财政包干制模式，再到以分税制为主体的分级管理模式的转变，即一句话，从建设财政到公共财政的转变。这一重大体制的转变，为 30 年经济以 10% 的高速发展作出了重大贡献，为国家发展战略的实施提供了强大的财力支撑和政策支持。财政支持国企改革、“三农”发展以及社会事业方面均有一系列改革。改革的成功与经济快速发展又促进了财政本身的发展。从

1978—2007年，全国财政收入和支出年均增长都超过了14%的速度。诚如丙乾同志在六十年回顾与思考中所指出的那样，改革初期，“财政服务国家改革开放的大局，首先进行了一系列对企业让利，对地方放权的改革，虽然从财政部门来看减少了收入，增加了困难，日子难过，但促进了经济体制的全面改革，迎来了改革开放的可喜局面”。

服务社会讲公平。公平正义既是社会主义的本质属性，又是社会主义和谐财政、民生财政的题中之义。锦涛同志最近指出：应该坚持社会公平正义，着力促进人人平等获得发展机会，逐步建立以权利公平、机会公平、规则公平、分配公平为主要内容的社会公平保障体系。财政部门讲公平，就是讲分配的公平，讲国家、企业、个人之间的分配公平，讲地区、部门、个人之间的分配公平。总之要讲改革发展的成果共享，讲社会主义本质的共同富裕。讲分配公平，既要反对平均主义的分配，又要反对两极分化的分配，而是主张以按劳分配为主体的、生产要素参与其中的、有适当竞争的合理差距的分配。分配要公平，必须正确认识和处理效率与公平的关系。新中国成立初期，“勒紧裤带搞建设”，以及相应范围的“价格剪刀差”，有一定的时代背景和特殊需要，但也要“一要吃饭，二要建设”；改革开放以来，实行沿海特区、东部率先、西部开发、东北振兴到最后中部崛起，既是战略需要，又有效率需要，其中也内涵着大的公平或长久的公平。但在同一国度、同一背景下，实行这种有区别有先后的发展战略及其“效率优先，兼顾公平”的原则，其本身也有非公平性的因素，而长期实行不变则势必加剧分配不公，破坏公平，最终也反过来制约效率。所以财政部门搞分配，既要在生产要素分配上坚持合理分配，又要在生产成果分配上坚持统筹兼顾。故此，我们才有处理中央与地方关系的“大权独揽，小权分散”的思路，管理上的“统一领导、分级管理”的原则，体制上的“财力与事权相匹配”的要求，以及“基本公共服务均等化”的目标，还有支持“三农”上的“两个反哺”“让公共财政阳光照耀农村”等一系列政策。服务社会讲公平，千万不要在分配政策上人为地制造分配不公。譬如对于垄断性的资源部门如何控制其脱离人民的过高收入，对于同一家庭同等学历的夫妻收入相差约10倍的军民差距，对于同一荣誉（国务院政府特殊津贴专家）有五花八门的标准，以及城乡差距、个人收入差距的扩大之势，改革发展的成果大部分被少数人所占有，等等。所有这些，已经给经济社会发展带来严重影响。如不抓紧解决，势必危害更大。因此，财政部门服务社会讲公平，已经并将继续成为传统，加以坚持和发展。

服务民生讲党性。我们党的宗旨就是为人民服务，为人民造福的。这是财政部党组及全部党员最起码、最重要的党性。为人民服务，是我们党第一代领导核心毛泽东同志治党理政思想的集中表现，也是第二代领导核心邓小平实行改革的根本目的，还是第三代领导核心江泽民“三个代表”的代表之一，更是第四代总书记胡锦涛“立党为公、执政为民”，致力科学发展的核心理念。财政部门在服务民生讲党性方面，既有传统作风，又有典型人物。从前者而言，按照中央的部署，“三农”工作被提到“重中之重”的位置，财政部门在支持“三农”、关注民生方面做了大量工作，从实施“工业反哺农业，城市反哺农村”，到让公共财政的阳光照耀农村，再到实行农业产业化、农村城镇化、农民市民化等，财政在政策上、体制上、资金上给予“三农”以巨大支持。2003 年以来，全面推进农村税费改革取得显著成效，其中全面取消农业税，让征收了 2600 多年的农业税退出历史舞台；全面取消各种专门面向农民的收费项目及“三提五统”、农村教育筹资等项目，每年减轻农民负担超过 1335 亿元；以及正在逐步建立全覆盖的社保、医保体系，“上学难、看病难、就业难”等民生问题正在有所缓解。提高“两个分配比重”，缩小城乡差距，亦成为正在着手研究解决的分配问题的重要内容。从典型人物而言，服务上讲党性，既有吴波部长那样的典范。诚如丙乾同志所称道的：“吴波同志敢于讲真话、敢于负责任，从不患得患失。对于上面领导同志的讲话，他认为不妥当的，也敢于提出自己的不同看法和意见，并且据理力争。”“吴波同志忠于职守，全身心地扑在工作上，从不计较个人利益。他任部长期间，成为从未出过国的财政部部长。”全国财政战线的劳模、标兵、先进人物也是层出不穷的，其光辉榜样，就是一心为民、全国楷模的沈浩同志。

服务基层讲调研。财政改革和发展的决策、政策乃至大政方针的制定，都必须“三贴近”，贴近基层、贴近群众、贴近实际。为此，财政部特别注重调查研究。这些调查研究，既有部领导亲自带队的涉及全局性的重大课题，也有各业务司局专题性的调研，还有科研部门为领导决策提供理论依据的调研等；这些调研由于“三贴近”，往往能接触到老百姓，能听到真话，了解到实际；这些调研后的成果，财政部、科研所以及几大学会都以研究报告形式上报中央、国务院的相关部门；有不少报告得到中央国务院领导同志的批示，得到相关部门的转载，为建设、改革、开放，为科学和谐和平发展起到了决策依据、实践指导的作用。财政部及其整个系统重视调研的传统，是与党中央保持高度一致的自觉行动。“没有调查就没有发言权”，财政部门的发言权就是源于深入的具体的调查研究，来源于对财政经济形势发展变化的真正把握、分析与研判。我自1978年读研究生以来到2005年退休，其间所参与的一系列调研活动，基本上都是随着改革的进程进行的。退休后，为了协助夫人杨舜娥完成世行技援课题——《地方财政理论和实践》的写作，我还自费陪她到辽宁、浙江、湖南、广西、广东等地进行调研。譬如湖南汝城的调研，我们驱车几百里，颠簸在让人“呕吐”、让人“紧张”的道路上，而深入调研的结果，又让人特别满意，其调研报告被科研所全文刊发了，其影响也是很好的。

服务工作讲政策。财政部门主要是做服务工作的，是为党的中心工作、国家发展的大局服务的。这种服务工作的政治性前已述及，其政策性则更为全面而具体。而党和国家的财政政策特别是国家预算“反映着整个国家的政策”，因此，财政部门也是一个政策的制订与实施的综合部门。财政工作讲政策既是做好财政工作的政治要求，又是财政工作的构成元素与内在要求。从前者而言，主要体现在为中心为大局的服务中，体现在做大“蛋糕”上；从后者而言，主要体现在财政体制的确立、国家预算的分配、财政政策的调节以及财政杠杆的运用上。在服务工作讲政策方面，财政部党组始终把党的正确的政策视为生命。特别是改革开放以来，根据我国宏观经济形势发展的客观需要，国家分别于1993年、1998年和2005年，相机决策实施了适度从紧、积极（扩张）和稳健（中性）的财政政策，综合运用预算、税收、国债、贴息、转移支付与多种政策工具，加强和改善宏观调控，防范和化解了几次大的危机，促使经济又好又快地健康发展。而在处理分配的各种关系中，财政部门对政策的把握和运用也是相当有效的。当然，分配政策存在的问题并非都由财政本身所造成，因此解决这方面的问题，还有待从理论上加以认识，同相关综合部门加以统筹考虑。

服务效率讲节约。这里的效率既是与经济效益、社会效益、生态效益相联系的服务效率，又是以财政工作实力为基础、财政工作能力为支撑、财政工作潜力为后劲的服务效率。但这两者的综合就是财政部门“为国理财、为民服务”的理财效率。然而，最高的效率就是时间的效率与节约，诚如经典作家所指出的，时间的节约是首要规律。因此，财政部门始终把讲效率与讲节约有机结合起来，把时间的节约贯穿于整个财政工作之中。生产要素的分配要讲节约，要分轻重缓急；生产结构的调节要讲节约，要分清主次缓急；以及财政管理本身要讲节约，理顺关系秩序。至于工作中生活上的节约，财政部门更是处处留心，诚如丙乾同志所指出的，“勤俭节约不仅是我们党的优良传统，也是为国理财，增加收入的重要手段。几位老部长将勤俭节约的理念，一以贯之地应用于财政工作实践与日常生活之中……形成了我们勤俭节约的优良部风。”像吴波部长那样的艰苦创业、勤俭节约，几近极致，所以薄老说，“一般是学不到的”！总之，财政部门的同志既要算大账，又要算小账；既要算经济账，又要算政治账；既要算当前账，又要算长远账。在当前及今后的反腐倡廉、创先争优活动中发扬艰苦创业勤俭建国的优秀传统，把“浪费就是犯罪”的理念落实到工作中，既讲效率又讲节约。

总之，财政优良传统是党的优秀传统的组成部分。因此，继承和创新财政优良传统，务必在党的思想路线、政治路线的指引下，在继承中创新，在创新中发展，使之成为取之不尽、用之不竭的精神财富。

不要让时间白白流过

柳　标

我对监督局的同志怀有深深的感情。我离休前的最后一个岗位是大检查办公室。别的工作已渐渐淡忘了，只有大检查工作还记忆犹新。

监督局的不少同志曾同我在大检办一起拼搏过，共同度过了一段艰难而有成效的岁月。我对廖国兴、田安本的离去深感悲痛，他们走得太早了。

监督局的年轻同志许多还没有见过面，但是我相信，你们的工作会比我做得好。一是文化比我高。都是大学生、研究生，经过公务员考试，选拔到财政部来的，都是出类拔萃的。二是办公室和办公设备都是第一流的。与财政部六楼临时搭建的大检办比，有天壤之别。

今天是“五四”青年节。“五四”精神的核心内容是“爱国、进步、民主、科学”，纪念“五四”运动，发扬“五四”精神，就是要积极地、创造性地落实到行动上，落实到我们的实际工作中去。

今天，我讲的题目是：“不要让时间白白流过。”

鲁迅说：“时间每人得到的都是二十四小时，可是一天的时间给勤勉的人带来智慧和力量，给懒散的人只能留下一片悔恨。”

我围绕这个题目，就我个人的经历和体会，讲几点看法：

一、要刻苦学习

我参加革命工作前的学习，经历了曲折而不同寻常的过程。

首先，我的出生地与众不同，我是生在一条船上的，是水上人家，船家子弟。

我父亲有一条人工驱动的木帆船，为客商运送大米，把大米从产地运往上海，供应上海市民。

船上人家的孩子，都是不读书的，是文盲，代代相传。只有我父亲另有想法，他认为，船上人生活太苦，要让孩子上学读书，另谋职业。先是我哥哥，后是我，相继脱离船上生活，寄宿在我叔叔家里，开始上学读书。

而我却不是个读书的材料。我花了四年的时间才读完二年级。后来，抗战爆发，又耽误了一年。也就是说，我在十三岁才读完二年级。后来，我父亲对我采取拔苗助长的办法。每逢留级，就换个学校，三年级变成了四年级，四年级变成了五年级，六年级的毕业证书，还是我父亲托人向校长说情才拿到的。所以，我的小学生涯是在稀里糊涂中念完的。

后来，又上了半年初中，实在读不下去了，经亲戚介绍，分别去了两个店铺当学徒。

正在我无奈、彷徨的时候，发生了转机。我在路上遇到一个初中时的同学郭旭青，约好到他家里找他。

他家里办了一个雪峰图书馆。图书有马恩列斯的著作，联共（布）党史，抗日文艺，世界各国的小说名著，和中国三十年代具有反帝反封建的各种小说。这些书大多是从旧书店、旧书摊上买来的，有些是图书馆会员捐赠的。在日本统治下的上海，这个图书馆绝对是非法的，被抓去了要枪毙坐牢的。

逐渐地我被这些图书吸引住了，开始改变了我的生活方式。一有空就与图书为伴，拼命地不知疲倦地看书，太晚了，就住在郭旭青家里。我在图书馆的读书生涯，经历了“好奇——爱好——痴迷——改变思想观念”的过程。

经过两年多的看书、学习，以及青年朋友们的讨论交流，初步确立了跟着共产党，走抗日救国道路的理念。

一九四五年五月，我和另外四位同志去了苏皖边区的淮北解放区参加抗日。一九四五年九月日本签字投降。我当了三个月的抗日干部。紧接着，是重庆国共谈判，蒋介石发动全面内战，解放战争开始，到一九四九年开国大典时，我正在进军大西南的路上，跟着解放军日夜兼程，准备接管重庆。

战争，是生与死的较量。最使我难以忘怀的是，在战争环境中一起工作而已牺牲了的同志。其中包括我参加工作才一年的入党介绍人。因为我的档案、入党材料等，在战乱中丢失了，财政部在整党时还查过我是真党员还是假党员的问题。

机关工作更有个刻苦学习的问题。这几年，报考公务员的人很多，而录取的比例很低。你们能被财政部录取，我相信，你们在学校里一定是刻苦学习的佼佼者。

现在的问题是在进了财政部机关大门后，怎么正确对待学习、工作的问题。我估计，有两种情况：一种是继续刻苦努力，积极进取，发愤图强，攀登学习、工作的新高峰；一种是安于现状，不动脑筋，不思上进，得过且过，这样的人在机关里也能过得下去。

所以，我主张在机关里也应实行考试制度。隔一两年或两三年考试一次，把领导考核、考试成绩和群众意见三者结合起来。优秀者提职、提薪，落后者降职、降薪，优胜劣汰。这也许是调高干部工作热情，提高工作效率的好办法。

同样年龄的人，不一定有同样的生命价值。有的人活得很有价值，有的人则价值有限。一个叫卢瑟·伯班克的学者说：“时间不能增添一个人的生命，然而，珍惜光阴可使生命变得更有价值。”

陶渊明也说过：“盛年不重来，岁月不待人。”

我希望我们都能从这些名人的名言中得到启示。

二、要精通业务

精通业务，不是一朝一夕的事情，而是日积月累的结果。而且必须下硬功夫、花大力气，才能达到精通的目的。

一个单位，从领导到具体工作人员精通业务的人多，这个单位一定是朝气蓬勃，神气活现，响当当的；如果，从领导到具体工作人员精通业务的人少，一定是暮气沉沉，松松垮垮，灰溜溜的。一种是侃侃而谈，头头是道；一种是一问三不知，非常尴尬。

我个人体会，在参加工作以后，提高工作能力，熟悉、精通业务的最好办法是，结合实际工作，死钻硬抠，精益求精，向更高的水平冲锋陷阵。

我参加工作前，没有学过专业知识，参加工作后也没有上过一次业务培训班。只能用更多的时间和精力，不怕苦，不怕累，翻来覆去地推倒重来。有些时候，有些工作达到了忘我的地步。例如，每年起草大检查工作会议的文件，是一件苦差事。所有文件分量都很重。包括国务院关于开展大检查工作的通知，主管副总理、国务委员以及大检办主任的讲话，等等。而且，各人的身份不同，讲话的口气和内容也各不相同。一次工作会议开下来，真能让人累得筋疲力尽。

我还有个习惯，凡是起草的文件，我觉得不满意的，决不往上送，改到满意为止。经我改过的文件，送上去后，领导也很少再改动。

我还主张，结合业务工作写些学术研究性的文章。我最满意的是，20世纪70年代末、80年代初，我写的关于改革方面的一批文章。

第一类是，关于国民收入中积累和消费比例关系的文章。我用大量国内的和国外的资料，得出我国用于积累的收入占国民收入25%为最佳水平的结论。财政部科研所在推荐我为该所研究生部研究生导师的报告中说：我是率先提出积累率为25%的人士。为什么说我是率先？就是在我以后学术界发表有关国民收入的言论、文章中，都认为积累率25%是较为合适的比例。

第二类是，关于企业财务改革的文章，反响较大。特别是一些财经院校，他们面临着旧的要破，新的还没有立起来，难于授课的局面。看了我的文章以后，有的请我去讲课，有的聘我当兼职教授，一些会计师事务所则聘我当他们的高级顾问。我还为财科所培养了三个硕士研究生。他们的毕业论文都是当时最时尚的题目——改革。

三、要善于工作

监督检查工作的薄弱，是个世界性的问题。我国和国外许多重大事故

的发生，都有缺乏监督检查方面的原因。例如，美国金融危机，中国煤矿不断发生矿难事故，以及沈阳市十一只大老虎竟被活活饿死，等等。

你们既然选择财政监督检查工作，就要全力维护监督检查工作的地位和声誉。

我过去在大检查办公室，就经常遇到一些部门和单位毫无道理的指责、抵制、甚至挑衅大检查工作。要坚决把这些错误的思想和行为挡退回去，不要人家一反就退，一骂就倒。

反对这些错误思想和行为，不能光靠激情，死顶硬碰，而是要讲究方式方法，讲究斗争策略，把原则性和灵活性结合起来。而且斗争的结果，必须稳操胜券，不能斗输了。举两个例子：

一是首钢。首钢是北京市的单位，应由市里派人检查，但是年年检查，年年无功而返，人家不买账、不理你。有一年，北京市不想检查了。我说："你不查，由我们来查。"由廖国兴带队，以国务院大检查办公室的名义，查出了好多问题。

我们请首钢主管财务的副总经理来谈，准备从宽处理，作为自查、调整账目就算了。而这位副总经理态度很硬，不同意调整账目。对此，我们没有手软，采取了断然措施。我们给国务院总理和几位副总理写了报告，列举首钢的违纪事实，违纪金额，按照规定应该上缴，等等。总理和几位副总理都圈阅同意。这样，我们就有了尚方宝剑了。紧接着，同北京市大检办商量。大家同意，按国务院大检查通知的规定，冻结首钢账户，实行银行扣缴。第一天冻结，第二天扣缴，第三天银行宣布解冻。只有一小部分没有扣回来，也就算了。否则，因为冻结存款而影响首钢进料、发工资，也是不大好办的。

二是向总理汇报大检查工作。有个部门在向李鹏总理汇报工作时，攻击大检查，反对搞大检查工作。总理听了以后，讲了两句话——"大检查兴师动众，以后少搞。"这个部门把总理讲话广为印发、传达，影响了各级大检查办公室工作人员的积极性，压力很大，人心惶惶。

为了使总理全面了解大检查工作情况，经国务院同意，由国检办主任直接向总理汇报工作，并请多位国务院派往各省市的大检查工作组的组长（副部长）、顾问（人大代表、政协委员）在会上发言。总理听完汇报，感到很有道理，在讲话时深有感触地说："大检查还要搞，不搞不行。"第二天，人民日报头版头条报道了汇报情况和李鹏总理的讲话。从此，大检查工作又进入了正常运行的轨道。

四、要不断开拓创新

大检查连续搞了十年，充分说明大检查是适应改革开放需要，促进国民经济健康、有序发展的重要工作，是改革开放的重要组成部分。

年年大检查，国检办最伤脑筋的是，在起草国务院关于开展大检查工作的通知中，怎么有点新的措施和说法。也就是说，要有点开拓创新吧。例如：

1. 大检查一开始，我们就提出了县级以上都要建立大检查办公室。在后来的“通知”中，又提出各省市都要建立以主管副省长为首的大检查领导小组。既加强了大检查工作的组织领导，又有具体的办事机构。大检查成了每个省市的一件大事。

2. 建立了一套行之有效的大检查报告系统。及时反映情况，心中有数。有一年，财政预算赤字三十亿元，实际执行结果，不但没有赤字，反而超收了三十亿元。里外增收六十亿元。在分析超收原因时，一查当年大检查报表，其中，“已上缴违纪金额”一栏，也是六十亿元。虽然超收不都是大检查的结果，但也反映了大检查对财政收入的积极作用。

3. 把“自查从宽，被查从严，严宽适度，实事求是”作为大检查工作的指导思想。这四句话，原来是田纪云副总理在一个报告中的批示，我们在起草“通知”时，把它作为大检查工作的指导思想。这对正确处理各类违纪问题，推进大检查工作起了积极的作用。

4. 向各省市派驻大检查工作组。由各部副部长当组长，人大代表、政协委员当顾问，派往各地指导大检查工作。这一举措，大大提高了大检查的地位和规格，起到了很大的促进和震慑作用。

5. 提出了“越是改革开放，越要加强监督检查”的观点。这个观点先是在襄樊大检查现场会议的报告中提出来的。后来，又请当时的李鹏总理亲笔题词，印在大检查文件汇编的首页上。并印发各省市、各部门。许多报纸也都报道宣传了这个观点。这对摆正改革开放和监督检查的关系，是有重大意义的。正确的说，这些新的措施和提法，都是国务院的规定。只是在起草“通知”时，我们把它写上了，而国务院领导同志没有把它删去，也可算成是我们的开拓创新吧。

另外，还有一些事情是很重要的。比如，一个集体，一套班子，要团结一致，齐心协力，既要发挥个人的潜力和活力，又要搞好集体的合力，等等。

讲得很肤浅，只好如此了，谢谢！

（本文系监督检查司原局长柳标同志讲话提纲）

初识财政部

王济章

那时：比较清贫，上下协力，充满活力，橘绿橙黄。

财政部在北京

毕业论文答辩成绩公布后，我报名去西藏，被涮下来。班长开会说分配："我们一定要服从党的分配，不能讲价钱。不服从分配就不能毕业，因为不知道报答党的培养，就不配做一个大学生。"交志愿表几天后，大家在系办公室门口排队，等待分配。叫一个进一个，77 名同学不到一个小时都定了。我分到财政部，回家告别长辈。生产队长说："财政部就在县政府里。"小学老师说："在北京。我有个亲戚在省里管财政，说财政部的领导，不是八路军就是新四军，讲究实干。"

我跟分到中央财金学院的同学约好，一块到北京。出北京站，带着行李和小包，不便转车。同学要来三轮车，3 块钱拉到财政部。车夫中年人，问我财政部在什么地方？"木樨地。""木樨地在城外，我得问问怎么个走法。”他打听后，把我的行李放上车拉起就走。第一次坐三轮，像个阔少，有点不是滋味。车夫健谈，古都壮丽，北京金秋，气候最美；继而问我，老家甚地，亲戚故旧，同学佳丽，一别故乡，可曾流泪；再赞读书，毕业分配，鱼跳龙门，年轻有为，珍惜青春，荣华富贵。前问后答，京情川味。“前面是复兴门。过门就是城外了。”“哪有什么门?”“门是早先的，现在没有了，可名儿留下了。”再直前走，到了木樨地。一座旧木桥，半沟清流水，哪有财政部?“我城里跑遍了。财政部虽然偏僻些，也能把你送到。”边走边问，终于在三里河小巷子里，找到了挂着“中华人民共和国财政部”粉底黑字大木牌。车夫卸下行李。我给他加钱。他道：“先说好了3块钱。绕道是我的事，而且不远。你初来乍到，还没有领过工资，有用钱的时候。”言罢轻身纵，飞盖向城东；斯人含笑去，留下京人风。北京人好客，此言不谬。

我的顶头上司和老师

财政部办公楼南北而立，绿瓦飞檐大屋顶，耸立在6层楼上；门前十几级石阶，连着马路。哨兵持刺刀步枪，笔立门侧。一位中年人坐在旁边。我提着行李上台阶，说明来意。他立即打电话。几分钟后，一个瘦高的中年人笑嘻嘻向我走来：“欢迎，欢迎。我叫李士彬，在会计司办公室工作。跟我走吧。”说完，要提我的行李。“我年轻，提得动。”“新来的是客，该我提。我提就表示欢迎。”我给他小包，跟着走进大厅。“这是电梯，我们上楼。”说完他按旁边电纽。第一次坐电梯，还没品味新奇，就到了4楼。

李处长把我带进三套间办公室的中屋：“先见见你的同学曾国坚。他来一个多月了。”我跟曾国坚点点头。兰咔叽布帽下一个清癯老者从里屋出来，用慈祥的目光轻抚我的全身。曾国坚说：“这是张新周司长。”“好。你跟我来，让大家看看我们新来的小同志。”从杨纪琬副司长到各处室，最后到《会计》杂志编辑部。张司长说，你以后就在这里工作，又把我介绍给每个同志。

晚上曾国坚说：“我们新来，得勤快点，每天早上做清洁，扫地、抹桌、打开水，没事就看书。国庆节提前发工资，机关农场给每个职工分20斤米。这是小站米。北京人只在过年过节时供应一点点。”“我们没劳动，也分一份?”“将来会劳动的。部里关心新同志，有饭大家吃。”

周一上班，张司长到编辑部来对我说：“刚来那天，我见你的脸色不好。一会儿让刘松年同志带你到复兴医院检查一下。”大夫化验完问我：“你是南方人?”“对。”“你得了钩虫病，要立即住院。”办完住院手续，又量了身高体重。一周后，大夫拿来小瓶子，里面装些从我身上打下来的白色虫体：“你住院时不到45公斤，以后会长得胖些。”出院后，张司长一见就说：“天黄有雨，人黄有病。现在好了，可以放心工作了。”曾国坚说张司长喜欢照相，早年在太行山上当游击队长打过日本鬼子，后来在陕甘宁边区负责会计工作。老伴在1958年精简机构时，主动退休在家带孙女。第二年春夏之交几个星期日，张司长带司里同志去十三陵、香山、八大处，给我们照相，还把照片洗出来送给我们。

杨纪琬副司长分工负责《会计》杂志编辑部的工作。一天晚上，把我叫到他办公室，拿出《人民日报》“加强会计工作”社论的清样说：“你当编辑了，看写得对不对。”我诚惶诚恐：“这是社论大文章，我只有看的份。”他又拿出前几次清样，让我先对照看，然后讲为什么要一次一次地这样修改。又一个晚上，他问我：“为什么资产负债表改称资金平衡表，资金平衡表为什么是平衡的，表里有哪些部分可以小平衡，从不平衡中可以发现哪些问题?”我一时语塞。他拿出一本《怎样阅读资金平衡表》：“这是刚出版的，送你一本慢慢看，有问题找我。”一看书皮，他就是这本书的作者！杨司长官大学问大，没有一点架子，诲人不倦，是张司长之后的又一个好人。

编辑部主任王洁斋把我们当小弟弟，星期天常叫我们去他家玩，让上初中的孩子叫“叔叔”。“叫哥哥。我们跟你们差不了几岁。”我们更正。“叫叔叔。我们在一个司里工作。”他让张韵秀当我的老师，教我校对、改稿。他说：“当编辑要尊重作者本意，贯彻国家规定。《会计》杂志是业务刊物，不必拘泥文字处理，说清楚就行。清样中如有不改也过得去的不当之处，尽量不改，因为重新排版费事。”有次，清样把“柬”排成“东”。他看后说：“你马上到东郊财经出版社去，赶在付印前更正过来。坐大一路车就到了。”办完事他很高兴：“改正一个错，少出一分丑。办事一要原则、二要灵活，这个关系处理好了，你的水平就提高了。”张韵秀老师说话声细，字写得跟名字一样秀丽端庄。她的办公桌清清爽爽，下班后连墨水瓶也放进抽屉里，早上打扫卫生十分方便。有一次，我改的稿给她审。

她打乱重写，还说："尊重作者本意，主要是指文章的主题。这篇文章有些好的内容，只是文字没有组织好主题不清，不要就可惜了。当编辑就是为人作嫁衣裳。"

近距离中的吴波副部长

1964年春节午餐，在办公楼下的草房食堂团拜，第一次见到吴波常务副部长，一身褪了色的中山装、短短的节日祝福，给人留下深刻印象。9月，王光美同志在人民大会堂报告河北省抚宁县桃园大队"四清"工作经验。会后，中央各部抽人赴唐山"四清"。张新周司长带李士彬处长和我等7人，参加由吴波副部长带队的财政部工作队。工作队集训期间，遇中秋节。晚饭后张司长拿出月饼，说："我给吴波同志。他说工作队搞'四清'，要与农民同吃同住同劳动，生活简朴些好。我只好请你们帮忙，一块过个明月节。"

地区专员、"四清"工作总队队长马力，邀请吴波同志给工作队作报告。他在讲台上，近3个小时报告语言亲和、一气呵成，娓娓道来没有一点语病，还能感到标点符号声息，记全了就是一篇好文章。听众几次鼓掌，结束时又是长时间的热烈鼓掌。报告下来，马力同志对他说："黄老（当时吴波化名黄实），你不用稿子就讲了半天。这功夫是怎么练的？你将了我们一军，给我们做出了榜样。"后来工作队秘书李士彬同志透露，吴波同志记忆超人，把稿写成后又独自背诵，所以讲出来就是一篇大白话，耐听。

1965年2月抚宁"四清"结束后，吴波同志带队转到昌黎县十里铺大队"四清"。这里土地贫瘠缺水，主产白薯和葡萄。工作队住在农民家里，一天三顿白薯吃得个个胃酸，白天劳动，晚上开会，很是辛苦。一些住户把白薯磨成粉加工成食品，也没解决每顿以白薯为粮的问题。马力同志知道后，按规定标准供应粗细粮，让工作队单独开伙。伙房设在生产队的一间小屋里，只能容纳炊事工作，多一张吃饭的桌子也放不下。当时已是盛夏，大家在屋外排队、从窗口打饭在院里吃。吴波同志年龄最大，每次打饭都从队尾排起，大家习以为常。有时太阳毒，同志们让他先打饭，他仍坚持排队："不用。一会儿就到了。"

吴波同志平易近人，住在农民家里，抽空干些轻活，经常接触群众，不论是大队或生产队的干部还是一般农民，都愿意跟他聊，由此掌握了村里不少情况。在清经济、清政治的过程中，他对犯错误的干部定性实事求是，处理得当，不仅在由中央机关、地、县干部组成的工作组中享有很高威望，而且深得当地老百姓民心，就连小孩也能跟他说上话。工作组撤走时，不少农民到村外送行。“四清”结束后，十里铺大队给吴波同志送来几筐葡萄，说是“四清”丰收果实，让他尝尝鲜。几经辗转不便退回，他便付款买下，分发给每个司局，中秋节请客。

万日也就一晌，今年中秋更忙。本人进入古稀，斯人多上天堂。各式高级月饼，葡萄甜且多样。一片花明柳媚，难忘橘绿橙黄。时逢六十大庆，举国喜气洋洋。吴老张老有知，双手拍得山响。

（本文选自财政部网站 http：//www. mof. gov. cn/mofhome/lituixiuganbuju/zclm/wangshihuiyi/200910/t20091023222683. html）

论艰苦奋斗

刘尚希

2009年10月10日至20日，我参加了中组部在延安举办的高级专家理论研究班，虽然时间不长，但收获很大。不仅扩大了我的视野，学习了许多新知识，增加了不少新信息，更为重要的是深深触动了我的思想观念，真正认识到我党为什么伟大、为什么光荣、为什么正确，使我对过去耳熟能详的一些理论问题有了更深入的认识。例如，“艰苦奋斗”，打小时候就知道，墙上标语上有，广播电视里有，一直到现在，在党和政府的文件中也有，但领会不深，理解不透。通过这次学习，我才真正体悟到其实质内涵，以及对一个人，对一个党员，对一个单位，以至于对一个国家都是多么的重要！借此机会，谈谈我的一些认识。

一、艰苦奋斗是一种精神品格

人是要奋斗的，一个党也是要奋斗的，一个国家同样是要奋斗的。只有奋斗，才有希望，才能不断进步，才能自强自立。只有奋斗，我们才能达成一定的目标，实现预期的任务，才能不断前进。

然而，要奋斗就会有牺牲。在不同的年代，其“牺牲”含义是不同的。在革命战争年代，这意味着生活的艰辛，随时准备着为奋斗的事业而牺牲自己的生命；在和平建设年代，尤其是在物质生活不断充裕的条件下，要“牺牲”的是时间、精力和心血以及眼前的利益。这种“牺牲”更多的不是付出生命，而是一种磨炼，意味着要抵制安逸、懒惰的情绪，抑制各种欲望，以顽强的毅力、不屈不挠的意志和辛勤的劳动来向着为之奋斗的目标前进。无论在任何年代，在任何条件下，奋斗都是充满艰辛，是艰苦的过程，充满了各种意想不到的障碍、矛盾和难题。可以说，与过去相比，物质生活上的那种艰苦，如吃糠咽菜、穿补丁衣服、点煤油灯、住茅草房的情况已经不存在了，但并不表明，我们前进道路上的困难就不存在了，矛盾已经消失了，障碍就自动退让了。如果说，在那艰难的岁月，是严酷的斗争环境迫使共产党人不得不艰苦奋斗，那么，在物质生活条件相当好的今天，艰苦奋斗则是需要超越自己，靠坚强的意志力抵御来自于五彩斑斓、丰富多彩生活中的金钱、美色、享乐等各种诱惑，自觉地约束自己，保持不断奋发向上的状态，并变成为工作、生活中的一种习惯。

我们一些同志总觉得艰苦奋斗是革命战争年代的口号，是过时了的要求。其实，这是一种望文生义的理解，看到了表面，而没有看实质的一面。共产党人的艰苦奋斗，不只是体现在物质生活上的勤俭节约、艰苦朴素，具有克服经济困难的勇气和智慧，例如开展大生产运动，生产自救，更重要的是表现在理论创新和革命道路的艰难探索上。把从国外输入的马克思主义理论和中国革命的具体实践结合起来，把马克思主义中国化，寻找一条适合中国国情的革命道路是一个比克服经济困难更为艰苦的过程。其中经历了许多曲折和失败，付出了惨重的血的代价。中国革命每走一步，都经过了艰苦的探索，这样才从失败走向胜利，从局部执政走向全国解放，实现民族独立，建立了新中国。把“艰苦奋斗”仅仅理解为克服经济上的困难和生活中的勤俭朴素，那就大大地贬低了它的价值和意义。这样狭隘的理解，是不利于我们今天作为执政党领导的伟大事业的。我国的发展，并没有走上一条坦途，前途依然充满各种风险和不确定性，将有许多的难题、矛盾和障碍在等着我们，从不发达状态变成繁荣富强民主的国家，依然需要一个长期的艰苦奋斗的过程，这不亚于当年红军过草地、爬雪山。

即使对一个普通人来说，要有进取心，有干出一番事业的理想和抱负，都需要艰苦奋斗这样一种精神。碌碌无为，得过且过，满足于现状的人，那当然无须艰苦奋斗，但其结局是势必被社会所淘汰，成为一个对社会没用的人，甚至成为社会的包袱。自古以来，圣贤哲人都是鼓励人们不断进取，艰苦奋斗的。“头悬梁，锥刺股”的故事，就是一个教育读书人要艰苦、奋斗的动人传说。孟子说过，凡是希望对社会做出贡献的人，一定要经过一个艰苦的磨炼过程，这就“必先苦其心志，劳其筋骨，饿其体肤，空乏其身”，不然不足以担当“大任”，不可能干出一番事业。个人修身养性，不断地改造自己，完善自己，“一日三省吾身”，也是一个艰苦的过程，奋斗的过程。凡是生活中、事业上有目标的人，要达到目标，唯一的途径就是艰苦地奋斗，无他途可寻。“书山有路勤为径，学海无涯苦作舟”，“宝剑锋从磨砺出，梅花香自苦寒来”，这样的名言警句，实际上就是艰苦奋斗精神的另一种表述。从现实中来看，凡是那些取得非凡成就的人们，都是经过了一番艰苦奋斗的过程，并一直都保持这种精神品格。如全球华人首富李嘉诚，地上掉了一个硬币都会捡起来；台湾塑胶大王王永庆，生活之简朴、工作之勤奋有口皆碑，终身如此。靠投机取巧，也许会取得一时的成功，但无法保持这种成功。

从历史来看，艰苦奋斗是中华民族的一种传统品格。世界上唯一没有中断的五千年文明之花，就是靠各族人民的勤劳、勇敢和智慧来浇注的；今天之所以能作为泱泱大国屹立于世界民族之林，就是无数志士仁人抛头颅、洒热血，长期艰苦奋斗的结果。经过近现代革命的洗礼，尤其是共产党人的发扬光大，使艰苦奋斗这样一种传统的精神品格放出了更加夺目的光辉。

作为一种精神品格，艰苦奋斗不会天然就有，需要磨炼和培养，从小到大，伴随人的一生，对一个普通人是如此，对于中华民族的先锋队——共产党人更是如此。

作为一种精神品格，艰苦奋斗不仅仅是个人的修养，而且是民族的灵魂，是国家发展的动力之源。一个不愿艰苦奋斗的民族，是没有希望的民族；一个没有艰苦奋斗精神的国家，也不可能成为世界上繁荣富强的国家。

艰苦奋斗的精神品格不只是共产党人的宝贵精神财富，也是中华民族崛起、复兴的动力源泉。

二、艰苦奋斗是提高我党执政能力的基础

对于共产党人来说，艰苦奋斗是其本色。共产党人把艰苦奋斗这样一种民族的传统精神品格变成了自己的“本钱”，白手起家，终于从一个革命党变为了一个执政党。常言说，创业难，守业更难。正如党的十七届四中全会在《中共中央关于加强和改进新形势下党的建设若干重大问题的决定》中所指出的：“全党必须牢记，党的先进性和党的执政地位都不是一劳永逸的、一成不变的，过去先进不等于现在先进，现在先进不等于永远先进；过去拥有不等于现在拥有，现在拥有不等于永远拥有。”作为执政党，如何提高执政能力，带领全国各族人民，凝聚各种力量，使中国又好又快地发展，并使广大老百姓享受到发展的成果，这才是问题的关键。

60 年执政所取得的伟大成就令世人惊叹，但今后的道路更加艰难。作为一个大国，中国越是发展、越是强大，其前进道路上所遇到的阻力就会越大、矛盾就会越多、难题也越来越复杂。这些阻力、矛盾和难题既来自内部，更来自于外部，内外交织，充满着巨大的风险。这是对党的执政能力的严峻考验。

但不得不承认，在综合国力增强的同时，党执政能力在某些方面的表现令人担忧，尤其是艰苦奋斗的本色在淡化，轻松安逸的氛围在变浓。在艰苦奋斗和轻松安逸的对比中，越来越多的人选择了后者，抛弃了前者。因为：

——说假话、空话和套话是轻松的，而说真话、实话和管用的话却是艰苦的；

——以文件传达文件、以会议落实会议是轻松的，而要抓住文件、会议的精神实质，依据各地的实际情况，创造性地贯彻落实各项方针政策，却是异常艰难的；

——拿来主义，照抄照搬，用理论的片言只语来“指导”实践是轻松的，而要理论联系实际，通过大量调查研究，变成中国化的理论和实践却是艰苦的；

——高高在上，老爷作风，自以为是是轻松的，而放下架子，不耻下问，向群众学习，问计于民，保持与群众的血肉联系，全心全意为人民服务却是艰苦的；

——不思进取、得过且过，你来我往、歌舞升平是轻松的，而要保持

共产党员的先进性，不讲情面、不拿原则作交易，看书学习、加强自我修养却是艰难的；

——批评他人是轻松的，而自我批评、自我反省，接受他人批评却是困难的；

——独断专行、主观臆断、一个人说了算是轻松的，而民主讨论，认真耐心地充分听取各个不同方面的意见却是不易的；如此等等。

上述种种现象是在新的条件和环境下产生的，重要的一点是权力具有腐蚀性，如果没有艰苦奋斗的精神品格是难以抵御的。

作为革命党时取胜法宝的艰苦奋斗精神，在我们的现实生活中，越来越不见了踪影。不难想见，在这样的精神状态下，执政能力如何增强?

缺失了艰苦奋斗，执政能力的基础将会坍陷。无论是决策能力，还是执行能力；不论是理论创新能力，还是实践创新能力、制度创新能力，离开了艰苦奋斗这种精神，一切都是空谈。如果说，党的执政能力是巍巍大厦，那么，艰苦奋斗的精神则是这座大厦的地基。而党的执政能力的“地基”怎么样，往往是看不见的，更由于有了60年的执政存在，也就更容易被人所忽视；即使是这个“地基”出现了坍塌，也要等到这座大厦出现裂痕、甚至倾倒时才被发现。甚至还有这样的危险：执政能力的大厦出现了裂痕，我们忙于去修补裂痕，却不知道是由于“地基”出现了问题。若是这样，党的执政地位就更危险了。

共产党人在延安时期的13年，是艰苦奋斗，站稳脚跟，并不断发展壮大的13年。这个时期，以艰苦奋斗的精神，通过自力更生，自己动手，克服了经济困难，实现了丰衣足食，打破敌人封锁，粉碎了敌人妄图困死共产党的企图。但如果仅仅看到这一点，是远远不够的，并以为看到了艰苦奋斗精神的全部，更是错了。在这个时期，至少有三个方面的创新：一是实现理论创新，把马克思主义中国化，形成了指导新民主主义革命，并走向社会主义革命和建设的理论体系——毛泽东思想。二是实现实践创新，依据当时中国社会主要矛盾和矛盾的主要方面的变化和转换，及时地停止了反对蒋介石政权和打土豪分田地的政策，建立抗日民族统一战线；而在解放战争时期，又及时地建立民主民族统一战线，反对蒋介石的独裁统治，争取了政治上的主动权。三是实现制度创新，陕甘宁边区政府建立了“三三制”民主联合政府框架，创造性地通过“豆选法”实现了全体老百姓，包括农民文盲在内的普选。这三个方面的创新无一不是通过艰苦的探索、艰苦的工作而渐渐地形成的。在这个时期，毛泽东写了 112 篇文章，142 篇书信，平均每年近 20 篇，一些重要的著作，如《矛盾论》、《实践论》、《论持久战》、《新民主主义论》等等，都是在这个时期写成的。毛泽东成为党的理论创新的主要推动者。与此同时，毛泽东还要指挥全国的抗日战争和解放战争。试想，如果没有毛泽东以及共产党人艰苦的、勇于探索的奋斗精神，上述创新能实现吗？能最后取得革命的胜利而成为执政党吗？其答案是不言而喻的。

而对比当前新的形势，当今世界处于大发展大变革时期，“党在推进改革开放和社会主义现代化建设中肩负任务的艰巨性、复杂性、繁重性世所罕见”。这意味着，党的理论需要创新、改革发展的实践需要创新、体制机制也需要创新。只有通过这些紧贴中国国情的创新，党的执政能力才能增强，党的先进性才能保持，党的执政地位才能保住，中华民族的复兴才能实现。因循守旧，就不可能找出一条适合中国国情的发展之路。显然，这是一个不亚于万里长征的艰难过程，没有艰苦奋斗精神的支撑，我们的探索就可能半途而废，执政党的地位就可能被动摇，中国的发展就可能中途夭折。

如何提高党的执政能力，是一个复杂的课题，需要共产党人的集体智慧，但更需要全体共产党人的艰苦奋斗精神品格在新形势下能够继续保持并发扬光大。这是必要的前提，一切的基础。

三、艰苦奋斗是实现中华民族复兴的保证

中华民族的崛起、复兴，是国人百年来的梦想。常言道：百步者，半九十。中国发展到今天，从总量看，已经大大增强了。国民生产总值位居世界第三位，许多产品的产量位居世界第一位，尤其在应对这次国际金融危机的过程中，中国更是有出色的表现。审时夺势，及时应对，政策有力，不仅使我国经济化解了外部危机带来的冲击，也避免了世界经济更大的危机，为全球经济稳定做出了贡献。也正是在这场全球经济危机中，“中国模式”吸引了全球的眼光，为中国改革开放 30 年的成就赞叹，更为中国找到了一条不同于西方国家的独立自主的发展之路而羡慕。

从总量看，中国已经是一个大国；但从人均指标来看，中国又是一个弱国。人均 GDP 尽管已经达到了三千美元，自己跟自己比，大有进步，在世界上却是排在一百几十位，与不少非洲国家并列。这意味着什么？这

表明，我们的发展离实现民族复兴的伟大目标还差得很远，还谈不上走了一半。与美国相比，我国人均GDP不到其十分之一。即使静态地与美国比较，要达到美国现在的水平，意味着我们的路还只是走了十分之一不到。雄关漫道真如铁，而今迈步从头越。应当看到，我国的发展还只是在起步的水平上。

经过百年来的抗争，最终在党的领导下，实现了历史性的转变：从一个半殖民地国家转变成为了民族独立、主权完整的国家，这为中国的发展和民族复兴提供了一个历史性前提。没有这个前提，中华民族的复兴只是海市蜃楼般的幻境。又通过党60年来的执政，实现了另一个历史性的转变：从高度集中的计划经济转变成为社会主义市场经济，使中国的发展走上一条新路。

这两次历史性的转变，都是在共产党领导下，探寻中华民族复兴之路的过程中实现的。尽管经过艰苦的探索，我们成功地找到一条新的中国发展之路——以市场的力量来推动发展，但这条路还很长，而且，充满了不确定性和风险。这是一条前人未曾走过的路，有无数的困难在等着我们。显然，这不是一条阳光大道，而是一条羊肠小道。甚至可以说，我们面前还没有路，只是有了一个前进的方向。能不能走得通，没有人给我们答案，这同样需要我们以艰苦奋斗的精神去探索。

中华民族复兴的过程，是一个艰苦的、需要一代又一代人奋斗的过程。上个世纪50年代，头脑发热，以为很容易就可以“跑步进入共产主义”，结果大折腾，反而变慢了。现在站在一个新的历史起点上，要谨防陶醉于“中国模式”而以为走上了阳光大道。现在国际上谈论的“中国模式”只是代表了过去的成功，下一个30年是否可以照搬这个模式？这依然没有答案。这个答案，需要我们在艰苦的探索过程中去寻找。

就当前看，有许多基本问题需要去解答。例如，当前的经济发展方式如何转变？我国经济社会发展如何真正转到科学发展的轨道上来？经济改革、政治改革和社会改革如何协同？改革发展的成果如何做到全体国民共享，从一部分人先富起来过渡到共同富裕？人的发展同资本的发展是有矛盾的，如何既利用资本的发展来实现人的发展，而同时又限制资本发展给人的发展带来的不利影响？中国的发展如何融入全球化过程之中，既利用全球化给我们带来的好处，同时又避免全球化给中国带来的负面影响？如何把世界上其他的人类文明成果（包括物质文明、政治文明、精神文明、生态文明等等）中国化，转化为中国大地上的人类文明成果？如此等等，这从书本上、从其他国家都找不到现成的答案，需要我们发扬艰苦奋斗的精神，在不断的实践创新中去探寻。如果以为中国搞市场经济了，其他市场经济国家的理论、制度和做法可以照搬过来，并以为人类共同的文明成果可以共享，由此可以省去了艰苦的探索过程，那只是一种只有害处的愚人之见。

中华民族的复兴之路将是艰难的。中国越是往前走，外部阻力就会越大，遇到的困难将会越多。唯有以融合了传统与现代的艰苦奋斗这种精神品格，凝聚全社会的力量，依靠中华民族的集体智慧，在共产党领导下，经过不懈的努力和创新，才会达到我们的目标，最终实现中华民族复兴之伟业。

四、如何培养艰苦奋斗的精神品格

在新的历史时期，如何培养艰苦奋斗的精神品格？这是全社会的课题，当然更是党的任务。

一是从党内教育入手，着重从思想认识解决问题。有什么样的观念，就有什么样的行动。对艰苦奋斗没有一种新的认识，在新的条件下要有艰苦奋斗的行为是不可能的。空泛地说教，一味地提要求，简单以“如果……就”、“应该如何”、“必须怎样”这样的句式来教育广大党员，那是不可能收到成效的。必须从理论的高度，深入浅出地阐述清楚艰苦奋斗的内涵和实质，让大家听得懂，听得进，这样才能做得到。

应当把艰苦奋斗的精神品格放到社会主义的核心价值中来，要讲清楚，为什么“人民生活富裕了，艰苦奋斗的精神也不能丢”？为什么“越是改革开放和发展社会主义市场经济，越要弘扬艰苦奋斗的精神”？毛泽东在延安时期说过：坚定正确的政治方向，是与艰苦奋斗的精神不能脱离的；没有艰苦奋斗的精神，也就不能执行坚定正确的政治方向。在今天来说，坚定正确的政治方向，简单地说，就是实现科学发展，全面建设小康社会，这同样离不开艰苦奋斗的精神。其中的道理也要讲清楚。如此等等，要回答好这些问题，需要党的理论创新，抱着老一套是不行的。

二是要运用优秀传统文化的力量，来阐释带有革命色彩的艰苦奋斗精神。无需多说，“艰苦奋斗”这个概念或说法，作为延安精神的重要组成部分，无疑地带有浓厚的革命色彩，使人觉得，现在的任务不是革命，这种革命时期的口号和要求不合时宜了。其实，共产党在延安时期，教育广

大党员，恰恰不是讲革命的大道理，而是把我国传统文化与外来的马克思主义结合起来进行阐述。毛泽东、刘少奇等党的理论家们，都不是单纯地讲马克思主义的大道理，而是从实际出发，以民族的东西来讲道理。毛泽东在《中国共产党在民族战争中的地位》一文中指出："洋八股必须废止，空洞抽象的调头必须少唱，教条主义必须休息，而代之以新鲜活泼的、为中国老百姓所喜闻乐见的中国作风和中国气派。"

其实，艰苦奋斗这种精神品格是蕴藏于我国的传统文化之中的，这在前面已经谈到了，只是革命时期的共产党挖掘传统文化中的精华为革命运动服务。到现在，人们反而以为这只是革命传统和政治口号，与传统文化没有关系了。以为现在的任务不是革命，而把带有革命色彩的传统文化的精华一并丢掉是一种社会的误解，是不应该的。现在应讲清楚，只适应于革命时期的东西，无疑地必须丢掉，但被千百年来证明的优秀传统文化的东西应当继承下来，不宜简单地说，所有的革命传统都要无条件地继承下来。执政党和作为一个革命党的任务是不一样的，其所需要的理论和相应的指导方针自然是有区别的。简单说要继承和发扬革命传统，只会令人反胃。八股式的说教应像毛泽东所说的，应当废止。

三是要通过制度来引导。要培养艰苦奋斗的精神品格，仅仅靠思想教育是远远不够的，还需要甚至主要是依靠制度来引导。制度的功能是双向的，一是激励，二是约束。通过制度，一方面激励那种艰苦奋斗的行为，另一方面约束那种与艰苦奋斗相悖的行为。例如，对企业的行为引导，在市场竞争的压力下，企业不由自主地就会产生"艰苦奋斗"的行为：降低成本，减少浪费，勤俭办企业，并努力开发新产品，以增强竞争力。再如，对于学生行为的引导，通过奖学金制度、三好学生评比制度、考试制度等等，就会让学生不由自主地产生艰苦奋斗的行为。对政府官员，可以通过建立绩效评价、政绩考核以及其他的制度安排来激励奋发向上、勤俭节约的行为，抑制庸官、懒官得过且过的行为，以及讲排场、铺张浪费的行为。一个有效的制度，比一打说教都管用。对于广大党员，同样如此。这就需要制度创新，用新的制度来塑造和培养个人的、单位的以及全社会的艰苦奋斗精神品格，并最终成为其一种自觉的行动。

（本文作者系财政部财政科研所副所长）

青春沃雪域　艰难玉汝成

——"老西藏"赵子霞同志的深情回忆

赵子霞

今年3月，我入党50周年。7月，又值中国共产党诞辰85周年。在举国讴歌党的丰功伟绩的喜庆日子里，由北京开往拉萨的列车顺利启程，青藏铁路胜利开通了，几代人的梦想实现了。这是党领导各族人民为西藏人民创建的一条"神路"、一条"天路"、一条"幸福路"。是我党的又一丰功伟绩，也是让世人为之惊叹的奇迹。

西藏，世界屋脊上的这方古老而神奇的土地，于我有着深深的情结。每当回忆在雪域高原工作的20年，我不禁感慨万端。

西藏已解放55年。55年，在人类历史长河中，不过是短暂的瞬间。在这短短的几十年，西藏跨越上千年，发生了划时代的历史巨变，由一个最黑暗、最残酷、最野蛮、最落后的封建农奴制度，走上社会主义道路。在加快推进改革开放和社会主义现代化建设方针指导下，经济快速发展，文化日益繁荣，社会祥和进步，人民安居乐业，生活越来越好，社会主义现代化建设呈现出前所未有的勃勃生机。西藏的辉煌成就，镌刻着中华民族几代人的不懈努力和追求。

1951 年，西藏和平解放后，党中央相继派了大批汉族干部，支援西藏革命和建设。这些“老西藏”，割舍亲情，远离家人，在西藏一干就是 10 年、20 年，乃至更长远。他们长年承受着艰辛、孤独和寂寞，在苦中默默奉献。当时通一封家信要一个多月，看《人民日报》只能是上月的。因为没有电，收音机无法听，看场电影也只能在节假日靠柴油机发电。一年四季没有新鲜蔬菜，没有水果，整天吃的是夹生饭，蒸不熟的黏馒头，喝的是 80 度的开水。住的是帐篷、土坯房，夜间用蜡烛照明，冬天零下 20—30 度没有烤火。下乡搞改革等中心工作，要住最贫穷的奴隶家中，与群众同住、同吃、同劳动、同商量。有时甚至人身安全都没有保证。平叛、改革和“文化大革命”中，不少人献出了生命。

1967 年“文革”期间，因我不赞成全盘否定西藏 17 年的工作成就，不赞成“火烧”自治区党委书记张国华，而参加写大字报和辩论会，后被打成重伤，头部 3 处缝针，8 颗牙齿被打断，险些丧了性命。

在那个年代，服从党的需要，哪里有困难，就到哪里去，党和人民的利益高于一切，这种强烈的社会主义历史责任感和建功立业、牺牲奉献的英雄豪迈之气，已成为青年人的主旋律。对于“老西藏”，生活上的艰苦，又算得了什么，因为它已经是他们事业中的一部分，已经融入他们生命之中。除了生活上的艰苦，地域环境、高原缺氧更是严峻的考验。现在进出西藏，有客运汽车、飞机，最近又开通了有弥散性供氧的火车。随着国家的发展，各方面条件都发生了天翻地覆的变化。在 20 世纪 50 年代，唯一的交通工具是带有帆布篷的大货车，个人所背行李，就是自己的座椅。一路上颠簸、缺氧，胸口发闷，透不过气来，心慌、头晕、头痛、呕吐等高原反应，时刻都在困扰着你。每到“兵站”宿营地，车停下来，周身乏力，双腿都直不了，不听使唤，有时几乎是从车上滚下来。就这样还要自己把行李扛到住处。由于当时仅有的“兵站”，条件艰苦，燃料缺乏，吃的是冰冷的夹生饭，能有点开水和咸菜下饭，就算不错了。晚上不分男女，统统和衣睡在大通铺上。一躺下来总觉得窒息，翻个身都要大喘气，常常是彻夜难眠。在这种觉睡不好、饭吃不下、路走不动的状态下，要坚持半月、二十天才能到达目的地。

然而，对于“老西藏”，他们奉献的，不仅仅是最基本的物质享受和健康，不仅仅是青春和热血，还有家庭、亲情和天伦之乐。

“老西藏”有的是抛家别室，孤身一人在西藏默默耕耘，常年过着形单影只的孤寂生活。当时规定每三年可回内地探亲一次。按在藏工作三十年计，只能与家人团聚九次，二十七个月。有的是子女寄养在内地，夫妻双双在藏工作。

我们是属于后者。1959 年我在京生育了第一个孩子，两个月后，返回西藏。孩子由年逾古稀的两位老人照看。1961 年在藏生第二个孩子。1962 年，因孩子不适应高原气候，心脏扩大，不得不在寒冬腊月坐汽车往内地送。一路寒冷彻骨，缺氧难耐，尤其拉萨至格尔木这段路，本来空气中含氧量就低，夜间住地又用的没有烟筒的旧汽油桶烧煤取暖，房间氧气十分稀薄，孩子啼哭不止，无奈我和老伴占林同志身着皮大衣，给孩子包上棉被，轮流抱着他在室外站着过夜。经过二十多天的旅途劳顿才回到北京。这时大孩子已经四岁，占林同志才见第一面。探亲假规定三年一次，可是每当“运动”一来，休假便停止。我在西藏工作二十年，共休假五次。名为休假，实际是回来给孩子、老人洗洗涮涮，缝补衣被，彻底搞搞卫生，准备日后用的衣物。这些都忙完了，也该返藏了。每次临行时，老母总是强忍悲痛说：“不能流泪，这样会不吉利。”我们也从不让孩子送行，因为难以割舍的别离情，让人撕心裂肺。“文革”中，我们曾八年没有回家休假。1969 年，爸爸病逝，我们都没能回来和他老人家见上最后一面。后事是我们十二岁的孩子，电话通知火葬场，便把遗体拉去火化了，我们为此一直感到内疚。接着，时隔不久，年近九旬的老母瘫痪了。从此，两个年幼的孩子既要管理自己的生活，又要上学，还要照顾卧床的奶奶。十二岁的大孩子，不得不担起家庭柴米油盐的重任，成了一家之主。老、小相依为命，生活之艰难不言而喻！“老西藏”不仅苦了老人，也苦了孩子。

是的，艰苦对人是一种磨难，是一种苦痛，但它同时也是人生的财富。忧患增人慧，艰难玉汝成。正是西藏特殊的艰苦环境，造就了一批孔繁森、陈金水式的英雄人物。我为有机会历经一段艰辛，为西藏人民做了一些有益的工作，而感到幸福、骄傲和自豪。孩子也在困苦中得到锻炼和健康成长。

艰苦不仅能历练人，使人奋进，也能锤炼人情、亲情、友情和民族情。好事尽从难处得。记得有这样几件小事：

1961年我去日喀则农村搞改革复查，住在一户奴隶家里。阿爸、阿妈、一儿、一女四口之家。他们把我视为座上宾，每天早上，总是把他们家仅有的一小袋用羊膀胱盛装的、凝固的羊油削一片和些许“馒茎”，放在“吐巴”粥里煮来吃，招待我这“贵客”。日间在田里劳动，午餐时，翻身农奴争先恐后把他们皮囊里的粘巴抓给我吃。晚上开会宣读党的政策，老阿爸和儿子无微不至地关心照顾我，保护我的绝对安全。一次我要去区里开会，老阿爸特意在村里挑选了一匹最老实的马，他小心翼翼地把我扶上马，和他儿子牵马送我一程又一程，直到我习惯了，他们觉得安全了，才放心让我和翻译一起赶路。在会议结束的前二天，他们家的一只小羊被狗咬死了，老阿妈收拾好后，一直留着等我们回来才做了一顿美味可口的手抓羊肉，为我们接风洗尘。下乡“四同”很艰苦，但浓浓的民族情时刻温暖着我，让我很感动。在他们家居住的日子，有空就同阿爸阿妈聊天，了解他们过去经历的苦难，分析贫穷的根源，宣传党的政策，做他们的知心朋友，同时也使自己受到深刻教育，更加感受到党的伟大。两个多月工作结束了，当我要返回拉萨时，老阿妈和她女儿都哭了，哭得很伤心，说我们是毛主席派来的好干部，是他们翻身解放的恩人，怕今后再见不到我了。我也泪流满面，心里酸楚极了。

1960年一次在人委党组书记张国华住处开党组会，我做记录。会议休息时，警卫员端来一大盘桔子，国华同志让大家吃，可是都知道这是随军用飞机从内地运来的特供食品，数量很有限，谁都不肯吃，书记亲自动手拿给大家，散会时，他还特意拿了两个塞进我的口袋里，说我年纪轻，又是女同志，优待。这种艰苦之中的人间真情和关爱，是何等可贵！它一直激励我更加奋发努力地工作。

1961年我在西藏生第二个孩子，当时物质十分匮乏，月子里没什么吃的。人委陈竞波秘书长把他一个月仅有的两斤特供鸡蛋，让警卫员送来给我补身体。东西虽不多，但这是用多少钱也买不来的爱心，这让我又一次感受到爱的份量和博大。

西藏农科所多年一直研究适应高原生长的粮食、蔬菜和水果，取得了很大成绩。一次科研所送来一个西瓜给大家品尝，我老伴分得一块，他没舍得吃，拿回家没有冷藏设备就用湿毛巾盖好，一天换几次，为的是等次日星期六我回来吃。这种挚爱，在困苦中显得无比珍贵而光彩夺目。这是风雨中历练的纯真，是艰辛中结出的晶莹硕果。

在西藏，同志间的关系也格外亲密。工作中、生活上相互关心、相互帮助有加。一家有好吃的，同事们都有份。回家休假，不论谁带回诸如挂面、香肠、松花蛋、酱豆腐、榨菜、黄酱等食品，都要送给同事们分享。1961 年我在藏生小孩所需衣被、鞋袜乃至尿布，都是同事们送来的。“共产主义”之风，革命大家庭之情，随处可见。高原气候寒冷，但同志情、朋友爱却像春天般温暖、夏天般炽烈。生活在这样的氛围里，我们会感到愉悦和幸福，会感到有力量，有凝聚力。

几十年来，数以万计的“老西藏”们以常人之躯承受超常的生存条件，以常人之情承受着超常的情感境遇。是什么精神使他们无畏艰辛，对党的事业一片赤诚，燃烧着自己，而无怨无悔，这是共产党人全心全意为人民服务精神的自然流露，是共产党人奋斗哲学在西藏的具体体现，是党的理想、信念铸就的无私奉献的“老西藏”精神的写照。

我个人经常这样想：人生苦短，在短暂的人生旅途中，不是每个人都能轰轰烈烈的，只要用心血、用汗水、用青春，为党的事业奋斗过了，就问心无愧，终生无悔。这或许就是“老西藏”们的共同心声吧。

“僵卧孤村不自哀，尚思为国戍轮台，夜阑卧听风吹雨，铁马兵河入梦来。”

我早已调回内地，并已离休。但我的心仍时刻都在怀念那万山之宗、江河之源的地球之巅——西藏高原。因为我把人生最美好的年华奉献给了她。因为她是培育、锻炼我成长的地方，是我最可爱的第二故乡。

岁月是一本书，里面有阳光、有艰辛、有心血和汗水。我写这篇回忆，重温这段历史，一是寄托我对西藏高原深深的怀念和眷恋，讴歌“老西藏”精神；二是不忘过去的艰辛，会使我们更加珍惜今天的幸福生活，更加热爱今天的美好世界；三是激励我们与时俱进，为祖国的兴旺发达，蒸蒸日上，为全面建设小康社会而不懈努力。

我是这样想的，也在奋力去做。我离开工作岗位已近十年，但我仍保持赤子心态，保持党多年培养教育我的革命精神，不断求索。读书，看报，听广播，关心党的事业，关心国家大事，热爱集体。潜心学习和尝试一些新的东西。挥毫泼墨，学书、学画，全心投入，充分发挥自己的潜能。用中华民族优秀文化充实自己，丰富知识，提高素质。学习民族舞蹈，也力竭不疲，使晚年生活有滋有味，活出境界。

多年的努力，使我深深感受到，学习、吸收新的东西，是最好的抗衰老药，他可以帮助你战胜失落感，克服老年人的渺小感。对新东西有了兴趣，就会不断地给自己定目标，有了目标，就有驱动力，自觉努力去做。这样，就总觉得有做不完的事情，感到时间不够用。而且，每做一件事，全神贯注，什么琐事都没有了，精神心灵得到净化，使自己生活在内心充实、心平、心静、心怡的心境之中，这对身心健康大有裨益。

当取得一定成果时，自己感到欣慰，受到鞭策，家人和朋友也为之欢欣鼓舞。有些退下来时间不长的同志说："我们也要像您那样刻苦学习，继续释放生命能量，让晚年生活得有意义，有阳光，快乐。"有些中年朋友见到我就说："您心态真好，仍保持那些与年轻联系在一起的品质，热情、好学、不服老。将来我们退下来，也要像您那样活法。"人到老年，仍好奇、向上、孜孜以求，充分用尽生命价值，这于己、于社会、于他人都是有益的。它潜移默化，留下一些好印象、好影响。这无形的影响，将产生一种催人向上的推动力，这或许也是一种贡献吧。

在家庭和人际交往上，以和为贵，大度豁达处事，求得和睦、愉快。能助人的地方尽量去做，多交朋友。因为友谊是一种精神营养，它是老年人化解孤独的良药。多一份友谊，就会多一份健康，多一份幸福。

人生是壮丽的。只要健康状况允许，我将以党员的奋进精神，继续努力，力争交一份晚年——人生期末考的合格答卷。

昨天的记忆

——一个财政局长的工作手记（摘）

王云奎

官场的确变幻无常，变来变去又变得给自己没有了“位子”，几乎是五年前一幕的重演。领导很着急，找上面几次，情况不大明了。有人劝我找找关系。不要说没关系，就是有，事情到了这种地步，还找什么？毕竟受过一回锻炼与考验了，我仍然没事一样地上班下班。但夜深人静，却怎么也睡不着。

只觉心乱如麻，往事如烟。一忽儿觉得自己是在一个得了病的小学同学的家里。他烧发得厉害，已经两天没来上课了，父母亲没在家，没人照看。我一见，赶忙请了村医疗站的医生，似乎这阵儿正服侍他吃药哩……

一忽儿又觉得自己在一个贫困户的窑洞里。窑门低矮，进门时一不小心头碰在了门框上，好疼好疼的，但看老人蜷在炕上，成了一疙瘩，被子又脏又破，只感到我这个乡党委书记无地自容……

下雨了，还挺大的，自己撑着一把雨伞，一个人一步一滑地走在山村的小路上。已经连着看了七个贫困户了，情形让人心焦：穷不说，还没有志气，真是扶不起的井绳！这一户还让人鼓舞：进去的时候，一家人正围着笸箩剥玉米棒子，聊着聊着，聊出了一条致富门路，就是缺一笔钱。虽然不多，我身上却没带。为了不让刚热起来的心凉了，赶紧趟着泥水，翻了两道沟梁，去熟人那里借了一回。现在，仿佛还能看见老人接过钱时的两行热泪……下班的时候，又是一份教师反映没有领上工资的信，当时心里多么难受啊！教师的工资，是一句话、一句话的从早说到晚才得来的，却发不到手上，他们也有父母妻子儿女，也要养家糊口、吃喝穿戴呀！再这样下去不行，是该下决心的时候了……虽然费尽了千辛万苦，却实现了教师工资包括乡镇干部工资银行统发，这在全市全省还是第一家。省市领导在大会上表扬，教师又是写信又是打电话感谢，可自己心里更是难受：人家不过是按时领了应领的那一份工资，你不过给人家发了该发的，又没有给人家多给么……

又有一个村一个单位的干部来表示感谢，说是项目资金拨了以后，干了多少多少事，群众多么高兴。我说没啥谢的，项目资金本来就是该给人家的嘛。话也对，可实际上就不是那么回事。好多地方的项目资金就给不了人家，说是保工资了。“保工资”可真是一张“牌”啊！可凤翔县这几年保了工资，项目资金又一分没欠，仅县城建设的投资就超过了一千五百万……恍惚中，一位老人引着自己的孙女来到了我的办公室，手里提着一袋苹果和一串葡萄，颤巍巍地放到了我的桌子上。苹果红艳艳的，葡萄鲜嫩得能滴出水来。老人声音颤颤地说，王书记啊，多亏你那年给我孙女解决的两千元，要不，哪有我娃今天的大学毕业呀……我屋里穷，就这点心意，你可千万不要嫌弃啊……

我的眼里涌出了泪水……忽地醒了过来，竟然全身发热，出了一身的汗。

我拧亮台灯，披衣下床，在地上转了又转，努力让自己一时急跳的心平静了些。然后，在书桌前坐了下来，思绪不由得又缠绕到了官场上，一时乱纷纷的，竟理不出个头绪来。忽然，一道亮光在脑子里闪过：官场就是考场！一个人为官，只要在工作岗位上，对得起组织的信任，对得起人民的期望，对得起政府的工资，对得起自己的良心，就算完成了答卷，也就是人生最大的满足！

我随手拉开抽屉，取出了日记本，信手翻了起来。忽然，看到了前些日子抄录的几条养生的名联。当时，从《文摘报》看到的时候，觉得很有意味，满含哲理，随手抄录在日记里了，没想到与我今晚的心思会那么吻合。

其一，北宋名相寇准："但知行好事，不用问前程。"

其二，扬州八怪之一郑板桥："青菜萝卜糙米饭，瓦壶井水菊花茶。"

其三，清代名人翟公栾："静亦静动亦动，五脏克消失欲火。荣也忍辱也忍，平生不履于危机。"

其四，清代文学家纪晓岚："事能知足心常泰，人到无求品自高。"

其五，清代名僧苏曼殊："乾坤容我静，名利任人忙。"

啊，古人的情操竟是如此之高尚！难道我们一个共产党人的心胸、境界，还不如封建士大夫吗？仔细想想，当初认真努力工作的时候，拼命完成好每一项任务的时候，并没有也不可能想着今日的考察和提拔。每每看见老作家马识途的名字，总感叹真好！古人云，三十而立，四十而不惑，五十而知天命。我都过知天命之年了，应当老马识途，接受生活的安排。再说，世间的事情，公平往往是相对的，不公平才是绝对的。只要我心里还惦记着那些父老乡亲，相信父老乡亲的心里也不会忘记我的。对一个人，还有比这更高的奖赏吗？我还有什么苛求的呢？

（本文节选自王云奎：《昨天的记忆：一个财政局长的工作手记》，中国文联出版公司，2005年版）

要当官不要到服务中心来

宁加岭

在青年们中开展“薪火相传”活动，我认为很有必要。作为一位曾在这个战线上工作多年的老同志，有责任把这个单位一些好的东西留下来，传承下去。

我是1987年4月由人教司调任行政司工作的，到1999年6月办退休，我在行政司前前后后工作了13年。来行政司后，我的主要工作就是：摸底、整顿、巩固、发展、提高，经历了这五个阶段和过程，目标就是搞好服务。

我是财政部第四任行政司司长，财政部在建国组建时并没有行政司，一开始就是在办公厅有个行政处，到了“文化大革命”前几年，这个摊子越来越大，就成立了行政司。第一任司长是黄子纯，原先是办公厅副主任；第二任司长是齐佩轩；第三任司长是张瑞清，这是从大庆调来的英雄模范人物，跟王进喜一起干油田开发的。我是第四任，也是最后一任行政司司长。从我这一任开始，中心开始体制改革，变成了机关服务中心。我又是第一任机关服务中心的主任，王纪新是第二任，吴畏是第三任，王彦欣是第四任。机关服务中心的主任也经历了四任，大体上行政司和服务中心演变发展的过程就是这样。

我刚来行政司的时候，两眼一摸黑，谁也不认识，那么就调查研究、就摸情况。我记得印象最深的是春节的时候，骑着自行车搞家访。每个老工人、每个老同志家里边，我一家一家骑着自行车去看望他们。经过这一段时间，大体上摸清了不少情况，也了解了不少情况。我是当兵的出身，在部队干了32年。高中毕业，满腔热血，抗美援朝就参军了，1982年底转业回来的。我当过独立团团长。来的时候外边都有传说啊，行政司来了个“傻大兵”（全场一片笑声），但是我也不管你们说什么，我就干我的。当时张瑞清副部长坐我对面，有啥事我跟他请示报告，说完了他一点头，我就去干。

根据这一阶段的调查研究、情况摸底，我对行政司有了初步的工作概念，觉得这里有“四多一强”：第一个事务性多；第二个涉及的具体人和事多；第三个直面群众的多；第四个窗口多，到处都是窗口。窗口什么概念啊，就是人家一看就能看到你行政司是个什么样了。到食堂打饭，给人家碗一摔、倒一地，人家一看，行政司就这样啊？这就是窗口。但是时效性很强，你不要看事不大，弄不好一下子就捅到部长那。哪家的孩子在幼儿园被开水烫到了，下午部长就知道。哪一顿饭做生了，部长马上就知道。这就是行政司和机关服务中心的工作特点，它不涉及什么文件、政策、理论，不像业务司局制定政策、调查研究提纲、方针规划。我们这都是张三家没房子了，李四家计划生育要指标了，哪一顿饭你做生了，下周生活怎么改善了，都是些具体的事。

根据行政司和机关服务中心情况，我第一就是抓整顿。整顿时先拿车队开刀。那时候我们车队什么情况啊，怨声载道啊，哪个司长坐车出去，遇到司机不高兴就把车开得直晃荡，再不行说车坏了，对不起请下车自己走吧。谁都拿车队没办法。那时部长老大，我们车队司机就是老二（全场一片笑声）。再就是食堂，乱得简直没法说了，也没规矩，拿菜盆子乱扔，拿带木棒的笤帚抡菜刀打架，都能把木棒打断。这都要进行整顿。谁违纪就对谁执行纪律，要敢抓敢管，要赏罚严明。你不能让他当老大，他当老大，我算老几啊，对吧？（全场一片笑声）整顿见效果，第一抓车队，第二抓食堂，立竿见影，群众感觉很明显地不一样。

第二点就是坚持集体领导，这一条很重要。当时班子有三个人，一个司长、一个副司长、再加上一个顾问。大家齐心协力，口径一致，没有空子好钻。后来风言风语出来，说老宁喜欢这个，排挤那个，拉这个，打击那个。我就跟他们谈心，在会上公开给他们解释，我说十指连心啊，希望你们把工作都干好，哪个手指都重要，砍掉一个能行吗？不需要拉帮结派，不需要扶持一个，打击一个，没必要嘛。你好好干，我就支持你、鼓励你、肯定你；你调皮捣蛋，我就要批评你。

第三就是要表彰先进，大胆地起用年轻的干部。中心每年年终都要表扬几十个人，这样好的风气、正气逐渐地树立起来了。我在部队 32 年，部队和平时期不打仗就是抓训练，就是抓管理、抓教育、抓安全、抓纪律，这是我的强项，也是多年养成的习惯。

经过学习、整顿、调整后，行政司的局面慢慢打开了。1988 年、1989 年、1990 年连续三年，我们干了几十件实事。每年十多个实事，连着三年，局面就不一样了。机关后勤工作就应该真抓实干，确确实实给群众办实事，要一个一个兑现。当时群众洗个澡多困难啊，接小孩子、上学、入托，都是这些生活事。后来组织的管理班、小饭桌，什么都管，这就是实事。要干实事，光来空的虚的不行。

经过几年的锻炼，我认为行政司这个班子、这个团队是有战斗力的，确确实实为大家办了很多实事和大事。老楼改造、建新办公楼、礼堂、北洼小区、翠微路小区、德宝小区、玉渊潭小区，这都是我们经手建的。建了大量的宿舍，改善了办公环境，建了副食基地，财政部广大职工的生活有了改善，我们的办公条件改善了，我们整个面貌变化了。正因为这样，我们行政司在部里边的威望和位置不一样了。工作上去了、面貌变了，所以群众对我们的看法也变了。

后来就是贯彻中央大力发展第三产业的 5 号文件，根据这个文件我们行政司推进了改革。先后成立了经贸公司，房屋开发公司，出租公司，国际旅行社，科技公司，饮食公司，德宝饭店。德宝实业总公司是在成立了 7 个子公司的基础上，于 1994 年成立的。到了 1997 年，德宝系统初具规模，逐步地完善，逐步地走上了轨道。行政司和机关服务中心，都是在整顿的基础上巩固，在巩固的基础上发展，在发展的基础上改革，在改革的基础上再发展。

我这人从小就很传统，高中毕业 17 岁，满腔热血抗美援朝，那是要抛头颅洒热血的啊，准备去战场跟美国鬼子打仗的。后来人家看我高中毕业，文化程度高，把我留下来了，送去军校培养。我从小的理念就是听党的话，忠于党，没别的。

大家让我谈谈年轻人应该学习和传承哪些优良传统？这确实是个很重要的问题。有哪些优良传统我们要传承呢？

首先，我觉得就是要全心全意为人民服务。说一千道一万，但这是最根本的。有了这个，其他任何困难，任何想不通、任何不愿意干的事，都可以迎刃而解了。

其次，就是毛主席讲的两个务必。务必保持谦虚谨慎、戒骄戒躁的作风；务必保持和发扬艰苦奋斗的作风，这个不能丢。这是我们共产党人的传家宝、看家本领。

第三，孔子有一句名言：“能五行者于天下为仁矣，宽、恭、信、敏、惠。”这五行就是谦恭、宽容、诚信、勤敏、慈惠。这五行是中华民族的精髓，是我们几千年传统美德，年青人应当继承和发扬。

第四，你要想当官，不要到机关服务中心来。到这来干什么，就是服务。我常在大会上讲，我是机关服务中心一把手，是第一号服务员。要做到真诚对人、对事。作风要朴实，不能摆架子，不要打官腔，不要看人下菜，这是最主要的。要做到好好为人民服务，要端正态度，要有朴实的作风，不要坐到屋里当干部。有困难就要解决困难，能解决就不要说研究研究、商量商量，能办就办，不能办要给人家解释清楚。不要瞎忽悠人家，虚伪那套要不得。所以我觉得，怎么样搞好服务，就是要诚恳待人。无论老人、小孩、男人、女人，我们对任何人都要真诚相待。

第五，老老实实办事，老老实实做人，这个很重要。中国有一句名言啊，做老实人办老实事。我们在各项工作中都要用诚实的劳动锻炼自己，老实人不吃亏，吃亏就在于不老实。油头滑脑的，短时间可以，长时间不行。这一条对于我们年轻人来说，尤其重要。

最后，就是要养成良好的习惯。所谓良好的习惯就是要勤奋好学，不要沉迷于吃喝玩乐，不要浪费大好的青春年华，要学习，要勤奋。毛主席年轻时写过一首诗词《沁园春 · 长沙》，其中有一句话就是：怅寥廓，问苍茫大地，谁主沉浮？

现在机关服务中心这片沃土“谁主沉浮啊”？十年、二十年以后是你们！所以我想大家要勤奋，要努力，要把老一辈好的东西继承下来，要兢兢业业，要珍惜大好的青春年华，不要虚度。保尔 · 柯察金有句名言：“人最宝贵的东西就是生命，生命属于我们只有一次而已。人的一生是应该这样来度过的：当他回首往事时，不因虚度年华而悔恨，也不因碌碌无为而羞耻，这样，他在临死的时候就能够说，我的整个生命和全部精力，都献给了世界上最壮丽的事业——为人类的解放而斗争。”

今天跟机关服务中心的同志们见面，看到你们这么年轻，我很高兴。今天，我把我知道的、想到的，都说出来。当然我说的也不一定好，不一定对，同志们可以批评。但是心到了，我是用心在讲，用心在跟你们沟通、在交流。希望你们做得更好，未来的希望是你们的！

（本文根据作者参加机关服务中心“薪火相传”青年座谈会上的讲话编辑整理）

她把党的温暖送到农民身边

——追记武汉市黄陂区姚家集镇财政所干部郭建芳

孟秀敏　罗晶　王武洪

“大伙儿把钱都拿好啦，零钱也别落下啊，那可都是国家的政策和心意呢。”

2004年春天的一天，武汉市黄陂区姚家集镇王家庙村六组一片喜洋洋的气氛。镇财政所干部郭建芳一边把一份份种粮补贴发到农户手里，一边笑呵呵地招呼着大家。

这一年，姚家集镇的种粮农民可谓双喜临门：不但同全市农民一道先行免除了几千年的“皇粮国税”，还和全国农民一起开始享受粮食直补的惠农政策。“多少辈子都是种粮交税，如今税不交了还能得钱，真有这样的好事?”尽管政府早就做了宣传，但村民们还是喜出望外，他们把郭建芳团团围住说个不停：“小郭啊，以前你们干部进村不是催税就是要钱，我们都不愿和你们见面，可现在不同了，以后要常来，你可是我们农民请都请不来的财神爷呀！”

乡亲们的一席话，令郭建芳感慨万端。从 20 岁进财政所工作，她负责农业税征收一干就是 10 年。其间，听了多少冷言冷语，吃了多少“闭门羹”，真是数也数不清了。如今，党的惠农政策不仅给乡亲们送来了实惠和温暖，也大大改善了党和政府与百姓的关系。

党的惠农政策转变了郭建芳的工作职能，也更大地激发了郭建芳的工作热情。“我们基层财政干部的工作就是一心一意为乡亲们服务。”郭建芳多少年如一日，始终信守并实践着自己常说的这句平常话，把公共财政的每一束阳光、党和国家的每一项惠农政策所体现的温暖，不折不扣地送到农民身边、送到他们心上。

一分一厘见真情

提起郭建芳，让财政所领导感受最深的就是她不怕吃苦、认真负责的工作作风。

作为业务骨干，郭建芳负责镇里 8 个行政村 2942 户的惠农补贴工作，每年经她手发放的各项惠农补贴都近百万元。而要把这么一大笔钱及时准确地发到每一户农民手里，绝非一件简单的事。

目前，国家已经实施的农业补贴主要有粮食直补、农资综合直补、良种补贴和农机具购置补贴四大类。其中，粮食直补和农资综合直补多以种植面积核发，良种补贴以单位种植面积的品种核发。由于每户农民种植的品种、面积不同并经常发生变化，因此财政所的干部必须一年四季走村访户，准确核定种植情况，同时对农民申报并核实后的情况张榜公示。有时，补贴下发前还要提前印发通知书或公开信，送到每户农民手中。

有人说这是一个复合型的财务专业，是农村综合改革的一个新领域。也有人说这是一项庞大的系统工程，是财政科学化精细化管理的终极体现。

姚家集地处山区，前几年村组之间还多是弯弯曲曲、坑洼不平的沙石路。而郭建芳负责的村组路程远、范围大，方圆近 40 平方公里。身材瘦小的郭建芳似乎生来就有不怕困难、不怕吃苦的倔强劲，为了核清每家农户的种植情况，她一年到头不分昼夜地奔波在崎岖的山路上，无论严寒酷暑，无论刮风下雨，即使夜到深处，山村里的乡亲们也会常常看到郭建芳那疲惫的身影。

那些日子里，郭建芳也吃了不少“闭门羹”，因为很多村民白天要下地干活或出门务工，家里没人。为此，郭建芳要不天不亮就起床，赶在村民下地之前进村，要不就等到晚上人家回来。王家庙村的朱卫东老汉清楚地记得，有一次，郭建芳到他家核查种植情况，恰好家里没人，她就守在屋外一直等到很晚。“这个小郭真是负责任，6 年多了，每年都来我家多次，饭不吃、茶不喝，每次都是笑呵呵的，村里人都特别喜欢这姑娘！”

核实种植面积，郭建芳总要深入到田间地头，把情况搞实心里才安稳。石屋山村支部副书记彭荣汉至今记得，2005 年的一天，郭建芳和他一起核实该村彭家窑的早稻栽种面积。郭建芳下到田里，一口气核实了四五家的种植情况。看到身体这么单薄的一个女同志如此辛苦，彭荣汉有些过意不去：“我们这个村，你就放心吧。你还信不过我吗？”郭建芳笑笑说：“我哪会信不过您呢，我是怕万一有点什么差错，没法儿跟大伙儿交待呀。”郭建芳的认真感动也感染了彭荣汉，他不再说什么，协助郭建芳，直到把剩下的几户栽种面积全部核查完。

每次下乡前从家里出发，郭建芳都会带好馒头和水杯，吃饭时就到农户家里倒上点开水。要不就带上或在村里小卖部买一包方便面，要点开水泡一泡吃，大伙儿请她到家里吃点热乎的，她不愿给人添麻烦总也不去。

2005 年，湖北省开始推行“一折通”发放种粮补贴方式。即由财政所统一在信用社替农户办理专用存折，将农民的种粮各项补贴款打入这个“一折通”，以方便农民领取。上级要求各财政所尽快完成农户基础信息资料的录入工作。白天做不完，郭建芳就把那些表格、数据带回家里做。经过连续几个昼夜的工作，郭建芳提前完成了任务。孩子们回忆到，妈妈几天都没怎么睡觉，嘴上都起了水泡。

财政所的同事陈惠芬曾多次和郭建芳一起下乡搞调查。她记得，两人有一次一起赶夜路回家，打着手电筒也没看清脚底下，不小心摔到了泥里，是郭建芳把她扶起来，并脱下自己的毛衣给她穿，还唱山歌给她鼓劲。

这些年来，郭建芳走了多少山路，干了多少工作，她从不对人说。但镇财政所所长何盛祥很清楚。他替郭建芳算了两笔账：一是她下乡调查走访农户 10 万余次，总里程 4 万多公里。二是她经手发放的惠农补贴资金 457 万多元，没有出现一分一厘的差错。

一点一滴乐其中

在村干部和同事们的眼中，郭建芳是个细心的人、热心的人。无论谁有什么事，她都主动去帮，无论事大事小，她都乐此不疲。

2004年姚家集镇首次发放粮食直补款。张榜公示前，村干部对郭建芳说："你把统计表打出来，我们帮你贴到公告栏上去。"郭建芳却摆摆手说："电脑打出来的字太小，年岁大的人不容易看清楚，好事一定要细心办好才行。"随后，她花钱买来红纸和笔墨，又去请了一位毛笔字写得好的退休教师，把统计表工工整整地写成一个"大红榜"，贴在了村里最显眼的地方。

还是那一年，补贴款要以现金形式兑付到农民手中。细心的郭建芳想到，现场兑付时一定要有足够的零钱。于是，她和同事们提前几天就到镇上的农行、信用社甚至加油站和小商店去兑换，很快便凑足了零钱。配合郭建芳工作的村干部说："我们想不到的事郭会计总能想到，办起事来真是有板有眼。"

在财政所里，郭建芳是出了名的勤快人。十几年来，每天上班时，很多时候大家总是最先看到郭建芳的身影。擦桌子拖地板，烧开水倒垃圾，分报纸送文件，洗青菜做午饭，这些常人眼里的琐碎小事，郭建芳总是争着做，抢着干，拿她的话说："我干不了么大事情，这点小活还能行。"

2006年4月，国家为了帮助解决农民购买化肥、农药等农资的资金困难，决定在早稻种植前启动农资综合补贴的资金兑付工作，所里同志一连几天都在加班加点，忙着录入农户种植面积的申报信息。郭建芳忙完了自己分内的工作，又主动帮助所里其他同志。彭复厚是位50多岁的老同志，视力不好，微机操作也还不太熟练。这天，他见郭建芳已经连续两天帮自己录入信息加班至深夜，心里十分不安，便对她说："还是我自己来弄，你早点回家休息吧。"郭建芳却一边敲着键盘一边笑着说："我眼神好，录得也快，您就别管了。"

财政所人手少、工作忙，有些同志来不及吃早饭就赶到所里上班。郭建芳看在眼里，记在心上。她让丈夫买了一台豆浆机，每天早上，她都要把豆浆磨好，带到所里给大家喝。这香喷喷、甜滋滋的热豆浆让大伙儿一喝就是半年多，直到有一天，大家感到缺了点什么，郭建芳抱歉地说：

“对不起，我们家的豆浆机坏了，等修好后我再给大家做。”

财政所搞后勤的陈兰芳，有一次与郭建芳闲谈时随口说到儿子的毛衣小了，需要换。说者无心，听者有意，郭建芳很快就买了毛线，悄悄地织了一件漂亮的毛线衫。那年腊月二十八，陈兰芳正准备回家过年，郭建芳把毛线衫送到陈兰芳手里，同时还给了她两卷毛线。“兰芳啊，这件毛衣送给你儿子过年，如果孩子长高了袖子短，你就再给他接一下。”说起往事，陈兰芳眼中充满了感激的泪花，“小郭可是个热心肠的大好人，那年她在镇上搞城镇灵活就业人员调查时认识了我，知道我家老人多、生活困难，就时常送东西接济我。现如今我在财政所有了这份工作，那也是小郭费心帮我争取来的……”

一心一意献赤诚

郭建芳常年走村串户，十里八乡的村民都成了她的朋友。说到这个财政所的小郭会计，人人赞不绝口。“有啥困难找小郭，她跟我们农民贴心。”

王家庙村的农民王传卫性格有些内向，很少和外人交往。他家中上有70多岁、中风的老母亲，下有3个正在读书的孩子，夫妻俩省吃俭用，但日子一直过得很艰辛。2004年郭建芳到村里核查种植情况，开始认识了这个朴实、憨厚的种田人，并很快和他的妻子成了好朋友。一天下午，郭建芳到村里办完事后又到他家唠家常。刚一坐下，王传卫的妻子就给她倒上了热茶，郭建芳一喝顿觉清香沁人，便惊诧地问茶叶是哪儿来的。“是自己家里种的。”原来，王传卫夫妻俩在自家山后建了几亩茶园，茶树长得郁郁葱葱，煞是喜人。“那茶叶卖得怎样?”郭建芳关心地问道。“你王大哥这人不爱说话，也没啥朋友和门路，这茶叶收成倒是不错，可就是卖不出去，真是愁死人了。”

“嫂子您别着急，我来帮您想想办法!”

“哪会有这么好的事呀，人家干部和咱不沾亲不带故，能帮得了这忙吗?”王传卫心里嘀咕着。

令他意想不到的是，没过几天，郭建芳就带着一位茶商再次来到他家。满满几大包茶叶不但一下就卖了出去，还卖了一个好价钱。这以后，郭建芳每年都要帮着老王卖上几十斤茶叶，与王家的关系也越走越近。如今，王传卫家的年收入达到了3万元，日子越过越舒心，孩子们穿上了新衣服，全家人搬进了新房子……王传卫脸上的皱纹笑开了，他逢人便说："郭建芳是贵人，帮我们农民办事实在！"

北门村下胡湾有位老人叫胡高原，因儿子服刑后儿媳改嫁，老人和老伴带着一个年幼的孙子度日，生活十分窘困。郭建芳知道后便时常跑去看望。今年8月间，胡老汉的旧病犯了，郭建芳特意买了牛奶、水果去探望，临走时还留下了500元钱。望着郭建芳脚上那双穿了多年的旧皮鞋，胡老汉又是感动又是心疼："闺女啊，这些年你照顾我们受累了，遇上你真是我这辈子的福分啊！"

"她和我可是贴心的人。"王家庙村六组的朱成娥老人说起郭建芳很是感慨。那是新型农村合作医疗刚开始实施时，虽然村里做了宣传，可她还是不理解，迟迟没有参合。郭建芳为让她和家里人都能及时享受到国家的好政策，先后三次上门做她的思想工作。

推行新农合的这几年，像这样的事情郭建芳不知道做了多少。即便这样，有的农户也还是将信将疑，郭建芳便先把保费替农户垫上，然后让事实说话。今年6月份，一个参加了新农合的农户想要报销医药费，却发现单据没有保留齐全。郭建芳知道后，把这个农户所有相关的单据都找出来复印了一份，然后上门送到农户手上。如今，姚家集新农合的参合率已经达到90%以上，这里面凝聚着郭建芳和同事们不少心血。

一字一页写人生

胡昌金对妻子郭建芳有这样一段评价："生性要强，做事做人都追求完美。心里总是装着工作，装着他人，从来不为自己考虑。"

郭建芳长期患有哮喘病和过敏症，但她从不对外人透露，甚至与她共事多年的领导和同事们都毫不知情。如果在上班时犯了病，她就躲到没人的地方休息一会儿，如果有人问起病情，她总是以"感冒了，有点咳嗽"的说词搪塞过去。"她不愿意领导和同事们把她当成一个病人而因此得到额外照顾，更不愿耽误工作。她参加工作16年了，从没有因为生病请过假，从没有因为生病在家休息过一天。"胡昌金清楚地记得，今年6月中旬的一天，他又拉上郭建芳到医院检查，医生提出要马上给她做脱敏治疗，但郭建芳却没有同意，原因是脱敏治疗需要一周，她不愿为此请假放下手里的工作。

“咱们等到国庆节放假再来。”郭建芳不容丈夫反对，断然作了这样的决定。然而，她竟然没有等到这一天。

2009 年 9 月 8 日，郭建芳像往常一样早早起了床，把家里的事情料理停当后，就来到办公室整理有关惠农补贴的资料和数据。郭建芳发现，在电脑数据库里，牌楼村苏家田农民刘开义“一折通”上的名字与身份证不符，如果不尽快改过来，银行电脑管理系统升级，领取补贴就会很麻烦。

“必须尽快找到刘开义核实。”下午两点左右，郭建芳请同事陈兰芳用摩托车带她向牌楼村苏家田驶去。3 公里的路走了不到 20 分钟，车子快到村口时，郭建芳的哮喘病却突然发作了。

“我们赶快回去吧。”陈兰芳急切地抱住郭建芳说。“不，马上就到了，办完事再……”话没说完，郭建芳便昏迷了过去。闻讯赶来的人们迅速将郭建芳送进了医院。但最终，郭建芳再也没有睁开眼睛。

2009 年 9 月 8 日 15 点 30 分，湖北省武汉市黄陂区姚家集镇财政所女干部郭建芳永远离开了我们，年仅 36 岁。

郭建芳以身殉职的消息传开后，近千名村民自发地从四面八方赶来，满怀深情地前来送别这位多年来与他们朝夕相处、心心相印的财政干部。

人群中，手拄着拐杖的胡高原老人面对郭建芳的遗像泪流满面：“闺女，你怎么就这样走了，我们大伙儿都舍不得你啊……”

几天后，当郭建芳的同事将更正了姓名的“一折通”送到刘开义老汉手上时，想到那个总是笑呵呵的小郭再也不会出现在村里、出现在自家屋前，60 岁的刘老汉不禁老泪纵横……

在整理郭建芳的遗物时，何盛祥找到郭建芳近年来使用过的 3 个笔记本。尽管有些已经磨破了封页，有些已经沾染了泥水，但人们依然能够清晰地读懂她饱含深情的笔迹中纪录了怎样的信息：

2006 年 9 月 18 日：腊梅村

总人数 737 人，其中低保 15 人，五保 4 人，当兵 2 人，出嫁 6 人，没有参加新农合 71 人，没有户口 3 人……

重点问题是确保资金到位……

2007 年 11 月 23 日：石桥村

新增早稻 26 亩，油菜 17. 5 亩……

和农信社谈“一折通”报表……

2008 年 11 月 28 日：石桥村

参合款 1 万元。还有少数未参保，需要了解情况……

2009 年 1 月 10 日：盛家湾村

一三组间的路年久失修，出门困难，要尽快想办法……

2009 年 6 月 2 日：

财政工作职能转换后的工作如何开展……

关于规范补贴发放程序的问题……

加强家电下乡补贴政策的宣传……

……

3 个普普通通的笔记本，其中的一字一页折射着郭建芳鞠躬尽瘁写就的财政工作历程。作为一名普普通通的基层财政干部，郭建芳用自己的心血乃至生命架起了一座党与群众血脉相依、骨肉相连的桥梁。

（本文选自《中国财经报》2009 年 11 月 26 日）

后记

在庆祝建党 90 周年之际把这部书奉献给大家，是一件非常有意义的事情。我们相信这部书的出版，对于财政战线广大党员和干部群众特别是青年干部开展传统作风教育，提供了一部有针对性的教材。本书经部党组批准，已列入全国财政干部培训教材。

“薪火相传”活动全称是“‘薪火相传、开拓创新’——继承弘扬财政优良传统作风教育活动”，旨在组织动员财政干部特别是青年干部深入发掘、整理、弘扬既符合社会主义核心价值体系要求，又鲜明体现财政机关、财政工作优良传统作风的生动事例，充实和提升财政文化和廉政文化建设内涵，并通过这一重要工作的过程及所形成的成果来教育青年、凝聚青年、激励青年，使财政薪火代代传承。“薪火相传”分四个阶段组织实施，分别是广泛发动阶段，深入挖掘、全面宣传阶段，汇总整理阶段和宣传总结阶段。环环相扣，全面推动。

机关党委为落实好部党组提出的这一具有重大意义的课题，把“薪火相传”作为机关党建工作的重要任务和创先争优活动的重要载体精心组织和谋划，特别是责成机关团委带领各级青年组织付出了大量艰苦劳动。比如机关党委常务副书记曲永兰带领青年采访组专门奔赴吉林，采访老部长、原全国人大副委员长、国务委员王丙乾同志，老部长非常高兴，接见时间超过计划时间的一倍多，他介绍了革命、建设、改革开放各个历史时期财政工作者的工作、学习与生活。比如，各团支部和青年工作小组分别通过邀请老部长、老干部与青年干部进行座谈，老领导“口述历史”，介绍各项重大财政政策出台的背景，梳理了财政的优良传统作风，与财政干部职工分享了做好财政工作的心得体会。有的单位青年干部回看资料档案，在重温历史、培养团队情感的过程中，发现依存于不同时代的精神亮点；有的单位计划编写一部行业发展史、建设行业作风展览室，有的单位提出了“一部视频、一本访谈录、一本心得集、一个优良作风标准”的“四个一”最终目标；有的单位利用系统工作会，向地方财政的同行们征求和讨论关于财政优良传统作风的理解和体会；有的单位青年同志深入老干部活动中心，走进老同志当中征求意见和搜集线索。大家在采访、座谈、征文的基础上，广泛收集报刊、书籍、文件档案等有关文字、图片、音像资料，汇总编写教材，力求将通过这一活动所形成的成果固化下来，以教育、凝聚、激励财政后来人。

近一年的教育活动效果显著，一是大家对长期以来所形成的财政优良传统和作风的基本内涵和精神实质有了明确把握，取得基本共识；二是在广泛参与中受到教育、得到激励，提高了从自身做起，自觉践行、传承财政优良传统和作风的责任意识；三是加强思想作风和工作作风建设，青年干部为自己所从事的事业有如此辉煌的历史而骄傲，他们感到了责任，也推动了各项工作任务的落实，特别是在财政科学化精细化管理方面有新起色；四是形成系统的、长期起作用的传统教育材料，保证薪火长传的预期目标。

为落实好“薪火相传”的任务要求，我们探索建立了青年工作新格局，在所有的单位内建立青年工作小组，有效解决了机关干部中青年多、团员少、共青团组织难以全面覆盖的情况。同时设置了红色“薪火短信”宣传平台，极大地拓宽了宣传范围。我们还在整个财政系统开展主题征文，共收到一千多篇文章，在《中国财经报》上开辟专栏进行刊载，创办了“薪火相传”活动信息报道专刊。

“薪火相传”活动得到各方面的肯定和鼓励。中组部干部四局专门来我部召开青年座谈会了解“薪火相传”活动开展的情况，中央创先争优活动简报专期报道活动经验，“中国共青团网”、《紫光阁》杂志、“中央国家机关团工委网”也把此活动作为宣传重点内容。团工委还把这一活动作为品牌活动案例写入全共青团工作培训教材。

为有理想难辜负，薪火风云一纸书。我们在整理活动动态情况的同时，又投入大量精力，在浩如烟海的史料报刊中查阅检索，最终汇集形成了这部资料集。上卷《丰碑》收集整理了大量优良传统作风和感人故事，下卷《传承》涵盖了青年干部在开展学习活动中的心声和感悟。这部书，将是财政青年积极投身创先争优活动的结晶和见证。

本书得到财政部党组的高度重视，谢旭人、廖晓军等部领导给予了大力支持和悉心指导。在编辑过程中部机关党委精心谋划，机关团委认真落实，办公厅、人事教育司、离退休干部局、干部教育中心、财政科学研究所、中国财政杂志社、中国财经报社、中国财政经济出版社等部内各单位、全国各省区市财政厅（局）和财政监察专员办事处等单位积极配合，各基层党组织领导和党务工作者提供了无私的帮助，各级共青团等青年组织带领广大青年干部发挥了重要的作用。在编写、审稿、统稿过程中，下列同志也做了大量细致具体的工作，他们是：王晓华、倪红燕、刘红彦、邱剑、李振超、王凡、张新智、陈丽娟、冉鹏、罗晶、宋凯、蒋伟宁、李旭鸿、赵福昌、陈巍、孙建男、侯起秀、李振海、刘薇、王法忠、张晓红、蔡劲松、孟秀敏、李颖、赵文生、鲍文前、刘蕊、常克等。在此向他们致以衷心的感谢！

由于时间仓促，水平所限，本书还存在诸多疏漏或不当之处，如对重大事件和人物的反映不充分甚至有所遗漏，从各渠道收集的资料部分内容值得进一步探讨等，因此恳请广大读者，特别是那些财政事业的亲历者及相关专家同志能提出宝贵意见。由于各方面原因，虽经努力，我们收集的一些资料仍暂时无法联系到作者本人，也请及时与我们取得联系。

编者

2011 年 8 月

藏书票 2011年

人，是要有一点精神的。

青灯读史，掩卷太息，弹剑起舞于晨曦鸡唱。历史告诉我们，所谓那些不平凡的丰功伟业，其实生发于日积月累的淡然执着，坚守在精神高于物欲的理想情操。我们必须，也必定能够创造出属于我们的不朽。

这些感悟，关乎传承。

传承

薪火相传

继承弘扬财政优良传统作风
主题教育活动论丛

【下卷·征文】

主编·廖晓军

中国财政经济出版社

图书在版编目（CIP）数据

"薪火相传"继承弘扬财政优良传统作风主题教育活动论丛．下卷，传承/主编：廖晓军．—北京：中国财政经济出版社，2011.5

ISBN 978－7－5095－2842－6

Ⅰ.①薪… Ⅱ.①财… Ⅲ.①财政－机构－先进工作者－生平事迹－中国 Ⅳ.①K825.3②F812－53

中国版本图书馆CIP数据核字（2011）第059027号

责任编辑：王　乐　张振中　李　磊　　责任校对：杨瑞琦

封面设计：叶武＋孙钊＋瑞轩　　版式设计：叶武＋孙钊

中国财政经济出版社出版

URL：http：//www.cfeph.cn

E－mail：cfeph@cfeph.cn

社址：北京市海淀区阜成路甲28号　邮政编码：100142

发行处电话：88190406　财经书店电话：64033436

北京联兴盛业印刷股份有限公司印刷　各地新华书店经销

787×1092毫米　16开　32印张　505 000字

2011年9月第1版　2011年9月北京第1次印刷

总定价：148.00元

ISBN 978－7－5095－2842－6/K・0005

（图书出现印装问题，本社负责调换）

本社质量投诉电话：010－88190744

“薪火相传”

——继承弘扬财政优良传统作风主题教育活动论丛

编辑委员会

序言

在中国共产党团结带领全国各族人民奋力推进革命、建设和改革伟业的历史进程中，共和国一代代财政工作者在开创伟大事业的同时，以坚定的理想信念和优良的工作作风，创造积累了丰富的、具有鲜明财政特性的精神财富，弥足珍贵，堪教后人。

新形势下如何继承和发扬老一辈财政人忠于党的事业，全心全意为人民服务的优良传统和作风？如何充分利用这笔宝贵的精神财富来加强财政系统的干部队伍建设？如何让“为国理财，为民服务”的理念切实转换为提升青年干部工作能力和水平的动力？财政部党组从财政事业发展的战略要求出发，号召财政干部特别是青年干部深入发掘、整理和弘扬财政优良传统作风，这是贯彻落实党中央大兴密切联系群众之风、求真务实之风、艰苦奋斗之风、批评和自我批评之风要求的具体行动，也是财政系统深入开展“创先争优”活动的重要举措，对于推动新时期财政干部坚定理想信念，自觉践行党的宗旨，努力做人民满意的好党员、好干部，建设为民、务实、清廉的财政机关具有重要的历史和现实意义。

2010 年 3 月至今，财政部在全体党员特别是青年干部中广泛开展了以“薪火相传　开拓创新”为主题的继承、弘扬财政优良传统作风教育活动。在部党组的广泛动员和参与下，积极发掘、整理既符合社会主义核心价值体系要求，又鲜明体现财政机关、财政工作优良传统作风的生动事例，并在活动中经受教育，体验崇高。机关党委和各基层党组织负责人为活动定方案、出主意、讲党课；离退休老领导、老同志身体力行讲历史、写文章、谈体会；广大青年干部通过踊跃访谈、积极交流、分享心得来增强投身财政事业的荣誉感和责任感；各省（区、市）财政厅（局）也积极组织开展本地区本单位的传承活动，加强当地财政干部队伍建设，在部机关乃至全国财政系统形成了“竞相动员话传承”、“到处逢人谈薪火”的浓厚氛围。通过活动的开展，广大财政干部普遍受到心灵的震撼和精神的洗礼，他们为找到财政事业之“根”，感受到财政作风之“魂”而兴奋，而思考。

“薪火相传”活动中，青年干部搜集梳理中央苏区财政部艰苦卓绝的奋斗史和邓子恢、林伯渠两任“红色财长”的事迹；查阅整理薄一波、邓小平、李先念、张劲夫等新中国财政事业开创者的理财思想和工作作风事迹；采访聆听王丙乾、刘仲藜、项怀诚等老部长的讲述，让广大干部特别是青年干部详尽了解了在革命、建设和改革的不同历史时期，财政事业在党的领导下发展壮大的艰辛历程。各基层党、团组织开展形式多样的活动，组织青年干部学习勤俭朴素、廉洁自律的老部长吴波，扎根基层、奉献生命的财政干部沈浩的先进事迹，引发青年干部对人生价值的深刻思考；广泛开展到老同志家里和老干部活动站慰问访谈、到红色革命地区实践调研、请党史和财政史专家讲课座谈等形式多样的活动，全面激发青年干部在工作实践中不断丰富和发扬财政优良传统，为“财政薪火”不断注入新的时代内涵。同时，还在全国财政系统内开展“薪火相传”征文活动，得到广大财政干部的积极响应，共收集征文1100多篇，内容丰富，题材多样，其中提供的不少资料和线索，成为财政优良传统作风的重要史料和财政事业发展的珍贵见证。

“薪火相传”活动的开展，为我们形成并留下了可以长期起教育作用的成果。我们将活动中搜集整理的资料精选汇编成上、下两卷，上卷《丰碑》以“讲述”为主题，主要是老一辈财政干部对我党财政事业优良传统作风的历史回忆，多角度展示了财政事业波澜壮阔的历史画卷和一代代财政工作者感人至深的铮铮风骨。下卷《传承》以“征文”为主体，主要收录了评选出的优秀征文，集中体现了财政系统青年干部在活动中的所思、所想、所感，寄托着新一代财政人对于继承优良传统作风的历史责任感和时代担当意识，他们宽阔的视角，深入的思考让我们感受到了财政事业兴旺发达的希望光芒。

《丰碑》和《传承》集中体现了“薪火相传”活动的丰富内涵，也留下了一份宝贵的精神财富，时刻鼓舞和鞭策着财政工作者们薪火相传，继往开来。同时，我们也希望财政系统的广大青年干部能够抓住时代发展的良好机遇，努力成为理想远大、信心坚定、意志顽强、开拓进取、艰苦创业的新一代，努力成为推动科学发展、促进社会和谐、服务人民群众的新生力量，努力为财政经济发展做出贡献，为财政优良作风注入新的时代内涵。

谢旭人

2011 年 8 月

目录

获奖征文

历史足音

获奖征文

仰望思考

青春寻梦

青春心语

“薪火相传”大事记

2009 年 12 月 17 日，共青团财政部机关第十次代表大会召开，部党组副书记、副部长、机关党委书记廖晓军同志出席开幕式，代表部党组要求新一届团委组织力量，把财政人的优良品质、财政部积累和传承至今的优良作风整理发掘出来，传承下去。当天下午，会议主席团要求各代表团围绕讲话认真讨论，提出落实的意见建议。

2009 年 12 月 31 日，党组书记、部长谢旭人同志召集青年座谈会，勉励财政青年继承优良传统，志存高远，努力成为理想远大、政治坚定的有为青年；加强修养，努力成为甘于奉献、品性高尚的有德青年；发奋学习，努力成为视野开阔、本领过硬的有才青年；勇于实践，努力成为干事创业、推动发展的创新青年。

2010 年 3 月 8 日，机关党委召开“薪火相传”主题活动动员大会，机关党委常务副书记曲永兰受廖晓军副部长委托作了动员讲话，部机关各司局、在京直属各单位的主管青年工作的司局级领导、基层党组织的青年委员、部机关团委委员和基层团组织的书记共 100 多人参加了动员大会。发布《“薪火相传 开拓创新”——财政部开展弘扬优良传统作风主题教育活动实施方案》，薪火相传活动正式拉开序幕。

2010 年 3 月 12 日，机关党委印发《关于在部内各司局、部属各单位中成立青年工作小组的通知》，通过这一加强机关青年工作的新载体和新途径，有效增强了基层青年的凝聚力，扩大了基层团组织的覆盖，提升了财政青年工作的影响，也为全面开展“薪火相传”活动实现了机制保障。

2010 年 3 月 15 日，经建司迅速启动“薪火相传 开拓创新”系列教育活动。结合本司情况制定详细工作方案，以三个“主题活动”为抓手，注重“三个结合”，扎实推动教育活动开展。

2010 年 3 月 15 日，条法司拉开继承弘扬财政优良传统作风教育活动序幕。司党支部组织全司青年同志召开教育活动动员会，制定具体工作计划，做出详细部署。

2010 年 3 月 17 日，国际司党支部召开全体党员大会，支部书记郑晓松司长对国际司开展“薪火相传 开拓创新”教育活动进行了部署。会后，司党支部研究制定了《国际司“薪火相传 开拓创新”教育活动工作计划》，并成立青年工作小组负责各项学习教育活动的组织落实以及和机关党委的联络工作。

2010 年 3 月 19 日，办公厅党总支组织部分青年同志赴安徽小岗村参观大包干纪念馆，详细了解沈浩同志先进事迹。沈浩同志艰苦奋斗、勤奋敬业、为民爱民、无私奉献、锐意改革、百折不挠的精神深深感动和震撼了财政青年干部。

2010 年 3 月 22 日，机关团委组织青年干部走访财政部离休干部、解放前曾在华北财政部工作的葛复村同志，听取对组织开展好“薪火相传”活动的意见建议。

2010 年 3 月 23 日，农发办启动“薪火相传 开拓创新”主题教育活动。办党总支和团支部召开青年同志座谈会进行活动动员，并结合本办情况制订了活动具体实施方案。

2010 年 3 月 24 日，机关团委和经济建设司开展老部长教导活动，报告会由李敬辉司长主持，邀请财政部原部长刘仲藜同志为青年干部讲述老一辈财政人的优良传统和光辉事迹。

2010 年 3 月 24 日，社保司司长孙志筠主持召开“薪火相传”主题教育活动动员会，就“薪火相传 开拓创新——继承弘扬优良传统作风主题教育活动”进行了传达、动员和部署。

2010 年 3 月 25 日，中注协党委召开“薪火相传 开拓创新”主题教育活动动员会，全面启动主题教育活动。陈毓圭秘书长主持会议并结合主题教育活动实施方案，做了动员报告。

2010 年 3 月 26 日—30 日，财政部机关团委“根在基层”调研组赴安徽开展调研学习活动。调研期间专程赴小岗村学习沈浩先进事迹，步入沈浩同志生前工作和居住的房间，详细了解沈浩同志的先进事迹，从中感悟沈浩精神。

2010 年 3 月 29 日，中注协开展“春风化雨——注册会计师行业思源行动”，支持云南、贵州、广西、重庆、四川等西南五省灾区捐款，北京地区 26 家会计师事务所代表机构有关人员和员工、中注协及北注协员工现场募捐 422 万元。

2010 年 3 月 30 日，中注协党委书记、秘书长陈毓圭带领团员青年代表走访慰问中注协原秘书长丁平准等协会退休老领导、老同志，丁平准同志积极为“薪火相传 开拓创新”主题教育活动开展建言“弘扬诚信文化，继承党的优良传统”。

2010 年 3 月底，在监督检查局党支部的积极推荐和协调下，机关党委邀请重庆红岩革命历史博物馆的党委书记、馆长厉华同志为部机关和中注协的财政干部职工们举行了两场“红岩魂”主题报告会。烈士们坚定的理想信念、浩然的革命正气、巨大的人格魅力和对党的无限忠诚深深震撼和打动了财政青年干部。

2010 年 4 月 12 日，机关党委印发《关于举办“薪火相传 开拓创新”主题教育征文活动有关事项的通知》，“薪火相传”主题教育征文活动在财政系统正式展开。

2010 年 4 月 10 日，监督检查局、机关党委组织青年党员干部一行 22 人赴安徽小岗村追寻榜样足迹，学习沈浩精神，荡涤自我心灵，思考奋斗方向。

2010 年 4 月 16 日，中注协举办“薪火相传铸辉煌 继往开来谱华章”——继承弘扬优良传统作风主题教育活动系列报告会，财政部原部长、中注协会长刘仲藜结合自己的革命工作经历，从强化作风、注重方法、提升能力三个方面阐述了党政工作的优良传统，给青年成长成才指明了方向，提出了要求。

2010 年 4 月 16 日—18 日，预算司党支部组织青年同志赴安徽省凤阳县小岗村，追寻英雄工作、生活、学习足迹，学习沈浩精神，增强奉献意识，以更饱满的热情投身财政预算管理事业。

2010 年 4 月 19 日， 综改办黄维健副主任带队组织办公室青年干部赴安徽省凤阳县小岗村和休宁县黄村进行主题调研，深入学习沈浩同志先进事迹，深入细致地了解了小岗村改革发展的光辉历程，围绕农业农村改革发展的热点问题在黄村开展了实地调研，活动取得较大成效。

2010 年 4 月 24 日， 在党总支书记王建国的带领下，农发办团支部前往平谷区鱼子山村开展“迎五四青年节　弘扬优良传统”主题团日活动，缅怀抗日先烈的英雄事迹，并体验农业综合开发项目区的建设成就。

2010 年 4 月 25 日， 部机关团委联合青海财政厅团委开展“情系格桑花”财政青年向玉树地震捐款活动，委托青海财政厅团员青年带着财政部青年捐款，来到医院慰问地震伤员和医务工作者。

2010 年 4 月 22 日、23 日， 部机关团委连续召集四场“薪火相传”活动推进工作座谈会，对全部各单位前期进展情况进行摸底、交流和点评，对下一步重点工作作出部署，机关党委郭衍鹏副书记出席会议并讲话。系列会议对于“薪火相传”活动在全部广泛深入推进起到了重要作用。

2010 年 4 月 27 日， 税政司开展司长讲司史、司风活动，史耀斌司长总结了全体税政干部在历经长期繁重的税制改革工作凝练的税政人“责任心强、工作热情高、脚踏实地、兢兢业业”的光荣传统并深情寄语每一个青年，给大家提出殷切希望。

2010 年 4 月 27 日—29 日， 干教中心团支部在中心党委专职副书记郭

宝正的带领下，赴浙江省开展了“财政优良传统伴我行”主题团日活动。中心团员青年参观了中国财税博物馆、周恩来祖居和鲁迅纪念馆，邀请中国财税博物馆翁礼华馆长就继承弘扬财政优良传统作风作了专题报告。

2010 年 4 月 29 日，机关团委和综合司以“薪火相传”教育活动为主题，邀请财政部原部长项怀诚为青年干部上了一堂精彩而生动的党课。项部长结合财政工作亲身经历，讲述了老一辈财政干部的优良传统作风，与大家进行了亲切而深入的交流。

2010 年 4 月 29 日，教科文司司长赵路与司内近几年新录用的青年干部进行了座谈，结合自身多年从事财政工作经历，以及在新形势下如何传承老一辈财政干部优良传统，为青年干部讲了一堂生动的“人生课”。

2010 年 4 月 30 日，国防司党支部组织全体党员干部召开“薪火相传”主题座谈会。翟钢司长结合国防司组建十周年作了专题发言。80 高龄的原预算管理司国防处处长刘锟同志应邀出席并作报告，回忆了我部国防财政机构的演变历史，并结合自身经历讲述了老一辈国防财政人的优良传统和作风。

2010 年 4 月 30 日，中注协党委、团支部举办“薪火相传 开拓创新”五四青年座谈会，中注协领导班子成员与协会团员青年进行座谈。同时，各党支部也积极开展传、帮、带活动，邀请部室退休老同志与支部党员、团员和青年进行座谈。

2010 年 4 月至 2011 年 3 月，条法司将“薪火相传”活动与建设学习型党组织紧密结合，坚持以学为基，传承勤学好学传统，完善学习制度，加强学习培训，先后组织青年开展基层挂职锻炼青年干部谈体会，参观

“复兴之路”展览、中国国土资料航空物探遥感中心、国家中影数字制作基地等多项活动。

2010年5月4日，中注协组织举办“薪火相传铸辉煌 继往开来谱华章——中注协继承弘扬优良传统作风”主题教育活动第二场报告会，邀请中注协原秘书长丁平准为协会员工作“继承优良传统，诚信创新活力”教育报告，口述中注协历史和优良传统作风，对青年成长寄予希望。

2010年5月4日，中注协团支部组织团员青年赴河北省参观中国人民抗日战争纪念馆，缅怀革命先辈，传承爱国精神。

2010年5月4日，综合司召开了全司青年干部座谈会。欧文汉司长表示朝气蓬勃、求真务实是新时代年青人的宝贵品质，希望讲真话、讲实话。青年同志们各抒己见、畅所欲言，气氛轻松而热烈。

2010年5月4日，条法司开展司长井冈山归来谈体会活动，并集体观看《瑞京奠基》，杨敏司长畅谈了在井冈山的亲身感受，为大家上了一堂生动党课。全司干部热烈交流研讨井冈山革命精神，在重温革命风云历史中激发奉献热情。

2010年5月4日，中国财政杂志社举行“学习吴波老部长先进事迹”座谈会。根据原副总编刘凤桐同志采写的《风范的记忆——追忆财政部老部长吴波同志》一文，青年干部追忆老部长无私奉献的一生中感人至深的种种往事，于崇敬中有所感动，感动中有所感悟，深受教育和鼓舞。

2010年5月4日，关税司王伟司长为司青年工作小组全体同志上了一堂主题为“传承优良传统 激扬关税青春”的党课，介绍了国务院关税税则委员会办公室老领导们的优良传统，教育年轻干部，弘扬优良作风。

2010 年 5 月 4 日，税政司在全司青年中发起“红色短信传薪火”活动，青年踊跃撰写了藏头诗、楹联、词赋、格言警句等形式的短信、全司发布并上报，很多佳作成为了同事手机间流传的“红段子”，“薪火相传开拓创新”的氛围蔚然成风。

2010 年 5 月 4 日，人事教育司召青年党员主题教育座谈会。余蔚平、朱淑玲等司领导听取青年党员们的发言后，就开展主题活动、促进青年成长与青年同志们进行了探讨交流。

2010 年 5 月 4 日，监督检查局老领导柳标深情寄语青年。老领导耄耋之年，亲笔赶写了长达 5000 余字《不要让时间白白流过》的发言稿并托人转送监督检查局，深深地打动了监督检查局全体干部。

2010 年 5 月 4 日，中华会计函校召开青年座谈会，函校党支部书记、校长李赤和函校支部委员、办公室主任一起，与青年干部进行了座谈。座谈会上，青年同志们汇报了即将开展的参观考察和走访活动的筹备情况，畅谈了一段时间以来参与函校各项活动的收获和体会，交流了对搞好“薪火相传”活动的想法和认识。

2010 年 5 月 4 日，信息中心召开“薪火相传”青年座谈会。刘祝余、彭艳祥等中心领导畅谈信息网络中心创业之路，鼓励青年继承优良传统，努力开创财政信息化建设新局面。

2010 年 5 月 4 日，中国财经报社团支部邀请 4 位年轻的编辑记者向广大青年讲述了采访全国财政系统英模郭建芳、人民群众离不开的好干部沈浩、老部长项怀诚等的经历，与大家分享心得与感悟，让青年同志们在这些身边的故事中，学习英雄模范和老同志们兢兢业业的工作作风，体会财政系统的优良传统。

2010 年 5 月 5 日，社会保障司邀请第一任司长杜俭同志为全司党员干部做了传承财政优良传统的报告，回忆了在财政部工作 38 年的经历，畅谈了老一辈财政人的优良传统作风。

2010 年 5 月 6 日，教科文司邀请原文教行政财务司司长赵琨熙召开座谈会。赵司长结合自身财政工作经历，为青年干部传承社保优良传统作风提出期望。

2010 年 5 月 7 日，财政部党组副书记、副部长廖晓军为中注协“薪火相传 开拓创新”主题教育活动作批示“活动开展得好，扎实有效。丁老讲得也好，要向他致敬。”

2010 年 5 月 7 日，税政司推出了“薪火相传”专栏宣传橱窗，将活动部署、活动方案、司领导青春寄语、红色短信传薪火、活动快讯等熔为一炉，图文并茂、清新亮丽，受到了广大青年的欢迎，成为推动薪火相传活动深入开展的有利平台。

2010 年 5 月 7 日，国库司团支部与总后勤部财务部开展了“财政服务国防　青年学习国防”主题团日活动。使国库司广大青年同志对国库司长期以来所形成的优良传统和作风的基本内涵和精神实质有了更为清晰的了解，同时分享了人民军队的优良革命传统和过硬军事作风，从而更进一步加深了对国库精神和优良传统的理解。

2010 年 5 月 7 日，行政政法司组织了“薪火相传，走进西柏坡”主题教育活动。全司同志赴河北西柏坡参观了西柏坡革命旧址和党风廉政建设展览馆，全体党员重温了入党誓词和“两个务必”，进一步了解了党的优良传统和作风，加强了党风教育，增强了党性修养。

2010 年 5 月 8 日，人事教育司青年党员前往河南林州参观红旗渠后，纷纷结合财政工作和人事工作实际，写出了进一步继承优良传统作风、做好本职工作的体会。

2010 年 5 月 12 日，“书香为伴、薪火相传”——50 余名在京评估机构优秀青年评估师与中评协青年汇聚一堂，邀请评估协会会长、财政部原纪检组长贺邦靖作“薪火相传”主题教育课，刘萍、杨松堂、宋阳等协会领导出席，一起分享感悟，传承精神。

2010 年 5 月 12 日，国际司党支部组织召开了青年座谈会，郑晓松司长结合自己的亲身经历与全司青年干部畅谈了青年成长成才应该注意的问题。国际司全体青年党员与郑司长进行了互动和交流。

2010 年 5 月 14 日，中注协陈毓圭、梁立群等领导带队走访看望了中注协原秘书长丁平准，老秘书长以饱满的热情畅谈了对“薪火相传”主题教育活动的意见和建议。

2010 年 5 月 14 日，条法司组织举办“薪火相传”主题教育座谈会，邀请王家林、张泽元、刘文彬等老领导与干部座谈。老领导热情传授财政部及条法司好作风、好传统、好经验，并深情为青年同志书写寄语。全司干部热烈研讨继承传统，开拓创新。

2010 年 5 月 17 日，税政司青年干部们向六位司领导送上了一封热情洋溢的信，请司领导们在回信中书写他们心中最想对全司 19 位青年干部说的话。六位司领导欣然亲笔题写了饱含深情、富有哲理、热情洋溢的青春寄语，并在税政司“薪火相传专栏”展板上向全司青年干部进行展示。

2010 年 5 月下旬，机关团委“薪火相传”红色短信平台正式开通，活动舆论宣传阵地进一步充实，这一做法得到中央国家机关的肯定和专题宣传，中国共青团网等媒体做了宣传介绍。

2010 年 5 月 19 日，离退休干部局召开“薪火相传 开拓创新”主题教育活动座谈会，局党委书记徐燕玲、局机关党支部书记宋立忠带领全局青年干部来到晾果厂老干部活动站，走近赵秀山、赵生人、张庆荫、金之高、刘振林五位离退休老领导，聆听他们追忆新中国财政事业起步、发展的艰难历程，讲述老一辈财政干部的高尚情操和传统作风。

2010 年 5 月 21 日，在中国财政经济出版社“薪火相传·继往开来”青年座谈会上，贾杰、高原、李莉等社领导总结了建社 50 多年来的优良传统作风，并与全社青年一起探讨在继承传统基础上如何创新。

2010 年 5 月 21 日，企业司党支部举办了全体司领导与青年干部座谈会，通过司领导亲历回顾、回忆历史，讲述对优良传统作风的理解和感悟，对青年干部进行了财政优良传统教育，取得了良好的反响。

2010 年 5 月 22 日—23 日，税政司司领导率青年干部赴井冈山开展了“行走革命圣地、传承井冈精神”主题教育活动，听专家谈井冈山精神、中央苏区精神等，与在赣全国人大代表进行座谈以及瞻仰革命纪念场所，受到了一次生动的爱国主义和革命传统教育。

2010 年 5 月，中国财政杂志社党委组织全社青年同志开展了“迎五四，传薪火”四个一（出一期板报、观看一场电影、组织一次座谈、赠送一次书籍）主题活动。4 月 28 日下午，杂志社青年同志集体观看了纪念五四的优秀电影《我的 1919》，并召开了观后感交流会。杂志社总编辑傅东对交流会做了总结，并向青年人提出期望。

2010 年 6 月 22 日，财政部召开“让青春在财政事业中闪光”青年工作表彰大会，表彰 10 名“财政部五四青年奖章标兵”、46 名“财政部五四青年奖章”、32 名“财政部优秀共青团干部”、45 名“财政部优秀团员”和 6 个“财政部五四红旗团组织”。大会用生动的语言和丰富的图文视频，对 10 位青年“五四”奖章标兵先进事迹作为讲述，对 6 个基层团组织突出事迹作了介绍，为财政青年和基层团组织树立了光荣的榜样，向党组织汇报展示了近年来我部青年工作成果。廖晓军副部长、各司局领导和青年代表齐聚一堂，亲自为获奖青年们颁奖，廖副部长并发表热情洋溢的讲话。机关团委同时向中央国家机关推荐金融司金融一处副处长马勇、经济建设司商业处副处长曲富国荣获第一届“中央国家机关青年五四奖章”。

2010 年 6 月 22 日，离退休干部局党委举办“弘扬老干部工作传统作风”座谈会。13 位老干部和全局干部职工亲切座谈，共同回忆财政部离退休干部局 28 年来的发展和变化，年轻人深刻领略到了老一辈财政人的奉献精神和优良作风。

2010 年 6 月 24 日，离退休干部局党委在满洲里召开了“薪火相传 开拓创新——财政系统部分省市老干部工作座谈会”，局领导宋立忠、周秉建带领全体青年干部与来自 8 个省区市财政厅局老干部处的代表就传承财政系统离退休干部工作的好传统、好作风进行了深入交流。会议还组织与会代表参观红色纪念馆并在国门前开展了重温入党誓词活动，进一步坚定青年干部为党的事业不懈奋斗的信心和决心。

2010 年 6 月 25 日， 关税司青年党员瞻仰李大钊烈士陵园，参观双清别墅，重温中国革命历程，学习革命先烈的优良传统作风。

2010 年 6 月 25 日， 中国财经报社共计 40 多人赴冀东地区盘山烈士陵园祭扫烈士墓、重温入党誓词后，孙国府社长主持召开了“薪火相传”主题教育活动座谈会。报社第一任社长方恭温、第一任总编辑程里嘉回顾了当时报纸创刊的情景。广大青年纷纷表示，从现在做起，从点滴做起，立足本职岗位，把财政新闻宣传工作做得更好。

2010 年 6 月 26 日， 金融司党支部赴革命圣地延安参观学习，重温党的发展历程和新中国成长之路。在宝塔山下重温入党誓词，在张思德纪念碑前重读《为人民服务》经典篇章，感受老一辈革命家的优良传统作风，激励全体党员干部继承和弘扬延安精神，牢记为人民服务的根本宗旨。

2010 年 6 月 26 日， 党组成员、纪检组长刘建华带领驻部监察局党支部组织全体党员干部，赴河北省石家庄市平山县参观革命圣地西柏坡，结合纪念“七一”开展继承优良传统教育活动，

2010 年 6 月 26 日—27 日， 农业司组织全体青年干部赴安徽省凤阳县小岗村学习沈浩同志先进事迹，并在怀远县举行“财政青年干部共话优良传统做好财政工作座谈会”，听取基层财政干部心声，传承优良传统作风，弘扬改革创新精神。

2010 年 6 月 29 日， 办公厅青年同志在王薇副巡视员带领下，赴山西太行山革命老区左权县接受爱国主义传统教育，先后参观了左权将军纪念馆、晋冀鲁豫边区临时参议会旧址、麻田八路军总部纪念馆、邓小平麻田故居和大寨村。在麻田八路军总部纪念馆，15 位党员干部面对鲜红的党

旗，庄严举起右手，重温入党誓词，共同追忆不懈奋斗的革命岁月，感悟中国共产党的光辉历程。

2010 年 6 月 29 日，金融司邀请 83 岁高龄的原商贸金融司姜洪南司长，为全司干部深情讲述了在财政战线 48 年坎坷的工作经历，畅谈了在财政工作中对优良工作作风的实践和体会以及金融战线的优良传统作风。

2010 年 6 月 30 日，根据“薪火相传”活动党建带团建的原则，在农发办创先争优党日活动中，专门安排青年同志参观了李大钊同志故居和纪念馆，并积极组织青年同志撰写学习体会

2010 年 6 月，根据机关党委的要求，国际司党支部在司内青年同志中开展了“薪火相传”征文活动，共收集征文 36 篇，并结集成册。同时，国际司党支部还组织全司干部讨论确定了国际司薪火相传八大优良传统，并以此作为指导全司党员创先争优的具体行为规范。

2010 年 3 月—6 月，机关服务中心团委开展“薪火相传——机关服务中心青年继承发扬优良传统作风”系列活动。有的利用春节慰问的机会到老干部家拜访，有的邀请在机关事务管理战线工作多年的老同志进行访谈，有的采访身边的领导、先进工作者等，使青年同志自身得到优秀品质与优良作风的熏陶与心灵的触动，思想境界得到提升。

2010 年 7 月 1 日，清洁基金与亚太财经中心党支部共同举办主题党日活动暨“薪火相传”主题教育讲座，邀请中纪委委员、中国清洁发展机制基金战略发展委员会主席、财政部原纪检组长贺邦靖同志为全体干部上党课，勉励青年党员要以党章为镜，严格要求自己，争做优秀党员。

2010 年 7 月 2 日，国际司党支部召开组织生活会，邀请党组成员、副部长李勇以“薪火相传 创先争优”为主题讲党课。李勇副部长围绕学习沈浩精神和创先争优活动，结合自己从事财政工作的亲身经历和体会，指出财政干部必须弘扬爱国主义、科学发展、刻苦学习、集体主义四种精神。

2010 年 7 月 2 日，科研所深入开展薪火相传活动，以“青年论坛”为交流平台，与部机关党校第 52 期处级干部进修班学员联合举行了“财政科学化精细化管理”青年论坛。论坛围绕财政科学化精细化进行学术讨论，机关党委马卫红巡视员与青年探讨如何结合财政工作实践，继承和发扬党的优良作风，更好的为中心工作和现实服务。

2010 年 7 月 3 日，机关党委曲永兰常务副书记率队赴重庆参加重庆市财政局红色革命教育和党建经验交流活动，通过参观渣滓洞、白公馆、红岩魂陈列馆，共同追寻红色记忆，追忆革命先烈。

2010 年 7 月 7 日，财政部原部长项怀诚同志应外经办、中国清洁机制基金管理中心、亚太财经与发展研究中心北京分部联合邀请，以“中国财经外交历程与展望”为题座谈，对青年干部提出希望。党组成员、副部长朱光耀出席座谈会并讲话。

2010 年 7 月 9 日，在曲永兰常务副书记带领下，机关党委党支部组织开展“薪火相传 创先争优”专题活动，赴顺义焦庄户参观地道战纪念馆，并邀请机关党委原常务副书记环挥武为党委青年同志作报告。黄维佳、郭衍鹏、马卫红、岳学鲲等同志出席并发言，教育青年干部立足岗位成长成才。

2010 年 7 月 17 日，在陆素娟巡视员的带领下，国防司青年工作小组组织青年干部前往海军大连舰艇学院开展党日活动，在学习国防知识、感受海军装备建设发展变化的同时，增强了全司青年干部为我国国防现代化建设而努力奋斗的责任感和使命感。

2010 年 7 月 22 日，中华会计函授学校邀请会计司原司长、函校第一任校长魏克发出席“薪火相传 开拓创新”主题教育活动座谈会，他希望大家铭记财政部原副部长谢明等老领导对函校工作的关怀，把函校立足基层、艰苦创业、真抓实干的优良作风传承下来并在新形势要求下与时俱进、开拓创新。

2010 年 7 月 24 日，党组成员、刘建华纪检组长带领驻部组局党员干部与中央纪委二室、国防司党员干部赴辽宁锦州共同开展“国防教育日”活动，参观了海军基地和辽沈战役纪念馆。

2010 年 7 月 29 日，中国财经报与机关党委联合组织在《中国财经报》上开辟专栏，分期刊载“薪火相传”征文中的部分优秀作品，推动“薪火相传”活动深入开展，舆论宣传工作进一步加强。

2010 年 7 月，干部教育中心组织召开了“情系培训工作 弘扬优良传统”主题座谈会，邀请干部教育中心第一任领导班子成员张玉泰、苏晓明两位老同志为中心全体干部职工讲党课。通过讲述中心优良的传统作风，提高干部职工立足岗位争先进的热情，进一步做好干部教育培训工作。座谈会由干部教育中心主任苑广睿主持。

2010 年 8 月 2 日，科研所结合“薪火相传 创先争优”主题，邀请中国投资股份有限公司监事长、财政部原副部长、亚洲开发银行原副行长、科研所博士生导师金立群同志作“从改变思维模式到做学问”的专题报告。金部长结合自身经历，对青年同志提出殷切希望：青年研究人员要学会学习，不要做时装表演式的学者，要做真正的功底扎实的学者。

2010年8月2日，机关服务中心组织召开“继承优良传统　争当岗位标兵”座谈会，邀请财政部原部长助理韩国春与青年干部座谈，韩助理历任行政司（机关服务中心前身）副司长、财政部部长助理（主管行政司工作）。他结合自己的亲身经历，回顾了机关服务中心的发展与变迁，并对青年提出殷切希望。

2010年8月3日，团中央官方网站发布《红色小短信 薪火大舞台》，专题报道了财政部团委的“红色短信平台”，并认为这种新兴媒体在“薪火相传”主题教育活动期间，增强了教育活动信息传递的针对性和时效性，为教育青年和服务青年开辟了新空间，探索了新途径，筑起了新平台。

2010年8月3日，国际司党支部举行了具有我司传统特色的英语竞赛。比赛以提高全司干部的综合能力和英语水平为主题，青年党员代表分成四队比拼，内容涉及政治、经济、历史、地理、文化等与国际司业务相关的各个领域，形式生动活泼。赛后司党支部书记、司长郑晓松对比赛进行了总结，并就加强干部的学习给全司党员提出了殷切希望。

2010年8月10日，在机关团委报送的《党工委、团工委分别刊载我部青年工作有关情况的报告》上，部党组书记、部长谢旭人圈阅，党组副书记、副部长、机关党委书记廖晓军做出重要批示：“机关团委的工作充满了生机和活力，有力地配合了‘创先争优’活动的开展，望再接再厉”。

2010年8月26日，机关党校科级班30名学员来到晾果厂财政部离退

休干部活动站，与老同志们就传承财政部优良传统进行座谈。科研所原副所长赵秀山、科研所原编审佘天心、原土地办主任周清泉、机关党委原常务副书记姚振贵、监察局原监察专员钱军、离退休干部局原局长王淑清等老干部结合自己的亲身经历，回忆了财政系统多年来的优良传统，并对年轻学员的学习成长提出了殷切希望。

2010 年 8 月，外经办开展了主题教育征文活动和“我眼中的财经外交（或工作者）”一句话征集活动。党员干部积极思考，纷纷将自己对财经外交工作的切身体会以一种简短、精练的方式表达出来。

2010 年 8 月 6 日，部机关党委常务副书记曲永兰、机关团委书记冯立松带领“薪火相传”青年采访组一行六人，赴长春看望了财政部原部长、原国务委员、全国人大常委会原副委员长王丙乾同志。王丙乾老部长对活动给予了充分的肯定，并对青年干部继承弘扬财政优良传统作风给予了殷切希望。

2010 年 8 月 10 日，机关党委邀请周清泉、王淑清、姚振贵、冯秀华等老同志与青年代表一起座谈，听取他们对开展“薪火相传”活动的意见建议。

2010 年 8 月 18 日，机关服务中心召开“继承优良传统　争当岗位标兵”座谈会，在财政机关后勤战线上工作了近半个世纪的“老兵”财政后勤工作的楷模——机关服务中心原副主任李毓东同志应邀与青年亲切座谈。他深情追忆了工作中的点滴小事，折射出老一辈任劳任怨、鞠躬尽瘁、不图名利、无私奉献的光辉品质。

2010 年 8 月—10 月，农业司在全司青年干部中开展了“五个一”（带着一个问题、深入一个地方、开展一次调研、找出一个答案、提出一项建议）调研活动。全司青年干部深入有关省区和中央农口部门进行了调研，取得丰硕成果。

2010 年 9 月 3 日，科研所根据“创先争优，薪火相传”活动计划安排，邀请中国军事科学院罗援少将作《中国国防现代化建设与周边安全环境》的主题报告。罗援将军以其丰富的人生经历和高水准的军事专业研究为科研所的同志上了一堂生动爱国教育课，并对青年同志提出了“以热爱祖国，建设祖国为己任”的殷切期望。

2010 年 9 月 6 日，机关服务中心组织召开薪火相传座谈会，邀请曾在机关服务中心工作了 13 年的原机关服务中心主任宁加岭同志与青年同志座谈交流。宁加岭司长以对财政事业的责任感与热忱、以谦虚谨慎、润物无声的态度，讲述了他经历从行政司转为机关服务中心这一体制变革时面临着极大的困难与挑战。他们以丰富曲折的工作经历，生动感人的事迹及宝贵的人生感悟，深深地触动了青年同志们的心灵。

2010 年 9 月，农业司创编《农业司青年论坛》，作为青年同志学习交流的平台，目前已印刊登文章 30 多篇。廖晓军副部长批示：“每一篇文章都很好，不仅展示了个人才华，更体现了素质的提高。功夫不负有心人，坚持数年必有收获。”

2010 年 10 月，农发办团支部认真整理汇总了“党和国家领导人对农业综合开发的题词”、“国家农业综合开发基本情况简介”、“国家农业综合开发联席会议召集人及国家农业综合开发办公室历任领导情况”、国家农发办开展“薪火相传”活动照片等资料，印制了《国家农发办“薪火相传”活动相关资料集》，供全办青年同志学习交流。

2010 年 10 月 20 日—24 日，在机关党委副书记郭衍鹏同志带领下，财政部机关团委组织 17 名青年工作骨干和青年代表赴江西瑞金、井冈山、共青城等地开展了“薪火相传”主题调研活动，了解红色财政从哪里走来，思考新时代财政青年如何前行，在整理财政优良传统作风的过程中增进友谊，传承精神，感受崇高。

2010 年 11 月 1 日，干部教育中心开展以“快乐读书·健康成长”为主题的青年读书交流会。中心领导高度重视，苑广睿主任、贾荣鄂副主任和郭宝正专职副书记参加了读书交流会，与青年同志在轻松愉悦的氛围中分享了一次丰盛的“文化大餐”，青年同志也充分展示了参加“薪火相传”主题教育活动的主要收获。

2010 年 11 月 2 日—4 日，中国财经报社开展了名为“重读报纸·体会经典”的“薪火相传”主题教育活动，广大青年编辑记者通过翻阅创刊至今的报纸，从新闻工作的视角回味了财政大事记，不仅学习了财经报社的办报作风，也从中体会了财政系统的优良传统，从而得到精神的感动和升华。

2010 年 11 月 16 日，中共中央组织部干部四局曹兴信副巡视员等专程来到财政部，召集青年代表座谈会，对财政部开展“薪火相传”主题教育活动进行专题调研。廖晓军副部长介绍了我部在创先争优活动中组织实施“薪火相传”活动的总体情况和基本经验，机关党委、办公厅、综合司、经建司、农业司和机关服务中心青年代表介绍了本单位开展“薪火相传”活动的做法和受到的感悟。

2010 年 12 月 7 日—10 日，“薪火相传”主题征文评审工作在天津展开，活动组委会办公室从财政部机关司局、地方财政厅局、作家协会邀请财经理论专家学者、财政工作业务骨干、专业作家组成评审组，在全国千余篇投稿中，通过初步遴选、分类打分、综合评优等复合评选模式，评出《勤政清廉人心暖　高风亮节薪火传》等15篇文章获得一等奖，共114篇文章获等级奖。

2010年12月16日，李林池司长在刚到国防司任职后，即与全司青年干部座谈，倾听青年干部的意见和建议，并结合自己学习和工作的亲身经历，向青年干部畅谈工作经验和感受，沟通了思想，增进了理解，融洽了气氛。

2010年12月21日，行政政法司开展“薪火相传”主题教育活动，组织召开了青年座谈会。青年同志们纷纷畅所欲言，谈了各自参加工作以来的感想及建议。詹静涛司长结合财政工作自身经历，提出具体希望和要求，鼓励并支持青年同志成长成才。

2010年11月11日和12月22日，结合“薪火相传 开拓创新”专题活动，金融司两次召开青年座谈会，孙晓霞司长与青年干部畅谈财经文章写作的感悟与心得，剖析公文内涵与特征，勉励青年干部勤思、勤写、勤学，不断提高理论水平、业务水平和写作水平。

2010年12月24日，农业司召开青年同志座谈会，邀请各处处长参加，围绕继承财政优良传统、做好财政支农工作等，听取青年同志的意见和建议。

2010年12月31日，中央《深入开展创先争优活动简报》第728期以《财政部开展“薪火相传”活动推动青年干部创先争优》为题，专期报道了我部开展“薪火相传”活动带动青年干部成长成才的做法和经验。

2011 年 1 月 17 日，党组书记、部长谢旭人同志审阅了《关于机关团委 2010 年工作总结和 2011 年工作计划等材料的报告》，党组副书记、副部长、机关党委书记廖晓军同志在报告上作出重要批示："一年来，机关团委的工作充实、饱满、富有特色，很好地配合了中心工作，并取得了明显的成绩。望在新的一年里继续努力，不断开创财政部机关共青团事业新局面。"

2011 年 1 月 18 日，在 2011 年中央国家机关团的工作会议上，团工委委员、部机关团委书记冯立松同志就我部开展"薪火相传"活动的主要内容在大会上做了主题发言，活动的成果和经验得到中国国家机关各与会代表的关注和肯定。中央国家机关团工委已将财政部"薪火相传"活动列入团干部培训教材经典案例。

2011 年 1 月 26 日和 2 月 15 日，条法司召开新春青年座谈会。耿虹、祝向文、王玉宗等司领导与全司青年干部欢聚一堂，听取青年同志对加强本司青年工作的建议，共同交流研讨继承传统、加强学习、提高能力，争做优秀财政法制人。司领导结合自身学习工作体会，向青年干部传授宝贵经验，提出殷切期望。

2011 年 2 月 15 日下午，机关团委召开"财政部青年工作会议"，召集部内各单位基层青年组织负责人和团委委员 50 余人共谱青春乐章，展望工作宏图。机关党委曲永兰常务副书记、经建司司长李敬辉、机关工会主席岳学鲲分别讲话，对做好青年工作提出要求。机关团委书记冯立松总结了 2010 年青年工作，并对新年度以"丰碑已铸，传承有我"为主题，继续开展好"薪火相传"活动作出动员和部署。

2011 年 3 月 9 日，财政部"薪火相传"活动资料汇编的上卷《丰碑》、下卷《传承》初稿正式交付中国财政经济出版社进入编辑环节，满载期望的"薪火相传"阶段性成果雏形已然形成。

松柏精神

写给农庄的诗行（诗三首）

金永民

写给农庄的诗行

原野的风
扶正了倾斜的岁月
贫脊荒凉的土地上
又燃起红红火火的憧憬

不再用褶皱的心
一层层裹紧
连煤油灯都点不起的
昏暗清苦的日子

我们和农庄一起
细细地咀嚼着过去
每一块土地
都是一页历史
向人们注释着
昨天生活的坎坷
和未来
道路久远的宽平

穿越生活的雪线

当我们穿越雪线
向着远山春天的呼唤
纵使有十万次雪崩
艰难的跋涉也万死不变

当我们穿越雪线
带着樟子杉的魁伟和白桦的坚毅
让“黑旋风”为我们喝采
执着的信念像飞腾的火焰

我们穿过雪线
用鲜血染红百合花吐艳的季节
每一枚足迹都是春天的种籽
每一次心跳紧连着春天的脉搏

我们穿越雪线
走向冬天的尽头

走向令万物复苏的阳光
我们穿越生活的雪线

清明的思念——献给沈浩

小岗
依旧是这样宁静的小岗
春风缓缓地抚过
小草吐出淡淡的鹅黄
那可是你复苏的心吗？
今天，天空多么清朗
我真想叫醒你
唤出你那颗年轻的英灵
伴我走出小树林
到那片绿茵茵的草地上
你一定会给我摘一朵山花
像从前一样
我的心陶醉了
一个没有月亮的夜晚
你的血映红了晚霞

你的心和大地永远印在一起
你可曾记得
有一颗淡黄的小花
在你的身旁摇曳
摇哭了天上的星星
捣碎了那个夜晚
清明

我没有给你纺织花环
让我为你掬一捧泥土
填平我思念的深壑
让你在三尺土下
在对往昔的回忆中
永远印上我的影子
一个那样爱着你的人

（作者单位：吉林省长白朝鲜族自治县财政局）

倾情大地（诗五首）

吴　波

致财政老兵

题记：深受尊敬的王丙乾老部长在他所著的《中国财政60年回顾与思考》一书的后记中，有一句感人至深的话，就是通过回忆风雨而光荣的历程，“表达我对党、祖国和人民的一片深情。”

比改革开放更远的是解放
比解放更远的是抵抗一场侵略

华北平原上，你呵
一个小小少年
毅然地迈进光荣的队列，你的青春
穿过麦苗的清香和高粱花的灿烂

以坚韧、以不屈、以威武
勇敢地接受战火的锤炼

揣着一颗炽热的心
为了再多宣传一点真理，油灯下
你在刻写中又省下了一小张蜡纸
为了前线战士的温饱，你从算珠间
多抠出来了啊！——一枚铜板
也许是一粒小米、一丝棉线

啊，正是这一枚铜板
化作了新中国国徽的一道金色
这一粒小米化作了960万平方公里的饱满
这一丝棉线化作了五星红旗的鲜艳
超过了世界的高度
已经在浩瀚的宇宙遨游飘扬

财政老兵，亲爱的长辈
那时，你一定没有想到自己会成为
中华人民共和国的财政部长
是啊，我们这些儿辈们知道
你从来也不把自己当作部长高高在上
你就是我们父母的代表
不说功劳，只说自己：是人民的勤务员
一个当兵的

你青春永驻，心不老
和可爱的祖国一样地年轻
在坎坷里走来，唱出一曲大地的歌谣
我们陪你回忆，你再教我们一遍
如何做一名合格的财政人
向党、向祖国、向人民

献出我们的一片深情

民生之光

人民不会忘记，这个饱含温暖的词语
这个词语写进了亿万人心中的辞典
这个词语就是滋润着人心的“民生工程”
这个关系着人民生活幸福的关键词
春风般遍及我们的神州大地

民生工程
把党和人民的血肉紧紧地连在了一起
把人民的利益
真正地放在首位
使“以人为本”的执政理念
融入崭新的内容和涵义
让人民更多地享受改革发展的成果
——这已是我们时刻牢记的神圣的话语

把为人民办实事提到宏伟工程的高度
精心实施一项项人民期待的工程
是我们财政人的光荣
更是我们义不容辞的责任和使命

从农村居民的最低生活保障
到新型农村合作医疗制度的实行
从农村饮水安全
到高校和中职学生家庭的解困
从乡村公路“村村通”
到贫困白内障患者的复明
从重度残疾人生活救助制度
到“农家书屋”的落成

从乡村综合文化站的建设
到广播电视村村户户的普及……
追求不停息、追求无止境
我们的民生工程呵
正在把无限的关爱和温暖、把尊严和平等
交付给了亿万弱势的群体
这就是我们党和政府决策的英明
这就是史无前例的民生工程

你看，白发苍苍的大娘呀
不用再为孙女的学费书本费发愁
你看，满脸皱纹的大叔呀
不用再为白内障的老母亲忧心
民生工程正在一项一项的完成
人民呵，真正过上了安定舒心的好日子
一项项民生工程
承载着我们财政人的使命
承载着党和政府的深情
而淳朴勤劳的老百姓
已经为这一切把丰碑树在了心里

这是中国速度的民生工程
人民的幸福指数被一次次提升
民生工程，标示出：人民，享有着至高无上的地位

一个财政人走在春天的原野

浩大的春天可以忽略掉我的身影
我仅仅是一个做财政工作的人
春天啊！但你，一定要记录下它们
一只蝴蝶、一朵蓝眼睛花
小得像两颗挨着的星星

无声地闪烁着

春天的开关现在就交给了这个蝴蝶
花朵是一个按钮
一只蝴蝶坚持在蓝眼睛花上

假如我对大地有一丝的不爱，它们会鄙视我
我在已经开始的春风里碰到的
就是这样朴素的美好

远处，犁田的人
把紫云英都翻进了泥土
他接下来就要插秧。我不敢自称为劳动者
我还想对一棵禾苗说，请你责怪我吧
一个理财人给予你的还不够多

眼前的蝴蝶在专心地打开一朵小花
让我学习这种坚韧与勤劳吧
有一万种这样的微小，安静或热烈
都会给我一万种颜色的春天的联想

稻穗下的秋虫

最为动人的时间，临近晚秋
叶片纷纷地由边沿卷起
向着自己萌芽时的中心靠拢
好像已经忘却了生长的烦恼
无声无息地往返
从稚嫩到把土地染成金黄

虫子的体态丰满，翅膀透明
为了整个秋天好像还要跳动一次

仿佛即将要把飞翔的带走留下
之后，去无身影
它们的天堂也许比土壤还要低
低到自己的心里。在稻香间

飞翔、跳跃，驮着明朗
难道它就是我儿时放生的一只蚱蜢
蓝天辽阔
稻浪汇着淮河边的金子，我贴紧着
却达不到一粒稻的饱满，我要丢弃掉一部分
曾经的苦难。想飞
把大地的幸福化为己有、隐匿着
直到我所知道的遥远

沈浩永远地留在了小岗

不是三年，也不再是六年
准确地说是一生
2009 年初冬的风
从小岗村出发，通知：一个人叫沈浩
他永远地留了下来，不再是挂职
而是永远地属于了小岗村

茂盛的年华换得茂盛的大地之绿
我在百里以外
好像正在嚼出他亲手种植的一片甜叶菊的甘与苦
更有他朴素的生命
以血与汗凝出的最后一粒晶莹的盐

一个人活着，只能被称为“暂时”
沈浩死了，他永远地标示着什么叫：永远
财政人必须要记住

2009 年的冬天，我们的一位好兄弟
把生命献给了一个叫小岗村的地方

孕育出“大包干”的乡野
母亲般地渗出泪，把她爱着的儿子——沈浩
拥进了万年不朽的黄土紧簇的心坎

一个名叫沈浩的财政人，他默默地走了
他把六年当作一瞬
累死了，也要把自己的骨殖埋进小岗的土壤
让一个男子汉的钙，永恒在这里
为希望的土地增添着营养

小岗村的人们，渴望发展与幸福
用他们的红手印留下来一个人
和一个人长存的精神——这个叫沈浩的人
这个无私奉献的财政人将再也不会和小岗村
分开……

（作者单位：安徽省淮南市财政局）

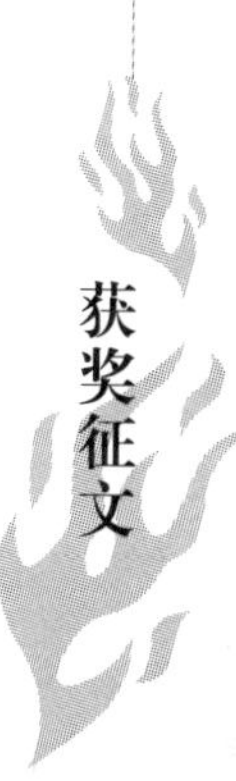

用好先人留下的财富

韩　瑜

从1949到2010年，财政伴随着新中国的成长走过了波澜壮阔的61年。在这不同寻常的61年里，共和国的画卷里写入了多少感动，多少梦想和光荣。在这份感动、梦想、光荣里，有我们财政人的兢兢业业，锐意进取和改革创新。

从统一财税、归口包干到大刀阔斧的分税制改革，从公共财政的提出到科学化精细化管理的实施；从北京西城三里河到2862个县乡财政机关，财政工作岗位总是涌现出一批批优秀的财政工作者。他们殚精竭虑，制定政策，为中国经济的发展指明方向；他们勤勉尽责，兢兢业业，为中国经济的发展保驾护航；他们勇于创新，胆识过人，为中国经济的发展开天辟地。

都说文化是根，那么从老一辈财政工作者身上传承至今的这些优良传统则是魂。它们是我们在新时期开展财政工作的精神食粮。让我们在厚重如山的历史积淀中选取三个时点，以对三个财政工作者——陈云、吴波和沈浩的写照来点燃财政优良传统的火炬，让我们世代相传。

陈云：运筹帷幄　决胜千里

财政自古就关系到国家社稷，天下苍生。五千年历史中帝国的兴盛和衰败无不伴随着财税政策的变革。前者如商鞅变法，重农抑商、奖励耕织的政策使秦国步入强盛时代；后者的例子则举不胜举，税负沉重，民怨沸腾是导致很多曾鼎盛一时的朝代分崩离析的主因。财政工作如此关乎全局，作为财政人，做好本职工作才是重中之重。这一点从“红色掌柜”——陈云同志的身上得到了充分体现。

早在东北工作期间，陈云就要求工作人员熟悉业务内容，要“精密计算。要能打算盘，钻数目字”，“在算账时，项项都必须看一看……这才是负责的态度。”这在今天看来都是财政工作者应具备的基本功和基本素质，但陈云同志要求的不仅仅是会打“小算盘”，更要会打“大算盘”，即要善于从战略高度考虑问题，谋大局，谋大事。

1949 年陈云从东北抵达北京开始主持全国财经工作，面临国内经济形势恶化，国家财政紧张等复杂情况，他审时度势，运筹帷幄，在不到一年的时间内领导完成了平抑物价、统一财经这两件其功“不下于淮海战役”的大事。

当今社会瞬息万变，各种形势错综复杂，我们财政工作者除了要掌握基本的业务技能和素质外，更要从陈云同志身上学习他“每临大事有静气”的心态，全盘考虑，高位思考，善于打大算盘，才能在复杂多变的环境中更好地为国理财，为民服务。

吴波：一身正气　两袖清风

世人皆知明朝有个官至户部尚书（相当于今天的财政部长）的清官叫海瑞，其实中国财政史上不乏海瑞这样的清官部长，吴波就是其中一位。

不明白他的人说他“抠”：一个掌管国家财政大权的领导没有专车，几乎每个工作日的早 7 点，他从西四出发，步行 40 分钟到三里河的办公室；部里的办公条件艰苦，夏日炎炎，总务处提出给他配个风扇，他坚持不要；为了 200 多元插竹篱笆的预算，他作出批示“要重新计算一下，是插竹篱笆省钱还是拉铁丝网省钱?”经测算，拉铁丝网比插竹篱笆节省 20

多元，他才批准这个预算。

不理解他的人说他“傻”：担任财政部领导30多年，当他逝世后，留下的存款不到3万元。除去丧葬的费用，几乎没有什么剩余。就连他生前住过的房子在他“走”后也要交还给国家。留给几个孩子的就是几大柜子书籍：二十四史，财政学书籍……他有四个孩子，除一个孩子大学毕业后分配在北京工作外，其他三个孩子一直都在外地工作。

其实，恰恰是他的“抠”和“傻”代表了他的光明磊落，无私无畏，表现了一个财政人的高尚情操和崇高品质。吴波常说：“搞财政的人一定要做老实人，做人要正。”我们要时刻把吴老的话铭记在心，常修为政之德，常思贪欲之害，常怀律己之心，常戒非分之想，做一个清白无私的财政人！

沈浩：仁心厚泽　心系苍生

财政在很多人眼中就是专门和“财”打交道的一个部门，殊不知，要做好财政工作，手要掐在算盘上，心却要紧紧地放在百姓中。原因很简单，若不知百姓疾苦，又如何以财行政？

在涌现出来的无数优秀财政工作者中，沈浩是平凡但最具代表性的一位。作为安徽省财政厅派驻小岗村的一名干部，他丝毫没有干部的架子，更谈不上有财神爷的大脾气。他总是笑着，踱进农家院子，坐在门槛上，跟老人拉家常，嘘寒问暖。在小岗村的6年，他踏遍了村里的每个角落，知道村里每个乡亲在想什么，盼什么，怕什么，爱什么。

他看到大包干带头人关廷珠遗孀邱世兰的拐杖快烂了，怕老人摔着，沈浩特意从合肥买来了新的；看到小学门前的绿化带长高了，他嘱咐一定要及时修剪，以免阻挡司机视线，威胁到学生们的安全；看到邻村的孩子踩着烂泥来小岗小学念书，沈浩主动联系邻村，提出要为孩子们铺一条砂石路。

沈浩像种子一样，深深地埋进这片多情的土地，倾听着每一个呼声。在他本该回到省城的那一年，村民按下红手印，不舍他的别离；如今，他们再次伸出手指，鲜红手印，颗颗都是他的碑文。

只有心存百姓的人，百姓心中才会刻下你的名字；只有把人民捧起的人，人民才会把你高高地举过头顶。

拨拨算盘，划划账并不难，难的是读懂每个数字后面隐藏着的千千万万期待的眼睛，难的是体会每项政策里包含着的万万千千企盼的心情。“衙斋卧听萧萧竹，疑是民间疾苦声。”心怀天下苍生，才能精打细算用好每一分钱。

沈浩在小岗村6年时间里写下了厚厚29本日记，里面记载着他对群众的深情厚义和情系人民的拳拳之心。我们每个财政工作者都应像他那样，心里装着一本详细的民情日记，熟知民情民意，真正做到权为民所用、情为民所系、利为民所谋。

中国正处于发展的十字街头，中国的政治经济体制改革在历史上没有成例可循。探索一条适合中国国情的道路，兼容并蓄之外万万不可忘记我们的优良传统。陈云，吴波和沈浩都已远去，可他们留下的精神理念却万古长青。他们倾其一生，为财政工作蜡炬成灰，唯有薪火相传，才是对他们最诚挚的悼念，也是我们为新的财政事业添砖加瓦的最好选择。珍视他们的精神遗产，把“心系苍生，克己奉公，运筹帷幄，决胜千里”落实到财政工作的方方面面，用实际行动让财政优良传统薪火相传，生生不息！

（作者单位：财政部国防司）

永远微笑的老莫

肖书胜

第一次见到老莫，是在1982年初，那时我刚从大学毕业，分配到财政部会计事务管理司（现在的会计司）二处工作，正好与他在一个办公室。最初他给我的印象，怎么看都觉得有一点像“弥勒佛”，不高的个头，圆圆的大肚皮，浅浅的白头发，慈眉善目，无论见到谁满脸都堆着微笑。与他接触了十几年，时间一天天过去，周围事物悄悄在发生变化，但老莫的微笑从早到晚每天依然那么灿烂。我没见他和谁红过脸，说过过头话。在相当长一段时间里，我不太理解，无论外界发生什么变化，为啥他都与世无争，每天都这样从容，这样高兴？他究竟是怎么修炼的？

“我能挤上车的”

每天上下班，对别人来说也许不是一个问题，但对老莫来说却是一个考验。老莫家住宣武区虎坊桥的一幢老式楼房里，每天需要换乘几次公共汽车才能到三里河。20世纪80年代初，交通虽没有今天这样拥挤，但路窄车少。眼巴巴的好不容易盼来一辆车，大家一哄而上，年青人各显神通，拼体力，比智慧，谁有本事谁先上，年龄稍大的只有等到后面再往上挤。对于老莫来说，上车的困难更大一些，已经70高龄的他，个子不高，且心宽体胖，每天要想在众多挤车族中“杀开”一条血路登上公共汽车，需要智慧，还需要勇气，我想在很多情况下他只能多等几辆车。虽然如此，他风雨无阻，把挤车看作是一种锻炼，一种挑战，我从没见他埋怨过北京的交通状况，埋怨过年青人的横冲直撞，总是高高兴兴上班来，欢欢喜喜回家去。我有时担心他上下班安全，询问他乘车情况，他总是说，没问题，我能挤上车的！

“去问问老莫”

我很佩服老莫的“坐功”，每天从上班一直到下班，老莫一屁股坐下后，除了上洗手间，很少起来活动，即便是中午休息，也是边吃饭边工作。由于几十年积累的丰富实践和教学经历，老莫在会计界大名鼎鼎。他虽坐在会计司二处，但实际上是我国会计实务界的栋梁之才。每天除了起草或审阅二处职责范围内的各行各业企业会计制度，他还直接接受司领导委托，处理司里甚至是部里的其他文件。那时会计司的同志，每当遇到会计实务中的一些问题，往往都会说，走，去问问老莫。不光是我们初出茅庐的年青人，各处领导、司领导有事也经常找老莫商量。我常常看见杨纪琬司长、魏克发副司长等领导径直走进我们办公室，开口就说：老莫，这件事你看应该怎么办呀？不管谁来找他咨询，不管官大官小，或是普通百姓，老莫总是马上放下手中活计，笑眯眯看着你，尽其所能，热情回答你的问题。特别对于我们年青人提出的问题，他更是循循善诱，由浅入深，耐心细致，不厌其烦。我经常看到他收到部外单位，包括国务院部委、地方财政厅局、大专院校甚至是一些企业单位给他寄来的文件资料或稿件，请他帮忙审核、修改，每当此时，他心静如水，就像每天看晚报一样认真看起来。

“给我带俩糖火烧”

老莫家境不错，但生活十分简单，粗茶淡饭，不抽烟、不喝酒，没有

什么特别爱好，在办公室里很少看到他喝茶，往往每天早晨迈进办公室后，倒一大搪瓷缸白开水，就开始了一天的工作。一年四季，他都穿着普通得不能再普通的旧衣服，许多衣服表面已经发白，看起来像是穿了十几年、几十年。哪天要是看到他穿了一件新的，不管是衣服，还是裤子，甚至是一双新鞋，那绝对是一件新闻。20 世纪 80 年代初，物质不是很丰富，许多东西都是凭票计划供应，我记得很清楚，我进部以后的粮食供应是每月定量 32 斤，其中 6 斤米票（可以在食堂买大米饭、大米粥等大米制品、面条、馒头等小麦制品和棒子面粥、窝窝头等玉米制品），18 斤面票（可以买小麦制品和玉米制品），还有 8 斤杂粮票（只能买玉米制品）。我发现从小生活在江南的老莫，对于每天中午吃什么不讲究，但他喜欢吃甜的东西，许多时候他懒得上食堂排队，往往在我出门去食堂打饭时，用标准的宁波普通话重复道：小肖，还是给我带两个糖火烧。接过我从食堂买的糖火烧后，他一边津津有味地啃着，一边眼睛盯着桌子上的文件，继续工作，偶尔喝一口白开水润润嗓子，就像啃着烧鸡在喝白酒一样。作为一个南方人，老莫虽然也喜欢吃大米饭，但他却多次将节省下来的米票送给我们这些南方来的年青人，处里其他老同志也经常这样。这种温暖的情义，那是一辈子也不会忘记的。

“还有一个地方可以再改一下”

几年时间以后，组织上考虑到老莫的身体状况，开始让他在家里“上班”。其工作方式，通常是我和小刘（玉廷）充当“机要”秘书，骑着司里那辆唯一的早已超期服役的“28 型自行车”，将文件送到虎坊桥他的家里，或请他审核、把关，或请他阅读、知晓。老莫工作效率很高，我们估计数十万字的会计制度一个星期左右才能审核完毕，他通常 3—4 天就看完了，修改的地方用十分工整的“莫体”标出，非常清楚。不用问我们就知道，他又是白天黑夜连轴干，这是一位年近 80 岁的老人啊，视力也不好，没有戴眼镜的习惯，看东西几乎贴着鼻子。特别令人感动的是老莫做学问的态度，他对工作的投入、对工作的严谨往往令我们年青人汗颜，本来我们刚从他家取回修改的文稿，大家都认为改得很好，十分满意，可过了没一会儿，他又打电话来说，你走后我又想了一下，还有一个地方可以再改一下，这样可能更好。给我们留下美好回忆的，还有每次我们到他家取送文件受到客人一样的招待。一进入那不大的两居室，几分钟不到，老莫或师母保准送上一杯用白砂糖冲的“白糖茶”，老莫还在旁边笑呵呵地催促，快，喝点糖水，喝点糖水！手捧糖水，我们心里十分甜蜜，这哪里是糖水，分明是二位老人的殷切期望。望着老人的慈祥目光，我总是一仰脖子一口气将糖水灌进肚子，换来二位老人的满意之情。

“没有职务的老莫”

和他相处多年，唯一感到不太舒服、不很自在或者说有些尴尬的是不知怎样给外人介绍老莫，像老莫这样一个全国知名的大专家，没有“像样”的行政职务，既不是司长，也不是处长，那时还没有巡视员、调研员等非领导职务系列，外出开会或外面来人我们实在不好介绍老莫。经过多次琢磨，我们想到一个办法，将老莫两个字倒过来介绍：这是我们司的莫老，著名会计专家。听到这样介绍，老莫总是在旁边嘿嘿笑着点头，好像很知足，他从没有因为自己偌大年龄还不是一个“官”而在外人面前抬不起头，外人也没有因为他不是官而不尊敬他。和老莫在一起时间长了，耳濡目染，我们也渐渐习惯了在没有名利干扰的环境下专心做学问。随着时间的流逝，我们对老莫的认识越来越深刻，他是一个不是官的“大官”，是一个比大官还要被人敬佩的大专家，他的大肚皮里装的全是学问，他那莫式微笑是一辈子才修炼出的结果，发自内心，令人难忘。正因为对名利的淡薄，对事业的追求，对祖国的热爱，年过花甲的他，多次一笔一划用心在写“入党申请书”，多年用朴实无华的行动向党组织靠拢，终于在1983 年 72 岁时光荣加入了中国共产党，实现了多年的愿望。

“老莫的大名叫?”

说了半天，我忘了介绍老莫的大名：莫启欧同志（1912—1994 年），浙江宁波人，原财政部会计事务管理司高级会计师，我国著名会计专家。他 1931 年毕业于上海复旦大学会计系，历任上海章华毛绒纺织公司会计主任、美商泛美航空公司上海分公司会计主任、上海中美火油公司会计主任。还在上海立信会计专科学校、之江大学、上海商学院等院校担任过讲师、教授，讲授过会计、统计、商业数学课程；还执行过会计师业务。

1953 年进入财政部后，一直从事我国企业会计制度的制订、修订和审定工作。他是中外合资企业会计制度的主要起草人，晚年研究中国会计准则课题，是我国会计界默默的辛勤耕耘者、开拓者，为新中国会计事业作出了重大贡献。曾与李鸿寿合著《会计数学》1946 年由立信会计图书用品社出版，与胡宝昌合译《南斯拉夫社会簿记局条例》1979 年由中国财政经济出版社出版，与李鸿寿合译（美）莱宁格（Leiningrer，W. E.）著《会计学中的数量方法》1983 年由上海人民出版社出版，与龙云高、鞠新华合著《中外合资经营企业会计》1986 年由经济科学出版社出版，翻译《国际会计准则》1992 年由中国财政经济出版社出版，此外，还著有《对外承包企业会计制度》（中译英）。1964 年 5 月与陈忠贵合作，在《会计》杂志上连续开办《怎样计算工业企业产品成本中的材料费用》基础知识讲座，同年 9 月起又连续开办《怎样计算工业企业产品成本中的低值易耗品摊销》基础知识讲座等。

最后需要说明的一点是，之所以我们刚入部门的晚辈敢放心大胆地叫老莫，是 20 世纪 80 年代同事之间称呼的“国际惯例”，除了几位部领导，我们称呼司里年龄稍大的同志都是在“姓”之前加一个“老”，反之就是“小”了。这样透着随意，显得亲热，宜于沟通。虽然现在莫老已经乘鹤西去，但我常常感到他时时就在我们周围，用微笑的神情在关注着我们，用鼓励的眼光在激励着我们，特别是我们遇到工作困难，面临名利选择时，想到他，我们感到很踏实，心里一股暖流在激荡。我庆幸这辈子遇到莫老，遇到这位好老师，好朋友。

（作者单位：财政部会计资格评价中心）

小岗·平江·红岩

刘江华

去小岗的火车上，我深深被书中的故事吸引。书中摘述了部分有关革命优良传统的故事。红岩纪念馆的“三块银元”以及财政部老部长喻杰的故事最让我感动。

红岩的地下金库

在红岩革命纪念馆的陈列柜里，静静地躺着三块银元，向人们讲述着它身后的那段中共红色地下金库的故事。

“皖南事变”后，按照周恩来的指示，地下党要开展各种经济活动，保证革命需要。1941 年初，肖林夫妇在红岩八路军办事处受命这项工作。同年 4 月，一家名为“恒源字号”的商行在江津开张，肖林出任经理，经营土纱、食糖、植物油等商品。1944 年，恒源字号发展为大生公司，商品增加了五金、木材、西药等种类。这期间，党组织经常在肖林那里取回急需的款子。1946 年 8 月，一家名为华益的贸易总公司在上海开业，重庆、青岛、徐州、蚌埠等地设分公司。该公司的业务，第一是专营上海与各分公司所在地的农产品及日用工业品的运销；第二是买卖黄金、美钞和股票；第三是套汇，即开设地下银行，利用上海与香港之间几种货币汇价的差异谋利。美钞交华益公司暂存备用，法币由肖林转交中共代表团驻沪办事处，而黄金则由肖林找专做黄金生意的经纪人将其改铸成上海通行的十两金条，然后把这些金条秘密送到中共代表团驻上海办事处。

肖林夫妇在抗日战争和解放战争时期，一共为党筹措了多少经费，并没有明确的统计。我们现在只知道，截至1949年，当肖林奉命将华益公司资产转移到香港华润公司时，向中央上交的资金约合黄金12万两，其他固定资产1000多万美元，他只留下了三块银元作纪念。

有关红岩，江姐和小萝卜头的故事早已深入人心。但作为财政干部，不知为什么，肖林的故事却更让我感动。那样的时代和环境，那样的危险与诱惑，面对黄灿灿的金条，一点不为所动。

火车在暗夜里穿行，仿佛在穿越时光隧道。肖林的故事发生在解放前，而在革命建设时期，财政部喻杰老部长在湖南平江的故事同样让人感动。

平江出了个达老子

喻杰，1930年5月参加工农红军，同年9月加入中国共产党。参加了二万五千里长征。1945年他曾作为我党工商界代表跟随周恩来参加国共重庆谈判。新中国成立之后，历任西北贸易部部长、西北财经委员会副主任、国家粮食部副部长、商业部副部长、中央监委驻财政部监察组长。1970年初，喻杰主动退出领导岗位，带着孩子，离开北京，回到家乡平江嘉义丽江贫困村安家落户，直到1989年病逝，他晚年为家乡建设整整操劳了19年。“心中装着人民，唯独没有自己”，群众称颂他是真正的共产党人，实实在在的人民公仆，亲切叫他“达老子”。中央领导同志李先念、王震亲笔写信，给予高度评价。

1970年1月，喻老从北京带回老家的全部家当是一部旧缝纫机、两个背包、一只旧皮箱。当时到嘉义去接站的乡亲简直不相信自己的眼睛：一个南征北战几十年的红军老干部，又是京师管钱粮的大官，怎么就这点东西?！有人拎起那只旧皮箱，沉沉的，心想金银财宝就藏在里面吧？他小心翼翼地挪动着。可是，脚一滑跌了一跤，皮箱裂开了，一看竟是一箱书籍和历史资料，其中有毛主席、周总理给喻杰的任命状。

粉碎“四人帮”后的1978年2月，中央财政部派员专程从北京来到喻杰所在的山村，请他去财政部当顾问，并在首都木樨地林荫大道南侧22号部长住宅楼里给他分配了一套高级住房。十天后，喻杰给财政部去信，谢绝了要他进京当顾问的邀请。有人感到不理解，说这老头脾气真怪：“北京不住住山村，部长顾问不当当农民。”这话传到他耳里，他笑了笑说：“他们不懂历史和现状，少见多怪！”停了一下，他不无感慨地说：“自古武官解甲归田，文官告老还乡。国民党的官不做了，也要回去。美国的总统不当了，也要离开白宫。瑞典首相去职后回家管理庄园。难道我们共产党的官下来了就不能出京门？要这样都呆在北京这样的大城市，将来不会挤破么？”

国家财政部和省财政厅按照中央有关规定给喻杰配小车，早些年，喻杰坚决拒绝，说为我个人配专车，没必要，我身体还行，万一有急事，找县里来个吉普车跑一趟就行了。后来，因兴建水电工程，常要四处奔波，上级也没再征求他的意见，将一辆上海牌小轿车给开来了。喻老也就接受了。但没过几天，他就将这辆轿车交给加义电站使用。1985年，国家财政部给喻老拨了一笔钱更新小车，喻老接到通知后，即给县委、县政府负责人写信，说要将这笔买车的钱用去买高压电线，给加义、咏生等老区人民输电。

喻老逝世前，没为一个儿孙谋取招工、转干及吃国家粮的特殊照顾。他的大儿子砚斌一直在农村当农民，小儿子立光也被从北京带回农村务农；孙子桂英、曾孙群益高中毕业后，仍在农村当农民。喻老的孙子桂英如今也60多了，拄着根细拐，当说起爷爷的时候，他自豪地挥起拐杖，“我爷爷留给我两样东西，一个是他的精神，一个是他的品德。”

小岗印象

来到小岗村，给我印象最深的是两点，一个是城市的繁华与农村的单调形成的鲜明对比，一个是小岗村新任第一书记丁俊发红的眼圈。

沈浩去世后，同为安徽省财政厅干部的丁俊接下沈浩的担子。处于社会各届和各类媒体的关注与聚焦之下，见到我们一行财政干部的到来，与

熟识的领导和朋友拥抱时，我见到了他眼里满是见到“娘家人”的泪水。

来这里的人很多，不同的部门、单位，就有不同的视角。特别是对于沈浩，中组部把沈浩当成下基层挂职锻炼的典型和模范；财政部门把沈浩看成是财政干部的英雄和骄傲。不同的人因为不同的身份经历，不同的心路历程，对小岗就有不同的认知和态度。来到小岗，对沈浩逐渐从平面变成立体，从抽象变为具体的形象。心灵也随之净化。只有到了小岗，才知道为什么要来小岗。因为，学习是最好的缅怀。

还原真实的沈浩，从名人到人名。小岗因为沈浩而发展，小岗也成就了沈浩。从都市里来的人都说，能在小岗村呆上一年就不容易。平凡中见伟大，细微处见崇高。沈浩不仅呆下去了，而且一呆就是6年。小岗因为沈浩而发展，更多的应该是得益于沈浩能够解放思想，能够开拓创新，能够利用自己的资源，更重要的是招商引资、土地流转等，带领大家利用自己的力量发展。倒下去一个沈浩，树立起一面旗帜。

不知为什么，有时会模糊沈浩和丁俊两个人的形象。而且会倔强得不能自拔。丁俊的倦容和压力，引发了深深的反思。

凭心而论，对于沈浩英雄形象的宣传和塑造，改变了以往高大全的框架和模式，无疑是成功的。高大全的形象，看起来很美，但不真实。实在朴素的形象，让我们跳跳脚就能够得着，这样才有学头，学起来才会更主动更持久。对于我们的宣传和党建工作，怎么建设队伍，怎么服务中心，都值得好好琢磨。

过度聚焦不如阳光普照。小岗是全国十大名村之一。因为小岗，因为沈浩，媒体给予了更多的关注，很多部门都要在资金、政策上给小岗更多的倾斜。小岗村，利用好现在的政策，利用好她的知名度和美誉度，发挥市场的内生动力，发挥小岗人的聪明和勇气，她能够有着很好的发展。不要忘记，全国除了十大名村，还有几十万个村镇。作为财政工作者，怎么问计于民，怎么为国分忧，怎么为民理财，要多想办法，多做工作，做好工作，这才是最好的学习。

活在当下。面对各方面的压力，真诚地请丁俊放松下心情，有时跳出来往远处望望，也许会释然、淡然。肖林洒脱地上交了所有黄金，达老子真实地住（驻）在老百姓中间，沈浩也长眠在生活奋斗的这片沃土。想起刘仲藜老部长在“薪火相传”座谈会上，提出要四多看：多看看穷人，心里更平和，更有责任感；多看看病人，知道健康更重要，这是自己的，别人给不了的；多看看犯人，更了解自由的可贵和美好，做到廉洁自律；多看看死人，心灵空远，豁然开朗。

一句话，做好工作做好人。

（作者单位：财政部机关党委）

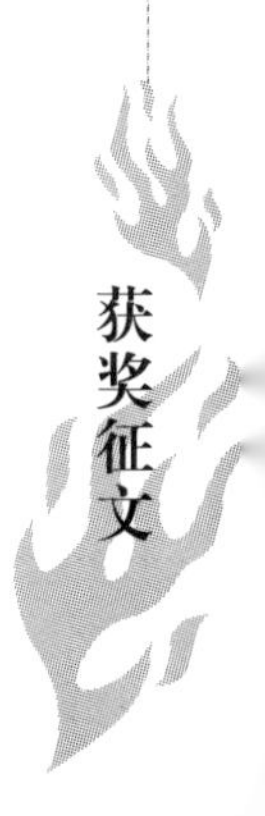

父亲与我的财政情怀

冯晓波

部里开展“薪火相传，开拓创新”主题教育活动已有一段时间了，这段日子里脑中偶尔也有模糊的片段闪过，但总是零零散散的转瞬即逝。今日在学习园地中看到了刘仲藜老部长为青年干部讲述老一辈财政工作者优良传统的文章，脑子里那些模糊的记忆忽然清晰了起来，让我想起了自己的父亲，一个在基层财政部门工作了三十多年的老财政人。

父亲在家乡郊区的财政局工作，在农财股一干就是很多年。小时候印象中的他总是穿着类似税务制服的“农税服”，戴着“农税帽”，下乡去收农业税一走就是几日，回来后总是一脸疲惫的样子。那时的我理解不了这份工作的艰辛，总觉得“穿制服的”都应该是一副威风凛凛的样子。一次正值暑假之际，我回到父亲出生的山村住了几日，探望年迈的爷爷奶奶。也正是在那里，我看到了像父亲一样的财政人在征收农业税的真实工作场景。

炎炎夏日，在村头的空地中，听说是来收农业税的，村民们一下子就哄动起来，没等征税人员说话，便你一言我一语，七嘴八舌地议论起来，说收成不好，无法缴纳税收。父亲的同事们只能耐心地给村民们做解释。一个小时，两个小时，村民们终于被他们的耐心和真情所感动，纷纷缴纳了当年的农业税。

这件事情对我的触动很大，我似乎能够体会父亲每次下乡回来后的辛苦和疲惫了。同时，对农村的落后和农民的艰辛，也有了更切身的感受。我向父亲道出了自己的心思，他语重心长地告诉我："征收农业税是我们搞财政工作的责任。国家有国家的难处，国家的发展要一步步来，政策也会慢慢地改进、完善。国家建设好了，农民才能真正富起来。纳税是必须尽的义务，对于困难群众，我们可以通过其他方式帮助他们。"听了父亲的一席话，我似乎明白了一个道理：这就是顾全大局！

父亲和他的同事们兑现了他们的诺言。他们与贫困家庭结成了一帮一的对子，每每都会出现这样的场面：今天从农民手中征收了农业税款，过几日又会用自己的工资买来一些生活必需品送到农民手中。这样的情景不停地重复着，父一辈的财政人用另一种形式诠释着他们"为民服务"的精神。父亲一位32岁的同事，印象中他有着甜甜笑容的叔叔就在一次给村民送大米回来的路上，由于下雨路滑，将生命永远地停在了人生刚刚绽放的年龄上。以后的日子里，我只能从照片中看到那位叔叔的样子，还是那身"农税服"，那顶"农税帽"，还有那张甜甜笑容的脸……

时间匆匆而过，随着财政改革的深入，国家彻底取消了农业税，继而对农民实行了种粮补贴。父亲也早已脱下了"农税服"，负责预算部门的工作。那一年大学放假回家，晚上我推开父亲的房门，灯光下两鬓已有些许白发的父亲还在一遍遍地核算着报表中的每一个数字。我在父亲的对面坐下，聊起了小时候他对我讲过的关于征收农业税的看法。父亲竟像个孩子一样有些"得意"地对我说："你看，当初我说的没错吧，国家的经济发展了，财力雄厚了，自然就会完善政策，由向农民征税到向农民发放补贴，这是一种多大的变化啊！"

也许是受了父亲的影响，虽然我和他一直有着两代人不同环境下造就的隔阂，不停地"嘲笑"着他的落伍和老土，但是在毕业找工作的时候，我义无反顾地把重点放在了财政工作的招聘信息方面。我想，应该是父亲他们身上散发出的财政人的作风和素质让我认清了自己的奋斗目标，是这种潜移默化的力量为我在迷茫的择业过程中指明了方向。毕业在即，幸运之神成就了我的梦想，我成了财政部的一名工作人员，成了新时期的财政人。踏上工作岗位的前夜，父亲又一次和我谈起了财政工作、财政人：“你很幸运，能够去财政部这个财政工作最高最核心的平台上去工作，但爸爸希望你记住这几个字——恪尽职守、爱岗敬业！当你接到工作任务的时候，不是讨价还价、能推就推，而是尽职尽责努力完成；当你在工作中遇到困难和挫折的时候，不是等待观望半途而废，而是自我激励攻坚克难；当你自认为晋级升迁没有达到期望值的时候，不是满腹牢骚怨天尤人，而是自我反省厚积薄发。现在国家深化财政改革，你能在国库这样一个前瞻性的部门工作，是新的机遇，也是新的挑战。财政数据的真实直接影响经济发展的方向，算准每一个数据，填好每一笔分录，做好每一步核算，搞好每一项审核，写好每一篇文稿，就是干好财政工作的基础……”

当初，我揣着父亲对我说过的话语，包括收取农业税的“顾全大局”，包括帮助解决农民生活问题的“为民服务”、包括教诲我的“恪尽职守、爱岗敬业”，一步步地踏上了工作岗位。两年以来，不论我是在专员办锻炼学习，在治理“小金库”办公室借调帮忙，还是回到国库司工作，我都惊奇地发现，这些优秀的品质和作风不光闪现在父亲他们那些基层财政人的身上，而且存在于财政战线的各个岗位上。正是这种从上而下的优良传统和工作作风浇灌着支撑经济发展的财政之树，并使一代代的财政人在这棵枝繁叶茂的大树上诠释出生命的意义！

（作者单位：财政部国库司）

人生路上的坐标

李旭鸿

我是2002年来到财政部税政司工作的，没有见过吴波同志。幸运的是，2005年一次代表财政部参加中央国家机关的“感动”演讲比赛，让我有机会学习、了解了吴老的平凡点滴和高风亮节。

2005年2月21日，春节后第一场洁白的春雪，纷纷扬扬，无声地覆盖着北国大地。德高望重的财政部老部长，99岁的吴波同志，走完了人生最后一段历程，悄然远去。

老部长过世的消息，在先进性教育正如火如荼开展的财政部上下引起了很大反响；缅怀老部长，坚定信念、无私奉献，成为先进性教育的现实内容。

吴波同志是共和国第五任财政部部长，在李先念同志当部长时，吴老主持财政部的日常工作，前后共有20多年，为新中国的财政和税收事业作出了重大贡献。吴老在财政部威信很高，带出了财政部一代风气——勤奋清廉、踏实精细。

我看到过吴老的遗像，一位多么慈祥的老人，温暖地注视着你。忘不了吴老家人为我们深情讲述的故事——一位走过了近一个世纪的老财政人、一位老共产党员的人生故事。

1960年经济困难时期，财政部为解决食堂吃菜问题，曾在一块空地上种菜。为了建一个围栏，作了投资200多元竹篱笆的预算，200多元在当时可是一笔不小的数目。吴老看后批示："要重新计算一下，是插竹篱笆省钱还是拉铁丝网省钱?"经重新算账，拉铁丝网节省20多元，他这才批准这个预算。有人认为，吴部长太小气了，只差20多块钱，还让重新预算。吴老认为，虽然财政部每年都有几百亿的资金，但都是人民的血汗，应当精打细算，少花钱多办事；搞财政，就要为人民勤俭节约，当好管家！

吴老对自己要求非常严格，位居高位，但在生活上一贯节俭。

北京西城区大酱坊胡同20号，是一个极为普通的四合院。在这个新中国成立初期国家分配给他的院子里，吴老一住就是40多年。房子本来就很旧，到了上世纪80年代，两边厢房的柱子，已经开始微微倾斜，地面上的青砖早就破损，墙皮已有些脱落，有几次端饭的时候，还掉进了饭碗里。但提到维修房子，吴老总是摇摇头，他说："我退了，已经不工作了，不能再给国家添麻烦了"。直到1993年，工作人员用"骗"的方式让他出去呆了两天，才把房子粉刷了一遍。吴老回来后觉得非常心疼。

在吴老的客厅里有一对沙发，一排半截高的书柜，1998年搬家时，一挪动就散架了。连收破烂的都很惊讶，"您是国家的高级干部？都啥年代了，还用这么破旧的家具？得，您给我钱，我帮您扔了吧。"

吴老在患了老年帕金森氏综合症后，手总是不停地颤抖。有时吃饭，饭粒掉在地上或桌上，他总是用颤抖的手一粒一粒捡起来吃掉。他经常对身边的工作人员说："粮食来之不易，一定要勤俭节约啊。"

吴老对家人要求同样特别严格，从不让他们搞特殊，也从来不让别人打他的旗号为子孙们谋私利。

吴老的夫人患有严重的风湿病，合同医院离家很远，去看病都是自己坐公交车或出租车去。在吴老的观念中，公车只能用来办公事，私事是绝对不能沾的。

吴老的几个儿子先后都去了基层工作。老大去了大西北、老二去了南方、老四去了北大荒。当年大儿子支边去甘肃时，吴老说，"你去西北可不是走走过场！要把自己奉献给边疆，要坚持到底，不能回来！"这样，大儿子就到了甘肃省舟曲县工作。那里的生活条件十分艰苦，一起支边的同学不少都偷偷跑回家了，但他的大儿子却一直留在了那里。三年自然灾害时期，再苦再饿，再想爸爸妈妈，也没有回来。“文革”后，大批知青纷纷返城，吴老的大儿子牢牢记着父亲的话，继续扎根在甘肃。有人曾劝吴老，“你把老大奉献给大西北了，老大的儿子、孙子，是不是可以接回北京回到你身边啊?”吴老说，“人都是要靠自己的，他们也应该自己奋斗。”现在，当年的支边青年——吴老的大儿子也已经是七十多岁的老人了，也有了儿子、孙子，但全家都还生活在甘肃，还在为大西北勤勤恳恳地奉献着！吴老弥留之际，声音微弱地说，“我的大儿子呢，把我的老大和我的宝贝孙子孙女叫回来啊……”七十多岁的大儿子从大西北赶回北京，跪在父亲身旁，老泪纵横：“父亲啊，我带着您的孙子孙女们回来看您了……您放心地走吧……我没有忘记您的话……您的子孙们都没有辜负您的期望啊……”

大凡和他接触过的人都这样说：和吴老这样的人相处，能使人的心灵得到净化。

对待他人，吴老宽宏大度，境界高远。在“文化大革命”中，吴老受到严重迫害，失去了为党和人民工作的权利。“文化大革命”后他回财政部就任部领导，但他没有跟任何人算旧账，而是经常说要爱护干部，以党的财政事业为重。有一位跟随吴老多年的部下，在“文革”期间给吴老贴大字报，要批判吴老。事隔多年，这位同志内心一直十分愧疚。有一年春节，他来到吴老家里，一进门就开始流泪。吴老听完他的话，平静地说：“我，已经不记得你说的事了。人老啦，好多事记不清了。”

对身边工作人员的生活，吴老总是想得十分周到。他原来的一个司机蔡师傅家境困难，吴老一直给他接济，就连他家的房租、水电费也给代交了。给吴老作了十多年生活秘书的小杨对我们说：“在吴老的心里只有公家、只有他人，唯独没有他自己!”

在吴老去世后的第二天，根据老人的遗愿，家属将他的遗体交给了医院做病理化验。吴老逝世后留下的存款不到3万元，除去丧葬费用，几乎没有什么剩余，留给孩子们的就是几大柜子书籍。就连他生前住过的房子，按政策已经属于他，可以留给子孙，但吴老还是让家人还给了国家!

这该是怎样的一种精神和境界啊!

作为改革开放后成长起来的当代青年，也许，我们对于吴老等老一辈的精神和具体行为，还不能完全理解，但是，当我们面对他们的大公无

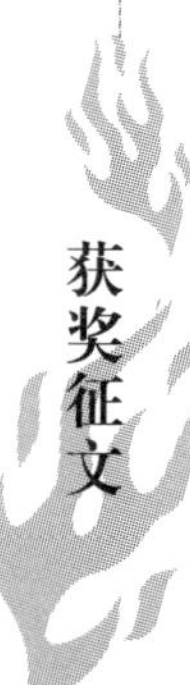

私、他们的坚定党性时，身处今天的我们无法不肃然起敬！无法不在内心深处掀起层层震撼与感动的波澜！

在2009年财政部团代会上，廖晓军副部长提出，要继承和发扬老财政人和财政系统长期形成的优良传统作风。我想，这种继承和发扬，不是局限于具体的事情和形式，而在于如何与时俱进地把握他们精神中的永恒价值！老一辈的精神，集中体现在全心全意地奉献于党和国家的事业、民族的振兴、人民的幸福。当代中国，这种精神，正是财政工作构建和谐社会的主旋律，正是财政工作贯彻落实科学发展观的本质要求。

吴老坚定的共产主义人生信念，一生实践、一生不变：战火纷飞中，没有变；政治风云中，没有变；生活条件好了，也没有变。“古之成大事者，必有坚韧不拔之志。”老一辈这种坚定不移的人生信念，不正是有志于成功的当代青年前进路上的坐标吗？

（作者单位：财政部税政司）

会计实务的“播火者”徐永祚

孟　莹

1949年10月1日，中华人民共和国开国大典举世瞩目。有一位站在国家领导人身边，一同见证新中国成立的人，便是我们会计和审计行业的泰斗徐永祚先生。

一个会计师，能够出现在天安门城楼上，同全国人民一起欢庆新中国的成立，这是一种多么特别的荣耀和骄傲。

徐永祚，又名玉书，1893年出生于海宁金石墩。先后毕业于浙江高等学堂和上海神州大学，曾任上海《银行周报》编辑、主编，银行公会书记长和上海证券物品交易所会计科长和常务理事、上海市参议会参议员，先后担任神州大学、上海商学院、复旦大学、光华大学教授，经济知识渊博，会计业务精通。

1923年，徐永祚开始从事会计师业务，在上海设立徐永祚会计师事务所（后改名昌明会计事务所），并举办会计培训班，普及新式簿记知识。1937年“八·一三”淞沪抗战开始，上海人民踊跃捐献，支援前线。徐永祚经手所有捐献财物的进出证件和账册，后来被日本侵略军侦悉，将其逮捕监禁，再三逼问财物所在。徐永祚大义凛然，坚贞不屈，后经多方营救获释。新中国成立后，应邀赴北京参加开国大典，后担任华东军政委员会监察委员，并当选上海市第一、第二届人民代表大会代表。

徐永祚1945年加入中国民主建国会，是中国民主建国会第一届中央委员会委员，中国人民政治协商会议第二届、第三届全国委员会委员。1961年，徐永祚在上海逝世，享年68岁。

徐永祚获得会计师证书并执业，1921年在上海设立的徐永祚会计师事务所，在1949年之前是民族品牌四大所之一，抗战时改称昌明会计师事务所（其他三大为正则会计师事务所、立信会计师事务所和公信会计师事务所）。徐永祚会计师事务所主要业务包括代办企事业单位注册、登记、查账、诉讼等，下设文书、训练、出版等3部。此外，还经常举办会计培训班，普及新式簿记知识。抗战时改称昌明会计师事务所，直至1954年前后结束业务。

事务所开办的20多年间，业务迅速扩展，拥有资本较大的客户有：上海金融界的“南四行”（上海商业储蓄银行、浙江兴业银行、浙江实业银行、新华信托储蓄银行）、“北四行”（盐业银行、金城银行、中南银行、大陆银行）等。为了实践中式会计改良的构想，徐永祚在南洋兄弟烟草公司等企业试点，经他设计指导、实行改良中式簿记的企业不下四百家。

徐永祚还创办《会计杂志》，介绍国内外财会管理的新知和经验，开展会计学术研究和改良中式簿记的宣传，闯出了一条理论与实践互动共生的会计改良之路。他撰写了大量著作和论文，其中影响较大的有《改良中式簿记概况》、《英美会计师制度》、《决算表的分析》、《所得税与会计》等。对于丰富中国会计审计学术、改良中式会计，发挥了普罗米修斯式的“播火者”的作用。其中对后世影响最大的《改良中式簿记概况》，是徐永祚在1933年拟订的，主要是以收付为记账符号，收入款项记入各种账簿的“收项”，付出记入“付项”。转账以虚收虚付处理，采用西式簿记的精华，如账簿分割法、统制记账法，同固有的“四柱结算法”相结合。1933年12月24日，他应上海市商会之请，发表了改良中式簿记的演讲，盛况空前。举办改良中式账簿表单展览，陈列账簿表单共四五十种，参加者竟有万人之众。此书出版后颇受工商企业欢迎，纷纷采用。他所创的收付记账法，在税务会计、商业会计领域沿用至20世纪90年代。

除了在会计审计行业的重大贡献外，徐永祚为党和国家，特别是为中国民主建国会付出了自己的一生，他用自己的实际行动，诠释了“民建人”的无私奉献、高风亮节和无悔境界。

中国民主建国会（简称民建）成立后不久，就推派常务理事杨卫玉赴上海发展会员。1946 年 1 月 10 日，民建总会函请在沪理、监事推动上海会务工作，27 日，在沪会员举行首次大会，徐永祚等 21 人被选出成为上海分会筹备委员。11 月 10 日，大会通过了《民建上海分会成立宣言》，宣言阐述了民建当时的政治主张和政治态度，并对“不右倾、不左袒”的立场作了解释。上海分会成立以后，与总会一起开展了艰苦卓绝的斗争，为上海的解放和新中国的建立作出了重要贡献。徐永祚也在一次次的斗争和锻炼中磨练了自己的意志，提升了自己的政治觉悟和敏感度，树立了更为广阔的人生观和世界观，并时刻学习党的先进理论，积极将理论与实践相结合。作为“民建”的一员，徐永祚利用自己在行业中的名望和身份，与多位先进的行业权威人士建立了良好的友谊，为工作的开展，提供了便利。

我国著名会计史学家郭道扬教授在《中国会计史稿》一书中评价道：“20 世纪 30 年代所发生的改革或改良中国会计之争，是我国会计发展史上影响最大的一次会计学术讨论与交流，是我国老一辈会计学家、学者为振兴中国实业，改进中国会计落后状况而作的重要努力，也是我国会计学术初步取得进展的重要标志。”

中国会计行业几十年的发展从原来的一无所有，到今天的蓬勃发展，并成为具有一定规模的旗舰行业。之所以能取得现在的成绩，是依靠老一辈的财政工作者一点点的积累和奋斗创造出来的。学习前辈们的高风亮节，将他们的优良传统和作风继承和发扬下去，并成为一种永恒的精神，成了摆在我们面前的光荣使命。

（作者单位：中国注册会计师协会）

悠悠岁月长，财苑情难忘

——记一次参加老财政人的小聚

王世宏

薪火相传，传什么？要传老财政人对工作的那份热情与执着，要传老财政人对工作的那份精细和认真，要传老财政人对自己严对同志热的那种精神！

几句话掷地有声！说的人和听的人眼里都有莹光闪现！从这莹光里，我读出了前辈财政人的那份豪情和对财政的深切情感。

我想，这就是多年战斗在财政一线的老财政人的心声。我加入财政战线工作虽然已有四五年光景，但总认为自己仍是这条战线的一名新兵。对我而言，身边的这些财政人，财政事，仍像一片未完全开垦的处女地，蒙着一层薄薄的面纱，它的神秘，无时无刻不在深深地吸引我走近……

终于，一次意外的巧遇，让我有幸撞进了老财政人的内心，在他们那光辉伟岸的形象中，让自己对财政的理解和认识有了一次纯粹的净化和升华。

那是一次校友间的小聚，而我，以一个局外人的身份置身其间。

我的一句近似冒昧的“薪火相传，究竟传什么?”的问话，投石起波，引出了一番热烈的讨论。

本文开头的一段话，就是张司长意味深长的应答。说这话时，张司长一脸严肃，字字铿锵有力！这段话，不仅敲击到我灵魂的深处，更拨动我对财政文化由来已久期念的心弦。我知道，这样的校友小聚，是我这个财政新兵体验财政文化，感悟“薪火相传，开拓创新”最好的方式。不由地，我打开随身的笔记本，努力去捕捉每一个足令我震聋发聩的字符。

那是怎样的一段岁月啊！刘司长接过了话头：那时，我们都是刚到财政部工作的毛头小伙，上班基本靠走——自行车都没有，别说汽车了；工作全是靠手——发文都要一笔一笔的蜡刻，更别说什么计算机了；打电话都是靠吼——人工接的长途，一拐几道弯儿，怕听不见呀！就是那样的岁月，账都要一笔一笔的用稿纸来演算，一份报表，一个预算，一作就是几天，稿纸几天下来就是一大堆，哪怕一个小数点算错了就又得全部重来，工作量大得惊人，可照样一点都不敢马虎——责任重于天呀！就这样日复一日，多少年下来，工作也没有出过一次差错！

张司长又接过来说，是呀，这是工作，没办法，当时就那样的条件。环境也不像现在这样好呀，冬天有暖气还好，到了夏天，屋外知了“吱吱”叫个没完，屋里别说空调，就是电扇也是奢侈品，屋外热，屋里更热，真就一个桑拿蒸房，热得浑身汗淋淋，衣服紧裹在身上，满屋子汗味，可工作照样不耽误！

话虽不多，但字字敲打在我的心头！是啊，想想我们现在，出门就想着坐车，坐在屋里吹着凉爽的空调还嫌条件不够舒适，对待工作有时还要挑三拣四，干的稍比别人多一点就满腹的牢骚，满口的怨言。对领导，对前辈的悉心教诲又惯用“时代不同了”之类的巧言来搪塞，对财政文化的沿革和背景不求甚解，对工作的态度没有开拓创新，只有但求无过，年纪轻轻却死气沉沉，看似与世无争，调职评级时却争先恐后唯恐落下！长此以往，经几代财政人辛苦创立的财政文化，岂不要付之东流?

独自思索的片刻间，几位老财政的话题又转向当年那火红岁月中的趣事：那时候的人可单纯啊，人与人之间没有任何的芥蒂。平时谁家有个大事小事，敲一下窗户或在楼道里喊一声，大家便一窝蜂似地赶过来，那激情，那热乎劲，哎……一边说着，张司长噙满泪的双眼已凝固在远处，似乎又回到了过去那热火朝天的年代……

我记得有次是帮老司长搬家吧。那家伙，一个老式的大衣柜，舍不得扔掉，我们要从一楼给搬到六楼，折腾了有一个晚上吧？

宋司长接着说，可不是一晚上！那楼道太窄，衣柜又大，是又费力又费脑筋，结果上到四楼又上不去了，最后还是搬下来从窗户给吊上去的。

张司长说，是啊，完了老司长还请我们喝啤酒，用暖壶接的散啤酒，一帮人灌得肚子都圆了。临了，老司长一句话，明儿上班可都不许迟到啊。

对，对，哈哈哈，就是这么说的……

听着他们娓娓地述说，看着几位老财政人情不自禁地沉浸在过去的幸福里，体味着他们对逝去岁月的怀念，感受着他们对工作的认真，对事业的执着，对人的真诚、纯真与和谐。我终于深切体会到了"薪火相传，开拓创新"的真正含义。是啊，"薪火相传"，就是要传承这份经几代财政人千辛万苦创建的财政文化。"开拓创新"，就是要把这精深博大的财政文化发扬光大，让财政的阳光洒遍大地！"薪火"是源，"相传"是河，就让我们用薪火的源泉作动力，在相传的河流中奋勇向前，把几代财政人创立的财政文化，在我们的手里集聚成大江，汇聚成大海；让财政的阳光映照祖国的每一个角落；让最纯真的笑容，绽放在每一个享受公共财政阳光的人的脸上！

（作者单位：财政部离退休干部局）

忽闻外公算盘声

于 菲

为了继承和弘扬财政优良传统作风，中华会计函授学校全体同志赴山西省进行了参观考察。作为一名刚刚加入函校队伍的新同志，一路走来，我的收获颇丰、感触良多。

在参观中华会计函授学校的发源地——山西省会计函授学校时，我详细观看了反映会计函授学校创建、发展工作历程的办学情况展览。驻足展板前，一幅幅老照片真实地反映了函校办学的艰难历程和取得的辉煌成就。其中，一张泛黄的照片，特别引起了我的注意：一位满脸皱纹的长者，手捧山西函校颁发的毕业证书，笑得那么开心、那样灿烂。看着这张照片，我想起了外公，耳边仿佛又响起了外公的算盘声。

外公是财政所的一名普通会计人员，他与数字、算盘打了一辈子的交道。外公最珍惜的“宝贝”就是他那把老算盘和贴满墙壁的一张张奖状。算盘记录了他一生的工作，奖状承载着他从事会计工作的心血和汗水，和各级领导、父老乡亲对他的褒奖。

在乡里，每个村都有一名会计。这些会计虽然算得上村里的“文化人”，但会计业务水平并不高，对他们进行业务培训和指导是外公的工作职责之一。每次参加完县财政局组织的会计人员培训后，外公都会及时组织镇里的企业和各村会计人员学习，认真传达上级有关精神和要求。对那些因为有事没到的村会计，外公总会骑着一辆破旧的“金鹿”自行车，到各村去补课。有时遇上雨雪天气，道路泥泞不堪，回到家全身上下都沾满了泥巴，即便如此，外公从来没有抱怨过。

在农村，能够当一名会计，是许多人羡慕的事情。因此每当农闲，是外公家里最繁忙、最热闹的时候，来家里学些会计知识的客人一拨接着一拨。外公总是热情接待，耐心讲解，外婆也跟着忙里忙外，沏茶倒水。来的客人都知道外公有个“怪癖”：尽管计算器已经很普及了，但他要求学习会计的人，必须熟练使用算盘。什么“大雁南飞”、“凤凰双展翅”和“狮子滚绣球”，这些打算盘的技能，每一招都是绝活儿。他总是告诉那些学会计的人：“虽然现在计算器普及了，但算盘经济实用，不受技术条件的制约，在盘账时更容易发现错误，及时更正。使用算盘，手脑并用，更能增强会计人员对数字的敏感性，提高工作效率。”我最喜欢看外公教授算盘，只见他五指翻飞，算盘珠上下拨动，让人眼花缭乱，那算盘声音清脆悦耳，犹如交响乐曲，令人陶醉。

每逢年底决算，是外公最繁忙、最“吃香”的时候。他要“巡视”企业和各村，帮助指导会计工作。有一次，一家企业因会计人员年轻缺乏经验，账“算不开”，便将一摞账本搬到了外公家，外公帮他“盘”了一天账，账面仍差五角钱，于是又重来一遍。年轻会计见外公又要重来一遍，考虑外公年事已高，有点不好意思，说：“您老别算了，我垫五角钱。”外公大发脾气，批评他说：“不是五角钱的问题，对一个会计人员来说，应该是毫厘不差，这是责任”。我深知这句话是外公坚持了一辈子的工作标准，更是一个财政人的职业道德。

2008 年冬，我的外公，一名普通的基层财政工作者安详地“走了”，镇党委送给外公一副“两袖清风为民理财，一把算盘分毫不差”的挽联。下葬时，外婆特意“陪送”了外公生前的那把“宝贝”算盘。在天堂里，也许外公还会算账、打算盘！

作为函校的一名新兵，每当想起外公和他那把算盘，我都深感肩上的责任重大。中华会计函授学校承担着财政支农政策培训和全面推进农村财会人员财政支农政策培训的工作任务，让公共的财政阳光普照农村大地是

中华会计函授学校邀请会计司原司长、函校第一任校长魏克发与全体同志座谈

我们神圣的职责。我要努力学习，爱岗敬业，继承和发扬财政的优良传统和作风，在财政支农政策培训的工作岗位上，挥洒灿烂的青春。

（作者单位：财政部中华会计函授学校）

公公的家训

——忆老一辈会计专家莫启欧

童云芬

“勤能补拙，俭能养廉”是我的已故公公——老一辈会计专家莫启欧的家训，也是他一生的座右铭。

与这位老人的第一次见面，给我的印象十分深刻。那是1976年夏秋之交，我跟随未婚夫从宁波来到北京。在我的想象中，京城里的莫家一定是富丽堂皇的书香门第，因为我早已听说未婚夫的父亲在国家财政部工作，月薪上百元。在那个年代，一般职工月薪不过几十元，能拿上百元月薪的人是凤毛麟角。带着期盼和幻想走进莫家的时候，眼前的景象出乎我的意料：除了两件半旧的简易电器外，所有陈设都是解放初的老式木制家具，有的表层翘起或出现裂缝，有的还用绳子来捆绑固定。在衣着上，莫老和他的家人也都十分简朴，没有丝毫时髦的迹象。至于饮食，莫家倒是讲究营养，但绝不允许有丝毫的浪费。要是有人用完餐，碗里还有未吃净的饭粒，那就一定会受到提醒或指责。在相亲的这段日子里，我发现，常来莫老家里讨论工作的财政部同事和请教问题的学生，对这种与高薪极不般配的简朴环境已见怪不怪了，而一些像我这样初来乍到的客人，却难免要在惊愕之余有一个适应过程，甚至随时随处都要当心被老旧座椅的裂缝夹疼了屁股。

1989 年 5 月，《财务与会计》杂志社的宋军玲记者来家中对莫老进行采访，看到这样的环境，不禁好奇地问莫老："您收入不少，生活还是这样简朴，您用的这张写字台，桌面都不平了，干嘛不换张新的呢?"后来，这位记者在《财务与会计》1990 年第 1 期发表的题为《献身新中国财会事业三十年》的专题报道中，把他与莫老就这个问题的对话作为文章的精彩结尾。说实在话，这时已经做了莫老儿媳的我，若不是看了这篇报道，简直难以想象身边这样一个简朴的老人，竟然是一位对新中国会计事业作出了卓越贡献的杰出会计专家。

莫老 1931 年毕业于上海复旦大学会计系。据婆婆追忆，祖上的家境十分贫困，莫老是靠勤工俭学完成的学业。他从小勤奋好学，中学时就凭成绩优秀而跳升年级，为家里节省了学费。大学毕业后，他历任上海章华毛绒纺织公司会计主任、美商泛美航空公司上海分公司会计主任、上海中美火油公司会计主任，还在上海立信会计专科学校、之江大学、上海商学院等院校任过讲师、教授。1936 年，他与李鸿寿合著的《会计教学》一书，先后再版 15 次，被会计界推崇为经典教材。他的人品和才学早就受到当时中共上海地下党的关注。新中国成立时，党和国家迫切需要这样的经济建设人才，在党组织的召唤下，莫老毅然拒绝了当时上海公私合营企业每月 200 元的高薪聘请，于 1953 年举家北迁，来到财政部会计制度司，与时任领导安绍云、杨纪琬共同参加了新中国工业企业会计制度的创建工作。从此，莫老将自己的毕生都献给了祖国的财会事业。

新会计制度的创建任务十分艰巨，其脑力、体力消耗绝非一般人所能承受。据家人回忆，当时的莫老经常是深夜仍在微弱的光线下伏案工作。尽管工作繁忙，莫老还是挤出时间坚持天天阅读《人民日报》，并且习惯用旧时读书人的方式朗读，听起来像是哼歌。当家里人劝他歇歇时，他总会说："现在时间不等人，光凭老经验，不抓紧学习新形势和新事物怎么行?"为了更多地借鉴国际上的先进经验，莫老经常通读国外的原版会计资料，他不仅精通英语，还自学了法语、德语、日语等 6 个国家的语言。

勤奋，终于换来了可贵的成果。从20世纪50年代至80年代，莫老几乎是历次的工业会计制度，包括会计科目、会计报表、材料和成本核算等的起草者和参与审定者。1962年，他在起草《国营企业材料核算办法》时，首次提出了低值易耗品摊销的“净值比率法”，解决了“一次摊销法”和“五五摊销法”难以解决的费用负担不均、材料管理不善等问题。1973年，组织上把遭受“文化大革命”冲击的莫老和另外两位同志从“五七”干校调回，由他们三人根据当时企业会计工作需要整顿的现状，研究制定新的会计制度。经过连续奋战，莫老他们在当年年底就制定出了《国营企业会计工作规则（试行草案）》、《国营工业企业会计科目》、《国营工业企业会计报表》和《国营工业企业成本核算办法》，出色地完成了组织交给的任务。

随着改革开放和市场经济的深入发展，为满足中外合资企业核算的需要，组织上决定由莫老负责制定中外合资经营企业会计制度。这项工作一无经验、二缺专门人才，难度很大。莫老翻阅大量的外文资料、深入调研国内合资企业的实际情况，带领业务骨干们交出了党和人民满意的答卷。1983年，《中外合资经营企业会计制度（试行草案）》颁布；1985年，根据两年实践和修改补充，《试行草案》修订为《中外合资经营企业会计制度》和《中外合资经营工业企业会计科目和会计报表》。为了扩大宣传，莫老又与其他同志合作编写了《中外合资经营企业会计》一书，并将中外合资经营企业会计制度译成英文，积极地推进了改革开放后我国合资企业会计工作的发展。

这一时期，莫老除辛勤工作外，还手把手地带出了一批中青年业务骨干，其中有的还走上了财政部的重要领导岗位。然而，莫老却依然痴心于业务研究。作为财政部会计司早期专员和当年全国仅有的四名高级会计师之一的莫老，工作上始终不图名利，俯首甘为孺子牛；生活上依然坚持节俭原则，直到辞世，家中的摆设仍与我初次见他时一样。

莫老常以自己的处世经历和人生感悟教育自己的孩子：学识和才干不是与生俱来的，要靠勤奋来获得，勤奋能变“笨拙”为“聪明”；清正廉洁也不是与生俱来的，要靠日常生活节俭来培养，节俭能改“放任”为“自律”。人贵在自知之明，自己该在什么位置就在什么位置，切不可自以为高明，穷奢极欲，要时刻牢记：以勤补拙，以俭养廉。

莫老的一生，正是对他“家训”的最好诠释，他的子女们也都是靠

“勤奋”成就学业、立足社会的。我的女儿从小寄养在莫老家，从小学到高中毕业，一直深受她爷爷的熏陶。女儿也是靠勤奋，考取了第一志愿——中央财经大学，并在毕业后靠自己的努力和辛勤奔波，找到了自己合适的工作，后又靠勤奋，考取并攻读清华大学工商管理学硕士学位。女儿从小也养成了节俭的品德，从不浪费、乱花钱和追求奢华。我很庆幸女儿能牢记和恪守他爷爷的家训，传承他爷爷的优良品质。

现在，我们的工作和生活条件与父辈时代相比已大不相同了。讲究科学养生、居室装修成为现代生活的时尚。在新的条件下，也许我们不能还原莫老当年“废寝忘食工作”和“长期不置换家具”的具体行为方式，但是他的奉献精神和勤俭作风，却可以在新形势下的财会创新事业中，在反腐倡廉建设、节能减排等工作中发出光和热，给人们以感染、教育和启示，它与莫老在建国和改革开放时期致力于新会计制度建设的创新精神融为一体，不失为一笔宝贵的精神财富。

（作者单位：财政部会计资格评价中心）

这是他留下的沉甸甸的财富

财政部驻广西专员办机关党委

安徽省财政厅选派到安徽凤阳县小岗村担任党支部第一书记的沈浩，在离任期结束仅一个月时，在他的妻子、女儿，还有92岁高龄的老母亲盼着全家团聚时，因积劳成疾猝然离世，长眠于小岗村。天地动容，日月含悲，百姓哭泣。上至中共中央总书记致电表示哀悼并致以慰问，下至村里的同事村民为之悲痛、惋惜。沈浩的去世牵动举国上下，引起各界关注。

沈浩放弃在省财政厅宽松的环境和优越的条件，从2004年下派任小岗村第一支书起，一干就是6年，他没有把下派当成“镀金”，没有把到基层工作当作“跳板”。作为一名选派干部，沈浩在选派第一任期结束后，他被树立为下派干部“标兵”，可以“载誉而归”回到舒服的财政厅工作和家人在一起。但是小岗村民集体联名上书政府挽留他，在挽留信上盖了全村98个人的红手印，让沈浩又留在了小岗村。“红手印”是小岗村人视为最圣洁的，也是对沈浩发自内心的赞扬。能在工作岗位上赢得人民由衷的拥护和赞扬，这是对人生的礼赞！

当今社会比之过去，经济发达了、生活改善了、物质条件提高了，许多人在物欲中迷失自我，在狭隘的自我中渐渐忘却了集体。沈浩同志在小岗村任职了6年，却用生命书写出人生价值的最美答卷，奉献了他的青春、智慧以及对党、对人民的无限忠诚。沈浩同志选择追求精神价值，舍弃了物质享受。如同他在日记里写到，“人的生命是伟大的，但人的生命也十分脆弱。作为一个人活在世上，官是当不到头的，钱也是难以挣尽的。那么，更应该考虑的是怎样活得有价值。”6年来，他放弃了舒适的城里生活，住在村里面积不足20平米、缺桌少凳的简陋房子里，吃的是同院子里的村民马家献家的代伙饭，穿的是早已洗旧的赴任时带去的衣物，村内走街串户全靠走路，而且还经常接济困难村民，生活俭朴可想而知。

沈浩同志怀着“只有干出成绩，才能对得起组织，对得起人民”的决心到小岗任职，在发现群众对其抱有怀疑、小岗交通条件差、集体收入无来源且背负债务、农民人均收入少、卫生环境差等诸多问题后，没有被困难吓倒，而是走街串户主动了解情况，查找问题，积极寻求办法。他为小岗村的发展殚精竭虑，为小岗人的幸福奔波操劳。从和村民们一道修路、解决村民家庭困难到开发现代农业、发展旅游业和村级工业，建设小岗新村，干了许多实事、好事。他在埋头苦干的同时，还团结带领村“两委”一班人解放思想，更新观念，锐意进取，大力弘扬敢为人先精神，从大棚养殖、规模农业到引进国际化合作项目，积极探索科学发展道路，不断创新工作，促进了小岗又好又快发展。

6年时间，2000多个日日夜夜，沈浩昼夜忘我地工作，把整个青春、热血乃至生命全部融入小岗村的改革发展之中，呕心沥血，殚精竭虑，艰苦奋斗，负重爬坡；他把心交给群众，心里时刻装着百姓的安危冷暖，牢记党的宗旨，全心全意为人民服务；他甘于奉献，勇于牺牲，舍“小家”为“大家”，为小岗的发展贡献了一切，乃至生命。

精神因传承而永存。斯人已去，精神永存。同为财政儿女，沈浩同志在他短暂人生中，以对党的无限忠诚，对人民的无比热爱，对事业的无私奉献，用生命为我们编撰了鲜活的教材，留下了最为宝贵的精神财富。

这财富是无私奉献、心系群众的崇高境界，我们须牢记。作为财政大家庭的一员，我们要深感有幸。我们的工作接触政策层面广、办理的业务复杂、工作沟通机制健全。所做之事，或关系职工福祉、或关系国计民生，直接服务于国家经济建设，工作意义重大和肩上责任沉甸。沈浩同志的奉献是一个标杆，唯有向其看齐，牢记党的宗旨，心系人民群众，真正做到为民理财、为民服务，全心全意奋斗在财政监督战线上，才能无愧于自己的职业，无愧于自己的人生。

这财富是坚定志向、脚踏实地的务实作风，我们需继承。凡事都要脚踏实地去做，不驰于空想，不骛于虚声，而唯以求真的态度做踏实的工夫。大多数人求学、做事不乏激情，但更需要坚持、需要一步一个脚印前行。几代财政人在整日与数字打交道的同时，培养了特有的细心和耐心，也因此更能经得住枯燥、耐得住寂寞，数十年如一日地踏实工作。作为新时期的财政干部，我们不乏激情、不乏活力，但我们要在老一辈财政人打下的事业基础上，以始终坚守的心求学、工作，以始终踏实的心做人、做事。

这财富是锐意改革、勇于开拓的创新精神，我们需发扬。财政薪火的传承，不仅要继承，还要发扬。财政事业的壮大，需要我们不断学习，创造性开展工作，积极探索适应国情特点、经济实际的新思路、新办法、新举措，努力创造经得起实践和时间检验的业绩。财政文化精神的传承，需要我们坚守财政优良的传统，义不容辞地当好接班人，同时也要紧跟时代，弘扬敢想敢干、能干会干的新风尚。

浩然正气，精神永存。包括沈浩同志在内的一代代财政人积淀下来的优秀传统和优良作风，是我们努力的方向和传承的榜样。我们每一个财政人都应向沈浩学习，学习他勤奋敬业、艰苦奋斗、爱民为民、无私奉献、锐意改革的精神，做一名勤政为民的优秀财政干部。

浩然正气，薪火相传。精神不灭，在于传承！

七根香蕉背后的那些人

傅光明

有的人把从事财政工作的人称为“财神爷”、“账房先生”、“数字婆子”，意思是掌管着国家财经大权，能够给国家和人民带来财运。

下面，讲几则有关财政人的故事。

讲真话的老财政

财政干部必须说真话。因为，财政数字直接关系国计民生，容不得半点差错。

新中国成立初期，安东泰曾任湖北省财政厅厅长。这位瘦小个子、已93岁的高龄老人就是财政人敢说真话的典型。

安老是山西省大同市应县人，农民出身。1937年8月参加了由薄一波在山西组织的新军二中队“敢死队”，参加过百团大战。1949年6月28日，他随王任重率领的冀南行署5300多人南下来到湖北，时任南下大队的供给部长。5月14日他按上级的指示，到武昌参加接收国民党湖北省政府财政厅。

对国民党湖北省政府机关顺利接管后，1949 年 7 月 1 日，湖北省财政厅正式成立，安东泰时任秘书室主任。新中国成立之初，新成立的湖北省财政厅的主要任务是承担百万大军南下过境的粮食供给。在特定的困难条件下，他们努力克服机构不健全和工作基础脆弱等各种困难，多方筹集粮食，即收即支，及时地完成了 15000 万斤支前粮食的供给任务，有力地支援了前线。

安老做的是办公室工作，每天都要加班加点，条件非常艰苦。经常在木凳上睡觉。没有工资收入，只有每天三毛钱的伙食费，有一次，省政府在财政厅召开全省专员会，省领导让财政厅招待一下，安老派人买了七根香蕉招待参加会议的六位专员，多的一根作为机动。

当时的财务制度规定很严，比如当时规定科以下干部下乡不能租马。有一次，一位一般干部因工作需要到襄阳出差，这个干部没按规定执行，租了匹马。回来后，安老没有批准报销租马费。

在财政集中统一、严格收支程序的方针指导下，安老他们先后制定颁布了会计制度、金库条例、仓库条例以及收支划拨手续等一系列规章制度，使财政管理工作逐步走向正规。

1958 年安老任省财办主任，分管全省粮食工作。由于“大跃进”期间湖北浮夸风非常严重，有的地方提出粮食亩产过三万六千斤，省领导认为形势大好，估产高了，没有留余地，提出敞开肚皮吃饭。到了 1959 年春天，有的地方农民就没有饭吃。1960 年省里召开秋征粮食结束后，黄陂县的农民就开始逃荒了。

恰好那期间李先念到湖北视察来了，李先念当时任国务院副总理兼财政部长。在东湖宾馆，安老一见到李先念，就说湖北粮食出了大问题，秋征刚结束，老百姓就开始逃荒了。安老还把黄陂姓高的县长找来了，要他和先念同志直接汇报说真话。

当他发现荆门上调粮食数量过大，存在隐患的问题，就及时向省委书记反映，怕把荆门粮食调多了，把生产调垮了，今后恢复生产更难了，省委书记听取了他的意见。

孝感当时的粮食调往武汉，他向省委书记建议就地建仓库，随时返还粮食。在他的努力下，一定程度上缓解了湖北因“浮夸风”造成的农民填不饱肚子的问题。

女战士留下的好传统

麻城市白果公社财政所，曾经是以支持乡村企业、扶持农村经济发展、增加财政收入闻名于全国的先进典型。

为了保证财政资金的使用效率，白果公社财政所改革过去财政资金无偿支持的做法，采取有偿支持、按期偿还和不断周转的办法，帮助乡村发展茶园、果园、养猪等种养项目，增加农民收入。这种做法得到了省财政厅的肯定，在全省推广。后来，得到了财政部的肯定，在全国推行。

当时省财政厅厅长林少南是曾任湖北省省长张体学的妻子，是一名为革命胜利流过血、坐过牢的女战士。她几乎每年都到白果财政所来一次，住几天，到镇上的企业看一看，到农村跑一跑。她和蔼可亲，平易近人，说话和气，生活简朴，每次来都住财政所简陋的客铺。

她同所里干部一起听取帮扶情况，到当年白果境内她曾经打过游击的革命老区卢家河看望乡亲，安排省财政厅年轻干部到最贫困的邓家山和芦柴坳村住点。当时，省财政厅工作的干部几乎都到山区蹲过点，扶过贫。

在她的指导下，白果财政所成为当时全国财政战线支持经济发展保障供给的一面旗帜，白果财政所的经验在全省和全国推开。

登上青冈岭，但见今天的渔洋关镇三房坪村气象万千：环行于山坡之上的水泥主道，似一条白色蛟龙，腾跃在青翠的茶园；依山而建的10多口蓄水池，宛如一方方明镜，映照着碧绿的茶海；分布在茶园里的太阳能杀虫灯，在阳光下闪着光芒。

几十年过去了，各级财政部门帮扶的传统仍然在传承、在延续、在发展。一代代的财政人走出机关，来到农村和企业，发挥财政职能，支持经济和社会发展。

鞠躬尽瘁的财政汉子

在湖北省财政农税系统，传颂着一名普遍的农税干部为财政改革献身的感人事迹。

在洪湖市乌林财政所，有一对年轻夫妻，他们都是财政农税专管员。男的叫甘彦顺，女的叫汪蓉。

2003年是洪湖市农村税费改革进入关键时期，落实财政征收主体到位的一年。市政府要求从当年夏征开始，农村税费将过去由村干部征收全部改为由财政农税专管员直接收取。

甘彦顺、汪蓉俩各包了一个村的税改工作，每天走村串户，舍命工作。辛劳的工作使甘彦顺感到身体不适，无情的病魔突然向他袭来。

汪蓉焦急万分，准备送丈夫去武汉检查治疗，但甘彦顺坚决反对，他说："汪蓉，眼下是在夏征的节骨眼上，你我一走，就要空出两个村。"甘彦顺惦记着税改的事，恳求妻子留下。

汪蓉送爱人坐上开往武汉的公共汽车，只好安排由亲戚去陪伴爱人。汪蓉当晚电话询问丈夫的病情时，甘彦顺将肝部肿瘤的病症善意隐瞒，说成是腹内一个小囊肿，住一段时间院就好了。

20天后，汪蓉完成了两个村的夏征任务，赶到武汉，看到丈夫憔悴不堪的面容，当看到无情的诊断书，她如雷轰顶、泪如雨下。

做完手术后，甘彦顺又催妻子：现在正是税改的大忙季节，你哪能耽误时间来看我啊！妻子拗不过他，只好回家投入紧张的税改中。两个村的税收任务压在妻子身上，屋里屋外，老的小的，一副副重担落在柔弱坚强的女子身上。

甘彦顺支持着妻子的工作，但死神正在向他招手。一天，他坐在病床上，拉着汪蓉的手，对妻子说："我因病把税改的事给耽搁了，你要替我争口气，把我们税改任务完成好。"

汪蓉怎么也没有想到，丈夫一席话，竟然成了永诀。

甘彦顺，这个善良、朴实的农税员，走完了短短28岁的人生历程，他用自己朴实的行动诠释了生命的意义。

她把自己交给了故乡

2004年春天的一天，武汉市黄陂区姚家集镇王家庙村六组喜气洋洋，镇财政所干部郭建芳正把一份份种粮补贴发到农户手里。

村民们喜出望外："小郭啊，政府不仅免了税，还发直补金，你可真是我们的财神爷呀！"乡亲们的一席话，令郭建芳感慨万端。

从20岁进财政所工作，她负责农业税征收，一干就是10年。她亲眼看到了党的惠农政策给乡亲们送来了实惠和温暖，改善了党和政府与百姓的关系。

姚家集地处山区，作为业务骨干，郭建芳负责镇里8个行政村2942户的惠农补贴工作，每年经她手发放的各项惠农补贴都近百万元。要把这么一大笔钱及时准确地发到每一户农民手里，绝非一件简单的事。

身材瘦小的郭建芳有股倔犟劲，为了核清每家农户的种植情况，她一年到头不分昼夜地奔波在崎岖的山路上。无论严寒酷暑，无论刮风下雨，即使夜到深处，山村里的乡亲们也常常会看到郭建芳那不知疲惫的身影。

这些年来，郭建芳走了多少山路，干了多少工作，她从不对人说，但镇财政所所长何盛祥很清楚。他替郭建芳算了两笔账：一是她下乡调查走访农户10万余次，总里程4万多公里；二是她经手发放的惠农补贴资金457万多元，没有出现一分一厘的差错。

郭建芳长期患有哮喘病和过敏症，但她从不对外人透露，甚至与她共事多年的领导和同事们都毫不知情。如果在上班时犯了病，她就躲到没人的地方休息一会儿，如果有人问起病情，她总是以“感冒了，有点咳嗽”的说词搪塞过去。

“她不愿意领导和同事们把她当成一个病人而因此得到额外照顾，更不愿耽误工作。她参加工作16年了，从没有因为生病请过假，从没有因为生病在家休息过一天。”丈夫胡昌金这样评价。

2009年9月8日，郭建芳发现在电脑数据库里牌楼村苏家田农民刘开义“一折通”上的名字与身份证不符，如果不尽快改过来，银行电脑管理系统升级，就领取不了种粮补贴，“必须尽快找到刘开义核实！”

下午两点左右，郭建芳请同事陈兰芳用摩托车带她向3公里外的牌楼村苏家田驶去。车子快到村口时，郭建芳的哮喘病却突然发作了，昏迷了过去。

闻讯赶来的人们迅速将郭建芳送进了医院，但郭建芳再也没有睁开眼睛，年仅36岁。

郭建芳以身殉职的消息传开后，近千名村民自发地从四面八方赶来，满怀深情地前来送别这位多年来与他们朝夕相处、心心相印的财政干部。

在整理郭建芳的遗物时，何盛祥找到郭建芳近年来使用过的3个笔记本。尽管有些已经磨破了封面，有些已经沾染了泥水，但人们依然能够清晰地读懂她饱含深情的笔迹中记录了怎样的信息：

2006年9月18日：腊梅村。总人数737人，其中低保15人，五保4人，当兵2人，出嫁6人，没有参加新农合71人，没有户口3人。重点问题是确保资金到位。

2007 年 11 月 23 日：石桥村。新增早稻 26 亩，油菜 17. 5 亩。和农信社谈“一折通”报表。

2008 年 11 月 28 日：石桥村。参合款 1 万元。还有少数未参保，需要了解情况。

2009 年 1 月 10 日：盛家湾村。一三组间的路年久失修，出门困难，要尽快想办法。

2009 年 6 月 2 日：财政工作职能转换后的工作如何开展；关于规范补贴发放程序的问题；加强家电下乡补贴政策的宣传。

3 个普普通通的笔记本，其中的每一个字，都折射着郭建芳鞠躬尽瘁谱写的财政工作历程。

拥有勋章和四块弹片的人

邱应发，今年 45 岁，武汉市新洲区阳逻开发区财政分局正科级干部，曾经荣获全国财政系统劳动模范光荣称号。

邱应发在部队时曾两次荣立一等功，参加过全军英模报告团，电影故事片《雷场相思树》就是以他为原型。退伍到地方财政部门工作后，他始终保持军人本色，在自己并不富裕的情况下，先后捐款捐物 10 多万元，帮助困难群众，用实际行动践行了“三个代表”重要思想，被誉为财政战线的“活雷锋”。

1986 年，邱应发带着两枚一等功勋章、一张三等乙级残疾军人证书以及身上残留的四块弹片，离开了前线。回到家乡，发现所在的村子非常贫穷，没有一家企业，他同村干部出点子，并把自己全部的几万元积蓄拿出来，资助村里修水塔、办砖厂、办水泥厂等，带着村民致富，村里的面貌得到了根本的改变。

1987 年，他被安排到新洲区郓城新区财政所工作，成为一名普通的农税征管员。他勤恳工作，深入第一线从事农业税和契税征收工作，年年完成收入任务。

他在郓城新区张店村收税时，看到 8 组有一个姓吴的农民患有精神病，儿子要读书，家庭却一贫如洗。他知道后，主动承担了这个孩子从初中到大学的全部费用。这些年来，他共为 4 名贫困大学生资助了经费。

2002年，来自农村的邱海军以600多分的优秀成绩考入武汉理工大学计算机学院，因母亲身体不好，一年好几千元的学费成为巨大负担。困难时刻，邱应发及时送去了6000多元钱。

邱应发有一位战友叫林金芳。1999年秋，林金芳在广州打工突患胸腺瘤，生命垂危。第二次住院手术时，家里到处借钱无着，为了挽救丈夫的生命，林金芳的妻子偷偷卖了两次血。

邱应发听说这个消息后，立即召集了在武汉的80多名战友，大家每人都捐出了50至100元钱。邱应发把存在银行的5000元“私房钱”取了出来，找妻子要了4000元，找同事借了1000元，总共筹齐1万元钱送给了林金芳，使战友顺利地做完了手术。

邱应发曾经有一位战友，是位独生子，当年在一次战斗中牺牲了。邱应发一直多方打听战友的家乡，希望能够去看看战友父母。费尽周折，他终于找到了那位战友的家。

邱应发被眼前的一幕深深地震撼了：战友的母亲满头白发，两眼早已哭瞎！

他掏出4000元钱，交到老人手里。老人把他抱在怀里，从头到脚地抚摸着他，泪水长流。邱应发对老人说：“老人家，我就是你的儿子，我一定为你养老送终。”

1996年秋天，邱应发在新洲凤凰财政所工作。有一次下乡途中，他看到一个中年汉子躺在路边，手捂着肚子直打滚。

他赶紧拦住一辆三轮车，将他扶上车。病人坐不能坐，躺不能躺，他就把病人抱在怀里，竭力减轻病人痛苦，把他送到县医院。

他帮病人挂了急诊，医生看后说：“是急性阑尾炎穿孔，再来晚点，恐怕性命都难保啊！”

邱应发将刚发的800元工资全部掏了出来，为这位陌生人交齐了医疗费。向医生交待完后，他抹了抹额头的汗珠，就赶着上班去了。

退伍20多年来，邱应发共捐款10多万元。然而邱应发的家里并不富裕，妻子1999年下岗，孩子刚上高一。一间10平方米左右的房子，祖孙三代住了10多年。在湖北省委书记的亲切关心下，他才在家乡盖了一栋简朴的房子。

（作者单位：湖北省财政厅）

从将军管经济的秘诀说起

湖北省综改办

21年干干净净，为国理财，危难之际担起共和国财政大任；21年殚精竭虑，无怨无悔，为中国经济发展立下不可磨灭的功勋。作为新中国历史上迄今为止任职时间最长的财政部长，作为深受毛泽东、周恩来、陈云等国家领导器重的经济学家，李先念的理财岁月和卓越贡献已经镌刻在共和国的历史丰碑上。

由戎马倥偬的将军到共和国财政部长，由“李木匠”到财经专家，李先念理财秘诀很多，留给后人思考和学习的精神也很多，其中很重要的一点就是谦逊好学。

一

1949年，新中国中央政府成立之际，作为政府重要职能部门的财政部也同时成立，薄一波出任第一任财政部长。1953年9月，时任政务院副总理的邓小平兼任财政部长。1954年，邓小平转任中共中央秘书长，主管经济工作的周恩来和陈云，把继任财政部长的人选定为李先念。

1954 年 5 月 22 日，李先念奉命到京。陈云和邓小平分别找他谈话，希望他出任财政部长。面对多年的老战友，李先念推心置腹地说出了内心的不安：自己文化底子薄，抓全国财政，恐怕不能胜任。

6 月的一天，毛泽东约见李先念。李先念当面向毛泽东提出，自己干不了财政部长，还是请中央另外考虑人选。毛泽东风趣地说：你干不了，不想干，只好把宋子文从台湾请回来，让他干好了。李先念领会到这是批评，也是信任，表示服从中央的决定。从那时起，一直到 1975 年，李先念担任了 21 年财政部长。

其实李先念说自己难以胜任财政部长，并不是谦虚，而是发自内心的担忧。李先念幼年时只读过两年私塾，后来虽然在艰苦劳动中自学了一些文化知识，但文化水平总体上还不算高。参加革命后，他常年带兵打仗，没有机会集中学习。在新疆时，他曾补习过半年文化，在延安的马列学院，又学习了半年。但当时李先念一心一意想着到前线去带兵打仗，最关心的是前方的战事，对有的课，特别是经济方面的课程，听不进去。现在让他当财政部长，不懂得经济理论知识的他，确实感到压力很大。怎么办呢？他认准了一个字：学。

早在新中国建立初期，李先念担任湖北省党政军“一把手”时，同时兼任中共中央中南局副书记，分管中南地区各省的财经工作。刚解放时，中南各省经济萧条，不法分子趁机囤积居奇，操纵市场，群众生活十分困难。李先念本来不懂经济，但他善于学习，善于调查研究，善于从群众中总结经验。

在他的领导下，中南各省连打了几场经济胜仗，打退了资本家的猖狂进攻，解决了当时中南地区各省的粮食问题。对此，中央对李先念的工作十分赞赏，特别是主管全国财经工作的陈云十分欣赏。1954 年，中央急需调一批年纪轻、能力强、有管理经济和财政工作才干的干部到中央担任领导职务，陈云向毛泽东、周恩来推荐了李先念。

自担任财政部长后，李先念给自己制定了一个学习计划：用一年时间读遍、读懂马恩列斯毛关于财政经济工作方面的著作和中央有关文件；再用一年时间，系统掌握财政、经济方面的专业知识，熟悉有关政策和法规。但艰巨而又紧迫的财政经济工作的需要，促使李先念加快了学习进度。他仅用了半年多一点的时间，就仔细读完了领袖们关于经济方面的所有著作，并且对这些著作有了深刻而又系统的把握。

除了读书之外，李先念另一个学习途径，就是在开会时向财政经济专家学习。他在主持召开财政经济工作会议时，总是有许多财政经济方面的专家参加。他把这些会议当作向这些专家学习的一个好机会。开会时，他总是让专家们把自己的意见说完说透，他静静地听，认真地记，反复进行思索。听不懂时，就反复地请教。由于他身为将军，戎马一生，人称“将军理财”。

李先念对我党著名经济专家陈云十分推崇，真心拜他为师，虚心向他学习。当时，陈云在中央分管财政经济工作，二人在工作中接触比较多。在实际工作中，李先念经常打电话或登门向陈云请教，陈云也真诚无私地把自己的知识、经验介绍给李先念。有问题，两个人就共同商量。李先念从陈云那里学到了不少管理财政经济的知识和经验。尤其是陈云在实际工作中所表现出来的实事求是的作风，对他的影响很大。

邓小平作为前任国家财政部长，富有理财经验。李先念也经常向邓小平请教，他对邓小平提出的理财方针十分信服，在工作中也认真贯彻执行。特别对邓小平提出的统一领导、分级管理、归口包干、结余不上交的理财方针，理解很深。他常说：如果没有这些方针，钱再多也可以花掉。

李先念还常虚心地向下级学习。凡是遇到不懂的问题，他就抓紧时间向别人请教，不管对方是什么级别的干部，他都要向人家讨教明白。他的办公室，财政部的副部长、司长、处长们，甚至年轻科长们都很熟悉。时任李先念秘书的蒋冠庄说：“他不压文件，每次他认为可以批的，就批出去。他认为不懂的，就把副部长们找来，等于说是请教了他们以后，再作批示。”李先念任财政部长时，财政部的人都知道他没有架子，平易近人，尊重每一个干部。

由于李先念刻苦自学，虚心请教，加上他记忆力强，悟性高，常年征战的将军很快精通了理财之道，担起了财政部长这副重担，而且成为中央领导财政经济工作的专家。

在中央高层研究重大经济问题、拟定重要决策的会议上，李先念的发言总是包含着深刻的经济理论观点，而且国家许多重要的财政经济方面的数字，都装在他的脑子里，他能脱口说出许多重要的数字，并对这些数字进行分析对比。他提出的意见、方案，总是站在全局的高度，具有长远打算。毛泽东、周恩来、陈云、邓小平，都对李先念的这种迅速而巨大的进步感到十分高兴。毛泽东就说过这样的话：我们党在经济方面也有“四大名旦”，周恩来算一个，陈云算一个，李先念算一个，薄一波算一个。

有一次，毛泽东接见古巴领导人切·格瓦拉。谈话间，毛泽东指着陪同的李先念语出惊人。他对格瓦拉说，你不是经济学家，可你却是古巴革命政府银行的行长。我们刚刚夺取政权的时候，也没有经济方面的管理人才，只好抓个“大兵”来管钱。事实证明，他管得很好啊！这是毛泽东的诙谐幽默，也是他对李先念任职财政部长的赞赏。

陈云评价李先念有两句话：一句话是“久经沙场，英勇善战”，一句话是“将军管经济，很快精通经济工作，十分难得。”

二

“勤能补拙是良训，一分辛苦一分才。”李先念的理财之道，再一次生动地告诉我们这个朴素的真理。

古往今来，凡有所成就者无不酷爱读书。且不说“悬梁刺股”、“映雪借光”、“负薪挂角”之类典故，被国际上誉为“杂交水稻之父”的袁隆平就是在极端艰难困苦的动荡岁月里坚持学习、刻苦钻研，才研制出优质高产杂交水稻组合“南优 2 号”，他的成果不仅在很大程度上解决了中国人的吃饭问题，而且被认为是解决世界饥饿问题的重要法宝。据一家资产评估事务所评估，“袁隆平”三个字的品牌价值达 108. 9 亿元。这就是知识的力量，“知识经济”的魅力。

加拿大医学教育家奥斯勒为了从繁忙的工作中挤出 15 分钟的时间读书，特为自己定下一个制度，把这点时间放在每天睡觉之前，即使是深夜两三点钟，也要坚持。这个制度他整整执行了半个世纪之久，共读了 1098 本书、8235 万字，医学专家成为文学研究家。

人类社会已进入“后教育时代”。“后教育时代”的显著标志，就是学习终身化，即终身学习时代。这时期，经济发展由对自然资源和金融资本的依赖向对知识的依赖转变；经济的增长更加依靠知识的创新水平，依赖人力资源的开发水平，知识经济和“知本主义”导致教育由社会边缘状态进入社会中心，成为社会和经济发展的动力系统。

同时，知识爆炸和信息的集聚增量、产业结构的变化、职业的转换加速，导致教育的持续性更加重要而迫切，学习已经成为一种保障经济、社会和人的可持续发展的核心因素。即使是面朝黄土背朝天的农民，如果不及时给自己充电，依靠科学技术审时度势调整产业结构，也只能是“增产不增收”。

财政是国家的经济命脉，关乎国计民生，关系国家兴衰。财政工作更是一项专业性、综合性很强的工作。数字里面有政治，收支里面有乾坤，需要有丰富的财政专业知识和实践经验。财政工作的特殊性和重要性决定了财政工作者必须是复合型人才。既要全面熟练地掌握财政政策，又要具有高超的业务技能；既能单兵作战，又能联合协同；既能大处着眼，又能小处着手；既能独当一面，又能整体谋划。

所有这些都要求从事财政工作的人员牢固树立终身学习的观念，把学习作为人生第一需要，养成自觉学习的习惯。通过不断学习，不断思考，积极实践，与时俱进，学以致用，促进个人成长和事业发展。

三

然而，不得不指出的是，在我们财政系统，真正把学习作为人生第一需要的人不是多了，而是少了；不学无术的人亦非绝无仅有，这种现象令人深思。

财政机关要按照“坚定理想信念、熟悉党的方针政策、精通财政业务和财经法律法规、掌握现代科技知识”的思路，及时制定学习规划和分年度学习计划，科学合理、突出特色，组织安排学习培训内容，切实使学习成为干部职工工作、生活和成长的必然要求。

要因势利导，采取“四个结合”的方式，即集中培训与专项业务知识培训相结合；集中辅导与团队学习、个人自学相结合；理论学习与工作实践相结合；传统教学与应用现代科学技术教学相结合，组织引导干部职工学习政治理论、党章党纪、财经业务知识、法律知识和新的科学技术知识，全力打造学习型机关和学习型干部。

同时还可采取学习与考核挂钩、与奖惩挂钩的方式，引导干部职工从注重学历教育为主转为注重职称、专业技能和综合素质为主，不断培养适应财政改革发展新形势的“领军人才”。

当然，学习是需要时间的，而时间其实就像海绵的水，只要愿挤总还是有的。被毛泽东称为中华民族脊梁的鲁迅，就是因为把别人喝咖啡的时间都用在工作和学习上，才写成许多不朽的著作。

大家再忙，也不会比李先念忙。李先念当时是国务院副总理兼财政部部长，协助国务院总理周恩来分管财政、金融、贸易工作。他任职期内正遇上三年自然灾害和文化大革命，可谓危难之际、多事之秋，但在日理万机之中，他抓住一切时间和机会虚心好学，学以致用，保证了中央经济政策的贯彻执行，保障了群众的基本供给，使我们的国家历经十年动乱而不衰，最终焕发了生机与活力。

每位国家财政工作人员要树立科学的发展观，从战略的高度，充分认识新形势下财政工作的重要性、特殊性，要像李先念那样采取多种学习方式，学习财政理论特别是现代财政知识，树立现代财政观念。

如今所说的学习，已不再是传统意义上单纯的书本，还应该包括网络、电视、广播、报刊等各种媒介以及一切知识的载体。但万变不离其宗，只要你想获取知识，或者说只要你想获取生存和发展的权利，就只有两个字，那便是“读书”。

与实践相结合，采取正确方式，多读有益“书”；通过不断“淬火”头脑中的政治信念和宗旨观念，增强政治观察能力、分析判断能力和流畅的语言表达能力；做到肚有墨、眼有神、口有才，说内行话，办内行事，真正做一个既有政策水平又有业务技能的财政人。

愿我们的财政机关形成良好的读书风气，每位财政工作人员养成良好的读书习惯。大家围绕财政读好书，围绕发展想大事，围绕和谐解难题，围绕改革争创新，围绕规范强管理。着力解决人民群众最关心、最直接、最现实的利益问题，着力完善有利于科学发展的财政体制机制，构筑财政资金安全高效运行的有效平台，最大限度地发挥财政资金和政策的积极效应，加速推进公共服务均等化，为改善民生和促进社会和谐提供强有力的政策保障和财力支撑。

像老处长那样

刘克邦

有一个人，在我心中，就像那屹立山头、扎根悬崖、挺身幽谷的松树，朴实无华却又非同寻常。他是一位长者，更是一位楷模。他的言行举止、身体力行，影响了我的一生，激励着我不甘雌伏、奋勇前行。他，就是令我高山仰止、肃然生敬的老处长——林宝谦。

说来有缘，20 世纪 80 年代初，我从学校毕业，分配在湘潭地区财税局工作。刚好这时财政部门恢复成立财政监察机构，监察科需要人，就把我安排了进去。地区财税局监察科的业务隶属省财政厅监察处领导，老处长是省财政厅监察处的“一把手”，理所当然，我就成了老处长旗下的一名新兵。当时的我凭着一股热情和初生牛犊不怕虎的胆量，大刀阔斧地干了起来，小有成绩，引起了他的关注，没过多久就一纸调令，把我调到省厅，为我搭建了一个更能施展才干的平台。

调到监察处，与老处长更接近了。他以身作则，率先垂范，对党对人民赤胆忠心、矢志不移，对事业执著追求、痴心不改，对工作精益求精、一丝不苟，成为我们学习的榜样和效仿的楷模。

1949年，年仅19岁的老处长就告别亲人，离乡背井，随军南下。湖南和平解放后，他被分配到省税务局，先后从事税票管理、机要员、人事工作，后来被调到省财政厅企业财务处、监察处工作，再任行政监察室主任，从科员、副科长、科长，再到副处长、处长，最后为副厅级干部。春来冬去，寒来暑往，一心扑在工作上，在财政战线一干就是41年，把青春和年华无私地献给了神圣、光荣的财政事业。

业内人都知道，财政监察工作要求高、难度大、得罪人，上上下下、方方面面的关系难协调，大大小小、形形色色的问题难解决，没有自我牺牲精神和强烈的事业心是干不好也干不久的。组织上慧眼识珠，看中了老处长，把他从企业财务处调到监察处，担负起组织、指挥全省财政监察工作的重任，按照别人的说法，他是从“米箩里”跳到“糠箩里”，但他毫无半句怨言，也不讲半点条件，愉快地接受了这一任务，全身心地投入到工作之中。在他担任监察处处长期间，湖南的财政监察工作始终处在全国前列，我们的工作经验经常被财政部监察司选定在全国会议上作典型发言，全国评比表彰财政监察工作先进单位时，湖南一定榜上有名。

老处长严格要求自己，生活俭朴，艰苦奋斗，始终保持着劳动人民的本色。他虽先后位居处级、厅级职务，资格老，贡献大，但没有一点官架子，经常一身洗旧了的中山装，一双纳底布鞋，加上他那清瘦的身材、稍深的肤色和满脸的皱纹，不知道的人还以为他是个地道的老农民、老工人而已。他接待基层同志和上访人员，总是那么和蔼可亲，不管是谁，走进他的办公室，他一定马上起身，热情相迎，给你让座，给你泡茶，悉心听你说话，平等与你交谈，让你如沐春风、如饮甘泉，心悦神怡，满意而去。下地市检查工作，他从不向机关要车，也拒绝下面派车接送，总是坐公共汽车或火车前往。好几次出差地市，进了招待所，发现接待方安排的是豪华套间，站在门口就是不进去，直至换了简单房间才罢；就餐时，发现桌上多了几个菜，硬是要服务员将多上的菜撤了下去。记得1988年年底，我陪同老处长到山西榆次参加全国财政监察工作会议，坐火车从长沙出发，途中需在石家庄转车。上车前，我请示他是否向河北省的同行打个电话，请他们安排接待一下。他连连摇头，不让麻烦他们。到了石家庄，下了火车，已经是晚上十一点多了，我们只好住进一个设施简陋的旅社，拿出随身带的方便面，用开水泡上，应付了事。房间里没有暖气，一张钢丝床，一床薄棉被，凉飕飕、冷冰冰的，寒气袭人，越睡越冷，老处长却乐呵呵地笑着对我说，这比红军爬雪山过草地强多了。

在监察处，有一个极好的学习氛围和环境，年轻人勤奋刻苦、努力好学，纷纷参加函大、电大和攻读研究生学位，老处长热情鼓励、大力支持，甚至不惜自己加班加点，担负更多更重的工作任务，也决不让我们误了学习和考试时间。我是 1978 年恢复高考时读的财会学校，拿的中专文凭，老处长鼓励我、支持我读大学本科，在我五年的函授学习中，不管处里有何重要工作任务，也不管人手如何紧张，坚决保证我每个月固定的三天面授时间，使我圆满完成了全部课程，并取得优秀成绩，拿到了本科文凭和经济学学士学位。

还有一件事，让我深有感触：老处长把我调到财政厅后，连我自己都没有想到，在他的大力举荐下，在很短的时间里，我就由副科级提拔到了副处级干部，还被吸收为中共预备党员。知恩图报，我明知老处长不喜欢送礼，但不表示一下心中难安，便买了两瓶酒，硬着头皮敲开他的家门。碰巧得很，他外出有事不在家，听我说明了来意，他夫人说什么也不肯收下。推来推去，见一下子难以说服她，我来了个金蝉脱壳，撂下东西就走了。哪知道第二天一上班，老处长就把我叫到他的办公室，关上门，严肃认真地批评了我一顿，说他是看中了我的才气和表现，才不拘一格地推荐我、重用我，要感谢，也应该是感谢党组织，如果说硬要感谢他的话，那也只要一如既往地扎实工作，努力完成组织上交给的各项任务就行了。说完了，把那两瓶酒退还了我，并加上一句，不是处长不领情，这是他处理同志关系的原则。一席话，说得我无地自容。

在我印象中，老处长对待同志、下属和蔼可亲，关怀备至，但他在工作中，对那些以权谋私、权钱交易、侵犯国家利益、侵吞集体财产的违法违纪行为则嫉恶如仇。1985 年，当我们在一次检查中发现有个县的民政局存在侵占、挪用扶贫救济款的问题时，他怒不可遏，拍案而起，责成我们不能轻易放过，再一次进入这个单位，一定要把问题查个水落石出。然后，他又亲自出马，穷追不舍，向纪检部门汇报，请新闻媒体曝光，引起了有关领导的高度重视，使主要责任人受到了应有的惩处。还有一次，有群众举报，反映一个县的财税局长以权谋私，截留、转移税收收入、违规建房占房等问题。当时，有人说这是财政系统的内部问题，家丑不可外传。他坚决不同意，说财政部门是制定财政政策、执行财政纪律的主管部门，财政干部尤其是财政部门的领导干部更应该带头作表率，发生了问题我们更不能藏着掖着包庇护短，必须严格要求，依法依规严肃查处。随即召集有关部门研究决定，组织联合调查组赶赴该县，全面彻底地查清了这位局长的问题，移交当地党政部门作出了严肃处理。他常说，我们是吃这口饭的，组织上信任我们，我们就要不徇私情，按原则办事，与违法违纪行为斗争到底。

他，就是这么一个"认准死理，死不开窍"，让我们信服和敬佩的人。

老处长今年近八十了。我与往日的同事商定，办一桌酒席，为他八十大寿庆贺一次。他破天荒地欣然应允，携夫人、子女如约赴宴。在宴席上，我们欢聚一堂，情深意切，频频向他举杯，感谢他多年来对我们关心、关怀和培养，感谢他赐予了我们永生难忘、终身受益的宝贵精神财富，也衷心地祝福他家庭幸福、身体健康、万事如意。老处长心情激动，热泪盈眶，从心底里掏出一句话：有你们的成功，我心满意足了！

（作者单位：湖南省财政厅）

我们每一个人的影子

李　芒

我总是希望，写一首我们自己的诗，属于我们上海市财政监督局所有财政人的诗。

诗里，有。

这是一首用足迹印成的诗稿。

看，面包车载着我们向郊县进发，有人用手指在地图上比划着，“上高速，过奉浦大桥，沪杭公路右转弯，向前200米再小转弯……”熟门熟路的俨然是个最好的向导。

是谁，医嘱明明要他休息，却执意带队奔波在乡镇、园区，为一笔信用合作联社奖金计征的会计处理，已经往返核查了三次；又是谁，热伤风不下火线，看账簿、审凭证、对数字，方寸不乱，十足的“军人”风范；还有那些个女孩儿，终日的跋涉，阳光已然悄悄将她们白净的皮肤换成了小麦色，可是灿然一笑间，却是分外动人。

这，就是我们的财政监督检查员。

迎着晨风开启征程，伴着灯火融入夜色。他们的脚步洒满了申城的每一个角落，不论是繁华五色的都市大道，还是漫溢泥土芬芳的乡间小径，他们已经对这个城市偏僻郊县的小路也耳熟能详。

从针对机关事业单位的“小金库”检查，到执行大型企业的会计信息及财政信用等级监管，甚至深入田间地头了解农业开发项目的工程进度，他们知道，财政监督工作可以细微到点点滴滴。

从三伏夏日到数九寒天，顶着烈日，冒着酷暑，甚至撑着病体，忙碌的检查工作就写在这每日来来回回的奔波中，默默地书写着检查员们一路的执著、坚持和梦想。

每天奔赴被检查单位，一天、一月、一年，谁也算不清，我们检查员脚下的路究竟有多远、多长。这就是一首诗，一首用步子攒聚起来的诗歌，那一个个深深浅浅的足印，已经是最朴实无华的言语，勾勒着我们每日的工作。

我想，如果要写一首我们自己的诗，那会是一首浸透着汗水与心血的诗。

他，是一个默默耕耘的长者，秉青春之笔，以汗水为墨，撰写着在这个平凡工作上不平凡的奉献。他将案前准备进行了科学化的分类，每一次查账工作开始前，从剖析静态资料，到了解被查单位核算方法、内控制度和生产经营状况，结合典型案例分配人力，及时掌握查账进度、制定方案、解答难题，将精湛的会计业务知识融于检查工作实际。

多少次，深夜里在灯光下整理资料，紧锁的眉头写下的是对于每一个数字的谨慎和用心；多少回，为被检查人耐心地讲解政策，花白的头发，诠释的是多年的工作经验，更是专注在财税工作中二十余年的心血与付出。

这是一首诗，一首恬静流淌的诗歌，没有惊天动地的词句，却是用这许多年来，一代代财政工作者的青春和奉献融汇而成的，一任韶华逝去，但求国泰民安。是他们，用勤勤恳恳的工作谱写着财政监督工作的坚韧与力量。是他们，用自己的辛勤和汗水坚守着国家财富，用自己的智慧和勇气服务于财税事业，见证起国家经济的蓬勃兴旺。

是的，这是一首我们的诗，它必然是一首荡漾着千万次微笑的诗。

我看到，我们的检查队伍，午间往往只是一份简简单单的盒饭、几口清水，却也一样的甘之如饴，他或她的脸上，永远有着恬淡的笑容；

审理工作繁杂细致，常常要连续多日埋首于厚厚的案卷之中，逐一分析计算，逐一核对证据，然而连续加班之后，每一个疲惫的面容上却满是盈盈的笑意。

为被检查人解答疑难，不单单要有理有据，还得反复沟通，耐心解释，让他们心悦诚服。返程的路上，我们的检查员们靠着椅背、倚着窗户悄悄地睡着了，只是那浅浅的笑靥还挂在嘴角……

我们快乐、我们骄傲。我们是一支最具活力的财政监督队伍，我们凝聚在一起，意气飞扬。

写我们的诗歌，它一定是用浩然正气铺陈的诗格。

且看，我们有侠骨柔肠的男儿，面对违法乱纪，铁骨铮铮；面对失亲的孤儿，泪流满面；我们有坚如磐石的智者，任物欲横流，我自岿然不动。

严肃拒绝被查单位的用餐邀请，坚决推却被检查人的礼物。他们亲笔签下廉政纪律告知书，一笔一画中将财政干部廉洁诚朴的形象写进了老百姓心里。金钱、利益不曾迷失他们的眼睛，亲情、友情也从不曾牵绊他们的步履。当我们的检查员们在为国家追缴私存私放款项、维护财政资金使用合法合规的同时，也用清风两袖、正气如虹的气节敦促自己，用“吾日三省吾身”的要求来衡量自己的一言一行，共同构建起我国财政事业的“万里长城”。

他们用自己的正直守护着财政监督湛蓝的天空，用扎实的工作态度、清正的工作作风让企业感受到服务型政府的春风化雨，树立起监督检查人员清廉正直的形象。

这就是我们的财政人，这就是我们精诚团结、众志成城的干部队伍，共同继承着财政人清廉执法的传统、承载着捍卫国家财富的艰巨重任。

这就是我们。

不论是两鬓添霜的老督查员，还是朝气蓬勃的青年工作者，共同用坚实的脚步、用灿然的笑容营造着财政工作者积极进取的新形象。

用执着的奉献、用如虹的正气书写成最清澈的诗句，在大地上，怒放我们新时期财政人豪迈壮阔的篇章。

（作者单位：上海市财政局）

天山南北理财人

新疆维吾尔自治区财政厅办公室

在祖国西部边陲，有这样一个群体，他们共同经历、参与了新疆经济社会、大建设、大发展，成为新疆历史的见证者、繁荣稳定发展的推动者、财政改革发展的“排头兵”。

改革开放以来，新疆发生着前所未有的深刻变化，从天山脚下到塔里木河畔，到处呈现日新月异、勃勃生机的发展景象。作为财政人，我们深知满目疮痍的过去，因而祈福于流光溢彩的未来。

布买热木·玉素普——20 年如一日

新疆和田地区皮山县位于塔克拉玛干大沙漠南缘，喀喇昆仑山北麓，沙漠占全县总面积的 39.5%，高寒山区约 37.9%，平原仅占总面积的 22.6%。皮山县是国家级贫困县，典型的“吃饭财政”。

布买热木·玉素普，1966 年出生于皮山县普通的家庭，她从小就和干会计的父亲学珠算，不幸少年时父亲早逝，和母亲相依为命的她勤奋努力考入了新疆财经学院金融本科班，凭奖学金完成了学业。在 20 世纪 80 年代，从边远、贫困的小县城考上新疆重点大学的维吾尔族姑娘，着实罕见。

毕业后，布买热木·玉素普回到皮山参加工作，1989 年正式到皮山县财政局工作，一干就是 20 年。

刚到县财政局时的辛苦和付出让布买热木记忆犹新：“从 1989 年到 1997 年都是手工作账，那时候密密麻麻的报表数据，都是一个个用算盘打出来，手工填进去的。有时候，一个数据对不上，熬一个晚上是常事。对出来了，大家高兴得能蹦起来。”

在南疆，会计人员 90% 以上都是少数民族。多年来，布买热木是局里乃至整个县财政系统的“双语教师”。因为工作忙，她利用休息时间备课，还自费千元购买了多种实用双语学习资料和光盘，目前，县财政局 90% 的民族同志都会用汉语与汉族同志交流，开展工作。

因为当过农税干部，布买热木深知南疆农牧民的贫困生活。她经常利用节假日走访群众，为他们买衣送药，深入对口扶贫村村民家中宣传党的民族宗教政策和法律法规相关知识，为群众办实事、办好事。逢年过节为他们送去米、面、清油等，这么多年，她为贫困户送去的慰问品和现金累计达万元之多。

在上大学时，布买热木在全校的珠算比赛中拿过第一名，1991 年在和田地区举办的全地区财政系统珠算比赛中又得了个第一名。

布买热木现在是皮山县财政局国库科科长，在局里无论是领导还是同事，提起她的工作，用得最多的词是：勤奋好学、业务精通、一丝不苟、任劳任怨。到局里 20 多年她从事过预算、基建、社保和会计核算等多个重要工作岗位，都深受局领导和同事的好评，并且她连续多年考核优秀，多次被地区、县评为先进个人。

曹春华——青春献风口

出身于普通农民家庭的曹春华，在 25 岁时命运发生了转折。从乡镇财政所普通干部经过竞聘考试，以笔试、面试均为第一的优异成绩，竞聘为阿拉山口口岸财政分局年轻的副局长。

阿拉山口口岸位于新疆博尔塔拉蒙古自治州与哈萨克斯坦共和国交界

处，由于口岸狭长的地形所致，8 级以上大风天气年均为 165 天，瞬时极大风速 54 米/秒，这里是全国四大风口之一，素有“风吹石头跑，神仙也发愁”之说，令许多人对它“望风却步”。曹春华至今还记得刚到口岸财政局时，一位在口岸工作生活十余年的老同志说，“坚守在口岸本身，就是一种奉献”。

然而口岸又是中亚区域经济合作的纽带、中国向西开放的“桥头堡”，是中国西部过货量最大、发展速度最快、效益最好的口岸。同时口岸是整个博州的重要经济支柱。为这样一个在全州来说都举足轻重的口岸理财管家，曹春华觉得自己肩上的责任沉甸甸的。

带着组织的重托和局领导的殷切期望，他开始了口岸工作和生活。功夫不负有心人，由于勤奋努力，曹春华工作成绩显著，5 年后，被任命为口岸财政分局局长。

可一上任，他就遇到了难题：2009 年，受世界金融危机冲击和国家财税政策调整影响的口岸经济显得异常艰难，过货量明显下滑，财政收入直线下降。面对困难，他把精力更多投入到了财税征管工作当中，重点关注重大税源增长点、重点企业等的税收组织工作，2009 年还先后招商落实天汇（集团）有限公司、新鸿源能源开发等企业在口岸注册，并通过协调阿拉山口中油瑞晨改变原有核算方式实现为口岸地方财政增收。

就是在这样的压力之下，这一年口岸财税收入仍完成 1.2 亿元，占到博州财税收入 5.5 亿元的 1/5。

“淡泊以明志，宁静而致远”是曹春华的人生座右铭。对于口岸，他有着太多的情结：“口岸目前是攻坚发展阶段，不仅需要开源，还要节流。”为严格财政资金支出监管，口岸进一步明确报销制度和标准；对预算内的各项支出严格执行预算指标，做到有计划、有步骤、分期拨款、拨付到位，保证机构良好运转；进一步加强了口岸预算单位财务管理，大大减少了接待费用的支出。

由于开发建设项目较多，每年口岸都会通过政府采购招标基建项目。有许多政府采购供应商为达到中标目的，婉转地向他表露只要能中标，就有一定的“好处”，而曹春华对此总是婉言回绝，他因此也被称为口岸财政的“红管家”。

常常在忙碌完一天的工作之后，曹春华迎着夕阳感受着口岸日新月异的变化。“口岸需要开发建设。我为自己能够成为口岸的建设者和鉴证者而深感骄傲。扎根这片土地，我无怨无悔。”

巴科梯夫——选调生的成长历程

见过伊犁哈萨克自治州财政局局长巴科梯夫的人，应该都会被他的热情、爽朗所打动。作为一名土生土长的伊犁人、哈萨克人，巴科梯夫对他的家乡充满着无比的挚爱，由衷之情常常溢于言表。

1983 年，刚刚走出校园的巴科梯夫光荣地作为自治区党委组织部选调生，回到了国家级贫困县的家乡——伊犁哈萨克自治州尼勒克县。“这个选择影响了我整个人生，至今我都为我当初的决定而自豪。”他这样说。

巴科梯夫出生在尼勒克县一个哈萨克族家庭，家乡的贫困、乡亲们生活的艰难，给他的童年留下了难以磨灭的影响。发奋学习，为家乡的建设贡献自己的力量，成为他儿时的梦想。

1979 年，巴科梯夫考入新疆师范大学政治系。毕业时，他放弃了原本可以留在自治区厅局单位工作的机会，毅然选择回到家乡尼勒克县，成为一名中学政治教师。由于勤奋踏实、刻苦钻研，在他担任高中班主任时，全班 40 名学生中有 30 多名考上了大中专院校。

是金子到哪里都会发光。由于表现出色，不久后调任尼勒克县党校任教。之后，他先后被调任地区团委组宣部副部长、地委组织部干事、地委组织部副部长、昭苏县县长、州林业局局长、州财政局局长。

几十年弹指一挥间。巴科梯夫经常说，“作为一名少数民族领导干部，只有不断的学习，掌握新知识，汲取新营养，才能从容应对发展变化的新形势、新任务，不断挑战自我、战胜自我。”

2008 年巴科梯夫担任州财政局局长后，提出了建设发展型、民本型、效益型、创新型财政的理财思路，大力实施财政科学化精细化管理，完善组织财政收入的工作机制，加大民生领域和社会事业发展的保障力度，继续深化财税改革，努力建立收入稳定增长、支出保障有效、管理规范高效的理财机制，使得全州财政收入稳步增长，财政重点支出得到有效保障，财政自身建设取得新进展。州财政总决算、办公室工作、财政信息、部门决算等多项工作均荣获自治区一等奖、二等奖、先进单位等奖项和荣誉称号，州财政局连续两年在自治州经济绩效考核中荣获第一名。

回顾自己的经历，巴科梯夫戏称他有“三大法宝”：首先要虚心，用小学生一般的心态虚心学习；其次要历练，学会在环境的挑战中磨砺自我；三是要律己，高标准严格要求言行。

后　　记

应该说，布买热木·玉素普的二十年如一日、曹春华的“风口财政生涯”、巴科梯夫的人生经验总结，都是新疆1000多名财政人的缩影。

在新疆，多民族、多语言、广地域的特点构成了财政工作的丰富性和复杂性，然而像他们这样受党哺育和培养的多民族财政干部，遍布在天山南北，共同见证、推动了新疆经济社会的发展与繁荣。

在新的历史征程上，全体财政人将和新疆2000万各族儿女一起，万众一心、继往开来、开拓创新，揭开新疆改革开放和社会主义现代化建设新的辉煌篇章。

党内早期理财专家毛泽民

——革命战争时期新疆财政厅厅长毛泽民二三事

新疆维吾尔自治区财政厅办公室

毛泽民，1896 年生，湖南湘潭韶山人。1921 年，在毛泽东的教育和影响下，离开湖南走上革命道路。自 1922 年起，毛泽民就为党为革命从事各种经济工作，曾任中华苏维埃共和国临时中央政府国家银行行长，中央总金库主任，长征到达陕甘宁边区后任中国工农民主政府国民经济部部长。1938 年，毛泽民受党中央的派遣，肩负巩固抗日统一战线的使命赴新疆任财政厅副厅长（代厅长）。1941 年，被军阀盛世才杀害，长眠于新疆这片热土。

毛泽民是党内久经锻炼的理财专家，人称“红色金融家”。中央苏区时期，在国民党军的严密封锁和军事“围剿”的极其困难条件下，为中央苏区统一货币、统一财政，打破敌人经济军事“围剿”作出重要贡献。

长征时期，他所领导的中央纵队第十五大队沿途为红军筹措经费、保证供给，有力地支持红军的军事斗争，第十五大队被称为红军的命根子。1938 年 2 月，毛泽民取道新疆去苏联治病。到达迪化（今乌鲁木齐市）时，遇中苏边界发生鼠疫，边界封锁，暂住八路军驻新疆办事处。此时，新疆边界督办、军阀盛世才为巩固其统治地位，打出“亲苏拥共”旗号，多次要求共产党从延安派干部去新疆工作。因当时新疆财经状况十分混乱，盛世才束手无策，特别要求共产党派一名懂财经的干部帮助整顿财政经济。党中央鉴于毛泽民正好就在迪化，遂决定让他留在新疆开展工作，出任财政厅副厅长（后为代厅长）。

当时的新疆，官僚地主横征暴敛，政治腐败，财政混乱，经济正处于崩溃的边缘。毛泽民走马上任后，立即筹划、帮助新疆整顿财政金融工作，为新疆各民族经济发展作出了历史性贡献。

统一币制　意义深远

盛世才 1933 年 4 月掌权，到 1937 年这 4 年中，新疆战乱频频，财政入不敷出。省财政厅的主要任务就是发行钞票。省票印刷厂日夜赶印滥发纸币，导致纸币如同草纸一样不值钱，发工资每人一大捆。一张 50 两的银票买不上一盒火柴，办婚、丧事要用马车拉票子买东西。币制的流通方面也混乱得不可收拾，省政府发行 50 两一张的省票，喀什自用喀票，伊犁用伊票，有的地区甚至还使用清币青铜制钱，一些商号也发行竹简或铁制币。

除此之外，还流行天罡、元宝、油布贴和卢比等五花八门的地方币和外币。各种价值不一的钱币互相折顶，混乱使用，致使货币流通紊乱，物价极不稳定，到后来商品流通中竟出现了以物易物的情况。旧币不值钱，信用一落千丈，各族人民怨声载道。

毛泽民下决心发行新币，统一货币。他利用 1938 年秋新疆全省第三次代表大会的时机，动员盛世才将自己库存黄金拿出一部分，加上银行库存的黄金、白银、珠宝，搞了一个黄金白银储备展览，让群众认识到新币是以黄金储备为基础的，是有雄厚基金的，为新币发行树立信誉。

1939 年 2 月 1 日，新币正式发行。全疆各族人民吃够了旧币混乱的苦头，一俟新币兑换之日，家家户户奔走相告，拿出平时积存的旧币，一捆一捆搬到兑换所兑换新币。

为了增加银行黄金储备，充实新币基金保证新币稳定。毛泽民在迪化成立了金矿局，在伊犁、阿山成立了金矿分局，加强对黄金开采的管理，号召与组织群众去开采金矿，并于1939年11月主持修订了《新疆省限制现金银出境暂行办法》，一改过去大量金银外流的情况。新币逐渐成为市场上主要流通的货币，市场流通秩序开始稳定。

建章立制　严格纪律

认真实施经济计划，亲自制定新疆二期3年建设规划，规划涉及农业、水利和教育等多个方面。其中，重点是开办工厂，建设新市区，发展商业。这个规划是毛泽民依据当时的新疆实际情况和一些统计资料编拟的。在以后每年编制全疆收入总预算时，它都被作为依据，对新疆经济文化事业的发展起到了深远的影响。

制定了新疆历史上前所未有的财政预算、决算制度，规定凡预算外开支必须经财政经济委员会批准，否则财政厅不予拨款。毛泽民经常教育干部："财政纪律要胜过军事纪律，因为财政是一切的命脉！"预算、决算制度的建立，不仅在全疆整顿和统一财经工作中起了巨大作用，对推动整个新疆的经济、文化、作风等建设事业也起了巨大作用。

建立健全全疆税务机构和税务工作制度，统一税率，废除封建的腐朽的苛捐杂税和五花八门的不合理的人民负担。为了消除税收方面的弊端，毛泽民决定各县税务局长统一由财政厅委派，同时改革税收提成办法。经过整顿税务，新疆的财政开始走上规范化轨道，收入逐月有所增加。

毛泽民制定的一系列财经规章制度，并不是"写在纸上，贴在墙上"的空洞口号，而是有法必依、执法必严的实施准则。为了贯彻财政方针，实行财经规章制度，毛泽民创立了新疆财政监察委员会，各行政区派有财政监察组。财监会检查，认真严格，执法如山。毛泽民还把一批优秀的共产党员分派到南疆各地担任财政领导工作，建立财政进修学校，自任校长，亲自讲课，培养了一批廉洁奉公、精于理财的各族干部。

整顿金融　造福百姓

新疆与内地不同，没有私人银行和钱庄，仅有一个新疆省立银行。新省银行1930年由官钱局改组而成，专为政府拨款服务，从未开展其他业务，毛泽民决定将省银行改组成官商合办的商业银行。

1938 年 12 月 5 日，新疆商业银行筹备委员会成立，毛泽民任筹委会委员长。经过紧张有序的筹备，新疆商业银行于 1939 年 1 月 1 日正式成立。商业银行资本定额为 500 万元，其中官股占 60% 为 300 万元，商股占 40% 为 200 万元。

新疆商业银行注重吸收商股和社会游资，银行章程规定，官股利低，商股利高，存款利高，借款息低。因此，不但商界积极入股，普通群众也有不少合伙入股者，扩大了银行资本，商业银行受到群众的拥护。在毛泽民领导下，商业银行发展很快，除迪化总行外，下属分行由 9 处增加到 17 处，并设有 13 个办事处。商业银行营业范围不断扩大，有汇兑、存款、贷款、保管等，使银行在扶助农、牧、工商业的发展，调剂金融，稳定物价，改善人民生活等方面发挥了巨大的作用。

同时，商业银行利润大大增加，商股获利不小，入股者喜气洋洋地在给股东大会贺电中说："我们在银行入股，不但得到了优厚的股息红利，而且间接地参加了抗战建新的工作。"

毛泽民为天下寒士谋，建议商业银行开展了"典当"业务，名为"公济当"。过去新疆豪富人家多开当铺，当息很高，一般是月息 15 分，有些 20 分，而且当期三个月，过期不赎即为"死当"，典当的物品就归当铺老板所有。商业银行开设的"公济当"，规定微利三分，当期一年，到期不赎，还可延期，取消"死当"。"公济当"的开设，受到劳苦大众的欢迎。

清正廉洁，不惧权贵

毛泽民身任厅长要职，但生活朴素，冰雪节操。他与朱旦华结婚时，新房陈设除了书架、写字台和 4 把苏式椅子外，别无它物。床上铺盖仍用原有的被褥，连件新衣也未添置。婚礼之后，毛泽民夫妇每天都在紧张地工作，甚至晚上还要开会。财政厅打算让工友到他家里帮忙做做家务，却遭到了毛泽民的反对。

毛泽民为了完成党交给的任务，以高度的使命感、责任感一度工作到了废寝忘食的程度，常夜半挑灯伏案，埋头工作。毛泽民夜以继日的超强度工作，使新疆财政起死回生，但他自己的气管炎却加重了。即使病倒在床，他也没有放下工作，常在病床上派人叫来下属，当面指示和督促工作。

大家看他卧病在床，有时甚至咳嗽吐血，仍全身心投入工作，无不深受感动。总务科长花钱买了几公斤好肉，让他改善生活。他对这位科长说："我的生活很好，不需要特殊照顾。你这样搞，不符合清廉政策。"当即把肉退还给了科长。

前财政厅长陈德立为了巴结盛世才，将自己的一座私人公馆送给了盛世才的岳父邱老头。邱老头便用了心计，让人同财政厅商量，拨款在公馆后面建成一座小公园，供人游览。这块地在邱公馆范围以内，公园建成后他把后门一关，便成了他私人的花园。毛泽民识破这是邱老头玩的把戏，对来人说："这块地太小，没有发展前途。我们为了使市民有个游憩的场所，还是用于扩建西公园吧。"

邱老头给盛世才写了一个书面建议，将和田街空地划为地段编号，卖给市民群众修建住房，所得价款，作为市政建设开支。这个建议经盛世才同意后，通知了财政厅。

毛泽民认为，我们财政厅的方针是统收统支。将上述空地划为地号，卖给市民是可以的，但所得价款应如数交财政厅，统一处理。至于市政建设，准备怎样进行，应作出计划，经财经委员会审核后，财政厅可以根据计划所需数字，核实拨款。

邱老头知道后，大发雷霆。后来，以毛泽民为市政委员会主任委员，魏亚瑶为城市建设总工程师，进行市政建设规划设计。修筑几条主要干路，划出不少房号卖给市民群众，收入交省库，支出经预算，纳入全疆总预算内。

毛泽民带着党的使命，以抗战大局为重，和战斗在新疆财经战线上的其他共产党员经过几年的艰苦奋斗，使长期混乱不堪的新疆财经工作走上正轨，把入不敷出的新疆财政变为基本收支平衡，不但还清了借下的大笔外债，而且在建设方面发展了农牧工商业和文教卫生事业，稳定了市场，繁荣了经济，改善了各族人民的物质文化生活，有力地支援了抗日前线。

毛泽民和他的战友们对新疆财经工作的卓越贡献，永远铭记在新疆各族人民心中，永垂史册。

新疆财经往事

龚金牛

解放初期，新疆面临着严重的财经困难。新疆本来是个闭塞落后的边疆少数民族聚居地区，加之国民党反动派的黑暗统治和长期战乱的破坏，经济文化非常落后。

到解放前夕，新疆国民经济已处于崩溃状态，财政完全靠发票子度日，市场物价飞涨，各族人民生活十分艰难。

王震亲理财政

1949 年 9 月，新疆和平解放，王震同志率领部队进疆主持工作。当时进疆部队加上起义部队数量相当之大，地方上接收的国民党公教人员有四万五千多人。面临严重的经济困境，如何解决部队和公教人员的供给，如何稳定市场物价，保障人民基本生活需要，的确是一个极大的难题。

完全依靠中央不行，因为当时全国刚刚解放，中央财政也非常困难，尤其是粮食要从关内运进更是不现实的。在这种情况下，王震同志以大无畏的革命精神，领导人民解放军和各族干部群众，发扬艰苦奋斗自力更生的革命精神，自己动手、发展生产、繁荣经济、开辟财源、整顿财政，克服了严重的财经困难，恢复并发展了新疆的生产建设。

为了切实抓好财经工作，王震同志亲自兼任省财委主任。他经常找有关的领导同志反复研究财经工作中的重大问题，制定发展生产建设的规划措施，雷厉风行地贯彻实施。1951 年初，他亲自主持召开全省财经工作会议，对整顿和推动新疆财经工作起了重大作用。在王震同志亲自领导下，使当时新疆的财经工作迅速打开了局面，各项生产建设迅速得到恢复和发展，取得了巨大的成就。

解放初期，为了解决部队军需困难，王震同志首先抓部队垦荒生产，实行屯垦戍边。王震同志带领部队，发扬南泥湾精神，不怕艰难困苦，用十分简陋的坎土曼等生产工具，兴修水利，开荒种地。仅在 1950 年就修建水渠 32 条，总长 1200 公里，可灌溉农田 127 万亩。接着就着手修建一些大型水渠和水库。从 1950 年到 1952 年，建成解放一渠、十八团渠、红星一渠等，可灌溉农田 57.3 万亩，还动工修建七条大型水渠和四座水库，在 1956 年前陆续建成受益。

部队在 1950 年就开荒耕种土地 90 多万亩，收获粮食 6500 多万斤，棉花 76 万斤，油料 373 万斤，还有瓜菜等。部队还把伙食费和津贴费节省一部分搞副业，共养牛、羊、猪 18.1 万头（只），部队所需粮食和副食品部分甚至大部分自给，减轻了地方供应负担和调运粮食费用的开支。

部队指战员还用节省下来的津贴费集资兴办军人服务社，在 1950 年共成立了 69 个，不仅解决了部队供需，并且帮助地方购进物资，调剂市场和收购土产，活跃了城乡经济。

驻疆部队到 1952 年耕地面积达到 167 万亩，一年生产粮食近 2 亿斤，牲畜存栏 49 万头，农业总产值近 3300 万元。1954 年，奉中央军委命令，以驻疆人民解放军的一部分组建为新疆生产建设兵团，在建设边疆、保卫边疆的事业中发挥了巨大作用。

以王震同志为首的中共中央新疆分局对地方农牧业生产也抓得很紧。通过减租反霸运动和抗美援朝宣传教育，大大调动了农牧民的生产积极性，开展了爱国增产运动。

新疆有水就有地，兴修水利是发展农业牧业生产的关键。除屯垦部队外，地方上也从 1950 年开始，在天山南北普遍兴修水利，银行为此还发放了一些贷款。由于大搞水利，耕地面积和播种面积都迅速增加。1952 年，全疆耕地面积达到 2315 万亩，比 1949 年 1814.6 万亩增加 27.5%，其中水浇地（包括水田）达到 2145.5 万亩，比 1949 年 1681.6 万亩增加 27.6%；全疆播种面积达到 2061 万亩，比 1949 年 1542 万亩增长 33.7%。

此外还发动农民大力推广各种增产措施，例如：推广优良品种；平整土地，实行深耕；改善灌溉方法，建立灌溉制度，节约用水；治理蝗虫等等。另外给农民发放贷款，解决农具、种籽、耕畜等生产资料。

在畜牧业方面，发动牧民改良牲畜品种，建设牲畜棚圈，打草储草，保证牲畜安全越冬，派出兽医防治疾病等，提高了牲畜繁殖率，减少了牲畜死亡。

由于采取了有力的增产措施，新疆解放初期农牧业发展很快。1952 年粮食总产量达到 26.62 亿斤，比 1949 年 16.96 亿斤增长 57%；棉花总产量达到 2622.6 万斤，比 1949 年 1014.3 万斤增长 58.6%，油料总产量 9933 万斤，比 1949 年 5748.5 万斤增长 72.8%；牲畜年末存栏头数达到 1275 万头，比 1949 年 1038 万头增长 22.8%。由于农牧业生产的发展，改善了农牧民的生活，为国家提供的粮食畜产品大大增加，满足了军需民食，同时提高了农牧民的购买力，活跃了商业市场。

城乡贸易渐活

解放前的新疆，城乡商品依赖外部供应。抗日战争初期，新疆所需工业品和日用品主要靠苏联进口，以后盛世才反苏反共断绝了对苏贸易，市场商品奇缺，加之新疆地域辽阔，交通闭塞，物资交流很不通畅。

伊犁、塔城等地粮食有余，而迪化（即乌鲁木齐市）等地缺粮，粮价比产地高出很多。农村生产的农副产品和牧区生产的皮革、羊毛等土特产品无人收购，而农牧民购买布、茶、糖、盐及其他日用品十分困难。有些投机商人乘机盘剥农牧民，如用一块砖茶换一只羊。

解放前由于新疆财政支出靠滥发纸币维持，钞票不断贬值，造成市场物价飞涨。解放后，人民政府把发展城乡贸易、稳定市场物价当作经济工作的重点来抓，采取许多有力措施：

——自上而下建立国营贸易公司。解放后接收了伪新疆贸易公司和西北民生实业公司，建立了新疆贸易公司，在各专区和各县市建立分支公司，从内地组织物资投放各地，收购农村、牧区的农副土特产品和畜产品，打通了城市和农村、牧区的物资交流。

——组织合作社。除部队组织合作社外，地方机关也组织消费合作社。1952 年全疆共有 237 个合作社，贸易网点有 370 余个，生产加工单位有 178 个，都与贸易公司签定了业务合同。这些合作社除供应商品外，有的还收购农畜产品。

——组织私商送货下乡，收购农畜产品，给予合理利润。

——开展对苏贸易。向苏联出口的主要是羊毛、皮张等土特产品。从苏联进口的主要是机械设备、建筑材料、医药器材及其他日用消费品。通过外贸，促进了新疆经济发展。

由于采取了以上措施，商业贸易得到很大发展。1952 年采购农副产品总额和社会商品零售总额都比 1950 年增长了 70% 左右。同时，由于贸易公司、合作社掌握了足够的粮食、棉布、茶、糖、煤等生活必需品和其他日用品，能保证市场供应，保证了物价的稳定，1952 年物价还有些下降。同时提高了农副产品的收购价格，据当时统计，1952 年畜产品收购价格比 1949 年提高了七倍，缩小了工农产品剪刀差，促进了农牧业的发展，改善了农牧民的生活。

为着新疆的未来

王震的眼光不只放在克服暂时困难上，而是早已考虑开发建设边疆的宏伟规划。

解放前，新疆基本没有现代化工业，只有很少几个小型厂矿，还有一些作坊。1949 年全疆工业总产值只有 8163 万元，其中重工业产值 324 万元，轻工业产值 7839 万元。王震同志从 1950 年开始就着手抓新疆工业建设。

从 1951 年开始即动工兴建一些现代化的工业企业。当时除了中苏合营的石油公司和有色金属公司外，主要由部队建设一些较大的工厂。资金来源除了中央投资外，由部队指战员节衣缩食，节约军费筹集了一部分。

王震同志从内地请来了一些专家参加建设，由部队指战员参加施工劳动。他们发扬革命加拼命的精神，克服重重困难，先后建成八一钢铁厂、七一棉纺厂、十月汽车修配厂（即现在的十月拖拉机修配厂）、新疆水泥

厂、苇湖梁电厂、六道湾煤矿、八一面粉厂等十三个现代化企业，于1952年底交地方管理，这些企业经过不断的扩建目前仍然是自治区的骨干企业。

当时地方上也建设了一些较大的厂矿，如和田缫丝厂、乌鲁木齐陶瓷厂、玻璃厂、哈密及阿克苏电厂等。1952年，全疆工业企业户数达到771个，比1949年363个增加1.12倍；其中全民所有制工业企业户数达到95个，比1949年13个增加6.3倍。1952年全疆工业总产值达到17670万元，比1949年增长1.16倍；其中：重工业产值达到4081万元，比1949年增长11.6倍；轻工业产值达到13589万元，比1949年增长73.4%。

在王震同志领导关怀下，解放初期新疆的交通邮电和文教卫生事业也得到了迅速发展，一些工业品和日用品可以部分自给。

解放前夕新疆财政面临绝境，1949年新疆财政赤字达99%，解放初不仅财源枯竭，而且财政管理也相当混乱。1950年3月中央发布了统一财经工作的决定。

新疆坚决执行中央的这一决定，统一了全疆的财政收支管理，建立了财政预算审核制度，同时通过发展经济，开辟财源，使财政情况逐步好转，取得了显著成绩：

——保证了供给。本着“三个人的饭，五个人匀着吃”的政策，保证了包括45000多留用人员在内的全体公教人员的供给，使所有公教人员生活有了保障。1950年春派出干部向农民借粮（在当年秋后归还），解决了军粮和部队生产用粮。以后几年，通过征粮和购粮来解决军需粮食和供应市场。

——整顿财政收入。1950年3月成立了省税务局，随之又加强各级税务机构，增加了干部，并在这一年执行了全国统一税制，加强了征收工作。

农牧业税贯彻合理负担的政策，调动了农牧民交粮纳税的积极性。由于经济发展，财政收入逐年增加，由1950年的2218万元，增加到1952年的7360万元，增加了2.3倍。

——整顿财政支出。解放初期财政支出主要是行政经费。由于对人员马匹编制多次进行整顿压缩（1950年下半年全省省市专署级编制总人数较解放前减少了近40%），并且厉行节约，反对浪费，使开支不断减少。

行政开支由1950年的5917万元下降到1952年的3679万元，下降了

37.8%。财政总支出由6696万元下降到5892万元，下降了12%；支出中经济建设费和社会文教费分别增加了四五倍。

——财政收支相抵由赤字变为结余。1950年财政赤字4478万元，1951年缩小到1366万元，1952年转变为结余1468万元。

解放初期新疆财政经济困难确实是非常严重的，但新疆分局依靠各族军民艰苦奋斗，努力发展生产，不仅渡过了困难，而且使各项建设有了很大发展，王震同志的功绩将永远铭记在新疆各族人民的心中。

（作者单位：新疆维吾尔自治区财政厅）

五个坚持　让薪火映红天

——学习陈云同志优良作风有感

毕景阳

自“薪火相传”主题教育活动开展以来，我怀着对陈云、李富春等老一辈财经工作领导人的崇敬之情，翻阅了大量文献资料，了解了许多他们在财政工作中发生的感人故事。读后让人感慨万千，敬佩之情油然而生，同时也给了我很多启迪和思考。他们在长期的奋斗历程中，在血与火的严峻考验中，在财政发展壮大的同时形成和铸就了党的优良传统和作风，也创造和积累了丰富的精神财富。陈云同志作为社会主义财经工作的开创者和奠基人之一，堪称楷模。

坚持理想信念

坚定的理想信念是立身之本，是发扬优良传统的核心，也是做好财政工作的源动力。陈云同志参加革命70年，无论斗争如何艰巨、情况怎样复杂，无论是顺境还是逆境，他对社会主义、共产主义的信念，对党和人民的事业始终坚贞不渝。特别是他在主持国家财经工作期间，他曾因坚持实事求是、反对不顾现实条件的急躁冒进而受到误解，但这并没有动摇他的理想信念。他始终坚持真理，并为纠正失误，减少党和人民的损失作出了不懈努力。继承和发扬老一代的优良传统，就要像他们那样坚持理想信念，把为党和人民事业而奋斗作为人生最高目标，净化思想，洗涤灵魂，增强党性，明确航向，更加坚定地为建设有中国特色社会主义而奋斗。新的历史条件下，财政系统的党员干部要成为理想信念坚定的人，关键是要用中国特色社会主义理论武装头脑，要正确认识党，始终忠于党；要正确认识社会，坚定必胜信心；要正确认识自己，定准人生方位，做到与党同心、与人民同向、与祖国同步。

坚持勤奋学习

“立身百行，以学为基”。学习是能力之基，修身之道，成事之本。陈云同志终生好学，孜孜不倦。大革命时期，他在如火如荼的革命斗争中，坚持学习，政治上逐步成熟起来。延安时期，在治病休养期间，他研读了毛泽东同志的很多文章，对毛泽东思想有了深刻领会。“文化大革命”期间，他被下放江西，跟随他的是装满三个箱子的书籍。正是由于勤奋学习，善于学习，他具有很高的思想理论水平，为开创工作新局面提供了理论支持，为毛泽东思想和邓小平理论的形成和完善作出了重要贡献。在新的历史条件下，财政系统的干部职工要像老一代那样坚持勤奋学习，把学习作为“终身大事”，作为“立业大事”，作为“执政大事”，不断提高自己、完善自己、充实自己，扎扎实实提高科学发展的本领。就要在学习中坚定理想信念，提高政治素质，锤炼道德操守，提升思想境界；坚持在学习中把握人生道理，领悟人生真谛，体会人生价值，实践人生追求。

坚持执政为民

立党为公，执政为民是科学发展观的本质要求，是我们党永远立于不败之地的根本。新中国成立后，陈云同志曾长期主持国家的财经工作。他

始终将与人民群众日常生活有关的问题视为战略问题，强调“共产党必须天天关心人民群众的切身利益”，从“一要吃饭，二要建设”方针的提出，到关注小商品的生产和供应；从提出生猪饲养应实行“公私并举，私养为主”的方针和将母猪下放农户饲养的政策，到纠正不顾客观条件强行推广双季稻的错误作法；从为确保6000多万城市人口每人每天最低70克蛋白质而筹划的15亿公斤大豆供应，到关心布票发放和亿万群众的袜子问题，都体现了他全心全意为人民服务的公仆本色。新的历史条件下，财政系统的党员干部就要像老一代那样坚持群众利益无小事，把人民利益放在高于一切的位置，坚持把改善民生作为第一标准，树立为民理念，强化为民意识，落实为民举措，多办顺民意、解民忧、增民利的实事，多做打基础、利长远、惠百姓的好事，做到亲民、富民、惠民、助民、安民，做一个为民造福的人。

坚持勤政务实

“官不勤则事废”，党员干部很重要的一个职责就是“干”。自己带头干，带领群众干，在自己的工作岗位上努力工作、无私奉献，创造无愧于时代、无愧于历史、无愧于人民的一流工作业绩。陈云同志工作兢兢业业，并以其特有的勤奋、细心，为党和国家作出了重大贡献。特别是在财经工作方面的建树尤为突出，他理财陕甘宁，使边区财政渡过难关，并实现收支平衡。具体领导新中国的经济工作、遏制通货膨胀、稳定经济秩序、恢复国民经济，主持制定第一个国民经济五年计划，奠定了人民共和国发展的基础。发扬优良传统，就要像老一代那样坚持把一切献给党和人民，努力在自己的岗位上创造出一流的工作业绩。在新的历史条件下，财政系统的党员干部要树立强烈的事业心和责任感，牢固树立发展意识、责任意识、争先创优意识，突出一个“干”字，做到想干事、会干事、敢干事、干成事；强调一个“责”字，做到忠诚履责、全力尽责、敢于负责；注重一个“实”字，做到勤政务实、真抓实干；着眼一个“创”字，做到在实干中创新，在创新中实干，实现在财政工作岗位上建功立业的目标。

坚持重品修德

“品格德行、立身所贵”。对于普通人是这样，对于领导干部来说更是这样。党员干部只有讲党性、重品行、作表率，才能赢得人民群众的信任和支持，才能更好地履行职责使命，推动科学发展。陈云同志一生功勋卓著，但他不居功自傲，始终谦虚谨慎、淡泊名利、艰苦朴素、清正廉洁。他提出遵守法律首先要从自己做起。他指出高级干部要严守党的制度和党规党法，发扬党的优良作风。在新的历史条件下，财政系统的党员干部要始终保持艰苦朴素、勤俭节约的作风，反对贪图享受、铺张浪费的不良习气，真正把有限的财力用在经济社会发展的关键部位和薄弱环节上，用在改善民生、多为群众办实事好事上。要始终保持清醒头脑，绷紧廉洁自律这根弦，守得住清贫，耐得住寂寞，稳得住心神，经得住考验，严守党纪国法，自觉秉公用权，不以权谋私；依法用权，不假公济私；廉洁用权，不贪污腐败；在各种诱惑面前，守住“底线”，不越“红线”，做让党放心，让人民满意的财政人。

（作者单位：河南省濮阳市华龙区财政局）

算盘人生

赵立莉

吃过早饭，习惯地换鞋、拿包、开门，朝着厨房里收拾碗筷的老伴说到："上班去了。""什么？上什么班呢?""噢……"他哑然失笑，这才想起昨天接到了人事部门传来的文件，打今天起，他退休了。

转回身，又换鞋、放下包，走进书房，手又习惯地伏在那把油光锃亮的大算盘上，噼里啪啦地打起来。

昨天下班后，他整理了年初以来经手的文件、报表、资料，装订成册，又把这个月需要办理的其他工作列张清单，放在了对面的办公桌上。办公室里自己的私人物品很少，唯独舍不下的就是那把跟随他三十多年的大算盘。很晚回到家时，老伴已经做好饭在等他。他愧疚地对老伴说："从明天起，每天按时回来吃饭。""这话都听多少遍了！"老伴嘟囔着。"这次说到做到，我退休了。"老伴一怔，抬眼看着他："也好，该歇歇了。"接过他手中的包一眼看到了他手里的算盘，揶揄地笑着说："干了几十年，就带回来了个老伙计？还有啥用？每天买葱买蒜你也算算?"

噼里啪啦地打着算盘。这么多年的磕磕碰碰，算盘上好多地方漆都脱落了，露出了原木色。他回忆起算盘三十多年前的模样，朱红的梁框，漆黑的珠子，拿起来沉甸甸的。那时他刚参加工作，是县政府财粮科的一名新兵。从背诵“二一添作五”、“三下五去二”，到两把算盘十指翻飞，同时统计二十多个乡镇的决算报表一数不差，不知熬了多少个不眠之夜，手指也不知磨掉多少层茧皮。而前辈们“揣着大账本，拨着大算盘，门好进、脸好看、事好办”的谆谆教导，也深深地印在了他的脑海。

噼里啪啦地打着算盘。20 世纪 80 年代，乡镇成立财政所，他下乡当了所长。为普查、培植税源，他忙忙碌碌调查研究、下村蹲点，为农业科技含量的提高，他辛辛苦苦地奔波在田间地头。乡镇部门多、账务不规范，哪家铺张浪费却总是装哭叫穷，哪家财大气粗却依然清廉如故，如何开源节流、聚财理财，这把大算盘让他嘴里有数，心里有谱。

噼里啪啦地打着算盘。撤地设市、撤县设区，分税制、部门预算、会计集中委派，……财政改革层出不穷。受命于危难之时，他回局当上了全区的大会计，噼里啪啦地更忙了。市场经济背景下，有人在算计着个人得失名利金钱，而他却盘算着国家荣辱、人民冷暖。从小从细应收尽收，从严从紧控制支出，牢记着“一要吃饭二要建设”的宗旨，盘算着经济建设的宏观和微观。经手的报告、账目不计其数，拨出的资金用百亿作单位，可他从未出过差错，经得起各级审计、检查。噼里啪啦的算盘声见证了他理财的品格和风范。

噼里啪啦地打着算盘。随着科技的进步，金财工程的实施，财政工作实现了网络化、电算化，就连乡财政所都有了微机。鼠标一点，报表就设计好了，鼠标再一点，几十张表格的表间、表内统计就完成了，再一点，一份完整的报表就从打印机里出来了。于是，他又当了函授站的学生，从拼音“a、o、e”开始学习打字。在老花镜又多了几个圈圈后，他终于可以对 WORD、EXCEL 等常用操作系统运用自如了。

噼里啪啦地打着算盘。使用了计算机以后算盘真的没用了，可他还是舍不了，闲暇时还是噼里啪啦地打着。茶庵乡的塑料大棚一年能使农民增收多少；提高五保户的集中供养率区级财政要配套多少；国库集中支付的“两建立两直达”使资金的使用效益提高了多少；工业园区的新入驻企业一年的地方财政贡献有多少；政府采购使财政资金节约了多少；南水北调移民新村建设资金到位了多少；农运会场馆建设能带来多大的经济效益和社会效益……大算盘算得清的是当家的忠诚、当家的艰难，算不清的是理

财的无私、理财的奉献！

噼里啪啦地打着算盘。工作三十多年了，他加进去的是汗水、是智慧，而减去的是如花的岁月、似水的年华。渐渐地感觉吃空了老本，青灯黄卷下考取的会计师、高级会计师证书，还有那先进工作者、五一劳动奖章，都在无声地述说着他的执着和追求。如今财政队伍日益壮大，年轻的刚出校门，年长的已是两鬓飞霜；财政人员整体素质不断提高，全区财政系统二三百人，财会大专以上学历的占百分之八十。长江后浪推前浪，俗语不俗，该给年轻人让位了。

噼里啪啦地打着算盘。手机响了，来电显示是会计师事务所的王所长。王所长两年前就邀约他退休后发挥余热。今天他欣然答应，看来又要开始新的算盘人生了。

（作者单位：河南省南阳市宛城区财政局）

“财神爷”应当“先小人后君子”

张洪蓬

“先小人后君子”是陈云同志在实践中所运用的领导思想和工作方法，所展现的高超政治智慧，是我们宝贵的无形财富。运用好这个方法，对于财经战线工作人员“干好事、干成事、不出事”会有很大帮助。

财政部门手握财权，具有特殊的行政职能，在这些部门工作的人，也凭其特殊的工作地位，被人们视为手握实权、占据“肥缺”的人，并被戏称为“财神爷”。但怎样才能保全“财神爷”的金身？仁者见仁，智者见智。从主客观方面，我们可以总结出很多道理来。但是，关键的一条莫过于清醒认识和正确对待自己的位置和职责。对此，中国社会主义经济建设的开创者和奠基人之一，被誉为“红色掌柜”的陈云，有一个锦囊妙计。这就是他在主持财经工作时经常强调和倡导的“先小人后君子”的方法。

早在 1945 年召开的陕甘宁边区财政厅工作检讨会上，陈云就指出：“人家来领东西，要给他计算一下，仔细打打算盘，这是必要的。如果来一个‘政治领导’，人家要什么给什么，不算账，那是不行的。”“要有

'掌柜'态度，当家的态度，应该把责任心提高到这个程度。这不是一个小问题，而是主动或被动的问题。要说老实话。有就有，没有就没有。'先小人后君子'，在同志面前点钱不是丢脸的事情。不该给的东西，一定不含糊；许可了的东西，则大体不能变更，空头支票不要开，当然，有了错误或影响全局的问题，应该改的还是要改。检查要严格。俗话说，'豆腐里挑出骨头来'，要仔细核算。"“在算账时，项项都必须看一看，虽然形式上好像是找岔子，其实这才是负责的态度。”

解放战争期间，陈云主持南满分局工作时兼任南满分局财委书记，时任南满分局财委副书记兼秘书长的吕东后来回忆说：“在与兄弟解放区之间开展经济协作时，陈云同志特别强调要讲信誉，做到'先小人后君子'。所谓'先小人后君子'，即洽谈协商时，交换什么、何时交换、交换多少，要一一记入合同，并严格履行，说怎样就怎样，不能违约；最后，如有可能，要尽量照顾兄弟地区，甚至可以是无偿支持。不要开始时客客气气，最后吵得不可开交。”

这两个鲜活的历史事例，生动地反映了陈云当“财神爷”的艺术，而“先小人后君子”的见解更为精辟。这六个字，看似简单，实际上蕴含着丰富的哲理，要真正做到更是不容易。笔者体会，领会和应用这六字秘诀，至少要做到以下三个方面。

首先，要有当“小人”的勇气。在中国人的眼里，君子和小人是泾渭分明、判若云泥的两类人。“君子怀德，小人怀土”；“君子坦荡荡，小人常戚戚”；“君子成人之美，小人成人之恶”等等话语，经常出现在各类道德文章之中，界线清晰，爱憎分明。因而，人们时时处处忌讳别人把自己划入小人之列，而视君子称谓为至高荣誉，当属合情合理之想法。只要稍加注意，我们也不难发现，在自己的周围，自以为君子的人不少，自命为小人的则难得一见。在这个大环境下，敢于冒被当成“小人”的风险，着实需要不小的勇气。比如，很多人在借还钱款的时候，都不好意思当面再核查一遍，认为这样不够“大气”，是“以小人之心度君子之腹”。对于地位显赫的“财神爷”来说，更是如此。那些“原本并不坏”的“财神爷”，所谓的顾及朋友交情、重视哥们义气、办事大方豪爽等行为，实际上还是出于结怨不如结缘的心态，为了博取和维护自己的“君子”形象。殊不知，这于己于人都是不负责任的态度。一旦事后出现问题，公说公有理，婆说婆有理，纠缠不清，大伤和气不说，自己也难免“泥菩萨过河，自身难保了”。与之相反，身为不同寻常的大“财神爷”，陈云却有不怕当“小人”的大勇气。他喜欢“把丑话说在前面”，认为“在同志面前点钱不是丢脸的事情”，要求财经干部对自己人也要“仔细打打算盘”，“豆腐里挑出骨头来”。这样办事，或许当时面子上不好看，但不留后患，不犯错误。可见，先小人后君子者，未必是小人；先君子后小人者，未必真君子。换言之，既精通业务、善于“打算盘”，又尽忠职守、不讲情面的“财神爷”，正是人民需要的德才兼备型干部；而那些虽然业务上过得硬，但左右逢源以维护自己所谓君子作风的人，终究是靠不住的。对此，史学家司马光早就评论说：“国之乱臣，家之败子，才有余而德不足，以至于颠覆者多矣。”

其次，要有当“小人”的底气。底气何来？底气来自这个“小人”不是给自己当的，而是为广大人民群众当的。陈云被誉为“红色掌柜”，不是因为他的“掌柜”身份和权力，而在于他的“掌柜”态度和“掌柜”功劳。他的“掌柜”态度，不是小商贩那样为个人利益斤斤计较，而是为国计民生精打细算，为改善人民生活殚精竭虑。新中国成立后，陈云主持全国财经工作，虽然这时候国家经济条件较革命时期大为改观，但身为“财头”的他并没有“阔”起来，而是更加锱铢必较，甚至一度主张财政部门要像铁公鸡那般“一毛不拔”。他经常语重心长地告诫财经干部：“钱是老百姓的，我们不能拿老百姓的钱开玩笑。”“接触钱财物的机会越多，越要廉洁奉公，同每一元钱作斗争，个人不动用公家一元钱！”他说，花几十年的时间把革命搞成功了，“现在我们面临着如何把革命成果巩固和发展下去的问题，关键就在于要安排好六亿多人民的生活，真正为人民谋福利”。正因为有这样的“掌柜”态度，他总能在国家建设的关键时刻，挺身而出，勇挑重担，从而为把新中国的国民经济建设成为“有利于人民的社会主义经济”作出了卓越贡献。陈云立下的“掌柜”功劳，为人们所津津乐道。毛泽东形象地称之为“国乱思良将，家贫念贤妻”。值得一说的是，这位掌管着动辄数以亿计资金出入的新中国第一号“财神爷”，自己的生活却是简朴的，有时甚至可以说是清贫的。20 世纪五六十年代，在中共中央最高领导层中，刘少奇、朱德和陈云家庭比较困难，这是有名的，原因都是家庭成员多，需要接济的亲戚多。1995 年 4 月，陈云逝世以后，身边工作人员计算了他留下的财产，只有不到 2 万元的稿费，以及逝世后可领到的 13360 元抚恤金。这样的“财神爷”，焉能没有当“小人”

的底气！

第三，要有当“小人”的保障。当“小人”也要会当，要当得有理有据、理直气壮。这就要建立健全各项规章制度，并严格遵守和执行。和人打交道，贵在言必信，行必果。如果是自说自话，乃至前后矛盾，就是真小人了。那么，怎样才能搞好制度建设呢？关键在于假定。从君子的假定出发，必定设计出坏制度，导致坏结果；从“小人”的假定出发，则能设计出好制度，得到好结果。也就是说，先假定每个人都有可能是小人，必须通过各项规章制度加以制约，处处设防，层层把关，犹恐百密一疏，从而让他们做不成或是无法做坏事。如果缺少这样的制约，即便是君子也可能蜕变为小人。拿财经工作来说，陈云强调承诺和诚信的重要性，要求“空头支票不要开”。更重要的是，他强调要将洽谈协商的结果一一记入合同，做到“小葱拌豆腐”，一清二白。有合同在，白纸黑字，清清楚楚，必须不折不扣地照此履行，谁也抵赖不了。这就是制度建设，就是当“小人”的保障。就此而言，“先小人后君子”，不是怂恿人们去做小人，而是为了预防和消灭伪君子，成就更多的真君子。

（作者单位：黑龙江省牡丹江市东安区财政局）

王股长的最后一班岗

潘耀威

世上真有这么凑巧的事儿。

今天是2010年3月15日，对于王股长来说，真是一个特别值得纪念、特别难忘又特别令他激动的日子。1950年的今天，他来到了这个世上；1965年的今天，他来到富裕县财政局上班；1979年的今天，他举手宣誓光荣地成为党的人；今年的今天，自然就是他年满60周岁光荣退休的日子。

不知是缘于一种留恋还是一种冲动，昨晚，他躺在床上辗转反侧，怎么也睡不着觉，好像心里总有他搁不下干不完的事。半夜里，他把老伴折腾醒，帮他把制服、领带擦拭了好几遍，皮鞋擦得油光锃亮。老伴一边为他忙活一边不停地嘟囔：

"明天就办退休了，还是那个神经劲儿！"

"你说啥哩！上班嘛，就得像个上班的样！再说了，人活着就得有股劲儿，要是没有了这股劲儿，人还有啥精神！"

"就你精神，你干了一辈子，认真一辈子，不也就混了一个小股长吗？"老伴话里带着调侃。

“股长咋的？我这人你还不知道，压根不是为当官，就想把事干出点儿模样来，别让人戳咱脊梁骨！”

老伴嗔怪地说：“得了得了，天拿你也没有办法！”

要说王股长干工作，那种较真儿，那种实在劲儿，那种拼劲儿，局里局外是出了名的。除了公出，每天早晨八点上班他都是七点半准时到，服装鞋帽穿戴得整整齐齐，说话走道也总是那么精神。熟悉他的人，都知道这是王股长的老传统、老习惯、老作风。

昨天，办公室主任通知王股长，上午局里要为他开个欢送会，局领导让老王好好准备准备，老王说：“有啥准备的！我上午还有几件事要办，会就改在下午四点吧，有半个点足够了。”局领导拗不过他，欢送会就定在了今天下午四点整。

今天一大早，王股长就起来了，照旧是七点半来到了局里，第一个在记事板上规规整整地写上了“上午下企业”一行大字。

一上午，王股长忙得脚不沾地，火急火燎地办了三件事：三社区一街的张大壮刚开绿米深加工工厂，他帮忙建了账目，立了制度；高桂珍在县工业园区新建一座牛初乳加工厂，资金不够用，他帮助跑银行搞协调，落实了一笔贷款；这几天到环球家电总汇买家电和电脑的农民特别多，他又马不停蹄地跑去为农民朋友宣讲了“家电下乡”政策，讲了普通发票开具的式样和方法，一上午忙得他满头直冒热气儿。

下午一点，他又早早地来到办公室，和接他班的小李交办企业股工作的事儿。

“咱们负责管理的企业共有112家，其中有15家是今年新办起来的……”小李一丝不苟地做着记录。

“杨四和孔祥文爱在账目上搞小动作，要多留点神，得看紧点。”

“记住了。”小李认真地回答。

……

“最后一句话，你一定记着，自己要管好自己，要对得起咱这份工资，对得起咱这份工作！”

“王老，您就把心放肚子里吧，我不会给您丢脸的。”

王股长点点头，满意地笑了。

离开欢送会还有1个小时，王股长觉得时间还充裕，就又向党支部写了一份退休思想保证书。他蓦地想起有一个重要的事必须做个交待。从

1965 年参加工作到现在，他在财政岗位上一连干了 46 年，荣誉证书得了不少。他打开办公柜，拿出了一本本红彤彤、亮闪闪的荣誉证书，什么先进工作者、业务能手、优秀共产党员、优秀公务员、十佳服务标兵，党风廉政个人标兵……“光荣称号”令人眼花缭乱。王股长觉得，这些荣誉不是标榜个人的资本，也不仅仅是个人的荣誉，它是党组织对自己的培养，是自己干财政工作应该交的答卷。现在要退休了，就该把这些荣誉交回局里。想到这里，他的眼睛湿润了，看着眼前的证书，那些片片段段的回忆又浮现在他的眼前：那年小舅子偷税，他按高限予以处罚，家人骂他“六亲不认”！他管企业，逢年过节，免不了有人上门对他表示点儿意思，都被他婉言拒绝，人们当面说他：现在这个世道，你还一本正经，该与时俱变了！可王股长就是坚守他的老理儿，为人清正廉洁，要有人格！他还爱管闲事，要是有的干部沾了企业的便宜，或是迟到早退，上班办私事，只要被他发现，免不了被他教训一顿。就是因为这个，周围的人为他送了个“编外局长”的雅号……

这时，墙上的挂钟响了四下，开会时间到了。王股长从思索中醒过神来，梳梳头，戴上帽子，又拍打拍打身上，照照镜子，揣上笔记本，向会议室走去……

（作者单位：黑龙江省齐齐哈尔市富裕县财政局）

她是姚集山乡的映山红

——记武汉市黄陂区姚集镇财政所女干部郭建芳

彭　勇

映山红生长在贫瘠的山岗上，在春寒料峭的日子里，它开得鲜艳、美丽、执着，把爱带给大自然，带给所有人。人们说，年轻的郭建芳就是一朵永不凋谢的映山红。

2009年9月8日14时，武汉市黄陂区姚集镇财政所女干部郭建芳同志坐着同事陈兰芳的摩托车，到该镇牌楼村苏家田湾核实农户的粮食直补信息。路上行人稀少，离村口100米的时候，郭建芳哮喘病突然发作，急促地喘不过气来，闻讯赶来的人们迅速把她送到姚集镇卫生院。经全力抢救无效，于15时30分，年仅36岁的郭建芳再也没有睁开眼睛。

人们在清理郭建芳的遗物时发现，她下乡经常背的挎包里，就只装有沙丁胺醇气雾剂等三瓶药，一个工作笔记本和一本农户信息资料。

得知她去世的噩耗，近千名群众自发从四面八方赶来，参加她的遗体告别仪式。人们多想再看一眼她的笑容，再多听一句她的声音啊！

在送葬的人群中，北门村下胡湾的胡高原老人拄着拐杖，泪流满面，哽咽着说，“孩子啊，为了工作，你不晓得照顾自己，年纪轻轻就走了！你要一路走好啊！”

不，郭建芳没有走，她还依然在为她深爱的孩子整理着上学的书包，装进崭新的水杯。她那活泼灿烂的笑脸依然浮现在人们的眼前，走村串户忙碌的身影依然奔走在姚集镇的山山水水之间。

山乡映山红

黄陂区姚集镇是武汉市最北端的口子镇，每到春寒料峭的三月，漫山遍野的映山红把这个山乡装点得分外妖娆。

郭建芳出生在映山红盛开的季节，1993 年 3 月参加财政工作。在走上工作岗位第一次下乡时，老所长安排“老财政”陈惠芬带着她。从那以后，郭建芳每次和陈惠芬到农户家中收税，见到农户打场晒粮或做农活时，两人总是把袖子一挽，就帮着干。

为了熟练掌握国家财政政策，提高自己的业务能力和理论水平，在上班的第二年，她就主动要求参加了财政专业的函授学习，随后，又参加了市委党校的会计专业的知识培训。她白天和大家一起走村串户，夜晚刻苦学习书本知识。就这样自我磨练，不几年她就成为一名熟悉政策，独挡一面的基层财政骨干。

2004 年，武汉市率先免征农业税，出台了一系列支农惠农政策，基层财政的工作职能发生了根本性的转变。“财政再不收税了，但财政干部的责任更重了，工作要求更高了，财政与人民群众的联系更紧密了”。在全所干部会上，老所长的一席话让郭建芳彻夜难眠。

面对基层财政职能的调整，她如饥似渴地投入到学习党的方针、政策、财政理论知识中。正是凭着对群众的一腔真情，凭着对自己的严格要求，她系统地学习了《省人民政府关于对种粮农民实行直接补贴有关问题的通知》、《湖北省对种粮农民实行直接补贴的操作规程》、《湖北省财政厅关于对粮食直接补贴有关政策的解释通知》等上级文件和有关规定，熟练地掌握了粮食补贴政策及操作流程。

随着国家惠农补贴政策的不断完善，惠农补贴资金实行银行“一折

通”发放，农户基础信息和补贴情况必须录入电脑，实行网络管理。为了适应工作需要，郭建芳利用节假日时间，自学计算机知识，熟练地掌握了“农民补贴网”的操作技能。

郭建芳近年来负责仁和片、石桥片共8个村的粮食直补、农资综合直补等惠农补贴发放，这几年，经她的手发放各类补贴共457万多元，一分钱都没弄错。

郭建芳殉职那天带着农户信息本，是准备到苏家田核实一批农户的种粮补贴信息。其中，60岁老农刘开义的“一折通”上的名字写成了“刘开文”，与身份证不符，银行的系统升级后，老刘就领不了种粮补贴，必须核实改正。而郭建芳却在前往老刘家的路上殉职。5天后，她的同事将新的存折送到老刘手中，老刘感动得老泪纵横，跪倒在郭建芳坟前。

郭建芳爱岗敬业，勤奋刻苦，乐于奉献。在16年的工作中，她像一支艳丽的映山红，扎根山乡，把艰难留给自己，把芬芳留给他人。

财政政策宣传员

在姚集镇，人们为表示对财政干部的尊重，喜欢把没有什么职务的财政工作人员称为“会计”。但是，在郭建芳看来，这个“会计”的称呼却拉开了自己同老百姓的距离。“叫和不叫‘郭会计’感情不一样，如果乡亲们能叫我一声‘小郭’，那该多亲切啊”。

“大家不要叫我郭会计，就叫我小郭。”每到一个村，每听到人叫她“郭会计”，她总是微笑着解释。

郭建芳个子不高，行走在山乡的小路上，更显得单薄羸弱。有人粗略地算了一下，为了落实一农户的国家各项惠农补贴，一个财政干部一年到农户、到村组要达12次之多。作为一名女同志，为了不影响工作，她总是天不亮就起床清洗丈夫和孩子的衣服，做好一家人一天的饭菜，整理好孩子的书包，然后早早到单位，准备下乡的资料。

2002年11月的一天，她和财政所一位女同事到盛家湾村宣传国家农业税政策，征收农业税。天下着雨，小郭和同事以及村干部一直忙到下午6点多钟。

眼看全湾的税收任务也差不多了，村支书说：“大家先吃饭歇歇吧，已经到了吃饭的时间了。”大家还来不及应声，郭建芳连忙说：“晚饭就不慌了，还有几户刚才家里没有人，现在可能都在家里，我们正好去。”等把全湾的税收收上来，已经是晚上9点多钟了。

在返回的路上，走在前面的郭建芳脚下一滑，一下子摔倒在泥地里。村支书一惊，很心疼地扶起小郭，感慨道：“我们的小组干部都像你这样，有什么工作搞不好啊！”

为了做好惠农政策的宣传落实工作，郭建芳总是深入田间地头，查看农户的粮食种植情况。2005年的一天，她来到石屋山村彭家窑，一连核实了四、五家的早稻栽种面积，累得气喘吁吁。

在场的村委副书记彭荣汉见此情景，连忙说：“我们这个村，你就放心吧，你还信不过我吗？”

郭建芳擦了一把汗，微笑着说：“我哪里是信不过您书记啊，我是怕国家的惠农政策落实不好，对不起群众啊！”

一股敬佩之情在老彭心里油然而生。他没有再说什么，陪着小郭，把村里剩下的几家农户早稻种植面积都核查了。

2000年6月的一天，石屋山村委会从农户手里收了一些油菜籽，大家担心质量问题缴售到粮管所，怕影响不好。正在这里帮忙的郭建芳爽朗地笑起来：“我就是品牌，我们的油菜籽质量过得硬，我去缴！”看着眼前这个一贯认真负责的“小个子小郭”，村支书何作启放心地笑了。结果送到粮管所的油菜籽，经质检人员检验，正像郭建芳说的那样，完全合格。

参加工作的这几年，她很少在村里吃饭，哪怕是工作到晚上九、十点钟，她也是执意回家吃饭。有时候，实在是推脱不掉，她第二天来下乡，总要买些饮料、水果之类的东西，向人家表示感谢。她常说“我们财政干部不能占老百姓的便宜！”

国家对种粮农户的补贴，真切地体现了党和政府对人民群众的温暖，郭建芳倍感这份工作的分量。为此，她发放惠农补贴资金从不马虎。2004年5月的一天，她和另外一个女同事到王家庙村六组，来给农户发放补贴资金。由于是第一次因为种田而领国家的补贴资金，农户们非常惊喜。大家把她和同事团团围在中间，七嘴八舌地说：“有这好的事，几千年种粮都要交税，如今不用交钱还能得钱？”

大家一边咨询政策，一边欢快地从她手里接过一张张现金。有的农户只要整钱，几分钱他们就想主动放弃算了。

“您少拿了5分钱。”见有人把5分钱留在桌子上，郭建芳连忙打招

呼，“大家都不要急，我们来的时候，专门换了零钱。虽然是零钱，但一分一厘都是国家发的，都要拿好啊！”

人群里发出一阵阵欢快的笑声。

郭建芳严谨细致、一丝不苟的工作态度，在当地传为美谈。

贫困农家好帮手

在山乡走村串户，郭建芳经常能了解到一些贫困家庭的情况。每当这时，她总是感到十分揪心。“作为一名基层财政干部，我不能彻底改变他们的境况。但是，我可以做一些小事情，帮帮他们”。带着这样的想法，每次下乡，她特别留意村民的家庭情况，遇到特别困难的家庭，她就写在随身携带的工作笔记本里。

王传卫是王家庙村六组的一个农户，七十多岁的老母亲中风，三个未成年的孩子在读书。他本人由于没有一技之长，家庭条件非常差，山后自建茶场也基本荒芜，他一度打消了继续经营的念头。

郭建芳了解到茶园经营不好是因为村里交通信息闭塞，产的茶没有地方销售后，就主动找到王传卫，鼓励他说：“现在发展多种经营，是国家扶持的，你把茶园管理好，茶叶没有地方销，我帮你想办法。”老王将信将疑，心想，你发你的补贴，我又不和你沾亲带故，你真会帮我吗？

郭建芳说到做到。打那以后，郭建芳把老王一家就记在心上，每次下乡到这个村里，她都要到老王家里，了解一下茶叶生产经营情况，和老王的老伴拉拉家常。几年来，她每年帮助老王销售的茶叶都有四、五十斤。

看见他家孩子多，孩子们穿的衣服很寒酸，郭建芳就把自己孩子的衣服带来给他家的小孩穿。近两年，孩子大了，她担心再给半新不旧的衣服不好，就每年买两三套新衣服送给他家小孩。

随着时间的推移，郭建芳和老王家走得越来越勤。只要不是很忙，到了采茶的季节，她就来帮忙采茶；到了板栗成熟的时节，她又准时来到他家里，帮忙摘板栗。有时候，老王为了表示自己的感激之情，塞一包茶叶或装几斤板栗给她，她总是推辞。实在推辞不掉，就连忙掏出钱来，硬塞给老王的老伴。

北门村下胡湾胡高原老人，由于儿子服刑，儿媳改嫁，年幼的孙子只能由老人和老伴抚养，家庭生活十分困难。小郭听人说起胡高原老人家中的情况，就经常主动带着钱物来看望老人和孩子，还时不时地清理几件自家孩子的衣服带给他家小孩穿，接济他们。

今年 8 月的一天，小郭听说老人病了，特意拎着牛奶、水果来看望老人。到老人家中，放下手中的牛奶和水果，走到老人的病床前，从自己的背包中拿出 500 元钱，放到老人的枕边。

胡高原的老伴连忙把钱抓起来，塞到小郭手中，拉着她的手，看着小郭那双穿得已经破旧了的皮鞋，动情地说："建芳啊，这么多年你只顾照顾我们。就是不晓得照顾自己。你看看你穿的这双鞋，都破了！你是国家财政干部，穿得不好，人家会瞧不起啊！"

小郭笑笑："财政干部把事情做好了，大家就都会瞧得起的。"她硬将钱塞到胡老汉的枕头下，匆匆地离开了。

直到她去世，也没有人说得清郭建芳帮了乡民多少钱，做了多少事。

财政干部的楷模

作为一名基层财政干部，郭建芳对自己总是严格要求，她以自己的言行，塑造着新形势下"财政人"这个熠熠生辉的品牌！

郭建芳身体不好，常年患哮喘病。为了不让财政所领导和同事在工作中照顾她，就经常对大家说："我这算什么病啊，平常好得很，又不是什么癌症。"

有时候在办公室，她犯病了，急促地咳喘着。她怕同事们知道她病情的严重性，也怕影响大家的工作，就连忙跑到卫生间，等平缓一下后才出来。多年来，她熟悉的村干部、村民，对她长期患病的情况完全不清楚。有的村干部有时候见她下乡高一脚低一脚，气喘吁吁，她也总是以"有些感冒"搪塞过去。

郭建芳的丈夫胡昌金说，妻子患哮喘病、胃病多年，有时到医院买回一大包药，经常悄悄躲着吃，妻子的包里都放着药瓶，同事们都不知道她身体不好。今年 6 月 15 日，妻子还因鼻塞、打喷嚏、鼻子发痒，到医院检查，发现她对花粉、猫毛、狗毛等物过敏。"农村猫狗多，她又经常进村，我本打算趁国庆节带她到医院脱敏……"胡昌金哽咽起来。

直到她去世，所有的同事才知道，这样一个天天也离不开药物的人，却从来没有因病请一天假；没有因为看病，耽误一天的工作时间！殊不

知，她在隐瞒病情的背后，自己忍受了多少苦，遭受了多少罪啊！

在财政所，郭建芳是比较年轻的同志。在工作中，她却总是像一个老同志，细心、热心地呵护着周围的每一个同志。

财政所彭复厚是一名50多岁的老同志，由于年纪大、视力不好，电脑操作也不太熟练，每到录入农民惠农补贴信息时，总是小郭主动帮助他做好农户信息录入工作，从不计较，毫无怨言。

2006年4月，国家为了解决农民购买化肥、农药等农资资金困难，决定在早稻种植前启动粮食综合直补资金兑付工作。由于时间紧，任务重，大家都在加班加点搞农户种植面积申报信息录入，一连几天，每天都忙到晚上十点多钟。老彭见郭建芳一连两天帮自己录入信息加班到深夜，双眼布满血丝十分疲惫，心疼地说："小郭，你几天加班都没有好好休息了，还是让我自己来弄，你早点回家休息吧！"郭建芳回过头，笑着说："不要紧。您眼神不好，录入速度慢，我的眼神好，我录得也快。"

陈兰芳住在镇上，她和丈夫都没有工作，还要赡养两个年迈的老人和一个年幼的孩子，一家五口人生活得非常清苦。郭建芳知道后，主动找到她，对她说："我们都是女同志，我想到你家生活的难处，我也不知道怎么帮帮你。"恰好2007年7月，财政所食堂没有炊事员。郭建芳就找到所长，想推荐陈兰芳到财政所当炊事员。在得到了所长的同意后，她又去做陈兰芳的工作。

小陈面带惶恐，有点难为情地说："我这个没有经过正规烹饪培训的人，只会做家常小菜，给财政干部做饭，就怕不合大家的口味啊。"郭建芳听了，笑着鼓励她："嗨，我们财政所的人都好得很，对生活没有太多的讲究，你怕什么呀！"一席话，打消了陈兰芳的顾虑。

陈兰芳到所里上班后，郭建芳经常利用空闲时间帮忙摘菜、洗菜，每逢所里食堂接待任务重时，还主动帮厨做饭，几年来从未间断。

像这样，郭建芳同志帮助大家的例子不胜枚举。每天上班，她抢着擦大家的办公桌椅；经常从家里端来刚磨好的豆浆，分给同事们；单位组织献血，同事们见她身体单薄，都劝阻她，可她还是执意报了名，直到医生不让她献血。

她去世后，许许多多相识和不相识的乡民来到了她的家里，来到了她的坟前。有的还来到财政所，抚摸着她生前用过的办公桌椅。"多么好的一个人，你不该走啊！"

无数的叹息、无数的泪眼，化作了一句相同的感叹。

郭建芳是财政系统的优秀干部，是大家学习的榜样，她永远活在人们心中。她没有走，她是一朵永不凋谢的映山红，永远盛开在人们的心里。

（作者单位：湖北省武汉市黄陂区财政局）

化作春泥更护花

李 鸿

父亲已至耄耋之年。

新中国成立后，父亲曾是县政府第一个财政科主办科员。正当他踌躇满志地为新中国财政事业施展才华的时候，那场历史浩劫开始了，父亲未能幸免于难被打成“右派分子”，遣送回农村老家劳动改造。直到 1978 年父亲才得以平反昭雪，重新走上工作岗位。那一年，父亲 49 岁。他先当了老师，又做了学校会计，而后在教委搞财务工作，直到 1989 年，父亲被时任的财政局长要回了财政局，重新干起了他的老本行，这一干，就又是二十多年。

这二十多年，是父亲不计晨昏，忘我工作的最辛苦也最快乐的二十年！父亲从事全县财政的预算工作。他周到精细，勤俭节约，呕心沥血，出谋划策，为上级领导做好参谋，当好管家。20 世纪 90 年代初，为确保全县工资的按时发放和吃饭财政的有效供给，曾“一部老爷车，一位老司机，一个退休老头儿”连续十天跑完 24 个乡镇，查找税源，筹集资金，开源节流，调查研究。车胎跑爆过，车门跑掉过，还因为暴雨冲断了乡间公路，连人带车掉进泥坑，一头撞裂了挡风玻璃。当父亲和老司机从昏迷中清醒过来时，他还是调侃地说：“幸亏我是铜头铁脑，玻璃破了不要紧，车门掉了还能开，车胎爆了还能换，可我这算账的脑袋是万万不能被撞糊涂了啊，领导还等着我回去汇报呢！”真的，父亲虽年逾古稀，仍然心明眼亮，声如洪钟，他头脑清晰，思路敏捷，记忆超人，老骥伏枥，他仍然是领导的得力帮手。父亲不会电脑，常常是手写心算，但是对数字相当敏感，过目不忘。加之父亲无争无欲，谨言慎行，高效做事，低调做人，他自律、自尊、自警、自谦，更是成为局领导的左膀右臂。也是工作环境的特殊，来办事的单位或个人，无不是为钱而来。但是，父亲从来都钉是钉，铆是铆，他不徇私情，不谋私利，笑脸相迎，一视同仁，精打细算，热情周到。在财政这个窗口行业中，因为有个“李老”而倍加温暖。

为了适应新的经济形势，父亲还不断地研究新政策，更新知识，掌握新的会计制度，提升自己的业务技能。就在他年逾花甲的时候，还顺利通过了专家评审团的评审，成为河南省第一批经过《河南日报》公示的注册会计师。在单位，父亲不仅担任着全县的总预算工作，同时还应聘于中华会计函授学校，是几门主课的任课教师。为培养合格的会计人才，父亲常常是一个人备几份教案，改作业，批答卷，解难答疑，常常是通宵达旦，灯火长明。他总说“人老了，瞌睡少了，可以多做些事情。”改革开放初期，各行各业急需合格的会计人才，那些已经在任的企事业单位财会人员大多没有接受过系统的财会知识专业培训，他们边工作，边学习，带着实际工作中遇到的各种各样的疑难问题来找父亲寻求答案和解决的途径。无论多忙，父亲都能耐心指导，真的是让求教者执疑而来，满意而归。那二十年实在是父亲最旺盛的工作时期。他似乎要把耽误的青春加倍补回来。在1990年办理退休手续后至2003年的十多年间，父亲退而不休，一直被单位返聘，却没拿单位一分钱的返聘报酬和补助。一位年届古稀的老人，一名财政系统的老兵，父亲如一匹识途的老马，一直在为商城的财政事业和经济发展鞠躬尽瘁。虽然父亲没有惊天动地的业绩，也没有人所皆知的荣誉，但是，在他平凡而默默无闻的一生中正彰显了老一辈财政人不平凡的敬业精神和无私奉献。

在当今这个物欲泛滥，人心浮躁的时代，老一代财政人的这种不计得失，忘我工作，艰苦奋斗，坚守忠诚的品质恰是最值得传承和发扬光大的！薪火传承，与父辈相比，我觉得，我辈所缺少的正是老一辈财政人求真务实和乐于奉献的精神！正是老一辈财政人脚踏实地，艰苦奋斗的优良品质！

我常想，我们应该像父亲那样，接过他们手中的火炬，弘扬财政优良作风，代代传承，即使历经磨难，也要甘于在祖国的财政大厦中充当一粒粒微小的沙子，为祖国的财政事业继往开来，薪火相续，开拓创新，倾情奉献！

（作者单位：河南省商城县财政局）

生命的赞歌

王　霞

"我眼看生命的时光无多，我就愈想增加生命的分量。我想靠迅速抓紧时间，去留住稍纵即逝的日子；我想凭时间的有效利用去弥补匆匆流逝的光阴。剩下的生命愈是短暂，我愈要使之过得丰盈饱满。"

——［法国］蒙田

年少时的我曾经一度为读不懂这段话而质疑过，直到我有幸遇到他，才真正理解了这段话的真谛，从他身上我找到了诠释人生价值最完美的答案。三十四岁，正是一个男人为之奋斗希求绚烂的时候，他却只能带着对财政事业的深深眷念，带着对亲人的无限牵挂，永远地走了。也就是他，这样一位普普通通的基层财政干部成为了我人生中的楷模。他，就是已故的桃源县寺坪乡财政所所长——刘国祥。

第一次见到刘所长是在 1995 年的春天，那时的我还是个娇气的刚刚毕业的女生，怀揣着对财政事业的激情和梦想，还有一丝对繁华都市和青涩校园的留恋，成为了一名奋战在寺坪这个既偏远又贫穷的山区乡镇的财政所干部。当终日只能和收税、记账、报表这些繁杂琐碎的工作打交道后，我迷茫了，困惑了，似乎感到这一行行枯燥的数据正以一种清晰可见的轨迹左右我的人生。激情的歌声逐渐微弱，梦想的色彩也逐渐褪色，特别是一想到有时下村为收农民几元的税款还要挨骂受气，心里觉得更不是滋味，守着那捉襟见肘的微薄工资，我的信念开始动摇。就在我彷徨不定的时候，是刘所长的一言一行、一举一动，潜移默化地影响了我，及时地校正了我人生的罗盘，使我深深感悟到做一名财政人是光荣的，更是责任重大的，财政人是在忙碌中享受充实和在奉献中享受快乐的！

财政人的忙碌，财政人的辛苦我在刘所长的身上感受最深刻。记得1995年夏天，我随刘所长一起到寺坪乡最偏僻的游鹿溪村收税。该村距乡政府40多里，全部是山路，交通极不方便，住户也很疏散。第一次走这么远的路我脚底磨起了水泡，全身疼痛乏力。他把我安排在一农户家休息后，自己手拎着黑提包，头顶着烈日，一家一户地上门，一边宣传解释税收政策，一边收农业特产税。一个来回6天，我还休息了2天，而他一直在忙碌，他却觉得很平常，早已忘记了不时令他疼痛难忍的肝部，忘记了提包里还装着大大小小的药瓶。看到他把一摞摞税款交到财政所，我的眼睛湿润了。是啊，多少次，他风里来，雨里去，饿了，啃一口干粮；渴了，喝一捧山泉。他没有惊天动地的丰功伟绩，他只是财政战线最基层的一名普通干部，然而他做的每一件平凡的事情都那样令人感动。还记得1996年的特大洪灾使寺坪乡的老百姓损失惨重，特别是白石铺村和云盘村，洪水几乎淹没了所有的房屋和农田，刘所长硬是不听大家劝阻，毅然推迟了手术时间，拖着本来就浮肿不堪的双腿奔走在抗洪抢险一线，忍受着常人难以想象的痛苦，一次又一次地把党和政府的温暖送到灾区百姓的手里。

财政人的忘我、财政人的执着，我从刘所长的眼里看得最真切。记得1998年刘所长病情恶化，经医院确诊为肝癌。医生要他住院治疗，乡里的领导和同志劝他休息疗养。然而，乡财政具有刚性特征的人头经费以及各项社会事业的发展支出时刻牵扯着刘所长的心！在住院期间，当他从探望他的乡联校会计那儿得知教师工资还有2万元没有到位时，刘所长毫不犹豫地用他那双瘦弱的手从枕头底下抽出我才给他送去的1.5万元支票，说什么也要把这笔给他治病的钱拿去发教师工资。为了抓好财源建设，帮助农民增产增收，壮大乡村财力，出院后他不顾病痛的折磨，不但积极向上争取资金，还向乡党委政府的领导提出要因地制宜，大力发展山区楠竹产业的建议。为了搞好丘岗地开发，每天他都拖着疲惫不堪的身子骑着摩托车奔波于乡村的羊肠小道上，组织指挥村组干部和老百姓开挖丘岗。在大洋溪村、小洋溪村、鲜花村都留下了他的足迹和身影。看着他越来越单薄的身子，越来越消瘦的脸庞，我们流泪了，因为一个星期前他刚刚收到肝癌晚期的病危通知书。大家都劝他别这样辛苦，他却总是报之淡淡的一笑。他执着的眼神告诉我，他是想把自己最后一点时间都无怨无悔地奉献给他所钟爱的财政事业。面对死亡，这需要多大的勇气！还没等到丘岗地开挖结束，刘所长就穿着他那套心爱的深蓝色农税制服倒下了，再也没有起来，他年轻的生命就定格在了 1998 年的夏天。我注视着从四面八方赶来为他送行的领导、同行、还有一拨又一拨的老百姓，不断地问自己，一个随时都会失去生命的人尚且都能这样忘我的工作，我们还有什么理由不去热爱生命、努力工作、恪尽职守呢？

“心香一瓣为君溢”。12 年过去了，此时此刻，抹不去的仍是他那张为了组织财政收入四处奔波日渐憔悴的脸，挥不走的仍是他那伏案钻研财政业务辛勤忙碌的身影，忘不掉的更是他手把手教我第一次做账、报表、办年终决算时的情景。是他，把我从一个懵懂女生培养成坚守财政事业的财政人；是他，用自己的实际行动演绎了一代基层财政人的风采；是他，用自己平凡而短暂的一生谱写了一首永不落幕的生命赞歌！

今天，当我看到寺坪乡满山摇曳着郁郁葱葱的竹林，看到一栋栋风格各异的小楼房，看到一条条水泥路蜿蜒的通向农户和田间，我都会在心里默默地告诉他，寺坪乡的老百姓富了，农民种田不交农业税了，惠农补贴的项目越来越多了，乡村财政财务管理也越来越规范了，我知道这些话都是他最期盼听到的，想要告诉他的话还有很多很多……

（作者单位：湖南省常德市桃源县财政局）

所长交班一支笔

成　静

在东陈镇财政所余所长的案头，一直摆放着一支年头不少的老式英雄牌钢笔。钢质的笔杆已磨得泛白，有点松动的笔套顶端还凹进了一小块。当别人问余所长为何至今还保留着这件老“古董”时，余所长笑笑说：“这是我们所的传家宝呢。所长交班一支笔，我是从朱所长手里接过这支笔的，它见证着我们所的传统！”

那年朱所长移交时，在办完一切业务手续后，郑重其事地拿出了这支英雄钢笔交到了余所长手中，并且告诉他这是自己的前任房所长移交下来的，还给他讲了这支笔的来历。

原来，房所长是20世纪七八十年代的财政所长，“抠门儿”是出了名的，想他落笔签字报销发票不是一件容易的事。他常说：“镇财政是十个坛子八个盖儿，得算计着过日子才行，能节约的要尽量节约。”财政所办公用的签字笔，名正言顺地可以报销，可他却自己掏钱买了这支钢笔。一位新来的同志不知房所长的脾气，一次去县里开会坐了三轮车，尽管那时的车费只有5毛钱，可房所长在报销单上签字时却“举笔不定”，迟迟没有落笔。新同志不解，同事笑着说："房所长今天签了字已是给了你天大的面子啦！他常对我们说，东陈离县城不远，到县里开会大家骑自行车去也不误事儿，能省的就省省吧！他自己去县城，连下雨天都是骑着自行车去的啊！"

到了朱所长上任，财政状况已经好多了，但他始终忘不了房所长交班时说的一段话："我就要退休了，这支笔留给你用。我只希望你们年轻人用好这支笔，让它见证节俭和廉洁，远离浪费和贪腐。"朱所长感到了这段话沉甸甸的分量。尤其是到了市场经济时代，财政所长也成了高危职务，但只要见到这支钢笔，他就会记起房所长交班时的叮嘱。所以，每当他拿起笔在发票上签上自己的名字前，都要再三掂量掂量，以确保落下笔就对得起党，对得起人民，也对得起这支不同寻常的钢笔！一次，有位包工头来求他在违规的发票上签字，还塞给他一只鼓囊囊的信封。朱所长推开一次，包工头儿又塞过来一次，推推扯扯中，将那支钢笔碰到了地上，笔套顶端凹进去一小块。朱所长急了："笔都摔坏了！你这发票不能报，你再缠，这信封我就交到纪委去！"包工头无奈，只得悻悻地走了。

余所长接过这支笔时，已经进入了新世纪，但他也牢记着老所长的那句话，让这支笔见证节俭和廉洁，远离浪费和贪腐。那支钢笔如今已旧得不能再用了，余所长也换用了简易签字笔，但他还是把那支钢笔端端正正摆在案头，作为自己无字的座右铭。所以，对该签的字，他干脆爽快；对不该签的字，他斩钉截铁。这几年，东陈镇大力推行公共财政，为本镇群众做了一件又一件实事：改造危桥 12 座，兴建镇村公路 128 公里，改造镇区街道，通扬河驳坡绿化，打造了水乡东陈，通过了全面小康验收。而镇政府和财政所至今还设在一座旧楼中。东陈镇党委政府已连续两届被评为南通市勤政廉政好班子！而这一切，都与余所长案头的那支旧英雄钢笔息息相关。

所长交班一支笔。余所长知道这支英雄钢笔将会一直传下去。

（作者单位：江苏省南通市如皋市东陈镇财政所）

收税的日子里

汪双宏

光阴似箭，转眼间如白驹过隙，工作的履历已快二十年，二十年是一段长长的日子，在这长长的岁月里，经历了多少事，均已消磨漫淹殆尽，但在乡下收税的日子，却依然鲜活着、历久弥新，仿佛永远镌刻在了记忆深处，凝固成岁月年轮中的印记……

一个寒冷的冬日，走出校门不久的我开始了人生的第二个也是最重要的旅程——工作。

说来好笑，在填写一张表格时，有一栏是革命工作时间，我很惊讶，从来没有参加过革命啊，仿佛是很遥远年代里的一个名词了，办公室的老同志笑了，从现在起，你就开始革命了！恍然大悟，不禁一笑。

这是一个偏僻的山区，名叫水岔，距县城百里之遥，美丽与贫穷并存，文明与荒蛮同在。一条乡间小道一路逶迤，曲曲折折通向这个洛水边的乡镇，那时不叫镇，叫区公所，一个很早的称谓。我就分在这个区的财政所当预算会计，算是学以致用吧，行政事业单位不像企业会计那么复杂，工作倒很快适应了。

区公所的院子偌大，两排正房，两排厢房，两个破败的花园，种些疯长的月季，有人还种了青菜，不像个政府大院，倒是跟大杂院相差无几。麻雀虽小，却也五脏俱全，杂七杂八居然安居了八九个单位的人，每天早上八点多了，开始起床，洗漱完毕，喝杯水，看会报纸，就到了拉电铃吃饭的时间，这里的生活习惯跟周围的农村一样，没有早餐，十点多就是午餐，像许多人一样，敲着碗，来到大灶前，看着师傅忙忙碌碌，通常情况下都是千篇一律的烩豆腐，馒头，包谷稀饭，下午就是面条了。

所有的人，几乎是，全部蹲着吃，初来极不适，后来倒也习惯了，有种老农的感觉。

这样的生活一直持续到我离开，出身农家的我，颇具忍耐力，从来没有抱怨过，这是一种发自骨子的适应。像一个真正的农民一样，习惯了在庄稼地里黑水汗流着。

老　　陈

财政所的工作，最重要的一项就是全区农业四税的征收。

这是 20 世纪 90 年代中期，农业税对在地里刨食的农民来说，还是一项义务，皇粮国税，自古有之，那时已经用代金了，交粮不是法定责任，但税款必须得交。

每年 4 月份，就进入了征收季节，所上会给我们每人发一些草帽，手电筒，雨伞，复写纸，圆珠笔之类的东西，情况好时还发白糖。交通工具是一辆湘江 750 型三轮摩托，但通常情况是人多车少，骑自行车居多，我跟一位我们称老陈的老财政分在一组。

老陈绝对是个有趣的人。

五十出头的年纪，却长着老人才有的长寿眉，脸庞黑里透红，一笑，一双小眼睛眯成了一条缝，牙齿出奇地白，整齐，总习惯背着手走路。清晨起来听见扑踏扑踏的声音准是老陈在走动，早睡早起是他的习惯，每天大清早就能听见嗞嗞呜呜的收音机声，老陈还保留着他的红灯牌收音机，用来收听新闻广播。

从 20 世纪 70 年代末，他就在这个地方一直呆着，陪走了数任区长，书记，所长，同事，但老陈一直在农税专干这个岗位上，像一颗螺丝钉一

样，牢牢地钉在了那里。老陈熟悉乡下许多人，男的，女的，老头，小伙甚至毛头孩子。小街上逢集了，老陈背着手上街，碰到相熟的人，会大着嗓门说：老×，娃在深圳有三年了吧，给你寄了多少钱，今年是不是要给你领回来个花不楞登（方言：陕西话指花媳妇）？老×就哧哧地笑，掏出纸烟来发，一阵亲热。老陈下乡必带的一件工具是一个老式的黑皮包，上面印着北京字样，包里常常就捎着张家孩子的结婚证，李家老头的中药，有时还会是一袋包谷籽，几斤洋钉子，老陈是个绝对热心肠的人，他愿意为乡亲们办些力所能及的事。每到一个村子，远远一个人走过来了，都会主动来打招呼，他们不认识我，但认识老陈，老陈就是一个明星一样的公众人物，拉家常，问儿问女，老陈不但认识这些农人，连谁的亲家在那里，谁的儿子准备娶哪家的媳妇都了如指掌，走村入户，工作干完了，走到哪儿不用张口，都有饭吃，老陈真是个厉害人啊，这样的人谁会不喜欢呢。跟人拉话时，他们就蹲在地上，相互发着纸烟，老陈一手抽着烟，一只手里捏着打火机，用汽油装火石的那种。

在粮站驻库时，老陈的包里多了一样东西，是两大盒火柴，我不解，老陈眯着眼笑，到时你就知道啦！群众在粮站交完粮后，排着长队来交农业两税，我才知道老陈的良苦用心。原来，我们开票计算的税款总不会是整数，找零钱就很麻烦，角票找了，总会有些分币无法兑现，老陈就想出了这个办法，用火柴去顶，哪怕香烟也行！群众对几分几厘的钱当然不会在乎，但老陈不这样想，别小看一分一厘，积少成多，群众交了税，给国家作了贡献，咱更不能让群众吃亏，我们得感谢群众！

征　税

乡下的日子不只是风平浪静，惊险的事还是有的。

靠北边的两个乡镇山多，产杂木，又以榉木为最，是育木耳和香菇的良好料基，这几年作为发展农民振兴经济的主导产业正如火如荼。秋季到了，肥嘟嘟的木耳，笑得裂开嘴的花菇开始上市，脑袋灵活的乡里人就骑着摩托车搞起了贩运，他们往往昼伏夜出，白天讲好价，到了晚上，趁天黑无人运出去，来去无踪，这就造成了农业特产税的大量流失，所上紧急研究布署，决定开始抓超收，我和老陈又分到了一组。

夜晚的天空阴郁，看不见闪烁的星星，只有洛水哗啦啦哗啦啦地流着，比白天的声音更大更响。山区总是这样，白天很热，但一入夜，就出奇的冷，我们像猎人一样，蹲在一个豁着口的上坡地段，等待那些贩子的到来，呆得久了，没有一丝动静，人冷得不行，老陈不知从哪儿拉来大把的麦草，再捡些枯枝败叶，就在路边燃起了篝火，火光熊熊，照亮着一个个脸孔，没有人说话，老陈噗噗地抽着烟。

时间已过了午夜一点多，火都烤灭了，还是没有一丝动静，我有点沉不住气，来回走着，用脚踢着路边的树，石子，“来了!”老陈突然说，“你听!”我停下，仔细辨听，但除了哗哗的洛水声和呜儿呜儿的风声，好像什么也没有，“听不见啊”我说。“仔细听！快到河对岸了”老陈肯定地说。

再听，果然远处传来发动机断断续续的轰鸣，我开始莫名的紧张激动起来。心扑通扑通地跳，怎么也停不下来。

远处一缕灯光忽闪忽闪，我知道，那是车要过河了，等吧，目标就要出现了，今晚上算没有白来!

果然，十几分钟后，一辆摩托车马达轰鸣着开始向坡上冲，我不知哪里来的勇气，一手拿着检查证，一手拧亮手电筒，一步跳到路中间，大声喊：“停下，接受检查!”但车并没有停下来的意思，稍微晃了晃，继而加大油门，轰地怒吼着，从我身边扑过，我一惊，脑子里一片空白，愣在那儿，不知该怎么做，就在这时，一个身子像敏捷的豹子飞身跃起，扑向了摩托车，车斜斜地倒在坡旁松软的土地上，后轮空转着，老陈一骨碌翻起来，先动手拨了车钥匙，一切开始平静下来，这一连串的动作瞬息间就结束了，我不知所措地站在那儿，呆了，既被突然发生的变化惊吓，又担心是否有人受伤。

事后，我们把车主带到所上处理，在车主的苦苦哀求下，补缴了120元的税款，说了许多“下次不敢了”之类的好话，放手离去，已是三点多钟。回到房间，我再也睡不着，在床上翻腾着，满脑子都是那惊心动魄的一幕，放电影般不断闪现。

收税的日子里，还发生了一件事，令我至今内心不安。

在秦岭脚下一个叫作庙台的小山村，我去包村，催收农业两税。这个程序是这样的，先召开村组干部动员会，再安排部署，最后开票收款。在会上，二十来岁的我就成了当然的主角，念了文件，然后开始强调“皇粮国税”的重要性、时间性和紧迫性，许多群众在底下抽着烟，咳嗽着，小

声议论着，有些干脆大声嚷嚷，说收税的事年年有，大伙都知道，简单说个时间就行了之类的话。这时一个满脸大汗的中年人小跑着走进了会场，坐下，脸上汗还不断地冒着，会后我知道，这是二组组长菊良。

第二天，我在村上开始走访，碰到村长老王，老王告诉我，菊良的媳妇喝药了，昨天开会迟到，就是因为跟媳妇吵架，菊良要开会，媳妇不让来。我吃了一惊，忙问怎么回事，老王说："没事没事，这媳妇脾气拗，经常闹，寻死觅活地也不是第一次了，药是烤烟上杀虫用的，劲不大，喝下去嘴麻咧咧的，不妨事，已经送到医院了。"

然而事情的发展出乎我的预料，并不是老王说的没事，而是真正出事了！

菊良的媳妇就这样走了！

我再去时，就看见坡后一座新坟插着花圈，孤零零的一堆新土。

我很难过，买了东西去看菊良，却相对坐着无言，我不能说这事与征税一点关系没有，如果没有恰好在那天要召开动员会，他们也许不会吵架，如果我恰好没有包这个村，如果我的会能开的迟些，如果，如果……，所有的如果都只能是假设。

这是令人心痛的一件事，许多年后，想起这件事，内心止不住的不安与惶惑。

山　　行

在山里行走，是很惬意的一件事。

早晨七点多，我和老陈去北山一个叫龙岭的偏远小村下乡。

太阳还朦胧着，洛水边的沙路上看不见几个人影，老陈背着手，嘴角叨着纸烟，在前边不紧不慢地走，我紧跟其后，挎着一个大包，里面装的是文件和税票。洛水上架的是木板桥，大约七八块的样子，斜斜地跨过河面，桥宽不过两脚，踩上去颤悠悠像走钢丝，但桥下是水，是哗哗流淌的洛水，过桥有个技巧，就是两个人不能同步走，那样的话，桥会越晃越厉害。我明白这是共振，眼睛更不能老盯着桥面，河水在流，盯久了，就会感觉自己身子跟着河水在动，越动越厉害，等你感觉到了，你真的就动了，要一直看着前方，要不然会失足落水。

过了河，开始爬坡，山里苦焦，除了小麦、玉米、豆子，浅山地带许多山梁上就遍植了大片大片的油菜，老远就闻到油菜花那股馥郁的香气，混合着风的味道直扑口鼻。近前，就是满眼金烂烂的黄，正是油菜花怒放的季节，那颗颗相依的油菜密密麻麻，依着山势，给山梁绣上大块大块的金色图案，风吹过，似一潭波浪、微微起伏、蜂蝶飞舞、嗡嗡咛咛，将这山间小径也点缀得芳香四溢。

穿过油菜花地，才算真正进山了，前面就是树林，往远处看，无边无际，一眼望不到头，我疑惑了，“村子在哪儿，怎么看不到呀”！老陈看出了我眼里的问号，不紧不慢地说：“过了这片林子，下沟，再翻一座岭，就到了，里边有二十来户人家，每家的核桃树就有十多颗，每年特产税要交很多呢”。我真是想不通，干嘛要住这么远，出来一趟多不容易啊！正想着，目光立刻又被吸引到了前方。

是一只野兔，灰色的皮毛，支楞着双耳，就在离我们大约二十多米的地方站着，前腿撑起，后腿卧地，正回头看着我们，也许是被我们的脚步声所吸引，我立刻来兴趣了，我说：“兔子！”老陈却说：“这东西害庄稼，一点豆苗都被它啃光了，现在草深，没人来逮，等到落雪后，有人就养细狗来撵，到那时再来看，很热闹呢。”我向前走两步，那兔子还是原样，好像在等着我们靠近，我俯身抓起一块石头，刚要扬手，那贮立的兔子将头一扭，箭一般射向密密的草丛，顿时隐没了身影，我悻悻地扔下手中的石块。

但没走出十步，那兔子又悠然地出现了，蹲在一片烂草上，还不时回头看着我们，好像在说：哼，想撵上我，门都没有！

在山里行走，人是自由的，心灵是自由的。

大自然的吹风机一直举过头顶，将你的头发随意梳理，路像蛇一样逶迤，我们就踩在蛇的脊背上行走，脚下噗踏噗踏踢着烂草，目光刚一伸出，又被悬崖峭壁生生折回，悬崖长成奇形怪状的样子，似老头，似耕牛，又似一只站立的大鸟。黑褐色的岩壁上苔藓斑斑，峰顶偏就突兀地长出一颗松，枝杈斜倚，像在拧身张望着什么。路忽左忽右，不时有长尾巴的野鸡呱呱叫着飞过，落在一片荒草中，你才一声惊呼，又扑楞楞飞得更远；有时脚下齐膝深的草丛中会哧溜溜爬过一条蛇，头顶忽然落下一枚红色的果子，几声鸟鸣响彻在林地的上空，看不见鸟。脸上有湿漉漉的感觉，山路本无雨，空翠湿人衣。在山间小道行走，阳光暖暖地照着，时间久了，浑身燥热，索性解了衣扣，敞着怀，但一入树林，忽地一股凉气从

脚底升起，立刻凉爽无比，衣服就紧紧贴在身上，脸上的汗也变得冰凉，脚下是厚厚的松眉，经年不腐，踩上去软绵绵如地毯，树下的小草绿茵茵，蓬勃一片，尽显生命的绿意和旺盛。在松眉草叶间，不时能看到一堆一堆的磨菇，伞般静静开着，头顶是松枝，阳光从枝的空隙洒下，一片斑驳，连呼啸的风声也静止了，只听见脚步的簌簌声。

山里常见的是野花，一小朵，一小朵，有些连成了片，黄的、蓝的、白的、紫色的、粉的、红的，那是造物主呈现给大地多情的诗篇。秋天来时，会欣赏到万山红遍、层林尽染的秋意；冬日来临，天寒地冷，满目萧索，黄草遍地，白茅飘飞。放眼看那悬崖上，郁郁葱葱的野竹，一簇簇、一丛丛，在寒风中苍翠依旧，最难得一见是那小股的溪流，从崖头扑下，一夜间突然僵成了一道奇特的风景，浪花飞溅，晶莹透明，还保持着飞腾的姿态，却作了永久的凝固。

最美的时节是野果飘香的日子，如果你碰巧遇上，那将是终生难忘的一次经历了。

这里地处温带，各种野果繁多。六月份，鲜红的杨搭链在路边，在渠畔，一丛丛，一簇簇，红得耀眼，鲜得夺目，摘一捧放在口中，香汁满口，甘甜无比。这种果子长相奇特，指头蛋般大小，两个一颗，连在一起，像一个 V 字，颜色红艳，口感香甜，农村人形象地称作“红裤衩”，可惜不耐贮存，无法长久享受。野杏、野桃是最常见的果子，还有野葡萄、野樱桃，有一种叫作八月炸的果子，很像人的肾，成熟后会裂开表皮。羊奶奶像草莓一般大小，绿色脆爽。拐枣一树一树的很多，还有黑褐色的弥猴桃。山里的野果皆果形小、成熟期晚，在枝头密密麻麻，一片繁茂。没有人来放开肚子品尝，农人都是摘些回去砸了卖杏仁、桃仁，这些果子就自生自灭，年年独自葳蕤着，像山里的花儿一样，静静地开放，慢慢地凋零。

用去两个多小时的路，我们终于到达这个叫作龙岭的小山村，龙岭并没有龙，只是个小村，村在半山腰，零散地居住着二十来户人家。土墙、石头墙比比皆是，路边有座孤零零的小庙，有点破败，庙里有还愿的牌匾，门前有香炉，积着厚厚的灰，一颗槐树枝上挂着有求必应的红布条，随风飘摇着。未进村，就有狗声传来，一只、二只、三只，站在自家场畔，警惕地看着我们。这里的狗一律为土狗，黄褐色的皮毛，尾巴高卷，双耳尖耸，有点像狼。听到狗叫，从石板房，从屋后的树林中，慢慢就露出了主人张望的目光，看清了我们，开始热情地与老陈打着招呼。

屋檐下是挂着的柿饼、干豆角，房顶上还有，场院有老式的石磨，几头牛慢腾腾地或立或卧，嚼着草，目光呆滞地凝望着我们。一排排的木耳架斜斜地靠在屋后的山坡上，黑色的木耳已经探出了头。小屋的一角，几树木槿花正盛开，粉红的颜色，花朵硕大，使人想起唐代宫女头上的装饰。

办完事，走在山梁上，我回头望了望掩映在深林中的小山村，阳光很静，风儿轻柔，天上几朵白云舒卷随意，有种田园牧歌式的恍惚。

回　　眸

4 年后，我被调到县上从事会计集中核算工作，接下来的日子是恋爱、结婚、育子、上班，日子被琐碎紧张的杂事排的满满的，竟没有一次机会回到这里。

再次来到水岔，已是 9 年后的下乡检查。

财政所原来黑漆的大门换成了漂亮的不锈钢自动门，院子延亘到主楼前，左右两边是花园，翠绿的花卉含苞吐艳，蜂蝶飞舞。一个高大的假山石巍然屹立，石上人工瀑布溪流淙淙，叮叮咚咚，仿佛正演奏着优美的乐曲。两株高大的雪松亭亭如盖。车库、灶房整洁卫生，一楼是五间宽敞的大厅，“水岔镇财政综合服务大厅”的铜牌熠熠生辉，走进大厅，几位身着统一工服的员工微笑着站立，电脑、打印机、文件柜一应俱全。墙上的制度清晰可见。方便群众的饮水机、写字台、休息沙发整齐地摆放着，大厅明亮宽敞，几个群众在柜台前咨询着什么，工作人员微笑着耐心解答。

三十出头身材魁梧的唐所长告诉我们，实行农村税费改革后，特别是取消农业两税的征收后，财政反哺农业，把大量的资金投入三农，连续几年的一号文件使人心大受鼓舞，群众交口称赞。财政所的主要工作已从征收型向服务型转变，农村财务服务、粮食直补、合作医疗、涉农补贴、退耕还林兑现、家电下乡等一系列政策的实施，让群众得到了实惠，放开了手脚，积极调整产业结构，找准市场路子，依托信息化阔步前进，日子一天好似一天……

这一夜，躺在招待所的床上，我睡得是那样香，那样甜！

（作者单位：陕西省洛南县会计管理局）

老会计给我们留下的财富

李乾红

在这个小小的地方，第一军垦人、一八六团财会工作的奠基者马淑敏老人的故事看似平凡，却令人感动、让人钦佩。

这里有蜿蜒的界河，有高高的哨楼，有长长的铁丝网。这里气候异常恶劣，冬天气温可以达到零下四十多度。

这里有一大批不图名、不图利，把自己的青春、甚至生命都奉献给了共和国的无名英雄。这里就是地处中哈边境一线的新疆兵团农十师一八六团，一个小得在地图上都找不见的地方。

今年 81 岁高龄的马淑敏老人身材不高，满头银发，最引人注目的是她的两条腿，已经成了“O 型”，走起路来步履缓慢十分费劲。就是这位老人的这双腿，为了一八六团的财务工作，她每个月要对一八六团 6 个农业连队来回走 3 次以上，行程一百余公里，就是因为劳累过度，老人的腿早早地变了形，成了“O 型”。

尽管患有这样的残疾，但老人说起自己所从事的财会工作，如数家珍，仿佛又回到了年轻时从事财会工作的时代。

1958 年 10 月，正值青春年华的马淑敏嫁给了邻村的苏金成。苏金成当时是现役军人，在第二野战军当兵。他们在部队举行了简单的婚礼，结婚第二天，苏金成和其他的一些战友集体转业去了北大荒，黑龙江虎林 850 总场 1 分场工作。

第二年 10 月，他们又辗转到了新疆兵团 34 团（现在的一八二团）工作。1960 年至 1962 年马淑敏在石河子学习财会，也就是从这个时候起，她和财会工作结下了不解之缘。

当时的一八六团的交通条件非常差，团里有一个老式手摇的电话，但总是断线。马淑敏一个人要担任出纳、会计两项工作。当时团场没有专门的公车，也没有自行车。马淑敏胆子比较小，不会骑马，出门就只有靠两条腿。

一八六团当时有 8 个商店，每个月要盘点一次，来回要交账。一八六团老 8 连离团部来回有 18 公里，马淑敏每个月都要步行到 8 连去查账、清点货物。由于路程比较远，每次出门她就背上军用水壶、带上干馒头，一步一步往 8 连走，来到 8 连后她连夜核对完商店的账，记录上缺少的货物后，又要急急忙忙地赶回来交账。

春夏秋三季还可以，最难的是冬天。一八六团的冬天气温达到了零下 40 多摄氏度，她就必须穿上毛毡筒、大衣，再拿上一根棍子才动身。

路上的雪很厚，她一般都是绕到山上走。冬天出门碰到闹海风那是经常的事。1963 年冬天的一天，马淑敏又像往常一样背上黄皮书包赶往 8 连，走时一八六团是晴空万里。但当她走到半路的时候，突然刮起闹海风，八、九级的闹海风裹着细雪铺天盖地而来，马淑敏的头上、身上很快就被雪贯满了。靠着顽强的信念，马淑敏终于在半夜的时候到达了 8 连。到了那里后，她患上了感冒，还得了关节炎。休息了一天，她又匆匆忙忙地赶回了团场。

当时，团场的商店每个月都要到吉木乃县去采购一次货。吉木乃县离一八六团有 24 公里，马淑敏也是徒步前往。路全是沙石路，走起来更加费劲。在吉木乃县采购货后，坐车回来连夜就要把所有的货物分清楚。采购的物品小的有针头线脑，大的有缝纫机、手表等，吃的、喝的、用的、穿的样样都有。马淑敏每次回来，都要和保管员清点上一晚上，遇到过年过节更要通宵达旦地加班加点清点。

一八六团从建团初设立了经办室，后来成立了计财科。当时团场计财科负责收集资料、编制科目搞好企业预算、决算、参与企业经营决策，按照向上级部门报送各类计划、统计报表、决算报表等。马淑敏在财会工作上是元老，但她从来不倚老卖老。

单位来的年轻人，她都要亲自带上一段时间，教他们熟悉业务，给他们讲做人和做事的道理。现在，经过她精心指导的年轻人如今都成为了团场财会工作的顶梁柱，他们回忆起马淑敏老人当年对自己的帮助，都充满了崇敬之情。

几十年来，马淑敏的足迹踏遍了一八六团的每一寸土地。1982 年，55 岁的马淑敏退休了。

由于长期的风吹日晒，加上营养不足，马淑敏老人过早地衰老了。不到 60 岁头发全白了，两条脚也成了“O 型”，走路要用拐杖。青年时马淑敏老人的双脚患上了关节炎、风湿病，遇到天气变化双脚就钻心般地痛。

马淑敏老人常说，年轻时工作虽然很苦很累，但自己多次被团场评为“五好干部”，这一辈子没有什么遗憾。最让她感到欣慰的是，她当会计这么多年，她负责的商店没有出现一起事故差错，和她共事的人没有一个人出现贪污、受贿等犯罪记录。

马淑敏在财务工作战线上工作了一生，退休后也留在了边境团场。她习惯每天沿着团场走上几圈，她说，每天看看团场的发展和变化，心里特别舒畅。

（作者单位：新疆建设兵团吉木乃县一八六团计财科）

薪火，绽放的青春

李　莉

南湖的红船　井岗山的炮声　延安的宝塔
西柏坡的窑洞　天安门的国旗　南巡老人的讲话
改革开放的春风　和谐社会的阳光　科学发展观的号角
共和国风雨兼程的六十载
写下了中华民族最新最美的诗篇

身处繁华的首都
心系西部那片贫脊而美丽的土地
在那广袤的远方
乡亲们缺衣少食
孩子们更缺乏的是那精神食粮
读书对他们来说
仿佛是一个遥远的梦
像夜空璀璨的星星
只能遥遥凝望……

残酷的现实黯淡了梦想的光芒
迷茫　无助　向往　祈求……
一双双清澈又渴望的眼睛啊
一次次地使我们肝肠寸断
一双双布上茧子的小手啊
一次次地使我们心灵震颤

让那美丽的智慧之花在孩子们的心田绽放吧
让他们用纯真的心灵
去触摸知识的力量
让他们用辛勤的汗水
去改变生活的模样
公共财政的阳光下
我们放飞新的希望
用火一般的热情
点燃父老乡亲和孩子们心中的明灯
照亮他们前进的方向
免费教育　资助体系
危房改造　两基攻关
富民强县　惠农兴村
奖励扶助　资源共享
教育改革发展规划纲要
创新型国家建设
广播电视村村通
拉开旗帜　搭建保障机制的桥梁
千万双渴望知识的眼睛从此不再饱含泪水
千万个山村父老乡亲从此与世界紧紧相连
深深的凝望　暖暖的目光
像一条条欢快奔流的小溪
载着父老乡亲和孩子们的梦想
一路欢歌
汇聚成快乐的海洋

我们看到
教室里宽敞明亮　孩子们笑意盈盈
乡村里红房绿瓦　乡亲们其乐融融
我们听到
校园里书声朗朗　孩子们欢歌阵阵
田野里机器轰鸣　乡亲们笑声荡漾……
我们坚信
用我们的青春热血
定能结出科教兴国人才强国的累累硕果
我们坚信
用我们的智慧力量
定能迎来百花迎春般的文化大发展大繁荣
我们坚信
用我们的满腔热忱
定能将公共财政的阳光普照到中华大地广袤的原野上

薪火相传　代代弘扬
让财政教科文儿女的满腔热忱
化作最美的歌声　最真挚的情感　最火热的激情
为祖国的财政教科文事业
奏响时代的最强音！

(作者单位：财政部教科文司)

皖江作证[①]

汪克让

1998年仲夏，无情的洪水伴着辛勤汗水，在共和国史册上留下沉甸甸的一页。一场百年未遇的南北洪灾，肆无忌惮地冲毁了无垠的良田，暴虐地吞噬了千千万万温馨的家园……人民生命财产蒙受巨大损失。国难当头，匹夫有责。百万抗洪军民在党中央的直接指挥下，团结奋战，与大自然展开殊死的搏斗。雨情、汛情、灾情、战情，时时刻刻牵动着亿万颗火热的心。

8月中旬，正值抗洪抢险决战的紧要关头。笔者怀揣对灾区百姓的深深牵挂和对抗洪英雄的无限景仰之情，匆匆赶赴八百里皖江沿岸的洪涝灾区。所到之处，各级财政干部职工舍身忘己地抢救国家和人民财产的高尚风格，以及大灾之年不丧志、千方百计做好财政工作的敬业精神，令人感动不已。

---

① 原载《安徽财会》1998年第9期。

层层上阵 人自为战

位于皖江之首的安庆市，拥有330公里长江大堤，是安徽省抵御长江中上游洪峰的第一道门户。笔者在安庆市财政局获悉，截至8月底的60余个日日夜夜，全市财政系统共有1162人投入抗洪抢险。市财政局及市属各县（市）财政局一律取消双休日，实行24小时值班，并组织应急抢险突击队，随时听从市防汛指挥部的调遣，突击队队长均由财政局主要负责同志担任。

据不完全统计，市属8县（市）、4区沿江34个财政所的400名基层财政干部全部参加了抗洪抢险，日夜严防死守在长江大堤上。138个内湖和非灾地区财政所，共抽调700多名同志支援沿江防汛。

枞阳、宿松等县财政局，还针对严重的灾情，提出“一切服从、服务于抗洪抢险”的战斗口号，在当地党、政部门的统一部署下，相继组成抗洪抢险后勤保障指挥部，财政局长24小时坐阵指挥，负责抗洪资金、物资的紧急调度。

风口浪尖见精神

宿松县汇口镇，与九江湖口遥相呼应，是抗洪防汛的重要关口。镇财政所副所长朱来春自入汛以来，始终坚守在险情较重的同马大堤永丰段。7月29日，当汇口水位涨到历史最高纪录，为确保江堤安全度汛，朱来春与当地村干部一道，发动群众挑土筑子坝，整整三天三夜，硬是用双手垒起1000多米长、2米宽、1米高的子坝。

永丰段江堤含沙量较大，经长时期的洪水浸泡，突然出现15米长的滑坡。朱来春和在场的干部群众立即奋身跳入滚滚江水，用防水布覆盖滑坡面，并用石头、砖块层层压实，在风浪中战斗了两个多小时。

50多个日日夜夜，朱来春没睡过一个囫囵觉，一直顽强守卫在江堤上。其间，他的孩子不慎从车上摔下，手臂骨折，妻子打电话向领导请假，要他回家带孩子去医院。领导批准后，朱来春却又打电话耐心做妻子思想工作，毅然守卫在战斗岗位。

老百姓信得过的财政干部

7月中旬，位于桐城菜子湖东岸的日兴圩超警戒水位。根据肖店乡党委、政府的统一部署，乡财政所副所长金鑫赴日兴圩任防汛指挥部副指挥长。指挥部设在圩埂的临时工棚里，上面太阳晒，下面热气蒸，白天气温高达42℃。晚上蚊虫叮咬，毒蛇出没，根本无法入睡。金鑫带领大家在此坚守圩堤，哪里有险情，他就出现在哪里。

7月28日上午，日兴圩大闸底部出现严重漏水，喷涌而出的水柱足有一米多高，一麻袋石子还未沉到闸底竟被激流冲出十几米远。危急关头，金鑫腰系绳索，立即纵身跳入近10米深的水中。经过反复10余次的潜水查寻，终于摸到漏洞的位置。接着，他又使出全身力气，用草捆死死堵住洞口。当众人将金鑫拉出水面时，他已精疲力竭，身上多处被乱石划破，鲜血直流。群众不禁称赞："这真是老百姓信得过的财政干部！"

灾情压倒一切

枞阳县函山镇财政所所长何东升，自入汛以来，遵照镇党委的统一派遣，一直坚守在护国村负责防讯抢险的组织和指挥工作。8月上旬，何所长刚满3岁的儿子发烧一个星期，妻子小陈慌了手脚，急忙找镇委书记请假，要求丈夫陪她一道带孩子去县医院诊治。

当时，长江的汛情异常严峻。何所长想起刚进村时立下的军令状：洪水没退到警戒线以下，绝不回镇。尽管他十分疼爱自己的儿子，但他更加热爱日日夜夜守卫的防汛岗位，更加热爱这里的父老乡亲。何东升所长果断地给妻子挂了电话，表明自己誓死护村、护堤的决心。妻子十分理解丈夫，她含着泪花，怀抱发烧的儿子乘班车向县医院匆匆赶去。小陈陪伴儿子在医院整整度过三天三夜，由于发烧时间过久，孩子已感染上肺炎。

抗洪一线的女所长

荣获省、市财政系统文明单位的安庆市郊区长风乡财政所，地处洪涝重灾区。财政所女所长李应秀24小时坐阵乡防汛指挥部，除负责3个外护圩和一个行政村的灾民转移，还要精心调度全乡 13 个行政村的石料、草包等防汛物资以及运输车辆。

正当抗洪的紧要关口，李所长丈夫因腰椎盘突出症复发，被送到怀宁县某专科医院治疗，家中留下一对 10 周岁的孪生孩子。李应秀一心扑在防汛指挥部，无暇回家照料孩子，更没时间去看护病榻上的丈夫。她只好请年逾七旬的老母亲前来照看孩子。在 50 多天的防汛抢险期间，李所长遵照乡党委、乡政府的指示，亲手调度 3. 5 万条草包、80 多吨砂石料和 1 万多方土，为抗洪抢险作出了积极贡献，受到乡领导和群众的夸赞。

他们挽救了八条性命

6 月 26 日上午，东至县龙泉镇街道积水 3 米多深，数百人被洪水围困。龙泉财政所所长王明阳、会计张茂盛随抢险船前往解救群众。中午 1 点 10 分，一只满载 7 名儿童和一位中年妇女的竹排在急流中突然倾斜，险情即将发生。王明阳、张茂盛迅速跳入深水，向竹排追去。水深浪急之中他俩奋力搏斗，竭尽全力将竹排用绳系在附近的电线杆上，终于稳住竹排，挽救了八条性命。而此时此刻，王明阳和张茂盛两人却呛够了混水。

老所长主动请缨

铜陵县胥坝乡龙潭村堤段全长 1500 米，是该乡最危险的江堤，乡财政所老所长汪学明主动请缨，带领一个小组，日夜坚守在堤坝上。虽然他年过半百且身体虚弱，两个多月来却始终同全村的干群一道，巡堤查险，出谋划策。哪里有险情，哪里就有他的身影。汪学明带领村民冒高温酷暑，日夜进行拉网式的查险，发现问题及时处理，把一个个险情消灭在萌芽状态。在一次夜晚巡堤时，老所长脚被铁钉刺破，鲜血直流。他咬咬牙拔出铁钉，简单地包扎一下，又出现在堤坝上。村干部及村民劝老汪回去休息几天，均被他婉言拒绝。

一手抓抗洪，一手抓财政收入

根据地委组织部的安排，池州行署财政局先后派出三位局级领导赴长

江十大险段之一的殷汇联丰圩，与当地干群同吃同住在江堤上，他们头顶烈日，脚踏热浪，昼夜巡查险情。局领导还分赴受灾较重的石台、贵池、东至、青阳慰问各级财政干部，并将全局职工捐赠的现金和衣物及时送往灾民手中。

行署财政局一手抓防汛抗洪救灾，一手抓好财政本职工作。行署对财政工作极为重视，在防汛抢险最紧要的关头及时印发《关于切实抓紧抓好财政收入工作的通知》，并由行署秘书长会同财政、国税、地税主要领导同志协调作战，共同督查收入进度。各县（市）政府在防汛期间，也尽量让财税业务干部特别是直接征收人员留在工作岗位，减少上堤的次数，以免影响财政收入入库。同时，还要求业务科室主动深入企业、基层，认真进行税源调研。并在调研的基础上召开局务会议，专门研究如何寻找税源和培植新的财源，做到大灾之年不丧志，实现收入目标不动摇。

（作者系安徽省财政厅科研所离退休干部）

历史足音

继承优良传统　开创财政未来

冉　鹏

艰苦奋斗和实事求是是财政工作者的优良作风，是在长期财政工作中形成并一贯继承的优良传统。在我国长期的革命战争和社会主义建设过程中，一代代财政人正是靠着这两种优良工作作风，开创了伟大的财政事业，并促进了财政事业不断发展壮大。当前，我国经济飞速发展，财政收入逐年增加，不再“一穷二白”，艰苦的日子对于新时代的财政工作者来说越来越遥远，但历史的教训表明，今天我们仍然需要继续保持艰苦奋斗、实事求是的优良作风，而且还要将其发扬光大，以加强新时期财政干部队伍建设，推进为民、务实、清廉的财政机关建设，做到科学理财，实现财政工作科学化精细化管理，促进经济社会又好又快发展。

一

艰苦奋斗是党永不脱离群众、永远获得人民群众支持的重要保证。发扬艰苦奋斗精神既强调艰苦朴素、廉洁奉公、以身作则、无私奉献，不奢侈、不腐化，又强调拼搏、进取、创新，不断超越自我，以顽强的毅力、不屈不挠的意志和辛勤的劳动向为之奋斗的目标前进。

（一）抗战时期晋冀鲁豫边区的艰苦岁月

在晋冀鲁豫边区，1939 年，蒋介石发动第一次反共高潮后，重庆国民政府和山西阎锡山便停止了对八路军、山西新军的供应，从此这两支军队的供应就需要由华北根据地政府负责。为了稳定和减轻人民负担，集中财力保证军需供应，当时晋冀鲁豫边区财政工作就是从节约开支入手的。其中，节支的一个重要方面就是压缩供给标准，节约粮食开支，与人民同甘苦。为了在不脱离群众的基础上支持持久的革命战争，当时的每一项供给标准都是本着生活的最低需要和严格节约的原则制定的。如口粮上，党政一般人员每人每日小米 1 斤 4 两（旧秤，下同），交通员、警卫员每人每日 1 斤 6 两，军队 1 斤半；菜金上，军队抗日战争时期，每人每日油、盐、肉各 3 钱，菜 1 斤，解放战争时期，油、肉各 5 钱，盐依旧，党政人员每人每日油、盐、肉各 3 钱，菜半斤，等等。这些标准不管是当时还是现在看来，都是相当低的。此外，津贴、服装、鞋袜、医药费、烤火费等各项供给标准也都相当低。即使这样，在当时艰苦的地区和紧张的战时，这个标准也是常常不能保证的。到 1942、1943 年，边区遭受了特大灾荒后，全区党政军民团体大幅度降低供给标准。口粮上，军队由每日 1 斤半降至 1 斤 4 两，党政一般人员降至 1 斤，菜金上，油、盐、肉各减少一半或全部，蔬菜由 1 斤改为大部或全部吃野菜。1943 年物价飞涨，大约是 1941 年的 3 倍多，而当时定的干部、战士津贴标准仍维持原来金额不变，而且有的地区干脆对干部、战士停发了津贴。抗战时期的艰苦程度可见一斑。

然而，就是在这种艰苦的条件下，我们的财政工作者们还是克服各种困难，围绕发展生产，不断改进工作，完善财税制度，协调财政与生产的关系，如在生产决定财政的理财根本观点指导下，减轻人民负担，稳定人民生产情绪；推行合理负担和统一累进税，在税收法令规定上鼓励人民的生产积极性；不违农时，农忙时节，禁止向农民要粮、要款和动员参军，把各种任务都尽可能挪到农闲时节去完成。

与此同时，晋冀鲁豫边区还开展了艰苦的对敌经济斗争，活跃边区经济。敌人从 1939 年开始，便对边区加强经济封锁，企图困死边区军民，同时成立国策公司、华北开发会社和合作社等组织，并发行伪钞，套购和抢掠根据地的粮食、棉花、煤炭等重要物资。针对这种情况，我们开展了反封锁的对敌贸易斗争。凡我急需的物资和不能制造的物资，奖励入境；凡我多余的物资和我历史上传统出境物资，允许或限制出境；凡我不需要的奢侈品或敌人短缺的战略物资，绝对禁止入境和出境。对伪钞采取严厉的打击办法，在边境设卡兑换，严禁其在内地流通使用；对于敌人抢夺粮食的企图，采取军民劳武结合，开展广泛深入的护粮、护棉斗争，破坏敌人灌仓、屯棉各种设施。通过军民共同奋斗，艰苦作战，我边区取得了对敌经济斗争的胜利，稳定了金融物价，巩固了边区经济，为日后对敌反攻做了必要的物质准备。

（二）勤俭朴素的吴老

吴波同志是共和国第五任财政部长，是我国财政战线上德高望重的老领导，他一生勤俭节约，艰苦朴素，廉洁自律，深受财政部广大干部职工的尊敬与爱戴，人们亲切地称他“吴老”，他的言行体现了一名优秀共产党员艰苦奋斗的优良作风，他的故事是财政部机关宝贵的文化遗产。

对于吴老的评价，原中国建设银行副行长、吴老的老部下赵玉琢用一幅对联进行了概括，上联是“一身正气”，下联是“两袖清风”，横批是“模范干部”。吴老的高风亮节值得我们每一个人学习与敬仰。

节俭是吴老一贯坚持的作风。20 世纪 60 年代，适逢我国经济困难时期，财政部机关职工蔬菜也要定量供应，为了解决干部职工吃菜问题，财政部在一块部属的闲地上种上了蔬菜，后来蔬菜问题解决了，就改种葡萄。为了给这块地建围栏，相关司局做了一个投资 200 多元插竹篱笆的预算，报到吴老那里。吴老看后批示：“要重新计算一下，是插竹篱笆省钱还是拉铁丝网省钱。”经过重新测算，拉铁丝网比插竹篱笆节省 20 多元，吴老这才批准了这个预算。当时，很多人对此不解，议论纷纷，认为吴老太小气了，为了 20 多块钱，就得让人家重新做个预算，有点小题大做了吧？但吴老认为，中央财政工作事关大局，任何大手大脚花钱的想法都是错误的。吴老经常告诫大家，财政收入是一点一滴积累起来的，我们绝不能因为财政收入多了，就不认真计算，随意花钱。财政部每年分配的资金，都是税务人员几元几角甚至几分钱收上来的，都是人民的血汗钱，花每一笔钱都应该节约，用最少的钱办最多的事。无论是基本建设投资，还是事业经费拨款，都应当精打细算。吴老在主持财政部工作期间，党中央国务院对财政部工作给予了高度评价，1962 年，他本人还被评为模范部长。

在生活上，吴老更注意节俭。吴老原来住在西四的一座四合院内。1976 年唐山大地震，北京受到严重影响，他住的卧室和客厅的墙上裂开了几道大缝，成了危房。后来，国务院机关事务管理局准备对他的房子大修，吴老坚决不同意，说“文化大革命”刚结束，工农业生产还没有走上正轨，百废待兴，恢复生产所需要的资金很多，目前财政还很困难，我这房子还能凑合住，不用大修，把裂缝补一下就行了。维修的同志不同意吴老的意见，对吴老百般劝说，坚持对房子大修，但最终还是未能说服吴老，只得把裂缝简单补了补，算是维修了。历经几多风雨吹打，吴老的房子越来越旧了，后来梁柱的油漆都脱落了，并且有的地方还漏雨，不修实在不行了，吴老才勉强同意修。维修期间，吴老一再叮嘱，简单修修就行了，不许花钱大搞装修。

“好景无边寻未晚，太行王屋日荷锄。”这是 1972 年吴老从湖北沙洋干校返京时写的组诗中的两句，算是吴老的自我激励。多少年来，他坚持在财政一线，日日荷锄，挖山不止，艰苦奋斗，永不停息。他办公室里十分破旧，但不准维修；他用的沙发都打了补丁，但不准更换；他为了给国家节省，不配专车，一直坚持步行上下班；他办私事从不用公车，每月都买一张月票，周末因私出门都是挤公交车；他用了若干年的眼镜盒，已经破损得不成样子了仍旧坚持用而不换掉；家里的家具非常旧了仍舍不得换……这一件件、一桩桩，让我们仿佛看到了那位常年穿一身灰色中山装和蔼可亲、平易近人的老人正在向我们走来，他那种务实朴素、勤俭节约的艰苦奋斗精神永远值得我们学习、继承并发扬光大。

（三）生命不息、奋斗不止的沈浩

两任村官，六载离家，总是和农民面对面，肩并肩。他走得匆忙，放不下村里道路工厂和农田，对不住家中娇妻幼女高堂。那一年，村民按下红手印，改变乡村的命运；如今，他们再次伸出手指，鲜红手印，颗颗都是他的碑文。

这是 2009 年度“感动中国”人物评选组委会授予沈浩的颁奖词。

沈浩，财政系统的杰出代表，新时期的先进典型，党的好干部、农民的好儿子。他一心为民，无私奉献，踏实干事，开拓进取，将艰苦奋斗精神发扬到了极致。

小岗村，这个“一朝跨过温饱线，20年迈不进富裕门”的地方，在沈浩的带领下，几年时间人均纯收入达到6600元，高出全县农民人均纯收入2000多元，引进了外资，办起了工厂，住进了楼房……小岗人做梦都不敢想的事情，在沈浩的到来之后竟然变成了现实。在这些幸福生活的背后，人们看到的是沈浩那个永远劳碌奔波的身影，那颗不怕困难、立志改变小岗贫穷落后面貌的坚强之心。

2004年2月，沈浩作为安徽省第二批选派干部，从财政厅被选派到小岗村任村党支部书记。他到任后做的第一件事就是修路，也正是通过修路，沈浩得到了小岗人的认可，并树立了威信。

友谊大道向东延伸到的纪念馆的一公里多泥巴路，晴天一身灰，雨天一身泥，村民日盼夜盼把它变成水泥路，但多少年来都未能如愿。2004年秋后，沈浩为了早日修好这条“民心路”，整天往上级部门跑，最终争取到50万元资金。一开始，村里打算公开招标，但最少的要价也得五六十万元，最多的八十多万元。最后，沈浩和其他村干部商量决定，由村里租机械，群众出工自己干，这样不仅能省钱，还能让村民挣些工钱。修路的那些日子，沈浩天天泡在工地上，和大家一起扛水泥、拌砂浆，一身泥巴一脸灰。一天晚上收工后，有一小车大约一立方米的混凝土还没用完，但当天不用完，隔天就凝固用不了了。沈浩觉得不能这么浪费了，可是当时已经收工，手头没有工具，于是，沈浩就用手捧。当时剩下的几个干部和技术人员看到沈浩为了全村的事如此卖命，深受感动，也跟着一块捧。此后，这件事一传十十传百，大家都认为新来的书记是真心为村民办事的，大家的积极性也因此被调动起来了。修完路，一算账，发现只用了27万元，于是，就着大家的干劲，沈浩趁热打铁带领小岗村民用剩下的钱修了另外两条村道。小岗村村民关友江谈起当时修路用手捧水泥的情节心疼地说：“那水泥烧手啊，怎么会不知道呢，我们还想这事干部指派一下就行了，沈书记是自己真干啊。”

同样是2004年下半年，小岗村里引进上海大龙养殖场的生猪养殖项目，送猪过来那天正好碰上刮风下雨，沈浩一夜没睡好，非常担心。第二天猪一到，沈浩就赶到了猪场。因为下着雨，工人们不好搬运，沈浩就撸起袖子，把猪从汽车上抱到猪场里，当时在场的老百姓看到书记都不怕苦不怕脏，被深深地感动了，也过来一起帮忙搬。事后，大家评价沈浩“是个不娇气的干部”。

6年来，这个从省城选派来的村支书，在工作上从无怨言，对大家一直笑呵呵的，对村民比家人还亲，对村民的事比自己的事还上心，他在小岗村只有短短6年时间，却写下了厚厚29本民情日记，每一页都记载着他对群众的深情厚义，每一页都可见他情系人民的拳拳之心。在一篇日记中他曾写道：“作为一名选派干部又身在名村小岗，更应该满怀信心，充满热情，努力工作，切实为老百姓办事，为建设社会主义新小岗贡献自己的力量。”这是他的真实心声！与此相印证的是，人们在整理沈浩的遗物时，发现他床下有7双已半旧的鞋，鞋底全部沾满了泥土——那是村民责任田里的泥土，是即将竣工投产的1000亩农产品深加工高科技园的泥土，是刚刚动工的小岗敬老院的泥土……这些泥土见证了沈浩在小岗村的日日夜夜，代表了他走过的每一寸土地。

沈浩不怕吃苦，只要是对人民有利的，多苦多难他也照样啃下来。在他刚到小岗村时，村里仅有的少数集体资产被一些“刺头户”长期占用着，群众敢怒不敢言。前几任干部都不敢接手这个“烫手山芋”，沈浩没有回避，他多次前去这些“刺头户”家做思想工作，但每次都是无功而返。最后，他只得把小溪河镇法律服务所所长请到村里担任法律顾问，通过法律手段，收回了20间办公房、2台推土机等大型农机具。

他对吃穿一点都不讲究，有时忙起来来不及回住处，只要村民招呼，哪怕剩饭剩菜他也不在乎，端起碗来就吃。地摊上5元一双的棉鞋，40元一身的棉衣，照样穿着得意。毛线衣烂了也舍不得扔掉，说是穿上外套就看不见了。只有出席重大活动时，他才会穿上妻子买的西装。在村里办事，沈浩从不开车。他说，村民们要是看见了，以后连门都不会让你进。

靠着沈浩办公室的北墙和东墙，各放着一组三人沙发。每当有村民找他，他总是坐在两组沙发中间的单人沙发上。他有自己的一套说法：坐这里，无论村民坐在哪边，都是离我最近的。这就是人民的好干部，群众离不开也不离开群众的好干部！他把人民捧在心里，人民才把他举过头顶！

呕心沥血带领一方求发展，鞠躬尽瘁引导百姓奔小康。沈浩走了，但沈浩精神永在，他对农村、对岗位、对责任的坚守，他生命不息、奋斗不止的精神，永远激励着在世的人们，不怕艰难困苦，永往无前。

二

实事求是是我们的另一个优良传统。坚持实事求是，要求我们坚持实践的观点，走群众路线，理论联系实际，在实践中不断发展完善。

（一）不唯上、不唯书、只唯实

开国“财头”陈云同志在财经工作中一直坚持实事求是的优良作风。他提出“不唯上、不唯书、只唯实”，并身体力行。他认为做财经工作要重视抓战略性问题，同时又要坚持经济的客观发展规律，注意尊重实践经验，不断提高实践经验。据王丙乾部长回忆，1988 年，中央财政收入很少，需要用钱的地方很多，他压力很大，经常头痛，不得不暂时到外地休养。一天，他收到陈云同志亲笔写的一幅字轴，上书“实践是检验真理的唯一标准”12 个大字，鼓励和鞭策他要坚持实事求是、求真务实的工作作风，并且在分析和解决问题的时候，要采取“交换、比较、反复”的方法，力争决策更加周全、正确。

关于如何理解“不唯上、不唯书、只唯实”，“交换、比较、反复”、怎样做到实事求是，1990 年 1 月，陈云同志在同浙江省领导谈话中给出了明确答案。“不唯上”，并不是上面的话不要听。“不唯书”，也不是说文件、书不要读。“只唯实”，就是只有从实际出发，实事求是地研究处理问题，这是最靠得住的。“交换”，就是互相交换意见。“比较”，就是上下、左右进行比较。抗日战争时期，毛主席《论持久战》就是采用这种方法。他把敌我之间互相矛盾着的强弱、大小、进步退步、多助寡助等几个基本特点作了比较研究，批驳了“抗战必亡”的亡国论和台儿庄一战胜利后滋长起来的速胜论。毛主席说，亡国论和速胜论看问题的方法都是主观的和片面的，抗日战争只能是持久战。“反复”，就是决定问题不要太匆忙，要留一个反复考虑的时间。毛主席决定问题时，往往先放一放，比如放一个礼拜、两个礼拜，再反复考虑一下，听一听不同的意见。如果没有不同的意见，也要假设一个对立面。吸收正确的，驳倒错误的，使自己的意见更加完整。因为人们对事物的认识，往往不是一次就能完成的。反复并不是反复无常、朝令夕改的意思。

毛泽东在《反对本本主义》中提到：“调查就像‘十月怀胎’，解决问题就像‘一朝分娩’。”用形象生动的比喻强调了调查研究的重要性。陈云同志在主持全国财经工作期间就始终坚持了这一方法。他总是用百分之九十以上的时间研究情况，用不到百分之十的时间决定政策。他认为所有正确的政策，都从对实际情况的科学分析而来。之所以调查研究的时间绝对多于决定政策的时间，他认为，要真正摸清楚所要研究和解决的问题的实际情况，真正做到从实际出发是很不容易的。因为实际情况是十分复杂的，问题和矛盾有着各个方面，其中有主要方面，有非主要方面；反映问题和矛盾各个方面的现象，有本质的现象，有非本质的现象，还会有假象；被调查的人们由于经历、经验、感受等等不同，所谈的对问题和矛盾的认识与解决问题和矛盾的办法，也会是各不相同的，所以要真正了解、认识清楚问题和矛盾的实际情况，真正找到解决问题和矛盾的办法，不可能只一次完成，往往要经过多次的交换、比较、反复，经过去粗取精、去伪存真、由此及彼、由表及里的不断深入的认识过程，才能达到目的。而一旦调查研究真正把问题搞清楚了，制定解决问题的政策就相对比较容易了。

陈云同志搞调查研究有自己的一套办法。一是派人下去调查。所派的人一般是地位不高，知名度不大，下去以后容易到群众中了解真实情况。1952 年暑假，陈云嘱咐北京师范大学附中的一个学生利用回家之便，调查一下青浦县小蒸乡的农民情况。这位学生回家后经过调查写出一份书面材料，反映该乡由于接连三年农作物歉收、征粮比例过高和人多地少，农民生活普遍困难。陈云把这个材料报送毛泽东，农民负担过重的问题引起了毛主席的高度重视，促进了这个问题的尽快解决。

二是寻找敢讲真话的可靠的朋友上来面谈。从基层找人上来谈，因为小范围交谈，容易打消顾虑，谈的东西会比较真实可靠，还交了朋友。1952 年，为了解我国农业生产情况，陈云决定从青浦县找两位在大革命失败后表现较好、敢于说实话的农民来京谈话。经过地方党组织推荐，曹象波（贫农）和曹兴达（下中农）两位农民来到了北京。几次谈话中，这两位农民直言不讳，对自己所了解的坦诚相告，使陈云了解了建国后农村土改的利与弊，农民朋友们欢迎什么、反对什么，使他听到了基层干部群众的呼声。经过多次交流，陈云还特别约定这两位农民作为他的长期联系人，以后经常交往面谈。

三是自己下去亲自掌握第一手材料，这是陈云调查研究的主要办法。

他认为领导人的阅历、经验，以及发现、认识问题的敏锐性和深刻度，以及集思广益、寻找解决问题的办法和对策的本领，与一般干部相比毕竟是不一样的，一般干部的调查代替不了领导人的直接调查。所以陈云同志在很多场合都强调，调查研究要亲历亲为，马虎不得，不可由他人替代。在中财委工作时，陈云每个月都会抽出一些时间，到北京王府井大街、前门大街、东单菜市场、天桥市场等地，了解日用百货、蔬菜、肉类等的供应情况和物价变动情况，观察群众反映，从中研究全局性的问题。

在经济发展战略方面，陈云同志既反对超越现实的左倾冒进思想，又反对保守、无所作为的思想。他指出，经济建设规模的大小要和国家的财力、物力相适应，建设工程的财、物安排首先要保证生产，然后保证消费，然后再拿来建设。他要求各部门向上级汇报工作时一定要全面反映情况，有喜报喜，有忧报忧，不要只报喜不报忧。

（二）实事求是的李先念

李先念是党和国家的领导人，他长期分管财经工作，并从 1954 年开始兼任财政部部长达 21 年之久。他在位时被人们无限尊崇的便是他实事求是的工作作风，其中，工作上虚怀若谷、不断学习就是他实事求是的一种具体体现。

毛泽东说过："我们必须克服困难，我们必须学会自己不懂的东西。我们必须向一切内行的人们（不管什么人）学经济工作。拜他们做老师，恭恭敬敬地学，老老实实地学。不懂就是不懂，不要装懂。不要摆官僚架子。钻进去，几个月，一年两年，三年五年，总可以学会的。"在财政系统，李先念同志就是这样做的。

1954 年 6 月，李先念奉调进京，陈云和邓小平找他谈话希望他出任财政部长时，李先念提出，当财政部长要管理全国财政，还必须懂得全国经济，新岗位新任务，深感责任重大，怕干不了，恐难以胜任。陈云、邓小平听后，都坚持让他担任。他知道不能再推脱，就诚心诚意地请陈云、邓小平作他的老师，帮助他学习财经知识，做好财经工作。他对陈云、邓小平说：要我干，你们两位定要多帮助指导，千万不要撒手不管。后来，毛泽东找李先念谈话。李先念又一次提出，当财政部长，自己没有那个能力和水平，希望中央另考虑别人。毛泽东严肃而又风趣地说："你干不了，不想干，只好把国民党的孔祥熙、宋子文从台湾请回来，让他们干了。"

李先念领会到这是又批评又信任的话，表示坚决服从中央决定。其实，李先念说自己难以胜任财政部长之职并不是谦虚，而是发自内心的担忧。李先念出身贫寒，只念过 3 年私塾，后来虽然自学一点文化知识，但文化水平总体上还不算高。参加革命后，他常年带兵打仗，没有机会集中学习。当共和国的财政部长，对于不懂得经济理论知识的他，有很大压力。

为了干好财政工作，李先念给自己订立了一个学习计划：用一年时间读遍读懂革命导师和领袖关于财政经济方面的著作和中央有关文件；再用一年时间系统掌握有关财政经济方面的专业知识，熟悉有关政策和法规。但艰巨而又紧迫的财政经济工作状况，迫使李先念加快了学习的进度。他仅用了半年多一点的时间就仔细读完了领袖们关于经济方面的所有著作，并且对这些著作有了深刻而又系统的把握。除了读书之外，李先念另外一个学习途径，就是在开会时向财政经济专家学习。每次召开财政经济工作会议，他总是让专家把自己的意见说完说透，他认真听，用心记，反复思考，听不懂时就虚心请教，由此进步很快。同时，李先念还经常虚心向他的下级学习。他在任期间，平易近人，没有架子，在他看来，财政部的干部都是财政经济方面的内行，有丰富的知识和工作经验，所以，凡是搞不懂的问题，他就抓紧时间向别人请教，不管对方是什么级别的干部，他都要讨教明白。

据李先念原机要秘书黄达同志回忆，李先念作批示、提一些意见，都不是随便说的，而是在充分听取各方意见基础上，经过调查研究提出的。财贸方面遇到的重要问题和情况，他及时向周总理、陈云汇报、请示，甚至一天到总理那里去两三次，并定期向毛主席、周总理写工作简报。对于下面的同志提的意见，他也充分听取。财贸部门的干部回忆：在李先念面前什么都可以讲，顺耳不顺耳的，他都能听。他还经常启发引导大家发表不同意见，甚至争论，经过分析比较，他才拍板。如三年困难时期，对于商品涨价不涨价问题，当时有两种意见，一种是要涨价，涨 180%，一种是不涨价，维持现状。后来他广泛听取大家的意见，最后提出平价供应城乡居民生活必需的 18 类商品，除此以外，实施某些商品高价出售的政策。这些都体现了李先念同志实事求是、求真务实的工作作风。

李先念同志坚持实事求是的另一表现在于他善于把马克思主义和中国实际相结合，根据实际情况制定工作方针和政策。1956 年，我国财政出现 8.20 亿元赤字，占整个预算支出的 2.68%。在当时的情况下，如果单从财政角度看，这个数字并不大。但是李先念同志认为，把预算、信贷、物资三个方面结合起来分析，就可以看出它对国家库存物资和市场供应所发生的影响。1956 年的急躁冒进倾向，反映在财政上，则是没有照顾信贷资金大量增加的需要，没有在国家预算中拨付必要的信贷资金，反而多安排了一些基本建设，造成信贷收支不平衡，多发了一些票子，以致库存商品减少，市场供求关系紧张。因此，他提出要按客观规律办事，要坚持财政、信贷、物资平衡，即综合平衡，把生产和其他一切事业的发展放在稳妥可靠的基础上。他认为，坚持综合平衡是客观经济规律的要求。综合平衡搞得比较好，各方面的关系处理得比较好，工作就主动，群众的积极性就高，发展速度就比较快。综合平衡搞得不好，各方面关系处理得不好，你挤我，我挤你，互相牵制，速度就上不去，甚至掉下来，挫伤干部和群众的积极性，损害国家和人民的财富，浪费时间，想快反而慢。

他认为，财政平衡、物资平衡、信贷平衡既有它们的特殊性，又有共同性，不能各讲各的，各持一说，将三者分开。国家预算收支平衡，必须同银行信贷收支的平衡结合起来，统一安排。预算和信贷的平衡，必须考虑物资供求的平衡。在高度集中的财政经济体制下，银行的信贷资金仅仅依靠各种存款和正常的货币发行是不够供应企业流动资金贷款需要的，因而他特别强调财政要支持信贷平衡。在他的主持下，从 1957 年起，我国建立了由国家预算增拨信贷资金来平衡信贷收支差额的制度，这是实行综合平衡方针的一个重要前提。应严格划清财政、信贷两种资金的使用界限，桥归桥，路归路，不能互相挤占，要搞好各自的平衡。他强调指出，财政、银行两家要“穿一条裤子”，共同把好口子。他还提出要建立综合财政计划，加强综合平衡。要求财政部门不仅要管好预算内资金，而且要管好预算外资金；要求银行提高信贷计划的质量，使信贷计划能够更加接近实际情况，并且认真地建立现金收支计划，加强现金收支的管理。他为了解预算外资金的情况，专门让财政部门的领导和主管同志讲了一个半天，并列表逐项分析，直到弄清楚为止，最后对加强预算外资金的管理作出明确的指示。1962 年国家进行经济调整，加强了集中统一，银行能够吸收的存款相对减少。为了使银行能合理满足企业流动资金贷款的需要，支持生产的发展，李先念同志提出扩大银行利润的留成比例，以充实信贷资金。这些措施，都是李先念同志充分了解我国实际，立足国情，实事求是提出的，对国民经济由困难转向顺利发展，实现财政经济状况的根本好转，起

到了重要的作用。

1960 年 11 月 19 日，毛泽东在接见古巴银行行长切·格瓦拉时说：“我们刚刚革命胜利夺取政权的时候，也是非常缺乏经济方面的管理人才的。中国革命战争进行了 22 年，越到后来，我们越注意培养各类干部。但是，我们培养的人手，总还是嫌不够用。于是，我们只好抓个大兵来管钱。事实证明，我们这样的做法也没什么不好的。我们的李先念同志就把中国的人民币和其他各种钱财管理得非常好！”这是毛泽东的诙谐幽默，也是对李先念同志任职财政部长的赞许。后来，毛主席还把李先念和李富春、薄一波、谭震林称为管理国家经济的“四大名旦”。

（三）积极、稳健、积极——财政政策的变迁

1998 年，受亚洲金融危机的影响，以及加之国内长期以来盲目建设带来的结构不合理等深层次矛盾的突显，我国经济面临着前所未有的严峻局面：经济周期处于低谷阶段，上半年 GDP 仅增长 7%，同比回落 2.5 个百分点；经济运行的质量和效益下降，前 5 个月国有企业净亏损 88.75 亿元；就业压力加大，城镇登记失业人口 600 万人，城镇登记失业率达到 3.1%，经济增长放慢带来新增就业机会不足，再就业形势趋于严峻；居民收入和储蓄增长减缓，城镇居民人均可支配收入增幅由 1994 年的 8.5% 下降到 1997 年的 3.4%，农村居民人均纯收入增幅由 5.1% 下降到 4.6%，居民储蓄增幅由 45.8% 下降到 20.1%。面对严峻的经济形势，财政部积极赴各地开展调研，研究应对之策。1998 年 6 月 16 日，时任财政部部长项怀诚在《人民日报》上发表署名文章《财政宏观调控与启动经济增长》，提出转变适度从紧的财政政策，并认为我国现阶段不宜采取通过减税刺激经济的方法，而应适时适度地扩大财政举债规模和政策因素，促进国民经济增长。为力求当年实现 8% 经济增长目标和抵御亚洲金融危机冲击，我国政府根据市场经济规律，果断地启动了以增发长期建设国债、调整税收政策、调整收入分配政策、完善非税收入政策、加大对中西部地区转移支付力度等为主要内容的积极财政政策。

积极财政政策的成功实施，使得我国经济发展形势大为扭转，社会需求全面回升，促进了国民经济持续稳定发展。从 2003 年起，我国经济进入了新一轮的上升周期。实际经济增长率 2003 年为 10.0%，2004 年上半年为 9.7%，第三季度为 9.5%，全年为 10.1%。从经济运行看，当时既有部分

行业存在过热的苗头，特别是一些部门投资增长过快的现象，导致物价上涨明显加快；又有总体上供大于求、有效需求不足，经济运行中结构失调等深层次问题；同时，社会发展相对滞后，民生问题亟待改善。

面对这种情形，我国从2004年开始逐步调整财政政策的作用方向和力度，并对政策内容、实施方式等进行相应完善。2005年，我国开始全面进入了以“控制赤字、调整结构、推进改革、增收节支”为核心内容的稳健财政政策的实施阶段。稳健财政政策的实施，使得我国国民经济保持了平稳较快增长，物价上涨态势趋缓，人民生活得到明显改善。

此后几年，我国经济连续保持了两位数增长的强劲势头。2008年初，我国物价快速上涨，使得“防过热、防通胀”成为宏观调控的当务之急。然而，愈演愈烈的美国次贷危机在2008年底终于演变为席卷全球的国际金融危机，成为影响我国经济发展的最大外部因素，外需减弱，企业家、投资者、消费者信心持续受到影响。2008年前三季度我国经济增长速度同比回落2.3个百分点，第三季度回落到9%，经济增长速度面临进一步下滑的风险。

面对严峻的局势，为应对国际金融危机，保持我国经济平稳较快发展，我国实事求是，果断决策，对宏观调控政策做了重大调整。从2008年四季度开始，决定实施积极的财政政策和适度宽松的货币政策。此次的积极财政政策，以扩大政府公共投资，推进税费改革，实行结构性减税，提高低收入群体的收入，大力促进消费需求，进一步优化财政支出结构，大力保障和改善民生，大力支持科技创新、节能减排，推动经济结构的调整以及发展方式的转变等为主要内容。

一年多来，各级财政部门积极发挥财政职能作用，认真贯彻中央确定的积极财政政策各方面的要求，大力增加了政府公共投资，促进重点建设，实施一系列促进消费的政策措施，拉动内需，特别是消费需求的增长。贯彻落实结构性减税政策，促进企业增加投资，居民增加消费，同时，优化调整了财政支出的结构，更多地保证教育、医疗卫生、社会保障、保障性住房、环境保护等方面的重点支出，保障和改善了民生。应该说，积极财政政策的实施不但促进了我国经济结构的调整，加强了经济社会发展的薄弱环节，还支持了经济平稳较快发展，促进经济回升向好，同时也使我国经济化解了外部危机带来的冲击，也避免了世界经济更大的危机，为全球经济稳定作出了贡献。

可以看出，我国财政政策的变迁是随着国内外经济形势的变化而适时提出的，这些政策的制定和实行无不体现了财政工作者实事求是、求真务实的工作作风，他们在制定政策的过程中，经过了大量的调查研究，进行了深入的科学论证，正因此，或积极或稳健的各项政策才发挥出应有的威力，扭转当时经济颓势，促进经济健康稳定发展。

三

当前，不断发展变化的国内外形势，对财政经济工作提出了许多新问题和新要求，比如，在加强和改善财政宏观调控方面，如何根据国际国内形势的变化，准确把握财政政策的力度、节奏和重点，处理好促进经济增长、调整经济结构和管理好通胀预期的关系；如何发挥积极财政政策对于加快经济发展方式转变的促进作用；如何创新财税政策措施，促进城乡统筹和区域协调发展，推进城镇化，壮大县域经济，进一步拓展经济发展空间；如何运用财政政策，促进节能降耗、环境保护和生态建设，支持经济结构调整，使经济增长建立在结构优化的基础上，等等。又如，在促进收入分配制度改革上，如何提高城乡居民收入特别是中低收入者的收入水平，如何健全社会保障制度，以加快调整国民收入分配格局，提高居民收入在国民收入分配中的比重、劳动报酬在初次分配中的比重；如何完善个人所得税等税收制度，降低中低收入者的税收负担，加大对高收入者的调节力度，以加大税收对收入分配的调节作用，等等。再如，在深入推进财政科学化精细化管理方面，如何加强管理基础工作和基层建设，如何加强预算管理、抓好预算执行，进一步提高预算管理效能，如何利用好各种先进手段促进财政科学化精细化管理，等等。

历览前贤国与家，成由勤俭败由奢。毛泽东曾经讲过，坚定正确的政治方向，是与艰苦奋斗的精神不能脱离的；没有艰苦奋斗精神，也就不能执行坚定正确的政治方向。具体到财政工作中来，坚定正确的政治方向就是财政的科学发展。也就是说，实现财政科学化精细化管理是离不开艰苦奋斗精神的。与此同时，我们财政工作中遇到的问题都是时代的产物，具有现实性与历史性，只有具体问题具体分析，才能解决当前遇到的新问题。所以，财政工作者应该继续发扬艰苦奋斗和实事求是的优良作风，勤俭治国，不贪图享逸，崇尚节俭，加强财政资金监管，不断提高财政资金的使用效率；压缩不必要的开支，将公共财政资金更多地用在民生领域，把有限的财政资金用在“刀刃”上，将每一分钱花在老百姓看得见的地方，让老百姓实实在在受益；重视科学理财，加强财政科研工作，对财政改革过程进行跟踪性研究，正确总结经验教训，加强财政发展战略的超前性研究，从中发现规律，指导实践；不断提高技术水平，充分利用各种现代化手段，提高财政人员自身管理能力和管理水平，逐步实现管理现代化，促进财政科学化精细化管理，不断探索，开拓创新，努力开创财政工作新局面。

（作者单位：中国财政杂志社）

真挚的友谊

——忆与苏联驻长城线官兵合作的经历

葛复村

1945 年8月8日苏联政府对日本宣战。翌日，苏联红军出动陆、海、空军部队迅猛攻破日军筑造了13年的地上地下坚固防守阵地，以迅雷不及掩耳之势横扫日军，解放了被日寇占领的中国东北地区，消灭了曾经不可一世的日本关东军（毙、伤、俘日军69.3万人），灭亡了伪满洲国和伪蒙疆自治政府。8月14日，苏军取得中国整个东北地区控制权。8月15日，日本政府即宣布投降。在苏军对日作战中，我晋察冀军区部队兵分几路、日夜兼程奔赴前线，全力配合苏军作战，仅用5天时间便收复了八达岭至大同以北丰镇的长城内外大小城镇，并及时设立关卡，对北平和大同一带敌军实施封锁。东起青龙桥、西至阳高城的铁路几日内也开始运行。中国共产党领导的八路军又在中国人民抗日战争史上写下光辉一页。

1945年8月14日，中共中央晋察冀分局召开干部大会，程子华副书记作《当前形势与我们的紧急任务》的报告。他说："中国人民在8年的艰苦抗战中，在同盟国美、英的对日进攻，特别是苏联的参战下，使战争过程突然缩短……8年的抗日战争，是极其残酷的，中国人民把它坚持下来了，特别是中国共产党领导的敌后抗日斗争，是取得胜利的主要因素……7月27日，美、英、中政府曾向日本政府提出要它无条件投降，被日本政府拒绝，但在苏联收复中国东北地区后，日本政府随即向苏、美、英、中政府请降。苏联的参战，对结束战争起了决定性作用。①"

中国东北地区的面积相当于日本本土面积的3倍，是日军支撑侵略战争的资源基地。日本驻东北地区的关东军，是日本陆军主力，是守家军。在太平洋战区，日本海、空军虽遭受了致命打击，两颗原子弹也发挥了巨大威慑力，但其侵华陆军主力并未被消灭。1945年2月3日，在雅尔塔召开了苏、美、英三国元首会议，罗斯福与斯大林密谈苏联出兵中国东北地区问题时，斯大林提出三个条件：一是外蒙古独立；二是苏联租借旅顺为军港，包括大连；三是苏、中共有共管中长铁路。罗斯福默认了斯大林的要求，并答应转告蒋介石。他在劝说蒋介石时曾说（大意）："如果不同意苏联出兵中国东北地区的条件，不消灭日本关东军，战争拖长，我们还要伤亡100万人。"蒋介石政府在罗斯福和斯大林强大压力下，最终接受了斯大林的三个条件，并于8月14日在莫斯科签订了"中苏友好条约"。8月15日，日本宣布投降。

1945年，晋察冀边区党政军领导机关驻地，在河北省阜平县。8月15日，日本宣布投降时，驻地立时火把成龙，锣鼓喧天，军民狂欢抗日战争胜利。第二天，军区领导机关第一批人员轻装简从奔赴张家口。当时张家口属察哈尔省，日本占领后作了伪蒙疆自治政府的首府，也是侵华日军面对苏联和中国蒙古草原的战略基地。苏军进攻中国东北地区西线日军时，是一支机械化部队迅速突破日军防线，消灭了日军步兵和骑兵。按照苏、美、英三国元首在雅尔塔会议达成的协议，苏军在中国对日军作战的战区，西线不过长城，张家口由我军占领并卫戍。

军区领导机关进驻张家口后，军区供给部分配给我（时任财政科副科长）的任务是负责组织人员清查收缴敌伪后勤物资，并负责供应从延安赶赴东北地区的机关人员。9月一天，供给部部长封永顺（后任解放军总后

① 见1945年8月16日《晋察冀日报》。

勤部副部长）和政委吴先恩（后任北京军区副司令员）找我谈话，传达了聂荣臻司令员的指示："驻长城沿线苏军的食用，改由我军负责：具体事项与苏军驻张北县城的长城沿线卫戍司令戈洛木夫接谈；我军应尽可能满足苏军的要求；协作中搞好关系。"接着，政委吴先恩说："这个任务由你去执行，清查收缴敌伪后勤物资的任务交给被服科的同志办理。"部长封永顺对我说："你考虑一下，需要哪些帮助，与有关科商量办理，有困难时找我开会解决。"

我接受新任务后首先考虑了三件事：一是翻译人员；二是货币问题，当时在新收复区的货币尚未来得及整顿，还流通着伪蒙疆银行发行的货币，因此，我必须把晋察冀边区银行发行的货币和缴获的伪蒙疆银行发行的"伪币"都带上；三是交通工具和安全问题，从张家口到张北县城是坝上草原，若用马车，不但时间长而且不安全，尤其是在坝上和坝下接合处，有一峡谷叫狼窝沟，是土匪经常出没之地。我接受命令后的第三天，戈洛木夫即前来拜访供给部领导，我也参加。双方相互介绍寒暄后便开始会谈，最终商定：一、苏军官兵的供给标准由苏方定；二、供应点和各供应点的供应量由苏方定；三、张家口至张北县城的往返交通工具（汽车）由苏方提供；四、运输货币和物资时，苏方负责安全保卫；五、翻译人员暂由苏方负责，随后由我方解决。当时为戈洛木夫担任翻译的是一位在张家口出生的俄罗斯姑娘，名叫玛丽娅，我与戈洛木夫的工作联系和商谈问题主要是通过她。

会谈后的第二天，我带上介绍信和所需货币乘苏军中型吉普车到达张北县城，随即与晋察冀军区第 11 军分区领导取得联系并商定：部分工作由军分区供给处负责，部分工作雇佣当地人员办理；为执行任务，以驻张北县城的军分区供给处为基地，设三个组，即财务组、采购组和供应组；由军分区提供一名俄语翻译。

苏军的食用，作战时吃的是压缩食品和罐头；休战时由随军汽车运载的炊具制作，每队配有两辆炊事汽车，一辆烤面包，一辆做汤羹；停战驻军时则改用地面普通炊具。苏军的饮食比较单一，主食是面包，副食为汤菜，用包心菜、土豆等蔬菜加一些佐料作成，另加一块约三分之一磅的熟牛肉或羊肉。一日三餐照样不变。战士每人一份，用随身带的铝罐盛汤菜，用木制小勺进餐。

我方供应苏军的主副食品（面粉、牛羊肉、包心菜、土豆等）用现金购买，对苏军按量供应实物。牛羊肉在张北县城统一购买，统一屠宰，统一供应。苏军各供应点每三天领取一次。根据苏军的需要和食用习惯，我方只购买被屠宰牛羊的肉，其余如头蹄、上水、下水、皮毛等由卖主另售。面粉、蔬菜和燃料由各驻军县政府就地采购就地供应，每周凭买据和收据向军分区财务组报销一次，支付给现金。苏军需要的其他物品，从供给部张家口仓库提取。当时我们特别注意副食品的清洁卫生问题，对牛羊的屠宰和肉的保存等各个环节均由我军战士现场监督、看守。为照顾宗教信仰，屠宰牛羊前还专门请来阿訇念述。因为大家认真负责，加之天气日渐寒冷，供应苏军的食品从未发生意外之事。当时正值秋收季节，牛羊肥壮，农产品丰富，供应工作的基础得到充分保证。

抗日战争的胜利，大大鼓舞了当地人民的爱国激情，他们热烈拥军，赶着成群的牛羊（主要是羊）从草原四面八方奔往张北县城。加之交易价格合理，所以如果收购方出价，卖方从不还价。由于我们事先有所准备，卖方要晋察冀边区银行发行的“边币”即付给“边币”，若要伪蒙疆银行发行的“伪币”即付给“伪币”。币值按 1 比 1 折算。老百姓多喜要“边币”。

在当地人民的支持下，我军对苏军的供给工作进行得很顺利。这既反映了老百姓与坚持抗战的八路军之间的鱼水之情，也反映了他们对苏联红军帮助中国消灭日本侵略者的感激之情。

1945 年 11 月 7 日是苏联国庆日。为此我军在张北县城召开庆祝苏联国庆大会，苏军和我军部分指战员以及县机关人员参加了大会，晋察冀军区“抗敌剧社”作慰问演出，苏军的随军歌舞团也表演了节目（附苏军歌舞团照片）。我军还专门为苏军军官举办了宴会（酒水和部分食品由张家口专程送来），我党政军部分负责人参加并讲话。苏军官兵在中国度过的国庆节充满热烈友好的气氛。

同年 12 月，苏军开始分批回国。苏军驻张北卫戍司令戈洛木夫由我陪同到供给部表示感谢。供给部领导宴请了他和陪同人员。苏方译员玛丽娅也在座，她在苏军最后一批官兵归国时，随戈洛木夫返回祖国。在两个多月的协作中，我军工作人员和苏军官兵结下了友好之情，我个人与戈洛木夫之间也结下了同志友谊。临别时我们合影留念，这张照片我一直珍藏至今。握手告别时，戈洛木夫同志还摘下他的“镰刀斧头红星”帽徽赠我作纪念。苏军回国后，我与第 11 军分区有关单位总结了工作，结清账目，乘

军分区军车返回张家口。随即我向供给部领导作了汇报并报销了账目，结束了自己与苏联红军官兵合作的这段经历。

事后回想，当年出现苏军西线部队供给需要我方负责的情况，一是苏军难以自行担负，当时西线战区和东线战区不同，西线是草原和沙漠地带，且路途遥远，也没有铁路直通苏联，苏军补给困难；二是中苏之间党、军关系较战前密切，苏军西线司令与我军区聂荣臻司令已可直接会面。苏军刚进入东北地区时对中共敌后抗日作战的形势并不清楚，也不知道在长城内外有中共军队的存在。8 月 9 日作战开始后，我军为配合苏军，曾有一个先遣连主动与苏军接触联系，但当即被苏军缴械，原因是我军的帽徽仍为“青天白日”帽徽（1937 年 8 月 25 日，中共中央军委命令工农红军改编为国民革命军第八路军，将原“红五星”帽徽改为国民革命军的“青天白日”帽徽）。事件发生后，经中苏两党联系后解决，双方也密切了配合作战的关系。

在 8 年残酷的抗日战争中，我参加八路军在敌后战斗 7 年，留下了许多难忘的回忆。中国人民的抗日战争，是第二次世界大战的开始，中国抗日战争的胜利，也是第二次世界大战的结束，在世界反法西斯战争史上具有特殊意义。而我始终把抗战期间有机会与苏联盟军合作并为苏联红军官兵提供服务，引为一大荣幸，也因此对苏联红军怀有一种特殊的感情。

20 世纪 50 年代和 60 年代，我曾两次赴莫斯科公务，其间曾托人多方打听戈洛木夫同志的消息，希望能和这位老战友见上一面，可惜未能如愿。如今，每当我看到和戈洛木夫同志的那张合影，心中虽免不了感到些许遗憾，但我更多想到的是自己与他在抗日战争期间结识、合作、共同战斗的情景。其实，这并不是我们个人之间的事，而是中国人民和军队与苏联人民和军队在世界反法西斯战争中并肩作战的一个难得的历史见证（我同苏军戈洛木夫等人的合影，已由中国人民抗日战争纪念馆收藏）。

苏联红军为中国抗日战争胜利做出的牺牲和贡献，中国人民是永远不会忘记的。

（作者系财政部离休干部）

老部长让我难以忘怀的那些事

王淑清

从财政部建立之初到现在，几代财政人一直保持和延续着财政优良传统和作风，在思想上、政治上、行动上自觉同党中央保持高度一致，认真贯彻执行党的路线、方针、政策；工作上坚持调查研究、实事求是、求真务实、注重理论联系实际；工作作风扎实、勤勤恳恳、兢兢业业，生活作风勤俭节约，清正廉洁，踏踏实实为人民理好财，管好每分钱，以实际行动践行“财为民所理，权为民所用，情为民所系”的原则，一心一意做好财政工作。这些优良传统和作风在我们的几任老部长、老领导身上都深刻地体现着，我简单地回忆留在记忆深处的几个画面。

勤俭节约大公无私的老部长吴波

老部长吴波是大家公认的楷模，他大公无私，勤俭节约的事迹大家都耳熟能详。记得当年吴老在大酱房胡同的房子十分陈旧，年久失修，墙面因漏水而留下了很多黄黄的水印，部里想为他重新粉刷，都被婉言拒绝。一个部级领导，在那样陈旧的房子里一住就是40多年，从不向组织提任何要求，没有享受部里的任何特殊照顾，就连家里的家具也非常简朴。后来，吴波部长搬到了万寿路的宿舍，他在去世之前就立下遗嘱，自己是一个无产者，不购置任何私产给后代，去世后要求自己的子女将住房归还财政部。他的子女在吴老的教育和影响下，也继承了父亲的优秀品质，吴老的三个子女，只有一个留在了北京，其他的都在边远地区一干就是一辈子，他们深深地理解自己的父亲，从无怨言。吴老用自己清清白白的一生诠释了一个无产者的内涵，他的一生都体现着一名忠诚的共产主义战士的优良品质和人格魅力。

严于律己不谋私利的副部长李朋

李朋副部长工作中坚持原则，关心培养年轻干部，处处严格要求自己，就连自己的老伴病危时也不通知任何人，包括自己的秘书。在医院下病危的那天，我到医院去探望，就跟老领导说："晚上如果有情况就马上给我打电话"。当晚11点李部长打电话告诉我老伴已经去世了，我就赶去医院，帮他处理一些善后的事情。李部长晚年因肺结核在小汤山医院住院，那时他的第二任夫人也住院了，按理说，部级领导是可以从部里要车，但他从来没有因为要去医院看望自己的夫人这样的事情向部里要车，都是自己打车前往。考虑到自己的身体情况，为了避免在路途中有突发情况，上车之前老部长都要给出租车司机一张写上自己的姓名和子女的联系电话的纸条。这就是我们的老领导，凡事总是替别人着想，而从不因为自己的位高权重而谋取私利，对比当今社会某些人的特权主义作风，这是何等的高风亮节。

淡泊名利忘我工作的傅芝邨部长助理

刚刚去世的傅芝邨同志，也是我的老领导，他长期从事财政工作，有深厚的政策理论积累和文字功底。1993年起他先后参与党和国家一系列重要会议文件起草工作，参加了党的十四届三中全会、五中全会、中央经济会议文件起草工作、参与制定了《中共中央关于建立社会主义市场经济体制若干问题的决定》、《中共中央关于制定国民经济和社会发展"九五"计划和2010年远景目标的建议》，还参加了党的十五大报告的起草工作。他在参与制定这些重大政策的过程中，从财税改革和发展的角度出发，为完善社会主义市场经济体制和实现国民经济平稳快速增长提出了许多有益意见和建议，在一些重要财政政策的制定上发挥了重要作用，得到了中央领导和有关部门的好评。就是这样有能力的人，从不计较个人得失，对自己职务从不去向领导伸手，部党组让干啥就干啥，顾全大局，胸怀坦荡，协助党组维护班子团结。在工作上兢兢业业，勤勤恳恳，克己奉公，任劳任怨，在他患癌症施行手术后，还坚持在病床上修改部里的一些重要文件，就连他的主治医生看见了都于心不忍，说是怎么能让患重病的干部躺在病床上干工作呢？但他仍旧毫无怨言地坚持工作。这一切充分体现了一个共产党员，人民公仆的优秀品质和高尚情操。

我就是在这些老领导的培养教育下成长起来的，受他们高尚的人格魅力和为人民服务的奉献精神所熏陶、感染。党组安排我到老干部局工作，虽然在别人眼里老干部工作很清贫、很琐碎，但作为一名受党教育多年的共产党员，我没有一丝怨言，满怀感激地走上了老干部工作的岗位，以全心全意为老干部服务为宗旨，踏踏实实地开展工作。虽然我已经 73 岁，但作为从老干部局退下来的老同志，现在仍担任着晾果厂党支部的组织委员，继续在为老干部服务。我所在的活动站有 104 人，党员有 84 人，老同志们都有很强的组织观念和党性观念，他们积极参加支部组织的各项活动，参加理论学习。支部专门成立了学研小组，小组的成员几乎都是 80 岁以上的老同志，大家就关注的社会热点，财政改革热点问题，展开交流讨论，写下学习心得，为财政事业建言献策，发挥余热。支部还成立了几个党小组，对于一些年高体弱，长期患病卧床的老同志，我们还把支部学习的材料送到老同志家中，给他们传递信息，让他们在家中也能感受到组织的温暖，这就是财政人深厚的同志情谊。

最后，我想用一句话与青年同志共勉，青年人是财政事业的接班人，要时刻记住作为一名共产党员的身份和责任，真正从思想上培养自己正确的人生观、价值观，无论环境、职位如何变迁，都要牢牢把握住自己，明白什么该做、什么不该做，严于律己，廉洁奉公，继承并发扬老一辈财政人的优良传统和作风，薪火相传，为祖国的财政事业贡献自己的一份力量。

（作者系财政部退休干部）

探寻财政部的主根

赵秀山

1949 年 10 月 1 日中华人民共和国庄严成立后，国家机器立即发挥出平稳、有序、高效的职能，丝毫没有出现历代政权更迭时普遍发生的大混乱、大动荡局面，这里面有一个重要历史因素，就是中共中央和毛泽东主席运筹帷幄于先，早在临近全国解放前就组建了华北财办，并进一步组建了华北人民政府。

这就是说，为解放全中国，党中央已预先把大半个中国的财政命根子掌握，进而又把这一地区的政权掌握住。华北人民政府为新的中国中央政府作了执政准备，顺理成章地变为中央人民政府的基础，支撑了国家的大变化，所有机构和人员根本没有发生任何青黄不接的现象。

组建华北人民政府时，毛主席是把华北人民政府和中央人民政府联系一起考虑的，董老在华北人民代表会上也讲过，华北人民政府是中央人民政府的雏型。周总理在新中国成立之后政务院第一次全体委员会上讲话时说过，中央人民政府各机构是在华北人民政府基础上建立的。

财政部是华北人民政府财政部原班人马改头换面完整移交而建立的，

这一点在中央人民政府各单位中显得非常突出，可以说是财政部的最大特点。

以上情况说明，财政部完全是靠原华北人民政府财政部为基础建立的，华北人民政府财政部是中央财政部的根底。进一步回顾历史，光找到我们财政部的根底——华北人民政府财政部还不够，还要找到根底中的主根。要找到我们财政部的主根，就要查明华北人民政府财政部的组建史。

历史情况是：华北人民政府财政部是由晋冀鲁豫边区政府财政厅和晋察冀边区行政委员会财政处合并组建的，两边区财政厅是华北人民政府财政部的基础。

再往深处查，两边区财政厅合并时有无主次？历史事实是：两边区财政厅虽然都是两边区政府的基本机构，从未受到简政撤销影响，都为抗日战争和解放战争作出了重大贡献，但是，两边区财政厅在经历上、任务上、编制上还不尽相同，两边区财政的机构、人数相差很大。所以，两边区财政厅合并为华北财政部时，尽管没有明说，实际上还是有主次之分的，晋冀鲁豫边区财政厅成为华北人民政府财政部的主力。

这是因为，八路军总部中共中央北方局领导人朱德、彭德怀、左权、杨尚昆，一直驻节晋冀鲁豫边区，所以晋冀鲁豫就成为了总部和北方局直属。他们对边区作战、开辟、建设、管理都是直接领导，亲自过问的。特别是邓小平主持总部和北方局时期，他认定财经工作比军事工作更复杂，所以边区财经工作一直由他亲自挂帅。解放战争时期，小平同志协助刘伯承指挥作战，对财经事业已不像过去那样主管，中央局决定由中央局副书记薄一波分工领导财经，边区的财经工作一直处于仅次于或不次于军事工作的地位。

由于领导上对财经工作的强化，财政工作显得很有劲头，特别是为战争服务上成绩突出，屡受中央通报表扬。有一次，中央严肃批评各地区没有摆正财政工作的地位时，特附加了一句难忘的话“晋冀鲁豫好些”。后来的中国党史上首次全国财经专业会议，也在晋冀鲁豫举行，也由晋冀鲁豫唱主角。这也证明，晋冀鲁豫财经工作实有基础。

解放战争期间，为战争服务即支援前线的工作，晋冀鲁豫边区财政虽然比较繁重，但是较好地完成了任务，它不仅供应了刘邓大军、陈谢大军的一切，而且还有九个月包干供应了陈粟大军的吃饭穿衣。还用很大的力量，支援彭德怀的西北野战军吃粮。

由于支前任务重，晋冀鲁豫边区的财政系统就格外庞大，中央局和边区政府为保证前线供应，减少后方开支，实行过多次机关精简、压缩人员，但财政厅系统不但没有减员而且逐步扩大。在两边区合并时，晋冀鲁豫边区财政厅人员数量、质量明显优于晋察冀财政厅。晋冀鲁豫财政厅自然而然的成为华北人民政府财政部的多数和主体。加之，晋冀鲁豫边区政府副主席（曾兼任过多年财政厅厅长和冀南银行行长）、边区财政专家戎伍胜（戎子和）被任命为合并后的财政部部长，显而易见，晋冀鲁豫边区财政厅成了华北人民政府财政部的骨干。这也说明，华北人民政府财政部改为财政部时，当初晋冀鲁豫边区财政厅就是我们财政部的主根。这一点，毫不含糊。

此外，说新中国成立初期我们财政部领导的配备上，也能看到我部与晋冀鲁豫边区的浓重血缘。

长期担任晋冀鲁豫边区政府副主席后任党的边区中央局副书记的薄一波被任命为我部第一任部长，长期担任晋冀鲁豫边区党内一把手的邓小平，担任了财政部的第二任部长。

我部初期的主管部务的副部长（一度代理部长）戎子和一直是晋冀鲁豫边区的副主席并专职兼任财政、银行领导。

我部副部长中，也有几位来自晋冀鲁豫边区财政系统，为江东平、谢明、李朋等。

以上情况，亦可视为晋冀鲁豫边区财政厅是我们财政部主根的一个证据。

另外，还有一个重要情况，可以旁证晋冀鲁豫边区财政厅是我部主根。抗日战争和解放战争期间，晋冀鲁豫边区的冀南银行（当时是八路军总部破除万难才办起来的）一直受边区政府直接领导并受财政厅的指导，许多业务，是与财政协同作战的。后来，冀南银行越办越好，越办越大，在人民币发行前，全国各解放区是以冀南银行货币为比价。因此筹建中国人民银行时，冀南银行为主体。由此也可以说明，晋冀鲁豫边区财政、银行在全国各个解放区的实力。由此佐证我们财政部的主根是晋冀鲁豫边区财政厅是实在的。

除以上所述的历史、组织、人事方面确证晋冀鲁豫边区财政厅是我们财政部的主根之外，还有一个很重要的原因，就是晋冀鲁豫边区财政厅是经过实践检验的，它有担当我部主根的资质和能量，它有几方面的工作是超前的，创新的，是在中国革命史上写下光荣篇章的。

一、晋冀鲁豫边区财政厅在供应我军作战方面，作出了伟大成绩。

抗日战争时期我军打的是游击战，战争供应工作比较容易。解放战争时期，战争形式发生了重大变化，这时所有的战役都是运动战，大兵团作战，部队一日大踏步前进，一日又大踏步后退。

解放战争初期，尽管仗打得不像后来淮海战役那样大，但是比起抗战时期大得多，消灭敌人的数量，都是屡创我军歼敌数量之最。比如，上党战役、邯郸战役，都是1945年日本刚投降国民党就向我们发动的。那两仗虽然各歼敌三万多，争取万余人起义（高树勋邯郸起义），比后来的许多战役歼敌五万、十万甚至几十万不能相比，可是，这样的仗发生在抗战刚刚胜利、我军还处在极端贫困状态中。就在那样的严峻形势下，晋冀鲁豫边区财政厅使出了“吃奶的力气”，调动了大生产运动中刚刚收获的粮食，全力以赴地投入前线，保证了战争胜利。此后一个接一个的大仗，都依靠财政部门动用人力用肩挑、驴驮等等土办法，随军转移，硬是基本上保证了前线作战，每次战后都受到刘邓特别嘉奖。

薄一波曾经多次指出：只要你们保证了前线，就给你们的功绩打90分。后来，财政部门是以90多分的成绩写入历史的。

二、晋冀鲁豫边区财政方面，为边区的发展统一发挥了史无前例的先锋作用。

晋冀鲁豫是中央承认的全国第一大边区，但是这个大边区也是由小到大逐步发展的，决非一蹴而就的。每一次联片，最后的大统一，都是财政先行，首先统一财政，掌握统一问题的要害。为冀西、豫北和太（行）北联合成为晋冀鲁豫区（后称太行区）；晋东南、豫西联合成为太岳区；冀南大部和鲁西北联片成冀南区；冀南、鲁西南、豫东北联片后成冀鲁豫区，都是首先统一财政。

在某次有关统一的会议上，一位负责人传达上级指示：“没有财政的统一，就没有边区的统一。”最终，以上四个地区联合形成晋冀鲁豫边区。边区统一后，为照顾四个地区的实际困难，财政上实行分权。抗战胜利后，为迎接全边区反对内战的需要，刘邓等边区领导决定进一步统一财政，所有财政完全由边区财政厅统一掌握，这一创举对保证边区的战争胜利起到了决定性作用。

晋冀鲁豫统一财政的经验一直受到中央重视。中央为更好支援战争，

决定要将华北两大边区统一，中央在统一之前也吸取了晋冀鲁豫边区的历史经验，先掌握财政大权，所以，在两边区尚未合并为华北区、华北人民政府尚未成立时，就先把晋冀鲁豫和晋察冀两边区财政统一，建立了直属中央领导的华北财经办事处，为以后两区的统一奠定基础。史家记为：晋冀鲁豫边区开创的“区域合并必先统一财政”这条经典，很有历史意义和历史价值。

三、晋冀鲁豫边区财政厅，对理财——收入支出管理，有一套理论与实际相结合的精明制度和法规。

凡是与边区有过接触、或路经边区到延安去的，都有这样的突出感觉，所以抗战中就流传着“太行理财有方”的称赞。

之所以形成这样的好评，我以为有两点很值得学习。

第一，晋冀鲁豫边区制定了一个既能刺激生产，又能保证军民生活供给的税法，税法是按照邓小平指示，规定“增产不增税”。自从这个法令实施后，边区的征收（公粮公物）明显容易了。每年征收季节，只要按法令计算公布各家（90%以上户口都要多多少少交点）纳税数，三五天即可全部征齐入库，这是古今中外罕见的现象。

第二，在支出方面，为了长期打算，准确支出，经财政部门和有关方面调研后，向边区最高领导建议：为解决“需要大量养兵”又要“减轻人民负担”这个矛盾，必须适当控制脱产人员人数。具体规定全区脱产人员，不得超过边区总人口的3%。抗战胜利后，边区逐渐扩大，边区人口大大增加，但军队和地方人员供给也逐渐增大。为了解决新的矛盾，又规定脱产人员只能占总人口的1.5%，同时还规定，军队人数占脱产总数的85%，地方人数只能占15%。

在支出方面，量入为出、量出为入结合，总的原则是先军（队）后地（政府、学团），先野（战军）后地（方军）。如此规定，影响长远。

四、晋冀鲁豫边区财政领导上还有一个重要举措，就是重视新事物，重用人才，确认知识就是力量，目的就是把财政工作搞得更先进、更科学。为此，晋冀鲁豫边区以财政为主，千方百计的提高会计技术、改进会计制度。

具体行动是在边区财政、银行、商业等系统普及会计知识使用新的会计方法，并为调动会计专业积极性建立了会计学会，这也成为边区财政史上最闪光、最值得记载的一页。

边区会计学会是八路军总部副参谋长兼后勤部部长杨立三、边区副主任戎伍胜、边区财政厅长刘岱、边区冀南银行行长胡景澐、边区工商局局长王兴让等同志发起各地选派代表举行了会计学会成立大会，边区各财政、会计专家成为会计学会领导人。

会计学会为边区起草了新的“会计人员守则”，“优待会计人员条例”，还多次召开专业会议，出版了会计学术刊物，经酝酿讨论，评选了会计师职称。张新周（新中国成立后一直在财政部当司长），黄同（总后财务部会计，后来升任总后财务部长），王凤来（边区会计学校校长）被评为边区会计师。边区会计学会是当时解放区的第一个会计学会，很受财政领导的重视，也很受广大会计人员的欢迎，他为全边区会计事业的发展进步起了极大的推动和促进作用。

在学习新知识方面，晋冀鲁豫边区早就注意到财政工作的重要性，首创第一所根据地的财经专业学校。学校由教育家、边区政府主席杨秀峰担任校长，留日学生、抗战初期就担任高堂县抗日政府县长的周子明（抗战胜利后担任过吉林财政工业厅长）任教务长。陈赓将军的夫人王根英（上海工人领袖，后牺牲于冀南）担任支部书记。彭德怀、罗瑞卿、杨献珍等领导人多次到学校作报告。财校办得很出色，越办越大，分设了几所分校，一直到日本投降才结束。

随着革命事业的发展，区域、机构的变动，晋冀鲁豫边区的财政最终成为中华人民共和国中央人民政府财政部的主根，是符合历史发展规律的。

我们财政部以当初华北财政部为基础由华北之前的晋冀鲁豫边区财政厅为主根组建。随着国家建设步伐加大，不断吸收各方面的人才，又接收了各大区撤销后各大区的财政队伍，成就了今天更加完整的财政部机关的基本构架和工作优势。

（作者系财政部离休干部）

当年，厅机关只有一辆公务车

邢乃康

笔者从事财政工作近50年，对许多贯穿财政机关、财政工作、历任领导优良作风的故事深有感慨，难以忘怀。

新中国成立初期，福建省财政厅人员主要来自解放区南下的地方财经干部、福建地下党干部、上海学生组成的南下随军服务团成员，按照“量才录用”政策，留用部分国民党财政厅人员以及省财经学校部分提前毕业分配的学生。当时土地改革剿匪反霸正在进行，革命秩序尚待建立，经济落后百业待兴，机关办公场所更是简陋，在极端复杂困难的环境下建设财政队伍，在非常艰苦的条件下开展工作。

由于当时福建地处前线，对敌斗争形势严峻，为了防空，白天疏散，夜间上班，财政厅一班领导人集中力量整肃机关，为的是确保“发展经济，保障供给”财政方针的贯彻实施，要求全厅团结像一个人一样，强调组织纪律性，无私工作，全心全意为人民服务。厅机关按照党的七届二中全会精神开展对干部职工的思想教育和纪律教育，要求财政干部务必继续保持谦虚谨慎、不骄不躁、艰苦奋斗的作风，以全心全意为人民服务为宗旨，认真做好岗位工作。

各级领导言传身教，处处事事做表率，潜移默化地影响了大家。20 世纪五六十年代，老厅长出差到县里，县委盛情请一餐水饺却被谢绝。那时县乡交通不便，厅长和随员下乡一起打起背包徒步一走就是几十里路，机关公务用车只有一辆，有的厅长到部门单位却自己掏钱坐三轮车。在工作上、生活上此类艰苦作风在机关党员、群众中蔚然成风，感人事例举不胜举。

作为全省财政工作的领导机关，领导对全体干部首抓的就是学习，把组织学习马克思列宁主义、学习党的基础知识、学习党的文件、学习财政业务放在第一位。队伍上下一条心，大家共同信念就是坚定不移地跟党走，听党的话，团结一致做好工作，机关政治氛围浓厚。限于当时预算管理的模式和水平，具体工作几乎天天跟报表算盘打交道，月报季报逐县汇总，工作量之大耗人耗时，一旦出错翻工“抓乌龟”，经常加夜班，有时任务急直到通宵，可是没有听到任何怨言，业余时间还经常响起歌声，机关生活既忙碌又活泼。

20 世纪 50 年代，党团员带头开展批评和自我批评可谓自觉坚持，严肃认真。福建地处东南沿海对敌斗争前沿，敌特活动猖獗，党组织十分强调保密观念和安全观念。笔者从校门进入机关门不久，就先后挨了两次开会批评，一次是下班忘了锁橱门，一次是回家睡觉没请假，两次都是在被发现的第二天一上班，就全处开会做了自我批评，真是刻骨铭心，终身难忘。

记得当时机关组织一个编委会办了黑板报，走廊上竖起四块大黑板，大篇幅的定期出版，办得很正规。笔者负责黑板报的编辑出版工作，也学《福建日报》，辟一块“读者来信”专栏，有时还搞“对本报批评与建议的反应”，多数是开展批评和自我批评活动。有一次，黑板报发表一篇对公车私用问题提出指名道姓的批评，被批评的同志很快就给黑板报编辑反馈并写了检讨。黑板报坚持了多年，报道机关新闻、交流学习动态、活跃文体生活、开展批评和自我批评，成了机关政治生活一个重要园地，受到大家欢迎和好评。

马子明厅长（后任省政府财办主任）是解放区南下福建接管国民党财政厅的人员之一，他的领导作风、工作作风，堪称哺育和影响一代财政人。他平易近人，生活简朴，工作作风认真、严格、细致，令人钦佩，记

忆数字能力超强，预算“盘子”几乎印在脑海里。

他对干部的业务学习要求严格，特别是对青年干部，要求下基层调查研究动脑分析，搞出来的数据经得起推敲，绝对力戒浮、粗、草。有一次跟随赴龙岩地区调查整顿收费情况，有的同志情况没搞深透，被马厅长几次推翻重来。平时在机关，不少同志下基层调查回来，听说马厅长要听汇报都忧虑重重，如果数据不实，材料没搞深透，不能说服人，厅长提问答不上来，肯定过不了关。这样，领导的鞭策、深刻的影响，不少年轻干部在工作中学习提高，转变了作风，学会了科学分析，财政管理水平得到提高，进步很快，许多人都成了业务骨干。

分管农业财务工作的张蓬副厅长针对当时相当一部分支农项目花钱多、收效少，只见投入不见产出的状况，在1965年夏带领一批干部深入到福清县，调查了6个公社27个大队的支农资金管理使用情况，发现有一半以上的支农资金基本上属无效投资，有的被挪用在非农业生产，有的被平均撒了“胡椒面”，花了钱没办成什么事，有的被当成救济款分光吃光，有的被贪污或用在其他铺张浪费上。探其原因，主要是财政监管薄弱，存在“一拨二转三不管”现象，农村基层干部把支农的无偿投资看成是政府的恩赐，钱来得容易，有无效益无所谓。

根据调查的情况、问题和提出改进的意见，调查组形成了《农业资金这个“洞”有多大?》为题的调查报告，摆问题、有分析、讲道理、提措施，指出农业资金这个“洞”并不大，虽然发展农业需要大量资金，但它并非是一个“无底洞”，之所以长期填不满，问题在于“洞”中有洞，必须彻底堵掉这个漏洞。报告提出多条措施，其中主要的有两条：一要彻底解决“一拨二转三不管”的问题，资金出去要跟踪检查，一年要现场检查几次，严加管理，管出效益；二要下决心将部分农业资金变“无偿投资”为有偿周转，搞财政周转金，或通过银行信贷渠道发放。

这个报告受到当时省委省政府的重视并转报国务院，得到了时任副总理的谭震林的重要批示，在全国《农村工作通讯》上全文发表，对促进全国农业资金管理起了推动作用。张蓬常说一句话，“‘岂能任凭人说，但求无悔我心’，只要我们尽心尽责，坚持对财政管理原则负责精神就行了”。

（作者单位：福建省财政厅）

财政厅长们的接力棒

傅光明

1949 年 5 月 16 日，武汉解放。5 月 20 日，湖北省人民政府成立。7 月 1 日，湖北省财政厅成立。60 多年来湖北省财政厅共产生了 16 名厅长。财政事业就像火炬，就像接力棒，不断地传承，不断地发展，不断地兴旺。1950 年全省财政收支分别为 18844 万元和 4322 万元，到 2008 年分别达到 1338 亿元和 1638 亿元，分别增长了 703 倍和 3789 倍。在财政事业不断发展的艰难历程中，一代代的财政人，特别是一届届的财政战线的前辈和领导者们，他们处于领导第一线，地位特殊，他们所付出的心血和探索值得颂扬，他们的优良传统和作风值得继承发扬。

在湖北建省和经济恢复时期，财政工作的主要任务是巩固政权、承担了百万大军过境的粮食供给。先后有刘济荪、王任重、吴先恩、张旺午四位同志担任厅长。其中王任重任省人民委员会副主席兼财政厅厅长。在那艰难的岁月，他们兢兢业业、呕心沥血、艰苦奋斗，采取了一系列统一全省财政财务会计、税收体制、仓库、收支划拨、物价的措施，使财政管理由混乱走向正规；支持土地改革，实现了财政经济状况的根本好转。当时的财务制度规定极严，如有一次，省政府在财政厅召开全省专员会，购买了 7 根香蕉作为招待，来的 6 个专员每人一根，多了一根作为机动。如当时规定一般干部下乡不能租马，有个干部到襄阳下乡租了马，厅长按规定就没有给予报销。

从 1953 年到粉碎“四人帮”，是湖北经济建设发展的重要时期。先后有安东泰、袁茂青、田裕如、李夫全、韩文卿、韩洪如担任过财政厅长。在当时一穷二白的条件下，为了落实国家把武汉建设成以冶金、机械、纺织工业为主体的南方工业基地的设想，为了完成将苏联援建的 156 项重点工程中的武汉钢铁公司、武汉重型机床厂、青山热电厂和兴建武汉长江大桥等重点项目的任务，想方设法，费尽心血，筹集资金，先后安排地方基本建设投资 6. 56 亿元支持经济建设，为促进湖北经济长期发展打下了坚实的基础。

粉碎“四人帮”后，特别是党的十一届三中全会召开以后，我国进入改革开放和社会主义现代化建设的新时期。先后有林少南、何福林、陈水文、童道友、罗辉、王文童担任厅长。他们以思想解放为先导，实事求是，与时俱进，深入基层，调查研究，勇于探索，开拓创新，结合省情先后提出了一系列支持湖北经济发展的理财思想，如结构财源建设、梯级财源建设、效益财政建设、“四做”目标、“六型”财政等，有力指导了财政实践创新。从 1980 年起率先支持补贴县财政自给改革，从 1986 年起率先支持财政收入亿元县建设，从 1995 年起率先推行综合财政预算，从 2004 年起率先实施省管县的财政体制改革，从 2006 年起率先在全国建立财政与编制政务公开网，财政工作一年一个新起点，财政收支一年一个新台阶，财政发展一年一个新面貌。

我参加财政工作以来，先后接受过林少南等厅长的领导、教诲和帮助，深切地感受到他们的共同特点是：对财政事业忠诚热爱，对财政改革探索开拓，对经济发展悉心支持，对人民利益关心爱护，对家庭个人严格要求，对干部成长倾注心血。他们都有惊人的智慧，谨慎的态度，务实的作风，超人的胆识，非凡的政绩。

1976 年至 1980 年我在麻城市白果镇财政所工作时，曾有幸聆听过林少南厅长的教诲。林少南厅长于 1976 年至 1982 年任省政府副省长兼财政厅长，是一名为革命胜利流过血坐过牢的女战士。她和蔼可亲，平易近人，作风扎实，生活简朴，每年都要到我所在的白果镇财政所指导工作，每次来她都住在财政所简陋的房间内，同我们一起研究和总结支持经济发展增加税源的办法和经验。还多次深入到当年她打过游击的革命老区卢家河看望乡亲，指导当地的农田水利建设和发展多种经营生产。她还多次分期分批安排省财政厅年轻干部到最贫困的邓家山和芦柴坳村住点，同山区农民同吃同住同劳动，既锻炼了干部成长，又支持了农村的农田水利建设，帮助其迅速改变了落后面貌。当年住点的干部中有 5 名同志都成为了厅级领导。她还陪同时任财政部部长张劲夫同志到我们所视察并合影留念。在她的指导下，白果财政所成为当时全国财政战线支持经济发展保障供给的先进典型。我们所支部书记娄永欢同志还作为代表，出席过党的第十一次全国代表大会。

这些往事，现在重提，脑子里仍然浮现出林厅长的音容笑貌，她毕生耕耘的财政事业就像接力棒和火炬一样，正在继往开来，蓬勃兴旺。

（作者单位：湖北省财政厅）

忆天津解放时接管财政工作

王悦珍

自从1949年1月15日天津解放后，我一直在财政部门工作。回忆起天津解放时接管天津市财政局工作的情景，仍然记忆犹新。

解放前夕　胜芳待命

1948年12月下旬，我接到冀中区八专署调令，从河北省献县政府财政科，调八专署（现沧州行署）财政科工作。尚未正式任职，便又接到调我到天津市人民政府财政局工作的通知。我立即带上专署写给天津市黄敬市长的介绍信，背上行李，冒着寒风，徒步跋涉，从专署所在地（河间县大皮屯），由南向北奔往准备接管天津的集合地——霸县胜芳镇。途经任丘等地，行程200多里，12月底到达目的地，参加了准备接管天津市财政局的工作。市政府副秘书长杨振亚在胜芳向准备接管天津的全体人员作报告，他讲的内容有天津概况、解放天津的意义、党中央攻打天津的战略决策、天津的战局情况、天津所处的地位等。清楚地记得他当时讲到：天津是大城市，花花世界，情况复杂，要严防资产阶级的腐蚀，不要犯错误。还特别讲到到了天津后住楼房，电灯电话，楼上楼下，办公室和宿舍分用，不要在墙上钉钉子等等。市财政局宋景毅局长向我们财政系统的同志介绍了原国民党财政局和会计处的情况。当时我们的任务一方面准备接管天津市财政局和会计处，另一方面还要进行日常的财政供给工作。

1949 年 1 月 15 日，接到天津解放的消息后，我们马上准备出发。搞财政供给的必须要做到"兵马未动，粮草先行"。于是我们立刻准备大家路上吃的干粮，用玉米面掺豆腐渣加上葱花和盐贴成饼子，每人带上几个。为了工作需要，市政府给我们派了一辆卡车，车上拉着从任丘县莫州人民银行取来的钱币，还有粮票。我同李曼克、马驰、薛毅、刘松泉、王强等人坐在车上，汽车行至天津西营门外已天黑。我方部队正向城外押送俘虏，路旁国民党伤兵哎哟着叫喊救命。路上还有敌军埋下的地雷，沿路站岗的解放军告诉我们进城人员要走马路中间，不要在路边走，以防止地雷爆炸。见此情景，汽车无法继续前进，几个人只好下车步行，由刘松泉（在天津当过店员）、王强（天津人）作向导。我们身着灰色棉裤棉袄，胸前佩戴"天津市军事管制委员会"的胸章，沿着西营门、西马路、北马路，穿过大胡同，过金钢桥，向天津市财政局行进。沿途有解放军的岗哨，经查问后都让我们通行了。16 日凌晨两点左右，我们到达目的地天津市财政局（在金钢桥旁，现在的第二医院和金钢公园），见大门口的室内有灯亮，因不明里边真相，便在附近解放军驻地呆了几个小时，天亮后才进财政局。这时，张公诚等人也赶到财政局，见到党的地下工作者周之樟等人，他们正忙着为进城干部安排休息的地方。

接管工作顺利完成

接管天津市财政局的人员，有来自冀中、冀南的，有来自华北大学的。包括宋景毅、李曼克、吕鸿尊、李雪亭、孙惠英、杨福海、马驰、薛毅、刘兰泰、陶兆志、阎栋、王悦珍、刘增祥、安新生、刘俭、王茂芝、赵善、郝玉茹、石磊、李华、刘惠民、姚锁、杨少哲、田青之、刘影波、庞喜和、邱岩、王强、雷雳、邵工、庄虹、刘畅、张公诚、贺鸿谦、王化锋共 35 人。宋景毅任局长，李曼克任秘书主任，刘兰泰任人事室主任，田青之、马驰、薛毅、刘俭任科长（以后改为处）。我开始在会计科，后调审计科，任审计股长。

我们接管国民党天津市财政局和天津市会计处两个机构，以后会计处合并到财政局。刘惠民是接管财政局的军代表，马驰是接管会计处的军代表。原国民党天津财政局局长李金洲，解放前逃走。原会计处（现在和平路锦州道口，工商银行和平区办事处）处长朱如淦，解放后向接管人员作了交代，未予留用。两个机构的原有职员，除局、处级和一部分科级人员不予留用外，其他经过审查后，留在财政局工作的共 130 多人。这些人于 1 月 16 日和 17 日先后到财政局报到。1 月 17 日，宋景毅局长召开会议，向原有人员讲话，进城干部也参加。会议是在一间大房子里召开的，没有座位，大家都站着，会场肃静，鸦雀无声。宋局长的讲话内容主要是共产党的政策、当前形势、财政工作任务、每个人应有的工作态度，还有希望要求等。听完讲话后，大家反映良好，解除了大部分原有职工的思想顾虑，为今后的前途和工作指明了方向。会后讨论时，原会计处的职员有的怕到财政局报到时会被扣起来交代问题，不让回家，有的人甚至不敢戴眼镜，不敢穿西服等等。听了报告后亲眼看到不是自己原来想的那样，进城接管的同志对他们很热情，态度和蔼，平易近人。大家表示，要在中共天津市委、市人民政府领导下，努力做好财政工作。我们的接管工作顺利完成没发生任何问题。

接管后的五项任务

由战时财政向和平建设财政过渡，确是一个重大的历史变革。我们遵照党中央提出的“发展经济，保障供给”和“统一领导，分级管理”的财经工作方针，为制止通货膨胀，积极争取财政收支平衡，稳定物价。一是积极组织收入。1949 年财政系统经办的接收物资、行政经费、农业税、司法行政收入、公产收入、没收敌产及杂项等共收入小米 700 多万斤，折人民币不到 100 万元；税务系统征收的国家税收和地方税收共收入小米 38645 万斤，折人民币 4200 万元。二是严格审查支出。1949 年党政机关行政费、文教卫生等事业费、军事费、企业投资、财务费等共开支小米 17147 万斤，折人民币 1700 多万元，各项支出占全市总收入的 41%。那时，审核支出掌握得很严很细，各单位的人员开支要向财政局提供花名册，公用开支要附送开支单据，符合规定的在单据上盖上同意报销的“核讫”图章，不符合规定的一律退回不予报销。三是建立各项规章制度。制定行政机关的开支标准，市级机关的公杂费，每人每月小米22斤，其中，电灯费4斤，电话费1斤，自来水费2斤，其余用于购买文具、纸张等。汽车用汽油、机油和修理费，每辆小卧车每月小米1000斤，吉普车1500斤，卡车2000斤。还有学校、医院等事业单位开支制度、会计制度、预算、计算制度等。四是对各区财政人员和市属各单位财会人员进行业务指导。教他们编预算，建立账目，制定预算科目和会计科目等。五是控制人员编制。解放初期组织部门和人事部门因任务繁重，来不及管理机构和编制，但财政部门审核开支，要凭编制部门批准的编制供给经费，根据各单位任务大小核定人员编制，不能随便增人。当时这项任务由市财政局承担，由赵光谦、赵裕宏两位同志管理，以后交由天津市编制委员会管理。

有关财政方面的接管政策

一是财政政策。解放初期，财政管理是在华北人民政府集中管理、统筹统支的原则下进行的，收入全部集中到华北人民政府统筹，支出按季报预算，由华北人民政府批准支付。此项政策在财政和财务人员的努力下，为医治战争创伤，克服财政困难，争取财政经济状况的基本好转作出了贡献。

二是工资政策。解放前，国民党政府对各机关职员实行货币工资制，发金圆券；解放后，为了不使物价波动影响职工生活，人民政府对各机关留用人员实行实物工资制，执行“原薪”基本不动的政策，只对工资过低或过高者进行个别调整。发放工资的计算办法很复杂。发实物工资经过三次变化：1949年1月的工资按1948年12月多少金圆券折合1斤玉米面，再以1月26日每斤玉米面折成多少人民币计算。从1950年6月开始，发工资改按小米计算，各单位做工资预算时按上月28日评价计算，做决算时按本月14日评价计算。从1951年9月开始，发工资改按工分，每分粮食8两，其中小米0.48斤（北河小米占70%，东北小米占30%），恒字面粉0.32斤；芝麻香油5钱；门头沟甲号块煤2斤；粗盐2钱；五福白布2寸。到1955年7月才又改为货币工资。当时进城干部、地下工作者、从外地调津工作的、新参加工作的部分人员，实行供给制。供给制是革命根据地供给办法的延续。供给制只解决本人的吃饭、穿衣和少量津贴费，属于“生活

费”性质，不是“按劳取酬”。

因为生活待遇不同，当时各大机关出现供给制人员和工资制人员两种食堂：供给制人员食堂一般干部为大灶，局长级、个别处长级为中灶，市长级、个别局长级为小灶。个人把粮票、菜金交给食堂，开饭时进食堂吃饭。平时主食多数是玉米面窝窝头、小米焖饭，副食多数是素菜加咸菜，遇到节日和星期日吃顿细粮（白面）和荤菜。工资制人员食堂实行卖饭制，早点有豆浆、大饼、果子等，午饭主食有馒头、大米饭，有时也有窝窝头，副食为熬鱼、炖肉和一些素菜，愿吃什么买什么。晚饭多数人回家吃饭，家属不在天津的单身汉，在单位吃些简单饭。

三是对一些个别问题实行特殊政策。我们除对各单位审核经常性的工资发放和办公费外，临时发生的特殊问题也较多，如烈士的遗属在生活中遇到困难，政府要给予照顾，我们必须正确对待、妥善解决这类问题。财政虽有困难，但不是单纯从财政观点出发，主要是考虑政治影响。如市委对爱国将领吉鸿昌的遗属每月发给几袋面粉的生活补助，就是正确的。

（作者系天津市财政局离休干部）

一封信背后的故事

侯昕宇

夏日，葡萄藤下，小孙女倚在爷爷的膝盖上听故事。

在各种或童话、或神话的故事中，有一个关于战争与押运黄金的故事：在金戈铁马、战火纷飞的年代，一辆满载黄金的吉普车在山涧翻覆，伤亡惨重，但全部黄金悉数捡回……

时光荏苒，小孙女长大了，她就是现在的我。

我依稀记得这个关于黄金、战争的故事，但我一直认定它仅仅是个故事，与《女娲补天》和《后羿射日》一样，是神话传说。

我不相信，在那样战乱的年代，散落山野的黄金，居然没有丢失一块。我想，那一定是爷爷编来哄自己玩的神话故事。没有“神”助，黄金怎么能再找回来呢?

2006 年 5 月 24 日，爷爷离开了我们。2009 年，新中国成立 60 年华诞，爷爷在 1949 年开国大典上的礼服①在红岩革命历史博物馆展出，一同被关

① 红岩联线 http：//www. hongyan. info/gb/news/news_ detail. asp? id =7979#p =1，南方局云南省工委委员侯方岳出席开国大典时穿的礼服。

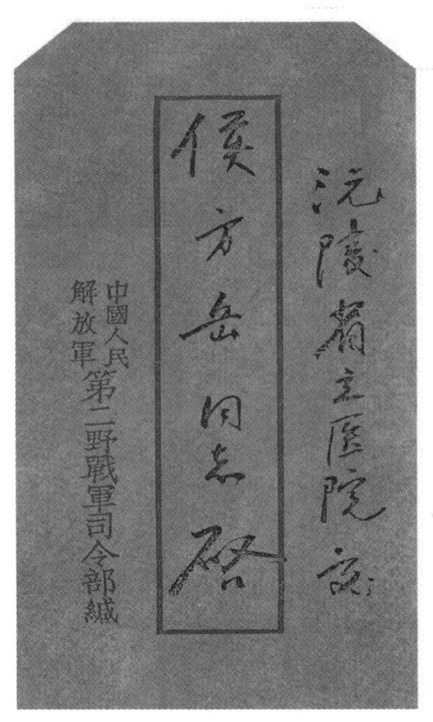

中國人民解放軍第二野戰軍司令部

方岳同志：廿七日来函悉。你此次川东受
伤，此间同志均甚关怀，望好好休养。
如沅陵医院不便，可商同当地负责同志
设法转去长沙治疗，并持此函请湖南
省委予你以帮助。你的工作问题，或回西
南，或留西南局，或到川省某区，须待于
伤愈后到西南局再议决定。到湘黔
公路线，川湘公路线土匪很多，少数人行

中國人民解放軍第二野戰軍司令部

是极困难，如估计在一礼拜内痊愈，可随後勤司令部到政委处[illegible]取道（[illegible]在常德）回来，如须较久治疗，则须过四渡口乘车而後经宜昌巴东到重庆（我经公路，我船运）。你如有困难，可由常德二路後勤前来处理。路去解决。我们已通知他留意。我们的後日即继续西进，一切俟见面时详

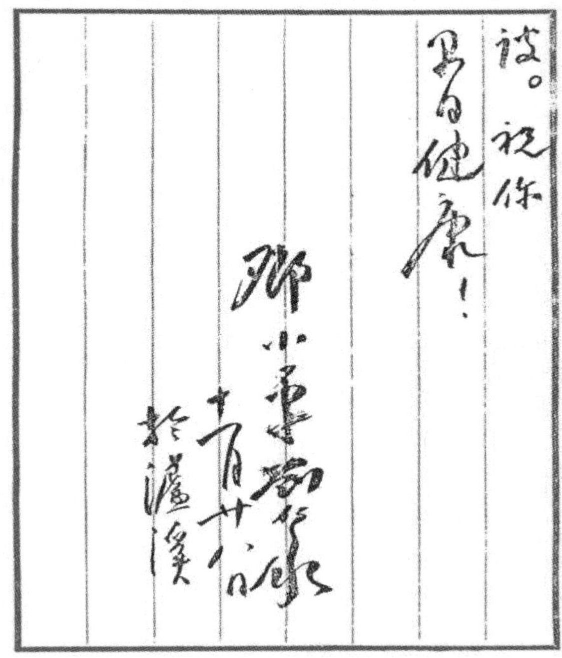
中國人民解放軍第二野戰軍司令部

谈。祝你早日健康！

邓小平

十月廿八日

於泸溪

注的，还有一封 1949 年 11 月 28 日邓小平同志写给爷爷的信。

我在千龙网《邓小平手迹选》① 选登中找到了这封署名“邓小平、刘伯承”的信。发黄的信纸用繁体字从右往左印着：中国人民解放军第二野战军②司令部，信的正文用毛笔苍劲有力地写道：

方岳同志：廿七日函悉你此次行车受伤。此间同志均甚关怀，望好好休养，如沅陵③医治不便，可商同当地负责同志设法转去长沙治疗并持此函请湖南省委予你以帮助。你的工作问题或回云南，或留西南局，或到川省某区，均请于伤愈后到西南局面谈决定。刻湘黔公路线、川湘公路线土匪很多，少数人行走极困难，如你能在一礼拜内痊愈，可随后勤司令部副政委穰明德同志（刻在常德）同来，如须较久治疗，则往返回汉口办事处而后经宜昌巴东到重庆（或经公路，或船运）。你如有困难，可函常德二野后勤办事处穰副政委解决，我们已通知他留意。我们明后日即继续西进，一切候见面时详谈。

祝你早日健康！

邓小平　刘伯承

十一月廿八日④

于泸溪⑤

这封信写于刘邓大军走华南经贵州⑥直取重庆期间⑦，前线捷报频传，大战正酣，邓小平和刘伯承收到了爷爷行军中遇到事故的消息，第二天 11 月 28 日，在百忙之中写了这封慰问信。

这封笔翰如流的信是邓小平同志亲笔信中极少出现的联名信，并且措辞关切，显然邓小平政委和刘伯承司令当时对爷爷是非常看重的。那么当时爷爷是以什么身份，在执行什么样的任务呢?

爷爷 1915 年 11 月 19 日生于四川省广安县广门乡，1935 年参加革命，

---

① 千龙网 http：//china. qianlong. com/4352/2004/07/19/40@2170843. htm，《邓小平手迹选》致侯方岳的信（1949. 11. 28）。

② 中国人民解放军第二野战军又称刘邓大军或中原野战军。

③ 沅陵县位于湖南省西北部，沅水中游，东与桃源、安化为邻，南接溆浦、辰溪，西连古丈、泸溪，北与张家界交界，素有“湘西门户”之称。

④ 详见附件：邓小平致侯方岳的亲笔信。

⑤ 泸溪位于湖南省西部，湘西土家族、苗族自治州东南部。

⑥ 二野为迷惑蒋介石当时采取了佯称从西安越秦岭入川，实际走华南经贵州直取重庆的计谋。

⑦ 11 月 13 日刘邓率领第二野战军攻克贵阳，并自此割断了白崇禧与胡宗南两个集团的联系。1949 年 11 月 30 日，重庆宣布解放。

1938—1941年历任中共四川省乐山、眉山、潼川、绵阳、仁华等地的中心县委（地委）书记、成都市委书记。1941年任中共云南省工委委员，分管滇东地区工作。

在城市斗争中，爷爷曾经成功领导了“一二·一”学生运动、“李闻血案”、“人权保障运动”。在武装斗争中领导滇东地区陆良县“马街7·24武装起义”，沾益县“播乐中学九·五起义”、“路南圭山”、“弥勒酌西山”起义。在解放战争时期，领导中国人民解放军“滇桂黔边纵”① 在滇东地区的斗争。

1949年初爷爷代表云南省工委参加华南整军会议，被任命为滇桂黔边纵副政委。1949年中共中央为表彰爷爷在西南地区武装斗争和民主斗争中所做的贡献，特通知爷爷以华南解放军单位代表②的身份参加开国大典③，期间受到了毛泽东、周恩来等党和国家领导人的多次亲切接见。

因爷爷长期在云南地区从事革命斗争，熟悉云南乡土民生情况和革命形势，开国大典前又受中央指派到武汉等地考察城市接管和工商管理工作，故1949年10月5日邓小平政委专门邀爷爷到中南海，听取爷爷关于云南现状的汇报和建立云南新生政权的建议。

当时中国人民解放军以三大战役为转折点，攻陷南京，建立新中国，但蒋介石余部仍然盘踞西南，统治7000万民众。爷爷谈到滇桂黔边纵组建了14.5万人的游击武装，已经解放了云南全省91座县城，能钳制15万国民党军队，云南解放已是胜利在望。但云南是边疆地区需提防溃军从边境外逃。另外，解放大军入滇后应尊重当地各民族风俗，土改政策也应充分考虑民族地区实际，不能完全照搬老解放区的模式。

除谈到这些问题外，爷爷还专门提出：云南作为抗日战争大后方，老百姓为抗日战争的胜利作出了巨大牺牲，八年抗战云南养兵近百万，当地

---

① 滇桂黔边纵，是由云南全省、广西左右江、贵州黔西南和广东南路的人民武装汇合发展起来的，中央军委1949年元旦宣布将它列入中国人民解放军系列，地下党三省工委组成整个边纵的领导集体。从1947年夏到1949年底，边纵的战斗活动遍及3省147个县，约2000万人口的广大地区，建立起12个成块的根据地，钳制了15万国民党军队。边纵主力部队发展到4.5万人，边纵指导下的县区乡武装力量10万人，共14.5万人，1947至1949年歼敌6.1万人，在卢汉起义前夕就已经解放了云南全省91座县城，为配合南下的大军解放滇桂黔三省，建立了不可磨灭的历史功勋。

② 之后代表身份改为：待解放区隐蔽战线代表。

③ 详见《我在1949——访出席第一届全国政协会议的代表侯方岳》，作者：冯云生。

百姓1944年就交了1948年的粮①，1946年国民党为打内战又征了一次粮，而在滇桂黔边纵队控制下的地区，各族群众为支持部队也已倾其所有②。云南解放后，解放军补给要花钱，城市接管、稳定市场也要花钱，新生政权运作更要花钱，这些钱粮最好不要一解放就地强征，强征可能生乱，影响民族感情。

为保证新生政权特别是人民财政的顺利建立，爷爷建议中央能给云南以财力上的支持，保证云南政权平稳过渡，民生得以休养生息。

会谈结束后，邓小平政委给爷爷安排了两项重要任务，一是请爷爷到毛主席处，以昆明大观楼长联③"交换"毛主席题写的《云南日报》报头，以此表达刘邓大军解放云南的信心；二是请爷爷尽快向中央请示随二野南下返滇一事。

1949年11月，中央同意重新安排爷爷的工作，并采纳了爷爷关于给予云南财力支持的建议，命令爷爷押运黄金、银元等硬通货，追赶正在秘密进军西南地区的第二野战军司令部入滇。

就这样，爷爷带着毛主席为《云南日报》题写的报头等文件，押运黄金、银元等硬通货，与第四野战军一起南下，追刘邓大军返滇。

爷爷带着警卫员和几位战士坐在装满黄金、银元的中型吉普车上，从北京出发，一路颠簸，坎坷前行，押运黄金、银元到云南。

这辆中型吉普车开到湖南桃源时遭遇大雨，路面泥泞，在急转下坡时出现意外，翻了。爷爷受重伤昏迷，驾驶员和5名押运同志不幸牺牲。

获得衡宝战役④胜利的四野某部见爷爷翻车后，迅速施救。在沅陵医

---

① 《云南省志·财政志》第十二卷第6页记述：全省征实的税额由国币1元改征6元。为了全民族的抗日战争，云南人民承受了沉重的赋税负担，地方也耗尽了10多年的积谷。农村经济频于破产境地。

② 《云南省志·财政志》第十二卷第23页记述：1949年4月滇桂黔边纵队在罗盘区发行人民革命公债3万元（半开银元）。

③ 昆明大观楼长联又名天下第一长联，全联如下：

五百里滇池奔来眼底，披襟岸帻，喜茫茫空阔无边。看：东骧神骏，西翥灵仪，北走蜿蜒，南翔缟素。高人韵士何妨选胜登临。趁蟹屿螺洲，梳裹就风鬟雾鬓；更苹天苇地，点缀些翠羽丹霞，莫孤负：四围香稻，万顷晴沙，九夏芙蓉，三春杨柳。

数千年往事注到心头，把酒凌虚，叹滚滚英雄谁在？想：汉习楼船，唐标铁柱，宋挥玉斧，元跨革囊。伟烈丰功费尽移山心力。尽珠帘画栋，卷不及暮雨朝云；便断碣残碑，都付与苍烟落照。只赢得：几杵疏钟，半江渔火，两行秋雁，一枕清霜。

④ 10月中旬和下旬，四野分别在衡阳、宝庆（今邵阳）地区和阳江、阳春地区歼灭白崇禧部主力4个师和余汉谋部4万余人。

院，爷爷从深度昏迷中苏醒后，立刻询问押运物资的情况和其他同志。四野的同志向他报告了情况，并请他查点黄金银元和资料的数量，看到一切物资与翻车前完全一致，爷爷非常激动。

现在我们可以设想，当时翻车后，假如黄金、银元丢失一部分，也是合乎情理的。毕竟在高山深涧丛林乱石，滂沱大雨下，能够找回全部黄金、银元等物资，那确实是极其不容易的。

后来，爷爷收到了邓小平政委和刘伯承司令的慰问信，爷爷一生都非常珍视这封信，几经政治运动仍保留至今。1949 年 12 月 9 日，卢汉将军在昆明五华山宣告云南和平解放，爷爷押运的黄金也在四野和二野同志的协助下，顺利到达云南，注入了新生的云南人民财政①。

爷爷回到云南后，任省委第一任秘书长、办公厅主任，全身心地投入到恢复和发展经济的工作中。云南财政在起义时亏空 81.5 万元（半开银币）②，经过 1950—1952 年的三年艰苦创建，在工农业生产得到恢复和发展的基础上，1952 年地方财政收入完成 1.87 亿元，财政支出 9049 万元③，实现了财政收支平衡并有结余，为以后第一个五年计划的实施打下了良好的基础。

《庄子·养生主》曰："薪尽火传，穷于为薪，火传也，不知其尽也。"④ 我们的老一辈心系百姓疾苦，即使付出生命的代价，也绝不放弃自己的责任。他们全心全意为民理财的精神比黄金更闪耀，比黄金更珍贵，是我们后辈需要传承的精神火种。

（作者单位：云南省财政厅）

① 当时是云南人民临时军政委员会财务处。

② 《云南志·财政志》卷十二第 7 页第一行。

③ 《云南志·财政志》卷十二第 8 页第三段。

④ 薪尽火传：原以柴烧尽，火种仍可留传，比喻形骸有尽而精神不灭。后用以比喻学问和技艺代代相传。现汉词典：前一根柴刚烧完，后一根柴已经烧着，火永远不熄，比喻师生传授，学问一代代地继承下去。现代人变异为薪火相传。

传承七十年的红色背盒

李钦利

在新泰市财税系统革命传统教育基地展厅中央，静静地安放着一个早已褪了色的牛皮背盒。那暗暗的枣红色，那磨去的光泽，不知想告诉人们多少过去的事情。

背盒呈长方形，比 A4 纸稍大些，约七八公分厚，方方正正，有角有棱，外层为牛皮，中间衬一层纸板，粗布里子，内有夹层。顶上两端有两个穿背带的扁孔。翻盖正中间，一个仔细磨刻的五角星，极富立体感，格外醒目。翻盖内里，浅蓝色衬里上，有四个深蓝色漂亮的手写繁体钢笔字：“泰东税务”。背盒内里的左侧，有一道道藏蓝色划痕。

说起背盒的来历，不由得让人们想起那战争年代的峥嵘岁月，想起那为了革命政权的建立而流血拼命的财税战线的英雄们。

1940 年秋，抗日战争进入到最艰苦的相持阶段。为保证活动在鲁中边区的泰宁县抗日政权的生存，中共鲁南区委派范纬青同志返回泰宁，筹建泰宁县税务局，征收除田赋以外的各种地方税和货物过境税，以供给整个抗日政权的财政支出。范纬青为泰宁县税务局局长。税务局设有一个税警班，同时还设有税务所、税卡，办公地点设在现新泰市石莱镇观音堂村，并在村南河边桥头设立观音堂税卡，当地老百姓亲切地称之为“税卡局”。在当时敌我政权混杂并立的情况下，我财税人员想方设法与敌伪争夺税源。税卡战士一手拿枪，一手拿包，在条件极其艰苦的情况下，每天可以收到过境税数百元，成了县财政收入的主要来源。这件背盒，正是第一任泰宁县税务局局长范纬青同志带来的，是税务局唯一的税包。

泰宁县只存在了短短十几年，但财税战线上的战士却凭着一场壮怀激烈的浴血战斗，被永载史册……

1942 年 2 月 1 日，800 多日伪军突袭泰宁县委和军分区驻地石莱镇南北桥。驻地北观音堂税卡战士为掩护我党政军领导机关，放弃突围，关上税务局大门，拼死阻击敌人，为领导机关转移赢得了宝贵时间，并在大火中掩护百姓撤离。在敌我悬殊的惨烈战斗中，战士姬胜武当场牺牲，张伟、许加祥等 9 名税卡战士不幸被敌俘获。敌人用铁条穿透他们的锁骨，绑着连成一串，鲜血沁满了他们的衣衫，在严冬的大雪里，一步一步把他们押到 50 里外的据点。随后，对他们威逼利诱，软硬兼施，他们誓死不屈，痛骂鬼子和汉奸。敌人无计可施，恼羞成怒，惨无人道地将他们生殖器官割去，又残忍地将他们全部活埋。

局长范纬青因战斗前一天到县委汇报工作，幸免于难。当他听到枪声，匆匆带人支援，受到敌人的猛烈攻击，因敌我兵力悬殊，营救未成。敌人撤离后，税卡局大火还在燃烧，他冒着熊熊烈火，冲进税卡，抢出了这件牛皮背盒。从此，他便视这件背盒如生命般宝贵。

在那艰苦卓绝的岁月里，为了红色政权的存在，还有许多财税人员献出了宝贵生命：一位姓孙的财税干部（名字至今不详），在赶岔河集收税途中与鬼子遭遇，拔枪射击时，手枪哑火，被鬼子开枪打死，陈尸路边冰河多日。税卡战士曲广杰，在岔河集上收税时，遭敌人突袭被捕，押到张庄据点，他誓死不降，最后被鬼子绑在大树上，放狼狗撕咬，只余残缺尸骨。

曲广杰壮烈牺牲后，留下年轻的妻子和三岁的儿子。正是这位深明大义的年轻女人，擦干泪水，继承了丈夫未尽的事业，为我党财税工作作出了无私奉献。随后的日子里，当地税务所的战士们就住在曲大嫂家里。曲大嫂组织妇女为战士们做鞋筹粮，补衣做饭，忙前忙后。她的家，不仅是财税战士的驻地，还是财税人员的办公场所。税卡战士们天不亮就起床去

赶集收税，天黑了才回来，夜晚在这里交账报账。曲大嫂视战士如亲人，把后院最好的房子腾出来给战士们住，又封了后院的大门以保证安全。1949年，当财税战士搬离时，范纬青局长亲手把这个跟随他出生入死多年、珍爱难舍的背盒税包，留给曲大嫂作为纪念。

解放后，人民翻身做了主人。随着岁月的变迁，曲大嫂也变成了受人尊敬的曲大娘。然而，唯一没有变的，就是曲大娘一家对这件背盒的情感。随后的60年岁月，曲大娘一家总是把家里攒的钱，一分一毛地放进背盒，背盒里的钱总是满满的。在曲大娘及家人的心里，背盒里的钱还是税款，只有装满了，心里才踏实，才能随时上缴财政，支持革命，支持国家建设。就这样，这只红色的牛皮背盒，成了曲大娘一家人不能离舍的精神支柱，成为他们坦然面对命运的情感财富。无论风雨如何变幻，世道如何难料，只要把背盒捂在心口，生活就踏实而温暖。而今，曲大娘已是百岁老人，子孙满堂，仍在关心财税干部，见到我们时，总是紧紧地攥着我们的手，连声说："好，好！"

2009年7月19日，新泰市委组织部派我到观音堂村驻队包村。当走进这个熟悉而光荣的村庄，近距离感受着税卡英雄时，我的心便被这远远没有熄灭的火焰点燃了，再也不能平静，一种责任感油然而生。"英雄不能埋没！英雄精神要世代相传！"我连夜给局领导汇报，提请在战斗核心战场建立财税系统革命传统教育基地暨观音堂税卡阻击战纪念馆，局领导当即同意。不到一年时间，占地3600平方米，建筑面积近1300平方米，投资过百万的财税系统革命传统教育基地暨观音堂税卡纪念馆竣工建成，成为山东省首家以财税为主题的革命传统教育纪念馆。正是纪念馆的建立，曲大娘无私地献出了这件视如生命的"红色背盒"。

这貌不惊人的小小背盒啊，到底承载了多少历史与未来？到底凝结着多少热血与亲情？

这传承七十年的红色背盒啊，将向每一个参观者讲述她所看到的件件往事，讲述财税干部与人民的生死真情。她必将鼓励每一位财税人无私无畏，踏实勤奋，专心工作，收好每一笔税，理好每一笔财，真正"理财为民，情系万家"，永远不忘记人民，永远为人民服务。

（作者单位：山东省新泰市财政局）

良好的党风是做好财政工作的重要保证

——从邵武苏区的发展谈起

张贵贤　虞棠明

1930 年 9 月 3 日，邵武第一个中共基层组织邵武党团小组诞生，深受压迫和剥削的邵武人民在自己政党的领导下开展了“闹翻身、求解放”的革命斗争。

据 1931 年 6 月《福建民国日报》记载：“民国二十年六月八日，朱毛红军攻克邵武城。”中央红军开进邵武，得到邵武党组织和人民群众的衷心拥护，当然也就得到了财物上的鼎力支持。

良好党风有力推进苏区财政建设

1931 年 7 月，邵武建立特区苏维埃政府，1932 年 10 月中央红军第二次进驻邵武城。邵武党团小组和邵武特区苏维埃政府发动群众，为中央红军提供粮、款、物的支持，同时在中央红军有力的帮助下，将邵武特区苏维埃政府扩建为邵光县革命委员会。邵光县革命委员会设有九个部门，其中一个重要部门是财政部。由于革命形势迅猛发展，1933 年 1 月，邵光苏维埃政权分立，单独成立邵武县苏维埃政府。邵武县苏维埃政府也设有财政部。当时的财政收入主要有三个途径：

一是打土豪筹款。1932 年 10 月邵光县革命委员会成立后，在中央红军支持下，苏维埃政权领导成员冯友才、马祥兴等在县城北门土豪吴生家抄出粮食百余担；范伙明等查抄了土豪沙兆松家，太保段游击队长刘其生带领 10 余人在永际、下坪、龚屯和越王、药村抓土豪，获银元 40 余元。根据群众检举，冯友才带 30 余名战士到水北乡下坪捉拿为富不仁的土豪吴卓安，查抄其浮财。据 1933 年 5 月《红色闽北》记载，1933 年 5 月，中共邵武县委，邵武县苏维埃政府组织苏区武装进攻盘踞在蛇福庵、桥下之间打抢的团匪，出击七次，将这伙团匪打得落花流水，筹得现款 3500 多元。打土豪从做法上看似欠文明，但在当时情况下，打土豪筹款目的是济贫困，符合广大人民群众的利益和愿望。

二是实行土地革命。早在 1930 年成立邵武第一个党小组的纲领中就有实行土地革命的内容。1932 年 10 月成立的邵光县革命委员会和 1933 年 1 月成立的邵武县苏维埃政府都设有土地部，领导开展广泛的土地改革运动。邵武金坑乡至今还保留 20 世纪 30 年代写下的大量实行苏维埃土地法令等标语。中央苏区闽赣省革命委员会主席邵武平于 1933 年驻邵武金坑领导开展土地革命运动。实行土地革命，把剥削农民的地主手中的土地分配给无地少地的农民，不仅调动了广大农民群众的生产积极性，而且为苏区财政提供了很大帮助。据不完全统计，苏区时期，邵武广大农民群众为党组织、苏维埃政权和中央红军提供粮食 120 多万斤以及大量的棉花、布匹等物资。

三是群众捐款捐物。邵武党组织、苏维埃政权和中央红军，深受邵武人民的拥护和支持。仅 1933 年 3 月、4 月，邵武妇女就自愿捐给红军布鞋 20 双、草鞋 313 双、小菜 33 斤、笋 22 斤。同年 5 月，闽北分区委妇女部向邵武妇女部提出参军 3 名，做布鞋 60 双，草鞋 100 双，送小菜 50 斤、青菜 50 斤、大洋 15 元、米 15 担的工作任务。邵武县苏维埃政府妇女部积极努力，按时完成任务。同年 9 月，闽北分区苏财政部要求邵武筹集食盐 1000 斤、棉花 1000 斤及 1000 元的布匹。同月，邵武还借谷子 80 担支援红军。许多群众还自愿为红军挖战壕、修工事、洗衣、送饭，从人力物力上提供无私的援助。

邵武党组织、苏维埃政权、红军部队得到邵武苏区群众热心的拥护和有力的支持，从而邵武苏区不断扩大。1932 年 12 月中、下旬，朱德、周恩来率领红一方面军三万多人进驻邵武，司令部驻古山村，领导开展军事整顿。经过三年的发展，邵武县苏维埃政府下辖 16 个区，红色区域面积占邵武总面积的 87%。1933 年 4 月，中央苏区闽赣省成立，邵武即划入闽赣省管辖。成为中央苏区的重要组成部分。

这一发展过程，最重要的原因是，中国共产党、苏维埃政权和红军不同于国民党政府及其军队。据前辈反映，当时红军进驻邵武，虽然帮助当地党组织打土豪，但是打土豪收缴的财物分给贫苦农民。他们不拿群众一针一线，经常为困难农民挑水、搞卫生甚至下田帮助干活，深得群众的爱戴。

新时期财政的继承和发扬

从邵武苏区发展历程可以看出，当时国民党由于党风不正，财政工作不仅不能得到人民群众的支持，而且遭到人民群众的反抗；而共产党、苏维埃政权由于有了很好的党风，与人民群众血肉相连，因而财政从无到有、从小到大、不断发展。可见，党风对于财政工作多么重要啊！

近年来，邵武财政系统珍惜这一历史经验，注重党风廉政建设，主要做了以下工作：

一是抓教育。用我党的优良传统教育财政系统领导班子和工作人员。同时以创建省级廉政文化建设示范点为契机，运用多种形式，多种载体，使勤政廉政宣传教育工作更具吸引力、感染力、渗透力。利用元旦、春节等重要“节点”，集中开展党纪政纪教育活动；实行领导干部包月领学，股室负责人专题讲座制度；定期组织观看警示教育片，让每位工作人员吸取教训，警钟常鸣。

二是树形象。按照“八个坚持、八个反对”的要求，努力加强全体干部职工的思想作风、工作作风和生活作风建设。大力发扬解放思想、勇于创新、求真务实、真抓实干；勤于学习、理论联系实际；以民为本、密切联系群众；严于自律、清正廉洁的作风，努力树立财政工作人员的良好形

象。

三是定责任。制定并完善了《邵武市财政局党风廉政建设工作责任分解意见》、《邵武市财政局贯彻落实中央〈建立和健全惩治和预防腐败体系2008～2012年工作规划〉的工作方案》等规章制度，明确了党风廉政建设的目标任务和工作措施。在年初召开的全市财政工作会议及党风廉政建设工作会议上，由局主要领导与股室及财政所负责人签订党风廉政建设责任状，将党风廉政建设与财政工作一起布置、一起落实、一起考核。实行党风廉政建设“一票否决制”，把落实党风廉政建设责任制情况列入各股室及个人年终考核内容，作为工作考评，业绩评定，评先创优和选拔任用的重要依据。

四是作表率。在廉政自律中，我局注重领导班子表率作用，做到带头坚持全心全意为人民服务的宗旨，认真履行人民赋予的职责，不搞以权谋私，假公济私，钱权交易而损害国家和人民群众的利益；严格制止奢侈浪费行为；带头严于律己、勤政廉治、清清白白做事、堂堂正正做人。局领导班子成员定期向市纪委和组织部门述职述廉。

五是重管理。完善财政资金出借制度，确保资金运行安全。本着“先行先试、重在运作”的精神，积极筹措资金支持经济和社会事业发展。随着市财政性资金的出借金额与次数不断增加，保证财政性资金安全工作越发重要。2009年5月，制定了《关于财政性资金出借及委托银行贷款事项局内审拨程序的暂行规定》，建立健全科学、规范的财政借出资金运作机制和管理制度，从财政性资金出借的审批、拨付及催收程序、相关责任、借款手续保管、特殊情况处理、台账管理等方面作出明确规定；严格审批手续及借款责任，从源头上防范财政借出资金风险，确保财政资金的安全运转。规范城建国投公司项目贷款资金使用管理，充分发挥资金使用效益。

党风廉政建设，有力地促进了财政工作，2009年，全市财政一般预算收入70196万元，其中地方级财政收入44049万元，比上年增加5026万元，增长12.88%。同时有力地促进了财政工作改革创新，促进了行政能力和队伍素质的提高，促进了运行机制和管理制度的强化，促进了服务质量的提升。

以上说明，良好的党风是做好财政工作的重要保证。党风廉政建设是项长期任务，党的优良传统和作风是我们宝贵的精神财富，应当薪火相传，发扬光大，以推动财政工作健康运行，永续发展。

（作者单位：福建省邵武市党史研究室
福建省邵武市财政局）

回忆新疆代管西藏阿里财政十年

蔡大文

西藏自治区所辖阿里地区，紧邻新疆自治区的喀什、和田两个地区，历来与新疆关系密切。新中国成立后，阿里地区的边防驻守一直都是新疆军区负责，许多物资供应也都取之喀什、叶城经新藏公路运往阿里，至今仍然如此。在“文化大革命”那个特殊的年代里，因种种特殊关系，阿里地区财政工作于 1969 年起也交由新疆财政厅代管了 10 年多。当时我正在厅机关预算处工作，为了支援阿里地区，自治区区级财政系统（包括税务局，建设银行等单位）抽调了五六名干部去阿里工作。其中有一位就是刚到预算处工作不久的大学生，他被分配到阿里地区所属的札达县工作多年……往事如烟，忆及当时旧事不少，但有两件事使我至今难忘。

第一件事：长途跋涉收缴银元入国库。

20 世纪 70 年代初，阿里地区财政局存有一批银元和少量黄金、银器需要上缴国库。为了能顺利完成这项艰巨任务，新疆财政厅（当时称财政局，与人民银行新疆分行合署办公）抽调保卫干事和银行国库人员，调用七八辆汽车前往阿里地区接收。到达阿里行署所在地狮泉河后，先用炸药炸开用水泥封存许久的储存点，取出银元装箱后起程返回乌鲁木齐。阿里地区驻军派一个加强班护送，以保沿途平安。那时的运输条件很差，汽车老旧，道路坎坷，返程2700多公里，要翻越喀喇昆仑山和昆仑山，多是高寒缺氧的无人区，行程的艰辛可想而知。在新藏公路线上前行，每天只能住宿兵站，吃住条件都很简陋，生活十分辛苦。到了新疆，行车条件能好些，但一路也是戈壁荒漠，气候干热，翻越天山过甘沟亦很艰辛。当车行驶到巴楚县三叉路口时，一辆运银车与对方会车时发生碰撞，致使车上银元散落在地，好在无人员伤亡，有惊无险地收拾起地上的银元继续赶路。在阿克苏住宿时，发现部分装银元的箱板因一路颠簸而损坏，少量银元遗失途中。为避免更大损失，只好在当地停留一天，加固箱板，保证了后来的安全。大家一路上发扬艰苦奋斗的精神，齐心协力，共同担当，历尽千辛万苦，克服种种困难，来回近1个月，行程万里，终于将这批银元安全护送到乌鲁木齐。后来又经过清点整理，重新包装，再上缴给国家金库，圆满地完成了收缴工作任务。

第二件事：军用长途电话报送决算。

粉碎“四人帮”后不久，召开了党的十一届三中全会，经过“拨乱反正”，各项工作开始走上正轨，财政工作也步入了改革和发展的大道。那时，财政部对地方财政总决算编报工作，开始实行评优活动，以提高决算的时效和质量。新疆自治区原来所管辖地、州、市、县的决算，基本可以按部里的要求及时编报。阿里地区所辖7个县，虽然都处在高海拔人烟稀少之地，但如期按要求完成填报和汇总任务，也是能够做到的。问题发生在每年入秋之后，新藏公路就开始逐步进入封冻时期，来往车辆日趋减少，直至完全封山，停止车辆通行，到第二年五月前后才能开始化冻通车。在这长达七八个月的时间里，阿里地区的人员和物资都难以逾越高山及冰雪的阻碍。由于阿里财政总决算报表不能在规定时间里送达乌鲁木齐，新疆全区的决算也就不能及时汇总上报。这种不利的影响，使新疆的决算工作连续数年处在全国末位。更为严重的是影响了全国财政决算的汇总，拖了全国决算工作的后腿，对此我们深感不安和愧疚。为了解决此难题，我们曾想过不少办法，后来想到用电讯传递财政决算。但当时阿里地区邮电部门设施落后，对外界只能发电报沟通，没有长途电话通讯业务。我们曾设想能否用电报报决算，但因数据和项目内容太多，费用太高，经费困难承受不了。加上决算内容属绝密性质，不能在明码电报中传递，此

法只能作罢。后来我们了解到，新疆军区与阿里军分区可以通电话，便想使用军用长途电话解决报送财政决算的困难。经请示自治区领导同意并得到支持后，经过多方协调联系，新疆军区同意我们夜间使用通往阿里地区的电话。我们与阿里财政局约定时间，在电话上报告决算。当时，我任预算处副处长，与管综合工作的同志在约定时间里到办公室加班。军用长途电话已通过地方邮电局转接，直接可通财政厅预算处电话。我们每人面前各放一本空白决算表格，一人负责与阿里通话，一人负责在空白表格上填入有关数字。对方汇报某栏目名称及数据后，接听电话者重复照念一遍，一是让对方核对一下内容是否正确，二是让记录者在相关栏目内填入数据。采用这一办法，现在看虽然原始，但在当时的确解决了难题，汇报一次决算大约大半夜就可完成，而且还比较准确。难题解决之后，我区总决算上报时间大大提前，在后来几年的决算评优中，新疆连续多年名列前茅，有两年还名列第一，受到财政部的嘉奖。以军用长途电话报告地方财政总决算，解决决算及时汇总问题，这在我国也应算是不可多见之举。

1979 年初，新疆自治区和西藏自治区主要领导向国务院呈送了关于改变阿里地区领导关系的报告。国务院同意两个自治区的报告后，经双方协商，于 6 月中旬共同签署了《关于阿里地区交接工作纪要》，明确提出阿里地区财政工作从 1980 年 1 月 1 日起交归西藏管理。当年 12 月在全国计划、财政会议期间，财政部预算司宋醒中司长参加，经新疆财政厅、西藏财政厅与会代表协商同意，形成了《关于交接西藏阿里地区财政工作的议定书》，明确了交接起止时间、收支预算基数划转、新疆财政应帮助解决的问题、双方提请财政部帮助解决的若干问题等。12 月 15 日，新疆自治区财政厅王礼荃、西藏自治区财政厅彭广河、阿里行政公署财政局冯延俊在议定书上签字生效，交接工作顺利进行。1980 年 3 月，新疆财政厅对阿里地区财政决算作了批复，对阿里地区提出的困难作了财力帮助。财政部很快亦发文通知两个自治区，对财政收支预算指标相应作了划转，并相应调整了两个自治区的财力补助。4 月中旬，我们向自治区人民政府呈送了《关于西藏阿里地区财政工作的移交已承办结束的报告》，将移交经过、划转收支预算、对阿里地区财力照顾等作了汇报。

至此，新疆代管阿里地区财政工作全部终止，划上了一个圆满的句号。

（作者单位：新疆维吾尔自治区财政厅）

解放战争时期的汝阳人民财政

张振华

近日翻读《汝阳县财政志》（1987 年版），其中关于“解放战争时期的人民财政”一篇虽然只有区区 3 页、不足 2000 字，却引起了我的注意。经反复研读，感慨颇多。

解放战争亦称第三次国内革命战争，是 1945 年 8 月至 1949 年 9 月中国人民解放军在中国共产党的领导和广大人民群众的支援下，为推翻国民党统治、解放全中国而进行的战争，期间共歼灭国民党军 625 万余人，摧毁了国民党各级政权，从根本上推翻了帝国主义、封建主义和官僚资本主义在中国的统治。

战争时期的财政工作在战争中占有特殊重要的地位，从一定意义上可以说对战争的胜负起着关键性的作用。众所周知，在伟大的人民解放战争中，全国各地的革命根据地人民作出了卓越的贡献，这种贡献既表现在人力支援上，更表现在财粮支援上。而我国解放战争的 4 年，正是中国经济在经历艰苦卓绝的抗日战争和多年内战之后的异常萧条时期，因此，对当时各地财政工作取得的巨大成绩，应当予以重视和研究。

《汝阳县财政志》（1987 年版）就记录了当时汝阳县的筹钱筹粮、支援战争的财政状况。

1947 年 9 月，汝阳县宣告解放，并于当年 10 月在付店成立县人民民主政府。由于当时社会混乱，土匪猖獗，人民十分贫困，而新成立的人民民主政府既要迅速建立地方武装，扩大政权范围，又要在全县财力匮乏的情况下保证过路部队的军需粮草供应，困难重重，极为艰辛。即便如此，在当时尚未成立财政机构的情况下，该县依然当年完成征收米麦 2359055 斤，伪钞折人民币 8312 元（旧币），对全国提倡的“秣马厉兵、支援战勤”起到了极大的积极作用。可以想象，在当时的背景下，筹措这些粮款是何等的艰苦，而对于战争的推进又是何等的重要。

1948 年 8 月，该县正式成立了财经机构——财粮科，促进了地方政权的日益巩固，为继续支持解放战争奠定了基础。依照上级合理负担的政策，全县实行了夏秋屯粮的依率累进制，这个制度严重削弱了地主阶级的经济实力，体谅了广大群众的困难，保证了地方政权和全国战争的需要。有了财粮科以后，当年的粮款筹措大大增加，全年完成米麦杂粮 7532506 斤，完成木柴 1139774 斤，谷草 220984 斤，木炭 61249 斤，同时征收田赋税、营业税 4206501 元（旧币）。根据当时的需要，该县还布局设置了粮食仓库，用于储存征集来的粮食。

1949 年，随着“三大战役”的胜利结束，全国的政治形势发生了根本变化。党中央向全国发出了“打过长江去，解放全中国”的雄壮口号，号召全国人民和地方政府迅速筹措“过江粮”，支持全国解放战争的全面胜利。由于形势的进一步好转，加上财政机构——财粮科的辛勤工作，汝阳县的粮款筹集日益充沛，全年共完成米麦杂粮 8665127 斤，各种税收及其他款项 198407799 元（旧币），木炭 595187 斤，谷草 108029 斤，木炭 5092 斤。为解放战争在全国的胜利和中华人民共和国的成立作出了应有的贡献。

解放战争的三年，汝阳县共征收税款及其他钱款 202622612 元（旧币），粮食合计 18566688 斤，木柴、谷草等实物合计 2130315 斤。饱受战争之苦的汝阳人民同全国人民一样，在刚刚成立的人民政府领导下，在羽翼未满的财政基层机构的有力组织下，积极筹钱筹物，大力支持人民战争，为新中国的成立作出了不可磨灭的贡献。

纵观解放战争的三年，汝阳的财政和财政机构从无到有、从弱到强，积极支持了战争的胜利，同时也保证了地方政权的稳定，促进了当地经济的恢复和发展，体现了人民财政“取之于民，用之于民”的实质。财政机构的建立和逐步完善，充分发挥了其在战争中维护政权、发展经济的极大作用。可以说，既有政权组织，就一定要有一支能打善战的财政队伍，这对于人民政权的巩固和发展，是必不可少的。

（作者单位：河南省汝阳县财政局）

黄河滩惊魂

张守标

1951 年，中华人民共和国刚刚诞生。虽然各级政权相继建立，但敌对残余势力还没完全销声匿迹，整个社会还存在诸多不稳定因素，这给党和政府的各项事业带来了极大影响，给事关经济发展和国计民生的人民财政工作也带来了严峻挑战。

受命出征

1951 年 6 月中旬的一天，在平原省阳武县①县城东南方向通往黄河滩的乡间道路上，正走着两个英姿勃发的汉子。只见他们身着瓦蓝色粗布外衣，身上各背一捆行李卷，一胖一瘦，一前一后地匆匆赶路。先是穿过黄河故道的沼泽地带，又翻过巍巍的黄河大堤，继续朝着 40 里开外的目的地——黄河滩区三官庙村一带走去。

---

① 阳武县，1953 年撤销并与原武县合并成立当今的原阳县。

要问这两位姓甚名谁，又因何事走的这般匆忙？实话给你说，这可不是一般平民百姓，他们是平原省阳武县人民委员会“查田定产”工作组，这高大魁梧的壮年约三十七八岁，是平原省阳武县人委会财税科科长郭殿儒——这次执行“查田定产”任务的工作组组长。这年纪较轻略显清瘦的叫曹纯道，约十七八岁年纪，是财税科地粮股会计，也是这次工作组的唯一成员。

有人问了，他们为何不乘车前往？你有所不知，当时党政机关干部下农村、奔基层可都是靠清一色的“11 号”——两条腿步量。你想想，当时整个阳武县别说没有一辆汽车，就是连一辆摩托车也没有。

唯一的一辆自行车，那是前年阳武县县长谷剑侠到任时，平原省人民政府特意在省会新乡专门配备的英国产“沃斯”牌自行车，车身油光瓦亮，造型很是惹眼，骑着也顺溜，可那是谷县长的“专车”，可不是什么人都能随便骑的呀。

郭科长想起出发前谷县长的一番叮嘱：“为了摸清全县土地底子，实地考察群众土地和产粮情况，切合实际地进行查田定产，这是党中央、毛主席交给咱财税人的任务啊！你们一定要深入黄河滩区，无论遇到多大困难，也要完成任务。”当时，党的各级领导干部都十分简朴清廉，谷县长特意叫秘书小杨拿来两袋“固尔齿”牙膏送给工作组，这算是莫大的安慰了。

听到几声乌鸦的叫声。郭科长寻声看去，黄河滩里一名衣着褴褛的妇女正手扯着五六岁的孩子，在一片新坟前焚纸啼哭。郭科长他们径直走过去，安抚了一番，并拿出两个玉米饼塞到孩子手里，然后继续赶路。

夕阳的余晖把个黄河水面映照的一片金光，他们终于来到了这次出征的目的地——黄河滩区三官庙村，并在一家财主的老宅里安顿下来。

初试锋芒

工作组所住的这座老宅，围墙高耸，厚重的红漆大门已有些斑驳，整座老宅显得幽深，孤寂，阴沉，使人感到一种恐怖。特别是大院都被像筷子一般粗的钢丝网覆盖着，这在当地叫“蒙天网”，是为防范劫匪盗贼而设，足见其形势之险峻。

工作组还没来得及熟悉环境，就听见接连传来几声闷响。抬头看去，从院子外边扔过来的砖头把“蒙天网”砸得吱吱作响。当郭科长他们冲出大门去看个究竟时，院子外已围满了攒动的人群，嘈杂中，只听见有人嘀咕：“县里来的大干部，是来丈量土地收归国有嘞!”

坏人就是想用造谣惑众，来破坏工作队开展工作。郭科长朝人群中扫了一眼，听着，思忖着，挥手示意曹会计退回大院，似乎不屑一顾，又像顿生狐疑。

是的，坏人的如意算盘打错了。你有所不知，这郭殿儒是何许人也?那是喝着卫河水长大，在新乡城摸爬滚打过来的硬汉，在冀鲁豫抗日根据地，那是赫赫有名的“郭胖子”，曾经双枪在手，一枪一个准儿地跟小日本真枪实弹地征战，让敌人闻风丧胆。时下，全国解放，政权建立，根据党中央、毛主席的指示，在执行南下的途中，在黄河岸边的阳武县留守下来，巩固政权，恢复建设，并任职阳武县首任财税科长，也就是今天的县财政局局长。

再说这曹纯道会计，别看人年轻，倒是一股精灵劲儿。在儿时家境贫困、食不裹腹的境况下，这娃儿硬是靠着聪敏伶俐惹得私塾老先生喜爱，包举他读完了初中，这在当时也是有学问的人了。

全国解放后，年满刚 17 岁的曹纯道为了报答毛主席、共产党的恩情，毅然放弃自家田地不种，报名参加了财税科当了一名职员，虽然每月只有 3 块钱工资，但干起工作总是劲头十足，这不，才参加工作五六个月，就当上了财税科地粮股会计。这地粮股会计也算个职务?可在当时，阳武财税科总共才有 6 名干部职工，两个股室，一个是国粮股，负责粮食国家部分征收，再一个就是地粮股，负责全县地粮征收、政府开支和所有的人吃马喂。这次要到黄河滩搞“查田定产”，曹纯道高兴得一夜没合上眼，决心在郭科长带领下，打上一个漂亮仗。

晚饭时，他们被村长安排到一户贫农家里吃派饭，清一色的黑窝窝头，半碗土盐腌制的咸菜，加上红薯块煮的汤水随便喝。他们草草吃过饭后，由曹会计掏出每人一毛钱的饭钱。老贫农几番推辞，不予收取。曹会计急了，说：“这是纪律，不拿群众一针一线，不交钱就犯贪污罪了，你把工作组看成什么人了。”

老农只好依了。

巧布战局

夜间，郭科长、曹会计和村委主任郭二柱围着小油灯，针对白天发生的一幕，商讨着查田定产的具体实施。

第二天早饭过后，在村东头三官庙前大槐树下，召开了查田定产大会，郭科长、曹会计详细讲解了查田定产的重要性和方法步骤，并要求大家擦亮眼睛，站稳立场，捍卫政权，保卫毛主席的指示贯彻执行。

会场中有惊喜的赞叹，也有唏嘘和攒动声。这时候，只见郭科长大手一挥，掷地有声地说道："革命政权来之不易，任何人想抵抗政府，破坏查田定产，都将受到严重打击，我老郭在太行山跟日本鬼子真枪实弹地打过多次，还真想试试这三官庙黄河里的水有多深呢!"说罢，一个拳头擂下去，把眼前的八仙桌砸的瓮声作响。

查田定产随即开始。郭二柱除自己参加外，还抽出蒋栓、牛狗旦等青壮人配合。查田从黄河上沿开始，除去历代官府规定的河床地（当地叫嫩滩）不算，其他一律核定地形地址地积，并按照好、中、差定出三个等级地。

啥叫好地?当时村民种地，一律靠河吃饭，听天由命。当地群众有"不涝不旱三斗半"的说法，就是说在风调雨顺年景好的情况下，春秋一亩地也只能收成三斗半粮食，一斗小麦约 25 斤，也就是亩产 80 斤左右，这是好地。中等地收一二斗，差地有时会颗粒不收。所以是好地、中地、差地，全凭工作队和村干部现场指定。

丈量土地时是用一根柳树干为准，量一块记一块，现场定产，并插下柳树橛为标记。

一望无际的黄河滩，草长莺飞，热浪翻腾。工作队饿了吃点随身携带的黑窝窝头，渴了，就找低洼处的河渗水捧着喝。有时水太浑浊就采些柳叶放进去等澄清后再喝。

一连几天，工作进展还算顺利。但是在第五天又去查田时，发现前天插下的柳橛标记不见了，随后有人发现，在黄河水边有几个尚未冲走的柳橛。工作队队长郭殿儒随即召集在场人员开会，制定了保守秘密、不准声张、听候指挥的应对方案。大家愤怒的情绪暂时平息下来，继续在黄河滩里量地块、计面积、定产量、栽木橛。一直干到日坠黄河，趟着荒芜的田

地返回驻地。

半夜时分，正在熟睡的曹会计被捅醒，一听是郭科长说有情况。他二话没说，起身而出，睡在旁边的郭二柱他们也紧随在后。

当他们踏着月光来到白天查田定产的黄河滩地时，只见两个黑影在游动。郭科长他们飞跑过去，形成一个包围圈，把两个黑影挤缩在黄河边的田头。郭科长大喝一声："站住，干什么的！"

只见其中一个人弯腰去腿上拿凶器，说时迟那时快，郭科长一个箭步飞来把他踢翻在地，随后反剪双手。曹会计他们又把另一个人控制，一同押赴回村。

经审问，这两个人正是三官庙村恶霸财主岳震山的走卒。这岳震山在阳武县无人不知、无人不晓，是赫赫有名的地主老财加土匪武装"六支队"的头目，因罪恶多端解放时被镇压。其弟岳震河怀恨在心，伺机反扑，这次听说工作队要来查田定产早就密谋破坏，进行报复。这不，他见头一次毁界拔橛没有动静就来了第二次，还准备挑动群众跟工作队大干一场呢。

审讯结束后，根据审讯中提供的岳震河的藏匿处——村里三官庙西阁楼，赶去进行抓捕。但狡猾的岳震河已闻风而逃，渡过黄河跑到开封去了。

在西阁楼，发现了他们准备把工作队员捆绑装进麻袋扔到黄河里用的麻袋、绳索、木杠等。随即，工作组制定了下一步抓捕岳震河的方案，并上报县大队。

凯旋而归

经过黄河滩查田定产中的对敌斗争，整个查田定产工作得以顺利进展。经过半个多月的艰苦奋战，工作队摸清了三官庙村的全部土地详尽情况，整理出了《阳武县三官庙村查田定产考察报告》、《农村土地面积丈量计算办法》和《查田定产确定土地等级标准参考办法》等重要资料，上报之后，经县委和政府研究审定后，由曹会计负责召集人手统一誊写，发至全县参照执行。

至此，阳武县的查田定产工作全面展开。

（作者单位：河南省原阳县财政局）

斑斓的土地

余　雄　方稳根　潘雄志

在湘、鄂、赣三省交界的崇山峻岭之中，有一方唤作“平江”的神奇土地，养育了100多万英雄的儿女，演绎了多少动人的故事，在历史的画卷中留下了夺目的印记。它是那么鲜红，像鲜血浸染过一般，强烈地震撼着人们的心灵；它是那么靓丽，像清新脱俗的出水芙蓉，依附着人们最真最纯的情感；它又是那么灿烂，照耀着一群敢于担当、自强不息的财政人，在这片斑斓的红土地上续写着新的辉煌……

红色记忆

1927年9月，平江工农义勇军积极参加毛泽东同志组织领导的“秋收起义”，随后被编入中国工农革命军第一军第一师。

1928年7月22日，彭德怀、滕代远、黄公略等老一辈无产阶级革命家在这里成功领导发动了著名的“平江起义”。

1939年6月，国民党在平江嘉义制造了震惊全国的“平江惨案”，同年8月1日，中共中央在延安举行万人公祭死难烈士大会，毛泽东同志作了《必须制裁反动派》的著名演说。

中共湘鄂赣省委、省苏维埃政府曾设在这里，中国工农红军第五军、第十六军和新四军第一支队第一团曾在这里诞生，苏振华、张震、傅秋涛、钟期光等52名共和国开国将军也从这里走出……从北伐战争到全国解放，每一个关键时刻，每一次重大战役，平江人民奋不顾身地投身革命洪流，义无反顾地支持着中国的革命事业，先后有25万优秀儿女为国捐躯，目前登记在册的革命烈士达2.1万人，占湖南省烈士总数的五分之一。

这是一片血染的土地，这是一页用质朴胸膛写下的火热篇章，这是平江儿女倍感骄傲与自豪的恒久资本！

在众多的革命先辈中，有一位老人与财政工作有着割舍不了的情缘。他以艰苦奋斗、无私奉献、两袖清风的精神，在全国财政系统中树起了一座不朽的丰碑。他，就是原中央监察委员会驻财政部监察组长——喻杰！

喻杰原名喻达云，1902年出生于平江县嘉义丽江村一个贫农家庭，1926年参加国民革命军北伐，1930年6月参加中国工农红军，同年加入中国共产党，曾任湘鄂川黔省革命委员会代理财政部长、红四方面军供给学校校长、八路军一二九师三八五旅供给部长、陕甘宁边区工商厅厅长、新中国西北贸易部部长、西北财经委员会副主任，1945年作为中共和边区工商界代表随周恩来参加国共谈判，新中国成立后曾任国家粮食部副部长、商业部副部长、中央监察委员会驻财政部监察组长等职，是第三届全国人大代表，第五届全国政协常委。乡亲们习惯叫他“达佬子”，基层干部总是心怀崇敬地称他“老首长”！

1970年，喻杰主动退出领导岗位，毅然放弃北京舒服的生活条件，带着孩子，提着几口破箱子，回到家乡丽江村安家落户。回乡以后，他谢绝组织上的各种生活照顾，自己花钱在山坡上建“干打垒”土墙民房居住，亲手种菜、打柴、养猪，保持着劳动人民的本色，并耐心教育子孙安心农村生活，晚年为农村建设整整操劳了19年，直至1989年2月4日病逝。

为改变山区贫穷面貌，他捐献出多年的积蓄自己出钱为集体买牛、买猪、修路、办工厂，并带领群众封山1万多亩，造林5000多亩，集资修建小水电站6座，发展多种经营，为加快家乡建设作出了重要贡献。他还积极为当地政府献计献策，协助平反冤假错案，为群众排忧解难。即使在他弥留之际，他念念不忘的还是山、山村和山里人。在他去世后清理他的遗物时，人们发现仅有800元钱！

“一心为民、一生朴实、一身清正”是他革命一生、奋斗一生的真实写照。群众交口称赞他是“真正的共产党人”，“实在的人民公仆”。原国家主席李先念、原国家副主席王震和原国务委员、财政部长王丙乾，都曾致信对他的业绩和精神表示赞赏，称赞他是“老干部的楷模”。原财政部部长项怀诚，曾两次前来平江县探望他，并对他的精神给予了高度评价。

青山长在，绿水长流。喻杰精神正激励着财政人把光荣传统的薪火一棒接一棒地传递！

橙色温暖

只因付出的代价太大，只因受过的创伤太重，只因地理条件和自然环境太差，“贫困”二字一直缠绕着百万老区人民，其中20多万人生活在贫困线以下。但是，党和国家始终没有忘记这片红色的土地。2002年，国务院第三次认定平江县为全国扶贫开发工作重点县，并确定由财政部对口帮扶。

又是一群难忘的身影，又是一种特别的情愫，又是一种质朴的大爱！

2002年11月的一天，首都北京，国家财政部。当时分管扶贫工作的财政部副部长廖晓军同志正在与受邀前来汇报工作的平江县委、县政府主要领导共商扶贫对策。他侧耳聆听着老区人民的心声，听着听着，双眉紧蹙，透着深深的关切：“战争年代给平江留下了太多的创伤，现在不能再让创伤在平江儿女的心上延续下去，要把帮助平江脱贫作为财政部贯彻‘三个代表’重要思想的实际行动，帮想、帮言、帮办，为贫困地区办实事、办好事！”

很快，平江老区迎来了财政部派来的第一任“扶贫大使”。数九寒天，大雪纷飞，挂职担任平江县委副书记、副县长的财政部干部朱宪堂和湖南省财政厅派来协助扶贫的柳叶同志，首先来到了虹桥镇大兴村。上山哪有路呀？一条羊肠小道崎岖不平。揭开农户的锅盖，好一点的是地瓜，更多的是野菜。村民呆滞的目光里有些麻木，而内心深处却充满着渴盼。随后，他们又来到了一位伤残军人家里，土坯房内寒风呜咽，木板搭成的床上垫着呲牙咧嘴的凉席和陈旧不堪的棉絮。看到这情景，朱宪堂、柳叶的心被刺痛了，眼里涌起了泪水……

来自老区的紧急报告穿越万水千山，直飞首都北京。财政部紧急行动起来了，上至部长，下至普通干部，全都伸出援助之手，不几天，便募集10万元，购置棉被等物资直接发放到了贫困农户手中！

不只是棉衣棉被，通过他们的倾力帮扶，钟虹公路、平汝高速公路、106国道和308省道平江段改造、县城防洪堤坝、城关饮水工程、病险水库除险加固、农业综合开发等一大批基础建设项目相继立项、动工、竣工，一条包括水、电、路、通讯等基础设施全面改善的“基础扶贫”之路越走越宽；通过他们的倾力帮扶，新型工业异军突起，招商引资来势喜人，旅游开发持续升温，油茶生态示范和深加工、优质稻、大豆加工、中药材、有机茶、肉牛养殖等产业渐成体系，一条由“输血式”向“造血式”转变的“产业扶贫”之路越走越宽；通过他们的倾力帮扶，职业技术学校、烈士陵园、平江起义纪念馆、青少年活动中心建起来了，20万剩余农村劳动力成功实现转移就业，一条旨在提高农民素质和劳动技能的“智力扶贫”之路也越走越宽……

八年来，谢旭人、廖晓军、张少春、贺邦靖等财政部领导或亲临平江调研视察，或电话问询情况，或专门听取汇报。财政部办公厅、人事教育司、农业司、经建司、税政司、行政政法司、国防司、国家农业综合开发办公室等多个司局的领导深入平江调研指导工作。湖南省财政厅更是把平江当作了他们的“编外处室”，厅里几乎所有的处室和大部分干部都曾到过平江。省长助理、财政厅厅长李友志把平江当作了他的“第二故乡”，每年都会来平江看一看，走一走，对这块凝重的土地饱含着深情。

朱宪堂、王明臣、傅道鹏、吕书奇、姜玉明、宋爱民、周扬培、柳叶、陈朝阳、郭照光、王长斌……“爱心”接力棒在一个个扶贫队员手中传递。年复一年，日复一日，他们总是坚持工作第一、事业第一、奉献第一，把平江当作自己的家，把扶贫视为自己的主要工作，把老区人民奉为自己的亲人，带着朴素的感情，带着平和的心态，也带着沉甸甸的责任，常年奔波在革命先烈当年走过的山间小道上，用脚丈量着这块令人景仰的红土地，把挚爱留在了老区，用真情温暖了老百姓的心田！

蓝色魅力

汨罗江，一条古老而又承载着精神与骨气的河流。当代著名诗人和散文家余光中称赞“蓝墨水的上游是汨罗江”。伟大诗人屈原不朽的诗魂和民族的血性，给这块肥沃而神奇的土地染上了蓝色的印迹。

如何传承老一辈的优良传统和作风？文化，为平江财政人找到了新的起点，找到了合适的载体，也找到了共同的归宿！

做什么样的人？干什么样的事？实现什么样的财政目标？在财政部倡导建设财政文化的号召声中，平江财政人对先辈们留下的优良传统和过去工作积累的经验进行认真归纳、总结、提炼，并借鉴他人的先进成果，响亮地提出了“做有品位的人，干有品质的事，打造品牌财政”的口号。

“实现和谐财政，建设魅力家园”；

“科学化、精细化、规范化、制度化、人性化”；

“自信、宽容、谦和、勤奋、思危、感恩”……

《平江财政文化手册》上这些基本理念，已经成为了平江财政干部人人熟知、人人奉行的基本准则，融化到了血液里，渗透到了骨子里，升华到了灵魂里，也落实到了行动上，与平江财政事业一起生根、发芽、开花、结果……

——紧牵“生命线”，引导干部“想干事”。平江县财政局始终把思想政治工作摆在首位，既注重激活团队的合力，更注重激活个体的活力，通过抓关键点、薄弱点、闪光点和兴奋点，增强了思想教育的说服力。比如，有的财政所距县城200多里，交通很不方便，条件非常艰苦，乡里一没有集镇，二没有店铺，但那里的财政干部不言苦、不言累，长年累月在基层工作，有的一干就是二三十年。

——铺就“成才路”，培养干部“能干事”。平江县财政局从2005年就启动了创建学习型机关活动，要求财政干部做到“四懂六会”：懂政策理论、懂市场经济、懂财会业务、懂财经法规，会做账、会查账、会电脑操作、会写专业文书、会做思想工作、会协调处理关系。特别是在干部教育培训上，平江县财政局肯下气力，每年开展各类培训4次以上。2006年至2008年，平江县财政局从机关经费中省出50万元，选送42名基层财政干部到湖南理工学院进行为期两年的脱产进修学习，今年又选送53名干部参加了会计函授本科班学习，平时还经常开展业务练兵、业务比武活动，以学促干，以干促学，明显提高了财政干部的素质和能力。

——搭建“大舞台”，激励干部“干成事”。近年来，平江县财政局先后开展了“财政改革年”、“财政管理年”、“财政管理质量效益年”、“财政攻坚克难年”、“六讲两为”（讲学习、讲政治、讲党性、讲纪律、讲正气、讲团结、事业为重、大局为重）、“四问两提升”（问责治浮、问廉治贪、问效治懒、问学治庸、提升素质、提升状态）等主题活动，进一步锤炼了干部作风。今年，平江县财政局又以主动适应“省直管县”财政改革和开展“创先争优”活动为契机，部署开展了“财政干部亮身份”、“财政收入齐攻坚”、“财政业务勤练兵”、“财政管理谋创新”、“财政发展共献策”等系列活动，为干部搭建了创业的舞台。在人事管理上，平江县财政局还坚持“公开、公平、公正、竞争、择优”的原则，风清气正选人用人，凭实绩用干部。2008 年对机关 23 个中层领导干部岗位实行“全体起立、竞争上岗”，2009 年对局党组班子成员实行“差额推荐、公开竞职”，并加大干部交流换岗力度，形成了“一把手作标兵、班子成员当表率、中层干部树形象、普通干部守规矩”的良好局面，进一步增强了队伍的理解力、执行力、创造力、公信力和生机活力。

——筑牢“防腐墙”，确保干部“不出事”。平江县财政局坚持“勤政促发展，廉政保平安”，落实“一岗双责”，做到“警钟长鸣”，筑牢了反腐倡廉的思想防线、责任防线和制度防线，确保了财政资金安全和财政干部平安。

文化提升品位，品位锤炼品质，品质打造品牌。独具特色的“三品”财政文化，正引领着平江财政人在蓝色的汨罗江上开拓进取、上下求索……

金色交响

在光荣传统和财政文化的感召下，平江革命老区财政战线捷报频传：

——2009 年，平江县克服国际金融危机与结构性减税政策的深度影响，财政收入 48875 万元，税收收入占财政总收入的比重达到 74%，比上年提高 9.5 个百分点。

——平江工业园区被评为“湖南省最具投资潜力工业园区”，县内规模企业已达 135 家，其中上市公司 2 家，矿产建材、机械轻工、食品加工、旅游生态形成四大特色产业，财源基础得到进一步夯实。

——2009 年，全县完成财政总支出 175811 万元，支出规模是 1978 年的 137 倍。

——2009 年，通过银行存折信息化发放涉农惠民补贴资金 32 项 1.6 亿元，发放项目和金额居岳阳市之首。

——全国城乡医疗救助改革试点，全省农村低保与扶贫开发“两项制度”衔接试点，村级公益事业建设“一事一议”财政奖补试点，新型农村社会养老保险试点……老区人民正沐浴着公共财政的温暖阳光，其中 10 万特困人口已稳定脱贫。

——国库集中支付改革实现“横向到边、纵向到底”目标，涵盖全县 193 家单位的所有财政性资金，财政直接支付比重年年保持在 90% 以上。

——政府采购监管、基建投资评审、财政监督检查、支出绩效评价成为规范财经秩序的“四柄利剑”，非税收入征收管理、国有资产管理、政法经费保障机制建设、农业综合开发、契税耕地占用税征管、乡村财政财务精细化管理等多项工作均走在省市前列……

一路汗水，一路欢歌；一路拼搏，一路芬芳。“全国财政系统党建工作新风奖”、“湖南省财政系统先进集体”、“湖南省文明卫生单位”、“岳阳市十佳学习型党组织”、“岳阳市文明标兵单位”、“岳阳市模范职工之家”、“岳阳市财政工作目标管理量化考核一等奖”……数不尽的荣誉见证着平江财政人求索的足迹，凝重的光荣传统和深厚的文化底蕴正激励着平江财政人迈向更远的前方！

（作者单位：湖南省平江县财政局）

一枚银元的故事[①]

张忠强

1943 年 4 月的一天，天刚蒙蒙亮，一位三十五六岁的农村青年急匆匆地奔走在平度大泽山通往莱州沙河 50 华里的路上，他的右手始终没有离开衣服的右口袋，路上冷冷清清见不到一个人影。

经过一段崎岖不平的小路，他已经气喘吁吁，汗水从他清瘦的脸颊滑下打湿了他粗布的上衣。他用左手擦了一把汗，望着远处隐约可见的沙河镇，口中喃喃道："快到沙河了，终于可以完成任务了。"

走进沙河镇，他的步子明显加快直奔一个政府办事机构，还没有进屋，迎面走出来的正是他要找的人，年轻人急忙从口袋里抽出右手，涨红着脸急切地说："找到了，终于找到了！"他慢慢地张开紧握的右手，手心攥着的是一枚带着汗渍的银元，在阳光下发出耀眼的光……

这是一枚经历很不平凡的银元，它的来历还得从头说起。

文中所说的农村青年叫周清令，是平北县大泽山韭园村人，1940 年入

① 根据抗战老战士谭振增口述整理。

党，干过村农救会会长、支部书记、西海军分区秘密联络站站长；那位接过银元的人是胶东西海银行行长刘建平。那是1940年10月的一天深夜，驻防在韭园村的刘建平行长把周清令找去，交给他两个装满金条的木盒、四个装满银元的木盒，还有四麻袋北海币，然后庄重地说："老周同志，现在对敌斗争形势十分严峻，日寇三天两头进村扫荡，我们随时可能转移，这些资金需要就地藏好。党组织信任你，你一定要尽全力设法把这来之不易的资金收藏好，这既是关系到西海部队、机关全体人员吃饭、穿衣的大问题，也是关系到消灭敌人、抚恤烈属、救济难民的大事情，事关大局，不管形势怎样恶化，也要想方设法保存好。"周清令接过这些资金，果断地对刘行长表了态："是！刘行长，你就放心吧！"

虽然痛快地接受了任务，但周清令心里还是沉甸甸的，他心想这批金银和北海币倘若被敌人搜出来，全家遭杀头是小事，而这笔一分一文收积起来的巨款一旦被鬼子掠走就了不得了。经过一番冥思苦想，最后终于想到两个最保险的地方：把金银藏在屋后院子深达6米的大口水井里；北海币放在大小瓷缸里，盖严扎好，当夜深人静的时候，悄悄地藏到了离家一里多地的东南园小园屋6米多深的地瓜井子里。

1942年11月16日深夜，夏邱堡据点的日本鬼子、汉奸约100多人，突然闯进韭园村，他们怀疑金银就藏在村子里。这时群众都没有来得及躲藏，被堵在村子里。敌人在整个村子翻箱倒柜，闹得乌烟瘴气，鸡飞狗跳。鬼子闯进村民周书林家中翻出一个旧马鞍子，鬼子说是给八路军保存的，接着就把他吊在大门框上一顿毒打，问他枪支弹药、金银物资都藏在哪里，周书林回答："不知道！"，鬼子咆哮如雷，几个伪军手持木棍、皮鞭劈头盖脸直到把周书林打得昏死过去。周清令怕藏金银的水井暴露急忙到后院对井口再做伪装，就在这时几个日伪军突然闯了进来，周清令的妻子王秋香急中生智自己站在后门正中做掩护。鬼子见到她，狞笑道："八路的娘们。"说着"啪啪"打了她两个耳光，撕下她的发髻，见她是长头发，又看了看她的手比较粗糙，认定她是村妇，不是八路军的家属，悻悻地走了。原来，鬼子把剪短发的女人看成是女干部或八路军家属，抓去必杀。而王秋香既是党员又是村干部，但未剪短发，这才幸免于难。就这样一家人提心吊胆、斗智斗勇地闯过了鬼门关。

5个月后，刘建平行长带领4个同志来取这部分资金，从水井下取出小木盒时发现其中一个盒裂开了缝，少了3枚银元。接着大家挽水淘井，在淤泥中找到两块银元，最后一块搜遍井底也没有找到。晚上，周清令翻来覆去不能入睡，他觉得少的不只是一块银元，而是党组织交给的任务没有完成，组织的钱不能平白无故地少了，自己就是拆了井也要找到那枚银元！

第二天一大早，周清令叫上自己年近 70 岁的岳父一起费了好大力气，才把这口 6 米多深的石砌大口水井全部拆到底，拆出的石头堆成了一座小山，最后在井底的石缝中，终于找到了那枚银元。周清令微微颤抖着小心翼翼地把它捧在手里，嘴里喃喃道："找到了，终于找到了！"不禁眼泪簌簌地从眼角流了下来……

（作者单位：山东省青岛市平度市财政局）

仰望思考

读财政史　事业辉煌一脉传
做财政人　承继薪火谋发展

——读《中国财政60年回顾与思考》有感

辛在峰

初见到王丙乾老部长写的《中国财政60年回顾与思考》一书，第一感觉是，哦，好一个大部头。逐渐沉下心来，慢慢翻着读进去，才发现这不仅仅是一本可以简单地冠以“回忆录”的书，它展现给我们的是老部长伴随着新中国财政事业起步发展的切身经历以及他对财政事业辉煌成就和工作经验的归纳与总结、对财政改革发展形势高屋建瓴的判断和思考、对老一辈财政干部优良作风的颂扬和传承。字里行间，反映出老部长对党的无限忠诚和对财政事业的无限热爱；语言朴素，却让人时刻都领略到一位老财政人伴随新中国财政事业发展进步的自豪与感动；语重心长，处处透着一位老领导对广大财政干部的谆谆教导和深切厚望。

读《中国财政60年回顾与思考》，我读到了新中国财政建业历史，艰苦创业的历程令人备受感动。老部长从自己华北初涉财政工作谈起，追忆了新中国财政自战争年代起步，不断发展壮大的艰苦历程。新中国财政事业的起点是在抗日战争和解放战争时期的边区财政，是在根据地财政中孕育成长的。自革命战争年代起，我们党就高度重视财经工作，财政部门在战争中既担负着部队的给养保障工作，又要保证根据地发展壮大的日常开支，责任十分重大，其地位和作用是毋庸置疑的。正是在这种紧张、恶劣、时刻冒着生命危险的艰苦的战争环境中，老一辈财政干部克服重重困难，坚持不懈努力，在开展武装斗争和建设根据地的过程中不断完善各项财政政策和制度，培养了大批财经专业人才，为新中国成立后财政事业的发展积累了丰富的经验，打下了坚实的基础。

读《中国财政60年回顾与思考》，我读到了财政改革发展的曲折历程，一代代财政人不屈不挠、奋力拼搏的精神时刻激励着我们在本职岗位上勇往直前。新中国财政事业的发展并不是一帆风顺的，在不同的时代背景下，在不同的历史时期，在不同的经济环境中，国家财政的发展都面临着不同的困难和挑战。忧患增人慧，艰难玉汝成。作为国家财政起步的亲历者、财政改革发展的主要领导之一，王丙乾老部长以大量的事例和详实的数据，历述了财政事业起步、调整、改革、发展艰难曲折的历程，财政事业的不断发展进步，也抒写了财政干部特别是历任领导干部在工作中善于总结经验教训、迎难而上、与时俱进、不断开创财政工作新局面的壮丽诗篇，这种奋勇拼搏的精神也时刻激励着我们新一代年轻财政干部在本职工作岗位上脚踏实地、兢兢业业、任劳任怨、艰苦奋斗，以高度的责任感和踏实细致的作风为财政事业的不断发展和进步作出应有的贡献。

读《中国财政60年回顾与思考》，我读到了老一辈财政领导的优良作风、敬业精神和高尚品德，他们是财政事业发展历程不同时期的丰碑，永远是我们学习的榜样。老部长充满深情地回忆了老一辈党和国家领导人对财政工作的重视和关心以及历任财政部领导在财政事业中做出的卓越贡献。正如书中所述，财政工作发展历程中虽然风风雨雨，几经周折，但是始终是在党中央、国务院的领导下进行的。毛泽东、周恩来、邓小平、陈云等老一辈党和国家领导人对财政工作的重视和关心，既令人感动，更令人振奋和鼓舞。王老着重回顾了老领导、老部长吴波同志感人至深的故事，在书中感慨地讲道：吴波同志认真工作的态度和丰富的理财思想深深地影响了我，特别是他高尚的人格魅力，不禁让人心生敬佩，他谦虚谨慎、认真严谨的作风，赢得了广泛的赞誉，他的工作业绩和优秀品质，很难用只言片语去概括。读了这本书，对吴老的了解又深了一步，虽然与吴波老部长素未谋面，但以往在工作中每每听到老同志讲起吴老来，都是钦佩有加，吴老的光辉形象在广大财政干部中早已经深入人心。吴老一生对党无限忠诚，对事业尽心尽责，对同志关怀备至，为人民服务一片真情；他光明磊落、无私无畏、实事求是、坚持原则，充分体现了一位老共产党员的党性修养；他公私分明、严于律己，从不计较个人得失，他的高尚情操和崇高品质为我们树立了一座永远的丰碑，是我们财政干部特别是青年干部任何时候都应该好好学习的光辉典范。

读《中国财政 60 年回顾与思考》，我读到了新中国财政 60 年的辉煌成就和主要经验，老部长的精辟总结是我们的宝贵财富，老部长的殷切期望是我们前进的不竭动力。作为财政战线上的一位老领导，王丙乾老部长从战争年代的革命根据地起就从事财政工作，亲身经历和亲眼看到了新中国财政 60 年的发展和壮大，财政事业的巨大成就、财政工作的骄人成绩、财政经验的丰富发展，都令人倍感自豪，感慨不已。王老在总结改革开放 30 年财政工作的主要经验时指出：要坚持改革开放不动摇，坚持科学理财，坚持渐进式改革，正确处理公共财政与发展经济的关系，学会“做蛋糕”和“分蛋糕”，充分发挥财政宏观调控作用，注重研究国际问题等等。这不仅是对财政工作成绩和经验的高度总结，更是融合数十年财政工作中的切身体会和睿智思考，站在全局的角度，以前瞻的眼光，高屋建瓴地对财政事业改革发展前景提出的独到见解，既对未来财政工作不断创新进步、再创佳绩提出了殷切的希望，也对新时期培养一支政治觉悟高、专业知识新、业务能力强的财政干部提出了明确的要求。我想，我们财政青年干部一定要谨记老部长的良苦用心和深切厚望，在本职工作中不断继承和发扬老一辈财政人的优良传统作风，以自己的实际行动为新时期的财政事业，为国家经济社会发展作出应有的贡献！

（作者单位系财政部离退休干部局青年干部）

做理想远大、信念坚定的新一代

李　钢

在新时期、新形势下，挖掘和传承财政优良作风，无论是对于青年财政干部的健康成长，还是对于财政战线进一步取得更大成绩，都具有重要的历史意义和现实意义。

“薪火相传”是顺应新形势、新任务的必然选择，是贯彻落实科学发展观的充分体现

“薪火相传”，原意是指柴禾烧尽，火种仍可以流传，比喻形骸有尽而精神不灭。我部开展的这项主题活动，正是寓意将财政优良传统和作风代代相传。正如企业司贾谌司长提出的，薪火相传，并不意味着盲目地全盘继承，而是要对财政干部多年形成的传统和作风进行认真挖掘整理，根据时代和形势的发展，与时俱进，梳理出哪些可以继承和发扬，哪些需要改进，而哪些又需要予以摒弃。因此，“薪火相传”是顺应新形势、新任务的必然选择，是指对优良的财政作风的传承和发扬，摒弃不适应时代发

展的思想和做法，真正做到以科学发展观为指引，与时俱进。

传承优良的财政作风是适应新时期变革的客观要求。从整体上看，财政作风建设是财政部门顺应时代发展的时代战略。当前，经济全球化发展带动了政治、思想、文化等在全球范围内的交融、渗透和冲击，必将带来社会意识形态的深层次变革。财政作风建设作为经济文化、制度文化、政治文化的组成部分，也必须与时俱进、不断变革，必须顺应文化发展的要求，并利用优良的财政作风和传统，为社会、经济的健康发展服务。

传承优良的财政作风是贯彻落实科学发展观的客观需要。随着改革开放的不断深入以及世界经济形势的急剧变化，政府职能转变将成为适应经济全球化的关键。财政作为国家宏观调控的重要部门，在转变职能的过程中解决“缺位”、“越位”的问题，必须以科学发展观为指引，进行理念、机制、方式上的创新和变革，要以发展为主题、以结构调整为主线、以制度创新为动力，传承优良的财政作风和工作方式，以带动一系列体制机制制度上的创新与变革。

传承优良的财政作风是塑造“以人为本”和谐财政工作局面的有效途径。公共财政体制改革就是要求财政职能向公共服务转变，向提供公共产品转变，向服务型有限政府转变，向为公民和法人服务转变。与之相适应，就要求财政组织管理模式的创新，要求财政工作者思想观念、工作方式、专业知识、业务能力、政策水平等的提高与发展。传承优良的财政作风，是促进公共财政体制改革，提高财政工作人员整体素养，实现和谐财政工作局面的有效途径。

优良的财政作风和传统是财政战线常年积累起来的财富，是推动财政工作科学化精细化建设的坚强保障

优良的财政作风和传统是新时期财政部门及财政工作者总体价值取向、思维方式、组织行为的总成，具有“以人为本”的内涵和理念，是财政战线常年积累、代代相传的精神财富。传承优良财政作风和传统的根本目的是要提高财政工作者的综合素质，塑造全面发展的人，塑造高尚、睿智的为民理财专家。提高整个财政团队的战斗力和凝聚力，推进财政工作，因此，传承优良的财政作风不是一时之举，不仅要注意对工作行为进行规范，更要注重对道德水准、人格人品、人生境界等的挖掘和提炼，注

重表达财政工作者对人生、对工作、对生活的深深感悟，才能显示其恒久的活力和生命力。

传承优良的财政作风必须牢牢地抓住学习实践“三个代表”重要思想这条主线，准确把握保持共产党员先进性的主题，不断提高执政为民，为民理财的能力。优良的财政作风和传统不仅要明确自身使命、发展目标、核心价值观、共同愿景、工作精神、工作作风，更要明确执政为民，为民理财的理念，扎根于群众，服务于人民。传承优良的财政作风，要紧密结合财政部门工作实际，使得传承优良的财政作风成为全体财政工作者的共同实践，不断增强党员干部的先进性。

优良的财政作风和传统要着力于坚定不移地树立和贯彻落实科学发展观，要同履行岗位职责、推进财政体制、机制、制度的改革与创新结合起来，使广大财政工作者对加强党的执政能力建设重大意义的认识进一步提高，执政意识进一步增强。优良的财政作风和传统应该与时俱进，既要有精神高度，又要有理论深度，促进财政部门进一步形成务实、扎实的工作作风，与时代同行，真正成为推动财政工作科学化精细化建设的坚强有力保障。

“忠于职守，勤勉尽责”是新时期优良财政作风的核心内容，是财政工作的精神动力和源泉

我国《公务员法》中明确提出：“忠于职守，勤勉尽责，按照规定的权限和程序认真履行职责，努力提高工作效率，全心全意为人民服务。”随着时代的发展和社会的进步，目前公务员的工作理念、工作方法都有了很大的改变，但是公务员的使命和职责始终没有改变，“忠于职守，勤勉尽责”始终都是优良财政作风和传统的核心内容，激励一辈又一辈财政干部踏实前进，铸就辉煌。要做到“忠于职守，勤勉尽责”，就要具备和这个时代相适应的素质和能力，并使之成为自身工作最本源的精神动力和源泉。作为一名青年干部，我认为必须要认真传承、着力培养自己以下四方面的素质和能力：

坚定的政治素养。要牢固树立爱党、爱国、爱人民的理想和抱负，要坚持立党为公、执政为民，不断认识自己在党性修养和政治素养方面的不足，并不断提升自身的政治觉悟，依靠坚定的政治素养，克服贪念和私

欲，坚定不移地执行党的路线和国家的大政方针。

出色的业务素质。要努力学习，培养自身扎实的理论基础，对于宏观经济形势、党的决策方针，要有清晰的判断和认识；要有出众的工作能力，自觉培养独立担当重大工作任务的能力；要在实践中积累丰富的工作经验，学会灵活自如地应对复杂事物和局面。

高尚的情操。工作中要做到尽心尽责，不贪图虚名，不唯利是图，做到几十年如一日，以始终如一的高尚情操赢得尊重，实现自身的价值。

优良的作风。要发扬不怕吃苦，不怕困难的精神，甘于清贫，勇于奉献，刻苦磨砺，反复锤炼，在实践中成长。

财政青年是传承优良财政作风的主力军，“薪火相传”是实现新时代青春业绩的重要契机

财政青年应该勇敢担负起历史和人民赋予的重任，在传承优良财政作风进程中，从以下四个方面充分发挥生力军的作用：

要树立远大的理想和信念，注重学习调研，踏实做好本职工作。要牢牢树立一个务实的志向，一个把事情做好的志向。在自身的工作岗位上，艰苦奋斗、爱岗敬业、勇于担当，力争在事业的起步阶段，形成一个扎实敬业的良好志向。孙中山先生曾经讲过：要立志做大事。毛主席也指出：人是要有一点精神的。作为财政部门的公务员，就要树立正确的理想信念和价值观，要有较高的思想境界，在工作中要有团队精神、敬业精神，要有当家做主的主人翁精神。财政工作是业务性较强的工作，随着财政知识不断更新，提高自身业务素质犹为重要，要学习新的财政政策、财会财务知识，制定切合实际的自学办法，要善于借鉴和学习他人的成功经验，要理论与实践相结合，重视财政调研，踏踏实实地把自己当前的工作做好。

要有恒心，敬业爱岗，树立扎实的工作作风。要追求一种尽职尽责的精神。确立一个明确的前进目标，全力以赴地为之奋斗，在工作和学习中，避免一知半解，要努力追求精益求精，在自身业务领域内培养成业务专家。恒心既要体现在学习上，要持之以恒地坚持学习，树立终身学习的思想，增强自己的综合分析、观察决策问题的能力，将生财、聚财、用财的“三财之道”融会贯通；恒心还要体现在工作上，要树立“干一行爱一行，干一行像一行”的作风，兢兢业业，踏踏实实，成就一番事业。正如

伟大的无产阶级导师马克思所讲：只有在崎岖的山路上勇于攀登的人，才有可能达到光辉的顶点。

要树立主动服务和健康争先的意识。财政青年要致力于建设创新型的财政服务制度，内强素质，外树形象，通过公开办事程序、优化政务环境等方式和途径，提高机关效能，优化服务环境，为各类服务对象提供尽可能的便捷服务，从而切实改进服务方式，提高服务质量。同时，要认真向老一辈财政干部学习，树立良性竞争意识，营造健康的争先工作氛围。

要为人坦诚，自觉投身于建设财政廉政文化。要有一点淡泊名利的气度。在工作中，要做到一心为公，少考虑个人得失，不受外界不良氛围的影响，坚定执着地行走在自己选择的道路上。财政青年要经常性自觉加强基本理论、理想信念、从政道德、优良传统、党纪法规等的自我教育，不断增强廉洁理财意识。真正做到堂堂正正做人，清清白白做官。财政部门是政府经济综合管理职能部门，还要特别注重财政资金管理，不断完善资金管理办法等，切实从源头上预防腐败的滋生。

目前，整个世界经济局势和国家宏观经济态势都发生了巨大的变化，财政企业工作和以往相比，面临着更大的机遇和挑战。作为财政企业战线的青年干部，就必须要开拓眼界，放眼未来，在自身的工作平台上，不断进取，积极探索和完善公共财政下财政企业工作体制、机制，认真推动企业财政政策支持体系、企业财务法规制度体系、企业财务信息管理体系及财政资金监管体系等四大体系建设的不断进步。

胡锦涛总书记明确要求，当代青年要努力成为理想远大、信念坚定的新一代，品德高尚、意志顽强的新一代，视野开阔、知识丰富的新一代，开拓进取、艰苦创业的新一代，要认清自己肩负的使命和责任，自觉加强学习，矢志艰苦奋斗，让青春焕发出绚丽的光彩。因此，每一位财政青年都应以此作为自身成长的方向，认真传承财政优良作风和传统，自觉主动地发挥“薪火相传”的主力军作用，勤于学习、甘于奉献，忠于职守、勤勉尽责，积极投身于传承顺应新形势、新任务财政优良作风和传统的建设大潮中去，以“薪火相传”为契机，在实现中华民族复兴的历史征程上创造新的青春业绩！

（作者单位：财政部企业司）

坚定理想信念　勇担时代重任

——重温苏区财政史有感

罗　昕

当我站在中华苏维埃共和国财政人民委员部历史陈列馆，细细重温苏区财政史时，不禁感慨万千。史海钩沉，那一幅幅图片、一件件史料，忠实讲述着红色政权里一个个传奇的财政故事，清晰刻画出峥嵘岁月中一位位伟大的财政先烈，生动展现了中国财政史上一页页瑰丽的辉煌篇章。

浴火生长，苏区财政是一部艰苦奋斗的创业史

1931 年 11 月，中华苏维埃共和国临时中央政府在瑞金成立伊始，就组建了中央财政人民委员部。作为最早成立的九部一局之一，最初的财政部只有两三个人，只能做些简单管理钱财的会计工作，外界甚至都在质疑，一个初生的工农政权里，是否真有人懂得财政。但就在随后硝烟滚滚、炮

声隆隆的三年里，在邓子恢和林伯渠两任部长的正确领导下，苏区财政人开始了艰苦卓绝的奋斗。他们深入开展土地革命，在废除国民党政府苛捐杂税的基础上，建立了各级财政管理机构，制定了各类财政和税收制度，使革命根据地的财政从无到有，从分散走向统一，并通过开源节流、科学管理，保障革命战争供给，支持新生政权建设，为中华苏维埃的发展作出了不可磨灭的卓越贡献。随着财政工作的飞速发展和财政职能的日益强化，财政部的机构队伍建设也不断完善，下设会计局、公债管理局、审计处①、税务局、国库管理局、没收征发局、总务局和国有财产管理局，工作人员达百余人，就连1932年2月成立、由毛泽民任行长的中华苏维埃国家银行，也隶属于中央财政人民委员部管理。

开拓财源，苏区财政是一部求是创新的发展史

中央革命根据地建立以后，遭遇了国民党的军事围剿和经济封锁。蒋介石甚至把经济封锁作为围剿红军"最重要的策略"，妄图使苏区"无粒米勺水之接济，无蚍蜉蚊蚁之通报"。对此，毛泽东明确提出："苏维埃财政的目的，在于保证革命战争的给养与供给，保证苏维埃一切革命费用的支出。"于是，开拓财源、组织财政收入便成为中央财政人民委员部的首要职责和中心任务。面对苏区薄弱的经济基础，财政人从实际出发，勇于探索，迅速在荆棘中踏出了一条适合革命根据地财政发展的新路子。首先，深入开展土地革命，扫除封建、半殖民地时期的苛捐杂税，为革命根据地奠定经济基础。然后，在革命理论的指导下，依靠政权力量，运用财政杠杆，多管齐下，对根据地的不同阶级采取不同的财政政策，合理构建了三个主要的财政来源：一是取之于敌，即向一切封建剥削者进行没收或征发；二是取之于民，即向社会各界和人民群众募捐、征税和发行公债；三是取之于己，即通过发展苏区国民经济和对外贸易获得收入。通过这些手段，为中华苏维埃政权建设和革命战争提供了可靠的财政基础。

保障支出，苏区财政是一部统筹高效的科学史

由于频繁的战争和残酷的经济封锁，苏区财政经济状况一直比较困

① 1933年9月后独立出去，成为中央人民委员会直接领导的中央审计委员会。

难。因此，精打细算、科学谋划、合理分配和节约使用有限的财政资金，是苏维埃财政高效理财的关键。苏区财政人按照“保障重点，统筹兼顾”和“先前方，后后方；先红军，后地方”的原则，在首先保障革命战争的供给和苏维埃政府行政需要的同时，还积极支持经济建设和社会事业的发展。其中，为规范政府行政经费开支，中央财政人民委员部制定了低于红军的统一供给标准。为培育苏区财源，苏维埃各级政府尽力支援农业生产，建立和扶持中央被服厂、中央钨砂公司等国有企业和粮食调剂等公营经济，鼓励发展合作社经济和对外贸易。为充分体现红色政权的优越性，苏区财政在极端困难的情况下，仍坚持安排一定的经费预算，创办各类学校，普及义务教育，进行社会教育；开展群众性文化体育活动；建立各级红军医院和一些地方医院；建立救助机构，救济贫困群众，对伤病残和死亡红军及其家属实行优待与抚恤。

规范管理，苏区财政是一部依法理财的法治史

尽管战事危急，但中华苏维埃共和国却在短时间内先后制定了《宪法大纲》等130余部法律法规，建立了一个较为完善的法制体系。其中，苏区财政人积极推动了一系列财政税收政策法规和条例的出台，为建立统一的财税管理制度，加强和规范财政管理提供了法律保障。重要的成果如：1931年11月，苏维埃临时中央政府成立伊始就颁布了《中华苏维埃共和国暂行税则》，统一税政，建立起统一的税收制度，并在此后不断完善税收法令与税收政策，使税收工作有法可依，有章可循；1931年12月，临时中央政府又颁布了《中华苏维埃共和国暂行财政条例》，规定苏区财政收入支出实行严格的预算和决算，严格履行领款程序和实行统一的簿记制度等；1932年8月，中央人民委员会通过了《财政部暂行组织纲要》，规定“财政人民委员部执行国家经济政策，计划多入多出，并管理国库、税收权、公债、钱币、会计、银行、国有财产、合作社等事项”，明确了财政部的职责；1932年12月，财政部发出要求统一会计制度的第十二号训令，详细规定了会计原则和会计科目；1933年10月22日，中央人民委员会颁发了《国库暂行条例》，建立国库制度，加强财政现金收支保管。除了建章立制外，苏区财政人还特别注重通过党和政府的监督、审计监督和群众监督三个渠道，依法加强财政监督，及时发现和依法处理违法乱纪行为，

以儆效尤。

厉行节约，苏区财政是一部勤俭廉洁的光荣史

“财政的使用，应该根据节省的方针，应该使一切政府工作人员明白，贪污和浪费是极大的犯罪”毛泽东提出，“节省每一个铜板，为着战争和革命事业，为着我们的经济建设，是我们会计制度的原则。”在老一辈无产阶级革命家的带领下，苏区各级财政干部率先垂范、以身作则，勤俭办一切事情，身体力行地创造了清廉的工作作风。最初的财政部仅有一间局促的小房间，摆上一张桌子后就十分拥挤。对此，苏区财政人经常引用人民委员会主席毛泽东的一句话自省自勉：“我们的办公室在广大的农田里”，时刻牢记为国理财、为民服务的宗旨。身为“财神爷”，苏区财政人严于律己，主动发扬勤俭节约、艰苦奋斗的优良作风，裁减冗员，核减行政经费，减少供给项目，降低供给标准，像红军一样过着战时共产主义的供给制生活。在1933年底至1934年苏区轰轰烈烈的节省运动中，财政部更是积极响应中央号召，带头“每日每人节省米二两，菜钱一分”，并组织人员垦荒、种菜、挖煤，一时蔚然成风。人民群众广为传唱的歌谣《苏区干部好作风》就是对包括财政干部在内的苏区干部的真实写照，中央审计委员会在对各中央机关审计后，更是自豪地宣布“只有苏维埃是空前的真正的廉洁政府”。

薪火相传，苏区财政是一部堪励后世的教育史

中华苏维埃共和国是中国共产党首次尝试建立和管理国家政权，是中华人民共和国的一次伟大预演。在这个光荣历程中，苏区财政人开展了艰苦卓绝的工作，有效保障了革命战争需要，支持了中华苏维埃新生政权建设，为中国革命作出了重大贡献；塑造和锻铸了“实事求是、开拓创新、自力更生、艰苦奋斗、勤俭节约、廉洁奉公”的苏区财政精神；探索和积累了“财政必须始终为党和国家的中心工作服务，必须全心全意依靠人民、服务人民”等一系列治国理财的宝贵经验；培养和造就了许多经济人才和财政制度，留下了大量宝贵的精神财富，部分奠定了共和国财政的基石。

“以铜为镜，可以正衣冠；以古为镜，可以知兴替；以人为镜，可以明得失。”重温中华苏维埃共和国财政史，缅怀先烈伟绩、坚定理想信念、继承优良传统，弘扬苏区精神，对于我们青年财政人进一步做好新时期的财政工作具有重要意义。

薪火相传，奋勇前行

我们要坚定不移地践行以人为本、为民理财的工作宗旨。中国革命的星星之火之所以能够燎原，关键就在于党切实践行了全心全意为人民服务的宗旨。党在瑞金建立政权后，打土豪分田地，发展经济财政，关心群众生活，所有的治国理财行为都是建立在“真心实意地为群众谋利益”这个逻辑基点之上的，即使是在战事连年、财政拮据的状况下，仍然坚持轻赋税、惠民生，坚持让利于民、为民服务。得民心者得天下，广大人民群众积极向真心拥护的苏维埃政权捐赠财物、认购公债，齐心协力扛起了苏维埃财政之鼎。

在新的历史条件下，我们青年财政人一定要深入贯彻落实科学发展观，坚持为国理财、为民服务的理念不放松，始终把解决人民群众最关心、最直接、最现实的利益问题放在工作首位，深入调整国民收入分配，更加注重保障和改善民生，努力增进社会福祉，实现国强民富。我们要牢固树立公仆意识、服务意识和法治意识，在取之于民、用之于民的为国理财过程中，始终依法行政、民主理财，切实做到权为民所用、情为民所系、利为民所谋，依法保障公民的知情权、表达权、参与权和监督权，坚持问政于民、问需于民、问计于民，把人民的愿望和要求作为制定政策的根本依据。

我们要与时俱进地增长锐意进取、开拓创新的工作能力。中华苏维埃财政是苏区财政人自力更生、白手起家的伟大尝试，她在纷飞战火和艰难困苦中诞生、成长，在一个热血沸腾、激情燃烧的时代里青春澎湃、阔步前行。她的主要缔造者当时平均年龄都只有三十余岁，他们不惟书、不惟上、只惟实，重视调查研究，努力学习实践，形成了一切从实际出发、理论联系实际的科学方法，在实践中迅速积累了知识、提高了能力、增长了才干、创造了业绩。斗转星移，今天的共和国财政早已壮大成为政府履行职能的重要物质基础，国家宏观调控的重要手段，推动经济发展、促进社会和谐、维护国家安全的重要保障。然而，在风云变幻的国际环境和日新月异的时代背景下，共和国财政面临的机遇和挑战前所未有，经历的发展和改革未有穷期。财政人尤其是青年财政人要挺立潮头、与时俱进，永葆蓬勃朝气、昂扬锐气和浩然正气，在工作中善于学习、勤于思考、勇于创新、敢于进取，为深化财税体制改革、优化财政宏观调控和推进财政管理科学化精细化，挥洒青春汗水，贡献聪明才智。

我们要毫不动摇地发扬艰苦奋斗、勤俭节约的工作作风。战时的中华苏维埃共和国，只有四百万根据地人口，却要承载十几万保家卫国的军队，面对如此高的军民比例，中国共产党是依靠艰苦奋斗的精神、勤俭办一切事情，来解决财政问题并发展壮大的。新生的中华苏维埃财政，机构很精简，但工作很务实；年轻的财政人生活很艰苦，但精神很富足，处处彰显了共产党人坚定的革命理想信念和崇高的革命乐观主义精神。他们无一己之私，真心实意地为群众谋利益，形成了“有盐同咸、无盐同淡”的好作风，得到了苏区群众的一致称颂。随着经济社会的发展，现在我国的经济状况越来越好，财政保障能力越来越强，但是我们财政人艰苦奋斗的精神决不能丢，必须不断加强党性修养，重品行、作表率，始终牢记“两个务必”的优良作风，把老一辈无产阶级革命家开创的伟大事业不断推向前进。

忆往昔，峥嵘岁月稠；看今朝，心潮搏浪高。青年财政人要牢记财政事业不断发展壮大的艰难历程，继承一代代财政工作者创造的宝贵精神财富，薪火相传，奋勇前行！

（作者单位：财政部条法司）

全家福　条法司全体同志与本司老领导座谈合影留念

识故人　条法司当年的小年轻成了今天在职的元老级干部

循火红足迹　创精彩人生

刘　艺

记得温家宝总理在十一届全国人大一次会议记者招待会上曾这样说过，“一个国家的财政史是惊心动魄的。如果你读它，会从中看到不仅是经济的发展，而且是社会的结构和公平正义。”到底是什么让中国财政从一穷二白的艰难岁月到最终实现飞跃，是什么让中国财政体现了公平正义，得以推动经济发展？看过财政部原部长王丙乾同志的《中国财政60年回顾与思考》之后，似乎读懂一二。改革开放30年来财政工作推动国家经济社会建设取得的巨大成绩，离不开党的正确领导，更离不开财政人在漫漫征途上披荆斩棘，励精图治，薪火相传，所付出的艰辛与不易。我似乎体会到了作为一名财政工作者的责任和荣誉，明白了如何在平凡的岗位上实现不平凡的人生价值。也正基于此，我对财政这个大家庭有了更深刻的了解和特殊的情感，对财政工作有了进一步的认识。

发掘、整理和弘扬财政精神、财政传统作风，让薪火绵延不绝，是每一个财政人义不容辞的责任，也是快速成长起来、适应新形势下财政工作的要求。

“五立”，干好财政工作的精髓

理论是行动的先导，在工作中体现先进性，首先是保持理论上的清醒和坚定，保持思想上的先进性。财政部前部长王丙乾曾说过，干财政工作要坚持“五立”。即：立世——就是要确立正确的世界观、人生观、价值观，用正确的思想武装头脑，坚定政治信念，自觉地筑起拒腐防变的思想防线，确保政治上不迷航。立志——就是树立崇高的理想和远大的志向，要有大局观念。做事首先要看大趋势。思想和行为必须首先服务和服从于大局，和党中央保持高度一致，踏实地工作，把做好每项工作、每件事情作为“坐标”，不断攀升，不断奋发，不断进步。立心——就是树立廉洁奉公的事业心和勤政为民的责任心，辛勤工作，乐于奉献，做好本职工作。立德——就是树立良好的道德人格，自觉加强党性锻炼和思想修养，保持高尚的情操。立信——就是树立良好的信誉，维护党性原则，知情爱民，秉公办事，坚持以良好的党风和作风取信于民，获得群众的信任和爱戴。这也许正是财政工作永葆生机和活力，走向一个又一个胜利的精髓所在。

“充电”，成长为复合型人才的关键

在工作的几个月里我深刻地认识到自己处于一个优秀的集体中，而这其中的每一份子都是“高素质，专业化”。学而不思则惘，思而不学则殆，学思不用则废。无论在哪个岗位上，都需要有“干一行，爱一行，精一行”的精神。业务水平是干好工作的基础，业务水平不高，爱岗敬业也是一句空话。而学习是不断完善自我超越自我的有效途径，是提高自己、完善自我的途径，更是推进工作的基础。王丙乾同志指出，“我们无论是从学校毕业分配到工作岗位还是从其他渠道参加工作的，在这之前你所拥有的知识都只能支撑你目前的能力，而你目前的能力是否适合你目前或以后的工作需要，这在实践中还存在很多变数，其中最大的变数就是你如果不充电，适应能力就会不断下降。”财政工作千头万绪，它要求干部要具备较强的政治、业务、综合素质。财政工作的政治性很强，关注度很高，牵一发而动全身。数字里面有政治，收支里面有乾坤。财政工作的特殊性和重要性决定了财政工作者必须是复合型人才。既能单兵作战，又能联合协同；既能大处着眼，又能小处着手；既能独挡一面，又能整体谋划。

安心、舒心、尽心、精心，用心工作

因为财政工作的特殊性，一般讲只要我们认真负责就能把工作做对，或者做到合格的程度，但要真正做好，或者做出优秀的成果来，我们还得用心去做。在实践中，我认为一要压力工作。当前我国正处于转型时期，困难和矛盾很多，财政工作的压力很大。有压力才有动力，只要知难而进，尽职尽责，就没有越不过的沟。我们要时刻保持清醒头脑、保持忧患意识，在工作效率和工作质量上动真格，真正做到在工作中找压力、在压力中求进步。二要感恩工作。不管是工作还是学习、生活，感恩的心是一定要有的。感谢父母，感谢社会，感谢身边的每个人。要在感恩中善意地做好每一件事（即便是一点点小事），不要一味地埋怨工作的劳累、生活的不易、成长的挫折。三要快乐工作。塑造阳光心态，不被平淡埋没，不为困难击垮，不因顺境忘形；勤于思考，认真干活，踏实做事，不要给自己将来的回忆留下太多的遗憾。四要充实工作。掌控好工作时间，不要浪费，更不能成为时间的奴隶。上班期间把工作当成是一种学习、一种锻炼，努力常在，进步常有；下班之余偶感闲暇时，可以看看书、看些新闻、写点东西等等，做点自己想做的事，改进自己的薄弱之处。在繁忙中不断提高自己、充实自己。五要尽心尽力工作。对待工作分工要树立高度的责任感和敬业精神，正确对待荣辱、进退、苦乐，不急功近利，不计较个人得失；不怕艰苦；克服华而不实，飘浮虚荣的工作作风，勤勤恳恳，求真务实。俗话说，“乐业而工作有恒”、“爱岗才能尽责”，只有热爱自己的岗位，有高度的事业心和责任感，才能安心、舒心、尽心、精心地去把工作做好。

认识精细的力量

财政部门是综合经济管理部门，财政数据的真实直接影响国家经济发展方向，因此，务实的工作作风是做好一切财政工作的基础。“求真”与“务实”紧密相联。只有求得“真”，才能务得“实”。众多财政人正是牢记群众利益无小事的道理，始终把群众利益放在第一位，不断增强为人民服务的意识，从人民群众最现实、最关心、最直接的问题入手，通过贯彻落实好上级财政政策，合理分配运用财政资金来发展经济，才使人民群众得到实实在在的利益。而财政科学化精细化管理理念正是在这样的基础上提出的，正所谓细节差之毫厘，结果谬之千里，真理和谬论往往只有一步之遥。一个错误的数据可以导致决算报表成为一堆垃圾，一个标点符号的错误，需要我们花费几个小时甚至几天去查找，一篇材料的失误，可以使若干年的努力泡汤，而人生紧要关头一步踏错，可以使一生的命运彻底改变。这就是细节的重要，这就是精细的力量。

将个人价值融入团队

团结是做好一切工作的重要保证。真诚待人，谦虚做人，珍惜团结和维护团结，是干好工作的重要原则。把单位当作家，把同事当作自己的兄弟姐妹，树立“单位兴我荣，单位衰我耻”的价值理念，将个人价值融入团队价值，与团队相互融合、共同发展，从而能够拥有一个和谐的工作氛围，也更有利于财政工作的进展。通过团队价值的实现达到个人价值的实现，与团队成员心往一处想，劲往一处使，拧成一股绳。

一段历史的波澜壮阔在于它的气势磅礴和令人刻骨铭心，一种精神的伟大在于它的传承和警示作用。正是有了坚定的信念，踏实的工作态度，务实的工作作风，才涌现出像沈浩这样的优秀财政干部，才拥有了今天的财政辉煌。穿岁月峰头，伴历史云烟，财政人走过了60年的风雨征程；循火红足迹，经坎坷征程，一代代财政人始终紧跟共产党，薪火相传，亘古而今。逝者如斯，精神长存，开创者已离我们远去，然而他们的理想和事业为我们留下了一笔宝贵的财富，需要我们及后来者继续传承，发扬光大。

（作者单位：财政部干部教育中心）

财政青年干部要重视“算账”这门基本功

房亚明

财政学是研究政府收支活动及其对资源配置、收入分配和宏观经济稳定影响的科学。财政管理是政府为了履行职能，依法运用一定手段，对财政收支及相关经济活动过程进行决策、计划、组织、协调和监督等的行为和方式。制定财政政策不能凭空想象，必须以实实在在的数据做支撑。因此，算账是财政干部必须掌握的一项基本功。

我国老一辈革命家在发展国民经济过程中，对算账工作就非常重视。新中国第一任总理——周恩来就是算账的“高手”。上世纪50年代末60年代初，我国国民经济陷入严重的困境，尤其是粮食紧缺。为解决人民的吃饭问题，周总理废寝忘食，殚精竭虑，成了名副其实的“粮食调度的总指挥”。当时，周总理常常躺在床上，抱病核算审批全国的粮食配给表。现存的从总理办公室退给原粮食部办公厅的32张报表中，有周总理的笔迹994处，仅《1962年至1963年度粮食包产产量和征购的估算》这张表上，周总理用红蓝铅笔做的标记就有145处，调整和修改数字40处，在表格边上进行计算6处，批注数字70处，批注文字7处，整个表格密密麻麻地留下了他的手迹。尤其可贵的是，周恩来在调运粮食工作中从不主观臆断，而是事前做好充分的调查，做到心中有数，力求在全国范围内通盘考虑，合理调拨。为此，周恩来专门设计了一种《中央粮食调拨计划表》，上面按期记载着各省市的粮食收购、库存、销售和调拨数字，中央粮食收支情况等，看起来一目了然。周恩来对这份表总是看得很细，记得很牢。当他到各省视察时，有时对这个省的粮食情况比当地领导干部了解得还清楚。这些珍贵的报表史料，极其生动地记载了周恩来在困难时期为解决全国人民吃饭问题所付出的巨大心血，他真正达到了呕心沥血、兢兢业业的非凡境地。

周恩来无论抓哪项工作，一向重视掌握具体数字，以“数”服人，以理服人。财政部原部长戎子和回忆道：“周总理的记忆力非常好，对每年预算中各个大项目的开支，例如国防费、行政费、文教费、基本建设费、对外援助费是多少，他都记得很清楚，有时候还有意识地考考我们。周总理要求，搞财政工作的人，要训练自己对数字的记忆能力，国家财政预算的主要数字，一般都要能记住两三年的。”

算账，对事物进行数量分析是一种艺术，而且是一种做出科学决策的基本艺术。毛主席曾说过：“胸中有‘数’，就是说，对情况和问题一定要注意到它们的数量方面，要有基本的数量的分析。任何质量都表现为一定的数量，没有数量就没有质量。我们有许多同志至今不懂得注意事物的数量方面，不懂得注意基本的统计、主要的百分比，不懂得注意决定事物质量的数量界限，一切都是胸中无‘数’，结果就不能不犯错误。”

毛泽东、周恩来等老一辈革命家，不仅为我们创立了新中国，还为我们建设新中国留下了宝贵的精神财富。60年来，我国的经济形势日益向好，财政工作的内容日益丰富。同时，老一辈革命家的优良传统不能丢，财政干部的基本功不能丢。今天，我部开展财政科学化精细化管理，充分体现了继承老一辈革命家殷切期望、发扬老一辈革命家优良传统的实质要求。我们年轻一代的财政干部，要以此为契机，接过革命的旗帜，贯彻科学发展观的精神，按照财政科学化精细化管理的要求，扎扎实实练好财政工作基本功，使财政工作的优良传统薪火相传，生生不息。

（作者单位：财政部农业司）

闪光的思想　前行的指针

——读《党和国家领导人论财政》有感

王志雄

财政是国家与生俱来的一种社会现象，历史上多少国家兴衰、朝代更迭都或多或少地与当时的财政状况相关联。2008 年“两会”上，温家宝总理特别强调，“一个国家的财政史是惊心动魄的”。李炜光教授的《逃往瓦朗纳斯》一文，从财政的角度探讨了路易十六之死、法国大革命的必然性，是对财政重要性最生动的诠释。新中国成立以来，财政理论和实践工作者执着探索、奋勇前行，为国家经济建设和社会发展作出了突出的贡献，尤其是 1978 年以来，财税体制改革成为中国经济市场化改革的重要突破口之一，闪耀史册。

六十多年来财政理论和实践工作取得的成就，不仅是财政人前赴后继、开拓创新的结果，更是几代党和国家领导人“筚路蓝缕、以启山林”的伟业。读了《党和国家领导人论财政》一书，深刻感受党和国家领导人历来对财政工作的重视和关心，他们在不同时期提出的财政工作基本方针和重要理财思想，对财政理论和财政工作做出的系统、全面、深刻论述，诚为财政界的瑰宝。如江泽民在《关于财政税收工作问题》一文中就对财政职能给予了高度评价，他指出“财政是一个经济范畴，又是一个政治范畴，事关治国安邦、强国富民”，并引用亚当·斯密称财政为“庶政之母”，和宋代苏辙“财者，为国之命而万事之本。国之所以存亡，事之所以成败，常必由之”的思想来论证财政工作的重要性和全局性。因此，从党和国家领导人的讲话、著述和言行中，学习、揣摩优秀的财政工作理念，传承优秀的财税思想，对于做好新时期财政工作，研究财政改革发展具有重要的意义。

学习财税知识：数字里的学问

毛泽东早在抗日战争期间谈到边区财经工作时，为引起全党在思想上认识贸易、金融、财政工作的重要性，特别指出：“认识贸易、金融、财政是组织全部经济生活的重要环节，离了它们，或对它们采取了错误方针，全部经济生活就会停滞，或受到障碍。”胡锦涛总书记要求各级领导干部首先是高级干部，“要自觉地学习掌握财税基本知识，熟悉财税政策和财税法规，学会运用财税杠杆来调控和管理经济，不断提高对经济工作的领导水平，以真正做到优化资源配置，规范经济运行和市场秩序，转变经济增长方式，推动经济持续快速健康发展。只有这样，才能更好地肩负起领导跨世纪经济工作的重任。”针对部分领导干部对财政税收职能的认识不深，把财政只是作为“钱袋子”来看待，认为财政只是简单的收收支支，还没有认识到财税工作是党的事业和政府工作的重要组成部分的问题，他指出，“预算里面体现了党和政府的政策和宏观调控意图，数字里面包含了政治，包含了各级政府之间的关系，部门之间的关系，地区之间的关系，民族之间的关系。”

对于财政本质和职能的认识，也是在经济建设和财政发展改革中不断深化、提高的。周恩来 1954 年 9 月 23 日在第一届全国人民代表大会第一次会议上作《政府工作报告》时提出：“我们的经济工作和财政工作直接地或者间接地都是为着人民的物质生活和文化生活的改善。”李先念在《中华人民共和国十年财政的伟大成就》一书中指出：“财政问题是一个分配问题。生产决定分配，分配影响生产，这是马克思列宁主义的重要原理。”江泽民指出：“财政是国家职能的重要组成部分，财政政策是国家宏观调控的一个重要工具，雄厚的财政实力是一个国家强大、稳定、安全的重要体现和有力保证。”李岚清认为：“财政是国家活动的重要物质基础，财政的振兴意味着国家的振兴，财政的衰落意味着国家的衰落。”

对于财政和经济的关系问题，李先念在1956年向毛泽东等中央领导同志所作的关于财贸工作的汇报中指出：“财政和经济是既相互促进、又相互制约的。经济决定财政，但财政工作的好坏反过来也可以影响经济。财政必须适应经济的发展，保证经济发展的需要。”这些思想直到现在仍然是指导我们做好工作的有力武器。

提高思想素质：算好财政这笔“大账”

老一辈领导人对于加强干部队伍建设、认真履行财政职责、做好财政工作提出了很高的要求。江泽民指出：“财税干部的思想政治素质和业务素质如何，直接关系到国家财税工作的质量和财税政策的落实，也关系到党和国家其他政策措施的落实，因此必须不断加强队伍建设。”他要求，“财税干部要始终坚持正确的政治方向，增强贯彻落实党和国家方针政策的自觉性、坚定性；要牢固树立为人民理财、做人民公仆的观念，求真务实，勤奋工作，一身正气，廉洁奉公；要善于从党和国家的全局出发看待和做好财税工作；要紧密结合国内外形势的发展和财税工作的实际，深入研究财政经济中的重大问题，为各级党政领导的决策做好服务”，要求各级党委和政府高度重视财税干部队伍建设工作，“从思想上、制度上、管理上采取得力措施，努力造就一支政治过硬、业务熟练、作风优良的财税干部队伍。”

对于如何提高财政工作水平的问题，李先念告诫大家，要做好财政工作，就必须掌握和运用“经济决定财政，财政又影响经济”这个辩证关系。他多次指示财政部门要重视研究经济情况，特别要注意研究当前经济生活中的重大问题，做到“了解情况，提出意见，服从决定”，只有这样财政部门才能很好地发挥应有的作用，否则是很危险的。江泽民指出，做好财税工作，不仅要算经济账，同时要算政治账、社会账，不仅要算眼前账，还要算长远账；算经济账还要注意把账算活，就是说不能光算死账，还要算活账。

推动财税改革：把钱用在刀刃上

中央和地方关系是新中国几十年来历次财政体制变革的核心，从这两者之间的关系可窥财政理念的变迁轨迹。毛泽东在著名的《论十大关系》中深刻地指出："中央和地方的关系也是一个矛盾，解决这个矛盾，目前要注意的是，应当在巩固中央统一领导的前提下，扩大一点地方的权力，给地方更多的独立性，让地方办更多的事情"，他辩证地分析指出，"我们的国家这样大，人口这样多，情况这样复杂，有中央和地方两个积极性，比只有一个积极性好得多。我们不能像苏联那样，把什么都集中到中央，把地方卡得死死的，一点机动权也没有。"在应对国家财政困难、制定抗美援朝开始后的财经工作的方针之初，陈云就对集中财力、尤其是中央适度财力给出了明确的意见，他认为："财政上的各项支出，必须分清主次，不能面面俱到。如果面面俱到，便会一事无成。我们要集中力量，把财力使用在主要方面，解决主要问题，这和作战是一样的道理。"

改革开放后，我国经济持续快速健康发展，财政收入总规模相应扩大的同时，也出现了财政收入占国内生产总值的比重下降、中央财政收入占全国财政收入比重下降的"两个下降"问题，表现为财政收入流失现象比较严重、财政收入的增长一段时期内严重滞后于经济增长、中央财政职能相对弱化等。针对这种情况，胡锦涛指出"为了保证各级政府正常履行职能的需要，加强中央财政的宏观调控能力，必须集中财力，振兴国家财政，这是保证经济社会各项事业发展的重要条件。随着经济的发展，要努力扩大财源，逐步提高财政'两个比重'。"

随经济体制改革的不断推进，对于财政体制的认识也在不断发生变化。在早期阶段，陈云从全局角度提出财政管理思想大致可以概括为"第一是吃饭，第二要建设"。他认为："吃光用光，国家没有希望。吃了之后，还有余力搞生产建设，国家才有希望。只要把握住这一条就好。"此后，财政体制改革不断深入，财政领域的主导理论由国家财政论进一步过渡到公共财政，财政支出领域和保障的重点随之发生改变。李岚清较早提出公共财政并初步确立了公共财政框架，明晰了政府与市场的关系，并指出社会主义市场经济条件下的财政，与计划经济条件下的生产建设经营性财政相比，最大的不同点就是公共财政，“公共财政的基本职能就是满足社会公共需要”。到今天，公共财政的阳光既普照了城市、农村，又惠及广大中西部地区、经济落后地区、低收入群体和弱势人群，成为最大的民生工程。

加强财政监督：一分一厘总关情

新中国建立之初国家经济困难、财政拮据的状况是有目共睹的，甚至到改革开放后财政入不敷出也是常有的事。因此，老一辈领导人始终强调勤俭建国、廉洁理财的财政工作理念。毛泽东在谈到抗日期间的经济问题和财政问题时，要求从事经济和财政业务的工作人员，必须克服存在着的有些还是很严重的官僚主义，例如贪污、摆空架子等等。毛泽东早在1957年《关于正确处理人民内部矛盾的问题》中就明确指出：“要使我国富强起来，需要几十年艰苦奋斗的时间，其中包括执行厉行节约、反对浪费这样一个勤俭建国的方针。”一生勤俭的朱德在《勤俭持家》中引用“一天省一把，十年买匹马”这样生活化的语言阐明了何谓“俭”：俭，就是要多方面节约，节省下来的现金和物资，都应当储蓄起来，这样日积月累，就是一个很大的数目。邓小平进一步提出“勤俭建国、勤俭持家一定要联起来，只提一个不够。有了强盛的国，家才会富起来”，他指出，“我们国家虽然地大物博，但生产比较落后，财力有限，这就要求财政工作人员要善于节约，善于把钱用到主要方面去”，并认为浪费是严重的错误，“我们对财经工作人员的要求……不但是不能贪污，而且是不能浪费，就是说，国家的物力财力一定要用得恰当。所谓恰当，就是迟用、早用、多用、少用、先用、后用、缓用、急用的问题解决得好。这就需要有全局观念。”

为节约支出、杜绝浪费、提高财政资金使用效益，财政部门还建立完善了内部监督与外部监督相结合的财政监督体系，对国家预算执行、企业财务等进行监督。李先念在《财政金融工作的基本经验》中指出：“监督者首先要受监督。财政监督……是财政金融工作‘从群众中来、到群众中去’，实行批评和自我批评，加强相互协作，接受群众监督的重要方式”，在财政监督和信贷监督中，不仅要善于发现各个有关部门的缺点，而且要善于发现财政金融工作本身的缺点，帮助改进和改正，只有这样，才能相互监督，相互协作，共同进步，共同提高。

（作者单位：财政部经济建设司）

伟大的事业　闪光的薪火

李　强

怀着对财政前辈的景仰，带着对部长成长经历的好奇，我认真阅读了项怀成老部长的讲话。他以“伟大的事业要薪火相传”为题，结合自己40年的财政工作和成长经历，以朴实无华的语言，娓娓道来，流露出老一辈财政工作者对财政工作和财政干部队伍的深厚感情。读罢让人心绪难平，受益匪浅。“伟大的事业要薪火相传”，既是对财政干部优良传统作风代代相传的真实写照，也是老部长对广大后继财政干部的期许和鞭策。通过对讲话的学习，继承和发扬财政干部的优良传统作风，切实做到让伟大的事业薪火相传，应着眼于以下几点。

成长源于学习

要继承和发扬财政干部不断学习的优良传统，在不断的学习中锤炼和提高自身的理论水平和业务能力。项怀诚是学中文出身，却成为财政工作的行家里手，谢旭人部长是工业经济专业出身，从工厂工人、技术员起步，成为亚洲最佳财长。与他们一样，许多任老部长都不是财政专业出身，却成为财政事业的掌舵人，他们成功的共同原因之一就是不断学习。当前，我们处在一个财政改革不断深化的时期，财政理论不断发展，财政工作日新月异，包括本人在内的很多年轻干部，学习的都不是财政专业，其中很多人来自于与财政部门完全不同的工作单位，过去从事的是与财政相去甚远的工作，要尽快地学习和掌握本职工作所需的专业知识，要适应不断发展的新理论和新形势，要跟上改革和发展的步伐而不掉队，唯有继承和发扬财政干部不断学习的优良传统，向书本学、向同事学、向实践学，通过不断的学习提高自己的理论水平和业务能力。

打造良好作风

要继承和发扬财政干部态度严谨、工作作风好的优良传统。项怀诚在讲话中满怀深情地回忆了一批老领导、老同事对自己的深刻影响，正是这些老同志们手把手地教业务和不断地、潜移默化地影响，培养了他勇于承担责任，工作态度严谨，待人谦和的良好作风。作为年轻干部，我们要像项怀诚同志一样，在工作和生活中时刻留意和学习老同志、老领导在做人、做事方面的方法和态度，还要学习他勤快肯干、谦虚谨慎、待人谦和、任劳任怨的良好作风，并在工作中不断实践和强化，真正学到手。

讲团结顾大局

要继承和发扬财政干部讲全局、讲团结、肯吃苦的优良传统，团结奋斗，共同推进财政事业的发展。项怀诚根据自己四十年的工作实际和个人体会，认为要做好工作必须有一个好团队，依靠集体的力量，才能有所作为。事实正是如此，机关工作涉及面广，工作环节多，需要大家共同配合，集体推动，才能确保各项工作顺利进行。过去财政工作取得的成绩，无一不是广大财政干部团结拼搏、集体奋斗的结果。因此，我们要站在事关财政工作全局的高度看待和审视自己的工作，切实摆正个人的位置，真正把自己当作集体中的一员，把个人荣辱与集体事业的成败紧密相连，竭尽全力出谋划策、贡献力量，共同推进集体事业的发展。

勇于应对挑战

要继承和发扬财政干部适应挑战、勇挑重任的优良传统，抓住机遇，勇于担负历史赋予的责任。项怀诚经历了中科院、税务总局、财政部等不同工作单位的很多岗位，每到一处，他都能努力适应新的要求和挑战，努力锻炼和提高自己，并抓住机遇，为分税制改革等重大财税制度改革作出了重要贡献。我们要像项怀诚同志那样，面对新岗位、新任务时，要克服畏难情绪，勇于迎接新的挑战，把攻坚克难当作个人锻炼和自我升华的手段，在不断战胜新挑战的过程中实现自我提高。同时，我们要抓住我国经济社会转型，公共财政改革不断深化的机遇，积极研究好、落实好党中央国务院关于调整经济结构、转变经济发展方式、支持民生等各项政策，落实好部党组关于推进财政管理科学化精细化的要求，为财政事业的发展作出应有的贡献。

（作者单位：财政部农业司）

立志高远在坚不欲说
薪火相传在久不在速

吴程量

学习了项怀诚老部长“伟大的事业要薪火相传”讲话后，感触颇深。1963—2003 年，项部长为我国财政事业整整工作了 40 年，奉献了 40 年。共和国的财政事业需要我们这一代人来接班，如何接好班，如何服务好农业财政工作，如何为解决“三农”问题作出一点贡献，值得认真思考。

加强业务学习，才能适应财政工作的需要

机关工作上手不难，但是要做业务骨干、挑大梁却很难，需要较长的时间，这就要求我们要不断加强业务学习。一是要尽快熟悉处内、司内的各种业务，通过查阅各种资料，对各种资金、政策的由来做到心中有数。二是要加强沟通和交流，多向其他同志学习和请教，利用征求意见、汇总

材料等机会，扩大知识面，全面了解掌握司内、甚至是司外的各种业务。三是要加强学习，利用各种培训进修的机会进一步补充新的知识，这样才能跟得上时代的步伐，适应财政工作的需要。四是要积极参加实地调研活动，利用一切机会，尽可能地多搞实地调研，积累一定的感性认识，才能提炼出符合实际的观点，特别是作为一名农财干部，应多到田间地头走一走，多跟基层干部和农民群众交流，才能知道他们在想什么，才能知道我们的政策还有哪些不足。

把握好方向，才能担负起历史的重任

当前国际社会形势复杂，各种斗争力量并存，不同的声音仍然存在，但是作为一名国家干部，应该坚定信念，服务中心，切实贯彻落实好党的方针政策，不断提高自我修养，勇于担负起历史的重任。要加强理论学习，认真学习马列主义的基本原理以及中国化的各种成果，特别是十七大以来党中央提出的各种方针政策。要向各种先进人物学习，特别是要向财政战线上涌现出来的优秀干部沈浩同志学习，通过学习先进，反思自己的不足，进一步弘扬爱岗敬业、无私奉献的精神。坚定为人民服务的信念，认真做好财政支农工作。

不断改善工作作风，才能共同进步

行政机关部门的工作是团体性的工作，不是哪一个人自己的工作。就像机器的运转，要靠大家来推动，不是靠哪一个人的力量。在我们平时工作中，应不断改善工作作风，急别人之所急，想别人之所想，认真按照时限要求向其他司局、处室反馈意见。共同开展工作时，应密切配合，加强沟通协调。对于部门和地方的同志，要热情接待，做好政策的解释工作，及时办理各种资金申请，做好预算管理相关工作。在生活中，应该关心同事，团结同事，严以律己、宽以待人。

经得住考验，才能做优秀的接班人

财政部门的工作，很大一部分是和资金分配有关，通过各种改革措施，我们将自己手里的“权力”逐步削减，在资金分配上尽量做到公式化、程序化和公开化。作为一名农业财政干部，我们更应认识到责任重大，国家对于“三农”的投入，直接关系到广大农民群众的切身利益，关系到农业生产和粮食安全，关系到“三农”问题的解决。我们应该履行好职责，在资金分配方面努力推行因素法等科学分配方法，进一步下放审批权，严格资金监管，确保国家资金用得对、用得好。在生活中，要以身作则，培养良好的生活习惯，不搞庸俗的人情往来，要经得起各种诱惑，拒绝腐化堕落。

当前正是一个关键的时刻，我国处在发展的机遇期和矛盾的凸显期。未来十年，将会是快速发展的十年，将会是全面构建小康社会的关键时期。我们青年一代应认清使命，履行好职责，传承财政干部的优良传统，努力为农业财政工作服务，争做优秀的接班人。

（作者单位：财政部农业司）

先生之风　山高水长

——学习财政科学研究所原所长许毅同志优良作风有感

张　博

“许毅教授在追求真理的人生选择和革命征程中，在朦胧中起步求索，在抗日救亡中点燃革命激情，在战火中光荣入党，在后勤保障中投入财经战线。从苏北到北京，从学徒工、革命者到理论家，其间备尝革命之艰辛，又洋溢奋斗之豪情，品味人生之路，可谓波澜壮阔。”这是李勇副部长在许毅同志从事财经工作 65 周年纪念活动上对许老从事财经工作的高度概括。

作为“十月革命”的同龄人，许毅的人生经历在普通人眼中就是一段传奇：他从一个纺纱厂的小学徒，成长为坚定的马克思主义战士；他是财经理论大家，“国家分配论”的创始人，学历仅是会计专科学校肄业。这种传奇的巨变，激起了我追寻许老足迹，探究造就许老传奇人生原因的好奇心。

1917 年 11 月，许毅出生于江苏南通县姜灶镇，年仅 13 岁就到海门大生第三棉纺厂当起了学徒。在工厂的 3 年时间里，他手脚勤快，深得老板的赏识，同时他利用一切可能的机会和时间学习文化和会计知识。酷爱学习的他，从每月工资中拿出一半用于购买书籍，孜孜不倦地阅读，探寻人生真理，这段在纱厂工作和学习的经历，激起了他对知识的渴求，也有意无意地成为了他从事财经工作的起点。

新中国成立后，许毅开始从事城市经济工作。先后担任华东军政委员会财政部计划处处长、华东财政部计划处处长、税务管理局副局长，1955 年调任中央财政部经建司重工处处长，1956 年转任工业财务司副司长，1958 年任基建财务司副司长、建设银行行长。1963 年，许毅向财政部党组主动请调到财政部财政科学研究所担任所长，专职从事财政科研工作。面对大家对他“弃官从文”的质疑，他解释道：“我从小爱读书，对做学问的兴趣一直比做官的兴趣大。中国社会主义建设的多次失误，我都亲身经历过。我痛感应该找一找经济建设的‘理’，而从‘大跃进’到庐山会议，再到三年经济调整时期，理论界对经济规律的痛苦认识过程，使我深深感到‘知理’之难，知与行的统一之不易。”

从此，许老开始从马列主义的基本原理出发，运用唯物辩证法这把解剖刀，深入开展系统调研，开始了中国财经领域寻“理”和培养财经人才的艰辛历程。

许老反对陈规，提倡锐意创新，坚持理论与实际相结合，继承与创新相结合，“古为今用”与“古为今戒”相结合，“洋为中用”与“洋为中戒”相结合。对于研究他指出：“历史在发展，马列主义、毛泽东思想也要跟着发展。我们要敢于熟悉新情况，研究新问题，提出新观点，拿出新办法”。他非常注重向社会学习、向基层学习，善于从我国财政经济发展变化和现实生活中引出重大的理论课题，进行卓有成效的研究。他倡导“国家分配论”，创新了财政学的理论体系，提出了广义财政学的基本思路，展开了市场经济条件下政治经济学的新探索，开创了一套坚持马列主义、从中国实际出发、服务当时政治经济社会发展的理论体系。

他还积极联络财政学界、会计学界的知名人士，广泛发动理论工作者、教学工作者和业务工作者，重建了财经科研组织和财政学会体系，为培养从事财经理论研究和实践工作的高级人才，实现以理论指导实践、以实践促进理论创新的良性循环奠定了基础。他严谨治学，关心后辈成长，

作为财政学界的泰斗，他从不以大家自居，也从没有放松对学生的要求。对于教学，他说："必须严格，对学生严格要求是为了多学点东西，将来成为有用的人才"。他以教书育人为己任，在指导青年研究人员和培养学生中倾注了大量精力和心血，培养出了一支高水平的财经人才队伍。

许老由一个普通的学徒成长成为著名学者的过程，既是他自学成才、孜孜不倦、实践成家的奋斗历程，也是其坦诚无私、敬业爱生、为人师表的真实写照。许老的传奇一生，有太多需要我们学习的优秀品质。

忠于职守、虚怀若谷的高尚品格。许老无论在学术界还是在实践部门都具有非常高的威望，但是他始终保持平常人的心态，淡泊名利，不落俗流，其人品之高洁，堪称学界楷模。他常说："我们是为人民服务的，绝不能干弄虚作假欺骗人民的勾当。"他这样要求自己，也用这样的标准要求身边的同志。

自强不息、孜孜不倦的学习。许老完全靠自学自修完成了从学徒到著名学者的巨变。在抗战时期和解放战争时期，他在工作之余见缝插针攻读马列主义、毛泽东著作，学习中国的优秀文化知识，文革期间，他一面挨批还一面抓紧空隙读书学习。现在虽然卧病在床，但每天还坚持在病床上听工作人员读报。正是因为付出了比常人要多得多的辛勤和刻苦，才造就了许老的博学和威望。

不唯上、不唯书、只唯实，特别注重调查研究。虽然已是耄耋老人，他还是坚持到各处去调研，每年几乎有一半的时间在跑工厂、下农村。通过向社会学习、向基层学习，许老掌握了大量第一手的材料，对现实中存在的问题有了更加直观和真切的认识，深入的调研为理论的创新和应用奠定了坚实的基础，这也是他能够不断创新理论，又能使理论直接转换或作用于实践的主要原因。

许老在做人、学习和研究方面都为我们树立了学习的榜样，在这个改革和巨变的时代，我们财政青年有必要学习许老的恪尽职守、无私奉献，在自己的岗位上始终把人民和国家的利益放在首位，坚持为改革、为纳税人服务的原则，树立新一代财政青年的良好形象；要学习许老脚踏实地、实事求是的精神，反对“坐在办公室点几下鼠标”的工作作风，要能走下去、听进去，通过实地调研等方式了解基层情况，虚心听取别人的建议和批评，不断提升自己发现问题解决问题的能力；学习许老活到老、学到老的钻研精神，在充满诱惑的环境中能够静下心、钻进去，抱着坐十年冷板凳的信念，把理论和业务钻透学活，进一步提高为财政中心工作服务的能力。

（作者单位：财政部税政司）

财政优良传统作风之我见

靳　锋

“四爱”：爱党　爱国　爱民　爱岗

“五讲”：讲政治　讲科学　讲策略　讲协作　讲廉政

注释：

爱党，即热爱中国共产党，坚决贯彻执行党的路线、方针、政策。

爱国，即热爱祖国，以切实有效的财政政策措施支持祖国繁荣昌盛，以昂扬的精神面貌投入到报效祖国的工作中去。

爱民，即热爱广大人民，树立“为民理财，理财为民”的宗旨观念。

爱岗，即爱岗敬业，认真钻研学习财政理论和业务知识，真抓实干，求真务实，全身心投入财政改革发展事业。

讲政治，即按照财政数字里有政策的要求，牢固树立大局意识，坚决贯彻落实党中央、国务院的部署，政治上和中央保持高度一致。

讲科学，即遵循经济社会发展规律，顺应财政经济理论发展潮流，加强财政科学化精细化管理，抓基层，强基础，提高财政资金使用的安全性、科学性和财政政策的针对性、有效性。

讲策略，即在工作中坚持一分为二，把原则性和灵活性结合起来，采用适当的办法，使各方都能接受，减少工作阻力，提高工作成效。

讲协作，即既注重部门间、区域间沟通协调，又注重国际财经交流，力求赢得支持理解，为财政事业发展创造宽松的环境。工作中既做到分工明确，注重培养单兵作战能力，又要有团队精神，搞好协作配合，保证工作顺利完成。

讲廉政，即注重加强党性修养，自觉按照党风廉政建设的各项规定严格要求自己，做到个人清正廉洁，系统气正风清。

（作者单位：财政部国务院农村综合改革办公室）

薪火引路，开创美好未来

赵 倩

从新中国诞生之日起，财政就伴随着祖国的发展而不断变革。在财政事业不断发展壮大的艰难历程中，一代代财政工作者不懈奋斗，创造和积累了丰富的精神财富。薪火相传，我们需要继承和传扬老一代财政工作者的优良传统和作风，不断开拓创新，投入到更艰巨的财政事业中去。薪火相传，传什么？作为一名在财政战线上工作了 8 年的年轻人，我有以下感悟和体会。

一种精神：默默无闻，甘于奉献

从月初忙到月末，从年头忙到年尾，周而复始，耕耘不辍，这就是财政工作写照。想当年，新中国建立初期，面对边远省份仍然进行的解放战争，面对遭到严重破坏的国家经济，在只有算盘和复写纸的年代，第一代财政人默默无闻，吃苦耐劳，完成了第一个国家预算报告，为保证政权稳固和生产恢复奠定了坚实的基础。看如今，借助于现代办公工具，财政人常年面对电脑，以及一摞又一摞厚厚的文档，为了预算决算核对账务，为了一篇报告，顾不上吃饭，饿了吃一包方便面，继续加班至深夜；为了一项政策，上高原、进山区，不管多么艰险的自然条件，为百姓谋福利。优秀共产党员、财政干部沈浩，深入基层挂职，一呆就是6年，与基层群众同劳动、同生活、同命运，他排除万难，为让人民群众走上富裕的路艰辛跋涉。尽管总是这样辛辛苦苦、年复一年地忙忙碌碌，但一代又一代财政人从不以工作中的苦来衡量自身的价值，而以工作中的业绩来鼓励自己。老部长王丙乾曾经说“作为一个财政战线的老战士，我能亲眼看到国家财政六十年的发展和壮大，感慨不已，一路走来的艰辛已然无足重轻，只剩下那作为中国财政人的骄傲与自豪。”

一种意识：求真务实，开拓创新

财政工作者始终坚持一切从实际出发，尊重客观规律，立足当前、着眼长远，积极进取、量力而行，不搞主观臆断、违背客观规律的“拍脑袋”决策，不追求脱离实际的盲目攀比，不提哗众取宠的空洞口号，不搞虚报浮夸和报喜不报忧，察实情、讲实话，鼓实劲、出实招，办实事、求实效，把全部精力用在推动经济社会又好又快发展上、用在保障和改善民生上、用在促进社会和谐稳定上。同时，财政工作者积极适应不同历史时期财政工作的新形势，不断推陈出新，不断创新局面，积极转变思想观念，改变路径依赖状态，变被动思维为主动思维，加强观念创新、制度创新、体制创新和方法创新，在创新中抓机遇、谋优势、求发展。解放后第一任财经委员会主任陈云同志提出，要“不唯书、不唯上、只唯实”，他还提出分析问题、研究问题要“比较、交换、反复”，“实践是检验真理的唯一标准”。多年来老部长们将其奉为财政工作的重要指导思想，在实践中也是这样走过来的。比如，在完善中央和地方财政关系时，根据形势发展需要，有的时候中央集中财力，有的时候财力相对分散一点，解放初期抗美援朝期间，中央提出来“边抗、边建、边稳”的“三边政策”，为此政府需要集中部分财政收入，实行了“统收统支”政策；改革开放初期，政府的权力过于集中，限制了企业和地方的发展，所以实行了适当分权，调动积极性。同样，在运用财政手段调节宏观经济时，一方面，根据宏观经济形势的发展变化，相机采取相应的财政政策调控经济；另一方面，不断创新政策工具和调控方式，使得财政宏观调控体系日臻成熟。

一种态度：严谨负责，科学精细

责任重于泰山。财政工作者始终牢记肩上的重任和使命，牢记党和人民的重托，秉承强烈的事业心和责任感，集中精力做实事，下功夫抓落实，兢兢业业完成组织交付的工作任务。财政工作政策性很强，涉及面宽，也很具体，财政工作者们需始终保持严谨负责的工作态度，尽职尽责，永不懈怠，尤其是遇到急难险重工作时，不消极观望、逃避责任、贻误时机、激化矛盾。老一辈财政工作者对待工作的严谨细致，始终牢记在当代年轻财政工作者的心里，小到一个标点符号，大到一个政策、法规、制度制定时考虑的方方面面因素，都需要精细化。项部长曾经回忆说，在他当财政部副部长时，一次将一份已经印好准备上报国务院的重要文件报给时任部长的王丙乾同志，尽管部长工作十分繁忙，但审阅文件时仍非常仔细认真，很快发现文件中缺一段内容，并批示更改。在财政管理方面，谢旭人部长提出要“着力推进财政科学化精细化管理”，其中，人是财政管理中最活跃、最具有决定性的因素。因此，财政工作者对待财政工作的严谨、细致、科学，是从事财政工作的最基础要求和条件。

一种理念：为国理财，为民服务

“夫财税，邦国之根本，生人之喉命”。秉承为国理财、为民服务的理念，财政人发扬艰苦奋斗、勤俭节约的优良作风，牢固树立过紧日子的观念，勤俭办一切事业，带头反对铺张浪费和大手大脚花钱，带头抵制享乐主义和奢靡之风。在各项财政工作中都精打细算，严格把关，真正把有限的资金和资源用在刀刃上。新中国成立至今，财政工作者应对了很多挑战，包括抗美援朝、中苏交恶、三年自然灾害、“文化大革命”以及改革开放之后出现的财政改革、亚洲金融危机、特大地震灾害等，不仅成功应对挑战，还促进了社会稳定和经济发展。如今，在国际金融危机的日益影响下，面对日益突出的财政收支矛盾，财政部门带头执行压缩公务购车用车费用、会议经费、公务接待费用、出国（境）经费等支出的有关规定，严格控制一般性支出，严肃财经纪律，严格控制党政机关楼堂馆所建设。

财政工作者坚持以人为本，牢固树立“心系群众、财政为民”的服务理念，坚持在为党的事业奋斗、为人民服务当中，体现和实现个人价值，不一味追求个人政绩，更不为出政绩急功近利、不切实际，甚至弄虚作假、欺上瞒下。在制订财政政策、安排财政资金、加强财政管理等各个方面都把服务人民群众，维护、实现和发展好人民群众根本利益作为出发点和落脚点。面临当前经济社会发展的新形势，财政部门进一步优化财政支出结构，着力保障和改善民生，加快以改善民生为重点的社会建设，增加城乡低保对象等低收入者收入，全力以赴落实好涉及民生的各项财政政策，为群众办实事。

一种作风：遵纪守法，清正廉洁

财政部门是管钱、管政策的部门，财政人在行使自己手中职权时，以谨慎之心对待权力，以淡泊之心对待名利，以警惕之心对待诱惑。自觉遵守职业道德，努力做到“管住自己的手、把住自己的嘴、稳住自己的腿”，主动接受社会各界监督，不断增强廉洁自律意识，时刻保持清醒头脑，正确看待和运用手中的权力，做到警钟长鸣、慎独慎微、淡泊明志、清正廉洁、干净干事。财政工作者守规章、作表率，自觉遵守各项财税政策法规，做到依法行政，依法理财。自觉遵守各项规章制度，严格执行廉洁从政的有关规定，要求别人做到的，自己首先做到；要求别人不做的，自己带头不做。财政工作者重改革，防腐败。积极深化财税体制改革，重点突破国库集中收付、部门预算及政府收支分类改革，进一步深化收支两条线，实行政府采购制度，健全和运行国有资产的监管和运营机制，不断完善财政体制，从制度上、源头上防范腐败的产生。

高山仰止，景行行止。作为新一代财政工作者，我们面临更为复杂的国内外经济社会发展形势，我们肩负落实科学发展观、构建和谐社会的重大历史任务，责任重大、使命光荣，更需认真践行上述五种优良传统和作风，将历代财政工作者不断为之努力奋斗的事业向前推进。

（作者单位：财政部综合司）

学习引领财政科学发展之路

陈珂辉

我们党历来高度重视学习，在每一个重大历史转折时期总是强调加强学习的重要性并多次在全党开展大规模的学习活动。财政部门作为国家重要的宏观调控部门，无论是在革命时期还是在经济建设时期，在经济社会发展中都扮演着重要的角色，党和国家的几代领导人高度重视财政工作和财政干部的学习培养工作。

勤学习、善思考是财政部门留下的宝贵精神财富，作为新时期财政人要继承和弘扬财政部门优良传统，要在好学、善学、用学上下工夫，为财政改革和发展作出积极贡献。

党中央历来高度重视财政干部学习培养工作

1939 年 5 月，我们党根据当前的经济社会形势和党员干部队伍现状，在延安召开在职干部教育动员大会，毛泽东同志在会上强调要开展学习运动，并将它与生产运动一起作为当时的两大运动。毛泽东同志在延安在职干部教育动员大会上的讲话中指出了发起“学习运动”有三个原因：一是“共产党要领导革命”，二是“工作中的缺陷迫切需要克服”，三是“我们党的特点”。

1940年春，针对在各抗日根据地及游击区从事财政经济工作的党政军人员，普遍“缺乏大的理财知识和技能，缺乏马克思主义经济学的理论修养，未能把实际经验与理论融合起来”，中共中央、中央军委联合发出《关于培养财经人员理论知识和技能的指示》，要求各财政经济机关、各级军事指挥机关及政治机关要使此种学习成为一种运动，“把所有财政经济人员，都卷进这一运动”。

新中国建立后，邓小平同志在任财政部部长的一年时间内，从战略和全局的高度，对国家财政工作进行了认真的思考，把党中央和毛泽东同志对财政问题的指示与财政实际工作结合起来，创造性地提出了一系列重要的财政思想，提出“财政部门要看到大事，要有战略观念”，对财政干部能力提出了严格的要求。江泽民同志于2004年为《领导干部财政知识读本》一书题写了书名并批示要求：各级领导干部首先是高级干部，坚持学习财政知识，熟悉财政政策、财政法规和财政业务，牢固树立为人民当家理财的思想，不断提高领导和管理经济工作的本领。

党的十六大以来，以胡锦涛为总书记的党中央，从党和国家事业的全局出发，着眼于建设一支高素质的干部队伍，对干部教育培训工作提出了一系列新的、更高的要求。胡锦涛总书记在2010年1月8日中央政治局第十八次集体学习时就深化财税体制改革、做好新时期财政工作指出：财政部门要坚持以人为本，始终把实现好、维护好、发展好最广大人民根本利益作为财税工作的出发点和落脚点，教育引导广大财税干部职工特别是领导干部全面提高思想政治素质、业务能力、职业道德，做到为国理财、为民服务，着力解决人民最关心、最直接、最现实的利益问题，让人民共享改革发展成果。

可以看出，长时期以来，党中央是将学习作为推动财政经济改革和各项工作发展的基础性、战略性工程来抓的。

与时俱进地加强干部培训与学习是财政部门的优良传统作风

财政部党组历来高度重视干部教育培训和在职学习，始终将加强干部培训学习作为提高干部能力建设，推动财政改革的基础性、战略性工程来抓。谢旭人部长在2009年全国财政工作会议上指出，要“加强干部教育培训工作，全面提高干部政治素质、业务能力和职业道德”。2010年6月29日，谢旭人部长在“七一”党课上强调，财政干部要自觉做到爱学习、勤学习、善学习，在建设学习型党组织、学习型机关过程中，不断提高个人素质和能力，增强为国理财、为民服务的本领。

多年来，财政部制定了一系列人才培养规划，完善干部教育培训体制机制，干部教育培训实现了规模与效益、质量与数量的统一，干部教育培训工作逐步进入科学化、规范化、制度化轨道。

财政部党组明确要求进一步强化干部教育培训机制，将培训与干部晋升、年度考核挂钩，真正做到“不培训不上岗、不培训不提拔”。部党组每年召开部长办公会议研究年度培训计划并对干部教育培训工作提出要求。

同时，部党组高度重视学习型政党和学习型机关建设，围绕“开展推进财政科学化精细化管理”建立了中心组学习制度，并形成了《关于推进财政科学化精细化管理的指导意见》，引导和推动了学习型机关建设的深入开展。2010年，又确定了“建立健全有利于科学发展的财政体制机制”和“加强财政‘两基’工作，全面推进财政科学化精细化管理”两个专题作为学习调研的重点，通过专题研究，深化党组成员和机关党员干部对一些重大理论和实际问题的理解把握，推动学习的深入；通过开展财政业务培训、岗位培训和国际合作培训等途径，引导广大财政干部弘扬党的优良传统作风和财政部门优良传统，牢固树立为国理财、为民服务的理念。

继承和弘扬我部善学、勤学、乐学的优良传统作风

近年来，党中央高度重视全党的学习问题，并在十七届四中全会上作出了加强学习型政党建设的伟大工程。胡锦涛总书记在2010年《求实》第1期上强调，领导干部要有点“书卷气”，多读书，少一些应酬。

作为新时期的财政干部，我们一定要认真贯彻落实党中央、部党组关于学习的要求，继承和弘扬我部“勤学习、善学习、乐学习”的优良传统作风。

一是要有好学之德。《荀子·非十二子》中讲：“不知则问，不能则

学，虽能必让，然后为德。”就是说：一个人要做到“问”、“学”、“让”才能算是有“德”。要有好学之德，对财政干部而言就是要调动和激发党员干部的学习热情，把学习当作一种高尚的精神追求，使学习成为一种常态、习惯，进而演化为一种好的品行，提升为一种政治品质、一种党性修养。面对新任务、新形势和新要求，特别是当前财政改革已处于攻坚阶段，各项改革任务相当艰巨，围绕经济结构转型的各项财政政策不断出台，对我们财政干部提出了更高的要求。我们必须要树立不断学习、终身学习的意识，始终保持学而不厌、学而不止的学习热情。

二是要有善学之法。古人讲：“善学者师逸而功倍。”只有掌握了科学的学习方法和实用的学习技巧才能做到善学。首先要树立团队学习的理念。当今社会更注重团队学习，团队学习能够将个人智慧升华为集体智慧，实现知识共享。其次要注重非正式学习。学习不仅是组织的任务，很多时候在工作之余，漫谈、聊天等非正式的学习往往容易营造更为宽松的学习讨论环境，取得更好的效果。第三要创新学习方式方法。学习活动要处理好“博”与“精”的关系，坚持干什么学什么、缺什么补什么，有针对性地做好履行岗位职责的知识。最后要注重建立学习交流机制，将学习与研究、解决问题结合起来，使学习成为思想交流的课堂、研究问题的平台、创新思路的阵地。

三是要有用学之能。学习的目的在于应用，要注重学习成果的转化。要在做中学，将学习与具体工作结合起来，紧密结合当前财政改革重点和个人履行岗位职责能力要求，有重点学，在工作中体会、探索，做到学以致用。要着力提高财政干部运用财政政策服务经济社会发展的能力，前瞻性地判断经济运行形势的能力，更好地为推动财政科学发展、促进社会和谐、全面建设小康社会服务。

（作者单位：财政部干部教育中心）

循履而上　踏迹前行

黄　妍

时间一晃而过，我从一名学生转变为一名青年财政干部已近四年时间，这四年使我对财政工作从陌生到熟悉，对财政人从不了解到了解，对财政有了一份亲切感。但让我真正品味中国财政的发展历程、领悟博大精深的财政文化和优良的财政传统作风，明确和坚定身为一名财政干部所肩负的使命感和责任感，是通过这次部机关党委开展的以“薪火相传　开拓创新”为主题，继承弘扬财政优良传统作风的教育活动。

这次活动内容丰富、形式多样，通过这一系列活动，使我对财政的内涵、财政文化、财政优良传统作风以及在本职工作中如何传承财政优良传统作风有了较为深入的思考。

财政既是一个经济范畴，也是一个政治范畴

财里有政，政里有财，财政是用财的政治，政治上的用财。阅读了翁礼华著的《大道之行——中国财政史》和韩毓海著的《五百年来谁著史》

后，我清晰地认识到，一个国家的财政史折射了一个国家经济制度和政治制度的演进历程，一个国家的兴衰与其财政体制息息相关。正如毛泽东同志曾经说过的："国家的预算分配里有政治，体现国家意志和政治意图"；也如温家宝总理在2008年十一届全国人大一次会议的记者招待会上谈到的："一个国家的财政史是惊心动魄的。如果你读它，会从中看到不仅是经济的发展，而且是社会的结构和公平正义"。的确，财政作为国家的一项重要职能，是国家政权活动的一个重要方面；财政工作在我国历史发展过程中，特别是革命、建设和改革中发挥着重要的作用，它体现着党和国家的方针、政策，涉及广大人民群众的切身利益。深刻认识财政的内涵和财政工作的重要性是作好一名财政干部的起点。

财政文化是财政人在工作实践中形成的价值观

文化一词最早来源于拉丁文 Cultura，即"耕作、培养、教育、发展、尊重"等意思，在中国，文化是指反映从个人道德的提高、发展到整个人类道德提高的过程。即人追求和享有一定的价值成果，并通过实现这些价值来更新、发展和完善自己。我理解的财政文化，是在长期的财政实践中形成的关于理财宗旨、理财思想、理财精神、财政职业道德以及财政行为在文化和观念上的综合反映，体现着财政部门的独有特色。财政文化覆盖的范围广、内涵丰富，它伴随着财政制度的产生与发展，经历了一个从无到有，从简单到复杂，从不完善到日趋完善的过程。财政文化是广大财政人在长期从事财政工作实践过程中所创造的财政精神，是社会主义先进文化的分支。它以继承我国优秀的传统文化为历史脉络，以财政职业道德建设为核心内容，以理财为民为根本宗旨，是社会主义先进文化在财政工作实践中的具体反映。透彻领悟财政文化的精髓是作好一名财政干部的基本要求。

财政优良传统作风是财政文化在工作中的重要体现

虽然社会在发展，时代在进步，但优良的传统作风是一股精神力量，是历经时代变迁所保留与沉淀的精神财富。在这次"薪火相传"活动中，我感受到老一辈财政人怀有"心系人民、服务大局"的抱负，持有"求真

务实、勇于探索”的精神，秉有“忠于职守、勤勉尽责”的操守，具有“勤于学习、刻苦钻研”的态度，保有“严于律己、艰苦奋斗”的品质，这些优良传统作风都是值得我们青年财政干部在财政工作中继续传承和发扬的。作为青年财政干部我们既要传承老一辈财政人的远大理想和崇高目标，持有为财政改革与发展奋斗终身的坚定信念，还要传承老一辈财政人踏踏实实、默默奉献、勤奋忘我、忠于职守的工作态度。虽然财政干部在外人看来风光无限，但实际上，加班加点是常态，辛辛苦苦是常事，而只有将财政优良传统作风融入到我们的思想中、工作中，我们才会更加坚定和热爱我们的工作。因此，继承发扬财政优良传统作风是作好一名财政干部的重要保证。

立足本职工作，传承财政优良传统作风

当我了解了财政的发展历程，领悟了财政文化的博大精深，体会了财政的优良传统作风后，我更加坚定当初的选择。财政干部教育培训是财政工作的重要组成部分，是建设高素质财政干部队伍的先导性、基础性、战略性工程。财政干部教育培训工作在前辈们的辛勤努力下，在组织建设、制度建设、队伍建设、文化建设等方面取得了长足发展，在培训需求调研、培训内容、培训类型、培训方法、培训管理、培训评估、培训宣传、培训工作研究等方面形成了比较完善的体系，特别是在工作中形成了“重服务、重学习、重效率、重沟通”的工作作风。作为财政干部教育培训岗位上的青年人，我必须要接好接力棒，在工作中继续传承优良的传统作风，循履而上，踏迹前行，在今后工作中具备五心：一是忠心，忠于财政干部教育培训事业；二是用心，用心学习中央精神、了解财政形势、研究培训理论、总结培训规律；三是精心，精心做好培训环节中的各项服务工作；四是留心，留心身边领导、同事好的工作方式、方法；五是关心，关心身边事、身边人。

（作者单位：财政部干部教育中心）

传递民生火种　闪耀财政情怀

——记新中国财政人民生意识的创立和继承

潘国俊

财政事业是一个古老的事业，国家出现必然有财政产生，财政史是人类发展史的一个缩影。财政事业又是一个常新的事业，历朝历代财政自身的形势及其面临的形势都有差异，需要当政者采取不同的对策，甚至在制度上积极创新。同时，每个历史阶段的财政都有可能面对一个或者一个以上的焦点问题，客观上要有一种理念来支撑财政事务并贯穿始终。

纵观我国财政史，唯有新中国的财政人树立起了为民理财的理念，建国以来的一代又一代财政人始终站在为人民服务的立场和角度，把服务人民作为自己的历史使命，并在实践中不断推陈出新，创新为民理财的制度机制。

追溯历史：新中国成立前的财政缺乏民生意识

在我国历史演变过程中，财政发展同样波澜壮阔。原始社会、奴隶时代、封建王朝、半殖民地半封建时期……，统治阶层中不乏有一些心怀人民疾苦的政治家，针对时弊提出改革思想，实施相应政策，一定程度上缓和了社会矛盾，得到百姓拥护。从汉代轻徭薄赋的“文景之治”、唐代的“两税法”到明代的“一条鞭法”、清代的“摊丁入亩”，都是当权者透视出尖锐的社会矛盾，而采取的财政改革行为。但归根结底，这种行为的本质是当权者为特定的统治阶级所服务，充其量是朝廷为维护和稳定政权所作的文章，并不是真正为百姓着想。

在每一个朝代的鼎盛时期，财力相对充裕，尽管朝廷提供诸如兴修水利之类的“公共产品”，在百姓受灾的时候免除一些税赋或者拨付一些资金用于赈灾，但其主要精力并不在百姓身上。财政支出主要用于皇室支出、军费支出、祭祀支出、城桓祠庙陵墓建设支出和俸禄支出等。财力的充裕并不带来百姓福利的改善，恰恰给统治者的贪婪、奢侈、穷奢极欲和无节制的支出提供了便利。到了统治后期，官吏腐败、国库空虚，当权者本性必将暴露无遗：对百姓横征暴敛，无休止的徭役和兵役压在百姓身上，最终民不聊生。

新中国成立至改革开放前：民生财政意识的创立和发扬

新中国成立之初，经济极其困难和严峻，实业凋敝、物价飞涨，人民生活困苦不堪。在百孔千疮的经济基础上建立起来的新中国财政，面临着艰巨繁重的任务：财政底子薄、收入增长缓慢，用于军费和行政开支庞大，财政收支严重脱节。在各革命根据地和解放区财政干部基础上建立起来的新中国财政队伍，面对这种复杂严峻的形势，克服重重困难，在医治战争创伤、维护政权稳定的同时，着力运用财政手段救济饥寒交迫、贫病交加的灾民，解决失业问题，改善人民生活条件，安定民生。经过数年的努力，财政人本着实事求是的精神，艰苦奋斗，扭转了财政困境，并重在为人民谋利益，初步建立起我国的社会事业体系，教育、医疗卫生、社会保障等事业发展框架逐步搭建起来。新中国成立以来，这支有着优良传统、以服务人民为目标的财政队伍，胸怀共同的理想，坚持共同的信念，接受共同的价值观，以人民利益为航向，齐心合力，确保了新中国财政事业在正确的航道上安全地破浪前行。

更值得一提的是，新中国财政人在党中央、国务院的坚强领导下，不断探索为民理财的有效途径。建国初期，在国家财力十分紧张的情况下，积极在一些关系人民生存和发展的领域，创新提供公共产品的方式方法。比如，1958—1961 年，在广大农村实行“公共食堂”制度，将“食”这一人类最基本的生存需求列为“公共产品”，且不论成败，至少这是人类历史上的一次创新和尝试。又如农村实施“赤脚医生”制度，将农村医疗以低成本的形式部分的承担起来，有效地结合并适应了我国实际情况，在提高劳动力素质，延长农村人口平均寿命等方面起到了重要的作用。

改革开放至今：为民理财意识的升华和强化

改革开放以来尤其是近些年来，随着经济发展和财力增强，按照轻重缓急，逐步扩大民生财政的覆盖面，扩大教育、医疗、社会保障等领域服务范围，并逐步提高财政补助标准，人民群众受益增多。在为民理财制度创新上，结合中国实践，提出向公共财政制度转变，核心就是以人为本。党的十七大报告明确提出推进基本公共服务均等化后，全国财政用在教育、医疗卫生、社会保障和就业、农林水事务、保障性住房、文化等方面的民生支出，明显快于全国财政支出增速。

同时，不断涌现出以沈浩同志为代表的，切实为民服务的新时期财政人。朴实而不失崇高，平凡而不失伟大，慎重而不失大志，是当代财政人的鲜明特点。这个时代的财政人为推进民生财政而积极奋斗。无论是财政部长还是基层财政所长，无论是财政系统的高层领导还是一般办事员，无论是机关干部还是财政科研人员，都顺应时代要求，在各自的岗位上以强烈的对人民群众负责的责任感，以忘我的无私奉献精神，恪尽职守，成为财政事业发展的无尽力量源泉。

展望未来：薪火相传

作为财政人，我们深感荣幸能成为财政事业的参与者，成为这个时代

的见证人。不论人生所处时代，不论财政所处阶段，财政人都要完成同一个心路历程：为着崇高的追求，向着伟大的目标，贡献自己的力量，问心无愧地把为民理财的接力棒接过来、传下去。

理想信念需要薪火相传。财政人以自己的行动雄辩地证明，无论世事变迁，无论岁月流逝，财政人为人民服务的理想信仰始终不会改变，为民理财的宗旨始终不会改变，为党和人民的根本利益不懈奋斗的精神始终不会改变。

忠诚使命需要薪火相传。新中国成立60多年来，财政人经历了无数风霜雪雨，经受了种种考验，但从未退缩，从不言弃。作为公务员，在物质待遇等方面无法与金融部门、大型国企等高薪部门相比，但是靠着对服务人民的神圣使命的赤胆忠诚，才有了财政事业的兴旺，赢得人民的赞誉。

优良传统需要薪火相传。为人民群众谋利益，难在坚持，重在务实，贵在艰苦奋斗，躬行实践。财政人能够做到服务人民几十年如一日，根本原因是从思想到行动，从方法到作风，都自觉弘扬新中国成立以来的这种优良传统，坚守最根本的价值追求。

工作作风需要薪火相传。财政工作要与大堆数据打交道，要面对千家万户，要涉及社会发展的方方面面，千头万绪，难点众多。新中国财政人本着严谨、踏实的精神，坐得住“冷板凳”，耐得住寂寞，任劳任怨，兢兢业业，为服务人民打下了坚实的基础。

（作者单位：财政部综合司）

薪火相传，我就成了你

龙俊鹏

共和国六十华诞的礼炮声依然萦绕耳畔，我们又迎来了我党八十九岁的生日。在这特殊的历史时刻，作为刚踏上岗位不久的财政工作人员，我正在财政优良传统作风的熏陶中逐渐成长，并通过“薪火相传 开拓创新”系列活动进一步加深了对财政优良传统作风的认识。

继承党的优良作风

回顾我党的奋斗史、新中国的创业史和改革开放史、财政的为国理财史，历史与成就雄辩的向世人证明，中国共产党无愧于我国革命、建设和改革事业的领导核心。继承和弘扬财政优良传统，必须毫不动摇地坚持中国共产党的领导，这是做好财政工作的重要保证。

在革命战争时期，党为财政工作制定了一系列方针政策，确定了财政的重点工作是保障军队和行政的供给。无论是在苏区，还是在延安；无论是抗蒋，抑或是抗日，财政的主要任务都是解决突出的财政收支矛盾，在党的领导下为武装斗争提供给养保障，最终为新中国的成立作出了重要贡献。在和平建设时期，尤其是改革开放以来，党提出了要以经济建设为中心。根据党的部署，财政进行了以分税制改革为代表的一系列改革，千方百计广开财源，想方设法筹集资金，为经济发展和社会主义建设积累了必要的基础。历史证明并将在未来继续证明，财政工作只有在党的正确领导下，坚持为党和国家的利益、为人民的利益服务，才能不断取得胜利。

艰苦奋斗记心间

回顾历史，党和人民的事业为什么能够发展壮大？财政工作为什么能够屡创佳绩？毋庸置疑，艰苦奋斗是极其宝贵的历史经验。毛主席指出，中国革命是伟大的，但革命以后的路程更长，更艰苦，务必使同志们继续保持谦虚谨慎、不骄不躁的作风，务必使同志们继续保持艰苦奋斗的作风。胡锦涛总书记在西柏坡重要讲话中进一步强调，在各项工作中要坚持“两个务必”，凸显了加强艰苦奋斗的重要性。

艰苦奋斗是一种不畏艰苦、奋斗不息的精神，是一种克服困难、解决问题的作风。历史上，南泥湾曾见证了我党自力更生、艰苦奋斗的光辉成果，边区的黄土地也记录了财政不畏艰辛、广开财源、为国理财的点点滴滴。目前，虽然我国财政工作不断发展壮大，财政收支情况不断改善，已有超 8 万亿元财政收入的预期，但艰苦奋斗仍然是财政工作取得成功的重要法宝，仍然具有十分重要的现实意义。一是经济建设和人民生活水平的提高仍然需要大量的资金投入，财政工作依然面临我国人多底子薄、人均资源少的基本国情和资金不足等长期问题。二是艰苦奋斗有利于防范拜金主义、享乐主义和奢靡之风，振奋民族精神，尤其是在财政收入快速增加时，容易滋生不良思想，因此，继承和弘扬财政优良传统必须坚定不移地保持艰苦奋斗的作风。

勤俭节约是根本

财政工作不仅要坚持艰苦奋斗实现“开源”，也必须坚持勤俭节约实现“节流”，二者同等重要、不可或缺。“忧劳可以兴国，逸豫可以亡身”。《尚书》中说道，“克勤于邦，克俭于家”。周总理指出，计划所造成的节约是最大的节约，计划所造成的浪费是最大的浪费，并在第一届全国人大一次会议的《政府工作报告》中强调，财政工作中的迫切任务，是贯彻合

理的税收政策，节约国家的行政经费，加强财政监督和财政纪律，保证建设时期的必要的后备。

从历史上看，坚持勤俭节约，往往改善财政收支；放弃勤俭节约，往往造成财政困难。抗日战争时期，我党听取民主党派的意见实行了精兵简政，成功克服了当时严重的财政困难；“大跃进”期间，造成了财政困难和人力物力的浪费，之后我党提出了“调整、巩固、充实、提高”八字方针，压缩开支，取得了积极显著的成效。目前，社会上奢侈浪费之风渐兴，干部队伍中贪污腐化的现象屡禁不止，不仅侵蚀了国家和人民的财富，妨碍了社会主义现代化事业的进程，也严重损害了我党在人民中的形象。因此，我们必须坚持勤俭节约，倡导厉行节约，杜绝奢侈腐败。

为人民的利益而工作

全心全意为人民服务是我党的根本宗旨，“为国理财、为民服务”是我国财政工作的根本宗旨，继承和弘扬财政优良传统必须将财政工作统一

到上述根本落脚点。毛主席指出，我们这个队伍是彻底的为人民的利益而工作的；全心全意为中国人民服务，就是我们的唯一宗旨。胡锦涛总书记提出，要全面贯彻落实科学发展观，核心是坚持以人为本，这也体现了我党全心全意为人民服务的根本宗旨。

革命战争时期，财政工作战线上无数前辈不惜用鲜血和生命践行为人民服务的宗旨。和平建设时代，财政工作系统也涌现出一系列优秀儿女，其中不乏有以生命实践“为国理财、为民服务”宗旨的先进事迹。沈浩同志就是其中的杰出代表，他始终坚持以人民利益为根本目的，真心实意为人民群众办好事，带领着小岗村不断前行，鞠躬尽瘁、死而后已，得到总书记的高度评价、得到老百姓的真心拥戴。随着我国经济社会的不断发展，国内外经济形势的复杂变化，社会价值观的多元化，继承和弘扬财政优良传统必须坚持为国理财、为民服务。

落笔长思，环顾四方，办公室依旧灯火通明。仰望星空，已是繁星点点。那是前辈正在倚灯伏案工作吧。我笑了，也许这就是财政人，潜移默化的薪火相传，我就成了你。

（作者单位：财政部金融司）

站好财政工作第一班岗

——学习老一辈财政工作者陈云同志实事求是精神

夏红卫

“实事”是指客观存在的事物；“求”是指探索、研究；“是”是指事物的内在规律性。“实事求是”是指做事情要从实际出发，找出事物的内在规律性，作为我们行动的向导，做到按客观规律办事，是主观能动性和客观规律性的统一，是马列主义、毛泽东思想、邓小平理论和科学发展观的理论精髓，是我们财政工作的优良传统。

实事求是作为以辩证唯物主义为基础的思想认识路线，对我们正确领会和贯彻国家大政方针，全面认识财政工作面临的客观环境，有效履行财政职能都有极为重要的作用。老一辈财政工作者陈云同志在长期革命和建设实践中积累了丰富的经验，树立和总结了以实事求是为原则的科学态度和工作方法。

不唯上，不唯书，只唯实

“不唯上，不唯书，只唯实”精辟表达了实事求是的科学态度。所谓“不唯上”，不是对上级的指示不研究、不执行，而是接到上级指示的时候，要结合本单位、本领域实际情况，采取最有效的方法贯彻执行，不能机械地接收指令；所谓“不唯书”，不是不读书，而是读书的时候要认真领会精神实质，结合实际，看哪些适用，哪些不适用，充分吸收书本中有用的知识，提高工作效率；所谓“只唯实”，就是要实事求是，做好调查研究工作，在制定政策，处理问题的过程中，做到尊重事实。1958 年底，八届六中全会提出 1959 年钢产量要比 1958 年“翻一番”，达到 3000 万吨。之后的半年时间里，陈云同志从国外经验和国内矿石、焦炭、耐火材料、冶炼、运输等方面进行分析，得出 1959 年“生产 1300 万吨钢，是有可能的，但是还需要做很大的努力”的结论，并多次提出降低指标的意见。中央最后决定将 1959 年钢生产指标定为 1300 万吨。最终中国当年实际钢产量是 1387 万吨。事实证明陈云同志的意见是符合中国实际的。

在新的经济环境中，财政工作也面临着新的机遇和挑战，新中国成立 60 年来，全国财政收入增长了 1000 倍，随着国家财力不断增强，财政对国家政权建设、经济发展、社会进步的保障能力不断提高，但同时也面临着经济金融环境越来越复杂，财政工作量迅速增加等各种挑战。面对机遇和挑战，在实际工作中，要从全局的高度出发，不断学习，不但要学习书本知识，更要向专家、领导和同事学习，掌握相关领域的发展方向和最新动态，搞好调查研究工作，结合客观实际，确保制定出合理有效的财政政策，并在政策执行过程中做好资料核查和实地核查工作，注意发现其中的问题，及时向上级提出合理的意见和建议。

交换、比较、反复

在实际工作中做到实事求是，除了科学态度外，还要有正确的工作方法。这种方法就是六个字：“交换、比较、反复”。所谓“交换”，就是通过交换意见，使认识比较全面。在交换意见的过程中，不仅要听正面意见，更要听反面意见。陈云同志在会议上经常讲，“各种各样的意见都可以发表，错误的意见也可以大胆地讲，错误的意见左可以左到左倾冒险主义，右可以右到右倾机会主义”，“不能够只准讲正确的意见，因为你还没有作出决定，什么叫正确，什么叫不正确，都还没有辩论清楚，如果只能够讲正确意见，那问题就不可能深入讨论了，各种意见就展不开了，思路就狭窄了，头脑就闭塞了。”所谓“比较”，一是左右的比较，例如毛主席的《论持久战》，比较了中国和日本的情况，既反对速胜论，又反对亡国论，正确的结论是持久战；二是前后的比较，例如毛主席讲统一战线，就比较了陈独秀和王明，前者只团结不斗争，后者只斗争不团结，正确的结论是既团结又斗争。所谓“反复”就是事情初步定了以后还要再想一想，听一听不同意见，即使没有不同意见，也要自己设想出可能有的反对意见。

在实际的财政工作中制定各项政策的时候，我们首先要集思广益，深入实际，听取专家、企业、消费者等不同方面的意见，把各方面的意见和建议交流一下，学会从不同角度看问题，全面认识政策对各方面的影响。其次，政策决定之前要把各种方案拿来比较，在比较的时候，不但要和现行的政策比较，还要和过去的政策比较，不但要和国内的政策比较，还要和国外的政策比较。有比较才有鉴别，有鉴别才有政策，通过多方面的比较，结合各个时期、各个领域和国内外实际情况，才能把情况判断得更准确，把政策制定得更完善。最后，财政工作涉及预算的编制和执行等方面，财政政策的制定关系到相关行业的生存和发展，决策时要反复思考，三思而行。陈云同志强调“决定问题不要太匆忙，要留一个反复考虑的时间，最好过一个时候再看看，然后再作出决定。”

“不唯上，不唯书，只唯实”的科学态度和“交换、比较、反复”的工作方法是对陈云同志几十年实践经验的概括总结。作为一个财政新兵，在新时期财政工作中，不断学习陈云同志实事求是精神，以实事求是的科学态度和工作方法践行科学发展观，站好财政工作的第一班岗，努力为财政事业发展贡献自己的绵薄之力。

（作者单位：财政部经济建设司）

弘扬优良作风　做好“人事”文章

吴宇宏

经过一代又一代财政人事干部的不懈努力，财政人事部门的优良传统作风薪火相传，不断发扬光大。在新的形势下，继承和弘扬人事部门的优良传统作风，以邓小平理论和“三个代表”重要思想为指导，全面贯彻落实科学发展观，树立坚定信念、注重品行、科学发展、崇尚实干、重视基层、鼓励创新、群众公认的正确用人导向，把各方面优秀人才集聚到国家财政事业中来，为财政事业又好又快发展提供坚强的人才保障和有力的组织支持是我们这一代人事干部庄严而神圣的职责。

开拓创新是前提

创新是一个民族进步的灵魂，是一个国家兴旺发达的不竭动力，也是一个政党永葆生机的源泉。福特公司创始人亨利·福特说过：“不创新，就灭亡。”当今世界正处在大发展、大变革、大调整时期，我国发展呈现一系列新的阶段性特征，出现一系列新情况、新问题，全党都要勇于变革、勇于创新，永不僵化、永不停滞。当前，组织部门承担着引导广大干部树立和落实科学发展观、正确政绩观，建立与社会主义市场经济体制相配套的干部人事管理制度等方面的紧迫任务。因而开拓创新是人事部门最迫切需要提高的能力。提高开拓创新能力，一要勇于解放思想。讲规矩是组织部门的传统，但光讲规矩不行，还要讲变化。要以思想观念的更新引领人事工作的改革发展，自觉摆脱条条框框、陈旧观念的束缚，跳出过于机械地按照规定办、惯例办、领导意见办的定势，始终保持思维的活跃性、思想的敏锐性、思路的开阔性。二要善于把握规律。现在一些工作还没有取得预期成效，一个重要原因就是我们对新形势下人事工作的客观规律认识得不够透，对面临的新情况、新问题研究得不够深。要把开拓创新、把握规律统一起来，以开拓创新探寻客观规律，以客观规律指导开拓创新，不断推动人事工作取得新的认识成果、实践成果和制度成果。三要敢于破解难题。新形势下人事工作有大量的难题需要我们去研究、去破解。虽然有些难题的解决是一个长期过程，不可能一蹴而就，但必须直面难题，不能放任不管，否则就会积重难返。要以知难而进、迎难而上的信心和决心，坚定勇敢地推进改革，不断在突破重点难点问题上取得新建树。

2009 年以来，党中央国务院相继出台了《2010—2020 年深化干部人事制度改革规划纲要》、《2009—2013 年全国党政领导班子建设规划纲要》、《2009—2020 年全国党政领导班子后备干部队伍建设规划》、《国家中长期人才发展规划纲要（2010—2020 年）》等一系列文件，为组织人事工作指明了改革的方向。新形势、新任务对人事工作的创新提出了新要求。人事部门要自觉顺应世情、国情、党情、部情的新变化，努力推动人事工作思想观念创新、制度创新、机制创新、方式方法创新，从而使人事工作进一步体现时代性、把握规律性、富于创造性，推动人事工作不断有新的开拓、新的突破和新的进步，开创财政部人事工作的新局面。

服务发展是宗旨

李源潮同志指出，组织人事部门的中心只有一个，就是为党和国家工作大局服务。围绕中心、服务大局，是由人事部门的职能和性质决定的，也是人事部门的生命所系、价值所在。只有这样，组织工作才能在大局中找准定位、明确方向、有所作为。当前，围绕中心、服务大局，最根本的是服务财政科学发展这个大局。我们人事部门的一切思想观念都要符合科学发展观要求，一切工作措施都要着眼于推动科学发展，努力使人事部门成为科学发展的保障部门、促进部门。要始终站在国家建设小康社会全局的高度、围绕财政中心工作看问题、想办法、出实招，为推进经济社会又好又快发展提供坚强有力的组织保证和人才支持。要在人事部门营造一种奋发有为的精神状态，风清气正的工作环境，干事创业的舆论氛围，把人事部门真正建设成为干部之家、人才之家，把人事部门成为政治坚定、班子过硬、组织巩固、作风优良、群众公认的坚强集体。对每名人事干部来说，就是把是否有利于党中央、政府决策部署的落实，是否有利于财政中心任务的完成，是否有利于改革发展稳定大局，作为各项工作的出发点和落脚点。

勤奋学习是途径

“学者非必为仕，仕者必如学”。学习是人的一种精神追求、一种工作常态、一种生活习惯，学可以立德、学可以增智、学可以广才。人事干部的努力目标是眼界宽、思路宽、胸襟宽。特别是要不断提高知人、识人的本领，炼就一双知人、识人的慧眼，成为人事工作的行家里手，做到人事干部必备的“四熟”：一要熟悉政策，熟知干部选拔任用工作的基本内容，掌握领导班子建设的相关政策，了解干部人事政策制度的历史沿革和现实要求；二要熟悉部情，熟悉并掌握财政部历史沿革、财政改革发展、财政史与财政文化；三要熟悉“人头”，能够透过现象看本质，对部内干部了如指掌，对其各种情况了然如胸，成为“活字典”；四要熟悉规则，对干部工作程序、办事流程等熟记在心，运用自如。在此基础上，还要进一步拓宽知识层面，努力保持学习新知识的自觉性和紧迫感，掌握经济、科技、文化等方面的基础知识，提高综合素质。同时加大人事干部跨岗位、跨处室、跨司局交流和上挂下派力度，多经历、多磨练，在各种新情况和复杂矛盾中开眼界、长见识；减少惰性，增加激情，产生创造力。规定交流周期，制定人事干部交流的长期计划，促进人事干部全方位流动，在实践中掌握新知识，积累新经验，增长新本领。

坚持原则是要求

公道正派是我们共产党人的政治品格，它也是一种人格力量、人格魅力和道德风范。公道正派、任人唯贤，又是组织部门最鲜明的职业特征，是组工干部的立身之本、为人之道、处事之基。“水清沙自洁，官贤弊自绝”。选人用人，根本上要靠好的制度、好的机制，但制度机制最终还要靠人去制定、靠人去执行。人事部门，选好一个干部、配好一个班子，就能够在服务改革发展稳定大局、促进经济协调发展、推进社会事业、维护社会和谐稳定、造福人民群众、促进政府职能转变、提高政府管理效率、推进反腐倡廉建设等方面发挥很大作用。而选错、用错一个干部，就会给党和国家的事业、人民的利益带来损失甚至危害。古人有训：“吏不畏吾严，而畏吾廉；民不服吾能，而服吾公”，“公生明，廉生威”。只有一心为公，执政为民，才能赢得干部的爱戴和信任，工作才有说服力和感召力。只有选人的人坚持党性原则，坚持公道正派，坚持任人唯贤，坚持以党的事业和人民的利益为重，一身正气，两袖清风，知人善用，才能选出德才兼备、靠得住、有本事的干部，才能有效预防和纠正选人用人上的不正之风。也只有这样，我们人事部门才能取信于干部，我们党才能取信于民，政权才能稳固，社会才会安定。因此，在我们的工作中能否坚持公道正派，已不再是个人的问题，而是作为政治责任，作为政治纪律，必须要做到。

廉洁奉献是保证

我们人事干部不是“苦行僧”，不是为了吃苦去吃苦，而是为了社会的进步、为了事业的发展去艰苦奋斗。艰苦奋斗精神作为一种优秀品质的结晶和传统美德的瑰宝，蕴涵于其中的思想观念符合人类进步的要求，适用于当今乃至今后的改革开放和社会主义市场经济的发展。早在 1934 年 1 月，毛泽东同志就指出：“应该使一切政府工作人员明白，贪污和浪费是极大的犯罪”，并要求“节约每一个铜板为着战争和革命事业，为着我们的经济建设”。战争年代和国家经济困难时期，我们党同全国人民一道艰苦奋斗，共渡难关，在贫穷落后的基础上，逐步建立了社会主义公有制为

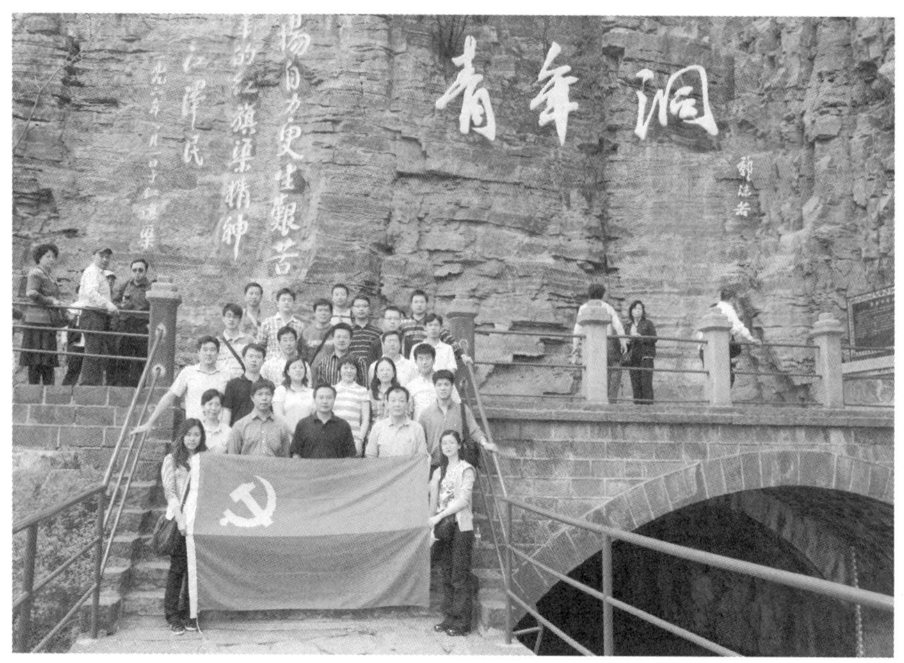

主体的经济基础，并在建设有中国特色的社会主义中取得了举世瞩目的伟大成就。时至今日，全国还有相当一部分人民未走向富裕，相当比例的贫困县，整体上看国家的物质文化水平还比较落后，综合国力还不强的情况下，我们党依然要艰苦奋斗。即使部分地区生活富裕了，物质条件优越了，我们同样要艰苦奋斗。只要历史发展、事业不息，艰苦奋斗精神就必然激励人们去奋斗、去创造，从而成为社会前进的精神动力。财政部的人事干部要学习财政老前辈艰苦奋斗、勤俭节约的优良作风，坚持勤俭办一切事业，精心理财，精打细算，把钱用在刀刃上，不断提高财政资金的使用效益，把财政光荣传统发扬光大。

吏治腐败是为害最烈的腐败。人事部门作为选人、用人的关键部门，更应做到清正廉洁、拒腐防变。在很多人看来，人事部门是“有权有势”的部门。正是因为这一点，人事干部更容易成为一些人攻关、拉拢的重要目标。实际上，这些年也确实有一些地方的组工干部甚至是组织部长，经不起考验和诱惑走上了贪污腐败道路。“前车之覆、后车之鉴”，人事部门都要从中汲取深刻教训，做到“嘴不馋”、“腿不懒”、“手不长”、“耳不偏”、“心不散”，时刻牢记为人民服务这个宗旨，坚守清正廉洁这条底线，常修为政之德，常思贪欲之害，常怀律己之心，始终经得起金钱、权力、美色的考验，真正做到自重、自省、自警、自励，慎思、慎欲、慎权、慎独，真正做到守得住清苦，耐得住寂寞，不为名利所惑，不为浮华所动，在工作、生活、社交中保持清廉形象。

（作者单位：财政部人事教育司）

在“为国理财、为民服务”中践行薪火精神

吴海峰

在我国长期的革命战争和社会主义建设中，在财政事业不断发展壮大的艰难历程中，一代代财政工作者在开创伟大事业的同时，也创造和积累了丰富的精神财富，形成了兼具时代发展共性与鲜明财政工作特性的优良传统和作风。特别是今年以来，安徽省财政厅原选派干部、凤阳县小岗村党委原第一书记沈浩同志的先进事迹在全国财政系统产生了强烈反响，引发了每一名财政工作者求解人生命题的思考。我也在深思，作为新时代的财政人，如何传承老一辈财政工作者的优良传统，践行“为国理财、为民服务”的财政工作宗旨，立足岗位建功，努力做一个让人民群众离不开的好干部。

大爱情怀是薪火相传的灵魂

追思故人，我们要勇于对照，扪心自问。特别是以沈浩同志先进事迹

为镜，“正品行、明得失、辨是非、指方向”，问自己是否像沈浩同志那样怀有权为民所用、情为民所系、利为民所谋的高尚情怀；问自己是否像沈浩同志那样怀有忠诚党的事业，坚定信念，无私奉献，淡泊名利的高尚情操；问自己是否像沈浩同志那样适应时代要求，与时俱进，改革创新，不断提高科学发展能力，创造性地开展工作；问自己是否像沈浩同志那样，对自己要求严格，廉洁奉公，清清白白做人。

从老一辈财政人的各种优良传统和作风，到今天财政人“为国理财、为民服务”的宗旨，其灵魂都是一种大爱的情怀。那是胸怀人民、兼济天下的精神在新时代财政人身上的具体体现，更是人民公仆意识的生动体现。新一代的年轻财政人，要以高度的政治责任感和历史使命感，崇尚自己所从事的财政工作，兢兢业业，一丝不苟，把为国理财、为民服务的宗旨体现到自己所做的每一件小事上。我作为一名为教育事业服务的财政工作者，更应当时刻牢记“为国理财、为民服务”的宗旨，以自己的最大努力支持教育事业改革和发展在《国家中长期教育改革和发展规划纲要(2010—2020年)》的统领下，在新的历史起点取得新的突破，着力解决人民群众最关切的重大问题，努力办好人民满意的教育。

做人与做事是薪火相传的精髓

能够从事财政工作，是一种幸运。我深深体会到，要先做人、后做事；做事反过来又促进做人。

做人是前提。习近平同志最近对年轻干部提出“德才兼备，以德为先”的要求。有了好的人品，做人才有底气，做事才有硬气。首先要做一个善良的人，要能够完成好工作和生活中的各种角色。家庭中，对长辈讲孝道，对家庭尽责任；工作上，要摆正自己的位置，做好自己的本职工作；社会上，慎交际，守诚信，有爱心。其次要做一个敢于负责的人。在工作中要敢于担当，特别是面对具有挑战性的任务时更是如此。在成绩面前要摆正位置，看到集体的智慧和大家的努力；在困难面前不应推诿塞责。最后，还要做一个宽容的人。海纳百川，容人之异，容人之才。特别是财政工作，更要听得进不同意见，甚至是批评、抱怨。在做好人的基础上，发挥自己的能力，施展自己的才干，才会赢得真正的成功与尊重。

做事促进做人。做事要勤。新形势对财政工作提出了更高的要求，忠于职守、勤政务实是为人民当好家、理好财的基础。要勤听意见，勤于思考，敢于创新。做事要正。做事要一身正气，这是真正的大丈夫所应具备的品质。我们党讲一个党性，老百姓讲一个良心。能不能凭良心说话、按党性办事，是检验一个党员干部品行好坏的重要标准。“格物、致知、诚意、正心”，然后才能谈的上“修身、齐家、治国、平天下”。在从事财政工作中，要坚持公开、公平、公正的原则。做事要廉。财政部门具有资源配置、收入分配、调控经济、监督管理的职能，集权、钱于一身。只有清廉，财政干部才能对名誉、地位、利益等问题想得透、看得淡，不为名所累，不为利所困，不为情所惑；守得住清贫，耐得住寂寞，稳得住心神，经得住考验，始终保持一颗平常心。

改革是薪火相传的主旋律

从改革初期以放权让利为主要特征的包干财政体制、企业承包经营责任制、税利分流，到税制、财政体制、预算制度改革取得重大突破，财政改革一直在探索中前行。财政改革的目标也越来越清晰，就是围绕建立适应社会主义市场经济发展要求的公共财政体系这一目标和方向来进行的。

建立健全公共财政体系，财政部门必须实现从一个称职的“账房先生”到谋划发展、强化管理的转变。财政部门不能再将眼光局限在日常收支的管理上，而要深刻认识经济与财政的辩证关系，充分发挥财政的职能作用，为推动发展提供动力。财政管理贯穿于研究制定和实施财政政策、编制和执行预算的全过程，是财政部门的日常工作。财政管理水平的高低，直接影响到财政职能作用的发挥和财政资金的使用效率。财政工作政策性强，涉及面广，关系经济社会发展全局和广大人民群众切身利益，又处在收入分配和资金供求矛盾的焦点上，容不得半点疏忽大意。全面推进财政科学化精细化管理，是贯彻落实科学发展观的必然要求，符合现代管理的发展趋势，也是做好新形势下财政工作的迫切需要。在全面推进财政科学化精细化管理的指导下，财政改革稳步推进。财政改革实际上就是利益的调整，是利益分配关系的调整，涉及方方面面。因此，财政改革必然会面临许多阻力和困难。一方面，要坚定改革的信心；另一方面，要根据实际情况，稳步、渐进地推进改革。

财政管理制度改革，既是财政部门的“自我革命”，又是充分发挥财

政职能作用，推进整个反腐倡廉建设的有效措施。部门预算、国库集中支付、政府采购、收支两条线、资金分配等各项改革的推进，一方面提高了资金使用效率，提高了“为国理财、为民服务”的水平；另一方面也确实规范了管理，在反腐倡廉方面发挥了积极的作用。

年轻干部成长的目标是什么？习近平同志为我们指明了方向：“要加强年轻干部的道德修养。引导他们珍重人格、珍爱声誉、珍惜形象，增强道德责任感。常修为政之德，积小德养大德，努力成为思想纯洁、品行端正的示范者，爱岗敬业、敢于负责的力行者，明礼诚信、遵纪守法的先行者，生活正派、情趣健康的引领者。要引导年轻干部树立良好作风，正确对待权力、地位和利益，正确对待组织、群众和自己，克服浮躁情绪，脚踏实地干事，在服务祖国、服务人民、服务科学发展中建功立业。”在新的历史起点，我必将传承老一辈财政工作者的优良传统和作风，秉承薪火相传的使命，牢记“为国理财、为民服务”的宗旨，创造出无愧于党和人民的优良业绩。

（作者单位：财政部教科文司）

做会计资格考试精神的传承人

宁 佳

2010 年 3 月，财政部启动了以“薪火相传 开拓创新”为主题的继承弘扬财政优良传统作风教育活动。“薪火相传”引自于《庄子·养生主》：“指穷于为薪，火传也，不知其尽也。”原意柴烧尽，火种仍可留传，比喻形骸有尽而精神不灭。

“薪火相传 开拓创新”，这一鲜明主题由财政部提出，目的是让财政人在财政事业发展历程中，不断地创造和积累精神财富，形成具有时代特性的优良传统和工作作风。前辈财政人用辛勤的努力积累的精神财富，今天的财政人要传承和发扬。“薪火相传 开拓创新”，倡导及时，意义深远。中国未来的经济快速发展、国家的繁荣富强、中华民族的兴旺发达和财政事业的不断发展都需要“薪火相传 开拓创新”……

我是 1991 年走进财政部会计司的，负责全国会计专业技术资格考试（以下简称考试）考务工作。这项工作在财政领域中只是一个弱小的分支，但它承载着 1200 多万中国会计人员的希望与梦想，是会计人才培养和选拔的科学体现，是反映中国会计改革与发展状况的风向标，也是中国会计人员走向世界经济领域的重要途径之一。

近20年来，我在考试工作中，从陌生到熟悉直至热爱考试事业，期间历经了一个又一个令人难忘的成长阶段。前辈们那种坚定的理想信念、忠诚的爱岗敬业、朴素的求真务实、严谨的工作作风、无私的深情奉献、勤奋的苦学苦练、廉洁自律的优良品格等等，都在时刻感染着我、激励着我、改变着我，使我从思想境界到工作能力都不断地实现着自我蜕变，自觉接受和传承着前辈们的优良传统。

记得我司的老领导张德明（时任会计司司长）、余秉坚（时任会计司副司长），当年每天早晨都很早就来到办公室，翻阅大量的资料和文件，认真阅读和处理公文，每天下班前一定要处理完公务才肯回家，日复一日，年复一年，持之以恒，从不改变。尤其是余秉坚副司长，当时已经是会计界的资深专家和领导，他的资历和经历使他面对工作得心应手，他的文思敏捷使他撰写和修改文章轻松自如，尽管如此，他对工作从无丝毫的懈怠，对同志从无点滴的高傲，对事业是那样执著和热爱，面对生活压力（他夫人当时病重卧床多年）和工作压力，他总是面带微笑地坚强面对。从他的表情上人们看不出他的生活中有那么多的烦恼；从他的敬业和严谨上，人们看不到他的疲惫和松懈；从他那不厌其烦地给年轻人讲解写作要领上，人们看到的是慈祥的长者和尊敬的老师。面对开创性的工作——考试，我们都一筹莫展，他却在不厌其烦地翻阅大量文件和资料，一遍遍修改《全国会计专业技术资格考试暂行规定（草稿）》，数日审稿，字斟句酌至深夜。随着他那桌子上不断增高的文件和资料，我们看到他因睡眠不足充满红色血丝的眼睛，他在透支身体，也在用坚强的毅力支撑精神。一份份考试文件发往各地，数百万考生的考试工程顺利启动，然而“余老”——我们都这样尊称他——这位浩大工程的指挥者却日见消瘦，他的肤色和神情再也掩饰不住疲惫的身体，他经常咳嗽，但吃几片药还是坚持着每日上班，仍旧早出晚归。他就是用这种行动和精神感染着年轻人，教育我们学会做人，学会思考，学会做事。

在后来的工作中，我更加深刻地体会到“余老”对年轻人的那份特殊情怀。在编写考试辅导教材时，我开始没有信心也没有想过自己有能力参加这项工作，余司长鼓励我说：“年轻人要勇于挑重担，没有做过的事不等于不能做，只要你热爱考试事业，勤奋努力去钻研，教材编写任务是能够完成的。一个人重要的是任何时候都要坚定理想信念，为所热爱的事业执著去追求，勤奋去学习和工作。世上没有克服不了的困难，只要有毅力、有恒心，大胆去做，不懂的知识可以去问，可以去查书籍和资料，还可以去企业或基层调研，社会这个大课堂可以给你无尽的知识和能量。只要你勤学肯干、严谨细致、不懈努力，我对你有信心。努力吧年轻人，书稿写完我会帮你把关的。”

老领导的这番话，使我茅塞顿开，至今记忆犹新，给我力量，给我勇气，给我思路，给我信心，它让我懂得，作为从事考试工作的人，在机遇和矛盾并存时，要有勇气面对和接受挑战，要胸有大局，心怀大志，坚定信心，开拓进取。没有可借鉴的资料就到实践中去找，不了解的知识就虚心去请教，没有走过的路可以大胆尝试去走，这就是执著精神。正是这种精神的一代代传承，才会成就会计考试事业的快速发展。

在余司长的鼓励和支持下，我勇敢地接受了书稿编写任务。在写作过程中，我不断地向老同志们请教，主动到北京内燃机厂去调研，对会计实务初级操作的每一个流程、银行操作流程以及相关法律、法规熟悉后，撰写了《会计员实务》现金和银行存款等章节共七万余字。这是我第一次涉足教材编写领域，它也是我人生的重要转折点之一，尽管在编写过程中力尽艰难，但在余司长等老一辈领导的鼓励和支持下，我还是勇敢地走出了“第一步”。余司长为我审核书稿花费了近半个月的休息时间，这段时间也是我感受人生最煎熬，甚至是度日如年的半个月，当书稿正式审核通过的那一刻，我不敢正视余司长的眼神，在他没有开口时我甚至在心里不断地提醒自己，书稿可能要被彻底否定了，无论如何我要冷静，丑媳妇总是要见公婆的，即使不行也可以重来嘛。毕竟我勇敢地走自己从来没有走过的路，不要怕！即使领导说出最难听的话也要勇于面对和承受。当余司长用平和甚至比平时更加温和的语气问我：“这个书稿是你自己独自完成的吗?”我怯怯地说：“是”。那声音连我自己都很难听得清楚，余司长说：“很不错啊，个别地方文字作了调整，你修改一下就可以了”。我当时不相信自己的耳朵，直到余司长离开我的办公桌才抬头看了一下书稿。反复看着领导的批语和修改之处，才明白自己的努力真的被认可了，我独自撰写的书稿通过了领导的审核。我高兴得偷偷掐了一下自己的大腿，告诫自己：加油！不要骄傲，书稿的成功，虽是我个人努力勤奋的结果，但更是老一代考试工作者精神传承的硕果……

回想走过的 20 年，犹如弹指一挥间，百感交集，苦乐参半。“余老”，那位慈祥的老人已经带着对世间的美好留恋离开了我们，他走得很平静、很安详，因为他生前以博大胸怀和无私奉献关怀、体贴、培养的青年人，如今都已成长为“人才之树”。人才乃强国之本，国以才兴，业以才旺，为政之道，重在得人。当年无数像“余老”一样的老前辈在党中央加强人才建设的精神指引下，经过三十多年的不懈努力，培养了一批批优秀的人才，改变了中国“文革”后人才匮乏的局面，使中国成为人才资源大国。但是，中国要成为人才资源的强国，仍需几代人的不懈努力。虽然我们前进的道路上还横亘着各种障碍，但是，只要我们高瞻远瞩，坚持理想，牢守信念，坚韧不拔，奋斗不息，就一定能激发出源源不绝的精神动力，我愿像“余老”那样，在考试事业上执著地追求，不懈地努力，“薪火相传开拓创新”，做会计资格考试精神的传承人。

（作者单位：财政部会计资格评价中心）

懂　你

张振旺

你是千万次财政光华的精灵，你是每一个财政具体行动真实化身，你也是每一笔财政预算资金背后的智慧……如此多的你，纷繁人世，我将何以找寻你的身影，又将如何读懂你从古至今的厚重。

懂你，才能把握你，才会珍惜你，才会了解你占据我心中的那份特殊，才会牢牢想念着你的无怨无悔陪伴我一生。

懂你，我付出岁月的消散，身形的消瘦，一份信念在心中，哪管“为伊消得人憔悴”的疲惫。

懂你，在每个接近你的日日夜夜，悉心研读，刻苦专研，在领导的指点和同事的帮助下，不断地追寻着你的身影。

谜样的你

不经意的邂逅，留下永远的思念。

你是中华五千年精华的一分子，从原始走到现代，又将从现代走向未来。原本有血有肉，精气神俱在，却展现给我一个瞬间即逝、飘忽无常的形象。

于是，谜种在我的心田，在我干旱的心田不屈不挠的成长。绞尽脑筋，不断地琢磨，却给了谜在我心中生根、发芽、壮大的养分。

谜在心底壮大，终于长过头顶。

走进你

我知道你和他生死不弃。

一直以来，你们生死与共、同舟共济，从艰难困苦中凭借超人的力量坚持到现在。有过迷茫，有过抉择的痛苦，更有坚持的意念。

你在 2009 年门槛上深深地画上一笔。至此，共和国的历史已经演绎了 60 年，社会的进步支撑了你五千年。从新中国成立之初的吃饭财政走到如今雄壮激扬而又温柔多情的公共财政、民生财政。越来越规范，越来越科学，也越来越壮大。

看着你笑靥如花，轻轻地把头靠在他的肩膀。我知道你找到了此生最宽厚的肩膀，最温馨的港湾。

我下决心接近你，走进你。怀着一颗忐忑的心，我满心期望与你接触。2009 年的 7 月，我终于踏上了海南这片写满传奇的美丽土地。呼吸着带着花草芬芳的清新空气，望着湛蓝的天空，我的心里充满了期待。

走进财政大楼，我呼吸到你的气息，却始终没有看见你的身影。我迷惘了，难道你已远离，因为我的到来？但是我确信，你一定存在。

时间一晃就过去了半年。从艳阳高照的 7 月一下子走到了年终岁首的 12 月。蓦然回首，我猛然醒悟，你就在我身边，时间到了，我就将你飘忽的身影定型，认认真真的打量你的笑靥。

从萍水相逢的陌生，到不依不舍的追寻，到最后的理解。懂你，变得如此的俏丽。

懂　你

你是以人为本。

人民是你的轴心，无论你的路径如何，都紧紧围绕轴心。

人民是你最初的梦想，也是你最终的现实。

人民是你不畏巨浪扬帆起航的勇气，也是你历经艰难险阻攀登高峰的那份激情澎湃。

人民是你的出发点，更是你最终的归宿。

心中永远装着人民，时时刻刻想着人民。微笑着聆听人民的倾诉，忠诚地履行你的职责。是你，化身服务，在服务型政府的建设中熠熠生辉，高擎着科学发展观，一路指引前进的方向；是你，让人民的欢歌笑语化作幸福的春风飘扬共和国历经坎坷的红旗；是你，从社会发展进步的崇高角度书写共和国崭新的篇章。

你是勤勉尽责。

宛如春蚕般不停息地吐丝，犹如蜡烛般不停地散发光明，共同演绎“春蚕到死丝方尽，蜡炬成灰泪始干”的感人传奇。

勤勉是中华民族的美德，是财政的优良传统。心中有工作，心中有责任，心中有党的宗旨。勤勉尽责也是一种标准，是所有政府工作人员的工作标准，恪守勤勉准则就是财政人表达心忧天下的敬意。勤勉尽责更是一种精神境界，一种无私的付出，一种对工作的情牵，一种胸怀人民的高尚情操。

你是爱心。

跳动的红心，一颗一颗共同舞动在秀美的中华河山，演奏荡气回肠的惊世乐曲。一个一个数字，在碧蓝的天空中联成一颗一颗红心；一张一张纸币，在翻飞的进程中投映一颗颗红心。

好似古诗中传唱千年的浪漫飞絮，飘飘摇摇，飘向中华大地，飘向五千年的锦绣山川。化为雨露，滋润农田里的禾苗；化成肥料，滋养每一棵果树；还变成保障性住房，使天下“住有所居”，让千千万万经济困难的人们享受党的阳关恩泽；还化成天使，在四川汶川和青海玉树救治受伤的群众，抚慰受伤的心灵，激发重建美好家园的豪情。

你是无私，你是公正，你是公平，你是公开。

用无私打下坚实地基，于深厚的无私上，建筑起永远无法撼动的公正、公平和公开。在厚实的地基上建设公正、公平、公开的雄伟而明亮的高楼。让天下的阳光普照，让每一个角落洋溢和谐的欢笑，让所有的人在明亮的高楼里享受美好的生活，体验清新的空气。无私的根须，在心底生长，公正、公平、公开的亮丽花朵在中国的每一寸土地绽放，让每一缕的清风，都带给人们芬芳，涤荡世间所有的阴暗。

你是谦虚，你是廉洁。

谦虚是你本质，廉洁是你的操守。谦虚的内心自然渗透和蔼可亲的面容，廉洁奉公在心灵的深处酝酿，时日越久，形象益丰。用谦虚对待别人，激励自己，不断学习，用更高的标准要求自己，践行“活到老，学到老”的格言。用廉洁约束自己，净化身心，用左手的淡泊和右手的宁静，绘画共和国财政者永恒的追求。谦虚走在前面，廉洁站在后面。谦虚留给别人良好的印象，廉洁在自己的心田种下流芳百世的可能。谦虚一眼看得出来，廉洁是对自己最强有力的刺探，深深地藏在心灵的最深处。

你是节俭，你是艰苦奋斗，你是自力更生，你是广袤和无垠……

未来的你

无数个你已经被历史塑成永恒，今天的我们，从你的手心接过未来。

风雨江山，一代一代的前辈留下了值得永远传颂的优良传统和作风。懂你，才能够继承，才能够创新。

今天，前进的脚步即将踏上了21世纪的第二个十年，征程的擂鼓已经敲响，飞跃的冲劲已经卯足，又一幅绝美的历史画卷以2010年为起点，缓缓展开。淡淡的色彩，隐约地看到下一个十年财政人的继承，在继承中开拓创新，在创新中创造人民的幸福、国家的繁荣富强。创新成为不竭的动力，源源不断地为淡淡的色彩加油添彩……

财政，永远的事业。

财政人，财政优良传统永远的继承人。秉承优良传统作风，在共和国辉煌的进程中用财政这支彩笔涂抹更加鲜艳的色彩，在前进的征途中播洒更多的欢声笑语。国富民强，万家欢乐万家歌，这就是你的心声，也是你凝聚的理由，更是我们财政人最衷心的，祝愿。

（作者单位：海南省财政厅）

一身正气我为大，清风不会老

——“财经卫士”之歌

刘克邦

“**踏**上了这条路，就默默地去寻找，借一颗太阳心头照；踏上了这条路，就默默地去寻找，再深的泥泞也踩几脚；一身正气我为大，清风不会老……”

电视专题片《财经卫士之歌》这首主题歌，旋律优美动听，情感浓郁豪迈，令人荡气回肠，它讴歌了财政监察战线干部职工忠贞不渝、默默奉献、无怨无悔、无私无畏的宽广襟怀和崇高精神。

十多年来，这首歌始终萦绕在我的耳边，震撼着我的心灵，鼓舞和激励着我向前奋进……

一

1992 年，我任省财政厅财政监察处负责人的时候，接到财政部的通知，全国财政系统财政监察暨纠正行业不正之风工作会议 6 月份在湖南召开。这是新中国成立以来全国此类专业会议首次落地湖南，带有现场会议的性质，作为东道主，是一种信任，也是一种荣誉。为了喜迎各地客人，丰富会议内容，为会议增光添彩，经领导批准同意，我们拟在热情接待，搞好服务的同时，制作一档反映和讴歌我省财政监察干部忠于职守无私奉献的特别节目，于会议期间在电视台播出，以此形式向财政部的领导和全国同行汇报我省财政监察工作成绩和财政监察干部的精神风貌。

与湖南电视台联系，他们非常热情，表示一定大力支持，并即刻指派了两位同志与我们合作，共同制作这部电视专题片。

离播出时间不到一个月了，任务紧迫，我们几个人加班加点，连夜奋战，几经酝酿、讨论和推敲，选定于晚成、廖保忠、周正南三位同志为题材主线人物，片名定为《财经卫士之歌》。

方案出来了，构思形成了，剧本也写好并获审核通过了，剩下的就是去实地采访和拍摄。

南方的五月，天气闷热，时晴时雨，变幻莫测，我们一行四人出发了。

二

醴陵，享有“瓷城”盛名的县城。这里山俊水曲，风物宜人，陶瓷工艺堪称一绝，瓷器远销海内外；这里藏龙卧虎，人杰地灵，走出去一大批惊世英雄和仁人志士。时间紧迫，任务艰巨，我们未敢去探访那神秘诱人的民俗风情和文化底蕴，也无心去欣赏商铺中五光十色精美别致的瓷器商品，更不愿逗留于人来车往繁华喧嚣的闹市街心，径直奔向渌水河边县财政局监察股股长廖保忠的家。

这是一所并不宽敞且光线暗淡的老屋，廖保忠热情地接待了我们。他衣着朴素，五大三粗，说话干脆果断，行动风火利索，宽大而又粗糙的脸上堆满了笑容，透出一股坚毅、沉着、坦荡的意志和气度。我们早已了解到，在财政战线上辛勤耕耘了三十多个春秋的他，从眉目清秀到两鬓斑白，从踌躇满志到老练成熟，栉风沐雨，废寝忘食，汗水挥洒于段段历程，把一身心血和满腔热忱毫不保留地倾注于党和人民的事业之中。他，艰苦朴素，淡泊名利，毫不计较得失，服从组织安排，从“米箩里”跳到

“糠箩里”，毅然走上“得罪人”、“清水衙门”的监察岗位；他，深入扎实，以苦为荣，夜以继日，废寝忘食，终日穿行于乡镇之间，跋涉于山水之中，醉心于埋头办案，心中只有“工作”二字；他，刚正不阿，秉公办事，金钱面前“坐怀不乱”，纪律之下“六亲不认”，挽救了一个个“湿手”的初犯者，将一个个性质严重、幻想蒙混过关者绳之以法。在从事财政监察工作的几年里，他查出违纪金额数百万元，为国家挽回了巨额的经济损失。

当我们的摄像镜头对准他，要他说点什么的时候，他一反大大咧咧、雷厉风行的神态，竟然是那么的羞涩、笨拙、迟疑和不自然，脸红耳赤，欲言而止，好不容易才挤出来一句话：“没有什么说的，老老实实办事，堂堂正正做人嘛！”是那么的平淡、真实，虽轻声细语，却又掷地有声！我们生怕这珍贵画面和话语瞬间消失，凝神屏气，及时地把它录入带子中，嵌入心坎里……

初战告捷，圆满地完成了第一站的拍摄任务以后，我们马不停蹄，赶往于晚成同志工作的地方——浏阳。

三

这里，满目青山，郁郁葱葱，是著名的“花炮之乡”，又是英雄辈出的革命老区。曾几何时，这里的人民抛头颅，洒热血，前赴后继，英勇战斗，为了民族的解放和独立，作出了巨大的牺牲和贡献。据资料记载，这里有名有姓的革命烈士就有 2 万多人，新中国第一批授衔的将军有 30 人之多，胡耀邦、王震、宋任穷、王首道、彭佩云等党和国家领导人就诞生于这片热土。

在县财政局机关院内，我们见到了监察股长于晚成，虽然目光炯炯，笑容满面，精神乐观，情绪饱满，但丝毫掩盖不了他那脸色的苍白和身体的虚弱。真不敢想象，一个患三期肺鳞癌、右肺被切除四分之三，长期靠吃药打针支撑病体的老同志，是怎样担负起财政监察这副重担的。也许是他十分珍惜自己的这份工作，怀着一颗感恩之心，不想辜负了领导对他的信任和培养；也许是他感到生命太短暂，要在有生之年里多作贡献，不停地放射出生命的光和热；也许是他不甘寂寞和闲暇，就此躺倒在病床度过宝贵的余生；也许……我想，最重要的，应该还是他觉得自己是一名共产党员，有责任有义务完成好党交给的任务，应该把一颗赤诚、火热的心献给党，献给祖国和人民！

在采访中，我们了解到，于晚成是一个闲不住的人，经常拖着带病的身体，下基层，跑单位，加班加点，挑灯夜战，查阅账目，调查取证，发现问题不弄个水落石出，不办成铁案是决不收兵的。他经常告诫自己，“要经得起考验，要像清纯的荷花一样，出污泥而不染。”他给自己“约法三章”：一是请客不到，二是送礼不要，三是不搞私下交易。在社会上一度大讲排场的时候，他的女儿出嫁许多同事、朋友和熟人上门贺喜，但他铁板一块，婉言谢绝，坚持对外不收一份礼，不办一桌酒席。对他来说，命运是极不公平的，妻子因一次事故离世而去，一个孩子因患病脑瘫致残，家庭的不幸和负担压得他喘不过气来，但他从不向组织申述困难，更不消沉颓废、怨天尤人，依然以顽强的意志、坚忍不拔的毅力，终日拚搏和忙碌在财政监察岗位。

于晚成，一位真真切切的“拼命三郎”，实实在在的“老黄牛”！一位可敬可佩、可歌可颂的工作典范和学习榜样！在镜头里，在我们眼中，你已不再是一位身材瘦削、重病缠身的弱者，而是一座摧不倒、压不垮，雄伟、挺拔的大山！

四

汨罗，是爱国诗人屈原怀沙投江的地方。青山脚下，静静流淌的汨罗江，仿佛在向我们讲述一名普通共产党员的动人故事；天似有情，下起了滂沱大雨，仿佛哭泣着一个早逝的英灵。在一次工作会议上，才从监察股长职位上提拔不久的副局长周正南正在汇报工作时，因再次心脏病突然发作，骤然倒下了，再也没有醒过来……

“一身正气，两袖清风”，这八个字，应该是对他人生历程再恰当不过的注脚。他是“文革”前的最后一批财经本科生。毕业时，众多同学都在盘算着能够留省、留地区工作，他却“傻乎乎”地主动申请到汨罗县工作，一干就是二十多个年头，把鲜亮的青春和一腔热血无私地献给了生他养他的家乡。在他的档案里，记录着他 7 次被评为市先进工作者，5 次获市优秀共产党员称号；在单位的考勤簿上，他担任财政监察股长 6 年期间，320 多个星期天和节假日没有休息，加夜班 440 多个。同事们记得，在他临

终前的一段日子，因病情严重，他多次晕倒在办公室里。为了不耽误工作，他每天上午去一趟医院，打完针又马上回到了办公桌前……

可以说，我与周正南太熟悉了。那是1985年，有人举报汨罗市有关单位和领导严重违反财经纪律的问题。我受命带队赶赴汨罗调查案情，当地政府指派他配合我工作。那些日子，我们朝夕相处，密切配合，日夜奋战，克服了种种困难，冲破了重重阻力，终于剥茧抽丝，吹糠见米，查清了问题，引起中央、省有关领导的高度重视，将违法违纪者绳之以法。我清楚地记得，他情况熟悉，业务精湛，工作细致，作风扎实，毫不顾忌来自顶头上司“网开一面”的暗示和压力，也不接受朋友、熟人“手下留情”的劝告和说情，义无反顾，穷追不舍，为我们提供了不少重要的线索和帮助，使我们在这一错综复杂的案件抓住了重点环节和关键问题，找到了突破口，得以圆满结案。我曾一度为他的处境和“后果”担忧，要他退避三舍，别卷入其中，但他宛然一笑，我行我素，继续走他自己的“路”……

在他低矮、简陋的家中，他的妻儿悲痛欲绝、泣不成声，我们的泪水也不由得夺眶而出。这时，他的妻子擦拭着眼泪，弯下腰来，从一口落满灰尘的破旧皮箱的底层翻出一个小红本本。我们眼前一亮，啊，是党费证！她抽泣着告诉我们：他是个“吝啬”的父亲，“小气”的丈夫，舍不得吃，也舍不得穿，但为农村贫困户和灾区群众捐款捐物却慷慨大方得惊人。一次，作为全省财政系统的劳模，他被安排去一座海滨城市疗养，难得的一次远行，她幻想着丈夫能给她买上一件好的衣服，儿子也巴望父亲带回一些好吃的东西，但是提前半个月回来的他，拎回来的仅仅只是价值几块钱的贝壳工艺品，然而却把那诱人的100元奖金一次全部交了党费。

我们还能说什么呢？我们还需要记录和拍摄什么呢？我们不再忍心过多地打扰他们，想去他长眠的地方看看……

雨淅淅沥沥下个不停，路越来越窄越来越滑了，汽车再也无法往前开了，我们只好撑开雨伞，穿上雨靴，冒雨前行。约两公里的泥泞山路，我们小心翼翼，走了好久好久。终于到了，在一处当阳的半山坡上，一堆黄土长满了新绿，我们伫立于前，任凭雨水飘湿了衣角和裤腿，在他坟前虔诚地献上花圈，点响炮竹，深深地三鞠躬，祝愿他在另一个世界自由自在，安然无恙！

五

几天的所见所闻所感，使我们仿佛经受了一次心灵的震撼和灵魂的洗礼！廖保忠、于晚成、周正南，三位再平常不过的财政监察干部，他们没有惊天动地的豪言壮举，也没有灿烂辉煌的丰功伟绩，但有的是真切、执著、坦荡的胸襟和积极、扎实、忘我的行动，他们的故事同样令人感叹、动情和敬慕！

是啊！正是有了像廖保忠、于晚成、周正南这样许许多多的“财经卫士”、成千上万的“人民公仆”，我们的财政事业才如火如荼，如日中天；我们社会主义大厦的基础才坚如磐石，牢不可摧！

渌水、浏阳河、汨罗江，依然如故，映照在阳光下，镶嵌在图画中，日夜不停，奔腾不息，汇集成波涛汹涌的江水，融入浩瀚广博的大海……

这时，我不禁再一次引吭高歌起来：

“踏上了这条路，就默默地去寻找，借一种感觉梦中绕；踏上了这条路，就默默地去寻找，再沉的警钟也使劲儿敲；一片痴情我不改，奉献最自豪！”

（作者单位：湖南省财政厅）

只要牢牢把握住“总开关”

李敬军

人一旦失去思考，会变成什么样，我很难想象到一个合适的词汇去描述。但作为一名共产党员，一旦失去思考，定会失去人生重心；若是一名党员领导干部失去思考，定会失去决策方向；如果是一群或者一大群共产党员失去思考，就会失去信仰，还会给老百姓带来苦难。

面对来自四面八方的诱惑和干扰，我们应当多一些思考，特别是多一些不断加强党员干部党性修养、大力弘扬共产党人优良作风的理性思考。

党性修养锻炼的一大法宝

只有始终把握正确的政治思想和坚定的政治立场，在任何时间与人民群众同呼吸、共命运的立场才能得到巩固，做人民公仆的宗旨才能得到加强，坚信人民群众是真正英雄的唯物史观才能得到深化，政治意识才能得到强化。

或者说，牢牢把握住世界观、人生观、价值观这个“总开关”，加强对辩证唯物主义、历史唯物主义的学习和应用，是增强党性修养锻炼的一大法宝。

历史让我们明白："空谈误国，实干兴邦"。一个人、特别是一名从事财政工作的共产党员，只有奋发有为，干事创业，活着才有意义和价值。

工作就是服务，服务必须负责。无论在哪个岗位，都要摆正位置，始终做到谦虚谨慎、不骄不躁，不妄自尊大，也不妄自菲薄。

要脚踏实地，真抓实干，用作为求地位；坚决反对浮躁浮夸、急功近利的作风，坚决反对铺张浪费、大手大脚的作风；要学会从一点一滴的小事做起，不以事小而不为，不以事难而退却；要有争创一流的强烈进取心，要有敢做敢当的强烈责任心。

宋代李邦献在《省心杂言》中写道"轻财足以聚人，律己足以服人，量宽足以得人，身先足以率人"。党员干部在充分发挥自己的优势和长处的同时，也要清醒地看到自己的不足，要做到"轻财、律己、量宽、身先"，对组织襟怀坦白、光明磊落，对同志肝胆相照、以诚相见。

凝聚产生力量，团结诞生希望。做到识大体，顾大局，大事讲原则，小事讲风格，主动地把自己融入到党组织这个"大家庭"中，汲取集体的智慧和力量，才能更好地完成任务，在成长的过程中才能少走弯路。尽量把眼光放得更长远一些，把视野拓展得更开阔一些，把集体和国家利益考虑得更周全一些。

既要创新又要忧患

江泽民同志曾说："创新是一个民族进步的灵魂，是国家兴旺发达的不竭动力，是一个政党永葆生机的源泉"。就是说，因循守旧，事业就没有发展；循规蹈矩，工作就不会有进步。

财政干部要有创新思维，自觉地把思想认识从那些不合时宜的观念、做法和体制的束缚中解放出来，从对马克思主义的错误和教条式的理解中解放出来，从主观主义和形而上的桎梏中解放出来。

要有创新的方法，在尊重实践、尊重群众首创精神、尊重客观规律的基础上，把创新热情和科学的方法结合起来，避免和防止制造所谓轰动效应，好大喜功，标新立异，片面追求"新、奇、特"而脱离实际。要有创新的胆识，创新是对旧事物、老传统的否定和革新，瞻前顾后、左顾右盼，永远不会创新。只有不怕失败，不怕“犯上”，敢于承担风险和责任，创新才可能取得实实在在的效果。

“生于忧患，死于安乐”、“居安思危，思则有备，备则无患”。现代社会，科技突飞猛进、知识经济蓬勃兴起，综合国力竞争日趋激烈。中华民族的伟大复兴更是需要我们几代甚至十几代人的艰苦创业才能实现。

作为财政干部，在创新的同时必须要清醒认识到“危”之所在，知道解“危”之方，以时不我待的忧患意识，树立“活到老，学到老，改造到老”的终身学习的信念，学习经济、法律、科技等多门类的知识，汲取世界上优秀的文明精华，全面开阔视野，优化知识结构，升级大脑“内存”，保证“源头有活水”，促使工作方法这条“渠”变“清”。

常修为政之德，常思贪欲之害，常怀律己之心，努力做到自重、自省、自警、自励，时刻严格要求自己，在任何情况下都要稳得住心神、管得住手脚、抗得住诱惑、经得起考验。

要有淡泊宁静的心态，淡薄名利，轻视钱财，正确对待个人的荣辱和升迁。要自觉躬行本职工作，牢记“海纳百川，有容乃大，壁立千仞，无欲则刚”的古训，经常自警自诫，做到一尘不染、一身正气，两袖清风、三思而后行。更要不为名所累、不为利所惑、不为色所动，培养积极向上的生活情趣，做“一个高尚的人，一个纯粹的人，一个有道德的人，一个脱离了低级趣味的人，一个有益于人民的人”。

得失之间见光华

在处理公与私的关系方面，要充分认识到公私关系是人们对人生一系列问题认识的出发点，是人生观中最重要的组成部分。

在一般情况下，考虑和维护个人的物质利益，这是无可厚非的。但是，我们提倡大公无私，反对极端的个人主义。为此，就要做好公而忘私、先公后私、公私兼顾（道德底线）、先私后公、损公肥私的选择。要从道德底线、公私兼顾做起，逐步提升到先公后私、公而忘私。

在处理人与己的关系方面，要做到“人人为我，我为人人”，“严以律己，宽以待人”，这些都是加强党性修养、提高道德水平的起步阶梯。对己则要自知不要自欺、要自信不要自负、要自谦不要自卑、要自律不要自纵，对人要能够尊重他人、理解他人、诚信对人、善待他人。

在交往对象的选择上，要亲贤人，帮穷人，远小人，憎恶人。在恩怨的问题上，感他人之恩，责自身之过，恕别人之错，不计施人之恩，这是一种严己宽人的高风亮节，更是一种至仁至善的道德风范。

“有得必有失，有失必有得，小得小失，大失大得”，这就是事物发展的轨迹，世间从来没有只得而不失，或只失而不得的特例。要收获知识，首先就要潜心学习；要得到别人的尊重，首先就要尊重别人；要赢得荣誉，首先就要对集体、社会做出成绩；要成为一名名符其实的党员，首先就得按党员标准来要求自己。

人的命运福祸同行，利害相邻，得失相伴。“塞翁失马”的故事说明了“安危相倚，祸福相出”的深刻哲理，而虎死于皮、鹿死于角、熊死于掌、象死于牙，也是“祸福相依”的写照。

走在“华容道”时，要想到“走麦城”，学会未雨绸缪，防患于未然。而当遭遇灾祸、挫折、困难时，最好换个角度想问题，想到“雨后彩虹”、“柳暗花明”这层意思，防止好事变坏事，促进坏事变好事。这既是以人为本的基本道德规范，也是一个人之所以为人的基础性情修为，更是对党员干部党性修养提升的严格要求。坚守住了社会核心价值观，他就是一个具有较强党性修养的合格党员和优秀干部。

（作者单位：重庆市财政局）

清醒看待“财神爷”的财权

张德华

无论是革命战争年代还是社会主义建设时期，我们的前辈们都为我们留下了许多宝贵的优良传统，这是我们永远的精神财富，只有将其传承下去，我们的事业才能蒸蒸日上，不断发展。

亲民、爱民、惠民是中华民族的优良传统，无论是“先天下之忧而忧，后天下之乐而乐”的古训，还是我党“一切为了群众、一切依靠群众”，“从群众中来、到群众中去”的优良传统，都是我们现实工作中应该传承的。近些年，党和国家实施的“民生工程”，也正是为了实现党的宗旨，提高全社会尤其是普通群众的物质文化生活水平的重要决策。财政部门作为“民生工程”的重要组成部门，其为民服务、为民理财的职责神圣而伟大。

作为财政人，人们称我们为“财神爷”，我们要清醒地对待这个称号——不是我们给社会带来什么财富，而是因为财政人手中掌握有所谓“财权”。我们应时刻清醒地认识到，我们握有的公权，都来自于人民群众，一切公权也该服务于人民群众。因此在行使自己的责权时，应该首先想想，这样做是不是有利于群众利益，是不是有利于社会经济发展，是不是有利于公共事业。切忌为了一己之利，置集体利益于不顾。牢固树立大局意识，维护大局，服务大局。廉洁自律是我党的一项优良传统，也是财政工作者长期坚持的优良传统，我们必须发扬光大并传承下去。

财政工作不仅要开源，更要节流，要把纳税人的钱用在刀刃上，努力提高财政资金使用效益。譬如我是从事政府采购工作的，始终坚持规范操作，在对待采购人的采购需求环节严格把关，严格执行强制或优先采购节能环保产品的政策功能，努力实现公平、公正、公开的政府采购原则，不断扩大政府采购规模，提高政府采购资金使用效率。

“一滴水只有放进大海里才永远不会干涸，一个人只有当他把自己和集体事业融合在一起的时候才能最有力量”。任何人，离开团队合作，必将一事无成。我们干革命、干事业，都必须集中集体的所有力量，拧成一股绳，形成巨大合力，才能够战胜一切困难险阻，赢得胜利。如果我们真正明白个人不过是集体的一员，个人的工作不过是集体事业的一个小小环节，个人的工作是为这个集体利益而工作的，就会变抱怨为情愿、变空话为实干、变拖拉推诿为积极主动。我们要经常对照党章，对照人民群众的要求，主动反省，实实在在查摆自身工作中的问题，加以改进，这样才能不断提升自己的工作能力。

大千世界，我不过浮尘一粒。可能我无法像云朵般飘逸，但我一定得融入泥土中而踏实。到最后我可以自豪的说，虽然我只是浮尘一粒，但我曾折射过太阳的光芒。

（作者单位：安徽省安庆市财政局）

“正形象”与“硬管理”

张　红

一个部门，一个机关，一支队伍的形象内涵最终反映为个人的素质；当个人的素质达到一定水平，其整体形象不彰而显。肩负着为国理财，为民理财重任的财政部门，在财政职能不断转变、素质要求不断提高的今天，尤其需要打造“正”的形象，树立“硬”的威严。

所谓“正”，是指财政干部不但要有精湛的业务技能，更要有清正廉洁、品行端正的良好素养来构建队伍的形象，达到财政管理的素质要求。一直以来，财政部门因职能的特殊性和责任的重大性倍受社会关注，其原因在于财政行使的是政府的部分职能，履职效果直接影响着政府形象，关系到国家和人民的利益。因此，财政部门必须以“正”为核心来支撑队伍的整体素质和形象。通俗讲，就是正人要先正己，打铁必须自身硬。

所谓“硬”，就是财政部门在履行财政职能，实施财政监督，执行财经法纪的过程中，坚持原则，依法办事，决不在违法违纪行为面前手软。财政是国家的命脉，财政政策充分作用于国家经济，对国家的管理、人民的生产生活产生重大影响，如果财政政策执行不力，财政监督不严，财经法纪执行松散，就毫无履行财政职能、实施财政管理可言。因此，财政部门必须以“硬”为手段，严格依法理财。

从逻辑上讲，“正”是财政部门履行职能的基础条件，“硬”则是依法监管的手段和目的。也就是说，财政部门只要自己“正”了，财政管理才能“硬”起来，财政职能才能真正发挥，财政部门的形象也才能树立起来。表面看，这是一个十分简单的逻辑关系，但要达到“形象正”、“管理硬”的目的并使二者完美结合，却是一个集德能素质升级、财政文化建设以及财政监督管理于一体的系统工程。

正形象：一是要正观念。财政部门曾被某些人戏称为“财神爷”，这是因为我们的干部因工作的分工，手中掌握着或多或少，或大或小的权力，在开展工作的过程中，就会出现有人请，有人送，甚至有人求的现象。久而久之，一些干部忘记了自己的职责，违背了国家和人民的利益，坐错了自己的位置。因此，必须毫不犹豫地杀掉少数人这种“老爷”习气，树立理财部门的正气。二是要正品行。正确的理财观念要体现于财政干部平时的工作和为人当中，要着力于队伍求真务实、扎实深入的作风建设，在行动上严管自己的“手”、“嘴”、“脚”，不该拿的不拿，不该吃的不吃，不该去的不去，自觉形成拒腐防变的强大“抗体”。三是要精业务。财政部门是财务管理的指导机构，是会计业务的“娘家”，承担着财政预决算、会计培训、财务检查等多种责任。如果自己业务不精，何谈为民理财，谈何财务指导，何谈财务监督？因此，正形象，还要扎扎实实提高我们的业务技能，提升我们的执业水平。这样，财政部门的形象才能树立起来，才会受到各行各业的尊敬和拥戴。四是要硬奖惩。为什么个别干部始终置党风政纪于不顾，依然“我行我素”？究其根源，是部门有规不依，行规不严，违规不究所至。因此，财政部门决不能因为有了一套规章制度和法规体系而万事大吉，而要在注重法规制度的“人本”观念和可操作性的前提下，下定决心，将制度执行和奖惩兑现到底。

硬管理：首先要执法严格，依法办事，严肃处理违法违纪行为。财政部门行使监督职能，决不能畏畏缩缩，瞻前顾后，要在监督检查发现的违法违纪行为面前铁面无私，坚决依法处理。财政部门在行政执法过程当中，必然有着各种各样的阻力，财政违法违规行为往往被置于各种“关系网”、“保护伞”之下，其表面上又有着冠冕堂皇的理由。但是，只要事实准确，依据充分，财政部门就要坚决依法行使职责，在法规和原则上不作半点让步。其次，财政部门必须根据执法对象、政策时段等具体情况，制定坚强有力的措施，以确保依法理财全面落实。这些措施应重点放在提高执法过程的可操作性上，防止违法违规者钻政策和法规的空子。只要我们对违法违纪行为实施了强硬措施，就自然能够震慑违法违纪者，树立威严，为国家财经法纪的执行铺平道路。

财政部门只有做到“正”与“硬”的完美结合，才能真正提高履职能力，树立财政形象。此外，要着力于财政文化的长远建设，必须建立本行业本部门有精神、有传统、有形象、有特色的人文精神和行业文化，使每一个财政干部在丰富的精神文化熏陶下，做到“正”与“硬”结合，从本质上内在地提升价值观和执业追求。

（作者单位：重庆市奉节县财政局）

财政干部应保持的“五种作风”

姜兴振　邹　超

“民以食为天，国以税为本”。税收之于国家，恰如水之于鱼，空气之于人类，是或不可缺的重要组成部分。作为财政部门，我们掌管国家税收，把握国之命脉，肩上的重担时时刻刻要求我们居安思危、慎之又慎。因为一张款项错误的支付令、一次失误的投资评审、一笔盲目的项目贷款，甚至一个错位的小数点这样的细微疏忽，都可能给国家和人民带来巨大损失。

如何才能成长为一名合格的财政干部，为国家和人民理好财、用好钱？我个人认为，不仅要在各方面严格要求自己，加强相关业务知识的学习，提高理财水平和办事能力，更要着力于保持“五种作风”，培养良好的品德修养。

脚踏实地的务实作风

“古之欲明明德于天下者；先治其国；欲治其国者，先齐其家；欲齐其家者，先修其身；欲修其身者，先正其心。”这是古人对“修身治国平天下”作的经典诠释。身为一名财政干部，只有从自身做起，从本职工作做起，才能真正做到“博观而约取，厚积而薄发”。

也许有人说，如果一辈子让你干这些重复琐碎的类似体力劳动的脑力劳动你还会说这些话吗？那么我想问：难道那种恪尽职守、老而弥坚的淡定，不正是一名财政干部应该具有的品质和追求吗？上帝是公平的，机会是平等的，是金子总会发光，日臻完善的人才选拔机制不会埋没任何一个人，前提你得是块“金子”。与其整天怨天尤人地抱怨怀才不遇，倒不如消停消停，沉下心来务点实，相信过不了多久大家都会对你刮目相看。

拼搏进取的创新作风

从“大锅饭”到“分灶吃饭”，从分税制财政体制改革到财政支出管理改革，再到近年来的国库管理制度改革，改革开放 30 年来，全国财政收入增长近 50 倍，财政体制机制日益完善，财政宏观调控能力日渐增强，为推进社会全面发展奠定了坚实的基础。这份靓丽成绩单，是老前辈们呕心沥血奉献的结果，是数代财政人不断创新尝试的结果。如果没有第一个敢于吃螃蟹的财政人，很难说能有今天财政事业如此骄人的成绩。

面对风云变幻的国际形势，日新月异的发展态势，我们仍不能有丝毫懈怠，创新才是唯一的出路。我们要在工作中不断探索新途径，创造新经验，既重视学习借鉴别人的经验，又善于活用、巧用“他山之石”，因时、因地、因事地进行社会主义财政体制机制改革。一个方便的 Excel 表，一个快捷的业务办理流程，都可能是我们创新的结晶，正是无数个财政日常工作小创新的量变实现了财政体制改革大创新的质变。不断把拼搏进取的创新精神世代传承、发扬光大，这是我们每个财政人都应该铭记的职责。

防微杜渐的谨慎作风

“千里之堤溃于蚁穴”。日常工作中那些貌似细小、微不足道、毫不起眼的细节，也许都会是爱德华·洛伦兹所说的那只蝴蝶翅膀，会掀起一场毁灭性的龙卷风。一名合格的财政干部要具有一叶落而知天下秋的敏锐直觉，善于从一点细小的端倪，发现财政工作中存在的资金安全隐患，把问题消灭于萌芽状态。

财政人天天与钱和数字打交道，有人说和钱打交道的人都胆小怕事，我认为这是一种褒奖，是对我们财政人严谨的工作作风的褒奖。因为我们深知差之毫厘谬以千里，因为我们深知只有这样才能担当起财政工作的重任，才能不辜负党和人民的期望，才能用好纳税人的每一分钱。当然，我们也不能一味地“胆小怕事”，在“防微”和“杜渐”的基础上，要逐步学会化被动为主动，在平凡中见大智慧，于细微处见真功夫，实现财政事业的可持续发展。

精打细算的艰苦作风

艰苦奋斗是我们党的优良传统，也是党团结和带领人民实现国家富强、民族振兴的强大精神力量。身为一名财政干部，要学会过“紧日子”，打“小算盘”，养成锱铢必较、精打细算的艰苦作风，消除大手大脚、铺张浪费的奢侈观念。因为腐败的过程就像温水煮青蛙，在慢慢加热的过程中恣意享受而没有察觉悄然逼近的危险。

身为财政干部，掌管国家的“钱袋子”，我们要坚持“勿以恶小而为之，勿以善小而不为”的行为准则，一日三省吾身，自觉加强思想道德修养，主动抵制腐朽没落思想观念和生活方式的侵蚀，真正做到“常在河边走，就是不湿鞋”。这不仅是为人的本分、当官的底线，更是每一位肩负时代重任的财政干部最基本的自律要求。

戒骄戒躁的谦虚作风

谦虚使人进步，骄傲使人后退。爱迪生年轻时创造了 1093 项发明，但晚年时的骄傲自满扼杀了他的创造力，过早地结束了他的发明生涯。保持戒骄戒躁的谦虚作风也是我党的一项优良作风。胡锦涛总书记曾强调：“各级领导干部要在坚持两个务必的基础上，把开拓进取的精神和求真务实的态度结合起来，坚持从实际出发，深入基层、深入群众。”实践证明，始终把自己融入一个学生的角色，摆在一个公仆的位置，时刻与人民群众保持不离不弃的血肉联系是财政工作顺利开展的基础。

随着改革开放的不断深入，我们的国家正在日益强盛，13 亿中国人民

稳步走上了富裕安康的广阔道路。但我们不能安于现状，存在小富即安、小进则满的观念。时代在发展，社会在进步，财政事业如逆水行舟不进则退，新的辉煌在等待我们去创造。

风正济时，自当破浪扬帆；任重道远，还需策马扬鞭。让我们同心同德，凝心聚力，用青春和笑脸迎接人生道路的风雨洗礼，用激情和汗水创造事业生活的光辉未来，用拼搏和进取谱写改革开放的美好诗篇，用勤劳和智慧开创财政事业更加辉煌灿烂的明天！

（作者单位：河南省濮阳市财政局）

甘耐寂寞的财政人

杨　强

我对财政的接触从1999年大学入学开始，4年的专业训练加深了我对财政理论的理解，更使我对从事财政工作有了深深的渴望。本科毕业，我如愿以偿地加入鹤壁市财政局，开始了财政职业生涯。从2003年算起，八年来，我对财政事业的热爱有增无减，对财政工作的理解也益加全面。

对数字精准度的苛刻是所有财政人共同的“职业病”。在财政人的观念中，没有“也许”、“大概”、“差不多”之类的词汇，财政人谈数字必有出处，为了这份准确，我们会翻无数的报表，一遍遍打电话、一次次下基层调研核实数据。多少个周末的加班，多少个节假日的无休，多少的青丝慢慢变成了白发，但财政人却甘耐这份寂寞，因了我们的付出，共和国前进的步伐变得更加稳健扎实，和谐社会的容颜日渐清晰。

守得住清贫，经得起诱惑，是每一个财政人都需模范遵守的职业道德。经理财政资金收支，财政人自然会受到社会上一些别有用心之人的拉拢和腐蚀。虽然我国公职人员的收入相对还不是很高，但我们每一个财政人都牢记“君子爱财，取之有道”的古训，“莫伸手，伸手必被捉!”

改革开放以来，随着我国经济社会发展水平的快速提高，财政收入也逐年增高。财政日子比以前好过了，但财政人肩负的责任也比以前更多了：机构运转需要经费保障、城市基础设施建设需要投资、民生支出需要增加，优化财政支出结构、盘活存量财政资金、提高财政资金使用效益……如何为人民理好财，成为财政部门新时期不容回避的一个历史课题。在改革创新的浪潮中，鹤壁财政人自然也不甘落后，我所在的国库支付中心为了提高财政资金使用效益，从2003年开始，在确保财政资金安全和保证支付的前提下，不断研究探索有效办法，将符合条件的活期存款转为协定存款、通知存款或定期存款，切实提高了资金收益。截至2009年底，共实现入库现金增值收益1137.2万元，为鹤壁市的经济社会建设提供了更多的财力支持。

财政资金是有限的，需要财政资金的地方也很多，出现无法满足预算单位用款请求的事会经常发生。虽然我们不能时时事事满足要求，但我们财政人始终有个好的态度，做好解释说服工作。不能让前来办事的人员既办不成事情，也丢失了好心情，坚决杜绝“门难进、脸难看、话难说、事难办”现象在财政部门发生。

搞好服务，既要讲态度，更要讲效率。没有效率，再好的态度也称不上是好的服务。鹤壁市国库支付中心从成立以来，通过不断优化办事流程，极大地提高了国库集中支付效率。通过城域网建设，我们把授权支付业务委托代理银行直接办理，免去了相关人员在预算单位、财政部门和代理银行之间的来回奔波。对财政直接支付业务，我们在票据审核无误的情况下，资金即审即付，单笔业务办理时间由原来的10分钟缩短到现在的不足3分钟，赢得了社会各界的一致好评。

作为财政战线的一名新兵，我将忠实继承老一辈财政人艰苦朴素的优良作风：一茶一饭当思来之不易，一丝一缕恒念物力维艰；严于律己，生活上善于知足，修养上善于知不足。康德有一句名言：“世界上唯有两种东西能让我们的内心感到深深地震撼：一是我们头顶上灿烂的星空，二是我们内心深处崇高的道德法则。”我想，只有树立了崇高的道德法则，我们才能在工作中不迷失方向，才能成为一个高尚的人，一个有益于人民的人。

（作者单位：河南省鹤壁市财政局）

记一挂算盘

陈现刚

我参加工作30年，曾经使用过的算盘足有十挂，但家传的一挂算盘，始终没有离开我，尽管工作变动了几次，尽管也搬了几次家。每当整理杂物时，总是拿起来左看右看，无边的遐想涌上心头，想起逝去的祖父，想起在老家的父母亲，想起财政同事和会计同行，想起激情燃烧的岁月，心里充满着深切的怀念。

我最初接触那挂算盘是20世纪六七十年代——我的童年时代。当时正值“文化大革命”，社会商品短缺，人们收入微薄，可以说“没有钱买玩具，有钱也买不到玩具”，但这并不能压抑童年的贪玩之心，我和伙伴们就用废旧作业本叠制成飞机、照相机等，用大人丢弃的烟盒折成三角形的烟包，用高粱杆制成动物笼子，捡部队打靶丢弃的弹壳、弹头，作为我们的玩具。但我最爱玩的却是祖父的一挂算盘，这也是唯一买来的“玩具”了。当时我只知道胡乱拨打算盘珠子，或者干脆把它翻过来，放在桌上，当成大型平板车，推着玩，哗哗地尖叫声每每惊动母亲，得到的是母亲的严厉训斥，我隐隐约约地感到母亲是多么爱惜那挂算盘。训斥之后，母亲总是把它挂在离地面较高的墙壁上，不让我们够着。我只有趁母亲不在家时，用小凳子放在大凳子上的办法，偷偷摘下来玩。

母亲始终把那挂算盘视为家中宝贝。我小学四年级的时候，学校开了一个学期珠算课，虽然只有十几节，但需要准备一挂算盘。家里经济条件差，母亲舍不得买，于是就忍痛将那挂算盘给我。她认真地用一根布条拴在算盘框子两端，方便我背，还反复嘱托我不能弄丢、不能损坏。

我参加工作时，父亲就把那挂算盘送给了我。在这个时候，我才仔细端详那挂算盘：那是一挂极普通的老算盘。说它普通，是说它的算盘框子、算珠、算档跟一般算盘没有什么两样。说它老，是指算盘框子已经非常沉旧；算档由于长期的磨损，已经细了许多；算珠的内孔凹陷下去，其截面形成了两个半径不等且相交的圆；整个算盘的油漆脱落殆尽。

母亲告诉我那挂算盘的来历：祖父 20 世纪 30 年代是远近闻名的账房先生，这挂算盘就是他当学徒时用半月的薪水买来的。他脑子很管用。在抗日战争最艰苦的岁月，祖父为了八路军的战士吃得饱，穿得暖，为了抗战的最后胜利，他带着这挂算盘，参加了解放区的财政部门，为抗日人民武装管理后勤，并筹集了大量粮款。解放战争和抗美援朝时期，父亲才刚刚参加工作，在县政府的财粮科工作，祖父把那挂算盘送给父亲，父亲拿着那挂算盘为打败国民党反动派和美帝国主义做了大量工作。父亲后来成为当时县里有名的“铁算盘”和会计技术能手。

母亲接着反复叮嘱我，送给你算盘，就是希望你在工余时间练好珠算，为工作打好基础。我也暗下决心，不辜负父母亲的希望，把珠算练好。那时候，我坚持每天练一小时算盘。从“六二五”指法练习到“九遍九”加减法练习，从乘除法练习到乘方开方练习，从“孤雁出群”练习到“雄鹰展翅”练习，那挂算盘一直陪伴着我。

20 世纪 80 年代初，改革开放春风吹遍大地，珠算经历了“文革”中被政治挂帅所淹没和淡化后，重新被捡了起来，自上到下开展了轰轰烈烈的珠算活动：成立珠算协会，开展珠算定级，举行珠算竞赛和表演赛。我至今还清楚地记得珠算定级分为能手级和普通级，在能手级和普通级中又各分为六级。我现在还珍藏一张 1985 年两个十岁小姑娘表演珠算的照片，可见人们的珠算情怀。

那时在我们财政机关，在各个单位财会部门，无论是机关的局长、科长，企业的领导、会计，以至每一位从事财经工作的同志，谁不会使用算盘这一古老的运算工具呐？他们对自己的算盘最熟悉，最有感情。那种感情，是骑士对战马的感情，是射手对良弓的感情。算盘就像战士手中的枪，农民手中的锄，学生手中的书，画家手中的笔，成为同志们最亲密的伙伴和朋友。

打算盘的姿势根据工作需要有多种。主要是坐在或站在桌子旁这两种姿势；还有站着一手托着算盘，另一只手击打算珠；有的同志在熟练的基础上闭上眼睛盲打，表现出高超水平；我们单位一位卢姓的女同志双手同时击打算盘，两只胳膊、十个手指在算盘上面飞舞，宛如凤阳花鼓的演出，给人一种完美的艺术享受。

为了提高计算速度和准确率，我们在学习和工作实践中摸索出许多新方法，也算是“创造发明”了。大家把口算、心算和珠算有机结合起来；随着计算器、计算机的普及，又把计算器、电脑和珠算结合起来；有的同志右手在打算盘的同时，还拿着笔，在珠算结束后，能迅速将数字写在纸上，节约了拿笔、放笔的时间；有的同志练就了一目十行的心算技术，大大缩短了计算时间。

珠算要求在准确的前提下求快。这需要食指、中指、拇指紧密配合，更需要眼、手、心紧密配合。拨打算珠要准确，用力要适当，初学打算盘，往往不知道劲往哪儿使，用力大了算珠还会反弹回来，用力小了算珠又达不到位置，容易造成计算错误，这种技巧需要长期的锻炼，不下一番功夫是不行的。一些初学的同志，有劲使不上，往往急得满头大汗，还会骂算盘、摔算盘，但这又关算盘什么事呢？是自己功夫不到家，而算盘却在静静地等待着性子燥的人，心平气和后才会和他配合。

为了提高算盘技能，在20世纪80年代，经常开展珠算竞赛。成绩好的奖一挂算盘，一本笔记簿之类，那是很光荣的。更光荣的是被授予“珠算能手”，我也是“珠算能手”之一。在财政局的大会议室里，在财会学校的大教室里，在基层单位，在主管部门，经常有十几人、几十人甚至上百人同在一起比赛。每次比赛全场静寂，等待着主赛官一声号令，一个个精神抖擞的参赛者，一行行整齐的算盘排列在桌面，像一排排荷枪实弹即将出征的战士，又像一排排弦乐演奏的乐师。号令一发，只听见“嗒嗒嗒”的算珠击打声，宛如喜庆的鞭炮齐鸣，又如战场上万马奔腾的马蹄声和枪炮声，还像无数古老编钟奏出美妙的古曲，真是气势恢宏，蔚为壮观。

打算盘，需要注意力高度集中，加上日常会计业务，常常会引起腰酸背疼，但我们有一种乐在其中的感觉。打算盘时，眼睛既要看账本和凭证上的数字，还要看算盘。手既要写计算结果，又要拨打算珠。当一串串整齐而正确的阿拉伯数字排列起来，当一份份科目余额表和资产负债表连绵不断地编制出来，所有参与的同志简直有贝多芬音乐艺术创作的成功之感，有农民朋友播洒汗水后收获时幸福之情。是啊，一个个数字的组合就是有节奏的，和谐而优美的音符；就是一串串丰收的果实。每当这时大家都忘记了劳累，忘记了疼痛，忘记了烦恼，有时还会飘出欢快的歌，同志们脸上充满胜利的喜悦，也倍感生活的充实。

我将永远珍藏那挂算盘，因为它记载着我们家祖孙三代 70 年的财政情缘，记载着祖辈、父辈所经历的炮火连天的峥嵘岁月，也记载我们所经历的如诗如歌的火热年华。

每当夜深人静的时候，我思绪的野马常常停留在那挂算盘上，那挂算盘里蕴含着一种精神，那就是热爱祖国、热爱人民的精神，热爱财政、忠于职守的精神，勤奋学习、苦练本领的精神，崇尚荣誉、热爱集体的精神，志存高远、乐于奉献的精神，曾经多少次我被这些精神所震撼、所感动，我会把这种精神传承下来，播撒在财政中间，让它生根发芽，发扬光大。

（作者单位：河南省孟津县财政局）

写与泡桐

庞晓线

今夜，月光如水，今夜，注定无眠。泡桐呀泡桐，十多年前，当我踏进财政所的小院，有你呼呼啦啦的热情欢迎，花开花落，春去春来，我的身边至始至终有你的陪伴，明天，我将踏上人生新的旅程，难道拙朴的你仍会与我相对无言？在这个寂静的夜晚，回首往事，泡桐啊泡桐，你是否同我一样有万千感慨？

初来乍到

你可曾记得，初涉财政工作的我，青涩懵懂。十年寒窗苦读，结果却走进了如此偏僻的小乡镇，望着满眼破败的小院，所有的热情与梦想顿时消失殆尽。办公室灰暗陈旧，宿舍内墙壁斑驳，经雨水的渗漏，竟生出缕缕青苔。寒冬室内滴水成冰，炎夏酷暑难耐，整夜无法入眠。一日三餐是略显粗鄙的饭食。远离县城，交通不畅，信息闭塞，似乎与世隔绝。更为头痛的是，乡镇财力相当紧张，农村各种矛盾的长期积累，令财政工作步履维艰。虽然工作范围涉及全乡预算内外资金收入及支出，农业“四税”的征收及上解，乡村统筹提留款及全年业务量几乎为零的乡村企业的财务管理，但是农业“四税”的征收几乎耗费全所人全部的精力。这些离我在校时所学的财政专业知识相距太过遥远。除了简单的账务核算，几乎就是没完没了的下乡，下达任务，丈量摸底，清收下欠，还要随时配合乡政府中心工作的开展。日出日落，风里雨里，田间地头，小路村舍，到处都有我们的身影。如此简单无聊、落后无比的工作，完全是在浪费我宝贵的时间和精力。想想几年以后即将踏进 21 世纪，而这里完全感受不到外面的世界繁荣发展的匆匆步履。生硬而无趣的老所长，三十出头却平庸且老气横秋的老张，毛毛躁躁、顽劣不改的学弟，于是，工作敷衍塞责成了我的一贯风格，逃避冷漠成了我拒绝“同化”的面具。

在那些迷惘的日子里，我曾在无数个暮色寂寥的黄昏，百无聊赖地看着院中默默无语的这棵泡桐树，从一树繁花的春日直到枝繁叶茂的仲夏，从满地枯黄的落叶直到光秃秃又粉妆玉砌的枝枝丫丫。

泡桐呀泡桐，你怎能生得如此让人不屑，开花便开得大大咧咧、无所顾及，满枝满叉的像一个个不饰雕琢的村姑扭扭捏捏挤成一团，枝叶更是生得宽大厚实，愣头愣脑地伸向房顶，掠过墙头，在这个破败的小院更是显得突兀。但是，贫瘠的土壤似乎没有阻止你生的渴望，你每时每刻都在积蓄着能量，每天都能健健康康的成长，只要有阳光你便会展示你生命的存在与顽强。可是在这个偏乡僻壤，你怎么每天满心欢喜，内心如此踏踏实实？

豁然开朗

时光如梭，几年的风雨历练，心浮气躁的我渐渐摆脱了内心的挣扎。我如何能漠视其他同事令人佩服的工作能力，又怎能不对他们的关心爱护心存感激。两鬓斑白的老所长，一年到头穿着颇有年头的制服，在办公室凝神思考，加班加点地分析计算，在村舍田间，时常有他推着破旧自行车的身影。在酷暑难耐的夏粮征收期间，一遍又一遍地奔波在财政所、粮站、村组之间。我绝对不会再置身度外、无动于衷。而且我惊喜地发现，那令人不屑的“老古板”竟能写出结构严谨、思想水准颇高的文章，那木讷的老张，不但账务处理得干净利落，而且吹得出宛转悠扬的笛声，那整天毛手毛脚的学弟竟写得一手漂亮的毛笔字。春华秋实，我们总能在全县的考核评比中捧回红彤彤、金灿灿的奖牌。

“知足常乐，终生不辱，知止常止，终生不耻。”多姿多彩的世界没有让我们浮躁，追名逐利的社会没有让我们失落。财政所的办公室是镇上最破旧的，工资是拖延时间最长的，固守清贫，坚守道义，不屈从于外界的压力和诱惑，“踏踏实实做人，兢兢业业干事”是我们维护财政尊严真实写照。

在那个暖风融融的春日，粉紫的花朵引得满树嘤嘤嗡嗡的蜜蜂忙碌不堪，呼吸着你独特的甜甜芬芳，我似乎明白了，人人羡慕的财政人就像这黄土地上随处可见的泡桐树，春花绚烂，夏叶婆娑，就连那凛冽的冬日，也有你向上强壮的躯干。而且，我了解了浑身乡土气息的你，竟有着高贵的血统，外皮粗黑的树干，也有着“炎帝削桐为琴，以怡民情”的雅致，而且我还了解到，你竟然是防风固沙的能手，抗污防尘的模范。你始终执着坚韧，始终干净纯粹，就是这样的不招不染，无论田间地头、道边庭院，你都以自己的方式成为一道独特的风景。

山重水复

20 世纪末的农村工作之艰难，经历过的乡镇干部的感觉是刻骨铭心的。人员的不断更替，让我愈发感觉肩上的重担。继承与传承，都得由我们来完成。

你可曾记得，为了清理越来越难收的农业税款，太阳还未升起，我们已经踏出了大门，当村村落落的上空升起袅袅炊烟，休息片刻的我们又走村入户。在矛盾积累较大的村组，每户登门不下三次，七八次的说服工作亦属平常。群众的火气更是一触即发，忍，再忍，税款扔在地上，我会默默捡起，谩骂我决不还口。因为我心中明白，农民太苦，税费沉重，我没有任何理由向衣食父母发火。乡间的小路，没有牧童短笛，只有凸凹不平的路面，无数次摔下车来开裂的鞋，碰伤的腿，是我的永久的记忆。

你可曾记得，为了保证统筹提留款的完成，一个多月的时间里，每天晚上坚持到十二点，计算任务，统计进度，随时会有人将我从少之又少的睡眠时间中喊起，在凌晨 6 点 50 分，必须将统计进度表准时送到每位领导的手上，以便晨会前掌握第一手资料。

泡桐呀泡桐，每当走过你的身边，我总会平添几分勇气，而后多出几分思索。在无数个雨夜，听着雨点落在你厚厚的叶子发出的哔哔啵啵的声音，我都会问自己：乡镇财政的出路在哪里？屋角墙垣，你顺势而上，但丝毫不改你日复一日的伸展、挺拔，而你的奉献也随着科技的进步而发掘的愈发彻底。你分明也有精神，也有信念，你的顽强与执着就是做好树的本分，而对于我，执着、坚韧，奉献，更需要探索寻求，才能成就美好人生。

柳暗花明

一切改变始于本世纪初的农村税费改革。中国农村的一系列政策发生着前所未有的改变，从农业税减征到逐步取消，再到粮食补贴、家电下乡、医疗改革，良种补贴等等，我有幸经历了这场划时代的改革。当财政由“积累型”向“反哺型”转变，基层财政工作要求每个人都转变观念，重新定位。随着新生力量的不断加入，我们的观念在碰撞中改变，技能在磨合中提高。很庆幸自己一直未丢弃的专业知识在实际操作中得到运用，并且通过不断地参加各种业务培训，才没被纷杂的新业务所吓倒。工作内容改变，而服务于民的宗旨从未更改。无论是粮食补贴，还是家电下乡，不管是良种补贴还是医疗补助，每项业务，每个环节，都是要求政策性强，时效性高。曾经破败的办公室，已被崭新漂亮的办公大楼代替，窗明几净的职工宿舍内，生活必需品配置齐全，交通工具换作气派的小汽车，现代化的办公设备促使大家不断地学习以迎接新的挑战。

泡桐呀泡桐，你的浓密树荫下，不再是一个人的发呆，每每会有热情的招呼，耐心的讲解，固执的争论，还会有善意的和解。似乎这些新名词、新事物都会引起你的兴趣，不是吗？看你的花期，似乎越来越长，看你的绿叶，愈发显得鲜绿、大气。我明白，你想要看我不断的超越。

亲爱的泡桐树，有你陪伴的日日夜夜，坎坎坷坷，都是人生永远的财富。一花一世界，一叶一菩提，昨天成为我心中永远的风景，未来的日子里，我会永远记得你纯洁而不事张扬的满树繁花，宽阔厚实的满枝绿叶，还有你努力向上，永远笔直的躯干。

（作者单位：陕西省宝鸡市岐山县会计核算中心）

优良作风　延安“寻根”

艾庆生

巍巍宝塔山，滚滚延河水。中国共产党人在艰苦卓绝的延安时期，培育和形成了以坚定正确的政治方向，解放思想、实事求是的思想路线，全心全意为人民服务的根本宗旨，自力更生、艰苦奋斗的创业精神为主要内容的延安精神，成为我们党发展壮大和成就伟业的强大动力。延安精神是历史的产物，但它却具有穿越时空的永恒的价值。胡锦涛总书记视察陕西时曾经指出：“延安精神是我们党的优良传统和宝贵财富。过去是、今天仍然是我们战胜困难、取得胜利的法宝。”在改革开放新的时代条件下，弘扬延安精神，建设财政干部优良作风，对提高财政干部的为民服务意识，密切干群关系，推动财政工作健康发展是大有裨益的。

为工作而学习，在学习中工作

坚定正确的政治方向是延安精神的灵魂，也是我们党不断从胜利走向胜利的重要保证。中国共产党带领中国人民取得新民主主义革命的最后胜利，得益于延安时期确立的坚定正确的政治方向。改革开放和社会主义现代化建设，同样需要坚定正确的政治方向。要坚定信念，把握正确政治方向，我们首先应自觉把延安精神与党的思想建设紧密结合起来，努力做实践社会主义核心价值体系的模范、科学发展观的忠实执行者、社会主义荣辱观的自觉实践者、社会和谐的积极促进者。同时财政工作综合性强，涉及经济社会发展的方方面面，经济社会发展中各种新事物、新情况、新问题都会反映到财政工作上来。我们财政干部对这些新生事物如果不学习、不研究，或研究得不透，工作上就会无所适从，无处下手，十分被动，财政工作对经济社会发展的支持力度就会大打折扣。要营造良好的学习氛围，引导财政干部树立终生学习的观念，为工作而学习，在学习中工作，增强学习的自觉性和主动性，做到学用结合、学以致用，在为人民服务中不断增强党性修养，提升理论素养，拓宽工作思路，提高服务本领。

为民理财，为民服务

全心全意为人民服务是延安精神的本质。延安时期，我党坚决维护和发展最广大人民群众的根本利益，依靠对人民事业的绝对忠诚和全心全意的服务，从经济、政治、文化等方面给人民群众带来实实在在的利益，赢得人民群众真心诚意的拥护和全力以赴的支持。这是我党立于不败之地的力量源泉和根本保证。作为财政干部，在日常工作和生活中，尤其是在当今多元化的社会里，我们更应该牢记全心全意为人民服务的宗旨，做好一个有别于人的财政人。始终把党和人民的利益放在首位，坚持以人为本，关心群众疾苦，落实到具体财政工作中，真正做到“权为民所用，情为民所系，利为民所谋，财为民所理”，体现出立党为公，执政为民的具体要求。目前我们的低保、“三农”、政府采购、行政事业性收费等政策，就充分考虑了基层老百姓的实际情况，对最基层的弱势群体给予了充分的考虑。我们作为财政干部，在执行这些政策就要不折不扣地宣传贯彻执行，真正把党和政府对老百姓的关怀落到实处。

求真务实，号准“民生”脉搏

解放思想、实事求是，是延安精神的精髓，也是思想作风建设的根本要求。延安时期，我们党结合当时的世情、国情，坚持脚踏实地走自己的路，实现了马克思主义同中国实际相结合的第一次历史性飞跃，毛泽东思想成为党的指导思想。新的形势下，群众利益呈现多元化倾向，各种矛盾呈现复杂化趋势，这对制定财政政策、分配财政资金提出了更高的要求，需要我们深入基层，调查研究，深入剖析，要采取走出去了解，坐下来座谈，走下去调查，广泛征求意见与建议，紧密联系自己的岗位职责、思想、工作和生活情况，找准财政政策的着力点，号准脉搏，真正把群众的愿望和要求作为制定政策的根本依据，切实解决好民生问题。作为体现公平的政策工具，财政支出要在兼顾不同阶层、不同群体利益需求的基础上，更加注重研究财政政策的覆盖范围和节支力度，少些“锦上添花”，多些“雪中送炭”。

端正“五官”：艰苦奋斗，清正廉洁

自力更生、艰苦奋斗是延安精神的标志，也是共产党人的政治本色。延安时期，广大军民发扬自力更生、艰苦奋斗的拼搏精神，他们一手拿枪，一手拿锄头，基本实现了粮食、棉布等日用品的自给，战胜了一切困难。百年一遇的国际金融危机对我国经济社会发展冲击非常严重，导致企业生产经营困难、工业增长回升乏力，出口下降幅度较大，农民持续增收难度加大。在这个特别困难时期，财政干部必须树立为党和人民的事业长期艰苦奋斗的思想，深刻认识坚持艰苦奋斗的重要性，增强忧患意识，居安思危，保持昂扬向上的精神状态，大力弘扬艰苦奋斗的优良传统和作风，自觉遵守财经纪律，履行增收节支措施，通过各项财政改革，进一步优化财政支出结构，加大依法对教育、科技、公共卫生和突发事件的投入，严格控制“人”、“车”、“会”、“话”等一般性支出，严格控制政策外工资补贴、津贴的发放，严格控制楼堂馆所等非生产性建设支出。制定资金管理办法，强化支出约束，确保财政资金效益最大化。

延安精神中“立党为公、无私奉献、清正廉洁、勤政为民，艰苦奋斗”的廉洁政治是我党的优良传统和宝贵财富。延安时期是一个风清政明的时期，边区政府成为廉洁政府的典范，党群、干群关系犹如鱼水之亲、水乳交融、血肉相连。前财政部部长金人庆讲过：“现在是千万双手伸向财政，千万颗心联想财政，千万双眼盯着财政，千万张嘴议论财政，我们

一定要时刻保持清醒的头脑，做到清正廉洁、两袖清风，过好权力关、人情关和利益关”。这就要求我们财政干部在改革开放、市场经济的大潮中要时刻保持清醒的头脑，严格遵守廉政准则、职业道德行为规范，促进财政干部清正廉洁，勤政务实，保证“五官”端正：管住自己的头，不该想的果断不想；管住自己的眼，不该看的果断不看；管住自己的手，不该拿的果断不拿；管住自己的嘴，不该吃的果断不吃；管住自己的腿，不该去的果断不去。

（作者单位：陕西省子长县财政局）

乡下财政人

汪和煦

乡下财政人住在农村，住在青山绿水间。一脉青山的尽头，或一片绿色田园后的树荫下，或一条潺潺小溪的岸边，就是他们的家，红瓦白墙的农家小院。

乡下财政人，每天早上匆匆地吃过早饭，匆匆地去上班，或步行，或骑着摩托车，走在的乡村道上，没有心思去欣赏路边的桃花、梨花、油菜花……没有心思去鞠一捧清澈的溪水撩逗一下水中的小鱼小虾，就是有熟人迎面走来，也是给予一个微笑，算是打招呼，他的目标只有一个，就是赶快走进乡（镇）财政所，走进那个每天都呆上一整天的乡下小单位。

乡下财政人，每天急匆匆地走进自己办公室，顾不得给自己泡一杯茶，顾不得翻一翻当天新到的报纸，一伸手就打开自己的那台电脑，开始了一天的工作。农村补贴对象编码、户口簿号码、身份证号码、银行账号、联系电话、补贴面积、各种补贴金额……他不停地在键盘上把0、1、2、3、4、5、6、7、8、9十个阿拉伯数字组合、排列，排列、组合……组合进电子表格里，组合进农户的存折里。春夏秋冬，寒来暑往。具体排列组合成多少个数字，自己也记不清了。但他知道，自己已经把党和政府对农民的关爱排列组合进了父老乡亲们的心田里，也把自己一腔情怀排列组合进了希望的田野。

十个阿拉伯数字以不同的组合方式，伴随着乡下财政人一路走来，共同见证了乡村日新月异的变化，见证了党和政府“三农”政策的更迭，见证了广大农民辛酸、欢乐和幸福的漫长历程。

当年乡下财政人走在坑坑洼洼、尘土飞扬的乡间小路上时，他们为的是进村入户，收缴农业税。当他们走进那古老而又破烂的农家村庄时，乡下财政人心里非常难受。他们明白国家还不富裕，农民还很艰辛，农村还很落后，农民缴一点农业税很不容易。他们发誓一定要管好、用好有限的资金，让它为国为民发挥更大的作用。

如今，农民的各种税负都已取消，各项惠农政策得到全面落实，搞好强农惠农服务、促进农村经济发展已成为乡镇基层财政所的工作重点。乡下财政人，面对的是广大的农民朋友，建设社会主义新农村是他们的职责，服务农民朋友是他们的义务。“发展才是硬道理”，财政的不断改革为社会发展提供了有力保障，财政人的思想解放为社会的进步提供了动力。现在，农民思想意识比以前有了脱胎换骨般的变化。在农村，熟人间“补贴收到了吗?”的问候早已替代了“农业税交了吗?”的关心；朋友们“你存了多少钱?”的闲聊变为现在“股票怎么买?”的咨询。农民也可以贷款投资干实业，可以进城买商品房。见到乡村干部，不再是闭门不出，而是热情相邀。孤苦老人有房住，贫困儿童有学上，看病就医也不再难，和谐之声已悄然传至农村社会每个角落，这是社会发展、时代进步的必然，更不可否认，这是改革开放带来的成果。

如今国家进一步加大了对“三农”的投入，进一步增加了各种惠农补贴。乡村道路建设、家电下乡、扩大粮食综合补贴范围、提高城镇和农村低保标准、提高农村合作医疗补助标准和贫困家庭寄宿生补贴标准等各项优惠政策的不断出台，使老百姓真正得到了实惠。在中央对“三农”的支持力度不断加大、面向农民发放的各项财政补贴资金逐年增加的情况下，作为乡下财政人，管好资金，用好资金，做好“一卡通”的发放管理工作，是他们认为义不容辞的责任。为了一个个补贴对象，他们加快工作进度，把党的惠民政策宣传到位、落实到位，用一个乡下财政人的真情把一份份温暖送到千家万户农民手中。

乡下财政人亲身体验了国家财政由弱到强逐步发展壮大的历程，经历了由征收型财政向服务型财政转变的过程，尤其是在服务型财政的阳光照耀下，新农村建设面貌焕然一新，看得见，摸得着。当看到一条条通村水泥路四通八达，一排排新颖的农家别墅拔地而起，一个个贫困学生重返校园，看到农村孤寡老人生活有了保障，看到农民一张张幸福的笑脸，看到一幅一幅美丽的新村画卷，作为乡下财政人为此感到骄傲、感到自豪。

乡下财政人担负着为公理财、为民理财的神圣职责。许多强农惠农政策要落实，乡镇重点项目支出要保证，农村教育、卫生、文体、政法等各项社会事业要发展……这些都离不开乡镇财政的有力保障。

乡下财政人工作是辛苦的。他们终日与开票、记账、报表等繁重琐碎的工作形影相伴。曾几何时，已是夜深人静，为确保那一个个数字的绝对准确，乡下财政人一遍又一遍地计算、核对，忍受了多少他人难以想象的枯燥与乏味！节假日加班加点、熬更守夜更是家常便饭。在当下“三农”建设的大潮中，处处闪现着他们忙碌的身影。他们不断提升聚财、理财能力，创造性地运用有限的财政资金支持农村经济发展；他们合理分配资金，保民生、保运转、保稳定，为构建和谐社会添砖加瓦；他们廉洁奉公、勤俭节约，以高度的责任心认真管理好乡村财政的每一分钱。为了确保农村重点项目的稳步推进，他们创新工作思路，有效整合、灵活调度资金，使有限的财政资金发挥最大的效益；为了把惠农的政策落实到位，他们的足迹遍布乡村小道、农家小院……

乡下财政人不断转变工作方式，变被动服务为主动服务，不断增强为民服务意识。乡下财政人明白，乡镇财政工作是一项窗口服务工作，直接影响到党和政府在农民群众心目中的形象；乡下财政人深知，“金碑、银碑，不如老百姓的口碑。”无论是群众上门办事，还是公务下乡，他们都认真践行“八项服务承诺”。对来访办事人员，从“起身、微笑”等点滴小事做起，进门即报以微笑，热情、耐心、细致地回答着每个问题，用心为对方营造一种宾至如归的温馨氛围。针对群众关心的热点、难点问题，他们深入基层一线调研、走访，为群众解疑答惑，为百姓办实事。

乡下财政人在平凡而紧张的财政工作岗位上，尽管有时不免平淡、繁琐、劳顿、失落，但更多的是充实、兴奋、快乐、满足。当财政拨出的每一笔钱，如同一缕缕阳光，温暖着千万人心的时候，乡下财政人也正实现着自我价值。他们会为农民顺利拿到粮食直补资金而欣喜，会为财政收入

的节节攀升而骄傲，会为当地日新月异的变化而自豪！他们执着、无悔、默默地奉献着，演绎着一个又一个动人的故事，用心血和汗水坚守着为民理财的理念。

做老百姓的贴心人，政府的好管家！乡下财政人走在乡村弯曲的道上，走在广阔的田野上！铁肩挑重担，一头担着国家，一头担着农民！这是乡村最美丽风景。

（作者单位：安徽省安庆市岳西县菖蒲镇财政所）

青春寻梦

薪火，是力量更是希望

岳　林

薪火，让人联想到红色，联想到力量，联想到希望。它所代表的优良传统，能让人在其中感受民族的内心深处，遥想先辈的精神风貌，梳理历史的脉络，领略史诗般的情怀。“薪火相传”的故事，引领着我们在体验优秀与崇高中实现心灵和行动的统一。

“薪火相传”重在学习

站在时代的高峰上，回望新中国成立后波澜壮阔的奋斗历程，我们感慨万千。在中国共产党带领全国人民从满目疮痍、饱受欺凌、贫穷落后的旧时代，跨越到政治稳定、经济发展、社会和谐的新时期这一过程中，随处可见财政人的身影。忆往昔峥嵘岁月稠，回顾这一历程，不仅深感亲切，而且倍感重要。老一辈财政工作者留下来的优良传统，是财政工作取得辉煌成就的宝贵财富。

“薪火相传”，是革命和建设实践的真实写照。感受薪火，就是在读经典、讲故事、传箴言。一支薪火，代表着一个故事，一个传统；一支薪火，代表着一种思想，一种精神。优良的传统作风，是代代革命者和建设者实践的产物，是定格在行动上的一个个永恒的瞬间。新中国走过的六十多年风雨路，见证了由战时财政到经济建设财政，由计划经济财政到市场经济财政，由主抓国内财政到进而参与国际经济交流与合作的这一过程。财政工作的领域渐宽，发挥的作用也愈重。这其中，财政的优良传统在实践中起到了指南作用，一点一滴成为改革建设沧桑巨变的写照。

“欲明大道，必先知史；前事不忘，后事之师”。曾读过一篇《试论财政优良传统作风》的文章，在其中我看到了代代财政人积累下的优良传统作风，也看到了我国长期的革命战争和社会主义建设的缩影。在抗战时期晋冀鲁豫边区的艰苦岁月中，财政工作者们克服各种困难，发展生产，完善财税制度，减轻人民生产负担，同时开展对敌经济斗争，稳定金融物价，巩固边区经济，为日后对敌反攻做了必要的准备。1998 年，受亚洲经济危机和国内经济结构发展失衡的影响，我国经济面临着前所未有的严峻局面。根据市场经济规律，我国政府果断地启动了以增发长期建设国债、调整税收政策、调整收入分配政策、完善非税收入政策、加大对中西部地区转移支付力度等措施为主要内容的积极财政政策，使得经济形势大为扭转，促进了国民经济持续稳定发展。2005 年，我国开始全面进入了以“控制赤字、调整结构、推进改革、增收节支”为核心内容的稳健财政政策实施阶段。稳健财政政策的实施，使我国国民经济保持了平稳较快增长，物价上涨态势趋缓，人民生活得到明显改善。从 2008 年第四季度开始，中央决定实施积极的财政政策，以进一步优化财政支出结构，大力保障和改善民生，推动经济结构调整以及发展方式的转变为主要内容，加强了经济社会发展的薄弱环节，支持了经济平稳较快发展，使我国经济化解了外部危机带来的冲击，为全球经济稳定做出了贡献。可以看出，财政工作者实事求是、求真务实的工作作风，体现在他们的日常工作中，成为财政事业不断促进经济健康稳定发展这一过程的写照。

“薪火相传”，能唤起人们对优良传统的回忆。薪火所代表的优良传统，像一条强劲的河流，贯穿着几代人的记忆，垒就了几代人的精神阵地。每一项优良传统，都有着深厚的历史与文化内涵，表现着特定时代的特殊意义。它承载着人们对岁月变迁的记忆、对革命先贤的缅怀、对崇高理想和壮美人生的向往。财政工作者在不懈奋斗中，创造了饱蕴思想精髓和价值追求的优良传统。无论是严格细致、耐心宽容的薄一波，实事求是、热爱学习的李先念，勤俭朴素、廉洁自律的吴波这些老领导，还是大写人生、扎根基层的下派干部沈浩，透过这一份份记忆，我们能够看到代代财政人全心全意为国家的繁荣富强、人民的幸福安康辛勤忙碌、任劳任怨、无私奉献的身影。

"薪火相传"，能激发人们开拓进取的动力。总有一种力量，激励着我们前行。每当学习薪火传统，一种如火的激情、一种奋发的力量便会油然而生。这种激情，这种力量，正是我们当今时代亟须补充和丰富的精神食粮，是激发人们对理想信念执着追求的精神动力。回顾六十多年的奋斗业绩，从新中国成立初的恢复和发展生产，到改革开放后的经济建设热火朝天，再到应对国际金融危机、实施经济发展方式转变，面对这与时俱进的形势，财政事业勇于变革、勇于创新，永不僵化、永不停滞，不断进行新的探索、新的实践。"薪火相传"起到了很好的继承传统、凝聚人心、鼓舞斗志的作用。每当薪火之歌在心中响起，激荡在心间的，不仅是一种对历史的回忆，更是一种精神的升华，一种思想的洗礼，一种力量的积聚。

这些后人取之不竭的精神遗产，永远激励着我们在征途上薪火相传，奋勇向前。

"薪火相传"贵在行动

我们需要传承的，不是薪火的表面，而是它的精神实质。薪火之所以代代相传，精神不灭，正在于它不是一成不变的，不断被实践赋予新的内涵。实践的过程也是创新传统的过程，在创造丰富中，薪火越加饱满，越加鲜活，越加深邃。我们要把优良的传统作风融入到行动中，用昨日的火光照亮明日前行的路。

个人的成长离不开"薪火相传"。我们能看得更远，正是因为站在了先辈们的肩膀上。代代财政人积累下的优良传统，是在长期的工作中形成的艺术、准则、思维方式和价值取向，是财政工作的精神动力和源泉，是后来者受用不尽的财富。历史的进程促进了财政事业的发展，也成就了个人的成长成才。正是在这代代传承薪火的过程中，财政人在成长，财政队伍在壮大。今天，在为民用权、为民系情、为民谋利的宗旨中，财政事业掀开了以保障民生为重任的公共财政新篇章。传承了优良作风的财政人，

必将会继续融入到这片成长飞翔的蓝天下，投身于这份建功立业的土壤中。

老部长项怀诚在主题教育活动报告会上为党员干部上了一堂精彩的党课，在讲话中他提到，自己的成长得益于遇上一批好领导，在耳濡目染中老同志们的工作作风、工作态度和工作方法对他的帮助很大。比如，时任财政部长张劲夫非常注重培养年轻同志，当时项部长还是普通办事员，张劲夫同志却吸收他参加部里的务虚工作小组，并在讨论问题时对他说“你尽管讲，大胆发言”，鼓励他参与重大问题和战略问题的讨论。再比如，当时王丙乾同志身为财政部长，工作十分繁忙，但审阅文件时仍非常仔细认真，一次准备上报国务院的重要文件印好后报给王丙乾部长，他看过后很快发现文件中缺一段内容，并批示更改。项部长从老领导身上学到了很多做人做事的方法和态度，使得他在工作后能够逐渐“脱胎换骨”，快速成长。他一直将这件事记在心里，并告诫大家，财政工作涉及面较宽，内容较繁杂，这更需要我们保持严谨细致的工作态度。

事业的兴旺离不开“薪火相传”。传统对于一个组织、一项事业，是灵魂、是旗帜、是导向。当优良传统作风与事业连接在一起的时候，它对事业的影响是根本性、长期性和广泛性的。浸染着深刻而崇高优良传统的事业，将推动人们形成良好素养和工作方式。事业也将在发展中得到净化、拓展和延伸，充满生机与活力。科学精神本质是实事求是，一切以事实说话。尊重规律，科学理财，是财政工作的一贯要求。“天下大事必做于细”，将规范、细致的管理思想和作风贯彻到工作的各个环节，才能为财政事业筑牢根基。将这些优良的传统集于一身，发扬光大，便有了今日加强财政科学化精细化管理的指导思想。薪火就像一只接力棒，随着历史的不断发展，点燃事业一个又一个新的火炬。在这支火炬的引领下，广大财政人投身到“为国理财，为民服务”的大业中去。

国家的繁荣需要“薪火相传”。优良传统是人类文明进步的结晶，是推动社会历史前进的动力和智力支持。如今传统文化的力量越来越成为综合国力和国际竞争力的重要组成部分。谁拥有传统文化的优势，谁就拥有了竞争优势和发展优势。优良传统是人类社会实践的产物，是一个国家和民族的根之所系、脉之所维。传统是祖先的脚印，是一艘摆渡民族的巨轮，是一个民族曾经的精神符号和记忆。优良传统的发展史，也是一部社会的发展史。近代以来，不论是寻求平等、渴望民主的探索历史，反抗侵略、保家卫国的革命历史，还是重建家园、振兴百业的创业历史，改革开放、日新月异的跨越历史，在这漫漫历史长河中，那些无论是胸怀天下、革故鼎新的伟人，还是修身齐家、平凡耕耘的普通人，都随雨打风吹而去，但那些优良传统都被打上时代的烙印，积淀至今，成为推动科学发展、促进社会和谐的力量源泉。坚持以人为本，实施可持续发展，提升综合国力，实现各方统筹，这都需要发挥传统作风引导、支持和激励的作用。

“薪火相传”旨在传承

传统作风之所以至今仍被津津乐道，奉为珍宝，就在于代代相传使其保持连续性，并不断焕发生机与活力。系统回顾和记录六十多年的辉煌历史，总结和升华六十多年的宝贵经验，对于当代人接过先辈手中的大旗，走向更崭新的一页具有重要意义。我们的事业是面向未来的事业，需要更多的后来人不为风险所惧，不为艰难所困，不被干扰所惑，凝聚力量，战胜艰难险阻，不断开创财政事业新局面。从这个意义上讲，今天的主题教育活动，也是整个传承事业漫漫长河中的一朵浪花，一段征程。“薪火相传”，我们一直在路上，更美好的风景仍在前方。

“一撇一捺写出个人，一生一世才做成个人。红手印摁出一个大写的人，万世根本是做人……”听着这首荡气回肠、感人至深的主题曲，看着反映沈浩生前事迹的电影《第一书记》，我的泪水禁不住又流了下来。从事迹报道材料到《沈浩日记》再到电影《第一书记》，沈浩，这一财政系统优秀共产党员的形象在我心中愈发鲜活起来。从 2009 年 12 月 30 日编写第一篇关于学习沈浩先进事迹的《政工信息》至今，总共接触了多少关于沈浩的素材，我自己也数不清了。每次整理有关沈浩的材料时，我竭尽全力想在编写过程中保持内心的平静，都以失败告终。面对这位两任村官、六载离家，扎根小岗带领村民致富的财政战线杰出代表，我总愧于手中的拙笔无法写出他崇高的灵魂，苍白的文字无法表达对他的敬仰。后来有幸到小岗村去实地感受沈浩精神，睹物思人，更是无限感慨。无论是大雨滂沱的深夜去照顾危房中的老人，春节万家团圆之际去陪伴孤寡欢度新年，还是出差之余不忘给行动不便的老大娘带回一根拐杖……村民们一点一滴的诉说，诠释了他为民服务、情系群众的公仆精神和赤子情怀。看着沈浩

生前住处那扇永远向群众敞开的大门，还有临走之际那张让他念念不忘的工作计划，让人亲身感受到沈浩对群众的真情实意，已如丝丝细雨般洒向小岗大地。沈浩是财政优良作风的传承者，在他身上，我们看到了财政人优秀品质的集中体现。沈浩是“薪火相传”的榜样，是以实际行动诠释财政传统的楷模。小岗村民按下的鲜红手印、观众留下的热泪，都是对沈浩的认可，对财政优良传统的认可，也激励着财政后来人从沈浩手中接过传承的火炬，为生民请命，为理想高歌。

广大财政干部职工是财政优良传统的创造者、承载者和传播者，他们参与的深度与广度，关系到优良财政传统的成败和功效。财政干部要以开阔的视野和务实的措施，积极参与到“薪火相传”活动中来。在开拓改革中创新财政传统，在兼收并蓄中传承财政传统，在工作实践中丰富财政传统，在事业进程中发展财政传统，使财政优良传统不断注入新的内容，扩展新的空间。

财政人的务实拼搏，财政人的文化积累，财政人的不断完善，为财政传统的诞生、繁衍、传承铺路筑基。

愿财政薪火长传不灭！

（作者单位：财政部机关党委）

落红本是有情物　化作春泥更护花

陈　静

“薪火相传”在《汉语成语词典》中的意思同“薪尽火传”。原意是“柴烧尽，火种仍可留传。”2010 年 3 月起，机关党委、机关团委开展了“薪火相传”活动，一个问题便时时萦绕：在“薪火相传”中我们传承的到底是什么呢？它无形无影，却又如影随行。在翻阅书籍、资料中，在投身“薪火相传”活动中，我一直在思考和追寻着。

纸上得来终觉浅　绝知此事要躬行

在这短短的十个多月中，作为部机关团委和机关服务中心团委的工作人员，我参加了综合司、经建司组织的项怀诚部长、刘仲藜副部长的访谈会；财政青年赴江西瑞金、井岗山的“薪火相传”主题实践活动，参观了瑞金苏维埃政府旧址和苏区财政部纪念馆；组织了机关服务中心“薪火相传”活动，到中心老司长家去走访，邀请宁加岭等几位老司长来中心座谈。那信念与精神逐渐清晰……

那薪火，源于伟大的中国共产党在艰苦卓绝的革命战争年代中点亮的革命火种。是躺在苏区财政博物馆里为了支持革命战争捐上来的一个个银元；是苏区干部群众在没有工资还购买的一份份公债。

那薪火，是从延安到井岗山再到北京，从革命战争到现代化建设，一代代财政人以党和国家的最高利益为重，从财政上保障革命战争最终取得胜利的信仰、责任与忠诚；是项怀诚部长和刘仲藜副部长所讲的以国家的建设和人民的幸福为本，关注民生，取之于民，用之于民，为人民造福而努力奋斗的精神。

那薪火，是王丙乾老部长讲的优良作风和艰苦卓绝的创业历程；是如方志敏烈士一样，银元从手中流过所坚守的清贫、清廉、气节和情操；是财政部一辈甚至几辈人言行风范凝聚而成的崇高精神、光荣传统、优良作风和优秀品格。

忆往昔峥嵘岁月稠

回顾这短短十个多月的经历，难忘项怀诚部长的谦逊、和蔼，看到了刘仲藜副部长心系国家、对青年的无限关爱；难忘在机关服务中心改革中发展前行经历的雨雪风霜，是几代财政后勤人励精图治、敢于打破旧体制，建立新制度，从无到有，勤奋耕耘、才在这片沃土上开拓出别样的天地。

原机关服务中心主任宁加岭在机关服务中心工作了 13 年，在任期间，经历了从行政司转为机关服务中心这一体制变革，完成了后勤服务工作由行政职能变为服务职能的巨大转变，面临着极大的困难与挑战。宁司长带领中心全体职工克服了重重困难、逐步使中心的各项工作走上正轨，后勤事业不断发展壮大。

原部长助理韩国春主管行政司（机关服务中心前身）工作，遇到了后勤经费不足等问题，白手起家，成立了德宝实业总公司，为部机关提供有力保障奠定了根基。

原机关服务中心主任王纪新在任期间，深化了后勤体制改革，建立了适合财政后勤工作需要的中心体制、机制框架，建立了后勤经费结算制度。对后勤人事制度实施改革，实行人员聘用制，给后勤的发展增添了新的活力。

原机关服务中心主任吴畏在继承前几任工作局面的基础上进行了发扬与开拓，青年公寓的改造与建设，缓解了青年同志的住房问题；加大为部机关做贡献的力度；德宝饭店的托管承包，探索了后勤企业经营新模式。

一枝一叶总关情

在参加我部薪火相传的活动中，我感受了老一代财政人长期形成的精神和风范。就在举手投足间，几个片断、几个细节给我留下了深刻的印象。

剪影一：在活动过程中，经建司李敬辉司长亲自主持召开座谈会，请老部长刘仲藜结合亲身经历讲述老一辈财政干部优良传统；机关党委常务副书记曲永兰专门带领青年赴长春看望、拜访王丙乾老部长；机关服务中心党委书记王彦欣拜访每位现任部长，请他们给中心青年寄语、鼓励，陪来中心座谈的老司长就餐，慰问交流。党委副书记郭建国、高兴国多次与党办、团委人员讨论研究制定“薪火相传”活动方案，精心设计调研提纲，抽出时间参加每一次座谈会，并以自己与老司长共事的经历及切身体会，为团员青年做介绍。我看到的司局长的身影只是一部分，还有很多的司局长都在为薪火相传活动出谋划策，亲身参与，回顾经历，忙碌奔波，起到了承上启下的重要作用，这样才使我部“薪火相传”活动如此多姿多彩，深入人心。

剪影二：在活动中，中心团委邀请了全国后勤系统劳动模范——80 多岁高龄的原机关服务中心副主任李毓东与青年座谈。李毓东副主任在财政后勤上工作五十余年，每个岗位他都忠诚地服从组织安排，不图名、不为利，任劳任怨、无私奉献，谱写出一名老共产党员、老财政干部不平凡的人生乐章。邀请老人参加活动时我们心怀忐忑，怕给老人添麻烦，但老人欣然应允，并一讲就是近两个小时。机关服务中心第一任主任宁加岭司长反复修改他的讲稿，并一再叮嘱我们，讲稿在印制前要请他看看。韩国春部长助理，年龄大了，头发白了，但声音依然洪亮，背有些驼了，但挥舞的手臂依然充满力量。

剪影三：在中心的“薪火相传”活动中，老同志留下箴言寄语，那语重心长的话语，点点滴滴渗透到青年人的心中，铭记。原中心副主任李毓东教导青年“要干一行，爱一行，干好一行。”中心第一任主任宁加岭激

励青年："历史因理想丰富多彩 理想因历史厚积薄发"。现中心副主任牛春华鼓舞青年："奉献是崇高的精神境界，是美好的人生追求，是成就事业的前提，也是实现自我价值的过程。"原财政部幼儿园老园长孙宁生告诫青年："你们现在的工作环境、条件都有了很大的改善，但热爱幼教事业、热爱本职工作、爱孩子的传统不能丢。"原招待所所长张保田寄语青年："做人做事要老老实实，踏踏实实，坚实的走好人生的每一步。"德宝饭店经理潘茂利启示青年："青年团员同志要立足本职、热爱本职，要把理论和实践相结合，俗话说'站立的地方，往下深挖有清泉'……"

剪影四："薪火相传"活动中老同志们以对财政事业的责任感与热忱、以谦虚谨慎、润物无声的态度，带着深切的希望与寄托，讲述了他们丰富曲折的工作经历，生动感人的事迹及宝贵的人生感悟，深深地触动了青年同志们的心灵。青年在座谈会发言时说："薪火相传活动，既充实又富有意义，与老同志面对面的交流，感受到了他们在艰苦的工作环境下，高昂的工作热情、无私奉献的精神、艰苦奋斗的品质，受到了一次优秀品质作风的熏陶与心灵的触动，思想境界得到提升。"

记得伟大的物理学家牛顿曾经说过："如果说我比别人看得要远一点，那是因为我站在巨人的肩上。"青年人人生经历和阅历还很短，世界观、人生观还未完全成熟。在遇到困难、挫折时容易彷徨、迷茫，影响他做出正确的判断，听听过来人的经验总结、建议忠告会帮助青年人少走弯路、不钻牛角尖，更加大气豁达的生活、成长。我要用这切身的体会重新审视我的世界观、人生观、工作观。继承发扬优良传统，热爱本职工作，胸怀远大目标，坚持不懈的努力，脚踏实地的前进，工作中要团结同志，做精通本职的行家。

向老一代学习，他们做了他们这一代应做的。作为财政战线的年青人肩负着祖国的未来，关乎着民族的命运。继承我部前辈的崇高精神、优良作风和做人品格，并将其发扬光大，让革命的薪火生生不息、代代相传，这是我们应该做的，也能够做的。

（作者单位：财政部机关服务中心）

脸上常带笑，原则记心中，将满意服务贯穿始终

办公厅财务二处

财政部办公厅财务二处具体负责部机关经费开支核算和部属单位预算执行管理工作，是办公厅和财政部的服务窗口。它的服务对象点多、面广、事杂，既要服务于部内各司局1000多名职工和部属50多家京内外单位，又要服务于审计署等10多家中央部委以及众多货物和服务供应商。机关财务前台更是面对面的服务于部机关全体职工，工作中稍有不慎将直接影响到办公厅乃至财政部的形象。

“让职工满意，让领导放心”是机关财务工作永远不变的目标。机关财务是个服务处室，前台是这个处室的窗口。在长期工作中，前台同志总结出了“三好服务”工作理念。

合法合规的，限时办好。工作中的有关事项，只要是符合财务规章制度的，限时予以办好，做到急事急办、特事特办、事事有人办。涉及财务

报销的，当天审核签字并办理报销手续。虽然前台有限定的报销工作时间，但经常有同志因工作急需，在规定时间之外前来办理报销业务。这时，前台工作人员都会暂时放下手中的工作，给予热情接待。

暂时无法办理或涉及其他部门业务的，认真解释并出个好主意。财务工作关系到方方面面，处理起来有时难免复杂。例如公务卡的办理，涉及代理银行、人民银行、部国库司等相关部门，各有分工。在为职工办卡过程中，曾遇到因人民银行征信中心登记的个人信用记录问题导致代理银行拒绝发卡的情况。虽然个人信用记录与前台工作无关，但为妥善处理起见，前台工作人员在充分解释的基础上，对与自身业务并不相关、也不熟悉的有关个人征信方面的规章制度等进行了认真学习。在职工本人的支持配合下，前台工作人员积极协调代理银行、人民银行、部国库司等多个部门，最终圆满解决了上述问题，为今后各方工作提供了便利。

不涉及具体分管业务的，耐心说明并有个好态度。工作中遇到的来人或来电咨询业务，即使不符合财务规章制度，目前尚不具备条件解决，或者与自身业务无关，前台工作人员都会有个好态度，耐心说明。例如，工作中经常遇到职工询问开具收入证明、核定住房公积金、计算应交党费数额、个人收入申报、会计从业资格证书的办理、公务卡个人消费还款等事宜，虽不涉及机关财务分管业务，但前台工作人员会尽可能地给予解释，从不一推了之。

微笑，是一种愉快心情的反映，也是一种礼貌和涵养的表现，更是双方感情上的沟通。前台工作人员的一举一动，乃至一个眼神、一丝微笑，都会清晰地传达给对方。作为服务窗口，前台工作人员无论工作多么繁忙、与对方沟通是否顺畅，我们都会分解和淡化自己的烦恼与不快，时刻保持一种轻松的心情，让欢乐永远伴随自己，把快乐传递给对方，使人感受到一种温暖和谐的气氛。实际工作中，因各司局经办人员对具体报销业务不熟悉等原因，难免出现报销单据填写有误或报销事项不符合财务规定的情况，咨询业务的电话铃声也是此起彼伏，我们都会耐心解释，悉心指导，即便是接听电话，也能把笑容通过声音传递给对方。

为了保证服务窗口时时有人盯、事事有人办，处内有意识地安排青年同志逐个轮岗，争取在较短时间内使我们成为多面手，熟悉掌握每一项具体业务。一旦有人因事或因病请假，其他同志都能及时补位，确保前台工作正常运转。正因为如此，每当遇到大事、要事、急事时，全处同志都能

拧成一股绳，淡泊名利讲奉献，努力克服人手紧张的困难，顺利完成各项工作任务。由于工作的特殊性，前台同志不知放弃了多少次与家人团聚的机会。多少年来，每当新年钟声敲响的那一刹那，正是万家团聚的时刻，而前台同志却依然默默地坚守在工作岗位上，直到核完银行对账单并确认准确无误后，才回到自己亲人的身边。正是前台同志默默无闻的服务和奉献以及全处同志的辛勤工作，办公厅财务二处在部内赢得了良好的口碑和较高的满意度，并获得了“中央国家机关青年文明号”荣誉称号。

让大家把微笑常挂脸上、满意长留心间，财务二处有信心、有能力继承长期以来形成的优良作风，把机关财务建设成服务型处室。

让青春在关税事业中飞扬

戴良俊

说起李弘道、姚成海这两个名字，人们可能并不熟悉，但关税司的同志却甚感亲切。他们都是国务院关税税则委员会办公室（税委办）的老领导，而税委办现在就设在财政部关税司。虽然他们已经退休多年，但年轻人常听司领导、处领导念叨他们的名字和以前的那些事儿，每年年末，同志们也都要前去拜访，或是邀请他们来和大家聚一聚。这些可亲可近的长者，都是中国关税事业的见证人。是他们，承前启后，开创了改革开放后关税事业的新局面，积累了关税工作的优良传统和作风。

往前溯源，我国曾于 1950 年在中财委领导下成立政务院关税税则委员会，姚依林同志任税委会主任，当时的财政部办公厅主任吴波同志任税委会办公室主任。“文化大革命”期间，“税收无用论”思潮甚嚣尘上，曾停止征收关税长达十几年之久。“文化大革命”结束后，1987 年 3 月，重新成立了国务院关税税则委员会（税委会），王丙乾、李岚清、金人庆、谢旭人先后任税委会主任，周复基、李弘道、姚成海、解学智、朱振民、王伟为历任税委办主任。

正是在王丙乾同志的领导下，第一届税委会适应当时治理整顿、发展国民经济的需要，开始了取消进口调节税和第一步自主降税工作。王丙乾同志的全局观念是同志们交口称道的。他主持的涉外税收制度改革，秉承税负从轻、优惠从宽、手续从简的原则，始终围绕着一个基本点，就是促进生产的发展，促进经济效益的提高，也就是把支持经济发展放在首位。王丙乾同志的严谨细致也是同志们佩服不已的。他曾被周恩来总理称为“数字篓子”，对各种数字都熟记于心。全局观念、严谨细致的作风自此在税委办就传承下来。后来的年轻人来到税委办，领导们都会反复强调：关税工作事关国家主权利益、事关国家宏观调控，必须要有全局观念。负责税则工作的年轻同志还会拿到一把尺子，提醒他们工作必须严谨细致，一个税号、一个税率都错不得。

自 1993 年起，我国开始进行以降低关税水平、调整关税结构、清理关税减免、扩大关税税基、实行国民待遇为主要内容的关税制度改革，这是第二届税委会的重要工作任务。进口环节减免税清理工作关系重大。老领导们不仅有全局意识，而且眼光长远，反复强调，清理政策不宜搞“一刀切”，对于关系国家安全和国计民生的进口税收优惠政策该保留的还要保留。清理工作到最后一步时，财政部副部长刘积斌同志带队，包括时任部长助理的谢旭人同志、税政司老司长刘克崮同志等，和税委办、海关等部门的同志一起商量该保留哪些政策。最终，按照国际通行规则，并根据我国实际情况进行长远考虑，保留了国际组织捐赠的物资免税政策、石油天然气开发和勘探免税等政策。事实证明，这些政策在当时有力支持了国内经济社会发展，这都得益于老领导们强烈的责任感和使命感。后来的关税工作，虽然税制相对稳定，但肩负了越来越繁重的多边、双边关税谈判工作，同志们在谈判中坚定“胸怀祖国、不辱使命”的信念，以高度的责任感、使命感广泛参与国际经贸合作，既极力维护我国的经济利益，又着眼于政治、外交大局，在互惠互利的基础上，灵活应对各种复杂局面，得到了相关部委的一致肯定。

规范清理进口环节减免税工作触及许多行业方方面面的利益，特别是经济特区的一些减免税政策，在改革开放初期曾发挥过重要作用，清理工作非常敏感。那时，税委办几乎天天开会，反复研究、理论争辩、协调沟通。李弘道老主任当时已经年近六十，却和年轻人一样加班加点，敬业奉献。他特别注重与各有关部门的沟通与协调，主动带队走访其他部委，以

谦虚的态度倾听各部门意见。各部门都说，加强沟通、积极协调是税委会的好作风。在后来的保持共产党员先进性、深入学习实践科学发展观等活动中，税委办都传承了这一优良传统作风，主动走访税委会成员单位，认真倾听意见和建议，加强沟通，得到了各部委的好评。

解放思想、开拓创新也是税委办的优良传统作风。在1993年后的规范清理进口环节减免税工作中，税委办一开始是对那些错综复杂的政策一个一个地清理，非常费劲。李弘道老主任就出了一个主意：我们能不能换个思维方式，不按项目清理，而是挑出那些绝对不能免税的产品，无论涉及哪项政策均不予减免税。这就诞生了至今仍影响非凡的“20种商品”政策，即对电视机、摄像机、空调器等20种商品，无论任何贸易方式、任何地区、企业单位和个人进口，都不能给予任何形式的减免税政策。这个政策直到现在也坚持得非常好。后来的工作中，税委办也一直坚持着这一优良传统作风，善于打破常规思维，创造性地开展工作，解决难题。例如，

20 世纪 90 年代，我国棉花进口面临着两难困境。当时我国每年棉花缺口大约在二三百万吨，不进口棉花，纺织业发展太快，供应不够；进口价格低了，纺织业高兴，却打压了国内棉农；进口价格高了，棉农欢迎，纺织企业又承受不了。国务院要求设计一种税收政策，既要有利于棉民增收，又要有利于纺织行业健康发展，还要有利于应对国际纠纷、谈判。税委办开拓思维，设计了“中国式”的滑准税，价格高税率就低，价格低税率就高，总之使进口棉的价格稳定在一个区间，成功解决了“三个有利于”的难题。而且这个“中国式”的滑准税是一个连续函数，没有价格台阶，很难钻空子，在国际上都是独一无二的。

牢记责任，不辱使命；全局观念，严谨细致；加强沟通，积极协调；解放思想，开拓创新——这些都是税委办的优良传统作风，也是财政优良传统作风的具体体现。回首往昔，前辈们开创和积累了关税工作的优良传统作风，而在未来的财政关税发展征途上，年轻人将是中国关税改革和发展的生力军，是优良传统作风的践行者和传承人。有这样丰富的精神财富作后盾，虽重任在肩，但我们信心满怀。

（作者单位：财政部关税司）

有一盏不灭的灯

骆向兵

从那时起　一直到今天
共和国已经有了十任财政部长
那是 1949 年 10 月 19 日
那一天
中华人民共和国开国大典的礼炮犹在萦回耳畔
薄一波同志被任命为共和国的第一任财政部长

从那时起
财政部部长办
为给部长们做好服务　为保证机关正常工作
每天二十四小时不间歇运转

当其他办公室的灯光熄灭
当人们在家里吃过晚饭悠闲地拉着家常　看着电视

当中秋、春节家人团聚　鞭炮齐响　礼花四溅
当非典、地震的恐惧让人们四处躲闪
财政部部长办那盏亮了六十多年的灯
从未熄灭

我说——
灯下
是一群平凡的人们
他们
从事着平凡的工作
接听电话　收发电报　安排会议
传递公文　整理资料　上传下达
看不出有什么特别

我又说——
灯下
是一群不平凡的人们
他们的不平凡
来自于对岗位的忠诚和责任
他们的不平凡
来自于部长办六十多年来传承的精神

赵金和同志
在几十年琐碎繁杂的机要工作中
政治坚定　严守纪律
始终与党保持高度一致
他的工作中没有铿锵的语言　华丽的辞藻
只有几十年机要文件无差错的工作业绩
他用行动教会我们什么叫作真正的“忠诚”和“讲政治”

牛征同志
这位仅有不到半年时间就要退休的老同志

眼里只有工作　没有自己
身在医院却不忘机要岗位
重病在身还要求回单位值班
他用行动诠释了什么叫作“奉献”和“坚持”

还有十八般武艺样样精通的专职秘书
他们更像一支握沙成团撒豆成兵的特种部队
训练有素　能文能武
舍小家　顾大家　披星戴月
涉险情　临困阻　从不含糊
上下协调　审慎把关　有条不紊　环环紧扣
他们用业绩告诉我们
什么叫作“细致”和“坚守”

还有更多大家不知悉的部长办同志们
他们雷厉风行　严谨周全
他们恪尽职守　默默奉献
他们互相支撑　团结互助
在部长办的灯下　共同战斗

来自中办、国办的指示
来自相关部门、业务司局和地方的询问　此起彼伏
电话声　电报声　送件人匆匆的脚步声　声声都是命令
新使命　新任务　应急事项　件件都是紧要
如何应对复杂的局面　需要耐心　需要艺术
如何提高效率　妥善协调　需要内部建设　需要流程改造

部长办就是一所学校
不管年纪大小　不论早来晚到
敏锐的洞察　准确的判断　精心的组织　有力的协调必不可少
每一位同志都能得到最大的鞭策　锻造

当一项惠民政策出台
当一项救灾款项拨出
当一件棘手的事项成功协调
当促进国家经济发展的大政方针通过他们发往司局、部门乃至全国
欣慰、喜悦和参与其中的成就感　便超越了一切
他们深知
付出是值得的
那点苦　那点累　算得了什么
他们深知
自己的一切表现
代表的不是他们自己　而是整个财政部

因为在这里
他们亲身感受着
在共和国财政部长们的带领下
干部职工们清正廉洁、勤俭建国、勤奋踏实的工作作风
他们亲眼见到了
在共和国财政部长们的带领下
干部职工们以拳拳报国之心
以高尚的品质和人格魅力
以超凡的工作能力和卓越的工作业绩
推动共和国的改革开放和经济发展

正是这些
使财政部的风骨得以传承挺立
正是这些
深深烙印在每位部长办工作人员的心底
正是这些
在他们心中竖起了盏盏灯塔　座座丰碑
指引他们不断向前　不断努力

部长办的灯　是一盏服务的灯

也许它并不绚烂夺目
但它牵动着每一位部长办工作人员的心
部长办的灯
是一盏守候的灯
是一盏不灭的灯
它承载了重托　承担着责任
部长办的灯
将生生不息　薪火相传

（作者单位：财政部办公厅）

润物细无声

李　霁

润物细无声。在每一天的工作中，身边领导、同事的交流和教导，甚至很平常的一件事情，都在潜移默化地影响着我们，帮助我们从稚气未脱的青年学生，成长为财政教科文战线上的年轻干部，牢记财政人的使命和责任，将优良作风传承下去。

“年轻人要特别注重习惯养成”

年轻人参加工作最重要的是注意什么？怎样才能迅速进入工作状态？如何才能找到机关工作的规律？这些，一直是年轻人探寻的问题。司领导在 2007 年 3 月我司开展的“‘两会’归来话发展”的集体学习中给了我们六字答案——“注重习惯养成”。他说，“习惯成自然”，道理简单而深刻。很多习惯虽然看似不起眼，却从某种程度上反映出一个人的修养和工作态度。养成了好的习惯，往往会事半功倍。

“注重习惯养成”，虽然只有短短的六个字，却是司领导自身成长经历的总结，也是财政教科文工作人员对自身的要求。对我们而言，一要养成全面准确地领会中央和部党组有关工作精神和部署、结合教科文工作实际开拓性地开展工作的能力。二要养成科学的思维方法，思路开阔，缜密严谨。三要养成规范的行文习惯，发文格式、行文用语、标点符号，都要力求准确规范。

“不困不睡觉、不读书不睡觉”

随着财政改革的推进和人民群众对财政工作要求越来越高，年轻人有时会感觉知识储备不够，工作压力较大。针对这种情况，在2008年教科文司“五四”青年座谈会上，司领导教给了我们一个秘诀：“不困不睡觉，不读书不睡觉”。他说，年轻人多的就是时间和精力，每天少睡一点觉，少参加一些不必要的应酬，就能把更多的时间用于工作和学习。每天少睡一小时用于工作，相当于一周多出了一天工作时间。

通过司领导的“算账”，我们“恍然大悟”。做好工作的秘诀是什么，就是靠勤奋。燕美在飞翔中，花美在开放中，人美在劳动中。工作着是美丽的，劳动着是快乐的。古人云：“不患人之不能，而患人之不勉。”作为中央国家机关公务员更应该以勤奋工作为荣。“态度决定一切”，只有对工作充满激情，才能学会把压力变为动力，从工作中寻找乐趣。

“你知道‘权’和‘枚’的区别吗”

2004年10月，一本杂志将要刊登介绍财政教科文工作的署名文章。出了样稿后，杂志社送来请我司核改。处里把核稿的任务交给了我和另一名年轻同志。我俩结合司里工作实际，对个别文字进行修改后交给了领导。刚转身出门准备回办公室，处长快速浏览一遍后就把我们叫了回来，说：“你们再看看这篇稿子，看看还有问题么?”我们硬着头皮再看了一遍，没有发现什么不妥，就向领导摇摇头。处长指着其中一句，原来，可能是由于五笔输入法的原因，文中把“事权财权”中的“权”字写成了“枚”字。我俩傻眼了，既觉得愧疚，也觉得有些委屈，这么“隐蔽”的错别字，不是很容易发现的，更佩服处长“眼光独到”。

六年过去了，我们慢慢地体会了当时处长在指出这个错误时和我们语重心长说的话：“其实，这不是‘眼光独到’的问题，它体现了一种责任心。文以载道。财政工作，政策性很强。这些政策体现在每一个文字、每一笔数字上，甚至一个标点符号、一个排版格式、一个遣词造句，都反映了工作态度和工作水平。我们对工作，来不得半点‘差不多’，要精细，对数字和文字要敏感。‘权’和‘枚’也一样，他们的差别不在于文字的细微区分，而是我们对待工作的认真程度。”处长的话，至今还回响在我们耳边。

“好记性不如烂笔头和厚部头”

2005 年，我司成立了农村义务教育经费保障机制改革研究小组，研究启动保障机制改革工作。在工作中，需要搜集大量材料，测算各地数据，对于相关情况和数据，具体经办的同志总是掌握得比较全面准确，给大家留下了深刻的印象。有一次，我们向他请教为什么能记住这么多情况和数据，他谦虚地说：“其实好记性不如烂笔头和厚部头。和别人相比，我还是比较笨的，但有两个习惯帮助了我，一是随时注意记笔记，二是随时将资料进行分类并码放在办公桌边待查。这样，一有空就翻一翻，在脑海中就会有印象了”。

是啊，平时工作的积累太重要了。近年来，教科文事业改革发展很快，财政教科文工作面临很多新事物、新课题、新机遇，也被赋予了更高的工作要求。要高质量地完成这些工作任务，需要我们沉下心来，去掉浮躁，一心一意钻研本职工作，聚精会神打好业务基础，特别是要注意收集和掌握材料，把工夫下在平时，做工作的有心人，这样才能做到厚积薄发。

“我还没有看拟稿人是谁”

2006 年，根据工作需要，司里从别的处室调了一位同志到综合处工作，具体负责综合预算，各业务处下达预算的签报，会签综合处时都需要他审核。他总是非常仔细，每一件会签的签报和发文都会认真核改，不妥的地方就直接改在文中。但这样做有时也会不经意间得罪签报的拟稿人。他却说：“我改这些签报时，从来不看拟稿人是谁，只要确实有错，肯定要改过来。这并不是针对谁，而是为了工作。”时间长了，他“对事不对人”的作风和对工作的认真态度，得到了大家的理解和钦佩。在我部“五四”表彰中，他被推选为“财政部杰出青年”。

现在，我接替他的岗位职责，负责综合预算的具体工作，也时刻提醒自己要继承好的作风，做到出以公心，守土有责，保证每一篇经过自己核改或汇总的材料数字和文字都准确无误，同时注意与其他业务处室的沟通和协调。

尽管以上都是一些工作片断，但我深深感到，财政精神不虚幻，它是靠一代代财政人传承下来的，体现在每一个财政人的身上，再通过言传身教影响年轻人。我们很幸运，能在这样一个洋溢朝气、充满活力的集体中工作学习，能和这样一群有着强烈事业心和责任感的财政人一起，为了共同的事业，奉献我们的青春和热情。

（作者单位：财政部教科文司）

责任与感动同行

杨　兰

一份公示，瞬间将我心目中闪耀着神秘光辉的财政部变成了我即将工作的地方。从那时开始，我逐渐走近了财政部，走近了财政人，在财政精神的传承中，走近了那些点点滴滴的感动。

初识财政部，光辉尤可鉴

初到部里的时候，正值新中国 60 周年华诞，一本《中国财政 60 年》，在我面前翻开了中国财政的光辉历程。这其中既有披荆斩棘、筚路蓝缕，也有波澜壮阔、飞速前进；既有摸着石头过河的曲折和代价，也有推动社会经济巨大变革的累累硕果。

新中国刚成立的时候，面对经济破败和战争尚未结束等极其困难的局面，财政工作通过建立预算管理制度和基本建设拨款制度、整顿城市地方财政、统一税政和财政政策等措施，实现了财政经济状况的根本好转，为即将开始的经济建设高潮奠定了良好的基础。“文化大革命”期间，国家财政在财政制度乃至财政工作机构和干部屡屡遭到冲击的困境中，仍然达到了一定的规模，支持了国民经济建设，保证了国家的经常性必要开支。十一届三中全会后，财政逐步突破高度集中计划经济体制的束缚，积极推动经济体制改革和各项社会事业发展。1994 年，国家财政开始实施分税制财政体制改革和工商税制改革，积极适应社会主义市场经济体制的要求。1998 年，全国财政工作会议提出了建立公共财政框架的目标。以此为指导，国家财政积极推动部门预算、国库集中收付、政府采购、“收支两条线”等改革，加大对基础设施建设、“三农”、教科文卫、社会保障、环境保护的支持力度；并不断强化财政宏观调控能力，在促进经济社会持续健康发展方面发挥了积极作用。

每一次社会制度大的变革，都有财政改革的身影；每一次财政制度的改革，都彰显出财政人戮力革新、激流勇进的开拓精神。“为国理财，为民服务”，一句话，铿锵有力，落地有声。

合上书，我深深地感到了自己肩负的责任。我只是一名普普通通、默默无闻的财政人，在我以后的工作中，也只是做一些平凡而琐碎的工作，但就是这些看似平常的工作，都将汇入到改革与发展的历史洪流中，不断推动中国社会的进步。

特别是在国际金融危机爆发后，整个世界都在反思现有的金融制度和金融体系。在我国金融改革提速的前夜，我作为一名金融专业的学生，能够来到直接参与金融改革决策的财政部金融司工作，身上几许荣耀，几分责任。

再识财政部，干部赤子情

到部里一段时间后，工作的神秘感渐渐地消失了，取而代之的是每日朝八晚五的工作，时间无言地从一叠叠的文件中流走。这个时候，一个人的事迹铺天盖地而来，让我突然认识到在理想的召唤下，一份平凡的工作也可以如此轰轰烈烈、感人至深。这个人就是沈浩。

第一次全面了解沈浩的先进事迹是在全司的大会上，司里组织观看了关于沈浩的视频资料，许多人都看得潸然泪下。看到沈浩上有 80 多岁的老母亲，下有正在上小学的女儿，妻子在银行工作十分繁忙，但他仍然克服种种困难及时赴任；看到他迫不得已把女儿送到老家萧县读书，使女儿不

得不失去了合肥良好的学习条件；看到他一颗拳拳孝子心却无暇照顾自己的母亲，只能愧疚地磕上几个头；看到他为了逗女儿开心，在地上卖力地翻着筋斗……我都禁不住敬佩、禁不住感动、禁不住流泪。天下至深的莫过于亲情，而沈浩把他赤诚的心捧给了群众，把他无限的爱献给了小岗村的父老乡亲。铮铮男儿，大爱无言。

感动之后是理性的思考。仔细研读沈浩在小岗村五年多来的工作，看到的是他锐意改革、勇于开拓的创新精神。众所周知，过去小岗村以大包干而著名，要在小岗村搞土地承包经营权流转势必要担负起巨大的压力，势必要承受一些人的质疑和不理解。但是为了小岗的大发展，沈浩顶住了压力，建立起了土地承包经营权流转中心，使3000多亩土地承包经营权实现了流转，让小岗村的土地焕发出新的活力。此后，小岗又先后引进美国GLG集团、从玉投资发展有限公司等多家企业到村投资设厂。沈浩以他对人民的无限热爱，像一位不知疲倦的跋涉者，不曾止歇过他开拓进取的步履。同为财政工作者，我深感需要向沈浩同志学习的地方实在太多太多。

又识财政部，点滴启明星

当工作渐渐走上正轨的时候，身上的任务也逐渐繁重起来，而领导和同事们的关心和鼓励，则成为我一路向前的动力。

有时为了写稿子，不得不加班到很晚才走。但是每当我关上灯闭上房门时，却总能发现楼道里还有好几处办公室亮着灯；有时周末到单位加班，也总能看到好几处办公室都开着门。当我因下班太晚而疲惫的时候，当我因周末加班而烦躁的时候，周围那些同样默默工作着的同事给予了我无言的安慰和鼓励，让我的心重回宁静。我有时也想，到底是什么成为大家辛勤工作的动力？答案是，大家心中那份强烈的责任感。

就是这份“为国理财，为民服务”的责任感，让大家在参与金融领域重大课题讨论和写作的工作中，反复告诫自己要站在客观的角度进行分析，要思考最佳解法和最佳模式，而不能带着部门利益；就是这份责任感，让大家在文件和报告的起草过程中，可以字斟句酌、反复修改十多稿、二十多稿，甚至推倒了重来，最终拿出一份首先能说服自己的报告来；就是这份责任感，让大家面对每日纷至沓来的征求意见文时，不应付、不拖延、不怠慢，而是遇到疑问马上打电话与来文司局沟通，看到其他处室业务马上征询相关处室意见，然后逐句审核、逐条回复……这份责任感犹如一颗启明星，一次次将我从或困顿、或迷惘、或倦怠的境地中引导出来，振奋前行。

事实上，工作并不止步于工作，那些领导和同事们于细微之处给予我的帮助，那些这个集体于时时处处散发出的团结和向心力，点点滴滴都让我铭刻于心。犹记得在参加公务员面试的时候，领我走进考场的那名同事一路上都与我说说笑笑，帮助我缓解压力；犹记得刚上班的时候，很多公文办理流程都不熟悉，一位同事常常提醒我于疏忽之处，还对我说，大家都是这样走过来的，其他前辈也曾经这样帮助过他；犹记得运动场上大家为了集体的荣誉奋力拼搏，为同事们在赛场上的良好发挥拍手叫好、相互鼓励，为来之不易的名次欢呼雀跃；犹记得集体活动时大家谈笑风生，是同事，更是友人……

仅仅一年光阴，这点点滴滴的感悟，如繁星一样点亮了我回忆的夜空，让我对财政部工作的认识，既多了几分厚重的责任，又多了几分温暖的感动。我愿在这点点星光的指引下，做一名兢兢业业而又默默无闻的财政工作者，献上对财政事业和金融改革事业的绵薄之力。

（作者单位：财政部金融司）

财政人的遐想

刘毅飞

财政优良传统作风之一，就是爱岗敬业，恪尽职守。这是国家财政能够取得巨大成就的根本原因，也是一代代财政人能够甘于奉献、心怀大众、理财为公、为民服务的根本动力。

在这些年的工作中，我作为财政部的年轻同志从身边的领导和同事身上，从一件件的具体工作中，看到了财政人对财政事业的热爱和忠诚，看到了财政儿女践行的为国理财的责任和为民服务的荣光。

“忙碌”这两个字

实际上，8 小时以外，我们的工作仍在继续。

换句话说，早 8 点上班、晚 5 点下班、周末休息两天，这已经成为财政人早已遗忘的作息时间。

财政部门是一个综合管理服务性部门，是“大管家”，财政工作关系到各行各业发展和千家万户百姓的切身利益。这些年来，随着国家经济的发展和财政改革的不断深入，财政工作的责任日益增大。如果财政某一项工作贻误或怠慢，就会影响政府的职能发挥，影响经济工作和社会稳定。

责任所在，必须恪尽职守，及时完成每一项工作任务。由于国家经济向扩大内需、调整结构转变，经济建设工作任务也与日俱增，领导和同事们牢记肩负的重任，全都超负荷工作。

新的政策需求多，需要花大力气调查研究真实情况，很多同志走街串巷、下乡调研后风尘仆仆地赶回来，晚上就开始熬夜出报告、补出差时耽误下的工作；国务院和各部门来的急文多，且业务涉及多个司局，只能8小时内挨个司局跑签、8小时外再汇总研究反馈意见。

“忙碌”这两个字，变得如此深刻和清晰：有人没工夫带孩子，只好硬着头皮送到老人那里；有人感冒发烧了，吃点药强撑着抗过去；有人颈椎累得骨头错位了，得了空才找医务室张大夫掰回去……种种困难，没有人向组织上提；种种付出，也没有人发一丝牢骚，所有付出都汇成无言的涓涓细流，凝聚成一种团队精神。

他们为什么坚守

有很多这样的财政人，几十年如一日地埋首工作，每日绞尽脑汁地思考问题，明明还是壮年，却两鬓斑白，早生华发。

财政部门是一个涉及面广、专业性很强的政策研究性部门。科学理财是做好财政工作的前提，老一辈财政人高度重视财政科学研究，并结合中国国情，创造性地发展了马克思主义经济思想和理财思想。改革开放以来，一代代财政人结合经济发展实际情况，不断深化税制、预算管理制度、会计、国库支付、国有资产等各项财政体制改革，财政实践得到很大的发展，取得了出色的成绩。

成绩没有姓名，这些成绩的背后，是一个个财政人为之奉献的青春，为之绞尽的心力。多少个节假日，本该休闲娱乐，却要呆在办公室，紧盯着显示器，双手不停地敲击着键盘，或做报表、或撰写报告；多少个夜晚，本该与家人共进晚餐，尽享天伦之乐，却要加班加点、熬夜守更，从而将一笔笔救灾资金、扩内需资金、惠农资金等牵系百姓们的款项尽早拨出。

能够坚持几十年算账、理财、思考，研究怎么管好、用好资金，这是

一种难能可贵的坚守。

手握接力棒的群体

财政战线上有很多杰出儿女，终身奉献于财政事业，甚至为此付出生命，却从来无怨无悔。

财政部门是一个“栓”人的部门。

“为国理财、为民服务”的工作宗旨“栓”人，身在其中，人人深知自己责任的重大；财政部的土壤留人，虽不能提供丰厚的物质待遇，但这个平台提供了最好的学习、锻炼机会，施展抱负和实现理想的舞台；财政人的队伍团结人，这个团队有共同拼搏、积极向上的精神，大家为着共同的事业并肩战斗，感情栓人；财政优良传统作风教育人，在与领导和同事的工作中，耳濡目染，年轻同志也学会了老实做人、踏实做事。

情系财政，成就人生。一代代财政人手握接力棒投身于财政事业，比拼搏、比付出，坚守着平凡的岗位，发挥着自己的光和热，甚至为此献上生命。沈浩同志就是这样的财政标兵，他用“鞠躬尽瘁，死而后已”的精神，给自己的人生，也向群众、向组织递交了一份庄严而伟大的答卷。

还有很多老一辈财政人一生心系财政，虽离开工作岗位，仍念念不忘财政事业。他们在退休以后，继续操劳，或继续在有关行业服务，或时刻关注财政问题，建言献策，发挥余热。榜样的力量是无穷的，正是这些终身奉献的财政“脊梁”和精神标杆，感染、激励着年轻同志传承爱岗敬业、恪尽职守的财政优良传统。

事业是伟大的，个人是渺小的。心中装着“为国理财、为民服务”的工作宗旨，我们将加倍努力，向财政前辈们学习，爱岗敬业，恪尽职守，继续坚定前行。

（作者单位：财政部经济建设司）

十年磨一剑

——从财政彩票工作看财政人的优良传统作风

王守刚

光阴似箭，日月如梭。自从进入财政部工作，一晃就踏入了第十个年头。

近十年来的成长，时常让我为自己能够成为一名财政人而感到自豪。参加工作后，我被分配至综合司彩票管理处。在紧张而又充实的岁月里，财政人的优良传统作风时时刻刻滋润着我、感动着我、激励着我。作为十年财政彩票工作的见证者和经历者，让我切身感受到了财政人的优良传统作风。

顾全大局：彩票立法实现历史性跨越

我国现行彩票始于 20 世纪 80 年代中期。1987 年，党中央、国务院批准民政部发行福利彩票（当时称“社会福利有奖募捐奖券”）。1994 年，国务院批准原国家体委（现国家体育总局）发行体育彩票，明确中国人民银行为国务院彩票主管机关。1999 年 7 月，国务院将彩票管理职能转至财政部。十年来，财政人认真负责，顾全大局，积极推动《彩票管理条例》颁布施行，彩票立法实现历史性跨越。

法律制度具有根本性、基础性和长久性的特点，是彩票事业长远发展的重要保障。在财政部接管彩票工作前，有关方面就开始了彩票立法的研究和探索。1993 年 7 月，民政部向国务院报送《彩票管理暂行条例（送审稿）》。由于第二年国务院发行体育彩票，明确了中国人民银行为彩票主管机关，送审稿自然失效。1995 年 11 月，中国人民银行向国务院报送《彩票管理暂行条例（送审稿）》。由于有关部门对彩票管理体制问题意见不一致，1996 年国务院办公厅函复中国人民银行，认为制定条例的条件尚不成熟，将送审稿退回中国人民银行。

财政部接管彩票工作后，自 2000 年 3 月起，严格依照立法程序，经过大量调查研究，在征求和听取国务院有关部门、地方财政部门、彩票机构与彩票专业人士、有关法律专家意见的基础上，起草了《彩票管理条例（送审稿）》，并于 2003 年 2 月上报国务院。按照国务院领导的批示精神，2005 年、2006 年，财政部又先后两次向国务院法制办报送了《彩票管理条例（修改稿）》。国务院法制办在征求意见过程中，由于相关部门对彩票管理体制存在分歧，条例一直未能提请国务院常务会议审议。2007 年 12 月，针对相关部门的分歧，国办召集有关部门作了协调。在协调过程中，财政部本着尊重现实、确保出台的原则，充分发扬财政人顾全大局的优良传统作风，最终达成一致意见。

2008 年 3 月，按照国办协调意见，国务院法制办会同有关部门对条例做了反复研究修改，形成了《彩票管理条例（征求意见稿）》向社会公开征求意见。在充分吸收各方面意见的基础上，2009 年 1 月，国务院法制办向国务院报送了《彩票管理条例（草案）》，建议提请国务院常务会议审议。2009 年 4 月 22 日，国务院第 58 次常务会议审议并原则通过《彩票管理条例（草案）》。2009 年 5 月 4 日，国务院总理温家宝签署第 554 号国务院令公布《彩票管理条例》，自 2009 年 7 月 1 日起施行。

锐意创新：彩票市场发展迈上新台阶

接管彩票工作以来，财政部本着安全运行、健康发展的原则，充分发扬财政人锐意创新的精神，支持和鼓励彩票机构积极开拓市场，我国彩票市场发展迈上新台阶，全国彩票销售规模屡创新高，已连续3年突破1000亿元，2000—2009年累计销售彩票6572亿元，占1987年发行彩票以来的91.3%，是财政部接管前（1987—1999年）的10.5倍。截至2009年底，全国彩票销售网点规模超过20万个，彩票市场从业人员超过50万人，彩票市场体系初步形成。

锐意创新之一：完善彩票管理政策。财政部接管前，彩票管理政策比较单一、固化。财政部接管后，将彩票发行额度管理从“绝对额度管理”调整为“弹性额度管理”，直至取消额度管理；将彩票资金构成比例政策调整为在返奖不超过75%的前提下，由财政部根据彩票市场的发展需要和彩票游戏的特性，确定不同玩法的具体比例；取消实物设奖政策，允许初始发行彩票时设置一次性保底奖金，提高即开型彩票单注奖金封顶限额，建立一般调节基金制度。彩票管理政策和完善，对保持彩票市场的生机和活力，促进彩票市场发展发挥了重要作用。

锐意创新之二：优化彩票品种结构。财政部接管前，彩票种类主要是单一的有纸即开型彩票。财政部接管后，大力支持彩票机构研发新品种，优化彩票品种结构。十年来，彩票市场已发展为丰富多彩、健康时尚的品种结构，培育了“双色球”、足球彩票、“数字3”等品牌游戏，形成了全国联网、区域联合、地区特色以及乐透型、数字型、竞猜型、即开型共同发展的市场格局。

锐意创新之三：推动彩票技术进步。财政部接管时，全国彩票发行销售基本上还处于手工作业。财政部接管后，敏锐地洞察到了彩票市场的发展趋势，全力支持彩票机构稳步建立全热线彩票销售系统，彻底改变了彩票发行销售主要依靠手工作业的状况。同时，从彩票市场长远发展着眼，支持彩票机构开发了在线即开型彩票销售系统、二维条码即开型彩票销售系统、电话投注系统、自助投注系统等。先进技术的采用，不仅节约了彩票发行成本，提高了发行效率和安全水平，而且为新游戏开发提供了技术支持，拓展了市场发展空间。

求真务实：彩票规范化管理取得积极进展

财政部接管前，彩票管理制度主要是中国人民银行、民政部、国家体育总局在较长时期内分别颁布的一些单行规定，没有形成一套完整的制度体系。接管彩票工作以来，财政部本着规范管理、强化监管的原则，充分发扬财政人求真务实的优良传统作风，不断建立健全彩票管理制度，初步形成了较为完整的彩票管理制度体系，彩票规范化管理工作取得积极进展。

求真务实之一：建立健全彩票发行销售管理制度。制定下发《彩票发行与销售管理暂行规定》、《即开型彩票发行与销售管理暂行规定》等制度，对彩票的基本概念、彩票发行批准权限、财政部门的监管职责、彩票发行与销售活动的基本规则、彩票游戏和发行方式审批程序及管理原则等做了全面规定，初步确立了彩票市场的基本运行秩序。

求真务实之二：建立健全彩票机构财务会计制度。制定下发《彩票发行与销售机构财务管理办法》、《关于彩票发行与销售机构执行〈事业单位会计制度〉有关问题的通知》等制度，对彩票机构财务、资金及账户管理、会计核算、统计报告等作了全面规定，初步建立了统一的彩票资金及彩票机构财务管理核算办法。

求真务实之三：建立健全彩票市场安全管理制度。制定《关于加强电脑系统发行与销售彩票安全管理的紧急通知》、《关于暂停集中销售即开型彩票的通知》、《关于加强排列3、排列5和3D游戏风险管理的通知》等，切实加强彩票市场安全管理和风险控制，初步形成了抵御和规避市场风险的机制。

（作者单位：财政部综合司）

致表弟的一封信

王宇龙

亲爱的表弟黄骁：

你好！

前天在与你母亲通电话时，得知你已顺利通过公务员考试，即将在新疆和田地区皮山县木吉乡财政所工作。听到这个消息我很高兴，首先向你表示热烈的祝贺！从今年七月份起，你就要光荣走上工作岗位，真正成为一名国家财政干部了，我想这既是你的个人愿望，也是父母长期以来对你的期许。你一定要珍惜机会、不懈努力，争取在新的岗位上继续进步。

你母亲在电话里谈到，你对未来的工作仍然感到有些迷茫，让我找时间多和你聊聊工作上的事。我想，你之所以感到迷茫，主要是初次参加工作，对从“学生”向“干部”的角色转变可能有些忐忑，这很正常，相信工作一段时间后这种感觉就会自然消失。坦率地讲，我自身的工作经验也比较有限，所以很难对你提出指导性建议。但通过这几年在财政部的工作，我也积累了一些感受与体会，可以和你分享，你我共同学习提高。

在长期的革命战争和社会主义建设中，在财政事业不断发展壮大的艰难历程中，一代代财政人在开创伟大事业的同时，也创造和积累了丰富的精神财富，形成了兼具时代发展共性与鲜明财政工作特性的优良传统和作风。我想，做好财政工作，当好财政干部，首先应该学会传承和发扬这些宝贵的传统作风。以我的理解，最重要的是坚持做到“学习、实干、团结、自律”八个字。

你我今后要更加努力地不断学习。古人曾说“立身以立学为先，立学以读书为本；君子之学必日新，日新者日进也。不日新者必日退，未有不进而不退者”。在信息社会中，随着科学技术的迅速发展，信息与知识的急剧增长，知识更新的周期大大缩短，创新频率明显加快，对人综合素质的要求进一步提高，学习成为个人、组织和社会的迫切需要。青年时代正是钻研业务的好时期，只有讲学习、勤学习、善学习，敢为人先，勇于创新，才能在财政事业这个宽广的平台上施展自己的才华与能力。从我自身的体会来讲，离开学校并不意味着学习的结束，而是另一种学习的开始，财政工作点多、线长、面广，有太多的知识还需要我们去掌握和运用，学习是迅速提高业务能力和工作水平的捷径。你即将参加工作的地方，是国家最基层的财政部门，每天都会面对很多具体而繁杂的业务问题，这需要你一是向书本学习，努力掌握党的最新理论、政策、观点、方法，对每一项具体政策要求，比如政府增加对农牧民的补贴，都要吃准、吃透；二是向实践学习，在丰富多彩的实践中积累新的经验，这对你当下的工作生活应该更为管用。向实践学习重要的是向群众学习，而调查研究是最好的方法。多和普通的农牧民交流沟通，了解他们最关心什么，对这些问题我们是怎样解决的，经验在哪里，现在的做法是最好的还是可以继续改进，能不能普遍适用。通过这样不断的观察和思考，你的业务水平就会逐步提高。

你我今后要更加主动地踏实工作。想做能干的人，先要做肯干的人。有两句成语叫“笨鸟先飞”、“勤能补拙”，比别人多花一分钟，可能工作的效果才与别人相同；而比别人多花一个小时，可能效果会比别人更好。记得我刚参加工作时，领导勉励我们新录用的公务员要认识到肩上的责任，热爱所从事的工作，对每一件事，都要满腔热情去办、踏踏实实去干。要勤于任事而切勿浮躁，小事不嫌弃、大事不畏惧、凡事不计较。这些话我今天仍然铭记在心。财政部门作为政府的综合经济管理部门，工作相对繁琐、细致、难度大，我们每天从事的业务，都与千千万万的百姓生活密切相关，一丝一毫也马虎不得，必须真抓实干、勤勉工作。其实，很多时候问题究竟能不能解决、思路到底能不能创新，在很大程度上就取决于干部作风是踏实还是飘浮。我在财政部工作的这几年，经常加班加点，由于财政综合部门的业务具有新、急、难、重的特点，超时工作往往不可避免。但是事实证明，青年人多吃一些苦、多受一些累，对自己只有好处没有坏处，它一方面可以提升你的业务能力和水平，另一方面可以锻炼人的意志和品性。你参加工作后，也要树立事业心、责任心，积极主动工作，服从组织领导，不怕吃苦。相信你以前能够踏实学习，今后也能踏实工作，得到领导和同事们的肯定。

你我今后要更加热情地团结同志。团结是人与人之间和睦友好的关系，是我们事业成功的根本保证。团结问题事关一个国家、一个地方、一个单位的兴衰成败，对普通机关干部而言，团结是一个永恒的课题。要把团结作为一种能力来锻炼和提高，作为一种资源来开发和运用，作为一种友情来呵护和珍惜，作为一种文化来继承和弘扬，作为一条纪律来遵守和执行。提高团结的能力，需要我们常思团结之益、常讲团结之言、常行团结之事。运用团结的资源，需要我们很好地协调各方关系，调动一切积极因素，团结一切可以团结的力量，为事业发展服务。珍惜团结的友情，需要我们求同存异、坦诚相见，多些忍让、宽容、尊重、信任，大事讲原则，小事讲风格。弘扬团结的文化，需要我们提高道德修养，树立博大胸怀，做到淡泊名利、虚怀若谷，工作争取大多数人的理解和支持。遵守团结的纪律，需要我们自觉站在讲大局、讲团结、讲稳定、讲发展的高度，规范和约束自己的言行，弘扬正气、坚持真理，防止极少数人拉帮结伙。财政部门日常工作会接触到方方面面的人，化解各种各样棘手的矛盾，这更加需要我们团结同志，树立“越是要严格理财，越是要热情服务”的思想。在我过去几年的工作中，深深感到了尊敬领导、团结同志的重要性，这不仅能为自己带来愉悦的工作心情，也十分有利于干工作和出成绩。你走上工作岗位以后，也要积极团结同志、与人为善，服从领导安排、配合同事工作，通过实际行动赢得大家的尊重和信任。

你我今后要更加严格地自我约束。党员干部自我约束，就是对自己的言行举止有意识地适度限制。能否有效地自我约束是党员干部政治上成熟与否和素质水平高低的体现，也是干部能否成长进步的关键。坦率地讲，每个人的内心世界都存在着善与恶、正与邪、公与私的斗争，都面临政治

观念和思想道德的选择，只有自律性比较强的人，往往才能取得更大的进步和成功。在财政部门工作，面临的诱惑、考验可能比较多，特别是基层部门管理大量具体事务，情况更是如此。我想党员干部把廉洁从政当作一种境界、一种原则、一种追求，更加严格地自我约束，关键是要有良好的自我教育和自我管理。一方面，加强自我教育，就是要准确定位人生坐标，立志于做一个受大家尊敬的人；就是要有驾驭个人欲望的能力，净化心灵、感悟人生、提高自己；就是要有良好的心态，珍惜岗位、踏实工作、老实做人，始终保持积极心态和向上的朝气与活力。另一方面，加强自我管理，就是要讲规矩、讲法治，用制度和法律规范自己的言行；就是要严格执行民主集中制，用民主的方法解决问题、协调矛盾、推动工作，加强批评与自我批评；就是要严格遵守干部廉政条例，清白做人、干净做事、公道正派，自觉接受领导和群众监督，树立良好干部形象。

亲爱的表弟黄骁，这些是我对继承弘扬财政优良传统作风的一点认识，是对我自己的要求，也是对你的勉励。再有一两个月你就要走上工作岗位了，这对你来说又是一次新的长征。最近先抓紧时间做些调整，相信你入职后一定能尽快转变角色，适应新的环境，通过组织的培养和自身的努力，取得更大的进步！

请代我向你父母问好。祝顺利！

表哥　王宇龙

二〇一〇年元月二日

（作者单位：财政部综合司）

尺子下的关税工作

袁　璐

2003年8月，我跨出校门来到财政部从事关税工作。白驹过隙，转眼我已工作了7年。7年来我从一个关税工作的门外汉逐步成长为熟悉和掌握业务的关税工作者，其间得益于领导的关心、前辈的指导和同事们的无数帮助，有许多人让我感恩，有许多事让我感怀。其中，案头的一把普通的尺子，时时提点我的日常工作，让我不忘前人之德，踏踏实实走好关税工作之路。

7年前这把尺子的出现颇出乎我的意料。当时初来乍到，我忐忑不安，不知如何才能迅速进入财政工作的角色。处长给我一本厚厚的2003年《中华人民共和国海关进出口税则》，让我先熟悉业务，同时递给我一把普通的透明学生尺。这尺子是什么用途呢？开展财政工作，难道不应该先发给我一个计算器吗？我满腹狐疑，拿好尺子，翻开书。看着看着，我慢慢体会出了尺子的妙用。《中华人民共和国海关进出口税则》是以世界海关组织商品协调制度编码为基础，将所有进出口商品分类并编号，分别列明具体商品的普通税率、最惠国税率、协定税率等。这是我国进出口业务的法律文本之一，其中每一个税率数字都直接决定了我国进出口税收收入。计算和分析财政收入时倚重的工具是计算器，而理解和掌握进出口税则时更倚重的工具则是尺子——一本2003年的进出口税则有近270页、7445条税目，用尺子贴着书页一行行下移着看每个税目，就能保证在众多的编码和数字中不看错行！就这样，新手入门，尺子开路，我慢慢进入了由商品编码、商品名称、不同税率搭建起来的五彩斑斓的关税世界。

顺利度过了从学校到工作单位的过渡期后，我的尺子丝毫没有“退休”的意思。每年从8月份到年底是我们关税司最忙碌的时候，我们要制定和调整第二年的进出口税则，具体而言，就是要在当年的进出口税则基础上，根据国家宏观调控和国内进出口贸易的需要，适当增减商品税目、调整有关税目的税率水平，同时还要履行我国加入世界贸易组织时的降税承诺以及各类区域和双边优惠关税承诺并调整有关税目的税率水平。这是一项耗时耗力的工作，每一步、每一个细小的调整都需要我们充分论证、小心记录。面对一张张内容丰富、栏目众多的表格，尺子是一个好帮手。等到年底上报国务院批准后，我们要和出版社联系及时印制新一年的进出口税则。在校对印刷稿的时候，我们每天就尺不离手，看一行原稿，再对比看一行印刷稿，认真核对汉字、英文单词、数字、数字格式等等海量信息。每天我们看得两眼发涩，抓尺子的手时不时僵硬。每年的这个时候，也是老同志们开玩笑和感慨较多的时候。他们说以前没有电脑制版印刷，大家需要手动在蜡纸上刻板印刷，油墨印刷出来的稿子给大家校对的时候，每个人的尺子是黑的，手是黑的，如果谁不小心挠了眉毛，那就更漂亮了。在哄堂大笑中，我们每个人的心底都深深触动着，我仿佛看到了前辈们在艰苦的硬件条件下为每年一部进出口税则呕心沥血的感人场景。今天，我们的日常工作用上了电脑和各种软件，我们享受着现代化和经济实力强大后的各种便利条件，但我们仍然不能丢掉尺子，不能丢掉一颗兢兢业业的心。

随着工作年限的增长，我接触的业务面也不断开阔，参加了有关的关税谈判工作。关税司的业务既包括国内税收政策的制定和调整，也包括国际关税谈判。通过多边谈判，我们积极参与世界贸易组织新规则的制定；通过区域和双边谈判，我们与东盟建立自由贸易区，与韩国、印度等国签订亚太贸易协定，与新加坡、智利、新西兰等国签订双边自由贸易区协议……随着一项项谈判的结束，我们的进出口税则的内容越来越丰富，2010

年我国进出口税则已近540页。在各种谈判场合和历次谈判中，我们关税司的同志是最斤斤计较的，我们要拟定和调整谈判方案，计算和权衡关税利益得失，为国家利益最大化而努力。我们自己戏言，或许是日常工作中用尺子太多，我们干什么活儿都特较真，眼里和心里关注的是每一个税率数字的细小变化。在谈判的场合，我们西装革履，手里没拿尺子，但我们心里装着尺子，尺子一行行移动，审视着每个税目和税率，提醒自己为了国家利益要慎之又慎。

今年我司新招录的公务员即将来报到并开始工作了。我想，我们每一位关税司的同志都会把对新同志的嘱托和希望寄托在一把普通的尺子上。我们的心愿很简单，希望他和我们一起用好尺子，干好工作。

（作者单位：财政部关税司）

风入松·颂财政人

牟婷婷

嵩高峻极天，剑峰绕林晚。
为国理财运筹策，呕心血，钵渐盈满。
一心济世裕民业，志扬朝乾，彰显报国愿！

碧波映菡光，鸿鹄寄云帆。
财政合作展华卷，挥墨处，笔透臻坚。
笑看鱼龙尽悲啸，伐谋思远，壮丽我河山！

（作者单位：财政部国际司）

责　　任

戚广涛

今天，金生像往常一样起得还是那么早。下了楼，眼前白茫茫的一片。“怎么这么大的雪！”他微微皱了下眉。

雪一直下着，金生快步朝着单位走去。到单位时，他已经是额头微汗了。金生进了办公室，取出昨天在下班后整理完的一大捆出国材料，一张一张地又翻看了一遍，感觉确实没有了问题，才取出手提箱，把材料放了进去。

他看看墙上的挂钟，指针指向了七点四十五分。金生坐了下来，两眼望着窗外飘着的鹅毛大雪。他回想起了昨天下班后那个大男孩焦急的眼神和发颤的话音。事情既让他生气又让他同情，本该在十天前送办签证的材料，却因大男孩的疏忽居然在启程前三天才送过来，无疑又是给他送来个急件！

这些天，他刚刚保证了一个参加我国与某大国战略经济对话几十人的出访团组，从确定人员使用的护照，到审核填报相关材料；从积极沟通协调，到顺利获发签证并成行，整整花了他半个月的时间。原本以为能稍微喘息一下，可接下来的依旧是忙碌。

走到停车前，他用手除去了挡风玻璃上厚厚的积雪。车子很凉，打了几次火，车子才打着，马达发出了嗡嗡的声音。

也许是雪下得太大且太突然，路上的车比平时少了很多。他小心地开着车，车子好像蜗牛一样在路上慢慢地爬行。“这鬼天气，没有要紧事儿谁也不会出来!”金生心想。雪依然下得很大，路上不时能看到前车忽闪着的警示灯和追尾等待处理的车辆。车子慢慢地走着，车轮却不听使唤，一个劲地跑偏。沿途的雪景已经是无心欣赏了，金生表情凝重，集中精神，努力地控制着方向盘。此时，任凭他瞪大双眼，视线依然模糊，车子艰难地按着他预想的路线在雪中慢慢地爬行。

上午十点，金生终于来到了大使馆门口。使馆大门紧闭，除了在门口有一名武警战士威武地站在雪地里，再无人的影子。金生在路边停了车，定了定神。这时他才发觉手和脚已经湿漉漉的，全身有些落汗后的凉意。金生把车熄了火，提着手提箱下来，关了车门，在确认锁好车后径直朝门口的武警战士走去。出示完相关证件后，他按下了领事处的门铃。许久，小门的锁开了，金生走了进去。使馆院内很安静，地上白茫茫的，没有任何痕迹。金生直接向着西北角的领事处走了过去。

接待他的是一位中文秘书。金生很礼貌地向她说了声“早上好!”她没有作答，只是用一种异样的目光打量着眼前这个中年男子，过了几秒钟才说：“这种天气还出来啊？太危险啦!”金生把手提箱放在桌子上，取出材料，递了过去，然后用平静的语气回答：“这是我的工作嘛。”她没有接金生递过来的材料，而是两手摆了个无耐的姿势，说：“今天老板没来（称领事为老板），我无权受理你的案子，要不你明天再来?”“明天再来？那怎么行呢，两天后就要启程啊!”金生急忙解释说，“要不麻烦您给领事打个电话，先解释一下我的情况？或者——先收下我的材料……”在金生的再三要求下，那位秘书拔通了领事的电话，她翻看着金生递给她的材料，并用英文向电话那头作着汇报。“老板说今天雪太大了，开车很危险，他不来了。”女中秘放下电话笑着说，见金生面露难色，顿了顿又说：“不过老板说他很佩服你这样的天气还敢开车的勇气和你的敬业精神，特授权我先收下你的材料。请交费吧!”

金生交完费，领了取签证的凭证，向女中秘道了谢，走出了使馆。此时的金生并没有感到一些轻松。

雪下得依然很起劲。

附言：二十多年来，经杨金生办理的各类出国团组数已经过万，其中既包括国际上有重要影响的G20峰会、央行行长和财长会议、央行行长和财长副手会、世（亚）行春（秋）季及年会等重要团组，也包括我部各培训、考察、谈判等诸多团组，他在自己的工作岗位上默默地为我国对外财经交流与合作做着自己的贡献，一年一年周而复始……

（作者单位：财政部国际司）

作为一名新时期财政青年，我骄傲

翟司霞

转眼间，来部工作已八载。这八年，是公共财政有力改革的八年，是财政走向科学化精细化、公开化的关键时期。我们见证了财政工作的辉煌与艰辛，也深深了解了财政干部的风采与艰难，体会到作为一名新时期财政青年的光荣感和使命感。

加班加点是财政工作的一道风景线，也是财政干部的一种生活常态。由于工作政治性强、任务重，周末、节假日部内不乏年轻同志加班的身影。2008 年 1 月，我国南方大部分地区发生大范围低温雨雪冰冻灾害，很多年轻同志连夜加班，汇总数据，急件特办，不少同志春节期间放弃和亲人团聚，在京待命，确保了抗冰救灾资金及时、足额拨付到位。

在辛勤工作的同时，青年们并没有忘记主动补充和更新知识。有的年轻同志赴国外参加中长期学习，回国后将学习成果和体会整理成课件，与大家分享；有的成立业余读书小组，通过编印学习快报、开通学习网页等形式，向大家推荐自己读过的“好书”或专题研究成果；有的请来不同领域专家学者，为大家举办知识讲座；有的根据工作需要和自身实际，制定

和执行自学和研究计划，在各自深入研究的基础上充分讨论问题、交流看法、相互点评等。总之，大家在不拘一格的学习方式中不断充实和完善自己，提高内在修养。

除了在工作上有了质的飞跃，在个人生活方面也陆续发生了重大转折，从单身走向了二人世界，多数同志还新添了下一代。父母为支持我们的工作，纷纷从外地来京承担了照看小孩的重任，一家老小互敬互爱，倍感温馨。但外界不了解，也无法想象的是，我部青年一直维持着“收入低、宿舍小”的状态，工资及津补贴在中央国家机关长期属于“托低”部门，青年同志拿着每月不足4000元的工资，和爱人一起勤俭节约，拼搏进取，每天挤公交、换地铁风雨无阻，5口人挤在不足30平米的宿舍里谈笑风生，且邻里和谐、相互帮助。

清贫的生活并未削弱我们对生活和事业的热情与热爱，大家在这样的生活中同样体会到了生活的快乐，认识到了生活的真谛。因为我们崇尚的是财政工作的责任感和使命感。宏观经济调控、收入分配和支出管理、抗震救灾、“三农”、教育、科技、医疗卫生、节能环保等关系经济发展和民生保障的大小事务都离不开公共财政，财政政策的影响遍布全国。正是这份信念支持着我们每天在平凡的岗位上兢兢业业，干劲十足，任劳任怨。这种奉献之心日渐感染、影响着每一位财政家属。

以上事迹虽小，但反映了新时期财政青年的工作作风和态度。我们深知，作为新时期财政青年，我们负有更高的责任和义务，经历了更多的考验和磨练，还将面临更大的压力和阻力，但我们目睹了公共财政改革带来的巨大变化，感到了公共财政政策惠及民生的无限温暖。我们为所参与的点点滴滴感到骄傲和自豪！

（作者单位：财政部国库司）

一个新人眼中的综合司

生云龙

我于 2009 年 5 月始到综合司工作，迄今已经一年多了。在这一年里，对财政综合工作有了初步认识，对综合司的优良传统逐步了解，也对司里产生了深厚的感情。在我这个新人的眼中，综合司给我最深的感受就是业精于勤、和谐氛围和淡泊名利。

业精于勤

来司里之前，对公务员的认识多来自媒体报道与网友评论，常常觉得公务员工作清闲，上班就是喝喝茶看看报，没到下班点就已经收拾东西准备走了。来到综合司之后，切身体会到公务员的辛劳，发现这里的工作非常忙碌，大事、急事、难事、杂事都很多，人手紧，业务量大，而且常常是急需马上解决的问题。领导和同事都非常敬业，晚上常常加班加点，尽量把每项工作赶到前面。“业精于勤，行成于思”。为了更好地完成各项工作，每位领导和同事都成为本领域的专家，对业务非常精通，而且认真钻研，不断提升自身。大家认真贯彻科学化、精细化管理的思路，胸怀全局，勤于思考，善于思考，透过现象看本质，抓住线索找规律，为领导决策提供合理详尽的政策依据。每一项政策的出台背后，都经历了许多个同事们共同努力的不眠之夜，甚至每一句话，每一个标点背后都经过无数次斟酌与推敲，这些是不亲身经历体会不到的，社会上对公务员的误解确实是源于对这个群体工作的不了解。

对于我这样一名新兵，一方面感受到任务重、责任大，常常觉得自己的能力不足，无法达到领导的期望；另一方面，做政策研究要兼顾实效性和稳定性，现在事情常常是既新又急，但同时要兼顾平稳性，常常有如履薄冰的感觉。这就需要自己树立投身时代、为国理财、为民服务的崇高理想，努力学习、刻苦钻研，以严谨的态度，认真对待每一项工作，在工作中逐步积累，锤炼意志、品质，不怕吃苦，迎难而上，脚踏实地，切忌浮躁心理。

和谐氛围

综合司具有非常和谐的工作氛围，富有战斗力和凝聚力。司领导、处领导在业务上对新人无私指导，真心希望个人成长，给年轻人压担子；而且非常关心年轻同志的生活，努力为他们解决后顾之忧。同事之间虽然有竞争，但这种竞争是良性的，即大家互相关心，互相帮助，努力学习其他同志的优点和长处，爱岗敬业，勇于开拓，锐意创新。

领导和同事们的帮助和关怀，使我能够很快融入到综合司这个大集体中，逐渐提高了自己的业务能力，并对集体和同事都产生了非常深厚的感情。在综合司，我需要不断向领导和同事们学习，真诚待人，虚心请教，希望尽快提高自己处理实际问题的能力和业务研究能力，配合领导和同事，同心协力，群策群力把每一项工作做好。

淡泊名利

网络上流传着很多关于公务员福利好，“外快”多的故事，但来到综合司之后，发现公务员的生活是相当清贫的，收入很低，吃饭都在食堂，加班时顾不得吃饭还常常吃泡面。社会上有一些对公务员的误解，也体现

出某种追逐利益的浮躁心态。据说曾经有一位名牌大学的毕业生，来到司里之后，因感觉收入太低，工作太累，又没有什么额外福利，不到一年就“失踪”了。

领导们常常告诉我们：在综合司工作，需要有一种默默奉献的精神与毅力，不计名利，正直无私，把报效祖国、服务人民作为自己的最大追求。现在高学历的人比较多，但有知识不一定是知识分子，有人文知识也不一定具有人文关怀。作为一名综合司的干部，需要更多考虑社会利益，有强烈的责任感和使命感、高度的人文关怀，把能否为大众福祉做出贡献、尽到知识分子应有的社会责任感与社会良知作为工作的唯一准绳，不辜负党和人民的重托。

作为一名财政综合工作的新兵，我要努力传承综合司“公道正派、清正廉洁；顾全大局、团结共事；求真务实、埋头苦干；锐意创新、积极进取；认真负责、严谨细致”的优良传统，自觉维护财政干部的形象，做一名合格的财政综合干部，也希望身边的朋友通过我更多更好地了解财政干部。

（作者单位：财政部综合司）

“薪火相传”与“仰望天空”

石　左

时值全国高考，今年北京高考作文以“仰望天空和脚踏实地”为命题，“仰望天空”一词出自2007年温家宝总理在同济大学给青年学生演讲时吟咏的一首诗。“仰望天空”诗意地隐喻了人类对生命价值的追寻和对理想信念的思考，文化地表征着精神自省和灵魂自觉的深层意义，意在鼓励莘莘学子树立远大理想和信念，做一个关切世界和国家命运的人。“仰望天空”包含对精神价值的寻求、信念信心的坚守、文化内涵的丰富三层含意。细细体会，“薪火相传”财政优良传统作风的深意不正蕴含于温总理所说的“仰望天空”的语境之中吗？

“薪火相传”引导财政青年在新时期不放弃追寻精神价值。我们处在一个精神和思想开放、价值多元的幸运时代，但在物质和消费高速发展的态势下，在物质的重压和物欲的诱惑下，我们同时也面临着极大的考验，心灵容易被封闭在直接欲望和需要的狭窄圈子中，生命和灵魂在生存状态中逐渐失落，慢慢地忘记了“仰望天空”。“薪火相传”引导年青人“仰望天空”，让我们透过时空去体会、去触摸前辈的灵魂、领悟生命的内涵、

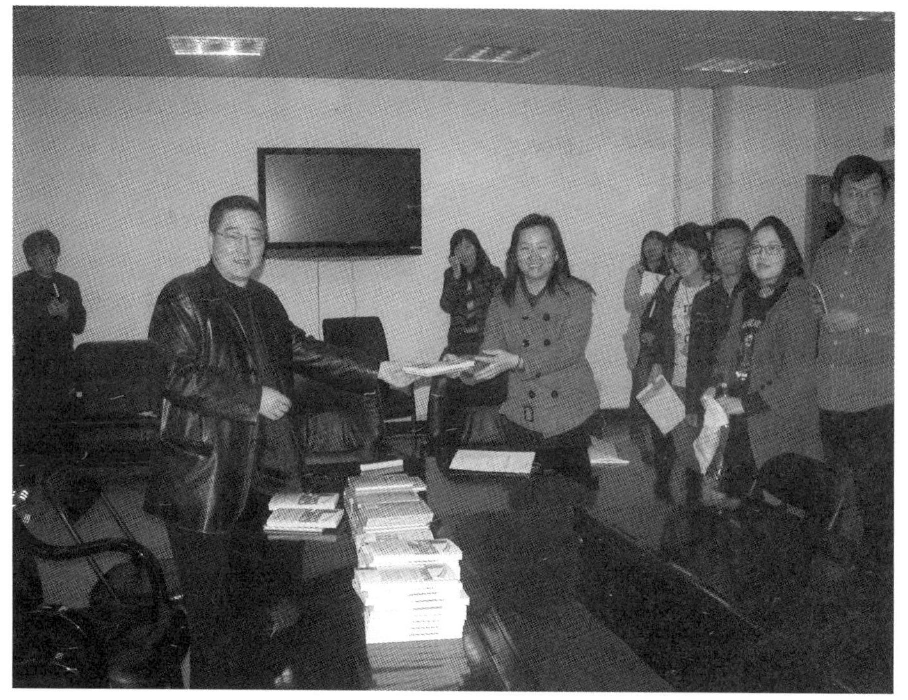

体会意志的坚定，探寻他们的心灵珍宝。项怀诚老部长在给部机关党员上党课时说：“我从一批老领导身上学到了很多宝贵的品质，在耳濡目染中老首长们的工作作风、工作态度和工作方法对我的工作和成长有很大的帮助”。像刘仲藜、吴波等财政部老部长和老领导所代表的艰苦奋斗、无私奉献的精神，集中地体现了财政人良好的精神面貌，感召和鼓励着青年财政人发扬财政优良传统作风继续前行。

“薪火相传”引导财政青年坚定政治信念和信心。信念和信心给我们以不怕牺牲和战胜一切困难的决心和力量，最初精神价值需求在强大信念和信心的坚守下转化为实际行动，最终达到预期目标和取得应有效果。越是在纷繁复杂的情境下，越需要我们有坚定的信念和坚强的信心。信心和信念来自于人的理性自觉，是基于缜密深刻思考基础上的理性判断。一代代财政工作者坚持走中国特色社会主义道路，坚持邓小平理论指导，坚持三个代表，坚持科学发展的理念，始终坚持财政工作“为国理财、为民服务”的宗旨，推动我国经济建设快步前进，让财政青年更坚定了继续走中国特色社会主义道路的信念，增强了服务社会主义市场经济建设的信心，在今后的工作中继续高举科学发展的旗帜不断前进。

“薪火相传”引导财政青年不断丰富财政文化内涵。财政文化是围绕财政历史发展过程中凝聚的精神财富，包括按照符合财政本质和做好财政工作要求所形成的理财观念、意识及制度与行为规范。财政文化不仅包含财政知识的学习、生命内涵的领悟、意志行为的规范，更重要的是，先进的财政文化引领青年人进入深刻而崇高的精神领地，启迪年轻而自由的天性，鼓励财政青年确立远大的人生理想和社会理想，积极思考民族国家的命运和未来，自觉结合财政工作的特点和新的形势对财政工作的要求，以新的现代理念构建出更赋时代气息新时期财政文化。财政青年秉承财政工作实事求是、求真务实的优良传统和财政人艰苦奋斗、克己奉公的过硬作风，确立公共财政核心理念，着力建设为公、均等的财政文化，着力建设权利与责任并重、规范与规则并行的财政文化，着力做勤政与廉洁、诚实与信用的财政文化，让财政文化闪现出现代社会的核心价值理念的光辉。

“薪火相传”，财政青年汲取财政优良传统作风的滋养，“仰望天空”，在新的历史时期财政青年不断寻求新的开拓创新，承载、传播、创造，新的时代赋予财政青年以新的任务，我们将不辱使命，承载起伟大使命，实现新时期财政事业的腾飞！

（作者单位：中国财政杂志社）

摩天大楼下的“陋室铭”

刘春和　鲁治东　杜　伶

六月这个季节，姹紫嫣红。

登南山之巅，从木荷、马尾松和枫香树的缝隙俯瞰，两江环抱的渝中半岛绚烂之至，通透如一块玲珑的美玉。待到万家灯火的夜晚，那高楼林立、车水马龙的画面，则又是一番流光溢彩的璀璨。

渝中半岛被称为“老重庆底片，新重庆客厅”，以打造“内陆香港”作为城市理想。

渝中区是一个以第三产业为支柱、以服务型经济为主导的老城区，历史上曾三次建都、四次筑城，孕育了重庆的“根”和“脉”，是重庆的“母城”。

渝中区是一座财富之城。渝中区财政局掌控着全区财政大权，按常理，其办公楼至少在外观上应当很有气势。然而事实正相反，在全市 40 个区县财政局中，渝中区财政局的办公环境和条件排在末尾；若与主城九区相比，则条件最差，显得有点寒酸。

但渝中区财政人从未怨天尤人。这也恰恰体现出他们多年坚守不变的传承：居陋室可以胸怀天下。用区财政局局长付红的话说，条件差一点，反而更能激发斗志。

犹如薪火相传，犹如接力奔跑。数十年来，渝中区财政人无论新老交替多少次，从不改变的，是他们内心深处的那一份责任与担当。

财政人当如临深渊、如履薄冰

渝中区是重庆市金融、商贸、信息、文化中心和水陆客运交通枢纽，它的集聚辐射能力广及整个西部和长江上游地区。2009 年，渝中区经济发展再创新高，地区生产总值达到 468. 4 亿元；区域内全口径税收完成 108 亿元，位居全市第一；区级财政收入完成 28. 8 亿元，其中税收收入完成 21 亿元，占财政收入比重达 73%，税收总量和占比都位居全市榜首。

渝中区经济发展一年一个样，但区财政局办公楼却保持了多年如一的简陋，完全没有人们想象中“财神爷”的风光。

这六层办公楼位于七星岗主干道旁边，两侧都是临街商铺。如果不是一块吊牌立在进门甬道处，路人绝不会想到这里面就是渝中区财政局办公的地方。有人曾开玩笑说，财大气粗的渝中区财政局却是个“三无”办公楼：无停车场、无电梯、无耀眼的门庭。大家上班就像开展登山运动，关着窗户都挡不住车声人声的嘈杂，窗外呼啸的车辆甚至震得屋子微微颤动。

自 1995 年搬进来，渝中区财政局就再没挪动过。而此前，他们的木质结构老办公室已经被白蚂蚁严重蛀蚀。

奉公自律，这一直是渝中区财政局的“传家宝”。

付红至今记得老局长刘隆铸经常告诫大家的一句话：“谁都可以踩线，财政局不能踩线；财政局敢多发一分钱，别人就敢多发十块钱。”多年以后，局里同志又将老领导的话作了延伸：谁都可以先住漂亮办公室，但财政局不能。

渝中区财政局自成立以来，六任局长中先后有三位成长为渝中区委、区政府、区人大的领导。其中，第三任局长刘隆铸还成长为现任重庆市政协副主席，成为从全市财政系统成长起来的唯一一位市级领导。

付红是第六任局长。一篇经典和一位伟人，一直令她顶礼膜拜，并成为她岁月的光标。经典，是刘禹锡的《陋室铭》；伟人，就是党和国家的经济先驱、素有共和国“掌柜”之美誉的陈云。

陈云有句名言：财经工作人员“不但是不能贪污，而且是不能浪费，就是说，国家的物力财力一定要用得恰当。所谓恰当，就是迟用、早用，多用、少用，先用、后用，缓用、急用的问题解决得好”。陈云还有句名言：财政人要以如临深渊、如履薄冰的精神对待手中掌握的财经权力。

付红自2007年担任局长以来，带领全局干部职工保持了渝中区财政局的光荣传统，使奉公自律这个“传家宝”继续照耀前进的道路。尽管身处重庆最繁华的闹市，尽管每天都行走在摩天大楼的华丽之中，但一代又一代的渝中区财政人志存高远，续写了一篇令人肃然起敬的新《陋室铭》。

财苑奇葩在寒流中绽放

当奉公自律成为一种传统，成为一种习惯，成为一种座右铭，渝中区财政局便总能够给人惊喜。

这就是底蕴。

举一个例子。2009年初，受国际金融危机影响，重庆各区县的财政收入不同程度下滑，尤其是主城各区基本上呈现负增长。而此时，唯有渝中区财政犹如冬雪中盛开的梅花，一枝独秀，上半年其一般预算收入和税收收入都逆势上扬。仅2009年3月，渝中区的金融业就贡献税收1.3亿元，占区级税收收入的26.7%，增幅达到5.6%；居民服务等行业创造税收0.9亿元，占区级税收收入的17.4%，增幅达到36.5%。为此，重庆市财政局专门发出专报，称赞渝中区经济发展的抗风险能力。

关键时刻，渝中区财政在全市的“风向标”作用凸显。更为难能可贵的是，不仅在财政收入总量上实现了稳定增长，财政收入结构也保持了持续优化。

优化收入结构，促进税收收入快速增长，实现主体税种随经济发展而变化，这一直是渝中区财政局的工作重点。这里面也还有另一层原因：随着经济全球化、区域一体化的深入以及重庆主城各区的你追我赶，渝中区财政工作正面临着“东西紧逼”、“南北夹击”的严峻挑战。对此，渝中区财政局干部职工不敢稍有懈怠。

愈是紧张的时候，就愈显示出他们独特的集体气质：钻、拼、韧、扭。

钻，就是刻苦钻研业务；拼，就是工作要敢想敢冲；韧，就是不叫苦、不泄气、不后退；扭，就是认准目标绝不松手。

渝中区财政局认为，财政工作的特征就是以政控财、以财行政，而优化财政收入结构、提高税收占一般预算收入的比重，则始终应是追求的目标。他们坚持树立大局意识、素质意识、和谐意识、争先意识、奉献意识和自律意识，全力推行新财政体制的运行，积极扶持优势产业发展壮大，大力培植和涵养财源，使财政管理不断走向严谨、科学、规范、廉洁、高效。

他们提振经济，加强财源建设；他们落实民生，优化支出结构。

他们筹资到位，推进“五个渝中”建设；他们创新机制，坚持深化财政管理。

仅以 2009 年加强财源建设来看，便可谓在逆水行舟中取得了辉煌：区财政收入单月增幅一直保持在两位数以上，区域税收突破百亿，总量全市最大，收入质量全市最优，可持续能力全市最强。

“内陆香港”闪耀神奇魅力

全局 40 个正式编制，但目前实际在编只有 28 人，全局平均年龄 34.4 岁。这与其说是渝中区财政局面临的突出矛盾，倒毋宁说是一道风景。

秉承奉公自律的传统，渝中区财政局多年来始终以知难而上著称，在工作上激情四射，在压力下愈战愈勇。

对此，作为局党组书记和局长的付红自有她的解读。她反复告诫大家，渝中区经济发展愈好，我们就愈不能做骄兵。

艰苦创业的日子总是难以忘记。1985 年的夏天，付红大学毕业分配到渝中区财政局预算科，没有寝室，晚上就在局里打字室搭张小床睡觉。

正是靠着一股子奉公自律的财政精神，渝中区财政局向人民交出了满意的答卷，在财政改革上创造了多项全市第一：

在全市率先实行部门预算编制改革；

在全市最早获得全国财税系统先进集体称号；

在全市践行财政资金集中支付；

在全市率先成立会计委派中心；

在全市率先实施街道财政体制改革；

……

历经多年发展，渝中区逐步与国际大都市接轨。作为渝中区的“大管家”，渝中区财政局大力实施财政转型，积极构建民生财政，以开拓者的胆识争当全市财政改革的“排头兵”。到2008年，他们全面实施令全国瞩目的渝中区“一区一基地”战略，着力打造“内陆香港”。

“一区”，就是把渝中区建设成为长江上游地区金融核心区；“一基地”，就是建设长江上游地区总部经济基地，吸引以世界500强、国内500强为重点的知名企业在此设立全国性、区域性总部。

目前，进驻渝中区的世界500强企业总数达到97家，税收亿元大楼总数达到9栋，区域千万以上税收楼宇达到40栋；全区集中了重庆50%以上的金融中介服务机构、30%的证券营业部、78%的期货营业部和全部在渝外资金融机构，各类金融机构达到380家，驻区市级及其以上金融机构已占重庆全市的90%以上。

2009年10月，作为西部地区的唯一代表，渝中区与北京西城区、上海浦东新区并列，被评为“中国最佳金融生态区”。

渝中区的光芒远不止于此。“中国现代服务业10强区”、“中国最具投资价值CBD”、“中国十大新地标商务区”、“中国第三街”、“中国著名商业街”、“中国西部第一街”、“全国特色文化广场”等等荣誉表明，渝中区历来是各种要素资源富集的“黄金宝地”。

但渝中区财政人没有陶醉，没有懈怠。

正如中共中央政治局委员、重庆市委书记薄熙来所说：渝中区“不可小富即安、不能满足现状、不要陶醉于过去”，要实现“向上海看齐、在西部领先、在重庆领跑”的目标；也正如重庆市市长黄奇帆所讲：渝中区是重庆主城形象的集中体现，是重庆人民的活动中心，是全市经济中心的载体；也正如渝中区委、区政府提出的目标：要聚焦世界眼光，汇集全球之智，打造“内陆香港”，建设“国际都市形象区”。

从新的历史起点出发，渝中区财政人任重道远。

而奉公自律这个“传家宝”将作为永远的财富，激励他们薪火相传，开拓创新，直至问鼎巅峰。

（作者单位：重庆市渝中区财政局）

扎小辫子的女孩

赵迎建　房嘉敏

一直记得那个夏天，你扎小辫子的模样。

那年八月，最炎热的季节。你从江岸小屋走出来，拎一包简单的行李，挥别久久伫立的父母。你眸子里闪烁的清澄，像一汪粼粼的湖水。

局里派我来接你。

我说，妹子，欢迎你到财政局工作。

你腼腆的红了脸，低声，说：大姐……谢谢，谢谢你来接我。

那一年你 21 岁，刚从财经大学毕业。

你的小辫子，从此映入我的眼帘，成为一张底片，已经保留了整整 25 个年头。

记忆中的风，悄悄掠过昨天的书笺。

你不再腼腆。

不再是小辫子的女孩。

你在自己 43 岁那年，成了我们的局长。在你当上局长的第二年，我到了退休年龄。我是作为你的下属退休的，那天，你组织大家，为我开了欢送会。

你依然叫着我大姐，把我送出很远，很远；你拉着我的手，说了很久很多的话……

我不曾想到，当年，我是去接一位未来的财政局长。

光阴如流水。在我的眼里，怎么也拂不去的，就是你扎着小辫子的样儿。还有，局里打字室的那张小床。

你刚来财政局的时候，没有宿舍。老局长说，小姑娘，就住打字室吧，晚上支个行军床，白天再收起来。

说真的，我一直在猜想，当年那些平淡而清朴的岁月，你的心空，曾流动过怎样的唏嘘？是感叹工作条件的简陋，还是庆幸人生赐予你历练？是惊诧财政局并无此前想象的风光，还是默默许下一个勇往直前的信念？

我知道你没有忘记。

八十年代的算盘和铺盖表，九十年代的手工计算，还有微机录入。后来，是计算机走进你每一天的思考。

而寂静的夜晚，打字室的灯光，是你不眠的遥望。加班的夏夜，微风透过你纯净的目光，吹开你内心的漪涟；也许，你梦想的彼岸，是正在发芽的小树林。

当年的路途，昨夜的影像，艰涩中，也有淡定。因而你能够超越那些难忘的日子，无怨无悔。

在你之后，局里又来了好多年轻人，一拨一拨的男孩、女孩。

女孩中，有的也扎着小辫子。

又过了很多年。

男孩女孩当中，有的成了业务骨干，有的当了科长；有的，成了党组成员，副局长。尽管面容还显得年轻，但大伙儿看到的，是一支朝气蓬勃的团队。

在财政局，其实真正的财富，就是这支团队的凝聚力。

我想起了一件事。

有一年，局里创建“市级文明单位”，市精神文明办的主办工作人员几乎进行了全程追踪，因而胸有成竹。等到年终例行检查评比时，他们一个电话打过来，索性取消例检。他们说：“你们局创建活动样样过硬，我们一清二楚，完全可以免检！”

在全区，获此“免检”殊荣的，只有财政局。

有的时候，你又让我想起了化龙桥的苍凉，和那些斑驳的老屋。

风吹过蜿蜒的路，天气很冷，河谷深处，密林树影间，还住着社区的群众。

冷风飕飕的冬天，你领着大家，躬着身，走进贫困户的屋檐。

精神的鼓励，物质的援助，重新点燃了多少个贫困家庭的希望；每一回的帮助，又让多少个小学生、中学生和大学生，实现孜孜以求的读书梦想。

想起了开座谈会的情景。一番朴实的告白，彼此因为感动，而热泪盈眶，泣不成声。

而每一次告别，我们都会留下叮嘱，信心，希望。

还有的时候，我们会向着布满荆棘的郊外森林出发。

走进远山的丛林，夜幕沉沉。在饥肠辘辘的那一瞬，我们咀嚼为民理财的道理。那个小雨的黄昏，我们终于明白，饥渴是可以变成力量的。

你说，财政人需要健康的体魄，坚强的意志，无敌的勇气。大家都感慨，苍茫的森林，就是一所学校。

我们还记住了山里的木荷树，珙桐，还有柳杉。

木荷树开出的花朵，让人感慨人间的圣洁；珙桐的高贵，让人陡然升起荣誉；而那些峭拔的柳杉，又令人仰望生命的真谛。

也许25年的岁月不算太长，但你毕竟已从蓓蕾升华。我知道，所有的崎岖都难不倒你，因为，你有一颗坚定的心。

曾经一起承担神圣的使命。曾经无数次演绎，四两拨千斤的财政乘数效应。几代财政人，接力着满腔赤诚。

其实透过你的小辫子，我能够读到一种绵延。有那么多的小辫子女孩，就在这里慢慢成长，那其中，不也有我的影子吗？

我知道，今生最拂不去的，是永远不会平淡的财政情结。而你的小辫子，已定格为我日记中的深深痕印。

（作者单位：重庆市渝中区财政局）

老兵与新兵

汝卫国

1996 年大学毕业后，我进入乡镇财政所，当了一名普普通通的财政“新兵”。我暗暗下决心要干出点成绩。

我当时的分工是协助一位张副所长征收耕地占用税。这可不是一件好差事。那时，人们对这项税收的认识不到位，都认为在自己承包地上建房是他们个人的事，别人无权干涉。再加上税款数额小，起诉起来程序繁琐，因此征收难度较大。一时我很是苦恼、着急。

好在这位张所长是一位年近 50 岁的财政“老兵”，工作经验很丰富。她经常鼓励我要多学习，多动脑。还告诉我说，财政工作很苦很累，但也很快乐，我们作为财政工作者，必须尽职尽责，才能上对得起组织下对得起百姓。我们是依法征收税款，要理直气壮，款项征收不上来，可能是我们自己的工作没有做到位，方法不对路；或者突破口没有选准，思想工作没有做好。只要多宣传，多跑路，多解释，就会有收获。于是，我们在辖区内整天骑着自行车走村串庄，嘴皮子都磨破了。我人本来就黑瘦，几个月后变得更黑更瘦了。好在年终时我们足额完成了任务，我也感到自己从张所长这个“老兵”身上学到了很多。

慢慢地，我发现在工作中要讲辩证法，不能单打一，因为好多事情是互相联系的。

一次，我们听说周寨村有一户人家正在盖房子。我和张所长赶到时，这家人很是反感，抵触情绪很大。后来，张所长一面做他们的思想工作，一面让我通过侧面打听一下这户人家的情况。原来该农户妻子怀孕了，先前已经生了一个儿子，现在正怕去人流呢。我经过仔细打听，听说夫妻二人都是独生子女，就赶紧告诉了张所长。张所长告诉该户村民，按照“十二种人”有关政策，他们可以生两个孩子。于是我们一起来到镇计生办说明事情原委，经过计生部门的调查确认后，这户人家的二孩准生证很快就办好了。后来这家人要请客，我们说什么也不让。结果不久，他就主动足额缴纳了耕地占用税。

渐渐地，我发现要把工作做好，还要有一定的业务水平。有一次，我和张所长一起到后储村收农业税。但因为队长经常到外地打工，做账不及时，导致村民很有意见。问明情况后，张所长给村民代表开了一个小会，然后拿出一张收入支出表对他们近年的收支进行了登记核对，最后收支相抵基本持平。结果还了队长一个清白，给了大家一个明白，消除了彼此的误会。大家纷纷回家拿钱，很快都缴纳了税款。当我们踏着泥泞、乘着夜色兴冲冲地往回走时，我心里真有一种成就感，对张所长也有了更多的钦佩。

这年，张所长退休了，她恋恋不舍地交代我一定要记住“责任”二字。此时此刻，我也渐渐对自己的工作有了感觉，成了一名财政“老兵”。一天早晨，我带着一名刚毕业的大学生“新兵”小刘到太原村发灾补。先是一个庄一个庄地发放，最后翻看花名册时，发现张桥口庄还有一户没有领钱。这个庄与邻县搭界，是一个偏远的小村庄，道路非常难走。小刘说，可以让别人通知他家来人，或者让村干部把钱给捎带过去。可是想起张所长讲的“责任”，我心里感到很不踏实。因为按规定款项必须由本户签字领取，别人不准带领或代签。于是，还是决定亲自给他送去。我和小刘头顶烈日，冒着酷暑，沿着曲曲折折的小道，步行三四里来到张桥口。当我走进这户人家的时候，不禁呆住了。这是怎样的一家人呀！呆呆傻傻，几乎没有一个正常人。三间小屋，空气浑浊，气味刺鼻，摆放着几张床，散乱放着一些破烂衣裳，除此之外别无他物。当他们从我手中接过灾补款时，一起跪下给我磕头……我的眼泪不禁流了下来，深深感到肩上责任的重大和工作的崇高。我为自己以前的想法感到害羞。想当初，我不就是为了改变家乡落后面貌而自愿回到家乡的吗？我怎么能为一己之私而放弃曾经的理想呢？小刘半天也没有说话。

从2000年税费改革到2005年取消农业税再到现在发放惠农补贴，国家财政政策不断转变，财政的服务性功能不断增强。农村发生了翻天覆地的变化，社会主义新农村建设正热火朝天地进行。出现了“村村通”、“综合直补”、“家电下乡”、“农机补贴”等新名词、新业务。这是财政改革的必然趋势，也是我们这些财政战线的“老兵”与“新兵”共同面临的一个又一个新挑战。

现在，我这名“老兵”调到了县局上班。工作忙了，压力和责任大了，我对自己的要求也更高了。目前，我负责局机关信息的编写报送。在完成本职工作外，我还利用业余时间写下了大量新闻稿件，创作了多篇小说、散文、诗歌等，不少被新闻媒体或报刊杂志采用，为此，我多次获得省、市及县财政系统先进工作者称号，受到表彰奖励。我将其归功于财政这个大家庭，是它让我得到了锻炼、圆了梦想。

小刘现在成了独当一面的乡镇财政所所长，也已经由“新兵”变成了一名“老兵”。我们常常会在一起感叹财政工作的艰辛和伟大，抒发作为财政人的光荣与豪情。

（作者单位：安徽省利辛县财政局）

一份珍贵的会计凭证

朱明清

光阴如白驹过隙，弹指间，我参加财政工作已经近 20 年了。这 20 年，是财政事业发展最快的 20 年，也是财政惠民最多的 20 年。

20 年间，我从一个初涉财政的小伙子变成了一名业务骨干，有过许多让我难忘的经历，让我最不能忘怀的却是一份会计凭证。它时刻给我以警醒和自励，让我懂得财政人的得与失，也让我明白了做人的道理。

那是我上班第二年的时候，我在局机关财务室任出纳，每天，单位、银行两边跑，现金存取、报销转账、后勤采购等业务较多，真正是忙得不亦乐乎。我的“顶头上司”是一名老财政，他是办公室副主任兼任总会计，业务非常精通，作风平易近人，是单位的“红管家”，我们大家都亲切称呼他“老何”。

“老何”比我大 10 岁，对我非常关心，可以说是无微不至。他对我有三条要求：第一条是要认真学习，业务方面必须做到精益求精；第二条是要努力工作，对得起那份工资；第三条也是最重要的一条，就是千万要经得住诱惑，绝对不能占公家的便宜。他时常告诫我说：“手莫伸、伸手必被捉”，犯了罪，后悔就晚了。

记得那是一个年终岁尾的晚上，是我们财政系统最为繁忙的季节。我白天忙了整整一天，为了第二天能够及时向领导汇报单位全年的收支情况，晚上又要加班加点，整理当月的单据，编制会计凭证和财务报表，忽然我发现有一个招待费的凭证出现了问题，单据是我填报的，报销数据明明填的是786元，但所粘贴的发票只有686元，整整少了100元。一下子，我懵了，怎么会出现了这么低级的错误，肯定是我虚报了。当时，我也想到把支出冲回来，但100元的诱惑太大了（我上班月工资是146元）。我想，反正领导已经签过字了，只要在补100元的票据就行了，于是，我胡乱找了几张单据贴了上去，心里暗暗的说，就这一次。

事情过去了有两个月，工作仍按部就班的进行着，我由心存侥幸慢慢又恢复了平静。我想，事情过去了，不会有人发现的。

在一个星期六的下午，“老何”把我叫到了他的办公室，他对我说：“明清，我给你看样东西。”边说边从抽屉里给我拿出了一张纸，我一看，那上边复印了一份会计凭证，日期是一九六八年六月五日，凭证的上方还印有毛主席语录“全心全意为人民服务”，凭证填制的是赵某某购机关面口袋四个，付款六角四分钱。

看我一脸的茫然，“老何”说：“明清，你要记住这张凭证，这可是我们财政人的警钟和教训呀！”他接着说，“这个老赵，是咱局里的一位老同志，已去世多年了，但他的精神永远值得学习。”“老何”给我讲起了这份凭证的来龙去脉：老赵原来是我局的第二任局长，在“文革”时期，老赵的孩子要结婚，单位的司务长从单位偷偷拿了四个盛面的布口袋，送给了他的孩子，准备拆洗干净后做褥子，结果被他发现了，他不仅马上补了钱，还在局里的会上狠狠地批评了司务长。

“老何”继续说：“我把这张凭证复印下来，放在我的抽屉里，时刻提醒自己，作为一名财政人，公物财产是国家的，一分钱也不允许多占。”听完了这张凭证的故事，我低下了头，我对“老何”说：“我错了”。“老何”说：“明清，你还年轻，可千万不能糊涂啊，你的那张凭证我已经帮你改过了，钱也已经替你补上了，这两个月我一直看你的表现，如果再出现这种现象，我肯定会向领导反映把你调离出纳岗位。但知错要改，今后绝不能再犯，记住我们财政人有个传统，就是记账一定要记明白账。”

这事过去十几年了，现在，这张会计凭证的一份复印件也一直保存在我的抽屉里，无论我在哪个岗位，无论我干什么工作，它都一直在提醒着我，警示着我：财政人，一定要记好明白账。

（作者单位：河南省安阳县财政局）

我满足，我是纪检监察工作者

刘　志

有朋友步入我的家门，打量着两间墙壁斑驳的房屋和“80后”、“90初”添置的几件家具，问我：你满足吗？

有亲人翻看我的存折，眼瞅着少得可怜的几个数字，问我：你满足吗？

有同学问起我的前程，惊讶于在政府部门快20年的光景，还是一般干部，问我：你满足吗？

对于这一连串的问询，我没有躲闪回避，也不感到紧张羞愧。我平静地回答：我感到很满足。

我的满足，不仅仅在于自己在报刊网络上发表过上千篇廉政宣教文章，不仅仅在于自己坚持自考收获的经济管理、金融管理双本科文凭，不仅仅在于自己精益求精博取的经济师、会计师“双师”证书，也不仅仅在于自己拥有一个虽不富裕但妻子贤惠儿子出息的家庭。我的满足，仅仅因为我是一名纪检监察工作者，仅仅因为我工作在一个风清气正、百姓拥戴的战斗集体。

参加工作以来，我先后变动过几个工作岗位。曾经听到过一些同事朋友谈事业、讲未来时发出的慨叹。他们有的为终日无所事事青春韶华白白流失而忧心忡忡，“上班喝茶、下班搓麻”毕竟不是人生的理想；有的为谋人不谋事的“办公室哲学”所困扰而惶惶不安，干事创业真的需要一个和谐友善的环境。2007 年底，我刚加入到纪检监察队伍，就被一种清风正气所熏陶。从事纪检监察工作，办案办事有规程，上下左右易沟通，施展有舞台，成长有环境，受到挫折领导及时指正，遇到困难同事热情相帮。在纪检监察战线所见所闻，令人鼓舞，催人奋进。

2008 年 5 月的一个下午，我随同丰县财政局纪检组长娄和永同志到王龙庄砖瓦厂，上门答复信访人员王峰来电反映的问题。由于砖瓦厂地处偏远，我们花费了半个下午的时间才找到地方。等候在砖瓦厂门前的王峰老人一见我们到来就热情地把我们领到他的宿舍里。大家刚一坐下，60 多岁的王峰就泪眼婆娑地对我们说：“娄同志、刘同志，我……我好激动。这两天我听人叨叨公职人员又要涨工资的事，禁不住想起自己 20 年前因区区 420 块钱被辞聘的事情，思想眼下一把年纪了还要给人打工挣几个钱养老的凄凉光景，心里就感到不平衡，憋屈的慌，上午就试着打个电话说一说。想不到为我这点陈谷子烂芝麻的事，你们大老远跑一趟，真叫我过意不去呀！干纪检的同志就是不一般，对群众的事上心。无论我的事成与不成，我都要感谢你们。”接下来，他向我们讲述了自己在当原张五楼乡财政所出纳员时因虚报发票被辞聘的前前后后，认为用现在的法律条文来对照自己不应被解聘，组织上应对其恢复身份、落实待遇。我们根据掌握了解的事实情况，拉家常式地和他攀谈，启发诱导，就案说法，两个多小时和风细雨般的谈话，驱走了他脸上的阴霾，使他认清了“啥时犯错适用啥时候的法”。他朗声表示：“你们的话我信服。平时我们老百姓最信得过就是你们纪检干部和解放军，纪检干部赤心为民让人敬仰，革命军人忠诚卫国让人爱戴。我的问题就这样挽个疙瘩，今后不再提啦。”说完，打开放在床前的汽水瓶硬是让我们喝。尽管喝的是村小卖部卖的五毛钱一瓶的汽水，但我觉得，这比我有生以来喝过的任何饮料都清爽可口。

回到县城夜已经深了，在骑车回家的路上，我反反复复回味着王峰老人的话，揣测着纪检监察工作者在群众心目中的位置，心中陡然升起一份光荣、一份自豪、一份成就感，纵有万贯家财，也买不来群众的理解和信赖啊！

我好满足！虽然要好的同学几次邀我下海经商置业，作为经济院校毕业的我自信不会比别人差，但是，我是党的一名纪检监察工作者，党的多年培养，领导的爱护关怀，同事的战友情谊，群众的热切期待，哪一条不是我坚守纪检监察工作岗位的充分理由啊？于是，我谢绝了同学的邀请，对他们说：我很满足我的现在，钱是身外之物，一家人能吃饱穿暖就足够了！

或许，有人会嘲笑我的满足。可我认为，对党的忠诚，对纪检工作的热爱，对人民的无私奉献，难道不是一种自我价值实现后的高境界满足吗？

朋友，你如果为职务、为待遇、为奖金、为荣誉患得患失，你如果这山看着那山高，身在曹营心在汉，想想巴山红叶——四川省南江县纪委书记王瑛大姐给我们留下的那些闪光语言；想想党赋予我们“做党的忠诚卫士、当群众的贴心人”的庄严使命；想想群众给予我们的“没有硝烟战场上的无畏战士”的称谓；想想生我们养我们的这片黄土地；想想“纪检监察工作者”这七个大字的分量！还有何种名缰利锁能绊住我们一往无前的脚步？

知足吧，我的朋友！

自豪吧，我的战友！

前进吧，我的同志！

（作者单位：江苏省徐州市丰县财政局）

时代的变迁（情景歌舞剧）

天津市财政局检查局

第一幕　只争朝夕

（新中国建立以来，全国各族人民怀着对祖国的无限热爱，全力投入到伟大的社会主义建设当中。全国各行各业形势如火如荼，财政事业发展正逢其时。一万年太久，只争朝夕。）

［舞台后部放置大型台历，左侧写有“发展经济，保障供给”，右侧显示出“1959 年 12 月 31 日”的日历。前奏音乐中，女演员出场演唱］

（合）：到处是热火朝天的建设工地，

到处是迎风招展的鲜艳红旗。

城市乡村捷报频传、争创奇迹，

各行各业你追我赶、一日千里。

（财政局干部刘师傅 A 出场演唱）

A（挥手）：建设热潮彼伏此起，财政工作也要创佳绩，做好财政年终统计，咱给新的一年献厚礼。

（男青年B和女青年C都是刚从财经学校毕业的学生，今年分配到财政局工作。良禽择木而栖。他们朝气蓬勃，怀揣理想和信念，走向人生新的舞台）

（男青年B和女青年C演员出场，B身穿中山装，C身穿红袄。C向B挥手，B跟上。二重唱）

B、C：今天已经到年底，加快脚步走得急，

快到天津财政局，新的岗位报到去。

（天津市财政局。负责迎接新同志的刘师傅看到前来报到的两位青年谦虚好学、充满活力，不禁喜笑颜开）

（刘师傅A与两位青年B、C亲切地握手）

A：年轻的新同志，真诚地欢迎你，

你们朝气蓬勃，青春洋溢。

财政工作的责任光荣又艰巨，

（合）：“发展经济、保障供给”，

这里是一片广阔的新天地。

（两位女师傅D、E上前给两位青年B、C送上套袖、算盘）戴上这幅套袖，拿起这架算盘。

（合）：大家齐努力，用优异的财政收入向新的一年报喜，报喜。

（窗外已经灯火阑珊，室内仍然灯火通明。财政局的广大干部正在用算盘统计全年的财政收入。大家用打算盘的双手编织成锦绣河山的美丽画卷，算盘的劈啪声和清脆的口诀声交汇成一曲歌颂祖国的交响乐）

[女演员在算盘珠的节奏中集体数唱珠算口诀]

一下五去四，二去八进一，三下五去二，四去六进一，五退一别忘还五，六上一去五进一，七退一还五去二，八上三去五进一，九退一还五去四，财政收入统计齐。一九五九年全市的财政收入是二十二个亿，二十二个亿。

第二幕　改革开放

（改革开放的历史洪流滚滚向前，发展经济的正确路线深入人心。经济建设热火朝天，财政工作趁势而上）

（镜头拉向远方：海河两岸一幢幢高楼拔地而起，一座座工厂蒸蒸日上）

［演员翻开舞台上的大型台历，左侧写有“解放思想，改革开放”右侧显示出“1979 年 12 月 31 日”的日历。前奏后，男演员出场演唱］

（合）：十一届三中全会，带领我们走向新的春天，
改革开放的春风，吹遍海河两岸。
勤劳致富的消息，把渴望幸福的心灵点燃。
男女老少的脸上，焕发出喜悦欢乐的笑颜。
机车拉响了飞驰的汽笛，巨轮竖起了远航的风帆。
春潮澎湃，春光灿烂，我们描绘着春天的画卷。

（小巧的计算器快捷方便，代替了笨重的算盘。一叶落知天下秋。这体现出改革开放以来社会的进步和财政干部工作条件的改善）

［女演员从台历后出场，举起手中的道具计算器，到台前说唱］

小小的电子计算器，代替了古老的大算盘。
我们用春风的数字，统计着春雨的祝愿。
输入一个个数字，算出一项项成果，
财政税收大发展，工农商贸大收获。
出口数量大提高，工业产值大突破，
财政税收大增长，加快城市大建设，
天津实力大增强，改善人民好生活。
“取之于民用于民”，财政工作的大原则。
经济建设为中心，改革开放好政策。
这是人民的心声，这是时代的选择。
1979 年全市财政收入是 37 亿元。

第三幕　沧桑巨变

（为财政事业奉献了一辈子的老同志马上就要退休，不禁心潮澎湃，思绪万千）

（忆往昔，峥嵘岁月；看今朝，沧海桑田。老骥伏枥，志在千里；烈士暮年，壮心不已。此时此刻，即将退休的老同志对财政事业有着深深的留恋和美好的祝愿）

［演员翻开舞台上的大型台历，左侧写有“创新发展，迈向新世纪”右侧显示出“1999 年 12 月 31 日”的日历。刘师傅 A 戴花镜出场唱］

A：参加工作已经 40 年，很快就要退休把家还。

我为走过的经历感到骄傲，心中也有难舍的依恋，

C：老同志啊，你不要伤感，你看日新月异的海河两岸，

（女生合唱，同时女演员眼神一起望向远方）高楼大厦代替了危陋平房，（女演员摆臂作流水状）流水清清倒映着白云和蓝天。

C：老同志啊！你没有遗憾，你看崭新整洁的医院和校园，

（女声合唱）天塔耸立大路多么宽阔，沧桑巨变包含着财政的贡献。

A：你们不用说，你们不用劝，

我只是留恋，我没有遗憾。

我目睹了沧海变桑田，我见证了旧貌换新颜。

（20 世纪 90 年代末，财政工作的统计工具由计算器被电子计算机替代。财政干部用电脑办公如虎添翼，财政工作有了信息技术更是锦上添花）

［男演员们一起在计算机前计算］

大家快来看，数字统计完，相比过去 40 年增长了 8 倍半，1999 年的财政收入是 207 亿元。

第四幕　盛世欢歌

60 年弹指一挥间。在市委市政府的正确领导下，天津经济社会飞速发展，财政收入取得显著增长。数风流人物，还看今朝。天津财政战线工作者将继承和发扬前辈优良传统，为天津经济社会发展，为祖国的繁荣富强做出更大的贡献。

［演员翻开舞台上的大型台历，左侧写有“保增长，渡难关，上水平”右侧显示出“2009 年 10 月 1 日”的日历。前奏中朗诵演员出场］

女：金凤送爽，万象更新，我们迎来伟大祖国建国 60 周年的大喜日子。

在市局党组的正确领导下，财税战线保增长、渡难关、上水平，上半年完成财政收入 816 亿元。让我们团结一心，共同努力，用财税改革发展的新成果，向我们伟大祖国献厚礼。

（背景花絮）海河儿女用激情和梦想打造出了国庆 60 周年天津彩车

“滨海新貌”，“渤海新貌”承载着天津人民对祖国的祝福和对未来的祈盼驶向远方……

［集体表演领唱、合唱］

女领唱：当我唱起这支歌，
你可知道我的心在怎样跳动？
当你听到这支歌，
你可知道我的血在怎样沸腾？

（合唱）：伟大的祖国，亲爱的母亲，
是你给了我欢乐的歌声。
祖国，我要把你赞美，
你永远在我跳动的心中。

女领唱：当我唱起这支歌，
你可知道我心里有多少崇敬？
当你听到这支歌，
你可知道我心里有多少深情？

（合唱）：伟大的祖国，慈祥的母亲，
是你将我的心弦拨动，
我为你要永远歌唱，
祝你永远富强和繁荣。
富强和繁荣。

（举起双臂，定格）

［演唱结尾时，演员演唱结束，集体谢幕］

青春心语

财政部2008—2010年度
十大"五四青年奖章标兵"青春心语

李崧昊（办公厅）：脚踏实地，走在梦想之前！

王法忠（预算司）：志存高远，胸怀天下，脚踏实地，埋头苦干。

程丹峰（国库司）：提高自己，充实自己，忘记自己，做一个对祖国、对社会、对人民有益的人。

王　湛（行政政法司）：融于集体，锻造人生。

曲富国（经济建设司）：沉淀生命，沉淀自己，把目光投向最远的地方。

马　勇（金融司）：困难是识别勇者的试金石，只有经其考验，方能成为生活的强者；毅力是成功者的精神支柱，唯有持之以恒，方能达到成功的彼岸。

吕彤轩（农业综合开发办公室）：工作虽平凡，攸关国与家。时时需努力，事事须用心。

陈　建（人事教育司）：勤奋　严谨　求实　创新。

陈　静（机关服务中心）：青春的光芒，在冉冉升起时会很明亮；
青春的花朵，在经历过风霜雪雨后会熠熠生辉；
青春的历程，在不断拼搏后才能谱写壮丽篇章。

刘雅琼（中国财经报社）：给予比索取更能带给人快乐。

财政部2008—2010年度“五四青年奖章”获得者青春心语

吴迪晓（办公厅）

对生活常怀感恩之心，对工作常抱谦虚之情，对人生常持进取之志。

潘国俊（综合司）

以诚实守信的人品获取良好工作氛围；
以严谨扎实的作风力求领导同事信任；
以刻意积累的经验追求工作能力提升。
在平凡的岗位上贡献自己的青春，为财政发展改革添光彩！

肖雪峰（条法司）

欣逢盛世法治春，
依法理财为国民。
千锤百凿成一砾，
化与春泥筑乾坤！

高晟（税政司）

有条理的生活需要每天坚持，而不是心血来潮地为之，这样才会有清醒的头脑，舒畅的心情。

何陈棋（关税司）

一分耕耘，一分收获，让青春更加光彩！

李春阳（国库司）

立身以正，立志以高，勤奋学习，勤勉工作，笃于思考，勇于创新，为伟大的公共财政事业奉献青春。

司书耀（国库司）

忠诚于党的事业，首先是对自己的工作忠诚。重品行、长才干、爱本岗、讲奉献，在财政改革与发展中实现人生的价值。

刘立栋（国防司）

一个人应该：活泼而守纪律，天真而不幼稚，勇敢而不鲁莽，原则而不倔强，热情而不冲动，乐观而不盲目。

郭阳（教科文司）

自强不息，厚德载物。青年人要奋发向上，积极进取，增强修养，努力工作，培养高尚的道德情操，谱写美好人生。

丁丽丽（农业司）

脚踏实地，做自己应该做的事。

徐飞（社会保障司）

天行健，君子以自强不息；地势坤，君子以厚德载物。

黄健（企业司）

心怀感恩，志存高远，平淡做人，踏实做事，尽心尽力做好本职工作，让生命无怨无悔！

张政伟（国际司）

以珍重心面对青春，以希求心面对学习，以诚敬心面对事业，以感恩心面对人生，踏踏实实做事，老老实实做人。

杨凡（外经办）

用心则成，尽心则精。

王宏（会计司）

在财政部工作是一种福分，得到领导和同事们的关爱、鼓励更是一种福分。怀着知足和感恩的心去工作、去学习，做人与人为善，做事锲而不舍，这是我对自己永恒的要求，也是我不懈的追求。

黄敏捷（监督检查局）

用心工作，用爱生活。

靳峰（综改办）

境由心造，事在人为；戒骄戒躁，修身养德。

刘宇（机关党委）

屡伏屡起，屡挫屡奋。

陈巍（机关党委）

作为一名财政青年，我将怀着对人生价值感悟的执着与信念，带着对财政事业的真挚感情，奋斗终生、无怨无悔！

孔丽（离退休干部局）

在青春中放飞激情，在学习中突破自我，在事业中实现价值，在人生中追寻目标，在理想中得到升华。

刘珂（驻部监察局）

学习使人进步，

努力实现理想，

历练丰富人生，

打拼成就事业。

唐浩（财政部科研所）

青春是绚烂的，令人遐思，但不要过于迷恋她的美丽，因为人生的路还很长。

万寿琼（财政部科研所）

用心感悟，珍惜青春。

陈珂辉（干部教育中心）

没有比人更高的山，没有比脚更长的路，我相信，只要执著地、永不放弃地走下去，我们便一定拥有属于自己的一片天空。

李伦哲（信息网络中心）

人的成熟就是他的人生观、价值观的完善，并能够用以约束自己的行为，最美的总在心底而不是眼前。

张雷（信息网络中心）

当一个人先从自己的内心开始奋斗，他就是个有价值的人。

心若静，则明是非善恶、辨真假、坚意志、稳定性。

陈捷（机关服务中心）

滴水折射阳光，平凡的工作中，只要我们积极进取、励志图强，就一定能够实现人生价值，为和谐社会奉献青春与力量。

王佳（投资评审中心）

不为失败找借口，只为成功找理由。

羊文广（中国财政杂志社）

离我越近的人是对我帮助最大的人，细心体会身边的每一份善意，学会和他们分享快乐。

闫秀丽（中国财政杂志社）

不论是在工作中还是在生活中，都只需真正坚持一些简单的道理：坦诚相待，不断努力，积极乐观，坚持信念，建立信任。

王乐（中国财政经济出版社）

共青团是青年人的家，我们要为家人而奋斗。

梁飞（中国财政经济出版社）

生命有如铁砧，愈被敲打，愈能发出火花。

宋学军（中国财政经济出版社）

青春孕育希望，责任成就梦想。让我们携起手来，用我们的青春和热血去迎接新的挑战，让责任点亮我们的青春！

张斌（财政部会计资格评价中心）

爱心成就梦想。

文远怀（经济科学出版社）

有梦就有希望。

张辉（经济科学出版社）

诚信慎朴。

周昊（经济科学出版社）

用真诚迎接每一天，用微笑感染每个人。

重杨（北京国家会计学院）

在学习中拓展视野，在思索中探寻真理，在工作中实现价值，在生活中品味人生。

吴伟（亚太财经与发展中心）

空山新雨，四月芳菲。挑灯夜读，胸怀激荡。会当登高眺远，望水天一色，铁马冰河，思绪正长。

日出东方，万物生光。锋芒磨砺，烦恼笑忘。恰逢鹰隼试翼，瞰穹宇苍苍，来日漫漫，何言惆怅？

刘宝军（清洁发展中心）

变暖的不只是气候，还有一颗颗充满关爱的心！

节能低碳，就在你我身边。

华小婧（清洁发展中心）

低碳生活，健康是基础，每天坚持运动1小时，健康工作一辈子。

杨晨辉（中注协）

理必求真，事必求是；言必守信，行必踏实；事闲勿荒，事繁勿慌；有言必信，无欲则刚；如若春风，肃若秋霜；取象于钱，外圆内方。

梁晶（中注协）

在蓦然回首的刹那，没有怨恨的青春才会了无遗憾，如山冈上那轮静静的满月。

邵楠（中注协）

青年必须在立足岗位、奉献社会的点滴积累中提升自己，从身边做起，从小事做起，继承中华民族的传统美德，并在新的历史条件下将其发扬光大。

李国轩（中评协）

荣耀转瞬即逝，平凡才是永恒。

刘军（中华函校）

用敬畏的心对待事业，

用执著的心对待工作，

用感恩的心对待身边人，

用平常心对待生活。

财政部2008—2010年度优秀共青团干部青春心语

武金雨（办公厅）

少一点肤浅的喜悦，多一些冷静的思考。

李旭鸿（税政司）

希望我们财政青年不骄不躁、不怨不尤，共同努力、共同进步，不辜负伟大的祖国和伟大的时代！

林劼（国库司）

认真做事，快乐做人。

何宏（国库司）

怀着感恩的心灵，自由的精神，勇往直前的毅力，诚实不自欺的思想前行。

蒋伟宁（教科文司）

人的价值，不在于其取得了多少，而在于其贡献了多少。作为一名公务员，要将工作视为自己的事业，而非职业！

刘毅飞（经济建设司）

快乐工作，快乐生活。

王雄（社会保障司）

青春稍纵即逝，不曾虚度光阴，就是对青春最好的诠释。

李钢（企业司）

没有经验不能立足，没有智慧难以生存。认真工作，踏实做人，努力获取人生的经验和智慧。

李庆华（人教司）

快乐工作，幸福生活。

赵凛然（农发办）

我的心就是个光明火种。

李鹏（农发办）

不积跬步，无以至千里；不积小流，无以成江海。

李振海（机关党委）

海纳百川有容乃大，壁立千仞无欲则刚。

岳林（机关党委）

对事要认真，对人要感激，对物要珍惜，对己要克制。不放弃，不抛弃，用青春热情播种未来希望。

张博（财政部科研所）

奋斗、奉献的青春更绚烂。

潘佳（干部教育中心）

你若要喜爱你自己的价值，你就得给世界创造价值。

唐甜（干部教育中心）

喷泉的高度不会超过它的源头；一个人的事业也是如此，他的成就绝不会超过自己的信念。

张雷（信息网络中心）

当一个人先从自己的内心开始奋斗，他就是个有价值的人。

王允（机关服务中心）

不以物喜，不以己悲。

周杨（机关服务中心）

青年人，要在不断的实践当中，努力培养自己的自学能力、充分发挥自身的创造潜能，把活力注入到集体当中。

徐颖（机关服务中心）

人生是一次航行。航行中必然遇到从各个方面袭来的劲风，然而每一阵风都会加快你的航速。只要你稳住航舵，即使是暴风雨，也不会使你偏离航向。

张亚楠（机关服务中心）

青春的心，充满激情，去迎接挑战；
青春的心，充满色彩，去描绘人生；
青春的心，充满懵懂，去感受情感；
青春的心，充满喜悦，去拥抱未来。

林卫华（机关服务中心）

发光并非太阳的专利，我也可以！

张婷娜（机关服务中心）

我爱机关服务中心分团委这个大家庭，我爱分团委的兄弟姐妹。在今后的工作中，我将继续以邓小平理论和“三个代表”重要思想为指导，兢兢业业，踏踏实实地干好工作，竭尽全力履行好自己的职责。

侯郭琦（投资评审中心）

用心去工作！用心去生活！永远保有一颗年轻的心！

贾磊（财经报社）

勇于攀登高峰，才能饱览秀美的景色。

宋学军（中国财政经济出版社）

青春孕育希望，责任成就梦想。让我们携起手来，用我们的青春和热血去迎接新的挑战，让责任点亮我们的青春！

梁飞（中国财政经济出版社）

生命有如铁砧，愈被敲打，愈能发出火花。

雷莉（经济科学出版社）

让沙粒变成珍珠，
使石头化做黄金，
叫枯枝长出鲜果，
促沙漠布满绿洲！
这才是青春之美，青春之真谛！

周昊（经济科学出版社）

用真诚迎接每一天，用微笑感染每个人。

重杨（北京国家会计学院）

在学习中拓展视野，在思索中探寻真理，在工作中实现价值，在生活中品味人生。

刘宝军（清洁发展中心）

变暖的不只是气候，还有一颗颗充满关爱的心！

节能低碳，就在你我身边。

胡邦栋（中注协）

阳光心态，感恩生活。

财政部 2008—2010 年度
优秀共青团员青春心语

周燕（办公厅）

将重视基础工作作为一种习惯，将责任感作为一种生活态度，从小事做起，认真的对待工作和生活。

张炜伟（办公厅）

奋斗令青春闪烁耀目光芒。

侬天骄（条法司）

天行健，君子以自强不息；地势坤，君子以厚德载物。

张琳（税政司）

每个人都有潜在的能量，只是很容易被习惯所掩盖，被时间所迷离，被惰性所消磨。

戴良俊（关税司）

都说年轻就是资本，但浪费和挥霍的时光绝不能称之为资本，只有将青春投入伟大的事业中，这样的年轻资本才能产出最丰硕的成果。

欧阳文宇（预算司）

勤学之，实践之，前行之。

肖帆（国库司）

天行健，君子以自强不息；地势坤，君子以厚德载物。

李凯（国库司）

丰富，利于思考；简单，便于实行。丰富而简单，则能思能行，庶几可成事。

李蹊（国库司）

投身户部，成长于国库。感知遇食君俸禄，何敢妄言劳苦。
专业多下功夫，改革共谱新图。热血青春当舞，不问一己荣枯。

张晶（行政政法司）

我的人生正如刚开的花蕾，
想在这青春的开始，
不留下后悔好好珍惜。

陈冠南（教科文司）

青春的律动，演奏出奋斗的激情。青春是奋斗的年华，只争朝夕是这个年代的座右铭。刻苦学习、努力工作，为事业的高塔打下牢固的基础，为人生的乐章写下美丽的音符。

殷毅（经济建设司）

本本分分做人，踏踏实实做事，用激情与勤勉写就青春无悔！

胡大明（农业司）

不要害怕生命终将结束，应该担心生活没有真正开始。

不要为成功而追逐，要为做一个有价值的人而永不懈怠。

王珏（社会保障司）

生命是一个旅程，最终收获的是一颗历练过的灵魂。

董阳（企业司）

人生有几件绝对不能丢失的东西：自制的力量，冷静的头脑，拼搏的精神和善良的心。

杨兆华（金融司）

作为一名公务员和青年团员，要做到“小事不嫌弃、大事不畏惧、干事须全力”。

刘燕（国际司）

青春也许一瞬而闪，但她却绽放过，我们也曾经拥有过，也许其中不乏苦楚与泪水，但我们用心去感悟青春为我们所带来的一切，去珍惜青春为我们带来的每一次机遇。

王吉鹏（农发办）

天空没有翅膀的痕迹，而我已飞过。

范丽平（人事教育司）

笑到最后才是最美的。

梁昊（综改办）

四海之内皆兄弟，万里之外尤比邻。

初立辉（机关党委）

财苑源流长，历辈星煌煌。薪火共传承，青春著华章。

景婉博（财政部科研所）

每一天都是起点，把握现在，少说空话，多做实事，为祖国向前发展寥尽绵帛之力。

张绿原（财政部科研所）

怀着乐观和积极的心态，让自己成为使他人快乐的人，让自己快乐的心成为阳光般的能源，去辐射他人，温暖他人。

李明（干部教育中心）

三十功名尘与土，八千里路云和月。莫等闲，白了少年头，空悲切！

孙小佳（信息网络中心）

人生重要的不是所站的位置，而是所朝的方向。

覃俊（信息网络中心）

人一生的价值并非取决于他一生获得了多少，而是在于一生付出了多少，而付出的多与少必定取决于你在青春的努力。

刘浩（信息网络中心）

青春是短暂的，智慧是无穷的，要用短暂的青春去学习无穷的智慧。

崔秋玲（机关服务中心）

追求探索时的渴望，遭遇失败时的苦恼，以及获得成功时的喜悦，只要坚持不懈的努力，就是一个完美的人生。

李哲奇（投资评审中心）

如今的年代，想要把自己的生活弄复杂就在一念之间；想要体味平淡中的幸福却要打消万念。只记住，且行且珍惜。

陈利花（中国财政杂志社）

青春充满着无数个梦想，而让梦想成真的最佳方式就是醒来。

杨雪（中国财经报社）

心有多大，舞台就有多大。

赵磊（中国财政经济出版社）

作为新一代的财政青年，我要把有限的青春投入到无限的财政事业中，使青春无悔，让人生充满色彩。

张振中（中国财政经济出版社）

博学之，审问之，慎思之，明辨之，笃行之。

孙琛（中国财政经济出版社）

青春须早为，岂能长少年，把握青春时光，切莫虚度！

肖勇（经济科学出版社）

路，在脚下！

朱晋（经济科学出版社）

为了成为父亲的骄傲，我，努力！

宋伟丽（经济科学出版社）

是细致和踏实让我在最普通的岗位上闪光。

唐磊（北京国家会计学院）

儿需成名酒需醉！

宋馨（亚太财经与发展中心）

青春绚烂，譬如朝露。憧憬满怀，风雨共路。展望与彷徨，坚定与沮丧，欢笑与泪光，相伴相随，书就生活的精彩，事业的辉煌。带着美好与骄傲，载着责任和梦想，我们扬帆启航！

马卓坤（清洁发展中心）

快乐其实很简单。

李静（清洁发展中心）

晴光流转，淑气催绿，在这生意勃然的时节，我们背负着光荣使命，承载着无限期望，春天如号角，我们铿锵行进，事业如高山，我们英勇攀登！

赵际喆（中注协）

思想的深度决定行动的深度，不要被思想所束缚。

宋祉健（中注协）

金缕衣·自勉

劝君莫生懒惰意，

劝君惜取少年时。

图南展翼须青春，

莫待华发空流涕。

万俊杰（中注协）

认认真真学习，清清静静思考，踏踏实实做事，勤勤勉勉工作，淡淡泊泊生活。

王力（中评协）

可以平凡，不能平庸，用心做好每一件事情，每天都要进步一点点。

附 录

用优良传统激活青春力量

——财政部开展“薪火相传”活动推动青年干部创先争优

财政部党组在“创先争优”活动中，在全体干部特别是青年干部中深入开展“薪火相传”继承弘扬优良传统作风主题教育活动，有力带动青年干部成长成才，培养优良机关工作作风。

确定“薪火目标”：直面青年价值观。财政部青年人数多、学历高、工作责任和任务较重，他们对待事业、对待人生的价值观需要老一辈财政工作者的教育和引导，加强对他们的国情民情教育和优良传统作风教育，培养青年干部无私奉献、实事求是和艰苦奋斗精神非常迫切和必要。在创先争优活动中，部党组有针对性地做出开展“薪火相传”教育活动的部署，通过广泛发动、深入挖掘、汇总整理和宣传总结等形式，动员全体干部特别是青年干部发掘整理弘扬既符合社会主义核心价值体系要求，又鲜明体现财政机关、财政工作优良传统作风的生动事例，并在活动中形成成果，教育青年。

营造“传承氛围”：党组织引领青年前行。“薪火相传”主题教育活动集全部之力，是财政部开展“创先争优”活动的重要载体之一。部党组提出命题并把准活动方向，各级党组织抓好组织推动，突出强调对共青团开展该项活动的引领和支持。机关团委组织青年干部具体落实，确保了活动环环紧扣，稳步推进，影响面大，成效明显。活动开展以来，各级党组织和党支部书记亲自定方案、讲党课、出主意确保活动扎实有效；离退休老同志通过谈体会、写文章、提供资料等方式表达赞赏和支持；省市财政厅局积极组织开展本地区、本单位的传承活动与财政部相呼应；青年财政干部通过踊跃访谈、交流收获、撰写征文来提高自己所投身财政事业的荣誉感和责任感。全部上下“竞相动员话传承”、“到处逢人谈薪火”的浓厚氛围，使广大青年干部普遍受到心灵的震撼和洗礼，他们为找到财政事业之“根”，感受到财政作风之“魂”而兴奋，而思考。

聆听“历史回声”：收获与感悟共生。搜集梳理苏维埃财政部艰苦卓绝的奋斗史和邓子恢、林伯渠两任“红色财长”的事迹，探寻革命年代财政工作者的不朽精神。查阅整理薄一波、邓小平、李先念等新中国财政事业开创者的理财思想和工作作风事迹，帮助青年干部感受崇高，明确使命。采访聆听王丙乾、刘仲藜、项怀诚等不同时代财政事业领导者的讲述，让青年干部详细了解新中国财政事业在党的领导下发展壮大的艰辛历程。学习勤俭朴素、廉洁自律的老部长吴波，扎根基层、奉献生命的财政干部沈浩，引发青年干部对人生价值的深刻思考。学习离退休老同志、现任部领导、司处长和身边青年同事的工作方法和优秀品质，帮助青年干部走上成长成才的快车道。各司局广泛开展到老同志家里和老干部活动站慰问访谈、到红色革命地区实践调研、请党史和财政史专家讲课座谈等灵活多样的活动形式，全面激发青年干部在工作实践中不断丰富和发展财政优良传统，为“财政薪火”不断注入新的时代内涵。

构筑“团建枢纽”：短期活动长期受益。借助“薪火相传”活动探索健全完善青年工作格局，针对部内青年多、团员少、共青团组织难以全面覆盖、青年工作容易受到局限的现状，及时以40岁以下青年干部为工作对象，在所在司局单位普遍成立青年工作小组这一新的组织形式，实现了共青团工作全面覆盖，解决了青年工作的体制“瓶颈”，也确保了“薪火相传”活动落到实处。活动中除用简报、展版等传统宣传方式外，探索设立快捷高效、符合青年特点的“薪火短讯”红色短信群发平台，有力扩大主题教育活动的宣传面和影响力，增强了信息的针对性和时效性，满足青年

干部对新生事物的追求，调动了青年干部的积极性和参与度。加强对活动的分类指导，鼓励各单位结合主题教育活动搭建青年工作平台，实施“青年成长进步”工程、“读书·成长”计划和基层调研行动，形成了“创先争优”活动的长效机制。

激活“青春力量”：创先争优建功立业。“薪火相传”主题教育活动开展以来，青年干部心灵受到触动，有的青年在座谈会上流着热泪汇报自己的感受，有的同志撰写上万字的文章诠释解读财政精神，活动共收到征文千余篇，编辑动态简报近五十期，在报纸和信息刊物上刊载青年干部体会文章上百篇。财政青年表示要自觉传承好财政事业的接力棒，以优良传统作风和榜样作为衡量工作的标杆，有力带动了财政青年履职尽责创先进，立足岗位争优秀，增强了“为国理财、为民服务”的责任感和使命感。今年以来涌现出了一批优秀青年代表，在青年工作表彰会上对一百多名青年五四奖章标兵、五四红旗团组织、优秀共青团干部和优秀共青团员进行表彰，并立体展示介绍了十位杰出青年在不同岗位上的感人事迹，激发了青年干部按照“五个带头”要求争当青年先锋的动力。

寻找红色财政之根

——财政部机关团委赴江西开展“薪火相传”学习实践活动综述

江西，是中国革命的摇篮，是红色财政的故乡。

为了寻找心中的理想，凝望珍贵的财政优良传统，在机关党委副书记郭衍鹏同志带领下，财政部机关团委近期组织 17 名部机关团委委员和青年工作小组组长赴江西瑞金、井冈山等地开展了“薪火相传”主题调研活动，了解红色财政从哪里走来，思考新时代财政青年如何前行，在整理财政优良传统作风的过程中增进友谊，传承精神，感受崇高。

凡事预则立。行前，团委书记冯立松为大家精心准备了一份厚重的资料，除了活动的日程、要求和任务分工，还有详细的江西省、井冈山、瑞金和共青城的简介，附有大量的中华苏维埃共和国历史、苏区精神、井冈山革命史、井冈山精神、谢旭人部长在苏维埃财政部历史陈列馆开馆仪式上的讲话等经典文章，准备了苏区干部好作风的歌词。为了帮助大家感受文化，启发写作体会文章的灵感，资料还收录了《流泪的滕王阁》、《郁孤台之魂》等美文。虽然四天的行程非常紧张，郁孤台只是大家向往而未达的想象，但饱满的情怀，已实实在在地感动着行旅中的每一个人，影响着活动中的每一天。

吃水不忘挖井人——红色财政为人民

“……村子里没有井，吃水要到很远的地方去挑。毛主席就带领战士和乡亲们挖了一口井。解放以后，乡亲们在井旁边立了一块石碑，上面刻着：‘吃水不忘挖井人，时刻想念毛主席’。”

这是许多人在小学里都读过的课文。今天，当我们来到瑞金市沙洲坝村时，这口令我们向往的红井，就展现在面前。

这是一口普通的井。石头砌起矮矮的井圈，铁制的辘轳，木质的水桶，用竹勺舀起井水，浅尝一口，依然清洌甘甜。

然而，这却不是一口普通的井。井边的石碑依然竖立着，一座造型为学生课本的雕塑上，镌刻着我们熟悉的课文《红井》，旁边还有一座再现毛主席带领群众挖井场景的塑像，仿佛是在讲述着红井和红井周围的历史……井冈星火终成燎原之势，红军在粉碎敌人“围剿”中壮大了队伍，扩大了苏区。1931 年 11 月，中华苏维埃共和国在瑞金诞生，建立了适应革命战争的国家机构和机制，进行了管理国家的伟大实践和探索。在中华苏维埃第一次全国代表大会上，毛泽东被选为临时中央政府主席。从此，“毛主席”这个亲切的称谓在人民群众中广为流传。

阅读着“课本”，抚摸着塑像。我们眼前这一汪灌溉过年幼苏维埃的清泉从历史中走来，也注定要在历史的长河中慢慢流淌。

吃水不忘挖井人。红井正是对这句朴实谚语的最佳注解。毛泽东带领政府工作人员同当地群众一道开挖的红井，就是战争年代共产党人始终不忘代表人民利益，为人民造福的一个缩影。代表人民群众的利益，全心全意为人民服务，年轻的苏维埃从诞生之日起就坚持了这个宗旨。我们在瑞金革命纪念馆看到了一份毛泽东当年在一个大会上的报告，他指出，“要使广大群众认识我们是代表他们的利益的，是和他们呼吸相通的”，“解决了、满足了群众的需要，我们就真正成了群众生活的组织者，群众就会真正围绕在我们的周围，热烈地拥护我们。”

就这样，群众的吃饭问题、穿衣问题、住房问题、疾病卫生问题、婚姻问题都被年轻的人民政府当成革命的大事。在瑞金至今还流传着许多红

军帮助百姓解决困难的动人故事。脍炙人口的歌曲《十送红军》真切地表现了瑞金人民真心拥护共产党和苏维埃政权的深厚感情，“八子参军”也是当年苏区扩红中的一个典型代表。“父送子、妻送郎，父子一同上战场”，这样的感人场面在瑞金的乡乡村村都能见到。据了解，那时仅 20 多万人口的瑞金，有近 5 万人参加革命，为革命牺牲的有名有姓的烈士就有 1.7 万人。

在纷繁复杂的革命斗争问题中，为红色新政权输血、保障群众生产生活的财政经济问题引起了苏维埃的高度重视。在瑞金叶坪村一苏大的旧址谢氏祠堂里，一排排木栅栏把厅堂划分成了许多格子间，其中一间就是当时财政人民委员部的办公旧址。一张桌子一张床，年轻的苏维埃就是在这里实践了“为民理财”的理想。

白泥墙、黑砖瓦，沙洲坝一栋普通的客家民居引起了调研组的注意。这里是二苏大时搬迁到沙洲坝的财政人民委员部办公楼。在办公楼的旁边，“躺”着中华苏维埃共和国财政人民委员部历史陈列馆——为了突出这座战争年代仅存的各部委办公楼原址，2009 年开馆的陈列馆主动“让位”到地下。这座陈列馆占地 1600 平方米，陈列文物史料 1769 件，对中华苏维埃共和国财政史进行了全方位陈列展示。事实上，财政部旧址的修缮和陈列馆的建成，为我们了解和铭记这段光荣历史搭建了新的平台，是我们弘扬传统、教育后人的爱国主义教育基地。

今天，苏区财政精神仍是我们凝聚人心、战胜困难、激励斗志的力量源泉。我们了解到，在老一辈革命家的带领下，苏区的财政人开展了艰苦卓绝的财政工作，有效地保障了革命战争需要，支持了苏维埃共和国新生政权各项建设，为中国革命作出了重大贡献，同时也留下了许多宝贵的精神财富。调研组成员纷纷表示，在缅怀革命先烈的丰功伟绩的同时，我们在日常工作中要更好地继承革命传统，大力弘扬“自力更生、艰苦奋斗、发展经济、充裕财源、勤俭节约、无私奉献”的苏区财政工作精神，扎实落实各项积极财政政策，为保增长、保民生、保稳定作出更大贡献。

结合参观学习的内容，红色财政史专家曹春荣为调研组一行讲解了苏区财政的“一二三四五”特色。即：“一个原则”是指苏区财政是建立在阶级革命基础上的战时财政原则；“两个保证”是指苏区财政的目的在于保证苏区供给和革命支出；“三个渠道”是指苏区财政来源的渠道是取之于敌、取之于民和取之于己；“四个统一”是指统一苏区的财政制度、统一会计制度、统一税收制度、统一金融货币体系；“五个方法”是指克服苏区财政困难主要依靠革命战争的方法、改善自身工作制度的方法、向国民党区域扩充财力的方法、在剥削者身上放上财政担子的方法和发展国民经济增加收入的方法。

在红都瑞金的参观中，我们欣喜地了解到，苏区党的优良传统仍然发挥着光芒。如今，在叶坪和沙洲坝等地，旧址保存完好，基本还原了几十年前的样子。在简陋的陈设面前，我们仍能感受到70年前共产党人的铁骨风范和万丈豪情。每一位工作人员，都身着灰土布、红领章，使人不由自主地追忆起那峥嵘岁月来……在拥有十几处革命传统教育基地的红土地上，红色旅游正令无数游客驻足。

光荣与梦想——我的名字叫“共青”

这里，有一片土地名叫“共青城”。作为共青团的年轻干部，我们迫切想了解，共青城是一片怎样的土地？

1955年以前，这里的名字是江西德安县米粮铺拖沟岭。给这里带来变化的，是98个上海年轻人。1955年10月18日，98个年轻人到达鄱阳湖畔、庐山南麓这片他们将为之奋斗的土地。没有房屋，先搭建茅棚；没有粮食，就开垦荒地。白天开荒，晚上燃起篝火，载歌载舞。欢乐的喧闹声打破了这里荒芜的寂静。40天后，当时任团中央书记处书记的胡耀邦专程前往看望，并在垦荒队临时搭建的茅棚前，用竹枝夹着卫生棉球为他们题写社名“共青社”。从那天起，这里的名字便是“共青”。

而正在当时，党中央刚决定把新民主主义青年团改称共产主义青年团。胡耀邦说：“希望你们把荒地变成良田，能在这里建起一个小上海！”从此，将荒地建成现代化城市，成为一代代垦荒人共同的奋斗目标。1984年12月12日，这座初具规模的城市由胡耀邦命笔，从“共青垦殖场”改成了“共青城”这个新名字。1990年12月5日，胡耀邦同志的骨灰下葬在他生前寄予厚望的共青城，留在了这片象征着朝气、奋斗的青春之地。

今天，站在规划馆的沙盘面前，共青城的全貌尽收眼底。而沙盘中那一条条即将贯通的道路和一栋栋规划中的楼房，让人体会到共青人二次创业的毅力和决心。2009年，随着江西环鄱阳湖经济生态区战略上升为国家

战略，共青城也成为了该区域发展的排头兵。共青城正致力于建设成为经济发展、社会和谐、生态美好的中心城市，力争 5 年内青年创业基地的主营业务收入达到 500 亿元，着力打造现代化、国际化、低碳化的城市。

共青城，在经历了奋斗与沧桑之后，也成为了青年人心目中的一面旗帜。正如《共青城之恋》那首歌里唱的那样："是谁用青春缔造了这片家园？鄱阳湖见证了你的传奇与辉煌！是谁把生命融进了这方热土？富华山托举起你的精神与荣光！共青城，你是青春的交响，一代又一代，为你奉献，为你歌唱。"

精神洗礼——井冈山的一堂党课

"星星之火，可以燎原。"众所周知，井冈山是革命的摇篮。当我们调研组一行真正置身于井冈的青山绿水中时，才体会到这句话也有着原先不了解的内涵。

井冈山位于江西省西南部，地处湘赣两省交界的罗霄山脉中段，山高林密，沟壑纵横，层峦迭峰，地势险峻。"四面重峦障，五溪曲水萦。红根已深植，今日正繁荣。"老一辈无产阶级革命家董必武 1960 年访问井冈山时这样评价说。

被誉为"天下第一山"，井冈山靠的并不是山势之高，也不是山体雄浑，更不是名胜风光。井冈山是中国革命的摇篮，在这里，诞生了红色中国很多个"第一"——第一个红色革命根据地、第一部土地法《井冈山土地法》、第一所红军医院小井红军医院、第一所红军军事院校井冈山红军学校、第一个红色经贸部门工农兵政府公卖处、第一个红色造币厂上井红军造币厂、第一次在军队中实行民主制成立士兵委员会、第一个发展农业机关农业处、第一次制定《三大纪律，六项注意》……

井冈山是土地革命初期中国工农红军革命遗址最集中的地方。所到之处，无不带给我们深深的震撼。对调研组成员来说，井冈山的所见所闻都像是一堂难忘的党课，发人深省，引人深思。

在井冈山革命烈士陵园，调研组一行敬献了花圈，静静默哀。纪念堂大门上方烫金横幅"井冈山根据地革命先烈永垂不朽"，是 1987 年彭真委员长所题，同时也为在井冈山斗争中那些牺牲却没有留下姓名的革命烈士立了一块无名碑，以示对无名先烈的深切怀念。

井冈山雕塑园坐落于陵园东侧山头，是全国第一座以革命历史人物群像为题材的雕塑园。园内塑造了一卜九尊井冈山斗争时期中共井冈山前委、红四军军委、湘赣边界特委的主要领导和著名人士毛泽东、朱德、彭德怀、陈毅、王尔琢、伍若兰、罗荣桓、贺子珍等人的光辉形象，再现了艰苦卓绝的井冈山斗争一代先驱的英雄气概和战将风采。

井冈山革命烈士纪念碑的主碑的造型突出了“山”的形状。它有着几层含义：远看像一团火焰，寓意井冈山的“星星之火，可以燎原”：近视如林立的钢枪，寓意“枪杆子里面出政权”。碑座正面组浮雕的主题为“荟萃井冈”，展示井冈山红军于 1928 年 4 月名扬天下的“朱毛会师”和同年 12 月的红四军与红五军会师的情形。东面组浮雕主题为“红色割据”，展示毛泽东在井冈山斗争开展土地革命、军队建设、党的建设，政权建设的生动场面。西面组浮雕主题为“浴血罗霄”，展示红军以非凡的毅力，英勇奋战，粉碎了国民党反动派的多次军事“进剿”和“会剿”以及艰苦卓绝的战斗生活。纪念碑前还设计建造了一尊“母亲”雕像，寓意井冈是中国革命摇篮，是对后人进行革命传统教育的大课堂。

“山下旌旗在望，山头鼓角相闻。敌军围困万千重，我自岿然不动。早已森严壁垒，更加众志成城。黄洋界上炮声隆，报道敌军宵遁。”1928 年秋，黄洋界保卫战红军以少胜多，毛泽东在得悉胜利的消息后十分高兴，写下了《西江月・井冈山》这一著名诗篇。当年在黄洋界保卫战中立下了卓越战功的红军第三十一团，随着中国革命的发展，番号经历了二十多次变动，但其井冈红军英雄团的血统丝毫不变。在解放战争时期，这支部队在辽沈战役等诸多的战役、战斗中，屡建战功，成为威震敌胆的英雄团。

“井冈山精神的内涵博大精深，来不得半点虚伪，注定就要终身学习。”说这句话的人叫毛秉华，这位 81 岁高龄的古稀老人，坚持 41 年如一日宣讲井冈山精神，每年讲课 300 多场，累计听众达 100 多万人次，讲课费分文不取。事实上，毛秉华更愿意被别人称为井冈山精神传播者，在他看来，井冈山是革命传统教育的大课堂，革命先辈用鲜血熔铸的井冈山精神应该一代一代传下去。“客人千里迢迢来井冈山，都是带着对党的深厚感情来的，只要找到我，我就会把所领会到的精神财富传授给他们。因为，我在做一件很有意义的事。”

最是赤诚易感人。听井冈山、看井冈山，在红色的精神洗礼中，让我

们永远不忘长眠井冈山苍松翠柏下的烈士英灵，永远传承不辍的井冈山精神，并让它在新的时代条件下放射新的光芒。

（执笔人：罗晶　中国财经报社）

薪火相传　开拓创新

——财政部开展继承弘扬优良传统作风主题教育活动实施方案

在我国长期的革命战争和社会主义建设中，在财政事业不断发展壮大的艰难历程中，一代代财政工作者在开创伟大事业的同时，也创造和积累了丰富的精神财富，形成了兼具时代发展共性与鲜明财政工作特性的优良传统和作风，弥足珍贵，堪教后人。及时发掘、整理和弘扬这些传统作风，是贯彻落实党的十七届四中全会关于大兴密切联系群众之风、求真务实之风、艰苦奋斗之风、批评和自我批评之风要求的具体行动，对于加强新时期财政干部队伍建设，对于推进建设为民、务实、清廉财政机关具有重要意义。机关党委研究并经部党组批准，决定在2010年相对集中一段时间，开展以“薪火相传　开拓创新”为主题的继承弘扬财政优良传统作风教育活动。具体方案如下：

一、教育活动的指导思想和目标

“薪火相传”继承弘扬财政优良传统作风活动要以中国特色社会主义

理论体系为指导，以深入发掘、整理、弘扬既符合社会主义核心价值体系要求，又鲜明体现财政机关、财政工作优良传统作风的生动事例为着力点，充实和提升财政文化和廉政文化建设内涵，并通过这一重要工作的过程及所形成的成果来教育人、凝聚人、激励人。主要应达到以下目标：

（一）形成共识。通过深入发掘和广泛宣传，使广大干部职工对长期以来所形成的财政优良传统和作风的基本内涵和精神实质有明确把握，取得基本共识。

（二）受到教育。干部党员特别是青年干部，在广泛参与中受到教育、得到激励，提高从自身做起，自觉践行、传承财政优良传统和作风的责任意识，树立时代新风尚。

（三）促进工作。通过教育活动，加强思想作风和工作作风建设，推动各项工作任务的落实，特别是在财政科学化精细化管理方面有新起色。

（四）影响长远。通过教育活动的开展，形成系统的、长期起作用的传统教育材料，保证薪火长传。

二、教育活动的原则

为保证“薪火相传”教育活动扎实开展并取得实效，应当遵循“全面发动、广泛参与；注重过程、突出实效；围绕主线、深度结合；立足当前、谋及长远”的原则：

（一）全面发动、广泛参与。要充分发动群众、依靠群众，动员广大党员干部特别是青年党员、共青团员参加到活动中来，依靠各方面的力量开展多层次的工作，力争实现发掘成果和教育影响面的最大化。活动开展以部机关和在京直属单位为主，适度延伸到财政系统有关地方和人员。

（二）注重过程、突出实效。要切实把整个活动的全过程，作为深入开展优良传统作风教育的过程，作为弘扬优良传统作风的过程。切忌把发掘整理优良传统作风的工作当作一项单纯的技术性工作，当作工作班子的事情。要利用各种载体，通过多层次的互动，根据工作进度开展同步宣传，让广大干部特别是青年干部在参与活动的过程中受到教育和激励，改进工作，树立新风，坚定理想信念。

（三）围绕主线、深度结合。要把开展优良传统作风发掘传承活动与推进在党员干部中开展的讲党性、重品行、作表率活动紧密结合起来，与学习沈浩先进事迹紧密结合起来，与开展财政文化建设紧密结合起来，与加强干部职工思想政治工作紧密结合起来，与建设高素质干部队伍和为民、务实、清廉财政机关紧密结合起来。

（四）立足当前、谋及长远。要通过活动的开展，总结提炼出能集中体现、精确反映财政干部优良传统和作风的核心价值体系，推出一套青年干部接受革命传统教育和部风部史教育的优秀文字和音频、视频教材并长期起作用。

三、教育活动的步骤和方式方法

“薪火相传”财政优良传统作风学习传承教育活动于2010年3至10月集中开展，分四个阶段进行。

（一）广泛发动阶段。本阶段安排1个月时间，从2010年3月初至3月底。主要任务是：深入动员，广泛征集资料、线索和建议，形成浓厚的活动氛围。重点抓好三个环节。

1. 搞好动员。召开各基层党、团组织负责人会议，部领导进行动员部署，明确活动的意义、任务、要求和具体的方法步骤。动员大会后，各司局和直属单位立即研究制定出详细的教育活动工作计划并进行所属范围的思想发动工作。

2. 征集资料、线索和建议。各司局和直属单位要通过座谈、讨论等方式，结合各自发展历程，集思广益，向活动组委会办公室提供能够鲜明体现财政机关、财政工作优良传统作风的生动事例，以及与教育活动相关的线索和建议。

3. 专门班子展开工作。在征集资料、线索和建议的同时，部机关党委协调相关司局成立工作班子，与办公厅、人事教育司、离退休干部局等单位商定重点采访对象，细化工作方案文本。

（二）深入挖掘、全面宣传阶段。本阶段安排3个多月时间，从4月至6月。主要任务是：围绕主题深入发掘、集中宣传、学习互动。

1. 专题采访。机关党委统一组织，部内新闻出版单位专业记者参与组成工作小组登门采访，主要采访对象为：（1）财政部老部长；（2）德高望重、经历丰富的老领导；（3）各个时期的代表性人物；（4）谙熟财政历史，了解老一辈财政领导人工作生活情况的相关人员。通过专题采访，形

成文字访谈录和视频资料。

2. 资料收集、整理。组织专门工作班子，围绕活动主题广泛征集散见于各类档案、书籍、史馆中的相关图文和实物资料，如反映财政部各个历史时期建筑、办公、生活和文化生活等方面的图文资料，反映各历史时期财政部领导、干部群众工作学习的图文资料，反映重大财政事件和活动的经典图文资料等。

3. 全面宣传、学习互动。根据专题采访和资料收集、整理工作进度，及时宣传体现财政机关、财政工作优良传统作风的事迹，开展多种形式的学习教育活动。一是现场访谈。机关党委统一组织，通过举办“财政文化大讲堂”对话、访谈互动，集中探讨财政优良传统作风的事例、意义和感悟。访谈对象为：现任部领导；财政史学者、专家；青年干部代表等。二是组织座谈讨论。各司局和直属单位党、团组织，在学习优良传统作风的事迹的基础上，结合本单位情况组织开展座谈、讨论。重点深入思考和讨论财政优良传统和作风的基本内涵和精神实质是什么？如何传承财政优良传统和作风？对照财政优良传统和作风，新形势下我们应当怎样对待群众、怎样对待组织、怎样对待责任、怎样对待人生？三是开展主题组织活动。各司局和直属单位党、团组织，结合学习传承财政优良传统和作风，开展一次主题组织活动，具体形式可多种多样，如走访老同志、请老同志作传统教育报告、参观学习、调研等。四是开展主题征文活动。主要是征集和宣传干部党员，特别是青年干部学习传承财政优良传统和作风活动中的体会、启发，以及对薪火传承活动的认识、感悟等，反映开展活动的效果。

（三）汇总整理阶段。本阶段从 7 月至 9 月。主要任务是：汇聚教育活动成果。汇总整理活动过程中形成的各方面资料，出版一部访谈录，一部优秀征文集或画册，制作一部反映活动过程和优良传统作风的电视短片。各司局根据各自实际情况汇总整理，也可以提炼出本单位的优良传统作风来教育干部。

（四）宣传总结阶段。本阶段计划在 10 月初开展，全面系统地总结活动开展情况和经验，广泛宣传并推介活动经验。总结活动以活动成果书籍首发式为标志，通过现场对话访谈的形式，从四个视角切入活动：一是请参与活动的干部谈收获和感悟，总结活动的过程和特点；二是请几位书中人物亲临现场，介绍事迹，与青年干部互动交流；三是请专家、基层群众代表谈财政优良传统作风；四是请部领导现场为青年代表赠书并提出寄语。各司局结合各自实际进行总结。

传承优良传统作风活动是一项长期的、不应间断的工作，宣传总结阶段结束后，要继续丰富完善活动成果，把传承财政优良传统作为一项重要内容引入部内各类培训中，特别是新录用人员岗前培训、党校培训等。

四、教育活动的组织机构

活动由机关党委统一组织，相关司局协同推动，各基层党组织积极参与，机关团委和各基层团组织具体承办。

为加强组织领导，成立“薪火相传”——继承弘扬财政优良传统作风活动组委会作为活动组织领导机构。具体成员为：

主　任：廖晓军（党组副书记、副部长、机关党委书记）

副主任：曲永兰（机关党委常务副书记）

戴柏华（办公厅主任）

余蔚平（人事教育司司长）

徐燕玲（离退休干部局局长）

委　员：赵　路（教科文司司长）

黄维佳（机关纪委书记）

郭衍鹏（机关党委副书记）

苑广睿（干部教育中心主任）

贾　康（财政科研所所长）

贾　杰（中国财政经济出版社社长兼总编辑）

傅　东（中国财政杂志社总编辑）

孙国府（中国财经报社社长）

秘书长：冯立松（机关团委书记）

工作办公室设在机关党委，由机关团委负责日常事务。联系人：初立辉（电话：68552161，邮箱 chulihui@mof.gov.cn）；冯立松（电话：68552360，邮箱：fls999@163.com）。

五、教育活动有关要求

（一）要把传承活动与推进学习型组织建设，与讲党性、重品行、做表率活动有机结合起来部署落实。各级党组织要从全局和长远出发，从培养青年干部和加强机关作风建设的高度出发，对继承弘扬财政优良传统作风活动给予充分重视，将三项工作统筹思考，整体推进。

（二）要结合各单位实际情况，创造性地组织开展好教育活动。既要按照部里整体部署抓好落实，又要有针对性地结合本单位的特点。特别是历史较长的司局、单位应结合发展历程，悉心整理、总结、学习鲜明体现本部门、本单位工作特色的优良传统作风及生动事迹；成立时间相对较短的单位可以组织专题学习、讨论和调研等活动，达到教育干部、弘扬作风的目的。

（三）要搞好舆论宣传。及时反映开展教育活动的进展情况，宣传先进典型，宣传教育活动的做法、经验和成效。部属报刊和其他宣传单位要主动配合，切实为教育活动营造良好的舆论氛围。

（四）领导重视，狠抓落实，确保教育活动成效。各单位要统筹安排，精心组织，既要保证教育活动人员、内容、成效落实，又不能影响正常工作。各级领导干部要亲自谋划、认真组织、带头参与，为活动提供大力的支持。各司局和直属单位也要成立相应的领导机构和工作机构，建议由支部青年委员或团组织负责人担任联系人，负责上情下达、下情上传等沟通工作。广大青年干部负责落实具体工作。真正形成主要领导负总责、一级抓一级、层层抓落实的工作格局。部机关团委委员、各级团组织负责人要发挥骨干作用。人事、老干、新闻出版、培训宣传等部门密切配合，指定专人负责，确保活动进展顺利，成效落实。

关于“薪火相传 开拓创新”主题征文评选结果的通知

各党委、总支、支部，财政部驻各省、自治区、直辖市、计划单列市财政监察专员办事处机关党委，各省、自治区、直辖市、计划单列市财政厅（局）机关党委（办），新疆生产建设兵团财务局机关党委：

2010 年，我部在全国财政系统开展了“薪火相传 开拓创新”主题教育征文活动。活动开展以来，部内各司局及事业单位按照相关要求，认真组织干部职工参加投稿；各省（区、市）财政厅（局）和财政部驻各地专员办机关党委精心准备，带头参加；广大财政干部特别是广大青年干部积极响应、踊跃参与。本次活动共收到征文 1120 篇，《中国财经报》设立专栏对其中部分优秀征文进行连载刊登，部内《学习园地》、《政工信息》设立专题广泛宣传，在财政系统产生了较大的影响。

这些文章体裁多样、形式新颖，有的用饱含真情的笔墨，讲述在财政发展进程中的亲身经历和感人瞬间；有的生动描绘身边财政人的点滴事迹，展现了财政事业发展历程中形成的光荣传统和优良作风；有的通过整理学习老一辈财政人的光辉事迹，表达自己传承财政优良传统作风的坚定信念和决心。通过征文活动，我们进一步了解了历任财政领导和杰出财政工作者的感人事迹，梳理了近年来各级财政人传承实践财政优良传统作风的典型事例、经验和感悟思考，这对于加强新时期财政干部队伍作风建设，推进建设为民、务实、清廉财政机关发挥了重要作用。

根据主题征文活动方案要求，活动组委会办公室从财政部机关司局、地方财政厅局、作家协会邀请财经理论专家学者、财政工作业务骨干、专业作家组成评审组，通过初步遴选、分类打分、综合评优等复合评选模式，共评选出114篇文章获等级奖，其中《勤政清廉人心暖　高风亮节薪火传》等15篇文章获得一等奖，《皖江作证》等37篇文章获二等奖，《一个乡镇财政人的手记》等62篇文章获三等奖。同时，对财政部办公厅等组织工作出色的36家单位授予组织奖，并将对部分获奖文章结集出版，扩大宣传。

希望各级财政部门和广大财政干部继续深入学习并带头践行财政工作中形成的解放思想、实事求是、艰苦奋斗、与时俱进的优良传统作风，深入学习实践科学发展观，积极投身创先争优活动，开拓进取，不断推动财政工作创新前行！

附件：全国财政系统“薪火相传 开拓创新”主题教育征文活动获奖名单

中共财政部机关委员会

二〇一一年一月十三日

附件：全国财政系统“薪火相传 开拓创新”主题教育征文活动获奖名单

一等奖（15名）

单位	作者	题目
财政部税政司	李旭鸿	勤政清廉人心暖　高风亮节薪火传
财政部教科文司	李　霁	从工作点滴中感悟和传承优良作风
财政部经济建设司	陈　娇	毛泽民汗马立财政，革命无疆
财政部机关党委	岳　林	薪火　是力量更是希望
财政部离退休干部局	李　海	同戎老说史
中国财政杂志社	冉　鹏	继承优良传统　开创财政未来
黑龙江省牡丹江市东安区财政局	张洪蓬	“财神爷”应当“先小人后君子”
湖北省财政厅	傅光明	财政厅长们的接力棒
湖南省财政厅	刘克邦	老处长
山东省新泰市财政局	李钦利	一个传承七十年的红色背盒
天津市财政厅	王悦珍	忆天津解放时接管财政工作
安徽省淮北市财政局	吴　波	情倾大地（组诗）
新疆维吾尔自治区财政厅	龚金斗	新疆解放初期的财经困难是怎样克服的
云南省财政厅	侯昕宇	一封信背后的故事——峥嵘岁月里的黄金拨款
重庆市渝中区财政局	刘春和 鲁治东 杜　伶	摩天大楼下的“陋室铭”

二等奖（37名）

单　位	作　者	题　目
安徽省财政厅	汪克让	皖江作证
财政部办公厅	骆向兵	有一盏不灭的灯
财政部综合司	赵　倩	继承优良传统　开创美好未来
财政部条法司	罗　昕	坚定理想信念　勇担时代重任
财政部税政司	张　博	学习财政科学研究所原所长许毅同志优良作风有感
财政部税政司	余伟地	纪念鄂豫皖苏区为革命战争默默奉献的财政英雄
财政部国防司	韩　瑜	继承宝贵精神财富　发扬财政优秀传统
财政部经济建设司	王志雄	闪光的思想　前行的指针
财政部农业司	房亚明	财政青年干部要重视“算账”这门基本功
财政部金融司	杨　兰	责任与感动同行
财政部国际司	戚广涛	责　任
财政部人事教育司	范丽平	财政优良传统“三字经”
财政部机关党委	刘江华	小岗·平江·红岩
财政部离退休干部局	赵　昭	回忆吴波同志二三事
财政部离退休干部局	赵秀山	财政部的主根
财政部离退休干部局	郭代模	简论财政优良传统的继承与创新
财政部离退休干部局	辛在峰	读财政史　做财政人
中国财政杂志社	石　左	“薪火传承”与“仰望天空”
财政部会计资格评价中心	肖书胜	永远微笑的老莫
中国注册会计师协会	孟　莹	心中的审计实务“播火者”——徐永祚
河南省南阳市宛城区财政局	赵立莉	算盘人生
河南省洛阳市汝阳县财政局	张振华	浅议解放战争时期的人民财政
河南省安阳县财政局	朱明清	一份珍贵的会计凭证
湖北省财政厅	傅光明	真情财政人

单　位	作　者	题　目
湖北省老河口市财政局	邹丰朗	重　逢
湖北省武汉市黄陂区财政局	彭　勇	永不凋谢的映山红
湖南省平江县财政局	余　雄 方稳根 潘雄志	斑斓的土地
湖南省衡阳市财政局	张国乐	廉洁奉公是共产党人的本色
吉林省长白朝鲜族自治县财政局	金永民	写给农庄的诗行
江苏省南通如皋市东陈镇财政所	成　静	所长交班一支笔
上海市财政局	李　芒	写一首我们的诗
天津市财政局		时代的变迁
新疆兵团吉木乃县一八六团计财科	李乾红	边境团场财会工作的“铺路石”
新疆维吾尔自治区财政厅	蔡大文	回忆新疆代管西藏阿里财政十年
新疆维吾尔自治区财政厅办公室		赴边理财为革命　光辉业绩照汗青
重庆市奉节县财政局	张　红	关于财政干部“正”与“硬”的思考
重庆市渝中区财政局	赵迎建 房嘉敏	扎小辫子的女孩

三等奖（62名）

单　位	作　者	题　目
安徽省岳西县来榜财政所	储文胜	一个乡镇财政人的手记
安徽省安庆市财政局	张德华	浮尘一粒　也要折射太阳的光芒
安庆市岳西县菖蒲镇财政所	汪和煦	乡下财政人
安徽省利辛县财政局	汝卫国	老兵与新兵
财政部办公厅财务二处		微笑服务　“三好”服务　满意服务
财政部综合司	王守刚	从十年财政彩票工作看财政人的优良传统作风
财政部综合司	王宇龙	致表弟的一封信

单位	作者	题目
财政部综合司	生云龙	一个新人眼中的综合司
财政部综合司	潘国俊	为民理财谋创新　薪火相传耀中原
财政部关税司	袁　璐	由一把尺子开始的关税工作
财政部关税司	戴良俊	传承优良传统　激扬关税青春
财政部国库司	冯晓波	父亲与我的财政情怀
财政部国库司	翟司霞	作为一名新时期财政青年，我骄傲
财政部教科文司	吴海峰	薪火相传　践行“为国理财、为民服务”宗旨
财政部经济建设司	夏红卫	继承实事求是优良传统　站好财政工作第一班岗
财政部经济建设司	刘毅飞	让恪尽职守的财政精神永闪光辉
财政部农业司	李　强	如何让伟大的事业薪火相传
财政部农业司	吴程量	继承弘扬优良传统　努力服务农业财政工作
财政部企业司	李　钢	忠于职守　勤勉尽责　传承财政优良作风
财政部金融司	龙俊鹏	弘扬优良传统　薪火代代相传
财政部国际司	秦　杰	财政部的学习精神
财政部国际司	刘伟杰	世行改革薪火相传
财政部国际司	牟婷婷	风入松·颂财政人
财政部人事教育司	吴宇宏	弘扬财政人事部门优良传统作风
财政部干教中心	刘　艺	循火红足迹　创精彩人生
财政部干教中心	陈珂辉	学习引领财政科学发展之路
财政部干教中心	黄　妍	循履而上　踏迹前行
财政部中华会计函校	于　菲	忽闻外公算盘声
财政部离退休干部局	葛复村	传承优良作风
财政部离退休干部局	王世宏	悠悠岁月长　财苑情难忘
财政部综改办	靳　锋	财政优良传统作风

单位	作者	题目
财政部会计资格评价中心	童云芬	勤能补拙　俭能养廉
财政部会计资格评价中心	宁　佳	做会计资格考试精神的传承人
福建省财政厅	那乃康	回眸往事　堪教后人
福建省福州市财政局	叶国星	两位财政前辈领导艰苦奋斗的故事
福建省龙岩市财政局	熊春花	没有调查　没有发言权
福建省邵武市财政局	张贵贤 虞棠明	从邵武苏区的发展谈党风
广东省乐昌市鹏程合伙会计师事务所	姜丁敏慧	有这样一群人
财政部驻广西专员办机关党委		学习沈浩精神　传承财政干部优良传统作风
海南省财政厅	张振旺	懂　你
河南省安阳市财政局	吴宝成	艰苦奋斗　勤俭建国
河南省鹤壁市财政局	杨　强	我的财政职业观
河南省焦作市财政局	邢　玲	传薪火　勇开拓　创造辉煌
河南省林州市财政局五龙财税所	元万军	奉　献
河南省孟津县财政局	陈现刚	记一挂算盘
河南省濮阳市财政局	姜兴振 邹　超	财政干部要保持“五种作风”
河南省濮阳市华龙区财政局	毕景阳	继承宝贵精神财富　开创财政工作新局面
河南省商城县财政局	李　鸿	化作春泥更护花
河南省新乡市原阳县财政局	张守标	黄河滩惊魂
黑龙江省齐齐哈尔市富裕县财政局	潘耀威	王股长的最后一班岗
湖北省宜昌市财政局		漫谈财政干部的工作笔记本
湖北省财政厅综改办		把学习作为财政工作的第一需要
湖南省财政厅	刘克邦	财经卫士之歌

单位	作者	题目
湖南省常德市桃源县财政局	王　霞	生命的赞歌
江苏省徐州市丰县财政局	刘　志	当一名纪检监察工作者，我很满足
山东省青岛平度市财政局	张忠强	一枚银元
陕西省宝鸡市岐山县会计核算中心	庞晓线	写与泡桐
陕西省子长县财政局	艾庆生	用延安精神建设财政干部优良作风
陕西省洛南县会计管理局	汪双宏	收税的日子里
新疆维吾尔自治区财政厅办公室		天山南北理财人
重庆市财政局	李敬军	加强党性修养　弘扬优良作风
重庆市铜梁县财政局	赖洪成	接　待

组织奖（36名）

财政部办公厅　　财政部综合司
财政部条法司　　财政部税政司
财政部关税司　　财政部国库司
财政部经济建设司　　财政部企业司
财政部金融司　　财政部国际司
财政部人事教育司　　财政部离退休干部局
财政部干部教育中心　　中国财政经济出版社
中国财政杂志社　　中国财经报社
财政部会计资格评价中心　　中国注册会计师协会
北京市财政局　　天津市财政局
辽宁省财政厅　　吉林省财政厅
黑龙江省财政厅　　上海市财政局
江苏省财政厅　　安徽省财政厅
福建省财政厅　　河南省财政厅
湖北省财政厅　　湖南省财政厅
广东省财政厅　　重庆市财政局
陕西省财政厅　　新疆维吾尔自治区财政厅
青岛市财政局　　北京专员办

后记

在庆祝建党 90 周年之际把这部书奉献给大家，是一件非常有意义的事情。我们相信这部书的出版，对于财政战线广大党员和干部群众特别是青年干部开展传统作风教育，提供了一部有针对性的教材。本书经部党组批准，已列入全国财政干部培训教材。

“薪火相传”活动全称是“‘薪火相传、开拓创新’——继承弘扬财政优良传统作风教育活动”，旨在组织动员财政干部特别是青年干部深入发掘、整理、弘扬既符合社会主义核心价值体系要求，又鲜明体现财政机关、财政工作优良传统作风的生动事例，充实和提升财政文化和廉政文化建设内涵，并通过这一重要工作的过程及所形成的成果来教育青年、凝聚青年、激励青年，使财政薪火代代传承。“薪火相传”分四个阶段组织实施，分别是广泛发动阶段，深入挖掘、全面宣传阶段，汇总整理阶段和宣传总结阶段。环环相扣，全面推动。

机关党委为落实好部党组提出的这一具有重大意义的课题，把“薪火相传”作为机关党建工作的重要任务和创先争优活动的重要载体精心组织和谋划，特别是责成机关团委带领各级青年组织付出了大量艰苦劳动。比如机关党委常务副书记曲永兰带领青年采访组专门奔赴吉林，采访老部长、原全国人大副委员长、国务委员王丙乾同志，老部长非常高兴，接见时间超过计划时间的一倍多，他介绍了革命、建设、改革开放各个历史时期财政工作者的工作、学习与生活。比如，各团支部和青年工作小组分别通过邀请老部长、老干部与青年干部进行座谈，老领导“口述历史”，介绍各项重大财政政策出台的背景，梳理了财政的优良传统作风，与财政干部职工分享了做好财政工作的心得体会。有的单位青年干部回看资料档案，在重温历史、培养团队情感的过程中，发现依存于不同时代的精神亮点；有的单位计划编写一部行业发展史、建设行业作风展览室，有的单位提出了“一部视频、一本访谈录、一本心得集、一个优良作风标准”的“四个一”最终目标；有的单位利用系统工作会，向地方财政的同行们征求和讨论关于财政优良传统作风的理解和体会；有的单位青年同志深入老干部活动中心，走进老同志当中征求意见和搜集线索。大家在采访、座谈、征文的基础上，广泛收集报刊、书籍、文件档案等有关文字、图片、音像资料，汇总编写教材，力求将通过这一活动所形成的成果固化下来，以教育、凝聚、激励财政后来人。

近一年的教育活动效果显著，一是大家对长期以来所形成的财政优良传统和作风的基本内涵和精神实质有了明确把握，取得基本共识；二是在广泛参与中受到教育、得到激励，提高了从自身做起，自觉践行、传承财政优良传统和作风的责任意识；三是加强思想作风和工作作风建设，青年干部为自己所从事的事业有如此辉煌的历史而骄傲，他们感到了责任，也推动了各项工作任务的落实，特别是在财政科学化精细化管理方面有新起色；四是形成系统的、长期起作用的传统教育材料，保证薪火长传的预期目标。

为落实好“薪火相传”的任务要求，我们探索建立了青年工作新格局，在所有的单位内建立青年工作小组，有效解决了机关干部中青年多、团员少、共青团组织难以全面覆盖的情况。同时设置了红色“薪火短信”宣传平台，极大地拓宽了宣传范围。我们还在整个财政系统开展主题征文，共收到一千多篇文章，在《中国财经报》上开辟专栏进行刊载，创办了“薪火相传”活动信息报道专刊。

“薪火相传”活动得到各方面的肯定和鼓励。中组部干部四局专门来我部召开青年座谈会了解“薪火相传”活动开展的情况，中央创先争优活动简报专期报道活动经验，“中国共青团网”、《紫光阁》杂志、“中央国家机关团工委网”也把此活动作为宣传重点内容。团工委还把这一活动作为品牌活动案例写入全共青团工作培训教材。

为有理想难辜负，薪火风云一纸书。我们在整理活动动态情况的同时，又投入大量精力，在浩如烟海的史料报刊中查阅检索，最终汇集形成了这部资料集。上卷《丰碑》收集整理了大量优良传统作风和感人故事，下卷《传承》涵盖了青年干部在开展学习活动中的心声和感悟。这部书，将是财政青年积极投身创先争优活动的结晶和见证。

本书得到财政部党组的高度重视，谢旭人、廖晓军等部领导给予了大力支持和悉心指导。在编辑过程中部机关党委精心谋划，机关团委认真落实，办公厅、人事教育司、离退休干部局、干部教育中心、财政科学研究所、中国财政杂志社、中国财经报社、中国财政经济出版社等部内各单位、全国各省区市财政厅（局）和财政监察专员办事处等单位积极配合，各基层党组织领导和党务工作者提供了无私的帮助，各级共青团等青年组织带领广大青年干部发挥了重要的作用。在编写、审稿、统稿过程中，下列同志也做了大量细致具体的工作，他们是：王晓华、倪红燕、刘红彦、邱剑、李振超、王凡、张新智、陈丽娟、冉鹏、罗晶、宋凯、蒋伟宁、李旭鸿、赵福昌、陈巍、孙建男、侯起秀、李振海、刘薇、王法忠、张晓红、蔡劲松、孟秀敏、李颖、赵文生、鲍文前、刘蕊、常克等。在此向他们致以衷心的感谢！

由于时间仓促，水平所限，本书还存在诸多疏漏或不当之处，如对重大事件和人物的反映不充分甚至有所遗漏，从各渠道收集的资料部分内容值得进一步探讨等，因此恳请广大读者，特别是那些财政事业的亲历者及相关专家同志能提出宝贵意见。由于各方面原因，虽经努力，我们收集的一些资料仍暂时无法联系到作者本人，也请及时与我们取得联系。

编者

2011 年 8 月